DURANT · KULTURGESCHICHTE DER MENSCHHEIT

BAND 15

Will und Ariel Durant

KULTURGESCHICHTE DER MENSCHHEIT

SÜDWEST VERLAG · MÜNCHEN

Will und Ariel Durant

EUROPA UND DER OSTEN IM ZEITALTER DER AUFKLÄRUNG

SÜDWEST VERLAG · MÜNCHEN

Titel der Originalausgabe:
THE STORY OF CIVILIZATION
X. ROUSSEAU AND REVOLUTION I–IV
(Kap. 1–19)
Simon and Schuster, New York

Übersetzung ins Deutsche:
Leopold Voelker

Redaktion: Hans Dollinger

Erste Auflage 1978
ISBN 3 517 00569 X
Gesamtherstellung: Mohndruck, Gütersloh

Vorwort

In der ersten Hälfte des 18. Jahrhunderts prägte das Genie Voltaires das europäische Geistesleben, in der zweiten Hälfte dieses Jahrhunderts müssen wir dieses Privileg Jean-Jacques Rousseau zugestehen – einem Mann, der sein Leben lang mit Leiden geschlagen war, von der Gesellschaft und Kultur seiner Zeit verstoßen und als Rebell wie ein Verbrecher von Ort zu Ort getrieben wurde. Und dennoch: Rousseau «triumphierte nach seinem Tode über Voltaire, belebte die Religion neu, gestaltete die Erziehung um, veredelte die Moral Frankreichs, inspirierte die romantische Bewegung und die Französische Revolution, die Philosophie Kants und Schopenhauers, die Dramen Schillers und die Romane Goethes, die Gedichte von Byron und Shelley, den Sozialismus von Marx und die Ethik von Tolstoi» (Durant). Rousseau übte auf seine Nachwelt eine größere Wirkung aus als alle anderen so zahlreichen Schriftsteller und Denker Europas im 18. Jahrhundert; und heute, am Ende des 20. Jahrhunderts, wird er als Entdecker eines naturverbundenen Lebens gefeiert von denen, die dem blinden Glauben an stetiges Wachstum auf Kosten der natürlichen Ressourcen dieser Erde entsagt haben.

Rousseaus Auffassung von der Natur aber war nicht primitiv. Voltaires berühmte Verspottung Rousseaus, wonach «man Lust bekomme, auf vier Füßen zu gehen», wenn man seine Schriften lese, war und ist bestenfalls ein geistreiches Bonmot, das Rousseaus eigentliches Anliegen nicht trifft. Rousseau hat selbst erkannt, daß ein idealer Naturzustand «vielleicht nie existiert (habe) und wahrscheinlich nie existieren wird». Für ihn war der verhängnisvolle Bruch in der Geschichte der Entwicklung der menschlichen Gesellschaft dort, wo die Entwicklung aus der frühgeschichtlichen Familien- und Stammesordnung überging in eine Gesellschaftsordnung, die mit der Einführung des Privateigentums das Grundübel der späteren bürgerlichen Gesellschaft vorausplante: «Der erste, der ein Stück Land eingezäunt hatte und dreist sagte: ‚Das ist mein', und so einfältige Leute fand, die das glaubten, wurde zum wahren Gründer der bürgerlichen Gesellschaft. Wie viele Verbrechen, Kriege, Morde, Leiden und Schrecken würde einer dem Menschengeschlecht erspart haben, hätte er die Pfähle herausgerissen oder den Graben zugeschüttet und seinesgleichen zugerufen: ‚Hört ja nicht auf diesen Betrüger. Ihr seid verloren, wenn ihr vergeßt, daß die Früchte allen gehören und die Erde keinem!' ...»

Das Zeitalter Rousseaus, die zweite Hälfte des 18. Jahrhunderts, breitet Durant uns in diesem und dem 16. Band seiner Gesamtschau aus. Die Schauplätze im vorliegenden Band sind: das Preußen Friedrichs II. während seiner Behauptung als unabhängiger Staat gegenüber einem «Kessel der Feindschaften» im Siebenjährigen

Krieg; das Frankreich «vor der Sintflut» bis zum Jahr 1774; der katholische Süden Europas mit den noch glücklichen italienischen Stadtstaaten, mit Portugal und seinem Versuch sozialer und kultureller Reformen, mit Spanien und seinem Weg in die Aufklärung von Philipp V. bis Karl III. und mit dem Österreich Maria Theresias und ihres reformfreudigen Sohnes Joseph II.; schließlich die islamischen Staaten in blutigen Auseinandersetzungen (Türkei, Ägypten, Persien) und das Rußland unter der Herrschaft außergewöhnlicher Frauen, von Katharina I. über Anna Petrowna und Elisabeth bis Katharina II., das auch das Schicksal Polens bis zu seiner Zerstückelung 1795 mitbestimmte.

Die unpolitische und kulturelle Szenerie jener Zeit war von besonderer Bedeutung, begegnen wir hier doch auf den genannten Schauplätzen mehreren überragenden und vielen schillernd-interessanten großen und kleinen Geistern. Im Frankreich Ludwigs XV., einem «Monstrum der Sittenlosigkeit», sind da neben seinen Mätressen zu nennen der Schriftsteller Marmontel, die Maler Greuze und Fragonard sowie die Damen Geoffrin, du Deffand und Lespinasse mit ihren Salons, in denen sich die bedeutendsten Geister nicht nur Frankreichs trafen. Aus England zu Gast in Frankreich waren Horace Walpole und der schottische Rousseau-Verehrer Boswell; beide lernen wir in Band 16 noch genauer kennen. Italien ist vor allem durch seine klingenden Namen aus dem Reich der Musik vertreten: Monteverdi, Vivaldi, Cavalli, Galuppi, Scarlatti und der Sänger Farinelli. Nicht vergessen seien auch die italienischen Maler dieser Zeit: Pittoni, Canaletto und Tiepolo. Ein besonderes Paar waren die beiden Komödien-Dichter Goldoni und Gozzi; und Venedig wurde damals von den Abenteuern Casanovas in Atem gehalten. Für Spanien erstand in jenen Jahrzehnten in der Kunst ein weit in die Zukunft hineinragender Gigant: Francisco de Goya, dessen eine Hälfte seiner Kunst im Dienste der Reichen stand, die andere Hälfte aber «ein Schrei der Gerechtigkeit für die Armen» war, «ein Protest gegen die Barbarei der Gesetze, gegen die Inquisition, gegen den Krieg». In Wien vereinigten sich im späten 18. Jahrhundert die rivalisierenden musikalischen Traditionen Deutschlands (das Singspiel mit seiner Polyphonie) mit derjenigen Italiens (der opera buffa mit der Melodie). Die Repräsentanten dieser Entwicklung waren Christoph Willibald Gluck, Joseph Haydn und das größte Genie der Musikgeschichte, Wolfgang Amadeus Mozart, in dessen Oper «Die Entführung aus dem Serail» die beiden Musik-Traditionen zu einer Form verschmolzen.

Unter den großen Reisenden im Europa des 18. Jahrhunderts, zu denen übrigens Mozart seit seiner frühesten Jugend gehörte, müssen wir hier noch neben Johann Winckelmann, dem Wiederentdecker der Antike, vor allem auch Goethe und seine Italienreise erwähnen. Eines seiner großmütigen Lebensprinzipien können wir auch auf die letzte große historische Figur in diesem Band, auf Katharina II. von Rußland, anwenden: Ihre Fehler waren eine Krankheit ihrer Zeit, doch ihre Tugenden waren ihre eigenen.

München, im Herbst 1978 *Hans Dollinger*

Inhaltsverzeichnis

ERSTES BUCH:
VORSPIEL ZUM ZEITALTER ROUSSEAUS

ZWEITES BUCH: FRANKREICH VOR DER SINTFLUT [1757–1774]

DRITTES BUCH: DER KATHOLISCHE SÜDEN [1715–1789]

VIERTES BUCH: DER ISLAM UND DER SLAWISCHE OSTEN [1715–1796]

Erstes Buch

VORSPIEL ZUM ZEITALTER ROUSSEAUS

ERSTES KAPITEL

Rousseau der Wanderer

[1712–1756]

I. DIE BEKENNTNISSE

Wie konnte es geschehen, daß ein Mann, der, in Armut geboren, seine Mutter bei der Geburt verloren hatte und früh von seinem Vater verlassen wurde, geschlagen mit einem schmerzhaften und demütigenden Leiden, zwölf Jahre lang zwischen fremden Städten und widerstreitenden Glaubensbekenntnissen hin und her wanderte, verstoßen von Gesellschaft und Kultur, mit Voltaire, Diderot, der *Encyclopédie* und dem Zeitalter der Vernunft hadernd, von Ort zu Ort vertrieben als gefährlicher Rebell, des Verbrechens und des Wahnsinns verdächtigt, und in seinen letzten Monaten die Apotheose seines größten Feindes erleben mußte – wie war es möglich, daß dieser Mann nach seinem Tode über Voltaire triumphierte, die Religion neubelebte, die Erziehung umgestaltete, die Moral Frankreichs veredelte, die romantische Bewegung und die Französische Revolution inspirierte, die Philosophie Kants und Schopenhauers, die Dramen Schillers und die Romane Goethes, die Gedichte von Wordsworth, Byron und Shelley, den Sozialismus von Marx und die Ethik von Tolstoi beeinflußte und, alles in allem, eine größere Wirkung auf seine Nachwelt ausübte als alle anderen Schriftsteller und Denker des 18. Jahrhunderts, in dem die Schriftsteller einflußreicher waren als je zuvor? Hier, wenn überhaupt irgendwo, stellt sich uns die Frage: Welches ist die Rolle des Genies in der Geschichte, des Menschen gegenüber der Masse und dem Staat?

Europa war bereit für ein Evangelium, in dem das Gefühl über das Denken gestellt wurde. Es war müde der Fesseln von Sitten, Konventionen, Bräuchen und Gesetzen. Es hatte genug gehört von Vernunft, Logik und Philosophie; der gesamte Aufruhr ankerloser Geister schien die Welt jedes Sinnes entleert, die Seele der Phantasie und der Hoffnung beraubt zu haben; heimlich sehnten sich Männer und Frauen danach, wieder zu glauben. Paris war seiner selbst überdrüssig geworden, überdrüssig der Unruhe und der Hast, der erstickenden Enge und des irrsinnigen Wettbewerbs des Stadtlebens. Sein Ideal war jetzt das gemächlichere Tempo des Landes, wo anspruchslose Alltäglichkeit dem Leib Gesundheit und der Seele Friede bringen konnte, wo man vielleicht wieder sittsame Frauen sah, wo das ganze Dorf in wöchentlichem Waffenstillstand in der Pfarrkirche zusammenkam. Und dieser stolze «Fortschritt», diese gerühmte «Emanzipation des Geistes» – hatten sie etwas anderes an die Stelle dessen gesetzt, was sie zerstört hatten? Hatten sie das Los der Armen verbessert oder den Verlassenen und Leidenden Trost gebracht? Rousseau stellte diese Fragen, verlieh diesen Zweifeln Form und Ausdruck, und nachdem seine Stimme verstummt war, lauschte ihm ganz Europa. Während Voltaire auf der Bühne und in der Akademie (1778) vergöttlicht wurde und während Rousseau, beschimpft und verachtet, sich in der Dunkelheit eines Pariser Zimmers verbarg, begann das Zeitalter Rousseaus.

In der Neige seines Lebens verfaßte er die berühmteste der Autobiographien, die *Confessions – Bekenntnisse.* Überempfindlich gegen jede Kritik, Grimm, Diderot und andere verdächtigend, sie hätten sich verschworen, ihn in den Pariser Salons und in den *Mémoires* der Frau von Épinay zu verleumden, begann er im Jahre 1762 auf Drängen eines Verlegers seinen eigenen Bericht über seine Lebensgeschichte und seinen Charakter zu schreiben. Alle Autobiographie entspringt natürlich der Eitelkeit, doch Rousseau, von der Kirche verdammt, von drei Staaten geächtet und von seinen engsten Freunden verlassen, hatte das Recht, sich eingehend und ausführlich zu verteidigen. Als er einige Stellen dieser Verteidigung vor Versammlungen in Paris vorlas, erwirkten seine Gegner ein Regierungsverbot für weitere öffentliche Vorlesungen aus seinem Manuskript. Entmutigt hinterließ er es bei seinem Tod der Nachwelt mit einer leidenschaftlichen Bitte:

«Dies hier ist das einzige genau nach der Natur und seiner ganzen Wahrheit gemalte Menschenbildnis, das es gibt und wahrscheinlich jemals geben wird. Wer Ihr auch immer sein möget, den mein Schicksal oder mein Vertrauen zum Schiedsrichter über dieses Heft gesetzt hat, ich beschwöre Euch bei meinen Mißgeschicken, bei Eurem innersten Empfinden und im Namen des ganzen Menschengeschlechts, nicht zu vernichten, was als ein nützliches und einzigartiges Werk ein Maß und Muster für die vergleichende Erforschung der Menschen ... wird bilden können, und einer ehrenden Erinnerung an mich nicht vorzuenthalten, was als einziges sicheres Denkmal meiner Wesensart nicht durch meine Feinde entstellt worden ist.»[1]

Seine übertriebene Empfindlichkeit, seine Subjektivität und sein Gefühlsüberschwang machten zugleich die Stärke und die Schwäche seines Buches aus. «Ein gefühlvolles Herz ... wurde für mich die Quelle allen Unglücks meines Lebens»[2], doch es verlieh seinem Stil eine warme Vertraulichkeit, seinen Erinnerungen eine Zärtlichkeit und seinem Urteil oft eine Großmut, die unsere Antipathie beim Lesen schmelzen läßt. Hier wird alles Abstrakte persönlich und lebendig, jede Zeile ist ein Gefühl; dieses Buch ist die Quelle des großen Stromes introspektiver Selbstenthüllungen, der die Literatur des 19. Jahrhunderts bewässerte. Nicht daß die *Bekenntnisse* keine Ahnen hatten, doch sogar Augustin erreichte weder die Vollständigkeit dieser Selbstentblößung noch ihren Anspruch auf Wahrheit. Sie beginnen mit einem Ausbruch herausfordernder Beredsamkeit:

«Ich beginne ein Unternehmen, das ohne Beispiel ist und das niemand nachahmen wird. Ich will meinesgleichen einen Menschen in der ganzen Naturwahrheit zeigen, und dieser Mensch werde ich sein. Ich allein. Ich lese in meinem Herzen und kenne die Menschen. Ich bin nicht wie einer von denen geschaffen, die ich gesehen habe; ich wage sogar zu glauben, daß ich nicht wie einer der Lebenden gebildet bin. Wenn ich nicht besser bin, so bin ich wenigstens anders. Ob die Natur wohl oder übel daran tat, die Form zu zerstören, in die sie mich goß, kann man erst beurteilen, nachdem man mich gelesen hat. Mag die Trompete des Jüngsten Gerichtes wann immer erschallen, ich werde mit diesem Buch in der Hand mich vor dem Obersten Richter stellen. Ich werde laut sagen: 'So tat ich, so dachte ich, so war ich! Ich habe das Gute und das

Böse mit dem gleichen Freimut erzählt. Ich habe nichts Schlimmes verschwiegen, nichts Gutes zugesetzt ...' Ich habe mich so gezeigt, wie ich bin. Verächtlich und niedrig, wenn ich es war, gut, edelmütig groß, wenn ich es war. Ich habe mein Inneres entblößt ...»[3]

Dieser Anspruch auf vollständige Aufrichtigkeit wird stets von neuem wiederholt. Doch Rousseau gibt zu, daß seine Erinnerung an Dinge, die vor fünfzig Jahren geschehen waren, oft fragmentarisch und unzuverlässig ist. Der erste Teil besitzt insgesamt einen Zug von Offenheit, der entwaffnend ist; der zweite Teil ist beeinträchtigt durch ermüdende Klagen über Verfolgung und Verschwörung. Was dieses Buch auch sonst sein mag, es ist eine der enthüllendsten uns bekannten psychologischen Studien, die Geschichte eines empfindsamen und poetischen Geistes in schmerzhaftem Konflikt mit einem harten und prosaischen Jahrhundert. Jedenfalls, «wenn die *Bekenntnisse* keine Autobiographie wären, stellten sie einen der großen Romane der Welt dar»[4]*.

II. HEIMATLOS: 1712–1731

«Ich wurde geboren in Genf im Jahre 1712 als Sohn des Isaac Rousseau und der Suzanne Bernard, Bürger.» Dieses letzte Wort bedeutet viel, denn nur tausendsechshundert der zwanzigtausend Seelen von Genf besaßen den Titel und die Rechte von Bürgern, und dies sollte in der Lebensgeschichte von Jean-Jacques eine Rolle spielen. Seine Familie war französischen Ursprungs, wohnte jedoch seit 1529 in Genf. Sein Großvater war ein calvinistischer Geistlicher; der Enkel blieb im Grunde ein Calvinist während der ganzen Irrfahrten seines Glaubens. Sein Vater war Uhrmachermeister, ein phantasievoller und unbeständiger Mann, dessen Verehelichung (1704) ihm eine Mitgift von 16000 Gulden einbrachte. Nach der Geburt eines Sohnes François verließ er seine Frau (1705) und reiste nach Konstantinopel, wo er sechs Jahre blieb. Dann kam er aus unbekannten Gründen zurück, und «ich war die traurige

* Die Diskussion über die Glaubwürdigkeit der *Bekenntnisse* ist auf zwei Kontinenten noch immer im Gange. Sie dreht sich in der Hauptsache um Rousseaus Anschuldigung, daß Grimm und Diderot sich verschworen hätten, seine Beziehungen zu Frau von Épinay, Frau von Houdetot und zu ihnen selbst falsch darzustellen. Vor 1900 nahm die Mehrzahl der Kritiker gegen Rousseau Partei. Um 1850 erklärte Sainte-Beuve mit ungewöhnlicher Schärfe, daß «Rousseau ohne Hemmung lügt, wenn immer seine Selbsteinschätzung und seine krankhafte Eitelkeit auf dem Spiel steht, und ich bin zum Schluß gekommen, daß er in bezug auf Grimm ein Lügner war»[5]. Und der gelehrteste der französischen Literarhistoriker, Gustave Lanson, stimmte dem bei (1894): «Wir ertappen Rousseau auf jeder Seite bei flagranten Unwahrheiten – Unwahrheiten, nicht nur Irrtümern; doch das Buch als Ganzes brennt vor Aufrichtigkeit – eine Aufrichtigkeit nicht der Fakten, sondern der Gefühle.»[6] Auf diese Urteile folgte das Buch von Frederika Macdonald *Jean-Jacques Rousseau: A New Study in Criticism* (London 1906), die «gute Beweise dafür vorbringt, daß die *Mémoires* der Frau von Épinay gefärbt, wenn nicht tatsächlich durch die übelwollende Haltung von Grimm und Diderot diktiert wurden; ihr Studium der Dokumente korrigiert zweifellos einen großen Teil der bisherigen Urteile»[7]. Vgl. Masson, *La Religion de Rousseau* (Bd. I, S. 184): «Wir werden sehen, mit welcher Vorsicht wir diesen Bericht [die *Mémoires*] benutzen müssen, der so stark von Diderot bearbeitet [*remanié*] wurde.» Zu ähnlichen, für Rousseau günstigen Urteilen gelangten Matthiew Josephson (*Jean-Jacques Rousseau*, 434–435, 531), Émile Faguet (*Vie de Rousseau*, 189), Jules Lemaître (*Jean-Jacques Rousseau*, 9–10) und C.E. Vaughn (*Political Writings of Rousseau*, Bd. II, S. 295, 575–548, 552f.).

Frucht dieser Rückkehr»[8]. Die Mutter starb eine Woche nach der Geburt von Jean-Jacques am Kindbettfieber. «Ich war fast sterbend geboren, und man hatte nur wenig Hoffnung, mich zu erhalten». Eine Tante pflegte ihn und rettete ihn, wozu er bemerkte: «Ich verzeihe Dir.» Diese Tante konnte schön singen, und ihr verdankt er vielleicht seine Liebe zur Musik. Er war frühreif und lernte bald lesen, und da Isaac Romane liebte, lasen Vater und Sohn zusammen die Romane der von der Mutter hinterlassenen kleinen Bibliothek. Jean-Jacques wurde auf dem Boden einer Mischung von französischen Liebesgeschichten, Plutarchs *Lebensläufen* und calvinistischer Moral erzogen, und dieses Durcheinander machte ihn unbeständig. Er schildert sich selbst ziemlich genau: «So begann sich in mir jenes zugleich stolze und zärtliche Herz zu bilden und zu offenbaren, jener weichliche und doch unbändige Charakter, der, stets zwischen Schwäche und Mut, Trägheit und Tugend schwankend, mich bis zum Ende in Widerspruch mit mir gesetzt hat.»[9]

Im Jahre 1722 geriet der Vater in Streit mit einem Hauptmann Gautier, schlug ihm die Nase blutig, wurde vor Gericht geladen, floh aus der Stadt, um der Verhaftung zu entgehen, und schlug seinen Wohnsitz in Nyon, zwanzig Kilometer von Genf entfernt, auf. Wenige Jahre später heiratete er wieder. François und Jean-Jacques blieben zurück in der Obhut ihres Onkels Gabriel Bernard. François kam in die Lehre zu einem Uhrmacher, lief davon und verschwand aus der Geschichte. Jean-Jacques und sein Vetter Abraham Bernard wurden in eine von dem Pfarrer Lambercier in dem benachbarten Dorf Bossey geleitete Internatsschule geschickt. «Dort lernten wir mit dem Latein auch all den nichtigen Kram, der unter dem Namen Erziehung verstanden wird.»[10] Der calvinistische Katechismus war ein wesentlicher Teil des Lehrplans.

Er liebte seine Lehrer, besonders die Schwester des Pfarrers, Fräulein Lambercier. Sie war dreißig, Jean-Jacques war elf, und so verliebte er sich in sie auf seine eigene, seltsame Art. Wenn sie ihn für irgendeine Ungezogenheit züchtigte, genoß er es, unter ihren Händen zu leiden: «Ich hatte dem Schmerz, der Schande selbst, eine Sinnlichkeit beigemischt gefunden, die mir mehr Lust als Furcht gemacht hatte, sie abermals durch die gleiche Hand zu erfahren.»[11] Als er sich weiterhin schlecht betrug, war das Vergnügen an der Strafe so offensichtlich, daß sie sich entschloß, ihn nie wieder zu schlagen. Ein masochistisches Element blieb in seinem erotischen Verhalten bestehen.

«So erreichte ich nicht nur bei einem sehr feurigen, sehr wollüstigen, sehr früh entwickelten Temperament dennoch das Alter der Mannbarkeit, ohne andere sinnliche Freuden zu begehren und zu kennen als die, von denen mir Fräulein Lambercier ganz unschuldig eine Vorstellung gegeben hatte, sondern es mußte mir auch, als mich endlich der Verlauf der Jahre zum Mann gemacht hatte, zum Schutz dienen, was mich hätte verderben müssen. Mein kindlicher Geschmack von früher verband sich, statt sich zu verlieren, so mit dem anderen, daß ich ihn nie aus den durch meine Sinne entzündeten Begierden tilgen konnte, und diese Narrheit, verbunden mit meiner natürlichen Schüchternheit, hat mich stets sehr wenig unternehmend bei den Frauen gemacht ... So habe ich mein Leben damit zugebracht, die Personen, die ich am meisten liebte, zu umwerben und doch bei ihnen zu schweigen ... Ich habe den ersten, peinlichsten Schritt in das dunkle und schmutzige Labyrinth meiner Bekenntnisse getan. Nicht das Verbrecherische ist es, dessen Eingeständnis am meisten Überwindung kostet, sondern das Lächerliche und Beschämende.»[12]

Es ist möglich, daß Rousseau in seinem späteren Leben ein Vergnügen in dem Gefühl fand, von der Welt, selbst von seinen Freunden schlecht behandelt zu werden.

Nach Fräulein Lamberciers Züchtigungen genoß er am meisten die herrliche Landschaft, die ihn umgab. «Das Landleben war für mich so neu ... ich fand daran einen so lebhaften Geschmack, daß er sich niemals verloren hat.»[13] Diese beiden Jahre in Bossey waren vermutlich die glücklichsten, die er je erlebte, trotz seiner Entdeckung der Ungerechtigkeit in der Welt. Für ein Vergehen bestraft, das er nicht begangen hatte, reagierte er mit anhaltendem Groll, und danach «begannen wir, heimlich zu sein, uns aufzulehnen, zu lügen. Alle Laster unseres Alters verdarben unsere Unschuld.»[14]

Er kam nie weiter in der formalen oder klassischen Bildung. Vielleicht waren sein Mangel an Gleichmut, Urteilskraft und Selbstbeherrschung, seine Unterordnung der Vernunft unter das Gefühl teilweise schuld an dem frühen Ende seiner Ausbildung. Im Jahre 1724 wurden er, damals zwölf Jahre alt, und sein Vetter in das Haus seines Onkels Bernard zurückgerufen. Er besuchte seinen Vater in Nyon und verliebte sich hier in ein Fräulein Vulson, das ihn abwies, und dann in Fräulein Goton, das «sich bei mir die größten Freiheiten erlaubte, ohne mir je eine gegen sich zuzugestehen»[15]. Nach einem Jahr des Schwankens wurde er einem Kupferstecher in Genf in die Lehre gegeben. Er zeichnete gern und lernte das Gravieren von Uhrgehäusen, doch sein Meister schlug ihn heftig wegen geringer Vergehen, und «seine Tyrannei impfte mir Laster ein, die ich sonst gehaßt hätte, wie das Lügen, Faulenzen und Stehlen». Der einst glückliche Junge wurde zu einem verdrießlichen und ungeselligen Introvertierten.

Er tröstete sich mit eifrigem Lesen von Büchern, die er aus einer nahegelegenen Bücherei entlieh, und mit Sonntagsausflügen auf das Land. Zweimal trieb er sich so lange auf den Feldern herum, daß er die Stadttore geschlossen fand, als er heimkehren wollte; er verbrachte die Nacht im Freien, meldete sich halbbetäubt zur Arbeit und empfing eine Extratracht Prügel. Bei einer dritten derartigen Gelegenheit veranlaßte ihn die Erinnerung an diese Prügel zu dem Entschluß, überhaupt nicht zurückzukehren. Noch nicht sechzehn, ohne Geld und mit keinem anderen Besitz als den Kleidern auf seinem Leibe, wanderte er am 15. März 1728 nach Confignon im katholischen Savoyen, etwa zehn Kilometer von Genf entfernt.

Hier klopfte er an die Türe des Dorfpriesters, Pater Benoît de Pontverre. Vielleicht hatte man ihm gesagt, der alte Pfarrer sei so darauf versessen, heimatlose Genfer zu bekehren, daß er sie gut füttere nach der Theorie, daß ein voller Magen einen orthodoxen Geist fördere. Er gab Jean-Jacques ein gutes Mittagsbrot und sagte zu ihm: «Gehen Sie nach Annecy. Dort werden Sie eine gute, sehr mildtätige Dame finden, der die Wohltaten des Königs die Möglichkeit geben, andere Seelen aus dem Irrtum zu reißen, dessen sie sich selbst entschlagen hat.»[16] Es handelte sich, fügt Rousseau hinzu, «um Frau von Warens, eine Neubekehrte, die die Priester in der Tat zwangen, eine ihr vom König von Sardinien gegebene Pension von zweitausend Franc mit dem Pack zu teilen, das seinen Glauben zu verkaufen kam». Der heimatlose Jüngling dachte, ein Teil dieser Pension könne eine Messe wert sein. Drei Tage später meldete er sich bei Frau Françoise-Louise de la Tour, Baronin von Warens.

Sie war neunundzwanzig Jahre alt, hübsch, anmutig, sanft, großmütig, reizvoll gekleidet; «man konnte unmöglich einen schöneren Kopf, einen schöneren Busen, schönere Hände und Arme sehen[17], alles in allem, sie war das beste Argument für den Katholizismus, dem Rousseau je begegnet war. In Vevey aus guter Familie geboren, wurde sie ziemlich jung mit Herrn (später Baron) von Warens aus Lausanne verheiratet. Nach einigen Jahren schmerzvoller Unverträglichkeit verließ sie ihn, überquerte den See nach Savoyen und gewann die Protektion des Königs Victor Amadeus, der damals in Évian weilte. Nachdem sie in Annecy Wohnsitz genommen hatte, trat sie in die katholische Kirche ein mit der Überzeugung, wenn sie das religiöse Ritual korrekt befolge, würde Gott ihr eine gelegentliche Liebschaft verzeihen; außerdem konnte sie nicht glauben, daß der sanfte Jesus Menschen – und sicherlich nicht eine schöne Frau – in die ewige Hölle schicken würde[18].

Jean-Jacques wäre mit Freuden bei ihr geblieben, doch sie war beschäftigt; sie gab ihm Geld und hieß ihn nach Turin gehen, um sich im Hospiz des Heiligen Geistes unterrichten zu lassen. Er wurde dort am 12. April 1728 aufgenommen und am 21. April nach dem römisch-katholischen Glauben getauft. Vierunddreißig Jahre später – acht Jahre nach seiner Rückkehr zum Protestantismus – beschrieb er mit Entsetzen seine Erlebnisse in dem Hospiz, einschließlich eines Angriffs auf seine Tugend durch einen maurischen Mitkatechumenen; in seiner Vorstellung hatte er sich mit Widerwillen, Scham und nach langem Zögern zur Bekehrung entschlossen. Doch offensichtlich paßte er sich den Bedingungen an, die er in dem Hospiz vorfand, denn er blieb, ohne gezwungen zu sein, über zwei Monate dort, nachdem er in die Kirche von Rom aufgenommen worden war[19].

Er verließ das Hospiz im Juli, versehen mit sechsundzwanzig Franken. Nach einigen Tagen des neugierigen Umherstreifens fand er Arbeit in einem Laden, in den ihn das gute Aussehen der Dame hinter der Theke gelockt hatte. Er verliebte sich sofort in sie; bald kniete er flehend vor ihr nieder und bot ihr lebenslängliche Verehrung an. Frau Basile lächelte, gewährte ihm jedoch nicht mehr als eine Berührung ihrer Hand; außerdem erwartete sie jeden Augenblick die Rückkehr ihres Gatten. «Mein geringer Erfolg bei den Frauen rührte nur daher, daß ich sie zu sehr liebte»[20]. Doch es war seine Natur, in der Betrachtung größere Ekstase zu empfinden als in der Erfüllung. Er erleichterte seine Not «... durch jenen gefährlichen Ausweg, der die Natur betrügt und junge Leute meiner Sinnesart vor vielen Ausschweifungen bewahrt, freilich auf Kosten ihrer Gesundheit, ihrer Kraft, manchmal sogar ihres Lebens»[21]. Diese Gewohnheit, durch abschreckende Verbote ins Hektische gesteigert, hat vielleicht eine geheime Rolle gespielt bei der Entwicklung seiner Reizbarkeit, seiner romantischen Einfälle, seines Unbehagens in Gesellschaft, seiner Liebe zur Einsamkeit. In diesem Punkte sind die *Bekenntnisse* von beispielloser Offenheit:

«Mein erhitztes Blut füllte unaufhörlich mein Hirn mit Mädchen und Frauen ... in der Einbildung seltsamer Weise nach meinem alten Geschmack ... Diese Gedanken hielten meine Sinne in einer sehr lästigen Tätigkeit ... Meine Aufregung wuchs so sehr, daß ich meine Begierden, da ich sie nicht stillen konnte, durch die sonderbarsten Manöver anfachte. Ich suchte dunkle

Alleen, abgelegene Orte auf, wo ich mich fern weiblichen Personen in dem Zustand zeigen konnte, in dem ich bei ihnen hätte sein mögen. Was sie sahen, war nichts Unzüchtiges, daran dachte ich nicht einmal; es war nur lächerlich ... Das dumme Vergnügen, das ich empfand, mich ihren Augen bloßzustellen, läßt sich nicht beschreiben. Es bedurfte nur eines Schrittes darüber hinaus, um der ersehnten Behandlung ... teilhaftig zu werden; und ich zweifle nicht, daß mir irgendeine Entschlossene beim Vorübergehen dies Vergnügen verschafft hätte, würde ich die Kühnheit gehabt haben zu warten ...

Eines Tages stellte ich mich in den Hintergrund eines Hofs, wo ein Brunnen war, von dem die Mädchen des Hauses oft Wasser holten ... Ich bot den zum Brunnen kommenden Mädchen ein mehr lächerliches als verführerisches Schauspiel. Die Klügsten taten, als sähen sie nichts, andere begannen zu lachen, andere wieder glaubten sich beleidigt und schlugen Lärm.»

Leider bot sich kein Mädchen an, ihn zu schlagen. Statt dessen kam ein Wächter mit großem Säbel und schrecklichem Schnurrbart, gefolgt von vier oder fünf alten, mit Besen bewaffneten Weibern. Rousseau rettete sich, indem er erklärte, «er sei ein junger Fremder von hoher Geburt, der im Kopf nicht richtig sei», dessen Mittel es ihm jedoch später ermöglichten, ihre Vergebung zu belohnen. Der «schreckliche Mann wurde dadurch gerührt» und ließ ihn laufen, sehr zum Mißvergnügen der alten Weiber[22].

Inzwischen hatte er Beschäftigung gefunden als livrierter Lakai im Dienst von Frau von Vercellis, einer Dame aus Turin von hoher Kultur. Hier beging er ein Verbrechen, das für den Rest seines Lebens schwer auf seinem Gewissen lastete. Er stahl eines von Madames bunten Bändern. Als man ihn des Diebstahls anklagte, behauptete er, eine andere Dienerin hätte ihm das Band gegeben. Marion, die vollkommen unschuldig war, warf ihm prophetisch vor: «Ach Rousseau, ich hielt Sie für einen guten Menschen. Sie machen mich sehr unglücklich; aber ich möchte nicht an Ihrer Stelle sein!»[23] Sie wurden beide entlassen. In den *Bekenntnissen* schreibt Rousseau:

«Ich weiß nicht, was aus diesem Opfer meiner Verleumdung wurde; aber wahrscheinlich hat sie danach nicht leicht eine gute Stellung gefunden. Es haftete eine ihre Ehre in jeder Beziehung schädigende Beschuldigung an ihr ... Diese grausame Erinnerung ... liegt also bis heute ohne Erleichterung auf meinem Gewissen, und ich kann sagen, daß der Wunsch, sie einigermaßen von mir zu wälzen, viel zu dem Entschluß beigetragen hat, meine Bekenntnisse zu schreiben.»[24]

Diese sechs Monate als Lakai hinterließen Spuren in seinem Charakter. Trotz seiner Überzeugung, ein Genie zu sein, gelangte er nie zu wahrer Selbstachtung. Ein junger Priester, den er kennenlernte, während er im Dienste von Frau von Vercellis stand, ermutigte ihn, zu glauben, daß er seine Fehler überwinden könne, wenn er ernsthaft danach strebe, der Morallehre Christi zu folgen. Jede Religion, sagte «Herr Gaime», ist gut, wenn sie christliches Verhalten verbreitet; daher, sagte er, würde Jean-Jacques glücklicher sein, wenn er in seine Heimat und zu seinem ursprünglichen Glauben zurückkehren würde. Diese Ansichten «eines der besten Menschen, die ich je kannte», hafteten in Rousseaus Gedächtnis und inspirierten berühmte Seiten in seinem *Émile*. Ein Jahr später, im Seminar von St-Lazare, begegnete er einem anderen Priester, Abbé Gâtier, einem «sehr sanften Herzen», der nicht befördert wurde, weil er eine Jungfrau in seiner Gemeinde geschwängert hatte. «Dies», bemerkt Rousseau, «war ein schrecklicher Skandal in einer strengverwalteten Diözese. Die Priester sollen nach guten Regeln nur verheiratete Frauen schwängern.»[25] Aus «diesen beiden wertvollen Priestern formte ich den Charakter des savoyischen Vikars».

Im Frühsommer 1729 hörte Rousseau, jetzt siebzehn, wieder den Ruf der Landstraße. Außerdem hoffte er, bei Frau von Warens eine Beschäftigung zu finden, die weniger verletzend war für seinen Stolz. Zusammen mit einem lustigen Burschen aus Genf namens Bâcle wanderte er von Turin über den Mont-Cenis-Paß nach Chambéry und Annecy. Seine romantische Feder färbte die Empfindungen, mit denen er sich dem Wohnsitz von Frau von Warens näherte. «Meine Füße zitterten unter mir, meine Augen bedeckte ein Schleier, ich sah nichts, hörte nichts, hätte niemand erkannt; ich mußte mehrmals stehenbleiben, um Atem zu schöpfen und mich zu fassen.»[26] Zweifellos war er seines Empfanges unsicher. Wie sollte er ihr alle seine Missetaten erklären, die er begangen hatte, seit er sie verließ? «Kaum zeigte ich mich den Augen der Frau von Warens, als ihre Miene mich beruhigte. Ich zitterte beim ersten Ton ihrer Stimme, ich stürzte mich zu ihren Füßen und drückte im Entzücken der letzten Freude meinen Mund auf ihre Hand.»[27] Sie nahm ihm seine Verehrung nicht übel. Sie fand ein Zimmer für ihn in ihrem Haus, und als einige Augenbrauen sich hoben, sagte sie: «Man mag sagen, was man will! Doch da die Vorsehung ihn mir zurückschickt, bin ich entschlossen, ihn nicht zu verlassen.»

III. MAMAN: 1729–1740

Jean-Jacques fühlte sich heftig zu ihr hingezogen, wie jeder Jüngling von einer Frau von dreißig Jahren. Er küßte heimlich das Bett, auf dem sie geschlafen, den Stuhl, auf dem sie gesessen hatte, «sogar den Boden, auf den ich mich streckte, im Gedanken, daß sie über ihn gegangen war»[28] (wir haben den Verdacht, daß hier die Dichtung die Oberhand über die Wahrheit gewann); und er war wütend eifersüchtig auf alle, die sich mit ihm um ihre Zeit bewarben. Sie ließ ihn schnurren und nannte ihn *petit chat* (Kätzchen) und *enfant;* allmählich fand er sich damit ab, sie Maman zu nennen. Sie beschäftigte ihn damit, Briefe zu schreiben, ihre Bücher zu führen, Kräuter zu sammeln und ihr bei ihren alchimistischen Experimenten zu helfen. Sie gab ihm Bücher zu lesen – *The Spectator,* Pufendorf, Saint-Évremond, Voltaires *Henriade.* Sie selbst liebte es, in Bayles *Dictionnaire historique et critique* zu blättern. Sie ließ sich von ihrer Theologie nicht stören, und wenn sie Gefallen an dem Zusammensein mit Pater Gros, dem Superior des lokalen Seminars, fand, dann vielleicht deshalb, weil er ihr half, ihr Korsett zu schnüren. «Während er ihn – den Dienst – ausübte, lief sie durch das Zimmer von einer Seite zur anderen und tat bald dies, bald das. Von dem Schnürband gezogen, folgte der Herr Supérieur scheltend und fortwährend rufend: 'Aber, Madame, bleiben Sie doch!' Das war ein recht malerisches Bild.»[29]

Es war vielleicht dieser lustige Priester, der anregte, daß Jean-Jacques, obwohl er alle Merkmale der Dummheit trug, vielleicht genug Bildung verdauen könne, um einen Dorfpfarrer abzugeben. Frau von Warens, glücklich, eine Laufbahn für ihn zu finden, stimmte zu. So trat Rousseau im Herbst 1729 in das Seminar von St-Lazare ein und bereitete sich auf die Priesterschaft vor. Zu dieser Zeit hatte er sich bereits an den Katholizismus gewöhnt, sich für ihn begeisterte[30]. Er liebte sein feierliches Ritual, seine Prozessionen, seine Musik und seinen Weihrauch, seine Glocken, die jeden Tag zu verkünden schienen, daß Gott in seinem Himmel war und daß alles mit der Welt in Ordnung war oder sein würde; außerdem konnte keine Religion schlecht sein, die Frau von Warens fesselte und versöhnte. Doch er hatte so wenig formale Erziehung genossen, daß er zunächst einen konzentrierten Kursus in der lateinischen Sprache absolvieren mußte. Er konnte ihre Deklinationen, Konjugationen und Ausnahmen nicht mit Geduld ertragen; nach fünf Monaten vergeblicher Bemühungen schickte sein Lehrer ihn zurück zu Frau von Warens mit dem Bescheid, daß er «ein leidlich guter Junge» sei, doch nicht geeignet für den geistlichen Stand.

Sie versuchte es von neuem. Da sie seine Begabung für Musik entdeckt hatte, führte sie ihn bei Nicoloz Le Maître, dem Organisten an der Kathedrale von Annecy, ein. Jean-Jacques wohnte bei ihm während des Winters 1729/30, getröstet durch den Umstand, daß er nur zwanzig Schritte von Maman entfernt lebte. Er sang im Chor und spielte die Flöte; er liebte die katholischen Hymnen, er wurde gut verköstigt und war glücklich. Alles wäre gutgegangen, wenn Herr Le Maître nicht zuviel getrunken hätte. Eines Tages geriet der kleine Chorleiter mit seinen Vorgesetzten in Streit, packte seine Musik in eine Schachtel und verließ Annecy. Frau von Warens forderte Rousseau auf, ihn nach Lyon zu begleiten. Hier brach Le Maître, vom Delirium tremens befallen, ohnmächtig auf der Straße zusammen. Erschreckt bat Jean-Jacques die Vorbeigehenden, ihm zu helfen. Er gab ihnen die Adresse, die der Musikmeister suchte, und floh zurück nach Annecy und Maman. «Die Zärtlichkeit und Aufrichtigkeit meiner Neigung für sie hatten in meinem Herzen alle lustigen Pläne, alle ehrgeizigen Narreteien ausgerottet. Ich sah kein anderes Glück mehr als das, neben ihr zu leben, und ich tat keinen Schritt, ohne zu fühlen, daß ich mich von diesem Glück entfernte.»[31] Es muß daran erinnert werden, daß er erst achtzehn Jahre alt war.

Als er Annecy erreichte, stellte er fest, daß Madame nach Paris abgereist war, und niemand wußte, wann sie zurückkehren würde. Er war verzweifelt. Tag für Tag wanderte er ziellos durch die Landschaft, tröstete sich mit den Farben des Frühlings und dem hübschen Geschnatter der zweifellos verliebten Vögel. Er liebte es über alles, früh aufzustehen und zu beobachten, wie die Sonne triumphierend über dem Horizont aufging. Auf einem dieser Streifzüge erblickte er zwei junge berittene Damen, die ihre widerstrebenden Pferde drängten, einen Bach zu durchwaten. In einem Anfall von Heroismus packte er eines der Pferde beim Zügel und führte es durch das Wasser, während das andere folgte. Er wollte weitergehen, doch die Mädchen bestanden darauf, daß er sie zu einer Hütte begleitete, wo er seine Schuhe und Strümpfe trocknen könnte. Fräulein G. forderte ihn auf, sich hinter sie auf das Pferd zu setzen. «Als ich sie umfassen mußte, um mich zu halten, klopfte mein Herz so stark, daß sie es bemerkte»[32]. In diesem Augenblick begann er seiner Verliebtheit in Frau von

Warens zu entwachsen. Die drei jungen Leute verbrachten den Tag zusammen beim Picknick. Rousseau ging so weit, einem der Mädchen die Hand zu küssen; dann verließen sie ihn. In Hochstimmung kehrte er nach Annecy zurück und nahm es kaum zur Kenntnis, daß Maman nicht da war. Er versuchte, die jungen Damen wieder ausfindig zu machen, doch es gelang ihm nicht.

Bald war er wieder einmal unterwegs. Diesmal begleitete er die Zofe von Frau von Warens nach Freiburg im Üechtland. Über Genf, das sie auf ihrer Reise berührten, schrieb er: «Niemals habe ich die Mauern dieser glücklichen Stadt gesehen, ohne eine gewisse Herzschwäche zu fühlen, die aus übermäßiger Zuneigung kam ... das edle Bild der [republikanischen] Freiheit erhob mir die Seele.»[33] Von Freiburg wanderte er nach Lausanne. Von allen in der Geschichte bekannten Schriftstellern war er der hingebungsvollste Wanderer. Von Genf nach Turin, nach Annecy, nach Lausanne, nach Neuchâtel, nach Bern, nach Chambéry, nach Lyon kannte er die Straßen und genoß dankbar die Landschaften, ihre Düfte und Laute.

«Ich wandere gern nach meinem Gefallen und mache halt, wenn es mir paßt. Ein Wanderleben ist das, was ich brauche. Zu Fuß meinen Weg machen, bei schönem Wetter, in schöner Landschaft, ohne Eile, als Ziel meiner Reise vor mir etwas Angenehmes, diese Lebensweise ist am meisten von allen nach meinem Geschmack.»[34]

Sich unbehaglich fühlend in der Gesellschaft gebildeter Männer, scheu und wortlos vor schönen Frauen, fühlte er sich glücklich, wenn er alleine war mit Wäldern und Feldern, mit Wasser und Himmel. Er machte die Natur zu seiner Vertrauten und erzählte ihr in stummem Gespräch seine Lieben und Träume. Er bildete sich ein, daß die Stimmungen der Natur zuzeiten mit den seinen in einen mystischen Gleichklang träten. Obwohl er nicht der erste war, der die Menschen die Lieblichkeit der Natur empfinden ließ, war er ihr eifrigster und erfolgreichster Apostel; die Hälfte der Naturpoesie seit Rousseau ist von ihm befruchtet. Haller hatte die Majestät der Alpen empfunden und beschrieben, Rousseau jedoch machte die Hänge der Schweiz am Nordufer des Genfersees zu seinem besonderen Bereich und entdeckte für die nachfolgenden Jahrhunderte den Duft ihrer Weinbergterrassen. Als er einen Ort für das Heim seiner Julie und seines Wolmar suchen mußte, verpflanzte er sie hierher, nach Clarens zwischen Vevey und Montreux, in ein irdisches Paradies, in dem sich Berge, Grün, Wasser, Sonne und Schnee vereinigten.

Da er in Lausanne ohne Erfolg blieb, ging Rousseau nach Neuchâtel: «Hier ... lernte ich allmählich die Musik, indem ich sie lehrte.»[35] Im nahen Boudry lernte er einen griechischen Prälaten kennen, der Geld für die Restaurierung des Heiligen Grabes in Jerusalem sammelte. Rousseau schloß sich ihm als Dolmetscher an, doch in Solothurn verließ er ihn und wanderte über die Grenze nach Frankreich. Auf dieser Wanderung betrat er eine Hütte und fragte, ob er etwas zu essen kaufen könnte. Der Bauer bot ihm Gerstenbrot und Milch an, erklärte, dies sei alles, was er habe. Doch als er sah, daß Jean-Jacques kein Steuereinnehmer war, öffnete er eine Falltüre, stieg hinab und kam zurück mit Weizenbrot, Schinken und Wein. Rousseau bot ihm Bezahlung an; der Bauer lehnte ab und erklärte, er müsse seine besseren Lebensmittel verbergen, um nicht zusätzliche Steuer zahlen zu müssen. «Alles, was er mir darüber sagte, ... machte mir einen unauslöschlichen Eindruck. Es war der Keim jenes untilgbaren Hasses, der sich seitdem in meinem Herzen gegen die Plagen, die das unglückliche Volk erträgt, und gegen seine Bedrücker entwickelte.»[36]

In Lyon verbrachte er mehrere Tage ohne Obdach, schlief auf Parkbänken oder auf der Erde. Für eine Zeitlang fand er Arbeit als Notenkopist. Als er dann erfuhr, daß Frau von Warens in Chambéry (siebzig Kilometer östlich) wohnte, begab er sich zu ihr. Sie besorgte ihm eine Stellung als Sekretär bei dem lokalen Intendanten (1732–1734). Inzwischen lebte er unter ihrem Dach, und sein Glück wurde nur mäßig geschmälert durch die Entdeckung, daß ihr Verwalter, Claude Anet, auch ihr Liebhaber war. Daß seine eigene Leidenschaft erloschen war, geht klar hervor aus einer einzigartigen Passage in den *Bekenntnissen:*

«Trotzdem berührte es mich schmerzlich, daß jemand mit ihr in größerer Vertraulichkeit als ich leben konnte ... Statt indes gegen den, der sie mir weggenommen hatte, Abneigung zu empfinden, fühlte ich in Wahrheit meine Zuneigung für sie auch auf ihn übergehen. Ich wünschte vor allem ihr Glück, und da sie seiner dazu bedurfte, war ich zufrieden, daß auch er glücklich wäre. Er seinerseits ging vollkommen auf die Gedanken seiner Herrin ein und nahm den von ihr erwählten Freund in aufrichtiger Freundschaft auf; ... so lebten wir in einem Bunde, der uns alle glücklich machte und den nur der Tod hat lösen können. Ein Beweis von der Vortrefflichkeit des Charakters dieser liebenswürdigen Frau ist, daß alle, die sie liebten, auch einander liebten. Die Eifersucht, ja die Nebenbuhlerschaft wich dem herrschenden Gefühl, das sie einflößte, und ich sah nie einen von denen, die sie umgaben, dem andern übelwollen. Mögen meine Leser bei diesem Lobe in ihrer Lektüre einen Augenblick innehalten, und wenn sie, darüber nachdenkend, irgendeine andere Frau finden, von der sie das gleiche sagen können, sollen sie sich um der Ruhe ihres Lebens willen an sie anschließen.»[37]

Der nächste Schritt in diesem polygonalen Liebesverhältnis stand im Widerspruch zu allen Regeln des Ehebruchs. Als sie bemerkte, daß eine Nachbarin, Frau von Menthon, den Ehrgeiz hatte, die erste zu sein, die Jean-Jacques die Kunst der Liebe beibringen sollte, bot Frau von Warens, entweder weil sie auf diese Auszeichnung nicht verzichten wollte oder weil sie den Jüngling von weniger zärtlichen Armen fernzuhalten wünschte, sich ihm als Geliebte an, unbeschadet ihrer gleichen Dienste für Anet. Jean-Jacques brauchte acht Tage, die Sache zu überlegen: im Laufe ihrer langen Bekanntschaft waren seine Gefühle ihr gegenüber eher kindlich als sinnlich geworden; «ich liebte sie zu sehr, um sie zu begehren»[38]. Er litt bereits an den Krankheiten, die ihn bis an sein Ende verfolgen sollten – Entzündung der Blase und Verengung der Harnröhre. Schließlich ging er, mit aller gebotenen Bescheidenheit, auf ihren Vorschlag ein.

«Der mehr gefürchtete als ersehnte Tag kam endlich ... Mein Herz bekräftigte meine Beteuerungen, ohne den Lohn dafür zu begehren. Ich erhielt ihn trotzdem. Zum erstenmal sah ich mich in den Armen einer Frau, und einer Frau, die ich anbetete. War ich glücklich? Nein, ich genoß nur die Lust. Ich weiß nicht, welch unüberwindliche Traurigkeit mir ihren Reiz vergiftete. Mir war, als hätte ich Blutschande begangen. Zwei- oder dreimal benetzte ich, während ich sie entzückt in meine Arme schloß, ihren Busen mit Tränen. Sie war weder traurig noch lebhaft, sie war zärtlich und ruhig. Da sie wenig sinnlich war und durchaus nicht die Wollust gesucht hatte, empfand sie kein Entzücken und hat nie Gewissensbisse gehabt.»[39]

In Erinnerung an dieses entscheidende Ereignis machte Rousseau das Gift der Philosophie für die Handlungsweise von Madame verantwortlich.

«Ich wiederhole es: alle ihre Fehler kamen von ihren Irrtümern, nie von ihren Leidenschaften. Sie war aus gutem Hause, ihr Herz war rein, sie liebte den Anstand, ihre Neigungen waren redlich und tugendhaft. Ihr Geschmack war fein, sie war für eine Sittenreinheit geschaffen, die sie stets geliebt, aber nie befolgt hat, weil sie, statt auf ihr Herz zu hören, das sie gut leitete, auf ihre Vernunft hörte, die sie schlecht leitete ... Aber leider war sie auf ihre Philosophie stolz, und die Moral, die sie sich gemacht hatte, verdarb die, die ihr Herz ihr diktierte.»[40]

Anet starb im Jahre 1734. Rousseau verließ seine Stellung bei dem Intendanten und übernahm die Führung der Geschäfte von Madame. Er stellte fest, daß sie in gefährlichem Durcheinander waren, dem Bankrott nahe. Er verschaffte sich einige Einkünfte durch Musikunterricht. Im Jahre 1737 erhielt er dreitausend Franken aus der Erbschaft seiner Mutter; für einen Teil dieses Geldes kaufte er Bücher, den Rest gab er Frau von Warens. Er wurde krank, und Maman pflegte ihn zärtlich. Da ihr Haus keinen Garten hatte, hatte sie 1736 ein Sommerhaus in der Vorstadt gemietet, Les Charmettes. Hier «verlief mein Leben in fast absoluter Heiterkeit». Obwohl er «es nie liebte, in einem Zimmer zu beten», fühlte er sich draußen gedrängt, Gott für die Schönheit der Natur und für Frau von Warens zu danken und den göttlichen Segen für ihre Vereinigung zu erbitten. Zu jener Zeit fühlte er sich der katholischen Theologie fest verbunden, mit einem dunklen jansenistischen Anflug. «Die Furcht vor der Hölle trübte allmählich meine Zuversicht.»[41]

Geplagt von «vapeurs» – einer damals modischen Form der Hypochondrie – und in dem Glauben, er habe einen Polypen in der Nähe des Herzens, reiste er mit der Postkutsche nach Montpellier. Unterwegs verschaffte er seiner Melancholie Erleichterung durch ein angebliches Verhältnis mit Frau von Larnage (1738), der Mutter eines fünfzehn Jahre alten Mädchens. Als er nach Chambéry zurückgekehrt war, stellte er fest, daß Frau von Warens eine ähnliche Kur versuchte; sie hatte einen jungen Perückenmacher namens Jean Wintzenried zu ihrem neuen Geliebten gemacht. Rousseau protestierte; sie nannte ihn kindisch und versicherte ihm, in ihrer Liebe sei Platz für zwei Jeans. Er weigerte sich, «sie so zu degradieren», und erbot sich, wieder seinen *status quo ante* als Sohn einzunehmen. Sie erklärte sich einverstanden, doch ihr Groll darüber, daß er so bereitwillig auf sie verzichtete, kühlte ihre Leidenschaft für ihn ab. Er zog sich nach Les Charmettes zurück und ergab sich der Philosophie.

Jetzt zum erstenmal (etwa 1738) verspürte er den frischen Wind der Aufklärung, der von Paris und Cirey herüberwehte. Er las einige Werke von Newton, Leibniz und Pope und blätterte sich durch das Labyrinth von Bayles *Dictionnaire*. Er begann wieder Latein zu studieren, machte alleine größere Fortschritte als früher mit Lehrern und brachte es so weit, daß er Stücke von Vergil, Horaz und Tacitus sowie eine lateinische Übersetzung von Platons Dialogen lesen konnte. La Bruyère, Pascal, Fénelon, Prévost und Voltaire wurden für ihn eine schwindelerregende Offenbarung. «Nichts von dem, was Voltaire schrieb, entging uns ... Er erweckte in mir den Wunsch, elegant schreiben zu lernen und das schöne Kolorit dieses Schriftstellers, das mich entzückte, nachzuahmen zu versuchen.»[42] Unmerklich verlor die alte Theologie, die der Rahmen seines Denkens gewesen war, ihre Form und Kraft, und ohne Entsetzen stellte er fest, daß er Hunderten von ketzerischen Gedanken nachging, die ihm in seiner Jugend skandalös erschienen wären. Ein fast leidenschaftlicher Pantheismus ersetzte den Gott der Bibel. Es gab einen Gott, jawohl, und das Leben wäre bedeutungslos und unerträglich ohne ihn; doch er war nicht der äußerliche, rachsüchtige Gott, erfunden von grausamen und furchtsamen Menschen, er war die Seele der Natur, und die Natur war im wesentlichen schön und die menschliche Natur war in ihrem Grunde gut. Hierauf und auf Pascal baute Rousseau seine Philosophie auf.

Im Jahre 1740 besorgte ihm Frau von Warens eine Stellung als Lehrer bei den Kindern des Bürgermeisters von Lyon, Jean Bonnot de Mably. Sie trennten sich ohne gegenseitige Vorwürfe; sie bereitete seine Garderobe für die Reise vor und webte für ihn einige Kleidungsstücke mit ihren einstmals so zärtlichen Händen.

IV. LYON, VENEDIG, PARIS: 1740–1749

Die Familie Mably war ein neuer intellektueller Anreiz für Rousseau. Der Bürgermeister war der älteste von drei berühmten Brüdern. Einer war der Beinahe-Kommunist Gabriel Bonnot de Mably, der andere der Beinahe-Materialist Abbé Étienne Bonnot de Condillac, und Rousseau lernte sie alle drei kennen. Natürlich verliebte er sich in Frau von Mably, doch sie war Dame genug, keine Notiz davon zu nehmen, und Jean-Jacques mußte sich um seine eigentliche Aufgabe, die Erziehung ihrer beiden Söhne, kümmern. Er verfaßte für Herrn von Mably eine Darstellung seiner pädagogischen Ideen. Diese stimmten teilweise mit den freidenkerischen Prinzipien überein, die zwanzig Jahre später in *Émile* ihre klassische romantische Bedeutung finden sollten, teilweise widersprachen sie seiner späteren Ablehnung der «Kultur», denn sie anerkannten den Wert der Künste und der Wissenschaften in der Entwicklung der Menschheit. In häufigem Umgang mit Männern wie Professor Bordes von der Lyoner Akademie (der ein Freund Voltaires war) nahm er immer mehr von der Aufklärung in sich auf und lernte, über Unwissenheit und Aberglauben des Volkes zu lachen. Doch dem Jünglingsalter entwuchs er nicht. Als er eines Tages in eine öffentliche Badeanstalt hineinspähte, sah er eine junge Frau vollkommen nackt; sein Herz hörte auf zu schlagen. In die Heimlichkeit seines Zimmers zurückgekehrt, schrieb er ihr einen kühnen, aber anonymen Brief:

> «Ich wage Ihnen kaum zu gestehen, Mademoiselle, welchen Umständen ich das Glück verdanke, Sie gesehen zu haben, und die Qual, Sie zu lieben ... Es ist weniger diese leichte und schlanke Figur, die nichts durch die Nacktheit verliert, es ist weniger diese elegante Form, diese reizvollen Konturen; ... es ist nicht so sehr die Frische von Lilien, die in solcher Fülle ihre Person umgibt – sondern jenes sanfte Erröten ... das ich Ihre Stirn bedecken sah, als ich mich Ihrem Anblick darbot, nachdem ich mich ungeschickterweise verraten hatte, indem ich ein Couplet sang.»[43]

Er war jetzt alt genug, um sich in *junge* Frauen zu verlieben. Nahezu jedes annehmbare Mädchen brachte ihn zum Schmachten und Träumen, insbesondere aber Suzanne Serre. «Einmal – leider nur einmal in meinem Leben! – berührte mein Mund den ihren. O Erinnerung! Soll ich Dich im Grabe verlieren?» Er begann ans Heiraten zu denken, doch er gestand: «Ich habe nichts zu bieten als mein Herz.»[44] Da dies kein gesetzliches Zahlungsmittel war, nahm Suzanne die Hand eines anderen, und Rousseau zog sich in seine Träume zurück.

Er war weder für einen erfolgreichen Liebhaber noch für einen guten Lehrer geschaffen.

«Ich hatte ungefähr die für einen Erzieher nötigen Kenntnisse ... Die Sanftmut meiner Natur hätte mich zu diesem Beruf befähigt, wenn nicht meine stürmischen Aufwallungen dazugekommen wären. Solange alles gut ging und ich meine Sorgen und Mühen, die ich damals nicht sparte, von Erfolg begleitet sah, war ich ein Engel; ich war aber ein Teufel, wenn die Dinge quergingen. Wenn meine Zöglinge mich nicht verstanden, war ich außer mir; und wenn sie sich boshaft zeigten, hätte ich sie töten mögen ... Ich entschloß mich, meine Schüler zu verlassen, fest davon überzeugt, daß es mir nie glücken würde, sie gut zu erziehen. Herr von Mably sah all das so gut wie ich. Indes, glaube ich, hätte er es nie über sich gewonnen, mich wegzuschikken, wenn ich ihn nicht der Mühe entledigt hätte.»[45]

So nahm er, traurig resignierend oder gnädig entlassen, die Postkutsche zurück nach Chambéry, von neuem Trost suchend in Mamans Armen. Sie nahm ihn freundlich auf und gab ihm einen Platz an ihrem Tisch neben ihrem Liebhaber; doch er war nicht glücklich in dieser Situation. Er vergrub sich in Bücher und Musik und erfand ein System der Musikschrift, das Zahlen anstatt Noten verwendete. Als er sich entschloß, nach Paris zu gehen und seine Erfindung der Akademie der Wissenschaften zu unterbreiten, lobte jedermann seinen Plan. Im Juli 1742 kehrte er nach Lyon zurück, um sich Einführungsbriefe bei Standespersonen in der Hauptstadt zu besorgen. Die Mablys gaben ihm Empfehlungsbriefe für Fontenelle und den Grafen von Caylus, und Bordes führte ihn bei dem Herzog von Richelieu ein. Von Lyon aus nahm er, von Größe träumend, die öffentliche Postkutsche nach Paris.

Frankreich war zu jener Zeit in den Österreichischen Erbfolgekrieg (1740–1748) verwickelt. Da aber der Konflikt auf fremdem Boden ausgetragen wurde, ging in Paris das Leben weiter mit seinen ausschweifenden Lustbarkeiten, seiner geistigen Agitation, seinen von Racine beherrschten Theatern, seinen Salons, in denen die Ketzerei blühte und der Witz funkelte, seinen Bischöfen, die Voltaire lasen, seinen Bettlern und Straßenmädchen, seinen fliegenden Händlern, die ihre Waren ausriefen, seinen Handwerkern, die im Schweiße ihres Angesichts ihr Brot verdienten. In diesen Strudel kam Jean-Jacques Rousseau im August 1742, jetzt dreißig Jahre alt, mit fünfzehn Pfund in seiner Börse. Er nahm ein Zimmer im Hotel St-Quentin, Rue des Cordeliers, in der Nähe der Sorbonne. – «Eine häßliche Straße, ein häßliches Gasthaus, ein häßliches Zimmer.»[46] Am 22. August unterbreitete er der Akademie sein *Projet concernant de nouveaux signes pour la notation musicale*. Die Gelehrten lehnten seinen Plan mit hübschen Komplimenten ab. Rameau erklärte: «Ihre Zeichen sind sehr gut ..., aber sie sind schlecht, insofern sie eine geistige Tätigkeit erfordern, die nicht immer der

Schnelligkeit der Ausführung zu folgen vermag. Die Stellung unserer Noten ... malt sich dem Auge, ohne daß es dieser Tätigkeit bedürfte.»[47] Rousseau gab zu, daß dieser Einwand unwiderlegbar war.

Inzwischen hatten ihm seine Einführungsbriefe Zugang zu Fontenelle verschafft, der, jetzt fünfundachtzig, zu behutsam mit seiner Lebenskraft umging, um ihn ernst zu nehmen, und zu Marivaux, der, obwohl durch seinen Erfolg als Novellist und Dramatiker stark in Anspruch genommen, Rousseaus Komödie *Narcisse* las und Verbesserungen vorschlug. Der Neuling lernte Diderot kennen, der, ein Jahr jünger als Jean-Jacques, damals noch nichts von Bedeutung veröffentlicht hatte.

«Er liebte die Musik; er verstand sich auf ihre Theorie ... Er erzählte mir auch von seinen geplanten Werken. Das bildete bald zwischen uns einen vertrauteren Bund, der fünfzehn Jahre gehalten hat und wahrscheinlich noch dauern würde, wenn ich leider nicht ... mich dem gleichen Beruf wie er zugewandt hätte.»[48]

Mit Diderot ging er ins Theater oder spielte Schach. In diesem Spiel maß sich Rousseau mit Philidor und anderen Experten und «zweifelte nicht, daß ich endlich stärker als sie alle werden würde»[49]. Er fand Eingang in das Haus und den Salon von Frau Dupin, der Tochter des Bankiers Samuel Bernard, und schloß Freundschaft mit ihrem Stiefsohn Claude Dupin de Francueil. Inzwischen war seine Börse leer geworden.

Er begann sich nach einer Beschäftigung umzusehen, um nicht ausschließlich auf die Unterstützung seiner Freunde angewiesen zu sein. Durch Frau von Besenvals Einfluß wurde ihm der Sekretärsposten bei der französischen Botschaft in Venedig angeboten. Nach einer langen, infolge des Krieges gefährlichen Reise erreichte er Venedig im Frühling 1743 und meldete sich bei dem Botschafter, dem Grafen von Montaigu. Dieser Graf, versichert uns Rousseau, war nahezu Analphabet. Der Sekretär mußte Dokumente sowohl entziffern als auch verfassen und überbrachte die Botschaften der französischen Regierung persönlich dem venezianischen Senat. Er hatte das in Turin erlernte Italienisch nicht vergessen. Er war stolz auf seinen neuen Stand und beklagte sich, daß ihm ein Handelsschiff, das er besichtigte, nicht den Kanonensalut gab, obwohl «man ihn Leuten zukommen ließ, die uns gewiß nicht gleichstanden»[50]. Chef und Angestellter stritten sich darüber, wer die Gebühren für die Pässe nach Frankreich einstecken sollte, die der Sekretär ausgab. Mit seinem Anteil konnte sich Rousseau manches leisten; er aß ungewöhnlich gut, besuchte Theater und Oper und verliebte sich in die italienische Musik und die italienischen Frauen.

«Um nicht als allzu großer Dummkopf bei meinen Kollegen zu erscheinen», besuchte er eine Prostituierte, La Padoana. Er forderte sie auf zu singen; sie tat es. Er gab ihr einen Dukaten und wollte gehen. Sie weigerte sich, das Geld zu nehmen, ohne es verdient zu haben. Er stellte sie zufrieden und kehrte in seine Wohnung zurück, «so überzeugt, daß ich angesteckt wäre, daß das erste, was ich bei meiner Ankunft tat, war, den Chirurgen holen zu lassen und ihn um Tisanen zu bitten». Doch der Doktor «redete mir ein, ich wäre so eigentümlich gebaut, daß ich nicht leicht angesteckt werden könnte»[51]. Einige Zeit später gaben seine Freunde ihm ein Fest, bei dem die hübsche Dirne Zulietta der Preis sein sollte. Sie nahm ihn mit auf ihr Zimmer und entkleidete sich. «Doch statt der Flammen, die mich verzehrten, fühlte ich plötzlich eine tödliche Kälte durch meine Adern laufen ... und fast einem Unwohlsein nahe, setzte ich mich und weinte wie ein Kind.» Später erklärte er seine Impotenz mit dem Umstand, daß eine der Brüste der Frau entstellt war. Zulietta wandte sich verächtlich von ihm ab und empfahl ihm, «die Frauen in Ruhe zu lassen und Mathematik zu studieren»[52].

Herr von Montaigu, der mit seinem eigenen Gehalt im Rückstand war, hielt das Gehalt Rousseaus zurück. Sie gerieten wiederum in Streit; der Sekretär wurde am 4. August 1744 entlassen. – Rousseau beklagte sich bei seinen Freunden in Paris; der Botschafter wurde um Auskunft gebeten und antwortete: «Ich muß Ihnen mitteilen, wie sehr ich von Herrn Rousseau enttäuscht worden bin. Seine Launen und seine Frechheit, verursacht durch die hohe Meinung, die er von sich selbst hat, und durch seine Verrücktheit, sind die Dinge, die ihn in jenen Zustand versetzt haben, in dem wir ihn fanden. Ich warf ihn hinaus wie einen schlechten Lakaien.»[53] Jean-Jacques kehrte am 11. Oktober nach Paris zurück und stellte den Beamten in der Regierung die Angelegenheit von seiner Seite dar; sie boten ihm keine Genugtuung an. Er wandte sich an Frau von Besenval, sie weigerte sich aber, ihn zu empfangen. Er schrieb ihr einen leidenschaftlichen Brief, in dem wir die Glut der fernen Revolution spüren können:

«Ich habe mich geirrt, Madame; ich hielt sie für gerecht, und sie sind nur *nobel* [adelig]. Ich hätte es wissen müssen. Ich hätte begreifen müssen, daß es sich für mich, einen Ausländer und Plebejer, nicht schickte, mich über einen Edelmann zu beklagen. Wenn mein Schicksal mich je wieder in die Hände eines Botschafters der gleichen Art bringen sollte, werde ich ohne Klage leiden. Wenn es ihm an Würde fehlt, wenn er ohne Seelengröße ist, dann weil der Adel dessen entraten kann; wenn er mit allem verbunden ist, was häßlich ist, in einer der unmoralischsten Städte, dann weil seine Vorfahren genug Ehre für ihn geschaffen haben; wenn er sich mit Schurken gemein macht, wenn er selbst einer ist, wenn er seinen Diener seines Lohns beraubt, oh, dann, Madame, werde ich nur denken, wie glückhaft es ist, *nicht* der Sohn seiner eigenen Taten zu sein! Jene Ahnen – wer waren sie? Personen ohne Ruf, ohne Vermögen, meinesgleichen; sie hatten irgendwelche Talente, sie machten sich einen Namen; doch die Natur, die den Samen des Guten und des Bösen sät, hat ihnen eine traurige Nachwelt gegeben.»[54]

Und in den *Bekenntnissen* fügte Rousseau hinzu:

«Die Gerechtigkeit und Nutzlosigkeit meiner Klagen ließen mir in der Seele einen Keim der Entrüstung gegen unsere dummen zivilen Einrichtungen zurück, in denen das wahre öffentliche Wohl und die wahrhafte Gerechtigkeit stets, ich weiß nicht welcher scheinbaren Ordnung geopfert werden, die in Wahrheit aber jede Ordnung zerstört und nur die Heiligung der öffentlichen Autorität der Unterdrückung des Schwachen und der Ungerechtigkeit des Starken zufügen läßt.»[55]

Montaigu schickte Rousseau nach seiner Rückkehr nach Paris «etwas Geld, um meine Rechnung zu begleichen ... Ich nahm an, was er mir anbot, zahlte alle meine Schulden und war wie zuvor ohne einen Franken in der Tasche.» Er nahm wieder Wohnung im Hotel St-Quentin und bestritt seinen Lebensunterhalt durch Notenkopieren. Als der Herzog von Orléans von seiner Armut erfuhr, gab er ihm Noten zu kopieren und zahlte ihm fünfzig Louis; Rousseau behielt fünf und schickte den Rest als Überbezahlung zurück[56].

Er verdiente zu wenig, um eine Frau zu unterhalten, doch er glaubte, er könnte sich bei stoischer Sparsamkeit eine Geliebte leisten. Zu denen, die im Hotel St-Quentin an seinem Tisch aßen, gehörten die Wirtin, einige mittellose Pfarrer und eine junge Frau, die im Hotel als Wäscherin oder Näherin arbeitete. Thérèse Levasseur war ebenso schüchtern wie Jean-Jacques und sich ebenso ihrer Armut bewußt – wenn auch nicht so stolz auf sie. Als die Geistlichen sie neckten, verteidigte er sie. Sie begann, ihn als ihren Beschützer zu betrachten, und bald lagen sie einander in den Armen (1746). «Ich erklärte ihr im voraus, ich würde sie nie verlassen, aber sie auch nicht heiraten.»[57] Sie beichtete ihm, daß sie nicht mehr Jungfrau war, versicherte ihm aber, sie habe nur einmal gesündigt, und das vor langer Zeit. Er vergab ihr großmütig und erklärte ihr, eine Jungfrau von zwanzig Jahren sei jedenfalls eine Seltenheit in Paris.

Sie war ein schlichtes Geschöpf, bar jeden Charmes, frei von aller Koketterie. Sie konnte nicht über Philosophie oder Politik reden wie eine *salonnière,* aber sie konnte kochen, den Haushalt versorgen und ertrug geduldig seine seltsamen Launen und Einfälle. Gewöhnlich sprach er von ihr als von seiner «Haushälterin», und sie sprach von ihm als von «meinem Mann». Er nahm sie nur selten mit, wenn er seine Freunde besuchte, denn sie war geistig nie erwachsen, wie er moralisch erwachsen wurde.

> «Ich wollte anfangs ihren Geist bilden. Ich verlor dabei meine Mühe. Ihr Geist ist, wie ihn die Natur gemacht hat. Bildung und Pflege wurden ihm nicht zuteil. Ich erröte nicht, zu gestehen, daß sie nie gut zu lesen verstanden hat, obwohl sie leidlich schreibt ... Sie hat nie der Ordnung der zwölf Monate des Jahres folgen können und kennt nicht *ein* Zahlenzeichen, trotz aller Mühe, die ich mir nahm, sie ihr beizubringen. Sie versteht weder das Geld zu berechnen noch den Preis einer Sache. Das Wort, das ihr beim Sprechen kommt, ist oft das Gegenteil von dem, was sie sagen will. Ehemals hatte ich ein Verzeichnis von ihren Redensarten gemacht, um Frau von Luxemburg zu unterhalten, und ihre Verwechslungen sind in den Gesellschaften, in denen ich gelebt habe, berühmt geworden.»[58]

Als sie schwanger wurde, «geriet er in die größte Verlegenheit». Was sollte er mit Kindern tun? Einige Freunde versicherten ihm, es sei durchaus üblich, ungewünschte Nachkommen in ein Findlingshaus zu schicken. Als das Kind kam, geschah dies, gegen Thérèsens Proteste, jedoch mit der Unterstützung ihrer Mutter (1747). In den nächsten acht Jahren kamen vier weitere Kinder, und mit ihnen wurde auf die gleiche Weise verfahren. Einige Skeptiker haben den Verdacht geäußert, Rousseau habe nie Kinder gehabt und diese Geschichte erfunden, um seine Impotenz zu verbergen; doch seine vielen Entschuldigungen für sein Ausweichen vor der Verantwortung machen diese Theorie unwahrscheinlich. Diderot, Grimm und Frau von Épinay gegenüber gestand er sein Verhalten in vertraulichem Gespräch[59], in *Émile* gab er es stillschweigend zu, gegen Voltaire raste er, weil er es publik gemacht hatte, in den *Bekenntnissen* bejahte er es ausdrücklich und äußerte Gewissensbisse. Eine hautlose Masse von Nerven und ein Wanderer des Leibes und der Seele, war er nicht für das Familienleben geschaffen. Die ernüchternde Sorge für Kinder blieb ihm fremd, und er wurde nie ganz ein Mann.

Zu dieser Zeit hatte er das große Glück, eine einträgliche Beschäftigung zu finden. Er wurde Sekretär bei Frau Dupin, dann bei ihrem Neffen, und als Dupin de Francueil General-Steuereinnehmer wurde, beförderte man Rousseau zum Kassierer mit einem Jahresgehalt von tausend Franken. Er übernahm die goldene Schnur, die weißen Strümpfe, die Perücke und das Schwert, mit denen Literaten, um Eingang in aristokratische Häuser zu finden, die aristokratische Kleidung nachahmten[60]; wir können uns das Unbehagen seiner geteilten Persönlichkeit leicht vorstellen. Er wurde in verschiedenen Salons empfangen und fand neue Freunde: Raynal, Marmontel, Duclos, Frau von Épinay und Friedrich Melchior Grimm, an den er sich zu seinem eigenen Unglück besonders eng anschloß. Er nahm an den erregenden Abendessen im Hause des Barons von Holbach teil, wo Diderot mit dem, was seine Feinde die Kinnbacken eines Esels nannten, Götter erschlug. In dieser Höhle der Ungläubigen schmolz der größere Teil von Jean-Jacques' Katholizismus hinweg.

Inzwischen schrieb er Musik. Im Jahre 1743 hatte er eine Kombination von Oper und Ballett begonnen, die er *Les Muses galantes* nannte, eine Verherrlichung der Liebschaften Anakreons, Ovids und Tassos; das Werk wurde im Jahre 1745 mit einigem Aufsehen im Hause des Steuereinnehmers La Popelinière aufgeführt. Rameau nannte es verächtlich ein Machwerk, bestehend aus Plagiaten italienischer Komponisten, doch dem Herzog von Richelieu gefiel es, und er beauftragte Rousseau, ein Opernballett, *Les Festes de Ramire,* zu überarbeiten, das Rameau und Voltaire entworfen hatten. Am 11. Dezember 1745 schrieb Rousseau seinen ersten Brief an den literarischen Monarchen Frankreichs:

«Seit fünfzehn Jahren arbeite ich daran, mich Ihrer Beachtung und der Fürsorge wert zu machen, welche Sie den jungen Musen derer schenken, in denen Sie einiges Talent entdecken. Jedoch, weil ich die Musik zu einer Oper gemacht habe, bin ich nun, ich weiß selbst nicht wie, zum Musikus geworden ... was auch für mich der Erfolg dieser schwachen Versuche sein möge, sie werden immer ruhmvoll für mich sein, indem sie mir die Ehre verschaffen, Ihnen bekannt zu werden und Ihnen die Bewunderung und die tiefe Ehrerbietung auszudrücken, mit denen ich die Ehre habe zu sein, mein Herr, Ihr untertäniger und gehorsamer Diener.»[61]

Voltaire antwortete: «Mein Herr, Sie vereinigen in sich zwei Talente, die bis heute immer nur getrennt vorgekommen sind. Dies sind zwei gute Gründe, daß ich Sie achten und lieben sollte.»

Mit diesen Liebesbriefen begann ihre berühmte Feindschaft.

V. IST KULTUR EINE KRANKHEIT?

Im Jahre 1749 wurde Diderot in Vincennes wegen beleidigender Passagen in seinem *Brief über die Blinden* verhaftet. Rousseau schrieb an Frau von Pompadour und bat um die Freilassung seines Freundes oder um die Erlaubnis, seine Haft zu teilen. Während dieses Sommers machte er mehrere Male die Reise von fünfzehn Kilometern zwischen Paris und Vincennes, um Diderot zu besuchen. Auf einer dieser Reisen nahm er eine

Ausgabe des *Mercure de France* mit, um sie unterwegs zu lesen. So stieß er auf das Preisausschreiben der Akademie von Dijon für die beste Abhandlung über die Frage: «Hat der Fortschritt der Wissenschaften und Künste dazu beigetragen, die Sitten zu verderben oder zu reinigen?» Er fühlte sich versucht, sich an dem Preisausschreiben zu beteiligen, denn er zählte jetzt siebenunddreißig Jahre, und es war Zeit, daß er sich einen Namen machte. Doch wußte er genug über Wissenschaft, oder Kunst oder Geschichte, um ein solches Thema zu behandeln, ohne die Mängel seiner Bildung zu enthüllen? In einem Brief unter dem 12. Januar 1762 an Malesherbes beschrieb er mit der für ihn typischen Erregung die Offenbarung, die ihn auf dieser Reise überkam:

«Auf einmal fühlte ich mich im Geist wie von tausend Lichtern geblendet. Massen von lebendigen Gedanken drangen zugleich mit einer Gewalt und mit einem Gewirr auf mich ein, daß ich in unsägliche Unruhe geriet. Ich fühlte meinen Kopf so wüst und benommen wie in einem Rausche. Ein heftiges Herzklopfen befiel mich, hob meine Brust. Da mir im Gehen der Atem versagte, warf ich mich unter einem Baum am Wege nieder und brachte dort eine halbe Stunde in solcher Gemütsbewegung zu, daß ich aufstehend das ganze Vorderteil meiner Weste von Tränen benetzt fand ... Ach, hätte ich nur den vierten Teil dessen niederschreiben können, was ich unter diesem Baum geschaut und empfunden habe, mit welcher Klarheit würde ich alle Widersprüche unserer gesellschaftlichen Ordnung dargelegt haben, mit welcher Einfachheit würde ich dargetan haben, daß der Mensch von Natur gut ist und daß nur infolge unserer Einrichtung die Menschen schlecht werden!»[62]

Dieser letzte Satz sollte das Leitmotiv seines Lebens werden, und jene Tränen, die seine Weste benetzten, gehörten zu den Hauptströmungen der romantischen Bewegung in Frankreich und Deutschland. Nun konnte er sein Herz ausschütten gegen alle Künstlichkeit von Paris, gegen die Korruption seiner Moral, die Unaufrichtigkeit seiner feinen Manieren, die Zügellosigkeit seiner Literatur, die Sinnlichkeit seiner Kunst, die Überheblichkeit der Standeseinteilung, die gefühllose, durch Ausbeutung der Armen finanzierte Ausschweifung der Reichen, die Austrocknung der Seele durch die Ersetzung der Religion durch die Wissenschaft, des Gefühls durch die Logik. Indem er dieser Entartung den Krieg erklärte, konnte er die Einfachheit seiner Bildung, seine dörfliche Lebensart, sein Mißbehagen an der Gesellschaft, seinen Ekel vor boshaftem Klatsch und schamlosem Witz, sein trotziges Festhalten am religiösen Glauben inmitten des Atheismus seiner Freunde verteidigen. Im Herzen war er wieder Calvinist, erinnerte sich mit einer Art Heimweh an die Moral, die man ihn in seiner Jugend gelehrt hatte. Indem er Dijon antwortete, würde er seine Geburtsstadt Genf über Paris erheben und sich selbst und anderen erklären, warum er in Les Charmettes so glücklich gewesen war und sich so elend fühlte in den Salons.

In Vincennes angekommen, eröffnete er Diderot seine Absicht, sich an dem Preisausschreiben zu beteiligen. Diderot zollte ihm Beifall und forderte ihn auf, die Kultur ihrer Zeit mit all seiner Kraft anzugreifen. Kaum ein anderer Bewerber würde es wagen, diesen Standpunkt zu vertreten, und Rousseau würde mit seinen Anschauungen alleine dastehen*. Jean-Jacques kehrte in seine Wohnung zurück, leidenschaftlich

* Eine kleine Meinungsverschiedenheit verdunkelt diesen Punkt der Geschichte. 1782 beschrieb Diderot Rousseaus Besuch in einer Weise, die mit Rousseaus Bericht übereinstimmt: «Als ... Rous-

entschlossen, die Künste und die Wissenschaften zu zerstören, die Diderot in der *Encyclopédie, ou Dictionnaire raisonné des sciences, des arts et des métiers* (1751 f.) zu verherrlichen sich anschickte.

«Ich arbeitete diese Abhandlung in einer sehr sonderbaren Weise aus ... Ich widmete ihr die schlaflosen Stunden meiner Nächte. Ich sann in meinem Bett mit geschlossenen Augen nach und wendete mit unglaublicher Mühe meine Perioden in meinem Kopf hin und her ... Als die Abhandlung beendet war, zeigte ich sie Diderot, der mit ihr zufrieden war und nur einige Verbesserungen angab ... Ich arbeitete an dieser Abhandlung, ohne zu jemandem davon zu reden, außer, glaube ich, zu Grimm.»[65]

Die Akademie von Dijon krönte am 23. August 1750 seine Abhandlung mit dem ersten Preis – einer Goldmedaille und dreihundert Franken. Diderot bemühte sich mit der für ihn charakteristischen Begeisterung um die Veröffentlichung dieses *Discours sur les arts et les sciences,* und bald berichtete er dem Autor: «Ihr *Discours* schwingt sich über die Wolken empor. Es gibt kein Beispiel für einen ähnlichen Erfolg.»[66] Es war, als ob Paris begriffen hätte, daß hier, im Zentrum der Aufklärung, ein Mann aufgestanden war, das Zeitalter der Vernunft herauszufordern, und das mit einer Stimme, die gehört werden würde.

Die Abhandlung schien zunächst die Siege der Vernunft zu feiern:

«Es ist ein großes und schönes Schauspiel, den Menschen sozusagen aus dem Nichts durch seine eigenen Anstrengungen hervorgehn zu sehen. Er erhellt mit dem Licht seines Verstandes die Finsternis, in die ihn die Natur gehüllt hat. Er erhebt sich über sich selbst, schwingt sich durch seinen Geist bis in die himmlischen Regionen empor, durchmißt wie die Sonne mit Riesenschritten sonnengleich die ungeheure Ausdehnung des Universums, kehrt – was noch größer und schwerer ist – in sich selbst zurück, um hier den Menschen zu studieren und seine Natur, seine Pflichten und seine Bestimmung zu erkennen. All diese Wunder haben sich seit wenigen Generationen wiederum ereignet.»[67]

Voltaire muß diese anfängliche Überschwenglichkeit mit einem zustimmenden Lächeln bedacht haben; hier sprach ein neues Mitglied der Gesellschaft der *philosophes,* der treuen Gefährten, die Aberglauben und *l'infâme* zerschmettern würden; und leistete dieser junge Mann nicht bereits einen Beitrag zur *Encyclopédie?* Doch auf der nächsten Seite nahm der Gedankengang eine traurige Wendung. All dieser Fortschritt des Wissens, sagte Rousseau, hatte die Regierung noch mächtiger gemacht, indem er die individuelle Freiheit unterdrückte; er hatte die schlichten Tugenden und die offene Sprache eines gesünderen Zeitalters durch die Heuchelei des *savoir-faire* ersetzt.

«Aufrichtige Freundschaften, wirkliches Ansehen, begründetes Vertrauen sind nicht mehr. Verdacht, Argwohn, Furcht, Kälte, Reserve, Haß, Verrat verbergen sich ständig unter dem gleichaussehenden und scheinheiligen Schleier der Höflichkeit, hinter jener so gepriesenen Urbanität, die wir der Aufklärung unseres Jahrhunderts verdanken ... Literatur, Wissenschaften und Künste mögen ihr Teil Verantwortung an einem so ersprießlichen Werk tragen!»[68]

---

seau zu mir kam, um mich um Rat zu fragen über die Anschauung, die er vertreten sollte, antwortete ich: 'Der Standpunkt, den Sie einnehmen werden, ist der, den die anderen ablehnen werden.'. 'Sie haben recht', sagte er.»[63] Um 1793 erklärte Marmontel, Diderot habe Rousseau davon abgeraten, seinen Standpunkt zu vertreten. 'Ich werde Ihren Rat befolgen', sagte Rousseau.»[64]

Diese Korruption von Moral und Charakter durch den Fortschritt des Wissens und der Kunst ist fast ein historisches Gesetz. «Ägypten wurde die Mutter der Philosophie und der schönen Künste und bald darauf die Beute des Kambyses.»[69] Griechenland, einst bevölkert von Heroen, besiegte zweimal Asien. Die «Literatur» steckte damals noch in den Kinderschuhen, und die Tugenden Spartas waren als das Ideal der Griechen noch nicht ersetzt durch den Luxus Athens, die Spitzfindigkeiten der Sophisten, die wollüstigen Formen des Praxiteles. Als diese «Kultur» ihren Höhepunkt erreicht hatte, wurde sie von Philipp von Makedonien mit einem Schlag gestürzt und akzeptierte tatenlos das Joch Roms. Rom eroberte die gesamte Welt des Mittelmeers, als es eine Nation von Bauern und Soldaten war, gewöhnt an eine stoische Disziplin; als es in epikureische Verweichlichung verfiel und die Obszönitäten des Ovid, des Catull und des Martial pries, wurde es ein Schauplatz des Lasters, «eine Schmach der Völker und das Spielzeug der Barbaren»[70]. Und als Rom in der Renaissance zu neuem Leben erwachte, zehrten Künste und Wissenschaften wiederum an der Stärke der Regierten und der Regierenden und machten Italien zu schwach, seine Angreifer abzuwehren. Karl VIII. von Frankreich eroberte die Toscana und Neapel fast ohne einen Schwertstreich, «und sein ganzer Hof schrieb diese unverhoffte Leichtigkeit dem Umstand zu, daß die Fürsten und der Hochadel Italiens mehr Gefallen daran fanden, erfindungsreich und gelehrt zu werden, als zu üben, stark und kriegsgewohnt zu sein»[71].

Die Literatur selbst ist ein Element des Zerfalls.

«Als man den Kalifen Omar fragte, was man mit der Bibliothek von Alexandreia machen solle, soll er in folgenden Worten geantwortet haben: 'Wenn die Bücher dieser Bibliothek Dinge enthalten, die im Widerspruch zum Koran stehen, sind sie schlecht, und man muß sie verbrennen. Wenn sie nicht mehr als die Lehren des Korans enthalten, soll man sie ebenfalls verbrennen, denn sie sind überflüssig.' Unsere Gelehrten haben diese Überlegung als den Gipfel der Absurdität zitiert. Setzt indessen an die Stelle von Omar Gregor den Großen und das Evangelium an die Stelle des Korans, so würde die Bibliothek verbrannt worden sein, und das wäre dann vielleicht der schönste Zug in dem Leben dieses berühmten Papstes.»[72]

Oder man betrachte die zersetzende Wirkung der Philosophie. Einige dieser «Liebhaber der Weisheit» erzählen uns, es gebe keine Materie; andere versichern uns, es gebe nur die Materie und keinen anderen Gott als das Universum selbst; eine dritte Gruppe erklärt, Tugend und Laster seien nur Namen, und nichts zähle außer Stärke und Schlauheit. Diese Philosophen «untergraben die Fundamente unseres Glaubens und zerstören die Tugend. Sie lächeln verächtlich über alte Worte wie *Patriotismus* und *Religion* und widmen ihr Talent ... der Zerstörung und Diffamierung alles dessen, was die Menschen für das Heiligste halten.»[73] Im Altertum überlebte ein solcher Unsinn seinen Autor nicht lange, doch heute, dank dem Buchdruck, «werden die gefährlichen Träumereien des Hobbes und des Spinoza für immer erhalten bleiben». Infolgedessen war die Erfindung der Buchdruckerkunst eines der größten Unglücke in der Geschichte der Menschheit, und es ist leicht vorauszusagen, daß die Souveräne nicht zaudern werden, genau so viel Mühe anzuwenden, um diese schreckliche Kunst aus ihren Staaten zu verbannen, wie sie sich gemacht haben, um sie einzuführen.»[74]

Man betrachte die Kraft und die Vortrefflichkeit jener Völker, die nie mit der Philosophie noch Wissenschaft zu tun hatten, weder Literatur noch Kunst kannten: die Perser der Zeit des Kyros, die Germanen, wie Tacitus sie beschrieb, oder «in unserer Zeit jene ländliche Nation [Schweiz], die wegen ihres Mutes, den das Mißgeschick nicht sinken ließ, und wegen ihrer Treue, die keine Enttäuschung zu erschüttern vermochte, so berühmt ist». Zu diesen Völkern rechnet der stolze Genfer «jene glücklichen Nationen, die nicht einmal dem Namen nach die Laster kennen, die wir mit soviel Mühe unterdrücken – die Wilden Amerikas, deren einfache und natürliche Ordnung Montaigne nicht zögert, nicht allein den Gesetzen Platons vorzuziehen, sondern auch allem, was sich die Philosophie Vollkommenes über die Regierung der Völker vorzustellen vermöchte»[75].

Was also muß unsere Schlußfolgerung sein? Sie muß lauten:

«Es waren zu allen Zeiten Luxus, Ausschweifung und Sklaverei die Strafe für die ehrgeizigen Anstrengungen, die uns aus der glücklichen Unwissenheit führen sollten, in die uns die ewige Weisheit verwiesen hatte ... Laßt Euch endlich gesagt sein, ihr Völker, daß Euch die Natur vor der Wissenschaft bewahren wollte, wie eine Mutter eine gefährliche Waffe aus den Händen ihres Kindes reißt.»[76]

Die Antwort auf die Frage der gelehrten Akademie lautet, daß Gelehrsamkeit ohne Tugend eine Falle ist, daß der einzig wirkliche Fortschritt der moralische Fortschritt ist, daß der Fortschritt des Wissens die Moral der Menschheit mehr verdorben als gereinigt hat und daß Kultur nicht der Aufstieg des Menschen in einen edleren Zustand ist, sondern der Sturz des Menschen aus einer ländlichen Einfachheit, die ein Paradies der Unschuld und der Glückseligkeit war.

Gegen Ende des *Discours* hielt Rousseau inne und schaute mit einiger Besorgnis zurück auf die Trümmer der Wissenschaft, Kunst, Literatur und Philosophie, die er in seinem Kielwasser zurückgelassen hatte. Er erinnerte sich, daß sein Freund Diderot eine Enzyklopädie vorbereitete, die dem Fortschritt der Wissenschaft gewidmet war. Plötzlich entdeckte er, daß einige Philosophen – wie zum Beispiel Bacon und Descartes – «hervorragende Lehrer» waren, und schlug vor, daß lebende Exemplare ihrer Erziehung von den Herrschern der Staaten als Berater willkommen geheißen werden sollten. War nicht Cicero zum Consul von Rom gemacht worden, und war nicht der größte der modernen Philosophen Kanzler von England gewesen?[77] Vielleicht hatte Diderot diese Zeilen eingeschoben, doch Jean-Jacques hatte das letzte Wort:

«Laßt uns gewöhnliche Menschen, denen der Himmel keine so großen Talente zuerteilt hat, im Dunkeln bleiben . . . Überlassen wir anderen die Sorge, die Völker über ihre Pflichten zu belehren. Beschränken wir uns darauf, die unseren gut zu erfüllen . . . O Tugend, erhabene Wissenschaft der schlichten Seelen ... Sind deine Prinzipien nicht in alle Herzen eingegraben? Genügt es nicht, um deine Gesetze zu erkennen, wenn man ... die Stimme des Gewissens hört? Das ist die wahre Philosophie! Seien wir einsichtig genug, uns dabei zu beruhigen.»[78]

Paris wußte nicht, ob es diesen *Discours* ernst nehmen oder ihn als eine übermütige und ironische Spielerei mit Übertreibungen und Paradoxen auffassen sollte. Manche sagten (Rousseau berichtet es[79]), er selbst glaube nicht ein Wort davon. Diderot, der an die Wissenschaft glaubte, jedoch unter den Beschränkungen der Konvention und Moral litt, billigte offenbar die Übertreibung Rousseaus als eine notwendige Züchtigung der Pariser Gesellschaft, und Mitglieder des Hofes lobten die Abhandlung als einen langverdienten Tadel der frechen und umstürzlerischen Philosophen[80]. Es muß viele scharfsinnige Geister gegeben haben, die wie dieser beredte Schriftsteller sich in dem Geschwätz und Flimmer von Paris unwohl fühlten. Rousseau hatte ein Problem dargestellt, das in jeder fortgeschrittenen Gesellschaft auftaucht. Sind die Früchte der Technologie die Hast, die Anstrengungen, die traurigen Erscheinungen, die lauten Geräusche und die üblen Gerüche eines industrialisierten Lebens wert? Untergräbt die Aufklärung die Moral? Ist es weise, der Wissenschaft zu folgen zu gegenseitiger Zerstörung und der Philosophie zur Desillusionierung jeder stärkenden Hoffnung?

Ein Dutzend kritische Stimmen erhoben sich zur Verteidigung der Kultur: Bordes von der Akademie Lyon, Lacat von der Akademie Rouen, Formey von der Akademie Berlin und nicht zuletzt der geniale Stanislaus Leszczyński, einst König von Polen und jetzt Herzog von Lothringen. Gelehrte erklärten, die Schrift verstärke nur die Zweifel, die Montaigne in seinem Essay «Von den Menschenfressern» ausgesprochen hatte. Andere hörten die Stimme Pascals, der sich von der Wissenschaft in die Religion zurückzog, und natürlich hatten tausend «Doktoren und Heilige» seit langem die Kultur als eine Krankheit oder eine Sünde verdammt. Theologen konnten behaupten, daß die «Unschuld» und die Glückseligkeit des «Naturzustandes», von denen, nach Rousseaus Theorie, der Mensch abgefallen war, nur die wiedererzählte Geschichte vom Garten Eden darstellten. «Kultur» trat an die Stelle der «Erbsünde» als Ursache des Niedergangs der Menschheit; in beiden Fällen hatte das Streben nach Wissen die Glückseligkeit beendet. Sophisten wie Voltaire wunderten sich, daß ein Mann von siebenunddreißig Jahren eine solche jugendliche Jeremiade gegen die Leistungen der Wissenschaft, gegen die Wohltaten der feinen Sitten und die Inspirationen der Kunst geschrieben haben sollte. Künstler wie Boucher mögen sich unter Rousseaus Peitsche gewunden haben, doch Chardin und La Tour warfen ihm wahllose Verallgemeinerung vor. Soldaten lächelten über die Verherrlichung kriegerischer Eigenschaften und ewiger Kriegsbereitschaft durch den schwächlichen Musiker.

Rousseaus Freund Grimm protestierte gegen jede Rückkehr zur «Natur». «Welch teuflischer Unsinn!» rief er aus und stellte die spitze Frage: «Was ist 'Natur'?»[81] Bayle hatte erklärt: «Es gibt kaum ein Wort, das nebelhafter benutzt wird als ... Natur ... Der Schluß ist nicht sicher, daß etwas, weil 'es von der Natur kommt, deshalb gut und richtig ist'. Wir sehen in der menschlichen Spezies viele sehr schlechte Dinge, obwohl nicht bezweifelt werden kann, daß sie das Werk der Natur sind.»[82] Rousseaus Auffassung von der primitiven Natur war natürlich eine romantische Idealisierung; die Natur (leben ohne soziale Ordnung und Schutz) ist «Kampf aller gegen alle», und ihr höchstes Gesetz lautet: Töten oder getötet werden. Die «Natur», die Jean-Jacques liebte, wie in Vevey oder Clarens, war eine zivilisierte Natur – gezähmt und verfeinert durch den Menschen. In Wirklichkeit wollte er nicht zurückkehren zu den primitiven Bedingungen mit ihrem Schmutz, ihrer Unsicherheit und ihrer physischen Gewalt; er wünschte heimzukehren in die patriarchalische Familie, die den Boden bebaut und von seinen Früchten lebt. Er sehnte sich danach, befreit zu werden von den Gesetzen und Beschränkungen der feinen Gesellschaft – und vom klassischen Stil der Mäßigung und von der Vernunft. Er haßte Paris und hatte Heimweh nach Les Charmettes. Gegen Ende seines Lebens, in *Les Rêveries d'un promeneur solitaire,* idealisierte er seine Nichtanpassung:

«Ich kam als der vertrauensseligste aller Menschen zur Welt, und während vierzig Jahren wurde dieses Vertrauen auch kein einziges Mal enttäuscht. Als ich dann plötzlich in eine ganz andere Umgebung und in ganz andere Verhältnisse kam, geriet ich aufs Mal in tausend Hinterhalte ... Als ich dann endgültig davon überzeugt war, daß in den freundlichen Faxen, die man mir erweist, nur Lüge und Falschheit sind, bin ich schnell zum anderen Extrem übergegangen ... Seitdem waren mir die Menschen zuwider ... Das Ergebnis aller dieser Betrachtungen ist jedenfalls, daß ich für das Leben in der bürgerlichen Gesellschaft, worin alles Zwang und Verpflichtung ist, nicht gemacht war; mein Wunsch nach Unabhängigkeit ertrug die Unterwerfung nicht, der sich keiner, der unter Menschen leben will, entziehen kann.»[83]

Und in den *Bekenntnissen* gab er offen zu, daß es diesem ersten *Discours,* «obwohl er voll Feuer und Kraft war, völlig an Logik und Ordnung mangelt; und von allen Werken, die aus meiner Feder geflossen sind, ist es das schwächste in der Folgerung und das ärmste an Rhythmus und Wohlklang»[84].

Trotzdem reagierte er heftig auf die Vorwürfe seiner Kritiker und stand zu seinen Paradoxen. Aus Höflichkeit machte er eine Ausnahme gegenüber Stanislaus: Nach nochmaligem Überlegen entschloß er sich, die Bibliotheken nicht zu verbrennen und die Universitäten und Akademien nicht zu schließen: «Alles, was wir hierdurch gewinnen würden, wäre, daß wir Europa von neuem in die Barbarei stürzen würden»[85], und «wenn die Menschen korrumpiert sind, ist es besser für sie, gebildet zu sein als unwissend»[86]. Doch widerrief er keinen Punkt seiner Anklage gegen die Pariser Gesellschaft. Um seine Abkehr von ihr zu bekunden, legte er das Schwert, die goldene Schnur und die weißen Strümpfe ab und kleidete sich in der einfachen Tracht und mit der kleineren Perücke des Mittelstandes. «So wählte er von diesem Augenblick an die Rolle, die er spielen, und die Maske, die er tragen würde.»[87] Wenn es eine Maske war, dann wurde sie so gut und so konsequent getragen, daß sie ein Teil der Menschheit wurde und das Bild der Geschichte veränderte.

VI. PARIS UND GENF: 1750–1754

Im Dezember 1750 verschlimmerte sich das Blasenleiden Rousseaus so sehr, daß er sechs Wochen lang an das Bett gefesselt war. Dieses Mißgeschick verstärkte seine Neigung zur Melancholie und Einsamkeit. Seine reichen Bekannten schickten ihm ihre eigenen Ärzte. «Je mehr ich mich ihren Anordnungen unterwarf, desto gelber, magerer, elender wurde ich. Meine Einbildungskraft ... zeigte mir vor dem Tod nur eine Reihe von Harnverhaltungen, Nierengries, Stein. Alles, was die anderen lindert, Tisanen, Bäder, Aderlaß, verschlimmerte meine Leiden.»[88]

Zu Beginn des Jahres 1751 schenkte ihm Thérèse ein drittes Kind, das seinen Vorgängern in das Findlingshaus folgte. Später erklärte er, er sei zu arm gewesen, um Kinder aufzuziehen, die Kinder wären verdorben worden, wenn sie bei den Levasseurs aufgewachsen wären, und sie hätten seine Karriere als Schriftsteller und Musiker zerstört. Seine Krankheit hatte ihn gezwungen, auf seine Stellung und sein Einkommen als Kassierer bei Dupin de Francueil zu verzichten; von nun an bestritt er seinen Lebensunterhalt in der Hauptsache durch Notenkopieren zu zehn Sous pro Seite. Infolge der Nachlässigkeit Diderots oder der Knauserigkeit der Verleger erhielt Rousseau nichts aus dem Verkauf seines *Discours*. Seine Musik erwies sich als einträglicher denn seine Philosophie.

Am 18. Oktober 1752 wurde Rousseaus Operette *Le Devin du village* vor dem König und dem Hof in Fontainebleau aufgeführt, und zwar mit solchem Erfolg, daß sie dort eine Woche später wiederholt wurde. Eine öffentliche Vorstellung in Paris am 1. März 1753 fand großen Beifall, und der Autor, der bereits resigniert hatte, sah sich wieder als Berühmtheit. Das kleine Intermezzo, für das Rousseau sowohl die Worte als auch die Musik geschrieben hatte, war fast ein Obligato zu dem *Discours:* der Schäferin Colette, die traurig ist, weil Colin mit städtischen Damen flirtet, rät der Dorfwahrsager, ihn dadurch zurückzugewinnen, daß sie selbst flirtet; eifersüchtig geworden, kehrt Colin zurück, und zusammen singen sie Balladen, in denen sie das Landleben gegenüber dem Stadtleben preisen. Rousseau wohnte der Premiere bei und wurde fast wieder mit der Gesellschaft versöhnt:

«Man klatschte nicht in Gegenwart des Königs, darum vernahm man alles deutlich; das Stück und der Verfasser gewannen dabei. Ich hörte um mich ein Flüstern der Frauen, die mir schön wie Engel erschienen und sich halblaut zuriefen: 'Das ist reizend. Das ist entzückend. Jeder Ton spricht hier zum Herzen.' Die Freude, so viele liebenswürdige Personen zu rühren, rührte mich selbst bis zu Tränen. Und beim ersten Duett konnte ich sie nicht zurückhalten, als ich sah, daß ich nicht der einzige war, der weinte.»[89]

Diesen Abend ließ ihm der Herzog von Aumont sagen, er solle am nächsten Morgen um elf in den Palast kommen, um dem König vorgestellt zu werden; und der Bote fügte hinzu, man erwarte, daß der König dem Komponisten eine Pension gewähren würde. Doch seine Blase verhinderte Rousseau, der Aufforderung Folge zu leisten.

«Wird man glauben, daß die einem so glänzenden Tag folgende Nacht für mich eine Nacht der Angst und Unschlüssigkeit war? Mein erster Gedanke nächst dem an diese Vorstellung richtete sich auf ein häufiges Bedürfnis, den Raum zu verlassen, das mich bereits am Abend selbst im Theater sehr gequält hatte und mich am nächsten Tag quälen konnte, wenn ich in der Galerie oder in den Gemächern des Königs unter all den Großen das Vorüberschreiten Seiner Majestät erwartete. Dies Leiden war der Hauptgrund, der mich von Gesellschaften fernhielt und mich hinderte, länger mit Frauen zusammenzusein ... Nur Leute, die diesen Zustand kennen, können über die Angst urteilen, in ihn versetzt zu werden.»[90]

Und so ließ er sagen, daß er nicht kommen könne. Zwei Tage später machte Diderot ihm Vorwürfe, daß er eine so gute Chance, für sich und Thérèse besser sorgen zu können, versäumt habe. «Er sprach mir von der Pension mit einem Feuer, das ich über einen solchen Gegenstand bei einem Philosophen nicht erwartet hätte ... Obwohl von seinem Eifer gerührt, konnte ich seine Grundsätze nicht billigen, und wir hatten darüber einen sehr lebhaften Streit, den ersten, den ich mit ihm hatte.»[91] Er blieb jedoch nicht ohne Profit aus seinem *Devin*. Frau von Pompadour gefiel die Operette so gut, daß sie selbst die Rolle der Colette in der zweiten Aufführung am Hof spielte; sie schickte ihm fünfzig Louisdor, und Ludwig schickte ihm hundert[92]. Der König selbst ging umher und sang «mit der schlechtesten Stimme seines Königreichs» die traurige Arie Colettes «J'ai perdu mon serviteur» – eine Vorahnung Glucks.

Inzwischen schrieb Rousseau Artikel über Musik für die *Encyclopédie*. «Ich verfaßte sie in großer Hast und infolgedessen sehr schlecht in den drei Monaten, die Diderot mir zugestanden hatte.» Rameau kritisierte diese Beiträge scharf in einem Pamphlet, *Erreurs sur la musique dans l'Encyclopédie* (1755). Rousseau ergänzte die Artikel und machte sie zur Grundlage eines *Dictionnaire de la musique* (1767). Mit Ausnahme Rameaus betrachteten ihn seine Zeitgenossen «als einen Musiker allerersten Ranges»[93]; wir würden ihn heute als einen guten Komponisten der kleineren Form bezeichnen, doch er war zweifellos der interessanteste Musikschriftsteller seiner Generation.

Als 1752 eine Truppe italienischer Opernsänger nach Paris kam, entflammte ein Streit über den Wert der französischen Musik im Verhältnis zur italienischen. Rousseau beteiligte sich an der Auseinandersetzung mit einer *Lettre sur la musique française* (1753), «worin er», wie Grimm erklärte, «beweist, daß es unmöglich ist, Musik zu französischen Worten zu komponieren; daß die französische Sprache überhaupt ungeeignet ist für Musik; daß der Franzose nie eine Musik hatte und nie haben wird»[94]. Rousseau schwor auf die Melodie. «Wir sangen ein altes Lied», schrieb er in seinen *Rêveries*, «das das zeitgenössische Getriller bei weitem aufwog»[95]. Welches Zeitalter hat diese Klage nicht vernommen? In dem Artikel «Opéra» in seinem *Dictionnaire de la musique* nahm er Wagner vorweg: Er definierte die Oper als «ein dramatisches und lyrisches Schauspiel, das alle Zauberkräfte der schönen Künste in der Darstellung einer leidenschaftlichen Handlung zu vereinigen sucht ... Die Bestandteile einer Oper sind die Dichtung, die Musik und die Dekoration: die Poesie spricht zum Geist, die Musik zum Ohr, die Malerei zum Auge ... Die griechischen Dramen könnte man Opern nennen.»[96]

Um diese Zeit (1752) porträtierte Maurice Quentin de La Tour Rousseau in Pastell[97]. Er zeigt Jean-Jacques lächelnd, hübsch und gut angezogen; Diderot beurteilte das Porträt als nicht der Wahrheit entsprechend[98]. Marmontel beschrieb Rousseau, wie er ihn in diesen Jahren bei den Essen im Hause Holbach kannte: «Er hatte soeben den Preis ... in Dijon gewonnen ... Eine schüchterne Höflichkeit, manchmal sogar unterwürfig und an Selbsterniedrigung erinnernd, doch in seiner ängstlichen Zurückhaltung sah man Mißtrauen, sein verdeckter Blick beobachtete alles mit argwöhnischer Aufmerksamkeit. Er teilte sich kaum mit und gab sich nie ganz offen.»[99]

Nachdem er Wissenschaft und Philosophie so heftig angegriffen hatte, fühlte Rousseau sich befangen unter den *philosophes*, die die Salons beherrschten. In seinem *Discours* hatte er sich zur Verteidigung der Religion verpflichtet. Frau von Épinay berichtet uns, wie bei einem von Frau Quinault gegebenen Essen die Gastgeberin, als sie die Unterhaltung zu gottlos fand, ihre Gäste bat, zumindest die Naturreligion zu respektieren.» «Nicht mehr als irgendeine andere», erwiderte der Marquis von Saint-Lambert, vor kurzem Voltaires Rivale bei Frau du Châtelet und bald darauf der Rousseaus bei Frau von Houdetot. Frau von Épinay fährt fort:

«Auf diese Antwort hin wurde Rousseau wütend und murmelte etwas, was die Gesellschaft veranlaßte, über ihn zu lachen. Er sagte: 'Wenn es Feigheit ist, jemand zu erlauben, daß er schlecht spricht über einen abwesenden Freund, so ist es ein Verbrechen, jemand zu erlauben, schlecht über seinen Gott zu sprechen, der anwesend ist; und ich glaube an Gott, Messieurs.' ... Mich an Saint-Lambert wendend, sagte ich: 'Sie, Monsieur, der Sie ein Dichter sind, werden mir beistimmen, daß die Existenz eines ewigen, allmächtigen und allwissenden Wesens der Keim der schönsten Begeisterung ist.' 'Ich gestehe', erwiderte er, 'daß es schön ist, zu sehen, wie dieser Gott sein Angesicht der Erde zuneigt, ... doch es ist der Keim der Tollheit –' 'Monsieur', unterbrach ihn Rousseau, 'wenn Sie noch ein Wort sagen, verlasse ich das Zimmer.' Er erhob sich tatsächlich von seinem Sitz, machte ernsthafte Anstalten, sich zu entfernen, als der Fürst von ... angemeldet wurde»[100]

und alle das Thema des Streites vergaßen. Wenn wir Frau von Épinays *Mémoires* glauben dürfen, sagte Rousseau zu ihr, daß diese Atheisten die Hölle verdienten[101].

In dem Vorwort zu seiner Komödie *Narcisse* – die am 18. Dezember 1752 von der Comédie-Française aufgeführt wurde – nahm Rousseau seinen Krieg gegen die Kultur wieder auf. «Der Geschmack an der Literatur kündigt in einem Volk stets den Beginn einer Korruption an, die sich sehr bald beschleunigt. Dieser Geschmack entspringt in einer Nation nur aus zwei bösen Quellen ...: Müßiggang und Wunsch nach Vornehmheit.»[102] Trotzdem fuhr er bis 1754 fort, Holbachs «Synagoge» der Freidenker zu besuchen. Hier hörten eines Tages Marmontel, Grimm, Saint-Lambert und andere den Abbé Petit eine Tragödie vorlesen, die er verfaßt hatte. Sie fanden das Stück jämmerlich, lobten es jedoch mit hübschen Worten; der Abbé hatte zu viel Wein getrunken, um ihre Ironie zu durchschauen, und schwoll vor Zufriedenheit. Rousseau, den die Unaufrichtigkeit seiner Freunde erboste, fiel erbarmungslos über den Abbé her: «Ihr Stück ist wertlos; ... diese Herren machen sich über Sie lustig; gehen Sie fort von hier und werden Sie wieder Vikar in Ihrem Dorf.»[103] Holbach machte Rousseau Vorwürfe wegen seiner Grobheit; Rousseau entfernte sich wütend und blieb ein Jahr lang der Runde fern.

Seine Gefährten hatten seinen Katholizismus zerstört, doch nicht seinen Glauben an die Grundlagen des Christentums. Der Protestantismus seiner Knabenzeit kam wieder an die Oberfläche, als sein Katholizismus nachließ. Er idealisierte das Genf seiner Jugend und glaubte, er würde sich dort wohler fühlen als in einem Paris, das seiner Seele ein Ärgernis war. Wenn er nach Genf zurückkehrte, würde er den stolzen Titel eines Bürgers wiedergewinnen mit den exklusiven Privilegien, die damit verbunden waren. Im Juni 1754 nahm er die Postkutsche nach Chambéry, fand eine arme und unglückliche Frau von Warens vor, öffnete ihr seine Börse und fuhr weiter nach Genf. Hier wurde er als ein reumütiger verlorener Sohn willkommen geheißen; er scheint eine Erklärung unterschrieben zu haben, in der er sich wieder zum calvinistischen

Glauben bekannte[104]. Der Genfer Klerus freute sich über die Wiederbekehrung eines Enzyklopädisten zu ihrem evangelischen Glauben. Er wurde wieder als Bürger anerkannt und unterzeichnete von nun an stolz «Jean-Jacques Rousseau, *Citoyen*».

«Ich war von den Freundlichkeiten, die mir bei dieser Gelegenheit der Rat, das Konsistorium bezeigten, und von dem verbindlichen und artigen Entgegenkommen aller Behörden, Prediger und Bürger so gerührt, daß ich ... nur daran dachte, nach Paris zurückzukehren, um meinen Haushalt aufzulösen, meine kleinen Angelegenheiten zu regeln, Frau Levasseur und ihren Mann unterzubringen oder für ihren Unterhalt zu sorgen und mit Thérèse zurückzukommen, um für den Rest meiner Tage mich in Genf niederzulassen.»[105]

Er konnte jetzt die Schönheit des Sees und seiner Ufer besser würdigen als in seiner Knabenzeit. «Ich bewahrte mir eine lebendige Erinnerung an ... das ferne Ende des Sees, und ihm gab ich einige Jahre später in *La Nouvelle Héloïse* eine Beschreibung.» Die Schweizer Bauern fanden Eingang in das bukolische Idyll, das er in diesem Roman schreiben sollte: Sie waren Eigentümer ihrer Höfe, frei von Abgaben und Steuern und Fronarbeit, beschäftigten sich im Winter mit häuslichen Handwerkerarbeiten und waren zufrieden, abseits des Lärms und des Getriebes der Welt zu leben. Er dachte an die kleinen Stadtstaaten der Schweiz, als er in *Le Contrat social* sein politisches Ideal schilderte.

Im Oktober 1754 ging er nach Paris mit dem Versprechen, bald wieder zurück zu sein. Voltaire kam zwei Monate nach Rousseaus Abfahrt in Genf an und ließ sich in Les Délices nieder. In Paris nahm Jean-Jacques seine Freundschaft mit Diderot und Grimm wieder auf, doch nicht mit der gleichen Aufrichtigkeit wie zuvor. Als er erfuhr, daß Frau Holbach gestorben war, schrieb er dem Baron einen bewegten Beileidsbrief; die beiden Männer waren wieder versöhnt, und Rousseau saß wieder zu Tisch mit den Ungläubigen. Drei weitere Jahre war er allem Anschein nach einer der *philosophes;* sein neuer calvinistischer Glaube lastete nur leicht auf seinem Denken. Er war jetzt vollkommen damit beschäftigt, den Druck seines zweiten *Discours* zu überwachen, der welterschütternder sein sollte als der erste.

VII. DIE VERBRECHEN DER KULTUR

Im November 1753 schrieb die Akademie von Dijon einen weiteren Wettbewerb aus. Die neue Frage lautete: «Woher ist die Ungleichheit unter den Menschen entstanden, und ist sie durch das Naturrecht gerechtfertigt?» «Von dieser großen Frage betroffen», sagte Rousseau, «war ich überrascht, daß die Akademie es gewagt hatte, sie zu stellen; doch da sie diesen Mut gehabt, konnte ich wohl auch den haben, sie zu behandeln, und unternahm es.»[106] Er gab seinem Beitrag den Titel *Discours sur l'origine et les fondements de l'inégalité parmi les hommes*. Am 12. Juni 1754 widmete er in Chambéry seinen zweiten *Discours* «der Republik Genf» und stellte ihm eine Widmung an die «höchst ehrenwerten, ausgezeichneten und allerhöchsten Herren» voran, worin er einige bemerkenswerte Meinungen über ihre Politik zum Ausdruck brachte:

«Indem ich den besten Grundsätzen nachforschte, welche der gesunde Menschenverstand für die Einrichtung einer Regierung niederlegen kann, fand ich sie zu meiner Überraschung alle bereits in der Ihren gegenwärtig, so daß ich, wenn ich auch nicht innerhalb Ihrer Mauern geboren wäre, es dennoch für unumgänglich gehalten hätte, mein Gemälde von der menschlichen Gesellschaft demjenigen Volk unter allen zu widmen, welches mir die größten Vorzüge derselben zu besitzen und den Mißbräuchen am besten vorgebeugt zu haben scheint.»[107]

Er beglückwünschte Genf in Ausdrücken, die für die heutige Schweiz gelten könnten:

«Ein Land, das durch das Glück eines Mangels an Macht bewahrt ist vor wildem Eroberungsgelüst und durch das noch größere Glück einer gesicherten Lage bewahrt vor der Furcht, selber die Beute eines anderen Staates zu werden: eine freie Stadt, gelegen mitten unter mehreren Völkern, von denen keines ein Interesse hätte, sie an sich zu reißen, mit einem Wort, eine Republik.»[108]

Und das künftige Idol der Französischen Revolution billigte die Beschränkungen, die der Demokratie in Genf auferlegt waren, wo nur acht Prozent der Bevölkerung wählen konnten:

«Um Selbstinteresse und schlecht entworfene Pläne und alle derartigen gefährlichen Neuerungen zu vermeiden, wie sie schließlich die Athener ruinierten, sollte nicht jedermann die Freiheit haben, nach Belieben neue Gesetze vorzuschlagen; dieses Recht soll ausschließlich den Magistratspersonen vorbehalten bleiben ... Es ist vor allen Dingen das hohe Alter, das die Gesetze heilig und ehrwürdig macht; die Menschen lernen bald, Gesetze zu verachten, die sie täglich geändert sehen; und Staaten, die sich daran gewöhnen, ihre alten Bräuche unter dem Vorwand der Erneuerung zu vernachlässigen, führen oft größere Übel ein als jene, die sie zu beheben sich bemühen.»[109]

War dies nur ein Gesuch um Wiederzuerkennung des Genfer Bürgerrechts?

Nachdem er dieses Ziel erreicht hatte, unterbreitete Rousseau seine Abhandlung der Akademie von Dijon. Der Preis wurde nicht ihm zuerkannt, doch als er im Juni 1755 den *Discours* veröffentlichte, wurde ihm die Genugtuung zuteil, wiederum das erregende Gesprächsthema der Pariser Salons zu werden. Er ließ kein Paradoxon aus, um den Streit anzufachen. Er leugnete nicht die «natürliche» oder biologische Ungleichheit; er erkannte an, daß manche Individuen von Geburt an Körper oder Charakter oder Geist gesünder oder stärker sind. Doch er behauptete, daß alle anderen Ungleichheiten – ökonomische, politische, soziale, moralische – unnatürlich sind und entstanden, als der Mensch den «Naturzustand verließ», das Privateigentum einführte und Staaten schuf, um Eigentum und Privileg zu schützen. «Der Mensch ist von Natur gut»[110], er wird schlecht in der Hauptsache durch soziale Institutionen, die seine Neigung zu natürlichem Verhalten beschränken oder korrumpieren. Rousseau entwarf das Bild eines idealen primitiven Zustandes, in dem die meisten Menschen stark an Gliedern, schnellen Fußes, klaren Auges* sind und ein Leben der Tätigkeit leben, in dem das Denken stets ein Werkzeug und ein Anlaß zur Tat war und nicht ein schwächender Ersatz dafür. Er stellte diese natürliche Gesundheit in Gegensatz zu den sich immer weiter ausbreitenden Krankheiten, die in der Zivilisation durch Reichtum und sitzende Beschäftigungen entstehen.

---

* «Was ich nicht bin, das, das ist mir Gott und Tugend.» – Nietzsche[111].

«Das sind die unheilvollen Beweise dafür, daß die Mehrzahl unserer Leiden unser eigenes Werk sind und daß wir sie fast alle vermieden hätten, wenn wir uns die von der Natur vorgeschriebene Gewohnheit bewahrt hätten, einfach, gleichförmig und allein zu leben. Wenn sie uns zur Gesundheit bestimmt hat, dann wage ich beinahe zu versichern, daß der Zustand der Reflexion wider die Natur ist und daß ein grübelnder Mensch ein entartetes Tier ist (*L'homme qui médite est un animal dépravé*). Wenn man an die gute Konstitution der Wilden denkt, wenigstens derer, welche nicht durch unsere starken Spirituosen ruiniert sind, und wenn man weiß, daß sie fast keine anderen Krankheiten als Verwundungen und Altersschwäche kennen, ist man nur zu sehr zu glauben geneigt, daß man leicht die Geschichte der menschlichen Krankheiten schreiben könnte, indem man der unserer zivilisierten Gesellschaft folgt.»[112]

Rousseau gab zu, daß dieser ideale «Naturzustand ... vielleicht nie existiert hat und wahrscheinlich nie existieren wird»[113]; er stellte diesen Zustand nicht als eine historische Tatsache dar, sondern als einen Vergleichsmaßstab. Das ist es, was er mit dem verblüffenden Vorschlag meinte: «Zuerst wollen wir alle Tatsachen ausschalten, denn sie berühren nicht die Frage. Man darf die Untersuchungen, in die man über dieses Thema eintreten kann, nicht für historische Wahrheiten nehmen, sondern nur für hypothetische und bedingte Überlegungen.»[114] Wir können uns jedoch eine Vorstellung vom Leben der Menschen vor der Entstehung sozialer Organisationen machen, indem wir den Zustand und das Verhalten neu entstandener Staatskörper beobachten, denn «Staaten von heute verbleiben in einem Naturzustand»[115] – jeder für sich souverän und in Wirklichkeit keine Gesetze kennend als diejenigen der List und der Gewalt; wir können annehmen, daß der präsoziale Mensch in einem ähnlichen Zustand individueller Souveränität, Unsicherheit, des kollektiven Chaos und wechselseitiger Gewalt lebte. Rousseaus Ideal war nicht eine solche imaginäre präsoziale Existenz (denn die Gesellschaft ist vielleicht so alt wie der Mensch), sondern ein späteres Stadium der Entwicklung, in dem die Menschen in patriarchalischen Familien und Stammesgruppen lebten und das Privateigentum noch nicht eingeführt hatten. «Die älteste und einzig natürliche Form aller Gesellschaften ist die Familie.»[116] Dies war die Zeit höchsten Glückes für die Menschheit; sie hatte Fehler, Schmerzen und Strafen, doch sie hatte keine Gesetze außer der elterlichen Autorität und der Familiendisziplin; «es war der beste Zustand für den Menschen. Er konnte ihn nur infolge irgendeines verhängnisvollen Zustandes verlassen.»[117] Dieser Zufall war die Einführung des Privateigentums, aus dem die ökonomische, politische und soziale Ungleichheit erwuchs und die meisten der Übel des modernen Lebens.

«Der erste, der ein Stück Land eingezäunt hatte und dreist sagte: 'Das ist mein', und so einfältige Leute fand, die das glaubten, wurde zum wahren Gründer der bürgerlichen Gesellschaft. Wie viele Verbrechen, Kriege, Morde, Leiden und Schrecken würde einer dem Menschengeschlecht erspart haben, hätte er die Pfähle herausgerissen oder den Graben zugeschüttet und seinesgleichen zugerufen: 'Hört ja nicht auf diesen Betrüger. Ihr seid verloren, wenn ihr vergeßt, daß die Früchte allen gehören und die Erde keinem!'»[118]

Aus dieser zugelassenen rechtswidrigen Besitzergreifung entstand der vielfältige Fluch der Kultur: Klasseneinteilung, Sklaverei, Leibeigenschaft, Neid, Raub, Krieg, legale Ungerechtigkeit, politische Korruption, kaufmännische Übervorteilung, Erfindungen, Wissenschaft, Literatur, Kunst, «Fortschritt» – mit einem Wort, Entartung. Um das Privateigentum zu schützen, wurde die Gewalt organisiert und entstand der Staat; um das Regieren zu erleichtern, wurde das Recht entwickelt, um den Schwachen daran zu gewöhnen, sich dem Starken mit einem Minimum an Gewalt und Aufwand zu unterwerfen[119]. So kam es, daß «man eine Handvoll Mächtiger und Reicher gerade deshalb auf dem Gipfel der Größe und des Glückes sieht, während die Masse in Dunkelheit und Elend dahinkriecht»[120]. Zu diesen Grundungleichheiten kommen viele abgeleitete Ungleichheiten: «Schändliche Methoden werden angewandt, um Geburten zu verhindern», Abtreibung, Kindermord, Kastration, Perversionen, «Aussetzung oder Tötung von zahlreichen Kindern, die Opfer der Armut ihrer Eltern werden»[121]. Alle diese Übel wirken demoralisierend, sie sind den Tieren unbekannt, sie machen die «Kultur» zu einem Krebsgeschwür am Körper der Menschheit. Im Vergleich zu dieser vielgestaltigen Korruption und Perversität ist das Leben der Wilden gesund, vernünftig und human.

Sollen wir deshalb zur Barbarei zurückkehren? Müssen die Gesellschaften vollkommen abgeschafft werden? Müssen *Mein* und *Dein* abgeschafft werden und müssen wir in die Wälder zurückkehren, um unter den Bären zu leben? Das ist uns nicht mehr möglich; das Gift der Kultur ist in unserem Blut, und wir werden es nicht ausrotten durch die Flucht in die Wälder. Dem Privateigentum, der Regierung und dem Gesetz ein Ende zu machen würde bedeuten, die Menschen in ein Chaos zu stürzen, das schlimmer wäre als die Kultur. «Niemals gelangt man wieder zurück in die Zeiten der Unschuld und Gleichheit, wenn man sich einmal von ihnen entfernt hat.»[122] Revolution kann gerechtfertigt sein, denn Gewalt kann gerechterweise stürzen, was Gewalt errichtet und behauptet hat[123]; doch jetzt ist Revolution nicht ratsam. Das Beste, was wir tun können, ist, wieder das Evangelium studieren und versuchen, uns von unseren bösen Impulsen zu befreien, indem wir die Ethik des Christentums praktizieren[124]. Wir können eine natürliche Sympathie für unsere Mitmenschen zur Grundlage der Moral und der sozialen Ordnung machen. Wir können uns entschließen, ein weniger kompliziertes Leben zu führen, zufrieden mit dem Notwendigsten, den Luxus verachtend, den Wettlauf und das Fieber des «Fortschritts» meidend. Wir können, eine nach der anderen, die Künstlichkeiten, Scheinheiligkeiten und Verderbtheiten der Kultur abwerfen und uns zu Anstand, Natürlichkeit und Ehrlichkeit bekehren. Wir können den Lärm und den Aufruhr unserer Städte, ihren Haß, ihre Ausschweifungen und ihre Verbrechen verlassen, um in ländlicher Einfachheit zufrieden in der Erfüllung unserer häuslichen Pflichten zu leben. Wir können den Dünkel und die Sackgassen der Philosophie aufgeben und zurückkehren zu einem religiösen Glauben, der uns im Angesicht des Leidens und des Todes aufrechterhalten wird.

Heute, da wir dies alles Hunderte von Malen gehört haben, spüren wir eine gewisse Künstlichkeit in dieser rechtschaffenen Entrüstung. Wir sind nicht sicher, ob die von Rousseau beschriebenen Übel ihren Ursprung mehr in korrupten Institutionen als in der Natur des Menschen haben; schließlich ist es die menschliche Natur, die Institutionen geschaffen hat. Als Jean-Jacques Rousseau seinen zweiten *Discours* schrieb, hatte die Idealisierung des «freundlichen und sanften Wilden» ihren Höhepunkt erreicht. Im Jahre 1640 hatte Walter Hamond eine Broschüre veröffentlicht, in der er bewies, «daß die Bewohner von Madagaskar die glücklichsten Menschen in der Welt sind»[125]. Berichte der Jesuiten über die Indianerstämme der Huronen und Irokesen schienen das Bild Defoes von Robinson Crusoes liebenswertem Manne Freitag zu bestätigen. Voltaire lachte im allgemeinen über die Legende vom edlen Wilden, doch er verwendete sie freudig in *L'Ingénu*. Diderot spielte mit ihr in dem *Supplément au Voyage de Bougainville*. Helvétius aber machte Rousseaus Idealisierung des Wilden lächerlich[126], und Duclos, obwohl ein treuer Freund Jean-Jacques', behauptete, bei «den Wilden ist das Verbrechen am häufigsten, die Kindheit einer Nation ist nicht ihr Alter der Unschuld»[127]. Alles in allem begünstigte das intellektuelle Klima Rousseaus These.

Die Opfer von Rousseaus Schmähungen beruhigten ihr Gewissen damit, daß sie den *Discours* wie seinen Vorgänger als eine Pose darstellten. Frau du Deffand nannte ihn offen einen Scharlatan[128]. Skeptiker lachten über sein Bekenntnis zur christlichen Orthodoxie, über seine wörtliche Interpretation der Genesis[129]. Die *philosophes* begannen ihm zu mißtrauen, er wolle ihre Pläne hintertreiben, die Regierung für ihre Ideen sozialer Reformen zu gewinnen. Sie waren nicht für einen Appell an den Groll der Armen, sie anerkannten die Wirklichkeit der Ausbeutung, doch sie sahen kein konstruktives Prinzip in der Ersetzung der Behörden durch den Mob. Die Regierung selbst erhob keinen Einwand gegen Rousseaus Anschuldigungen; wahrscheinlich betrachtete der Hof die Abhandlung als eine Stilübung. Rousseau war stolz auf seine Beredsamkeit, er schickte eine Kopie des *Discours* an Voltaire und wartete bange auf ein Wort des Lobes. Voltaires Antwort ist einer der Edelsteine der französischen Literatur, Weisheit und Gesittung:

«Ich habe, mein Herr, Ihr neues Buch gegen das Menschengeschlecht erhalten und danke Ihnen dafür. Sie werden bei den Menschen, denen Sie die Wahrheiten über die Menschen sagen, Gefallen finden, aber Sie werden sie nicht bessern. Man kann die Schrecken der menschlichen Gesellschaft ... nicht mit kräftigeren Farben malen. Nie hat man soviel Geist darauf verwendet, uns wieder zu Eseln zu machen. Man bekommt Lust, auf vier Füßen zu gehen, wenn man Ihr Werk liest. Da ich jedoch seit über sechzig Jahren aus der Übung gekommen bin, fühle ich leider, daß es mir unmöglich ist, sie wieder aufzunehmen ...

Ich räume Ihnen ein, daß die Literatur und die Wissenschaften manchmal viel Übel hervorgerufen haben ... Geben Sie zu, daß weder Cicero, noch Varro, noch Lucrez, noch Vergil, noch Horaz den geringsten Anteil an den Proskriptionen von Marius, Sulla, Antonius, Lepidus, Octavian hatten ... Geben Sie zu, daß nicht die Späße des Marot die Bartholomäusnacht hervorgerufen haben und nicht die Tragödie *Cid* die Unruhen der Fronde verursachte. Nur von den berühmten Ignoranten sind die großen Verbrechen begangen worden. Was aus dieser Welt stets ein Tal der Tränen macht und machen wird, sind die unersättlichen Begierden und der unzähmbare Ehrgeiz ... Die Wissenschaften nähren die Seele, läutern und trösten sie. Sie dienen Ihnen, mein Herr, zu der Zeit, in der Sie gegen sie schreiben ...

Herr Chappuis teilte mir mit, Ihre Gesundheit sei ziemlich schlecht. Sie müßten hierher kommen und sie in der heimatlichen Luft wiederherstellen. Sie müßten die Freiheit genießen, mit mir die Milch unserer Kühe trinken und auf unserer Weide grasen.

Ich verbleibe ganz philosophisch und mit der herzlichsten Hochachtung.»[130]

Rousseau antwortete mit der gleichen Höflichkeit und versprach, Les Délices zu besuchen, wenn er in die Schweiz zurückkehre[131]. Doch war er tief enttäuscht von der Aufnahme seines *Discours* in Genf, den er ihm in so gewinnendem Lob gewidmet hatte. Offensichtlich verspürte die straffe kleine Oligarchie, die die Republik regierte, einige der Widerhaken dieser Abhandlung und fand keinen Geschmack an Rousseaus totaler Verdammung des Eigentums, der Regierung und der Gesetze. «Ich bemerkte nicht, daß irgendein Genfer mir Dank für den Herzenseifer wußte, den man in diesem Werk herausfühlte.»[132] Er kam zu dem Schluß, daß die Zeit für seine Rückkehr nach Genf noch nicht reif war.

VIII. DER KONSERVATIVE

Im gleichen Jahr 1755, das die Veröffentlichung des zweiten *Discours* erlebte, erschien im Band V der *Encyclopédie* ein langer Artikel Rousseaus: «Discours sur l'économie politique.» Er erfordert besondere Beachtung, denn er wich von den früheren Abhandlungen in einigen entscheidenden Einzelheiten ab. Hier werden Gesellschaft, Regierung und Gesetz als natürliche Ergebnisse der Natur und der Bedürfnisse des Menschen verherrlicht, und das Privateigentum wird als eine soziale Wohltat und ein Grundrecht beschrieben. «Es ist gewiß, daß das Eigentumsrecht das heiligste aller Rechte der Bürgerschaft ist und es in manchen Beziehungen noch wichtiger als die Freiheit selbst ist. Das Eigentum ist das wahre Fundament der bürgerlichen Gesellschaft und die wahre Garantie für die Unternehmungen der Bürger»[133], das heißt, die Menschen werden nicht über die Befriedigung ihrer einfachsten Bedürfnisse hinaus arbeiten, wenn ihnen nicht erlaubt wird, die überflüssige Produktion als ihr Eigentum zu behalten, um es zu verzehren oder es weiterzugeben, wie es ihnen beliebt. Jetzt billigt Rousseau die Vererbung von Eigentum von Eltern auf Kinder und akzeptiert freudig die daraus resultierende Klassenteilung. «Nichts ist verhängnisvoller für die Moral und die Republik als die ständige Verschiebung von Rang und Vermögen bei den Bürgern; solche Veränderungen sind sowohl der Beweis als auch die Quelle für tausend Unordnungen und verdrehen und verwechseln alles.»[134]

Doch er fährt fort, gegen soziale Ungerechtigkeit und die Klassenbegünstigung der Gesetze zu Felde zu ziehen. Genau so wie der Staat das Privateigentum und seine gesetzliche Vererbung schützen soll, so «sollen die Mitglieder einer Gesellschaft mit ihrem Eigentum zur Unterhaltung des Staates beitragen». Eine strenge Steuer soll allen Personen im abgestuften Verhältnis zu ihrem Eigentum und «auf ihre überflüssigen Besitztümer auferlegt werden»[135]. Es soll keine Steuer auf lebensnotwendige Dinge geben, wohl aber eine hohe Steuer auf Luxusdinge. Der Staat soll ein nationales Erziehungssystem finanzieren. «Wenn die Kinder gemeinsam [in nationalen Schulen] am Busen der Gleichheit erzogen werden, wenn sie durchdrungen werden von den Gesetzen des Staates und den Geboten des allgemeinen Willens, ... können wir nicht zweifeln, daß sie einander lieben werden wie Brüder, ... um rechtzeitig Verteidiger und Väter des Landes zu werden, dessen Kinder sie gewesen sein werden.»[136] Patriotismus ist besser als Kosmopolitismus oder als die vage Forderung nach einer universalen Sympathie[137].

So wie die beiden früheren Abhandlungen betont individualistisch waren, so war der Artikel über die politische Ökonomie vorwiegend sozialistisch. Jetzt verkündet Rousseau zum erstenmal seine besondere Doktrin, daß es außer der algebraischen Summe der Neigungen und Abneigungen der wählenden Mitglieder einen «allgemeinen Willen» gibt. In Rousseaus weiterentwickelter Philosophie ist die Gemeinschaft ein sozialer Organismus mit einer eigenen Seele:

> «Die politische Körperschaft ist auch ein moralisches Wesen, im Besitz eines Willens; und dieser allgemeine Wille, der stets nach der Erhaltung und nach der Wohlfahrt des Ganzen und aller Teile strebt, ist die Quelle der Gesetze und stellt für alle Mitglieder des Staates in ihren Beziehungen zueinander den Maßstab dafür dar, was gerecht oder ungerecht ist.»[138]

Um diesen Begriff herum baut Rousseau die Ethik und die Politik, die von nun an seine Anschauung über öffentliche Angelegenheiten beherrschen wird. Der Rebell, der die Tugend für einen Ausdruck des freien und natürlichen Menschen hielt, beschreibt sie nun als «nichts mehr denn die Übereinstimmung der einzelnen Willen mit dem allgemeinen Willen»[139]; und er, der noch vor kurzem in den Gesetzen eine der Sünden der Kultur sah, ein bequemes Mittel zur Ausbeutung der Massen in fügsamer Ordnung, erklärt jetzt, daß «es das Gesetz allein ist, dem die Menschen Gerechtigkeit und Freiheit verdanken, daß es dieses heilsame Organ des Willens aller ist, das im Bürgerrecht die natürliche Gleichheit zwischen den Menschen herstellt, daß es die himmlische Stimme ist, die jedem Bürger die Vorschriften der öffentlichen Vernunft diktiert»[140].

Vielleicht hatten die Herausgeber der *Encyclopédie* Rousseau gedrängt, in seinem Artikel seinen Angriff auf die Kultur zu mäßigen. Sieben Jahre später werden wir erleben, daß er im *Contrat social* die Gemeinschaft gegen das Individuum verteidigt und seine politische Philosophie auf den Begriff eines heiligen und erhabenen allgemeinen Willens aufbaut. Inzwischen jedoch fuhr er fort, Individualist zu sein und ein Rebell, der Paris haßte, sich gegen seine Freunde behauptete und sich jeden Tag neue Feinde machte.

IX. FLUCHT AUS PARIS: 1756

Seine engsten Freunde waren jetzt Grimm, Diderot und Frau von Épinay. Grimm war 1723 in Regensburg geboren und also elf Jahre jünger als Rousseau. Er wuchs in Leipzig im letzten Jahrzehnt vor Bachs Tod auf und erhielt von Johann August Ernesti eine solide Grundausbildung in den Sprachen und Literaturen des alten Griechenland und des alten Rom. Er kam 1749 nach Paris, lernte Französisch mit deutscher Gründlichkeit und schrieb bald Artikel für *Le Mercure*. 1750 wurde er Privatsekretär beim Grafen von Friesen. Seine Liebe zur Musik brachte ihn Rousseau näher, während eine tiefe Leidenschaft ihn an Fräulein Fel, eine Sängerin an der Oper, fesselte. Als sie ihm Herrn von Cahusac vorzog, reagierte er höchst seltsam. Rousseau schreibt hierüber:

«Er nahm die Sache tragisch und tat, als ob er daran sterben wollte ... Er verbrachte die Tage und Nächte in einer ständigen Stumpfheit, mit völlig offenen Augen ... doch ohne zu sprechen, zu essen, sich zu rühren ... Der Abbé Raynal und ich teilten uns in seine Hut; der Abbé, kräftiger und gesünder, verbrachte bei ihm die Nächte, ich die Tage, ohne daß wir ihn beide zusammen verließen.»[141]

Von Friesen ließ einen Arzt holen, der sich weigerte, etwas anderes zu verschreiben als Zeit. «Eines schönen Morgens stand er auf, kleidete sich an und nahm seine gewöhnliche Lebensweise wieder auf, ohne daß er je ... von dieser merkwürdigen Krankheit gesprochen hätte.»[142]

Rousseau führte Grimm bei Diderot ein, und die drei träumten davon, zusammen nach Italien zu reisen. Grimm nahm gierig den Strom von Ideen auf, die aus dem Füllhorn von Diderots Geist sprudelten; er erlernte die Sprache der respektlosen *philosophes,* schrieb einen agnostischen *Catéchisme pour les enfants* (Katechismus für die Kinder) und riet von Friesen, «im Andenken an die Heilige Dreieinigkeit»[143] drei Mätressen auf einmal zu nehmen. Rousseau ärgerte sich über die zunehmende Freundschaft zwischen Grimm, den Sainte-Beuve «den französischsten aller Deutschen» nannte, und Diderot, «dem deutschesten der Franzosen»[144]. «Grimm», beklagte sich Jean-Jacques, «Sie vernachlässigen mich, und ich verzeihe es Ihnen.» Grimm nahm ihn beim Wort. «Er erklärte mir, ich hätte recht ..., und machte es sich so bequem, daß ich ihn nur noch mit unseren gemeinsamen Freunden sah.»[145]

Im Jahre 1747 hatte der Abbé Raynal begonnen, an französische und ausländische Subskribenten alle zwei Wochen ein Rundschreiben, die *Nouvelles littéraires,* zu verschicken, in denen er über die Ereignisse in der französischen Welt der Literatur, Wissenschaft, Philosophie und Kunst berichtete. 1753 übertrug er das Unternehmen Grimm, der es mit Hilfe von Diderot und anderen bis 1790 weiterführte. Unter Grimm hatten die Briefe viele vornehme Subskribenten, so Königin Luise Ulrike von Schweden, den früheren König Stanislaus Leszczyński von Polen, Katharina II. von Rußland, die Fürstin von Sachsen-Gotha, den Fürsten und die Fürstin von Hessen-Darmstadt, die Herzogin von Sachsen-Coburg, den Großherzog von Toscana, den Herzog Karl August von Sachsen-Weimar. Friedrich der Große hielt sich eine Zeitlang zurück, da er mehrere Korrespondenten in Frankreich hatte; schließlich erklärte er sich bereit, die Briefe zu empfangen, zahlte aber nie dafür. Grimms erste Nummer (Mai 1753) erläuterte seinen Plan:

«Auf den Blättern, die man von uns verlangt, werden wir keine Zeit verschwenden auf die Broschüren, mit denen Paris täglich überschwemmt wird; ... wir werden vielmehr versuchen, einen genauen Bericht, eine begründete Kritik der Bücher zu geben, die es verdienen, die Aufmerksamkeit des Publikums zu beanspruchen. Das Drama, das einen so glänzenden Teil der französischen Literatur darstellt, wird einen beträchtlichen Teil unseres Berichtes bilden. Im allgemeinen werden wir uns nichts entgehen lassen, das der Neugier anderer Völker würdig ist.»[146]

Diese berühmte *Correspondance littéraire* ist heute ein wichtiges und wertvolles Archiv für die Geistesgeschichte Frankreichs in der zweiten Hälfte des 18. Jahrhunderts. Grimm konnte offen sein in seinen Kritiken, denn diese waren der französischen

Öffentlichkeit oder dem besprochenen Autor nicht bekannt. Er war im allgemeinen gerecht, nur später gegenüber Rousseau nicht. Er schrieb viele einsichtsvolle Rezensionen, beurteilte jedoch *Candide* falsch als «unfähig, ernsthafte Kritik zu ertragen»; dies geschah jedoch ohne Vorurteil, denn er nannte Voltaire «den faszinierendsten, angenehmsten und berühmtesten Mann in Europa»[147]. Voltaire gab das Kompliment auf seine bissige Weise zurück: «Wie kommt dieser Böhme dazu, zu glauben, er habe mehr Witz als wir?»[148] Es war Grimms *Correspondance,* mehr als andere Schriften, ausgenommen die Voltaires, die die Ideen der französischen Aufklärung in Europa verbreitete. Doch er hatte seine Zweifel hinsichtlich der *philosophes* und ihres Glaubens an den Fortschritt. «Die Welt», sagte er, «besteht nur aus Mißständen, die nur ein Verrückter zu verbessern sucht.»[149] Und 1757 schrieb er:

> «Mir scheint, das 18. Jahrhundert habe alle anderen übertroffen mit den Lobsprüchen, mit denen es sich selbst überhäuft hat ... Ein wenig mehr, und die besten Geister werden sich selbst überzeugen, daß das milde und friedvolle Reich der Philosophie im Begriff ist, die langen Stürme der Unvernunft abzulösen und für immer die Ruhe, die Stille und das Glück der Menschheit zu begründen ... Doch unglücklicherweise hat der wahre Philosoph weniger tröstliche als genauere Vorstellungen ... Ich bin weit davon entfernt, zu glauben, daß wir uns dem Zeitalter der Vernunft nähern, und ich bin eher geneigt, zu befürchten, daß Europa von einer verhängnisvollen Revolution bedroht ist.»[150]

Wir verspüren hier etwas von dem Stolz und der Eitelkeit, die manchmal Grimms Freunde reizte. Gallischer als die Gallier, verbrachte er Stunden damit, sich anzukleiden, sein Gesicht und sein Haar zu pudern und sich so stark mit Parfüm zu besprengen, daß man ihm den Spitznamen «der Moschusbär» gab[151]. In seiner *Correspondance* sehen wir ihn mit erwartungsvoller Hand Komplimente verteilen. Friedrich der Große machte es, als er die Briefe subskribierte, zur Bedingung, daß Grimm «mir seine Komplimente erspart»[152]. Eine solche Schmeichelei war natürlich ein Teil des Briefstils in der Zeit des Ancien Régime.

Grimm, der gewöhnlich kalt und berechnend war, erregte die Aufmerksamkeit der Pariser, als er beinahe wegen Fräulein Fel starb und wegen Frau von Épinay ein Duell ausfocht. Louise Florence Tardieu d'Esclavelles war die Tochter eines Barons aus Valenciennes, der 1737 im Dienste des Königs starb. Acht Jahre später heiratete Louise, zwanzig Jahre alt, Denis-Joseph Lalive d'Épinay, den Sohn eines reichen Steuereinnehmers. Sie nahmen Wohnung in dem hübschen Château de la Chevrette, fünfzehn Kilometer von Paris entfernt, in der Nähe des Waldes von Montmorency. Ihr Glück war überschwenglich. «Wird mein Herz fähig sein, solches Glück auf die Dauer zu ertragen?» fragte sie sich. An einen Vetter schrieb sie: «Er spielte das Cembalo, ich saß auf der Lehne seines Sessels, meine linke Hand ruhte auf seiner Schulter, und meine rechte wendete die Blätter um; er versäumte es nie, sie jedesmal, wenn sie vor seinen Lippen vorüberkam, zu küssen.»[153]

Sie war nicht schön, doch sie war auf reizvolle Weise klein, *très bien faite* (sagt sie uns)[154]; und ihre großen schwarzen Augen sollten später Voltaire entzücken. Doch «immer dasselbe zu fühlen», ist bald «das gleiche wie nichts zu fühlen»[155]; nach einem Jahr betrachtete Herr von Épinay diese Augen nicht mehr. Er hatte vor der Ehe ausschweifend gelebt, und er tat es wieder. Er trank stark, spielte hoch und gab ein Vermögen für die Schwestern Verrières aus, die er in einem Landhaus in der Nähe von La Chevrette unterbrachte. Inzwischen gebar ihm seine Frau zwei Kinder. 1748 kehrte er nach einer Reise in die Provinz nach Hause zurück, schlief mit seiner Frau und steckte sie mit der Syphilis an. Gebrochen an Körper und Geist, erreichte sie eine legale Trennung von ihrem Gatten. Er gab seine Zustimmung zu einer großmütigen Regelung; sie erbte das Vermögen ihres Onkels, sie behielt La Chevrette, sie versuchte, ihr Unglück in der Sorge für ihre Kinder und in der Hilfe für ihre Freunde zu vergessen. Als eine von ihren Freundinnen, Frau von Julli, tödlich an Pocken erkrankte, pflegte Louise sie und blieb bei ihr bis zu ihrem Ende, ungeachtet der Gefahr einer Ansteckung, die sie hätte töten oder für ihr Leben entstellen können.

Alle ihre Freunde stimmten darin überein, daß sie einen Liebhaber nehmen solle. Einer kam (1746), jener Dupin de Francueil, der Rousseau Arbeit gab. Er begann mit Musik und endete mit Syphilis; er war bald geheilt, während sie weiter litt[156]. Er teilte sich mit ihrem Gatten in die Demoiselles de Verrières. Duclos erklärte ihr offen: «Francueil und Ihr Gatte haben die beiden Schwestern zwischen sich.»[157] Sie fiel in ein Delirium, das dreißig Stunden dauerte. Duclos versuchte, Dupins Platz einzunehmen, doch sie schickte ihn fort. Zu diesen Mißgeschicken gesellte sich ein anderes. Frau von Julli hatte im Sterben Louise ein Bündel Papiere gegeben, die ihre Liebschaften enthüllten, und sie dringend gebeten, sie zu verbrennen. Louise tat es. Hierauf verklagte Herr von Julli sie, sie habe wissentlich Zertifikate ihrer eigenen Verschuldung ihm gegenüber verbrannt. Sie leugnete, doch der Anschein war gegen sie, denn es war bekannt, daß sie ihren Gatten trotz der Trennung finanziell unterstützte.

An dieser Stelle trat Grimm in das Drama ein. Er war Louise durch Rousseau 1751 vorgestellt worden; die drei hatten mehrere Male gemeinsam musiziert oder gesungen. Eines Abends auf einer von dem Grafen von Friesen gegebenen Gesellschaft äußerte ein Gast, daß er von der Schuld der Frau von Épinay überzeugt sei. Grimm verteidigte sie; der Streit wuchs sich zu einem Ehrenhandel aus, Ankläger und Verteidiger traten zum Duell an, und Grimm wurde leicht verwundet. Bald darauf wurden die verlorenen Dokumente gefunden; Madame war entlastet, sie dankte Grimm als ihrem *preux chevalier,* und ihre gegenseitige Achtung entfaltete sich zu einer der dauerhaftesten Liebschaften jenes unbeständigen Zeitalters. Als Holbach vor Trauer über den Tod seiner Frau krank wurde und Grimm mit ihm aufs Land ging, um ihn zu pflegen, fragte ihn Louise: «Aber wer wird mein Ritter sein, Monsieur, wenn ich in Ihrer Abwesenheit angegriffen werde?» Grimm antwortete: «Der gleiche wie zuvor – Ihr vergangenes Leben.»[158] Die Antwort war nicht ohne Spitzfindigkeit, doch sie war über jedes Lob erhaben.

Rousseau hatte Frau von Épinay 1748 bei Frau Dupin kennengelernt. Sie lud ihn nach La Chevrette ein. In ihren *Mémoires* beschreibt sie ihn wie folgt:

«Er macht Komplimente, doch er ist nicht höflich oder gibt sich zumindest nicht den Anschein, es zu sein. Er scheint die Gewohnheiten der Gesellschaft nicht zu kennen, doch es ist leicht zu sehen, daß er sehr intelligent ist. Er hat einen braunen Teint, weiße Augen, die vor Feuer sprühen und seinem Ausdruck Leben verleihen ... Man sagt, er habe eine schlechte Gesundheit und leide an Seelenqualen, die er sorgfältig verbirgt ... Das ist es, was ihm, wie ich glaube, von Zeit zu Zeit ein düsteres Aussehen verleiht.»[159]

Sein Bild von ihr ist nicht sehr galant:

«Ihre Unterhaltung, obschon in der Gesellschaft ziemlich angenehm, war dem einzelnen gegenüber trocken ... Es tat mir wohl, ihr kleine Dienste zu erweisen, ihr kleine, ganz brüderliche Küsse zu geben, die meine Sinnlichkeit ebenso wenig wie die ihrige erregten ... Sie war sehr mager, sehr blaß, ihr Busen flach wie meine Hand. Dieser Mangel allein hätte genügt, um mich abzukühlen.»[160]

Sieben Jahre lang war er ein willkommener Gast im Hause der Frau von Épinay. Als sie bemerkte, wie unglücklich er sich in Paris fühlte, überlegte sie, wie sie ihm helfen könnte, doch sie wußte, daß er Geld ablehnen würde. Eines Tages, als sie durch ihren Park hinter La Chevrette spazierten, zeigte sie ihm eine Hütte, genannt L'Hermitage, die ihrem Gatten gehört hatte. Sie war unbenutzt und zerfallen, doch ihre Lage am Rande des Waldes von Montmorency veranlaßte Rousseau auszurufen: «Ach, gnädige Frau, welch köstliche Behausung. Das ist ein Zufluchtsort, ganz für mich geschaffen!»[161] Madame erwiderte nichts, doch als sie im September 1755 wieder zu der Hütte gingen, sah Rousseau zu seiner Überraschung, daß sie instand gesetzt war; die sechs Zimmer waren möbliert, das Grundstück in Ordnung gebracht und gepflegt. Nach ihm soll sie gesagt haben: «Mein Lieber, hier ist Ihr Refugium; Sie selbst haben es gewählt, Freundschaft bietet es Ihnen an. Ich hoffe, es wird Sie veranlassen, den grausamen Gedanken, sich von mir zu trennen, aufzugeben.» Sie wußte, daß er daran gedacht hatte, in der Schweiz zu leben; vielleicht wußte sie nicht, daß seine Begeisterung für Genf sich abgekühlt hatte. Er «badete mit Tränen die wohltätige Hand» seiner Freundin, zögerte jedoch, ihr Angebot anzunehmen. Sie gewann Thérèse und Frau Levasseur für ihren Plan, und «auf die Dauer triumphierte sie über alle meine Entschlüsse».

Am Ostersonntag 1756 kam sie, ihrer Großmut die Krone aufsetzend, in ihrer Kutsche nach Paris und nahm ihren «Bären», wie sie ihn nannte, mit seiner Mätresse und seiner Schwiegermutter mit zur Hermitage. Thérèse fand kein Gefallen an der Trennung von Paris, doch Rousseau, die Landluft in vollen Zügen genießend, war glücklicher als je seit seinem Idyll mit Frau von Warens. «Am 9. April 1756 begann ich zu leben.»[162] Grimm verdunkelte den Augenblick mit einer Warnung an Frau von Épinay:

«Sie leisten Rousseau einen sehr schlechten Dienst, indem Sie ihm die Hermitage zur Verfügung stellen, doch Sie leisten sich selbst einen sehr viel schlimmeren. Die Einsamkeit wird das Werk der Verdunklung seiner Einbildungskraft vollenden; alle seine Freunde werden in seinen Augen ungerecht und undankbar sein, und Sie als die erste von allen, wenn Sie sich ein einziges Mal weigern, sich seinen Befehlen zu fügen.»[163]

Dann machte sich Grimm als Sekretär des Marschalls von Estrées auf, um seine Rolle in dem Krieg zu spielen, der die Weltkarte verändern sollte.

ZWEITES KAPITEL

Der Siebenjährige Krieg

[1756–1763]

I. WIE MAN EINEN KRIEG ANZETTELT

EUROPA hatte 1756 acht Jahre Frieden gehabt. Doch der Österreichische Erbfolgekrieg hatte nichts entschieden. Er hatte für die beteiligten Länder Unsicherheit gebracht, für Österreich in Böhmen und Italien, für Preußen in Schlesien, für England in Hannover, für Frankreich in Indien, Amerika und am Rhein. Der Friedensvertrag zu Aachen (1748) hatte zu keiner territorialen Regelung geführt, die vergleichbar gewesen wäre mit derjenigen, die der Westfälische Frieden ein Jahrhundert zuvor erreicht hatte. Das alte Machtgleichgewicht war durch das Erstarken der preußischen Armee und der englischen Flotte gestört worden; diese Armee konnte jeden Augenblick aufbrechen zu neuen Eroberungen, und diese Flotte brauchte nur Zeit, um die Kolonien Frankreichs, Hollands und Spaniens einzunehmen. Der erwachende Geist des Nationalismus wurde in England genährt durch die Profite und Aussichten des Handels, in Preußen durch erfolgreichen Krieg, in Frankreich durch eine kulturelle Überlegenheit, die sich ihrer militärischen Schwäche mit Unbehagen bewußt war. Der Konflikt zwischen Katholizismus und Protestantismus war zum Stillstand gekommen; beide Seiten warteten auf eine günstige Gelegenheit, den Dreißigjährigen Krieg um den Besitz der europäischen Seele zu erneuern.

Österreich traf die ersten Vorbereitungen, von neuem die Würfel des europäischen Schicksals zu werfen. Maria Theresia, die neununddreißig Jahre alte, doch immer noch schöne Herrscherin des Heiligen Römischen Reiches, besaß den ganzen Stolz ihrer habsburgischen Ahnen, den ganzen Zorn einer beleidigten Frau; wie konnte sie leben, nachdem Schlesien von ihrem ererbten Gebiet abgetrennt worden war, dessen territoriale Integrität alle großen Staaten Europas garantiert hatten? Selbst Friedrich, der sie gedemütigt hatte, lobte später «ihren Mut und ihre Fähigkeit» und die Art, in der «diese junge Herrscherin, als jene Ereignisse sich zu ihrer Vernichtung zu verschwören schienen, den Geist der Regierung erfaßte und die Seele ihres Kabinettsrats wurde»[1]. Besiegt und gezwungen, Schlesien als Friedenspreis abzutreten, betrachtete sie den Frieden nur als Waffenstillstand und widmete sich der Reform der Verwaltung, der Stärkung ihrer geschlagenen Armeen und der Gewinnung starker Verbündeter. Häufig besuchte sie die Lager, in denen ihre Truppen ausgebildet wurden; zu diesem Zweck reiste sie nach Prag in Böhmen, nach Olmütz in Mähren. Sie begeisterte die Soldaten durch Belohnungen und Auszeichnungen und noch stärker durch ihre kaiserliche und dennoch weibliche Gegenwart. Ihre Generale brauchten ihr keine

Treue zu schwören, denn diese war verbürgt durch ihr Blut und ihre Ritterlichkeit. So gab der Fürst von Liechtenstein 200000 Taler (heute Millionen DM) seines Vermögens aus, um für sie ein vollständiges Artilleriekorps zu rekrutieren und auszurüsten. Sie gründete in der Nähe von Wien eine Kriegsschule für den jüngeren Adel und verpflichtete für sie die besten Lehrer in Geometrie, Geographie, Befestigungskunst und Geschichte. «Durch ihre Fürsorge», erklärte Friedrich, «erlangte das Militär in Österreich einen Grad der Vollkommenheit, wie es ihn unter den Kaisern aus dem Hause Österreich nie besessen hatte. So führte eine Frau Vorsätze durch, die eines großen Mannes würdig waren.»[2]

Diplomatie war die zweite Waffe ihres heimlichen Kampfes. Sie schickte Agenten aus, um Freunde für Österreich zu gewinnen und Feindschaft gegen Friedrich zu schüren. Sie sah die wachsende Stärke Rußlands, das von Peter dem Großen organisiert worden war und nun von der Zarin Elisabeth regiert wurde; sie sorgte dafür, daß Friedrichs sarkastische Bemerkungen über die Amouren der russischen Kaiserin ihr zu Ohren gelangten. Maria Theresia hätte gerne ihr Bündnis mit England erneuert, doch das gute Einvernehmen zwischen den beiden Ländern war getrübt worden durch Englands Separatfrieden mit Preußen (1745), der Österreich gezwungen hatte, Schlesien abzutreten. Jetzt war Englands Außenpolitik darauf gerichtet, seinen Handel in der Ostsee gegen die Macht Rußlands zu schützen und seinen Einfluß auf Hannover gegen Drohungen von seiten Preußens oder Frankreichs. Es war auf Rußland angewiesen für das Holz seiner Flotte und auf seine Flotte, um im Krieg erfolgreich zu sein. So unterzeichnete England am 30. September 1755 einen Vertrag, der Rußland verpflichtete, als Gegenleistung für englische Subventionen in Livland 55000 Mann bereitzuhalten; diese Truppen, hofften die Engländer, würden Friedrich von expansionistischen Abenteuern im Westen abhalten.

Doch wie sollte sich England Frankreich gegenüber verhalten? Hunderte von Jahren war Frankreich sein Feind gewesen. Immer wieder hatte Frankreich Feindseligkeiten der Schotten gegen England gefördert oder finanziert; wiederholt hatte es Anstalten getroffen oder gedroht, die Britischen Inseln zu überfallen. Jetzt war es der einzige Staat, der auf dem Meere und in der Kolonialwelt eine Herausforderung für England darstellte. Frankreich entscheidend zu schlagen würde bedeuten, seine Kolonien in Amerika und Indien zu gewinnen, es würde bedeuten, seine Flotte zu zerstören oder ohnmächtig zu machen; das britische Empire wäre dann nicht nur sicher, sondern auch unüberwindlich in seiner Vormachtstellung. So argumentierte William Pitt der Ältere Tag für Tag vor dem Parlament mit der stärksten Beredsamkeit, die in dieser Versammlung je vernommen worden war. Doch konnte Frankreich besiegt werden? Ja, erklärte Pitt, indem England sich mit Preußen verbündete. Wäre es nicht gefährlich, Preußen stärker werden zu lassen? Nein, erwiderte Pitt, Preußen hatte eine große Armee, die nach diesem Plan England helfen würde, Hannover zu schützen, doch es hatte keine Flotte und konnte daher auf dem Meere nicht mit England rivalisieren. Es schien klüger zu sein, zuzulassen, daß das protestantische Preußen das katholische Frankreich oder das katholische Österreich als vorherrschende Macht auf dem Kontinent ersetzte, wenn hierdurch Britannien freie Hand bekäme, die Meere zu beherrschen und Kolonien zu gewinnen. Jeder Sieg Friedrichs in Europa würde England in Übersee stärken; Pitt prophezeite, er würde Amerika und Indien auf den Schlachtfeldern des Kontinents erobern. England würde Geld liefern, Friedrich würde die Landschlachten schlagen, England würde die halbe Welt erobern. Das Parlament stimmte zu; England schlug Preußen einen gegenseitigen Verteidigungspakt vor.

Friedrich mußte diesen Vorschlag annehmen, denn die Entwicklung der Ereignisse hatte seine Siege verdunkelt. Er wußte, daß Frankreich mit Österreich flirtete; wenn Frankreich und Österreich – schlimmer noch, wenn auch Rußland – sich gegen ihn vereinigten, konnte er ihnen gemeinsam kaum widerstehen. In einer solchen Lage konnte nur England ihm helfen. Wenn er den Pakt unterzeichnete, den England anbot, konnte er es auffordern, Rußland von einem Angriff gegen ihn abzuhalten; und wenn Rußland sich zurückhielt, schreckte Österreich vielleicht vor einem Kriege zurück. Am 16. Januar 1756 unterzeichnete Friedrich den Vertrag von Westminster, der England und Preußen verpflichtete, sich dem Eindringen fremder Truppen in Deutschland zu widersetzen. Diese Klausel allein, so hofften sie beide, würde Preußen vor Rußland und Hannover vor Frankreich schützen.

Frankreich, Österreich und Rußland sahen in diesem Vertrag einen Verrat ihrer Verbündeten. Im Österreichischen Erbfolgekrieg war kein Auslauftermin für die Bündnisse Englands mit Österreich und Frankreichs mit Preußen festgesetzt worden. Maria Theresia war, wie sie den britischen Botschafter informierte, schockiert, zu erfahren, daß ihre englischen Freunde einen Pakt «mit dem tödlichen und ewigen Feind meiner Person und meiner Familie»[3] unterzeichnet hatten. Ludwig XV. beklagte sich, daß Friedrich ihn hintergangen hätte; Friedrich erwiderte, der Vertrag sei rein defensiv und bedrohe keine Macht, die nicht an Angriff denke. Frau von Pompadour, die in Frankreich die Ministerien besetzte und beherrschte, erinnerte sich daran, daß Friedrich sie beschuldigt hatte, große Summen in englischen Banken deponiert zu haben, und sie «*la demoiselle Poisson*» (Fräulein Fisch) und «*Cotillon IV*» (Unterrock IV – vierte Mätresse Ludwigs XV.) genannt hatte. Ludwig erinnerte sich, daß Friedrich sich über die Scheunenhofmoral des französischen Königs lustig gemacht hatte. Der Abfall traf Frankreich genau in dem Augenblick, da seine Armeen und sein Staatsschatz erschöpft waren und da seine Flotte eben erst begann, sich von der Vernachlässigung zu erholen, die ihr unter dem pazifistischen Ministerium des Kardinals Fleury zuteil geworden war. Im Jahre 1756 hatte Frankreich fünfundvierzig Linienschiffe, England dagegen hundertdreißig[4]. Die Versorgung der Flotte wurde erschwert durch Korruption und Diebstahl, ihre Disziplin war zerstört worden durch die neiderzeugende Beförderung unfähiger Adliger und die Häufigkeit der Niederlagen. An wen konnte Frankreich sich jetzt als Verbündeten wenden? An Rußland? England war ihm zuvorgekommen. An Österreich? Im letzten Krieg hatte Frankreich sein Versprechen, Maria Theresias Erbe zu garantieren, gebrochen, sich mit Preußen verbündet, um es anzugreifen, und fortgefahren, es zu bekämpfen, selbst nachdem Friedrich Frieden gemacht hatte. Österreich unter den Habsburgern und Frankreich unter den Bourbonen waren jahrhundertelang Feinde gewesen; wie konnten sie und ihre Völker, seit langem zu gegenseitigem Haß erzogen, plötzlich Freunde werden?

Doch genau das war die «Umkehrung der Bündnisse», die die österreichische Regierung nun Frankreich vorschlug. Soweit wir heute die Geschichte verfolgen können, entstand der Plan im Kopfe des Grafen Wenzel Anton von Kaunitz, des fähigsten, scharfsinnigsten und beharrlichsten Diplomaten, den der europäische Kontinent im 18. Jahrhundert hervorgebracht hat. Der Siebenjährige Krieg sollte ein Kampf der Waffen zwischen Friedrich dem Großen und Marschall Daun und ein Kampf der Gehirne zwischen Kaunitz und Pitt werden. «Fürst Kaunitz», sagte Friedrich, «hat den klügsten Kopf in Europa.»[5]

Als zweiter Sohn geboren, sollte Kaunitz Priester werden; statt dessen wurde er insgeheim ein Schüler Voltaires[6]. Von seinem Vater, der Botschafter beim Vatikan und Gouverneur von Mähren war, erbte er die diplomatische Veranlagung. Mit einunddreißig war er österreichischer Gesandter in Turin. Sein erster Bericht an seine Regierung war auf Grund sorgfältiger Beobachtungen der politischen Realitäten so logisch begründet, daß Graf von Uhlfeld, als er ihn Maria Theresia vorlegte, sagte: «Hier haben Sie Ihren ersten Minister.»[7] Mit siebenunddreißig war er österreichischer Bevollmächtigter auf dem Kongreß von Aachen. Hier verteidigte er Maria Theresias Interessen mit solcher Hartnäckigkeit und Geschicklichkeit, daß die Kaiserin selbst in ihrer Niederlage dankbar war für seine Dienste und seine Ergebenheit. Als er ihr bereits 1749 seinen Plan eines Bündnisses mit Frankreich vortrug, begegnete sie unvoreingenommen dem Gedanken, den traditionellen Feind ihres Hauses zu umarmen. Ihr Herzenswunsch war es, Friedrich zu besiegen und Schlesien wiederzugewinnen. Doch dies, erklärte Kaunitz, konnte nicht im Bündnis mit England geschehen, dessen Macht auf dem Meere lag; es erforderte ein Bündnis mit Frankreich und Rußland, deren Macht auf dem Land lag. Zwischen diesen und Österreich konnte Friedrich zermalmt werden. Die Kaiserin hieß Kaunitz, auf dieses Ziel hinzuarbeiten.

1751 wurde er als Botschafter nach Paris geschickt. Er versetzte den Adel in Erstaunen durch den Glanz seines offiziellen Einzugs in die Stadt, er machte sich beim Volk beliebt durch die Verteilung von Almosen, er entzückte die Salons durch seine luxuriöse Kleidung, sein Sortiment an Kosmetika und seine sorgfältig gepuderten Locken[8]; «ein sehr hochnäsiger, eingebildeter, ziemlich anmaßender Bursche», meinte Carlyle[9]; doch er beeindruckte den König, seine Mätresse und deren Minister durch seine Kenntnis der Staatsangelegenheiten und seine Einschätzung der Politik. Schrittweise bereitete er ihr Denken für eine Entente mit Österreich vor. Er schilderte die Möglichkeit, Rußland, Polen und Sachsen zur Teilnahme an der Bestrafung Friedrichs zu bewegen. Er fragte, was Frankreich durch sein Bündnis mit Preußen gewonnen hatte – nur die Vergrößerung einer Landmacht, welche die Kontinentalhegemonie Frankreichs in Frage stellte; und hatte Friedrich nicht wiederholt sein Versprechen gebrochen, wenn es seinen Interessen diente?

Kaunitz hatte gute Fortschritte gemacht, als ihn Maria Theresia 1753 nach Wien zurückberief, damit er ihr als Kanzler diene, ausgestattet mit Vollmacht über innere und äußere Angelegenheiten. Der ältere Adel am Wiener Hof widersetzte sich lange seinem Plan. Geduldig erklärte und verteidigte er ihn, die Königin unterstützte ihn, und am 21. August 1755 fand der Vorschlag für ein Bündnis mit Frankreich die offizielle Billigung des kaiserlichen Kabinetts. Graf Georg von Starhemberg, der Kaunitz als österreichischer Botschafter in Paris abgelöst hatte, wurde instruiert, den großen Plan bei jeder Gelegenheit bei Ludwig XV. und Frau von Pompadour zu befürworten. Kaunitz schickte am 30. August 1755 einen schmeichelhaften Brief an die *Maitresse en titre* und fügte eine Botschaft bei, die sie heimlich dem König aushändigen sollte. Dies tat sie. Diese Botschaft stammte von Maria Theresia und lautete:

«Als Kaiserin und Königin verspreche ich, daß nichts von alle dem, was von Graf Starhemberg in meinem Namen dem Allerchristlichsten König unterbreitet werden wird, enthüllt werden soll und daß in dieser Beziehung stets tiefste Verschwiegenheit bewahrt werden wird, ob die Verhandlungen nun Erfolg haben oder nicht. Es gilt natürlich als ausgemacht, daß der König sich in gleicher Weise erklärt und verpflichtet. Wien, den 21. Juni 1755.»[10]

Ludwig beauftragte den Abbé von Bernis und Frau von Pompadour, mit Starhemberg in ihrem Pavillon «Babiole» heimlich zu verhandeln. Hier schlug der Botschafter im Namen der Kaiserin vor, Frankreich solle sein Bündnis mit Preußen auflösen und sich zumindest zu finanzieller Hilfe an Österreich im Falle des Krieges verpflichten. Er erklärte, Friedrich sei ein nutzloser und unzuverlässiger Verbündeter, und er deutete an, Friedrich stehe gerade in heimlichen Verhandlungen mit dem britischen Kabinett. Österreich seinerseits würde sich jeder feindlichen Handlung gegen Frankreich enthalten, wenn Frankreich gegen England Krieg führte. Im Falle eines solchen Krieges würde Österreich Frankreich erlauben, Ostende und Nieuport zu besetzen, und könnte eventuell auch zulassen, daß die österreichischen Niederlande an Frankreich fallen.

Ludwig erkannte, daß der Pakt ihn in einen österreichischen Krieg gegen Preußen hineinziehen, jedoch Österreich nicht verpflichten würde, Frankreich gegen England zu helfen. Er hatte gute Gründe, Friedrichs Armee mehr zu fürchten als die österreichische, die so oft besiegt und im letzten Krieg so schlecht geführt worden war. Er instruierte Bernis, zu antworten, Frankreich würde keine Veränderung in seiner Allianz mit Preußen vornehmen, solange keine Beweise für Friedrichs Verhandlungen mit England geliefert würden. Kaunitz konnte solche Beweise noch nicht liefern und war vorübergehend in seinem Spiel mattgesetzt. Doch als Ludwig von Friedrichs Anerkennung des englisch-preußischen Vertrags von Westminster erfuhr, sah er, daß seine Allianz mit Preußen tot war. Vielleicht war ihm inmitten seiner Sünden der Gedanke gekommen, er könnte den Allmächtigen versöhnen, indem er die katholischen Mächte – Frankreich, Österreich, Polen und Spanien – in einem Plan zur Beherrschung der Geschicke Europas vereinigte[11]. Am 1. Mai 1756 vollendete der Vertrag von Versailles die Umkehrung der Bündnisse. Die Präambel verkündete als einziges Ziel der Vereinbarung die Aufrechterhaltung des Friedens in Europa und des Gleichgewichts der Mächte. Wenn einer der Partner in seinen europäischen Besitzungen durch irgendeine Macht außer England bedroht würde, würde die andere ihr durch diplomatische Intervention und, wenn notwendig, durch Hilfszahlungen oder Truppen zu Hilfe kommen. Österreich versprach Frankreich keine Hilfe gegen England, und Frankreich würde Österreich nicht gegen Preußen unterstützen, es sei denn, Preußen wäre eindeutig der Angreifer. Da Ludwig es für unwahrscheinlich hielt, daß Preußen seine Gewinne durch einen erneuten Angriff auf Österreich gefährden würde, gaben er und seine Mätresse sich dem Glauben hin, daß die neue Allianz den Frieden auf dem Kontinent fördern würde.

Kaunitz hatte bis jetzt sein Ziel, sich die französische Hilfe gegen Preußen zu sichern, noch nicht erreicht. Doch er war geduldig; vielleicht konnte er Friedrich dazu aufstacheln, Österreich anzugreifen. Inzwischen hatte er wenig Schwierigkeiten, die Zarin zu der neuen Allianz zu überreden. Elisabeth war darauf erpicht, das preußische Hindernis für die Expansion Rußlands nach dem Westen zu beseitigen. Sie erbot sich, Preußen vor dem Ende des Jahres 1756 anzugreifen, wenn Österreich versprach, das gleiche zu tun, und sie sagte für diesen Fall zu, keinen Frieden mit Preußen zu machen, bis Schlesien vollständig an Österreich zurückgegeben sei. Sie erfuhr mit Genugtuung, daß Frankreich den Vertrag von Versailles unterzeichnet hatte. Kaunitz mußte ihren Eifer bremsen. Er wußte, daß ihre Armeen erst 1757 für einen größeren Feldzug bereit waren. Erst am 31. Dezember 1756 unterzeichnete er die Vereinbarung, durch die Rußland sich offiziell dem französisch-österreichischen Bündnis anschloß.

Inzwischen hatte England, darauf vertrauend, daß sein Bündnis mit Friedrich Österreich mobilisieren würde, bereits Flottenoperationen gegen Frankreich begonnen, ohne ihm offiziell den Krieg erklärt zu haben. Vom Juni 1755 an kaperten englische Kriegsschiffe französische Schiffe, wo immer es möglich war. Zur Vergeltung bereitete Frankreich eine Invasion Englands vor und schickte ein Geschwader von fünfzehn Schiffen unter dem Herzog von Richelieu aus, Minorca anzugreifen. Die Insel war im Spanischen Erbfolgekrieg (1709) von den Briten besetzt worden. Um die kleine Garnison der Insel zu verstärken, schickte England zehn Schiffe unter Admiral John Byng; zu ihnen gesellten sich in Gibraltar drei weitere Schiffe. Am 20. Mai 1756 stießen die feindlichen Flotten in der Nähe von Minorca zusammen. Die Franzosen wurden zurückgeschlagen, doch das englische Geschwader erlitt so schwere Beschädigungen, daß Byng es nach Gibraltar zurückführte, ohne einen Versuch zu machen, die Verstärkungen in Minorca an Land zu setzen. Die hilflose Garnison ergab sich; Frankreich hatte nun einen strategischen Stützpunkt im Mittelmeer. Richelieu wurde in Paris und Versailles als Held gefeiert, und Byng wurde am 14. März 1757 auf seinem eigenen Achterdeck im Hafen von Portsmouth auf Grund der Anklage hingerichtet, nicht sein Letztes für den Sieg getan zu haben. Voltaire und Richelieu intervenierten vergeblich für ihn. Dies, erklärte Voltaire, war Englands Weg, «die anderen zu ermutigen», die britische Kommandostellen innehatten. Am 17. Mai 1756 erklärte England Frankreich den Krieg, doch die offizielle Eröffnung des Siebenjährigen Krieges war Friedrich überlassen.

Er wußte, daß seine Eroberung Schlesiens ihn zum Gegenstand der Revanche machen würde, sobald Maria Theresia neue Hilfsquellen und Verbündete gefunden hätte. Seine eigenen Hilfsquellen waren in gefährlichem Maße beschränkt. Sein Königreich war eine Sammlung zerstreuter Gebiete: Ostpreußen war vom eigentlichen Preußen durch Polen getrennt, und die preußischen Provinzen in Westfalen und Ostfriesland waren von Brandenburg durch unabhängige deutsche Staaten getrennt. Einschließlich dieser verstreuten Fragmente und Schlesiens hatte ganz Preußen im Jahre 1756 etwa vier Millionen Einwohner, England acht Millionen, Frankreich zwanzig. Ein großer Teil der Bevölkerung Preußens wohnte in Schlesien, das noch immer halb katholisch und proösterreichisch war. Nur zehn Kilometer von Berlin entfernt lag die Grenze des feindlichen Sachsen, dessen Kurfürst, der katholische König August III. von Polen, Friedrich als einen anmaßenden und raubsüchtigen Ungläubigen betrachtete. Wie konnte einer in diesem Kessel der Feindschaften bestehen?

Nur durch Geist, Sparsamkeit, eine gute Armee und gute Generäle. Sein Geist war scharf wie kein anderer. Er war der gebildetste Herrscher seines Zeitalters; er schnitt mit Ehren ab in seiner Korrespondenz, seiner Konversation und seinem Streit mit Voltaire. Aber seine Zunge war zu scharf; er hätte vielleicht ein ruhigeres Leben gehabt, wenn er nicht Elisaweta Petrowna, Maria Theresia und Frau von Pompadour die «drei ersten Huren Europas»[12] genannt hätte. Es ist tröstlich zu sehen, daß selbst die Großen dann und wann töricht sein können. Was die Sparsamkeit betrifft, so unterwarf Friedrich die Wirtschaft Preußens der Staatskontrolle und dem, was ihm als unvermeidliche Bedürfnisse eines möglichen Krieges erschien. Unter den gegebenen Umständen wagte er es nicht, die Feudalstruktur des preußischen Lebens zu verändern, um nicht die feudale Organisation seiner Armee zu stören. Diese Armee war sein Heil und seine Religion. Neunzig Prozent seiner Einkünfte gingen in ihre Unterhaltung[13]. Er nannte sie den Atlas, dessen starke Schultern den Staat trugen[14]. Er verstärkte sie von den hunderttausend Mann, die sein Vater ihm hinterlassen hatte, auf hundertfünfzigtausend im Jahre 1756. Er erzog sie mit Hilfe strenger Bestrafungen zu unverzüglichem und striktem Gehorsam, stur auf die feindliche Linie loszumarschieren, ohne einen Schuß abzufeuern, bevor es befohlen wurde, unter Feuer die Richtung zu ändern und Massenmanöver durchzuführen. Er hatte zu Beginn des Krieges die besten Generäle in Europa nach ihm selbst – Schwerin, Seydlitz und James Keith.

Fast ebenso wichtig wie seine Generäle waren die Spione, die er unter seine Feinde verstreut hatte. Sie ließen ihm keinen Zweifel, daß Maria Theresia einen Kordon feindseliger Mächte um ihn bildete. In den Jahren 1753–1755 besorgten seine Agenten in Dresden und Warschau Kopien einer geheimen Korrespondenz zwischen dem sächsischen und dem österreichischen Kabinett, die ihn davon überzeugten, daß diese Höfe sich verschworen, Preußen anzugreifen und – wenn das Glück ihnen hold war – zu zerstückeln, und daß Frankreich das Komplott stillschweigend duldete[15]. Am 23. Juni 1756 befahl er dem preußischen General in Königsberg, sich für einen Angriff von seiten Rußlands bereitzuhalten. Er teilte der britischen Regierung mit, daß «der Hof von Wien drei Dinge im Schilde führe, auf die seine derzeitigen Schritte hinausliefen: eine Despotenherrschaft im Reich zu etablieren, die protestantische Sache zu vernichten und Schlesien wiederzuerobern»[16]. Er erfuhr, daß Sachsen plante, die Stärke seiner Armee während des Winters von 17000 auf 40000 Mann zu erhöhen[17]; er nahm an, daß die Verbündeten auf den Frühling 1757 warteten, um aus drei Richtungen über ihn herzufallen, und er entschloß sich zuzuschlagen, bevor ihre Mobilisierung beendet war.

Er fühlte, daß seine einzige Chance, dieser Gefahr zu entrinnen, darin bestand, zumindest einen seiner Gegner außer Gefecht zu setzen, bevor sie sich zu gemeinsamem Handeln vereinigen konnten. Schwerin stimmte ihm zu, doch einer seiner Minister, Graf von Podewils, bat ihn, seinen Feinden keinen Vorwand zu geben, ihn als Aggressor zu brandmarken; Friedrich nannte ihn «*Monsieur de la timide politique*»[18]. Lange Zeit vorher hatte er in einem geheimen politischen Testament (1752) seinem Nachfolger geraten, Sachsen zu erobern und hierdurch Preußen die geographische Einheit, die wirtschaftlichen Hilfsquellen und die politische Macht zu geben, die unerläßlich waren für sein Überleben[19]. Er hatte diese Idee zurückgestellt, weil er sie selbst nicht verwirklichen konnte. Jetzt erschien sie ihm als eine militärische Notwendigkeit. Er mußte seine Westgrenze schützen, indem er Sachsen entwaffnete. Sogar in seinem fast idealistischen *Anti-Machiavell* (1740) hatte er einen offensiven Krieg, der einem drohenden Angriff zuvorkam, sanktioniert[20]. Mitchell, der preußische Gesandte in England, informierte ihn, daß die britische Regierung, obwohl es ihr dringendster Wunsch war, den Frieden auf dem Kontinent zu erhalten, die Notlage anerkannte, in der Friedrich sich befand, und ihn «nicht im mindesten für tadelnswert halte, wenn er versuchte, seinen Feinden zuvorzukommen, anstatt darauf zu warten, bis sie ihre feindlichen Absichten durchführten»[21].

Im Juli 1756 schickte er einen Gesandten an Maria Theresia und forderte die Versicherung, daß Österreich nicht beabsichtige, Preußen im laufenden oder im kommenden Jahr anzugreifen. Ein Mitglied des österreichischen Kabinetts war der Meinung, eine solche Versicherung sollte man geben; Kaunitz weigerte sich, sie abzuschicken. Alles, was Maria Theresia sagen wollte, war, daß in «der augenblicklichen Krise ich es für notwendig erachte, Maßnahmen für meine eigene Sicherheit und die meiner Verbündeten zu treffen, die niemand zu Schaden gereichen»[22]. Friedrich schickte eine zweite Botschaft an die Kaiserin und forderte sie auf, eine klarere Antwort auf das Begehren nach einer Versicherung zu geben. Sie antwortete, daß sie «kein offensives Bündnis geschlossen hatte und daß sie, obwohl die kritische Lage Europas sie zwang aufzurüsten, nicht die Absicht hatte, den Vertrag von Dresden zu verletzen (der sie zum Frieden mit Friedrich verpflichtete), doch sie würde sich nicht durch ein Versprechen binden, das sie daran hinderte, so zu handeln, wie die Umstände es erforderten»[23]. Friedrich hatte eine solche Antwort vorausgesehen. Bevor sie ihn erreichte, führte er seine Armee nach Sachsen (29. August 1756). So begann der Siebenjährige Krieg.

II. DER GEÄCHTETE: 1756/57

Friedrich machte einen zaghaften Versuch, den sächsischen Kurfürsten als Verbündeten zu gewinnen, indem er ihm Maria Theresias Böhmen als Bestechung anbot. August wies das durchsichtige Ansinnen verächtlich zurück; er befahl seinen Generälen,

Friedrichs Vormarsch aufzuhalten, und floh nach Warschau. Die sächsische Streitmacht war zu klein, um der besten Armee Europas Widerstand zu leisten. Sie zog sich in die Zitadelle von Pirna zurück, Friedrich zog ungehindert in Dresden ein (9. September 1756). Sofort beauftragte er seine Agenten, die sächsischen Archive zu öffnen und ihm die Originale jener Dokumente zu bringen, die Sachsens Beteiligung an dem Plan, Preußen zu bestrafen und vielleicht aufzuteilen, enthüllt hatten. Die alternde Kurfürstin-Mutter versperrte mit ihrer eigenen Person den Zugang zu den Archiven und forderte, Friedrich solle ihre königliche Unverletzbarkeit respektieren. Er befahl, sie fortzuschaffen. Sie floh, und die Dokumente wurden sichergestellt.

Maria Theresia schickte von Böhmen aus eine Armee, um den Eindringling zu vertreiben; Friedrich zog ihr entgegen und besiegte sie bei Lobositz, an der Straße von Dresden nach Prag (1. Oktober 1756). Dann kehrte er zurück, um Pirna zu belagern; es ergab sich (15. Oktober 1756). Friedrich preßte die 14000 gefangengenommenen sächsischen Soldaten in seine eigenen Divisionen mit der Begründung, dies sei billiger, als sie als Gefangene zu ernähren; der Appetit der Deutschen war berüchtigt. Er erklärte Sachsen zum eroberten Land und verwendete dessen Einkünfte für seine eigenen Zwecke. Während des Winters machte er die sächsischen Dokumente der Welt bekannt. Maria Theresia nannte sie Fälschungen und appellierte an Frankreich, Rußland und alle gottesfürchtigen Christen, sie gegen den Mann zu unterstützen, der durch flagrante Aggression Europa von neuem in einen Krieg gestürzt hatte.

Europa war sich einig in der Verurteilung Friedrichs. Die deutschen Fürstentümer, die ein Schicksal wie das Sachsens fürchteten, wenn Friedrich siegte, erklärten Friedrich den Krieg (17. Januar 1757) und stellten eine Reichsarmee – oder kaiserliche Armee – zum Kampf gegen den preußischen König auf. Kaunitz verlor keine Zeit, Ludwig XV. daran zu erinnern, daß Frankreich Hilfe versprochen hatte für den Fall, daß Österreich bedroht würde. Die Dauphine, Tochter des sächsischen Kurfürsten, flehte ihren Schwiegervater an, ihren Vater zu retten. Frau von Pompadour, die gehofft hatte, ihre Regierungszeit in Frieden zu genießen, wurde schwankend. In Würdigung ihrer Hilfe schickte Maria Theresia ihr ein Porträt des Königs, geschmückt mit Edelsteinen im Werte von 77278 Pfund[24]; die Pompadour entschied sich für den Krieg. Ludwig, für gewöhnlich langsam in seinen Entschlüssen, handelte mit ungestümer Energie. Durch einen zweiten Vertrag von Versailles (1. Mai 1757) verbündete sich Frankreich in einer Defensiv-offensiv-Allianz mit Österreich, versprach ihm eine jährliche Unterstützung von 12 Millionen Gulden, erklärte sich bereit, zwei deutsche Armeen auszurüsten, und erbot sich, eine französische Streitmacht von 105000 Mann der «*destruction totale de la Prusse*» zu weihen. Es versprach, nie Frieden zu schließen mit Preußen, solange nicht Schlesien an Österreich zurückgegeben war. Nach Vollzug dieser Rückgabe sollte Frankreich fünf Grenzstädte in den österreichischen Niederlanden erhalten, und diese südlichen Niederlande sollten an den Bourbonen-Infanten von Spanien abgetreten werden im Austausch gegen spanische Herzogtümer in Italien. Vielleicht gab Frankreich wissentlich seine Kolonien der britischen Eroberung preis, indem es fast seine gesamten Mittel einsetzte für die Einverleibung «Belgiens». Kaunitz konnte sich schmeicheln, einen entscheidenden diplomatischen Sieg errungen zu haben.

Jetzt fiel es ihm leicht, Rußland zu aktiver Hilfe zu bewegen. Die Konvention von St. Petersburg (2. Februar 1757) verpflichtete Rußland und Österreich, je 80000 Mann ins Gefecht zu bringen und Krieg zu führen, bis Schlesien mit Österreich wieder vereinigt und Preußen zu einer Macht zweiten Ranges reduziert war. Nun wandte sich Kaunitz Schweden zu, und es gelang ihm, es zum Beitritt zu dem Bündnis zu bewegen, indem er ihm für den Fall des Sieges den gesamten Teil Pommerns garantierte, der ihm im Westfälischen Frieden zugestanden worden war. Schweden sollte 25000 Mann stellen, Österreich und Frankreich sollten sie finanzieren. Polen unter seinem flüchtigen König August III. steuerte seine bescheidenen Hilfsmittel zu dem französisch-österreichischen Bündnis bei. Jetzt war das ganze Europa mit Ausnahme Englands, Hannovers, Dänemarks, Hollands, der Schweiz, der Türkei und Hessen-Kassels gegen Friedrich vereinigt.

Und England war versucht, Friedrich seinem Schicksal zu überlassen. Mit Entsetzen sah Georg II., daß sein geliebtes Hannover, das Kurfürstentum, aus dem sein Vater gekommen war, um England zu regieren, auf dem Weg der übermächtigen Armeen lag, während Friedrich zu weit entfernt und selbst in zu großer Bedrängnis war, um wirksame Hilfe senden zu können. Die Versuchung wurde fast unwiderstehlich, als Kaunitz sich erbot, Hannover unversehrt zu lassen, wenn England sich aus dem Kontinentalkrieg heraushielte. In diesem Augenblick stand Friedrichs Schicksal auf des Messers Schneide. Pitt, der am 19. November 1756 zum Minister ernannt worden war, neigte zunächst dazu, Preußen und Hannover sich selbst helfen zu lassen, während England seine gesamte militärische Macht auf den Wettlauf um die Kolonien konzentrierte; kein Wunder, daß Georg II., der Hannover liebte, Pitt haßte. Bald änderte Pitt seine Meinung und erklärte, daß ein gegen Friedrich siegreiches Frankreich der Herr Europas und bald auch Englands sein würde; das Parlament müßte Geld für Friedrich und Truppen für Hannover bewilligen, Frankreich müßte gezwungen werden, sich in Europa zu erschöpfen, während England sich in den eroberten Meeren Kolonien und Märkte sicherte.

So unterzeichnete im Januar 1757 England einen zweiten Vertrag mit Preußen, in dem es Friedrich Hilfsgelder und Hannover Soldaten versprach. Aber dann wurde Pitt plötzlich entlassen (5. April 1757), die Parteipolitik siegte über die Staatskunst, die Hilfe für Friedrich wurde verzögert, und für fast ein Jahr stand er alleine mit 145000 Mann gegen Armeen, die von allen Seiten gegen ihn vorrückten: im Westen 105000 Mann aus Frankreich und 20000 aus den deutschen Staaten, im Süden 133000 aus Österreich, im Osten 60000 aus Rußland, im Norden 16000 aus Schweden. Und an dem gleichen Tag, an dem Pitt gestürzt wurde, erklärte Kaiser Franz I., der sonst so liebenswürdige und gutmütige Gatte der Maria Theresia, Friedrich offiziell für vogelfrei und rief alle guten Menschen auf, ihn als einen gottlosen Feind der Menschheit zu jagen.

III. VON PRAG NACH ROSSBACH: 1757

Am 10. Januar schickte Friedrich seinen Ministern in Berlin geheime Instruktionen: «Wenn ich getötet werde, müssen die Angelegenheiten weitergeführt werden ohne die geringste Änderung ... Wenn ich das Unglück habe, gefangengenommen zu werden, verbiete ich die kleinste Rücksichtnahme auf meine Person oder die geringste Beachtung dessen, was ich in Gefangenschaft schreiben mag.»[25]

Es war eine zwecklose Geste, denn ohne sein militärisches Genie war Preußen verloren. Seine einzige Hoffnung lag darin, seine Gegner einen nach dem anderen zu stellen, bevor sie sich vereinigen konnten. Die Franzosen waren noch nicht zum Kampf bereit, und vielleicht konnten die Regimenter, die England nach Hannover schickte, sie für eine Weile aufhalten. Die Österreicher legten im nahegelegenen Böhmen und Mähren riesige Lager von Waffen und Proviant an, um ihre Armeen für eine Invasion in Schlesien auszurüsten. Friedrich entschloß sich, zunächst diese wertvollen Vorräte in seine Hand zu bekommen, die Österreicher zum Kampf zu stellen und dann zurückzumarschieren, um sich gegen die Franzosen zu wenden. Er führte seine eigene Streitmacht von Sachsen aus nach Süden und befahl dem Herzog von Braunschweig-Bevern, von Ostdeutschland, und dem Marschall Schwerin, von Schlesien aus in Böhmen einzumarschieren und sich mit ihm in den Hügeln westlich von Prag zu treffen. Dies geschah; die Vorratslager wurden erbeutet, und am 6. Mai begegneten sich 64000 Preußen und 61000 Österreicher unter Prinz Karl von Lothringen bei Prag in der ersten großen Schlacht des Krieges.

Der Ausgang wurde nicht durch die Zahl noch durch Strategie entschieden, sondern durch Mut. Schwerins Regimenter marschierten unter österreichischem Feuer teilweise schultertief durch Sümpfe. Eine Zeitlang verloren sie den Mut und wandten sich zur Flucht. Doch der dreiundsiebzig Jahre alte Schwerin sammelte sie wieder, wikkelte sich die Fahne um den Leib, ritt dem Feind entgegen, wurde von fünf Kugeln gleichzeitig getroffen und fiel tot vom Pferde. Seine Leute, die ihn fast mehr liebten, als sie den Tod fürchteten, stürzten sich wütend auf den Feind und verwandelten die Niederlage in einen Sieg. Der Blutzoll auf beiden Seiten war gewaltig. Friedrich verlor allein 400 Offiziere und seinen besten General; in diesem Krieg starben Generäle nicht im Bett. Die 46000 überlebenden Österreicher zogen sich in ihre Zitadelle in Prag zurück und bereiteten sich auf die Belagerung vor.

Friedrich jedoch hielt eine Belagerung für gefährlich, denn Marschall Leopold von Daun, der fähigste der österreichischen Befehlshaber, näherte sich von Mähren her mit weiteren 64000 Mann. Einen Teil seiner Armee zur Blockade der Zitadelle zurücklassend, marschierte Friedrich mit 32000 Mann nach Westen und stieß bei Kolin auf die vorrückenden Massen (16. Juni). Die Chancen standen zu sehr gegen ihn, und die Feldherrnkunst Dauns war in diesem Falle seiner eigenen überlegen. Zwei von Friedrichs Generälen mißachteten seine Befehle und verursachten hierdurch große Verwirrung. Friedrich geriet in Zorn und rief seiner zurückweichenden Kavallerie entgegen:

ewig leben?»[26] Die Infanterie, durch große Verluste entmutigt,
iter vorzurücken. Verzagt zog Friedrich sich vom Schlachtfeld zu-
ßen tot, verwundet oder als Gefangene zurücklassend. Er führte
lebenden zurück nach Prag, gab die Belagerung auf und zog mit den
Streitmacht zurück nach Sachsen.

gönnte er seinen Truppen eine dreiwöchige Ruhe. Hier empfing er am 2. Juni die Nachricht, daß seine Mutter Sophie Dorothea gestorben war. Der eiserne Kriegsmann brach zusammen, weinte und schloß sich einen Tag lang von seiner Umgebung ab. Vielleicht fragte er sich jetzt, ob sein Angriff auf Schlesien vor fünfzehn Jahren nicht eine törichte Herausforderung der Nemesis gewesen war. Er teilte seine Trauer mit seiner Schwester Wilhelmine, der Markgräfin von Bayreuth, die er über alles liebte. Am 7. Juli richtete er an sie, in seinem Stolz gebrochen, einen verzweifelten Hilferuf:

«Jedoch, teure Schwester, da Sie sich mit dem großen Friedenswerk befassen wollen, so bitte ich Sie, diesen Mirabeau nach Frankreich zu senden ... Er darf der Favoritin [Frau von Pompadour, früher Cotillon IV] bis auf fünfhunderttausend Taler für den bloßen Frieden anbieten ... Ich überlasse alles Ihnen ..., die ich anbete und die, obwohl weit vollkommener als ich, mein zweites Selbst ist.»[27]

Auf diesen Schritt erfolgte nichts. Wilhelmine versuchte einen anderen Weg: Sie schrieb an Voltaire, der damals in der Schweiz wohnte, und bat ihn, seinen Einfluß geltend zu machen. Voltaire übermittelte ihren Vorschlag dem Kardinal von Tencin, der sich der französisch-österreichischen Allianz widersetzt hatte. Tencin versuchte und scheiterte[28]. Die Verbündeten rochen Siegesluft. Maria Theresia sprach nun davon, Friedrichs Herrschaftsbereich vollkommen zu zerstückeln: Nicht nur sollten Schlesien und Glatz ihr zurückgegeben werden, sondern Magdeburg und Halberstadt sollten an August III. fallen, Pommern sollte zu Schweden zurückkehren, und Cleve und Ravensberg sollten dem pfälzischen Kurfürsten als Belohnung zugeteilt werden.

Ihre Hoffnungen schienen begründet. Eine französische «Armee der Dauphine» war in Deutschland einmarschiert. Ein Teil von ihr unter dem Lieblingsgeneral der Pompadour, dem Fürsten von Soubise, sollte sich in Erfurt mit der kaiserlichen Armee vereinigen, ein weiterer Teil rückte unter Marschall von Estrées vor, um eine hannoveranische Streitmacht unter dem Sohn Georgs II., dem Herzog von Cumberland, zum Kampf zu stellen. Bei dem Dorf Hastenbeck brachten die Franzosen dieser Armee eine so schwere Niederlage bei (26. Juli), daß der Herzog in Kloster-Zeven (8. September) eine Konvention unterschrieb, in der er versprach, mit seinen hannoveranischen Truppen keine weiteren Aktionen gegen Frankreich zu unternehmen.

Die Kunde von dieser demütigenden Kapitulation mag Friedrich etwa in dem gleichen Augenblick erreicht haben wie die Nachrichten, daß eine schwedische Armee in Pommern gelandet und eine russische Armee von 100000 Mann und Marschall Stepan Apraksin in Ostpreußen eingefallen war und eine Streitmacht von 30000 Preußen bei Großjägersdorf (30. Juli) besiegt hatte. Diese Rückschläge, im Verein mit seiner eigenen Niederlage in Böhmen, zerstörten fast alle Hoffnung Friedrichs, Feinde zu über-

Im Werk von Jean-Baptiste Greuze (1725–1805) – hier sein Gemälde «Die Klagen der Uhr», das die Vergänglichkeit von Unschuld und Schönheit zeigt – verkörpert sich jene Periode des Übergangs von der leichtlebigen Herrschaft Ludwigs XV. zur Französischen Revolution (Alte Pinakothek, München).

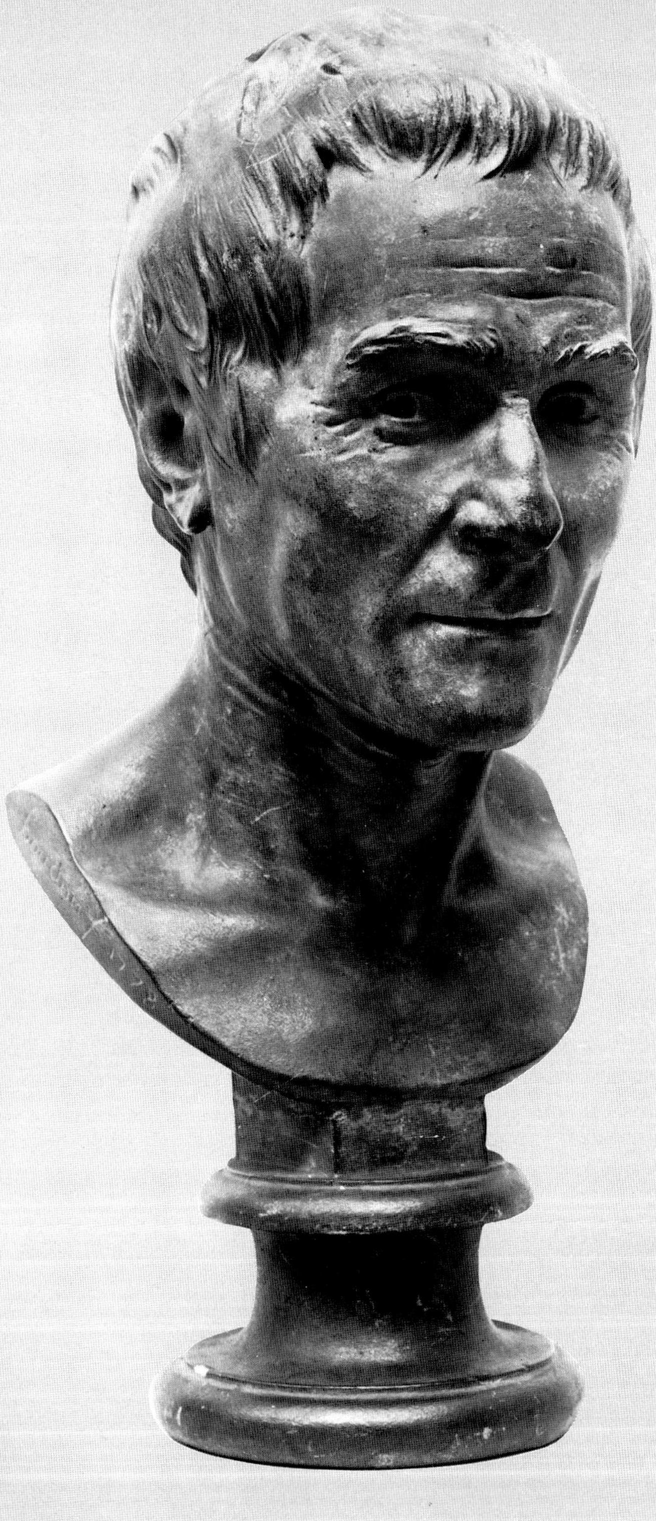

winden, die so zahlreich und so stark an Material und Menschenreserven waren. Da er die Moral und auch die Theologie des Christentums aufgegeben hatte, nahm er seine Zuflucht zur Ethik der Stoiker und dachte an Selbstmord. Gegen Ende des Krieges trug er eine Giftphiole bei sich; er war entschlossen, nur als Leiche in die Hände seiner Gegner zu fallen. Am 24. August schickte er Wilhelmine ein überschwengliches Loblied auf den Tod:

«Und nun, Ihr Pfleger geheiligter Lügen, fahret fort, Memmen an der Nase zu führen ... Für mich hat der Zauber ein Ende. Ich sehe, daß jeder Mensch das Spielzeug des Geschicks ist. Gibt es aber ein finsteres und unerbittliches Wesen, das eine verachtete Herde hienieden wachsen und sich vermehren läßt, so schätzt es sie gering, blickt gleichgültig auf einen gekrönten Phalaris, auf einen Sokrates in Ketten, auf unsere Tugenden, unsere Missetaten, auf des Krieges Greuel und all die grausamen Plagen, die die Erde verheeren. Daher ist meine einzige Zuflucht, mein alleiniger Hafen, geliebte Schwester, in den Armen des Todes.»[29]

Sie antwortete (15. September) und gelobte, ihm in den Tod zu folgen:

«Mein teuerster Bruder, Ihr Brief und jener, den Sie an Voltaire schrieben ..., haben mir fast den Tod gegeben. Welche verhängnisvollen Entschlüsse, großer Gott! Ach, mein teuerer Bruder, Sie sagen, Sie lieben mich und stoßen mir den Dolch ins Herz. Ihre Epître hat mich Tränenströme vergießen lassen. Ich schäme mich jetzt dieser Schwäche ... Ihr Los entscheidet das meinige: ich werde weder Ihre Mißgeschicke noch diejenigen meines Hauses überleben. Sie können darauf rechnen, daß dies mein fester Entschluß ist.

Aber nach diesem Geständnisse wage ich es, Sie anzuflehen, des jammervollen Zustandes Ihrer Feinde zu gedenken, als Sie vor Prag standen! Es ist der plötzliche Glückswechsel für beide Parteien ... Caesar war der Sklave von Piraten und ward der Herr der Welt. Ein großes Genie wie das Ihrige findet Auskunftsmittel, selbst wenn alles verloren ist ... Ich leide tausend Mal mehr, als ich sagen kann, aber die Hoffnung verläßt mich nicht ... Ich muß schließen; aber ich werde niemals aufhören, mit tiefster Ehrerbietung zu sein Ihre Wilhelmine.»[30]

Sie wandte sich an Voltaire, ihre Bitte zu unterstützen, und Anfang Oktober pflichtete er in seinem ersten Brief an Friedrich seit 1753 ihren Argumenten bei:

«Die Cato und Otho, deren Tod Eure Majestät für edel halten, konnten nichts anderes tun als kämpfen oder sterben ... Sie müssen sich vor Augen halten, wie viele Höfe es gibt, die in Ihrem Einfall in Sachsen hartnäckig einen Bruch des Völkerrechts sehen ... Unsere Moral und Ihre Situation sind weit davon entfernt, einen solchen Akt [wie Selbstmord] zu fordern ... Ihr Leben wird gebraucht. Sie wissen, wie teuer es einer zahlreichen Familie ist . . . Die Angelegenheiten Europas sind nie lange im gleichen Zustand, und es ist die Pflicht eines Mannes wie Sie, sich für die Ereignisse bereitzuhalten ... Wenn Ihr Mut Sie zu dieser heroischen Alternative führte, würde niemand es billigen. Ihre Parteigänger würden es verdammen, Ihre Feinde würden triumphieren.»[31]

Hierauf antwortete Friedrich:

Pour moi, menacé du naufrage,
Je dois, en affrontant l'orage,
Penser, vivre, et mourir en roi. –

«Und ich, der ich vom Schiffbruch bedroht bin, ich muß, dem Sturm die Stirn bietend, denken, leben und sterben wie ein König.»[32]

◀ *Jean-Antoine Houdon (1741–1828) war einer der bedeutendsten Bildnisplastiker seiner Zeit. Seine Büste Jean-Jacques Rousseaus gehört in die Reihe von über zweihundert Porträts von Zeitgenossen, in denen sich Formgefühl mit der Kraft physiognomischer Belebung verbindet (Musée des Arts Décoratifs, Paris).*

Zwischen Gedichten (immer in Französisch) suchte er nach der französischen Armee. Jetzt sehnte er sich nach einer Schlacht, die für ihn die Frage von Leben oder Tod beantworten würde. In Leipzig ließ er am 15. Oktober Johann Christoph Gottsched (der Verse in Deutsch schrieb) zu sich kommen und versuchte ihn zu überzeugen, daß deutsche Dichtung unmöglich sei. So viele Explosionen – *Knapp, Klop, Krotz, Krok;* so viele Gutturallaute, so viele Konsonanten – sogar in des Professors Namen fünf hintereinander; wie konnte man mit einer solchen Sprache eine Melodie formen? Gottsched protestierte; Friedrich mußte einen neuen Vormarsch vorbereiten, doch zehn Tage später, nach Leipzig zurückgekehrt, empfing er den alten Dichter wiederum, fand die Zeit, sich eine Gottsched-Ode in Deutsch anzuhören, und schenkte ihm zum Abschied als Zeichen des guten Willens eine goldene Schnupftabakdose.

Während dieses literarischen Zwischenspiels trafen weitere schlechte Nachrichten ein. Eine Streitmacht von Kroaten unter Graf Hadik rückte gegen Berlin vor, und Gerüchte besagten, schwedische und französische Bataillone marschierten in Richtung auf die preußische Hauptstadt. Friedrich hatte dort eine Garnison zurückgelassen, die jedoch viel zu klein war, um eine solche Lawine aufzuhalten. Wenn Berlin fiel, war seine Hauptquelle für Nachschub an Waffen, Pulver und Kleidung in den Händen des Feindes. In Eilmärschen machte er sich mit seiner Armee auf den Weg, die Stadt und seine Familie zu retten. Unterwegs erhielt er die Nachricht, daß weder französische noch schwedische Streitkräfte sich auf Berlin zubewegten, daß Hadik, in den Vorstädten haltmachend, von Berlin ein Lösegeld von 27000 Pfund erpreßt und seine Kroaten wieder friedlich abgezogen hatte (16. Oktober). Und eine weitere tröstliche Botschaft traf ein: Die Russen unter Apraksin hatten sich, erschöpft von Krankheit und Hunger, aus Ostpreußen nach Polen zurückgezogen. Weniger erfreuliche Nachrichten informierten Friedrich, daß die französische Hauptarmee unter Soubise in Sachsen eingefallen war, die westlichen Städte geplündert und sich mit der kaiserlichen Armee unter dem Herzog von Sachsen-Hildburghausen vereinigt hatte. Der niedergeschlagene König machte kehrt und führte seine Truppen in die Nähe von Roßbach, etwa siebzig Kilometer westlich von Leipzig.

Hier stand seine erschöpfte Armee, auf 21000 Mann zusammengeschrumpft, endlich den 41000 Mann starken Truppen Frankreichs und des Reichs von Angesicht zu Angesicht gegenüber. Auch jetzt riet Soubise davon ab, das Risiko einer Schlacht einzugehen. Es sei besser, erklärte er, Friedrich weiter auszuweichen und ihn durch fruchtlose Märsche zu erschöpfen, bis die überwältigende Überlegenheit der Verbündeten an Menschen und Material ihn zum Nachgeben zwingen würde. Soubise kannte den Zusammenbruch der Disziplin in seinen Reihen und den Mangel an Begeisterung in den meisten protestantischen Soldaten der Reichsarmee, gegen Friedrich zu kämpfen[33]. Hildburghausen plädierte für Kampf, und Soubise gab nach. Der deutsche Marschall machte mit seinen Männern einen langen Umweg, um die Preußen in ihrer rechten Flanke anzugreifen. Friedrich, der die Schlacht von einem Hausdach in Roßbach beobachtete, befahl seiner Kavallerie unter Seydlitz, eine Gegenbewegung gegen die rechte Flanke des Feindes durchzuführen. Hinter Hügeln verborgen und mit disziplinierter Schnelligkeit vorrückend, griff die preußische Kavallerie, 3800 Reiter stark, die alliierten Truppen an und überrannte sie, bevor sie ihre Reihen ordnen konnten. Die Franzosen kamen zu spät und wurden von der preußischen Artillerie zusammengeschossen. Nach neunzig Minuten war die entscheidende Schlacht von Roßbach vorbei (5. November). Die Verbündeten zogen sich in Unordnung zurück, 7700 Tote auf dem Schlachtfeld zurücklassend; die Preußen verloren nur 550 Mann. Friedrich befahl, die Gefangenen gut zu behandeln, und lud die gefangenen Offiziere ein, mit ihm an seinem Tisch zu speisen. Mit französischem Charme und Witz entschuldigte er sich für die schmale Kost: «*Mais, messieurs, je ne vous attendais pas sitôt, en si grand nombre.*» («Aber, meine Herren, ich hatte sie nicht so früh erwartet, nicht in so großer Zahl.»[34])

Militärs aller Lager wunderten sich über das Mißverhältnis der Verluste und über die überlegene Feldherrnkunst, die diesen Sieg möglich gemacht hatte. Selbst Frankreich machte aus seiner Bewunderung kein Hehl, und das französische Volk, noch vor kurzem mit Preußen verbündet, konnte Friedrich noch nicht als seinen Gegner betrachten. Sprach und schrieb er nicht ein gutes Französisch? Die *philosophes* priesen seine Siege und erklärten ihn zu ihrem Vorkämpfer des freien Denkens gegen den religiösen Obskurantismus, den sie zu Hause bekämpften[35]. Friedrich reagierte auf die Liebeserklärungen der Franzosen mit den Worten: «Ich bin nicht gewöhnt, die Franzosen als Feinde zu betrachten.»[36] Doch insgeheim verfaßte er – auf Französisch – ein Gedicht, in dem er sein Vergnügen darüber ausdrückte, den Franzosen einen Tritt in den *cul* gegeben zu haben, was Carlyle delikat als «Ehrensitz»[37] übersetzte.

England jubelte mit ihm und setzte neues Vertrauen in seinen Alliierten. London feierte seinen Geburtstag mit Feuerwerk in den Straßen, und fromme Methodisten begrüßten den ungläubigen Helden als den Retter der einen, wahren Religion. Pitt war wieder an die Spitze der Regierung getreten (29. Juli). Von nun an war er der unerschütterliche Helfer des preußischen Königs. «England hat lange gebraucht, einen großen Mann für diesen Kampf hervorzubringen», sagte Friedrich, «doch hier ist endlich einer!»[38] Pitt bezeichnete die Konvention von Kloster-Zeven als Feigheit und Verrat – obwohl der Sohn des Königs sie unterzeichnet hatte. Er überredete das Parlament, eine bessere Armee zu entsenden, um Hannover zu schützen und Friedrich zu helfen (Oktober), und während dieses nur 164000 Pfund für Cumberlands «Army of Observation» bewilligt hatte, bewilligte es jetzt 1200000 Pfund für eine «Army of Operations». Pitt und Friedrich wählten gemeinsam als Führer dieser neuen Streitmacht Friedrichs Schwager und militärischen Schüler, den Herzog Ferdinand von Braunschweig, sechsunddreißig Jahre alt, hübsch, kultiviert, tapfer, der so gut Violine spielte, sagte Burney, «daß er sein Glück damit hätte machen können»[39]. Hier war ein Instrument, vortrefflich geeignet, die zweite Violine zu Friedrichs Flöte zu spielen!

IV. DER FUCHS IST GESTELLT: 1757–1760

Friedrich hatte nicht viel Zeit zum Jubeln. Eine französische Armee unter Richelieu hielt noch immer einen großen Teil von Hannover besetzt. Am Tage von Roßbach legten 43000 Österreicher einen Belagerungsring um Schweidnitz, den Hauptstützpunkt und die Vorratskammer der Preußen in Schlesien. Friedrich hatte 41000 Mann dort belassen, aber sie waren durch Desertion und Tod auf 28000 reduziert worden. Sie wurden schlecht geführt durch den Herzog von Braunschweig-Bevern, der den Befehl des Königs, die Belagerer anzugreifen, ignorierte. Am 11. November übergab er die Festung, überließ den Österreichern 7000 Gefangene, 330000 Taler und Proviant, genug, um 88000 Mann zwei Monate zu unterhalten. Die Sieger, verstärkt auf 83000 Mann durch Vereinigung mit den Truppen unter Prinz Karl und Marschall Daun, rückten gegen Breslau vor. Am 22. November schlugen sie eine kleine preußische Streitmacht. Breslau fiel, und der größte Teil Schlesiens wurde nun der triumphierenden Maria Theresia zurückgegeben. Friedrich hätte Grund gehabt, zu glauben, daß sein Sieg bei Roßbach hierdurch annulliert war.

Doch jener Sieg hatte seinen Mut erneuert, und er sprach nicht länger von Selbstmord. Auch seine Armee hatte sich von ihren Märschen und Schlachten erholt und schien nützlichen Groll zu empfinden über die Plünderungen, mit denen französische Soldaten protestantische Kirchen in Sachsen entweiht hatten. Friedrich beschwor seine Männer, ihm zu helfen, Schlesien wiederzuerobern. Sie marschierten zweihundertsiebzig Kilometer in zwölf Wintertagen durch schwieriges Gelände. Unterwegs stießen die Überreste der preußischen Streitkräfte zu ihnen, die bei Schweidnitz und Breslau besiegt worden waren. Am 3. Dezember kam Friedrich mit 43000 Mann in Sichtweite der 72000 Österreicher, die in der Nähe von Leuthen an der Straße nach Breslau Lager bezogen hatten. An diesem Abend versammelte Friedrich alle seine Hauptleute und hielt ihnen eine Rede, in der er die martialischen Ansprachen Napoleons vorwegnahm:

«Ihnen, meine Herren, ist es bekannt, daß es dem Prinzen Karl von Lothringen gelungen ist, Schweidnitz zu erobern, den Herzog von Bevern zu schlagen und sich Breslaus zu bemächtigen, während ich gezwungen war, den Fortschritten der Franzosen und Reichsvölker Einhalt zu tun. Ein Teil von Schlesien, meine Hauptstadt und alle meine darin befindlich gewesenen Kriegsbedürfnisse sind dadurch verlorengegangen, und meine Widerwärtigkeiten würden aufs höchste gestiegen sein, setzte ich nicht unbegrenztes Vertrauen in Ihren Mut, Ihre Standhaftigkeit und Ihre Vaterlandsliebe ... Es ist fast keiner unter Ihnen, der sich nicht durch eine große, ehrenvolle Handlung ausgezeichnet hätte, und ich schmeichle mir daher, Sie werden bei vorfallender Gelegenheit nichts an dem mangeln lassen, was der Staat von Ihrer Tapferkeit zu fordern berechtigt ist. Dieser Zeitpunkt rückt heran. Ich würde glauben, nichts getan zu haben, ließe ich die Österreicher im Besitze von Schlesien. Lassen Sie es sich also gesagt sein: ich werde gegen alle Regeln der Kunst die beinahe dreimal stärkere Armee des Prinzen Karl angreifen, wo ich sie finde. Es ist hier nicht die Frage von der Anzahl der Feinde, noch von der Wichtigkeit ihres gewählten Postens: alles dieses, hoffe ich, wird die Herzhaftigkeit meiner Truppen und die richtige Befolgung meiner Disposition zu überwinden suchen. Ich muß diesen Schritt wagen, oder es ist alles verloren. Wir müssen den Feind schlagen oder uns alle von seinen Batterien begraben lassen. So denke ich – so werde ich handeln.

Machen Sie diesen meinen Entschluß allen Offizieren der Armee bekannt; bereiten Sie den gemeinen Mann zu den Auftritten vor, die bald folgen werden, und kündigen Sie ihm an, daß ich mich berechtigt halte, unbedingten Gehorsam zu fordern. Wenn Sie übrigens bedenken, daß Sie Preußen sind, so werden Sie gewiß sich dieses Vorzugs nicht unwürdig machen. Ist aber einer oder der andere unter Ihnen, der sich fürchtet, alle Gefahren mit mir zu teilen, der kann noch heute seinen Abschied erhalten, ohne von mir den geringsten Vorwurf zu leiden . . .

Schon im voraus hielt ich mich überzeugt ..., daß keiner von Ihnen mich verlassen würde! Ich rechne also ganz auf Ihre treue Hilfe und auf den gewissen Sieg. Sollte ich bleiben und Sie für Ihre mir geleisteten Dienste nicht belohnen können, so muß es das Vaterland tun. Gehen Sie nun ins Lager und wiederholen Sie Ihren Regimentern, was Sie jetzt von mir gehört haben.

Das Regiment Kavallerie, welches nicht gleich, wenn es befohlen wird, sich unaufhaltsam in den Feind stürzt, lasse ich gleich nach der Schlacht absitzen und mache es zu einem Garnison-Regiment. Das Bataillon Infanterie, das, es treffe, worauf es wolle, nur zu stocken anfängt, verliert die Fahnen und die Säbel, und ich lasse ihm die Borten von der Montierung abschneiden! Nun leben Sie wohl, meine Herren, in kurzem haben wir den Feind geschlagen, oder wir sehen uns nie wieder.»[40]

Bis jetzt hatten die Österreicher, eine Politik des Zauderns verfolgend, die offene Feldschlacht mit Friedrich vermieden, da sie zögerten, ihre Truppen und Generäle gegen preußische Disziplin und Friedrichs taktisches Genie aufs Spiel zu setzen. Doch nun beschlossen sie, bestärkt durch ihre zahlenmäßige Überlegenheit und ihre jüngsten Siege, gegen den Rat des Marschalls Daun, den König zu stellen. Und so kehrten am 5. Dezember 1757 die lebendigen Schachfiguren dynastischer Rivalität – 43 000 gegen 73 000 – ihre Säbel und Gewehre gegeneinander in der größten Schlacht des Krieges. «Diese Schlacht», sagte später Napoleon, «war ein Meisterstück. Sie allein genügt, Friedrich einen Platz in der ersten Reihe unter den Generälen zuzuweisen.»[41] Dieser suchte zunächst die Hügel zu gewinnen, von denen seine Artillerie über die Köpfe seiner Infanterie in die Reihe des Feindes schießen konnte. Er entfaltete seine Truppen in einer schrägen Ordnung, die in der Antike von Epameinondas von Theben angewandt worden war: getrennte Kolonnen rückten in einem Winkel von etwa 45 Grad vor, um den Feind von der Seite anzugreifen und so seine Verteidigungslinie in Unordnung zu bringen. Friedrich tat so, als zielte sein stärkster Druck gegen die österreichische Rechte; Prinz Karl schwächte seinen linken Flügel, um den rechten zu stärken, und Friedrich schickte seine besten Truppen gegen die geschwächte Linke, löste sie auf und machte dann eine Schwenkung, um den rechten Flügel in der Flanke anzugreifen, während die preußische Kavallerie sich aus ihrem Versteck hinter den Hügeln auf den gleichen Flügel stürzte. Ordnung triumphierte über Unordnung; die Österreicher ergaben sich oder flohen. 20 000 von ihnen wurden gefangengenommen – eine bisher nie dagewesene Zahl in der Militärgeschichte[42]; 3000 Mann fanden den Tod, und 116 Geschütze fielen in die Hände der Preußen. Auch die Preußen erlitten schwere Verluste – 1141 Tote, 5118 Verwundete, 85 Gefangene. Als das Gemetzel vorüber war, dankte Friedrich seinen Generälen. «Dieser Tag wird Ihre Namen und den Namen der Nation berühmt machen für die fernste Nachwelt.»[43]

Der Sieger nutzte seinen Sieg mit der leidenschaftlichen Entschlossenheit, Schlesien wiederzugewinnen. Einen Tag nach der Schlacht belagerte seine Armee die österreichische Garnison in Breslau. Sprecher, ihr Kommandant, ließ in der ganzen Stadt Plakate anschlagen, die jedem, der auch nur ein Wort von Übergabe sprach, den Tod androhten. Zwölf Tage später (18. Dezember 1757) ergab er sich. Friedrich machte 17000 Gefangene und erbeutete wertvolle Kriegsvorräte. Bald war ganz Schlesien mit Ausnahme des von einer starken Garnison besetzten und stark befestigten Schweidnitz wieder in preußischer Hand. Prinz Karl zog sich vor Dauns stummen Vorwürfen auf seine Güter in Österreich zurück. Bernis und andere französische Führer rieten Ludwig XV., Frieden zu schließen; die Pompadour überspielte sie und ersetzte Bernis durch den Herzog von Choiseul als Minister für Auswärtige Angelegenheiten (1758). Doch Frankreich, argwöhnend, daß es seine Kolonien opferte, während es für Österreich kämpfte, verlor das Interesse an dem Krieg. Richelieu zeigte so wenig Eifer bei der Nutzung seiner Vorteile in Hannover, daß er von seinem Posten abberufen wurde (Februar 1758).

Er wurde durch den Grafen von Clermont ersetzt, einen Priester, dem der Papst erlaubt hatte, seine Pfründe zu behalten, während er General spielte[44]. Die Franzosen räumten Hannover vor dem energisch vorrückenden Herzog Ferdinand von Braunschweig; im März überließen sie ihm Minden, und bald war ganz Westfalen von den Franzosen befreit, die sich auch hier durch Plünderung und Entheiligung verhaßt gemacht hatten[45]. Ferdinand wandte sich nach Westen und schlug, obwohl er nur über halb soviel Truppen verfügte wie seine Gegner, Clermonts Hauptstreitmacht bei Krefeld am Rhein (23. Juni 1758). Clermont trat seinen Posten an den Herzog von Contades ab; zu der geschlagenen Armee stieß Soubise mit neuen französischen Truppenaufgeboten und den Überlebenden von Roßbach. Vor diesen vereinigten Kräften zog sich Ferdinand nach Münster und Paderborn zurück.

Ermutigt durch eine Serie von Siegen, unterzeichnete England (11. April 1758) einen dritten Vertrag mit Friedrich, in dem es ihm für den Oktober Hilfsgelder in Höhe von 670000 Pfund zusicherte und sich verpflichtete, keinen Separatfrieden zu schließen[46]. Inzwischen belegte Friedrich, dessen eigenes Land Preußen bis zur Erschöpfung besteuert war, Sachsen und die übrigen eroberten Gebiete ebenfalls mit hohen Steuern. Er gab gefälschte Zahlungsmittel aus und engagierte (wie Voltaire) jüdische Financiers, die für ihn profitable Geschäfte in fremder Währung machten[47]. Bis zum Frühjahr 1758 hatte er seine Armee wieder auf die Stärke von 145000 Mann gebracht. Im April griff er Schweidnitz an und besetzte es. Der österreichischen Hauptstreitmacht, die sich unter Daun neu gebildet hatte, rückte er mit 70000 Mann in südlicher Richtung gegen Olmütz in Mähren entgegen. Wenn es ihm gelang, diesen österreichischen Stützpunkt zu nehmen, hoffte er, gegen Wien marschieren zu können.

Doch etwa um die gleiche Zeit überschwemmten 50000 Russen unter dem Grafen von Fermor Ostpreußen und griffen das nur achtzig Kilometer östlich von Berlin gelegene Küstrin an. Friedrich gab die Belagerung von Olmütz auf und eilte mit 15000 Mann nach Norden. Unterwegs erfuhr er, daß Wilhelmine ernsthaft erkrankt war; in

Grüßau unterbrach er seinen Marsch und schickte ihr eine besorgte Botschaft: «O Du, die teuerste von meiner Familie, Du, die ich von allen in dieser Welt am meisten am Herzen trage, – um alles, was Dir am teuersten ist, erhalte Dich, und laß mir wenigstens den Trost, Tränen an Deinem Busen zu vergießen.»[48]

Tag und Nacht marschierend, erreichte er bei Küstrin eine preußische Streitmacht unter dem Grafen zu Dohna. Am 25. August 1758 trat er mit 36000 Mann gegen die 42000 Russen Fermors bei Zorndorf zur Schlacht an. Seine bevorzugte Taktik eines Flankenangriffs wurde hier durch sumpfiges Gelände unmöglich gemacht. Fermor erwies sich als ein ebenso fähiger Befehlshaber wie Friedrich, und die Russen kämpften mit einem Mut und einer Hartnäckigkeit, denen die Preußen bei den Österreichern oder Franzosen nur selten begegnet waren. Seydlitz und seine Kavallerie gewannen alle Ehren, die ein Tag erbitterten Gemetzels einbringen konnte. Die Russen zogen sich in guter Ordnung zurück, 21000 Tote, Verwundete oder Gefangene hinterlassend; die Preußen verloren 12500 Mann an Toten oder Verwundeten und 1000 an Gefangenen.

Doch wer konnte den Kampf gleichzeitig an so vielen Fronten fortsetzen? Während Friedrich im Norden weilte, hatte Daun seine Armee mit den kaiserlichen Regimentern vereinigt und belagerte nun Dresden, wo Friedrich eine Garnison unter Prinz Heinrich zurückgelassen hatte. Die Streitmacht von 16000 Schweden marschierte durch Pommern, plünderte mit den Russen gemeinsam einen großen Teil der Mark Brandenburg und bedrohte von neuem Berlin. Eine neue Armee von 30000 Österreichern und Ungarn unter General Harsch fiel in Schlesien ein und rückte gegen Breslau vor. Welche der drei Hauptstädte sollte als erste verteidigt werden? Seine entmutigten und jetzt fast rebellischen Truppen reorganisierend, führte sie Friedrich, fünfunddreißig Kilometer am Tag zurücklegend, durch Preußen nach Sachsen und erreichte seinen belagerten Bruder gerade rechtzeitig, um Daun von einem Angriff abzuschrekken. Nachdem er seinen Männern zwei Wochen Ruhe gegönnt hatte, brach er auf, um Harsch aus Schlesien zu vertreiben. Bei Hochkirch in Schlesien versperrte Daun ihm den Weg. Friedrich schlug sein Lager in unmittelbarer Nähe des Feindes auf und wartete vier Tage auf Nachschub, der von Dresden kommen sollte. Plötzlich, um fünf Uhr morgens des 14. Oktober 1758, fiel Daun, von dem Friedrich mit Sicherheit erwartet hatte, daß er die Initiative meiden würde, über den preußischen rechten Flügel her. Die Bewegung der Österreicher war durch einen dicken Nebel verborgen worden, und die Preußen wurden buchstäblich im Schlaf überrascht; sie hatten keine Zeit, die von Friedrich vorgesehenen taktischen Linien zu bilden. Friedrich setzte sein Leben selbst rücksichtslos aufs Spiel in seinen Bemühungen, die Ordnung wiederherzustellen; es gelang ihm, doch zu spät, um die Lage zu retten. Nach fünfstündigem Kampf, 37000 gegen 90000, gab er das Signal zum Rückzug, 9450 Mann auf dem Schlachtfeld zurücklassend, gegen den österreichischen Verlust von 7590 Mann.

Wiederum dachte er an Selbstmord. Mit einem so fähigen General wie Daun an der Spitze der Österreicher, mit einem so tüchtigen Organisator Saltykow, der eine neue russische Armee aufstellte, und mit eigenen Kräften, die an Zahl, Kampfkraft und

Disziplin abnahmen, während seine Gegner jeden Verlust wettmachen konnten, erschien es klar, daß nur ein Wunder einen preußischen Sieg bringen konnte; und Friedrich glaubte nicht an Wunder. Am Tag nach Hochkirch zeigte er seinem Vorleser von Catt eine *Apologie des Selbstmordes*, die er verfaßt hatte, und sagte: «Ich kann die Tragödie beenden, wann es mir beliebt.»[49] An diesem Tag (15. Oktober 1758) starb Wilhelmine, ein Vermächtnis hinterlassend, daß ihr die Briefe ihres Bruders im Grabe auf die Brust gelegt werden sollten[50]. Friedrich bat Voltaire, etwas zu ihrem Andenken zu schreiben. Voltaire reagierte überschwenglich, doch seine Ode «Âme héroïque et pure»[51] kam der schlichten Inbrunst des Tributs, den der König ihr in seiner *Geschichte des Siebenjährigen Krieges* zollte, nicht gleich:

> «Ihre Herzensgüte, ihre Neigung zu Großmut und Wohltätigkeit, ihre edle und hohe Seele und ihr sanfter Charakter fügten zu den leuchtenden Vorzügen ihres Geistes einen Schatz echter, sich niemals verleugnender Tugenden ... Die zärtlichste, die festeste Freundschaft verband den König [Friedrich schrieb in der dritten Person] mit seiner würdigen Schwester. Ihre Bande hatten sich schon in zartester Kindheit geknüpft. Gleiche Erziehung und gleiche Anschauungen hatten sie gefestigt. Eine Treue, die jeder Probe standhielt, machte sie unauflöslich.»[52]

Der Frühling brachte neue französische Armeen ins Gefecht. Am 13. April 1759 fügte eine französische Streitmacht unter dem fähigen Herzog von Broglie bei Bergen (in der Nähe von Frankfurt am Main) Ferdinand von Braunschweig eine Niederlage zu, doch Ferdinand rächte sich bei Minden. Hier schlug er (1. August 1759) mit 43 000 Deutschen, Engländern und Schotten 60 000 Franzosen unter Broglie und Contades so entscheidend und mit verhältnismäßig so kleinen Verlusten, daß er fähig war, Friedrich 12 000 Mann zu schicken, um die Schwächung der Armee des Königs in dem unglücklichen Feldzug im Osten wettzumachen.

Am 23. Juli 1759 besiegten die 50 000 Russen, Kroaten und Kosaken Saltykows bei Züllichau die 26 000 Preußen, die Friedrich zurückgelassen hatte, um den Zugang von Polen nach Berlin zu überwachen. Jetzt stand einem russischen Angriff auf die preußische Hauptstadt nichts mehr im Wege. Der König hatte keine andere Wahl, als sich darauf zu verlassen, daß sein Bruder Dresden gegen Daun hielt, während er selbst den Russen entgegenmarschierte. Unterwegs verstärkte er seine Truppen und konnte auf diese Weise 48 000 Mann zusammenbringen, doch inzwischen hatten 18 000 Österreicher unter General Laudon sich mit den Russen vereinigt und so die Streitmacht Saltykows auf 48 000 Mann erhöht. Am 12. August 1759 lieferten sich diese beiden Armeen – die größten Massen aufgebotenen Menschenfleischs seit den Blutbädern des Spanischen Erbfolgekriegs – bei Kunersdorf (hundert Kilometer östlich von Berlin) die unbarmherzigste und für Friedrich tragischste Schlacht des Krieges. Nach zwölf Stunden des Kampfes schien Friedrich im Vorteil zu sein; dann fielen Laudons 18 000 Mann, die in Reserve gehalten worden waren, über die erschöpften Preußen her und trieben sie auseinander. Friedrich scheute keine Gefahr, seine Truppen zu sammeln. Dreimal führte er sie persönlich zum Angriff, drei Pferde wurden unter ihm weggeschossen, eine kleine goldene Dose in seiner Tasche hielt eine Kugel auf, die vielleicht seinem Leben ein Ende gemacht hätte. Er war nicht glücklich über seine Rettung. «Gibt es», rief er aus, «keine verdammte Kugel, die mich treffen kann?»[53] Seine Soldaten flehten ihn an, sich in Sicherheit zu bringen, und bald gingen sie ihm mit schlechtem Beispiel voran. Er beschwor sie: «Kinder, verlasset heute mich, Euren König, Euren Vater, nicht!» Doch nichts konnte sie dazu bringen, von neuem anzugreifen. Viele von ihnen hatten sechs Stunden unter einer brennenden Sonne gekämpft, ohne Zeit, ohne Gelegenheit, einen Schluck Wasser zu trinken. Sie flohen, und schließlich folgte er ihnen, 20000 Gefangene, Verwundete oder Tote zurücklassend, gegen einen feindlichen Verlust von 15700 Mann. Unter den tödlich Verwundeten befand sich Ewald von Kleist, einer der besten deutschen Dichter jener Zeit.

Sobald er einen Platz zum Ausruhen gefunden hatte, schickte er eine Botschaft an Prinz Heinrich: «Von einer Armee von 48000 Mann habe ich in diesem Augenblick nicht mehr als 3000, und ich bin nicht mehr Herr meiner Streitkräfte ... Es ist ein großes Unglück, und ich werde es nicht überleben.» Er teilte seinen Generälen mit, daß er den Oberbefehl testamentarisch auf Prinz Heinrich übertragen habe. Dann ließ er sich in einen Strohhaufen fallen und schlief ein.

Am nächsten Morgen stellte er fest, daß 23000 Mann, die sich nach der Schlacht zerstreut hatten, zu ihren Regimentern zurückgekehrt waren, beschämt über ihre Flucht und bereit, ihm wieder zu dienen, wenn auch nur, weil sie zu essen haben wollten. Friedrich vergaß, sich zu töten; statt dessen stellte er aus diesen und anderen armen Teufeln eine neue Streitmacht von 32000 Mann zusammen und bezog Stellung an der Straße von Kunersdorf nach Berlin, bereit zu einem letzten Versuch, seine Hauptstadt zu schützen. Doch Saltykow kam nicht. Auch seine Soldaten mußten essen; sie befanden sich in Feindesland, das Fourragieren war gefährlich, die Nachschublinien aus dem befreundeten Polen waren lang und unsicher. Saltykow dachte, daß es nun an den Österreichern war, sich gegen Friedrich zu wenden. Er gab den Befehl zum Rückzug.

Daun war damit einverstanden, daß er den nächsten Zug machen sollte. Jetzt, so fühlte er, war die Zeit gekommen, Dresden zu nehmen. Prinz Heinrich war mit einem Teil der Besatzung dieser Stadt abgezogen, um Friedrich zu Hilfe zu eilen; er hatte nur 3700 Mann zur Bewachung der Zitadelle zurückgelassen, doch es waren starke Verteidigungswerke errichtet worden, um einen Angriff abzuwehren. Der neue Kommandant von Dresden, Kurt von Schmettau, war ein treuer Diener des Königs. Doch als er nach Kunersdorf von Friedrich selbst die Nachricht erhielt, daß alles verloren schien, gab er die Hoffnung auf einen erfolgreichen Widerstand auf. Eine kaiserliche Armee, 15000 Mann stark, näherte sich Dresden vom Westen; Daun beschoß die Stadt heftig vom Osten. Am 4. September 1759 kapitulierte Schmettau; am 5. September erreichte ihn eine Botschaft Friedrichs, er solle aushalten, Hilfe sei unterwegs. Daun bezog mit 72000 Mann Winterquartier in Dresden. Friedrich führte seine Streitmacht, die nur halb so stark war, in die Nähe von Freiberg und schlug hier sein Winterlager auf.

Der Winter 1759/60 war ungewöhnlich streng. Mehrere Wochen bedeckte Schnee den Boden kniehoch. Nur die Offiziere fanden Unterkunft in Häusern; Friedrichs gemeine Soldaten lebten in Behelfshütten, unterhielten mit zärtlicher Sorgfalt ihre Feuer, schlugen und brachten unter Mühsal Holz zusammen, sie zu nähren, und sie selbst hatten kaum etwas anderes zu essen als Brot. Sie schliefen eng aneinander geschmiegt, um sich gegenseitig zu wärmen. Krankheiten rafften in beiden Lagern fast ebenso viele Leben dahin, wie die Schlachten es getan hatten: in sechzehn Tagen verlor Launs Armee auf diese Weise 4000 Mann[54]. Am 19. November 1759 schrieb Friedrich an Voltaire: «Wenn dieser Krieg noch länger dauert, wird Europa in die Dunkelheit der Ignoranz zurückkehren, und unsere Zeitgenossen werden wilde Tiere werden.»[55]

Frankreich war, obwohl an Geld und Menschen unermeßlich reicher als Preußen, dem Bankrott nahe. Trotzdem rüstete Choiseul eine Flotte aus, um in England zu landen, doch sie wurde von den Engländern in der Bucht von Quiberon zerstört (20. November 1759). Die Steuern wurden mit dem ganzen Einfallsreichtum der Regierung und der Financiers um ein Vielfaches erhöht. Am 4. März 1759 hatte Frau von Pompadour die Einsetzung von Étienne de Silhouette als Generalkontrolleur der Finanzen durchgesetzt. Er schlug eine Kürzung der Pensionen vor, eine Steuer auf die Güter der Adligen, den Umtausch ihres Silbers in Geld und sogar eine Steuer auf die Einnahmen der Steuerpächter. Die Reichen beklagten sich, sie würden zu reinen Schatten ihrer früheren Selbst gemacht; seither wurde Silhouette das Wort für eine auf ihre umrißhafte Form reduzierte Figur. Am 6. Oktober stellte das französische Schatzamt seine Zahlungen auf seine Obligationen ein. Am 5. November ließ Ludwig XV. sein Silber einschmelzen, um ein gutes Beispiel zu geben. Doch als Silhouette vorschlug, der König solle von nun an ohne die ihm bisher für seine Spiele und seine Jagden bewilligten Summen auskommen, stimmte Ludwig mit so sichtbarem Schmerz ein, daß Choiseul Einspruch erhob. Am 21. November wurde Silhouette entlassen.

Wie fast jeder Franzose fühlte der König, daß er genug vom Krieg hatte: Er war bereit, Friedensvorschläge zu hören. Im Juni hatte er bei Friedrich in dieser Richtung sondiert; Friedrich erwiderte (2. Juli): «Ich liebe den Frieden so sehr, wie Sie wünschen, aber ich verlange einen guten, dauerhaften und ehrenvollen Frieden», und am 22. September erklärte er wiederum in einem Brief an Voltaire: «Zum Friedenschließen sind zwei Bedingungen nötig, von welchen ich nie ablassen werde: erstens, ihn gemeinsam mit meinen treuen Verbündeten zu schließen ...; zweitens, ihn ehrenvoll und rühmlich abzuschließen.»[56] Voltaire übermittelte diese stolzen Antworten (eine mit dem Datum des Tages nach der Niederlage bei Kunersdorf) an Choiseul, der in ihnen keine Handhabe für Verhandlungen sah. Und der treue Verbündete Pitt, der damit beschäftigt war, Frankreichs Kolonien zu schlucken, wie konnte er Frieden machen, bevor er das britische Empire errichtet hatte?

V. DIE ENTSTEHUNG DES BRITISCHEN EMPIRE

Die wichtigsten Entscheidungen des Siebenjährigen Krieges wurden nicht in Europa getroffen, denn hier bewirkte er nur geringe Veränderungen auf der Karte der Machtverteilung. Sie fanden auf dem Atlantik statt, in Nordamerika und in Indien. In diesen Gebieten waren die Ergebnisse des Krieges gewaltig und dauerhaft.

Der erste Schritt zur Schaffung des britischen Empire war im 17. Jahrhundert gemacht worden, als die Herrschaft über die Meere von den Holländern auf die Engländer überging. Der zweite Schritt war gekennzeichnet durch den Vertrag von Utrecht (1713), der England das Monopol der Lieferung afrikanischer Sklaven an die spanischen und englischen Kolonien in Amerika zusprach. Die Sklaven produzierten Reis, Tabak und Zucker; ein Teil des Zuckers wurde in Rum verwandelt; der Handel mit Rum spielte eine gewichtige Rolle bei der Bereicherung der Kaufleute Englands (des alten und des neuen); die Gewinne des Handels finanzierten die Vergrößerung der englischen Flotte. Im Jahre 1758 besaß England einhundertsechsundfünfzig Linienschiffe, Frankreich hatte nur siebenundsiebzig[57]. Somit war der dritte Schritt in der Errichtung des Empire die Schwächung der französischen Macht auf den Meeren. Dieser Prozeß wurde unterbrochen durch den Erfolg Richelieus bei Minorca, setzte jedoch wieder ein mit der Zerstörung einer französischen Flotte vor Lagos, Portugal (13. April 1759), und einer zweiten in der Bucht von Quiberon. In der Folge sank der Handel Frankreichs mit seinen Kolonien von dreißig Millionen Pfund im Jahre 1755 auf vier Millionen im Jahre 1760.

Nachdem die Herrschaft über den Atlantik gewonnen worden war, stand der Weg offen für die britische Eroberung Französisch-Amerikas. Dieses umfaßte nicht nur das Becken des St.-Lorenz-Stromes und das Gebiet der Großen Seen, sondern auch das Becken des Mississippi von den Seen bis zum Golf von Mexiko; sogar das Tal des Ohio war in französischen Händen. Französische Forts beherrschten Chicago, Detroit und Pittsburgh, dessen Namenswechsel (es hieß zuvor Fort Duquesne) das Ergebnis des Krieges symbolisierte. Die französischen Besitzungen blockierten die westliche Expansion der englischen Kolonien in Amerika; wenn England den Siebenjährigen Krieg nicht gewonnen hätte, wäre Nordamerika vielleicht in ein Neu-England im Osten, ein Neu-Frankreich in der Mitte und ein Neu-Spanien im Westen aufgeteilt worden. Die Teilungen und Konflikte Europas hätten sich in Amerika wiederholt. Der friedfertige Benjamin Franklin warnte die englischen Kolonisten, sie könnten nie sicher sein in ihren Besitzungen noch frei in ihrem Wachstum, wenn die Franzosen nicht in ihrer amerikanischen Expansion aufgehalten würden; und George Washington trat in Aktion, indem er versuchte, Fort Duquesne zu nehmen.

Kanada und Louisiana waren die beiden Tore zum französischen Amerika; und Kanada war sowohl England wie auch Frankreich näher. Auf dem St.-Lorenz-Strom kamen Nachschub und Truppen für die *habitants,* und dieses Tor wurde bewacht durch das französische Fort Louisbourg auf der Cape-Breton-Insel an der Mündung des großen

Stromes. Am 2. Juni 1758 wurde Louisbourg von einer englischen Flotte von zweiundvierzig Schiffen mit 18000 Soldaten an Bord unter Admiral Edward Boscawen belagert. Das Fort wurde von zehn Schiffen und 6200 Mann verteidigt; aus Frankreich geschickte Verstärkungen wurden von der britischen Flotte abgefangen. Die Garnison kämpfte tapfer, doch bald waren ihre Befestigungswerke von den britischen Kanonen zertrümmert. Mit der Übergabe des Forts (26. Juli 1758) begann die britische Eroberung Kanadas.

Der Prozeß wurde nur geringfügig verzögert durch die strategische Kunst und den Heroismus des Marquis von Montcalm. Von Frankreich (1756) nach Kanada geschickt, um dort die französischen regulären Truppen zu befehligen, eilte er von einem Erfolg zum anderen, bis er an der Korruption und Uneinigkeit in der französisch-kanadischen Verwaltung und der Unfähigkeit Frankreichs, ihm Hilfe zu schicken, scheiterte. 1756 eroberte er ein englisches Fort bei Oswego und verschaffte so den Franzosen die Herrschaft über den Ontario-See; 1757 belagerte und besetzte er Fort William Henry an der Spitze des George-Sees, 1758 besiegte er mit 3800 Mann 1500 britische und Kolonialtruppen bei Ticonderoga. Doch er fand seinen Meister, als er mit 15000 Soldaten Quebec gegen den englischen General James Wolfe verteidigte, der nur 9000 Mann unter seinem Befehl hatte. Wolfe selbst führte seine Truppen im Sturm auf die Höhen des Plateaus von Abraham. Montcalm wurde bei der Leitung der Verteidigung tödlich verwundet; Wolfe, den Sieger, traf das gleiche Schicksal (12./13. September 1759). Am 8. September 1760 kapitulierte der französische Gouverneur von Kanada, Vandreuil-Cavagnal, und die große Provinz kam unter britische Herrschaft.

Ihre Schiffe nach Süden steuernd, griffen die Engländer die französischen Inseln in der Karibischen See an. Guadeloupe wurde 1759 genommen, Martinique 1762; alle französischen Provinzen in Westindien – mit Ausnahme von St-Domingue – fielen an England. Um die Früchte des Sieges zu vermehren, schickte Pitt Geschwader nach Afrika mit dem Befehl, die französischen Sklavenhandelsstationen an der Westküste zu besetzen. Dies geschah, und der französische Sklavenhandel brach zusammen, Nantes, sein Haupthafen in Frankreich, verfiel. Der Preis für Sklaven in Westindien stieg, und britische Sklavenhändler machten neue Vermögen, indem sie die Nachfrage befriedigten[58]. Es sei vermerkt, daß die Engländer hierbei um nichts inhumaner vorgingen als die Spanier oder die Franzosen, sie waren nur tüchtiger; und es war doch wieder England, von dem die Bewegung gegen die Sklaverei ausging.

Inzwischen waren die Briten eifrig damit beschäftigt, sich Indien militärisch und kommerziell zu sichern. Die englische Ostindische Kompanie hatte Stützpunkte in Madras (1639), Bombay (1668) und Kalkutta (1686) errichtet, französische Kaufleute taten das gleiche in Pondicherry, südlich von Madras (1683), und in Chandernagore, nördlich von Kalkutta (1688). Alle diese Machtzentren dehnten sich aus, als die Moguln-Herrschaft in Indien zurückging. Beide Parteien benutzten Bestechung und Waffengewalt, ihre Einflußsphären zu erweitern; bereits im Österreichischen Erbfolgekrieg (1740–1748) hatten Frankreich und England einander in Indien bekämpft. Der Frieden von Aachen hatte den Konflikt lediglich unterbrochen, der Siebenjährige Krieg ließ ihn wieder aufleben. Im März 1757 nahm eine englische Flotte unter Admiral Charles Watson, unterstützt durch Truppen der Ostindischen Kompanie unter einem Mann aus Shropshire namens Robert Clive, Chandernagore den Franzosen weg. Am 23. Juni schlug Clive mit nur 3200 Mann 50000 Hindus und Franzosen bei Plassey (hundertzwanzig Kilometer nördlich von Kalkutta) in einer Schlacht, die den Briten die Herrschaft in Nordostindien sicherte. Im August 1758 vertrieb eine englische Flotte unter Admiral George Pococke das französische Geschwader, das die französischen Besitzungen an der Küste beschützt hatte, aus den indischen Gewässern. Da nunmehr die Franzosen im Gegensatz zu den Engländern nicht mehr in der Lage waren, Nachschub heranzubringen, war der Triumph Englands nur noch eine Sache von Monaten. 1759 wurde die französische Belagerung von Madras durch den Grafen von Lally zum Scheitern verurteilt, als die Briten Nachschub über das Meer heranführten. Die Franzosen wurden am 22. Januar 1760 bei Wandiwash entscheidend geschlagen; Pondicherry ergab sich den Briten am 16. Januar 1761. Dieser letzte französische Vorposten wurde Frankreich im Jahre 1763 zurückgegeben, doch jedermann wußte, daß dies nur unter Duldung der Briten geschah.

Indien und Kanada blieben bis in unsere Zeit im Osten und im Westen zwei Bastionen eines Reiches, das mit Geld, Mut, Grausamkeit und Intelligenz und in vollem Einklang mit der internationalen Moral des 18. Jahrhunderts errichtet wurde. In spätem Rückblick erkennen wir heute, daß dieses Reich ein natürliches Produkt der menschlichen Natur und der materiellen Verhältnisse war und daß seine Alternative nicht die Unabhängigkeit wehrloser Völker war, sondern ein ähnliches, von Frankreich beherrschtes Imperium. Von höherer Warte gesehen, war trotz ihrer Clives, Hastings' und Kiplings die Beherrschung der halben Welt durch die britische Flotte – eine vergleichsmäßig humane und urbane Aufrechterhaltung der Ordnung inmitten des stets drohenden Chaos – eher ein Segen als ein Fluch für die Menschheit.

VI. ERSCHÖPFUNG: 1760–1762

Was tat der gejagte preußische Fuchs in diesem rauhen Winter 1759/60? Er beschäftigte sich mit dem Aufbringen und Fälschen von Geld, dem Ausheben und Ausbilden von Soldaten, dem Schreiben und Veröffentlichen von Gedichten. Im Januar gab ein Pariser Verleger ohne seine Erlaubnis *Œuvres du philosophe de Sans-Souci* heraus, ließ unbekümmert jene kühnen Gedichte drucken, die Voltaire 1753 von Potsdam mitgenommen hatte und um derentwillen Friedrich ihn in Frankfurt am Main hatte abfangen und festsetzen lassen. Diese Gedichte amüsierten ungekrönte Häupter, ließen jedoch königliche Perücken vor Wut erzittern, einschließlich des mit Friedrich verbündeten Georg II. Friedrich protestierte, die unerlaubte Veröffentlichung sei durch böswillige Einschübe verfälscht. Er befahl seinem Freund, dem Marquis von Argens (Direktor der Schönen Künste an der Berliner Akademie), sofort eine sorgfältig gereinigte «authentische Edition» herauszugeben. Dies geschah im März, und Friedrich konnte sich wieder mit dem Krieg beschäftigen. Am 24. Februar schrieb er an Voltaire:

«Eisen und Tod haben schreckliche Verwüstungen unter uns angerichtet, und das Traurige ist, daß wir noch nicht am Ende der Tragödie sind. Sie können sich leicht vorstellen, welche Wirkungen solche grausamen Erschütterungen auf mich gehabt haben. Ich hülle mich in meinen Stoizismus, so gut ich kann ... Ich bin alt, zerbrochen, grau, von Falten zerfurcht; ich verliere meine Zähne und meine Fröhlichkeit.»[59]

Große Truppenmassen wurden aufgestellt, um zu entscheiden, welcher Herrscher die meisten Menschen besteuern sollte. Saltykow kehrte im April mit 100000 Mann aus Rußland zurück, Laudon hatte 50000 Österreicher in Schlesien gegen die 34000 Mann des Prinzen Heinrich aufgeboten, Daun, der 100000 Mann in Dresden zusammengezogen hatte, hoffte, mit ihnen die 40000 Friedrichs, die jetzt in der Nähe von Meißen lagerten, zu überrennen, die Franzosen hielten sich mit 125000 Mann bereit, Ferdinands 70000 anzugreifen. Alles in allem warteten 375000 Mann darauf, gegen Berlin zu marschieren. Am 21. März 1760 erneuerten Österreich und Rußland ihr Bündnis unter Hinzufügung einer Geheimklausel, nach der Rußland Preußen erhalte, sobald Schlesien an Österreich zurückgegeben sei[60].

Laudon vergoß das erste Blut des Jahres 1760 bei seinem Sieg über 13000 Preußen bei Landshut (23. Juni). Am 10. Juli begann Friedrich Dresden mit schwerer Artillerie zu belagern und legte den größeren Teil von Deutschlands damals lieblichster Stadt in Ruinen. Die Beschießung brachte ihm nichts ein. Als er erfuhr, daß Laudon sich Breslau näherte, gab er die Belagerung auf, ließ seine Soldaten in fünf Tagen hundertsechzig Kilometer marschieren, stieß bei Liegnitz auf Laudons Armee (15. August 1760), brachte ihr einen Verlust von 10000 Mann bei und rückte in Breslau ein. Doch am 9. Oktober besetzte eine Armee von Kosaken unter Fermor Berlin, plünderte dessen Militärmagazine und trieb ein Lösegeld von zwei Millionen Taler ein – die Hälfte der britischen Hilfsgelder, die Friedrich jährlich erhielt. Dieser machte sich auf, seine Hauptstadt zu befreien. Die Russen flohen, als sie von seinem Anmarsch hörten, und Friedrich wandte sich wieder nach Sachsen. Unterwegs schrieb er an Voltaire (30. Oktober): «Sie sind glücklich, Candides Rat zu befolgen und sich auf die Pflege Ihres Gartens zu beschränken. Es ist nicht jedermann vergönnt, dies zu tun. Der Ochse muß die Furche pflügen, die Nachtigall muß singen, der Delphin muß schwimmen, und ich muß Krieg führen.»[61]

Bei Torgau an der Elbe (3. November) standen seine 44000 Preußen 50000 Österreichern in der Schlacht gegenüber. Friedrich befahl der Hälfte seiner Armee unter Johann von Ziethen, den Feind zu umgehen und im Rücken anzugreifen. Das Manöver mißlang, denn Ziethen wurde unterwegs durch ein feindliches Detachement aufgehalten. Friedrich führte seine eigenen Divisionen persönlich in die tobende Schlacht. Auch hier wurden drei Pferde unter ihm weggeschossen, ein Granatsplitter traf ihn an der Brust, doch mit verbrauchter Wirkung; er fiel bewußtlos zu Boden, erholte sich jedoch bald wieder. «Es ist nichts», sagte er und warf sich wieder in den Kampf. Er errang einen Pyrrhussieg. Die Österreicher wichen zurück mit einem Verlust von

11260 Mann, doch Friedrich ließ 13120 Preußen auf diesem Schlachtfeld zurück. Er zog sich nach Breslau zurück, das jetzt sein Hauptnachschublager war. Daun hielt Dresden noch immer und wartete geduldig auf Friedrichs Tod. Wiederum gab der Winter den Überlebenden Ruhe.

1761 war mehr ein Jahr der Diplomatie als des Krieges. In England gaben der Tod Georgs II. (25. Oktober 1760), dessen Herz an Hannover hing, und die Thronbesteigung Georgs III., der sich weitaus weniger aus ihm machte, der allgemeinen Mißstimmung über einen Krieg, der schwer auf dem englischen Pfund lastete, eine königliche Sanktion. Von Frankreich her streckte Choiseul Fühler nach einem Separatfrieden aus; Pitt lehnte ab und hielt Friedrich die Treue, doch das britische Kontingent in Hannover wurde verringert, und Ferdinand mußte Braunschweig und Wolfenbüttel an die Franzosen abtreten. Choiseul wandte sich an Spanien und in einem «*Pacte de Famille*» – einem Familienpakt zwischen Bourbonen-Königen – überredete er es, sich dem Bündnis gegen die Preußen anzuschließen. Militärische Entwicklungen trugen neben diesen diplomatischen Rückschlägen dazu bei, Friedrich von neuem an den Rand des Untergangs zu bringen. Laudon vereinigte 72000 Mann mit 50000 Russen zu einer geschlossenen Streitmacht; sie trennte Friedrich vollkommen von Preußen und bereitete Pläne vor, Berlin zu nehmen und zu behalten. Am 1. September 1761 nahmen die Österreicher von neuem Schweidnitz mit seinen Vorratslagern. Am 5. Oktober trat Pitt, der allgemeinen Forderung nach Frieden nachgebend, zurück, um Friedrich nicht zu verraten. Sein Nachfolger, der Earl von Bute, hielt Friedrichs Sache für hoffnungslos und sah in Friedensverhandlungen ein Mittel, Georg III. gegen das Parlament zu stärken. Er schlug Friedrich vor, sich geschlagen zu geben und zumindest einen Teil Schlesiens Österreich zu überlassen. Friedrich machte Einwände; Bute verweigerte ihm jede weitere Unterstützung. Fast ganz Europa, einschließlich vieler Preußen, beschworen Friedrich, Konzessionen zu machen. Seine Truppen hatten jede Hoffnung auf Sieg verloren; sie drohten ihren Offizieren, sie würden den Feind nicht wieder angreifen und sich ergeben, wenn sie angegriffen würden[62]. Als das Jahr 1761 endete, sah Friedrich sich alleine gegen ein Dutzend Gegner. Er gab zu, daß nur ein Wunder ihn retten könnte.

Ein Wunder rettete ihn. Am 5. Januar 1762[63] starb die Zarin Elisabeth, die Friedrich gehaßt hatte, und auf den Thron folgte ihr Peter III., der ihn als den idealen Eroberer und König bewunderte. Als Friedrich die Nachricht erhielt, befahl er, alle russischen Kriegsgefangenen einzukleiden, mit Schuhen zu versehen, gut zu füttern und freizulassen. Am 23. Februar erklärte Peter das Ende des Krieges mit Preußen. Am 5. Mai unterzeichnete er einen auf sein Verlangen von Friedrich entworfenen Friedensvertrag; am 22. Mai folgte Schweden seinem Beispiel, und am 10. Juni trat Peter von neuem in den Krieg ein, doch als Verbündeter Preußens. Er zog eine preußische Uniform an und meldete sich freiwillig zum Dienst «unter dem König, meinem Herrn». Es war eine der bemerkenswertesten Kehrtwendungen in der Geschichte.

Das Ereignis wärmte Friedrich das Herz und erneuerte die Moral in seiner Armee, doch halb mußte er seinen Feinden zustimmen, daß Peter wahnsinnig sei. Er war bestürzt, als er hörte, daß Peter plante, Dänemark anzugreifen, um Holstein wiederzugewinnen. Friedrich machte jede Anstrengung, ihm davon abzuraten, doch Peter bestand auf seinem Vorhaben; schließlich ließ Friedrich ihn gewähren. «Man mußte also schweigen und den unglücklichen Monarchen seiner Zuversicht überlassen, die ihn stürzte.»[64]

Bute, der jetzt zu offener Feindseligkeit gegen Friedrich überging, forderte Peter auf, die 20000 Russen, die sich in der österreichischen Armee befanden, dort zu belassen; Peter schickte Friedrich eine Abschrift dieser Botschaft und befahl den russischen Truppen, zu Friedrich zu stoßen und ihm zu dienen. Bute bot Österreich einen Separatfrieden an und versprach, die Abtretung preußischen Territoriums an Österreich zu unterstützen. Kaunitz lehnte ab. Friedrich nannte Bute einen Schurken[65]. Mit Wohlgefallen vernahm er, daß Frankreich seine Hilfszahlungen an Österreich eingestellt hatte und daß die Türken die Österreicher in Ungarn angriffen (Mai 1762).

Am 28. Juni wurde Peter durch einen Staatsstreich abgesetzt, der Katharina II. zur «Zarin aller Reußen» machte; am 6. Juli wurde Peter ermordet. Katharina befahl Czernichew, der die Russen unter Friedrich befehligte, seine Truppen sofort nach Hause zu bringen. Friedrich bereitete eben einen Angriff auf Daun vor. Er bat Czernichew, die Instruktionen der Zarin drei Tage lang geheimzuhalten. Ohne diese russischen Hilfstruppen zu benutzen, schlug Friedrich Daun bei Burkersdorf (21. Juli). Jetzt zog Czernichew seine Truppen zurück, und Rußland beteiligte sich nicht länger am Krieg. Von der Gefahr im Norden befreit, trieb der König die Österreicher vor sich her und eroberte Schweidnitz von neuem. Am 29. Oktober besiegte Prinz Heinrich mit 24000 Mann 39000 Österreicher und Kaiserliche bei Freiberg in Sachsen; dies war die einzige größere Kriegshandlung, bei der die Preußen siegreich waren, ohne dem Oberbefehl Friedrichs zu unterstehen. Es war auch die letzte bedeutende Schlacht des Siebenjährigen Krieges.

VII. DER FRIEDE

Ganz Westeuropa war erschöpft. Am meisten Preußen, wo bereits Knaben im Alter von vierzehn Jahren ausgehoben, Bauernhöfe verwüstet und Kaufleute durch den Rückgang des Handels ruiniert worden waren. Österreich besaß mehr Menschen als Geld und hatte die lebenswichtige russische Hilfe verloren. Spanien hatte Havana und Manila an die Engländer verloren, und fast seine ganze Flotte war zerstört worden. Frankreich war bankrott, seine Kolonien waren dahin, sein Handel war von den Meeren verschwunden. England brauchte Frieden, um seine Gewinne zu konsolidieren.

Am 5. September 1762 schickte Bute den Herzog von Bedford nach Paris, um mit Choiseul ein Abkommen auszuhandeln. Wenn Frankreich Kanada und Indien an England abtrat, würde dieses Guadeloupe und Martinique zurückgeben, und Frankreich könnte mit britischer Zustimmung Friedrichs Westprovinzen Wesel und Gelderland behalten[66]. Pitt tadelte diese Vorschläge mit leidenschaftlicher Beredsamkeit, doch die öffentliche Meinung war für Bute, und am 3. November unterzeichneten England und Portugal mit Frankreich und Spanien den Frieden von Fontainebleau. Frankreich gab Kanada, Indien und Minorca auf; England gab Frankreich und Spanien seine Eroberungen in der Karibischen See zurück; Frankreich versprach, gegenüber Preußen und Österreich Neutralität zu üben und seine Armeen von preußischem Territorium in Westdeutschland zurückzuziehen. Ein weiterer Frieden von Paris (10. Februar 1763) bestätigte diese Abmachungen, ließ Frankreich jedoch seine Fischereirechte vor Neufundland und einige Handelsstationen in Indien. Spanien trat Florida an England ab, erhielt aber von Frankreich Louisiana. Technisch verletzten diese Abmachungen Englands Versprechen, keinen Separatfrieden zu schließen. In Wirklichkeit waren sie ein Segen für Friedrich. Er hatte nur noch zwei entmutigte Gegner – Österreich und das Reich –, und er war zuversichtlich, daß er sich gegen sie würde behaupten können.

Maria Theresia fand sich mit dem Gedanken ab, mit ihrem am meisten gehaßten Gegner Frieden schließen zu müssen. Alle ihre wichtigen Verbündeten hatten sie verlassen, und 100 000 Türken marschierten in Ungarn ein. Sie schickte einen Gesandten an Friedrich, schlug Waffenstillstand vor. Er nahm an, und in Hubertusburg bei Leipzig unterzeichneten am 5. bis 15. Februar 1763 Preußen, Österreich, Sachsen und die deutschen Fürsten den Frieden, der den Siebenjährigen Krieg beendete. Nachdem so viel Blut vergossen und so viele Dukaten, Rubel, Taler, Kronen, Franken und Pfund verschossen worden waren, wurde auf dem Kontinent der *status quo ante bellum* wiederhergestellt: Friedrich behielt Schlesien und Glatz, Wesel und Gelderland, er räumte Sachsen und versprach, die Kandidatur von Maria Theresias Sohn Joseph als König der Römer und somit als künftigem Kaiser zu unterstützen. Bei der endgültigen Unterzeichnung beglückwünschten Friedrichs Adjutanten ihn zu «dem glücklichsten Tag Ihres Lebens»; er erwiderte, der glücklichste Tag seines Lebens würde der letzte sein[67].

Was waren die Ergebnisse des Krieges? Für Österreich der endgültige Verlust Schlesiens und eine Kriegsschuld von hundert Millionen Silbertalern. Das Prestige der österreichischen Herrscher als traditioneller Träger des Kaisertitels war erloschen; Friedrich verhandelte mit Maria Theresia als der Herrscherin eher eines österreichisch-ungarischen denn eines Heiligen Römischen Reiches. Die deutschen Fürsten des Reiches waren jetzt auf sich selbst gestellt und unterwarfen sich bald der preußischen Hegemonie im Reich; die Macht der Habsburger zerfiel, die der Hohenzollern wuchs; der Weg war frei für Bismarck; Patriotismus und Nationalismus begannen, in Begriffen Deutschlands zu denken anstatt in denen stolz getrennter Staaten; die Literatur erhob sich zu Sturm und Drang und erreichte ihren Höhepunkt in Goethe und Schiller.

Schweden verlor 25 000 Mann und gewann nichts als Schulden. Rußland verlor 120 000 Mann durch Kampf, Entbehrung und Krankheit, sollte sie jedoch bald wieder ersetzen. Es hatte durch sein Vordringen in den Westen eine neue Ära in seiner modernen Geschichte eröffnet; die Teilung Polens war jetzt unvermeidlich. Für Frankreich bestand das Resultat in enormen Verlusten an Kolonien und Handelsverbindungen und einem weiteren Schritt zum Bankrott, der zugleich einen weiteren Schritt zum Zusammenbruch darstellte. Für England waren die Ergebnisse im positiven Sinne größer, als selbst seine Führer begriffen: die Beherrschung der Meere, Beherrschung der Kolonialwelt, die Errichtung eines großen Empire, der Beginn von 182 Jahren des Aufstiegs in der Welt. Für Preußen waren die Folgen seines Sieges verheerend: dreizehntausend zerstörte Häuser, einhundert Städte und Dörfer bis auf den Grund abgebrannt, Tausende von Familien entwurzelt; 180000 Preußen (nach Friedrichs Schätzung[68]) waren in der Schlacht, im Lager oder in der Gefangenschaft gestorben; noch mehr Opfer hatte der Mangel an Arzneien und Lebensmitteln gefordert; in einigen Bezirken waren nur Frauen und alte Männer übriggeblieben, die Felder zu bestellen. Von einer Bevölkerung von 4500000 im Jahre 1756 blieben 1763 nur noch 4000000.

Friedrich war jetzt der Held in ganz Deutschland (ausgenommen Sachsen!). Nach einer Abwesenheit von sechs Jahren zog er im Triumph in Berlin ein. Die Stadt, obwohl notleidend und in jeder Familie Tote beklagend, erstrahlte in Festbeleuchtung, um ihn willkommen zu heißen, und feierte ihn als ihren Retter. Das eiserne Herz des alten Kriegers war bewegt: «Lang lebe mein geliebtes Volk!» rief er aus. «Lang leben meine Kinder!»[69] Er war fähig zur Demut; in dieser Stunde des Triumphs vergaß er nicht die Fehler, die er als General gemacht hatte – er, der größte der modernen Generäle außer Napoleon; und er sah immer noch die Tausende preußischer Jünglinge, die für Schlesien mit ihrem Blut gezahlt hatten. Er selbst hatte gezahlt. Er war vorzeitig gealtert mit einundfünfzig. Sein Rücken war gekrümmt, sein Gesicht und seine Gestalt waren hager, er hatte seine Zähne verloren, sein Haar war auf einer Seite weiß, er war geplagt von Kolik, Diarrhöe und Hämorrhoiden[70]. Er erklärte, sein eigentlicher Platz sei in einem Heim für ältere Invaliden[71]. Er lebte noch dreiundzwanzig Jahre und versuchte, seine Sünden durch friedliches und geordnetes Regieren zu büßen.

Politisch waren die Hauptergebnisse des Siebenjährigen Krieges die Entstehung des britischen Empire und der Aufstieg Preußens zu einer Macht ersten Ranges. Wirtschaftlich war das Hauptresultat ein Schritt vorwärts zum industriellen Kapitalismus; jene riesigen Armeen waren ideale Märkte für den Massenverbrauch von Massenartikeln. Welcher Kunde konnte willkommener sein als einer, der versprach, die erworbenen Güter bei der nächsten Gelegenheit zu zerstören und mehr zu bestellen? Moralisch war der Krieg Schrittmacher des Pessimismus, des Zynismus und des moralischen Verfalls. Das Leben war billig, der Tod allgegenwärtig, Leiden an der Tagesordnung, Plündern war erlaubt, Vergnügen mußte genossen werden, wo immer es sich bot. «Doch was diesen Feldzug betrifft», erklärte Grimm 1757 in Westfalen, «ich hätte nie geglaubt, wie weit die Schrecken der Armut und der Ungerechtigkeit des Menschen gehen können»[72], und sie hatten erst begonnen. Das Leiden förderte und schwächte ebenso die Religion: wenn auch eine Minderheit durch die krasse Realität des Bösen dem Atheismus in die Arme getrieben wurde, die Mehrheit wurde zur Frömmigkeit bekehrt durch das Bedürfnis, an den endgültigen Sieg des Guten zu glauben. In Frankreich, England und Deutschland erfolgte bald eine Rückkehr zur Religion, in Deutschland wurde der Protestantismus vor der Vernichtung bewahrt. Wenn Friedrich verloren hätte, hätte Preußen wahrscheinlich wie Böhmen nach 1620 eine zwangsweise Restauration des katholischen Glaubens und der katholischen Macht erlebt. Der Triumph der Idee über die Realität ist eine der Launen der Geschichte.

Zweites Buch

FRANKREICH VOR DER SINTFLUT

[1757–1774]

ERSTES KAPITEL

Das Leben des Staates

I. DIE MÄTRESSE GEHT

FRAU von Pompadour gehörte zu den Opfern des Krieges. Eine Zeitlang hielt der Zauber ihrer Persönlichkeit den König gefangen, während die Nation trauerte. Doch nach dem Versuch Damiens', ihn zu ermorden (5. Januar 1757), dachte Ludwig XV. plötzlich an Gott und ließ ihr sagen, sie müsse sofort gehen. Er beging den menschlichen Fehler, zu ihr zu gehen, um ihr Lebewohl zu sagen. Er traf sie beim Packen; sie war ruhig und traurig. Ein Rest von Zärtlichkeit überkam ihn: er bat sie, zu bleiben[1]. Bald war sie wieder im Besitz all ihrer früheren Privilegien und Vollmachten. Sie verhandelte mit Diplomaten und Botschaftern, sie ernannte und entließ Minister und Generäle. Marc-Pierre de Voyer, Graf von Argenson, hatte sich jedem ihrer Schritte widersetzt; sie hatte versucht, ihn zu versöhnen, und war abgewiesen worden; sie hatte ihn durch den Abbé von Bernis als Minister für Auswärtige Angelegenheiten ersetzt und dann durch Choiseul (1758). Ihre Zärtlichkeit für ihre Verwandten und den König reservierend, trat sie allen anderen Menschen mit einem Herzen von Stahl in einem leidenden Körper gegenüber. Sie schickte einige ihrer Feinde in die Bastille und ließ sie dort jahrelang schmachten[2]. Inzwischen brachte sie ihr Schäfchen ins trockene, schmückte ihre Paläste verschwenderisch und bestellte für sich selbst ein prunkvolles Mausoleum nahe der Place Vendôme.

Sie trug in den Augen des Volkes, des *parlement* und des Hofes die Hauptschuld für die französischen Rückschläge im Krieg; die Siege jedoch wurden ihr nicht gutgeschrieben. Man machte sie verantwortlich für die unpopuläre Allianz mit Österreich, obwohl sie nur eine untergeordnete Rolle bei deren Zustandekommen gespielt hatte. Sie wurde verurteilt wegen der Katastrophe bei Roßbach, wo ihr Schützling Soubise die Franzosen befehligt hatte. Ihre Kritiker wußten nicht – oder hielten es für unerheblich –, daß Soubise von einer Schlacht abgeraten hatte und durch die Hast des deutschen Generals zu ihr gezwungen worden war. Wäre es nach Soubise gegangen, hätte man seinen Plan, Friedrich durch Märsche zu zermürben, befolgt, wäre die Zarin Elisabeth nicht so ungelegen gestorben und hätte sie Rußland nicht einem jungen Verehrer Friedrichs hinterlassen – vielleicht wäre dann der preußische Widerstand zusammengebrochen. Frankreich hätte die österreichischen Niederlande erhalten, und die Pompadour wäre auf einem Meer von Blut zu nationalem Ruhm gelangt. Sie hatte es versäumt, den großen Gott Zufall zu versöhnen.

Das *parlement* haßte sie, weil sie den König ermutigte, das *parlement* zu ignorieren.

Der Klerus haßte sie als Freundin Voltaires und der *Encyclopédistes;* Christoph von Beaumont, Erzbischof von Paris, sagte, er würde «sie gerne brennen sehen»[3]. Als das Volk von Paris unter dem hohen Brotpreis litt, rief es aus: «Diese Prostituierte, die das Königreich regiert, stürzt es in den Ruin.» «Wenn wir sie hier hätten», sagte eine Stimme in der Menge am Pont de la Tournelle, «wäre von ihr bald nicht mehr genug übrig für eine Reliquie.»[4] Sie wagte es nicht, sich in den Straßen von Paris zu zeigen, und in Versailles war sie von Feinden umgeben. Sie schrieb an die Marquise von Fontenailles: «Ich bin ganz allein inmitten dieser Menge von *petits seigneurs,* die mich hassen und die ich verachte. Und was die Mehrzahl der Frauen betrifft, ihre Konversation verursacht mir Migräne. Ihre Eitelkeit, ihre Arroganz, ihre Gemeinheiten und ihre Falschheiten machen sie unerträglich.»[5]

Als der Krieg sich hinzog und Frankreich erleben mußte, daß Kanada und Indien ihm weggenommen wurden, daß Ferdinand von Braunschweig die französischen Armeen in Schach hielt, daß zurückgekehrte Soldaten verwundet oder verstümmelt in den Straßen von Paris erschienen, wurde es dem König klar, daß er einen tragischen Fehler begangen, als er auf Kaunitz und die Pompadour gehört hatte. 1761 tröstete er sich mit einer neuen Mätresse, Fräulein von Romans, die ihm den späteren Abbé von Bourbon gebar. Der Klatsch berichtete, die Pompadour habe sich gerächt, indem sie Choiseul zu ihrem Liebhaber machte[6], doch sie war zu schwach und Choiseul zu klug für eine solche Liaison. Sie schenkte Choiseul nicht ihre Liebe, doch sie überließ ihm ihre Macht. Vielleicht hat sie in jener Zeit die verzweifelte Prophezeiung geäußert: *«Après nous le déluge»* («Nach uns die Sintflut»)[7].

Sie war immer gebrechlich gewesen. Sogar in ihrer Jugend hatte sie Blut gespuckt, und obwohl wir nicht sicher sind, daß sie an Tuberkulose litt, wissen wir, daß ihr Husten sich schmerzhaft verschlimmerte, als sie vierzig wurde. Die singende Stimme, die einst den König und den Hof bezaubert hatte, war jetzt heiser und unnatürlich. Ihre Freunde waren entsetzt über ihr rapides Abmagern. Im Februar 1764 wurde sie bettlägerig mit hohem Fieber und einer blutenden Lungenentzündung. Im April wurde ihr Zustand so ernst, daß sie einen Notar kommen ließ, um ihr Testament aufzusetzen. Sie vermachte ihren Verwandten, Freunden und Dienern Geschenke und fügte hinzu: «Wenn ich einen meiner Verwandten in diesem Willen vergessen habe, so bitte ich meinen Bruder, für ihn zu sorgen.» Ludwig XV. schenkte sie ihr Pariser Stadthaus, das heute als Élysée-Palast der Amtssitz der französischen Staatspräsidenten ist. Der König verbrachte viele Stunden an ihrem Bett; während ihrer letzten Tage verließ er nur selten das Zimmer. Der Dauphin, der immer ihr Gegner gewesen war, schrieb an den Bischof von Verdun: «Sie stirbt mit einem Mut, der selten ist bei beiden Geschlechtern. Ihre Lungen sind voll von Wasser oder Eiter, ihr Herz ist verengt oder erweitert. Es ist ein unglaublich grausamer und schmerzhafter Tod.»[8] Sogar für diesen letzten Kampf kleidete sie sich in gewohnter Pracht, und ihre eingefallenen Wangen waren mit Rouge belegt. Sie regierte fast bis zum Ende. Höflinge umdrängten ihre Kutsche, sie verteilte Vergünstigungen und verhalf ihren Günstlingen zu hohen Ämtern. Und der König handelte in vielen Fällen auf ihre Empfehlung.

Schließlich gab sie sich geschlagen. Am 14. April empfing sie dankbar die Sakramente, um sterbend Trost in der Hoffnung zu finden. Sie, die so lange die Freundin der Philosophen gewesen war, griff nun wieder nach dem Glauben ihrer Kindheit. Wie ein Kind betete sie:

«Ich empfehle meine Seele Gott und flehe ihn an, Mitleid mit ihr zu haben, mir meine Sünden zu vergeben, mir die Gnade zu gewähren, sie zu bereuen und zu sterben würdig seiner Barmherzigkeit in der Hoffnung, seine Gerechtigkeit zu versöhnen durch den Ruhm des kostbaren Blutes Jesu Christi, meines Heilands, und durch die Fürbitte der Jungfrau Maria und aller Heiligen im Paradies.»[9]

Dem Priester, der gehen wollte, als ihr letzter Todeskampf begann, flüsterte sie zu: «Warten Sie einen Augenblick; wir werden das Haus zusammen verlassen.»[10] Sie starb am 15. April 1764, erstickt durch die Blutstauung in ihrer Lunge. Sie war zweiundvierzig Jahre alt.

Es ist nicht wahr, daß Ludwig ihren Tod mit Gleichgültigkeit hingenommen hätte; er verbarg lediglich seinen Gram[11]. «Der König», sagte der Dauphin, «ist sehr niedergeschlagen, doch er beherrscht sich vor uns und vor jedermann.»[12] Als am 17. April die Frau, die zwanzig Jahre lang die Hälfte seines Lebens gewesen war, in einem kalten strömenden Regen aus dem Versailler Palast hinausgetragen wurde, trat er auf den Balkon, um sie abfahren zu sehen. «Die Marquise wird sehr schlechtes Wetter haben», sagte er zu seinem Kammerdiener Champlost. Es war keine frivole Bemerkung, denn Champlost berichtete, es seien Tränen in den königlichen Augen gewesen und Ludwig habe traurig hinzugefügt: «Dies ist der einzige Tribut, den ich ihr zollen kann.»[13] Auf ihren eigenen Wunsch wurde sie an der Seite ihrer Tochter Alexandrine in der heute verschwundenen Kapuzinerkirche an der Place Vendôme beigesetzt.

Der Hof war darüber erfreut, von ihrer Macht befreit zu sein. Das Volk, das ihren Charme nicht gekannt hatte, verfluchte ihre kostspielige Verschwendungssucht und vergaß sie bald. Die Künstler und Schriftsteller, denen sie geholfen hatte, beklagten den Verlust der anmutigen und verstehenden Freundin. Diderot fand nur harte Worte für sie: «Und was bleibt übrig von dieser Frau, die uns so viel an Menschen und Geld gekostet, uns ohne Ehre und ohne Kraft zurückgelassen und das ganze politische System Europas umgestoßen hat? Eine Handvoll Staub.» Voltaire aber schrieb aus Ferney:

«Ich bin sehr traurig über den Tod der Frau von Pompadour. Ich schulde ihr sehr viel, und ich trauere aus Dankbarkeit. Es erscheint absurd, daß ein alter Vielschreiber, der kaum fähig ist zu gehen, noch am Leben ist, während eine schöne Frau mitten in einer glänzenden Karriere im Alter von vierzig sterben muß. Wenn sie es verstanden hätte, ruhig zu leben, wie ich es tue, wäre sie heute vielleicht noch am Leben ... Sie besaß Gerechtigkeit in ihrem Sinn und ihrem Herzen ... Es ist das Ende eines Traumes.»[14]

II. DIE GENESUNG FRANKREICHS

Erst unter Napoleon erholte sich Frankreich vollständig vom Siebenjährigen Krieg. Hohe Steuern hatten die Landwirtschaft unter Ludwig XIV. entmutigt; unter Ludwig XV. ging dies genauso weiter. Tausende von Morgen, die im 17. Jahrhundert bebaut worden waren, blieben im Jahre 1760 unbestellt und verwandelten sich wieder in Wildnis[15]. Der Viehbestand war erschöpft, Dünger fehlte, der Boden war ausgelaugt, die Bauern blieben bei den alten primitiven Anbaumethoden, denn die Steuern stiegen mit jeder Verbesserung, die ihr Einkommen erhöhte. Viele Bauern hatten im Winter keine Heizung in ihren Häusern und waren auf die Körperwärme der Tiere, mit denen sie zusammenlebten, angewiesen. Abnorme Fröste vernichteten in den Jahren 1760 und 1767 die Winteraussaat und die Reben in den Weinbergen. Eine schlechte Ernte konnte ein Dorf dem Hungertode nahebringen und lieferte es dem Schrecken lauernder Wölfe aus.

Trotzdem setzte die wirtschaftliche Erholung ein, sobald der Frieden unterzeichnet war. Die Regierung war unfähig und korrumpiert, doch es wurden viele Maßnahmen getroffen, der Bauernschaft zu helfen. Königliche Verwalter verteilten Saatgut und bauten Straßen. Agronomische Gesellschaften veröffentlichten landwirtschaftliche Informationen, schrieben Wettbewerbe aus, verliehen Preise; einige Steuereinnehmer zeichneten sich durch ihre humane Mäßigung aus[16]. Angeregt durch die Physiokraten, interessierten sich viele Grundherren für die Verbesserung landwirtschaftlicher Methoden und Produkte. Landbesitzende Bauern nahmen zu an Zahl. 1774 arbeiteten nur noch sechs Prozent der französischen Bevölkerung in Leibeigenschaft[17]. Doch jedes Ansteigen der Produktion brachte einen Zuwachs der Bevölkerung mit sich. Das Land war reich, doch der durchschnittliche steuerliche Grundbesitz war klein; die Armut blieb groß.

Die Bauern stellten jenen Menschenüberschuß, der die Industrien in den wachsenden Städten mit Arbeitskräften versorgte. Mit wenigen Ausnahmen befand sich die Industrie noch immer im Stadium der Heimarbeit und des Handwerks. Große kapitalistische Organisationen beherrschten die Hüttenindustrie, den Bergbau, die Seifenfabrikation und die Textilherstellung. Marseille hatte 1760 fünfunddreißig Seifenfabriken, die 1000 Arbeiter beschäftigten[18]. Lyon war in seinem Wohlstand bereits abhängig von dem veränderlichen Markt für die Erzeugnisse seiner Webstühle. Englische Kratzmaschinen wurden um 1750 eingeführt, und um 1770 begann die Jenny-Spinnmaschine, die achtundvierzig Spindeln gleichzeitig betätigte, das Spinnrad in Frankreich zu ersetzen. Die Franzosen waren schneller im Erfinden als im Anwenden, denn ihnen fehlte das Kapital, das England, reich geworden durch den Handel, verwenden konnte, um mechanische Verbesserungen in der Industrie zu finanzieren. Dampfmaschinen waren seit 1681 in Frankreich bekannt[19]. Joseph Cugnot benutzte sie 1769 zum Betrieb des ersten bekannten Automobils; ein Jahr später wurde dieses eingesetzt, um schwere Lasten mit einer Geschwindigkeit von sieben Stundenkilometern zu transportieren, doch die Maschine machte sich selbständig und zertrümmerte eine Mauer. Außerdem mußte man sie alle fünfzehn Minuten anhalten, um ihr Wasser zu ergänzen[20].

Mit solchen bizarren Ausnahmen vollzogen sich Transport und Verkehr mit Hilfe von Pferden, Karren, Kutschen oder Schiffen. Straßen und Kanäle waren weitaus besser als in England, doch die Gasthöfe waren schlechter. Ein regulärer Postdienst wurde 1760 eingerichtet; er war nicht ganz privat, denn Ludwig XV. hielt die Postmeister an, die Briefe zu öffnen und jeden verdächtigen Inhalt der Regierung zu melden[21]. Der Binnenhandel war behindert durch Zölle, der Außenhandel durch Krieg und den Verlust der Kolonien. Die Compagnie des Indes ging bankrott und wurde aufgelöst (1770). Der Handel mit europäischen Staaten jedoch wuchs im Laufe des Jahrhunderts beträchtlich, von 176600000 Pfund im Jahre 1716 auf 804300000 Pfund im Jahre 1787; doch dieser Zuwachs widerspiegelte teilweise lediglich eine Inflation. Mit Französisch-Westindien blühte der Handel in Zucker und Sklaven.

Eine fortschreitende Inflation, teils verursacht durch die Verschlechterung der Währung, teils durch die steigende Weltproduktion an Gold und Silber, hatte einen stimulierenden Effekt auf das industrielle und kaufmännische Unternehmertum. Der Geschäftsmann konnte erwarten, für sein Produkt mehr zu erzielen, als er für Arbeitskraft und Rohmaterial ausgegeben hatte. So vergrößerte der Mittelstand seine Vermögen, während die unteren Klassen genug hatten, um mit den Preisen Schritt zu halten. Die gleiche Inflation, die die Regierung in die Lage versetzte, ihre Gläubiger zu betrügen, verringerte den Wert ihrer Einkünfte, so daß die Steuern stiegen, wenn das Pfund fiel. Der König geriet in Abhängigkeit von Bankiers wie den Gebrüdern Paris, speziell Paris-Duverney, der die Pompadour mit seinen fiskalischen Taschenspielerkünsten so entzückte, daß er während des Krieges in der Lage war, Minister und Generäle zu machen oder zu stürzen.

Der Grundzug der wirtschaftlichen Entwicklung im 18. Jahrhundert war der Übergang des größeren Reichtums von jenen, die Land besaßen, auf diejenigen, die Industrie, Handel oder Finanzen beherrschten. Voltaire vermerkte 1755: «Auf Grund der wachsenden Handelsgewinne ... gibt es weniger Reichtum als früher bei den Großen und mehr bei den Mittelklassen. Das Resultat war eine Verkleinerung des Abstandes zwischen den Klassen.»[22] Geschäftsleute wie La Popelinière konnten Paläste bauen, die den Neid der Adligen erregten, und ihre Tafeln mit den besten Dichtern und Philosophen des Königreiches schmücken; die Bourgeoisie war nun Mäzen für Literatur und Kunst. Die Aristokratie tröstete sich, indem sie an ihren Privilegien festhielt und ihren Stil zur Schau stellte; sie bestand auf vornehmer Geburt als Vorbedingung für das Offizierspatent und die Bischofswürde. Sie prunkte mit ihren Wappen und Stammbäumen; sie bemühte sich – oft vergeblich –, fähige oder hervorragende Bürgerliche von hohen Verwaltungsämtern und vom Hof fernzuhalten. Der reiche Bourgeois forderte, daß jede Karriere jedem Talent, gleichgültig welcher Abstammung, offenstehen sollte, und wenn seine Forderung ignoriert wurde, liebäugelte er mit der Revolution.

Bis auf seine bäuerliche Phase nahm der Klassenkampf sichtbare Form an in dem Tumult und Lärm und Glanz von Paris. Die Hälfte des Reichtums Frankreichs floß in die Hauptstadt, und die Hälfte seiner Armut schwärte hier. Paris, sagte Rousseau, «ist vielleicht die Stadt in der Welt, in der die Vermögen am ungleichsten sind und wo prunkhafter Reichtum und die entsetzlichste Armut nebeneinander wohnen»[23]. Sechzig Almosenempfänger waren 1761 ein Teil des offiziellen Geleits für den Leichnam des ältesten Sohnes des Dauphins[24]. Gegen 1770 wohnten von Frankreichs 22000000 Seelen 600000 in Paris[25]. Es beherbergte die aufgewecktesten, bestinformierten und verdorbensten Menschen Europas. Es hatte die am besten gepflasterten Straßen, die prächtigsten Avenuen und Promenaden, den stärksten Verkehr, die schönsten Läden, die herrschaftlichsten Paläste, die schmutzigsten Mietskasernen und einige der schönsten Kirchen der Welt. Goldoni, der 1762 von Venedig nach Paris kam, notierte erstaunt:

«Diese Menschenmenge! Die verschiedensten Leute strömen hier zusammen ... Aber wie wurde mir, als wir uns den Tuilerien näherten! Da liegt in seiner ganzen Länge dieser riesengroße Garten vor mir, einzigartig in der ganzen Welt. Das Auge kann seine Weite nicht ermessen ... Ein majestätischer Fluß, zahlreiche Brücken, ausgedehnte Uferstraßen, ein Ab- und Zustrom von Wagen, ein ständiges Menschengewimmel.»[26]

Tausend Läden führten Börsen und die Börsenlosen in Versuchung; tausend Verkäufer priesen ihre Waren in den Straßen an, hundert Restaurants (das Wort erscheint zum erstenmal im Jahre 1765) erboten sich, den Hungrigen zu restaurieren, tausend Händler sammelten, fälschten oder verkauften Antiquitäten, tausend Haarkünstler trimmten oder puderten die Haare oder die Perücken sogar der Handwerkerklasse. In den engen Gassen schufen Künstler und Handwerker Gemälde, Möbel und Putz und Tand für die Wohlhabenden. Hier gab es hundert Druckereien, die Bücher produzierten, oft mit tödlichem Risiko; 1774 wurde der Buchhandel in Paris auf 45 Millionen Livres geschätzt – viermal soviel wie in London[27]. «London ist gut für die Engländer», erklärte Garrick, «doch Paris ist gut für jedermann.»[28] Und Voltaire sagte 1768: «Wir haben über 30000 Menschen in Paris, die sich für die Kunst interessieren.»[29] Hier war unbestritten die kulturelle Hauptstadt der Welt.

III. DIE PHYSIOKRATEN

In einer Wohnung in Versailles, unter den Räumen und unter der Gönnerschaft der Frau von Pompadour, nahm jene Wirtschaftstheorie Form an, welche die Revolution in Bewegung setzen und prägen sowie den Kapitalismus des 19. Jahrhunderts gestalten sollte.

Die französische Wirtschaft hatte sich bemüht, zu wachsen, trotz den Windeln der Regulierung – durch die Zünfte und durch Colbert – und dem Midas-Mythos eines Merkantilismus, der Gold mit Wohlstand verwechselte. Um die Exporte zu steigern, die Importe zu senken und eine «günstige Bilanz» in Silber und Gold als Stütze der politischen und militärischen Macht zu erzielen, hatten Frankreich und England ihre nationalen Wirtschaften einem Netz von Vorschriften und Beschränkungen unterworfen, die der Wirtschaftsordnung förderlich waren, jedoch die Produktion beeinträchtigten, da sie Neuerung, Unternehmergeist und Wettbewerb behinderten. All dies – erklärten Männer wie Gournay, Quesnay, Mirabeau der Ältere, Du Pont de Nemours und Turgot – stand in vollkommenem Widerspruch zur Natur. Der Sinn des Menschen ist von Natur auf Erwerb und Wettbewerb ausgerichtet, und wenn seine Natur von unnötigen Fesseln befreit ist, wird er die Welt durch die Menge, Vielfalt und Vortrefflichkeit seiner Produkte in Erstaunen setzen. Man lasse also, sagten diese «Physiokraten», die Natur (griechisch *physis*) herrschen (*kratein*); man lasse die Menschen nach ihren natürlichen Instinkten erfinden, produzieren und handeln oder, wie Gournay gesagt haben soll, *laissez faire* – «man lasse ihn tun», was er selbst für das beste hält. Der berühmte Satz war bereits alt, denn als um 1664 Colbert den Geschäftsmann Legendre fragte: «Was sollen wir [die Regierung] tun, um Ihnen zu helfen?», antwortete dieser: «*Nous laisser faire* – Lassen Sie uns nur machen, lassen Sie uns in Ruhe.»[30]

Jean-Claude Vincent von Gournay war die erste klare Stimme der Physiokraten in Frankreich. Ohne Zweifel wußte er von den Protesten, die Boisguillebert und Vauban bei Ludwig XIV. gegen die hemmenden Beschränkungen erhoben hatten, die unter dem Feudalregime der Landwirtschaft auferlegt worden waren. Er war so beeindruckt von Sir Josiah Childs *Brief Observation Concerning Trade and Interest* (1668), daß er sie ins Französische übersetzte (1754), und vermutlich hatte er Richard Cantillons *Essay on the Nature of Commerce* (etwa 1734) in seiner französischen Fassung (1755) gelesen. Manche leiten von diesem letzten Buch die Geburt der Wirtschaft als einer «Wissenschaft» her – einer kritischen Analyse der Quellen, der Schaffung und der Verteilung des Reichtums. «Der Boden», sagte Cantillon, «ist die Quelle oder der Rohstoff, aus denen der Reichtum gewonnen wird», doch «die menschliche Arbeitskraft ist die Form, die den Reichtum schafft», und er definierte den Reichtum nicht in Begriffen von Gold oder Geld, sondern als «die Erhaltung, die Bequemlichkeit und den Komfort des Lebens»[31]. Diese Definition war eine Revolution in der Wirtschaftstheorie.

Gournay war ein wohlhabender Kaufmann, der zunächst (1729–1744) in Cádiz wirkte. Nach ausgedehnten Geschäftsreisen in England, Deutschland und den Vereinigten Provinzen ließ er sich in Paris nieder und wurde zum *intendant du commerce* (1751) ernannt. Auf Inspektionsreisen durch Frankreich lernte er aus erster Hand zum erstenmal die Beschränkungen kennen, die dem Handel und der Wirtschaft durch die Vorschriften der Zünfte und der Regierung auferlegt waren. Er hinterließ keine schriftliche Formulierung seiner Anschauungen, sondern sie wurden nach seinem Tode (1759) von seinem Schüler Turgot zusammengefaßt. Er forderte, die existierenden wirtschaftlichen Regulierungen sollten eingeschränkt, wenn nicht abgeschafft werden. Er erklärte, jedermann wisse besser als die Regierung, welches Verfahren seiner Arbeit am förderlichsten sei; wenn jeder frei sei, seinen Interessen zu folgen, würden mehr Güter produziert, würde der Reichtum wachsen[32].

«Es gibt allgemeingültige, auf die Natur allein begründete Urgesetze, nach denen alle in der Wirtschaft existierenden Werte sich gegeneinander ausbalancieren und sich zu einem bestimmten Preis einregulieren, genau so wie Körper, die ihrem eigenen Gewicht überlassen sind, sich selbst entsprechend ihrem spezifischen Schwergewicht ordnen»[33],

das heißt Werte und Preise werden bestimmt durch das Verhältnis von Angebot und Nachfrage, die ihrerseits bestimmt werden durch die Natur des Menschen. Gournay zog den Schluß, der Staat solle in der Wirtschaft nur intervenieren, um Leben, Freiheit und Eigentum zu schützen und durch Auszeichnungen und Belohnungen Quantität und Qualität der Produktion zu fördern. Trudaine, der Leiter der Handelsabteilung, übernahm diese Lehre, und Turgot lieh ihr die Kraft seiner Beredsamkeit und anerkannten Rechtschaffenheit.

François Quesnay folgte einer etwas verschiedenen physiokratischen Linie. Als Sohn eines Landbesitzers verlor er nie sein Interesse an Grund und Boden, obwohl er zum Arzt ausgebildet wurde. Er machte ein Vermögen durch seine Tüchtigkeit als Mediziner und Chirurg und stieg bis zur Stellung eines Leibarztes der Pompadour und des Königs auf (1749). In seinen Räumen in Versailles eröffnete er einen Zirkel von Ketzern mit Duclos, Diderot, Buffon, Helvétius, Turgot. Hier diskutierten sie alles offen, mit Ausnahme des Königs, den sie in einen «aufgeklärten Despoten» zu verwandeln hofften, in ein Werkzeug der friedlichen Reform. Als echter Sohn des Zeitalters der Vernunft glaubte Quesnay, nun sei die Zeit gekommen, Vernunft auch in der Wirtschaft anzuwenden. Obwohl in seinen Werken ein selbstbewußter Dogmatiker, war er persönlich ein liebenswürdiger Mensch und zeichnete sich durch Integrität in einem unmoralischen Milieu aus.

1750 lernte er Gournay kennen und interessierte sich bald mehr für Wirtschaftslehre als für Medizin. Unter sorgfältig gehüteten Pseudonymen schrieb er Beiträge für die *Encyclopédie* Diderots. In seinem Artikel «Bauernhöfe» machte er die hohen Steuern und die Zwangsaushebungen zum Militär für deren Aufgabe durch die Bauern verantwortlich. Der Artikel «Getreide» (1757) führte aus, daß kleine Bauernhöfe unfähig waren, die primitivsten Methoden gewinnbringend anzuwenden, und sprach sich für große, von «Unternehmern» betriebene Plantagen aus – eine Vorwegnahme der landwirtschaftlichen Mammutbetriebe unserer Zeit. Die Regierung sollte Straßen, Kanäle und Flüsse verbessern, alle Zölle auf den Verkehr abschaffen und die landwirtschaftlichen Produkte von allen Handelsbeschränkungen befreien.

Im Jahre 1758 veröffentlichte Quesnay einen *Tableau économique,* der zum Grundmanifest der Physiokraten wurde. Obwohl diese Schrift von der Regierungsdruckerei im Palast von Versailles und unter der Aufsicht des Königs gedruckt wurde, verdammte sie den Luxus als verschwenderischen Verbrauch von Reichtum, der für die Produktion größeren Reichtums hätte verwendet werden können. In Quesnays Augen stellten nur die Produkte des Bodens Reichtum dar. Er teilte die Gesellschaft in drei Klassen ein: eine *classe productive* – von Bauern, Bergleuten und Fischern, eine *classe disponible* – Personen, die für den Militärdienst oder den Verwaltungsdienst zur Verfügung standen, und eine *classe stérile* – Handwerker, welche die Produkte des Bodens zu nützlichen Gegenständen verarbeiteten, und Händler, welche die Produkte an den Verbraucher brachten. Da der zweiten oder dritten Klasse auferlegte Steuern letztlich (in Quesnays Augen) auf die Landbesitzer fallen, wäre die wissenschaftlichste und praktischste Steuer eine einmalige Abgabe (*impôt unique*) auf den jährlichen Nettogewinn jeder Bodenparzelle. Die Steuern sollten direkt durch den Staat, nie durch private Finanzleute (*fermiers généraux*) erhoben werden. Die Regierung sollte eine absolute und erbliche Monarchie sein.

Quesnays Vorschläge erscheinen uns heute untauglich auf Grund ihrer Unterschätzung der Arbeit, der Industrie, des Handels und der Kunst, doch für manche seiner Zeitgenossen waren sie eine aufklärende Offenbarung. Der farbigste seiner Anhänger, Victor Riqueti, Marquis von Mirabeau, war der Ansicht, der *Tableau économique* rechne Schreiben und Geld zu den edelsten Erfindungen der Geschichte. 1715 geboren und 1789 gestorben, umspannte der Marquis genau das Zeitalter Voltaires. Er erbte einen komfortablen Landsitz, lebte wie ein Lord, schrieb wie ein Demokrat, nannte sein erstes Buch *L'ami des hommes, ou Traité de la population* (1756) und verdiente den Namen, den er angenommen hatte: «Freund der Menschheit». Nachdem er sein Hauptwerk veröffentlicht hatte, geriet er unter den Einfluß von Quesnay; nach dessen Lehre überarbeitete er sein Buch und erweiterte es zu einer sechsbändigen Abhandlung, die vierzig Auflagen erlebte und mithalf, den französischen Geist für 1789 vorzubereiten.

Der Marquis war nicht beunruhigt durch die Vermehrung der Menschheit, wie es Malthus 1798 sein sollte. Er war der Ansicht, eine Nation werde groß gemacht durch eine große Bevölkerung, und diese werde möglich gemacht durch «Menschen, die sich vermehren wie Ratten in einer Scheune, wenn sie genügend Subsistenzmittel haben»[34] – wie wir es heute noch immer beobachten können. Er schloß daraus, daß all jenen Unterstützung zuteil werden sollte, die Nahrungsmittel anpflanzen. Die ungleiche Verteilung des Reichtums, erklärte er, entmutige die Nahrungsmittelproduktion, denn die Landsitze der Reichen umfaßten Boden, der zu fruchtbaren Äckern gemacht werden könne. Mirabeaus Vorwort sagte dem König, die Bauern seien

> «die produktivste Klasse von allen, jene, die unter sich nur ihre eigene Amme und die Ihre sehen – die Mutter Erde; die sich unaufhörlich unter dem Gewicht der härtesten Arbeit bükken, diejenigen, die Sie jeden Tag segnen und nichts von Ihnen fordern als Frieden und Schutz. Mit ihrem Schweiß [Sie wissen es nicht!], ihrem Blut, belohnen sie jenen Haufen nutzloser Menschen, die Ihnen immer sagen, die Größe eines Fürsten bestehe im Wert und der Anzahl ... der Vergünstigungen, die er unter seine Höflinge verteilt. Ich habe einen steuereintreibenden Gerichtsdiener einer armen Frau die Hand abhacken sehen, die ihren Kochtopf festhielt, das letzte Haushaltsgerät, das sie vor der Beschlagnahme bewahren wollte. Was würden Sie gesagt haben, großer Fürst?»[35]

In *Théorie de l'impôt* (1760) griff der revolutionäre Marquis die steuereintreibenden Generalpächter als Parasiten an, die am Leben der Nation zehrten. Die wütenden Financiers überredeten Ludwig XV. dazu, ihn im Château de Vincennes gefangenzusetzen (16. Dezember 1760); Quesnay veranlaßte Frau von Pompadour, zu intervenieren. Ludwig ließ den Marquis frei (25. Dezember), befahl ihm jedoch, auf seinem

Landsitz in Le Bignon zu bleiben. Mirabeau machte aus der Not eine Tugend, indem er aus erster Hand die Landwirtschaft studierte und 1763 seine *Philosophie rurale* herausgab, «die verständlichste Abhandlung über Nationalökonomie vor Adam Smith»[36]. Grimm nannte sie «den Pentateuch der [physiokratischen] Sekte»[37].

Insgesamt schrieb dieser außergewöhnliche Marquis bis zu seinem Todesjahr vierzig Bücher – trotz dem ihm durch seinen Sohn verursachten Ärger, den er in seiner Verzweiflung ins Gefängnis schickte als Maßnahme zur Sicherheit beider. Wie dieser Sohn war er gewalttätig und ausschweifend, heiratete des Geldes wegen, beschuldigte seine Frau des Ehebruchs, ließ sie zu ihren Eltern zurückkehren und nahm eine Mätresse. Er nannte die *lettres de cachet* eine unerträgliche Tyrannei und veranlaßte später das Ministerium, fünfzig von ihnen zu erlassen, um ihm bei der Bestrafung seiner Familie zu helfen[38].

Es fällt uns heute schwer, die durch die Veröffentlichungen der Physiokraten verursachte Erregung zu verstehen, und auch die Heftigkeit ihrer Kämpfe ist uns kaum begreiflich. Quesnays Schüler betrachteten ihn als den Sokrates der Wirtschaftswissenschaft; sie unterbreiteten ihm ihre Schriften, bevor sie sie in Druck gaben, und in vielen Fällen half er ihnen bei der Abfassung ihrer Bücher. 1767 veröffentlichte Lemercier de la Rivière, zeitweise Gouverneur von Martinique, ein Werk, das Adam Smith als die «klarste und logischste Darstellung der Lehre»[39] bezeichnete, *L'Ordre naturel et essentiel des sociétés politiques*. In den wirtschaftlichen Beziehungen (lautet die Beweisführung) gibt es Gesetze, die jenen entsprechen, die Newton im Universum fand; wirtschaftliche Übel entstehen aus Unkenntnis oder Verletzung dieser Gesetze.

> «Willst du, daß eine Gesellschaft ihr höchstes Maß an Reichtum, Bevölkerung und Macht erreicht, dann überlasse ihre Interessen der Freiheit und lasse diese allgemein sein. Auf Grund dieser Freiheit [die das wesentliche Element des Fleißes ist] und des Wunsches nach Genuß – angeregt durch Wettbewerb und belehrt durch Erfahrung und Beispiel – hast du die Garantie, daß jeder stets zu seinem eigenen größtmöglichen Vorteil handeln und infolgedessen mit der ganzen Kraft seines Privatinteresses zum allgemeinen Besten, sowohl des Herrschers als auch jedes einzelnen Mitglieds der Gesellschaft, beitragen wird.»[40]

Pierre-Samuel du Pont faßte das Evangelium zusammen in seinem Buch *Physiocratie* (1768), das der Schule ihren historischen Namen gab. Du Pont verbreitete die Theorie auch in zwei Zeitschriften, die in ganz Europa, von Schweden bis in die Toscana, großen Einfluß hatten. Er diente als Generalinspektor der Staatsmanufakturen unter Turgot und kam mit diesem zu Fall (1776). Er half mit England den Vertrag aushandeln, der die amerikanische Unabhängigkeit anerkannte (1783). Er wurde in die Versammlung der Notabeln (1787) und in die Konstituierende Versammlung (1789) gewählt. Hier nannte man ihn, um ihn von einem anderen Mitglied namens Du Pont zu unterscheiden, Du Pont de Nemours, nach der Stadt, die er vertrat. Da er die Jakobiner bekämpft hatte, geriet er bei deren Aufstieg zur Macht in Gefahr; 1799 ging er nach Amerika ins Exil. 1802 kehrte er nach Frankreich zurück, machte jedoch 1815 zu seinem endgültigen Wohnsitz die Vereinigten Staaten, wo er eine der berühmtesten Familien Amerikas begründete.

Auf den ersten Blick schien die physiokratische Lehre den Feudalismus zu begünstigen, denn die Feudalherren besaßen immer noch mindestens ein Drittel des Bodens von Frankreich oder bezogen Feudalabgaben aus ihm. Doch sie – die vor 1756 kaum Steuern bezahlt hatten – waren entsetzt bei der Vorstellung, daß alle Steuern auf die Landbesitzer fallen sollten, noch konnten sie die Abschaffung der Feudalabgaben auf den Gütertransport durch ihre Domänen hinnehmen. Die Mittelklassen, die an neue Würden dachten, nahmen die Vorstellung übel, daß sie ein steriler, unproduktiver Teil der Nation sein sollten. Und die *philosophes,* obwohl zumeist einverstanden mit den Physiokraten bezüglich deren Vertrauen auf den König als Werkzeug der Reform, konnten ihnen nicht folgen in ihrer Absicht, mit der Kirche Frieden zu schließen[41]. David Hume, der Quesnay 1763 besuchte, hielt die Physiokraten für «die phantastischste und arroganteste Garnitur von Männern, die es seit der Zerstörung der Sorbonne gegeben hat»[42]. Voltaire verspottete sie 1768 in *L'Homme aux quarante écus* (Der Mann mit vierzig Kronen)[43]. 1770 veröffentlichte Ferdinando Galiani, ein italienischer Stammgast in Holbachs «Synagoge» von Atheisten, sein Buch *Dialoghi sul commercio dei grani,* das Diderot im gleichen Jahr ins Französische übersetzte. Voltaire meinte, Platon und Molière müßten bei der Abfassung dieses vorzüglichen Beitrags zu der bereits «traurigen Wissenschaft» der Wirtschaftskunde mitgewirkt haben. Galiani machte mit pariserischem Witz die physiokratische Meinung lächerlich, daß nur der Boden Reichtum produziere. Die Befreiung des Getreidehandels von allen Vorschriften würde (argumentierte er) die Bauern Frankreichs ruinieren und könnte zu Hause eine Hungersnot verursachen, während gerissene Händler Frankreichs Getreide in andere Staaten exportierten. Dies war genau das, was in den Jahren 1768 und 1775 geschah.

Eine Geschichte erzählt uns, wie Ludwig XV. Quesnay fragte, was er tun würde, wenn er König wäre. «Nichts», antwortete Quesnay. «Wer würde dann regieren?» «Die Gesetze»[44] – womit der Physiokrat die «Gesetze» meinte, die der Natur des Menschen innewohnen und Angebot und Nachfrage regulieren. Der König willigte ein, diese Gesetze auszuprobieren. Am 17. September 1754 hob sein Ministerium alle Abgaben und Beschränkungen für den Verkauf und Transport von Getreide – Weizen, Roggen und Hafer – innerhalb des Königreichs auf; 1764 wurde diese Freiheit auf den Export von Getreide ausgedehnt, ausgenommen, wenn dieses einen festgesetzten Preis erreichte. Dem Spiel von Angebot und Nachfrage überlassen, fiel der Brotpreis eine Zeitlang, doch eine schlechte Ernte im Jahre 1765 ließ ihn weit über das Normale ansteigen. Die Knappheit an Getreide erreichte das Stadium der Hungersnot in den Jahren 1768/69; die Bauern wühlten in Schweineställen nach Eßbarem und aßen Unkraut und Gras. In einer Gemeinde von 2200 Seelen bettelten 1800 um Brot. Die Menschen beklagten sich, daß sie dem Hungertod entgegengingen, während Spekulanten Getreide exportierten. Kritiker beschuldigten die Regierung, sie profitiere von den Geschäften dieser *monopoleurs* in einem «Pacte de Famine», und diese beißende Anspielung auf den «Pacte de Famille» des Jahres 1761 wurde in den folgenden Jahren sogar zur Anklage gegen den gutartigen Ludwig XVI. und warf ihm vor, von dem hohen

Brotpreis zu profitieren. Einige Beamte waren offensichtlich schuldig, nicht jedoch Ludwig XV. Er hatte bestimmte Händler beauftragt, in guten Jahren Getreide aufzukaufen, es zu lagern und es in Jahren der Knappheit auf den Markt zu bringen; doch als dieses Getreide dann verkauft wurde, geschah es zu Preisen, die zu hoch waren für die Armen. Die Regierung traf verspätete Abhilfemaßnahmen; sie importierte Getreide und verteilte es an die bedürftigsten Provinzen. Die Öffentlichkeit forderte laut die Wiedereinführung der staatlichen Kontrolle des Getreidehandels. Das *parlement* schloß sich dieser Forderung an, und zu diesem Zeitpunkt veröffentlichte Voltaire seinen *L'Homme aux quarante écus*. Die Regierung gab nach; am 23. Dezember 1770 wurden die Edikte, die den freien Handel mit Getreide erlaubten, aufgehoben.

Trotz diesem Rückschlag setzten sich die physiokratischen Anschauungen durch, im Inland und im Ausland. Ein Edikt des Jahres 1758 hatte den Freihandel mit Wolle und Wollerzeugnissen eingeführt. Adam Smith besuchte Quesnay im Jahre 1765, wurde durch dessen «Bescheidenheit und Einfachheit» angezogen und in seiner eigenen Befürwortung der wirtschaftlichen Freiheit bestätigt. Er erklärte: «Der Hauptirrtum dieses Systems scheint darin zu liegen, daß es die Klasse der Gewerbetreibenden und Kaufleute als ganz unfruchtbar und unproduktiv darstellt», doch er schloß, «dieses System kommt gleichwohl, ungeachtet aller seiner Unvollkommenheiten, unter allen bis jetzt in der politischen Ökonomie aufgestellten Systemen der Wahrheit am nächsten.»[45] Die Ideen der Physiokraten standen weitgehend in Einklang mit dem Wunsch Englands, das bereits der größte Exporteur unter den Nationen war, die Abgaben auf Export und Import herabzusetzen. Die Lehre, daß der Wohlstand ohne Beschränkungen der Produktion und Verteilung durch die Regierung schneller gedeihen würde, fand wohlwollende Aufnahme in Schweden unter Gustav III., in der Toscana unter dem Großherzog Leopold, in Spanien unter Karl III. Jeffersons Forderung nach einer Regierung, die möglichst wenig regiert, war zum Teil ein Echo der physiokratischen Grundsätze. Henry George anerkannte den Einfluß der Physiokraten auf sein Eintreten für eine einzige Steuer auf Grundbesitz[46]. Die Lehre vom freien Unternehmertum und freien Handel begeisterte die amerikanische Geschäftswelt und war ein zusätzlicher Ansporn für das rasche Anwachsen von Industrie und Reichtum in den Vereinigten Staaten. In Frankreich lieferten die Physiokraten eine theoretische Basis für die Befreiung des Mittelstandes von den Hindernissen, mit denen ihm die Feudalherren und der Staat den Zugang zum Binnenhandel und zum politischen Vorwärtskommen versperrten. Bevor er starb (16. Dezember 1774), wurde Quesnay die Genugtuung zuteil, daß einer seiner Freunde zum Generalkontrolleur der Finanzen ernannt wurde, und hätte er fünfzehn Jahre länger gelebt, wäre er Zeuge des Triumphes vieler physiokratischer Ideen in der Revolution geworden.

Ab 1740 wird das Erbe des Heiligen Römischen Reiches Deutscher Nation von einer Frau verwaltet. Die Allegorie von Jean Laurent Krafft aus dem Jahr 1744 zeigt die Ländergewinne Österreichs durch Heirat und Erbfolge vor und unter Maria Theresia (British Museum, London).

IV. DER AUFSTIEG TURGOTS: 1727–1774

War Turgot ein Physiokrat? Seine Herkunft und bunte Lebensgeschichte verunmöglicht jede Etikettierung. Er kam aus einer alten Familie – «*une bonne race*», nannte sie Ludwig XV. –, die durch Generationen wichtige Stellungen mit Auszeichnung bekleidet hatte. Sein Vater war Staatsrat und *prévôt des marchands* – der höchste Verwaltungsbeamte in Paris. Sein älterer Bruder war *maître des requêtes* (Sekretär für Petitionen und Reklamationen) und ein führendes Mitglied des *parlement* von Paris. Als jüngerer Sohn wurde Anne-Robert-Jacques Turgot für den Priesterberuf bestimmt. Im Collège de Louis-le-Grand, im Seminar St-Sulpice und in der Sorbonne bestand er alle Prüfungen mit Auszeichnung und wurde mit neunzehn Jahren Pfarrer von Brucourt. Er lernte Lateinisch, Griechisch, Hebräisch, Spanisch, Italienisch, Deutsch und Englisch lesen und die drei letzten dieser Sprachen fließend sprechen. 1749 wurde er zum Prior der Sorbonne gewählt, und in dieser Eigenschaft hielt er Vorlesungen, von denen zwei bis über die Wälle der Theologie hinaus Aufsehen erregten.

Im Juli 1750 hielt er vor der Sorbonne auf Lateinisch eine Rede «über die Vorteile, die das Christentum dem Menschengeschlecht gebracht hat»: es hatte das Altertum vom Aberglauben befreit, hatte viele Künste und Wissenschaften erhalten und der Menschheit die befreiende Vorstellung von einer Gerechtigkeit gebracht, die alle menschlichen Vorurteile und Interessen überwindet. «Konnte man dies von einem anderen Prinzip als der Religion erhoffen? ... Die christliche Religion alleine hat ... die Menschenrechte ans Licht gebracht.»[47] Es klingt ein Echo von Philosophie in dieser Frömmigkeit; offensichtlich hatte der junge Prior Montesquieu und Voltaire mit einiger Wirkung auf seine Theologie gelesen.

Im Dezember 1750 hielt er an der Sorbonne einen Vortrag unter dem Titel *Tableau philosophique des progrès successifs de l'esprit humain*. Diese historische Verkündigung der neuen Religion des Fortschritts war eine bemerkenswerte Leistung für einen Jüngling von dreiundzwanzig Jahren. Comte vorwegnehmend – vielleicht Vico folgend –, teilte er die Geschichte des menschlichen Geistes in drei Stadien ein; das theologische, das metaphysische und das wissenschaftliche:

> «Bevor der Mensch den kausalen Zusammenhang physikalischer Phänomene begriff, war nichts so natürlich wie die Annahme, sie würden von unsichtbaren, intelligenten und ihnen selbst gleichenden Wesen hervorgebracht ... Als die Philosophen die Absurdität dieser Märchen über die Götter erkannt, aber noch keine Einsicht in die Naturgeschichte gewonnen hatten, glaubten sie, die Ursachen von Phänomenen durch abstrakte Ausdrücke wie Eigenschaften und Fähigkeiten erklären zu können ... Erst zu einer späteren Zeit wurden durch Beobachtung der wechselseitigen mechanischen Wirkung von Körpern Hypothesen aufgestellt, die durch die Mathematik entwickelt und durch die Erfahrung bestätigt werden konnten.»[48]

Die Tiere, erklärte dieser hochbegabte junge Mann, kennen keinen Fortschritt; sie bleiben die gleichen von Generation zu Generation. Doch der Mensch lernte Wissen anzusammeln und weiterzugeben, wodurch er die Werkzeuge verbessert, die seine Umgebung verändern und sein Leben bereichern. Solange diese Ansammlung und

«Der indiskrete Abbé», gemalt von P. A. Baudouin, ein typisches Beispiel der vielen Blätter mit erotischen Motiven in der Malerei des französischen Rokoko.

Übermittlung von Wissen und Technologie andauert, ist der Fortschritt unvermeidlich, doch er kann unterbrochen werden durch Naturkatastrophen und die wechselvollen Schicksale von Staaten. Der Fortschritt ist weder einheitlich noch allgemein; manche Nationen entwickeln sich weiter, während andere zurückfallen. Die Kunst kann stillstehen, während die Wissenschaft weitergeht; doch die Summe der Bewegung ist ein Weiterkommen. Mit großer Sicherheit sagte Turgot die amerikanische Revolution voraus: «Kolonien sind wie eine Frucht, die nur so lange an dem Baum hängt, bis sie reif ist. Wenn sie autark werden, tun sie, was Karthago tat, was Amerika eines Tages tun wird.»[49]

Begeistert von der Idee des Fortschritts, plante Turgot, während er noch an der Sorbonne lehrte, eine Geschichte der Kultur zu schreiben. Nur seine Notizen für einige Teile des Projekts sind erhalten geblieben; daraus geht hervor, daß er beabsichtigt hatte, die Geschichte der Sprache, der Religion, der Wissenschaft, der Wirtschaft, der Soziologie und der Psychologie einzuschließen sowie auch den Aufstieg und den Niedergang von Staaten[50]. Als er durch den Tod seines Vaters in den Besitz eines angemessenen Vermögens kam, entschloß er sich gegen Ende 1750, die geistliche Laufbahn aufzugeben. Ein Priesterkollege protestierte und versprach ihm rasche Beförderung, doch Turgot erwiderte nach Du Pont de Nemours: «Ich kann mich nicht dazu verdammen, während meines ganzen Lebens eine Maske zu tragen.»[51]

Er hatte nur die niederen Weihen empfangen und war frei, eine politische Karriere einzuschlagen. Im Januar 1752 wurde er Kronanwalt und im Dezember Anwalt im *parlement;* 1753 kaufte er das Amt des *Maître des requêtes,* in dem er sich durch Fleiß und Gerechtigkeit auszeichnete. In den Jahren 1755/56 begleitete er Gournay auf Inspektionsreisen in den Provinzen. Jetzt studierte er die Wirtschaft in direktem Kontakt mit Bauern, Kaufleuten und Fabrikanten. Durch Gournay lernte er Quesnay kennen und durch diesen Mirabeau den Älteren, Du Pont de Nemours und Adam Smith. Er selbst zählte sich nie zur physiokratischen Schule, doch sein Geld und seine Feder waren Hauptstütze von Du Ponts Zeitschrift *Éphémérides.*

Inzwischen (1751) hatten ihm sein Geist und seine guten Manieren Eingang in die Salons von Frau Geoffrin, Frau von Graffigny, Frau du Deffand und Fräulein von Lespinasse verschafft. Hier lernte er d'Alembert, Diderot, Helvétius, Holbach und Grimm kennen. Ein frühes Resultat dieser Kontakte war seine Veröffentlichung von zwei *Lettres sur la tolérance* (1753). Für Diderots *Encyclopédie* schrieb er Artikel über Existenz, Etymologie, Messen und Märkte, doch als das Unternehmen von der Regierung verboten wurde, stellte er seine Mitarbeit ein. Auf Reisen durch die Schweiz und Frankreich besuchte er Voltaire (1760), schloß mit ihm eine Freundschaft, die bis zum Tode Voltaires dauerte. Der Weise von Ferney schrieb an d'Alembert: «Ich habe kaum je einen liebenswerteren und besser informierten Mann gesehen.»[52] Die *philosophes* nannten ihn einen der Ihren und hofften durch ihn den König zu beeinflussen.

Im Jahre 1766 schrieb er für zwei chinesische Studenten, die im Begriff waren, nach China zurückzukehren, einen hundert Seiten langen Abriß der Wirtschaftskunde: *Réflexions sur la formation et la distribution des richesses.* Der Artikel wurde in den Jahren

1769/70 in den *Éphémérides* abgedruckt und als eine der prägnantesten und gehaltvollsten Darstellungen der physiokratischen Theorie begrüßt. Der Boden, erklärte Turgot, ist die eigentliche Quelle des Wohlstands. Alle Klassen außer den Bauern leben von dem Überschuß, den diese über ihre eigenen Bedürfnisse hinaus produzieren; dieser Überschuß stellt einen «Lohnfundus» dar, aus dem die Handwerkerklasse bezahlt werden kann. Nachstehend ist eine frühe Formulierung dessen wiedergegeben, was als «das eiserne Gesetz der Löhne» bekannt werden sollte:

«Die Löhne der Arbeiter sind durch den Wettbewerb zwischen ihnen auf das Existenzminimum begrenzt ... Der einfache Arbeiter, der nur über Körperkraft und Geschicklichkeit verfügt, kann nur seine Arbeitsleistung verkaufen ... Der Arbeitgeber bezahlt ihn so gering wie möglich. Da er die Auswahl unter einer großen Zahl von Arbeitern hat, bevorzugt er den, der am billigsten arbeitet. Die Arbeiter sind also gezwungen, den Preis ihrer Arbeit um die Wette zu unterbieten. So muß es dazu kommen und kommt es auch dazu, daß bei jeder Art von Tätigkeit der Arbeitslohn nicht das für den Lebensunterhalt notwendige Minimum übersteigt.»[53]

Turgot fuhr fort, die Wichtigkeit des Kapitals zu betonen. Jemand muß mit seinen Ersparnissen die Produktionsmittel und die Rohstoffe liefern, bevor der Arbeiter beschäftigt werden kann, und er muß die Arbeiter am Leben erhalten, bis der Verkauf des Produktes sein Kapital wieder auffüllt. Da ein Unternehmen nie des Erfolges sicher ist, müssen Gewinne erlaubt sein, um das Risiko des Kapitalverlustes auszugleichen. «Dieses beständige Vorschießen und Zurückfließen der Kapitalien bewirkt den sogenannten Kreislauf des Geldes, jene nützliche und fruchtbare Zirkulation, die alle Tätigkeiten der Gesellschaften beseelt ... und mit vollem Recht mit dem Blutkreislauf im animalischen Körper verglichen werden kann.»[54] Dieser Kreislauf darf nicht unterbrochen werden. Den Gewinnen und Zinsen muß ebenso wie den Löhnen erlaubt werden, ihr natürliches Niveau entsprechend dem Angebot und der Nachfrage zu erreichen. Kapitalisten, Fabrikanten, Kaufleute und Arbeiter sollten von der Besteuerung befreit sein; diese sollte allein auf die Landbesitzer fallen, die sich selbst entschädigen durch Erhöhung der Preise für ihre Produkte. Keine Abgabe sollte erhoben werden auf den Transport oder Verkauf irgendeines Verbrauchsartikels.

In diesen *Réflexions* legte Turgot das theoretische Fundament des Kapitalismus des 19. Jahrhunderts – vor der wirksamen Organisation der Arbeiterschaft. Einer der gütigsten und ehrlichsten Menschen seiner Zeit konnte für den Arbeiter keine bessere Zukunft sehen als einen Lohn, der ihm das Existenzminimum garantierte. Doch dieser gleiche Mann wurde ein ergebener Diener des Staates. Im August 1761 wurde er zum Intendanten – Aufseher des Königs – des Steuerbezirks Limoges, einer der ärmsten Regionen Frankreichs, ernannt. Er schätzte, daß achtundvierzig bis fünfzig Prozent des Einkommens aus dem Boden in den Steuersäckel des Staates und die Zehntenkasse der Kirche wanderten. Die Bauern waren mürrisch, die Adligen hartherzig. «Ich habe das Unglück», schrieb er an Voltaire, «ein Intendant zu sein. Ich sage Unglück, denn in diesem Zeitalter des Streites und des Protestes gibt es nur Glück, wenn man inmitten seiner Bücher und Freunde das Leben eines Philosophen führt.» Voltaire antwortete: «Sie werden die Herzen und die Börsen des Limousin gewinnen ... Ich glaube, ein

Intendant ist der einzige Mensch, der nützlich sein kann. Kann er nicht Straßen reparieren ... Sümpfe trockenlegen lassen, und kann er nicht die Manufakturen fördern?»

Turgot tat dies alles. Während dreizehn Jahren arbeitete er mit zähem Eifer in Limoges, gewann die Zuneigung des Volkes und zog sich die Feindschaft des Adels zu. Wiederholt – und vergeblich – ersuchte er den Staatsrat, die Steuersätze zu ermäßigen. Er verbesserte die Verteilung der Steuergelder, beseitigte Ungerechtigkeiten, organisierte einen Beamtendienst, machte den Getreidehandel frei und baute siebenhundertfünfzig Kilometer Straßen. Diese waren Teil des nationalen Straßenbauprogramms (begonnen durch die französische Regierung im Jahre 1732), dem wir die lieblichen, von Bäumen beschatteten Landstraßen des heutigen Frankreich verdanken. Vor Turgot waren die Straßen mit Hilfe der *corvée* – der zwangsweisen unbezahlten Arbeit der Bauern – gebaut worden. Er schaffte die *corvée* in Limoges ab und brachte den Lohn für die Arbeiter durch eine Generalsteuer für den gesamten Laienstand auf. Er überredete die Einwohner, Kartoffeln als menschliche Nahrung anzubauen, statt nur als Viehfutter. Seine energischen Hilfsmaßnahmen in den Hungerperioden von 1768 bis 1772 gewannen allgemeine Bewunderung.

Am 20. Juli 1774 forderte ihn ein neuer König auf, in die Zentralregierung einzutreten. Ganz Frankreich jubelte und sah in ihm den Mann, der den zerbröckelnden Staat retten würde.

V. DIE KOMMUNISTEN

Während die Physiokraten das theoretische Fundament des Kapitalismus legten, verkündeten Morelly, Mably und Linguet die Lehren des Sozialismus und Kommunismus. Als die gebildeten Klassen ihre Hoffnung auf den Himmel aufgegeben hatten, trösteten sie sich mit irdischem Ersatz: Die Wohlhabenden schwelgten, religiöse Verbote mißachtend, in Reichtum und Macht, in Frauen, Wein und Kunst. Das gemeine Volk fand Trost in Visionen eines Utopia, in dem die Güter der Erde gleichmäßig verteilt würden unter die Dummen und die Klugen, die Schwachen und die Starken.

Es gab keine sozialistische Bewegung im 18. Jahrhundert, noch eine geschlossene Gruppe wie die Levellers im England Cromwells oder die kommunistischen Jesuiten von Paraguay; es gab nur Individuen hier und dort, die ihre Stimmen zu einem Schrei vereinten, der in «Gracchus» Babeuf ein Faktor in der Französischen Revolution werden sollte. Wir erinnern daran, daß der priesterliche Skeptiker Jean Meslier in seinem *Testament* von 1733 für eine kommunistische Gesellschaft plädierte, in der das Nationalprodukt gleichmäßig verteilt würde und Männer und Frauen sich nach Belieben paaren und trennen würden; inzwischen, schlug er vor, würde es von Nutzen sein, wenn einige Könige getötet würden[55]. Sieben Jahre vor der Drucklegung dieser Proklamation prangerte Rousseau in seinem zweiten *Discours* (1755) das Privateigentum als die Quelle aller Übel der Kultur an. Doch selbst in diesem Ausbruch verzichtete er auf ein sozialistisches Programm, und um 1762 waren die Helden seiner Bücher mit irdischen Gütern wohl versehen.

Im gleichen Jahr wie Rousseaus *Abhandlung über den Ursprung der Ungleichheit* erschien der *Code de la nature* eines Unbekannten, von dem wir, abgesehen von seinen Büchern, kaum mehr kennen als seinen Nachnamen Morelly. Er darf nicht verwechselt werden mit André Morellet, den wir als Mitarbeiter der *Encyclopédie* kennengelernt haben. Morelly erregte zunächst die Gemüter durch seine Schrift *Traité des qualités d'un grand roi* (1751), in der er einen kommunistischen König porträtierte. 1753 verlieh er seinem Traum eine poetische Form in *Naufrage des îles flottantes, ou La Basiliade;* hier führt der gute König, vielleicht nach der Lektüre von Rousseaus erstem *Discours,* sein Volk zurück zu einem einfachen und natürlichen Leben. Die beste und verständigste Darstellung des kommunistischen Ideals war Morellys *Code de la nature* (1755–1760). Viele schrieben das Werk Diderot zu, und der Marquis von Argenson erklärte, es sei Montesquieus *L'Esprit des lois* (1748) überlegen. Morelly glaubte wie Rousseau, daß der Mensch gut sei, daß seine sozialen Instinkte ihn zu richtigem Verhalten veranlassen und daß die Gesetze ihn verdorben hätten durch die Einführung und den Schutz des Privateigentums. Er lobte das Christentum wegen seiner Neigung zum Kommunismus und bedauerte, daß die Kirche das Eigentum sanktioniert hatte. Die Einführung des Privateigentums erzeugte «Eitelkeit, Dummheit, Ehrgeiz, Stolz, Gemeinheit, Scheinheiligkeit, Lasterhaftigkeit ...; alles Übel geht zurück auf dieses heimtückische Element, den Wunsch, zu besitzen»[56]. Die Sophisten hatten argumentiert, die Natur des Menschen mache den Kommunismus unmöglich, während es in der wirklichen Reihenfolge die Verletzung des Kommunismus war, welche die natürlichen Tugenden des Menschen verdarb. Wären nicht die durch das Privateigentum erzeugten Laster des Hasses, der Selbstsucht, der Eifersucht, dann würden die Menschen in friedlicher und kooperativer Brüderschaft zusammenleben.

Der Weg zum Wiederaufbau müßte begonnen werden durch die Beseitigung aller Hindernisse, die der freien Diskussion, der Moral und der Politik gegenüberstanden, «so daß weise Männer alle Freiheit hätten, die Irrtümer und Vorurteile anzugreifen, die der Geist des Eigentums aufrechterhält». Die Kinder sollten mit sechs Jahren ihren Eltern weggenommen und gemeinsam vom Staat erzogen werden, bis sie sechzehn Jahre alt sind, und dann sollten sie zu ihren Eltern zurückkehren dürfen. Inzwischen hätten sie in den Schulen gelernt, in Begriffen des allgemeinen Guten anstatt in solchen persönlicher Bereicherung zu denken. Privateigentum sollte nur erlaubt sein bei Gegenständen, die für die intimen Bedürfnisse des Individuums notwendig waren. «Alle Produkte werden in öffentlichen Magazinen gespeichert, um unter alle Bürger verteilt zu werden und ihre Lebensbedürfnisse zu befriedigen.»[57] Jeder rüstige Mensch muß arbeiten; vom einundzwanzigsten bis zum fünfundzwanzigsten Lebensjahr muß er in der Landwirtschaft helfen. Es soll keine müßige Klasse geben, doch jedermann soll es freigestellt sein, sich mit vierzig zur Ruhe zu setzen, und der Staat wird dafür sorgen, daß es ihm in seinem hohen Alter gutgeht. Die Nation wird in Gartenstädte eingeteilt mit Einkaufszentren und öffentlichen Plätzen. Jede Gemeinde wird verwaltet durch einen Rat von Vätern, die über fünfzig Jahre alt sind, und diese Räte werden einen höchsten Senat wählen, der alles regiert und koordiniert.

Vielleicht unterschätzte Morelly den natürlichen Individualismus der Menschen, die Stärke des Erwerbssinns und den Widerstand, den der Hunger nach Freiheit der für die Aufrechterhaltung einer unnatürlichen Gleichheit erforderlichen Tyrannei leisten würde. Trotzdem war sein Einfluß beträchtlich. Babeuf erklärte, er habe seinen Kommunismus aus Morellys *Code de la nature* geschöpft, und Charles Fourier entnahm wahrscheinlich der gleichen Quelle seinen Plan (1808) für kooperative «phalanstères», die wiederum zu kommunistischen Experimenten wie der Brook Farm (1841) führten. In Morellys *Code* kommt jener berühmte Grundsatz vor, der die russische Revolution inspirieren und in Verlegenheit bringen sollte: «*Chacun selon ses facultés, à chacun selon ses besoins*» – «jeder nach seinen Fähigkeiten, jedem nach seinen Bedürfnissen»[58].

Die *philosophes* lehnten im allgemeinen Morellys System als undurchführbar ab und akzeptierten das Privateigentum als eine unvermeidliche Konsequenz der menschlichen Natur. Doch im Jahre 1763 fand Morelly einen starken Bundesgenossen in Simon-Henri Linguet, einem Anwalt, der sowohl die Gesetze als auch das Eigentum angriff. Als ihm von Staats wegen die Anwaltspraxis geschlossen wurde, veröffentlichte Linguet (1777–1792) seine *Annales politiques*, eine Zeitschrift, in der er soziale Mißbräuche unter Trommelfeuer hielt. Die Gesetze, erklärte er, sind ein Instrument zur Legalisierung und Aufrechterhaltung von Besitztümern geworden, die mit Gewalt oder durch Betrug erworben wurden.

> «Gesetze sind vor allem dazu bestimmt, das Eigentum zu sichern. Da nun einer einem Menschen, der hat, mehr wegnehmen kann, als demjenigen, der nicht hat, sind sie offensichtlich eine dem Reichen gegenüber dem Armen gewährte Garantie. Es ist schwer zu glauben, und dennoch ist es eindeutig beweisbar, daß die Gesetze in mancher Beziehung eine Verschwörung gegen die Mehrheit des Menschengeschlechts darstellen.»[59]

Infolgedessen besteht ein unvermeidbarer Klassenkampf zwischen den Besitzern des Eigentums oder des Kapitals und den Arbeitern, die im Wettbewerb miteinander ihre Arbeit dem besitzenden Arbeitgeber verkaufen müssen. Linguet wies die Behauptungen der Physiokraten, die Befreiung der Wirtschaft von der Staatskontrolle würde automatisch Wohlstand bringen, verächtlich zurück; im Gegenteil, sie würde die Konzentration des Reichtums beschleunigen, die Preise würden steigen und die Löhne hinterherhinken. Die Kontrolle der Preise durch die Reichen verewigt die Sklaverei der Lohnempfänger, selbst nachdem die Sklaverei durch Gesetz «abgeschafft» worden ist; «alles, was sie [die früheren Sklaven] gewonnen haben, ist, daß sie ständig von der Furcht vor dem Hungertod gequält werden, ein Mißgeschick, von dem ihre Vorgänger auf der untersten Stufe der Menschheit wenigstens verschont blieben»[60]; Sklaven wurden das ganze Jahr hindurch beherbergt und ernährt, doch in einer unkontrollierten Wirtschaft steht es dem Arbeitgeber frei, seine Arbeitnehmer auf die Straße zu setzen, wenn er aus ihnen keinen Profit mehr erzielen kann; dann macht er das Betteln zum Verbrechen. Gegen all dies gibt es kein Heilmittel, meinte Linguet, als eine kommunistische Revolution. Er empfahl sie nicht für seine Zeit, denn sie würde eher zur Anarchie als zur Gerechtigkeit führen, doch er fühlte, daß die Bedingungen für eine solche Revolte sich rasch heranbildeten.

«Nie war die Not allgemeiner, nie mörderischer für die Klasse, welche zu ihr verdammt ist; nie war Europa vielleicht inmitten scheinbaren Wohlstandes einer vollständigen Umwälzung näher ..., wir haben, auf einem direkt entgegengesetzten Weg, genau den Punkt erreicht, den Italien erreicht hatte, als der Sklavenkrieg [geführt von Spartacus] es mit Blut überschwemmte und Feuer und Mord vor die Tore der Herrin der Welt trug.»[61]

Die Revolution kam trotz seinem Rate in seiner Zeit und schickte ihn auf die Guillotine (1794).

Der Abbé Gabriel Bonnot de Mably behielt seinen Kopf, indem er vier Jahre vor der Revolution starb. Er entstammte einer vornehmen Familie Grenobles; einer seiner Brüder war Jean Bonnot de Mably, bei dem Rousseau im Jahre 1740 als Erzieher weilte, ein anderer war Condillac, der durch seine Studien über Psychologie Aufsehen erregte. Ein weiterer berühmter Verwandter, Kardinal von Tencin, versuchte, aus ihm einen Priester zu machen, doch Gabriel hörte kurz vor den niederen Weihen auf, besuchte den Salon der Frau von Tencin in Paris und erlag der Philosophie. 1748 geriet er mit dem Kardinal in Streit und zog sich als Gelehrter in das Privatleben zurück; hiernach waren die einzigen Ereignisse in seinem Leben seine Bücher, die einst alle berühmt waren*.

Seine sieben Jahre in Paris und Versailles hatten ihm ein umfangreiches Wissen über Politik, internationale Beziehungen und die menschliche Natur eingebracht. Das Resultat war eine einzigartige Mischung sozialistischer Sehnsüchte und pessimistischer Zweifel. Mably behauptete (im Gegensatz zu Machiavelli), daß die gleichen moralischen Maßstäbe, die für Individuen gelten, auch auf das Verhalten von Staaten angewandt werden sollten, doch er erkannte an, daß dies ein durchsetzbares System internationalen Rechts erfordern würde. Wie Voltaire und Morelly war er Theist ohne Christentum, doch er war der Meinung, die Moral könnte nicht ohne eine Religion übernatürlicher Strafen und Belohnungen aufrechterhalten werden, denn die meisten Menschen «sind zu ständiger Unmündigkeit ihrer Vernunft verdammt»[62]. Er zog die stoische Ethik der christlichen vor und die griechischen Republiken den modernen Monarchien. Er stimmte mit Morelly darin überein, daß er nicht die Natur, sondern das Eigentum für die Laster des Menschen verantwortlich machte; das Eigentum ist «die hauptsächlichste Quelle aller die Menschheit peinigenden Übel»[63]. Die Leidenschaft, sich zu bereichern, «hat einen immer größeren Platz im menschlichen Herzen eingenommen und alle Gerechtigkeit erstickt»[64]; und diese Leidenschaft steigert sich im gleichen Maße, wie die Ungleichheit der Vermögen wächst. Neid, Habgier und Klassenunterschiede vergiften die natürliche Freundschaft unter den Menschen. Die Reichen steigern ihren Luxus, die Armen sinken in Demütigung und Erniedrigung. Was nützt politische Freiheit, wenn die wirtschaftliche Sklaverei bestehen bleibt? «Die

* Seine Hauptwerke sind: *Droit public de l'Europe* (1748); *Observations sur les Grecs* (1749); *Observations sur les Romains* (1751); *Droits et devoirs des citoyens* (1758); *Entretiens de Phocion sur le rapport de la morale avec la politique* (1763); *Observations sur l'histoire de France* (1765); *Doutes proposés aux philosophes économistes* (1768 gegen die Physiokraten); *De la Législation, ou Principes des lois* (1776); *De la Manière d'écrire l'histoire* (1783, fordert genaue und zeitgenössische Dokumentation); *Principes de la morale* (1784); *Observations sur le gouvernement et les lois des États-Unis de l'Amérique* (1784).

Freiheit, die jeder Europäer zu genießen glaubt, ist nur die Freiheit, einen Herrn zu verlassen und sich einem anderen auszuliefern.»[65]

Um wie vieles glücklicher und edler wären die Menschen, wenn es kein *Mein* und kein *Dein* gäbe! Mably war der Ansicht, daß die Indianer unter dem jesuitischen Kommunismus in Paraguay glücklicher waren als die Franzosen seiner Zeit, daß die Schweden und die Schweizer jener Zeit, die das Streben nach Ruhm und Geld aufgegeben hatten und sich mit einem bescheidenen Wohlstand zufriedengaben, glücklicher waren als die Engländer, die Kolonien und Märkte eroberten. In Schweden, behauptete er, wurde der Charakter höher geschätzt als Ruhm und eine bescheidene Zufriedenheit höher bewertet als großer Reichtum[66]. Wirkliche Freiheit besitzen nur diejenigen, die nicht danach streben, reich zu werden. In der von den Physiokraten geforderten Gesellschaft gebe es kein Glück, denn die Menschen würden stets beunruhigt werden durch den Wunsch, jenen an Besitztum gleichzukommen, die wohlhabender sind als sie selbst.

Und so zog Mably den Schluß, daß der Kommunismus die einzige soziale Ordnung sei, die Tugend und Glück fördern wird. «Man führe die Gütergemeinschaft ein, und dann ist nichts leichter, als die Gleichheit der Lebensbedingungen zu erreichen und auf diesem doppelten Fundament das Wohlergehen der Menschen zu sichern.»[67] Doch wie kann ein solcher Kommunismus errichtet werden mit Menschen, die so korrupt sind, wie sie es jetzt sind? Hier meldet sich in Mably der Skeptiker und gibt zweifelnd zu, daß «heute keine menschliche Kraft in der Lage ist, die Gleichheit wiederherzustellen, ohne größere Unordnung zu verursachen als jene, die man zu vermeiden wünschte»[68]. In der Theorie ist die Demokratie wunderbar, doch in der Praxis scheitert sie an der Unwissenheit und der Gewinnsucht der Massen[69]. Alles, was wir tun können, ist, den Kommunismus als ein Ideal hochhalten, auf das sich die Kultur schrittweise und vorsichtig hinbewegen und den modernen Menschen in seinen Gewohnheiten langsam vom Wettbewerb zur Kooperation führen soll. Unser Ziel soll nicht die Vermehrung des Reichtums sein noch die Vermehrung des Glücks, sondern das Wachstum der Tugend, denn nur die Tugend bringt Glück. Der erste Schritt zu einer besseren Regierung wäre die Einberufung von Generalständen zur Erstellung einer Verfassung, die einer gesetzgebenden Versammlung höchste Gewalt verleiht (dies geschah in den Jahren 1789–1791). Der Grundbesitz einer einzelnen Person sollte begrenzt werden; große Güter sollten aufgeteilt werden, um den bäuerlichen Grundbesitz zu vermehren. Strenge Beschränkungen der Vererbung von Reichtum sollten eingeführt und «nutzlose Künste» wie Malerei und Skulptur verboten werden.

Viele dieser Ideen wurden in der Französischen Revolution verwirklicht. Mablys gesammelte Werke wurden 1789 veröffentlicht, 1792 zum zweiten und 1793 zum dritten Mal; und ein bald nach der Revolution erschienenes Buch zählte Helvétius, Mably, Rousseau, Voltaire und Franklin in dieser Reihenfolge als die Hauptinspiratoren dieses Ereignisses und die wahren Heiligen der neuen Ordnung auf[70].

VI. DER KÖNIG

Ludwig XV. belächelte diese Kommunisten, soweit er sie kannte, als harmlose Träumer und flatterte wie ein unbekümmerter Schmetterling von Blüte zu Blüte. Der Hof setzte sein hemmungsloses Spielen und seine verschwenderische Pracht fort. Der Fürst von Soubise gab 200000 Pfund aus, um den König einen Tag lang zu unterhalten, und jede Übersiedlung seiner Majestät auf einen seiner Landsitze kostete die Steuerzahler 100000 Pfund. Ein halbes Hundert Würdenträger hatten ihre *hôtels* oder Paläste in Versailles oder Paris, und zehntausend Diener bemühten sich stolz, die Bedürfnisse und Schwächen der Adligen, Prälaten, Mätressen und der königlichen Familie zu befriedigen. Ludwig selbst hatte 3000 Pferde, 217 Kutschen, 150 in Samt und Gold gekleidete Pagen und 30 Ärzte, um ihn zur Ader zu lassen, zu purgieren und zu vergiften. Der königliche Haushalt gab in dem einen Jahr 1751 den Betrag von achtundsechzig Millionen Pfund aus – fast ein Viertel der Regierungseinkünfte[71]. Das Volk beklagte sich, doch meistens anonym. Jedes Jahr offenbarten hundert Pamphlete, Plakate und Spottlieder die Unbeliebtheit des Königs. «Ludwig», hieß es in einer Broschüre, «wenn Sie einst der Gegenstand unserer Liebe waren, dann deshalb, weil wir Ihre Laster noch nicht kannten. Wenn in diesem Königreich, das durch Ihre Schuld entvölkert und den Quacksalbern, die mit Ihnen regieren, als Beute ausgeliefert wurde, noch Franzosen übriggeblieben sind, dann um Sie zu hassen.»[72]

Was hatte zu dieser Verwandlung Ludwigs des Vielgeliebten in einen verachteten und geschmähten König geführt? Er war, abgesehen von seiner Verschwendungssucht, seiner Pflichtvergessenheit und seinen Ehebrüchen, nicht ganz so schlecht, wie die rachsüchtige Geschichte ihn geschildert hat. Er war ein schöner Mann, groß, stark, fähig, den ganzen Nachmittag zu jagen und abends Frauen zu unterhalten. Seine Erzieher hatten ihn verdorben; Villeroi hatte ihm zu verstehen gegeben, daß ganz Frankreich ihm kraft Vererbung und göttlichen Rechts gehöre. Sein Herrscherstolz war gedämpft und verwirrt durch den Schatten und die Tradition Ludwigs XIV. Der junge König war besessen von einem mit Schüchternheit verbundenen Gefühl der Unfähigkeit, den von seinem Vorgänger gesetzten hohen Stand der Grandeur und der Willenskraft zu erreichen; er wurde untauglich zu eigenen Entschlüssen und überließ Entscheidungen erleichtert seinen Ministern. Die Lektüre seiner Knabenzeit und sein gutes Gedächtnis hatten ihn mit der Geschichte bekannt gemacht, und mit der Zeit erwarb er eine beachtliche Kenntnis der europäischen Angelegenheiten. Während vieler Jahre unterhielt er eine eigene geheime diplomatische Korrespondenz. Er war leidlich intelligent und beurteilte scharf und schonungslos die Charaktere der Männer und Frauen seiner Umgebung. In einer geistreichen Konversation konnte er mit den besten Köpfen seines Hofes Schritt halten. Doch offensichtlich akzeptierte er selbst die absurdesten Dogmen der Theologie, die Fleury ihm in seiner Jugend eingetrichtert hatte. Die Religion wurde bei ihm zu einer Art Wechselfieber, das ihn zwischen Frömmigkeit und Ehebruch hin und her riß. Er litt unter der Furcht vor Tod und Hölle, spekulierte jedoch auf Absolution *in articulo mortis*. Er machte der Verfolgung der Jansenisten ein Ende, und rückblickend können wir feststellen, daß die *philosophes* unter seiner Regierung bisweilen beachtlichen Schutz genossen.

Er war manchmal grausam, doch häufiger human. Die Pompadour und die Dubarry lernten ihn sowohl um seiner selbst als auch um der Macht willen lieben, die er ihnen gab. Seine Kühle und Schweigsamkeit waren Teil seiner Schüchternheit und Unsicherheit. Hinter dieser Zurückhaltung verbargen sich Gefühle der Zärtlichkeit, die besonders in der Liebe zu seinen Töchtern zum Ausdruck kam. Diese liebten ihn wie einen Vater, der ihnen alles gab außer einem guten Beispiel. Gewöhnlich waren seine Umgangsformen liebenswürdig, doch manchmal konnte er hartherzig sein und sprach mit fast zynischer Gelassenheit über die Leiden oder den nahenden Tod seiner Höflinge. Er vergaß vollkommen, ein Gentleman zu sein, als er d'Argenson, Maurepas und Choiseul brutal entließ. Doch auch dies mag das Resultat seiner Schüchternheit gewesen sein; es fiel ihm schwer, jemandem ins Gesicht nein zu sagen. Dennoch konnte er tapfer sein in Augenblicken der Gefahr, wie auf der Jagd oder in Fontenoy.

Würdevoll in der Öffentlichkeit, zeigte er sich gefällig und gesellig gegenüber seinen intimen Freunden, bereitete ihnen Kaffee mit seinen eigenen gesalbten Händen. Er befolgte die komplizierte Etikette, die Ludwig XIV. für das Königtum eingeführt hatte, doch er haßte die Förmlichkeit, die sie seinem Leben aufzwang. Oft stand er vor dem offiziellen *lever* auf und machte selbst sein eigenes Feuer, um die Dienerschaft nicht zu wecken; öfter jedoch blieb er bis elf im Bett liegen. In der Nacht, nachdem er mit dem offiziellen *coucher* zu Bett gebracht worden war, stahl er sich manchmal heimlich fort, um sich mit seiner Mätresse zu vergnügen oder sogar inkognito die Stadt Versailles zu besuchen. Er entzog sich den Künstlichkeiten des Hofes, indem er auf die Jagd ging. An den Tagen, an denen er es nicht tat, sagten die Höflinge: «Der König tut nichts heute.»[73] Er wußte mehr über seine Hunde als über seine Minister. Er war der Meinung, seine Minister könnten die Staatsangelegenheiten besser erledigen als er. Und als er gewarnt wurde, daß Frankreich sich dem Bankrott und der Revolution nähere, tröstete er sich mit dem Gedanken: *«les choses, comme elles sont, dureront autant que moi»* (die Dinge werden so bleiben, wie sie sind, solange ich lebe)[74].

Sexuell war er ein Monstrum der Sittenlosigkeit. Wir können ihm die Mätresse verzeihen, die er nahm, als die Königin seiner Manneskraft nicht mehr gewachsen war; wir können seine Verzauberung durch die Pompadour verstehen und seine Empfänglichkeit für die Schönheit und Anmut der Frauen überhaupt. Doch es gibt wenig so Verächtliches in der Geschichte der Könige wie seinen serienweisen Verbrauch von Mädchen, die für sein Bett im Parc aux Cerfs vorbereitet worden waren. Das Auftreten der Dubarry war vergleichsweise eine Rückkehr zur Normalität.

VII. DIE DUBARRY

Sie wurde um 1743 in dem Champagne-Dorf Vaucouleurs als Marie-Jeanne Bécu, Tochter von Fräulein Anne Bécu, geboren, die, so scheint es, nie die Identität des Vaters preisgab. Solche Geheimnisse waren ziemlich häufig in den unteren Klassen. 1748 ging Anne nach Paris und wurde Köchin bei Herrn Dumonceux, der die sieben Jahre alte Jeanne in dem Kloster St-Anne unterbringen ließ. Hier blieb das hübsche Mädchen neun Jahre lang und, wie es scheint, ohne sich unglücklich zu fühlen. Marie-Jeanne behielt angenehme Erinnerungen an dieses gut geführte Kloster, wurde im Lesen, Schreiben und Sticken unterrichtet und bewahrte sich durch ihr ganzes Leben eine einfache, bedingungslose Frömmigkeit und eine Verehrung für Nonnen und Priester; daß sie während der Revolution gejagten Priestern Unterkunft gab, trug mit dazu bei, sie auf die Guillotine zu bringen[75].

Als sie das Kloster verließ, nahm sie als Familiennamen den des neuen Lebensgefährten ihrer Mutter, Rançon, an. Sie wurde zu einem Haarkünstler in die Lehre geschickt, doch dies schloß Verführung ein, und Jeanne, unwiderstehlich schön, konnte nicht nein sagen. Ihre Mutter brachte sie als Gesellschafterin zu Frau von La Garde; doch schenkten deren Besucher Jeanne zu viel Beachtung, und sie wurde bald entlassen. Das Putzgeschäft, in dem sie Verkäuferin wurde, zog eine ungewöhnliche Zahl von männlichen Kunden an. Sie wurde die ausgehaltene Frau einer Reihe von Wüstlingen. 1763 wurde sie von Jean Dubarry übernommen, einem Spieler, der aristokratischen Roués Frauen besorgte. Unter dem vornehmen Namen Jeanne de Vaubernier diente sie diesem Kuppler fünf Jahre lang als Gastgeberin bei seinen Gesellschaften und erhöhte ihre Reize durch feine Bildung. Dubarry glaubte wie Frau Poisson, er habe einen «Bissen für den König» entdeckt.

1766 starb der gute König Stanislaus in Lothringen, das hierdurch eine Provinz Frankreichs wurde. Seine Tochter Maria Leszczyńska, die bescheidene, fromme Königin Frankreichs, verfiel rasch nach seinem Tod; denn ihre gegenseitige Liebe hatte sie in ihrer langen Sklaverei eines treulosen Gatten in einer fremden Umgebung aufrechterhalten, und am 24. Juni 1768 starb sie, selbst vom König betrauert. Er weckte in seinen Töchtern die Hoffnung, daß er keine Mätressen mehr nehmen würde. Doch im Juli sah er Jeanne, die zufällig durch den Palast von Versailles irrte, ebenso unschuldig, wie vierundzwanzig Jahre zuvor die Pompadour durch den Jagdpark Sénart geritten war.

Er war tief betroffen von ihrer wollüstigen Schönheit, ihrer Fröhlichkeit und ihrem Mutwillen. Hier war jemand, der ihn wieder amüsieren und sein kaltes und melancholisches Herz erwärmen konnte. Er schickte seinen Kammerdiener Lebel nach ihr; «Graf» Dubarry war sogleich bereit, sich gegen eine königliche Entschädigung von ihr zu trennen. Um den Anschein zu wahren, bestand Ludwig darauf, daß das Mädchen einen Gatten haben müsse. Der «Graf» verheiratete sie in kurzer Zeit mit seinem Bruder Guillaume, dem in Wirklichkeit verarmten Grafen Dubarry, der zu diesem

Zweck aus Lévignac in der Gascogne herbeigeholt wurde. Jeanne sagte ihm unmittelbar nach der Zeremonie (1. September 1768) Lebewohl und sah ihn nie wieder. Guillaume wurde eine Pension von fünftausend Pfund bewilligt. Er nahm selbst eine Mätresse, brachte sie nach Lévignac, lebte dort fünfundzwanzig Jahre mit ihr und heiratete sie, als er erfuhr, daß seine Ehefrau guillotiniert worden war.

Jeanne, nunmehr Gräfin Dubarry, traf sich mit dem König heimlich in Compiègne, dann öffentlich in Fontainebleau. Der Herzog von Richelieu fragte Ludwig, was er in diesem neuen Spielzeug sehe. «Nur dies», antwortete seine Majestät, «daß sie mich vergessen läßt, daß ich bald sechzig werde.»[76] Die Höflinge waren entsetzt. Sie konnten verstehen, daß ein Mann eine Mätresse brauchte; aber eine Frau zu nehmen, die mehrere von ihnen vorher als Prostituierte gekannt hatten, und sie in eine Stellung über Marquisen und Herzoginnen zu erheben! Choiseul hatte gehofft, dem König seine Schwester als *maîtresse en titre* offerieren zu können. Diese abgewiesene Dame stachelte ihren gewöhnlich vorsichtigen Bruder zu offener Feindschaft gegen die hübsche Emporgekommene an, und die Dubarry vergab ihm nie.

Die neue Mätresse schwamm bald in Geld und Edelsteinen. Der König stattete sie mit einer Pension von 1,3 Millionen und mit einem Jahresgeld von 150000 Francs aus, die von der Stadt Paris und dem Land Burgund erhoben wurden. Juweliere wetteiferten, sie mit Ringen, Halsbändern, Armbändern, Diademen und anderem funkelnden Zierat zu beliefern, für die sie dem König in vier Jahren zwei Millionen Francs in Rechnung stellten. Alles zusammen kostete sie in diesen vier Jahren den Staatsschatz 6000375 Pfund[77]. Das Volk von Paris hörte von ihrem Glanz und beklagte, daß eine neue Pompadour gekommen sei, seine Steuern zu schlucken.

Am 22. April 1769 wurde sie, bedeckt mit glitzernden Juwelen und am Arm Richelieus, offiziell am Hof vorgestellt. Die Männer bewunderten ihren Zauber, die Frauen empfingen sie so kühl, wie sie wagen konnten. Sie ertrug diese Mißachtung gelassen und versöhnte einige Höflinge durch die Bescheidenheit ihres Auftretens und das melodische Lachen, mit dem sie den König ergötzte. Selbst ihren Feinden gegenüber (mit Ausnahme von Choiseul) zeigte sie keinen Groll. Sie gewann Sympathien, indem sie Seine Majestät dazu brachte, häufiger Begnadigungen auszusprechen als zuvor. Nach und nach sammelte sie um sich adlige Männer und Frauen, die ihre Vermittlung beim König in Anspruch nahmen. Wie die Pompadour sorgte sie bestens für ihre Verwandten; für ihre Mutter kaufte sie Grundbesitz und einen Titel und verschaffte ihrer Tante und ihren Vettern Pensionen. Sie zahlte die Schulden von Jean Dubarry, schenkte ihm ein Vermögen und kaufte ihm eine prächtige Villa in L'Isle-Jourdain. Sie selbst erhielt vom König das Schloß von Louveciennes, das der Fürst und die Fürstin von Lamballe bewohnt hatten, am Rande des königlichen Parks in Mably. Sie beauftragte den größten Architekten jener Generation, Jacques-Ange Gabriel, das Schloß nach ihrem Geschmack umzubauen, und den Kunsttischler Pierre Gouthière, es mit Möbeln und Kunstgegenständen im Wert von 756000 Pfund auszustatten.

Es fehlten ihr die Bildung und der Umgang, der aus der Pompadour eine hilfreiche und urteilsfähige Gönnerin von Literatur, Philosophie und Kunst gemacht hatte. Doch sie sammelte eine Bibliothek schön gebundener Bücher, von Homer bis zur Pornographie, von Pascals frommen *Pensées* bis zu Fragonards bekannten Illustrationen, und 1773 schickte sie Voltaire ihre Huldigung und ihr Porträt mit «einem Kuß für jede Wange». Er antwortete mit einem Gedicht, geistreich wie immer:

Quoi! deux baisers sur la fin de ma vie!
Quel passeport vous daignez m'envoyer!
Deux! c'est trop d'un, adorable Égérie.
Je serai mort de plaisir au premier.[78]*

Sie bat Ludwig XV., Voltaire nach Paris zurückkehren zu lassen. Er weigerte sich, und sie mußte sich damit begnügen, eine Auswahl von Uhren aus Ferney zu kaufen. 1778, als der alte Meister nach Paris kam, um zu sterben, war sie unter den vielen, die die Treppen in der Rue de Beaune hinaufstiegen, um ihm ihre Aufwartung zu machen. Er war entzückt von ihr und erhob sich am Ende der Unterhaltung von seinem Bett, um sie zur Türe zu geleiten. Auf dem Weg nach unten begegnete sie Jacques-Pierre Brissot, dem späteren Revolutionär; er hoffte, Voltaire ein Manuskript über das Strafrecht zu unterbreiten. Er hatte bereits am Tag zuvor Einlaß begehrt, war aber abgewiesen worden; nun versuchte er es von neuem. Sie führte ihn zurück zu Voltaires Türe und erreichte, daß er zugelassen wurde. In seinen *Mémoires* gedachte er ihres «so warmen und freundlichen Lächelns»[79].

Sie war zweifellos gutmütig und großzügig. Sie ertrug ohne nachtragenden Groll die Feindschaft der königlichen Familie und die Weigerung Marie-Antoinettes, mit ihr zu sprechen. Nur Choiseul konnte sie nicht verzeihen, und dies, weil er nie nachließ in seinen Anstrengungen, sie vom Hof zu vertreiben. Einer von beiden mußte bald einmal gehen.

VIII. CHOISEUL

Er kam aus einer alten lothringischen Familie und wurde bereits in seiner Jugendzeit Graf von Stainville. Er zeichnete sich im Österreichischen Erbfolgekrieg durch Tapferkeit aus. 1750, dreißig Jahre alt, vergrößerte er das Vermögen seiner Familie, indem er eine reiche Erbin heiratete. Sein scharfer Verstand und sein geistvoller Witz verschafften ihm bald eine hervorragende Stellung am Hof, doch er unterbrach seinen Aufstieg durch seine Opposition gegen die Pompadour. 1752 wechselte er das Lager und erwarb sich ihre Dankbarkeit, indem er ihr ein Komplott zu ihrer Entlassung enthüllte. Sie sicherte seine Entsendung als Botschafter nach Rom und dann nach Wien. 1758 wurde er nach Paris zurückgerufen, um Bernis als Minister für Auswärtige Angelegenheiten zu ersetzen, und wurde zum Herzog und Pair von Frankreich ernannt. 1761 übertrug er sein Ministerium seinem Bruder César, fuhr jedoch fort, die auswärtige Politik zu leiten; er selbst übernahm das Kriegsministerium und das Marineministerium. Er wurde so mächtig, daß er zeitweise den König überstimmte und ein-

* «Wie! Zwei Küsse am Ende meines Lebens! Welch einen Paß geruhen Sie mir zu senden! Zwei! – das ist einer zuviel, anbetungswürdige Egeria; ich werde mit Vergnügen beim ersten sterben.»

schüchterte[80]. Er reorganisierte die Armee und die Flotte; er bekämpfte mit Erfolg die Spekulation und Bestechung im Besoldungswesen und bei den Heereslieferungen, stellte die Disziplin bei den Mannschaften wieder her und ersetzte im Offizierskorps überalterte Würde durch nichtadlige Tüchtigkeit. Er förderte die französischen Kolonien in Westindien und erwarb Korsika für die französische Krone. Er sympathisierte mit den *philosophes,* verteidigte die Veröffentlichung der *Encyclopédie,* unterstützte die Vertreibung der Jesuiten (1764) und billigte stillschweigend die Reorganisation der Hugenotten in Frankreich. Er sorgte für Voltaires Sicherheit in Ferney, unterstützte ihn in seinem Kampf für die Familie Calas und gewann Diderots Anerkennung und Lob: «Großer Choiseul, Sie wachen schlaflos über die Geschicke des Vaterlandes.»[81]

Alles in allem rettete seine Politik Frankreich bis zu einem gewissen Grade von dem Unheil, das die österreichische *mésalliance* über es gebracht hatte. Er erreichte eine Herabsetzung der Zahlungen, die Frankreich laufend an Schweden, die Schweiz, Dänemark und einige deutsche Fürsten leistete. Er ermutigte die Anstrengungen Karls III., Spanien in das 18. Jahrhundert zu führen, und suchte Frankreich und Spanien durch den «Pacte de Famille» (1761) zwischen den Bourbonenkönigen zu stärken. Der Plan scheiterte, doch Choiseul handelte den Frieden mit England zu weit günstigeren Bedingungen aus, als die militärische Lage es zu rechtfertigen schien. Er sah den Abfall der englischen Kolonien in Amerika voraus und stärkte die französische Position in St-Domingue, Martinique, Guadeloupe und Französisch-Guayana in der Hoffnung, ein neues Kolonialreich zu schaffen, das Frankreich für den Verlust Kanadas entschädigen würde. Die beiden Napoleon verfolgten 1803 und 1863 die gleiche Politik.

Diesen Leistungen müssen wir sein Versagen, die russische Durchdringung Polens aufzuhalten, und sein Drängen, Frankreich und Spanien in erneute Feindseligkeiten zu führen, entgegenhalten. Ludwig hatte genug vom Krieg und schenkte jenen Gehör, die auf den Sturz Choiseuls hinarbeiteten. Der gewandte Minister bezauberte viele durch seine Gunstbeweise gegenüber Höflingen, durch die verschwenderische Bewirtung seiner Freunde und seine Fähigkeit und seinen Eifer im Dienste Frankreichs; doch er verwandelte Rivalitäten in Feindschaften durch offene Kritik und unbedachte Rede, und seine anhaltende Opposition gegen die Dubarry verschaffte seinen Gegnern vertraulichen Zugang zum König. Der unermüdliche Richelieu unterstützte die Dubarry, und seinen Neffen, den Herzog von Aiguillon, gelüstete es, Choiseul als Chef der Regierung zu ersetzen. Die königliche Familie, die Choiseul seine Aktivität gegen die Jesuiten übelnahm, ließ sich herab, die verachtete Mätresse als Werkzeug zur Absetzung des gottlosen Ministers zu gebrauchen.

Ludwig bat ihn wiederholt, den Krieg gegen England und gegen die Dubarry zu vermeiden; Choiseul fuhr fort, heimlich den Krieg zu planen und offen die Mätresse zu verachten. Schließlich vereinigte sie alle ihre Kräfte gegen ihn. Am 24. Dezember 1770 schickte der erzürnte König Choiseul eine kurze Botschaft: «Mein Vetter, meine Unzufriedenheit mit Ihren Diensten zwingt mich, Sie nach Chanteloup zu verbannen, wohin Sie sich innerhalb der nächsten vierundzwanzig Stunden zu begeben haben.» Ein großer Teil des Hofes, schockiert über die brutale Entlassung eines Mannes, der

Großes für Frankreich getan hatte, bot dem königlichen Zorn Trotz, indem er seine Sympathie für den gestürzten Minister ausdrückte. Viele Adlige fuhren nach Chanteloup, um Choiseul in seinem Exil zu trösten. Es war eine angenehme Verbannung, denn der Landsitz des Herzogs umfaßte einen der schönsten Paläste und einen der größten Privatparks in Frankreich. Und er lag in der Touraine, nicht weit von Paris. Hier lebte Choiseul in großem Luxus und Aufwand, denn die Dubarry überredete den König, ihm sofort 300000 Pfund zu schicken und ihm eine jährliche Löhnung von 60000 Pfund zu bewilligen[82]. Die *philosophes* betrauerten seinen Sturz. «*Tout est perdu!*» riefen die Tischgäste bei Holbach aus, und Diderot berichtet von ihnen, sie seien in Tränen zerflossen.

IX. DER AUFSTAND DER *PARLEMENTS*

Choiseul wurde durch ein «Triumvirat» abgelöst, in dem d'Aiguillon Außenminister, René-Nicolas de Maupeou Kanzler und Abbé Joseph-Marie Terray Aufseher der Finanzen waren. Terray gab der Dubarry alle Gelder, die sie verlangte; andererseits kürzte er die Staatsausgaben heroisch. Er setzte die Amortisationen aus und senkte den Zinssatz auf Regierungsobligationen; er erfand neue Steuern, Abgaben und Gebühren und verdoppelte die Zölle auf internationale Transporte. Insgesamt sparte er sechsunddreißig Millionen Pfund und vermehrte die Staatseinkünfte um 15 Millionen. Er verzögerte den finanziellen Zusammenbruch durch teilweisen Bankrott; doch viele Menschen erlitten Verluste durch die Zahlungseinstellung der Regierung und schlossen sich dem Chor der Unzufriedenen an. Bald wuchs das Defizit von neuem und erreichte im letzten Jahr der Regierung (1774) die Höhe von 40 Millionen Pfund. Was heute für eine Nation mit fiskalischer Stabilität als bescheidene Staatsschuld erscheinen würde, war ein zusätzlicher Grund für die Besorgnis derjenigen, die der Regierung Geld geliehen hatten und nun mit weniger Antipathie die Rufe nach Veränderung hörten.

Der Höhepunkt der Krise im letzten Jahrzehnt der Regierung Ludwigs XV. war der Kampf seiner Minister, die absolute Macht des Königs gegen die aktive Rebellion der *parlements* zu verteidigen. Diese waren (wie wir gesehen haben) keine repräsentativen oder legislativen Körperschaften wie das britische Parlament; sie waren Gerichtskammern, die in dreizehn Städten Frankreichs als Appellationshöfe fungierten. Außerdem betrachteten sie es als ihre Aufgabe, das «Grundgesetz» oder die etablierten Gewohnheiten ihrer Regionen gegen den königlichen Absolutismus – wie das englische Parlament einst gegen Karl I. – zu verteidigen. Und da der Regent Philipp von Orléans ihr «Einspruchsrecht» gegen königliche oder ministerielle Erlasse bestätigt hatte, erhoben sie die Forderung, daß kein solches Edikt Gesetz werden könne, bevor sie es akzeptiert und registriert hätten.

Wenn die *parlements* vom Volk oder von einer gebildeten und begüterten Minorität gewählt worden wären (wie in England), hätten sie vielleicht als Übergang zur Demokratie dienen können. In gewissem Maß übten sie auch eine heilsame Kontrolle der

Zentralregierung aus und im allgemeinen unterstützten sie sogar das Volk in ihren Auseinandersetzungen mit dem König. In Wirklichkeit jedoch gehörten die *parlements,* die fast ausschließlich aus reichen Anwälten zusammengesetzt waren, zu den konservativsten Kräften in Frankreich. Als der «Adel der Robe» wurden diese Anwälte ebenso exklusiv wie der «Adel des Schwertes». *Parlement* nach *parlement* verordnete, daß neue Posten, die mit dem Adelstitel verbunden waren, beschränkt würden auf ... «bereits adlige Familien»[83]. Das Pariser *parlement* war das konservativste von allen. Es wetteiferte mit dem Klerus in der Opposition gegen die Freiheit des Denkens und der Publikation; es ächtete und verbrannte manchmal die Bücher der *philosophes.* Es war zwar für den Jansenismus gewonnen worden, der eine calvinistische Theologie in die katholische Kirche brachte. Voltaire vermerkte, daß das jansenistische *parlement* von Toulouse Jean Calas folterte und tötete und daß das *parlement* von Paris die Hinrichtung von La Barre billigte, während das Kabinett Choiseuls das Calas-Urteil umstieß und die Enzyklopädisten schützte.

Christoph von Beaumont, Erzbischof von Paris, verschärfte den Konflikt zwischen den Jansenisten und den orthodoxen Katholiken, indem er den Klerus unter seiner Jurisdiktion anwies, die Sakramente nur solchen Personen zu spenden, die einem nicht-jansenistischen Priester gebeichtet hatten. Das Pariser *parlement* verbot den Priestern unter großer allgemeiner Zustimmung, diesem Befehl zu gehorchen; es beschuldigte den Erzbischof, eine Kirchenspaltung zu fördern, und beschlagnahmte einige seiner weltlichen Besitztümer. Der Staatsrat des Königs nannte dieses Vorgehen eine gesetzwidrige Konfiszierung und befahl dem *parlement,* sich aus den religiösen Streitigkeiten herauszuhalten. Das *parlement* fügte sich nicht; im Gegenteil, es beschloß die «Grandes Remontrances» (4. Mai 1753), die gewissermaßen die Revolution ankündigten: Sie bekannten sich zur Loyalität gegenüber dem König, erklärten ihm jedoch, daß, «wenn Untertanen den Königen Gehorsam schuldeten, dann schuldeten diese ihrerseits den Gesetzen Gehorsam»[84]. Dies beinhaltete, daß das *parlement* als Wächter und Interpret der Gesetze als oberster Gerichtshof über dem König fungieren würde. Am 9. Mai erließ der Staatsrat *lettres de cachet* und verbannte die meisten Mitglieder des Pariser *parlement* aus der Hauptstadt. Die *parlements* der Provinzen und das Volk von Paris erhoben sich, die Verbannten zu unterstützen. Der Marquis von Argenson vermerkte im Dezember, daß «die Pariser sich in einem Zustand unterdrückter Erregung befanden»[85]. Die Regierung, die einen Volksaufstand befürchtete, ließ Soldaten durch die Stadt patrouillieren und das Haus des Erzbischofs bewachen. Im März 1754 schrieb d'Argenson: «Alles treibt auf einen Bürgerkrieg zu.»[86] Der Kardinal von La Rochefoucauld schlug einen das Gesicht wahrenden Kompromiß vor; die Regierung rief die Verbannten zurück (7. September), befahl jedoch dem *parlement* und dem Klerus, sich aller weiteren Streitigkeiten zu enthalten. Der Befehl wurde nicht befolgt. Der Erzbischof von Paris setzte seinen Kampf gegen den Jansenismus fort, und zwar so heftig, daß Ludwig ihn nach Conflans verbannte (3. Dezember). Das *parlement* erklärte, die päpstliche Bulle gegen den Jansenismus sei kein Glaubensgesetz, und forderte den Klerus auf, sie nicht zu beachten. Die Regierung schwankte, befahl jedoch schließlich dem *parlement,* die päpstliche Bulle anzuerkennen (13. Dezember 1756), da sie eine Anleihe vom Klerus brauchte, um den Siebenjährigen Krieg fortzusetzen.

Der hitzige Streit verwirrte viele Köpfe. Am 5. Januar 1757 fiel Robert-François Damiens den König in einer Straße in Versailles an und stach ihn mit einem großen Federmesser nieder; dann blieb er stehen und erwartete seine Verhaftung. Ludwig sagte zu seiner nachlässigen Leibwache: «Nehmt ihn fest, aber laßt nicht zu, daß ihm jemand ein Leid antut.»[87] Die Wunde erwies sich als geringfügig, und der Attentäter erklärte: «Ich hatte nicht die Absicht, den König zu töten. Ich hätte es tun können, wenn ich gewollt hätte. Ich tat es nur, damit Gott des Königs Herz rühre und ihn bewege, die Dinge wieder in ihren früheren Zustand zu versetzen.»[88] In einem Brief aus dem Gefängnis an den König wiederholte er, daß «der Erzbischof von Paris die Ursache all dieser Aufregung über die Sakramente sei, weil er sie verweigerte»[89]. Er sei, erklärte er, erregt worden durch die Reden, die er im *parlement* gehört hatte; «wenn ich nie einen Gerichtshof betreten hätte, wäre ich nie hierher gekommen»[90]. Jene Reden hatten ihn so aufgeregt, daß er nach einem Arzt schicken mußte, der ihn zur Ader ließ; es kam keiner. Wäre er zur Ader gelassen worden (behauptete er), dann hätte er den König nicht angegriffen[91]. Die große Kammer des *parlement* verhörte ihn, erklärte ihn für schuldig und verurteilte ihn. Sein Vater, seine Mutter und seine Schwester wurden zu ewiger Verbannung verurteilt. Damiens erduldete die durch Gesetz für Königsmörder vorgeschriebenen Foltern: Das Fleisch wurde ihm mit rotglühenden Zangen abgerissen, er wurde mit kochendem Blei übergossen, er wurde von vier Pferden auseinandergerissen (28. März 1757). Hochgeborene Damen zahlten für Plätze, von denen aus sie das Schauspiel beobachten konnten. Der König drückte seinen Ekel über die Folterungen aus und ließ der verbannten Familie Pensionen zukommen.

Das Attentat gewann dem König neue Sympathie. Juden und Protestanten vereinigten sich im Gebet für seine schnelle Genesung; doch als bekannt wurde, daß die Wunde – in Voltaires Formulierung – nur ein «Nadelstich» (*piqûre d'épingle*) war, wandte sich die öffentliche Meinung wieder dem *parlement* zu. Das Volk begann die Streitfrage «repräsentative Regierung gegen absolute Monarchie» zu diskutieren. «Sie sehen in den *parlements*», schrieb d'Argenson, «ein Heilmittel für die Quälereien, die sie erdulden müssen ... Die Revolte schwelt.» Im Juni 1763 bekräftigte das Pariser *parlement* von neuem, daß «die Bestätigung der Gesetze durch das *parlement* eines jener Gesetze ist, die nicht verletzt werden können, ohne daß jenes Gesetz verletzt wird, auf Grund dessen die Könige selbst existieren»[92]. Das *parlement* von Toulouse ging weiter und erklärte, das Gesetz erfordere «die freie Zustimmung der Nation»[93]; doch mit «Nation» waren die *parlements* gemeint. Am 23. Juli 1763 unterbreitete eine wichtige juristische Körperschaft, die «Cour des Aides», unter dem Vorsitz des tapferen und ehrenhaften Malesherbes dem König einen Bericht über die nationale Armut und die Unfähigkeit und Korruption in der Verwaltung der nationalen Finanzen. Sie bat ihn, «auf das Volk zu hören durch die Stimme seiner Deputierten in einer Versammlung der Generalstaaten des Reiches»[94]. Dies war die erste klare Forderung nach jener Nationalversammlung, die seit 1614 nicht einberufen worden war.

In dem entscheidenden Streit, der zur Vertreibung der Jesuiten aus Frankreich führte (1764)[95], ergriff das Pariser *parlement* die Offensive und setzte den König unter Druck. Im Juni und November erhob das *parlement* von Rennes, der oberste Gerichtshof der Bretagne, bei Ludwig heftigen Einspruch gegen die drückenden Steuern, die der Herzog von Aiguillon, damals Gouverneur der Provinz, erhob. Als der Einspruch erfolglos blieb, hob der Gerichtshof seine Sitzungen auf, und die meisten seiner Mitglieder traten zurück (Mai 1765). Sein *procureur général,* Louis-René de La Chalotais, veröffentlichte einen Angriff auf die Zentralregierung. Er, sein Sohn und drei Räte wurden verhaftet und des Aufruhrs angeklagt. Der König befahl dem *parlement* von Rennes, sie zu verurteilen; es weigerte sich, und alle *parlements* Frankreichs unterstützten unter Zustimmung der öffentlichen Meinung die Weigerung. Am 3. März 1766 erschien Ludwig vor dem *parlement* von Paris, warnte es vor der Anzettelung eines Aufstands und proklamierte seinen Entschluß, als absoluter Monarch zu herrschen.

«In meiner Person allein ruht die unumschränkte Macht ... Mir allein gehört die legislative Macht bedingungslos und ungeteilt. Alle öffentliche Ordnung geht von mir aus. Mein Volk und ich sind eins, und die Rechte und Interessen der Nation, die einige zu einem vom Monarchen getrennten Ding machen wollen, sind notwendigerweise vereinigt mit den meinen und ruhen allein in meinen Händen.»[96]

Er habe, fügte er hinzu, nicht der Nation Treue geschworen, wie das *parlement* behauptete, sondern nur Gott. Das *parlement* von Paris fuhr fort, dasjenige von Rennes zu verteidigen, doch am 20. März nahm es offiziell als «unvermeidliche Maxime» die Lehre an, «daß die unumschränkte Gewalt allein dem König gehört; er ist nur Gott verantwortlich; ... die legislative Gewalt liegt ganz bei der Person des Herrschers»[97]. Choiseul und andere drängten den König, Konzessionen zu machen. La Chalotais und seine Mitgefangenen wurden freigelassen, jedoch nach Saintes, in der Nähe von La Rochelle, verbannt. D'Aiguillon wurde aus der Bretagne zurückgerufen und schloß sich Choiseuls Gegnern an. Das *parlement* von Rennes nahm seine Sitzungen wieder auf (Juli 1769).

Voltaire griff in den Streit ein, indem er 1769 seine *Histoire du Parlement de Paris, par M. l'abbé Big* herausgab. Er leugnete die Autorschaft des Buches und schrieb einen Brief, in dem er es als ein «Meisterwerk von Irrtümern und Ungeschicklichkeit, ein Verbrechen gegen die Sprache»[98] kritisierte; doch es war sein Buch. Obwohl in Eile geschrieben, zeugte es von beachtlicher historischer Forschung, doch es fehlte ihm an Unparteilichkeit. Es bestand aus einer Kette von Anschuldigungen gegen das *parlement* als eine reaktionäre Institution, die bei jeder Gelegenheit gegen fortschrittliche Maßnahmen opponiert hatte – zum Beispiel gegen die Errichtung der Französischen Akademie, gegen die Impfung gegen Pocken und gegen die freie Verwaltung der Justiz. Voltaire beschuldigte die *parlements* der Klassengesetzgebung, des Aberglaubens und der religiösen Intoleranz. Sie hatten die ersten Drucker in Frankreich verurteilt, sie hatten das Massaker der Bartholomäusnacht gebilligt, sie hatten den Marschall von Ancre als Hexer verbrennen lassen. Sie waren, erklärte Voltaire, für rein richterliche Funktionen eingesetzt und besaßen keine gesetzgebende Gewalt. Wenn sie sich diese

Gewalt aneigneten, würden sie die Autokratie des Königs durch eine Oligarchie von reichen Anwälten ersetzen, die sich jeder Kontrolle durch das Volk entzogen. Er hatte diese lange Schrift während des Aufstiegs von Choiseul geschrieben, dessen liberale Tendenzen den Glauben ermutigten, daß Fortschritt am besten erzielt werden könne unter einem durch einen aufgeklärten Minister aufgeklärten König. Diderot pflichtete Voltaire nicht bei; er vertrat die Ansicht, wie reaktionär die *parlements* auch seien, ihr Anspruch auf das Recht, die Gesetzgebung zu überwachen, stelle eine wünschenswerte Kontrolle der königlichen Tyrannei dar[99].

Die Rückkehr d'Aiguillons nach Paris beschwor eine neue Krise herauf. Das *parlement* von Rennes beschuldigte den Herzog gesetzwidriger Handlungen; er unterwarf sich einer Untersuchung dieser Anschuldigung durch das *parlement* von Paris. Als es jedoch klar wurde, daß er für schuldig erklärt würde, bat Madame Dubarry den König, zu intervenieren. Der Kanzler Maupeou unterstützte sie, und am 27. Juni 1770 erklärte Ludwig, die Vernehmungen enthüllten Staatsgeheimnisse und müßten beendet werden. Er annullierte die gegenseitigen Anschuldigungen, erklärte d'Aiguillon und La Chalotais für unschuldig und befahl allen Parteien des Streites, sich künftig jeder Agitation zu enthalten. Das *parlement* sah in diesen Befehlen eine willkürliche Einmischung in den gesetzmäßigen Verlauf der Gerechtigkeit und erklärte, die Zeugenaussagen hätten die Ehre von d'Aiguillon ernsthaft kompromittiert, und empfahl, ihn aller Funktionen eines Pair zu entheben, bis er durch ein ordentliches Gerichtsverfahren entlastet worden sei. Am 6. September veröffentlichte das *parlement* einen *arrêté*, eine Entscheidung, mit der es dem König den Fehdehandschuh hinwarf:

> «Die Vielfalt der überall gegen den Geist und den Buchstaben der grundlegenden Gesetze der Monarchie gerichteten Aktionen einer absoluten Macht ist der eindeutige Beweis für einen vorsätzlichen Plan, die Regierungsform zu ändern und die stets gleiche Kraft der Gesetze durch die irregulären Aktionen willkürlicher Macht zu ersetzen.»[100]

Dann vertagte sich das *parlement* auf den 3. Dezember.

Maupeou benutzte die Zwischenzeit, um eine kompromißlose Verteidigung der königlichen Macht vorzubereiten. Am 27. November erließ er ein mit der Unterschrift des Königs versehenes Dekret, das zwar das Einspruchsrecht zuließ, jedoch jede Zurückweisung eines Edikts verbot, das erneuert worden war, nachdem die Einsprüche gehört worden waren. Das *parlement* antwortete, indem es den König aufforderte, die schlechten Ratgeber des Thrones der Rache des Gesetzes auszuliefern[101]. Am 7. Dezember berief Ludwig das *parlement* nach Versailles ein und befahl ihm in einem offiziellen *lit de justice*, das Dekret vom 27. November anzuerkennen und zu befolgen. Nach seiner Rückkehr nach Paris beschloß das *parlement*, sich all seiner Funktionen zu enthalten, bis das November-Dekret widerrufen sei. Ludwig befahl dem *parlement*, seine Sitzungen wiederaufzunehmen; der Befehl wurde ignoriert. Choiseul versuchte zu Hause Frieden zu machen, um draußen besser Krieg führen zu können; Ludwig entließ ihn, und nun beherrschte Maupeou den Staatsrat, während die Dubarry den König umflatterte. Sie zeigte ihm Van Dycks Porträt Karls I. und warnte ihn vor einem ähnlichen Schicksal: «Ihr *parlement* wird Ihnen ebenfalls den Kopf abschlagen.»[102]

Am 3. Januar 1771 befahl Ludwig wiederum die Annahme des November-Edikts. Das *parlement* erwiderte, das Edikt verletze die Grundrechte Frankreichs. Am 20. Januar, zwischen ein und vier Uhr morgens, übergaben die Musketiere des Königs jedem Mitglied des *parlement* eine *lettre de cachet,* die ihm die Wahl ließ zwischen Gehorsam und Verbannung aus Paris. Die große Mehrheit von ihnen beteuerte ihre große Liebe zum König, blieb jedoch verstockt. Innerhalb der nächsten zwei Tage wurden 165 Mitglieder des Pariser *parlement* in verschiedene Teile Frankreichs verbannt. Das Volk jubelte ihnen zu, als sie den Palais de Justice verließen.

Maupeou ging nun dazu über, die *parlements* durch eine richterliche Körperschaft zu ersetzen. Durch ein königliches Dekret setzte er in Paris einen obersten Gerichtshof ein, der sich aus dem Staatsrat und einigen gefälligen Juristen zusammensetzte; und in Arras, Blois, Châlons, Clermont-Ferrand, Lyon und Poitiers bildete er *conseils supérieurs* als Appellationsgerichtshöfe für die Provinzen. Einige Mißstände im Gerichtswesen wurden behoben, der Bestechlichkeit wurde Einhalt geboten, und von nun an sollte Recht gesprochen werden ohne Weisung. Voltaire begrüßte die Reformen und prophezeite voreilig: «Ich bin absolut sicher, daß der Kanzler einen vollständigen Sieg davontragen wird und daß das Volk zufrieden sein wird.»[103] Doch das Volk konnte sich nicht zufriedengeben mit der Zerstörung einer Institution wie der *parlements;* es gibt nichts, was so oft verdammt und so tief geliebt wird wie die Vergangenheit. Der größere Teil der Öffentlichkeit bezeichnete die neuen Gerichtshöfe verächtlich als zusätzliche Werkzeuge der königlichen Autokratie. Diderot, der sich keine Illusionen über die *parlements* machte, betrauerte ihr Verschwinden «als das Ende der konstitutionellen Regierung ... Mit einem Satz sind wir aus dem monarchischen Staat in den vollkommenen despotischen Staat gesprungen.»[104] Elf Pairs des Königreichs und sogar einige Mitglieder der königlichen Familie drückten ihre Mißbilligung aus über Maupeous Versuch, die *parlements* zu ersetzen. Es gab keine sichtbare Bewegung im Volk, doch die Worte *liberté, droits* (Gesetze) und *légalité,* die in letzter Zeit im *parlement* häufig zu hören gewesen waren, gingen jetzt von Mund zu Mund. Die Satiren auf den Wüstling auf dem Thron nahmen eine neue Kühnheit und Bitterkeit an. Plakate forderten den Herzog von Orléans auf, sich an die Spitze einer Revolution zu stellen.

Fast ohne es zu wollen und trotz ihrem Konservativismus wurden die *parlements* in einen Aufruhr revolutionärer Ideen hineingezogen. Die *Discours* Rousseaus, der Kommunismus Morellys, die Vorschläge Mablys, die geheimen Treffen der Freimaurer, die Bloßstellung von Mißständen in der Regierung und in der Kirche durch die *Encyclopédie,* die Flugschriften, die in der Hauptstadt und in den Provinzen zirkulierten: alles dies stand in heftiger Opposition gegen den Anspruch eines faulen und sexuell ausschweifenden Königs auf absolute Macht und göttliches Recht. «*M. Tout le Monde*» – die öffentliche Meinung – war auf dem Wege, eine Kraft in der Geschichte zu werden.

Bis 1750 war die Kirche das Ziel der Kritik gewesen, doch danach richtete sich diese infolge der Unterdrückung der *Encyclopédie* zunehmend gegen den Staat. Horace Walpole schrieb im Oktober 1765 aus Paris:

«Lachen ist aus der Mode gekommen ... Gute Menschen haben keine Zeit, zu lachen. Zunächst müssen Gott und der König gestürzt werden; und Männer und Frauen, große und kleine, beteiligen sich eifrig an der Zerstörung ... Wissen Sie, wer die *philosophes* sind oder was dieser Ausdruck hier bedeutet? Erstens umfaßt er fast jedermann, und zweitens bedeutet er Männer, die der Armut den Krieg angesagt haben und von denen viele auf die Beseitigung aller Religion hinarbeiten und noch mehr auf die Zerstörung der königlichen Macht.»[105]

Dies war natürlich eine Übertreibung. Die meisten der *philosophes* (Diderot insbesondere ausgenommen) waren Anhänger der Monarchie und scheuten die Revolution. Sie griffen den Adel und alle erblichen Privilegien an, sie brandmarkten Hunderte von Mißbräuchen und forderten Reformen, doch sie erschauerten bei dem Gedanken, daß alle Macht auf das Volk übergehen solle[106]. Trotzdem schrieb Grimm in seiner *Correspondance* für Januar 1768:

«Der allgemeine Überdruß am Christentum, der sich in allen Teilen manifestiert und besonders in katholischen Staaten, die Unruhe, die alle Geister bewegt und sie dazu veranlaßt, religiöse und politische Mißbräuche anzugreifen – [all dies] ist ein charakteristisches Phänomen unseres Jahrhunderts, wie der Geist der Reform es für das 16. Jahrhundert war, und kündigt eine unmittelbar bevorstehende und unausweichliche Revolution an.»[107]

X. DER KÖNIG GEHT

Ludwig XV. besaß wie Ludwig XIV. nicht die Kunst, zur rechten Zeit zu sterben. Er wußte, daß Frankreich auf sein Verschwinden wartete, aber er konnte den Gedanken an den Tod nicht ertragen. Der österreichische Botschafter berichtete 1773: «Von Zeit zu Zeit macht der König Bemerkungen über sein Alter, seine Gesundheit und die entsetzliche Aussicht, daß er eines Tages sich dem höchsten Wesen ergeben muß.»[108] Ludwig wurde vorübergehend bewegt durch den Eintritt seiner Tochter Louise-Marie in ein Karmeliterkloster, wo sie angeblich für die Sünden ihres Vaters sühnen wollte; hier, so wird uns berichtet, schrubbte sie Fußböden und wusch Wäsche. Wenn er sie besuchen kam, warf sie ihm seinen Lebenswandel vor, bat ihn, die Dubarry zu entlassen, die Fürstin von Lamballe zu heiraten und seinen Frieden mit Gott zu schließen.

Mehrere seiner Freunde starben in den letzten Jahren seiner Regierung. Zwei von ihnen fielen, vom Herzschlag getroffen, vor seinen Füßen tot um[109]. Doch er schien sich ein makabres Vergnügen daraus zu machen, betagte Höflinge an ihr nahendes Ende zu erinnern. «Souvré», sagte er zu einem seiner Generäle, «Sie werden alt. Wo wünschen Sie beerdigt zu werden?» «Sire», antwortete Souvré, «zu Füßen Ihrer Majestät.» Es wird berichtet, die Antwort habe «den König düster und nachdenklich gemacht»[110]. Frau du Hausset meinte, es «sei nie ein schwermütigerer Mann geboren worden»[111].

Der Tod des Königs war eine lang verzögerte, unwissentliche Rache des Geschlechts, das er angebetet und erniedrigt hatte. Als selbst die Dubarry seine Wollust nicht mehr befriedigte, nahm er ein Mädchen ins Bett, das kaum das mannbare Alter erreicht hatte; es war Trägerin von Pockenbazillen und steckte den König an. Am 29. April 1774 begann ihn die Krankheit zu kennzeichnen. Seine drei Töchter bestanden darauf, bei ihm zu bleiben und ihn zu pflegen, obwohl sie selbst nicht immun waren (sie alle zogen sich die Krankheit zu, genasen jedoch wieder). Nachts zogen sie sich zurück, und die Dubarry nahm ihren Platz ein. Doch am 5. Mai, als er die Sakramente zu empfangen wünschte, entließ der König sie freundlich: «Ich weiß jetzt, daß ich ernsthaft krank bin. Der Skandal von Metz darf sich nicht wiederholen. Ich weihe mich meinem Gott und meinem Volk. Begeben Sie sich auf das Schloß des Herzogs von Aiguillon in Rueil und erwarten Sie weitere Befehle. Bitte glauben Sie mir, daß ich Sie stets in zärtlichster Erinnerung behalten werde.»[112]

Am 7. Mai erklärte der König in einer formellen Zeremonie vor dem Hof, er bereue, seinen Untertanen Ärgernis gegeben zu haben; doch er blieb dabei, daß er «niemand Rechenschaft schulde über sein Betragen als Gott»[113]. Zuletzt hieß er den Tod willkommen. «Nie in meinem Leben», sagte er zu seiner Tochter Adélaïde, «habe ich mich glücklicher gefühlt.»[114] Er verschied am 10. Mai 1774 im Alter von vierundsechzig Jahren nach einer Regierungszeit von neunundfünfzig Jahren. Sein Leichnam, der die Luft verpestete, wurde ohne Pomp unter den Sarkasmen der Menge, die Spalier bildete, eiligst in das königliche Grabgewölbe St-Denis gebracht. Wieder einmal jubelte Frankreich – wie 1715 – über den Tod seines Königs.

ZWEITES KAPITEL

Die Kunst des Lebens

I. MORAL UND ANSTAND

«Wer nicht in den Jahren um 1780 gelebt hat», sagte Talleyrand, «hat nicht das Vergnügen des Lebens gekannt.»* Vorausgesetzt natürlich, man gehörte den oberen Klassen an und hatte keine Vorurteile in bezug auf die Moral.

Es ist schwer, den Begriff Moral zu definieren, denn jedes Zeitalter bildet sich seine eigene Definition entsprechend seinem Naturell und seinen Sünden. Die Franzosen hatten sich durch Jahrhunderte die Monogamie durch Ehebruch erleichtert, wie Amerika sie durch Scheidung erleichtert; und in gallischen Augen schadet vernünftiger Ehebruch der Familie – oder zumindest den Kindern – weniger als Scheidung. Jedenfalls blühte der Ehebruch im Frankreich des 18. Jahrhunderts und wurde allgemein gutgeheißen. Als Diderot in seiner *Encyclopédie* den Unterschied zwischen *lier* und *attacher* klarmachen wollte, gab er als Beispiel: «*On est lié à sa femme et attaché à sa maîtresse.*»[2] «Unter zwanzig Herren am Hofe leben fünfzehn mit einer anderen als mit ihrer eigenen Frau», erklärt ein Zeitgenosse[3]. Eine Mätresse zu haben war für den sozialen Status ebenso notwendig, wie Geld zu haben. Die Liebe war offen sinnlich: Boucher malte sie *en rose,* Fragonard zeigte sie in Spitzen und Anmut, Buffon sagte brutal: «In der Liebe ist nur das Physische gut.»[4]

Hier und da zeigte sich die edlere Liebe, sogar beim jüngeren Crébillon[5], und bei den *philosophes* wagte Helvétius, in seine Frau verliebt zu sein, während d'Alembert seiner Julie de Lespinasse durch alle Variationen ihres fesselnden Themas treu blieb. Jean-Jacques Rousseau unternahm in seiner Zeit eine Ein-Mann-Reform der Moral, und sollen wir nicht auch den Romanen Samuel Richardsons Glauben schenken? Manche Frauen betrachteten die Tugend als eine Mode[6], doch einige empfingen das neuentdeckte Evangelium der vorehelichen Keuschheit und der ehelichen Treue als Rettung vor der Schmach, Schürzenjägern als Wild zu dienen. Zumindest hörte man auf, sich der Monogamie zu schämen. Verheiratete Wüstlinge entdeckten von neuem alte Freuden im Familienleben, zogen es vor, die Tiefen der Beständigkeit zu ergründen, als nur immer an der Oberfläche der Abwechslung zu kratzen. Viele Frauen, die als frivole Oberflächen begonnen hatten, wurden solide, wenn Kinder kamen. Manche stillten ihre Kinder sogar, bevor Rousseau sie dazu ermahnte, und oft dankten diese

---

* «*Qui n'a pas vécu dans les années voisines de 1780 n'a pas connu le plaisir de vivre.*» So erscheint diese berühmte Bemerkung in P. Duprés *Encyclopédie de citation* (Paris 1959), Bd. I, S. 635, die als Quelle Fr. Guizots *Mémoires pour servir à l'histoire de mon temps* (Paris 1858–1868), Bd. I, S. 6, zitiert[1].

Kinder, die unter mütterlicher Liebe aufwuchsen, es ihnen mit kindlicher Zuneigung. Die Marschallin von Luxemburg wurde nach einer abenteuerlichen Jugend eine vorbildliche Ehefrau, blieb ihrem Gatten treu, während sie Rousseau zärtlich bemutterte. Als der Graf von Maurepas (1781) starb, nachdem er Ludwig XV. und Ludwig XVI. gedient und zwischen seinen Amtszeiten eine lange Verbannung erduldet hatte, sagte seine Frau, sie «hätten fünfundzwanzig Jahre verlebt, ohne auch nur einen Tag von einander getrennt gewesen zu sein»[7]. Wir hören zuviel – und wir selbst haben zuviel gesprochen – von Frauen, die Eingang in die Geschichte fanden, weil sie ihr Ehegelübde brachen; wir hören zuwenig von jenen, die sogar durch die Treulosigkeit ihres Partners nicht zur Untreue verleitet werden konnten. Fräulein Crozat, mit zwölf Jahren dem späteren Herzog von Choiseul verlobt, ertrug mit Geduld dessen Verliebtheit in seine ehrgeizige Schwester. Sie begleitete ihn ins Exil, und selbst der aufgeklärte Walpole verherrlichte sie als Heilige. Die Herzogin von Richelieu hörte nie auf, ihren Gatten trotz seinen vielen Ehebrüchen zu lieben, und war dem Schicksal dankbar, daß sie in seinen Armen sterben durfte[8].

Perversion, Pornographie und Prostitution blühten weiter. Das französische Recht verlangte die Todesstrafe für Sodomie, und in der Tat wurden zwei Päderasten im Jahre 1750 auf der Place de Grève verbrannt[9]. Doch gewöhnlich ignorierten die Gerichte den freien und geheimen homosexuellen Geschlechtsverkehr zwischen Erwachsenen[10]. Die wirtschaftliche Moral war damals die gleiche wie heute; es sei auf die Bemerkungen in Rousseaus *Émile*[11] (1762) über die Fälschung von Lebensmitteln und Getränken hingewiesen. Ebenso verhielt es sich mit der politischen Moral. Es gab viele redliche Staatsbeamte (Malesherbes, Turgot, Necker), jedoch auch viele, die sich ihre Stellungen durch Geld oder Beziehungen verschafften und sich, einmal im Amt, jenseits von Recht und Gesetz bereicherten. Viele müßiggängerische Adelige lebten in Luxus vom Blut ihrer Bauern, doch es gab viel öffentliche und private Wohltätigkeit.

Alles in allem waren die Franzosen des 18. Jahrhunderts ein gutartiges Volk, trotz einer Geschlechtsmoral, die das christliche Sittengesetz durch ihre Freiheit verletzte. Man beachte die große Anzahl von Menschen, die Rousseau im Verlaufe seiner Karriere helfend und tröstend zur Seite standen trotz der Schwierigkeit, ihm zu gefallen, und oft gehörten diese mitfühlenden Seelen jener Aristokratie an, die er geschmäht hatte. Die Ritterlichkeit im Verhältnis zwischen Männern und Frauen war im Niedergang begriffen, blieb jedoch gewahrt im Verhalten der Offiziere gegenüber Kriegsgefangenen ihres Standes. Der reizbare und feindselige Smollett, der im Jahre 1764 Frankreich bereiste, schrieb: «Ich achte die französischen Offiziere insbesondere wegen ihrer Ritterlichkeit und Tapferkeit und speziell wegen der großmütigen Menschlichkeit, die sie gegenüber ihren Feinden selbst inmitten der Schrecken des Krieges zeigen.»[12] Goya schilderte, jedoch wahrscheinlich übertrieben, die Grausamkeit der französischen Soldaten gegenüber der spanischen Bevölkerung während der Napoleonischen Kriege. Gewiß, die Franzosen konnten gefühllos grausam sein, weil sie durch den Krieg und das Strafgesetz an Brutalität gewöhnt waren. Sie waren ungestüm und neigten zu privaten bewaffneten Händeln und zu Straßenaufruhr als Ersatz für Wahlen.

Sie waren impulsiv, ergaben sich dem Guten oder dem Bösen, ohne sich Zeit zur Überlegung zu lassen. Sie waren Chauvinisten, die nicht verstehen konnten, warum die übrige Welt so barbarisch war, eine andere Sprache zu sprechen als Französisch. Frau Denis weigerte sich, das englische Wort für Brot zu lernen – «Warum können Sie nicht *pain* sagen?»[13] Vielleicht mehr als irgendein anderes Volk liebten sie den Ruhm. Bald sollten sie zu Tausenden sterben mit dem Ruf: «*Vive l'Empereur!*»

Natürlich waren die Franzosen Meister des feinen Benehmens. Die unter Ludwig XIV. eingeführten Bräuche der Höflichkeit wurden überdeckt von Scheinheiligkeit, Zynismus und Oberflächlichkeit, doch im wesentlichen blieben sie erhalten und verliehen dem Leben in den gebildeten Klassen eine Anmut, die heute von keiner Gesellschaft erreicht wird. «Die Franzosen sind so höflich, so gefällig», sagte Casanova, «daß man sich sofort zu ihnen hingezogen fühlt» – doch er fügte hinzu, daß er ihnen nie trauen konnte[14].

Sie zeichneten sich aus durch Sauberkeit. Bei den französischen Frauen wurde dies zu einer der Kardinaltugenden, die sie bis zum Tode übten. Es war ein Teil der guten Manieren, elegant angezogen zu sein. Die Männer und Frauen des Hofes sündigten manchmal gegen den guten Geschmack durch übertriebenen Putz und extravagante Frisuren. Männer trugen ihr Haar in einem Zopf, den der Marschall von Sachsen als gefährlich ablehnte, weil er im Krieg behinderte, und sie puderten ihr Haar ebenso ausgiebig wie ihre Damen. Die Frauen türmten ihr Haar zu solchen Höhen auf, daß sie sich scheuten, zu tanzen, weil sie befürchteten, ihre Frisuren an den Kronleuchtern in Brand zu setzen. Ein deutscher Besucher errechnete, das Kinn einer französischen Dame liege genau in der Mitte zwischen ihren Füßen und der Spitze ihres Haarturms[15]. Haarkünstler machten Vermögen, indem sie die Haarmoden häufig änderten. Sauberkeit erstreckte sich nicht auf das weibliche Haar, denn es bedurfte mehrerer Stunden, es zu ordnen, und alle, bis auf die launischsten Frauen, behielten mehrere Tage die gleiche Frisur, ohne sie mit einem Kamm zu berühren. Manche Damen trugen *grattoirs* aus Elfenbein, Silber oder Gold, um sich mit Anmut am Kopf zu kratzen.

Das Schminken des Gesichts war ebenso kompliziert wie heute. Leopold Mozart schrieb 1763 aus Paris an seine Frau: «Du fragst, ob die Pariser Damen schön sind? Wie kann man es sagen, wenn sie bemalt sind wie Nürnberger Puppen und so entstellt durch diesen abstoßenden Kunstgriff, daß die Augen eines anständigen Deutschen eine natürlich schöne Frau nicht erkennen können, wenn er sie sieht?»[16] Frauen hatten ihre Schönheitsmittel bei sich und trugen sie in der Öffentlichkeit ebenso unbekümmert auf, wie sie es heute tun. Frau von Monaco legte Rouge auf, bevor sie zur Guillotine gefahren wurde. Leichname wurden geschminkt und gepudert wie in unserer Zeit. Die weibliche Kleidung war eine herausfordernde Mischung von Einladung und Hindernis: tiefe Halsausschnitte, Spitzenleibchen, den Blick fangende Edelsteine, große weite Röcke und hochhackige Schuhe, gewöhnlich aus Leinen oder Seide. Buffon, Rousseau und andere protestierten gegen Korsetts, doch diese hielten sich, bis die Revolution sie verbot.

Zu den Attraktionen von Paris gehörten Buntheit und die Fröhlichkeit des gesellschaftlichen Lebens. In den Cafés «Procope», «La Régence» und «Gradot» trafen sich Intellektuelle und Rebellen, Lebemänner und Lebedamen, während sich die Leuchten von Literatur, Musik und Kunst in den Salons sammelten. Der Ständesadel und der Geldadel hielten Versailles und Paris in festlicher Erregung mit Galaessen, Empfängen und Bällen. Bei den oberen Klassen gehörten zu den Künsten auch Essen und Konversation. Die französische Küche war der Neid ganz Europas. Der französische Esprit hatte nun eine Verfeinerung erreicht, in der sein Inhalt verwässert und seine Schärfe abgestumpft waren. Die Kunst der Konversation verfiel in der zweiten Hälfte des 18. Jahrhunderts; die Deklamation nahm überhand, man sprach aneinander vorbei, und Witz wurde billiger durch sein eigenes Übermaß und seinen unbedachten Stachel. Voltaire, der selbst zu treffen wußte, erinnerte Paris daran, daß Witz ohne Höflichkeit Grobheit ist[17]. Und La Chalotais meinte: «Die Sucht, gewitzt zu sein ... hat Wissenschaft und echtes Wissen aus den Salons verbannt.»[18]

In den Parks – die sauber gepflegt und von Statuen bevölkert waren – gingen die Menschen spazieren, folgten ihren Kindern oder ihren Hunden, und kecke Burschen stellten in vergeblichem Rückzug geübten Mädchen nach. Die Gärten der Tuilerien waren damals wahrscheinlich viel schöner als heute. Frau Vigée-Lebrun schrieb:

> «Die Oper war damals ganz nahe, sie stieß an das Palais Royal. Im Sommer endete die Vorstellung um halb neun Uhr, und das ganze elegante Publikum kam heraus, sogar noch vor dem Ende, um sich in den Anlagen zu ergehen. Es war damals Mode bei den Frauen, sehr große Blumensträuße zu tragen, die zusammen mit dem wohlriechenden Puder in ihrem Haar die Luft buchstäblich parfümierten ... ich habe erlebt, daß diese Ansammlungen vor der Revolution bis zwei Uhr morgens dauerten. Es gab musikalische Darbietungen bei Mondschein im Freien ... Es war immer eine große Menschenmenge anwesend.»[19]

II. DIE MUSIK

Frankreich betrachtete die Musik als einen Teil seiner *gaieté parisienne*. Es dachte nicht daran, mit Deutschland in Messen und feierlichen Chorälen zu wetteifern, und nahm von Mozart kaum Notiz, als er nach Paris kam. Doch es vergaß, chauvinistisch zu sein, als seine Ohren durch italienische Melodien verzaubert wurden. Es machte *fêtes galantes* aus seiner Musik; es spezialisierte sich in Formen, die sich für den Tanz eigneten oder an ihn erinnerten – Courante, Sarabande, Gigue, Gavotte, Menuett. Seine Musik drehte sich wie seine Moral, seine Lebensart und seine Kunst um die Frauen und nahm oft Namen an, die an ihr Bild erinnerten – *l'Enchanteresse, L'Ingénue, Mimi, Carillon de Cythère.*

In Frankreich war wie in Italien die *opera buffa* beliebter als die *opera seria,* bevor Gluck kam (1773). Eine Truppe, die sich Opéra-Comique nannte, hatte sich 1714 in Paris etabliert; 1762 verschmolz sie mit der Comédie-Italienne, und 1780 zog diese vergrößerte Opéra-Comique in ein ständiges Haus in der Salle Favart. Der Mann, der ihr zum Erfolg verhalf, war François-André Philidor, der als Schachmeister durch

Europa reiste und fünfundzwanzig Opern komponierte, fast alle von komischem Charakter, wie *Sancho Pança* und *Tom Jones,* jedoch von gutem Geschmack und vollendeter Kunst. Seine Opern sind heute vergessen, doch «Philidors Verteidigung» und «Philidors ersticktes Matt» gelten noch immer als klassische Züge beim Schach. Das Ballett war ein beliebtes Zwischenspiel in der französischen Oper; hier fand französische Anmut eine neue Wirkungsmöglichkeit, und Bewegung wurde Poesie. Jean-Georges Noverre, Ballettmeister an der Pariser Oper, schrieb eine einstmals berühmte Abhandlung über Choreographie: *Lettres sur la danse et les ballets* (1760). Diese Schrift bereitete den Weg für Glucks Reformen durch ihr Eintreten für eine Rückkehr zu den griechischen Idealen des Tanzes mit seiner Natürlichkeit der Bewegung, seiner Einfachheit des Kostüms und seiner Betonung der dramatischen Bedeutung anstelle abstrakter Figuren und großer Kunststücke.

Öffentliche Konzerte waren nun ein Teil des Lebens in allen größeren Städten Frankreichs. In Paris setzten die *Concerts spirituels* (gegründet in den Tuilerien im Jahre 1725) einen hohen Standard der Instrumentalmusik. Während die Opéra-Comique Pergolesis *La serva padrona* aufführte, spielten die *Concerts* sein *Stabat Mater,* das so gut aufgenommen wurde, daß es bis 1800 jährlich wiederholt wurde[20]. Die *Concerts* brachten die Kompositionen von Händel, Haydn, Mozart, Jommelli, Piccini und der Familie Bach in Frankreich zur Anerkennung und bildeten eine Plattform für die führenden Virtuosen des Tages.

Diese gastierenden Künstler stimmten in einem überein – daß Frankreich in der Musik hinter Deutschland, Österreich und Italien zurückstand. Die *philosophes* schlossen sich diesem Urteil an. «Es ist eine Schande», schrieb Grimm (ein Deutscher), «daß die Leute hierzulande so wenig von Musik verstehen.»[21] Er nahm Fräulein Fel aus, die mit einer lieblichen Kehle sang. Grimm vereinigte sich mit Rousseau und Diderot in der Forderung nach einer «Rückkehr zur Natur» in der Oper. Diese drei Männer führten die italienische Partei in jener «Guerre des Bouffons» an, die mit der Darstellung einer *opera buffa* durch eine italienische Truppe in Paris begonnen hatte. Wir haben diesen Streit zwischen dem französischen und dem italienischen Musikstil bereits anderswo erwähnt; er war noch nicht vorüber, denn Diderot kämpfte immer noch den «Kampf der Possenreißer» in seinem *Le Neveu de Rameau,* und in seinem *Troisième Entretien sur Le Fils naturel* (1757) rief er nach einem Messias, der die französische Oper von schwülstiger Deklamation und phantastischer Künstlichkeit befreien sollte. «Gebt ihm den Weg frei, der die wahre Tragödie und die wahre Komödie auf die Opernbühne bringen will!» – und als Beispiel für einen geeigneten Text gab er die *Iphigenie in Aulis* von Euripides an[22]. Hörte Gluck, der damals in Wien war, diesen Ruf? Voltaire wiederholte ihn prophetisch im Jahre 1761:

«Es ist zu hoffen, daß ein Genius ersteht, stark genug, die Nation von diesem Mißbrauch [der Künstlichkeit] zu befreien und einer Bühnenaufführung ... die Würde und den ethischen Geist zu verleihen, die ihr jetzt fehlen ... Die Flut des schlechten Geschmacks steigt an und überschwemmt gefühllos die Erinnerung an das, was einst der Ruhm der Nation war. Doch ich wiederhole von neuem: die Oper muß auf eine andere Grundlage gestellt werden, damit sie nicht länger die Verachtung verdient, mit der sie von allen Nationen Europas betrachtet wird.»[23]

1773 kam Gluck nach Paris, und am 19. April 1774 dirigierte er hier die französische Uraufführung von *Iphigénie en Aulide*. Doch davon später.

III. DAS THEATER

Frankreich brachte in dieser Periode keine Theaterstücke hervor, die nicht in Vergessenheit geraten sind – vielleicht mit Ausnahme einiger weniger von denen, die Voltaire von Les Délices oder Ferney hinausschickte. Doch unternahm Frankreich alles, um dem Drama den Weg auf die Bühne zu öffnen und ihm zum Erfolg zu verhelfen. 1773 baute Victor Louis in Bordeaux das schönste Theater des Königreiches mit einer prächtigen Vorhalle korinthischer Säulen, klassischen Balustraden und reichem bildhauerischen Bauschmuck. Die Comédie-Française, von Garrick als die beste Schauspielertruppe Europas anerkannt, war im Théâtre-Français untergebracht, das 1683 in der Rue des Fossés, St-Germain-des-Prés, erbaut worden war: drei Ränge in einem schmalen Rechteck, das zur Deklamation zwang und den oratorischen Stil der Schauspielkunst in Frankreich prägte. Hunderte von Familien veranstalteten private Theateraufführungen, von Voltaire in Ferney bis zur Königin im Trianon – wo Marie-Antoinette die Colette in Rousseaus *Le Devin du village* spielte –, und der Fürst von Ligne meinte: «Mehr als zehn von unseren Frauen der ersten Gesellschaft ... zeigen im Spielen und Singen bessere Leistungen als die besten, die mir von allen Theatern bekannt sind.»[24] «Kleine Theater» entstanden überall in Frankreich. Ein in den Wäldern von Bresse verborgenes Zisterzienserkloster baute ein kleines Theater für seine Mönche, «ohne [sagte einer von ihnen] Wissen der Mucker und kleinen Geister»[25].

Trotz der Konkurrenz von Amateuren leuchteten die Sterne der Comédie-Française hell über Frankreich. Wir haben gesehen, wie die Menschen von Genf und Ferney kamen, um Lekain zu sehen, wenn er für Voltaire in Châtelaine spielte. Sein wirklicher Name war Henri-Louis Cain, doch dies war ein verfluchter Beiname, den er verzeihlicherweise änderte. Auch sein Gesicht war kein glückliches Geschenk des Schicksals; Fräulein Clairon brauchte selbst beim Spielen einige Zeit, sich für ihn zu erwärmen. Voltaire hatte seine Fähigkeit bei einer Liebhaberaufführung entdeckt, hatte ihn ausgebildet und ihm ein Engagement am Théâtre-Français besorgt. Am 14. September 1750 hatte Lekain sein Debut als Titus in Voltaires *Brutus*, und danach spielte er eine Generation lang die männlichen Hauptrollen in Voltaires Stücken. Der reizbare Patriarch liebte ihn bis zu seinem Tode.

Doch Voltaires Bühnenfavoritin (nachdem Adrienne Lecouvreur gestorben war) war Fräulein Clairon. Amtlich hieß sie Claire-Josèphe Hippolyte Léris de La Tude. 1723 außerehelich und ohne Überlebenserwartung geboren, wurde sie achtzig Jahre alt – was nicht immer ein Segen ist für die Heroinen der Bühne. Man hielt es nicht für wert, ihr Bildung zu vermitteln, doch sie stahl sich in das Théâtre-Français, war hingerissen von der Dekoration und der Rhetorik und überwand nie ganz die Neigung, Reden zu halten, selbst in der Ekstase der Liebe. Sie erklärte, Schauspielerin werden zu wollen; ihre Mutter drohte, ihr Arme und Beine zu brechen, wenn sie auf einem so sündigen Entschluß beharren würde[26]. Sie beharrte und schloß sich einer Wanderbühne an. Bald übernahm sie die Moral, die in ihrem neuen Beruf üblich war. «Dank meinem Talent, meinem guten Aussehen und der Leichtigkeit, mit der man sich mir nähern konnte, sah ich so viele Männer zu meinen Füßen, daß es für mich, die ich von Natur aus mit einem zärtlichen Herzen ausgestattet bin, unmöglich gewesen wäre, unzugänglich zu sein für die Liebe.»[27]

Nach Paris zurückgekehrt, bezauberte sie Herrn von La Popelinière. Er amüsierte sich mit ihr und benutzte dann seinen Einfluß, ihr ein Engagement an der Opéra zu verschaffen, und vier Monate später erreichte die Herzogin von Châteauroux, die damalige Mätresse des Königs, ihre Zulassung zur Comédie-Française. Die Truppe forderte sie auf, ihre erste Rolle zu wählen in der Erwartung, daß sie dem Brauch folgen und eine kleinere Rolle wählen würde. Sie wollte die Phädra spielen. Die Truppe protestierte, ließ ihr aber ihren Willen. Sie überstand das Abenteuer triumphierend. Von nun an spielte sie tragische Hauptrollen, in denen ihre einzige Rivalin Fräulein Dumesnil war. Sie wurde bekannt dafür, ihre Gunst gegen Geld zu verkaufen. Sie hatte einen festen Kundenstamm von Adligen, ließ sie tüchtig zahlen, hortete ihre Einkünfte und überließ dann einen großen Teil von ihnen ihrem Favoriten, dem Chevalier von Jaucourt, der Artikel über Wirtschaftslehre für die *Encyclopédie* schrieb. Sie zahlte auch einen Preis für die Aufmerksamkeiten von Marmontel, den wir bald als Autor von *Contes moraux* kennenlernen werden. Man beachte die Einstellung der Frau zu diesem Problem in ihrem Brief an ihn: «Ist es möglich, daß Sie nicht wußten, welche Schwierigkeiten Sie mir verursachten [unabsichtlich, doch ich hatte sie trotzdem], und daß diese Schwierigkeiten mich sechs Wochen lang in kritischem Zustand ans Bett fesselten. Ich kann nicht glauben, daß Sie Kenntnis davon hatten, sonst wären Sie nicht in Gesellschaft gegangen, während jedermann wußte, in welcher Verfassung ich war.»[28] Dennoch blieben sie und Marmontel feste Freunde für dreißig Jahre.

Er war es, dessen Kritik und Anregung sie veranlaßten, einen bedeutenden Wandel in der Schauspielkunst herbeizuführen. Bis 1748 war sie der am Théâtre-Français üblichen Methode gefolgt – laute und gefühlvolle Sprache, große Gesten, bebende Leidenschaft. Marmontel fand dies unnatürlich und widerwärtig. Trotz ihren zahlreichen Liaisons hatte die Clairon die Zeit zu ausgiebiger Lektüre gefunden und war eine der gebildetsten Frauen ihrer Zeit geworden; ihr Ruhm und ihr Esprit hatten ihr Zugang zu kultivierten Kreisen verschafft. Sie erkannte, daß die leersten Gefäße am lautesten klingen. 1752 wurde sie durch einen Syphilisanfall gezwungen, sich für einige Zeit von der Bühne zurückzuziehen. Nach ihrer Genesung nahm sie ein Engagement für fünfunddreißig Vorstellungen in Bordeaux an. Am ersten Abend, erzählt sie uns, spielte sie die Phädra in der traditionellen Manier, «mit dem ganzen Übermaß an Lärm und Raserei, das damals in Paris so viel Beifall fand». Sie erhielt diesen Beifall auch hier in Bordeaux. Doch am nächsten Abend spielte sie die Agrippina in Racines *Britannicus* mit ruhiger Stimme, beherrschten Gesten und bis zur Schlußszene verhaltenen Gefühlen. Man bereitete ihr Ovationen. Nach Paris zurückgekehrt, gewann sie ihr altes

Publikum für ihren neuen Stil. Diderot zollte ihr wärmsten Beifall. Er dachte an sie, als er in seinem *Paradox über den Schauspieler* schrieb, daß ein guter Schauspieler innerlich ruhig und beherrscht ist, selbst in den leidenschaftlichsten Momenten seiner Rolle. Und er fragte: «Gibt es ein vollendeteres Spiel als das der Clairon?»[29] Sie liebte es, ihre Bewunderer zu schockieren, indem sie ihnen erzählte, daß sie im Geist ihre Monatsrechnungen durchging, während sie sich mit einem Pathos an ihr Publikum wandte, das dieses zu Tränen rührte[30]. Voltaire billigte die neue Methode nicht, doch er unterstützte die Clairon und sie ihn bei der Reformierung der Kostüme und der Dekoration auf der Bühne. Bisher hatten alle Schauspielerinnen ihre Rollen – aller Nationen oder Zeitalter – in der Kleidung des Paris des 18. Jahrhunderts gespielt, mit Reifröcken und gepudertem Haar. Die Clairon überraschte ihr Publikum, indem sie sich im Stil der Zeit des Stückes kleidete und frisierte, und als sie die Idamé in Voltaires *Waise von China* spielte, waren Kostüm und Bühnenausstattung chinesisch.

1763 begab sich die Clairon nach Genf, um Dr. Tronchin zu konsultieren. Voltaire lud sie ein, bei ihm in Les Délices zu wohnen. «Frau Denis ist krank; auch ich bin es. Herr Tronchin wird in unser Hospital kommen, um uns alle drei zu untersuchen.»[31] Sie kam und gefiel dem alten Weisen so sehr, daß er sie zu einem längeren Besuch nach Ferney verlockte und sie überredete, mit ihm in seinem Theater in mehreren Vorstellungen zusammen aufzutreten. Eine alte Zeichnung zeigt ihn, wie er, in seinem siebzigsten Lebensjahr, in einem leidenschaftlichen Geständnis vor ihr kniet.

Sie zog sich 1766 von der Bühne zurück, nachdem sie bereits mit ihrer Gesundheit die Präzision der Sprache verloren hatte. Wie die Lecouvreur verliebte sie sich in einen eleganten jungen Adligen; sie verkaufte fast alle ihre Besitztümer, um ihn vor seinen Gläubigern zu retten. Er vergalt es ihr, indem er seine Liebe und ihre Pfunde anderen Frauen schenkte. Dann erhielt sie, nun fünfundvierzig, von dem sechsunddreißig Jahre alten Markgrafen von Ansbach und Bayreuth, Christian Friedrich Karl Alexander, eine Einladung, in Ansbach mit ihm als seine Beraterin und Mätresse zu leben. Sie folgte der Einladung (1773) und hielt ihn dreizehn Jahre lang in ihrem Bann. Er hatte sich in Frankreich einige Ideale der Aufklärung angeeignet; mit ihrer Unterstützung führte er mehrere Reformen in seinem Fürstentum durch – Abschaffung der Folter und Proklamierung der religiösen Freiheit. Ihre letzte Leistung bestand darin, daß sie ihn überredete, jede Nacht mit seiner Frau zu schlafen. Mit der Zeit begann die Clairon sich zu langweilen und sehnte sich nach Paris zurück. Der Markgraf nahm sie gelegentlich mit dorthin. Auf einer dieser Reisen nahm er eine neue Mätresse und ließ die Clairon, reich dotiert, in Paris zurück. Sie war jetzt dreiundsechzig.

Sie wurde in den Salons willkommen geheißen, sogar von der tugendhaften Frau Necker; sie gab der späteren Frau von Staël Stunden in der Vortragskunst. Sie nahm neue Liebhaber, unter ihnen später auch den Gatten der Frau von Staël, die froh war, diesen loszuwerden. Er versorgte die alternde Schauspielerin ausreichend, doch die Revolution entwertete ihre Pfunde, und sie lebte in Armut, bis Napoleon ihre Pension im Jahre 1801 wieder aufwertete. In diesem Jahr bot ihr ein Bürger namens Dupoirier eine letzte Verbindung an. Sie entmutigte ihn in einem mitleiderregenden

Brief, der die Tragödie so vieler alter Schauspielerinnen zum Ausdruck bringt: «Es ist wahrscheinlich, daß Sie mich in Ihrer Erinnerung noch immer strahlend, jung und von meinem Nimbus umgeben sehen. Sie müssen Ihre Vorstellungen revidieren. Ich kann kaum noch sehen, bin sehr schwerhörig, habe keine Zähne mehr, mein Gesicht ist vollkommen runzelig, meine vertrocknete Haut verdeckt kaum mein schwaches Gerippe.»[32] Er kam trotzdem, und sie trösteten sich gegenseitig in der Erinnerung an ihre Jugend. Sie starb 1803 bei einem Sturz aus dem Bett.

Sie hatte das klassische tragische Drama, dessen größter Exponent des 18. Jahrhunderts, Voltaire, sie als seine größte Interpretin gefeiert hatte, lange überlebt. Das Pariser Publikum, das vorwiegend dem Mittelstand angehörte, war übersättigt mit den reimenden Reden von Fürsten, Fürstinnen, Priestern und Königen. Die majestätischen Alexandriner Corneilles und Racines, die feierlich auf sechs Füßen einherschritten, schienen nun ein Symbol des aristokratischen Lebens zu sein; aber gab es nur Adlige in der Geschichte? Gewiß, ein Molière hatte die anderen gezeigt, jedoch in der Komödie. Aber gab es keine Tragödien, tiefe Konflikte und edle Gefühle in den Häusern und Herzen der Menschen ohne Stammbaum? Diderot hielt die Zeit für ein Drama der Bourgeoisie für gekommen. Und während der Adel die Sentimentalität scheute und forderte, daß Emotionen eine feierliche Maske trügen, sollte nach Diderot das neue Drama das Gefühl befreien und sich nicht schämen, das Publikum zu Tränen zu rühren. So schrieb er *drames larmoyants,* Rührstücke, und einige andere taten es nach ihm. Darüber hinaus porträtierten und verherrlichten mehrere der neuen Stückeschreiber nicht nur den Mittelstand, sondern sie griffen auch den Adel, den Klerus, zuletzt sogar die Regierung an – die Korruption, die hohen Steuern, den Luxus und die Verschwendung. Sie brandmarkten nicht nur Despotismus und Scheinheiligkeit (Voltaire hatte dies gründlich getan), sie priesen die Republik und die Demokratie, und diese Passagen wurden mit besonderer Wärme beklatscht[33]. Das französische Theater vereinigte sich mit hundert anderen Kräften, die Revolution vorzubereiten.

IV. MARMONTEL

«Autoren sind überall», schrieb Horace Walpole 1765 aus Paris, und sie «sind schlechter als ihre eigenen Schriften, was in keinem Falle ein Kompliment sein soll»[34]. Sicherlich ließ sich das Zeitalter, was die Literatur betraf, nicht mit dem Molières und Racines oder mit dem Hugos, Flauberts und Balzacs vergleichen. In dieser kurzen Periode zwischen 1757 und 1774 haben wir als erinnerungswürdige Autoren nur Rousseau und Marmontel, daneben die glühende Asche von Voltaires Geist und die geheimen, unveröffentlichten Ausbrüche Diderots. Männer und Frauen widmeten sich so intensiv der Konversation, daß ihr Witz verbraucht war, bevor sie zur Feder griffen. Aristokratische Eleganz war außer Kurs; Philosophie, Wirtschaft und Politik beherrschten die Bühne, der Inhalt bestimmte jetzt die Form. Selbst die Poesie wurde zur Propaganda. Saint-Lamberts *Les Saisons* (1769) ahmten James Thomson nach, verurteilten aber Fanatismus und Luxus als unzeitgemäß und stellten sich wie Lear den Winter vor als eisige Winde, die um die Hütten der Armen pfeifen.

Jean-François Marmontel verdankte seinen Aufstieg seiner Schlauheit, den Frauen und Voltaire. 1723 geboren, schrieb er in hohem Alter seine liebenswürdigen *Mémoires d'un père* (1804), die uns ein zärtliches Bild seiner Kindheit und Jugend malen. Obwohl er Skeptiker wurde und fast ein Verehrer Voltaires, hatte er nur Gutes zu sagen über die frommen Menschen, die ihn aufgezogen, und über die freundlichen und gütigen Jesuiten, die ihn unterrichtet hatten. Diese liebte er so sehr, daß er sich die Tonsur scheren ließ, sich um Aufnahme in ihrem Orden bewarb und in ihren Stiftsschulen in Clermont und Toulouse lehrte. Doch wie viele andere Zöglinge der Jesuiten flog er auf den Winden der Aufklärung davon und verlor schließlich seine geistige Jungfräulichkeit. 1743 unterbreitete er Voltaire Verse, dem diese so sehr gefielen, daß er Marmontel eine Sammlung mit eigener Hand korrigierter Werke schickte. Der junge Dichter hielt diese Bücher wie ein geheiligtes Erbe und gab jeden Gedanken an eine Priesterlaufbahn auf. Zwei Jahre später besorgte ihm Voltaire eine Stellung in Paris und freien Eintritt in das Théâtre-Français; ja, Voltaire ging in der verborgenen Güte seines kinderlosen Vaterherzens so weit, Marmontels Gedichte zu verkaufen und ihm den Erlös zu schicken. 1747 wurde Marmontels Theaterstück *Denys le Tyran* (Dionysios) – Voltaire gewidmet – angenommen und aufgeführt. Es hatte einen Erfolg, der seine Hoffnungen weit überstieg; «in einem Tag wurde ich berühmt und reich»[35]. Bald war er ein kleiner Löwe in den Salons. Er war zu Gast an vielen Tischen, wo er mit seinem Geist bezahlte, und fand schließlich einen Weg in das Bett der Clairon.

Sein zweites Theaterstück, *Aristomène*, brachte ihm mehr Geld, mehr Freunde und mehr Mätressen ein. Auf den Gesellschaften der Frau von Tencin lernte er Fontenelle, Montesquieu, Helvétius und Marivaux kennen. An Holbachs Tafel hörte er Diderot, Rousseau und Grimm. Geführt von Frauen, machte er seinen Weg in der Welt. Nachdem er Ludwig XV. in geistreichen Versen gepriesen hatte, wurde er zum Hof zugelassen. Die Pompadour war entzückt von seinem hübschen Gesicht und seiner blühenden Jugend; sie überredete ihren Bruder, ihn als Sekretär einzustellen, und machte ihn 1758 zum Herausgeber des offiziellen Journals *Mercure de France*. Er schrieb ein Libretto für Rameau und Artikel für die *Encyclopédie*. Frau Geoffrin gefiel er so sehr, daß sie ihm ein trauliches Appartement in ihrem Haus anbot, wo er zehn Jahre als zahlender Gast wohnte.

Für den *Mercure* schrieb er (1753–1760) eine Reihe von *Contes moraux* (Moralische Erzählungen), welche diese Zeitschrift literaturfähig machten. Eine davon diene als Beispiel für alle: Suleiman II., türkischer Wonnen müde, verlangte drei europäische Schönheiten. Die erste leistet einen Monat lang Widerstand, gibt eine Woche nach und wird dann beiseite geschoben. Die zweite singt wunderschön, doch ihre Konversation ist einschläfernd. Roxalana, die dritte, leistet nicht nur Widerstand, sie beschimpft den Sultan als Wüstling und Verbrecher. «Vergißt du, wer ich bin und wer du bist?» schreit er. Roxalana: «Du bist mächtig, ich bin schön, und so sind wir quitt.» Sie ist nicht übermäßig schön, doch sie hat eine Stupsnase, die Suleiman bezwingt. Er versucht jedes Mittel, ihren Widerstand zu brechen, doch vergeblich. Er droht, sie zu töten; sie schlägt vor, ihm die Mühe zu sparen, indem sie sich selbst tötet. Er beschimpft sie, sie beschimpft ihn noch ärger. Sie sagt ihm auch, daß er hübsch ist, daß er nur ihre Führung benötige, um so fein zu werden wie ein Franzose. Er ist beleidigt und fühlt sich geschmeichelt. Schließlich heiratet er sie und macht sie zu seiner Königin. Vor der Trauungszeremonie fragt er sich: «Ist es möglich, daß eine kleine Stupsnase die Gesetze eines Reiches umstürzt?»[36] Marmontels Moral: es sind die kleinen Dinge, die große Ereignisse verursachen, und wenn wir diese verborgenen Kleinigkeiten kennen, können wir die Geschichte vollständig umgestalten.

Fast alles gedieh Marmontel zum Erfolg, bis er (1767) einen Roman, *Bélisaire,* veröffentlichte. Der Roman war ausgezeichnet, doch er trat für religiöse Toleranz ein und bezweifelte «das Recht des Schwertes, Ketzerei, Religionslosigkeit und Gottlosigkeit auszurotten und die ganze Welt unter das Joch des wahren Glaubens zu bringen»[37]. Die Sorbonne verdammte das Buch mit der Begründung, es enthalte eine verwerfliche Doktrin. Marmontel erschien vor dem Syndikus der Sorbonne und protestierte: «Geben Sie zu, mein Herr, ... daß man mich mehr auf Grund des Geistes meines Jahrhunderts als auf Grund meines eigenen verurteilt.»[38] Der Geist des Zeitalters offenbarte sich in seiner Kühnheit und in der Milde seiner Bestrafung. Zehn Jahre vorher wäre er in die Bastille geschickt worden, und man hätte sein Buch verboten; jetzt aber florierte der Verkauf seines Romans, der immer noch die «Erlaubnis und das Privileg des Königs» trug, und die Regierung begnügte sich mit der Empfehlung, man solle über die Angelegenheit Schweigen bewahren[39]. Doch Frau Geoffrin war höchst beunruhigt, als das Dekret, das *Bélisaire* ächtete, nicht nur in den Kirchen verlesen, sondern auch an ihrer Haustür angeschlagen wurde. Sie legte Marmontel sanft nahe, sich eine andere Wohnung zu suchen.

Er landete wie gewöhnlich auf den Füßen. 1771 wurde er mit einem guten Gehalt als königlicher Historiograph angestellt, 1783 wurde er «ständiger Sekretär» der Französischen Akademie und 1786 Professor der Geschichte am Lycée. 1792, neunundsechzig Jahre alt und angeekelt von den Exzessen der Revolution, zog er sich nach Évreux und dann nach Abloville zurück; hier verfaßte er seine *Mémoires,* in denen er sogar der Sorbonne vergab. Er verbrachte seine letzten Jahre in geduldig ertragener Armut, dankbar dafür, ein reiches und volles Leben gelebt zu haben. Er starb am letzten Tag des Jahres 1799.

V. DAS LEBEN DER KUNST

1. *Die Bildhauerei*

Der König hatte einen guten Kunstgeschmack, ebenso die Herren und Damen seines Hofes und die Millionäre, die es jetzt gelüstete, den Staat zu beherrschen. Es war ein bedeutendes Ereignis in der französischen Geschichte, als die Manufakturen von Sèvres, die Frau von Pompadour begründet hatte, im Jahre 1769 begannen, Hartporzellan herzustellen, und obwohl die Deutschen dies in Dresden und Meißen sechzig Jahre früher getan hatten, eroberten sich die Produkte von Sèvres bald einen europäischen Markt. Große Künstler wie Boucher, Caffieri, Pajou, Pigalle, Falconet und Clodion waren sich nicht zu gut, Muster für Sèvres-Porzellan zu entwerfen. Inzwischen kamen Faïence und Weichporzellan mit erlesenen Dessins aus den Töpfereien von Sèvres, St-Cloud, Chantilly, Vincennes ...

Töpfer, Schlosser, Tischler und Gobelinweber vereinten ihre Künste, die Räume des Königs, des Adels und der Financiers zu schmücken. Uhren wie jene, die Boizot entwarf und Gouthière in Bronze goß[40], waren ein charakteristischer Zierat dieses Zeitalters. Pierre Gouthière und Jacques Caffieri schufen Hervorragendes in «Or moulu» – wörtlich «Gemahlenes Gold», in Wirklichkeit eine vorwiegend aus Kupfer und Zink bestehende Legierung, die geschnitten, getrieben und in Möbel eingelegt wurde. Die großen Kunsttischler bildeten eine stolze und mächtige Zunft, deren Mitglieder gehalten waren, ihre Arbeiten zum Zeichen ihrer Verantwortlichkeit mit ihrem Namensstempel zu versehen. Die besten von ihnen in Frankreich kamen aus Deutschland: Jean-François Œben und sein Schüler Jean-Henri Riesener. Diese beiden schufen gemeinsam für Ludwig XV. (1769) einen prächtigen «Bureau du Roi», eine Rokoko-Orgie in Form, Verzierung, Einlegearbeit und Vergoldung, für die der König 63 000 Pfund zahlte. Später waren Napoleon I. und Napoleon III. stolze Besitzer des Schreibtischs, der 1870 in den Louvre wanderte. Er wird heute auf 50 000 Pfund Sterling geschätzt[41].

In diesem Zeitalter, das greifbare Werte so hoch schätzte, gelangte die Bildhauerkunst zu fast klassischer Bedeutung, denn ihr Wesen war Form; und Frankreich erfuhr, daß Form und nicht Farbe die Seele der Kunst ist. Auch hier überstrahlten die Frauen die Götter, nicht in der natürlichen Unvollkommenheit der Wirklichkeit, sondern in den idealen Formen und Gewändern, die empfindsame Bildhauer ersannen und gestalteten. Skulpturen verschönerten nicht nur Paläste und Kirchen, sondern auch Gärten und öffentliche Parks; so gehörten die Statuen in den Gärten der Tuilerien zu den volkstümlichsten Figuren in Paris, und Bordeaux, Nancy, Rennes und Reims wetteiferten mit Paris in Terrakotta, Marmor und Bronze.

Guillaume Coustou II. schuf jetzt sein schönstes Werk. 1764 bestellte Friedrich der Große bei ihm Statuen der Venus und des Mars; 1769 schickte sie Coustou nach Potsdam, wo sie im Schloß von Sanssouci aufgestellt wurden. 1769 begann er auch das prunkvolle Grab für den Dauphin und die Dauphine (die Eltern Ludwigs XVI.) für die Kathedrale von Sens, an dem er bis zu seinem Tod (1777) arbeitete. In seinen letzten Jahrzehnten erlebte er den Aufstieg des strahlendsten Quartetts von Bildhauern, das Frankreich je hervorgebracht hat: Pigalle, Falconet, Caffieri und Pajou.

Nachdem er den *Grand Prix,* der mit einem Stipendium für das Kunststudium in Rom verbunden war, nicht gewonnen hatte, reiste Pigalle, unterstützt von Coustou, auf eigene Kosten in die Ewige Stadt. Nach Paris zurückgekehrt, wurde er auf Grund seines ersten Meisterwerkes, *Mercure attachant ses talonnières* (Merkur, seine Fersenflügel befestigend), in die Académie des Beaux-Arts aufgenommen. Als er es sah, rief der alte Bildhauer Jean-Baptiste Lemoyne aus: «*Je voudrais l'avoir fait!*» («Ich wünschte, ich hätte es geschaffen!»). Auch Ludwig XV. gefiel die Statue, und er schickte sie 1749 seinem Verbündeten Friedrich II. Irgendwie fand sie wieder ihren Weg zurück in den Louvre, wo wir heute die bemerkenswerte Geschicklichkeit bewundern können, mit der der junge Künstler die Ungeduld des olympischen Herolds, sich auf und davon zu machen, zum Ausdruck brachte. Frau von Pompadour fand Pigalles Werk kongenial und gab ihm viele Aufträge. Er schuf eine Büste von ihr, die sich heute im Metropolitan Museum of Art in New York befindet, und als ihre Liebschaft mit dem König in Freundschaft endete, meißelte er ihr Porträt als *Déesse de l'Amitié* (1753)[42]. Er schuf eine Statue Ludwigs XV. als schlichter *Citoyen* für die Place Royale in Reims und beendete Bouchardons *Louis XV* für die heutige Place de la Concorde. Er porträtierte Diderot in Bronze als einen von widerstreitenden Philosophien zerrissenen Menschen, doch wurde er theatralisch in dem Grab, das er für die sterblichen Überreste des Marschalls von Sachsen in der St.-Thomas-Kirche in Straßburg schuf – der verliebte Krieger schreitet in den Tod wie zum Sieg.

Die meistberedete Statue dieser Epoche war jene, die Pigalle im Auftrage der gebildeten Oberschicht Europas von Voltaire schaffen sollte. Den Einfall hatte Frau Necker auf einer ihrer Soirées am 17. April 1770. Alle ihre siebzehn Gäste (zu denen d'Alembert, Morellet, Raynal, Grimm und Marmontel gehörten) begrüßten den Vorschlag, und die Öffentlichkeit wurde aufgefordert, durch Subskription zu den Kosten beizutragen. Es wurden Einwände erhoben, denn es war ungewöhnlich, Statuen lebender Personen, ausgenommen Mitglieder der königlichen Familie, aufzustellen, und es waren keine von Corneille oder Racine vor deren Tod hergestellt worden. Dennoch gingen zahlreiche Subskriptionen ein, sogar von einem großen Teil der Herrscher Europas. Friedrich schickte zweihundert Louisdor, das Andenken seines alten Freundes und Gegners zu ehren. Rousseau ersuchte um die Erlaubnis, seinen Beitrag zu leisten. Voltaire machte Einwände, doch d'Alembert überredete ihn, seine Zustimmung zu geben. Fréron, Palissot und andere *anti-philosophes* boten ihren Beitrag an, der jedoch zurückgewiesen wurde; die *philosophes* erwiesen sich im Vergeben langsamer als ihre Gegner. Voltaire selbst jedoch warnte Frau Necker, er sei kein geeignetes Thema für die Bildhauerkunst:

«Ich bin sechsundsiebzig Jahre alt und habe mich kaum von einer schweren Krankheit erholt, die meinen Leib und meine Seele sechs Wochen lang sehr böse gequält hat. Monsieur Pigalle, heißt es, soll hierher kommen und mein Gesicht modellieren. Doch dazu, Madame, wäre es nötig, daß ich ein Gesicht *habe;* die Stelle, wo es war, kann kaum erraten werden. Meine Augen sind drei Zoll tief eingesunken, meine Wangen sind wie altes Pergament, das schlaff über Knochen hängt, die aus den Gelenken sind; die wenigen Zähne, die ich hatte, sind alle ausgefallen. Was ich Ihnen sage, ist keine Koketterie, es ist die reine Wahrheit. Kein armer Mann ist je in dieser Verfassung in Stein gehauen worden: Monsieur Pigalle würde glauben, daß man sich über ihn lustig gemacht hat, und für meinen Teil würde ich so viel Selbstliebe besitzen, daß ich es nie wagen sollte, in seiner Gegenwart zu erscheinen. Ich würde ihm raten, wenn er dieser seltsamen Affäre ein Ende zu machen wünscht, sein Modell, mit leichten Veränderungen, von der kleinen Figur in Sèvres-Porzellan zu nehmen.»[43]

Pigalle komplizierte das Problem zusätzlich, indem er vorschlug, eine nackte Statue von dem berühmten Kobold herzustellen, doch man brachte ihn davon ab. Er reiste im Juni nach Ferney, und acht Tage lang saß ihm der verschämte Philosoph immer wieder, doch so unruhig – einem Sekretär diktierend, Grimassen schneidend, Erbsen auf verschiedene Gegenstände in dem Zimmer blasend –, daß der Bildhauer einem nervösen Zusammenbruch nahekam[44]. Mit einem Modell nach Paris zurückgekehrt, arbeitete er zwei Monate lang an der Durchführung und enthüllte das Resultat am 4. September; die halbe Elite kam, um zu staunen und zu lächeln. Die Statue steht heute im Vestibül der Bibliothek des Institut de France.

Pigalles einziger Rivale um den ersten Platz unter den Bildhauern dieser Periode war Étienne-Maurice Falconet, und Diderot erzählt uns eine hübsche Geschichte über ihre Feindschaft. Falconet, der zwei Jahre jünger war, vermied zunächst einen direkten Wettbewerb, indem er Porzellanfiguren schuf. Besonders köstlich war der von Duru nach Falconets Zeichnung modellierte *Pygmalion,* der das Erstaunen des griechischen Bildhauers zeigt, wenn seine marmorne Galathea sich niederbeugt, um zu ihm zu sprechen. Diese Figur könnte eine halbvergessene Wahrheit symbolisieren: Wenn ein Kunstwerk nicht zu uns spricht, ist es keine Kunst. Als Pigalle dieses in bleibende Bedeutung verwandelte Stück Ton gezeigt wurde, äußerte er das traditionelle Kompliment eines großen Künstlers für einen anderen: «Ich wünschte, ich hätte das geschaffen!» Doch als Falconet Pigalles *Louis XV Citoyen* sah, gab er das Kompliment nicht ganz zurück. «Monsieur Pigalle», sagte er, «ich mag Sie nicht, und ich glaube, Sie erwidern meine Gefühle. Ich habe Ihren *Citoyen* gesehen. Es war möglich, ein solches Werk zu schaffen, da Sie es getan haben; doch ich glaube nicht, daß die Kunst darüber hinaus in eine Richtung fortschreiten kann. Dies hindert uns nicht daran, so zu bleiben, wie wir waren.»[45]

Falconet wurde verbittert durch vierzig Jahre vergeblicher Bemühungen, bevor er volle Anerkennung fand. Er zog sich in sich selbst zurück, lebte einfach wie ein Diogenes, geriet leicht in Streit, setzte sein eigenes Werk herab und hatte für Ruhm, zeitgenössischen oder postumen, nur Verachtung übrig. Doch schließlich kam der Ruhm auch zu ihm mit seiner *Baigneuse* (1757) – einer hübschen Badenden, die die Wassertemperatur mit den Zehen ausprobiert[46]. Nun erwärmte sich Frau von Pompadour für ihn. Für sie schuf er *Amour menaçant* – Cupido, der einen mit Liebe vergifteten Pfeil abzuschießen droht. Für eine Zeitlang wurde Falconet der Boucher und Fragonard der Bildhauerei, schuf so pikante Kostbarkeiten wie *Venus und Cupido, Venus entkleidet sich vor Paris* ... Er leistete Hervorragendes im Entwurf von Leuchtern, kleinen Springbrunnen und Figurinen. Er meißelte in Marmor die Uhr der Drei Grazien, heute im Louvre, erfreute die Pompadour, indem er sie als *Musik*[47] darstellte. 1766 folgte er der Einladung Katharinas II., nach Rußland zu kommen; in St. Petersburg schuf er sein Meisterwerk, Peter den Großen auf einem sich bäumenden Pferd. Mit Diderot und Grimm teilte er die Gunst der Kaiserin, arbeitete für sie zwölf Jahre lang, stritt mit ihr und ihren Ministern, verließ sie in einem Augenblick der Verstimmung und kehrte nach Paris zurück. 1783 erlitt er einen Schlaganfall; die acht Jahre, die ihm noch verblieben, verbrachte er in seinem Zimmer, bestätigt in seiner düsteren Lebensanschauung.

Jean-Jacques Caffieri konnte fröhlicher ins Leben schauen, denn er wurde in jungen Jahren zum Erfolg geführt durch seinen Vater Jacques, einen der führenden Bronzegießer der vorangegangenen Generation. Er fand früh Zutritt zur Académie des Beaux-Arts mit seiner Figur eines alten, nackten und bärtigen Mannes, betitelt *Le Fleuve* (Der Fluß). Die Comédie-Française beauftragte ihn, ihre Halle mit Büsten der französischen Dramatiker zu schmücken; er entzückte alle Welt mit seinen idealisierten Darstellungen von Corneille, Molière und Voltaire. Sein Meisterwerk ist eine Büste des Bühnenschriftstellers Jean de Rotrou, die er nach einer von der Familie aufbewahrten Radierung schuf. Sie stellt d'Artagnan in seinen mittleren Jahren dar – mit fliegendem Haar, blitzenden Augen, kampflustig geblähten Nüstern, knisterndem Schnurrbart. Sie ist eine der schönsten Büsten in der Geschichte der Bildhauerei. Eifersüchtig auf die Comédie, überredete die Compagnie de l'Opéra Caffieri, auch ihre Heroen zu porträtieren; er schuf Büsten von Lully und Rameau, doch diese sind verschwunden. Ein liebliches Bildnis eines jungen Mädchens ist erhalten geblieben[48], vielleicht ein Mitglied des Opernballetts, eine reizvolle Versöhnung sittsamer Augen mit stolzen Brüsten.

Madame Dubarrys Lieblingsbildhauer war Augustin Pajou. Nach dem üblichen Noviziat in Rom gelangte er früh zu Wohlstand durch königliche Aufträge und Bestellungen aus dem Ausland. Er schuf ein Dutzend Porträts der neuen Mätresse; bei dem, das sich heute im Louvre befindet, trägt sie ein wunderbar modelliertes klassisches Kostüm. Auf Verlangen des Königs porträtierte er Buffon für den Jardin du Roi[49]; dann verewigte er Descartes, Turenne, Pascal und Bossuet. Sein schönstes Werk ist der Nachwelt erhalten geblieben in den Reliefs, mit denen er die untere Logenreihe im Opernhaus von Versailles schmückte. Er lebte lange genug, um für Ludwig XVI. zu arbeiten, die Hinrichtung dieses Königs zu betrauern und Napoleons Märsche über den Kontinent zu verfolgen.

2. *Die Architektur*

Gab es eine erinnerungswürdige Bautätigkeit im Frankreich dieser achtzehn Jahre? Keine große. Die Kirchen waren bereits zu groß für die übriggebliebenen Gläubigen, und die Paläste erregten die Eifersucht der hungernden Masse. Die Erneuerung des Interesses für römische Architektur durch die Ausgrabungen in Herculaneum (1738) und Pompeii (1748–1763) förderte ein Wiederaufleben der klassischen Stile – Linien voller Einfachheit und Würde, Fassaden mit Säulen und Giebeln und manchmal eine ragende Kuppel. Jacques-François Blondel, Professor an der Académie Royale de l'Architecture, war begeistert von solchen klassischen Formen, und sein Nachfolger, Julien-David Le Roy, gab 1774 eine Abhandlung *Les plus Beaux Monuments de la Grèce* heraus, welche die Ansteckung beschleunigte. Anne-Claude de Tubières, Graf von Caylus, veröffentlichte nach vielen Reisen in Italien, Griechenland und im Nahen Osten (1752–1767) sieben epochemachende Bände, *Recueil d'antiquités égyptiennes, étrusques, grecques, romaines et gauloises,* sorgfältig illustriert nach einigen seiner eigenen Zeichnungen. Die ganze Welt der französischen Kunst, sogar die der französischen Lebensart, wurde durch dieses Buch mächtig beeinflußt zur Ablehnung der Ausschweifung des Barocks und der Frivolitäten des Rokokos und in seinem erneuerten Streben nach den reinen Linien der klassischen Stile. So erklärte Grimm 1763 seinen Lesern:

«In den letzten Jahren hat es eine rege Nachfrage nach antiken Monumenten und Formen gegeben. Die Vorliebe für sie ist so allgemein geworden, daß nun alles *à la grecque* gemacht sein muß, von der Architektur zur Mode; unsere Damen lassen sich ihr Haar *à la grecque* frisieren, unsere feinen Herren glauben sich entehrt, wenn sie nicht eine kleine Dose *à la grecque* in der Hand halten.»[50]

Und Diderot, der Apostel der bürgerlichen Romantik, ergab sich plötzlich der neuen Welle (1765) bei der Lektüre einer Übersetzung von Winckelmanns *Geschichte der Kunst des Altertums.* «Mir scheint», schrieb er, «wir müssen die Antike studieren, damit wir lernen, die Natur zu sehen.»[51] Dieser Satz war an sich eine Revolution.

1757 begann Jacques-Germain Soufflot die Kirche Ste-Geneviève zu bauen, die Ludwig XV., als er in Metz erkrankte, der Schutzpatronin von Paris nach seiner Genesung zu errichten gelobt hatte. Der König selbst legte den Grundstein, und der Bau dieses Gebäudes «wurde das große architektonische Ereignis der zweiten Hälfte des 18. Jahrhunderts» in Frankreich[52]. Soufflot entwarf es in der Form eines römischen Tempels mit einer Säulenhalle, mit Ziergiebeln und korinthischen Säulen und vier Schiffen, die, ein griechisches Kreuz bildend, in einen Zentralchor unter einer dreifachen Kuppel mündeten. Kontroversen kennzeichneten fast jedes Stadium des Baus. Gepeinigt und entmutigt durch Angriffe auf seinen Entwurf, starb Soufflot 1780, das Gebäude unvollendet zurücklassend. Die vier Pfeiler, die nach seinem Plan die Kuppel tragen sollten, erwiesen sich als zu schwach, und Charles-Étienne Cuvillier ersetzte sie durch ein weitaus schöneres Säulenrund. Dieses Meisterwerk der wiedererwachenden Klassik wurde durch die Revolution säkularisiert; es wurde in *Pantheon* umbenannt in Erinnerung an das Meisterwerk des Marcus Agrippa als Begräbnisstätte «aller Götter» der neuen Ordnung, sogar Voltaires, Rousseaus und Marats. Er hörte auf, eine christliche Kirche zu sein, und wurde ein heidnisches Grab, in seiner Architektur und in seinem Schicksal den fortschreitenden Triumph des Heidentums über das Christentum symbolisierend.

Der klassische Stil errang einen weiteren Sieg in der ersten Kirche der Madeleine (Magdalena), die 1764 begonnen wurde. Kolonnaden und Seitenschiffe mit flachen Decken traten an die Stelle von Bögen und Gewölben, und eine Kuppel bedeckte den Chor. Napoleon ließ die Kirche abreißen, bevor sie vollendet war, um Platz zu machen für die klassischere Madeleine, die heute dort steht.

Diese Rückkehr zu ernsten klassischen Formen nach dem rebellischen Überschwang des Barocks unter Ludwig XIV. und der verspielten Eleganz des Rokokos unter Ludwig XV. war ein Teil des Übergangs, noch unter Ludwig XV., zum *style Louis Seize* – dem Stil in Architektur, Möbelkunst und Ornamentik, der den Namen des guillotinierten Königs annehmen sollte. Die Kunst bekehrte sich von den unberechenbaren Kurven und überflüssigen Verzierungen zu der nüchterneren Einfachheit gerader Linien und Formen. Es war, als ob der Niedergang des Christentums der gotischen Verzükkung die Seele genommen und der Kunst keine andere Zuflucht gelassen hätte als eine von Göttern entblößte und an der Erde haftende stoische Verschlossenheit.

Der größte der französischen Baumeister dieser Generation war Jacques-Ange Gabriel, der die Architektur von seinen Ahnen her im Blut hatte. Von Ludwig XV. (1752) beauftragt, ein altes Schloß in Compiègne zu restaurieren, schmückte er den Eingang mit einer griechischen Vorhalle mit dorischen Säulen, einem gezackten Sims und einer verzierten Balustrade. Er folgte ähnlichen Ideen beim Umbau des rechten Flügels des Schlosses von Versailles (1770). Für das gleiche Schloß baute er (1753–1770) ein erlesenes Opernhaus. Die glatten Säulen, die zart gemeißelten Gesimse und die schöne Balustrade machen dieses Theater zu einem der lieblichsten Interieurs in Frankreich. Der Öffentlichkeit und Steifheit des Hofes müde, beauftragte Ludwig Gabriel, ihm eine im Wald verborgene *petite maison* zu bauen; Gabriel wählte ein Gelände, eine Meile vom Schloß entfernt, und errichtete dort im Stil der französischen Renaissance den Petit Trianon (1762–1768). Hier hatte die Pompadour Zurückgezogenheit und Ruhe zu finden gehofft. Die Dubarry tobte sich eine Weile hier aus, und dann machte Marie-Antoinette das Schlößchen zu ihrem Lieblingsrefugium als die königliche Schäferin in jenen glücklichen, sorglosen Tagen, als die Sonne noch über Versailles schien.

3. *Greuze*

In der Intimität aristokratischer Häuser waren Gemälde ein bevorzugter Schmuck. Statuen waren kalt und farblos, sie gefielen dem Auge und dem Verstand mehr als dem Herzen und der Seele. Gemälde dagegen konnten den Wechsel von Stimmungen und Neigungen widerspiegeln und den Geist ins Freie tragen, unter schattige Bäume oder auf ferne Schauplätze, während der Leib innerhalb der Mauern blieb. So malte Claude-Joseph Vernet so viele auf Frankreichs Gewässern fahrende Schiffe, daß Ludwig XV. in einem berühmten Scherz meinte, es sei unnötig, weitere Schiffe zu bauen. Die französische Regierung beauftragte Vernet, die Häfen zu besuchen und die dort vor Anker liegenden Schiffe zu malen; er tat es und machte Frankreich stolz auf seine Flotte. Diderot beschaffte sich eine von Vernets Seelandschaften und schätzte sie so hoch, daß er zu einem improvisierten Gott betete: «Ich überlasse sie Dir alle, nimm sie alle zurück, ja alle, außer Vernet!»[53] – Und da war Hubert Robert, den man «Robert des Ruines» nannte, weil er fast alle seine Landschaften mit römischen Ruinen ausstattete, wie den *Pont du Gard bei Nîmes*. Trotzdem war er «sehr gefragt» in den Pariser Salons, versichert uns Frau Vigée-Lebrun, obwohl er ruinierend viel aß[54]. – Und da war ferner François-Hubert Drouais, der uns mit empfindsamem Pinsel die Lieblichkeit der Marquise von Sorau und die unschuldige Kindheit des späteren Karl X. und seiner Schwester Marie-Adélaïde erhalten hat[55]. Doch beschäftigen wir uns näher mit Greuze und Fragonard.

Jean-Baptiste Greuze war der Rousseau und Diderot des Pinsels, der seinen Farben den rosigen Schimmer des Gefühls verlieh und sich zum Apelles des Bürgertums machte. Gefühl ist beglückender als Intellekt und nicht so oberflächlich; wir müssen Greuze vergeben, daß er die angenehmen Seiten des Lebens sah und malte, daß er das fröhliche Hüpfen der Kinder liebte, die zerbrechliche Unschuld hübscher Mädchen und die bescheidene Zufriedenheit der Häuser des Mittelstands. Ohne Greuze und Chardin würden wir vielleicht annehmen, daß ganz Frankreich dekadent und korrupt war, daß die Dubarry sein Vorbild, daß Venus und Mars seine einzigen Gottheiten waren. Doch dekadent waren nur die Adligen und korrupt war nur Ludwig XV., und es waren die Aristokratie und die Monarchie, die in der Revolution gestürzt wurden. Die Massen des Volkes – mit Ausnahme des ländlichen und des städtischen Mobs – bewahrten die Tugenden, die eine Nation retten, und Greuze malte sie. Diderot begrüßte Chardin und Greuze, nicht Boucher und Fragonard als die Künder des gesunden Frankreich.

Die Geschichte der Jugend des Malers ist die übliche: er wollte zeichnen, doch sein Vater verbot es ihm als Vorwand für Faulheit. Der Junge kroch nachts aus dem Bett, um Bilder zu malen, der Vater fand eins dieser Bilder, ließ sich erweichen und schickte ihn zur Ausbildung zu einem Maler nach Lyon. Jean-Baptiste war bald nicht mehr mit dem zufrieden, was er hier lernen konnte, und ging nach Paris. Er arbeitete eine Zeitlang in der Armut, in der ein junges Talent sich bewährt. Er hatte später gute Gründe, die bessere Seite der Menschen zu zeigen, denn er fand, wie die meisten von uns, viel Freundlichkeit in der geschäftigen Gleichgültigkeit der Welt. Um 1754 kaufte ein Kunstsammler namens La Live de Jully Greuzes *Père de Famille* (Diderot benutzte den gleichen Titel für sein zweites Theaterstück, 1758) und ermutigte ihn, weiterzumachen. Der Kunsterzieher der königlichen Familie sah ein Bild von Greuze und empfahl ihn als Kandidaten für die Akademie. Doch von jedem Kandidaten wurde erwartet, daß er innerhalb von sechs Monaten ein Gemälde mit einer historischen Szene einreichte. Diese Historienmalerei lag Greuze nicht; er ließ seine Kandidatur fallen und nahm das Angebot des Abbé Gogenot an, seine Reise nach Rom zu finanzieren (1755).

Er war jetzt dreißig und mußte seit langem den Magnetismus der Frau gespürt haben. Ist nicht die Hälfte der Kunst ein Nebenprodukt dieser unwiderstehlichen Kraft? Sie brachte ihn in Rom an den Rand des Todes. Er wurde engagiert, Laetitia, die Tochter eines Herzogs, im Zeichnen zu unterrichten. Diese stand in der vollen Blüte ihrer Jugend. Was konnte er anderes tun, als sich in sie zu verlieben? Und er war hübsch, hatte lockiges Haar und ein fröhliches, rosiges Gesicht. Fragonard, sein Studienfreund, nannte ihn einen «verliebten Cherub». Man betrachte sein Selbstporträt im hohen Alter im Louvre und stelle sich ihn mit dreißig vor. Unausweichlich spielte Laetitia die Rolle der Heloise neben ihrem Abaelard, doch ohne die chirurgische Konsequenz. Er nutzte den Augenblick ihrer Schwäche nicht aus. Sie machte ihm einen Heiratsantrag; er verzehrte sich nach ihr, begriff jedoch, daß die Ehe eines armen Malers mit der Erbin eines Herzogs bald eine Tragödie für das Mädchen sein würde, und, seiner Selbstbeherrschung nicht sicher, entschloß er sich, sie nicht wieder zu sehen. Sie wurde krank; er besuchte und tröstete sie, blieb jedoch bei seinem Entschluß. Man versichert uns, er habe drei Monate mit Fieber und häufigem Delirium im Bett gelegen[56]. 1756 kehrte er nach Paris zurück, vollkommen unberührt von der klassischen Kunst und der neoklassischen Renaissance.

«Wenige Tage nach meiner Ankunft in Paris», erzählt er uns, «ging ich, ich weiß nicht, von welchem Schicksal geführt, durch die Rue St-Jacques, als ich Fräulein Babuty hinter ihrem Ladentisch sah.»[57] Anne-Gabrielle Babuty arbeitete in der Buchhandlung ihres Vaters; Diderot hatte einige Jahre zuvor bei ihr Bücher gekauft und «sie sehr geliebt» (seine Worte). Jetzt (1756/57) war sie «über dreißig Jahre alt» (berichtet Greuze) und fürchtete, eine alte Jungfer zu werden. Sie stellte fest, daß Jean-Baptiste nicht wohlhabend war, doch er gefiel ihr. Nachdem er sie einige Male besucht hatte, fragte sie ihn: «Herr Greuze, würden Sie mich heiraten, wenn ich einverstanden wäre?» Wie jeder anständige Franzose antwortete er: «Mademoiselle, würde nicht jeder Mann sich glücklich schätzen, sein Leben mit einer so reizenden Frau, wie Sie es sind, zu verbringen?» Er dachte nicht mehr daran, doch sie ließ die Nachbarschaft wissen, daß er mit ihr verlobt war. Er hatte nicht das Herz, ihr zu widersprechen, heiratete sie, und sieben Jahre lang waren sie leidlich glücklich. Sie war von süßer Schönheit und diente ihm willig als Modell in vielen Posen, die nichts enthüllten, doch alles ahnen ließen. Sie schenkte ihm in diesen Jahren drei Kinder; zwei blieben am Leben und inspirierten seine Kunst.

Die Welt kennt ihn wegen seiner Kinderbildnisse. Wir dürfen hier nicht die hohe Vollendung von Velázquez' *Don Baltasar Carlos*[58] oder Van Dycks *Jakob II. als Knabe*[59] erwarten, und wir fühlen uns manchmal bei Greuzes Mädchen abgestoßen durch eine übertriebene und rührende Sentimentalität, wie in dem Berliner *Bildnis einer Jungfrau;* doch warum sollten wir etwas gegen die Locken, die rosigen Wangen und wartend treuseligen Augen der *Unschuld*[60] oder die ungeschminkte Einfachheit von *Ein junges Bauernmädchen*[61] haben? Es ist nichts Unnatürliches an dem *Knaben mit Schulbuch*[62], er sieht aus wie jeder Junge, der einer für das Leben belanglosen Aufgabe müde ist. Von hundertdreiunddreißig erhalten gebliebenen Bildern Greuzes stellen sechsunddreißig Mädchen dar. Johann Georg Wille, ein in Paris lebender deutscher Radierer, kaufte von diesen Darstellungen idealisierter Kindheit und «schätzte sie höher als die besten Gemälde seiner Zeit»[63]. Greuze erwiderte das Kompliment, indem er den nicht gerade anziehenden Sachsen als ein Musterbeispiel der Männlichkeit porträtierte. Während die Mädchen in Greuzes Kunst heranwachsen, werden sie künstlicher; *La Laitière* (Das Milchmädchen)[64] ist wie für einen Ball gekleidet, und die Kleine von *La Cruche cassée* (Der zerbrochene Krug)[65] hat keinen Grund (außer Schönheit), auf ihrem Rückweg vom Brunnen eine Brustwarze zu zeigen. Doch in einem Bildnis der *Sophie Arnould*[66] erscheinen der Federhut, die kecke Haltung und die karminroten Lippen durchaus passend.

Greuze war ein kleiner Chardin mit einem Schuß Boucher, ein Mann, der die Tugend und das Leben des Mittelstandes ehrlich bewunderte, sie jedoch ab und zu mit einem sinnlichen Reiz umgab, den Chardin gescheut hätte. Wenn Greuze das Fleisch seiner Frauen vergaß, konnte er ein Idyll bürgerlicher Häuslichkeit schaffen, wie in *L'Accordée de village* (Die Dorfbraut)[67]. Als das Bild in der letzten Woche des Salons 1761 ausgestellt wurde, gewann es höchste Anerkennung und wurde das Gespräch von Paris. Diderot lobte es für seine *émotion douce* (süßes Gefühl), und das Théâtre des Italiens tat ihm die nie dagewesene Ehre an, es in einem lebenden Bild auf der Bühne darzustellen. Kenner fanden Fehler in dem Bild – schlecht verteiltes Licht, mißtönende Farben, unvollkommene Zeichnung und Ausführung; Aristokraten lachten über seine Sentimentalität. Doch das Pariser Publikum, das bis zum Überdruß mit Ehebruch gefüttert worden war und in dem gleichen Jahr über Rousseaus *Julie* weinte, befand sich in einer Stimmung, die es geneigt machte, die moralischen Ermahnungen zu respektieren, die der Vater der Braut fast hörbar dem Bräutigam erteilt. Jede Mittelstandsmatrone kannte die Gefühle einer Mutter, die ihre Tochter den Prüfungen und Gefahren der Ehe auslieferte, und jeder Bauer hätte sich zu Hause gefühlt in dieser Hütte, in der eine Henne und ihre Küken nach den Körnern auf dem Fußboden pickten oder zutraulich aus der Schale zu des Vaters Füßen tranken. Der Marquis von Marigny kaufte das Bild sofort, und der König bezahlte später 16650 Pfund dafür, um zu verhindern, daß es ins Ausland verkauft wurde. Es hängt jetzt in einem der weniger besuchten Räume des Louvre, beeinträchtigt durch den Verfall seiner zu oberflächlichen Farben und überholt durch die Reaktion von Zynismus und Realismus auf sentimentalen Optimismus.

Fast alle Maler von Paris waren der Ansicht, daß Greuze die Kunst erniedrigt habe, indem er sie durch Romantik predigen ließ, anstatt durch Einsicht und Unparteilichkeit Wahrheit und Charakter zu enthüllen. Diderot verteidigte ihn als «den ersten unserer Maler, der der Kunst eine Moral gab und seine Bilder eine Geschichte erzählen ließ»[68]. Er verstieg sich zu Ausrufungszeichen seiner Bewunderung der empfindsamen Tragödien, die Greuze darstellte. *«Délicieux!» Délicieux!»* waren seine Worte beim Anblick des Bildes *Junges Mädchen, das seinen toten Vogel beweint*. Er selbst kämpfte für Mittelstandsthemen und bürgerliche Gefühle im Drama; er sah in Greuze einen wertvollen Verbündeten und stellte ihn sogar über Chardin. Greuze nahm ihn zu ernst. Er machte sich selbst zum Apostel der Tugend und des Gefühls, schickte an die Pariser Journale lange Aufsätze über die moralischen Lehren in seinen Bildern. Schließlich erschöpfte er seinen Kredit beim Kunstpublikum, obwohl das Gefühl zunehmend die Epoche beherrschte.

Während der ganzen zwölf Jahre seit der Annahme der Kandidatur für die Akademie hatte er es versäumt, das für die volle Mitgliedschaft erforderliche historische Gemälde einzureichen. Nach dem Urteil der Akademie erforderte ein Genrebild, das Situationen aus dem häuslichen oder dem Alltagsleben zeigte, ein weniger reifes Talent als die erfinderische Rekonstruktion und angemessene Darstellung einer historischen Szene; daher nahm sie Genremaler nur als *agréés* auf, die akademischer Ehren oder einer Professur noch nicht würdig waren. 1767 erklärte die Akademie, daß die Bilder von Greuze in den alle zwei Jahre stattfindenden Salons nicht mehr ausgestellt würden, bis er ein historisches Bild eingereicht hätte.

Am 29. Juli 1769 schickte Greuze ein Bild des Septimius Severus ein, der seinem Sohn Caracalla Vorwürfe macht, weil er versucht hatte, ihn zu ermorden[69]. Das Bild wurde den Mitgliedern der Akademie gezeigt. Nach einer Stunde teilte der Direktor mit, daß er aufgenommen worden sei, fügte jedoch hinzu: «Monsieur, Sie sind in die Akademie aufgenommen worden, doch als Genremaler. Die Akademie stellte die Qualität Ihrer früheren Arbeiten in Rechnung; sie hat Ihre jetzige Arbeit, die sowohl der Akademie als auch Ihrer Person unwürdig ist, übersehen.»[70] Empört verteidigte Greuze sein Bild, doch eines der Mitglieder wies ihm Fehler in der Zeichnung nach. Greuze appellierte in einem Brief an den *Avant-Courier* (25. September 1769) an die Öffentlichkeit; seine Erklärung beeindruckte die Kenner nicht, und selbst Diderot gab die Berechtigung der Kritik zu.

Diderot erklärte, die Unzulänglichkeit des Gemäldes habe ihre Ursache in der durch den Zusammenbruch seiner Ehe verursachten geistigen Verwirrung des Malers. Er beschuldigte Anne-Gabrielle Babuty, sie habe sich zu einer bösen Sieben entwickelt, verschwende das Geld ihres Mannes, zermürbe ihn mit ihren Quälereien und zerstöre seinen Stolz durch ihre wiederholte Untreue[71]. Greuze selbst reichte beim Polizeikommissariat eine Klage ein (11. Dezember 1785), in der er seine Frau beschuldigte, sie empfange ständig ihre Liebhaber in seinem Haus trotz seinen Protesten. In einem späteren Brief beschuldigte er sie, ihm große Summen gestohlen und versucht zu haben, «mir den Kopf mit einem Nachttopf einzuschlagen»[72]. Er setzte eine legale Trennung durch, nahm ihre beiden Töchter mit sich und überließ ihr sein halbes Vermögen und eine Jahresrente von 1350 Pfund.

Sein Charakter litt unter diesen Schlägen. Er wurde empfindlich gegen jede Kritik und verlor alle Bescheidenheit in der Einschätzung seiner Bilder. Das Publikum jedoch stimmte mit seiner Selbsteinschätzung überein; es strömte in sein Atelier und machte ihn reich durch Einkäufe seiner Gemälde und der nach ihnen gemachten Drucke. Er investierte seine Einnahmen in Regierungsobligationen – *Assignaten*. Die Revolution machte diese Papiere wertlos, und Greuze selbst wurde ein armer Mann, während das Versinken Frankreichs in Klassenhaß und politischen Fanatismus sowie die neoklassische Reaktion den Markt für seine Bilder häuslichen Glücks und Friedens zerstörten. Die neue Regierung bewilligte ihm (1792) eine bescheidene Pension von 1537 Pfund, doch er kam nicht lange damit aus und ersuchte um einen Vorschuß. Eine Frau von der Straße, mit Namen Antigone, zog zu ihm und pflegte ihn in seiner schwindenden Gesundheit. Als er starb (1805), hatte fast die ganze Welt ihn vergessen, und nur zwei Maler geleiteten seinen Leichnam zum Grab.

4. Fragonard

Jean-Honoré Fragonard bestand die Prüfungen des Erfolgs besser als Greuze, denn er übertraf Greuze an Sinnlichkeit und Technik. Seine elegante Kunst ist die letzte Erhöhung der Frau im Frankreich des 18. Jahrhunderts.

Geboren in Grasse in der Provence (1732), trug er die Wohlgerüche und Blumen seines Ortes in seine Kunst, zusammen mit der romantischen Liebe der Troubadoure, und fügte schließlich Pariser Fröhlichkeit und philosophischen Zweifel hinzu. Mit fünfzehn nach Paris gebracht, bat er Boucher, ihn als Schüler anzunehmen; Boucher sagte ihm, so freundlich wie möglich, daß er nur fortgeschrittene Studenten nehme. Fragonard begann für Chardin zu arbeiten. In seinen freien Stunden kopierte er Meisterwerke, wo immer er sie finden konnte. Einige dieser Kopien zeigte er Boucher, der, höchst beeindruckt, ihn nun als Schüler annahm und seine jugendliche Phantasie bei der Herstellung von Entwürfen für Gobelins einsetzte. Der junge Bursche machte so schnelle Fortschritte, daß Boucher ihn drängte, sich um den Prix de Rome zu bewerben. Fragonard schickte ein historisches Gemälde – *Jerobeam opfert den Götzen*[73]. Es war ein bemerkenswertes Produkt für einen zwanzigjährigen Jüngling – prächtige römische Säulen, fliegende Gewänder, alte bärtige Köpfe, mit Turban oder kahl. Fragonard hatte früh gelernt, daß in einem alten Gesicht mehr Charakter liegt als in einem, das noch nicht durch Leidenschaft und Hingabe gezeichnet war. Die Akademie sprach ihm den Preis zu; er studierte drei Jahre im Atelier von Carle Vanloo und brach dann (1765) begeistert nach Rom auf.

Zunächst wurde er entmutigt durch die Meisterwerke, die er hier in Fülle zu Gesicht bekam.

«Die Energie Michelangelos erschreckte mich heftig ... Ich empfand ein Gefühl, das ich nicht wiedergeben konnte; als ich die Schönheiten Raffaels sah, wurde ich bis zu Tränen gerührt, und der Zeichenstift entfiel meinen Händen. Schließlich blieb ich mehrere Monate in einem Zustand vollster Gleichgültigkeit, den ich nicht überwinden konnte, bis ich mich schließlich von diesen Meistern ab- und anderen zuwandte, mit denen wetteifern zu können ich eine Hoffnung hatte. So fesselten mich Baroccio, Pietro da Cortona, Solimena und Tiepolo.»[74]

Statt alte Meister zu kopieren, zeichnete er Pläne oder Skizzen von Palästen, Bögen, Kirchen, Landschaften, Weingärten, von allem. Er hatte bereits jene Geschicklichkeit mit dem Bleistift erreicht, die ihn zu einem der gewandtesten und vollkommensten Zeichner einer Epoche machte, die gesegnet war in dieser Fundamentalkunst*. Wenige Zeichnungen haben mehr von dem Leben der Natur eingefangen als die grünen Bäume der Villa d'Este, wie Fragonard sie in Tivoli sah[75].

Nach Paris zurückgekehrt, machte er sich daran, die Akademie mit einer «Historie» als dem unerläßlichen *morceau de réception* zu befriedigen. Wie Greuze fand er historische Themen unkongenial; das gegenwärtige Paris mit seinen entzückenden Frauen zog ihn stärker an als die Vergangenheit, und der Einfluß Bouchers wirkte immer noch in ihm. Nach langer Verzögerung reichte er *Der Großpriester Koresos opfert sich, um Kallirrhoe zu retten* ein. Wir wollen jetzt nicht untersuchen, wer dieser Priester und diese Jungfrau waren; die Akademie fand sie lebendig und gut gezeichnet und bewilligte Fragonard die außerordentliche Mitgliedschaft. Diderot tobte: «Ich glaube nicht, daß ein anderer Maler in Europa dieses Gemälde hätte schaffen können»[76];

* Es war das Zeitalter so großer Kupferstecher und Radierer wie Charles-Nicolas Cochin, Gabriel de Saint-Aubin, Jean-Jacques Boissieu und Charles Eisen – der überragende Buchillustrator des 18. Jahrhunderts.

Ludwig XV. kaufte es als Muster für Tapeten. Doch Fragonard war fertig mit historischen Themen. Nach 1767 weigerte er sich, im Salon auszustellen; er arbeitete fast ausschließlich auf private Bestellung, wobei er seinem eigenen Geschmack nachgehen konnte, befreit von akademischen Beschränkungen. Lange vor den französischen Romantikern rebellierte er gegen die «braune Sauce» der Renaissance und brach fröhlich auf in weniger bekannte Gewässer.

Und zwar in nicht ganz unbekannte. Watteau hatte sich vor ihm leichten Gewissens mit seinen leuchtend gewandeten Frauen auf den Weg gemacht nach der Insel der Venus, Boucher war gefolgt mit verspielter Sinnlichkeit, und Greuze hatte Lust mit Unschuld gepaart. Fragonard vereinte sie alle miteinander: im Wind wehende zarte Gewänder, appetitliche Kokotten, die offen ihre süßen Reize anbieten, würdevolle Damen, die Männer mit dem Rascheln eines Rockes oder der Durchsichtigkeit einer Bluse hypnotisieren oder mit tänzerischer Anmut und schmachtendem Lächeln, und rundliche rosige Kinder mit zerzaustem Haar, die den Tod noch nicht entdeckt haben. In seinen Zeichnungen und Miniaturen schilderte er nahezu alle Aspekte des kindlichen Lebens – Kindlein, die ihre Mütter umarmen, Mädchen, die ihre Puppen liebkosen, Knaben, die auf einem Esel reiten oder mit einem Hund spielen ...

Fragonards gallische Verliebtheit entsprach kongenial dem Bedürfnis alternder Höflinge und verbrauchter Mätressen nach Bildern, die das Fleisch verherrlichen und erregen. Er durchstreifte die heidnische Mythologie nach Göttinnen, deren rosige Leiber immun waren gegen die Zeit; jetzt war es Venus, nicht die Jungfrau, die triumphierend zum Himmel aufstieg. Er stahl das halbe Ritual der Religion für die Zeremonien der Liebe: *Der gestohlene Kuß*[77] ist ein Gebet, *Der Liebesschwur* ist ein heiliges Gelübde, *Das Rosenopfer* ist das letzte Offertorium. Von den vier Gemälden, die Fragonard für das Schloß von Madame Dubarry in Louveciennes malte, hatte eines einen Titel, der für das halbe Lebenswerk des Künstlers hätte gelten können: *L'Amour qui embrase l'Univers* (Die Liebe, die die Welt in Brand setzt). Er durchblätterte die *Gerusalemme liberata,* um die Szene zu finden, in der die Nymphen vor dem keuschen Rinaldo mit ihren Reizen prunken. Er wurde der Boucher des Bettes, enthüllte Frauen halb oder in ihrer ganzen Nacktheit, wie in *La Dormeuse, La Chemise enlevée* oder *La Bacchante endormie*[78]. Dann, als er erkannte, daß Nacktheit illusionszerstörend sein kann, kehrte er von der Enthüllung zurück zur Andeutung und malte sein berühmtestes Bild, *Les Hasards de l'escarpolette* (Die Schaukel[79]); der Liebhaber starrt verzückt auf die Geheimnisse der Unterwäsche, die sich ihm enthüllen, während seine Dame sich auf der Schaukel immer höher schwingt und einen ihrer Schuhe lachend in die Luft schleudert. – Und schließlich konnte Fragonard Greuze sein und sogar Chardin: er malte sittsame Frauen, wie in *L'Étude, La Lecture*[80] und *Les Baisers maternels,* und in *Mademoiselle Colombe* entdeckte er, daß Frauen Seelen haben.

1769, im Alter von siebenunddreißig, unterwarf er sich dem Joch der Ehe. Als Fräulein Marie-Anne Gérard von Grasse nach Paris kam, um Kunst zu studieren, brauchte sie nur den Namen ihres Geburtsortes zu nennen, um in Fragonards Atelier aufgenommen zu werden. Sie war nicht schön, doch eine Frau in voller Blüte, und

«Frago» (wie er sich selbst nannte) kam wie Madame Bovary zu der Überzeugung, daß die Monogamie nicht langweiliger sein konnte als der Ehebruch. Er fand ein neues Vergnügen daran, mit ihr an Bildern wie *Die ersten Schritte des Kindes* zusammenzuarbeiten, seine Signatur mit der ihren zu verbinden. Als sie ihr erstes Kind gebar, fragte sie ihn, ob sie ihre vierzehn Jahre alte Schwester aus Grasse herholen dürfe, damit sie ihr bei der Pflege des Säuglings und im Haus helfe; er willigte ein, und für Jahre lebte dieser Haushalt in prekärem Frieden.

Jetzt wetteiferte er mit Greuze in der Darstellung des häuslichen Lebens und mit Boucher in der Wiedergabe der Ruhe ländlicher Szenen. Er malte einige religiöse Bilder und Porträts seiner Freunde. Er war als Freund beständiger denn als Liebhaber, blieb Greuze und Robert und David trotz ihren Erfolgen stets zugetan. Als die Revolution kam, widmete er der Nation ein patriotisches Bild, *La bonne Mère*. Seine Ersparnisse gingen zum größeren Teil verloren durch die Inflation und die Insolvenz der Regierung, doch David, Lieblingsmaler der neuen Ära, verschaffte ihm eine kleinere Pfründe. Etwa um diese Zeit malte er das bemerkenswerte Selbstporträt, das im Louvre hängt: ein massiger, ausdrucksvoller Kopf, weiches, kurzgeschnittenes Haar, die Augen noch ruhig und voller Selbstvertrauen. Der Terror entsetzte ihn und ekelte ihn an, und er floh in sein heimatliches Grasse, wo er im Hause seines Freundes Maubert Unterkunft fand. Er dekorierte die Wände und Tafelbilder, die in ihrer Gesamtheit bekannt sind als *Roman d'Amour et de la Jeunesse* (Eine Geschichte von Liebe und Jugend). Diese Bilder waren für Madame Dubarry gedacht, doch diese, nicht länger wohlhabend, verzichtete; heute gehören sie zu den Kostbarkeiten der Frick-Galerie in New York.

An einem Sommertag, als er erhitzt und schwitzend von einem Spaziergang in Paris zurückkehrte, machte er in einem Café Rast und aß ein Eis. Fast augenblicklich traf ihn ein Hirnschlag, und er starb einen glücklich schnellen Tod (22. August 1806). Grasse errichtete ihm ein schönes Monument mit einem nackten Engel zu seinen Füßen und hinter ihm eine junge Frau, die in fröhlichem Tanz ihre Röcke schwingt.

Ein Maler muß einen Preis dafür zahlen, daß er ein Zeitalter symbolisiert hat; sein Ruhm schwindet dahin mit dessen Leidenschaften und kann nur zurückkehren, wenn das Pathos der Distanz ihn adelt oder ein Wechsel der Gezeiten einen vergangenen Geschmack wieder in Mode bringt. Fragonard hatte Erfolg, weil seine Kunst, *desnuda* oder *vestida,* seiner Zeit gefiel, da sie den Verfall mit Anmut beschönigte; doch der unerbittliche Kodex einer Revolution, die gegen das gesamte übrige Europa um ihr Leben kämpfte, brauchte andere Götter als die Venus zur Inspiration, und er fand sie in den stoischen Helden des republikanischen Rom. Die Herrschaft der Frauen endete, das Regiment der Krieger kehrte wieder. Griechisch-römische Vorbilder, von neuem zu Göttern gemacht durch Winckelmann, dienten einer neuen Generation von Künstlern, und der neoklassische Stil schwemmte Barock und Rokoko in einer Sturmflut antiker Formen hinweg.

VI. DIE GROSSEN SALONS

1. Frau Geoffrin

Die Herrschaft der Frauen endete, doch erst nach dem Zenit der Salons. Diese einzigartige Institution erreichte ihren Höhepunkt mit Frau Geoffrin und ging unter in einem Fieber der Romantik mit Fräulein von Lespinasse. Sie sollte nach der Revolution wieder aufleben mit Frau von Staël und Frau Récamier, doch nie wieder mit dem Eifer und dem Glanz der Zeit, da politische Berühmtheiten sich an Samstagen bei Frau du Deffand, Künstler an den Montagen und Philosophen und Dichter an den Mittwochen bei Frau Geoffrin, Philosophen und Wissenschafter an den Dienstagen bei Frau Helvétius, an den Sonntagen und Donnerstagen bei Baron Holbach und literarische und politische Löwen an Dienstagen bei Frau Necker und manche von ihnen sich jeden Abend bei Julie de Lespinasse trafen. Außer diesen gab es viele Salons zweiten Ranges: bei den Frauen von Luxemburg, von La Vallière, von Forcalquier, von Talmont, von Broglie, von Bussy, von Crussol, von Choiseul, von Cambis, von Mirepoix, von Beauvau, von Anville, von Aiguillon, von Houdetot, von Marchais, Dupin und von Épinay.

Es war nicht Schönheit, die diese Junos der Salons auszeichnete. Fast alle von ihnen waren mittleren Alters oder älter. Es war jene Atmosphäre von Intelligenz, Takt, Anmut, Einfluß und unauffälligem Reichtum, der eine Gastgeberin befähigte, Frauen von Charme und Männer von Geist um sich zu sammeln, die es vermochten, eine Gesellschaft mit einem Feuerwerk von Witz und Weisheit zu unterhalten, ohne sie mit Leidenschaft oder Vorurteil in Brand zu setzen. Ein solcher Salon war kein Ort für Flirts oder für erotische Themen oder Zweideutigkeiten[81]. Jeder hier anwesende Mann mochte eine Mätresse haben, jede Frau einen Liebhaber, doch dies wurde höflich verschleiert in einem kultivierten Geben und Nehmen von Komplimenten und Ideen. Platonische Freundschaften fanden hier Verständnis und Billigung, so die der du Deffand mit Horace Walpole oder der Lespinasse mit d'Alembert. Als die Revolution näherkam, neigten die Salons dazu, ihre leidenschaftslose Erhabenheit zu verlieren, und wurden Zentren der Revolte.

Frau Geoffrins Salon gewann das höchste Ansehen, weil sie die geschickteste der Löwenbändigerinnen unter den *salonnières* war, weil sie mehr Freiheit der Diskussion zuließ und es, ohne bevormundend zu erscheinen, verstand, diese Freiheit vom Überschreiten der Grenzen der guten Manieren und des guten Geschmacks zu bewahren. Sie war eine der wenigen Frauen, die aus dem Mittelstand aufgestiegen waren, um einen vornehmen Salon zu unterhalten. Ihr Vater, *valet de chambre* bei der Dauphine Marie-Anne, hatte die Tochter eines Bankiers geheiratet; ihr erstes Kind, geboren 1699, war Marie-Thérèse, die Frau Geoffrin wurde. Die Mutter, eine Frau von Kultur und mit einigem Talent für die Malerei, hatte große Pläne für das Fortkommen ihrer Tochter, starb jedoch 1700 bei der Geburt eines Sohnes. Die beiden Kinder wurden zu ihrer Großmutter in der Rue St-Honoré gebracht, um dort aufzuwachsen. Ein halbes Jahrhundert später erklärte Frau Geoffrin, einer Bitte Katharinas II. um eine kurze Autobiographie nachkommend, ihren Mangel an Bildung:

«Meine Großmutter ... besaß nur sehr wenig Bildung, doch ihr Verstand war so hell, so wach, so lebendig, daß ... er ihr stets das Wissen ersetzte. Sie sprach so angenehm von den Dingen, von denen sie nichts wußte, daß niemand wünschte, sie möchte mehr von ihnen wissen ... Sie war so zufrieden mit ihrem Los, daß sie Bildung als überflüssig für eine Frau betrachtete. 'Ich bin so gut zurechtgekommen', sagte sie, 'daß ich nie das Bedürfnis nach ihr empfunden habe. Wenn meine Enkelin eine Närrin ist, wird Wissen sie überheblich und unerträglich machen; wenn sie Witz und gesunden Menschenverstand hat, wird sie so handeln, wie ich gehandelt habe; sie wird den Mangel ausgleichen durch ihren Takt und ihre Intuition.' Daher brachte sie mir in meiner Kindheit nur das Lesen bei, ließ mich jedoch sehr viel lesen. Sie lehrte mich, zu denken, und zwang mich zum Nachdenken; sie lehrte mich, die Männer zu erkennen, und ließ mich sagen, was ich von ihnen hielt, und sagte mir, wie sie selbst sie beurteilte ... Sie konnte die affektierten Manieren, die die Tanzmeister einem beibrachten, nicht ausstehen; sie wünschte mir nur die Anmut, welche die Natur einer wohlgestalteten Person verleiht.»[82]

Religion, dachte die Großmutter, war wichtiger als Bildung; so wurden die beiden Waisen jeden Tag in die Messe mitgenommen.

Großmutter nahm auch Maries Verehelichung in die Hand. Ein reicher Geschäftsmann, François Geoffrin, achtundvierzig Jahre alt, hielt um die Hand des dreizehnjährigen Mädchens an; die Großmutter hielt ihn für eine gute Partie, und Marie war zu gut erzogen, um Einwände zu machen. Sie bestand jedoch darauf, ihren Bruder mitzunehmen in das komfortable Haus von Herrn Geoffrin, das ebenfalls in der Rue St-Honoré stand und in dem sie bis zu ihrem Lebensende wohnte. 1715 gebar sie eine Tochter und 1717 einen Sohn, der im Alter von zehn Jahren starb.

In der gleichen vornehmen Straße eröffnete Frau von Tencin einen berühmten Salon. Sie lud Frau Geoffrin ein. Herr Geoffrin erhob Einwände; die Vergangenheit der Tencin hatte einigen Staub aufgewirbelt, und ihre Lieblingsgäste waren so gefährliche Freidenker wie Fontenelle, Montesquieu, Marivaux, Prévost, Helvétius und Marmontel. Frau Geoffrin ging dennoch hin. Sie war fasziniert von diesen ungebundenen Geistern; wie langweilig waren, im Vergleich, die Kaufleute, die ihren alternden Gatten besuchen kamen! Er war jetzt fünfundsechzig, und sie war Balzacs *femme de trente ans*. Sie begann ebenfalls Gesellschaften zu geben. Er erhob Einwände, sie stimmte ihn um; schließlich willigte er ein, bei ihren Dîners den Gastgeber zu spielen, war sonst schweigsam und immer höflich. Als er 1749 im Alter von vierundachtzig Jahren starb, bemerkten ihre Gäste seine Abwesenheit kaum. Ein Gast, der von einer Reise zurückkehrte, fragte, was aus dem alten Herrn geworden sei, der immer so bescheiden am Tafelende gesessen habe. Frau Geoffrin antwortete leise: «Er war mein Gatte; er ist gestorben.»[83]

Frau von Tencin segnete ebenfalls 1749 das Zeitliche, sehr zur Bestürzung ihrer gewohnten Gäste. Es sei hier an die Bemerkung des zweiundneunzigjährigen Fontenelle erinnert: «Solch eine gute Frau! [Sie war eine wahre Synthese von Sünden gewesen.] Welch ein Jammer! Wo soll ich nun an den Dienstagen dinieren?» Doch er tröstete sich: «Nun, jetzt muß ich an den Dienstagen bei Frau Geoffrin dinieren.»[84] Sie war glücklich, ihn als Gast zu haben, denn er war vor Montesquieu und Voltaire ein *philosophe* gewesen, er besaß Erinnerungen, die sich bis zu Mazarin erstreckten, er hatte noch sieben Jahre zu leben und konnte Neckereien ertragen, ohne sich beleidigt zu fühlen, denn er war schwerhörig. Die meisten der Berühmtheiten, die die Tafel der Tencin geziert hatten, folgten seinem Beispiel, und bald brachten die Mittwoch-Abendessen manchmal Montesquieu, Diderot, Holbach, Grimm, Morellet, Raynal, Saint-Lambert und den witzigen kleinen Napolitaner, Abbé Ferdinando Galiani, den Sekretär des napolitanischen Botschafters in Paris, zusammen.

Nach dem Tod ihres Gatten und trotz dem empörten Widerstand ihrer Tochter gestattete Frau Geoffrin Diderot, d'Alembert und Marmontel, bei der Konversation ihrer Mittwoch-Dîners den Ton anzugeben. Sie war Patriotin und Christin, doch sie bewunderte den Mut und die geistige Lebendigkeit der *philosophes*. Als die *Encyclopédie* organisiert wurde, stiftete sie einen Unkostenbeitrag von über 500 000 Pfund. Ihr Haus wurde bekannt als «der Salon der *Encyclopédie*»; und als Palissot die Rebellen in seiner Komödie *Les Philosophes* (1760) verulkte, stellte er sie als Cydalize, die Feenpatin der Clique, auf die Bühne. Danach bat sie ihre Löwen, höflicher zu brüllen, und bremste wilde Beredsamkeit mit einem herabsetzenden Kompliment – «Ah, da ist etwas Gutes dran!»[85] Schließlich zog sie ihre ständige Einladung an Diderot zurück, schickte ihm jedoch einen Satz teurer Möbel und einen unbequem prächtigen Morgenrock.

Sie entdeckte, daß Maler, Philosophen und Geschäftsleute keine gute Mischung waren; die Philosophen redeten zuviel, die Staatsmänner erwarteten Diskretion und gute Manieren, die Maler waren ein wildes Völkchen, und nur Maler konnten sie verstehen. So lud Madame, die Kunst sammelte und vom Grafen von Caylus einen ästhetischen Schimmer abbekommen hatte, die führenden Maler und Kunstkenner von Paris zu Spezial-Dîners an den Montagabenden ein. Es kamen Boucher, La Tour, Vernet, Chardin, Vanloo, Cochin, Drouais, Robert, Oudry, Nattier, Soufflot, Caylus, Bouchardon und Greuze. Marmontel war der einzige *philosophe,* der zugelassen wurde, denn er wohnte in Frau Geoffrins Haus. Die liebenswürdige Gastgeberin unterhielt diese Gäste nicht nur; sie kaufte ihre Arbeiten, saß ihnen für Porträts von ihr und bezahlte sie gut. Chardin malte ihr bestes als stämmige und freundliche Matrone mit Spitzenhäubchen[86]. Nach dem Tode Vanloos kaufte sie zwei seiner Bilder für viertausend Pfund; sie verkaufte sie weiter an einen russischen Fürsten für fünfzigtausend Pfund und schickte den Gewinn der Witwe[87].

Um ihre Gastfreundschaft auszuweiten, gab Frau Geoffrin *petits soupers* für ihre Freundinnen. Doch keine Frauen wurden zu den Montags-Dîners eingeladen, und Fräulein von Lespinasse (vielleicht als d'Alemberts *alter ego*) war eine der wenigen Frauen, die zu den Mittwoch-Soirées kamen. Madame war etwas besitzgierig, und außerdem fand sie, daß die Anwesenheit von Frauen ihre Löwen von der Philosophie und von der Kunst ablenkte. Ihre Segregationspolitik schien gerechtfertigt durch den hohen Ruf, den ihre Gesellschaften wegen ihrer interessanten und bedeutenden Diskussionen erlangten. Fremde in Paris bemühten sich, eingeladen zu werden, um nach ihrer Heimkehr sagen zu können, daß sie Frau Geoffrins Salon besucht hatten; das war eine Auszeichnung, die nur hinter einem Empfang durch den König zurückstand. Hume, Walpole und Franklin gehörten zu ihren dankbaren Gästen. Botschafter in Versailles – selbst der hochmütige Graf von Kaunitz – legten Wert darauf, sich in dem berühmten Haus in der Rue St-Honoré vorzustellen. 1758 brachte Fürst Cantemir, der russische Botschafter, die Fürstin von Anhalt-Zerbst mit, die ihr von den Talenten ihrer Tochter erzählte. Vier Jahre später wurde diese Tochter Katharina II., und lange Jahre danach unterhielt die Zarin aller Reußen eine bezaubernde Korrespondenz mit der bürgerlichen *salonnière*. Ein hübscher und geistvoller Schwede, der an einigen von Madames Dîners teilnahm, ging nach Hause, um Gustav III. zu werden.

Ein noch schönerer Jüngling, Stanislaus Poniatowski, war ein häufiger Besucher, fast ein Verehrer von Frau Geoffrin (die manchmal seine Schulden bezahlte)[88]. Bald nannte er sie *maman,* und als er 1764 König von Polen wurde, lud er sie nach Warschau ein. Obwohl sie nun fünfundsechzig Jahre alt war, nahm sie an. Sie unterbrach ihre Reise zu einem triumphalen Aufenthalt in Wien. «Ich bin hier besser bekannt», schrieb sie, «als einige Meter von meinem Haus entfernt.»[89] Während sie im Königsschloß von Warschau wohnte (1766), bemutterte und beriet sie den König. Die Briefe, die sie nach Paris schrieb, gingen dort von Hand zu Hand, wie die Briefe Voltaires aus Ferney. «Diejenigen, die Frau Geoffrins Briefe nicht gelesen haben», schrieb Grimm, «waren nicht würdig, in der guten Gesellschaft zu verkehren»[90]. Als sie nach Paris zurückgekehrt war und ihre Dîners wieder aufnahm, jubelten hundert Berühmtheiten; Piron und Delille schrieben Gedichte, in denen sie ihre Heimkehr feierten.

Die Reise in einer Postkutsche durch halb Europa und zurück war anstrengend gewesen; Frau Geoffrin war nie wieder so munter und lebhaft wie zuvor. Sie, die einst ihren Unglauben an das Leben nach dem Tod[91] ausgedrückt und die Religion zur Wohltätigkeit gemacht hatte, begann nun wieder, den katholischen Glauben zu praktizieren. Marmontel beschrieb ihre sonderbare Frömmigkeit:

> «Um mit dem Himmel gut zu stehen, ohne es mit ihrer Gesellschaft zu verderben, gab sie sich einer Art heimlicher Frömmigkeit hin. Sie ging zur Messe ebenso heimlich, wie andere zu einem Rendez-vous gehen; sie hatte eine Wohnung in einem Nonnenkloster ... und einen Stuhl in der Kapuzinerkirche mit ebensoviel Geheimnistuerei, wie die *femmes galantes* jener Zeit ihre *petites maisons* für ihre Amouren hatten.»[92]

1776 verkündigte die katholische Kirche ein Ablaßjahr, in dem alle, die bestimmte Kirchen zu festgesetzten Zeiten besuchten, Dispense und Ablässe erhalten sollten. Am 11. März wohnte Frau Geoffrin dem langen Gottesdienst in der Kathedrale von Notre-Dame bei. Bald nach ihrer Heimkehr erlitt sie einen Schlaganfall. Die *philosophes* waren ärgerlich darüber, daß ihre Krankheit sie nach einem Glaubensakt befallen hatte; der bissige Abbé Morellet bemerkte: «Sie hat durch ihr eigenes Beispiel die Maxime bestätigt, die sie häufig wiederholte: 'Man stirbt nur durch einen Akt der Dummheit.'»[93] Die Tochter, Marquise von La Ferté-Imbault, nahm Besitz von ihrer kranken Mutter und verscheuchte die *philosophes*. Madame sah d'Alembert oder Morellet niemals wieder; doch sie sorgte dafür, daß die Pensionen, die sie ihnen ausgesetzt hatte, nach ihrem Tode erhöht wurden. Sie siechte ein weiteres Jahr dahin, gelähmt und hilflos, doch Wohltätigkeit übend bis zu ihrem Ende.

2. *Frau du Deffand*

Es gab nur einen Salon in Europa, der mit dem von Frau Geoffrin an Ruhm und Anhängerschaft konkurrieren konnte. Wir haben die Karriere und den Charakter von Marie de Vichy-Chamrond an anderer Stelle betrachtet: wie sie als Mädchen Nonnen und Priester durch ihr Freidenkertum in Schrecken versetzte, wie sie den Marquis du Deffand heiratete, ihn verließ und sich in ihrer Einsamkeit mit einem Salon, zuerst in der Rue de Beaune (1739f.) und dann (1747) im Kloster St-Joseph in der Rue St-Dominique, tröstete. Ihr neuer Wohnsitz verscheuchte bis auf einen alle der *philosophes,* die vorher gekommen waren, sich an ihrem Wein und ihrem Witz zu erfreuen; d'Alembert, der am wenigsten streitsüchtige der Clique, blieb ihr treu, die übrigen ihrer Habitués waren Männer und Frauen der Aristokratie, die Frau Geoffrin als Bürgerliche ablehnten. Als die Marquise im Alter von siebenundfünfzig blind wurde (1754), kamen ihre Freunde noch immer zu ihren Dîners, doch an den übrigen Tagen der Woche fühlte sie sich einsam und zunehmend unbefriedigt, bis sie ihre Nichte überredete, bei ihr zu wohnen und sie bei ihren Soirées in ihren Pflichten als Gastgeberin zu unterstützen.

Julie de Lespinasse war die uneheliche Tochter der Gräfin von Albon und von Gaspard de Vichy, einem Bruder von Frau du Deffand. Die Gräfin anerkannte sie, zog sie mit ihren anderen Kindern auf, gab ihr eine außergewöhnlich gute Erziehung und bemühte sich, sie für ehelich erklären zu lassen; doch eine ihrer Töchter erhob Einspruch, und es geschah nie. 1739 heiratete diese Halbschwester Gaspard de Vichy und folgte ihm auf das Schloß Chamrond in Burgund. 1748 starb die Gräfin und hinterließ Julie, die damals sechzehn war, eine Jahresrente von dreihundert Pfund. Frau von Vichy nahm Julie mit nach Chamrond, behandelte sie jedoch wie eine uneheliche Waise und machte sie zur Gouvernante ihrer Kinder. Als Frau du Deffand Chamrond besuchte, war sie stark beeindruckt von den großen Geistesgaben und Manieren des Fräuleins von Lespinasse; sie gewann das Vertrauen des Mädchens und erfuhr, daß es in seiner derzeitigen Stellung so unglücklich war, daß es sich entschlossen hatte, in ein Kloster zu gehen. Die Marquise schlug vor, Julie solle mit ihr nach Paris kommen und bei ihr wohnen. Die Familie erhob Einwände, weil sie fürchtete, daß Frau du Deffand sie für ehelich erklären lassen und sie so zur Miterbin des Vermögens der Albon machen würde. Die Marquise versprach, daß sie ihren Verwandten so etwas nicht antun würde. Inzwischen trat Julie in ein Kloster ein (Oktober 1752), doch nicht als Novizin, sondern als Internatsschülerin. Die Marquise wiederholte ihren Vorschlag. Nach einem Jahr des Zögerns willigte Julie ein. Am 13. Februar 1754 schickte ihr die Marquise einen seltsamen Brief, der zum Verständnis der nachfolgenden Ereignisse im Wortlaut wiedergegeben werden soll:

«Ich werde Sie als eine junge Dame aus meiner Provinz einführen, welche die Absicht hat, in ein Kloster zu gehen, und werde sagen, ich habe Ihnen Unterkunft angeboten, bis Sie eines finden, das Ihnen gefällt. Sie werden mit Höflichkeit und sogar mit Ehrerbietung behandelt werden, und Sie können auf mich zählen, daß Ihre Selbstachtung nie verletzt werden wird.

Jedoch ..., da ist noch eine andere Sache, die ich Ihnen erklären muß. Die geringste Arglist, ja die geringfügigste kleine Falschheit, die Sie in ihrem Benehmen zeigen würden, wäre für mich unerträglich. Ich bin von Natur mißtrauisch und alle, in denen ich Verschlagenheit entdecke, werden mir verdächtig, bis ich alles Vertrauen in sie verliere. Ich habe zwei vertraute Freunde – Formont und d'Alembert. Ich liebe sie leidenschaftlich, doch weniger wegen ihrer angenehmen Art und ihrer Freundschaft als wegen ihrer absoluten Wahrhaftigkeit. Daher müssen Sie, meine Königin, sich entschließen, mit mir in der äußersten Wahrheit und Ehrlichkeit zu leben ... Sie mögen denken, ich predige, doch ich versichere Ihnen, daß ich dies nie tue, ausgenommen, wenn es um Aufrichtigkeit geht. In diesem Punkt bin ich ohne Erbarmen.»[94]

Im April 1754 zog Julie zu Frau du Deffand, wohnte zunächst über einer Wagenremise und dann in einem Zimmer über dem Appartement der Marquise im Kloster St-Joseph. Der Herzog von Orléans setzte ihr, vielleicht auf Madames Anregung, eine Pension von sechshundertzweiundneunzig Pfund aus[95]. Sie half der blinden Gastgeberin, ihre Gäste bei ihren Salongesellschaften zu empfangen und zu placieren; sie belebte die Zusammenkünfte durch ihre gefälligen Manieren, ihre rasche Intelligenz, ihre frische und bescheidene Jugend. Sie war keine Schönheit, doch ihre leuchtenden schwarzen Augen und ihr reiches braunes Haar ergaben eine reizvolle Kombination. Die Hälfte der Männer, die ins Haus kamen, verliebten sich in sie, sogar Madames alter treuer Kavalier, Charles-Jean-François Hénault, Präsident der Cour des Enquêtes, der bereits siebzig war, immer leidend, immer gerötet vom Wein. Julie nahm die Komplimente der Herren mit gebotener Zurückhaltung entgegen, doch auch so muß die Marquise, die doppelt empfindlich war in ihrer Blindheit, gespürt haben, daß nicht mehr die ganze Verehrung, die man ihr entgegenbrachte, ihrem Thron galt. Vielleicht kam noch ein anderes Element hinzu: die ältere Frau hatte begonnen, die jüngere mit einer Leidenschaft zu lieben, die nicht geteilt wurde. Beide waren leidenschaftliche Naturen, unbeschadet der Tatsache, daß die Marquise einer der scharfsinnigsten Geister ihrer Zeit war.

Es war unvermeidlich, daß Julie sich verliebte. Zuerst (?) in einen jungen Iren, von dem wir nur den Namen, Taaffe, kennen. Nachdem er einmal in den Salon zugelassen war, kam er fast jeden Tag, und der Marquise war es bald klar, daß er nicht gekommen war, um sie, sondern um Mademoiselle zu sehen. Mit Bestürzung bemerkte sie, daß Julie die Avancen des jungen Mannes wohlwollend entgegennahm. Sie warnte Julie davor, sich zu kompromittieren. Das stolze Mädchen nahm den mütterlichen Rat übel. In der Angst, sie zu verlieren, und darauf bedacht, sie gegen eine stürmische Zuneigung zu schützen, die keine Dauer versprach, befahl die Marquise Julie, in ihrem Zimmer zu bleiben, wenn Taaffe ins Haus kam. Julie gehorchte, erregte sich jedoch so sehr über den Streit, daß sie Opium nahm, um ihre Nerven zu beruhigen. Viele Menschen benutzten im 18. Jahrhundert Opium als Beruhigungsmittel. Fräulein von Lespinasse erhöhte ihre Dosen mit jeder neuen Liebschaft.

Sie lernte Taaffe vergessen, doch ihre nächste Liebe ging in die Geschichte ein, denn sie galt einem Manne, von dem Frau du Deffand selbst mit mütterlicher, aber herrischer Zuneigung Besitz ergriffen hatte. Jean Le Rond d'Alembert stand im Jahre 1754 auf dem Gipfel seines Ruhms als Mathematiker, Physiker, Astronom und Mitarbeiter bei jener *Encyclopédie,* die das Tagesgespräch des ganzen intellektuellen Paris war. Voltaire nannte ihn in einem Augenblick der Bescheidenheit «den ersten Schriftsteller des Jahrhunderts»[96]. Doch er besaß keinen der Vorteile Voltaires. Er war ein uneheliches Kind, seine Mutter, Frau von Tencin, hatte ihn enteignet, und er hatte seinen Vater seit seiner Kindheit nicht gesehen. Er lebte als einfacher Bürger im Hause des Glasers Rousseau. Er sah gut aus, war gewandt, höflich, manchmal fröhlich. Er konnte mit fast jedem Spezialisten über jedes Thema sprechen, konnte aber auch sein Wissen hinter eine Fassade von Flunkerei, Anpassung und Witz verbergen. Sonst machte er wenige Kompromisse mit der Welt. Er zog seine Unabhängigkeit der Gunst von Königen und Königinnen vor, und als Frau du Deffand seine Aufnahme in die Französische Akademie betrieb, weigerte er sich, sich Hénaults Stimme dadurch zu sichern, indem er dessen *Abrégé chronologique de l'histoire de France* (1744) lobte. Er hatte einen Hang zur Satire, der seinen Witz manchmal bissig machte[97]. Er konnte ungeduldig sein, «manchmal jähzornig im Umgang mit Gegnern»[98]. Er wußte nie, was er sagen sollte, wenn er allein war mit Frauen; doch seine Schüchternheit zog sie an, als stelle er die Wirksamkeit ihrer Reize in Frage.

Als Frau du Deffand ihm zum erstenmal begegnete (1743), war sie stark beeindruckt von dem hohen Rang und der Klarheit seines Geistes. Sie war damals sechsundvierzig, er sechsundzwanzig. Sie adoptierte ihn als ihre «Wildkatze» (*chat sauvage*[99]), lud ihn nicht nur in ihren Salon ein, sondern auch zu privaten Dîners tête-à-tête; sie gelobte ihre Bereitschaft, «zweiundzwanzig der vierundzwanzig Stunden zu schlafen, solange wir die übrigen zwei Stunden zusammen verbringen»[100]. Nach elf Jahren dieser warmen Freundschaft trat Julie in ihr Leben.

Es bestand ein natürliches Band zwischen dem natürlichen Sohn und der natürlichen Tochter. D'Alembert sprach davon in der Rückerinnerung:

> «Wir hatten beide weder Eltern noch Familie, und nachdem wir von Geburt an Verlassenheit, Mißgeschick und Elend erlitten hatten, schien die Natur uns in die Welt geschickt zu haben, damit wir einander finden, damit einer dem anderen alles das sei, was jeder vermißt hatte, damit wir zusammenstünden wie zwei Weiden, sturmgebeugt, doch nicht entwurzelt, da sie in ihrer Schwachheit ihre Zweige ineinander verschlungen haben.»[101]

Er empfand diese «Wahlverwandtschaft» fast auf den ersten Blick. «Zeit und Gewohnheit machen alle Dinge schal», schrieb er ihr 1771, «doch sie sind unfähig, meine Neigung für Sie zu beeinträchtigen, eine Neigung, die Sie vor siebzehn Jahren entfacht haben.»[102] Doch er wartete neun Jahre, bevor er ihr seine Liebe erklärte, und dann tat er es durch Unachtsamkeit: Er schrieb ihr 1763 aus Potsdam, daß er für seine Weigerung, Friedrichs Einladung, Präsident der Berliner Akademie der Wissenschaften zu werden, «tausend Gründe gehabt habe, unter denen einer war, den Sie sicher nicht erraten werden»[103] – ein seltsamer Mangel an Intelligenz bei d'Alembert, denn gab es je eine Frau, die nicht wußte, wenn ein Mann in sie verliebt war?

Frau du Deffand spürte die wachsende Wärme zwischen ihrem hochgeschätzten Gast und ihrer bewachten Nichte; sie bemerkte auch, daß Julie Mittelpunkt der Diskussion und des Interesses im Salon wurde. Für eine Zeitlang enthielt sie sich jeden Vorwurfs, doch in einem Brief an Voltaire (1760) machte sie einige bittere Bemerkungen über d'Alembert. Sie erlaubte einem Freund, vor dem Erscheinen d'Alemberts ihren Gästen Voltaires Antwort vorzulesen, die sich auf diese Bemerkungen bezog. D'Alembert traf ein, kurz nachdem das Vorlesen begonnen hatte, und hörte die verräterische Stelle; er lachte mit den anderen, war jedoch verletzt. Die Marquise versuchte den Schaden wiedergutzumachen, doch die Wunde blieb. Als er 1763 Friedrich besuchte, schrieb er fast täglich an Fräulein von Lespinasse, selten an Madame. Nach Paris zurückgekehrt, nahm er die Gewohnheit an, Julie in ihrer Wohnung zu besuchen, bevor sie in den Salon hinuntergingen, und manchmal begleiteten ihn Turgot, Chastellux oder Marmontel bei diesen vertrauten Besuchen. Die alternde Gastgeberin fühlte sich von jenen betrogen, denen sie geholfen, die sie geliebt hatte. Nun betrachtete sie Julie als ihre Feindin und machte ihren Gefühlen auf vielfältige Weise Luft – durch kalten Ton, kleinliche Forderungen, gelegentliche Hinweise auf Julies Abhängigkeit. Julie wurde täglich ungeduldiger mit dieser «blinden und verbitterten alten Frau», litt unter der Verpflichtung, immer bei der Hand oder in der Nähe zu sein, um die Marquise zu jeder Stunde zu bedienen. Jeder Tag vergrößerte ihr Unglück, denn jeder Tag hatte seinen Stachel. «Aller Schmerz sticht tief», schrieb sie später, «die Freude aber ist ein Vogel, der schnell vorüberfliegt.»[104] In einem letzten Ausbruch beschuldigte Madame sie, sie in ihrem eigenen Haus und auf ihre Kosten zu betrügen. Julie erwiderte, sie könne nicht länger mit jemandem zusammenleben, der so von ihr denke, und an einem Tag früh im Mai 1764 ging sie sich eine andere Unterkunft suchen. Die Marquise machte den Bruch irreparabel, indem sie darauf bestand, daß d'Alembert zwischen ihnen beiden wählte; d'Alembert ging und kam nie wieder.

Für eine Zeitlang schien der alte Salon durch diese Amputationen tödlich verwundet zu sein. Die meisten der Habitués kamen weiter zu der Marquise, doch einige von ihnen – die Marschallin von Luxemburg, die Herzogin von Châtillon, die Gräfin von Boufflers, Turgot, Chastellux und sogar Hénault – gingen zu Julie, um ihre Sympathie und unverminderte Anteilnahme zu bekunden. Der Salon sah nur noch alte und treue Freunde und neue Gäste, die auf Distinktion und gutes Essen bedacht waren. Madame beschrieb den Wandel im Jahre 1768:

> «Zwölf Personen waren gestern hier, und ich bewunderte die verschiedenen Arten und Grade der Oberflächlichkeit. Wir sind alle vollkommene Narren, jeder auf seine Art ... Wir waren einzigartig langweilig. Alle zwölf gingen um ein Uhr, doch keiner ließ ein Bedauern zurück ... Pont-de-Veyle ist mein einziger Freund, und er langweilt mich drei Viertel der Zeit zu Tode.»[105]

Sie hatte nie wieder, seit ihr Augenlicht erlosch, Freude am Leben gehabt, doch jetzt, da ihre teuersten Freunde gegangen waren, sank sie in hoffnungslose und zynische Verzweiflung. Wie Hiob verfluchte sie den Tag ihrer Geburt. «Von all meinen Leiden sind meine Blindheit und mein Alter die geringsten ... Es gibt nur ein Unglück ..., und das ist, geboren zu werden.»[106] Sie lachte in gleicher Weise über die

Träume der Romantiker und Philosophen – nicht nur über Rousseaus Heloise und den savoyischen Vikar, sondern auch über Voltaires langen Feldzug für «Wahrheit». «Und Sie, Herr von Voltaire, der erklärte Liebhaber der Wahrheit, sagen Sie mir in gutem Glauben, haben Sie sie gefunden? Sie bekämpfen und zerstören Irrtümer, doch was setzen Sie an deren Stelle?»[107] Sie war eine Skeptikerin, doch sie zog geniale Zweifler wie Montaigne und Saint-Évremond aggressiven Rebellen wie Voltaire und Diderot vor.

Sie glaubte, sie sei mit dem Leben fertig, das Leben war jedoch noch nicht ganz fertig mit ihr. Ihr Salon erlebte eine vorübergehende Renaissance unter dem Ministerium Choiseuls, als die führenden Männer der Regierung sich um die alte Marquise versammelten und die Freundschaft der gütigen Herzogin von Choiseul etwas Licht in ihre düsteren Tage brachte. Und 1765 begann Horace Walpole zu ihren Gesellschaften zu kommen; langsam entwickelte sie eine Leidenschaft für ihn, die ihr letzter verzweifelter Halt am Leben wurde.

3. Fräulein von Lespinasse

Julie wählte als ihr neues Heim ein dreistöckiges Haus an der Kreuzung der Rue de Bellechasse und der Rue St-Dominique, nur hundert Meter von dem klösterlichen Refugium der Marquise entfernt. Sie war nicht zur Armut verdammt; neben mehreren kleinen Pensionen hatte sie Zuwendungen von zweitausendsechshundert Pfund aus den «königlichen Einkünften» (1758 und 1763) erhalten, offenbar auf Drängen von Choiseul; außerdem stattete Frau Geoffrin sie mit zwei Jahresgeldern von zweitausend Pfund und eintausend Kronen aus. Die Marschallin von Luxemburg schenkte ihr eine komplette Möbelausstattung.

Bald nach ihrem Umzug in dieses neue Heim erkrankte Julie schwer an den Pocken. «Fräulein von Lespinasse ist gefährlich krank», schrieb David Hume an Frau von Boufflers, «und ich bin froh, zu sehen, daß d'Alembert in einem solchen Augenblick aus seiner Philosophie herausgekommen ist.»[108] Tatsächlich ging der Philosoph jeden Morgen einen langen Weg, um an ihrem Bett bis spät in die Nacht zu wachen, und kehrte dann zurück in sein eigenes Zimmer bei Frau Rousseau. Julie genas, doch sie blieb für immer schwach und nervös, ihre Haut wurde rauh und fleckig. Wir können uns vorstellen, was dies für eine Frau bedeutete, die zweiunddreißig Jahre alt und noch immer unverheiratet war.

Sie wurde rechtzeitig gesund, um d'Alembert zu pflegen, der sich im Frühling 1765 mit einem Magenleiden ins Bett legen mußte, das ihn an den Rand des Todes brachte. Marmontel war schockiert, ihn in einem «kleinen, schlecht erleuchteten, schlecht belüfteten Zimmer mit einem sehr kleinen Bett, das wie ein Sarg aussah», zu finden[109]. Ein anderer Freund, der Bankier Wattelet, bot d'Alembert die Benutzung einer geräumigen Wohnung in der Nähe des Temple an. Der Philosoph willigte nun betrübt ein, die Frau zu verlassen, die ihn seit seiner Kindheit beherbergt und versorgt hatte. «Oh, erstaunlicher Tag!» rief Duclos aus, «d'Alembert ist entwöhnt!» In diese neue Wohnung kam Julie täglich, vergalt die Aufopferung, mit der er sie gepflegt hatte, mit der gleichen uneingeschränkten Hingabe. Als er wieder soweit hergestellt war, daß er umziehen konnte, bat sie ihn, einige Zimmer im oberen Stockwerk ihres Hauses zu übernehmen. Er kam im Herbst 1765 und zahlte ihr eine bescheidene Miete. Frau Rousseau vergaß er nicht; er besuchte sie häufig, ließ ihr einen Teil seines Einkommens zukommen und hörte nie auf, sich für sein Fortgehen zu entschuldigen. «Arme Pflegemutter, die Du mich mehr liebtest als Deine eigenen Kinder!»[110]

Eine Zeitlang nahm Paris an, Julie sei seine Mätresse. Der Augenschein sprach für diese Annahme. D'Alembert nahm seine Mahlzeiten mit ihr ein, schrieb Briefe für sie, erledigte ihre geschäftlichen Angelegenheiten, legte ihre Ersparnisse an und verwaltete ihre Einkünfte. In der Öffentlichkeit waren sie immer zusammen; kein Gastgeber dachte daran, den einen ohne den anderen einzuladen. Doch allmählich wurde es sogar den Klatschmäulern klar, daß Julie weder die Mätresse, noch die Frau, noch die Geliebte d'Alemberts war, sondern nur seine Schwester und Freundin. Sie scheint nie begriffen zu haben, daß seine Liebe für sie, obwohl er sie nicht in Worte fassen konnte, vollkommen war. Frau Geoffrin und Frau Necker, beide von vorbildlicher Moralität, akzeptierten das Verhältnis als platonisch. Die alternde *salonnière* lud beide zu ihren beiden Geselligkeiten ein.

Es zeugte für Frau Geoffrins mütterliche Güte, daß sie, soweit bekannt ist, keinen Einspruch erhob, als Fräulein von Lespinasse allmählich einen eigenen Salon eröffnete. Julie und d'Alembert schufen sich so viele Freunde, daß innerhalb weniger Monate ihr Gesellschaftszimmer fast täglich von fünf bis neun Uhr mit auserwählten Besuchern, Frauen und Männern, fast alle von Namen und Rang, gefüllt war. D'Alembert leitete die Konversation, Julie bereicherte sie durch den Charme ihrer Weiblichkeit, die Wärme ihrer Gastlichkeit. Es wurde kein Dîner und kein Souper angeboten, doch der Salon stand bald in dem Ruf, der anregendste von Paris zu sein. Es kamen Turgot und Loménie de Brienne, die bald hohe Stellungen in der Regierung einnehmen sollten, Aristokraten wie Chastellux und Condorcet, hohe Geistliche wie de Boismont und Boisgelin, Skeptiker wie Hume und Morellet, Autoren wie Mably, Condillac, Marmontel und Saint-Lambert. In erster Linie kamen sie, um d'Alembert zu sehen und zu hören, dann aber auch, um das sympathische Geschick zu bewundern, mit dem es Julie jedem Gast ermöglichte, auf seinem beziehungsweise ihrem Gebiet zu glänzen. Kein Thema war hier verpönt; die heikelsten Probleme der Religion, der Philosophie und der Politik wurden diskutiert, aber dennoch wußte Julie – in dieser Kunst von Frau Geoffrin ausgebildet – die erregten Gemüter zu besänftigen und Streit wieder zur Diskussion zu machen. Der Wunsch, die gebrechliche Gastgeberin nicht zu verletzen, war das ungeschriebene Gesetz, das die Ordnung in dieser Freiheit verbürgte. Gegen Ende der Regierungszeit Ludwigs XV. war der Salon des Fräuleins von Lespinasse nach Sainte-Beuves Urteil «der beliebteste, der am eifrigsten besuchte in einer Epoche, die durch ihren Glanz berühmt war»[111].

Kein anderer Salon bot einen derartigen doppelten Reiz. Julie, obwohl pockennarbig und vaterlos, wurde die zweite Liebe von einem Dutzend hervorragender Männer. Und d'Alembert war auf dem Höhepunkt seiner Geisteskräfte. Grimm berichtete:

«Seine Konversation bot alles, was den Geist belehren und ergötzen konnte. Er widmete sich mit ebensoviel Gewandtheit wie gutem Willen jedem Thema, das allen am besten gefiel, und bereicherte es mit einem fast unerschöpflichen Schatz an Ideen, Anekdoten und seltsamen Erinnerungen. Es gab keinen Gegenstand, so trocken oder frivol er an sich auch sein mochte, den er nicht interessant zu machen wußte ... Alle seine launigen Bemerkungen waren von feiner und tiefer Originalität.»[112]

Und David Hume schrieb an Horace Walpole:

«D'Alembert ist ein sehr angenehmer Gesellschafter und von untadeliger Moralität. Indem er Angebote der Zarin und des Königs von Preußen ablehnte, hat er sich als erhaben über persönlichen Gewinn und eitlen Ehrgeiz erwiesen ... Er hat fünf Pensionen: eine vom König von Preußen, eine vom König von Frankreich, eine als Mitglied der Akademie der Wissenschaften, eine als Mitglied der Französischen Akademie und eine von seiner eigenen Familie. Der gesamte Betrag beläuft sich nicht über sechstausend Pfund pro Jahr; von der Hälfte lebt er bescheiden, die andere Hälfte gibt er armen Menschen, denen er verbunden ist. Mit einem Wort, ich kenne kaum einen Menschen, der, mit wenigen Ausnahmen, ... ein besseres Modell tugendhaften und philosophischen Charakters ist.»[113]

Julie war in allem, bis auf die Gewandtheit und Eleganz der Rede, grundverschieden von d'Alembert. Während der *Encyclopédiste* einer der letzten Heroen der Aufklärung war und Vernunft und Maß im Denken und Handeln erstrebte, war Julie nach Rousseau die erste klare Stimme der romantischen Bewegung in Frankreich, ein Geschöpf (wie Marmontel schrieb) von «der lieblichsten Phantasie, dem feurigsten Geist, der erregbarsten Einbildungskraft, das seit Sappho existiert hat»[114]. Keine der romantischen Naturen, lebendig oder erdichtet, keine Heloise Rousseaus oder Rousseau selbst, keine Clarissa Richardsons oder Manon Prévosts übertraf sie an Heftigkeit der Empfindung oder in der Glut ihres Innenlebens. D'Alembert war objektiv oder versuchte es zu sein; Julie war subjektiv bis zum Grad einer manchmal selbstsüchtigen Selbstversunkenheit. Doch sie «litt mit jenen, die sie leiden sah»[115]. Sie scheute keine Mühe, die Kranken und die Betrübten zu trösten, und sie bemühte sich fieberhaft, Chastellux und Laharpe in die Akademie zu bringen. Doch wenn sie sich verliebte, vergaß sie alles und jedermann – im ersten Falle Frau du Deffand, im zweiten und dritten selbst d'Alembert.

Im Jahre 1766 betrat ein junger Adliger, Marquês José de Mora y Gonzaga, Sohn des spanischen Botschafters, den Salon. Er war zweiundzwanzig Jahre alt, Julie vierunddreißig. Er war im Alter von zwölf mit einem Mädchen von elf verheiratet worden, das 1764 gestorben war. Julie spürte bald den Reiz seiner Jugend, vielleicht seines Vermögens. Ihre gegenseitige Anziehung reifte bald zu einem Heiratsversprechen. Als sein Vater davon hörte, schickte er ihn zum Militärdienst nach Spanien. Mora ging, nahm jedoch bald seinen Abschied. Im Januar 1771 begann er Blut zu spucken; er ging nach Valencia in der Hoffnung, dort Heilung zu finden. Nicht geheilt, eilte er nach Paris und zu Julie. Sie verbrachten viele glückliche Tage miteinander, zur Belustigung ihres kleinen Hofes und zum geheimen Leid d'Alemberts. 1772 wurde der Botschafter nach Spanien zurückberufen und bestand darauf, daß sein Sohn mit ihm kam. Seine beiden Eltern weigerten sich, ihre Zustimmung zur Ehe mit Julie zu geben.

Mora brach mit ihnen und machte sich auf die Reise in den Norden zu Julie, doch er starb am 27. Mai 1774 in Bordeaux an Tuberkulose. An diesem gleichen Tag schrieb er ihr: «Ich war auf dem Weg zu Ihnen und ich muß sterben. Welch fürchterliches Schicksal! ... Doch Sie haben mich geliebt, und der Gedanke an Sie macht mich noch immer glücklich. Ich sterbe für Sie.» Zwei Ringe wurden von seinen Fingern gezogen, einer enthielt eine Strähne von Julies Haar, der andere trug die eingravierten Worte: «Alle Dinge vergehen, doch die Liebe dauert.» Der großherzige d'Alembert schrieb von Mora: «Ich bedaure um meinetwillen diesen empfindsamen, tugendhaften und hochherzigen Mann ... das vollkommenste Wesen, das ich je kannte ... ich werde mich immer jener unersetzbaren Augenblicke erinnern, in denen eine so reine, so edle, so starke und so süße Seele sich mit der meinen vermischte.»[116]

Die Nachricht von Moras Tod zerriß Julie das Herz, und dies um so mehr, da sie in der Zwischenzeit ihre Liebe einem anderen Mann geschenkt hatte. Im September 1772 lernte sie den Grafen Jacques-Antoine de Guibert, neunundzwanzigjährig, kennen, der im Siebenjährigen Krieg eine bemerkenswerte Karriere gemacht hatte. Darüber hinaus wurde sein Buch über die Taktik von Generälen und Intellektuellen als ein Meisterwerk anerkannt. Napoleon trug es, mit eigenhändigen Anmerkungen versehen, während all seiner Feldzüge bei sich, und seine «Einführung», die alle Monarchien öffentlich anklagte, formulierte zwanzig Jahre vor der Revolution die Grundprinzipien von 1789. Wir können die Bewunderung, die Guibert erntete, nach einem für eine Diskussion in einem führenden Salon ausgewählten Thema beurteilen: «Ist die Mutter, die Schwester oder die Mätresse von Monsieur de Guibert am meisten zu beneiden?»[117] Er hatte natürlich eine Mätresse – Jeanne de Montsauge, die letzte und längste seiner Amouren. Julie beurteilte ihn in einem bitteren Augenblick sehr hart:

> «Die Leichtfertigkeit, ja sogar Härte, mit der er Frauen behandelt, haben ihren Grund in der geringen Meinung, die er von ihnen hat ... Er hält sie für kokett, eitel, schwach, falsch und frivol. Diejenigen, die er am günstigsten beurteilt, hält er für romantisch, und selbst wenn er sich gezwungen sieht, gute Eigenschaften in einigen anzuerkennen, schätzt er sie deshalb nicht höher, sondern ist der Ansicht, daß sie nicht mehr Tugenden, sondern weniger Laster haben.»[118]

Doch er war ein schöner Mann, seine Manieren waren vollkommen, seine Sprache vereinte Gehalt mit Gefühl und Bildung mit Klarheit. «Seine Konversation», sagte Frau von Staël, «war die abwechslungsvollste, lebendigste und reichste, die ich je kannte.»[119]

Julie war beglückt über die Vorliebe, die Guibert für ihre Gesellschaften bezeugte. Fasziniert durch den Ruhm des anderen, entwickelten sie das, was auf seiner Seite eine gelegentliche Eroberung und auf der ihren eine tödliche Leidenschaft wurde. Es war diese verzehrende Liebe, die ihren Briefen an Guibert einen Platz in der französischen Literatur wie unter den aufschlußreichsten Dokumenten der Zeit verschaffte. Hier, sogar mehr als in Rousseaus *Julie, ou La Nouvelle Héloïse* (1761), findet die frühromantische Bewegung in Frankreich ihren lebendigen Ausdruck.

Ihr frühester noch vorhandener Brief an Guibert (15. Mai 1773) zeigt sie bereits in seinen Schlingen. Doch sie war von Gewissensbissen geplagt wegen der Verletzung ihres Treueversprechens gegenüber Mora. So schrieb sie an Guibert, der nach Straßburg ging:

«Oh, mein Gott! Durch welchen Zauber, durch welches Verhängnis sind Sie geschickt worden, mich zu verwirren? Warum bin ich nicht im September gestorben? Damals hätte ich sterben können ohne ... die Vorwürfe, die ich mir jetzt mache. Doch leider, ich fühle es, ich könnte noch immer für ihn sterben; es gibt nichts, was ich besitze, das ich ihm nicht opfern würde ... Oh, er wird mir vergeben! Er hatte so viel gelitten! Mein Körper und meine Seele waren so erschöpft durch die lange Dauer des Kummers. Die Nachrichten, die mich von ihm erreichten, trieben mich in Verzweiflung. Damals war es, daß ich Sie zum erstenmal sah; damals empfingen Sie meine Seele, damals brachten Sie ihr Freude. Ich weiß nicht, was am süßesten war – sie zu fühlen, oder sie Ihnen zu verdanken.»[120]

Acht Tage später ließ sie alle Schranken fallen: «Wenn ich jung wäre, hübsch und sehr bezaubernd, würde ich zweifellos viel List in Ihrem Benehmen mir gegenüber sehen; doch da ich nichts von alledem bin, finde ich eine Freundlichkeit und eine Ehre darin, mit der Sie meine Seele für immer gewonnen haben.»[121] Manchmal schrieb sie mit der ganzen Hingabe der Heloise an Abaelard:

«Sie allein im Universum können mein Wesen besitzen und erfassen. Mein Herz, meine Seele können hinfort nur durch Sie allein erfüllt werden ... Nicht ein einziges Mal ist meine Türe heute geöffnet worden, ohne daß mein Herz nicht schlug; es gab Augenblicke, in denen ich fürchtete, Ihren Namen zu hören; dann wieder brach mir das Herz, ihn nicht zu hören. So viele Widersprüche, so viele widerstreitende Gefühle sind wahr, und drei Worte erklären sie: Ich liebe Sie.»[122]

Der Konflikt zwischen den beiden Lieben erhöhte die nervöse Erregung, die vielleicht ihren Grund in ihrer enttäuschten Hoffnung auf weibliche Erfüllung und in einer wachsenden Neigung zur Auszehrung hatte. Sie schrieb an Guibert am 6. Juni 1773:

«Wenn Ihre Seele bewegt ist, ist sie es nicht wie meine, die unaufhörlich von einem Stadium der Exaltation in das einer Depression fällt. Ich nehme Gift [Opium], um mich zu beruhigen. Sie sehen, daß ich mich nicht selbst führen kann; erleuchten Sie mich, stärken Sie mich. Ich werde Ihnen glauben; Sie werden meine Stütze sein.»[123]

Guibert kehrte im Oktober nach Paris zurück, brach seine Beziehungen zu Frau von Monsauge ab und bot Julie seine Liebe an. Sie nahm dankbar an und gab sich ihm körperlich hin – in dem Vorraum ihrer Opernloge (10. Februar 1774)[124]. Sie behauptete später, daß dies, im Alter von zweiundvierzig, ihr erster Abfall von dem war, das sie «Ehre» und «Tugend» nannte[125], doch sie machte sich deswegen keine Vorwürfe:

«Erinnern Sie sich der Lage, in die Sie mich brachten und in der Sie mich zurückzulassen glaubten? Nun, ich möchte Ihnen sagen, daß ich, nachdem ich schnell wieder zu mir gekommen war, mich *wieder erhob* [Hervorhebung der Schreiberin] und mich um keines Haares Breite niedriger sah als zuvor ... und was Sie vielleicht erstaunen wird, ist, daß von all den Impulsen, die mich zu Ihnen hingezogen haben, der letzte derjenige ist, wegen dessen ich keine Gewissensbisse habe ... In dieser Hingabe, diesem letzten Grad der Verleugnung meiner selbst und all meiner persönlichen Interessen, habe ich Ihnen bewiesen, daß es auf Erden nur ein Unglück gibt, das mir unerträglich scheint, Sie zu verletzen und zu verlieren. Diese Furcht würde mich veranlassen, mein Leben hinzugeben.»[126]

Eine Zeitlang empfand sie Verzückungen der Glückseligkeit. «Ich habe ständig an Sie gedacht», schrieb sie ihm (denn sie hielten ihr Verhältnis geheim und wohnten getrennt). «Ich bin so in Sie versunken, daß ich die Gefühle des Gläubigen für seinen Gott verstehe.»[127] Guibert wurde unweigerlich einer Liebe müde, die sich so verschwenderisch verströmte und für seine Kraft keine Herausforderung mehr bedeutete. Bald schenkte er seine Aufmerksamkeit der Gräfin von Boufflers und nahm seine Affäre mit Frau von Montsauge wieder auf (Mai 1774). Julie machte ihm Vorwürfe; er reagierte kalt. Dann, am 2. Juni, erfuhr sie, daß Mora auf dem Weg zu ihr gestorben war, mit ihrem Namen auf den Lippen. Sie verfiel in ein Delirium von Vorwürfen und versuchte sich zu vergiften; Guibert hinderte sie daran. Nun handelten ihre Briefe an ihn meist von Mora, und wie überlegen der junge spanische Edelmann jedem anderen Mann gewesen sei, den sie je gekannt hatte. Guibert sah sie weniger häufig, die Montsauge immer öfter. In der Hoffnung, wenigstens eine seiner Mätressen zu bleiben, schmiedete Julie Heiratspläne für ihn; er lehnte ihre Vorschläge ab und heiratete am 1. Juni 1775 Fräulein von Courcelles, siebzehn Jahre alt und reich. Julie schrieb ihm Briefe voller Haß und Verachtung, endend mit der Beteuerung unsterblicher Liebe[128].

Während des ganzen Fiebers ihrer Leidenschaft war sie fähig, deren wahre Natur vor d'Alembert zu verheimlichen, der glaubte, die Abwesenheit, dann der Tod Moras sei ihre Ursache. Er hieß Guibert in ihrem Salon willkommen, entwickelte eine ernsthafte Freundschaft für ihn und brachte die versiegelten Liebesbriefe, die sie ihm schrieb, persönlich zur Post. Doch er bemerkte, daß sie das Interesse an ihm verloren hatte, daß seine Gegenwart sie manchmal verdroß. Sie schrieb in der Tat an Guibert: «Würde es nicht zu undankbar erscheinen, würde ich sagen, daß Herrn d'Alemberts Abreise mir eine Art Vergnügen bereiten würde. Seine Anwesenheit lastet mir auf der Seele. Er bereitet mir Unbehagen; ich fühle mich seiner Freundschaft und seiner Güte zu unwert.»[129] Als sie tot war, schrieb er an ihre «Manen»:

«Aus welchem Grund, den ich weder ahnen noch erraten kann, wandelte sich jenes Gefühl, [einst] so zärtlich für mich ... so plötzlich zu Entfremdung und Abneigung? Was hatte ich getan, um Ihnen zu mißfallen? ... Warum haben Sie sich nicht beklagt, wenn Sie über etwas zu klagen hatten? ... Oder, meine liebe Julie, ... haben Sie mir etwas zuleid getan, von dem ich nichts wußte und das Ihnen zu verzeihen so süß gewesen wäre, wenn ich davon gewußt hätte? ... Zwanzigmal war ich drauf und dran, mich in Ihre Arme zu werfen und Sie zu bitten, mir zu sagen, was mein Verbrechen war; doch ich fürchtete, diese Arme würden mich zurückweisen ...

Neun Monate lang suchte ich den Augenblick, Ihnen zu sagen, was ich litt und fühlte, doch während dieser Monate habe ich Sie stets zu schwach gefunden, um die zärtlichen Vorwürfe, die ich Ihnen zu machen hatte, ertragen zu können. Der einzige Augenblick, in dem ich Ihnen mein niedergeschlagenes und entmutigtes Herz unverhüllt hätte zeigen können, war jener fürchterliche Augenblick, wenige Stunden vor Ihrem Tod, als Sie mich in so herzzerreißendem Ton baten, Ihnen zu verzeihen ... Dann hatten Sie nicht länger die Kraft, zu mir zu sprechen oder mich zu hören; ... und so verlor ich, unwiederbringlich, den Augenblick meines Lebens, der für mich der kostbarste gewesen wäre, den, wenn ich Ihnen hätte, wieder einmal, sagen können, wie teuer Sie mir waren, wie sehr ich Ihren Kummer teilte und wie tief ich wünschte, meinen Kummer mit Ihnen zu beenden. Ich würde alle Augenblicke, die mir zu leben übrigbleiben, hergeben für den einen, den ich nie wieder haben kann, den Augenblick, in dem ich Ihnen die ganze Zärtlichkeit meines Herzens zeigen, vielleicht das Ihre wiedergewonnen hätte.»[130]

Der Zusammenbruch von Julies Traum half der Tuberkulose, sie zu töten. Dr. Bordeu (dem wir in *D'Alemberts Traum* von Diderot begegnet sind) wurde gerufen, und er erklärte ihren Zustand für hoffnungslos. Vom April 1776 an verließ sie das Bett nicht mehr. Guibert kam jeden Morgen und jeden Abend, um nach ihr zu sehen, und d'Alembert entfernte sich von ihrer Seite nur, um zu schlafen. Die Gesellschaften im Salon waren unterbrochen worden, doch Condorcet kam, und Suard und die gute Frau Geoffrin, die selbst dem Tode nahe war. In den letzten Tagen wollte Julie nicht, daß Guibert sie besuche, denn sie wünschte nicht, daß er sehe, wie sehr die Krämpfe ihr Gesicht entstellt hatten; doch sie schickte ihm häufig Briefe, und jetzt protestierte auch er: «Ich habe Sie immer geliebt; ich habe Sie vom ersten Augenblick an, da wir uns trafen, geliebt; Sie sind mir teurer als irgend etwas anderes in der Welt.»[131] Dies und d'Alemberts stumme Treue und die Besorgnis ihrer Freunde waren ihr einziger Trost in ihrem Leiden. Sie machte ihr Testament, zu dessen Vollstrecker sie d'Alembert einsetzte, und ihm vertraute sie alle ihre Papiere und Vermögenswerte an*.

Ihr Bruder, der Marquis de Vichy, kam aus Burgund nach Paris und drängte sie, ihren Frieden mit der Kirche zu machen. An den Grafen von Albon schrieb er: «Ich bin glücklich, sagen zu können, daß ich sie überreden konnte, die Sakramente zu empfangen trotz der ganzen *Encyclopédie*.»[132] Sie schickte Guibert eine letzte Botschaft: «Mein Freund, ich liebe Sie ... leben Sie wohl.» D'Alembert dankte sie für seine lange Ergebenheit und bat ihn um Verzeihung für ihre Undankbarkeit. Sie starb in der gleichen Nacht, in den frühen Stunden des 23. Mai 1776, und wurde am gleichen Tage von der Kirche St-Sulpice beerdigt – «wie die Armen», so wie sie es in ihrem Testament gewünscht hatte.

---

* Ihre Briefe an Guibert wurden von dessen Frau aufbewahrt und 1811 veröffentlicht.

DRITTES KAPITEL

Voltaire der Patriarch

[1758–1778]

I. DER GUTE HERR

IM Oktober 1758 kaufte Voltaire einen alten Landsitz in Ferney in der Grafschaft Gex, die an die Schweiz grenzte. Bald darauf erwarb er den benachbarten Herrensitz Tournay dazu. Jetzt wurde er rechtskräftig ein «Herr», und in juristischen Angelegenheiten unterzeichnete er mit «Comte de Tournay». Er stellte sein Wappenschild über seinem Portal und auf seinem Silbergeschirr zur Schau[1].

Seit 1755 hatte er in Les Délices in Genf gelebt und mit Vergnügen und Beifall die Rolle eines Millionär-Philosophen gespielt, der großzügig Gastfreundschaft übte. Doch d'Alemberts Artikel in der *Encyclopédie* über Genf, der die geheimen Ketzereien seiner Geistlichen enthüllte, setzte Voltaire der Anschuldigung aus, er habe sie an seinen Freund verraten. Er hörte auf, *persona grata* auf schweizerischem Boden zu sein, und sah sich nach einem anderen Wohnsitz um. Ferney lag in Frankreich, doch nur fünf Kilometer von Genf entfernt; dort konnte er den calvinistischen Führern eine Nase drehen, und wenn die katholischen Führer – vierhundert Kilometer entfernt – ihren Feldzug für seine Verhaftung wiederaufnehmen sollten, konnte er in einer Stunde jenseits der Grenze sein. Inzwischen (1758–1770) stand sein Freund, der Herzog von Choiseul, an der Spitze der französischen Regierung. Vielleicht um sich gegen eine Konfiszierung nach einem Umsprung des politischen Windes zu sichern, kaufte er Ferney im Namen seiner Nichte, Madame Denis, machte lediglich mit ihr aus, daß sie ihn als Herrn des Anwesens anerkennen sollte, solange er lebte. Bis 1764 blieb Les Délices sein Hauptwohnsitz; er ließ sich Zeit, das Haus in Ferney umzugestalten, und bezog es endgültig im selben Jahr.

Das neue Herrenhaus war aus Stein, weitgehend von Voltaire entworfen und enthielt vierzehn Schlafzimmer. Der Seigneur hatte sich für seinen Hof vorbereitet. «Es ist kein Palast», schrieb er, «sondern ein geräumiges Landhaus mit angrenzenden Ländereien, die viel Heu, Weizen, Stroh und Hafer hervorbringen. Ich habe einige Eichen, die so grade sind wie Kiefern und den Himmel berühren.»[2] Mit Tournay kamen ein altes Schloß hinzu, ein Gehöft, eine Scheune, Ställe, Felder und Wälder. Insgesamt beherbergten seine Ställe Pferde, Ochsen und fünfzig Kühe; seine Scheunen waren geräumig genug, den Ertrag seiner Ländereien zu speichern und noch Platz zu lassen für Weinkeltern, Hühnerhöfe und eine Schafhürde; vierhundert Bienenkörbe erfüllten die Ansiedlung mit dem Summen ihrer Völker, und die Bäume spendeten genug Holz, die Knochen des Herrn in den kalten Winterwinden zu wärmen. Er kaufte und pflanzte junge Bäume und zog viele aus Sämlingen in seinen Treibhäusern. Er erweiterte die Gärten und Anlagen rund um sein Haus, bis sie fünf Kilometer im Umkreis maßen; in ihnen wuchsen Obstbäume, Weinstöcke und eine große Vielfalt von Blumen. Alle diese Baulichkeiten, Pflanzen und Felder sowie die dreißig Leute, die dafür sorgten, überwachte er persönlich. Und wiederum, wie damals, als er nach Les Délices kam, war er so zufrieden, daß er vergaß, zu sterben. Er schrieb an Frau du Deffand: «Ich verdanke mein Leben und meine Gesundheit dem Weg, den ich eingeschlagen habe. Wenn ich es wagte, würde ich mich für weise halten, so glücklich bin ich.»[3]

Über dreißig oder mehr Bedienstete und Gäste, die in dem Schloß wohnten, herrschte Madame Denis mit starker Hand. Sie war gutmütig von Natur, doch sie hatte Launen und liebte das Geld ein wenig mehr als alles andere. Sie nannte ihren Onkel geizig. Er dementierte es. Jedenfalls «übertrug er auf sie, Stück für Stück, den größeren Teil seines Vermögens»[4]. Er hatte sie als Kind geliebt, dann als Frau, und nun war er froh, sie als seine *maîtresse d'hôtel* zu haben. Sie spielte in den Stücken, die er aufführte, und dies so gut, daß er sie mit der Clairon verglich. Dieses Lob stieg ihr zu Kopf. Sie verlegte sich aufs Dramenschreiben, und Voltaire hatte große Mühe, ihr von einer Veröffentlichung abzuraten. Das Landleben langweilte sie, und sie sehnte sich nach Paris. Es geschah teilweise, um sie zu unterhalten, daß Voltaire eine so lange Reihe von Gästen einlud und duldete. Sie machte sich nichts aus seinem Sekretär Wagnière, doch sie war vernarrt in Père Adam, den alten Jesuiten, den Voltaire in diesem Haushalt als einen genialen Gegner im Schach willkommen hieß – und den er eines Tages zu Füßen der Dienstmagd Barbara überraschte[5]. Bei einer Gelegenheit, vielleicht weil sie Laharpe mit einem von des Herren Manuskripten abreisen ließ, verärgerte die Denis Voltaire so sehr, daß er sie nach Paris schickte – mit einem Jahresgeld von zwanzigtausend Franken[6]. Nach achtzehn Monaten brach er zusammen und bat sie, zurückzukommen.

Ferney wurde ein Wallfahrtsort für jene, die es sich leisten konnten, zu reisen, und die der Aufklärung huldigten. Hierher kamen kleinere Herrscher wie der Herzog von Württemberg und der pfälzische Kurfürst, Feudalherren wie der Fürst von Ligne und die Herzöge von Richelieu und Villars, Standespersonen wie Charles James Fox, Sammler wie Burney und Boswell, Wüstlinge wie Casanova und tausend kleinere Seelen. Er log lahm, wenn die Uneingeladenen kamen: «Sagen Sie ihnen, ich sei sehr krank, sagen Sie ihnen, ich sei tot». Doch niemand glaubte es. «Mein Gott!» schrieb er an den Marquis von Villette, «befreien Sie mich von meinen Freunden; mit meinen Feinden werde ich selbst fertig.»[7]

Er hatte sich kaum in Ferney niedergelassen, als Boswell erschien (24. Dezember 1764), noch erregt von seinen Besuchen bei Rousseau. Voltaire ließ ihm sagen, er liege noch im Bett und könne nicht gestört werden. Dies war nur eine schwache Entmutigung für den zähen Schotten; er blieb hartnäckig, bis Voltaire herunterkam. Sie unterhielten sich kurz, und dann zog sich Voltaire in sein Arbeitszimmer zurück. Am nächsten Tag schrieb Boswell von einer Herberge in Genf an Madame Denis:

«Ich muß Sie bitten, gnädige Frau, Ihren Einfluß geltend zu machen, um mir von Herrn von Voltaire einen großen Gefallen zu erwirken. Mittwoch oder Donnerstag werde ich, mit Verlaub, nochmals nach Ferney kommen. Die Tore dieser nüchternen Stadt schließen aber zu höchst verfrühter Stunde, so daß man sich gleich nach Tisch wieder in den Wagen werfen muß, ehe noch der erlauchte Herr des Hauses dazu kommt, unter seinen Gästen zu erscheinen. Außerdem glaube ich, Herr von Voltaire ist in Gegenstellung zur Sonne, wo er doch erst am Abend auftaucht. Gestern hat er einige Strahlen versandt. Ein paar Funken sprühten. Ich bin froh, wenigstens das erlebt zu haben, möchte ihn aber gerne richtig lodern sehen.

Wäre es möglich, gnädige Frau, daß mir verstattet wird, eine Nacht unter Herrn von Voltaires Dach zu verbringen? Ich bin ein robuster Schotte. Sie können mich in der kältesten Dachkammer unterbringen. Ich würde mich nicht einmal dagegen sträuben, auf zwei Stühlen in der Kammer Ihrer Zofe zu schlafen. Ich habe sie durch das Zimmer gehen sehen, wo wir uns vor Tisch aufhielten.»[8]

Voltaire beauftragte seine Nichte, dem Schotten mitzuteilen, er solle kommen; es würde ein Bett für ihn dasein. Er kam am 27. Dezember, sprach mit Voltaire, während Voltaire Schach spielte, war entzückt von des Meisters englischer Konversation und englischen Flüchen und wurde dann «vornehm untergebracht» in «einem hübschen Zimmer»[9]. Am nächsten Morgen unternahm er es, Voltaire zum orthodoxen Christentum zu bekehren; bald mußte Voltaire, einer Ohnmacht nahe, um Aufschub bitten. Einen Tag später unterhielt sich Boswell über die Religion seines Gastgebers mit Père Adam, der zu ihm sagte: «Ich bete jeden Tag für Herrn von Voltaire ... Es ist jammerschade, daß er kein Christ ist. Er hat viele christliche Tugenden. Er hat die allerschönste Seele. Er ist gütig, er ist wohltätig, doch er ist sehr stark voreingenommen gegen die christliche Religion.»[10]

Um seine Gäste zu unterhalten, sorgte Voltaire für gutes Essen, Weisheit, Witz und Theater. In der Nähe seines Hauses baute er eine kleine Bühne. Gibbon, der sie 1763 sah, beschrieb sie als «sehr nett und gut eingerichtet, unmittelbar in der Nähe seiner Kapelle gelegen, die weit hinter ihr zurücksteht»[11]. Der Philosoph lachte über Rousseau und die Genfer Geistlichen, welche die Bühne als des Teufels Kanzel verdammten. Er ließ nicht nur Madame Denis, sondern auch seine Dienstboten und Gäste Rollen in seinen und anderen Stücken übernehmen; er selbst stolzierte in Hauptrollen über die Bretter, und Berufsschauspieler waren leicht zu überreden, für den berühmtesten Schriftsteller der Welt aufzutreten.

Besucher fanden seine Erscheinung ebenso faszinierend wie seine Konversation. Der Fürst von Ligne schildert ihn als eingehüllt in einen blumengemusterten Morgenrock, mit einer riesigen Perücke unter einer Haube aus schwarzem Samt, einer bis zu den Knien reichenden Jacke aus feiner Baumwolle, mit grauen Strümpfen, Schuhen aus weißem Zeug[12]. Seine Augen waren nach Wagnière «leuchtend und voller Feuer», und der gleiche ergebene Sekretär berichtet, daß sein Herr «seine Augen oft mit reinem kaltem Wasser wusch» und «nie eine Brille benutzte»[13]. In seinen späteren Lebensjahren wurde er es müde, sich zu rasieren, und zog sich die Barthaare mit einer Pinzette aus. «Er hatte eine ungewöhnliche Liebe für Sauberkeit und Ordentlichkeit», fährt Wagnière fort, «und war selbst gewissenhaft sauber.»[14] Er machte häufigen Gebrauch von Schönheitsmitteln, Parfums und Pomaden; sein scharfer Geruchssinn litt unter jedem widrigen Geruch[15]. Er war «unglaublich dünn», mit gerade genug Fleisch, die Knochen zu bedecken. Dr. Burney schrieb, nachdem er ihn im Jahre 1770 besucht hatte: «Es ist nicht leicht zu begreifen, wie in einem Leibe, der so sehr nur aus Haut und Knochen besteht ..., noch Leben sein kann ... Er meinte, ich wolle mir wohl eine Vorstellung davon machen, wie einer aussieht, der dem Tod entgegengeht.»[16] Er selbst sagte von sich, es sei «lächerlich, daß er noch nicht tot sei»[17].

Die Hälfte seines Lebens war er krank. Er hatte eine besonders empfindliche Haut und beklagte sich häufig über verschiedenartige Juckreize[18], vielleicht aus Nervosität oder übertriebener Sauberkeit. Bisweilen litt er an Harndrang, verbunden mit langsamem und schmerzhaftem Urinieren; in dieser Beziehung waren er und Rousseau, die so oft Uneinigen, Leidensbrüder. Er trank Kaffee bei jeder Gelegenheit: fünfzigmal am Tage nach Friedrich dem Großen[19], dreimal am Tage, berichtete Wagnière[20]. Er lachte über die Doktoren und bemerkte, Ludwig XV. habe vierzig seiner Ärzte überlebt; und «wer hat je von einem hundertjährigen Doktor gehört?»[21] Doch er selbst benutzte viele Arzneimittel. Er stimmte mit Molières Kandidaten der Medizin darin überein, das beste Heilmittel bei jeder ernsthaften Krankheit sei *clisterium donare*[22]; er selbst purgierte dreimal in der Woche mit einer Kassielösung oder mit einem Seifenklistier[23]. Die beste Medizin war seiner Ansicht nach die Vorbeugung, und die beste Vorbeugung war es, die inneren Organe und die äußere Hülle zu reinigen[24]. Trotz seinen Jahren, seinen Leiden und seinen Besuchen arbeitete er mit der Energie, die ein Mann besitzt, der kein überflüssiges Fleisch zu tragen hat. Wagnière schätzte, daß sein Herr «nicht mehr als fünf oder sechs Stunden pro Tag schlief»[25]. Er arbeitete bis spät in die Nacht und holte manchmal Pater Adam aus dem Bett, damit er ihm bei der Jagd nach einem griechischen Wort helfe[26].

Er hielt Bewegung für ein gutes Heilmittel gegen Philosophie und Selbstmord, für ein noch besseres Bewegungen in freier Luft. Voltaire trieb einen großen Kult mit seinem Garten; manchmal pflügte oder säte er mit eigenen Händen[27]. Frau du Deffand entdeckte in seinen Briefen die Freude, mit der er seinen Kohl wachsen sah. Er hoffte, die Nachwelt würde sich seiner zumindest wegen der Tausende von Bäumen erinnern, die er gepflanzt habe. Er machte Brachland urbar und legte Sümpfe trocken. Er eröffnete ein Gestüt, stellte zehn Stuten ein und schrieb an den Marquis von Voyer, der ihm einen Hengst anbot: «Mein Serail ist bereit, es fehlt nur noch der Sultan ... Es ist in den letzten Jahren so viel über Bevölkerung geschrieben worden, daß ich das Land von Gex wenigstens mit Pferden bevölkern will, da ich nicht in der Lage bin, meine eigene Spezies zu vermehren.»[28] An Albrecht von Haller schrieb er: «Das Beste, was wir auf dieser Erde tun können, ist, sie zu kultivieren; alle anderen Experimente in der Physik sind im Vergleich hierzu Kinderspiel. Ehre denen, welche die Erde besäen, wehe dem elenden Menschen – ob gekrönt, behelmt oder tonsuriert –, der sie stört!»[29]

Da er nicht genug Land besaß, um der gesamten Bevölkerung seiner Umgebung Arbeit in der Landwirtschaft zu geben, richtete er in Ferney und Tournay Werkstätten zur Fabrikation von Uhren und zum Weben von Strümpfen ein, für die seine Maulbeerbäume die Seide lieferten. Er gab allen Arbeit, die danach fragten, bis achthundert

Menschen für ihn arbeiteten. Er baute hundert Häuser für seine Arbeiter, lieh ihnen Geld zu vier Prozent und half ihnen, Märkte für ihre Erzeugnisse zu finden. Bald kauften gekrönte Häupter die Uhren von Ferney, und adlige Damen, gerührt durch seine Briefe, trugen Strümpfe, von denen er einige mit eigener Hand gewebt zu haben behauptete. Katharina II. kaufte Uhren aus Ferney im Werte von 39000 Pfund und bot ihm an, bei der Suche nach Absatzmärkten in Asien behilflich zu sein. Innerhalb von drei Jahren gingen in Ferney hergestellte Taschenuhren und andere Uhren und Bijouteriewaren in regelmäßigen Lieferungen nach Holland, Italien, Spanien, Portugal, Marokko, Algerien, in die Türkei, nach Rußland, China und Amerika. Dank den neuen Industrien wuchs während Voltaires Aufenthalt die Bevölkerung des Dorfes Ferney von vierzig Bauern auf eine Bevölkerung von eintausendzweihundert Seelen an. «Geben Sie mir eine Chance», schrieb er an Richelieu, «und ich bin der Mann, eine Stadt zu bauen.»[30] Katholiken und Protestanten lebten in Frieden auf den Ländereien des Ungläubigen.

Sein Verhältnis zu seinen «Vasallen» war das eines *bon seigneur*. Er behandelte sie alle gewissenhaft und höflich. «Er sprach mit seinen Bauern», sagte der Fürst von Ligne, «als wären sie Botschafter.»[31] Er befreite sie 1775 von den Steuern auf Salz und Tabak[32]. Er kämpfte vergeblich, doch hartnäckig darum, alle Bauern des Pays de Gex von der Fronarbeit befreien zu lassen. Als die Region von Hungersnot bedroht wurde, importierte er Weizen aus Sizilien und verkaufte ihn weit unter dem Gestehungspreis[33]. Während er seinen Krieg gegen *l'infâme* führte – gegen Aberglauben, Obskurantismus und Verfolgung –, verwendete er einen großen Teil seiner Zeit auf praktische Verwaltung. Er entschuldigte sich, daß er Ferney nicht verließ, um seine Freunde zu besuchen: «Ich habe achthundert Menschen zu führen und zu unterhalten: ... Ich kann mich nicht entfernen, ohne alles wieder ins Chaos zurückfallen zu lassen.»[34] Seine Erfolge als Verwalter erstaunte alle, welche die Resultate sahen. «Er zeigte klares Urteil und guten Instinkt», sagte einer seiner schärfsten Kritiker[35]. Diejenigen, die er regierte, lernten ihn lieben; bei einer Gelegenheit warfen sie Lorbeerblätter in seine Kutsche, als er vorüberfuhr[36]. Die jungen Menschen liebten ihn besonders, denn er öffnete jeden Sonntag sein Schloß für Tanzveranstaltungen, bei denen Erfrischungen gereicht wurden[37]. Er spornte sie an und freute sich an ihrer Freude. «Er war sehr glücklich», berichtete Frau von Gallatin, «und merkte nicht, daß er zweiundachtzig Jahre alt war.»[38] Er merkte es, aber er war zufrieden. «*Je deviens patriarche*», schrieb er – «Ich werde ein Patriarch.»[39]

II. DIE MACHT DER FEDER

Inzwischen fuhr er fort, zu schreiben; eine unglaubliche Menge und Vielfalt hervorragender Geschichtsbetrachtungen, Abhandlungen, Dramen, Erzählungen, Gedichte, Artikel, Pamphlete, Briefe und Kritiken an ein internationales Publikum hinauszuschicken, das begierig auf jedes seiner Worte wartete. In dem einen Jahr 1768 schrieb er *L'Homme aux quarante écus, La Princesse de Babylone* (eine seiner besten Erzählungen),

Épître à Boileau, Profession de foi d'un théiste, Le Pyrrhonisme de l'histoire, zwei Libretti für komische Opern und ein Theaterstück. Fast jeden Tag verfaßte er «einige flüchtige Verse» – kurze, leichte, anmutige gereimte Epigramme; auf diesem Gebiet hat er nicht seinesgleichen in der gesamten Literatur, nicht einmal unter den Meistern der *Griechischen Anthologie*.

Mit seinen Schriften über Religion und Philosophie haben wir uns an anderer Stelle beschäftigt. Wir werfen hier nur einen kurzen Blick auf die Theaterstücke, die er in Ferney schrieb: *Tancrède*, *Nanine*, *L'Écossaise*, *Socrate*, *Saul*, *Irène*. Sie sind die am wenigsten lebendigen seiner Nachkommen, obwohl sie zu seiner Zeit das Tagesgespräch von Paris waren. *Tancrède,* am 3. September 1759 im Théâtre-Français aufgeführt, fand allgemeinen Beifall, sogar bei Voltaires bitterem Feind Fréron. Fräulein Clairon als Déborah und Lekain als Tancrède erreichten in diesem Drama den Gipfel ihrer Kunst. Die Bühne war von Zuschauern geräumt worden und erlaubte eine reiche und eindrucksvolle Dekoration; der mittelalterliche und ritterliche Stoff war eine willkommene Abweichung von klassischen Themen. Der Schüler Boileaus schrieb hier in der Tat ein romantisches Schauspiel. *Nanine* enthüllte, daß Voltaire – wie Diderot – von Richardson beeinflußt worden war; Rousseau selbst lobte das Stück. *Socrate* enthielt eine kostbare Zeile: «Es ist der Triumph der Vernunft, gut mit jenen zusammenzuleben, die keine haben.»[40]

In seiner Zeit als Corneille und Racine ebenbürtig gepriesen, studierte Voltaire die beiden ständig und zögerte lange, welchem von beiden er den Vorrang geben sollte. Schließlich entschied er sich für Racine. Er stellte beide kühn über Sophokles und Euripides und bezeichnete «Molière in seinen besten Stücken als den reinen, aber kalten Terenz und dem Possenreißer Aristophanes überlegen»[41]. Er war aufgebracht, als er erfuhr, daß Marie Corneille, die Großnichte des Dramatikers, in der Nähe von Évreux in Armut lebte. Er bot sich an, sie zu adoptieren und für ihre Erziehung zu sorgen, und als er hörte, daß sie fromm sei, versicherte er ihr, daß ihr jede Gelegenheit gegeben würde, ihre Religion auszuüben. Sie kam zu ihm im Dezember 1760; er adoptierte sie, brachte ihr bei, ein gutes Französisch zu schreiben, verbesserte ihre Aussprache und ging mit ihr zur Messe. Um eine Mitgift für sie aufzubringen, schlug er der Französischen Akademie vor, sie solle ihn beauftragen, die Werke Corneilles herauszugeben. Die Akademie willigte ein. Er begann sofort, die Stücke seines Vorgängers durchzusehen, sie mit Anmerkungen und Einleitungen zu versehen, und als guter Geschäftsmann machte er Reklame für das Projekt und warb für Subskriptionen. Ludwig XV., die Zarin Elisabeth, Friedrich von Preußen subskribierten je für zweihundert Exemplare, Frau von Pompadour und Choiseul für je fünfzig, und weitere Subskriptionen kamen von Chesterfield und anderen ausländischen Adligen. Das Ergebnis war, daß Marie Corneille viele Bewerber hatte. Sie heiratete zweimal und wurde 1768 die Mutter von Charlotte Corday.

Voltaire war sowohl der größte Historiker als auch der größte Dichter und Dramatiker seiner Zeit. 1757 bat ihn die Zarin Elisabeth, eine Biographie ihres Vaters, Peters des Großen, zu schreiben. Sie lud Voltaire nach St. Petersburg ein und versprach ihm höchste Ehren. Er erwiderte, er sei zu alt für solch eine Reise, doch er würde die Biographie schreiben, wenn ihr Minister, Graf Schuwalow, ihm Dokumente schickte, welche die Laufbahn und die durch die Reformen des Zaren verursachten Veränderungen veranschaulichten. Er hatte in seiner Jugend Peter in Paris gesehen (1716); er hielt ihn für einen großen Mann, doch immer noch für einen Barbaren, und um ein zu gefährliches Eingehen auf seine Fehler zu vermeiden, entschloß er sich, nicht eine Biographie zu schreiben, sondern eine Geschichte Rußlands in jener denkwürdigen Zeit – eine weitaus schwierigere Aufgabe. Er betrieb umfangreiche Forschungen, arbeitete an dem Werk von 1757 bis 1763 und veröffentlichte es in den Jahren 1759–1763 als *Histoire de la Russie sous Pierre le Grand*. Es war eine achtbare Leistung für seine Zeit und blieb die beste Behandlung des Themas bis zum 19. Jahrhundert; doch der rechtschaffene Michelet fand das Buch «langweilig»[42]. Die Zarin sah Teile davon; sie schickte Voltaire «einige große Diamanten» als Anzahlung, doch sie wurden unterwegs gestohlen, und die Zarin starb, bevor das Werk vollendet war.

Immer wieder, während der Siebenjährige Krieg ihn umtobte, unternahm er es, seine *Histoire générale, ou Essai sur les mœurs* auf den letzten Stand zu bringen, indem er (1755–1763) einen *Précis du siècle de Louis XV* hinzufügte. Es war eine heikle Operation, denn er stand formell noch immer unter dem Bann der französischen Regierung. Wir müssen ihm verzeihen, wenn er vorsichtig über die Fehler des regierenden Königs hinwegging, doch selbst so war es ein ausgezeichneter, einfacher und klarer Bericht. In der Geschichte des Prinzen Charles Edward Stuart (Bonnie Prince Charlie) übertraf er fast seinen eigenen *Charles XII*. Getreu seiner Auffassung, daß Geschichtsschreibung am besten sei, wenn sie die Fortschritte des menschlichen Geistes aufzeichnete, fügte er eine abschließende Abhandlung «über den Fortschritt des Verstehens im Zeitalter Ludwigs XV.» an und vermerkte, was ihm als Zeichen des Wachstums erschien:

> «Ein ganzer Orden [die Jesuiten], zerstört durch die weltliche Macht, die Disziplin anderer Orden reformiert durch diese Macht, die Trennung zwischen der [Jurisdiktion der] obrigkeitlichen Beamten und Bischöfe, all das enthüllt klar, wieviel Vorurteil verbreitet gewesen war, wie weit das Wissen um die Regierung verbreitet ist und bis zu welchem Grad unsere Geister aufgeklärt sind. Der Samen dieses Wissens wurde im letzten Jahrhundert gesät; in unseren Tagen geht er überall auf, selbst in den entferntesten Provinzen ... Reine Wissenschaft hat die nützlichen Künste erleuchtet, und diese haben bereits begonnen, die durch zwei unglückliche Kriege verursachten Wunden des Staates zu heilen ... Das Wissen von der Natur, die Infragestellung alter Märchen, die einst als Geschichte verehrt wurden, gesunde Metaphysik, befreit von den Absurditäten der Schulen: diese sind Produkte dieses Zeitalters, und die menschliche Vernunft hat gewaltige Fortschritte gemacht.»

Nachdem er der Geschichtsschreibung seinen Tribut gezollt hatte, kehrte Voltaire zur Philosophie zurück und nahm seinen Feldzug gegen die katholische Kirche wieder auf. Er veröffentlichte in rascher Folge jene kleinen Bücher, die wir bereits untersucht haben, als leichte Artillerie in dem Krieg gegen *l'infâme: Der unwissende Philosoph, Wichtige Prüfung von Mylord Bolingbroke, Der Offenherzige, Die Geschichte Jennis* und *Die Vernunft nach dem Alphabet*. Neben all diesen Arbeiten führte er die bemerkenswerteste je von einem einzelnen Menschen unterhaltene Korrespondenz fort.

Als Casanova ihn 1760 besuchte, zeigte ihm Voltaire eine Sammlung von einigen fünfzigtausend Briefen, die er bis zu diesem Jahr erhalten hatte, es sollten danach fast noch einmal soviel werden. Da der Empfänger das Porto bezahlte, gab Voltaire manchmal einhundert Pfund für die Post aus, die er an einem Tag erhielt. Tausend Bewunderer, tausend Feinde, hundert junge Autoren, hundert Amateurphilosophen schickten ihm Geschenke, Bouquets, richteten an ihn Beleidigungen, Verwünschungen, Fragen und Manuskripte. Es war nicht ungewöhnlich, daß ein besorgter Frager ihn bat, ihm postwendend zu sagen, ob es einen Gott gebe oder ob der Mensch eine unsterbliche Seele habe. Schließlich ließ er im *Mercure de France* eine Warnung einrücken: «Da mehrere Personen sich beschwert haben, keine Bestätigung der nach Ferney, Tournay oder Les Délices geschickten Sendungen erhalten zu haben, wird hiermit bekanntgegeben, daß es angesichts der ungeheuren Anzahl dieser Sendungen notwendig geworden ist, die Annahme all dessen zu verweigern, was nicht von Personen kommt, mit denen der Besitzer die Ehre hat, bekannt zu sein.»[43]

In der endgültigen Ausgabe von Theodore Besterman umfaßt Voltaires Korrespondenz achtundneunzig Bände. Brunetière hielt sie für «den lebendigsten Teil seines Gesamtwerkes»[44]. Und es gibt in der Tat auch nicht eine einzige langweilige Seite in dieser Unzahl von Briefen, denn in ihnen können wir den brillantesten Plauderer seiner Zeit mit der ganzen Vertrautheit eines Freundes sprechen hören. Nie zuvor oder seither hat ein Briefschreiber mit seiner eiligen Feder – *currente calamo* – so viel Höflichkeit, Lebendigkeit, Zauber und Anmut eingefangen. Diese Briefe sind ein Festschmaus nicht nur an Witz und Beredsamkeit, sondern auch an warmer Freundschaft, menschlichem Fühlen und scharfem Denken. Neben ihnen scheinen die Briefe der Frau von Sévigné, so köstlich sie auch sind, beiläufig über die Oberfläche trivialer und vergänglicher Dinge hinwegzuflattern. Zweifellos haftet den Schnörkeln in Voltaires Briefstil etwas von Konvention an, doch er scheint zu meinen, was er sagt, wenn er an d'Alembert schreibt: «Ich umarme Sie mit meiner ganzen Kraft, und ich bedaure, daß es auf eine so große Entfernung sein muß.» Worauf d'Alembert antwortete: «Leben Sie wohl, mein teurer und erlauchter Freund; ich umarme Sie zärtlich und bin mehr denn je *tuus in animo*» – «der Ihre im Geiste.»[45] Und an Frau du Deffand schrieb Voltaire: «Leben Sie wohl, Madame ... von all den Wahrheiten, nach denen ich trachte, erscheint diejenige die sicherste zu sein, daß Sie eine Seele haben, die der meinen verwandt ist und der ich zärtlich zugetan sein werde während der kurzen Zeit, die mir verbleibt.»[46]

Seine Briefe an seine Bekannten in Paris wurden von ihren Empfängern hochgeschätzt und gingen von Hand zu Hand als Goldklumpen an Neuigkeiten und Edelsteinen des Stils. Denn in diesen Briefen erreichte Voltaires Stil seinen vollsten Glanz. Er war nicht der beste in seinen Geschichtsdarstellungen, wo glatte und fließende Erzählung wünschenswerter ist als Beredsamkeit oder Witz. Er steigerte sich zu pompöser Deklamation in seinen Theaterstücken, doch in seinen Briefen konnte er die Diamantspitze seiner Feder in Epigrammen aufleuchten lassen oder in Gedanken mit unvergleichlicher Präzision und Kürze bringen. Er vereinte die Gelehrsamkeit Bayles mit der

Eleganz Fontenelles und übernahm einen Hauch von Ironie von den *Lettres provinciales* Pascals. Er widersprach sich selbst in seinen siebzig Jahren des Schreibens, doch war er nie dunkel; wir können kaum glauben, daß er ein Philosoph war, so klar ist er. Er kommt direkt zur Sache, auf den Kernpunkt eines Gedankens. Er ist sparsam mit Adjektiven und Vergleichen, um nicht den Gedankengang zu komplizieren, und fast jeder neue Satz ist ein Geistesblitz. Manchmal sind diese Blitze zu zahlreich, folgen zu rasch aufeinander, der Leser wird des Gefunkels müde, und es entgehen ihm Pfeile von Voltaires lebendigem Geist. Er erkannte, daß dieses Übermaß an Feuerwerk ein Fehler war, wie Edelsteine an einem Kleid. «Die französische Sprache», gestand er bescheiden, «wurde zu ihrer höchsten Vollendung gebracht im Zeitalter Ludwigs XIV.»[47]

Die Hälfte der Standespersonen seiner Zeit gehörten zu seinen Korrespondenten – nicht nur alle *philosophes* und alle größeren Schriftsteller Frankreichs und Englands, sondern auch Kardinäle, Päpste, Könige und Königinnen. Christian VII. entschuldigte sich bei ihm, daß er alle Voltaireschen Reformen nicht auf einmal in Dänemark eingeführt habe, Stanislaus Poniatowski von Polen bedauerte es, daß er König werden mußte, als er gerade auf dem Weg nach Ferney war, und Gustav III. von Schweden dankte Voltaire dafür, daß er gelegentlich einen Blick auf den kalten Norden warf, und betete, «Gott möge Ihre Tage verlängern, die der Menschheit so kostbar sind»[48]. Friedrich der Große schalt ihn wegen seiner Grausamkeit gegenüber Maupertuis und wegen seiner Ungebührlichkeit gegenüber Königen[49]; doch einen Monat später schrieb er: «Gesundheit und Glück dem unheilvollsten und verführerischsten Mann von Genie, der je in dieser Welt war oder sein wird»[50], und am 12. Mai 1760 fügte er hinzu:

> «Was mich betrifft, so werde ich dorthin [in den Hades] gehen und Vergil sagen, daß ein Franzose ihn in seiner eigenen Kunst übertroffen habe. Ich werde das gleiche zu Sophokles und Euripides sagen, ich werde Thukydides von Ihren Geschichtswerken erzählen, Quintus Curtius von ihrem *Charles XII*, und vielleicht werde ich von diesen Eifersüchtigen zu Tode gesteinigt, weil ein einzelner Mensch alle ihre verschiedenen Vorzüge in sich vereinigt hat.»[51]

Am 19. September 1774 setzte Friedrich seinen Lobgesang fort: «Nach Ihrem Tod wird niemand da sein, Sie zu ersetzen; es wird das Ende der guten Briefe in Frankreich sein.»[52] (Ein Irrtum natürlich; gute Literatur wird in Frankreich niemals ein Ende haben.) Und schließlich senkte am 24. Juli 1775 Friedrich sein Zepter vor Voltaires Feder: «... für mein Teil habe ich den Trost, im Zeitalter Voltaires gelebt zu haben; das genügt mir.»[53]

Katharina die Große schrieb an Voltaire wie ein gekröntes Haupt an ein anderes – ja, wie ein Schüler an einen Lehrer. Sie hatte ihn schon sechzehn Jahre gelesen, bevor sie sich ihren Weg auf den Thron Rußlands bahnte. Dann, im Oktober 1763, begann sie ihre Korrespondenz, indem sie in der ersten Person auf einen Brief in Versen antwortete, den er an ein Mitglied ihres diplomatischen Corps geschickt hatte[54]. Voltaire nannte sie die Semiramis des Nordens, ging gnädig über ihre Verbrechen hinweg und wurde ihr Anwalt in Frankreich. Sie bat ihn, sparsam zu sein mit seinen Komplimenten; er vermehrte sie. Sie schätzte seine Parteinahme, denn sie wußte, daß sie es weitgehend ihm und dann Grimm und Diderot verdankte, wenn sie in Frankreich eine «gute Presse» hatte. Die französische Philosophie wurde ein Instrument russischer Diplomatie. Er empfahl Katharina, mit Sicheln bewehrte Kampfwagen im assyrischen Stil gegen die Türken zu verwenden; sie mußte ihm erklären, daß die unkooperativen Türken nicht in genügend dichter Formation angreifen würden, um bequem niedergemäht werden zu können[55]. Er vergaß seinen Haß gegen den Krieg in seiner Begeisterung für die Möglichkeit, daß Katharinas Heere Griechenland von den Türken befreien könnten. Er rief «*Français*, *Bretons*, *Italiens*» auf, diesen neuen Kreuzzug zu unterstützen, und er trauerte, als Semiramis kurz vor ihrem Ziel haltmachte. Byron übernahm seine Sache.

Viele Franzosen beschimpften Voltaire wegen seines Flirtens mit dem Königtum. Sie waren der Ansicht, er erniedrige sich, indem er die Throne umschmeichle und nach Komplimenten hasche. Und zweifellos stiegen ihm diese Komplimente manchmal zu Kopf. Doch spielte er auch ein diplomatisches Spiel. Er hatte nie behauptet, republikanische Gefühle zu hegen; er erklärte wiederholt, daß mehr Fortschritt erreicht werden könne durch «aufgeklärte» Könige als durch die Inthronisierung der unbeständigen, ungebildeten, abergläubischen Masse. Er führte seinen Krieg nicht gegen den Staat, sondern gegen die katholische Kirche, und in dieser Schlacht war die Unterstützung der Herrscher eine wertvolle Hilfe. Wir haben gesehen, wie wertvoll diese Hilfe war in seinen siegreichen Feldzügen für die Calas und die Sirvens. Es war von großem Wert für ihn, daß er in seinem Kampf für religiöse Toleranz Friedrich und Katharina auf seiner Seite hatte. Auch gab er nie die Hoffnung auf, Ludwig XV. für sich zu gewinnen. Er hatte Frau von Pompadour und Choiseul für sich gewonnen; er umwarb auch die Dubarry. Er kannte keine Skrupel in seiner Strategie und hatte in der Tat vor dem Ende der Regierungszeit die Unterstützung der halben Regierung Frankreichs. Die Schlacht für religiöse Toleranz war gewonnen.

III. VOLTAIRE *POLITICUS*

Was hoffte Voltaire in der Politik und in der Wirtschaft zu erreichen? Seine Ziele waren gleichzeitig hoch und bescheiden: Sein großes Ziel war, die Menschen von theologischen Mythen und der priesterlichen Macht zu befreien – eine sehr schwere Aufgabe; im übrigen forderte er einige Reformen, doch kein Utopia. Er lächelte über «jene Legislatoren, die das Universum regieren ... und von ihren Dachkammern aus den Königen Befehle geben»[56]. Wie fast alle *philosophes* war er gegen die Revolution; er wäre von ihr entsetzt – vielleicht guillotiniert worden*. Außerdem war er anstößig reich, und zweifellos färbte sein Reichtum seine Ansichten.

---

* Siehe Robespierres Beschreibung der *encyclopédistes:* «Was die Politik betrifft, so zog diese Partei den Rechten des Volks eine Grenze ... Ihre Führer predigten manchmal gegen den Despotismus und wurden gefüttert von Despoten; manchmal schrieben sie Artikel über Könige, manchmal Widmungen zu ihren Ehren. Sie schrieben Reden für Höflinge und Madrigale für Kurtisanen.»[57]

1758 schlug er vor, 500000 Francs in Lothringen zu investieren[58]. Am 17.März 1759 schrieb er an Friedrich: «Ich erhalte 60000 Pfund von meinem (jährlichen) Einkommen aus Frankreich ... Ich gebe zu, daß ich sehr reich bin.» Sein Vermögen war entstanden durch «Tips» von befreundeten Financiers, wie den Brüdern Paris, durch Lotteriegewinne in Frankreich und Lothringen, durch Erbanteile an seines Vaters Vermögen, durch Ankauf von Regierungspapieren, durch Beteiligung an kommerziellen Unternehmungen und durch Verleihen von Geld an Einzelpersonen. Er war zufrieden mit sechs Prozent Darlehenszinsen, was als bescheiden gelten kann angesichts der Risiken und Verluste. Im Jahr 1767 verlor er tausend Taler beim Bankrott der Firma Gilliart in Cádiz[59]. 1768 notierte Gibbon mit Bezug auf die achtzigtausend Francs, die Voltaire dem Herzog von Richelieu geliehen hatte: «Der Herzog ist ruiniert, die Sicherheit ist nichts wert, und das Geld ist verschwunden»[60]. Bei Voltaires Tod war ein Viertel des Darlehens zurückgezahlt worden. Pensionen brachten ihm viertausend Francs jährlich ein.

Alles in allem belief sich Voltaires Einkommen im Jahre 1777 auf 206000 Francs[61]. Er zierte diesen Reichtum mit angemessener Freigebigkeit, dennoch fühlte er sich genötigt, ihn als nicht notwendigerweise unpassend für einen Philosophen zu verteidigen.

«Ich sah so viele arme und verachtete Schriftsteller, daß ich mich entschloß, ihre Zahl nicht zu vermehren. In Frankreich muß ein Mann Amboß oder Hammer sein; ich war als Amboß geboren. Ein mageres väterliches Erbteil wurde jeden Tag kleiner, denn auf die Dauer wird alles teurer, und die Regierung besteuert oft sowohl Einkommen als auch Vermögen ... Man muß in der Jugend sparsam sein, dann ist man im hohen Alter im Besitz eines Kapitals, das einen überrascht; und das ist die Zeit, wenn wir Vermögen am nötigsten haben.»[62]

Schon im Jahre 1736 hatte er in seinem Gedicht *Le Mondain* gestanden: «Ich liebe den Luxus und sogar ein weiches Leben, alle Vergnügungen, alle Künste.» Er war der Ansicht, daß das Verlangen der Reichen nach Luxus ihr Geld unter den Handwerkern in Umlauf bringt, und er vermutete, daß es ohne Reichtum keine große Kunst gegeben hätte[63]. Als Voltaire Mesliers atheistisch-kommunistisches *Testament* veröffentlichte, ließ er den Teil gegen das Eigentum aus. Er glaubte, daß kein ökonomisches System ohne den Stimulus des Besitztums Erfolg haben könne. «Der Geist des Eigentums verdoppelt eines Menschen Stärke.»[64] Er hoffte, jeden Menschen als Eigentumsbesitzer zu sehen, und während Rousseau die Leibeigenschaft in Polen guthieß, schrieb Voltaire: «Polen wäre dreimal so dicht bevölkert und reich, wenn die Bauern keine Sklaven wären.»[65] Doch er war nicht dafür, daß die Bauern reich würden; wer lieferte dann die vielen Soldaten für den Staat?[66]

Er teilte Rousseaus Begeisterung für die Gleichheit nicht; er wußte, daß alle Menschen unfrei und ungleich geboren sind. Er verwarf die Anschauungen von Helvétius, daß, wenn allen gleiche Erziehung und gleiche Chancen gegeben würden, alle bald gleich wären an Bildung und Fähigkeit. «Welch ein Irrsinn, sich einzubilden, daß jeder Mensch ein Newton sein könnte!»[67] Zu allen Zeiten wird es Starke und Schwache, Schlaue und Einfältige und daher Reiche und Arme geben.

«Es ist auf unserer unglückseligen Erde unvermeidlich, daß die gesellschaftlich lebenden Menschen sich in zwei Klassen teilen, in die Reichen, die Befehlenden, und die Armen, die Dienenden . . . Sehr zu Recht fühlt sich jeder Mensch im tiefsten Herzen den anderen Menschen ganz gleich. Daraus folgt nicht, daß der Koch eines Kardinals seinem Herrn befehlen solle, ihm das Essen zu kochen. Aber der Koch kann sagen: 'Ich bin ein Mensch wie mein Herr; wie er bin ich unter Tränen geboren worden; er wird wie ich unter den gleichen Qualen ... sterben. Wir verrichten beide unsere Notdurft wie die Tiere. Wenn die Türken Rom erobern, wenn ich dann Kardinal bin und mein Herr Koch, so nehme ich ihn in meinen Dienst.' Diese ganze Rede ist vernünftig und richtig. Aber solange der Sultan Rom noch nicht erobert hat, muß der Koch seine Pflicht tun, wenn nicht jede menschliche Gesellschaftsordnung auf den Kopf gestellt werden soll.»[68]

Als Sohn eines Notars und erst spät Standesherr geworden, hatte er gemischte Anschauungen über den Adel und zog offensichtlich den englischen Typ vor[69]. Die Monarchie akzeptierte er als die natürliche Regierungsform. «Warum wird fast die ganze Erde von Monarchen regiert? ... Die ehrliche Antwort ist: Weil die Menschen es selten wert sind, sich selbst zu regieren.»[70] Er lachte über das göttliche Recht der Könige und führte sie und den Staat auf Eroberung zurück. «Ein Stamm wählt für seine Raubzüge einen Häuptling; er gewöhnt sich daran, ihm zu gehorchen, der Häuptling gewöhnt sich daran zu befehlen. Ich glaube, dies ist der Ursprung der Monarchie.»[71] Ist das natürlich? Man betrachte einen Hühnerhof:

«Ein Hühnerhof stellt das vollkommenste Beispiel einer Monarchie dar. Es gibt keinen König, der mit einem Hahn vergleichbar wäre. Wenn er erhaben und kühn inmitten seiner Hennen herumstolziert, so geschieht dies nicht aus Eitelkeit. Wenn der Feind vorrückt, begnügt er sich nicht damit, seinen Untertanen den Befehl zu geben, auszurücken und sich für ihn töten zu lassen ...; er geht persönlich voran, ordnet seine Truppen hinter sich und kämpft bis zum letzten Atemzug. Wenn er siegt, ist er selbst es, der das *Te Deum* singt ... Wenn es wahr ist, daß die Bienen von einer Königin regiert werden, der alle ihre Untertanen den Hof machen, dann ist dies eine noch vollkommenere Regierung.»[72]

Als er in Berlin und dann in Genf wohnte, konnte er Monarchie und «Demokratie» am lebendigen Beispiel studieren. Wie die anderen *philosophes* war er voreingenommen durch die Tatsache, daß mehrere Monarchen – Friedrich II., Peter III., Katharina II. – und einige Minister – Choiseul, Aranda, Tanucci, Pombal – Forderungen nach Reformen Gehör geschenkt oder Philosophen Pensionen bewilligt hatten. In einer Zeit, in der der russische Bauer so primitiv war, in der die Massen überall weitgehend Analphabeten und zu müde zum Denken waren, erschien es absurd, die Volksherrschaft vorzuschlagen. In Wirklichkeit waren die «Demokratien» in der Schweiz und in Holland Oligarchien. Es war das niedere Volk, das die alten Mythen und Zeremonien der Religion liebte und als massive Armee der intellektuellen Freiheit und Entwicklung im Wege stand. Nur eine Kraft war stark genug, der katholischen Kirche in Frankreich Widerstand zu leisten, wie sie den protestantischen Kirchen in England, Holland und Deutschland Widerstand geleistet hatte, und das war der Staat. Nur durch die existierenden monarchischen Regierungen in Frankreich, Deutschland und Rußland konnten die *philosophes* hoffen, ihren Kampf gegen Aberglauben, Bigotterie, Verfolgung und eine infantile Theologie zu gewinnen. Sie konnten keine Unterstützung von seiten der *parlements* erwarten, denn diese wetteiferten mit der Kirche und übertrafen den König an Obskurantismus, Zensur und Intoleranz. Andererseits beachte man, was Heinrich der Seefahrer für Portugal, was Heinrich IV. für Frankreich oder Peter der Große für Rußland oder Friedrich der Große für Preußen getan hatten. «Fast nichts Großes ist je in der Welt getan worden, außer durch den Genius und die Entschlossenheit eines einzigen Menschen, der die Vorurteile der Menge bekämpfte.»[73] Also beteten die *philosophes* um aufgeklärte Könige. «Tugend auf dem Thron», schrieb Voltaire in *Mérope,* «ist das beste Werk des Himmels.»[74]* Voltaires politische Anschauungen entsprangen teilweise dem Verdacht, daß viele Menschen unfähig wären, Bildung zu verdauen, selbst wenn sie ihnen geboten würde. Er sprach von «dem denkenden Teil des Menschengeschlechts – dem hunderttausendsten Teil»[76]. Er fürchtete die geistige Unreife und die emotionelle Erregbarkeit des Volkes. «*Quand la populace se mêle de raisonner, tout est perdu.*» («Wenn das Volk anfängt zu denken, ist alles verloren.»)[77] Und so hatte er bis in seine reiferen Jahre wenig Sympathie für die Demokratie. Als Casanova ihn fragte: «Würden Sie das Volk gerne im Besitz der Macht sehen?», antwortete er: «Gott bewahre!»[78] Und zu Friedrich sagte er: «Als ich Sie bat, der Wiederhersteller der schönen Künste Griechenlands zu sein, ging meine Forderung nicht so weit, sie zu bitten, die athenische Demokratie wiederherzustellen. Ich liebe die Regierung durch das Volk nicht.»[79] Er stimmte mit Rousseau darin überein, daß «die Demokratie nur für kleine Länder paßt», doch er fügte weitere Einschränkungen hinzu: «Nur für solche, die günstig gelegen sind, ... deren Freiheit durch ihre Situation gesichert ist, und die zu erhalten im Interesse ihrer Nachbarn liegt.»[80] Er bewunderte die holländische und die schweizerische Republik, doch auch hier hatte er seine Zweifel.

«Wenn Sie daran denken, daß die Holländer die Herzen der beiden Brüder De Witt rösteten und aßen; wenn Sie ... daran denken, daß der Republikaner Jean Calvin ..., nachdem er geschrieben hatte, er würde keinen Menschen verfolgen, auch nicht den, der die Dreieinigkeit leugnet, einen Spanier, der anders über die Dreieinigkeit dachte, mit grünen [langsam brennenden] Reisigbündeln verbrennen ließ: dann werden Sie in Wahrheit schließen, daß es in den Republiken nicht mehr Tugenden gibt als in den Monarchien.»[81]

Nach all diesen antidemokratischen Erklärungen sehen wir ihn als aktiven Anhänger des Genfer Mittelstandes gegen die Patrizier (1763) und der nicht stimmberechtigten *natifs* von Genf gegen die Aristokratie und die Bourgeoisie (1766). Aber stellen wir diese Geschichte zurück, bis wir in ihrem lokalen Rahmen darauf zu sprechen kommen.

In der Tat schien Voltaire radikaler zu werden, als er alterte. 1768 gab er seinen *L'Homme aux quarante écus* («Der Mann mit vierzig Kronen») heraus. Das Buch erlebte zehn Auflagen im ersten Jahr, wurde jedoch durch das *parlement* von Paris verbrannt,

---

* Michelet hat eine reizvolle Passage über diese *thèse royale* geschrieben: «Es ist das Hirngespinst der *philosophes* und der Nationalökonomen – solcher wie Voltaire und Turgot –, die Revolution durchzuführen, das heißt das Glück der Menschheit zu erreichen, vermittels des Königs. Nichts ist seltsamer, als zu sehen, wie dieses Idol von beiden Parteien umstritten wird. Die *philosophes* ziehen ihn auf die rechte Seite, die Priester auf die linke. Wer wird gewinnen? Die Frauen.»[75]

das den Drucker auf die Galeeren schickte. Diese Strenge hatte ihren Grund nicht in dem Spott, den die Geschichte über die Physiokraten ausgoß, sondern in ihrer lebendigen Schilderung der Bauern, die durch die Steuer in Not geraten waren, und der Mönche, die in Müßiggang und Luxus auf den von Leibeigenen bestellten Landgütern lebten. In einer anderen Schmähschrift des Jahres 1768, genannt *L'A,B,C* (die zu verleugnen Voltaire große Mühe hatte), ließ er «Monsieur B» sagen:

«Ich könnte mich sehr leicht an eine demokratische Regierung anpassen ... Alle diejenigen, die Besitzungen im gleichen Territorium haben, besitzen das gleiche Recht, in diesen Territorien die Ordnung aufrechtzuerhalten. Ich möchte, daß freie Menschen die Gesetze machen, unter denen sie leben ... Es gefällt mir, daß mein Maurer, mein Zimmermann, mein Schmied, die mir geholfen haben, mein Haus zu bauen, daß mein Nachbar der Bauer, mein Freund, der Fabrikant, sich über ihren Beruf erheben und die öffentlichen Interessen besser kennen als der anmaßendste türkische Beamte. In einer Demokratie braucht kein Arbeiter, kein Handwerker Belästigung oder Verachtung zu befürchten ... Frei zu sein, nur seinesgleichen zu haben, ist das natürliche Leben des Menschen; alle anderen Lebensformen sind unwürdige Künstlichkeiten, schlechte Komödien, in denen ein Mensch die Rolle des Herrn, der andere die des Sklaven spielt, einer die des Parasiten, der andere die des Produzierenden.»[82]

Im Jahre 1769 – oder bald danach – gab Voltaire, nunmehr fünfundsiebzig Jahre alt, in einer neuen Ausgabe des *Dictionnaire philosophique* eine bittere Beschreibung des Despotismus und der Mißbräuche der Regierung in Frankreich[83] und pries im Vergleich hierzu England:

«Die englische Verfassung hat in der Tat jenen Punkt von Vortrefflichkeit erreicht, an dem allen Menschen jene natürlichen Rechte wiedergegeben werden, deren sie in fast allen Monarchien beraubt sind. Diese Rechte sind: vollkommene Freiheit der Person und des Eigentums, Freiheit der Presse, das Recht, in allen Strafprozessen von einem Gericht unabhängiger Männer abgeurteilt zu werden, das Recht, nur nach dem genauen Buchstaben des Gesetzes behandelt zu werden, und das Recht jedes Menschen, unbehindert zu bekennen, welche Religion er wählt, während er auf Ämter verzichtet, die nur die Mitglieder der etablierten Kirche innehaben. Dies sind ... unschätzbare Privilegien ... Um, wenn sie sich niederlegen, sicher zu sein, daß sie im Besitz des gleichen Eigentums, mit dem sie sich zur Ruhe gelegt haben, aufstehen, daß sie nicht mitten in der Nacht aus den Armen ihrer Frauen und ihrer Kinder gerissen werden, um in einen Kerker geworfen oder in einer Wüste im Exil vergraben zu werden; daß ... sie die Macht haben, alle ihre Gedanken zu veröffentlichen ..., diese Privilegien gehören jedem, der den Fuß auf englischen Boden setzt ... Wir müssen befürchten, daß Staaten, die nicht auf diesen Prinzipien aufgebaut sind, Revolutionen erleben werden.»[84]

Wie so viele Beobachter sah er die Revolution in Frankreich voraus. Am 2. April 1764 schrieb er an den Marquis von Chauvelin:

«Überall sehe ich den Samen einer unvermeidlichen Revolution, deren Zeuge zu sein ich jedoch nicht das Vergnügen haben werde. Die Franzosen kommen spät zu allem, doch schließlich kommen sie dazu. Die Aufklärung ist so weit verbreitet worden, daß sie bei der ersten Gelegenheit ausbrechen wird, und dann wird es eine ganz hübsche Explosion geben. Die Jungen haben Glück; sie werden große Dinge sehen.»

Und doch: wenn er daran dachte, daß er unter stillschweigender Duldung eines Königs in Frankreich lebte, den er beleidigt hatte, indem er seinen Wohnsitz in Potsdam nahm; wenn er sah, daß die Pompadour und Choiseul und Malesherbes und Turgot die französische Regierung der religiösen und politischen Reform näherbrachten; und vielleicht weil er auf die Erlaubnis zur Rückkehr nach Frankreich hoffte – schlug er im allgemeinen einen mehr patriotischen Ton an und mißbilligte die gewaltsame Revolution:

«Machen sie [die armen Leute] sich aber ihre Lage klar, so entstehen Kriege wie der zwischen Volkspartei und Senatspartei in Rom oder Bauernkriege wie in Deutschland, England und Frankreich. Alle diese Kriege enden früher oder später mit der Unterwerfung des Volkes; denn die Mächtigen haben das Geld, und das Geld ist in einem Staat allmächtig.»[85]

Statt für eine Erhebung von unten einzutreten, bei der die Fähigkeit, zu zerstören, nicht gefolgt sein würde von der Fähigkeit, wieder aufzubauen, und die einfältigen Vielen bald wieder Untertanen kluger Weniger sein würden, zog Voltaire es vor, für eine gewaltlose Revolution durch Aufklärung zu arbeiten, die von Denkern auf die Herrscher, Minister und Beamten, auf die Kaufleute und Fabrikanten, schließlich auf die Handwerker und Bauern übergeht. «Die Vernunft muß sich zunächst in den Köpfen der Führer durchsetzen, dann steigt sie schrittweise hinab und beherrscht auf die Dauer das Volk, das sich ihrer Existenz nicht bewußt ist, jedoch, diese nachzuahmen lernt, wenn es die Mäßigung seiner Führer wahrnimmt.»[86] Auf die Dauer, glaubte er, ist Bildung die einzig wirkliche Befreiung, und die einzig wirkliche Freiheit ist Intelligenz. «*Plus les hommes sont éclairés, plus ils seront libres.*» («Je aufgeklärter die Menschen sind, um so freier werden sie sein.»)[87] Die einzigen wirklichen Revolutionen sind jene, die den Geist und das Herz verändern, und die einzig richtigen Revolutionäre sind der Weise und der Heilige.

IV. DER REFORMER

Anstatt für eine radikale politische Revolution zu agitieren, bemühte sich Voltaire um mäßige, stückweise Reformen innerhalb der existierenden Struktur der französischen Gesellschaft. Und innerhalb dieses selbstverleugnenden Rahmens erreichte er mehr als alle anderen Männer seiner Zeit.

Seine Grundforderung war die nach einer durchgreifenden Revision des französischen Rechts, das seit 1670 nicht revidiert worden war. 1765 las er in Italien den epochemachenden *Trattato dei delitti e delle pene* des Mailänder Juristen Beccaria, der seinerzeit von den *philosophes* inspiriert worden war. 1766 gab Voltaire einen *Commentaire sur le livre des délits et des peines* heraus, indem er offen Beccarias Führung anerkannte; und er fuhr fort, die Ungerechtigkeiten und Unmenschlichkeiten des französischen Rechts anzugreifen, bis er 1777 im Alter von zweiundachtzig den *Prix de la justice et de l'humanité* veröffentlichte.

Er forderte zunächst die Unterordnung des Kirchenrechts unter das zivile Recht; die Abschaffung der Macht des Klerus, entwürdigende Bußen vorzuschreiben oder Müßiggang an so vielen Feiertagen zu erzwingen. Er forderte eine Milderung der Strafen für Gotteslästerung und eine Aufhebung des Gesetzes, das den Leichnam von Selbstmördern beleidigte und deren Vermögen beschlagnahmte. Er bestand auf einer Unterscheidung zwischen Sünde und Verbrechen und der Abkehr von der Anschauung, daß die Bestrafung von Verbrechen dem Zweck dienen solle, einen beleidigten Gott zu rächen.

«Kein kirchliches Gesetz sollte in Kraft treten, bevor es die ausdrückliche Sanktion der Regierung erhalten hat ... Alles, was sich auf Ehen bezieht, sollte nur von den Magistraten abhängen, und Priester sollten auf die erhabene Funktion beschränkt werden, die Vereinigung zu segnen ... Geld gegen Zinsen zu verleihen, ist ausschließlich eine Sache des Zivilrechts ... Alle Geistlichen sollten in allen Fällen immer der Kontrolle der Regierung unterstehen, denn sie sind Untertanen des Staates ... Kein Priester sollte die Autorität besitzen, einen Bürger auch des geringsten Privilegs zu berauben unter dem Vorwand, daß dieser Bürger ein Sünder sei ... Die Magistratspersonen, die Bauern und die Priester sollten in gleicher Weise zu den Ausgaben des Staates beisteuern.»[88]

Er verglich das Recht Frankreichs mit dem der Stadt Paris – ein Produkt von Stückwerksarbeit, von Zufall und Umständen, ein Chaos von Widersprüchen. Ein Reisender in Frankreich, erklärte Voltaire, ändere seine Gesetze fast so oft, wie er seine Postpferde wechsle[89]. Alle Gesetze der verschiedenen Provinzen sollten vereinheitlicht und in allgemeine Harmonie gebracht werden. Alle Gesetze sollten klar, genau und soweit wie möglich immun gegen juristische Spitzfindigkeit sein. Alle Bürger sollten gleich sein in den Augen des Gesetzes. Die Todesstrafe sollte als barbarisch und verschwenderisch abgeschafft werden. Es ist gewiß barbarisch, Falschmünzerei, Diebstahl, Schmuggel oder Brandstiftung mit dem Tod zu bestrafen. Wenn Diebstahl mit dem Tode strafbar ist, hat der Dieb keinen Grund, den Mord zu vermeiden; so sind in Italien viele Straßenräubereien begleitet von Morden. «Wenn Ihr das Dienstmädchen, das seiner Herrin ein Dutzend Servietten gestohlen hat, an den Galgen hängt [wie es 1772 in Lyon geschah], wird es nicht in der Lage sein, die Zahl Eurer Bürger um ein Dutzend Kinder zu vermehren ... Es besteht kein Verhältnis zwischen einem Dutzend Servietten und einem Menschenleben.»[90] Das Eigentum eines zum Tode verurteilten Mannes zu konfiszieren ist offene Beraubung des Unschuldigen durch den Staat. Wenn Voltaire manchmal von einem rein utilitaristischen Standpunkt aus argumentierte, so geschah dies, weil er wußte, daß solche Argumente bei den meisten Gesetzesmachern mehr Gewicht hatten als alle humanitären Appelle.

Doch bei dem Streit über die Folterung durch die Justiz sprach sein humanitärer Geist mit lauter und offener Stimme. Die Richter konnten nach französischem Recht die Folterung anwenden, um vor einem Verfahren Geständnisse herauszuholen, wenn Verdachtsmomente für die Schuld des Angeklagten sprachen. Voltaire suchte Frankreich zu beschämen, indem er auf den Erlaß Katharinas II. hinwies, der die Folterung in dem angeblich barbarischen Rußland abschaffte. «Die Franzosen, die – ich weiß nicht warum – für ein sehr humanes Volk gehalten werden, sind erstaunt, daß die Engländer, welche die Unmenschlichkeit besaßen, uns ganz Kanada wegzunehmen, auf das Vergnügen der Anwendung der Folter verzichtet haben.»[91]

Manche Richter, erklärte er, seien Tyrannen, die wie Staatsanwälte handelten statt wie Richter, offensichtlich in der Annahme, daß der Angeklagte schuldig sei, bis er seine Unschuld bewiesen habe. Er protestierte dagegen, daß die Angeklagten in schmutzigen Gefängnissen gehalten würden, manchmal in Ketten und monatelang, bevor sie vor Gericht gestellt wurden. Er führte an, daß eine eines schweren Verbrechens angeklagte Person mit niemandem in Verbindung treten durfte, selbst nicht mit einem Anwalt. Er bezog sich immer wieder und wieder auf die Behandlung der Calas und der Sirvens als Beispiele für die vorschnelle Verdammung von unschuldigen Personen. Er trat dafür ein, daß die Zeugenaussagen von nur zwei Personen, selbst wenn sie Augenzeugen waren, nicht länger für ausreichend gehalten werden sollen, einen Menschen des Mordes zu überführen. Er führte Fälle von falschem Zeugnis an und forderte, daß die Todesstrafe abgeschafft würde, wenn auch nur aus dem Grunde, die Hinrichtung eines Unschuldigen in tausend Fällen zu verhindern. Die Todesstrafe konnte in Frankreich auf Grund einer Mehrheit von zwei unter den Richtern verhängt werden; Jean Calas war auf Grund eines Stimmenverhältnisses von acht zu fünf hingerichtet worden. Voltaire forderte, daß ein Todesurteil eine überwältigende Mehrheit, am besten Einstimmigkeit erfordern solle. «Welch entsetzliche Absurdität, mit dem Leben und Tod eines Bürgers zu spielen in einem Spiel von sechs zu vier, oder fünf zu drei, oder vier zu zwei, oder drei zu eins!»[92]

Im großen und ganzen waren die von Voltaire vorgeschlagenen Reformen ein Kompromiß zwischen seinem Mittelstandserbe, seinem Haß gegen die Kirche, seinen Erfahrungen und Investierungen als Geschäftsmann und Grundbesitzer und seinen ehrlichen humanitären Empfindungen. Seine Forderungen waren gemäßigt, doch sie waren in vielen Fällen wirksam. Er kämpfte für die Freiheit der Presse, und sie wurde ungeheuer erweitert – wenn auch unter Aufsicht der Regierung –, bevor er starb. Er trat dafür ein, der religiösen Verfolgung ein Ende zu machen, und 1787 hatte sie in Frankreich praktisch aufgehört. Er schlug vor, den Protestanten solle erlaubt werden, Kirchen zu bauen und Eigentum zu übertragen oder zu erben, und sie sollten den vollen Schutz der Gesetze genießen. Dies geschah vor der Revolution. Er forderte, daß Ehen zwischen Personen verschiedener Religionen legalisiert würden; sie wurden es. Er brandmarkte den Verkauf von Ämtern, die Steuern auf lebensnotwendige Dinge, die Beschränkungen des Binnenhandels, das Weiterbestehen der Leibeigenschaft und des Besitzes der Toten Hand; er riet dem Staat, der Kirche die Verwaltung von Testamenten und die Erziehung der Jugend wieder abzunehmen, und in all diesen Dingen hatte seine Stimme Einfluß auf die Entwicklung. Er führte die Kampagne an, die es sich zur Aufgabe gemacht hatte, die Zuschauer von der Bühne des Théâtre-Français auszuschließen; es geschah 1759. Er empfahl, die Steuern sollten von allen Klassen im Verhältnis zu ihrem Vermögen gefordert werden; dies mußte bis zur Revolution warten. Er wünschte eine Revision des französischen Rechts; sie erfolgte im Code Napoléon (1807); die dauerhafteste Leistung des Kriegers und Staatsmannes, die das Rechtssystem Frankreichs bis in unsere Zeit bestimmte, wurde durch Juristen und Philosophen ermöglicht.

V. VOLTAIRE DER MENSCH

Wie sollen wir ihn zusammenfassend beurteilen, diesen erstaunlichsten Menschen des 18. Jahrhunderts? Wir brauchen nicht länger von seinem Geist zu sprechen – er hat sich selbst enthüllt auf hundert Seiten dieser Bände. Keiner hat ihn je erreicht in der Schnelligkeit und Klarheit des Denkens, in der Schärfe und Fülle des Witzes. Er definierte den Begriff Witz mit verliebter Kennerschaft:

«Was wir Witz nennen, ist manchmal ein verblüffender Vergleich, manchmal eine delikate Anspielung; oder er kann ein Spiel mit Worten sein – Sie gebrauchen ein Wort in einem bestimmten Sinn und wissen dabei, daß Ihr Gesprächspartner [zunächst] einen anderen verstehen wird. Oder er ist ein listiger Weg, Ideen nebeneinanderzustellen, die gewöhnlich nicht in Verbindung miteinander betrachtet werden ... Es ist die Kunst, ein Glied zwischen zwei Verschiedenheiten zu finden oder eine Verschiedenheit zwischen zwei Gleichheiten. Die Kunst, die Hälfte dessen zu sagen, was Sie meinen, und den Rest der Phantasie zu überlassen. Und ich würde Ihnen viel mehr über ihn sagen, wenn ich selbst mehr davon hätte.»[93]

Niemand hatte mehr, und vielleicht hatte er, wie wir bereits gesagt haben, zuviel davon. Seinen Humor hielt er nicht immer im Zaum; zu oft war er grob, und gelegentlich grenzte er an Possenreißerei.

Die Schnelligkeit seiner Auffassung, seiner Assoziationen und Vergleiche ließ ihm keine Zeit für Folgerichtigkeit, und die rasche Folge seiner Einfälle erlaubte ihm nicht immer, ein Thema bis zu seinen menschlich erreichbaren Tiefen zu durchdringen. Vielleicht war er zu leicht geneigt, die Masse als «Canaille» abzutun. Wir können von ihm nicht erwarten, daß er die Zeit voraussehen konnte, in der universale Bildung notwendig sein würde für eine technologisch fortschreitende Wirtschaft. Er brachte keine Geduld auf für die geologischen Theorien von Buffon oder die biologischen Spekulationen Diderots. Er erkannte seine Grenzen und hatte Augenblicke der Bescheidenheit. «Sie meinen, ich drücke mich klar genug aus», sagte er zu einem Freund; «ich bin wie die kleinen Bäche – sie sind durchsichtig, weil sie nicht tief sind.»[94] Er schrieb 1766 an Daquin:

«Seit ich zwölf Jahre alt war, ahnte ich die ungeheure Menge der Dinge, für die ich kein Talent habe. Ich weiß, daß meine Organe nicht dazu geschaffen sind, es in der Mathematik sehr weit zu bringen. Ich habe gezeigt, daß ich keine Neigung für die Musik habe. Verlassen Sie sich auf das Urteil eines alten Philosophen, der die Torheit besitzt ..., sich für einen sehr guten Landwirt zu halten, jedoch nicht die, zu glauben, er habe alle Talente.»[95]

Es wäre unfair, von einem Mann, der sich mit so vielen Dingen beschäftigte, zu verlangen, daß er alle verfügbaren Daten über seine Themen ausschöpfte, die er auf die Spitze seiner Feder nahm. Er war keineswegs ein Gelehrter; er war ein Kämpfer, ein Schriftsteller, der aus der Literatur eine Form der Aktion, eine Waffe der Veränderung machte. Doch seine Bibliothek von 6210 Bänden mit zahlreichen Marginalien zeigt uns, daß er eine erstaunliche Vielfalt von Themen eifrig und gewissenhaft studierte und daß er in Politik, Geschichte, Philosophie, Theologie und Bibelkritik ein sehr belesener Mann war. Die Reichweite seiner Neugierde und seiner Interessen war ungeheuer, ebenso der Reichtum seiner Ideen und sein Erinnerungsvermögen. Er nahm nichts Überliefertes als selbstverständlich hin, sondern prüfte alles, bevor er es anerkannte. Er besaß einen gesunden Skeptizismus, der nicht zögerte, den Absurditäten der Wissenschaft wie den Legenden des Volksglaubens den gesunden Menschenverstand entgegenzustellen. Ein unvoreingenommener Gelehrter nannte ihn «einen Denker, der mehr exakte Information über die Welt in all ihren Aspekten angesammelt hat als irgendein Mensch seit Aristoteles»[96]. Niemals hat je ein Geist eine so riesige Masse von Stoffen aus einer solchen Vielfalt von Gebieten in Literatur und Handlung umgesetzt.

Wir sehen in ihm die seltsamste Mischung emotionaler Unbeständigkeit und geistiger Schärfe und Kraft. Seine Nerven hielten ihn immer auf dem Sprung. Er konnte nur still sitzen, wenn er in seine schriftstellerische Tätigkeit vertieft war. Als die Dame mit nur einer Gesäßbacke fragte: «Was ist schlimmer – hundertmal von Negerpiraten geschändet zu werden, das Gesäß entfleischt zu bekommen ... in Stücke geschnitten zu werden, auf einer Galeere zu rudern ... oder still zu sitzen und nichts zu tun?», antwortete Candide nachdenklich: «Das ist eine große Frage.»[97] Voltaire hatte Tage des Glücks, erfuhr jedoch nur selten den Frieden des Geistes und des Leibes. Er mußte immer beschäftigt, aktiv sein, kaufen, verkaufen, pflanzen, schreiben, spielen, rezitieren. Er fürchtete die Langeweile mehr als den Tod, und in einem langweiligen Augenblick meinte er bitter, das Leben sei «entweder Langeweile oder Schlagsahne»[98].

Wir könnten ein häßliches Bild von ihm zeichnen, wenn wir sein Äußeres beschrieben, ohne auf seine Augen hinzuweisen, oder seine Fehler und Torheiten aufzählten, ohne seiner Tugenden und seines Charmes zu gedenken. Er war ein *bourgeois gentilhomme,* der wußte, daß er ebensoviel Recht auf einen Titel hatte wie seine saumseligen Schuldner. Er kam dem vornehmsten Herrn gleich in der Eleganz der Manieren und der Rede, doch er war fähig, um kleine Beträge zu feilschen, und überschüttete Präsident de Brosses mit Schmähungen wegen vierzehn Klafter Holz – die er als ein Geschenk und nicht als einen Verkauf betrachtet haben wollte. Er liebte das Geld als die Wurzel seiner Sicherheit. Madame Denis beschuldigte ihn der maßlosen Knauserigkeit: «Die Liebe zum Geld quält Sie ... Sie sind in ihrem Herzen der niedrigste der Menschen. Ich werde, so gut ich kann, die Laster Ihres Herzens verbergen.»[99] Doch als sie dies schrieb (1754), lebte sie verschwenderisch in Paris von Geldern, die seinen Geldbeutel arg in Anspruch nahmen, und den Rest ihrer gemeinsamen Jahre lebte sie mit großem Aufwand in Ferney.

Bevor er Millionär wurde und auch nachdem er es geworden war, legte er gegenüber den gesellschaftlich oder politisch Mächtigen ein schmeichlerisches Verhalten an den Tag, das manchmal an Kriecherei grenzte. In einer *Épître au Cardinal Dubois* nannte er diesen Ausbund an Lasterhaftigkeit einen größeren Mann als Kardinal Richelieu[100]. Als er sich um seine Aufnahme in die Französische Akademie bemühte und kirchliche Unterstützung brauchte, versicherte er dem einflußreichen Père de la Tour, er wünsche in der heiligen katholischen Kirche zu leben und zu sterben[101]. Seine gedruckten Lügen würden ein Buch ausmachen; viele von ihnen wurden nicht gedruckt, manche waren nicht zu drucken. Er hielt dieses Verhalten für gerechtfertigt im Kriege. Seiner

Ansicht nach war der Siebenjährige Krieg nur ein Sport von Königen im Vergleich mit seinem dreißigjährigen Krieg gegen die Kirche; und eine Regierung, die einen Mann dafür ins Gefängnis warf, weil er die Wahrheit gesagt hatte, durfte sich nicht beklagen, wenn er log. Am 19. September 1764, auf dem Höhepunkt seines Krieges, schrieb er an d'Alembert: «Sobald die geringste Gefahr aufkommt, verständigen Sie mich bitte, damit ich meine Schriften in der öffentlichen Presse mit meiner gewohnten Redlichkeit und Unschuld verleugnen kann.» Er verleugnete fast alle seine Werke mit Ausnahme der *Henriade* und des Gedichts auf die Schlacht von Fontenoy. «Man muß der Nachwelt die Wahrheit mit Kühnheit, doch seinen Zeitgenossen mit Vorsicht zeigen. Es ist sehr schwer, diese beiden Pflichten miteinander in Einklang zu bringen.»[102]

Es läßt sich nicht leugnen, daß er eitel war: Eitelkeit ist der Stachel des Erfolgs und das Geheimnis der Schriftstellerei. In der Regel beherrschte Voltaire seine Eitelkeit; er überarbeitete häufig seine Schriften auf Grund von gutmeinenden Anregungen und Kritiken. Er war großzügig im Loben von Autoren, die keine Konkurrenten für ihn waren, wie Marmontel, Laharpe, Beaumarchais. Doch er konnte kindisch eifersüchtig sein auf Rivalen, wie zum Beispiel in seinem hinterhältig kritischen *Éloge de Crébillon* (*père*). Diderot meinte, er habe «einen Widerwillen gegen jedes Podest»[103]. Seine Eifersucht verführte ihn zu gemeinen Beschimpfungen Rousseaus; er nannte ihn «den Uhrmacherlehrling», einen «Judas, der die Philosophie verriet», «einen tollwütigen Hund, der jeden beißt», «einen Verrückten, geboren aus der zufälligen Paarung des Hundes des Diogenes mit dem des Erasistratos»[104]. Er erklärte, die erste Hälfte von *Julie, ou La Nouvelle Héloïse* sei in einem Bordell verfaßt und die zweite in einem Irrenhaus. Er prophezeite, *Émile* würde in einem Monat vergessen sein[105]. Er war der Ansicht, Rousseau habe jener französischen Kultur den Rücken gekehrt, die trotz all ihren Sünden und Verbrechen Voltaire teurer war als der wahre Wein der Geschichte.

Selbst nur ein Bündel von Nerven und Knochen mit wenig Fleisch, war Voltaire noch empfindlicher als Rousseau. Und da wir unsere Schmerzen schärfer empfinden müssen als unsere Vergnügen, so nahm er Lob willig entgegen, wurde jedoch «zur Verzweiflung getrieben» durch eine ungünstige Kritik[106]. Er war selten weise genug, seine Feder im Zaum zu halten; er antwortete jedem noch so kleinen Gegner. Hume nannte ihn einen, «der niemals verzeiht [?] und nie einen Feind als unter seiner Würde stehend betrachtet»[107]. Hartnäckige Gegner wie Desfontaines und Fréron bekämpfte er ohne Hemmung und Gnade. Er benutzte jedes Mittel der Satire, des Spottes und der Beschimpfung, sogar das listiger Verdrehung der Wahrheit[108]. Sein Haß schockierte seine alten Freunde und verschaffte ihm neue Feinde. «Ich weiß zu hassen», sagte er, «denn ich weiß zu lieben.»[109] «Nach meinen Sternen [bin ich] ein wenig der Bosheit zugeneigt»[110]; so führte er alle seine Truppen ins Feld, um die Kandidatur von de Brosses für die Akademie zu bekämpfen (1770). Er faßte seinen Standpunkt in einer Mischung von d'Artagnan und Rabelais zusammen:

> «Und was mein kümmerliches Selbst betrifft, so führe ich Krieg bis zum letzten Augenblick – gegen Jansenisten, Molinisten, Frérons, Pompignans zur Rechten und zur Linken, und Prediger und Jean-Jacques Rousseau. Ich erhalte hundert Stöße und gebe zweihundert zurück und lache …

Gott sei gepriesen! Ich betrachte die ganze Welt als eine Farce, die manchmal tragisch wird. Alles ist das gleiche am Ende des Tages, und alles ist immer noch das gleiche am Ende aller Tage.»[111]

In seinem Antisemitismus richtete er den Haß, der durch seine Begegnung mit einigen wenigen Einzelpersonen erzeugt worden war, gegen ein ganzes Volk. Vom Standpunkt dieser Erinnerungen ausgehend, interpretierte Voltaire die Geschichte der Juden, bemerkte ihre Fehler peinlich genau und gab ihnen im Zweifelsfalle selten recht. Er konnte den Juden nicht vergessen, daß sie das Christentum erzeugt hatten. «Wenn ich sehe, daß Christen Juden verfluchen, dünkt mir, ich sehe Kinder ihre Väter schlagen.»[112] Er sah im Alten Testament kaum mehr als Aufzeichnungen von Mord, Geilheit und Massenschlächterei. Das Buch der Sprüche erschien ihm wie eine Sammlung von trivialen, gemeinen und widerspruchsvollen Maximen, ohne Geschmack, ohne Wahl und ohne Ziel», und das Hohelied war für ihn «eine abgeschmackte Rhapsodie»[113]. Doch er lobte die Juden für ihren alten Unglauben in Sachen Unsterblichkeit, für ihre Enthaltung vom Proselytentum und für ihre relative Toleranz.

Überwogen seine Tugenden seine Laster? Ja! Und selbst wenn wir seine geistigen Fähigkeiten nicht mit seinen moralischen Qualitäten in die Waagschale werfen. Gegen seinen Geiz müssen wir seine Großzügigkeit halten, gegen seine Liebe zum Geld seine heitere Hinnahme von Verlusten und seine Bereitschaft, seine Gewinne zu teilen. Hören wir Collini, der als sein langjähriger Sekretär seine Fehler gekannt haben muß:

> «Nichts ist unbegründeter als der gegen ihn erhobene Vorwurf des Geizes ... Habsucht hatte nie Platz in seinem Haus. Ich habe nie einen Mann gekannt, den seine Dienstboten leichter bestehlen konnten. Er war ein Geizhals nur dieses eine Mal ..., er hatte in bezug auf das Geld die gleichen Grundsätze wie für die Zeit: Es sei nötig, sagte er, zu sparen, um freigebig sein zu können.»[114]

Seine Briefe verraten einige der vielen Geschenke, die er verteilte, gewöhnlich ohne seinen Namen zu nennen, und nicht nur an Freunde und Bekannte, sondern sogar an Personen, die er nie gesehen hatte[115]. Er erlaubte den Buchhändlern, den Gewinn aus seinen Büchern zu behalten. Wir haben gesehen, wie er Fräulein Corneille half, wir werden sehen, wie er Fräulein Varicourt helfen wird. Wir haben gesehen, wie er Vauvenargues und Marmontel half, ebenso Laharpe, der als Dramatiker scheiterte, bevor er der einflußreichste Kritiker Frankreichs wurde. Voltaire veranlaßte, daß die Hälfte seiner eigenen Regierungsrente von zweitausend Francs an Laharpe ging, ohne ihn wissen zu lassen, wer der Spender war[116]. «Jedermann weiß», schrieb Marmontel, «mit welcher Freundlichkeit er alle jungen Männer empfing, die ein Talent für die Dichtkunst zeigten.»[117]

Wenn Voltaire, sich seines schwächlichen Wuchses bewußt, wenig physischen Mut besaß (er ließ sich 1772 von Hauptmann Beauregard durchprügeln[118]), hatte er doch erstaunlichen moralischen Mut (er griff die mächtigste Institution der Geschichte, die römisch-katholische Kirche, an). Wenn er bitter war im Streit, so war er doch schnell bereit, seinen Gegnern zu verzeihen, die die Versöhnung suchten; «seine Wut verschwand beim ersten Appell an sein Herz»[119]. Er verschwendete seine Zuneigung an alle, die sie suchten, und war loyal gegenüber seinen Freunden. Als er sich nach zwanzigjähriger Verbindung von Wagnière trennte, «weinte er wie ein Kind»[120]. Was seine Sexualmoral betraf, so stand er über dem Niveau seiner Zeit bei Frau du Châtelet, darunter bei seiner Nichte. Er war tolerant gegenüber sexueller Ausschweifung, geriet jedoch in helle Entrüstung über Ungerechtigkeit, Fanatismus, Verfolgung, Scheinheiligkeit und die Grausamkeiten des Strafrechts. Moralität definierte er als «Guttun an der Menschheit». Im übrigen kehrte er sich nicht um Verbote und genoß Wein, Weib und Gesang in philosophischer Mäßigung. In einer kleinen Geschichte mit dem Titel «Bababec» fertigte er den Asketismus mit charakteristischer Schärfe ab. Omni fragt den Brahmanen, ob es eine Chance gebe, daß er vielleicht den neunzehnten Himmel erreiche.

«'Das hängt davon ab', erwidert der Fakir, 'was für ein Leben du führst.' 'Ich bemühe mich', sagt Omni, 'ein guter Bürger zu sein, ein guter Gatte, ein guter Vater, ein guter Freund. Ich leihe zuweilen den Reichen Geld ohne Zinsen; ich gebe den Armen; ich stifte Frieden unter den Nachbarn.'

'Steckst du dir auch gelegentlich Nägel in deinen Hintern?' fragt der Brahmine.

'Niemals, ehrwürdiger Vater!'

'Es tut mir leid', antwortet der Fakir, 'du wirst bestimmt niemals den neunzehnten Himmel erlangen.'»[121]

Voltaires höchste und versöhnende Tugend war seine Menschlichkeit. Er rüttelte das Gewissen Europas auf mit seinen Kampagnen für die Calas und die Sirvens. Er brandmarkte den Krieg als die «große Illusion»: «Die siegreiche Nation zieht nie Nutzen aus der Beute der Besiegten, sie zahlt für alles, sie leidet ebensoviel, wenn ihre Armeen erfolgreich sind, wie wenn sie geschlagen wurden.»[122] Wer immer gewinnt, verliert an Menschlichkeit. Er appellierte an Menschen verschiedener Bedürfnisse und Stände, daran zu denken, daß sie Brüder seien, und dieser Appell wurde im tiefsten Afrika mit Dankbarkeit gehört[123]. Auf ihn traf auch nicht die Beschuldigung Rousseaus zu, daß diejenigen, die Liebe zur Menschheit predigen, ihre Liebe so weit verstreuen, daß sie wenig übrig haben für ihre Nachbarn. Alle, die ihn kannten, erinnern sich seiner Freundlichkeit und Höflichkeit gegenüber den niedrigsten Personen seiner Umgebung. Er respektierte jedes Selbstgefühl, denn er kannte dessen Verletzlichkeit, da ihm seine eigene Empfindlichkeit bewußt war[124]. Seine Gastlichkeit erschöpfte sich trotz den vielen Inanspruchnahmen niemals. «Wie bewegt war ich», schrieb Frau von Graffigny, «Sie immer ebenso vollkommen gut zu sehen, wie Sie groß sind, und zu sehen, wie Sie in Ihrer Umgebung all das Gute tun, das Sie an der gesamten Menschheit tun möchten.»[125] Er konnte jähzornig sein und in Wut ausbrechen, doch «Sie können sich nicht vorstellen», schrieb ein anderer Besucher, «wie liebenswert dieser Mann in seinem Herzen war»[126].

Als der Ruhm seiner Hilfsbereitschaft gegenüber verfolgten Menschen sich durch Europa verbreitete und Berichte von seiner privaten Wohltätigkeit in ganz Frankreich umliefen, entstand ein neues Bild von Voltaire in der öffentlichen Meinung. Er war nicht länger der Antichrist, nicht länger der Krieger gegen einen von den Armen geliebten Glauben; er war der Retter der Calas, der gute Herr von Ferney, der Verteidiger von einem Hundert Opfer intoleranter Glaubensvorstellung und ungerechter Gesetze. Genfer Geistliche drückten ihren Zweifel aus, ob beim Jüngsten Gericht ihr Glaube die Werke dieses gottlosen Mannes aufwiegen würde[127]. Gebildete Männer und Frauen vergaben ihm seine Gottlosigkeit, seine Streitsucht, seine Eitelkeit, ja sogar seine Boshaftigkeit; ihre Feindseligkeit verwandelte sich in Wohlwollen, und sie sahen in ihm den verehrungswürdigen Patriarchen der französischen Literatur, den Ruhm Frankreichs in der gebildeten Welt. Dies war der Mann, dem selbst das Volk der Straße zujubeln sollte, als er nach Paris kam, um zu sterben.

VIERTES KAPITEL

Rousseau der Romantiker

[1756–1762]

I. IN DER HERMITAGE: 1756–1757

ROUSSEAU war am 9. April 1756 mit Thérèse Levasseur und deren Mutter in das Landhaus der Frau von Épinay gezogen. Für eine Weile war er glücklich, genoß das Singen und Gezwitscher der Vögel, das Rascheln und den Duft der Bäume, den Frieden einsamer Spaziergänge in den Wäldern. Auf seinen Spaziergängen trug er Bleistift und Notizbuch mit sich, um fliehende Gedanken festzuhalten.

Doch er war nicht für die Stille geschaffen. Seine Empfindlichkeit verdoppelte jeden Verdruß und erfand neue Anlässe dazu. Thérèse war eine getreue Hausfrau, doch sie konnte keine Gefährtin für seinen Geist sein. «Bei beiden Geschlechtern kenne ich nur zwei wirklich unterschiedliche Klassen: die der Denkenden und die der Nichtdenkenden», schrieb er in *Émile*. «Ein Mann aus der ersten dieser beiden Klassen sollte sich nicht mit der anderen verbinden, denn der größte Reiz des Zusammenseins fehlt ihm, wenn er als Ehemann darauf beschränkt wird, allein denken zu müssen.»[1] Die arme Thérèse hatte wenig Verwendung für Gedanken und noch weniger für geschriebene Worte. Sie schenkte ihm ihren Körper und ihre Seele; sie ertrug seine Launen und erwiderte sie wahrscheinlich mit Freundlichkeit. Sie erlaubte ihm, sich mit Frau von Houdetot auf der Grenze des Ehebruchs zu bewegen, und war selbst, soweit wir wissen, treu bis auf eine Episode, für die nur Boswell sich verbürgt. Doch wie konnte diese einfache Frau der Reichweite und der ungestümen Beweglichkeit eines Geistes entsprechen, der den halben Kontinent aus den Angeln heben sollte? Hören wir Rousseaus eigene Erklärung:

> «Was wird also der Leser denken, wenn ich ihm … erkläre, daß ich vom ersten Augenblick an, wo ich sie sah, bis zu diesem Tag nie den geringsten Funken von Liebe für sie gefühlt habe, daß ich mich nicht mehr gesehnt habe, sie zu besitzen, als Frau von Warens, und daß die sinnlichen Bedürfnisse, die ich bei ihr gestillt habe, für mich einzig die des Geschlechtstriebes waren, ohne mit der Person etwas zu tun zu haben? … Das erste, größte, stärkste, unauslöschlichste Bedürfnis erfüllte mein ganzes Herz. Es war das Bedürfnis eines vertrauten Anschlusses, so vertraut, wie er nur sein konnte … Dies eigentümliche Bedürfnis war so, daß ihm die engste Vereinigung des Leibes noch nicht genügen konnte. Ich hätte zwei Seelen im gleichen Körper haben müssen.»[2]

Thérèse mag Gegenklagen erhoben haben, denn Rousseau hatte um diese Zeit aufgehört, seine ehelichen Pflichten zu erfüllen. 1754 hatte er einem Genfer Arzt erklärt: «Ich war lange Zeit Opfer grausamster Leiden als Folge einer unheilbaren Störung der Urinverhaltung, verursacht durch einen Blutandrang in der Harnröhre, die den Kanal so sehr blockierte, daß in ihm selbst nicht die Katheter des berühmten Dr. Daran eingeführt werden können.»[3] Er behauptete, nach 1755 allen Geschlechtsverkehr mit Thérèse unterlassen zu haben[4]. «Bis damals», fügte er hinzu, «war ich gut gewesen; von diesem Augenblick an wurde ich tugendhaft oder war zumindest in die Tugend vernarrt.»

Die Anwesenheit seiner Schwiegermutter machte das Dreieckverhältnis doppelt schwierig. Er unterhielt sie und seine Frau so gut er konnte mit seinen Einkünften aus dem Notenkopieren und dem Verkauf seiner Schriften. Doch Frau Levasseur hatte noch andere Töchter, die eine Aussteuer forderten und immer in Not waren. Grimm, Diderot und Holbach setzten für die beiden Frauen ein Jahresgeld von vierhundert Pfund aus, verpflichteten sie aber, dies vor Rousseau geheimzuhalten, damit sein Stolz nicht verletzt würde. Die Mutter behielt (nach Rousseau[5]) den größten Teil des Geldes für sich und ihre anderen Töchter und machte Schulden auf Thérèses Namen. Thérèse bezahlte diese Schulden und verheimlichte lange das Jahresgeld. Schließlich erfuhr Rousseau davon und geriet in Wut darüber, daß seine Freunde ihn so demütigten. Sie gossen Öl in das Feuer seines Zorns, als sie ihn drängten, aus der Hermitage auszuziehen, bevor der Winter einsetzte. Das Landhaus (erklärten sie) sei nicht geeignet für kaltes Wetter, und selbst wenn seine Frau es ertragen könnte, würde die Mutter es überleben? Diderot hatte in seinem Theaterstück *Le Fils naturel*[6] geschrieben: «Der gute Mensch lebt in Gesellschaft; nur der böse Mensch lebt allein.» Rousseau bezog dies auf sich; nun begann ein langer Streit, in dem Versöhnungen nur Waffenstillstande waren. Rousseau glaubte, Grimm und Diderot seien eifersüchtig auf den Frieden, den er in den Wäldern gefunden hatte, und versuchten ihn wieder in eine korrupte Stadt zurückzulocken. In einem Brief an seine Wohltäterin Frau von Épinay (damals in Paris) enthüllte er seinen Charakter mit einsichtiger Offenheit:

«Ich wünsche, daß meine Freunde meine Freunde sind und nicht meine Herren; daß sie mich beraten, doch nicht versuchen, mich zu beherrschen, daß sie jeden Anspruch auf mein Herz haben, jedoch keinen auf meine Freiheit. Ich betrachte es als ungewöhnlich, wie sich die Menschen im Namen der Freundschaft in meine Angelegenheiten mischen, ohne mir von den ihren zu erzählen ... Ihr großer Eifer, mir tausend Dienste zu leisten, ist mir lästig; es ist ein Hauch von Bevormundung daran, der mich stört; außerdem könnte jeder andere ebensoviel tun ...

Als Einsiedler bin ich empfindlicher als andere Menschen. Angenommen, ich überwerfe mich mit einem, der in der Menge lebt; er denkt für einen Augenblick an die Sache, dann lassen hundertundeine Ablenkung sie ihn für den Rest des Tages vergessen. Doch nichts lenkt meine Gedanken davon ab. Schlaflos denke ich die ganze Nacht daran; wenn ich allein spazierengehe, denke ich dran von Sonnenaufgang bis Sonnenuntergang. Mein Herz hat keine Sekunde Ruhe, und eines Freundes Unfreundlichkeit verursacht mir an einem einzigen Tag Jahre des Kummers. Als Invalide habe ich ein Recht auf die Nachsicht, die seine Mitmenschen gegenüber den kleinen Schwächen eines kleinen Mannes zu üben verpflichtet sind ... Ich bin arm, und meine Armut berechtigt mich (oder so scheint es mir) zu einem gewissen Anspruch auf Rücksichtnahme ...

Seien Sie also nicht überrascht, wenn ich Paris immer mehr hasse. Nichts ist für mich Paris, außer Ihren Briefen. Nie werde ich dort wieder gesehen werden. Wenn Sie Wert darauf legen, Ihre Ansichten über diesen Gegenstand zu äußern, und so eindringlich, wie Sie wünschen, haben Sie ein Recht, dies zu tun. Sie werden gut aufgenommen werden und werden – zwecklos sein.»[7]

Sie antwortete ihm eindringlich genug: «Ach, überlassen Sie diese kleinlichen Klagen den leeren Herzen und den Hohlköpfen!»[8] Inzwischen fragte sie häufig nach seiner Gesundheit und seinem Wohlergehen, machte Einkäufe für ihn und schickte ihm kleine Geschenke.

«Eines Tages, als es ungewöhnlich kalt war, fand ich beim Öffnen eines Paketes von mehreren Dingen, die ich sie für mich zu kaufen gebeten hatte, einen kleinen Unterrock aus englischem Flanell, den sie, wie sie mir erklärte, getragen hatte, und sie wünschte, ich sollte mir daraus eine Weste machen. Diese mehr als freundliche Sorge erschien mir so rührend – als habe sie sich selbst beraubt, um mich zu kleiden –, daß ich in meiner Erregung den Brief und den Unterrock wiederholt küßte, während ich Tränen vergoß. Thérèse hielt mich für verrückt.»[9]

Während seines ersten Jahres in der Hermitage stellte er einen *Dictionnaire de musique* zusammen und faßte in seiner eigenen Sprache die dreiundzwanzig Bände des Abbé de Saint-Pierre über Krieg und Frieden, Erziehung und politische Reform zusammen. Im Sommer 1756 empfing er von Voltaire ein Exemplar von dessen Gedicht über das Erdbeben, das am 1. November 1755, dem Allerheiligentag, in Lissabon 15000 Menschen getötet und weitere 15000 verletzt hatte. Voltaire fragte sich – wie die halbe Welt –, warum eine angeblich wohlwollende Vorsehung für dieses blinde Blutbad die Hauptstadt eines vollkommen katholischen Landes und eine Stunde – 9.40 Uhr vormittags – ausgesucht hatte, als alle frommen Menschen in der Kirche beteten. In einer Stimmung des äußersten Pessimismus malte Voltaire ein Bild, in dem Leben und Natur als herzlos neutral zwischen Gut und Böse dargestellt waren. Eine Stelle in den *Bekenntnissen* zeigt uns Rousseaus Reaktion auf dieses gewaltige Gedicht.

«Betroffen darüber, diesen armen Mann, zu Boden gedrückt, sozusagen von Glück und Ruhm, stets höher gegen das Elend dieses Lebens deklamieren zu sehen und stets findend, daß alles schlecht sei, faßte ich den sinnlosen Plan, ihn zur Einkehr in sich zu bringen und ihm zu beweisen, daß alles gut sei. Voltaire hat, während er stets an Gott zu glauben schien, in Wirklichkeit nur an den Teufel geglaubt, da sein vorgeblicher Gott nur ein Bösewicht ist, der, nach ihm, nur Freude hat, zu schaden. Die Abgeschmacktheit dieser Lehre, die in die Augen springt, ist vor allem bei einem von Gütern aller Art überhäuften Menschen empörend, der, aus dem Schoß des Glücks heraus, seine Mitmenschen durch das schreckliche und grauenvolle Bild all der Leiden, von denen er frei ist, in Verzweiflung zu treiben sucht. Mehr als er berechtigt, die Leiden des menschlichen Lebens zu zählen und zu wägen, unterzog ich sie einer billigen Prüfung und bewies ihm, daß von all diesen Leiden auch nicht eins der Vorsehung zur Last gelegt werden könne und daß ihre Quelle mehr in dem Mißbrauch liege, den der Mensch mit seinen Fähigkeiten treibe, als in der Natur selbst.»[10]

So schrieb am 18. August 1756 Rousseau an Voltaire eine fünfundzwanzig Seiten lange «Lettre sur la Providence». Er begann mit einer freundlichen Empfangsbestätigung:

«Ihre letzten Gedichte, Monsieur, haben mich in meiner Einsamkeit erreicht; und obwohl alle meine Freunde die Liebe kennen, die ich für Ihre Schriften hege, weiß ich nicht, wer mir dieses Buch geschickt haben könnte, außer Ihnen. Ich habe in ihm sowohl Vergnügen als auch Belehrung gefunden und habe die Hand des Meisters wiedererkannt; ... Ich fühle mich verpflichtet, Ihnen sofort für den Band und für ihre Arbeit zu danken.»[11]

Er forderte Voltaire auf, die Vorsehung nicht zu tadeln für die Mißgeschicke der Menschheit. Die meisten Übel verdanken wir unseren Torheiten, Sünden oder Verbrechen.

«Bedenken Sie, daß die Natur nicht zwanzigtausend Häuser von sechs oder sieben Stockwerken angesammelt hat und daß, wenn die Bewohner dieser großen Stadt gleichmäßiger verteilt und weniger dicht untergebracht gewesen wären, der Schaden viel geringer, vielleicht ganz unbedeutend gewesen wäre. Alle wären beim ersten Beben geflohen, und wir hätten sie am nächsten Tag, zwanzig Meilen entfernt, so fröhlich gesehen, als ob nichts geschehen wäre.»[12]

Voltaire hatte geschrieben, daß nur wenige Menschen wünschten, in den gleichen Bedingungen wiedergeboren zu werden; Rousseau erwiderte, daß dies nur bei Reichen zutreffe, mit Vergnügungen übersättigten, vom Leben gelangweilten und des Glaubens beraubten Menschen, oder bei Literaten, die eine sitzende und ungesunde Lebensweise führen und unzufrieden sind, weil sie zuviel nachdenken. Es gelte nicht für einfache Menschen wie die des französischen Mittelstands oder die schweizerischen Dorfbewohner. Es sei nur der Mißbrauch des Lebens, der das Leben für uns zu einem Problem macht[13]. Darüber hinaus sei vielleicht das Unglück des Teils das Glück des Ganzen; der Tod des Individuums macht die Verjüngung des Lebens der Spezies möglich. Die Vorsehung ist universal, nicht individuell: sie wacht über das Ganze, überläßt jedoch spezifische Ereignisse zweitrangigen Ursachen und den Naturgesetzen[14]. Früher Tod, wie er zu den Kindern Lissabons kam, war vielleicht ein Segen; jedenfalls sei es unwichtig, wenn es einen Gott gibt, denn er wird alle für ihr unverdientes Leiden entschädigen[15]. Und die Frage der Existenz Gottes liege jenseits einer Beantwortung durch die Vernunft. Wir können wählen zwischen Glauben oder Unglauben; warum einen begeisternden und tröstenden Glauben zurückweisen? Und was ihn selbst beträfe, «ich habe zu viel in diesem Leben gelitten, um nicht auf ein anderes zu hoffen. Alle Spitzfindigkeiten der Metaphysik werden mich nicht dazu bringen, auch nur einen Augenblick an einer wohlwollenden Vorsehung und an der Unsterblichkeit der Seele zu zweifeln. Ich fühle dies, ich glaube es, ich wünsche es; ... Ich werde diesen Glauben bis zu meinem letzten Atemzug verteidigen.»[16]

Der Brief endete liebenswürdig. Rousseau drückte seine Übereinstimmung mit Voltaire über die religiöse Toleranz aus und versicherte ihm: «Ich würde lieber ein Christ nach Ihrer Art sein als im Stil der Sorbonne.»[17] Er bat Voltaire, mit der ganzen Kraft und dem ganzen Zauber seiner Verse einen «Katechismus für die Bürger» zu verfassen, der einen Moralkodex beinhalten sollte, um die Menschen durch die Verwirrung der Zeit zu führen. – Voltaire schrieb eine höfliche Empfangsbestätigung und lud Rousseau ein, sein Gast in Les Délices zu sein[18]. Er machte keinen formalen Versuch, Rousseaus Argumente zu widerlegen, antwortete jedoch indirekt auf sie mit *Candide* (1759).

II. VERLIEBT

Der Winter 1756/57 war für Rousseau reich an Ereignissen. Irgendwann während dieser Monate begann er den berühmtesten Roman des 18. Jahrhunderts zu schreiben: *Julie, ou La Nouvelle Héloïse.* Er konzipierte ihn zunächst als eine Studie über Freundschaft und Liebe: Die Kusinen Julie und Claire lieben beide Saint-Preux, doch als er Julie verführt, bleibt Claire die treue Freundin beider. Rousseau schämte sich, nur eine Liebesgeschichte zu schreiben, und nahm sich vor, sie auf eine philosophische Ebene zu heben, indem er Julie fromm werden und in vorbildlicher Monogamie mit Wolmar, einem agnostischen Ehrenmann, leben ließ, der Voltaire und Diderot verfallen war. Hierüber schreibt Rousseau in den *Bekenntnissen:*

«Der durch die *Encyclopédie* erregte Sturm . . . war damals am stärksten entfacht. Die beiden gegeneinander mit äußerster Wut entfesselten Parteien glichen eher wütenden Wölfen ... als Christen und Philosophen, die sich gegenseitig aufklären, überzeugen und auf den Weg der Wahrheit zurückführen wollen ... Geborener Feind jeden Parteigeistes, hatte ich beiden Teilen freimütig harte Wahrheiten gesagt, auf die sie nicht gehört hatten. Ich kam nun auf ein anderes Mittel, das mir in meiner Einfalt bewundernswert erschien, nämlich, ihren gegenseitigen Haß durch Zerstörung ihrer Vorurteile zu besänftigen, um jeder Partei das Verdienst und die Tugend bei der anderen als der öffentlichen Achtung und des Respekts aller Menschen wert zu zeigen. Dieses Vorhaben ... hatte den Erfolg, den es haben mußte ... Es näherte die Parteien einander nicht und vereinigte sie nur, mich zu unterdrücken ... Zufrieden mit ... meinem Plan, kam ich auf die einzelnen Situationen zurück, daraus entstanden die beiden ersten Teile der *Julie.*»[19]

Jeden Abend las er Thérèse und Frau Levasseur am Kaminfeuer einige Seiten vor. Ermutigt durch die Tränen, die Thérèse vergoß, legte er das Manuskript Frau von Épinay vor, als sie auf ihr Schloß La Chevrette, eine Meile von der Hermitage entfernt, zurückkehrte. In ihren Memoiren erinnert sie sich daran: «Bei unserer Ankunft ... erwartete uns Rousseau. Er war ruhig und in der besten Laune der Welt. Er brachte mir einen Teil einer Liebesgeschichte, die er begonnen hatte ... Gestern kehrte er in die Hermitage zurück, um das Werk fortzusetzen, von dem er sagt, es stelle das Glück seines Lebens dar.»[20] Bald darauf schrieb sie an Grimm:

«Nach dem Dîner lasen wir Rousseaus Manuskript. Ich weiß nicht, ob ich schlecht aufgelegt bin, doch ich bin nicht damit zufrieden. Es ist wunderbar gut geschrieben, doch es ist zu gekünstelt und scheint unwirklich und arm an Wärme zu sein. Die Personen sagen nicht ein Wort von dem, was sie sagen sollten; es ist immer der Autor, der spricht. Ich weiß nicht, wie ich mich hier herauswinden soll. Ich möchte Rousseau nicht enttäuschen und ich kann mich nicht entschließen, ihm Kummer zu bereiten.»[21]

Irgendwie brachte Rousseau damals viel Wärme in *Julie* ein. Geschah es, weil eine wirkliche Liebesgeschichte in sein Leben gekommen war? Um den 30. Januar 1757 erhielt er den Besuch einer Dame, die er in Paris als die Schwägerin der Frau von Épinay kennengelernt hatte. Élisabeth-Sophie de Bellegarde hatte den Grafen von Houdetot geheiratet, ihn verlassen und war nun mehrere Jahre die Mätresse des Marquis von Saint-Lambert – einstmals der Rivale Voltaires bei Frau du Châtelet – gewesen. Ihr Gatte und ihr Liebhaber waren beide im Krieg. Im Sommer 1756 hatte die Gräfin das Schloß Eaubonne, etwa vier Kilometer von der Hermitage entfernt, gemietet. Saint-Lambert schrieb ihr, Rousseau wohne in ihrer Nähe, und schlug vor, sie könne ihre Einsamkeit lindern, indem sie den berühmten Autor besuche, der die ganze Kultur in die Defensive gedrängt hatte. Sie machte sich in einer Kutsche auf den Weg, und als diese im Schlamm stecken blieb, ging sie zu Fuß weiter und gelangte mit beschmutzten Schuhen und Kleidern an ihr Ziel «... unter lautem Gelächter, in das ich miteinstimmte»[22]. Thérèse gab ihre Kleider zum Wechseln, und die Marquise blieb für ein «ländliches Mahl». Sie war siebenundzwanzig, Rousseau fünfundvierzig. Sie war nicht besonders schön von Gesicht oder Gestalt, doch ihre Freundlichkeit, ihre gute Laune und ihr munterer Geist erhellten sein düsteres Leben. Am nächsten Nachmittag schickte sie ihm einen freundlichen Brief, in dem sie ihn mit dem Titel anredete, den er nach seiner Repatriierung in Genf angenommen hatte:

> «Mein lieber Bürger, ich schicke Ihnen die Kleider zurück, die Sie mir freundlicherweise geliehen haben. Auf der Rückfahrt fand ich einen weitaus besseren Weg vor, und ich muß Ihnen von meiner Freude hierüber berichten, weil es auf ihm besser möglich ist, Sie wiederzusehen. Ich bin traurig, so wenig von Ihnen gesehen zu haben ... Ich wäre weniger traurig, wenn ich freier wäre und immer sicher, Sie nicht zu stören. Leben Sie wohl, mein lieber Bürger, und ich bitte Sie, Fräulein Levasseur für alle Freundlichkeit, die sie mir erwiesen hat, zu danken.»[23]

Wenige Tage später kehrte Saint-Lambert von der Front zurück. Im April wurde er wieder zum Dienst abgerufen, und bald danach galoppierte die muntere Gräfin, wie ein Mann gekleidet, zur Hermitage. Rousseau war zunächst schockiert über das Kostüm, merkte jedoch bald, daß es eine wundervolle Frau enthielt. Thérèse ihren hausfraulichen Pflichten überlassend, spazierten er und sein Gast hinaus in den Wald, und Frau von Houdetot erzählte ihm, wie leidenschaftlich sie Saint-Lambert liebe. Im Mai erwiderte er ihren Besuch, ging nach Eaubonne zu einer Zeit, da sie, wie sie ihm gesagt hatte, «ganz alleine» sein würde. «Bei meinen häufigen Ausflügen nach Eaubonne», sagt er, «begegnete es mir manchmal, daß ich dort übernachtete ... Ich sah sie fast jeden Tag während dreier Monate ... Ich sah meine Julie in Frau von Houdetot, und bald sah ich nur noch Frau von Houdetot [in Julie], doch mit all den Vollkommenheiten, mit denen ich das Idol meines Herzens geschmückt hatte.»[24]

Eine Zeitlang gab er sich so seinem «Delirium» hin, daß er aufhörte, an seinem Roman zu arbeiten; statt dessen verfaßte er Liebesbriefe, die er in den Bäumen von Eaubonne so versteckte, daß sie sie finden mußte. Er sagte ihr, daß er verliebt sei, doch nicht, in wen. Natürlich wußte sie es. Sie tadelte ihn und beteuerte, daß sie mit Leib und Seele Saint-Lambert gehöre, doch sie erlaubte ihm, seine Besuche und glühenden Aufmerksamkeiten fortzusetzen. Schließlich lebt eine Frau nur wirklich, wenn sie geliebt wird, und sie lebt doppelt, wenn sie von zwei Männern geliebt wird. «Sie verweigerte mir nichts, was die zärtlichste Freundschaft bewilligen konnte. Sie gewährte mir nichts, was sie untreu machen konnte.» Er erzählt von ihren «langen und häufigen Zusammenkünften ... während der vier Monate, die wir in einer für zwei

Freunde verschiedenen Geschlechts fast beispiellosen Vertraulichkeit verbrachten, für Freunde, die die selbstgezogenen Grenzen nie überschritten»[25]. In seinem Bericht über dieses Verhältnis finden wir die romantische Bewegung im vollen Gange: Nichts in diesem Roman konnte Ekstasen wie den folgenden gleichkommen:

«Wir waren beide von Liebe trunken, sie für ihren Geliebten, ich für sie. Unsere Seufzer, unsere köstlichen Tränen flossen zusammen ... Inmitten dieser gefährlichen Trunkenheit hat sie sich nie einen Augenblick vergessen. Und ich beteuere, ich schwöre, daß, wenn ich auch manchmal durch meine Sinne verwirrt, sie zur Untreue zu verleiten suchte, sie in Wahrheit nie begehrt habe ... Die Pflicht der Enthaltsamkeit hat meine Seele erhoben. Ich hätte das Verbrechen begehen können, es ist in meinem Herzen hundertmal begangen worden, aber meine Sophie erniedrigen? Wäre das je möglich gewesen? Nein, nein. Ich habe es ihr selbst hundertmal gesagt ... Ich liebte sie zu sehr, um sie besitzen zu wollen ... So ist der einzige Liebesgenuß des Mannes gewesen, der das entzündlichste, aber zugleich auch schüchternste Temperament hatte, das die Natur vielleicht je erzeugt hat.»[26]

Frau von Épinay bemerkte, daß ihr «Bär» sie jetzt seltener besuchen kam, und sie erfuhr bald von seinen Fahrten zu ihrer Schwägerin. Sie war verletzt. «Es ist schließlich hart», schrieb sie im Juni an Grimm, «daß ein Philosoph einem in dem Augenblick entschlüpft, in dem man es am wenigsten erwartet.»[27] Eines Tages fand Rousseau «Sophie» in Eaubonne in Tränen. Saint-Lambert war über ihren Flirt unterrichtet worden, und (wie sie es Jean-Jacques gegenüber formulierte) «schlecht unterrichtet. Er läßt mir Gerechtigkeit widerfahren, aber er ist in verdrießlicher Stimmung ... Ich fürchte, daß mich Ihre Torheiten die Ruhe meines Lebens kosten.»[28] Sie waren beide der Meinung, daß es Frau von Épinay gewesen sein mußte, die Saint-Lambert das Geheimnis verraten hatte, denn «wir beide wußten, daß sie im brieflichen Verkehr mit ihm stand». Oder vielleicht hatte sie es Grimm gesagt, der Saint-Lambert gelegentlich in Westfalen sah. Wenn wir Rousseaus Bericht glauben, versuchte Frau von Épinay von Thérèse die Briefe zu erhalten, die er von Frau von Houdetot bekommen hatte. In einem heftigen Brief beschuldigte er seine Gastgeberin, ihn zu verraten:

«Zwei fast vereinte und einander würdige Liebende sind mir teuer ... Ich setzte voraus, daß man sie zu verunreinigen versucht hat und sich meiner bedient, um einen von beiden mit Eifersucht zu erfüllen. Die Wahl ist nicht sehr geschickt, aber sie schien der Bosheit geeignet, und wegen dieser Bosheit habe ich Sie in Verdacht ... So würde also die Frau, die ich am höchsten schätzte, mit meinem Wissen die Schändlichkeit besitzen, ihr Herz und ihre Person zwischen zwei Personen zu teilen, und ich die, einer dieser beiden Elenden zu sein? Wenn ich wüßte, daß Sie auch nur einen einzigen Augenblick im Leben so von ihr und mir denken können, so würde ich Sie bis zum Tode hassen. Aber ich traue es Ihnen zu, daß Sie es wohl gesagt, doch nicht geglaubt haben.

Aber wissen Sie, wie ich meine Fehler während der kurzen Zeit, die ich noch bei Ihnen bleiben werde, gutmachen werde? Indem ich das tue, was kein anderer tun wird als ich, indem ich Ihnen offen sage, was man von Ihnen in der Gesellschaft denkt und wie Sie Ihren geschädigten Ruf wiederherstellen können.»[29]

Frau von Épinay, schuldig oder nicht (wir wissen es nicht), war betrübt über die Heftigkeit dieser Beschuldigungen. Sie berichtete darüber ihrem fernen Liebhaber Grimm. Er erwiderte, er habe sie von den «teuflischen Schwierigkeiten» gewarnt, in die sie verwickelt werden würde, wenn sie den launischen und unberechenbaren Rousseau in die Hermitage einziehen lassen würde[30]. Sie lud Jean-Jacques nach La Chevrette ein, begrüßte ihn mit einer Umarmung und Tränen; er beantwortete Träne mit Träne. Sie gab ihm keine Erklärung, von der wir wissen; er dinierte mit ihr, schlief in ihrem Haus und reiste am nächsten Morgen ab, mit Freundschaftsbeteuerungen.

Diderot komplizierte die Angelegenheit noch mehr. Er riet Rousseau, an Saint-Lambert zu schreiben und ihm seine zärtlichen Empfindungen gegenüber Sophie zu beichten, ihn jedoch ihrer Treue zu versichern. Rousseau (nach Diderot) versprach, es zu tun. Doch Frau von Houdetot bat ihn, nicht zu schreiben und es ihr zu überlassen, auf ihre eigene Weise aus den Schwierigkeiten herauszukommen, in die seine Verblendung und ihre Schwäche sie gebracht hatten. Als Saint-Lambert von der Front zurückkehrte, sprach Diderot mit ihm über die Angelegenheit in der Annahme, Rousseau habe sie eingestanden. Rousseau warf Diderot vor, ihn verraten zu haben; Diderot warf Rousseau vor, ihn getäuscht zu haben. Nur Saint-Lambert benahm sich philosophisch. Er kam mit Sophie in die Hermitage; er «lud sich selbst zum Dîner bei mir ein, ... behandelte mich streng, aber freundschaftlich», und verhängte keine schwerere Strafe, als zu schlafen und zu schnarchen, während Jean-Jacques laut seinen langen Brief an Voltaire vorlas. Frau von Houdetot jedoch verhinderte weitere Begegnungen mit Rousseau. Auf ihre Bitte schickte er ihr die Briefe zurück, die sie ihm geschrieben hatte, doch als er um jene bat, die er ihr geschrieben hatte, sagte sie, sie habe sie verbrannt. «Dies», sagt er uns, «wagte ich zu bezweifeln ... und bezweifle es noch immer. Nie wurden Briefe wie die meinigen an sie je ins Feuer geworfen. Die von Heloise (an Abaelard) hat man feurig gefunden; du lieber Himmel, was würde man von diesen gesagt haben?»[31] Verwundet und beschämt, zog er sich in seine eingebildete Welt zurück. Er nahm das Schreiben an der *Nouvelle Héloïse* wieder auf und ließ in sie die Leidenschaft seiner Briefe an Frau von Houdetot einfließen.

Neue Demütigungen erwarteten ihn, als Grimm aus dem Kriege zurückkehrte (September 1757). «Ich konnte in ihm kaum den früheren steifen Pedanten wiedererkennen, der sich bei dem Fürsten von Sachsen-Gotha durch meine Blicke geehrt fühlte.»[32] Rousseau konnte Grimms Kälte ihm gegenüber nicht verstehen; er konnte nicht wissen, daß Grimm von dem beleidigenden Brief an Frau von Épinay wußte. Grimm war fast ebenso ichbezogen wie Jean-Jacques, doch sonst ein Antipode von ihm an Geist und Charakter – skeptisch, realistisch, unempfindlich und hart[33]. Rousseau hatte mit einem Brief zwei Freunde verloren.

III. VIEL LÄRM

Eine neue Krise zog herauf, als Frau von Épinay sich im Oktober 1757 entschloß, nach Genf zu reisen. Dies ist Rousseaus Bericht:

«'Mein Freund', sagte sie zu mir, 'ich reise nach Genf, es steht schlecht um meine Brust, und meine Gesundheit ist so angegriffen, daß ich alles beiseite lassen und Tronchin aufsuchen und befragen muß.' Dieser so plötzliche und beim Einbruch der schlechten Jahreszeit gefaßte Entschluß setzte mich in Staunen ... Ich fragte sie, wen sie mitnehmen würde. Sie erklärte mir, sie würde ihren Sohn und [dessen Hauslehrer] Herrn von Linant mitnehmen, und setzte dann nachlässig hinzu: 'Und Sie, mein Lieber, werden Sie nicht auch mitkommen?' Da ich nicht glaubte, daß sie ernsthaft spräche, da sie wußte, daß ich in der nahenden Jahreszeit kaum das Zimmer zu verlassen vermochte, scherzte ich über die Nützlichkeit des Geleits eines Kranken durch einen Kranken; sie selbst schien den Vorschlag nicht recht ernst gemeint zu haben, und es war nicht mehr die Rede davon.»[34]

Er hatte ausgezeichnete Gründe dafür, Madame nicht begleiten zu wollen. Seine Leiden verboten es, und wie konnte er Thérèse verlassen? Außerdem ging das Gerücht um, seine Gastgeberin sei schwanger, vermutlich von Grimm; Rousseau glaubte die Geschichte eine Zeitlang und beglückwünschte sich, einer lächerlichen Situation entkommen zu sein. Die arme Frau sagte die Wahrheit: sie litt an Tuberkulose. Sie scheint ernsthaft gewünscht zu haben, daß Rousseau sie begleite, und warum sollte er nicht froh sein, auf ihre Kosten die Stadt wieder zu besuchen, deren so stolzer *Citoyen* er war? Ihre Gefühle erkennend, schrieb Diderot an Rousseau und ermahnte ihn, ihre Aufforderung ernst zu nehmen und zu befolgen, wenn auch nur als einen Entgelt für ihre Wohltaten. Er antwortete in seinem charakteristischen Stil:

«Was ich noch Schlimmeres dabei sehe, ist, daß Ihr Rat nicht von Ihnen kommt. Außer daß ich wenig Lust spüre, mich unter ihrem Namen von einem dritten und vierten leiten zu lassen, finde ich bei diesen Prellschüssen gewisse Umwege, die zu Ihrem Freimut nicht passen, und deren sich zu enthalten Sie um Ihret- und um meinetwillen guttun werden.»[35]

Am 22. Oktober nahm er Diderots Brief und seine Antwort mit nach La Chevrette und las sie «mit lauter und klarer Stimme» Grimm und Frau von Épinay vor. Am 25. brach sie nach Paris auf. Rousseau kam nach La Chevrette, um ein verlegenes Lebewohl zu entbieten; «zum Glück», berichtet er uns, «reiste sie morgens ab, und ich hatte noch Zeit, als ich sie verließ, mit ihrer Schwägerin [in Eaubonne] zu Mittag zu essen»[36]. Am 29. schrieb er (nach Frau von Épinays *Mémoires*) an Grimm:

«Sagen Sie mir, Grimm, warum alle meine Freunde erklären, ich solle Frau von Épinay begleiten? Habe ich unrecht, oder sind sie alle verhext? ... Frau von Épinay reist in einer hübschen Postkutsche, begleitet von ihrem Gatten, dem Hauslehrer ihres Sohnes und fünf oder sechs Dienstboten ... Sollte ich fähig sein, eine Postkutsche zu ertragen? Kann ich hoffen, eine so lange Reise so schnell ohne Mißgeschick durchzuführen? Soll ich die Kutsche jeden Augenblick anhalten lassen, damit ich aussteigen kann, oder soll ich meine Qualen und meine letzten Stunden beschleunigen, indem ich gezwungen werde, mir Beherrschung aufzuerlegen? ... Meine ergebenen Freunde ... [scheinen] die Absicht zu haben, mich zu Tode zu quälen.»[37]

Am 30. Oktober verließ Frau von Épinay Paris, um nach Genf zu reisen. Am 5. November schickte Grimm (nach den *Mémoires*) Rousseau folgende Antwort:

«Ich habe mein Äußerstes getan, es zu vermeiden, Ihnen ausdrücklich auf die entsetzliche Verteidigung zu antworten, die Sie an mich gerichtet haben. Sie zwingen mich, es zu tun ... Ich habe nie gedacht, daß Sie Frau von Épinay nach Genf hätten begleiten sollen. Selbst wenn es Ihr erster Impuls gewesen wäre, ihr Ihre Begleitung anzubieten, wäre es ihre Pflicht gewesen, Ihr Angebot zurückzuweisen und Sie daran zu erinnern, was Sie Ihrer Stellung schuldig sind sowie Ihrer Gesundheit und den Frauen, die Sie in Ihre Zurückgezogenheit mitgeschleppt haben; dies ist meine Meinung ...

Sie wagen es, zu mir von Ihrer Sklaverei zu sprechen, zu mir, der ich während mehr als zwei Jahren täglicher Zeuge all der Beweise der zärtlichsten und großzügigsten Freundschaft gewesen bin, welche diese Frau Ihnen gegeben hat. Wenn ich fähig gewesen wäre, Ihnen zu verzeihen, würde ich mich selbst für unwürdig halten, einen Freund zu haben. Ich will Sie in meinem Leben nie wiedersehen und ich werde mich für glücklich halten, wenn ich die Erinnerung an Ihr Betragen aus meinem Geist verbannen kann. Ich bitte Sie, mich zu vergessen und mich nicht mehr zu belästigen.»[38]

Von Genf aus schrieb Frau von Épinay an Grimm: «Ich erhielt den Dank der Republik für das, was ich an Rousseau getan habe, und aus dem gleichen Grund haben die Uhrmacher mir eine formelle Deputation geschickt. Die Menschen hier verehren mich aus diesem Grund.»[39] Tronchin eröffnete ihr, daß sie ein Jahr lang in seiner Behandlung bleiben müsse. Sie war eine häufige Besucherin in Voltaires Häusern in Genf und Lausanne. Nach einiger Verzögerung folgte ihr Grimm, und sie verlebten acht Monate der Glückseligkeit*.

Am 23. November 1757 schrieb Rousseau (wie er uns berichtet) ihr folgendes:

«Wenn man an Kummer stürbe, wäre ich nicht mehr am Leben. Die Freundschaft ist zwischen uns erloschen, gnädige Frau! Aber auch die, die nicht mehr ist, bewahrt noch Rechte, die ich zu achten weiß. Ich habe Ihre Freundlichkeiten für mich nicht vergessen, und Sie können meinerseits auf die ganze Erkenntlichkeit zählen, die man für jemand haben kann, den man nicht mehr lieben darf ...

Ich habe die Hermitage verlassen wollen und sollte es. Aber man behauptet, ich müsse noch bis zum Frühling hier bleiben; und da meine Freunde es wollen, werde ich bis zum Frühling hier bleiben, wenn Sie damit einverstanden sind.»[40]

Früh im Dezember kam Diderot, um Rousseau zu besuchen, und fand ihn in Wut und Tränen über die «Tyrannei», die seine Freunde über ihn ausübten. Diderots Bericht über diesen Besuch erscheint in seinem Brief vom 5. Dezember an Grimm:

«Dieser Mann ist ein Wüterich [*forcené*]. Ich habe ihn gesehen; ich habe ihm mit der ganzen Kraft meiner Aufrichtigkeit Vorwürfe gemacht wegen der Ungeheuerlichkeit seines Benehmens. Er legte in seine Selbstverteidigung eine wütende Leidenschaft, die mich verletzte ... Dieser Mann drängt sich zwischen mich und meine Arbeit und verwirrt meinen Geist; es ist, als hätte ich einen der Verdammten bei mir ... Oh, welch ein Schauspiel ist dies – das eines boshaften und grausamen Menschen! Ich will ihn nie wiedersehen; er würde mich an Teufel und Hölle glauben machen.»[41]

Rousseau erhielt am 10. Dezember eine Antwort von Frau von Épinay. Offenbar hatte Grimm ihr von Rousseaus Bemerkungen über seine «Sklaverei» in der Hermitage erzählt, denn sie schrieb mit ungewöhnlicher Bitterkeit:

«Nachdem ich Ihnen während mehrerer Jahre alle möglichen Zeichen der Freundschaft und des Interesses gegeben, bleibt mir nur übrig, Sie zu beklagen. Sie sind sehr unglücklich ...

Da Sie die Hermitage verlassen wollen und es für nötig halten, bin ich erstaunt, daß Ihre Freunde Sie zurückgehalten haben. Ich für meine Person befrage die meinigen nie über meine Pflichten und habe Ihnen über die Ihrigen nichts mehr zu sagen.»[42]

---

* Sie kehrten im Oktober 1759 nach Paris zurück; Frau von Épinays dortiges Haus wurde einer der kleineren Salons. Ihr Buch über Erziehung wurde von der Akademie preisgekrönt.

Am 15. Dezember verließ Rousseau, obwohl der Winter hereinbrach, die Hermitage mit Thérèse und all ihren Habseligkeiten. Ihre Mutter schickte er zu den anderen Töchtern nach Paris, doch er versprach, zu ihrem Unterhalt beizutragen. Er zog in ein Landhaus in Montmorency, das ihm ein Agent von Louis-François de Bourbon, Prinz von Conti, vermietet hatte. Und hier schuf er, seinen früheren Freunden den Rücken kehrend, in fünf Jahren drei der einflußreichsten Bücher des Jahrhunderts.

IV. DER BRUCH MIT DEN *PHILOSOPHES*

Sein neues Haus lag in dem, was er den *jardin de Mont-Louis* nannte, ein «einzelner Raum» mit einer Rasenfläche davor und, am Ende des Gartens, ein alter Turm mit einem «ganz offenen Alkoven». Wenn Besucher kamen, mußte er sie «inmitten meiner schmutzigen Teller und zerbrochenen Töpfe» empfangen, und er zitterte, daß «der verfaulte und zerfallende Fußboden» unter seinen Gästen zusammenbrechen könnte. Seine Armut kümmerte ihn nicht; er verdiente genug durch Notenkopieren und war froh darüber, ein tüchtiger Handwerker zu sein[43] und nicht länger der Lehensmann einer reichen Frau. Als freundliche Nachbarn ihm Geschenke schickten, nahm er es ihnen übel; seiner Meinung nach war mehr zu empfangen, als man gibt, eine Demütigung. Der Prinz von Conti schickte ihm zweimal Hühnchen; er erklärte der Gräfin von Boufflers, ein drittes Geschenk würde zurückgeschickt werden.

Wir sollten hier beiläufig erwähnen, wie viele Aristokraten den Rebellen der Aufklärung halfen, nicht so sehr, weil sie mit ihren Ansichten übereinstimmten, sondern aus großmütiger Sympathie mit dem notleidenden Genius. Es gab viele Elemente des Edelmutes bei den Adligen des Ancien Régime. Und Rousseau, der die Aristokratie öffentlich anklagte, wurde von ihr besonders großzügig unterstützt. Manchmal vergaß der stolze Handwerker sich selbst und rühmte sich seiner adligen Freunde. Von seinem Rasen sprechend schrieb er:

«Diese Terrasse war mein Gesellschaftszimmer, in dem ich Herrn und Frau von Luxemburg, den Herzog von Villeroi, den Fürsten von Tingry, den Marquis von Armentières, die Herzogin von Montmorency, die Herzogin von Boufflers*, die Gräfin von Valentinois, die Gräfin von Boufflers und andere Personen des gleichen Ranges, die ... geruhten, die Wallfahrt nach Mont-Louis zu machen, empfing.»[44]

Nicht weit von Rousseaus Landhaus befand sich der Wohnsitz des Marschalls und der Marschallin von Luxemburg. Bald nach seinem Einzug luden sie ihn zum Dîner ein; er lehnte ab. Sie wiederholten die Einladung im Sommer 1758; er lehnte wiederum ab. Gegen Ostern 1759 kamen sie mit einem halben Dutzend adliger Freunde, ihn in seinem Refugium aufzustöbern. Er war entsetzt: die Marschallin hatte als Herzogin

* In der Fülle der Boufflers, die in der Geschichte des 18. Jahrhunderts eine Rolle spielten, sind zu unterscheiden: Erstens die Herzogin von Boufflers, die Marschallin von Luxemburg wurde, zweitens die Marquise von Boufflers, Mätresse Stanislaus Leszczyńskis, und drittens die Gräfin von Boufflers, Freundin von David Hume und Horace Walpole.

von Boufflers den Ruf gewonnen, zu viele Männer zu bezaubern. Doch sie war aus dem Stadium der Sinnlichkeit herausgewachsen und zu einer Frau von eher mütterlichem als nur sexuellem Charme herangereift. Bald taute sie seine scheue Zurückhaltung auf und verwickelte ihn in eine lebhafte Konversation. Die Besucher wunderten sich, daß ein so talentvoller Mann in solcher Armut lebte. Der Marschall lud Rousseau und Thérèse ein, bei ihm zu wohnen, bis das Landhaus wieder instand gesetzt sei; Jean-Jacques weigerte sich zunächst, doch schließlich wurden er und Thérèse überredet, eine Zeitlang in dem «Petit Château» auf dem Anwesen der Luxemburgs zu wohnen. Im Mai 1759 zogen sie um. Manchmal besuchte Rousseau die Luxemburgs in ihrem luxuriösen Heim; hier ließ er sich leicht überreden, ihnen und ihren Gästen Teile des Romans vorzulesen, den zu vollenden er im Begriffe stand. Nach wenigen Wochen kehrten er und Thérèse in ihr eigenes Landhaus zurück, doch er fuhr fort, die Luxemburgs zu besuchen, und sie blieben ihm treu durch alle Stürme seiner Launen. Grimm beklagte sich, daß Rousseau «seine alten Freunde verlassen» und «uns durch Leute von höchstem Rang»[45] ersetzt habe. Doch es war Grimm, der Rousseau abgewiesen hatte. In einem Brief vom 28. Januar 1762 an Malesherbes antwortete Jean-Jacques jenen, die ihn beschuldigt hatten, den Adel sowohl anzuklagen als auch zu hofieren:

«Mein Herr, ich habe eine heftige Abneigung gegen die Gesellschaftsklassen, die andere beherrschen ... Ich habe keine Mühe, dies Ihnen, einem Sproß edlen Blutes, zuzugeben ... ich hasse die Großen, ich hasse ihre Stellung, ihre Härte, ihre Vorurteile, ... ihre Laster ... In einem solchen Geisteszustand ging ich wie ein widerwillig dorthin Geschleppter in das Schloß [der Luxemburgs] in Montmorency. Dann sah ich die Herren: Sie liebten mich, und ich, mein Herr, liebte sie und ich werde sie lieben, solange ich lebe ... Ich würde für sie, ich will nicht sagen, mein Leben hingeben, denn dieses Geschenk wäre ein schwaches; ... doch ich will ihnen den einzigen Ruhm geben, der je mein Herz berührt hat – den Ruhm, den ich von der Nachwelt erwarte und den sie mir sicher zollen wird, denn er gebührt mir, und die Nachwelt ist immer gerecht.»

Eine frühere Freundin hatte er zu halten gehofft – Frau von Houdetot, doch Saint-Lambert warf ihr den Klatsch vor, durch den Paris ihren Namen mit dem Rousseaus in Verbindung brachte, und sie gebot Rousseau, keine weiteren Briefe an sie zu schreiben. Er erinnerte sich, daß er Diderot seine Leidenschaft für sie gebeichtet hatte; jetzt folgerte er, daß Diderot es gewesen war, der darüber in den Salons geschwatzt hatte, und «ich entschloß mich, mit ihm für immer zu brechen»[46]. Er wählte den schlechtesten Augenblick und das schlechteste Mittel. Am 27. Juli 1758 hatte Helvétius in *De l'Esprit* eine heftige Attacke gegen den katholischen Klerus veröffentlicht. Das hieraus resultierende Aufsehen führte zu einer immer lauter werdenden Forderung nach der Unterdrückung der *Encyclopédie* (damals sieben Bände stark) und aller Schriften, die die Kirche oder den Staat kritisierten. Band VII enthielt d'Alemberts kühnen Artikel über Genf, in dem er den calvinistischen Klerus für sein geheimes Unitariertum lobte und bei den Genfer Behörden für die Einrichtung eines Theaters eintrat. Im Oktober 1758 veröffentlichte Rousseau seine *Lettre à M. d'Alembert sur les spectacles*. Obwohl mäßig im Ton, war sie dennoch eine Kriegserklärung an das Zeitalter der

«Maskierte Besucher in einer Menagerie» malte Pietro Longhi (1702–1785), der wie kein anderer das Leben im Venedig des 18. Jahrhunderts gemalt und als geistiger Verwandter Goldonis Venedigs Frivolität, Raffinesse und Zweideutigkeiten im Bild festgehalten hat (National Gallery, London).

Vernunft, an die Gottlosigkeit und Unmoral des Frankreichs der Mitte des 18. Jahrhunderts. In dem Vorwort scheute Rousseau keine Mühe, Diderot zu verleugnen, ohne seinen Namen zu nennen: «Ich hatte einen Aristarchos, streng und gerecht. Ich habe ihn nicht mehr; ich will ihn nicht mehr. Doch ich werde ihm ewig nachtrauern, und mein Herz vermißt ihn sogar mehr als meine Schriften.» Und in einer Fußnote fügte er, in dem Glauben, Diderot habe ihn an Saint-Lambert verraten, hinzu:

«Wenn Sie das Schwert gegen einen Freund gezogen haben, verzweifeln Sie nicht, denn es gibt einen Weg, zu ihm zurückzukehren. Wenn Sie ihn unglücklich gemacht haben durch Ihre Worte, fürchten Sie nichts, denn es ist möglich, sich mit ihm wieder zu versöhnen. Doch für grobe Beschimpfung, verletzende Vorwürfe, Enthüllung eines Geheimnisses und die seinem Herzen durch Verrat zugefügte Wunde gibt es keine Gnade in seinen Augen; er wird von Ihnen weggehen und nie wieder zurückkehren.»[47]

Der Brief war teilweise eine Verteidigung der Religion, die öffentlich in Genf gepredigt wurde. Wie sein *Émile* bald zeigen sollte, war Rousseau selbst ein Unitarier, der die Göttlichkeit Christi leugnete; doch bei seiner Bewerbung um das Genfer Bürgerrecht hatte er sich ganz zum calvinistischen Glauben bekannt. In dieser *Lettre* verteidigte er den orthodoxen Glauben und den Glauben an eine göttliche Offenbarung als unerläßliche Stützen der Volksmoral. «Was der Mehrheit der Menschen durch Vernunft bewiesen werden kann, ist nur die Wahrnehmung persönlichen Vorteils»; daher würde eine nur «natürliche Religion» zu einer Entartung der Moral, zu einer reinen Angst, entdeckt zu werden, führen.

Doch die Theologie war ein zweitrangiger Punkt in Rousseaus Argument. Sein Frontalangriff galt d'Alemberts Vorschlag, daß in Genf ein Theater legalisiert werden sollte. Hier war der geheime Feind nicht d'Alembert, sondern Voltaire: Voltaire, dessen Ruf als Einwohner von Genf Rousseaus Ruhm als *Citoyen de Genève* aufreizend überstrahlte, Voltaire, der es gewagt hatte, in Genf oder in dessen Umgebung Theaterstücke aufzuführen, und der zweifellos d'Alembert veranlaßt hatte, den Antrag für ein Genfer Theater in einem Artikel der *Encyclopédie* unterzubringen. Wie? In einer Stadt, die berühmt war für ihre puritanische Moral, eine Form von Unterhaltung einzuführen, die fast überall die Unmoral verherrlicht hatte? Tragödien schilderten fast immer Verbrechen; sie läuterten nicht die Leidenschaften, wie Aristoteles glaubte, sondern sie entfachten die Leidenschaften, besonders die des Geschlechts und der Gewalt. Komödien stellten selten glücklich verheiratete Liebe dar; oft machten sie sich über die Tugend lustig, wie es sogar Molière in *Le Misanthrope* getan hatte. Die ganze Welt wußte, daß Schauspieler ein gesetzloses und unmoralisches Leben führten und daß die meisten verführerischen Schauspielerinnen der französischen Bühne Muster der Liederlichkeit waren und als Mittelpunkt und Quelle der Korruption in einer Gesellschaft dienten, die sie vergötterte. In großen Städten wie Paris und London wirkten sich diese Übel der Bühne vielleicht nur auf einen kleinen Teil der Bevölkerung aus, doch in einer kleinen Stadt wie Genf (mit nur 24000 Einwohnern) würde das Gift durch alle Klassen verbreitet werden, und die Vorstellungen würden neumodische Anschauungen und Parteiengezänk entstehen lassen[48].

Friedrich der Große vor der Schlacht bei Leuthen am 5. Dezember 1757 (nach einem Stahlstich aus dem 19. Jahrhundert).

Bis jetzt hatte Rousseau die puritanische oder calvinistische Anschauung vom Theater wiedergegeben. Er sagte 1758 in Frankreich, was Stephen Gosson 1579, William Prynne 1632 und Jeremy Collier 1698 in England gesagt hatten. Doch Rousseau beschränkte sich nicht auf die Anklage. Er war kein Puritaner; er befürwortete Bälle und Tänze unter öffentlicher Gönnerschaft und Aufsicht. Es sollte öffentliche Vergnügungen geben, doch von sozialer und gesunder Art, wie Picknicks, Freiluftspiele, Feste, Paraden (hier fügte Rousseau eine lebendige Schilderung einer Regatte auf dem Genfersee an)[49].

Der *Brief*, so berichtet er uns, «hatte einen großen Erfolg». Paris begann, der Unmoral müde zu werden; es war keine Würze mehr in den unkonventionellen Abweichungen, die konventionell geworden waren. Die Stadt war überfüllt mit Männern, die sich wie Frauen benahmen, und von Frauen, die es gelüstete, wie Männer zu sein. Sie hatte genug vom klassischen Drama und seinen gespreizten Formen. Sie sah, welch schlechte Figur Frau von Pompadours Generäle und Soldaten im Krieg gegen Friedrichs spartanische Truppen machten. Einen Philosophen lobend von der Tugend sprechen zu hören war ein erfrischendes Erlebnis. Der moralische Einfluß der *Lettre* wuchs, bis sie zusammen mit anderen Schriften Rousseaus teilhatte an der Einleitung einer fast revolutionären Rückkehr zur Sittsamkeit unter Ludwig XVI.

Die *philosophes* konnten dies nicht voraussehen. Sie sahen in Rousseaus Proklamation einen Akt des Verrats: Er hatte sie im Augenblick ihrer größten Gefahr angegriffen. Im Januar 1759 verbot die Regierung endgültig die Veröffentlichung und den Verkauf der *Encyclopédie*. Als Rousseau die Moral von Paris öffentlich anklagte, verdammten ihn seine früheren Vertrauten, sich an seine hartnäckige Werbung um Frau von Houdetot erinnernd, als einen Scheinheiligen. Als er die Bühne angriff, wiesen sie darauf hin, daß er *Le Devin du village* und *Narcisse* für sie geschrieben hatte und häufig ins Theater gegangen war. Saint-Lambert wies das Exemplar der *Lettre*, das Rousseau ihm geschickt hatte, mit einer scharfen Botschaft zurück (10. Oktober 1758):

> «Ich kann wirklich das Geschenk nicht annehmen, das Sie mir gemacht haben, mein Herr ... Er kann Ihnen gegenüber unrecht haben, ich weiß es nicht. Aber ich weiß wohl, daß es Ihnen nicht das Recht gibt, ihn öffentlich zu beleidigen. Sie kennen sehr wohl die Verfolgung, die er erfährt ... Ich kann Ihnen nicht verhehlen, mein Herr, wie diese Schändlichkeit mich empört. Unsere Grundsätze, mein Herr, gehen zu sehr auseinander, als daß wir je übereinstimmen könnten. Vergessen Sie mein Dasein ... Ich verspreche Ihnen für meine Person, mein Herr, Ihre Person zu vergessen und mich nur Ihrer Talente zu erinnern.»[50]

Frau von Épinay jedoch dankte Rousseau bei ihrer Rückkehr von Genf für das Exemplar, das er ihr geschickt hatte, und lud ihn zum Mittagessen ein. Er ging hin und traf Saint-Lambert und Frau von Houdetot zum letztenmal.

Aus Genf kamen ein Dutzend Briefe des Lobes. Ermutigt durch Rousseaus Beistand, verboten die Genfer Behörden Voltaire, weitere Theateraufführungen auf Genfer Boden zu veranstalten. Voltaire übertrug seine dramatischen Eigentumsrechte an Tourney und verlegte seinen Wohnsitz nach Ferney. Er fühlte den Stachel der Niederlage. Er brandmarkte Rousseau als Deserteur und Abtrünnigen und bedauerte, daß die kleine Schar der *philosophes* in einen selbstmörderischen Zank geraten war. «Der infame Jean-Jacques», schrieb er, «ist der Judas der Bruderschaft.»[51] Rousseau antwortete in einem Brief (29. Januar 1760) an den Genfer Pastor Paul Moultou:

«Sie sprechen von diesem Menschen Voltaire? Warum beschmutzt der Name dieses Possenreißers Ihre Korrespondenz? Dieser elende Bursche hat mein Land [Genf] ruiniert. Ich würde ihn mehr hassen, wenn ich ihn weniger verachtete. Ich sehe in seinen großen Gaben nur etwas zusätzlich Beschämendes, das ihn entehrt durch den Gebrauch, den er von ihnen macht ... Oh, Bürger von Genf, er läßt Euch teuer bezahlen für die Zuflucht, die Ihr ihm gewährt habt!»[52]

Es kränkte Rousseau, zu erfahren, daß Voltaire in Tourney Theaterstücke aufführte und daß viele Bürger von Genf die Grenze nach Frankreich überschritten, um diese Vorstellungen zu sehen – einige sogar, um bei ihnen mitzuwirken. Sein Groll fand einen zusätzlichen *casus belli,* als sein Brief an Voltaire über das Erdbeben von Lissabon in einer Berliner Zeitung (1760) abgedruckt wurde, was offenbar dadurch möglich geworden war, daß Voltaire das Manuskript unbedacht einem Freund geliehen hatte. Nun (17. Juni) schrieb Rousseau an Voltaire einen der außergewöhnlichsten Briefe in der Korrespondenz dieses turbulenten Zeitalters. Nachdem er Voltaire wegen der nichtautorisierten Veröffentlichung Vorwürfe gemacht hatte, fuhr er fort:

«Ich mag Sie nicht, Monsieur. Mir, Ihrem Schüler und Verehrer, haben Sie die schmerzlichsten Beleidigungen zugefügt. Sie haben Genf ruiniert als Belohnung für das Asyl, das man Ihnen dort gewährt hat. Sie haben mich meinen Mitbürgern entfremdet zum Dank dafür, daß ich Sie bei ihnen lobte. Sie sind es, der es mir unerträglich macht, in meinem eigenen Land zu leben. Sie sind es, der mich zwingen wird, auf fremdem Boden zu sterben, beraubt aller Tröstungen des Todes und entehrt auf einen Abfallhaufen geworfen, während alle Ehren, die ein Mann erwarten kann, Ihnen in meinem Heimatland zufallen werden. Kurz, ich hasse Sie, weil Sie dies gewollt haben; doch ich hasse Sie mit den Gefühlen eines Menschen, der noch immer fähig wäre, Sie zu lieben, wenn Sie es gewünscht hätten. Von all den Gefühlen, die mein Herz für Sie erfüllte, bleibt nur die Bewunderung für Ihren großen Genius und die Liebe zu Ihren Schriften. Wenn ich in Ihnen nur Ihre Talente ehre, so ist es nicht meine Schuld. Ich werde es nie fehlen lassen an der Achtung, die Ihnen gebührt, noch an dem Verhalten, das diese Achtung erfordert.»[53]

Voltaire antwortete nicht, doch privat nannte er Rousseau «Scharlatan», «Wahnsinniger», «kleiner Affe» und «elender Narr»[54]. In seiner Korrespondenz mit d'Alembert zeigte er sich ebenso empfindlich und leidenschaftlich wie Jean-Jacques:

«Ich habe einen langen Brief von Rousseau erhalten. Er ist vollkommen verrückt geworden ... Er schreibt gegen das Theater, nachdem er selbst eine schlechte Komödie geschrieben hat; er schreibt gegen Frankreich, das ihn ernährt; er findet vier oder fünf verfaulte Dauben vom Faß des Diogenes und klettert hinein, um uns anzubellen; er läßt seine Freunde im Stich. Er schreibt mir – mir! – den beleidigendsten Brief, den ein Fanatiker je hingeschmiert hat ... Wenn er nicht ein inkonsequenter armer Pygmäe von Mensch wäre, aufgebläht von Eitelkeit, dann wäre dies kein großer Schaden; doch er hat außer der Unverschämtheit dieses Briefes die Niedertracht aufgebracht, mit hiesigen sozinianischen Pedanten zu intrigieren, um mich daran zu hindern, ein eigenes Theater in Tourney zu haben, oder zumindest die Bürger davon abzuhalten, dort mit mir zu spielen. Wenn er beabsichtigte, durch diesen elenden Trick seine triumphale Rückkehr in die gemeinen Straßen vorzubereiten, aus denen er kam, dann ist dies die Tat eines Schurken, und ich werde ihm nie verzeihen. Ich würde mich selbst an Platon gerächt haben, wenn er mir einen solchen Streich gespielt hätte; um so mehr an diesem Lakaien des Diogenes. Der Autor der *Nouvelle Aloïsa* ist nichts als ein lasterhafter Bube.»[55]

In diesen beiden Briefen der zwei berühmtesten Schriftsteller des 18. Jahrhunderts sehen wir, hinter den angeblich unpersönlichen Strömungen der Zeit, die Nerven, die jeden Schlag in diesem Konflikt schneidend spürten, und die gemeine menschliche Eitelkeit, die in den Herzen der Philosophen und Heiligen pulsiert.

V. DIE NEUE HELOISE

Das Buch, das Voltaire unrichtig bezeichnete, war drei Jahre lang Rousseaus Zuflucht vor seinen Feinden, seinen Freunden und der Welt gewesen. 1756 begonnen, wurde das Manuskript im September 1758 beendet, an einen Verleger in Holland geschickt und erschien im Februar 1761 als *Julie, ou La Nouvelle Héloïse, Lettres de deux amants, recueillies et publiées par J.-J. Rousseau.* Die Briefform für einen Roman war bereits alt, wurde jedoch in diesem Falle wahrscheinlich bestimmt durch das Beispiel von Richardsons *Clarissa*.

Die Geschichte ist unwahrscheinlich, doch einzigartig. Julie ist die etwa siebzehnjährige Tochter des Barons von Étange. Ihre Mutter engagiert den jungen und hübschen Saint-Preux als ihren Hauslehrer. Der neue Abaelard verliebt sich in die neue Heloise, wie jede wirkliche Mutter hätte voraussehen können. Bald schickt er seiner Schülerin Liebesbriefe, die einem Jahrhundert romantischer Dichtung den Ton angaben:

«Ich zittere bei jedem Spiel, ihrer Hand zu begegnen, und ich weiß nicht, wie es zugeht, daß ich ihr begegne. Kaum berührt sie die meine, so ergreift mich ein freudiges Beben, das Spiel bringt mich in Fieberhitze, oder vielmehr in Wahnsinn. Ich sehe, ich empfinde nichts mehr, und in diesem Augenblicke der Geistesverwirrung – was soll ich tun, wohin mich verbergen, wie für mich stehen?»[56]

Er eröffnet ihr, er würde fortgehen, doch läßt es bei Worten bewenden.

«Leben Sie wohl, zu schöne Julie ... Von morgen an sollen Sie mich nicht mehr sehen. Aber seien Sie versichert, daß die heiße und reine Liebe, die für Sie in meinem Inneren brennt, nur mit meinem Leben verlischt, und daß mein Herz, von einem so würdigen Gegenstande erfüllt, sich nie wegwerfen, seine einzige Huldigung nur Ihnen und der Tugend bringen wird, und daß man nie sehen soll, wie der Altar, an dem Julie angebetet wurde, durch andere Flammen entweiht wurde.»[57]

Julie mag über diese Anbetung lächeln, doch sie ist zu sehr Frau, um einen so entzückenden Altardiener fortzuschicken. Sie bittet ihn, seine Flucht zu verschieben. Auf jeden Fall hat der elektrische Kontakt zwischen Mann und Frau sie in eine ähnliche Erregung versetzt. Bald gesteht sie, daß auch sie diesen geheimnisvollen Stachel empfunden hat: «Von dem ersten Tage an, wo ich das Unglück hatte, Dich zu sehen, fühlte ich das Gift, das meine Sinne und meinen Verstand zerrüttet, ich fühlte es vom ersten Augenblicke an! Und Deine Augen, Deine Gefühle, Deine Reden, Deine ruchlose Feder machen es mir mit jedem Tag noch tödlicher!»[58] Dennoch bittet er sie nicht um etwas, was sündiger wäre als ein Kuß. «Du wirst tugendhaft oder verachtet sein; ich bleibe geachtet oder werde geheilt, die einzige Hoffnung, die mir bleibt, außer der Hoffnung, zu sterben.» Saint-Preux willigt ein, Delirium mit Tugend zu vereinen, glaubt jedoch, daß dies übernatürliche Hilfe erfordert:

> «Ihr Mächte des Himmels! ... Ich hatte das Gefühl für den Schmerz, gebt mir nun auch Gefühl für die Wonne! Liebe, Leben der Seele, komm und richte meine Seele auf, es entgehen ihr die Kräfte! ... Wie, oh, wie dem Strom der Seligkeit entgehen, der mein Herz überflutet! Wie die ängstliche Furcht der zagenden Geliebten verscheuchen?»[59]

– und so weiter 657 Seiten lang. Auf Seite 91 küßt sie ihn. Worte vermögen nicht zu sagen, «wie mir ward in dem nächsten Momente, als ich fühlte – die Hand zittert mir – ein süßer Schauer! – Deinen Rosenmund – Julies Mund – meinen berührend, ihn drücken und von Deinen Armen mich umfangen! Nein, das himmlische Feuer ist nicht glühender, nicht schneller als die Flamme, die plötzlich in mir aufloderte.»[60] In Brief XXIX hat er sie verführt oder sie ihn. Er durchläuft alle Stadien der Verzückung, doch sie glaubt, alles sei verloren. «Ein Augenblick der Verwirrung richtete mich so auf ewig zugrunde. Ich bin in den Abgrund der Schande gestürzt, aus dem ein Mädchen nie zurückkehrt.»[61]

Julies Mutter, von der Entjungferung ihrer Tochter erfahrend, stirbt vor Gram. Der Baron gelobt, Saint-Preux zu töten, der hierauf eine Weltumsegelung beginnt. In Reue und in Gehorsam gegenüber ihrem Vater heiratet Julie Wolmar, einen Russen von hoher Geburt und beträchtlichem Alter. Heimlich fährt sie fort, mit Saint-Preux zu korrespondieren und für ihn ein Gefühl zu empfinden, das stärker ist als ihre ehrerbietige Zuneigung zu ihrem Gatten. Sie ist überrascht, festzustellen, daß Wolmar, obwohl Atheist, ein guter Mensch ist, ihr treu ergeben, um ihre Bequemlichkeit besorgt, gerecht und großmütig gegenüber allen. In einem ihrer Briefe an Saint-Preux versichert sie ihm, daß Mann und Frau Befriedigung finden können in einem *mariage de convenance*. Doch sie erfährt nie wieder volle Glückseligkeit. Ihre voreheliche Entgleisung wiegt schwer auf ihrem Gewissen. Schließlich gesteht sie ihrem Gatten jenen Augenblick der Sünde. Er hat davon gewußt und beschlossen, nie davon zu sprechen; er erklärt ihr, es sei keine Sünde gewesen, und um ihre Absolution zu bekräftigen, lädt er Saint-Preux ein, zu ihnen zu kommen und bei ihnen zu bleiben als Hauslehrer ihrer Kinder. Saint-Preux kommt, und es wird uns versichert, daß die drei in Eintracht leben, bis der Tod sie scheidet. Der unglaubliche Ehemann entfernt sich für mehrere Tage. Julie und Saint-Preux machen eine Bootsfahrt auf dem Genfersee; sie fahren hinüber nach Savoyen, und er zeigt ihr den Felsen, auf dem er in seiner Verbannung ihren Namen geschrieben hat. Er weint, sie hält seine zitternde Hand, doch sie kehren sündenlos in ihr Haus in Clarens, im Pays de Vaud, zurück[62].

Sie fragen sich, wie Wolmar so gut sein kann ohne religiösen Glauben. Saint-Preux, der wie Julie ein frommer Protestant ist, erklärt die Anomalie:

> «Späterhin lebte er [Wolmar] stets in katholischen Ländern, und auch da bekam er von dem Christentum, wozu man sich dort bekannte, keine bessere Meinung. Er sah dort keine andere

Religion als den Eigennutz ihrer Diener. Er sah, daß auch dort alles in eitlen, durch nichts bedeutenden Worten, ein wenig einer übertünchten aufgeputzten Fratze bestand. Er bemerkte, daß alle rechtlichen Menschen darin einstimmig seiner Meinung waren und diese Meinung auch selten zurückhielten. Er bemerkte, daß die Geistlichkeit sich sogar, wie wohl etwas vorsichtiger insgeheim über das lustig machte, was sie öffentlich lehrte, und beteuerte es mir oftmals, er habe nach vieler darauf verwendeter Zeit und nach vielen Nachforschungen in seinem Leben nicht mehr als drei Priester gefunden, die an Gott geglaubt hätten.»[63]

Rousseau fügt in einer Fußnote hinzu: «Da sei Gott vor, daß ich solche harten, verwegenen Behauptungen gutheißen sollte!» Trotzdem geht Wolmar regelmäßig mit Julie in protestantische Gottesdienste, aus Achtung für sie und ihre Nachbarn. Julie und Saint-Preux sehen in ihm «den seltsamsten Widersinn» – einen Menschen «denkend wie ein Ungläubiger und handelnd wie ein Christ»[64].

Er verdiente den letzten Schlag nicht. Julie, an einem Fieber sterbend, das sie sich zugezogen hat, als sie ihren Sohn vor dem Ertrinken rettete, übergibt Wolmar einen unversiegelten Brief an Saint-Preux, in dem sie Saint-Preux gesteht, daß er stets ihre einzige Liebe gewesen ist. Wir können die Wahrhaftigkeit jenes ersten Eindrucks verstehen, doch warum die lange Treue und das Vertrauen ihres Gatten mit einer so grausamen Zurückweisung auf dem Totenbett belohnen? Dies paßt nur schwer zu dem Adel, mit dem der Autor Julies Charakter ausgestattet hat.

Trotzdem ist sie eine der größten Gestalten der modernen Dichtung. Obwohl wahrscheinlich durch Richardsons Clarissa angeregt, wurde sie inspiriert durch Rousseaus eigene Erinnerungen: die beiden Mädchen, deren Pferde er bei Annecy über den Fluß geführt hatte, das Andenken, das er Frau von Warens aus seinen ersten Jahren unter ihrem Schutz bewahrte, und dann Frau von Houdetot, die ihn den Überschwang der Liebe in der Verdammung des Begehrens hatte empfinden lassen. Natürlich ist Julie keine dieser Frauen und vielleicht keine Frau, der Rousseau je begegnet ist, sondern nur das zusammengesetzte Ideal seiner Träume. Das Gesamtbild ist gestört durch Rousseaus hartnäckiges Bemühen, fast alle seine Charaktere wie Rousseau sprechen zu lassen. Als Mutterschaft sie tiefsinnig werden läßt, wird Julie eine Weise, die sich über alles, von der Hauswirtschaft bis zur mystischen Vereinigung mit Gott, verbreitet. «Wir werden die Gültigkeit dieses Arguments prüfen», sagt sie. Doch welch liebenswerte Frau ist je zu solchen Gemeinplätzen herabgestiegen?

Saint-Preux ist natürlich insbesondere Rousseau, empfänglich für alle Reize der Frauen, erfüllt von Sehnsucht, zu ihren idealisierten Füßen zu knien und die beredten Sätze der Verehrung und der Leidenschaft von sich zu geben, die er in seiner Einsamkeit geprobt hat. Rousseau beschreibt ihn als «immer irgendeine Torheit zustande bringend und immer wieder anfangend, klug zu werden»[65]. Saint-Preux ist ein unglaublicher Tugendheld, verglichen mit dem freimütig schurkischen Lovelace Richardsons. Auch er muß wie Rousseau reden: Er beschreibt Paris als einen Malstrom von Übeln – großer Reichtum, große Armut, unfähige Regierung, schlechte Luft, schlechte Musik, triviale Konversation, eitle Philosophie und beinahe vollständiger Zusammenbruch der Religion, der Moral und der Ehe. Er wiederholt den ersten *Discours* über die natürliche Güte des Menschen und die korrumpierenden und degradierenden Einflüsse der Kultur, und er lobt Julie und Wolmar dafür, daß sie das ruhige und gesunde Landleben in Clarens vorziehen.

Wolmar ist der originellste Charakter in Rousseaus Galerie. Wer war sein Modell? Vielleicht Holbach, der «liebenswerte Atheist», der adlige Philosoph, der tugendhafte Materialist, der ergebene Gatte einer Frau und dann ihrer Schwester. Und vielleicht Saint-Lambert, der Rousseau dadurch schockiert hatte, daß er den Atheismus predigte, ihm jedoch seine Liebe zu seiner Mätresse verziehen hatte. Rousseau gibt offen zu, daß er lebendige Vorbilder und persönliche Erinnerungen benutzt hat:

«Erfüllt von allem, was mir begegnet war, noch bewegt von so heftigen Erschütterungen, ließ mein Herz das Gefühl seiner Leiden in die Vorstellungen fließen, die das Nachdenken über meinen Stoff in mir erweckt hatte ... unbewußt schilderte ich darin meine gegenwärtige Lage; ich malte darin Grimm, Frau von Épinay, Frau von Houdetot, Saint-Lambert, mich selbst.»[66]

Durch diese Charakterporträts erläutert Rousseau fast alle Facetten seiner Philosophie. Er malte das ideale Bild einer glücklichen Ehe, eines mit Tüchtigkeit, Gerechtigkeit und Menschlichkeit verwalteten Landgutes und von Kindern, die zu exemplarischen Mischungen von Freiheit und Gehorsam, Beherrschung und Intelligenz erzogen wurden. Er nahm die Argumente seines *Émile* vorweg: Daß Erziehung zunächst die des Leibes zur Gesundheit, dann die des Charakters zu einer stoischen Zucht und dann erst die des Intellekts zur Vernunft sein sollte. «Das einzige Mittel, Kinder gehorsam zu machen», sagt Julie, «ist nicht, mit ihnen zu rechten, sondern sie zu überzeugen, daß Vernunft über ihr Alter geht.»[67] Es sollte vor der Pubertät überhaupt keinen Appell an die Vernunft, keine intellektuelle Erziehung überhaupt geben. Und die Geschichte scheut keine Mühen, sich mit der Religion auseinanderzusetzen. Julies Glauben wird das Instrument ihrer Erlösung; die religiöse Zeremonie, die ihre Ehe heiligte, verlieh ihr ein Gefühl der Reinheit und der Weihe. Doch es ist ein stark protestantischer Glaube, der das Buch erfüllt. Saint-Preux macht lächerlich, was in seinen Augen die Scheinheiligkeit des katholischen Klerus in Paris ist. Wolmar brandmarkt das priesterliche Zölibat als einen Deckmantel für Ehebruch, und Rousseau fügt persönlich hinzu: «Aber einer so zahlreichen Körperschaft, wie es die Geistlichkeit der römischen Kirche ist, das ehelose Leben aufzulegen, heißt nicht sowohl, ihr verbieten, keine Weiber zu nehmen, sondern vielmehr ihr befehlen, sich mit den Weibern anderer zu behelfen.»[68] Beiläufig erklärt sich Rousseau für religiöse Toleranz und dehnt sie sogar auf die Atheisten aus: «Ein wahrer Gläubiger kann weder jemals intolerant noch ein Verfolger sein. Wäre ich eine obrigkeitliche Person und das Gesetz verdammte die Atheisten zum Tode, so würde ich denjenigen, der einen anderen als solchen anklagte, zuerst als einen solchen verbrennen lassen.»[69]

Der Roman hatte einen epochalen Einfluß, indem er in Europa das Gefühl für die Schönheit und Erhabenheit der Natur weckte. In Voltaire, Diderot und d'Alembert hatte das Fieber der Philosophie und des städtischen Lebens die Empfänglichkeit für die Majestät der Berge und das Kaleidoskop des Himmels nicht ermutigt. Rousseau hatte den Vorteil, inmitten der eindrucksvollsten Szenerie Europas geboren zu sein. Er war von Genf nach Savoyen und über die Alpen nach Turin gewandert und von

Turin nach Frankreich. Er hatte die Bilder und Laute und Düfte des Landes genossen, er hatte jeden Sonnenaufgang als Triumph der Göttlichkeit über Übel und Zweifel empfunden. Er glaubte an eine mystische Übereinstimmung seiner Launen mit den wechselnden Stimmungen der Erde und der Luft; sein Liebesüberschwang umarmte jeden Baum und jede Blume, jeden Grashalm. Er bestieg die Alpen bis zur Hälfte ihrer Höhe und fand eine Reinheit der Luft, die seine Gedanken zu befreien und zu klären schien. Er beschrieb diese Erfahrung mit solcher Empfindung und Lebendigkeit, daß Bergsteigen, besonders in der Schweiz, eine der beliebtesten sportlichen Betätigungen Europas wurde.

Nie zuvor hatten in der modernen Literatur Gefühl, Leidenschaft und romantische Liebe eine so ausführliche und beredte Darstellung und Verteidigung gefunden. Gegen die Anbetung der Vernunft von Boileau bis Voltaire reagierend, proklamierte Rousseau den Primat des Gefühls und sein Recht, in der Deutung des Lebens und der Bewertung der Glaubensvorstellungen gehört zu werden. Mit *La Nouvelle Héloïse* forderte die romantische Bewegung das klassische Zeitalter heraus. Gewiß hatte es romantische Bewegungen sogar in der Zeit der Klassik gegeben: Honoré d'Urfé hatte in *L'Astrée* (1610–1627) mit der bukolischen Liebe gespielt; Fräulein von Scudéry hatte die Liebe in schwindelnde Höhen geführt in *Artamène, ou Le Grand Cyrus* (1649–1653); Frau von La Fayette hatte Liebe und Tod miteinander vermählt in *La Princesse de Clèves* (1678); Racine hatte das gleiche Thema gebracht in *Phèdre* (1677) – dem Mittelpunkt der klassischen Zeit. Wir erinnern daran, daß Rousseau von seiner Mutter alte Liebesromane geerbt und sie mit seinem Vater gelesen hatte. Was die Alpen betrifft, so hatte bereits Albrecht von Haller 1729 ihre Majestät besungen. Da Rousseau Englisch nur mit Schwierigkeit lesen konnte, muß er mit Richardsons *Clarissa* (1747/48) nur in der Übersetzung von Prévost vertraut gewesen sein. Von dieser zweitausend Seiten langen (noch immer unvollständigen) Verführung übernahm er die Briefform der Erzählung als passendes Instrument der psychologischen Analyse, und er gab Julie eine Kusine als Vertraute in Claire, wie Richardson Clarissa Miss Howe gegeben hatte. Rousseau vermerkte mit Groll, daß Diderot bald nach *Julie* einen enthusiastischen *Éloge de Richardson* (1761) veröffentlichte, um den Ruhm der *Julie* zu verdunkeln.

Julie ist *Clarissa* an Originalität und Fehlern vollkommen ebenbürtig, ihr jedoch weit überlegen im Stil. Beide sind reich an Unwahrscheinlichkeiten und überladen mit Predigten. Frankreich jedoch, das im Stil die übrige Welt übertrifft, hatte nie ein solches Maß an Farbe, Glut, Sanftheit und Rhythmus erlebt. Rousseau predigte nicht nur Gefühl, er besaß es; alles, was er berührte, wurde durchtränkt mit Empfindung und Gefühl, und obwohl wir vielleicht über seine Verzückungen lächeln, fühlen wir uns erwärmt durch sein Feuer. Die unpassenden Abhandlungen mögen wir vielleicht als langweilig empfinden und über sie hinwegeilen, doch wir lesen weiter, und immer wieder belebt eine tiefempfundene Szene die Erzählung von neuem. Voltaire dachte in Ideen und schrieb in Epigrammen; Rousseau sah in Bildern und dichtete mit Empfindungen. Seine Ausdrücke und Sätze waren nicht ohne Kunst. Er gestand, daß er sie im Bett immer wieder überdachte, während die Leidenschaft des Künstlers den Schlaf vertrieb[70]. «Ich muß Rousseau lesen», sagte Kant, «bis die Schönheit seines Ausdrucks mich nicht länger ablenkt, und nur dann kann ich ihn mit Vernunft prüfen.»[71]

Julie hatte bei jedermann Erfolg, außer bei den *philosophes*. Grimm nannte sie «eine schwache Imitation» von *Clarissa* und sagte voraus, daß sie bald vergessen sein würde[72]. «Nichts mehr über Jean-Jacques' Liebesromanze, bitte», brummte Voltaire (21. Januar 1761); «ich habe sie gelesen, zu meinem Leidwesen, und es würde zu dem seinen sein, wenn ich die Zeit hätte, zu sagen, was ich über dieses verrückte Buch denke.»[73] Und einen Monat später sagte er es in den *Lettres sur La Nouvelle Héloïse,* die er unter einem Pseudonym veröffentlichte. Er wies auf grammatikalische Fehler hin und gab nicht zu erkennen, daß er Rousseaus Naturbeschreibungen schätzte – obwohl er später Jean-Jacques nachahmte, indem er auf einen Hügel stieg, um die aufgehende Sonne anzubeten. Paris erkannte Voltaires Hand und kam so zum Schluß, der Patriarch sei von Eifersucht geplagt.

Abgesehen von diesen Nadelstichen, war Rousseau entzückt über die Aufnahme seines ersten großen Werks. «In der gesamten Literaturgeschichte», meinte Michelet, «hat es nie einen so großen Erfolg gegeben.»[74] Auflage folgte auf Auflage, doch der Druck blieb weit hinter der Nachfrage zurück. Vor den Läden bildeten sich Schlangen von Menschen, die das Buch kaufen wollten. Gierige Leser zahlten zwölf Sous pro Stunde, um es zu entleihen. Und diejenigen, die es am Tage hatten, verliehen es für die Nacht an andere weiter[75]. Rousseau erzählte glücklich, wie eine Dame, die sich angekleidet hatte, um auf einen Ball in der Oper zu gehen, ihre Kutsche bestellte, inzwischen *Julie* in die Hand nahm und so interessiert wurde, daß sie bis um vier Uhr morgens las, während ihre Zofe und die Pferde warteten[76]. Er schrieb seinen Triumph dem Vergnügen zu, das die Frauen empfanden, als sie über die Liebe lasen; doch es gab auch Frauen, die es müde waren, Mätressen zu sein, und sich danach sehnten, Ehefrauen zu sein und Väter für ihre Kinder zu haben. Hunderte von Briefen erreichten Rousseau in Montmorency, in denen die Schreiber ihm für sein Buch dankten; so viele Frauen boten ihm ihre Liebe an, daß seine Phantasie die Schlußfolgerung zog: «Es gab nicht eine Frau in den hohen Kreisen, deren Eroberung ich nicht gemacht hätte, wenn ich sie unternommen hätte.»[77]

Es war etwas Neues, daß ein Mann sich so vollständig enthüllte, wie Rousseau es durch Saint-Preux und Julie getan hatte, und es gibt nichts so Interessantes wie eine menschliche Seele, die, wenn auch nur teilweise oder unbewußt, sich fremden Blikken entblößt. Hier, sagte Frau von Staël, «... sind alle Schleier des Herzens aufgerissen worden»[78]. Jetzt begann die Herrschaft der subjektiven Literatur, eine lange, bis in unsere Tage andauernde Folge von Selbstenthüllungen, von gedruckten gebrochenen Herzen von «schönen Seelen», die öffentlich in der Tragödie baden. Gefühlvoll zu sein, Gefühl und Empfindung auszudrücken, wurde Mode, nicht nur in Frankreich, sondern auch in England und Deutschland. Die klassische Mode der Beherrschung, der Ordnung, der Vernunft und der Form begann zu vergehen, die Herrschaft der *philosophes* näherte sich ihrem Ende. Nach 1760 gehörte das 18. Jahrhundert Rousseau[79].

FÜNFTES KAPITEL

Rousseau der Philosoph

I. DER GESELLSCHAFTSVERTRAG

ZWEI Monate vor dem Erscheinen von *La Nouvelle Héloïse* schrieb Rousseau an Herrn Lenieps (11. Dezember 1760):

«Ich habe den Beruf des Schriftstellers für immer aufgegeben. Es bleibt eine alte, gedruckte Sünde zu sühnen, nach der das Publikum nie wieder etwas von mir hören wird. Ich kenne kein glücklicheres Los, als das, unbekannt zu sein, abgesehen von den eigenen Freunden ... Von nun an wird Notenkopieren meine einzige Beschäftigung sein.»[1]

Und am 25. Juni 1761 schrieb er dem selben Adressaten:

«Bis zum Alter von vierzig war ich weise; mit vierzig nahm ich die Feder in die Hand, und ich lege sie nieder, bevor ich fünfzig bin, jeden Tag meines Lebens den Tag verfluchend, da mein verrückter Stolz mich veranlaßte, sie aufzunehmen, und da ich mein Glück, meine Ruhe, meine Gesundheit, alles in Rauch aufgehen sah, ohne Hoffnung, sie wiederzuerlangen.»[2]

War dies eine Pose? Nicht ganz. Es ist wahr, daß er 1762 sowohl *Du Contrat social* als auch *Émile* veröffentlichte; doch diese Arbeiten waren 1761 vollendet worden und stellten die «alte zu sühnende Sünde» dar. Und es stimmt, daß er später Erwiderungen an den Erzbischof von Paris, das Genfer Konsistorium schrieb und auf die Ersuchen aus Korsika und Polen, Verfassungen für sie vorzuschlagen, einging. Dies waren jedoch *pièces d'occasion,* veranlaßt durch unvorhergesehene Ereignisse. Die *Bekenntnisse,* die *Dialoge* und die *Träumereien eines einsamen Spaziergängers* wurden nach seinem Tod veröffentlicht. Im wesentlichen blieb er seinem Gelübde treu. Es ist kein Wunder, daß er sich 1761 erschöpft und erledigt fühlte, denn im Zeitraum von fünf Jahren hatte er drei größere Werke verfaßt, von dem jedes ein Ereignis in der Geschichte der Ideen war.

In weit zurückliegender Zeit, als er Sekretär des französischen Botschafters in Venedig war, hatte seine Beobachtung der venezianischen Regierung im Gegensatz zur Genfer und zur französischen Regierung ihn dazu veranlaßt, eine größere Abhandlung über politische Institutionen zu planen. Die beiden *Discours* waren Funken von diesem Feuer, stellten jedoch nur hastige Versuche dar, Aufmerksamkeit zu erregen durch Übertreibung, und keiner von ihnen wurde der Entwicklung seines Denkens gerecht. Inzwischen studierte er Platon, Grotius, Locke und Pufendorf. Das *magnum opus,* von dem er träumte, wurde nie vollendet. Rousseau hatte nicht den geordneten Geist, den geduldigen Willen und das ruhige Temperament, die für ein solches Unternehmen erforderlich sind. Es hätte von ihm verlangt, sowohl zu denken als auch zu fühlen, Leidenschaft zu verbergen, als sie zu enthüllen; und solche Selbstverleugnung ging über seine Kräfte. Sein Verzicht auf die Schriftstellerei war das Eingeständnis seiner Niederlage. Doch er schenkte 1762 der Welt ein geniales Fragment seines Planes mit den hundertfünfundzwanzig als *Du Contrat social, ou Principes du droit politique* («Der Gesellschaftsvertrag oder Die Grundsätze des Staatsrechts») in Amsterdam veröffentlichten Seiten.

Jeder kennt den kühnen Aufschrei, der das erste Kapitel eröffnete: «*L'homme est né libre, et partout il est dans les fers.*» («Der Mensch wird frei geboren, und überall ist er in Ketten.») Rousseau begann mit bewußter Übertreibung, denn er wußte, daß Logik eine mächtige *virtus dormitiva* besitzt. Er urteilte richtig, als er einen so schrillen Ton anschlug, denn diese Zeile wurde die Losung eines Jahrhunderts. Wie in den *Discours* nahm er einen «primitiven Naturzustand» an, in dem es keine Gesetze gab; er beschuldigte die bestehenden Staaten, diese Freiheit zerstört zu haben, und schlug vor, an ihrer Stelle «eine Gesellschaftsform zu finden, die mit der ganzen gemeinsamen Kraft die Person und das Vermögen jedes Gesellschaftsgliedes verteidigt und schützt und kraft deren jeder einzelne, obgleich er sich mit allen vereint, gleichwohl nur sich selbst gehorcht und so frei bleibt wie vorher ... Dies ist die Hauptfrage, deren Lösung der Gesellschaftsvertrag gibt.»[3]

Es gibt einen Gesellschaftsvertrag, sagt Rousseau, nicht als eine Verpflichtung des Regierten, dem Regierenden zu gehorchen (wie in Hobbes' *Leviathan*), sondern als eine Übereinkunft von Individuen, ihre Urteile, Rechte und Kräfte den Erfordernissen und dem Urteil ihrer Gemeinschaft als eines Ganzen unterzuordnen. Jede Person tritt automatisch einem solchen Vertrag bei, wenn sie den Schutz der kommunalen Gesetze akzeptiert. Die oberste Macht in jedem Staat liegt nicht bei einem Herrscher – individuell oder gesellschaftlich –, sondern im allgemeinen Willen der Gemeinschaft, und diese Souveränität kann zwar teilweise oder vorübergehend delegiert, doch nie freiwillig aufgegeben werden.

Doch was ist diese *volonté générale?* Ist sie der Wille aller Bürger oder nur der Majorität? – Und wer ist als Bürger zu betrachten? Es ist nicht der Wille aller (*volonté de tous*), denn er kann vielen einzelnen Willen widersprechen. Noch ist es immer der Wille der lebenden (oder wählenden) Majorität zu einem besonderen Zeitpunkt; es ist der Wille der Gemeinschaft, die zusätzlich zu den Leben und Willen der einzelnen Mitglieder ein eigenes Leben und eine Realität besitzt. (Rousseau schreibt, wie ein «Realist» des Mittelalters, der Kollektivität, oder allgemeinen Idee, außer der eigenen eine zusätzliche Realität ihrer einzelnen Bestandteile zu. Der allgemeine Wille oder «öffentliche Geist» soll die Stimme nicht nur der jetzt lebenden Bürger sein, sondern auch der toten oder noch nicht geborenen. Daher wird sein Charakter nicht nur bestimmt durch die gegenwärtigen Willen, sondern auch durch die vergangene Geschichte und die zukünftigen Ziele der Gemeinschaft. Sie ist wie eine alte Familie, die sich als eins betrachtet durch Generationen, ihre Ahnen verehrt und ihre Nachkommen beschützt. So kann ein Vater aus der Verpflichtung für die noch ungeborenen Enkel die Wünsche seiner lebenden Kinder zurückstellen, und ein Staatsmann kann sich verpflichtet fühlen, in den Begriffen nicht einer Wahl, sondern in denen vieler

Generationen zu denken.)* Nichtsdestoweniger «ist Stimmenmehrheit für alle übrigen verbindlich»[4]. Wer kann wählen? Jeder Bürger[5]. Wer ist ein Bürger? Offensichtlich nicht alle männlichen Erwachsenen. Rousseau ist besonders dunkel in diesem Punkt, doch er lobt d'Alembert für seine Unterscheidung «der vier Stände ..., die unsere Stadt [Genf] bewohnen und von denen nur zwei die Republik ausmachen. Kein anderer französischer Schriftsteller hat meines Wissens den wahren Sinn des Wortes *Staatsbürger* verstanden.»[6]

Ideell, sagt Rousseau, sollte das Gesetz der Ausdruck des allgemeinen Willens sein. Der Mensch ist von Natur überwiegend gut, doch er hat Instinkte, die beherrscht werden müssen, um die Gesellschaft möglich zu machen. Es gibt keine Idealisierungen eines «Naturzustandes» im *Gesellschaftsvertrag*. Einen Augenblick lang spricht Rousseau wie Locke oder Montesquieu, sogar wie Voltaire:

> «Der Übergang aus dem Naturzustande in den bürgerlichen bringt in dem Menschen eine sehr bemerkenswerte Veränderung hervor, indem in seinem Verhalten die Gerechtigkeit an die Stelle des Instinktes tritt und sich in seinen Handlungen der sittliche Sinn zeigt, der ihnen vorher fehlte ... Obgleich er in diesem bürgerlichen Zustande mehrere Vorteile, die ihm die Natur gewährt, aufgibt, so erhält er dafür doch so bedeutende andere Vorteile. Seine Fähigkeiten üben und entwickeln, seine Ideen erweitern, seine Gesinnungen veredeln, seine ganze Seele erhebt sich in einem solchen Grade, daß er, wenn ihn die Mißbräuche seiner neuen Lage nicht oft noch unter die, aus der er hervorgegangen, erniedrigten, unaufhörlich den glücklichen Augenblick segnen müßte, der ihn dem Naturzustande auf ewig entriß und aus einem ungesitteten und beschränkten Tiere ein einsichtsvolles Wesen, einen Menschen machte.»[7]

So ist Rousseau (der einst wie ein nicht sehr philosophischer Anarchist sprach) jetzt ganz für die Heiligkeit der Gesetze, wenn diese den allgemeinen Willen ausdrücken. Wenn ein Individuum, wie es oft geschieht, mit diesem in Gesetzen ausgedrückten Willen nicht übereinstimmt, kann der Staat es zu Recht zwingen, sich zu unterwerfen[8]. Dies ist keine Verletzung der Freiheit, es ist ihre Bewahrung, selbst für das widerspenstige Individuum; denn in einem bürgerlichen Staat kann das Individuum nur durch die Gesetze Freiheit von Überfall, Raub, Verfolgung, Verleumdung und hundert andern Übeln genießen. Daher «zwingt die Gesellschaft den einzelnen, frei zu sein», indem sie ihn zwingt, den Gesetzen zu gehorchen[9]. Dies ist besonders der Fall in Republiken, denn «Gehorsam gegen das Gesetz, das man sich selber vorgeschrieben hat, ist Freiheit»[10].

Die Regierung ist ein Exekutivorgan, an das der allgemeine Wille provisorisch einen Teil seiner Macht delegiert. Unter dem Staat sollte nicht nur die Regierung, sondern die Regierung, die Bürger und der allgemeine Wille oder die Volksseele verstanden werden. Jeder Staat ist eine Republik, wenn er durch Gesetze regiert wird und nicht durch autokratische Verordnungen; in diesem Sinne kann sogar eine Monarchie eine Republik sein. Doch wenn die Monarchie absolut ist – wenn der König die Gesetze sowohl macht als auch durchführt –, dann haben wir keine *res publica* oder eine Nation, dann haben wir nur einen Tyrannen, der Sklaven beherrscht. Daher weigert sich

* Die Ausführungen zwischen den Klammern stellen eine versuchsweise Interpretation des Autors dar, stammen also nicht von Rousseau.

Rousseau, sich jenen *philosophes* anzuschließen, die den «aufgeklärten Despotismus» Friedrichs II. oder Katharinas II. als Mittel fortschrittlicher Kultur und Reform priesen. Er war der Ansicht, daß Völker, die in arktischen oder tropischen Klimazonen leben, vielleicht einer absoluten Herrschaft bedürfen, um Leben und Ordnung zu erhalten[11]; «doch in gemäßigten Zonen ist eine Mischung von Aristokratie und Demokratie wünschenswert. Erbaristokratie ist die schlechteste, Wahlaristokratie ist die beste aller Regierungen»[12]. Das heißt, die beste Regierung ist diejenige, bei der die Gesetze gemacht und angewendet werden durch eine Minderheit von Männern, die wegen ihrer geistigen und moralischen Überlegenheit periodisch gewählt werden.

Demokratie als direkte Herrschaft des ganzen Volkes erschien Rousseau unmöglich:

«Wenn man das Wort in der ganzen Strenge seiner Bedeutung nimmt, so hat es noch nie eine wahre Demokratie gegeben und wird es auch nie geben. Es verstößt gegen die natürliche Ordnung, daß die größere Zahl regiere und die kleinere regiert werde. Es ist nicht denkbar, daß das Volk unaufhörlich versammelt bleibe, um sich den Regierungsgeschäften zu widmen, und es ist leicht ersichtlich, daß es hierzu keine Ausschüsse einsetzen kann, ohne die Form der Verwaltung zu ändern ...

Wie viele schwer zu vereinigende Dinge setzt diese Regierungsform überhaupt voraus! Erstens einen sehr kleinen Staat, in dem das Volk leicht zu versammeln ist und jeder Bürger genügende Gelegenheit hat, alle anderen kennenzulernen; zweitens eine große Einfachheit der Sitten, die keine Veranlassung zu vielen schwierigen Arbeiten und Verhandlungen gibt, sodann fast vollkommene Gleichheit in bezug auf Stand und Vermögen, ohne die auch die Gleichheit der Rechte und der Macht keinen langen Bestand haben könnte; endlich wenig oder gar keinen Luxus, denn der Luxus verdirbt nicht nur die Reichen, sondern auch die Armen, jenen durch den Besitz, diesen durch die Lüsternheit ... Aus diesem Grunde hat ein berühmter Schriftsteller die Tugend für das Prinzip der Republik erklärt: denn ohne die Tugend könnten alle die angegebenen Bedingungen nicht bestehen ... Gäbe es ein Volk von Göttern, so würde es sich demokratisch regieren. Eine so vollkommene Regierung paßt für Menschen nicht.»[13]

Diese Stellen verleiten zur Mißdeutung. Rousseau benutzt den Ausdruck Demokratie in einem Sinne, der ihm in der Politik oder der Geschichtsschreibung selten zugeschrieben wird, nämlich als Regierung, bei der alle Gesetze vom ganzen, in Nationalversammlungen zusammenkommenden Volk gemacht werden. In Wirklichkeit ist die «Wahlaristokratie», die er bevorzugte, das, was wir repräsentative Demokratie nennen würden – eine Regierung durch Beamte, die wegen ihrer angenommenen überlegenen Eignung öffentlich gewählt wurden. Doch Rousseau lehnt die repräsentative Demokratie mit der Begründung ab, daß die Repräsentanten bald Gesetze für ihre eigenen Interessen anstatt für das öffentliche Wohl machen würden. «Das englische Volk wähnt frei zu sein; es täuscht sich außerordentlich. Nur während der Wahlen der Parlamentsmitglieder ist es frei; haben diese stattgefunden, dann lebt es wieder in Knechtschaft, ist es nichts.»[14] Volksvertreter sollten in administrative und richterliche Ämter gewählt werden, und nicht dazu, Gesetze zu machen; alle Gesetze sollten vom Volk in allgemeinen Versammlungen gemacht werden, und diese Versammlungen sollten die Macht haben, gewählte Beamte abzuberufen[15]. Daher sollte der ideale Staat klein genug sein, allen Bürgern zu erlauben, sich häufig zu versammeln. «Die Freiheit nimmt mit der Vergrößerung des Staates stetig ab.»[16]

War Rousseau Sozialist? Der zweite *Discours* führte fast alle Übel der Kultur auf die Einführung des Privateigentums zurück. Doch selbst diese Abhandlung beurteilte die Institution als zu tief in der sozialen Struktur verwurzelt, um ihre Abschaffung ohne eine chaotische und verheerende Revolution zu erlauben. Der *Gesellschaftsvertrag* läßt Privateigentum nur dann gelten, wenn es durch die Gemeinschaft überwacht wird. Die Gemeinschaft soll alle Grundrechte erhalten, sie kann Privateigentum für das Allgemeinwohl beschlagnahmen, und sie sollte ein Maximum an Eigentum als zulässig für jede Familie festsetzen[17]. Sie kann die Vererbung von Eigentum gutheißen, doch wenn sie sieht, daß der Reichtum zu einer trennenden Konzentration tendiert, kann sie Erbschaftssteuern benutzen, um den Reichtum neu zu verteilen und die soziale und ökonomische Ungleichheit zu verhindern. «Weil der Lauf der Dinge stets auf die Zerstörung der Gleichheit ausgeht, muß deshalb gerade die Kraft der Gesetzgebung stets auf ihre Erhaltung ausgehen.»[18] Ein Zweck des Gesellschaftsvertrags ist es, «an die Stelle der physischen Ungleichheit ... eine sittliche und gesetzliche Gleichheit zu setzen»[19]. Auf Luxuswaren sollten hohe Steuern erhoben werden. «Den Menschen ist der gesellschaftliche Zustand nur so lange vorteilhaft, als jeder etwas und keiner zuviel hat.»[20] Rousseau bekannte sich nie zum Kollektivismus und dachte nie an eine «Diktatur des Proletariats». Er verachtete das entstehende Proletariat der Großstädte und nannte es wie Voltaire «Canaille» – Pöbel, Abschaum[21]. Sein Ideal war ein wohlhabendes, unabhängiges Bauerntum und ein tugendhafter Mittelstand, bestehend aus Familien wie der Wolmars in der *Neuen Heloise*. Pierre-Joseph Proudhon klagte ihn an, die Bourgeoisie auf den Thron gesetzt zu haben[22].

Welchen Platz sollte die Religion im Staate haben? Religion, so meinte Rousseau, ist unerläßlich für die Moral: «Noch nie wurde ein Staat gegründet, dem die Religion nicht als Grundlage diente.»[23]

«Die Weisen, die sich dem Volke gegenüber ihrer eigenen Sprache statt der seinigen bedienen wollen, würden unfähig sein, sich ihm verständlich zu machen ... Damit ein im Entstehen begriffenes Volk Gefallen an den gesunden Grundsätzen der Staatskunst finden könnte ..., wäre es nötig, daß die Wirkung zur Ursache würde, daß der gesellschaftliche Geist, der das Werk der Verfassung sein soll, selbst den Vorsitz in der Verfassung führen sollte und daß die Menschen schon vor dem Bestehen der Gesetze das wären, was sie erst durch dieselben werden sollen. Da nun also der Gesetzgeber weder Gewalt anwenden noch mit Urteilskraft rechnen kann, so muß er notwendigerweise zur Autorität einer anderen Ordnung, die ohne Zwang . . . zu überreden vermag, seine Zuflucht nehmen. Das war es, was die Väter der Nationen zu allen Zeiten zwang, zur Vermittlung des Himmels Zuflucht zu nehmen und die Götter aus eigener Klugheit zu ehren, damit die Menschen, die sowohl den Gesetzen des Staates wie denen der Natur unterworfen sind ..., freiwillig gehorchen und das Joch des Staatsglückes gelehrig tragen möchten.»[24]

Rousseau hielt nicht immer an dieser alten politischen Auffassung der Religion fest, doch im *Gesellschaftsvertrag* machte er den übernatürlichen Glauben zu einem Instrument des Staates und betrachtete die Priester bestenfalls als eine Art himmlischer Polizei. Hingegen lehnte er den römisch-katholischen Klerus als Mittler ab, denn ihre Kirche beansprucht, über dem Staat zu stehen, und ist daher eine zersetzende Kraft, welche die Loyalität des Bürgers spaltet[25]. Darüber hinaus (argumentierte er), konzentriert der Christ, wenn er seine Theologie ernst nimmt, seine Aufmerksamkeit auf das Leben nach dem Tode und legt wenig Wert auf das irdische Leben; in diesem Sinne ist er ein schlechter Bürger. Ein solcher Christ gibt einen gleichgültigen Soldaten ab; er mag für sein Vaterland kämpfen, doch nur unter ständigem Zwang und ständiger Überwachung. Er glaubt nicht an den Krieg für den Staat, weil er nur ein Vaterland hat – die Kirche. Das Christentum predigt Knechtschaft und gehorsames Vertrauen, daher ist sein Geist so günstig für die Tyrannei, daß Tyranneien seine Mitarbeit begrüßen. «Die aufrichtigen Christen sind dazu geschaffen, Sklaven zu sein.»[26] Hier stimmte Rousseau mit Diderot überein, nahm Gibbon vorweg und war für den Augenblick heftiger antikatholisch als Voltaire.

Trotzdem war er der Meinung, daß etwas Religion notwendig sei, etwas «bürgerliche Religion», formuliert durch den Staat und obligatorisch gemacht für seine gesamte Bevölkerung. Was den Glauben anbelangt:

> «Die Dogmen der bürgerlichen Religion müssen einfach, gering an Zahl und bestimmt ausgedrückt sein und keiner Auslegungen und Erklärungen bedürfen. Das Dasein einer allmächtigen, weisen, wohltätigen Gottheit, einer allesumfassenden Vorsehung; ein zukünftiges Leben, die Belohnung der Gerechten und Bestrafung der Gottlosen, die Heiligkeit des Gesellschaftsvertrages und der Gesetze, das sind die positiven Glaubenssätze.»[27]

So bekannte sich Rousseau, zumindest für politische Zwecke, zu den Grundglaubensvorstellungen des Christentums, während er seine Ethik als zu pazifistisch und international verwarf – genau das Gegenteil der üblichen philosophischen Methode, die Ethik des Christentums beizubehalten unter Verwerfung seiner Theologie. Er ließ andere Religionen in seinem imaginären Staat zu, doch nur unter der Bedingung, daß sie dem offiziellen Glauben nicht widersprachen. Er ließ jene Religionen zu, «die andere tolerieren»; «wer sich aber zu sagen erdreistet: 'Außer der Kirche gibt es kein Heil', der muß aus dem Staate verwiesen werden, wofern nicht der Staat die Kirche und der Fürst der Hohepriester wäre»[28]. Eine Leugnung der Glaubensartikel der Staatsreligion soll nicht erlaubt sein.

> «Ohne jemand zwingen zu können, sie zu glauben, darf der Staat jeden, der sie nicht glaubt, verbannen, zwar nicht als einen Gottlosen, wohl aber als einen, der den Gesellschaftsvertrag verletzt, der unfähig ist, Gesetze und Gerechtigkeit aufrichtig zu lieben und im Notfalle sein Leben seiner Pflicht zu opfern. Sobald sich jemand nach öffentlicher Anerkennung dieser bürgerlichen Glaubensartikel doch als Ungläubiger aufführt, verdient er den Tod.»[29]

Neben dem «Der Mensch wird frei geboren, und überall ist er in Ketten» ist dieser letzte Satz der berühmteste im *Gesellschaftsvertrag*. Wörtlich genommen verurteilt er jeden zum Tode, der so handelt, als glaube er nicht an Gott, den Himmel oder die Hölle; auf das Paris jener Zeit angewandt, hätte er die Hauptstadt fast entvölkert. Rousseaus Vorliebe für verblüffende und absolute Formulierung führte ihn wahrscheinlich dazu, mehr zu sagen, als er meinte. Wahrscheinlich dachte er an den Reichstag von Augsburg (1555), auf dem die anwesenden Fürsten übereinkamen, daß jeder von ihnen das Recht haben sollte, jeden aus seinem Territorium zu verbannen, der nicht den Glauben des Fürsten annahm – *cuius regio eius religio;* und die Gesetze von

Genf, wörtlich genommen (wie im Falle Servets), lieferten einen Präzedenzfall für Rousseaus plötzliche Wildheit. Das antike Athen hatte *asebeia* – die Nichtanerkennung der offiziellen Götter – zu einem Kapitalverbrechen gemacht, wie in den Fällen, wo es Anaxagoras verbannte und Sokrates zum Giftbecher verurteilte. Die Christenverfolgung durch das kaiserliche Rom wurde auf die gleiche Weise entschuldigt, und nach Rousseaus Strafrecht konnte der in dem gleichen Jahr 1762 erlassene Haftbefehl gegen ihn als ein Akt christlicher Nächstenliebe bezeichnet werden.

War der *Gesellschaftsvertrag* ein revolutionäres Buch? Nein und ja. In seiner Forderung nach einer dem allgemeinen Willen verantwortlichen Regierung beruhigten ihn bisweilen Anwandlungen der Vorsicht, so wenn er schrieb: «Aber nur die größten Gefahren können die einer Änderung der Staatsordnung aufwiegen, und man darf deshalb die geheiligte Macht der Gesetze nur anhalten, wenn das Wohl des Vaterlandes es erfordert.»[30] Er machte das Privateigentum für nahezu alle Übel verantwortlich, doch er verlangt seine Aufrechterhaltung, weil die unverbesserliche Korruption der Menschheit dies erfordere. Er fragte sich, ob die Natur des Menschen nach einer Revolution alte Institutionen und Abhängigkeiten unter neuen Namen wiederaufleben lassen würde. «Menschen, die an Herren gewöhnt sind, werden die Herrschaft nicht aufhören lassen ... Indem sie Freiheit als Zügellosigkeit ohne Ketten mißverstehen, werden sie durch die Revolution in die Hände von Verführern geliefert, die ihre Ketten nur noch schwerer machen werden.»[31]

Aber dennoch war er die revolutionärste Stimme der Zeit. Obwohl er anderswo die Massen herabsetzte und ihnen mißtraute, hier galt sein Appell der großen Menge. Er wußte, daß Ungleichheit unvermeidlich ist, doch er verdammte sie mit Kraft und Beredsamkeit. Er erklärte eindeutig, daß eine Regierung, die ständig gegen den allgemeinen Willen handelt, mit Recht gestürzt werden kann. Während Voltaire, Diderot und d'Alembert Königen oder Kaiserinnen den Hof machten, erhob Rousseau gegen die bestehenden Regierungen einen Protestschrei, der von einem Ende Europas bis zum anderen gehört werden sollte. Während die *philosophes,* bereits in den Status quo eingebettet, nur Teilreformen für besondere Mißstände forderten, griff Jean-Jacques die gesamte ökonomische, soziale und politische Ordnung an, und zwar mit solcher Gründlichkeit, daß kein Heilmittel möglich erschien außer der Revolution. Und er kündigte ihr Kommen an: «Ich halte es für unmöglich, daß die großen europäischen Monarchien noch eine lange Lebensdauer haben: Sie alle haben geglänzt, und jeder glänzende Staat ist auf dem Abstieg ... Wir sind einer Krise und dem Jahrhundert der Revolution nahe.»[32] Und darüber hinaus prophezeite er weitreichende Veränderungen: «Das russische Zarenreich wird versuchen, Europa zu erobern, und wird selbst erobert werden. Die Tataren – ihre Untertanen oder Nachbarn – werden ihre Herren und die unseren werden, durch eine Revolution, die ich für unvermeidlich halte.»[33]

Der *Gesellschaftsvertrag,* der uns im Rückblick als das revolutionärste von Rousseaus Büchern erscheint, erregte viel weniger Aufsehen als die *Neue Heloise.* Frankreich war bereit für emotionales Sichgehenlassen und romantische Liebe, doch es war nicht bereit, über den Sturz der Monarchie zu sprechen. Dieses Buch war das bestdurchdachte, das Rousseau je geschrieben hatte. Seinen Gedanken war nicht so leicht zu folgen wie den funkelnden Einfällen Voltaires. Beeindruckt durch seinen späteren Ruhm, sind wir überrascht, zu erfahren, daß seine Popularität und sein Einfluß nach, nicht vor der Revolution begannen[34]. Trotzdem schreibt d'Alembert 1762 an Voltaire: «Es ist nicht gut, zu laut gegen Jean-Jacques oder sein Buch zu sprechen, denn er ist ein König in den Hallen»[35] – das heißt bei den stämmigen Arbeitern des Zentralmarkts von Paris und somit auch beim Pöbel. Dies war vermutlich eine Übertreibung, doch wir können vom Jahre 1762 an eine Abwendung der Philosophie von dem Angriff auf das Christentum zu einer Kritik des Staates verzeichnen.

Wenige Bücher haben je so viel Kritik hervorgerufen. Voltaire versah sein Exemplar des *Gesellschaftsvertrags* mit kritischen Marginalien, so bei Rousseaus Empfehlung der Todesstrafe für aktiven Unglauben: «Aller Zwang zum Dogma ist abscheulich.»[36] Zahlreiche Gelehrte haben uns daran erinnert, wie alt die Forderung war, daß die Staatsgewalt beim Volke liegt: Marsilius von Padua, Wilhelm von Ockham, sogar katholische Theologen wie Bellarmin, Mariana und Suárez hatten diese Forderung als einen Schlag in die Kniekehlen der Könige bezeichnet. Sie war erschienen in den Schriften von George Buchanan, Grotius, Milton, Algernon Sidney, Locke, Pufendorf ... Der *Gesellschaftsvertrag* ist, fast wie die ganze politische und moralische Philosophie Rousseaus, ein Echo und Reflex von Genf, formuliert von einem Bürger, der weit genug entfernt war, ihn zu idealisieren, ohne seine Krallen zu spüren. Das Buch war eine Mischung von Genf und Sparta, von Calvins *Institutio* und Platons *Gesetzen*.

Zahlreiche Kritiker haben auf den Widerspruch zwischen dem Individualismus von Rousseaus *Discours* und der Forderung nach strenger Befolgung der Gesetze im *Gesellschaftsvertrag* hingewiesen. Lange vor Rousseaus Geburt hatte Filmer in *Patriarcha* (1642) mit der Anschauung aufgeräumt, daß der Mensch frei geboren sei; von seiner Geburt an ist er der väterlichen Autorität und den Gesetzen und Bräuchen seiner Gruppe unterworfen. Rousseau selbst bewegte sich von jenem anfänglichen Schrei nach Freiheiten immer weiter weg von der Freiheit zur Ordnung hin – zur Unterwerfung des Individuums unter den allgemeinen Willen. Die Widersprüche in seinen Werken haben ihre Wurzel in seinem Charakter und seinem Denken. Er war ein individualistischer Rebell infolge seines Temperaments, seiner Leiden und seines Mangels an Schulbildung; er war Kommunalist (nie Kommunist oder Kollektivist) auf Grund seiner verspäteten Einsicht, daß sich eine leistungsfähige Gesellschaft nicht aus Einzelgängern zusammensetzen kann. Wir müssen die Entwicklung in Betracht ziehen: Die Ideen eines Menschen sind eine Funktion seiner Erfahrung und seiner Jahre. Es ist natürlich für einen denkenden Menschen, daß er in der Jugend Individualist ist – die Freiheit liebend und nach Idealen strebend – und ein Gemäßigter in der Reife, die Ordnung liebend und sich mit dem Möglichen zufriedengebend. Gefühlsmäßig blieb Rousseau immer ein Kind, mit Groll erfüllt gegen Konventionen, Verbote und Gesetze. Doch als er nachdachte, begriff er, daß innerhalb der für die soziale Ordnung notwendigen Beschränkungen viele Freiheiten erhalten bleiben können, und schließlich stellte er fest, daß in einer Gemeinschaft Freiheit nicht das Opfer, sondern das Produkt der Gesetze ist – daß sie eher erweitert als eingeengt wird durch den allgemeinen Gehorsam gegenüber gemeinschaftlich selbst auferlegten Beschränkungen. Philosophische Anarchisten und politische Totalitäre können mit Recht Rousseau für ihre Zwecke zitieren[37] und zugleich zu Unrecht, denn er erkannte an, daß die Ordnung das erste Gesetz der Freiheit ist, und die Ordnung, für die er eintrat, sollte der Ausdruck des allgemeinen Willens sein.

Rousseau leugnete jeden wirklichen Widerspruch in seiner Philosophie. «Alle meine Gedanken stehen in geordnetem Zusammenhange, wenn ich auch unfähig bin, sie alle auf einmal auseinanderzusetzen.»[38] Er gab zu, daß sein Buch «überarbeitet werden müsse, doch ich habe weder die Kraft noch die Zeit dazu, es zu tun»[39]; und als er die Kraft hatte, nahm ihm die Verfolgung seine Zeit, und als die Verfolgung aufhörte und er Zeit hatte, war seine Kraft verbraucht. In diesen letzten Jahren begann er an seinen eigenen Schlußfolgerungen zu zweifeln. «Diejenigen, die sich brüsten, den *Gesellschaftsvertrag* gründlich zu verstehen, sind klüger als ich.»[40] In der Praxis ignorierte er die Grundsätze, die er aufgestellt hatte, vollkommen. Er dachte nie daran, sie anzuwenden, als er aufgefordert wurde, Verfassungen für Polen oder Korsika zu entwerfen. Wäre er weitergegangen auf dem Wege der Veränderungen, den er nach 1762 einschlug, hätte er in den Armen der Aristokratie und der Kirche, vielleicht unter dem Messer der Guillotine geendet.

II. ÉMILE

1. *Die Erziehung*

Wir können einem Autor viel nachsehen, der innerhalb von fünfzehn Monaten die *Neue Heloise* (Februar 1761), den *Gesellschaftsvertrag* (April 1762) und *Émile* (Mai 1762) veröffentlichte. Alle drei Werke wurden in Amsterdam verlegt, doch *Émile* erschien auch in Paris, mit Genehmigung der Regierung, die der freundliche Malesherbes unter großem Risiko erwirkt hatte. Marc-Michel Rey, der Amsterdamer Verleger, verdient ein Lob. Nachdem er mit *Heloise* einen unerwarteten Gewinn gemacht hatte, setzte er für Thérèse eine lebenslängliche Jahresrente von dreihundert Pfund aus. Und als er einen größeren Verkauf von *Émile* als für den *Gesellschaftsvertrag*, für den er dem Autor tausend Pfund bezahlt hatte, erwartete, zahlte er Jean-Jacques sechstausend Pfund für das neue und längere Manuskript.

Das Buch hatte seinen Ursprung teilweise in Diskussionen mit Frau von Épinay über die Erziehung ihres Sohnes und nahm seine erste Gestalt an in einer kleineren Abhandlung, geschrieben, «einer guten Mutter zu gefallen, die fähig war, zu denken» – Frau von Chenonceaux, die Tochter von Frau Dupin. Rousseau dachte es als eine Fortsetzung zur *Neuen Heloise:* wie sollten Julies Kinder erzogen werden? Einen Augenblick zweifelte er, ob ein Mann, der alle seine Kinder in ein Findlingsheim geschickt und als

Erzieher der Familie Mably versagt hatte, geeignet sei, über Elternschaft und Erziehung zu sprechen. Doch wie gewöhnlich fand er ein Vergnügen darin, seiner Einbildung freien Lauf zu lassen, unbehindert durch Erfahrung. Er studierte Montaignes *Essais*, Fénelons *Télémaque*, Rollins *Traité des études* und Lockes *Some Thoughts on Education*. Sein eigener erster *Discours* war eine Herausforderung für ihn gewesen, denn er hatte die Menschen als von Natur gut dargestellt, aber verdorben durch Kultur, zu der auch die Erziehung gehört. Konnte dieses natürliche Gutsein durch richtige Erziehung erhalten und entwickelt werden? Helvétius hatte soeben in *De l'Esprit* (1758) eine prompte Antwort gegeben, doch er hatte eher ein Thema angeschnitten, als es eingehend behandelt.

Rousseau begann damit, daß er die existierenden Methoden ablehnte. Sie lehrten gewöhnlich rein mechanisch abgenutzte und korrupte Ideen; sie versuchten, aus dem Kind einen gehorsamen Automaten in einer niedergehenden Gesellschaft zu machen; sie hinderten das Kind daran, zu denken und selbst zu urteilen; sie erzögen es zur Mittelmäßigkeit und zwängen es, Platitüden und klassische Phrasen zu wiederholen. Eine solche Ausbildung unterdrücke alle natürlichen Impulse und mache die Erziehung zu einer Folter, der jedes Kind zu entgehen suchte. Doch Erziehung sollte ein glücklicher Prozeß natürlicher Entfaltung, des Lernens aus der Natur und aus der Erfahrung, der freien Entwicklung eigener Fähigkeiten zu vollem und von Freude erfülltem Leben sein. Sie sollte «die Kunst der Menschenbildung sein»[41]: Die bewußte Hinführung des wachsenden Körpers zur Gesundheit, des Charakters zur Moral, des Geistes zur Intelligenz, der Gefühle zur Selbstbeherrschung, zur Geselligkeit und zum Glück.

Rousseau hatte sich ein System öffentlichen Unterrichts durch den Staat gewünscht, doch da der öffentliche Unterricht damals der Kirche unterstand, schlug er privaten Unterricht durch einen unverheirateten Hauslehrer vor, der dafür bezahlt werden sollte, daß er viele Jahre seines Lebens seinem Schüler widmete. Der Lehrer sollte das Kind soviel wie möglich seinen Eltern und Verwandten entziehen, damit es nicht durch die angehäuften Laster der Kultur angesteckt werde. Rousseau vermenschlichte seine Abhandlung, indem er sich vorstellte, er sei mit fast voller Autorität über die Erziehung eines sehr fügsamen Jungen namens *Émile* betraut. Es erscheint unglaublich, doch Rousseau gelang es, auf diesen zweihundertfünfzig Seiten das interessanteste je über Erziehung verfaßte Buch zu schreiben. Als Kant den *Émile* in die Hand nahm, wurde er so gefesselt, daß er vergaß, seinen täglichen Spaziergang zu machen[42].

Wenn die Natur die Führerin des Erziehers sein soll, wird er dem Kind so viel Freiheit geben, wie die Sicherheit erlaubt. Er wird damit beginnen, das Kindermädchen zu überreden, den Säugling von Windeln zu befreien; denn diese behindern sein Wachstum und die richtige Entwicklung seiner Glieder. Als nächstes wird er die Mutter veranlassen, ihr Kind zu stillen, anstatt es einer Amme zu überantworten; denn die Amme kann das Kind durch Grobheit oder Nachlässigkeit verletzen oder durch gewissenhafte Pflege dessen Liebe gewinnen, die natürlicherweise auf die Mutter gerichtet sein sollte als erste Quelle und erstes Band der Familieneinheit und der sittlichen

Ordnung. Hier schrieb Rousseau Zeilen, die eine bewundernswerte Wirkung auf die jungen Mütter der heranwachsenden Generation hatten:

«Wollt Ihr jedermann zu seinen ersten Pflichten zurückführen, dann fangt bei den Müttern an, und Ihr werdet staunen, was für Veränderungen Ihr schafft. Alles folgt nach und nach aus diesem ersten Fehler ... Die Mutter, deren Kinder unsichtbar bleiben, verliert an Respekt. Es gibt kein häusliches Leben mehr in den Familien. Die Bande des Bluts werden nicht mehr durch die Gewohnheit gestärkt. Es gibt weder Väter noch Mütter mehr, weder Kinder noch Geschwister. Der eine kennt den anderen kaum – wie sollten sie einander lieben können? Jeder denkt nur an sich selbst ...

Wenn jedoch die Mütter sich dazu verstehen, ihre Kinder selbst aufzuziehen, dann werden die Sitten sich von selbst erneuern und in allen Herzen wieder die natürlichen Empfindungen erwachen, und der Staat wird sich wieder bevölkern. Dieser erste Punkt, dieser allein, wird alles wieder ins Lot bringen. Der Reiz des häuslichen Lebens ist das beste Gegengift gegen schlechte Sitten. Die früher als lästig empfundenen Verdrießlichkeiten mit Kindern werden zur angenehmen Aufgabe, die Vater und Mutter einander immer unentbehrlicher und lieber macht, und die ehelichen Bande knüpfen sich immer fester ... So entstünde aus diesem einzigen wiedergutgemachten Fehler bald eine allgemeine Reform, und bald wäre die Natur wieder in alle ihre Rechte eingesetzt. Würden die Frauen wieder zu Müttern, würden die Männer wieder zu Vätern und Gatten.»[43]

Diese berühmten Sätze machten das Stillen durch Mütter zu einem Teil der Veränderung in den Sitten, die im letzten Jahrzehnt der Regierung Ludwigs XV. begann. Buffon hatte eine Dekade zuvor einen ähnlichen Appell an die Nation gerichtet, doch dieser hatte die Frauen Frankreichs nicht erreicht. Nun gaben die schönsten Brüste in Paris ihr Debüt, sowohl als Organe der Mütterlichkeit wie auch als Lockmittel des Geschlechts.

Rousseau teilte die Erziehung seines Schülers in drei Perioden ein: zwölf Jahre Kindheit, acht Jahre Jugend und eine unbestimmte Zeit der Vorbereitung für die Ehe und die Elternschaft, das ökonomische und soziale Leben. In der ersten Periode war die Erziehung fast vollkommen physisch und moralisch. Bücher und Buchlernen, sogar die Religion mußten auf die Entwicklung des Verstandes warten. Bis zu seinem zwölften Lebensjahr wird Émile nicht ein Wort Geschichte kennen und kaum je von Gott gehört haben[44]. Die Erziehung des Körpers muß als erstes kommen. Daher wird Émile auf dem Lande großgezogen, dem einzigen Ort, an dem das Leben gesund und natürlich sein kann.

«Die Menschen sind nicht dazu geschaffen, wie in einem Ameisenhaufen zu leben, sondern als Einzelwesen auf dem Boden, den sie zu bearbeiten haben. Je mehr sie sich zusammenrotten, um so entarteter werden sie. Die Krankheiten des Körpers ebenso wie die Laster der Seele sind das unvermeidliche Ergebnis des übergroßen Zusammengedrängtseins ... Der menschliche Atem ist seinesgleichen tödlich ... Die Stadt ist der Schlund, der das Menschengeschlecht verschlingt. Nach einigen Generationen geht die Rasse zugrunde oder entartet. Sie muß sich erneuern, und immer ist es das Land, das dazu beiträgt. So schickt Eure Kinder also dorthin, wo sie sich sozusagen selbst erneuern und wo sie inmitten der Felder die Kräfte gewinnen, die man in der ungesunden Luft einer überbevölkerten Stadt verliert.»[45]

Man ermuntere den Knaben, die Natur und die freie Luft zu lieben, Gewohnheiten der Einfachheit zu entwickeln, von natürlicher Nahrung zu leben. Gibt es eine köstlichere Nahrung als die, die im eigenen Garten gewachsen ist? Eine vegetarische Kost ist die gesündeste und führt am wenigsten zu Leiden[46].

«Einer der Beweise dafür, daß der Geschmack des Fleisches dem Menschen nicht ganz natürlich ist, ist die Gleichgültigkeit der Kinder Fleischgerichten gegenüber und ihre Vorliebe für Nahrung pflanzlichen Ursprungs, wie zum Beispiel Milchspeisen, Gebäck, Obst usw. Es ist vor allem wichtig, diesen natürlichen Geschmack nicht zu verderben und die Kinder nicht vorzeitig zu Fleischessern zu machen, denn wie man auch diese Erfahrung erklären mag, es ist sicher, daß große Fleischesser im allgemeinen grausamer und blutrünstiger sind als andere Menschen.»[47]

Nachdem so für die richtige Ernährung und gute Gewohnheiten gesorgt ist, wird Émile beigebracht, früh aufzustehen. «An Sankt Johannis haben wir den Sonnenaufgang gesehen. Wir werden ihn auch Weihnachten sehen . . ., denn man weiß, daß wir nicht faul sind und daß wir uns einen Spaß daraus machen, der Kälte zu trotzen.»[48] Émile wäscht sich oft, und während er heranwächst, reduziert er die Wärme des Wassers, bis «der Augenblick gekommen ist, daß man sie Sommer wie Winter in kaltem, ja eisigem Wasser waschen kann. Um sie nicht Schaden nehmen zu lassen, ist es unumgänglich, daß sich dieser Temperaturabstieg langsam stufenweise und unmerklich vollzieht.»[49] Er trägt selten eine Kopfbedeckung und geht das ganze Jahr barfuß, ausgenommen wenn er sein Haus und seinen Garten verläßt. «Man sollte sie lieber gegen die Kälte als gegen die Wärme abhärten: große Kälte wird sie nie stören, wenn sie ihr frühzeitig ausgesetzt wurden.»[50] Man ermutige des Kindes natürliche Neigung zur Aktivität. «Man soll das Kind nicht zwingen, zu bleiben, wenn es gehen will, und zu gehen, wenn es bleiben will ... Sie sollen herumspringen, rennen und schreien, wenn sie Lust dazu haben.»[51] Halte Ärzte von ihm fern, so lange Du kannst[52]. Laß das Kind eher durch Handeln lernen als durch Bücher oder gar durch Unterricht; laß es die Dinge selbst tun, gib ihm nur Material und Werkzeug. Der kluge Lehrer stellt Probleme und Aufgaben und läßt seinen Schüler dadurch lernen, daß sich dieser auf den Daumen schlägt oder mit dem Fuß anstößt. Er wird den Schüler vor ernsthafter Verletzung bewahren, doch nicht vor Schmerzen, die erziehen.

Die Natur ist der beste Führer, und man soll ihr ohne Rücksichtnahme auf unsere Begriffe von Recht und Unrecht folgen:

«Setzen wir als unbestreitbare Maxime fest, daß die ersten Regungen der Natur immer richtig sind. Es gibt keine ursprüngliche Verdorbenheit im menschlichen Herzen ... Züchtigt ihn [den Zögling] nicht, denn er weiß nicht, was Unrechttun ist. Laßt ihn niemals um Verzeihung bitten ... Da er seinen Handlungen keinerlei Moralbegriffe unterlegen kann, kann er auch nichts moralisch Unrechtes tun, das eine Züchtigung oder einen Verweis verdienen würde ... Gebt zunächst dem Ansatz seines Charakters völlige Freiheit, sich zu enthüllen, zwingt ihn in keiner Weise, damit ihr ihn besser erkennt, wenn er sich ganz enthüllt.»[53]

Doch wird er auch moralische Erziehung brauchen. Ohne sie gerät er in Gefahr und wird unglücklich. Predige aber nicht. Wenn Du willst, daß Dein Schüler Gerechtigkeit und Freundlichkeit lernt, sei selbst gerecht und freundlich, und er wird Dich nachahmen. «Das Vorbild! das Vorbild! Ohne das hat man bei Kindern keinerlei Erfolg.»[54] Auch hier kannst Du eine natürliche Grundlage finden. Sowohl Güte wie Schlechtigkeit (vom Standpunkt der Gesellschaft) sind den Menschen angeboren. Erziehung muß das Gute ermutigen und das Schlechte entmutigen. Eigenliebe ist universal, doch sie kann eingeschränkt werden, bis sie einen Mann in tödliche Gefahr schickt, um seine Familie zu retten, sein Vaterland oder seine Ehre. Es gibt soziale Instinkte, die die Familie und die Gruppe erhalten, wie auch egoistische Instinkte, die das Individuum erhalten[55]. Mitleid kann seinen Grund in Eigenliebe haben (so wenn wir die Eltern lieben, die uns ernähren und beschützen), doch sie kann sich in viele Formen des gesellschaftlichen Verhaltens und gegenseitiger Hilfe entfalten. Daher scheint eine Art von Gewissen universal und angeboren zu sein.

«Wirf einen Blick auf alle Völker der Welt, gehe die ganze Menschheitsgeschichte durch. Bei so vielen unmenschlichen und seltsamen Gotteskulten, bei dieser verschwenderischen Vielfalt der Sitten und Charaktere wirst Du überall die gleichen Ideen über Gerechtigkeit und Ehrenhaftigkeit finden, überall die gleichen Begriffe von Gut und Böse ... Im Grunde der Seele gibt es also ein angeborenes Prinzip der Gerechtigkeit und der Tugend, nach dem wir, entgegen unseren eigenen Maximen, unsere Handlungen und die anderer als gut oder schlecht beurteilen, und diesem Prinzip gebe ich den Namen Gewissen.»[56]

Hierauf bricht Rousseau in eine Apostrophe aus, die wir fast wörtlich bei Kant wiederfinden werden:

«Gewissen! Gewissen! Göttlicher Instinkt, unsterbliche und himmlische Stimme, sicherer Führer eines unwissenden und beschränkten, aber vernünftigen und freien Wesens; unbestechlicher Richter über das Gute und das Böse; du, der du den Menschen Gott ähnlich machst, du gibst seiner Natur die Vollkommenheit und seinen Handlungen die Moralität. Ohne dich fühle ich nichts in mir, das mich über die Tiere erhöbe, als das traurige Vorrecht, durch ein ungeordnetes Erkenntnisvermögen und eine grundsatzlose Vernunft von einem Irrtum in den anderen zu fallen.»[57]

So darf die intellektuelle Erziehung erst nach der Bildung des moralischen Charakters erfolgen. Rousseau lächelt über Lockes Rat, mit Kindern zu rechten:

«Ich für meine Person kenne nichts Dümmeres als diese Kinder, denen man so viel vorräsoniert hat. Von allen Fähigkeiten des Menschen entwickelt sich die Vernunft ... am schwierigsten und spätesten, und ausgerechnet ihrer will man sich bedienen, um die ersten zu entwickeln. Das Meisterwerk der richtigen Erziehung ist, einen vernünftigen Menschen heranzubilden – und das will man durch die Vernunft selbst erreichen! Das heißt, mit dem Abschluß beginnen.»[58]

Nein, wir müssen eher die geistige Erziehung verzögern. «Laßt seine Seele so lange wie möglich in Ruhe.»[59] Wenn es Meinungen hat, bevor es zwölf ist, kannst Du sicher sein, daß sie absurd sind. Belästige es nicht mit Wissenschaft; dies ist eine endlose Jagd, bei der alles, was wir entdecken, nur unsere Unwissenheit und unseren törichten Stolz vermehrt[60]. Laß Deinen Schüler lernen durch die Erfahrung des Lebens und das Wirken der Natur; laß ihn sich an den Sternen erfreuen, ohne ihre Geschichte verfolgen zu wollen.

Im Alter von zwölf Jahren kann die intellektuelle Erziehung beginnen, und Émile darf Bücher lesen. Er darf einen Übergang von der Natur zur Literatur vollziehen, indem er *Robinson Crusoe* liest, denn das ist die Geschichte eines Mannes, der auf seiner Insel die verschiedenen Stadien durchlief, welche die Menschheit von der Wildheit bis zur Zivilisation durchlaufen hat. Doch im Alter von zwanzig wird Émile nicht viele

Bücher gelesen haben. Die Salons und die *philosophes* werden ihm vollkommen unbekannt sein. Er wird sich nicht mit den Künsten plagen, denn die einzige wahre Schönheit ist in der Natur[61]. Er wird nie «Musiker, Schauspieler oder Schriftsteller werden»[62]. Er wird vielmehr genügend Geschicklichkeit in einem Handwerk erworben haben, um seinen Lebensunterhalt mit seiner Hände Arbeit zu verdienen, wenn dies je nötig sein sollte. (Viele berufslose Emigranten bereuten dreißig Jahre später, über Rousseaus «*gentilhomme menuisier*» – Gentleman-Zimmermann – gelacht zu haben, wie Voltaire es tat[63].) In jedem Fall muß Émile (obwohl er der Erbe eines kleinen Vermögens ist) der Gesellschaft entweder durch Handarbeit oder Kopfarbeit dienen. «Derjenige, der in Müßigkeit ißt, was er nicht selbst verdient hat, stiehlt es.»[64]

2. *Die Religion*

Schließlich können wir, wenn Émile etwa achtzehn Jahre alt ist, mit ihm über Gott sprechen.

«Ich sehe schon voraus, wie viele Leser erstaunt sein werden, daß ich meinen Zögling durch die erste Jugend begleite, ohne ihm von Religion zu sprechen. Mit fünfzehn Jahren wußte er nicht, ob er eine Seele hatte, und vielleicht ist es mit achtzehn noch nicht an der Zeit, daß er es erfährt ... Hätte ich die Dummheit in ihrer ganzen Widerlichkeit zu malen, würde ich einen Pedanten malen, der den Kindern den Katechismus beibringt; wenn ich aus einem Kind einen Idioten machen wollte, so würde ich es verpflichten, zu erklären, was es beim Aufsagen seines Katechismus sagt . . . Gewiß ist kein Augenblick zu verlieren, um das ewige Heil zu erlangen. Wenn es aber genügt, gewisse Worte zu wiederholen, um es zu erlangen, sehe ich nicht ein, was uns hindern kann, den Himmel ebenso mit Staren und Elstern wie mit Kindern zu bevölkern.»[65]

Trotz dieser Proklamation, die den Erzbischof von Paris in Wut versetzte, richtete Rousseau jetzt seine schärfsten Pfeile auf die *philosophes*. Man stelle sich Voltaire oder Diderot vor, als sie folgendes lasen:

«Ich befragte die Philosophen . . . Ich fand sie alle hochmütig, apodiktisch, dogmatisch, sogar in ihrem vorgegebenen Skeptizismus, alles wissend und nichts beweisend und voller Spott füreinander; und dieser allen gemeinsame Zug schien mir der einzige, worin alle recht haben. Triumphierend, wenn sie angreifen, sind sie machtlos, wenn sie sich verteidigen müssen. Wägst du ihre Gründe ab, haben sie nur solche, die der Zerstörung dienen; zählst du die Stimmen, ist jeder auf die seine angewiesen ... Es gibt nicht einen einzigen, der, zur Erkenntnis des Wahren und des Unwahren gelangend, nicht die Lüge, die er gefunden hat, der Wahrheit vorzöge, die ein anderer entdeckt hat. Wo ist der Philosoph, der um seines Ruhmes willen nicht bereitwillig das Menschengeschlecht betrügen würde?»[66]

Während er fortfuhr, die Intoleranz zu verdammen, hielt Rousseau, Bayle umkehrend, den Atheismus für gefährlicher als den Fanatismus. Er bot seinen Lesern ein «Glaubensbekenntnis», durch das er einen Wandel vom Atheismus der Holbach, Helvétius und Diderot zurück zum Glauben an Gott, den freien Willen und die Unsterblichkeit zu bewirken hoffte. Er erinnerte sich der beiden Priester – Gaime und Gâtier –, die er in seiner Jugend kennengelernt hatte. Er verschmolz sie beide in einem imaginären Vikar in Savoyen und legte diesem Dorfpfarrer die Gefühle und Argumente in den Mund, die (in Rousseaus Augen) eine Rückkehr zur Religion rechtfertigten.

Der *vicaire savoyard* wird geschildert als der Pfarrer einer kleinen Gemeinde in den Alpen. Insgeheim huldigt er einem gewissen Skeptizismus: er bezweifelt die göttliche Inspiration der Propheten, die Wunder der Apostel und der Heiligen und die Echtheit des Evangeliums[67]; und wie Hume fragt er: «Wer wird es wagen, mir zu sagen, wie viele Augenzeugen notwendig sind, um ein Wunder glaubwürdig zu machen?»[68] Bittgebete lehnte er ab. Unsere Gebete sollen Hymnen zum Ruhme Gottes und Ausdruck der Unterwerfung unter seinen Willen sein[69]. Manches im katholischen Glauben erschien ihm als Aberglaube oder Mythologie[70]. Nichtsdestoweniger glaubte er, er könne seiner Gemeinde am besten dienen, indem er ihr nichts von seinen Zweifeln sagt, allen gegenüber (Gläubigen und Ungläubigen) Güte und Wohltätigkeit übt und getreu alle Riten der römischen Kirche vollzieht. Tugend ist notwendig zum Glück; Glauben an Gott, freier Wille, Himmel und Hölle sind notwendig für die Tugend. Religionen haben trotz ihren Verbrechen Männer und Frauen tugendhafter gemacht, zumindest weniger grausam und größer, als sie sonst gewesen wären. Wenn diese Religionen Lehren predigen, die unvernünftig scheinen oder uns mit Zeremonien langweilen, dann sollten wir unsere Zweifel um des Heils der Gruppe willen verschweigen.

Selbst vom Standpunkt der Philosophie ist die Religion im wesentlichen richtig. Der Vikar beginnt wie Descartes: «Ich existiere und habe Sinne, durch die ich affiziert werde. Das ist die erste Wahrheit, die mich beeindruckt und die ich gezwungen bin anzuerkennen.»[71] Er macht kurzen Prozeß mit Berkeley: «Die Ursache meiner Empfindungen liegt außerhalb, da sie mich auch gegen meinen Willen affizieren und es nicht von mir abhängt, sie zu haben oder nicht zu haben ... So existiere nicht nur ich, sondern es existieren noch andere Wesen.» Dann antwortet er Hume und nimmt Kant vorweg: «Da ich in mir die Fähigkeit entdecke, die Empfindungen untereinander zu vergleichen, fühle ich mich mit einer aktiven Kraft begabt», mich mit der Erfahrung auseinanderzusetzen[72]. Dieser Verstand kann nicht als eine Form der Materie interpretiert werden; es gibt kein Anzeichen eines materiellen oder mechanischen Prozesses im Akt des Denkens. Wie ein immaterieller Geist auf einen materiellen Körper wirken kann, geht über unser Verständnis. Doch es ist ein unmittelbar wahrnehmbares Faktum und kann nicht um einer abstrakten Beweisführung willen geleugnet werden. Philosophen müssen lernen, zu erkennen, daß etwas wahr sein kann, selbst wenn sie es nicht verstehen können – und besonders wenn es von allen Wahrheiten diejenige ist, die wir am unmittelbarsten wahrnehmen.

Der nächste Schritt (gibt der Vikar zu) ist reine Schlußfolgerung. Ich nehme Gott nicht wahr, aber ich folgere, daß es ebenso, wie es in meinen willentlichen Handlungen einen Geist als wahrgenommene Ursache der Bewegung gibt, wahrscheinlich einen kosmischen Geist hinter den Bewegungen des Universums gibt. Gott ist unerkennbar, aber ich fühle, daß er hier und überall ist. Ich sehe Zweck in tausend Dingen, von der Struktur meiner Augen bis zu den Bewegungen der Sterne. Ich sollte ebensowenig daran denken, dem Zufall die Anpassung der Mittel an die Zwecke in lebenden Organismen und im System der Welt zuzuschreiben, wie ich dem Zufall die köstliche Zusammenstellung von Buchstaben beim Drucken der *Aeneis* zuschreiben würde[73].

Wenn es eine intelligente Gottheit hinter den Wundern des Universums gibt, dann ist es nicht glaubhaft, daß sie zuläßt, daß die Gerechtigkeit stets unterliegt. Allein um den trostlosen Glauben an den Sieg des Übels zu vermeiden, muß ich an einen guten Gott glauben, der den Triumph des Guten gewährleistet. Daher muß ich an ein Leben nach dem Tode glauben, an einen Himmel als Belohnung für Tugend; und obwohl ich mich gegen den Gedanken einer Hölle sträube und eher glauben würde, daß der Schlechte die Hölle in seinem eigenen Herzen erleidet, will ich diese schreckliche Lehre trotzdem akzeptieren, wenn sie notwendig ist für die Beherrschung der schlechten Impulse der Menschheit. In diesem Falle würde ich Gott bitten, die Höllenpein nicht ewig dauern zu lassen[74]. Daher ist die Lehre vom Fegefeuer als einem Ort abkürzbarer Bestrafung für alle – außer für die verstocktesten und unbußfertigsten Sünder – humaner als die Einteilung aller Toten in ewig Selige und ewig Verdammte. Angenommen, wir können die Existenz des Himmels nicht beweisen, wie grausam wäre es, den Menschen diese Hoffnung zu nehmen, die sie in ihrem Kummer tröstet und sie in ihren Niederlagen aufrechterhält![75] Ohne Glauben an Gott und an ein Leben nach dem Tode ist die Moral gefährdet und das Leben ist sinnlos, denn in einer atheistischen Philosophie ist das Leben ein mechanischer Ablauf, der durch tausend Leiden zu einem qualvollen und ewigen Tode führt.

Infolgedessen müssen wir – im gesamten betrachtet – die Religion als einen lebenspendenden Segen für die Menschheit akzeptieren. Wir brauchen uns auch keine Gedanken über die verschiedenen Sekten zu machen, in die das Christentum zerrissen worden ist; sie sind alle gut, wenn sie das Verhalten bessern und die Hoffnung nähren. Es ist lächerlich und ungebührlich anzunehmen, daß diejenigen, die einen anderen Glauben, einen anderen Gott und andere heilige Schriften als die unseren haben, «verdammt» werden. «Wenn es eine Religion auf Erden gäbe, ohne die man zur ewigen Verdammnis verurteilt wäre ..., der Gott dieser Religion wäre der ungerechteste und grausamste der Tyrannen.»[76] So wird Émile nicht in einer besonderen Form des Christentums unterrichtet, «sondern wir werden ihn in den Stand setzen, die zu wählen, zu der ihn der richtige Gebrauch seiner Vernunft führen muß»[77]. Der beste Weg ist, in der Religion fortzufahren, die wir von unseren Eltern oder von unserer Gemeinde geerbt haben. Und für Rousseau lautet der Rat seines imaginären Vikars: «Kehre in dein Vaterland zurück, nimm wieder die Religion deiner Väter an, hänge ihr in der Aufrichtigkeit deines Herzens an und gib sie nicht mehr auf – sie ist sehr einfach und sehr heilig; ich halte sie von allen Religionen der Erde für die, deren Moral am reinsten ist und die der Vernunft am besten entspricht.»[78]

Rousseau hatte 1754 diesen Rat vorweggenommen und war nach Genf und zu seinem Glauben zurückgekehrt: Doch er hatte sein Versprechen, zurückzukommen und hier zu wohnen, nachdem er seine Angelegenheiten in Frankreich geordnet hatte, nicht gehalten. In den *Briefen vom Berge,* die er zehn Jahre später schrieb, verwarf er, wie wir sehen werden, das meiste vom Glauben seiner Väter. In seinem letzten Jahrzehnt rät er anderen zur Religion, bei ihm selbst finden wir jedoch kaum Anzeichen dafür, daß er einem religiösen Glauben anhing oder ihn in seinem täglichen Leben praktizierte. Protestanten und Katholiken, Calvinisten und Jesuiten vereinigten sich im Angriff gegen ihn und sein stellvertretendes «Glaubensbekenntnis», das sie als unchristlich bezeichneten[79]. Die Erziehung, die er für Émile vorschlug, empfanden christliche Leser als schockierend und in ihrer Wirkung areligiös, denn sie argwöhnten, daß ein durchschnittlicher Jugendlicher, der ohne Religion erzogen wurde, auch später keine annehmen würde, es sei denn aus gesellschaftlicher Zweckmäßigkeit. Trotz dieser formalen Anerkennung des Calvinismus lehnte Rousseau die Lehre von der Erbsünde und der Erlöserfunktion des Todes Christi ab. Er weigerte sich, das Alte Testament als Wort Gottes anzuerkennen, und sagte vom Neuen Testament, «es sei voll von unglaubwürdigen Dingen, Dingen, die der Vernunft Hohn sprechen»[80]. Doch er liebte das Evangelium als das am meisten bewegende und inspirierende aller Bücher.

«Ist es möglich, daß ein so erhabenes und zugleich einfaches Buch das Werk der Menschen ist? Ist es möglich, daß der, dessen Geschichte es erzählt, selber nur Mensch ist? ... Welche Sanftmut, welche Reinheit in seinen Sitten! Welch rührende Nachsicht bei seinen Belehrungen! Welche Erhabenheit bei seinen Maximen! Welch tiefe Weisheit in seinen Reden! Welche Geistesgegenwart, welche Schärfe und Richtigkeit seiner Antworten! ... Wo ist der Mensch, wo ist der Weise, der ohne Schwäche und Prahlerei zu handeln, zu leiden und zu sterben weiß? ... Ja, wenn Leben und Sterben des Sokrates das eines Weisen war, so war das Leben und Sterben Jesu das eines Gottes.»[81]

3. Liebe und Ehe

Als Rousseau die fünfzig Seiten des savoyischen Vikars beendet hatte und sich wieder Émile zuwandte, sah er sich mit den Problemen des Geschlechts und der Ehe konfrontiert.

Sollte er mit seinem Schüler über die Sexualität sprechen? Nicht bevor er danach fragt. Dann aber soll er ihm die Wahrheit sagen[82]. Tue alles, was sich mit Wahrheit und Gesundheit verträgt, um das sexuelle Bewußtsein zu verzögern. Rege es auf keinen Fall an.

«Führt den jungen Männern beim Herannahen des kritischen Alters Dinge vor Augen, die sie zurückhalten, und nicht solche, die sie erregen ... Haltet sie fern von den großen Städten, wo Eitelkeit und Schamlosigkeit der Frauen die Lehren der Natur beschleunigen und ihnen zuvorkommen, wo alles vor ihren Augen Lüste ausbreitet, die sie erst dann kennen dürfen, wenn sie ihre Auswahl treffen können ... Sollte ihre Neigung für die Künste sie noch an die Stadt binden, so kommt ... einem gefährlichen Hang zum Müßiggang zuvor. Wählt sorgfältig ihren Umgang aus, ihre Beschäftigungen und Vergnügen; führt ihnen nur rührende, aber schlichte Bilder vor Augen ... die ihre Empfindsamkeit formen, ohne ihre Sinne zu erregen.»[83]

Rousseau machte sich Gedanken über die schrecklichen Folgen einer Gewohnheit, in der er selbst persönliche Erfahrungen gehabt zu haben scheint:

«Bleibt Tag und Nacht in seiner Nähe, schlaft wenigstens in seinem Zimmer: er soll sich nur vom Schlaf übermannt zu Bett legen und sofort, wenn er aufwacht, aufstehen ... Kennt er einmal diese gefährliche Abhilfe, ist er verloren. Von dem Augenblick an wird er kraftlos an Leib und Seele; bis zum Grab wird er die unheilvollen Folgen dieser Gewohnheit an sich tragen.»

Und er verfährt streng mit seinem Schüler:

«Wird die Raserei eines heißen Temperaments unüberwindlich, so bedaure ich dich, mein Émile, aber ich werde es nicht leiden, daß die Absicht der Natur umgangen wird. Wenn du dich nun einmal unter das Joch eines Tyrannen beugen mußt, liefere ich dich lieber dem aus, von dem ich dich befreien kann. Was auch kommen mag – ich werde dich leichter den Frauen entreißen als dir selbst.»[84]

Doch laß Dich von Deinen Kollegen nicht in ein Bordell schleppen! «Warum wollen diese jungen Männer Dich dazu überreden? Weil sie Dich zu verführen wünschen ... Ihr einziges Motiv ist ein heimlicher Groll, weil sie sehen, daß Du besser bist als sie; sie wollen Dich auf ihr Niveau herabziehen.»

Es ist besser, zu heiraten. Aber wen? Der Erzieher beschreibt sein Ideal eines Mädchens, einer Frau und einer Ehefrau und bemüht sich, dieses Ideal dem Geist Émiles aufzuprägen als ein Führer und ein Ziel auf der Suche nach einer Gefährtin. Rousseau fürchtete sich vor männlichen, herrschsüchtigen, unbescheidenen Frauen; er sah den Verfall der Kultur in der Herrschaft der zunehmend männlichen Frauen über zunehmend weibliche Männer. «In jedem Land sind die Männer das, was die Frauen aus ihnen machen; ... führt die Frauen zur Weiblichkeit zurück, und wir werden wieder Männer sein.»[85] «Die Frauen von Paris reißen die Rechte des einen Geschlechtes an sich, ohne auf die des anderen verzichten zu wollen; infolgedessen besitzen sie keines in deren Fülle.»[86] Hiermit verhält es sich besser in protestantischen Ländern, wo die Sittsamkeit nicht ein Scherz unter Sophisten ist, sondern ein Versprechen wahrhafter Mütterlichkeit[87]. Der Platz einer Frau ist im Hause, wie bei den alten Griechen. Sie soll ihren Gatten als einen Herrn anerkennen, doch im Hause soll sie die Höchste sein[88]. Auf diese Weise wird die Gesundheit der Nation erhalten.

Die Erziehung der Mädchen soll darauf ausgerichtet sein, solche Frauen hervorzubringen. Sie sollen zu Hause durch ihre Mütter aufgezogen werden; sie sollen alle Künste des Hauses lernen, von Kochen bis zur Stickerei. Sie sollen viel von der Religion erfahren, und zwar so früh wie möglich; denn dies verhilft ihnen zu Bescheidenheit, Tugend und Gehorsam. Eine Tochter soll ohne Frage die Religion ihrer Mutter, eine Ehefrau soll die Religion ihres Mannes annehmen[89]. Auf jeden Fall laßt sie die Philosophie meiden und es von sich weisen, eine *salonnière* zu sein[90]. Ein Mädchen soll jedoch nicht zu stumpfer Schüchternheit erzogen werden; «es soll lebhaft, unbeschwert und ausgelassen sein, singen und tanzen, soviel es mag, und alle unschuldigen Freuden seines Alters genießen». Laß es zu Bällen und Sportveranstaltungen gehen, sogar ins Theater – unter richtiger Überwachung und in guter Gesellschaft[91]. Sein Verstand sollte lebendig und wach gehalten werden, wenn es eine geeignete Frau für einen denkenden Mann werden soll. Und «den heiratsfähigen Mädchen ist eine Art Koketterie erlaubt», als Teil des komplizierten Spiels, durch das es seine Freier prüft und seinen Gefährten auswählt[92]. Das richtige Studium der Frau ist der Mann[93].

Wenn dieses Ideal des Mädchen- und des Frauentums sich in Émiles Hoffnungen gefestigt hat, mag er sich aufmachen und eine Gefährtin suchen. Er, nicht seine Eltern oder sein Erzieher, soll die Wahl treffen, doch er ist es ihnen und ihrer liebenden Fürsorge für ihn während vieler Jahre schuldig, sie respektvoll um Rat zu fragen. Du wünschest, in die große Stadt zu gehen und Dir die Mädchen anzuschauen, die dort zur Schau gestellt sind? Nun gut, wir werden nach Paris gehen; Du wirst selbst sehen, was an diesen aufreizenden Damen dran ist. So lebt Émile eine Weile in Paris, verkehrt in der «Gesellschaft». Doch er findet hier kein Mädchen von der Art, wie sein listiger Erzieher sie beschrieben hat. «Also – adieu Paris, berühmte Stadt, Stadt des Lärms, des Dunstes und Schmutzes, wo die Frauen nicht mehr an Ehrbarkeit und die Männer nicht mehr an Tugend glauben ..., wir gehen auf die Suche nach der Liebe, dem Glück, der Unschuld; nie können wir weit genug von dir entfernt sein.»[94]

Und so kehren Erzieher und Schüler zurück aufs Land, und hier, in einem ruhigen Weiler, fern der rasenden Menge, treffen sie Sophie. Nun (in Buch V von *Émile*) wird Rousseaus Abhandlung eine zwar idealisierte, jedoch entzückende Liebesgeschichte, mit der Gewandtheit eines vollendeten Schriftstellers erzählt. Nach langen Ausführungen über Erziehung, Politik und Religion kehrt er zurück zur Dichtung, und während Thérèse mit der Hausarbeit beschäftigt ist, nimmt er seinen Traum von jener edlen Frau wieder auf, der er nur in vereinzelten Augenblicken seiner Wanderung begegnet ist, und er benennt sie nach seiner letzten Flamme.

Diese neue Sophie ist die Tochter eines einstmals wohlhabenden Edelmannes, die jetzt in genügsamer Zurückgezogenheit und Einfachheit lebt. Sie ist gesund, lieblich, bescheiden, sanft – und nützlich; sie hilft ihrer Mutter mit gewandter und ruhiger Tüchtigkeit bei allem, «es gibt keine Nadelarbeit, die sie nicht machen kann»[95]. Émile findet Gründe, wiederzukommen, und sie findet Gründe für seine weiteren Besuche. Schrittweise kommt ihm zum Bewußtsein, daß Sophie alle jene Eigenschaften besitzt, die sein Erzieher ihm als Ideal vorgestellt hat. Welch göttlicher Zufall! In mehreren Wochen erreicht sein Gefühl die schwindelnde Höhe, die ihn ermutigt, den Saum ihres Gewandes zu küssen. Weitere Wochen vergehen, und sie sind verlobt. Rousseau besteht darauf, daß die Verlobung eine formelle und feierliche Zeremonie sein soll. Alles muß getan werden – durch das Ritual und auf andere Weise –, um die Heiligkeit des Ehebandes zu erhöhen und im Geiste zu festigen. Dann, als Émile am Rande der Glückseligkeit erzittert, mißachtet der unglaubliche Erzieher die Freiheit und die Natur und veranlaßt seinen Schüler, seine Verlobte für zwei Jahre zu verlassen und sich auf Reisen zu begeben, um ihre Liebe und Treue zu prüfen. Émile weint und gehorcht. Als er zurückkehrt, wunderbarerweise noch immer jungfräulich, findet er Sophie pflichtgetreu unberührt vor. Sie heiraten, und der Erzieher unterweist sie in ihren gegenseitigen Pflichten. Er heißt Sophie, ihrem Gatten gehorsam zu sein, ausgenommen im Bett und am Tisch. «Sie werden lange Zeit durch die Liebe herrschen, wenn Sie Ihre Gunst rar und kostbar machen ... Er soll die Keuschheit seiner Frau ehren, ohne über ihre Kälte zu klagen haben.»[96] Das Buch schließt mit einem dreieinigen Sieg:

«Eines Morgens ... kommt Émile in mein Zimmer, umarmt mich und sagt: 'Mein Lehrer, beglückwünschen Sie Ihr Kind; es hofft auf die Ehre, bald Vater zu sein. Ach, welche Mühen werden unserem Eifer auferlegt werden, und wie sehr werden wir Ihrer bedürfen! Gott verhüte, daß ich Sie auch den Sohn aufziehen lasse, nachdem Sie den Vater aufgezogen haben. Gott verhüte, daß eine so heilige und so süße Pflicht jemals durch einen anderen als mich erfüllt werde ... Aber bleiben Sie der Lehrer der jungen Lehrer. Beraten Sie uns, führen Sie uns, wir werden fügsam sein: ich werde Ihrer bedürfen, solange ich lebe ... Sie haben die Ihren [die Pflichten] erfüllt. Leiten Sie mich, daß ich es Ihnen nachtun kann; und ruhen Sie aus, es ist Zeit.'»[97]

Nach zwei Jahrhunderten des Lobes, des Spottes und des Experimentierens stimmt die Welt im allgemeinen darin überein, daß *Émile* schön, anregend und unmöglich ist. Die Erziehung ist ein trübes Thema, denn wir erinnern uns ihrer mit Pein, wir wollen nichts mehr über sie hören und nicht länger ihr Objekt sein, nachdem wir unsere Zeit in der Schule abgeleistet haben. Doch Rousseau machte aus diesem abschreckenden Stoff eine bezaubernde Romanze. Der einfache, direkte und persönliche Stil packt uns trotz einiger blumenreicher Exaltiertheiten. Wir werden mitgerissen und liefern uns dem allwissenden Erzieher aus, obwohl wir zögern würden, ihm unsere Söhne zu überantworten. Nachdem er die mütterliche Fürsorge und das Familienleben gepriesen hat, nimmt Rousseau Émile seinen Eltern weg und zieht ihn auf in antiseptischer Isolierung von der Gesellschaft, in der er später leben muß. Da er selbst nie Kinder aufgezogen hat, weiß er nicht, daß ein durchschnittliches Kind von «Natur» ein eifersüchtiger, habsüchtiger, herrschsüchtiger kleiner Dieb ist. Wenn wir warten, bis es Disziplin ohne Gebote lernt und Fleiß ohne Unterweisung, wird es sich auswachsen zu einem indolenten, haltlosen und anarchischen Schädling, ungewaschen, ungekämmt und unerträglich. Und wo sollen wir Erzieher finden, die zwanzig Jahre der Erziehung eines einzigen Kindes widmen? «Diese Art von Sorgfalt und Aufmerksamkeit», meinte Frau von Staël (1810), «... zwänge jedermann, sein ganzes Leben der Erziehung eines anderen Wesens zu widmen, und nur Großväter könnten sich frei ihrer eigenen Laufbahn zuwenden.»[98]

Wahrscheinlich erkannte Rousseau diese und andere Schwierigkeiten, nachdem er aus der Ekstase des Schreibens erwacht war. 1765 überschüttete ihn in Straßburg ein Enthusiast mit Komplimenten: «Sie sehen, mein Herr, einen Mann, der seine Söhne nach den Grundsätzen erzieht, die er aus Ihrem *Émile* zu lernen das Glück gehabt hat.» «Um so schlimmer, mein Herr, für Sie und Ihre Söhne!» brummte Rousseau[99]. In dem fünften seiner *Briefe vom Berge* erklärte er, er habe das Buch nicht für gewöhnliche Eltern, sondern für Weise geschrieben: «Ich habe es im Vorwort klargemacht ... daß es meine Absicht war, den Plan eines neuen Erziehungssystems den Weisen zur Erörterung zu unterbreiten, und nicht eine Methode für Väter und Mütter.»[100] Wie sein Lehrer Platon entzog er das Kind der Ansteckung durch seine Eltern, in der Hoffnung, daß das Kind als Produkt einer gesunden Erziehung fähig sein würde, seine eigenen Kinder aufzuziehen. Und wie Platon stellte er im Himmel ein Muster eines vollkommenen Staates oder einer vollkommenen Methode auf, so daß «derjenige, der sehen will, es sieht und nach dem, was er sieht, sich selbst einrichten kann»[101]. Er verkündete seinen Traum und vertraute darauf, daß er irgendwo einige Männer und Frauen inspirieren und zu Verbesserungen anregen würde. Dies ist geschehen.

SECHSTES KAPITEL

Rousseau der Ausgestoßene

[1762–1767]

I. DIE FLUCHT

Es ist bemerkenswert, daß ein Buch, das wie *Émile* einen so offenen Angriff auf fast alle Grundwahrheiten des Christentums enthielt, die Zensur passierte und in Frankreich gedruckt wurde. Doch der Zensor war der tolerante und seelenverwandte Malesherbes. Bevor er die Veröffentlichung erlaubte, drängte er Rousseau, einige Stellen, die mit ziemlicher Sicherheit die Kirche zu aktiver Feindseligkeit reizen würden, zu streichen. Rousseau weigerte sich. Andere Ketzer waren der persönlichen Verfolgung entgangen, indem sie Pseudonyme benutzten, doch Rousseau bestätigte seine Urheberschaft tapfer auf den Titelblättern seiner Bücher.

Während die *philosophes* den *Émile* als weiteren Verrat an der Philosophie brandmarkten, verdammten ihn die Prälaten Frankreichs und die Behörden von Paris und Genf als Abfall vom Christentum. Der antijansenistische Erzbischof von Paris bereitete für August 1762 einen strengen Hirtenbrief gegen das Buch vor. Das projansenistische *parlement* von Paris war damit beschäftigt, die Jesuiten zu vertreiben. Es wünschte nichtsdestoweniger, seinen Eifer für den Katholizismus zur Schau zu stellen, und das Erscheinen von *Émile* bot eine Gelegenheit, sich für die Kirche einzusetzen. Der Staatsrat, der mit dem *parlement* im Kriege lag und in seiner Begeisterung für die Orthodoxie nicht hinter ihm zurückbleiben wollte, schlug vor, Rousseau zu verhaften. Als seine aristokratischen Freunde hiervon Wind bekamen, rieten sie ihm, Frankreich sofort zu verlassen. Am 8. Juni schickte ihm Frau von Créqui eine aufgeregte Botschaft: «Es ist nur zu wahr, daß ein Haftbefehl gegen Sie erlassen worden ist. Im Namen Gottes, gehen Sie fort! ... Das Verbrennen Ihres Buches wird Ihnen nicht weh tun, doch Ihre Person kann eine Einkerkerung nicht vertragen. Fragen Sie Ihre Nachbarn um Rat.»[1]

Die Nachbarn waren der Marschall und die Marschallin von Luxemburg. Sie fürchteten, in Rousseaus Fall verwickelt zu werden, wenn man ihn verhaftete[2]. Sie und der Prinz Conti drängten ihn, zu fliehen, und gaben ihm Geld und eine Kutsche für die lange Fahrt durch Frankreich in die Schweiz. Widerstrebend gab er nach. Er empfahl Thérèse der Obhut der Marschallin und verließ Montmorency am 9. Juni. An diesem Tag wurde ein Haftbefehl gegen Rousseau erlassen, doch er wurde mit barmherziger Säumigkeit durchgeführt, denn viele in der Regierung waren froh, ihn entkommen zu lassen. Am gleichen Tage legte Maître Omer Joly von Fleury, ein Exemplar des *Émile* schwingend, dem *parlement* von Paris dar:

«Daß dieses Werk mit dem Ziel verfaßt worden ist, alles auf die Naturreligion zurückzuführen und das verbrecherische System in dem Plan des Autors für die Erziehung seines Schülers zu entwickeln; ...

Daß er alle Religionen als gleich gut betrachtet und der Meinung ist, daß sie ihre Gründe im Klima, in der Regierung und im Charakter des Volkes haben; ...

Daß er infolgedessen es wagt, die Wahrheit der Heiligen Schrift und der Prophezeiungen, die Gewißheit der in den heiligen Büchern beschriebenen Wunder, die Unfehlbarkeit der Offenbarung und die Autorität der Kirche zu zerstören ... Er verspottet und lästert die christliche Religion, die Gott allein zu ihrem Schöpfer hat ...

Der Autor dieses Buches, der die Kühnheit besessen hat, es mit seinem Namen zu zeichnen, sollte so bald wie möglich verhaftet werden. Es ist wichtig, daß ... die Gerechtigkeit mit all ihrer Strenge ein Exempel statuiert, sowohl für den Autor als auch für diejenigen, die ... am Druck und an der Verbreitung eines solchen Buches beteiligt waren.»

Hierauf ordnete das *parlement* an, daß

«das besagte Buch im Hof des Justizpalastes, am Fuß der großen Treppe, durch den Vollstreckungsbeamten zerrissen und verbrannt werden soll; daß alle diejenigen, die Exemplare dieses Buches besitzen, sie sofort zur Verbrennung abliefern sollen; daß kein Verleger dieses Buch drucken oder verkaufen oder verbreiten soll; daß alle Verkäufer oder Depositäre verhaftet und mit der ganzen Strenge des Gesetzes bestraft werden sollen; ... und daß J.-J. Rousseau gefaßt und in das Gefängnis der Conciergerie des Palastes gebracht werden soll»[3].

Am 11. Juni wurde *Émile* wie verordnet «zerrissen und verbrannt», am selben Tag jedoch hatte Rousseau die Schweiz erreicht. «Im gleichen Augenblick, da ich auf dem Territorium von Bern angelangt war, hieß ich den Postillon anzuhalten. Ich stieg aus meiner Kutsche, warf mich auf den Boden, küßte die Erde und rief, von Freude überwältigt, aus: 'Himmel, Beschützer der Tugend, sei gepriesen; ich habe ein Land der Freiheit berührt!'»[4]

Er war nicht ganz sicher. Er fuhr weiter nach Yverdon, am Südende des Neuenburgersees; hier blieb er einen Monat lang bei seinem alten Freund Roguin. Sollte er in Genf eine Heimat suchen? Doch am 19. Juni verurteilte der Rat der Fünfundzwanzig, der Genf regierte, sowohl *Émile* als auch den *Contrat social* als

«gottlos, skandalös, frech, voll von Lästerungen und Beleidigungen gegen die Religion. Unter dem Deckmantel von Zweifeln hat der Autor alles angehäuft, was dazu geeignet ist, die Hauptfundamente der geoffenbarten Christenreligion zu unterminieren und zu zerstören ... Diese Bücher sind um so gefährlicher und verwerflicher, als sie in Französisch [nicht in esoterischem Latein] in dem verführerischsten Stil geschrieben sind und unter dem Namen 'Bürger von Genf' erscheinen.»[5]

Demgemäß ordnete der Rat an, daß beide Bücher verbrannt wurden, verbot ihren Verkauf und befahl, daß Rousseau verhaftet werden solle, sobald er je wieder das Territorium der Republik beträte. Der Genfer Klerus erhob keinen Protest gegen diese Verstoßung des berühmtesten lebenden Sohnes von Genf; zweifellos befürchtete er, daß eine dem Autor des *Glaubensbekenntnisses des savoyischen Vikars* gezeigte Sympathie d'Alemberts Enthüllung ihrer geheimen unitarischen Gefühle bestätigen würde. Jacob Vernes, Rousseaus langjähriger Freund, wandte sich gegen ihn und forderte einen Widerruf. «Wenn es Gerüchte im Pöbel gab», antwortete Rousseau, «waren sie ungünstig für mich, und ich wurde öffentlich von allen Klatschmäulern und Pedanten wie ein Schüler behandelt, den man mit einer Tracht Prügel bedroht, weil er seinen Katechismus nicht richtig hergesagt hat.»[6]

Voltaire wurde durch die Lage seines Rivalen gerührt. Er hatte *Émile* gelesen; sein Urteil kann noch immer in seinem Exemplar in der Bibliothek von Genf nachgelesen werden. In einem Brief vom 15. Juni schrieb er über das Buch: «Es ist ein Mischmasch einer einfältigen Amme in vier Bänden, mit vierzig Seiten gegen das Christentum, die zu den kühnsten gehören, die ich je gelesen habe ... Er sagt ebenso viele verletzende Dinge gegen die Philosophen wie gegen Jesus Christus, doch die Philosophen werden nachsichtiger sein als die Priester.»[7] Jedenfalls bewunderte er das *Glaubensbekenntnis:* «Fünfzig gute Seiten», nannte er sie, fügte jedoch hinzu: «es ist bedauerlich, daß sie geschrieben wurden von ... einem solchen Buben [*coquin*]»[8]. An Frau du Deffand schrieb er: «Ich werde den Autor des *Savoyischen Vikars* immer lieben, was er auch getan hat und was er tun wird.»[9] Als er hörte, daß Jean-Jacques heimatlos war, rief er aus: «Laßt ihn doch kommen, nur kommen! Ich werde ihn mit offenen Armen empfangen. Er soll hier mehr Herr sein als ich. Ich werde ihn wie meinen eigenen Sohn behandeln.»[10] Er verschickte diese Einladung an sieben verschiedene Adressen; sie muß eine dieser Adressen erreicht haben, denn Rousseau drückte später sein Bedauern aus, daß er nicht geantwortet hatte[11]. Im Jahre 1763 erneuerte Voltaire die Einladung. Rousseau lehnte ab und beschuldigte Voltaire, den Rat der Fünfundzwanzig aufgehetzt zu haben, den *Contrat social* und *Émile* zu verurteilen. Voltaire stritt dies ab, offenbar der Wahrheit gemäß.

Früh im Juli 1762 teilte der Rat von Bern Rousseau mit, er könne seine Anwesenheit auf Berner Boden nicht länger dulden; er müsse das Gebiet innerhalb von vierzehn Tagen verlassen oder mit Einkerkerung rechnen. Inzwischen erhielt er einen freundlichen Brief von d'Alembert, der ihm riet, seinen Wohnsitz im Fürstentum Neuenburg zu nehmen. Dieses unterstand der Jurisdiktion Friedrichs des Großen und wurde verwaltet von dem Grafen und Marschall George Keith, der, schrieb d'Alembert, «Sie empfangen und behandeln würde, wie die Patriarchen des Alten Testaments verfolgte Tugend empfingen und behandelten»[12]. Rousseau zögerte, denn er hatte sich kritisch über Friedrich geäußert und ihn als einen Tyrannen in philosophischer Verkleidung bezeichnet[13]. Dennoch nahm er am 10. Juli 1762 die Einladung von Roguins Nichte, Frau von La Tour an, ein ihr gehörendes Haus in Môtiers-Travers, vierundzwanzig Kilometer südwestlich der Stadt Neuenburg, zu beziehen in einem, wie es Boswell später beschreiben sollte, «wildromantischen Tal, von ungeheuren Bergen umgeben»[14]. Um den 11. Juli wandte sich Jean-Jacques an den Verwalter und schrieb mit seiner charakteristischen Mischung von Demut und Stolz an

«Den König von Preussen:

Ich habe viel Schlechtes über Sie gesagt; ich werde wahrscheinlich noch mehr Schlechtes über Sie sagen, jedoch, aus Frankreich, aus Genf, aus dem Kanton Bern verjagt, bin ich gekommen, in Ihren Staaten um Asyl zu bitten ... Sire, ich habe keine Gnade von Ihnen verdient, und ich bitte auch nicht darum. Doch ich glaube, ich muß Eurer Majestät erklären, daß ich in Ihrer Macht bin und daß ich es so gewollt habe. Eure Majestät kann über mich verfügen, wie sie will.»

Mit dem Vertrag von Paris im Jahre 1763 lieferte Frankreich außer Kanada auch seine indischen Besitzungen an England aus; die britische Kolonialgeschichte Indiens begann. Unsere Darstellung zeigt einen indischen Fürsten, der vor einem Tempel im Garten seines Palastes drei französische Kolonialoffiziere empfängt.

Unter unbestimmtem Datum schrieb Friedrich, immer noch im Siebenjährigen Krieg, an Keith:

«Wir müssen diesem armen Unglücklichen helfen. Sein einziges Vergehen ist es, wunderliche Meinungen zu haben, von denen er glaubt, daß sie richtig seien. Ich werde Ihnen 100 Taler senden mit der Bitte, ihm davon so viel zu geben, wie er braucht. Ich glaube, er wird Unterstützung lieber *in natura* annehmen als in barem Geld. Wenn wir nicht im Kriege und bankrott wären, würde ich ihm eine Einsiedelei mit einem Garten einrichten, wo er so leben könnte, wie nach seiner Meinung unsere Vorfahren gelebt haben ... Ich meine, Ihr Rousseau hat seinen Beruf verfehlt. Er sollte offenbar ein berühmter Anachoret, ein Einsiedler in der Wüste, werden, berühmt für seine Sittenstrenge und Selbstkasteiung ... Also schließe ich, daß die Sittlichkeit Ihres Wilden ebenso rein ist wie sein Geist unlogisch.»[15]

Der Marschall, den Rousseau als einen hageren, betagten, geistesabwesenden Heiligen bezeichnete, schickte ihm Lebensmittel, Kohle und Holz und schlug vor, ihm «ein kleines Haus zu bauen». Jean-Jacques glaubte, dieses Angebot komme von Friedrich, und lehnte es ab, doch «von diesem Augenblick war ich ihm so ernsthaft verbunden, daß ich mich ebensosehr für seinen Ruhm interessierte, wie ich es damals für seine Erfolge für ungerecht gehalten hatte»[16]. Am 1. November, als der Krieg sich seinem Ende näherte, schrieb er an Friedrich und belehrte ihn über die Aufgaben des Friedens:

«SIRE:

Sie sind mein Beschützer und mein Wohltäter, und ich habe ein zur Dankbarkeit geschaffenes Herz. Ich will meine Dankesschuld bei Ihnen abtragen, wenn ich kann.

Sie wollen mir Brot geben; ist unter Ihren Untertanen keiner, dem es daran mangelt?

Nehmen Sie von meinen Augen das Schwert hinweg, das mich blendet und verwundet. Die Laufbahn von Königen Ihres Schlages ist groß, und Sie sind noch immer weit entfernt von Ihrer Zeit. Doch die Zeit drängt, Sie haben keinen Augenblick mehr zu verlieren . . . Können Sie beschließen zu sterben, ohne der größte der Männer gewesen zu sein?

Wenn es mir je vergönnt wäre, Friedrich den Gerechten und Gefürchteten, schließlich seine Staaten mit glücklichen Menschen bevölkert zu sehen, deren Vater er sein würde, dann würde Jean-Jacques Rousseau, der Feind der Könige, vor Freude am Fuß seines Thrones sterben.»[17]

Soweit bekannt, antwortete Friedrich nicht, doch als Keith nach Berlin ging, sagte ihm der König, er habe von Rousseau «Schelte» erhalten[18].

Nun offenbar einer Heimat sicher, schickte Jean-Jacques nach Thérèse. Er war nicht sicher, ob sie kommen würde, denn «er hatte seit langem bemerkt, daß ihre Neigung kälter wurde». Er schrieb dies dem Umstand zu, daß er aufgehört hatte, geschlechtliche Beziehungen mit ihr zu unterhalten, da «eine Verbindung mit Frauen meiner Gesundheit schädlich war»[19]. Vielleicht würde sie jetzt Paris der Schweiz vorziehen. Doch sie kam. Es kam zu einer tränenreichen Wiedervereinigung, und sie hofften auf einige Jahre des Friedens.

Gluck und Mozart und tausend andere gingen im 18. Jahrhundert nach Italien, um seine in Europa überlegene Musik zu studieren. Musikinstrumente wurden in Italien «mit sinnlicher Leidenschaft geliebt» (Durant). Im Bild drei Sopranlauten (v. o. n. u.): von Allegrini aus dem Jahr 1780, aus dem 16. und aus dem 17. Jahrhundert.

II. ROUSSEAU UND DER ERZBISCHOF

Die nächsten vier Jahre waren ihre unglücklichsten. Der calvinistische Klerus von Neuenburg klagte Rousseau öffentlich als Ketzer an, und die Gerichtsbehörden verboten den Verkauf von *Émile*. Vielleicht um sie zu beruhigen oder erfüllt vom ernsthaften Wunsch, die Vorschriften seines «Vikars» zu befolgen, fragte Rousseau den Pfarrer von Môtiers, ob er sich der Gemeinde anschließen könne. (Thérèse blieb katholisch.) Er wurde aufgenommen, wohnte dem Gottesdienst bei und empfing die Kommunion «mit einer Bewegung des Herzens, und meine Augen füllten sich mit Tränen der Zärtlichkeit»[20]. Er gab seiner Umwelt Anlaß zum Spott, indem er die armenische Tracht anlegte – Pelzmütze, Kaftan und Gürtel; das lange Gewand erlaubte ihm, die Wirkungen seiner Harnstörung zu verbergen. Er ging in dieser Kleidung zur Kirche und trug sie, wenn er Graf Keith besuchte, der keine Bemerkung machte, außer daß er ihm *salaam aleikum* wünschte. Er fuhr fort, sein Einkommen durch Notenabschreiben zu erhöhen. Jetzt befaßte er sich auch mit Nadelarbeit und lernte Spitzen häkeln. «Wie die Frauen trug ich mein Kissen bei mir, wenn ich Besuche machte, wenn ich mich an meiner Türe zur Arbeit niedersetzte ..., dies ermöglichte es mir, meine Zeit mit meinen weiblichen Nachbarn zu verbringen, ohne müde zu werden.»[21]

Wahrscheinlich um diese Zeit (gegen Ende 1762) überredeten ihn seine Verleger, die Niederschrift seiner *Bekenntnisse* zu beginnen. Er hatte der Schriftstellerei abgeschworen, doch dies würde nicht so sehr Schriftstellerei sein als eine Verteidigung seines Charakters und Verhaltens gegenüber einer Welt von Feinden und besonders gegenüber den Anschuldigungen der Philosophen und dem Klatsch der Salons. Außerdem hatte er eine große Anzahl von Briefen zu beantworten. Besonders Frauen boten ihm den tröstlichen Weihrauch ihrer Anbetung an, und dies nicht nur wegen ihres Mitleids mit dem gejagten Autor einer berühmten Liebesgeschichte, sondern auch weil sie danach verlangten, zur Religion zurückzukehren und in dem *Savoyischen Vikar* und seinem Schöpfer keinen wirklichen Gegner des Glaubens, sondern seinen tapferen Vorkämpfer gegen einen trostlosen Atheismus sahen. Für solche Frauen und mehrere Männer wurde er ein Beichtvater, ein Führer ihrer Seelen und Gewissen. Er riet ihnen, bei der Religion ihrer Jugend zu bleiben oder zu ihr zurückzukehren, ungeachtet all der Schwierigkeiten, die Wissenschaft und Philosophie heraufbeschworen hatten. Diese Unglaublichkeiten waren nicht von Wichtigkeit und konnten schweigend beiseite geschoben werden. Worauf es ankam, das war Vertrauen in Gott und in die Unsterblichkeit; mit diesem Glauben und dieser Hoffnung konnte man sich über alle die unverständlichen Katastrophen der Natur, über allen Schmerz und Kummer des Lebens erheben. Ein junger Katholik, der gegen seine Religion rebellierte, bat um Rat. Rousseau vergaß sein eigenes Rebellentum und forderte ihn auf, nicht so viel Lärm um Nebensächlichkeiten zu machen: «Wenn ich katholisch geboren wäre, würde ich katholisch geblieben sein, wohl wissend, daß Ihre Kirche den Irrwanderungen der menschlichen Vernunft, die keinen Grund findet, wenn sie die Gründe der Dinge zu ergründen sucht, eine heilsame Beschränkung auferlegt.»[22] Fast allen diesen nach Weisheit Suchenden gab er den Rat, aus der Stadt auf das Land zu flüchten, aus der Künstlichkeit und Kompliziertheit in eine natürliche Einfachheit des Lebens und eine bescheidene Zufriedenheit mit Ehe und Elternschaft.

Frauen, die durch weltliche Priester und agnostische Pfarrer schockiert worden waren, verliebten sich, wenn auch nur in Briefen, in diesen unweltlichen Ketzer, den alle Kirchen anklagten. Frau von Blot, adelig und geachtet, rief einer Gesellschaft von Herren und Damen zu: «Es gäbe keine wahrhaft gefühlvolle Frau, die nicht ein bedeutendes Maß von Tugend nötig hätte, um dagegen gefeit zu sein, ihr Leben einem Rousseau zu weihen, wenn sie die Gewißheit haben könnte, infolgedessen leidenschaftlich geliebt zu werden.»[23] Frau von La Tour hielt einige Komplimente in seinen Briefen irrtümlich für ein Liebesgeständnis. Sie antwortete mit überschwenglicher Wärme und Zärtlichkeit, schickte ihm ihr Bildnis und beteuerte, es werde ihr nicht gerecht. Sie verfiel der Verzweiflung, als er mit Gelassenheit eines Mannes antwortete, der sie nie gesehen hatte[24]. Doch andere Verehrerinnen wünschten den Boden zu küssen, auf dem er wandelte; einige errichteten ihm Altäre in ihren Herzen, manche nannten ihn den wiedergeborenen Christus. Zuzeiten nahm er sie ernst und hielt sich selbst für den gekreuzigten Begründer eines neuen Glaubens[25].

Inmitten dieser Begeisterung und wie um die Analogie zu bestätigen, rief ein hoher Priester der Kirche das Volk auf, ihn als einen gefährlichen Revolutionär zu verdammen. Am 20. August 1762 erteilte Christoph von Beaumont, Erzbischof von Paris, den Priestern seiner Diözese den Befehl, seine neunundzwanzigseitige Anklage gegen *Émile* vor ihren Gemeinden zu verlesen und der Welt bekanntzumachen. Er war ein Mann der strengen Rechtgläubigkeit und von heiligmäßigem Ruf. Er hatte gegen die Jansenisten, gegen die *Encyclopédie* und die *philosophes* gekämpft, und nun glaubte er, Rousseau habe nur zum Schein mit den Ungläubigen gebrochen und sei wieder zu ihnen gestoßen, um den Glauben anzugreifen, auf dem, in des Bischofs Augen, die gesamte gesellschaftliche Ordnung und das moralische Leben Frankreichs ruhte.

Er begann mit dem Zitat des zweiten Paulus-Briefes an Timotheus: «Das sollst Du aber wissen, daß in den letzten Tagen werden greuliche Zeiten kommen, denn es werden Menschen sein, die viel von sich halten, habgierig, ruhmredig, hoffärtig, Lästerer, den Eltern ungehorsam . . . die das Vergnügen mehr lieben als Gott, die da haben den Schein eines gottseligen Wesens, aber seine Kraft verleugnen sie.»[26] Zweifellos waren diese Zeiten gekommen!

«Unglauben, gestärkt durch alle Leidenschaften, erscheint in jeder Form und paßt sich auf irgendeine Weise allen Lebensaltern, allen Charakteren und Graden an. Manchmal bedient er sich eines leichten, angenehmen und frivolen Stils; daher so viele Erzählungen, die ebenso obszön wie gottlos sind [Voltaires Romane] und die Phantasie als ein Mittel zur Verführung des Verstands und zur Verderbnis des Herzens belustigen. Manchmal gibt er, Tiefe und Einheit in seinen Ansichten heuchelnd, vor, auf die ersten Grundsätze des Wissens zurückzugehen und göttliche Autorität anzunehmen, um ein Joch abzuwerfen, das, so sagen sie, die Menschheit entehrt. Manchmal eifert er wie eine wütende Frau gegen religiösen Eifer und predigt mit Begeisterung allgemeine Toleranz. Und manchmal mischt er, alle diese verschiedenen Redeweisen vereinigend, das Ernste mit dem Spielerischen, reine Maximen mit Obszönität, große Wahrheiten mit großen Irrtümern, den Glauben mit Gotteslästerung; in einem Wort, er unternimmt es, das Licht mit der Dunkelheit, Jesus Christus mit Belial, zu versöhnen.»[27]

Dies, erklärte der Erzbischof, sei speziell die Methode des *Émile,* eines Buches, voll der Sprache der Philosophie, ohne wirklich Philosophie zu sein, angefüllt mit Körnchen der Weisheit, die den Autor nicht erleuchtet haben und seine Leser nur verwirren können. Ein Mann, der sich in Paradoxen der Meinungen und der Verhaltensweisen ergeht, der Einfachheit der Sitten mit Gedankenpomp, alte Maximen mit schlechten Neuerungen, das Dunkel seiner Zurückgezogenheit mit dem Wunsch vereinigt, von aller Welt gekannt zu sein. Er klagt die Wissenschaften an und pflegt sie; er preist die Erhabenheit des Evangeliums und zerstört seine Lehren. Er hat sich selbst zum Lehrer des Menschengeschlechts gemacht, um es zu täuschen, zum Monitor des Publikums, um die Welt irrezuführen, zum Orakel des Jahrhunderts, um es zu zerstören. Welch ein Unterfangen![28]

Der Erzbischof war entsetzt über Rousseaus Vorschlag, Émile gegenüber weder Gott noch die Religion zu erwähnen, bevor er zwölf Jahre oder gar achtzehn sei. So «hätte denn die ganze Natur vergeblich den Ruhm ihres Schöpfers verkündet», und alle moralische Unterweisung würde die Stütze des religiösen Glaubens verlieren. Aber der Mensch ist nicht von Natur gut, wie der Autor annahm; er ist geboren mit dem Makel der Erbsünde, er hat teil an der allgemeinen Verderbnis der Menschheit. Der weise Erzieher – am besten ein durch die göttliche Gnade geleiteter Priester – wird jedes gerechte Mittel benutzen, um die guten Impulse im Menschen zu nähren und das Böse auszujäten; deshalb wird er das Kind nähren mit «der geistigen Milch der Religion, auf daß es dem Heil entgegenwachse». Nur durch eine solche Erziehung kann das Kind sich zu einem «aufrichtigen Verehrer des wahren Gottes und zu einem treuen Untertan des Herrschers» entwickeln[29]. So viel Sünde und Verbrechen überdauern sogar diese unablässige Unterweisung; man stelle sich vor, was aus ihnen ohne sie würde. Eine Sturmflut von Schlechtigkeit würde uns verschlingen[30].

Aus diesen Gründen proklamierte der Erzbischof:

«Nachdem wir mehrere durch ihre Frömmigkeit und Weisheit ausgezeichnete Personen konsultiert und den heiligen Namen Gottes angerufen haben, verdammen wir das besagte Buch, weil es eine abscheuliche Lehre enthält, die das Naturgesetz und die Fundamente der christlichen Religion untergräbt, weil es Grundsätze aufstellt, die der Morallehre des Evangeliums widersprechen, weil es danach strebt, den Frieden der Staaten zu stören und eine Revolte gegen die Autorität des Herrschers anzuzetteln, weil es eine sehr große Anzahl von falschen und schimpflichen Vorschlägen enthält, die von Haß erfüllt sind gegen die Kirche und ihre Diener ... Daher verbieten wir bei Strafe jedweder Person in unserer Diözese, das besagte Buch zu lesen oder zu besitzen.»[31]

Dieses Mandat wurde «mit der Erlaubnis des Königs» gedruckt und erreichte bald Môtiers-Travers. Rousseau, der noch immer entschlossen war, nicht mehr zu schreiben, entschied sich zu einer Antwort. Bevor er die Feder niederlegte (18. November 1762), war seine Antwort auf hundertachtundzwanzig Seiten angewachsen. Sie wurde im März 1763 in Amsterdam als *Jean-Jacques Rousseau, Citoyen de Genève, à Christophe de*

Beaumont, Archevêque de Paris gedruckt. Die Schrift wurde bald vom *parlement* von Paris und dem Rat von Genf verurteilt. Von den beiden führenden Religionen Europas angegriffen, wehrte sich Rousseau, indem er gegen beide zurückschlug. Jetzt wiederholte der zurückhaltende Romantiker, der die *philosophes* abgelehnt hatte, deren Argumente mit rücksichtsloser Kühnheit.

Er begann mit einer Frage, die alle Opponenten in einer endlosen Debatte einander noch immer stellen: «Warum muß ich etwas zu Ihnen sagen, Monseigneur? Welche gemeinsame Sprache können wir sprechen, wie können wir einander verstehen?»[32] Er bedauerte, je Bücher geschrieben zu haben; er tat es nicht, bevor er achtunddreißig Jahre alt war, und beging diesen Fehler, weil er durch Zufall auf jene «elende» Frage der Akademie von Dijon gestoßen war. Die Kritiken seines *Discours* hatten ihn veranlaßt, zu antworten. «Disput führte zu Disput, . . . und ich wurde sozusagen Schriftsteller in einem Alter, in dem man gewöhnlich die Schriftstellerei aufgibt». Von jener Zeit bis heute «sind Ruhe und Freunde verschwunden»[33]. Während seiner ganzen Laufbahn, behauptete er, sei er

«mehr leidenschaftlich als weise gewesen, ... doch ehrlich in allen Dingen, ... schlicht und gut, doch empfindlich und schwach, mehr meinen Gefühlen folgend als meinen Interessen, ... Gott fürchtend, ohne die Hölle zu fürchten; über Religion rechtend, doch ohne Freigeisterei, weder Gottlosigkeit noch Fanatismus liebend, aber den Intoleranten mehr hassend als den Freidenker, meine Fehler meinen Freunden bekennend und meine Anschauungen der ganzen Welt»[34].

Er bedauerte die katholische Verdammung des *Émile* weniger als die calvinistische. Er, der sich stolz *Citoyen de Genève* genannt hatte, war aus Frankreich geflohen in der Hoffnung, in seiner Geburtsstadt die Luft der Freiheit zu atmen und hier ein Willkommen zu finden, das ihn in seiner Demütigung trösten würde. Doch «was soll ich jetzt sagen? Mein Herz krampft sich zusammen, meine Hand zittert, die Feder entfällt ihr. Ich muß schweigen . . . Ich muß im geheimen die bittersten meiner Schmerzen erleiden.»[35] Welch ein Schicksal erfuhr dieser Mensch, der «in dem Jahrhundert, das in Philosophie, Vernunft und Menschlichkeit so große Triumphe feierte», es wagte, «die Sache Gottes zu verteidigen» – der, «gebrandmarkt, geächtet, von Land zu Land, von Zufluchtsort zu Zufluchtsort, ohne Rücksicht auf seine Armut, ohne Mitleid mit seiner Krankheit», endlich Asyl findet unter «einem illustren und aufgeklärten Fürsten» und sich selbst abschließt in einem kleinen, zwischen den Bergen der Schweiz verborgenen Dorf. Hoffend, hier endlich Sicherheit und Frieden zu finden, doch sogar hier von den Bannflüchen der Priester verfolgt wird. Dieser Erzbischof, «ein tugendhafter Mann, ebenso edel von Seele wie von Geburt», hätte die Verfolger tadeln sollen; statt dessen ermächtigte er sie schamlos zu ihrem Tun, «er, der die Sache des Unterdrückten hätte vertreten sollen»[36].

Rousseau erkannte, daß der Erzbischof besonders erzürnt war über die Lehre, daß die Menschen gut geboren seien, oder zumindest nicht böse. Beaumont begriff, daß, wenn dies wahr wäre, wenn der Mensch bei der Geburt nicht befleckt wäre durch die Erbschaft der Schuld von Adam und Eva, dann die Lehre der Sühne durch Christus entfallen würde; und diese Lehre war der Kern des christlichen Glaubens. Rousseau erwiderte, die Lehre von der Erbsünde sei nirgendwo in der Bibel klar ausgedrückt. Er sah, daß der Erzbischof entsetzt war über den Vorschlag, die religiöse Unterweisung zu verschieben. Er erwiderte, die Erziehung der Kinder durch Nonnen und Priester hätten die Sünden nicht verringert; diese Schüler hätten, einmal erwachsen, ihre Furcht vor der Hölle verloren und zögen ein kleines Vergnügen auf Erden jedem versprochenen Paradies vor. Und jene Priester – waren die Vorbilder der Tugend im zeitgenössischen Frankreich?[37] Und dennoch, «ich bin ein Christ, ein aufrichtiger Christ nach der Lehre des Evangeliums, nicht ein Christ als Schüler der Priester, sondern als Jünger Jesu Christi». Dann fügte Rousseau, mit einem Blick auf Genf, hinzu: «Glücklich, in der heiligsten und vernünftigsten Religion auf Erden geboren zu sein, bleibe ich dem Glauben meiner Väter unverletzlich treu. Wie sie mache ich die Schrift und die Vernunft zu den einzigen Regeln meines Glaubens.»[38] Er spürte den Vorwurf jener, die zu ihm sagten, daß, «wenn auch alle Menschen von Intelligenz so denken wie Sie, es nicht gut sei, daß das gemeine Volk [*le vulgaire*] so denken soll».

«Das ist es, was sie mir von allen Seiten zurufen; dies ist vielleicht das, was Sie mir sagen würden, wenn wir beide allein in Ihrem Arbeitszimmer wären. So sind die Menschen; sie wechseln ihre Sprache mit ihren Kleidern; sie sagen die Wahrheit nur in ihren Schlafröcken; in ihren Straßenkleidern wissen sie nur zu lügen. Und sie sind nicht nur Schwindler und Betrüger gegenüber der Menschheit, sondern sie schämen sich auch nicht, gegen ihr eigenes Gewissen jeden zu bestrafen, der sich weigert, die Öffentlichkeit zu betrügen und zu belügen wie sie selbst.»[39]

Der Unterschied zwischen dem, was wir glauben, und dem, was wir predigen, ist der tiefere Grund der Verderbnis in unserer modernen Kultur. Es gibt Vorurteile, die wir respektieren sollen, jedoch nicht, wenn sie aus der Erziehung eine Massentäuschung machen und die moralische Grundlage der Gesellschaft unterminieren[40]. Und wenn diese Vorurteile mörderisch werden, sollen wir dann noch immer schweigen über ihre Verbrechen?

«Ich sage nicht noch denke ich, daß es keine gute Religion gibt, ... doch ich sage ..., daß es keine gibt unter denen, die beherrschend waren, die der Menschheit nicht grausame Wunden beigebracht hat. Alle Sekten haben andere verfolgt, alle haben Gott Menschenblut geopfert. Was immer die Quelle dieser Widersprüche sein mag, sie existieren; ist es ein Verbrechen, sie beseitigen zu wollen?»[41]

Gegen Ende seiner Erwiderung verteidigte Rousseau seinen *Émile* liebevoll und fragte sich, warum man seinem Autor keine Statue errichtet hat.

«Angenommen, daß ich einige Fehler gemacht habe, ja daß ich immer unrecht hatte, gebührt nicht Nachsicht einem Buch, in dem man überall – selbst in seinen Irrtümern, selbst in dem Bösen, das in ihm sein mag – eine aufrichtige Liebe zum Guten und einen Eifer für die Wahrheit fühlt? ... Ein Buch, das nur Frieden, Sanftmut, Geduld, Liebe zur Ordnung und Gehorsam gegenüber den Gesetzen in allem, selbst in Sachen der Religion atmet? Ein Buch, in dem die Sache der Religion so fest verankert ist, in dem die Moral so respektiert wird ... in dem die Schlechtigkeit als Tollheit und die Tugend als so liebenswert dargestellt wird? ... Ja, ich scheue mich nicht, es zu sagen: Wenn es in Europa eine einzige wahrhaft aufgeklärte Regierung gäbe ... sie würde den Autor von *Émile* öffentlich ehren, sie würde ihm Statuen errichten. Ich kenne die Menschen zu gut, um solche Anerkennung zu erwarten. Ich kannte sie nicht gut genug, um das zu erwarten, was sie getan haben.»[42]

(Sie haben Jean-Jacques Rousseau Statuen errichtet.)

III. ROUSSEAU UND DIE CALVINISTEN

Der *Brief an Christoph Beaumont* gefiel nur wenigen Freidenkern in Frankreich und wenigen politischen Rebellen in der Schweiz. Von dreiundzwanzig an den Autor adressierten «Widerlegungen» kamen fast alle von Protestanten. Der calvinistische Klerus von Genf sah in dem Brief einen Angriff gegen die Wunder und gegen die biblische Inspiration. Solche Ketzereien zuzulassen würde bedeuten, von neuem die Gefahr herauszufordern, der er durch d'Alembert ausgesetzt gewesen war. Wütend darüber, daß die Genfer Liberalen es unterließen, sich für seine Verteidigung auszusprechen, schickte Rousseau (12. Mai 1763) an den Großen Rat von Genf eine Verzichterklärung auf sein Bürgerrecht. Diese Tat gewann ihm einige Unterstützung. Am 18. Juni unterbreitete eine Delegation dem ersten Bevollmächtigten der Republik eine «sehr bescheidene und respektvolle Darstellung von Bürgern von Genf», die, außer anderen Beschwerden, Klage darüber führte, daß das Urteil gegen Rousseau illegal gewesen sei und daß die Konfiszierung von Exemplaren von *Émile* in Genfer Buchläden Eigentumsrechte verletzt habe. Der Rat der Fünfundzwanzig lehnte den Protest ab, und im September gab der öffentliche Ankläger, Jean-Robert Tronchin (Vetter von Voltaires Arzt), die *Lettres écrites de la campagne* heraus, in denen er die umstrittenen Handlungen des Rates verteidigte. Die *représentants* forderten Rousseau auf, Tronchin zu antworten. Nie bereit, sich abzufinden, veröffentlichte Rousseau (Dezember 1764) neun *Lettres écrites de la montagne* – eine Erwiderung von seinem Bergheim an die Oligarchie der Genfer Ebene. Gegen den Klerus als auch gegen den Rat von Wut erfüllt, griff er sowohl den Calvinismus als auch den Katholizismus an und verbrannte fast alle Brücken hinter sich.

Formal adressierte er die Briefe an die Führer der *représentants*. Er verbreitete sich zunächst nur über den Schaden, der ihm durch die hastige Verurteilung seiner Bücher und seiner Person zugefügt worden war, ohne daß er Gelegenheit zur Verteidigung hatte. Er gab die Unvollkommenheiten seiner Bücher zu: «Ich selbst habe eine große Anzahl Irrtümer in ihnen gefunden. Ich Zweifle nicht, daß andere viel mehr sehen werden und daß es noch andere gibt, die weder ich noch andere wahrgenommen haben ... Nachdem es beide Parteien gehört hat, wird das Publikum urteilen; ... das Buch wird triumphieren oder fallen, und die Sache ist abgeschlossen.»[43] Doch war das Buch schädlich? Konnte jemand die *Neue Heloise* und das *Glaubensbekenntnis des savoyischen Vikars* lesen und wirklich glauben, der Autor habe die Absicht gehabt, die Religion zu zerstören? Gewiß, diese Schriften suchten den Aberglauben als «die schrecklichste Plage der Menschheit, den Kummer der Weisen und das Werkzeug der Tyrannei» zu zerstören[44]. Bestätigten sie aber nicht die Notwendigkeit der Religion? Der Autor wird angeklagt, nicht an Christus zu glauben; er glaubt an Christus, doch in anderer Weise als seine Ankläger:

> «Wir anerkennen die Autorität Jesu Christi, weil unser Verstand mit seinen Geboten übereinstimmt und wir sie erhaben finden ... Wir anerkennen, daß die Offenbarung aus dem Geist

Gottes kommt, ohne zu wissen wie ... Indem wir eine göttliche Autorität im Evangelium anerkennen, glauben wir, daß Jesus Christus mit dieser Autorität bekleidet war. Wir anerkennen eine mehr als menschliche Tugend in seinem Verhalten und eine mehr als menschliche Weisheit in seinen Lehren.

Der zweite Brief (den *Gesellschaftsvertrag* vergessend) leugnete das Recht eines Bürgerrates, in Sachen Religion zu urteilen. Ein Grundprinzip der protestantischen Reformation, das Recht des Individuums, die Schrift für sich zu interpretieren, war durch die Verdammung des *Émile* verletzt worden[45]. «Wenn Sie mir heute beweisen, daß ich in der Glaubenssache verpflichtet bin, mich den Entscheidungen eines anderen unterzuordnen, werde ich morgen Katholik.»[46] Rousseau gab zu, daß die Reformer ihrerseits Verfolger individueller Interpretation geworden waren[47], doch dies mache das Prinzip nicht ungültig, ohne das die protestantische Erhebung gegen die päpstliche Autorität ungerecht gewesen wäre. Er klagte den calvinistischen Klerus («ausgenommen meinen Pastor») an, den intoleranten Geist des Katholizismus zu übernehmen. Wenn er dem Geist der Reformation treu geblieben wäre, hätte er sein Recht verteidigt, seine eigene Interpretation der Bibel zu veröffentlichen. Nun hatte Rousseau ein gutes Wort zu sagen zu d'Alemberts Ansichten über die Genfer Geistlichkeit:

«Ein Philosoph wirft einen raschen Blick auf sie; er durchschaut sie, sieht, daß sie Arianer sind, Sozinianer. Er sagt es und glaubt, sie zu ehren; doch er sieht nicht, daß er ihre weltlichen Interessen gefährdet – das einzige, das im allgemeinen hier auf Erden den Glauben der Menschen bestimmt.»[48]

In seinem dritten Brief ging er auf die Anklage ein, daß er keine Wunder anerkenne. Wenn wir ein Wunder als eine Verletzung der Naturgesetze definieren, können wir nie wissen, ob etwas ein Wunder ist, denn wir kennen nicht alle Naturgesetze[49]. Selbst damals erlebte jeder Tag ein neues «Wunder», vollbracht durch die Wissenschaft, nicht durch Übertretung, sondern durch größere Kenntnis der Naturgesetze. «In alten Zeiten ließen die Propheten mit ihrem Wort Feuer vom Himmel steigen; heute tun Kinder das gleiche mit einem kleinen Stückchen [Brenn-]Glas.» Josua hielt die Sonne an; jeder Kalendermacher kann das gleiche Resultat voraussagen, indem er eine Sonnenfinsternis berechnet[50]. Und da Europäer, die solche Wunder bei den Wilden vollbringen, von diesen für Götter gehalten werden, so waren vielleicht die «Wunder» der Vergangenheit – sogar auch die Jesu – natürliche Ereignisse, von der Menge falsch interpretiert als göttliche Unterbrechung der Naturgesetze[51]. Vielleicht war Lazarus, den Christus von den Toten auferweckte, nicht wirklich tot gewesen. – Außerdem, wie können die «Wunder» eines Lehrers die Wahrheit seiner Lehre beweisen, wenn Lehrer von allgemein für falsch gehaltenen Lehren «Wunder» vollbracht haben, die ebenso als wahr berichtet wurden wie diejenigen, die die Magier Ägyptens vollbrachten, als sie im Wettbewerb mit Aaron Stäbe in Schlangen verwandelten?[52] Christus warnte vor «falschen Christussen», die «große Zeichen und Wunder tun werden»[53].

Rousseau hatte seine Briefe mit der Absicht begonnen, den Vertretern des Mittelstandes zu helfen. Er erhob keine Forderung nach weiterer Ausdehnung des Stimmrechts in demokratischer Richtung. In Brief VI bekannte er sich zwar wieder zu einer gewählten «Aristokratie» als der besten Regierungsform und versicherte den Regierenden von Genf, das Ideal, das er im *Gesellschaftsvertrag* entworfen hatte, sei im Grunde eins mit der Genfer Verfassung[54]. In Brief VII hingegen erklärte er seinen Freunden der protestierenden Bourgeoisie, diese Konstitution anerkenne die Souveränität der stimmberechtigten Bürger nur während der Wahlen für den Allgemeinen Rat und seine Jahresversammlung; für den Rest des Jahres seien die Bürger machtlos[55]. In dieser langen Zwischenzeit war der Rat der Fünfundzwanzig der «oberste Schiedsrichter der Gesetze und hierdurch des Schicksals aller Individuen». In Wirklichkeit wurden die *citoyens et bourgeois,* die im Conseil Général als souverän erschienen, nach dessen Vertagung «die Sklaven einer despotischen Macht, wehrlos ausgeliefert der Gnade von fünfundzwanzig Despoten»[56]. Dies war fast ein Aufruf zur Revolution. Doch Rousseau mißbilligte diese letzte Zuflucht. In seinem letzten Brief pries er die Bourgeoisie als die gesündeste und friedliebendste Klasse im Staate, gefangen zwischen einem wohlhabenden und herrischen Patriziertum und einem «tierischen und stumpfen Pöbel»[57]; doch er riet den *représentants,* Geduld zu bewahren und darauf zu vertrauen, daß Gerechtigkeit und Zeit ihre Fehler wiedergutmachen würden.

Die *Lettres de la montagne* verletzten Rousseaus Feinde und mißfielen seinen Freunden. Der Genfer Klerus war bestürzt über seine Ketzereien und noch mehr über seine Behauptung, daß er sie teile. Jetzt wandte er sich heftig gegen die calvinistischen Geistlichen, nannte sie «Canailles, Schwindler, stupide Höflinge, wahnsinnige Wölfe» und drückte seine Sympathie für die einfachen katholischen Priester der französischen Dörfer und Städte aus[58]. Die *représentants* machten keinen Gebrauch von den *Lettres* in ihrem erfolgreichen Kampf um mehr politische Macht; sie betrachteten Rousseau als einen gefährlichen und unberechenbaren Verbündeten. Er entschloß sich, an der Genfer Politik nicht weiter teilzunehmen.

IV. ROUSSEAU UND VOLTAIRE

Er hatte sich in Brief V gefragt, warum «Monsieur de Voltaire», den die Genfer Räte «so oft besuchen», sie nicht «mit jenem Geist der Toleranz inspiriert habe, den er ohne Unterlaß predigt und dessen er manchmal selbst bedarf». Und er legte Voltaire eine erfundene Rede in den Mund[59], in der er für die Redefreiheit für Philosophen eintrat, mit der Begründung, daß nur eine unbedeutende Minderheit sie lese. Die Imitation von Voltaires leichtem und anmutigem Stil war ausgezeichnet. Doch der Weise von Ferney bekannte sich in dem Brief zu der Urheberschaft eines kurz vorher veröffentlichten *Sermon des cinquante* («Predigt der Fünfzig»), dessen Vaterschaft Voltaire wiederholt geleugnet hatte – denn er war voll von Ketzereien. Wir wissen nicht, ob Rousseaus Enthüllung des Geheimnisses absichtlich und boshaft war. Voltaire glaubte es und war wütend, denn es setzte ihn erneut der Möglichkeit der Ausweisung aus Frankreich aus, gerade in dem Augenblick, als er sich in Ferney niederließ.

«Der Schurke!» rief er aus, als er den verräterischen Brief las. «Das Ungeheuer! Ich muß ihn prügeln – ja ich werde ihn in seinen Bergen auf den Knien seiner Amme durchprügeln!»

«Bitte, beruhigen Sie sich», sagte ein Umstehender, «denn ich weiß, daß Rousseau die Absicht hat, Sie zu besuchen, und binnen kurzem in Ferney sein wird.»

«Ah, lassen Sie ihn nur kommen!» rief Voltaire, offensichtlich an Schlimmes denkend.

«Aber wie werden Sie ihn empfangen?»

«Ich werde ihm ein Abendessen geben, ihn in mein eigenes Bett legen und sagen: 'Hier ist ein gutes Abendessen; dies ist das beste Bett im Hause, tun Sie mir das Vergnügen, das eine und das andere anzunehmen und sich hier glücklich zu fühlen.'»[60]

Doch Rousseau kam nicht. Voltaire rächte sich, indem er am 31. Dezember 1764 eine anonyme Schmähschrift herausgab, *Sentiments des citoyens* («Gefühle der Bürger»), die einen der dunkelsten Flecken auf seinem Charakter und seiner Laufbahn darstellt. Sie muß zitiert werden, um geglaubt werden zu können.

«Wir haben Mitleid mit einem Verrückten, doch wenn sein Wahnsinn zur Raserei wird, binden wir ihn fest. Toleranz, die eine Tugend ist, wird dann ein Laster ... Wir verziehen diesem Mann seine Liebesgeschichten, in denen Anstand und Sitte ebenso verletzt wurden wie gesunder Menschenverstand ... Als er die Religion mit seiner Phantasie mischte, waren unsere Gerichte notwendigerweise verpflichtet, es denen von Paris ... und Bern nachzutun. Ist heute nicht alle Geduld erschöpft, wenn er ein neues Buch veröffentlicht und die christliche Religion, die Reformation, zu der er sich bekennt, alle Diener des Heiligen Evangeliums und Behörden des Staates heftig beleidigt? Er sagt klar in seinem eigenen Namen: 'Es gibt keine Wunder im Evangelium, die wir wörtlich nehmen können, ohne den gesunden Menschenverstand aufzugeben.' ...

Ist er ein Gelehrter, der mit Gelehrten diskutiert? Nein, ... er ist ein Mann, der noch immer die tragischen Spuren seiner Ausschweifungen trägt und der ... von Stadt zu Stadt und von Berg zu Berg die unglückliche Frau mit sich schleppt, deren Mutter Tod er verschuldete und deren Kinder er an der Türe eines Armenhauses aussetzte, ... allen Gefühlen der Natur abschwörend, wie er die der Ehre und der Religion abwirft ...

Will er unsere Verfassung stürzen, indem er sie entstellt, wie er das Christentum zu stürzen wünscht, zu dem er sich bekennt? Es genügt, ihn zu warnen, daß die Stadt, die er in Unruhe bringt, ihn verleugnet ... Wenn er glaubte, daß wir das Schwert ziehen würden [eine Revolution machen] wegen [der Verdammung des] *Émile*, dann kann er diesen Gedanken zur Reihe seiner Abgeschmacktheiten und Tollheiten zählen, aber er soll sich gesagt sein lassen, daß wir, wenn wir einen gottlosen Romantiker leicht bestrafen, einen niederträchtigen Verräter dem Tode überantworten.»[61]

Es war eine schändliche Tat, kaum zu entschuldigen durch Voltaires Wut, Leiden und Alter. (Er war jetzt siebzig.) Kein Wunder, daß Rousseau nie glaubte (sogar heute können wir es kaum glauben), Voltaire habe es geschrieben. Statt dessen beschuldigte er den Genfer Minister Vernes, der vergeblich dagegen protestierte. Rousseau veröffentlichte in einem seiner besten Augenblicke eine Antwort auf die *Sentiments* (Januar 1765):

«Ich wünsche, in aller Einfachheit die Erklärung abzugeben, die durch diesen Artikel von mir gefordert wird. Keine leichte oder schwere Krankheit jener Art, von der der Autor spricht, hat je meinen Körper beschmutzt. Die Krankheit, an der ich leide, hat nicht die geringste Ähnlichkeit mit der angedeuteten. Ich wurde mit ihr geboren, wie diejenigen wissen, die mich in meiner Kindheit pflegten und noch immer leben. Es wissen Bescheid die Herren Malouin, Morand, Thierry, Daran ... Wenn sie in diesem [Leiden] das geringste Anzeichen von Ausschweifung finden, bitte ich sie, mich Lügen zu strafen und zu beschämen ... Die kluge und von der Welt geachtete Frau, die mich in meinem Unglück pflegt ... ist nur unglücklich, weil sie mein Elend teilt. Ihre Mutter ist in Wirklichkeit voller Leben und in guter Gesundheit trotz ihrem hohen Alter [sie wurde dreiundneunzig Jahre alt]. Ich habe nie irgendwelche Kinder an der Türe eines Armenhauses oder anderswo ausgesetzt oder aussetzen lassen ... Ich werde nichts mehr hinzufügen ..., außer, daß ich in der Stunde meines Todes vorziehen würde, das getan zu haben, dessen der Autor mich beschuldigt, als ein Stück wie seines geschrieben zu haben.»[62]

Obwohl Rousseaus Übergabe seiner Kinder an ein Findelhaus (also nicht eigentlich ihre «Aussetzung») dem Pariser Klatsch bekannt gewesen war (er hatte sie dem Marschall von Luxemburg gegenüber zugegeben), war Voltaires Pamphlet die erste öffentliche Enthüllung. Jean-Jacques verdächtigte Frau von Épinay, bei ihrem Besuch in Genf darüber gesprochen zu haben. Nun war er überzeugt, daß sie und Grimm und Diderot planten, seinen Ruf zu zerstören. Grimm griff um diese Zeit Rousseau wiederholt in der *Correspondance littéraire* an[63], und in seinem Brief vom 15. Januar 1765 erwähnte er die *Lettres de la montagne* und unterstützte Voltaire, indem er Rousseau des Verrats beschuldigte: «Wenn es irgendwo auf der Welt ein Verbrechen wie Hochverrat gibt, dann ist es mit Sicherheit der Angriff auf die Grundverfassung eines Staates mit den Waffen, die Herr Rousseau benutzt hat, um die Verfassung dieses Landes zu stürzen.»

Der lange Streit zwischen Voltaire und Rousseau ist einer der bedauerlichsten Makel im Antlitz der Aufklärung. Ihre Geburt und ihr sozialer Status waren sehr verschieden. Voltaire, Sohn eines wohlhabenden Notars, erhielt eine gute Erziehung, besonders in den humanistischen Fächern; Rousseau, geboren in einem verarmten und bald zerbrochenen Haus, genoß keine richtige Erziehung und konnte nichts von der humanistischen Überlieferung in sich aufnehmen. Voltaire akzeptierte die von Boileau niedergelegten literarischen Normen – «Liebe die Vernunft, laß alles, was Du schreibst, seinen Glanz und seinen Wert von der Vernunft empfangen»[64]; für Rousseau ist (wie für Faust, der Gretchen mit Rousseau verführt) «Gefühl alles»[65]. Voltaire war ebenso empfindsam und reizbar wie Jean-Jacques, doch hielt er es gewöhnlich für unschicklich, seine Kunst durch Leidenschaft entstellen zu lassen. Er spürte in Rousseaus Appell an das Gefühl und den Instinkt einen individualistischen, anarchistischen Irrationalismus, der mit Revolte beginnen und mit Religion enden würde. Er verachtete Pascal, während Rousseau ihn lobte. Voltaire lebte wie ein Millionär; Rousseau schrieb Noten ab, um sein Brot zu verdienen. Voltaire besaß alle Vorzüge einer Leuchte der Gesellschaft; Rousseau war befangen bei gesellschaftlichen Veranstaltungen und zu ungeduldig und reizbar, einen Freund zu haben. Voltaire war der Sohn von Paris, seiner Fröhlichkeit, seines Luxus; Rousseau war das Kind von Genf, ein düsterer und puritanischer Bürger, von Groll erfüllt gegen die Klassentrennung, die ihn traf, und gegen den Luxus, den er nicht genießen konnte. Voltaire verteidigte den Luxus, weil er das Geld der Reichen in Umlauf brachte und so den Armen Arbeit gab; Rousseau verdammte ihn, weil «er hundert arme Menschen in unseren Städten füttert und hunderttausend in unseren Dörfern zugrunde gehen läßt»[66]. Voltaire war der Ansicht, daß die Sünden der Kultur aufgewogen würden durch ihre Annehmlichkeiten und Künste; Rousseau sah überall Unannehmlichkeiten und kritisierte fast alles. Reformer hörten auf Voltaire; die Revolutionäre hörten auf Rousseau.

Als Horace Walpole bemerkte, daß «diese Welt eine Komödie ist für diejenigen, die denken, eine Tragödie für jene, die fühlen»[67], drückte er unbewußt in einer Zeile das Leben der beiden einflußreichsten Geister des 18. Jahrhunderts aus.

V. BOSWELL BEGEGNET ROUSSEAU

Ein ungewöhnlich liebenswürdiges Bild von Jean-Jacques vermittelt uns der Bericht Boswells über fünf Besuche, die er ihm im Dezember 1764 abgestattet hat. Der hartnäckige Verehrer hatte feierlich geschworen (21. Oktober), «weder lästerlich zu reden noch eine Frau zu genießen, ehe ich Rousseau gesehen»[68]. Am 3. Dezember brach er von Neuenburg nach Môtiers-Travers auf. In Brot, auf halbem Wege, machte er in einer Herberge halt und fragte die Tochter des Wirtes, was sie über sein Opfer wisse. Ihre Antwort war verwirrend:

«Herr Rousseau kommt oft her ... und bleibt mehrere Tage hier mit seiner Wirtschafterin, der Levasseur. Er ist ein höchst liebenswürdiger Mensch mit einem schönen Gesicht, hat aber nicht gern, wenn man ihn anstarrt, als hätte er zwei Köpfe. Du mein Trost, was sind die Leute neugierig! Viele, viele Leute kommen, um ihn zu sehen, und oft weist er sie ab. Er ist krank und will nicht gestört werden.»[69]

Natürlich fuhr Boswell weiter. In Môtiers stieg er in der Dorfherberge ab und

«ich hatte deshalb einen Brief an Rousseau aufgesetzt, in welchem ich ihm mitteilte, ein vierundzwanzigjähriger Schotte aus alter Familie sei hierhergereist, in der Hoffnung, ihn zu sehen. Ich versicherte ihm, daß ich seines Wohlwollens würdig sei . . . Gegen Ende des Briefes ließ ich durchblicken, daß ich Herz und Seele habe . . . Dieser Brief ist schlechthin ein Meisterstück. Ich werde ihn immerdar aufbewahren, als Beweis, daß meine Seele des Erhabenen fähig ist.»[70]

Sein Brief – französisch geschrieben – war eine berechnete Mischung von bewußter Naivität und unwiderstehlicher Schmeichelei:

«Ihre Schriften haben mein Herz aufgetaut, meine Seele erhoben, meine Einbildungskraft beflügelt. Glauben Sie mir, Sie werden froh sein, mich kennengelernt zu haben ... Ach, geliebter Saint-Preux! Erleuchteter Mentor! Beredter und liebenswürdiger Rousseau! Mir ahnt, daß heute eine wahrhaft edle Freundschaft geboren wird ... Ich habe Ihnen viel zu erzählen. Trotz meiner Jugend habe ich mancherlei erlebt, was Sie in Staunen setzen wird ... Aber ich bitte Sie, seien Sie allein ... Ich weiß doch nicht, ob ich nicht lieber auf den Besuch verzichten würde, als Sie das erste Mal in Gesellschaft zu sehen. Voller Ungeduld erwarte ich Ihre Antwort.»[71]

Rousseau ließ ihm sagen, er könne kommen, wenn er verspreche, seinen Besuch kurz zu gestalten. Boswell ging, «bekleidet mit einem scharlachroten Rock mit Goldborte und einer ebensolchen Weste, Beinkleidern aus Rehleder und Stiefel. Dazu trug ich einen grünen Überrock aus grünem Kamelott, mit Fuchspelz gefüttert.» Die Türe wurde geöffnet von Thérèse, «einer adretten kleinen Französin von großer Lebhaftigkeit». Sie führte ihn die Treppe hinauf zu Rousseau – «einem artigen Mann in der schwarzen Tracht eines Armeniers ... Ich fragte ihn, wie es ihm gehe. 'Sehr schlecht, aber von den Ärzten will ich nichts mehr wissen.'» Rousseau drückte Bewunderung für Friedrich, Verachtung für die Franzosen aus – «ein schäbiges Volk», aber «in Spanien findet man noch Seelengröße». Boswell: «Auch in Schottland, in den Bergen.» Rousseau sprach von den Theologen als von «Herren», die «eine neue Auslegung von etwas Unbegreiflichem liefern, wobei es unbegreiflich bleibt wie zuvor». Sie sprachen über Korsika; Rousseau sagte, man habe ihn aufgefordert, Gesetze für die Insel zu entwerfen. Hier begann Boswells dauernde Begeisterung für die korsische Unabhängigkeit. Rousseau entließ ihn und sagte, er wünsche allein spazierenzugehen.

Am 4. Dezember kam Boswell wieder. Rousseau sprach eine Weile mit ihm und entließ ihn: «Sie sind mir lästig. Das liegt in meiner Natur, ich kann es nicht ändern.» Boswell: «Tun Sie sich meinetwegen keinen Zwang an.» Rousseau: «Gehen Sie weg.» Thérèse führte Boswell zur Tür, sie sagte zu ihm: «Seit zweiundzwanzig Jahren bin ich bei Herrn Rousseau. Nicht um alles in der Welt möchte ich meine Stellung aufgeben. Ich suche aus seinen guten Ratschlägen Nutzen zu ziehen. Falls er sterben sollte, muß ich ins Kloster gehen.»[72]

Am 5. Dezember war Boswell wieder da. Rousseau seufzte: «Es tut mir leid, mein Bester, daß ich mich heute nicht mit Ihnen unterhalten kann, wie ich es gerne möchte.» Boswell «ging über solche Ausflüchte geflissentlich hinweg» und brachte das Gespräch in Gang, indem er sagte: «Ich bin einst zum Katholizismus übergetreten und trug mich mit dem Gedanken, in einem französischen Kloster unterzutauchen.» Rousseau: «Welch ein Unsinn!» ... Boswell: «Sagen Sie mir doch aufrichtig, sind Sie ein Christ?» Rousseau «schlug sich an die Brust und erwiderte: 'Ja, ich bilde mir ein, es zu sein.'» Boswell (der an Melancholie litt): «Sagen Sie mir doch, neigen Sie zu Anfällen von Schwermut?» Rousseau: «Von Natur aus nicht. Früher war ich die Seelenruhe selbst, erst mein mannigfaches Unglück hat mich vergrämt.» Boswell: «Was halten Sie denn von Klöstern, Kasteiungen und dergleichen Heilmitteln?» Rousseau: «Mummenschanz, samt und sonders.» Boswell: «Wollen Sie es übernehmen, mir Anweisung zu geben?» Rousseau: «Das kann ich nicht.» Boswell: «Aber ich komme wieder.» Rousseau: «Ich verspreche nicht, daß ich Sie empfange, von Schmerzen geplagt wie ich bin. Jeden Augenblick brauche ich einen Nachttopf.»[73]

An diesem Nachmittag schrieb Boswell in der *maison du village* einen vierzehnseitigen «Abriß meines Lebens» und schickte ihn Rousseau. Er beichtete einen seiner Ehebrüche und fragte: «Ist es denkbar, daß ich dereinst noch meinen Mann stellen kann?» Er kehrte nach Neuenburg zurück, war jedoch am 14. Dezember wieder an Rousseaus Tür. Thérèse sagte ihm, ihr Herr sei «sehr krank». Boswell blieb hartnäckig; Rousseau empfing ihn. «Er empfing mich sitzend, von großen Schmerzen geplagt.» Rousseau: «Ich bin überhäuft mit Leiden, mit Täuschungen und Sorgen. Gerade jetzt bediene ich mich einer Sonde [ein Harnröhren-Dilatator]. Man glaubt, ich sei verpflichtet, mich mit jedermann abzugeben ... Kommen Sie am Nachmittag wieder.» Boswell:

«Wie lange denn?» Rousseau: «Genau eine Viertelstunde, und nicht länger.» Boswell: «Zwanzig Minuten.» Rousseau: «Machen Sie, daß Sie wegkommen!» – doch er mußte lachen.

Boswell war um vier Uhr zurück und träumte von Ludwig XV. «Die Sittenlehre scheint mir etwas sehr Unsicheres. Ich hätte zum Beispiel gerne dreißig Frauen. Könnte ich diesen Wunsch nicht befriedigen?» «Nein.» «Aber bedenken Sie doch, wenn ich reich bin, kann ich mir eine Anzahl Mädchen nehmen und sie schwängern; das bringt Bevölkerungszuwachs. Ich statte sie mit einer Mitgift aus und verheirate sie an tüchtige Bauern, die sich glücklich schätzen, sie zu kriegen. So kommen sie im selben Alter zu einem Mann, wie wenn sie keusch geblieben wären, und ich meinerseits habe mich an den verschiedensten Frauen belustigt.» Und dann, als er mit dieser königlichen Hypothese keinen Eindruck gemacht hatte, fragte er: «Und sagen Sie mir bitte, wie kann ich das Böse, das ich bereits getan habe, abbüßen?» Rousseau gab ihm eine goldene Antwort: «Das Böse läßt sich nur durch das Gute abbüßen.»[74] Boswell bat Rousseau, ihn zum Essen einzuladen; Rousseau sagte «morgen». Boswell kehrte in die Herberge «in hochgemuter Stimmung» zurück.

Am 15. Dezember aß er mit Jean-Jacques und Thérèse zu Mittag in der Küche, die er «sauber und hell» fand. Rousseau war in guter Stimmung, ohne Anzeichen der geistigen Störung, die sich später bemerkbar machen sollte. Sein Hund und seine Katze kamen gut miteinander und mit ihm aus. «Er tat für den Hund etwas in einen Holzteller und ließ ihn darum herumtanzen, wobei er mit sanfter Stimme und viel Geschmack ein munteres Lied sang.» Boswell sprach über die Religion. «Ich habe mich für die anglikanische Kirche entschieden.» Rousseau: «Ja, aber sie ist nicht das Evangelium.» «Sie haben also nicht viel übrig für Paulus?» «Paulus ist achtenswert, aber ich glaube, er ist verantwortlich für den Wirrwarr in Ihrem Kopf. Er hätte einen anglikanischen Geistlichen abgegeben.»

Mademoiselle Levasseur: «Werden Sie auch Herrn Voltaire besuchen?» Boswell: «Versteht sich.» Dann zu Rousseau: «Herr Voltaire kann Sie nicht leiden.» Rousseau: «Man kann diejenigen meist nicht leiden, denen man schwer geschadet hat. Sein Tischgespräch ist aber höchst unterhaltsam, noch besser als das, was er schreibt.» Boswell blieb länger, als erwünscht war, doch als er ging, «küßte Rousseau mich mehrere Male und hielt mich mit zierlicher Herzlichkeit umfangen». Als Boswell die Herberge erreichte, sagte die Wirtin: «Sie weinen ja, mein Herr.» «Dies», fügt er hinzu, «halte ich fest, weil es für meine Menschlichkeit spricht.»[75]

VI. EINE VERFASSUNG FÜR KORSIKA

Nachdem er Voltaire in Ferney besucht hatte, reiste Boswell, vielleicht auf Rousseaus Veranlassung, nach Italien, Neapel und Korsika. Korsika hatte sich unter der Führung von Pasquale di Paoli von der Genueser Herrschaft befreit (1755). Rousseau hatte im *Gesellschaftsvertrag* die Geburt des neuen Staates begrüßt:

«Es gibt noch immer ein Land in Europa, das dem Gesetzgeber Betätigung bietet. Es ist die Insel Korsika. Die Tapferkeit und Standfestigkeit, mit denen dieses tapfere Volk sich als fähig erwiesen hat, seine Freiheit wiederzugewinnen und zu verteidigen, verdient in hohem Maße die Hilfe eines weisen Mannes, der es lehren wird, sie zu bewahren. Ich habe eine Ahnung, daß diese kleine Insel eines Tages Europa in Staunen versetzen wird.»[76]

Voltaire hätte Rousseau für den letzten Mann in Europa gehalten, der aufgefordert würde, als Gesetzgeber zu fungieren; doch am 31. August 1764 erhielt Jean-Jacques den folgenden Brief von Matteo Buttafuoco, dem korsischen Gesandten in Frankreich:

«Mein Herr, Sie erwähnten Korsika in Ihrem *Contrat social* in einer für unser Land höchst schmeichelhaften Weise. Solches Lob aus einer so aufrichtigen Feder wie der Ihren ... hat den starken Wunsch erregt, Sie möchten der weise Gesetzgeber sein, welcher der Nation helfen könnte, die um den Preis von so viel Blut erworbenen Freiheiten zu erhalten. Ich weiß natürlich, daß die Aufgabe, die zu übernehmen ich Sie auffordere, eine besondere Kenntnis von Einzelheiten erfordert ... Wenn Sie geruhen, diese Aufgabe zu übernehmen, würde ich Ihnen alle notwendige Aufklärung zuteil werden lassen; und Herr Paoli ... wird sich bestens bemühen, Ihnen von Korsika alle von Ihnen gewünschten Informationen zu schicken. Dieser ausgezeichnete Führer und in der Tat alle meine Landsleute, die den Vorteil haben, Ihre Werke zu kennen, teilen meinen Wunsch und die Gefühle der Achtung, die ganz Europa hegt und die Ihnen aus so vielen Gründen gebühren.»[77]

Mit seiner Antwort (15. Oktober 1764) nahm Rousseau den Auftrag an und bat um Material über Charakter, Geschichte und Probleme des korsischen Volkes. Er gestand, daß die Aufgabe vielleicht «über meine Kräfte geht, doch nicht über meinen Eifer». Aber «ich verspreche Ihnen», schrieb er an Buttafuoco am 26. Mai 1765, «daß ich für den Rest meines Lebens kein anderes Interesse mehr haben werde, außer mir und Korsika; alle anderen Angelegenheiten werden vollkommen aus meinen Gedanken verbannt sein»[78]. Er begann sofort die Arbeit an seinem *Projet de constitution pour la Corse.*

Des *Gesellschaftsvertrags* gedenkend, schlug Rousseau vor, daß jeder Bürger eine feierliche und unwiderrufliche Verpflichtung seiner selbst – «Leib, Güter, Willen und meine gesamte Kraft» – gegenüber der korsischen Nation unterzeichnen solle[79]. Er pries die *braves Corses,* die ihre Unabhängigkeit errungen hatten, warnte sie jedoch, sie hätten viele böse Laster – Trägheit, Banditentum, Familienfehden, Grausamkeit –, die ihre Wurzel größtenteils im Haß gegen ihre fremden Herren hatten. Das beste Heilmittel für diese Laster ist ein vollkommen der Landwirtschaft gewidmetes Leben. Die Gesetze sollten den Menschen jeden Anreiz geben, lieber auf dem Land zu bleiben, als sich in Städten zusammenzudrängen. Die Landwirtschaft fördert den individuellen Charakter und die nationale Gesundheit; Handel, Wirtschaft und Finanzen öffnen die Tore zu allen Arten von Unehrlichkeit und sollten durch den Staat entmutigt werden. Alle Reisen sollten zu Fuß oder auf Tieren unternommen werden. Frühe Heirat und große Familien sind zu belohnen; unverheiratete Männer sollten im Alter von vierzig Jahren ihr Bürgerrecht verlieren. Das Privateigentum sollte verringert, das Staatseigentum vermehrt werden. «Ich würde wünschen, den Staat als einzigen Eigentümer zu sehen, wobei das Individuum von dem gemeinsamen Eigentum nur Anteil hat im Verhältnis zu seinen Leistungen.»[80] Wenn nötig, sollte die Bevölkerung zwangsverpflichtet werden, die Ländereien des Staates zu bebauen. Die Regierung sollte die gesamte Erziehung und die gesamte öffentliche Moral überwachen. Die Regierungsform sollte sich die schweizerischen Kantone zum Vorbild nehmen.

1768 erwarb Frankreich Korsika von Genua, entsandte eine Armee, setzte Paoli ab und unterstellte die Insel dem französischen Recht. Rousseau gab sein *Projet* auf und brandmarkte die französische Invasion als Verletzung «aller Gerechtigkeit, aller Menschlichkeit, aller politischen Rechte, aller Vernunft»[81].

VII. DER FLÜCHTLING

Zwei Jahre lang lebte Rousseau bescheiden und ruhig in Môtiers, las, schrieb, behandelte seine Leiden, hatte einen Anfall von Ischias (Oktober 1764) und empfing höflich die Besucher, die Thérèses Prüfung bestanden. Einer von diesen gab in Dankbarkeit folgende Schilderung von ihm:

«Sie können sich nicht vorstellen, wie reizend seine Gesellschaft ist, welch echte Höflichkeit in seinem Benehmen ist, welch tiefe Heiterkeit und Fröhlichkeit in seiner Sprache. Hätten Sie nicht ein vollkommen anderes Bild erwartet und sich einen exzentrischen Menschen vorgestellt, stets ernst und manchmal schroff? Oh, welch ein Irrtum! Mit einem Ausdruck großer Milde verbindet er einen feurigen Blick und Augen von nie gesehener Lebendigkeit. Wenn Sie über ein Thema sprechen, für das er sich interessiert, dann sprechen seine Augen, seine Lippen, seine Hände – alles an ihm. Man hätte vollkommen unrecht, ihn als einen ewigen Nörgler darzustellen. Keineswegs; er lacht mit denen, die lachen, er plaudert und scherzt mit Kindern, er hänselt seine Haushälterin.»[82]

Doch die örtlichen Geistlichen hatten die Ketzereien in *Émile* und den *Briefen vom Berge* entdeckt, und es erschien ihnen als Skandal, daß ein solches Ungeheuer weiterhin die Schweiz mit seiner Gegenwart verpesten sollte. Um sie zu besänftigen, bot Rousseau (10. März 1765) an, sich durch ein formelles Schriftstück zu verpflichten, «nie wieder ein neues Werk über ein religiöses Thema zu veröffentlichen, es auch nie wieder, auch nur beiläufig, in einem anderen Werk zu behandeln; ... und außerdem werde ich fortfahren, durch meine Gefühle und mein Verhalten zu bezeugen, welchen großen Wert ich auf das Glück lege, mit der Kirche vereinigt zu sein»[83]. Das Konsistorium von Neuenburg forderte ihn auf, vor ihm zu erscheinen und sich gegen die Beschuldigung der Ketzerei zu verantworten; er bat, vom persönlichen Erscheinen entbunden zu werden: «Es wäre mir trotz meinem guten Willen unmöglich, ein längeres Sitzen zu ertragen»[84] – was der Wahrheit entsprach. Sein eigener Pastor wandte sich gegen ihn und nannte ihn in öffentlichen Predigten einen Antichristen[85]. Die Angriffe des Klerus entzündeten die Wut seiner Pfarrkinder. Einige Dorfbewohner gingen dazu über, Rousseau mit Steinen zu bewerfen, wenn er zu einem Spaziergang das Haus verließ. In der Nacht vom 6. zum 7. September wurden er und Thérèse aufgeweckt durch Steine, die gegen die Mauern des Hauses prallten und die Fenster zerbrachen; ein großer Stein durchschlug die Scheibe und fiel vor seine Füße. Ein Nachbar, ein Dorfbeamter, holte zu seiner Rettung einige Wachen herbei. Die Menge zerstreute sich, doch Rousseaus restliche Freunde in Môtiers rieten ihm, das Dorf zu verlassen.

Er hatte verschiedene Asylangebote, «aber ich hing so an der Schweiz, daß ich mich nicht entschließen konnte, sie zu verlassen, solange es mir möglich war, hier zu leben»[86]. Er hatte im Jahr zuvor die kleine St. Peterinsel im Bielersee besucht. Es gab nur ein Haus auf der Insel – die Unterkunft des Verwalters; hier, glaubte Rousseau, sei ein idealer Ort für einen unbeliebten Liebhaber der Einsamkeit. Die Insel gehörte zur Republik Bern, die ihn zwei Jahre zuvor ausgewiesen hatte; doch es wurde ihm informell versichert, daß er auf der Insel wohnen könne ohne Gefahr, verhaftet zu werden[87].

Und so verließen er und Thérèse um die Mitte des Monats September 1765 nach sechsundzwanzig Monaten in Môtiers das Heim, das ihnen so teuer geworden war, und gingen auf die Insel als Pensionsgäste der Familie des Verwalters, an einen Ort, der so isoliert war, daß «weder der Pöbel noch die Kirchenmänner ihn stören können»[88]. «Ich glaubte, ich wäre auf dieser Insel mehr von den Menschen getrennt ... und früher von der Menschheit vergessen.»[89] Um seine laufenden Ausgaben zu decken, übertrug er dem Drucker Du Peyrou das Recht, alle seine Werke zu veröffentlichen, «und machte ihn zum Verwahrer aller meiner Papiere, unter der ausdrücklichen Bedingung, von ihnen erst nach meinem Tode Gebrauch zu machen, da es mir am Herzen lag, meine Tage ruhig zu beenden, ohne irgend etwas zu tun, was mich der Öffentlichkeit wieder in Erinnerung bringen könnte»[90]. Marschall Keith bot ihm eine Jahresrente von zwölfhundert Pfund an; er willigte ein, die Hälfte anzunehmen. Für Thérèse stellte er eine weitere Jahresrente sicher. Er ließ sich mit ihr auf der Insel nieder und erwartete nichts mehr vom Leben. Er war jetzt dreiundfünfzig Jahre alt.

Dreizehn Jahre später – im letzten Jahr seines Lebens – schrieb er eins seiner schönsten Bücher, *Rêveries d'un promeneur solitaire*. Es schilderte mit gedämpfter Beredsamkeit sein Dasein auf der St.-Peters-Insel. «Das erste und wichtigste Vergnügen war nämlich das kostbare *far niente*, das ich in seinem ganzen Ausmaße und in seiner ganzen Herrlichkeit genießen konnte.»[91] Wir haben anderswo gesehen, wie sehr er Linné bewunderte. Jetzt begann er, eines der Bücher des schwedischen Botanikers in der Hand, die Pflanzen in seinem kleinen Reich zu studieren. Oder an schönen Tagen tat er, was Thoreau auf dem See von Walden tat:

> «Ich warf mich in einen Kahn, den ich bis zur Seemitte hinausruderte, wenn das Wasser still war. Dort streckte ich mich der Länge nach im Schiffchen aus, blickte in den Himmel, ließ mich vom Wasser treiben, öfters mehrere Stunden lang, tausend unbestimmten, aber entzückenden Träumereien nachhängend.»[92]

Selbst in diesen Gewässern war seines Bleibens nicht lange. Am 17. Oktober 1765 befahl ihm der Rat von Bern, die Insel und das Staatsgebiet innerhalb von vierzehn Tagen zu verlassen. Er war bestürzt und betroffen. «Die Maßnahmen, die ich getroffen hatte, mich des stummen Einverständnisses der Regierung zu sichern, die Ruhe, in der man mich meinen Wohnsitz hatte beziehen lassen, die Besuche verschiedener Personen aus Bern» hatten ihn glauben lassen, daß er nun vor Belästigung und Verfolgung sicher sei. Er ersuchte den Rat um Erklärung und Aufschub und schlug eine verzweifelte Alternative zur Verbannung vor:

«Ich sehe nur eine Zuflucht für mich, und so entsetzlich es auch erscheinen mag, ich werde sie nicht nur ohne Widerwillen akzeptieren, sondern mit Ungeduld, wenn Eure Exzellenzen die Güte haben werden zuzustimmen. Meine Bitte besteht darin, daß Sie mir erlauben, den Rest meines Lebens auf einer Ihrer Burgen im Gefängnis zu verbringen oder an einem anderen ähnlichen Platz auf Ihren Besitzungen, den Sie als geeignet für mich empfinden. Ich werde dort auf meine eigenen Kosten leben und werde Ihnen die Sicherheit geben, daß ich Ihnen nie zur Last fallen werde. Ich willige ein, ohne Papier oder Feder und ohne jede Verbindung mit draußen zu bleiben ... Lassen Sie mir nur, außer einigen wenigen Büchern, die Freiheit, in einem Garten gelegentlich spazierengehen zu können, und ich bin zufrieden.»

Begann sein Geist zusammenzubrechen? Er versichert uns das Gegenteil:

«Nehmen Sie nicht an, daß ein scheinbar so ungewöhnlicher Ausweg die Frucht von Verzweiflung ist. Mein Geist ist vollkommen ruhig in diesem Augenblick. Ich habe mir die Zeit genommen, nachzudenken, und nur nach gründlicher Überlegung bin ich zu diesem Entschluß gekommen. Bedenken Sie, ich bitte Sie, daß, wenn es ein ungewöhnlicher Entschluß zu sein scheint, meine Lage es noch mehr ist. Das unruhige Leben, das ich mehrere Jahre ohne Unterbrechung zu führen gezwungen war, wäre entsetzlich für einen Mann in voller Gesundheit; bedenken Sie, was es für einen armseligen Invaliden bedeuten würde, der durch Müdigkeit und Mißgeschick zerrüttet ist und nun keinen anderen Wunsch mehr hat, als in Frieden zu sterben.»[93]

Die Antwort aus Bern war der Befehl, die Insel und das gesamte Berner Territorium innerhalb von vierundzwanzig Stunden zu verlassen[94].

Wohin sollte er gehen? Er hatte Einladungen nach Potsdam von Friedrich, nach Korsika von Paoli, nach Lothringen von Saint-Lambert, nach Amsterdam von dem Verleger Ray und nach England von David Hume. Am 22. Oktober schrieb Hume, damals Sekretär bei der britischen Botschaft in Paris, an Rousseau:

«Ihr einzigartiges und unerhörtes Mißgeschick, unabhängig von Ihrer Tugend und Ihrem Genius, muß die Gefühle jedes menschlichen Wesens zu Ihren Gunsten erregen; doch ich schmeichle mir, daß Sie in England absolute Sicherheit vor aller Verfolgung finden könnten, nicht nur durch den toleranten Geist unserer Gesetze, sondern auf Grund der Achtung, die hier jedermann für Ihren Charakter hat.»[95]

Am 29. Oktober verließ Rousseau die St. Petersinsel. Er sorgte dafür, daß Thérèse noch in der Schweiz bleiben konnte; er selbst ging nach Straßburg. Hier blieb er einen vollen Monat, eine Entscheidung hinauszögernd. Schließlich entschloß er sich, Humes Einladung nach England anzunehmen. Die französische Regierung gab ihm einen Paß, der ihm erlaubte, nach Paris zu kommen. Hier begegnete ihm Hume zum erstenmal und war bald von ihm angetan. Ganz Paris sprach über die Rückkehr des Verbannten. «Es ist unmöglich», schrieb Hume, «die Begeisterung dieser Nation für Rousseau auszudrücken oder sich vorzustellen ... Kein Mensch hat sich je so ihrer Aufmerksamkeit erfreut . . . Voltaire und alle anderen sind vollkommen in den Schatten gedrängt.»[96]

Die neue Freundschaft hatte schon bei ihrer Geburt einen Sprung. Es ist schwer, hier die Tatsachen genau festzustellen oder sie unparteiisch zu berichten. Am 1. Januar 1766 gab Grimm seiner Leserschaft die folgende Darstellung:

«Jean-Jacques Rousseau hielt seinen Einzug in Paris am 17. Dezember. Am nächsten Tag promenierte er in seiner armenischen Tracht im Jardin du Luxembourg. Da niemand verständigt worden war, profitierte niemand von dem Schauspiel. Prinz von Conti hat ihn untergebracht, wo der besagte Armenier täglich Hof hält. Er promeniert auch täglich zu einer bestimmten Stunde auf den Boulevards in der Nähe seiner Residenz* ... Hier ist ein Brief, der während seines Aufenthalts die Runde in Paris machte und einen großen Erfolg hatte.»[98]

An dieser Stelle gab Grimm einen Brief wieder, der den Eindruck erweckte, als habe ihn Rousseau von Friedrich dem Großen erhalten. Er war von Horace Walpole verfaßt worden, der sich darin über Rousseau lustig machen wollte. Lassen wir Walpole selbst in einem Brief an H. S. Conway vom 12. Januar 1766 über die Angelegenheit berichten:

«Meinen derzeitigen Ruhm verdanke ich einer höchst unbedeutenden schriftstellerischen Arbeit, die jedoch unglaubliches Aufsehen erregt hat. Ich machte an einem Abend bei Frau Geoffrin Scherze über Rousseaus Heucheleien und Widersprüche und sagte einige Dinge, welche die Gesellschaft ergötzten. Als ich nach Hause kam, schrieb ich sie in Form eines Briefes nieder und zeigte ihn am nächsten Tag Helvétius und dem Herzog von Nivernois, denen sie so gefielen, daß sie mich, nachdem sie mich auf einige Fehler in der Sprache aufmerksam gemacht hatten, ... ermutigten, ihn zu veröffentlichen. Wie Sie wissen, lache ich gerne über Quacksalber, politische oder literarische, mögen ihre Talente auch noch so groß sein; ich war nicht abgeneigt. Die Exemplare haben sich wie ein Lauffeuer verbreitet, *et me voici à la mode* [und siehe, ich bin in Mode] ... Hier ist der Brief [wörtlich wiedergegeben nach Walpoles Französisch]:

'DER KÖNIG VON PREUSSEN AN MONSIEUR ROUSSEAU: *Mein lieber Jean-Jacques:*

Sie haben sich von Genf, Ihrem Vaterland, losgesagt; Sie haben sich selbst aus der Schweiz vertrieben, einem in Ihren Schriften so gepriesenen Land; Frankreich hat einen Haftbefehl gegen Sie erlassen. Kommen Sie also zu mir; ich bewundere Ihr Talent; ich habe Freude an Ihren Träumen, die sie (es sei im Vorübergehen gesagt) zu viel und zu lange beschäftigen. Sie müssen endlich weise und glücklich werden. Sie haben sich genug ins Gerede gebracht wegen Eigenheiten, die kaum zu einem wahrhaft großen Mann passen. Zeigen Sie Ihren Feinden, daß Sie manchmal gesunden Menschenverstand haben können; dies wird sie ärgern, ohne Ihnen zu schaden. Meine Staaten bieten Ihnen eine friedliche Zuflucht; ich wünsche Ihnen alles Gute und würde Ihnen gerne helfen, wenn Sie es annehmen können. Doch wenn Sie fortfahren, meine Hilfe abzulehnen, seien Sie versichert, daß ich es niemand sagen werde. Wenn Sie darauf bestehen, sich den Kopf zu zerbrechen, um neues Mißgeschick zu suchen, wählen Sie aus, wie es Ihnen beliebt; ich bin König und kann alles tun, Ihren Wünschen zu entsprechen; und – was Ihnen sicherlich nie geschehen wird von seiten Ihrer Feinde – ich werde aufhören, Sie zu verfolgen, wenn Sie aufhören werden, Ihren Ruhm darin zu sehen, verfolgt zu werden.

Ihr guter Freund FRIEDRICH.'»[99]

Walpole hatte Rousseau nie kennengelernt. Bei seinem verfeinerten Intellekt und seinem ererbten Vermögen fand er keinen Sinn in Jean-Jacques' Schriften. Bei den Essen von Frau Geoffrin, wo er mit Diderot und Grimm zusammenkam, hörte er von Rousseaus Fehlern und Verrücktheiten. Er begriff wahrscheinlich nicht, daß Rousseau, der krankhaft empfindlich war, durch eine Folge von Streitigkeiten und Mißgeschicken an den Rand des geistigen Zusammenbruchs getrieben war. Wenn Walpole dies gewußt hatte, war sein *jeu d'esprit* schändlich grausam. Wir müssen jedoch hinzufügen,

---

* Vgl. Rousseau an seinen Freund de Luze: «Ich wünschte, ich könnte ausgehen und Sie besuchen, doch um mit meiner armenischen Mütze nicht in den Straßen aufzufallen, bin ich gezwungen, Sie zu bitten, zu mir zu kommen.»[97]

daß Walpole, als Hume ihn bei seiner Suche nach einer Zuflucht für Rousseau in England um Rat fragte, versprach, dem Verbannten in jeder Beziehung behilflich zu sein[100].

Wußte Hume von diesem Brief? Offensichtlich war er bei Frau Geoffrin anwesend gewesen, als zum erstenmal davon die Rede war; man hat ihn beschuldigt, an seiner Abfassung «teilgenommen zu haben»[101]. Er schrieb am 16. Februar 1766 an die Marquise von Brabantane: «Den einzigen Scherz, den ich mir in Verbindung mit dem angeblichen Brief des Königs von Preußen erlaubt habe, äußerte ich an der Abendtafel von Lord Ossory.»[102] Am 3. Januar 1766 machte Hume einen Abschiedsbesuch bei den Tischgästen des Barons Holbach. Er erzählte ihm von seiner Hoffnung, den «kleinen Mann» von Verfolgung zu befreien und ihn in England glücklich zu machen. Holbach war skeptisch. «Ich bedaure», sagte er, «die Hoffnungen und Illusionen, die Sie hegen, zu zerstören, doch ich sage Ihnen, es wird nicht lange dauern, bis Sie schmerzlich aufgeklärt werden. Sie kennen Ihren Mann nicht. Ich sage Ihnen offen, Sie nähren eine Schlange an Ihrem Busen.»[103]

Am nächsten Morgen brachen Hume und Rousseau mit Jean-Jacques de Luze und Rousseaus Hund Sultan von Paris in zwei Postkutschen nach Calais auf. Rousseau kam für seine eigenen Unkosten auf, nachdem er Angebote Humes, der Frau von Boufflers und der Frau von Verdelin, ihm Geldmittel zur Verfügung zu stellen, ausgeschlagen hatte. Als sie am 10. Januar Dover erreichten, umarmte Rousseau Hume und dankte ihm dafür, ihn in ein Land der Freiheit gebracht zu haben.

VIII. ROUSSEAU IN ENGLAND

Sie kamen am 13. Januar 1766 in London an. Passanten bemerkten Rousseaus Kleidung – Pelzmütze, Purpurmantel und Gürtel. Er erklärte Hume, er habe ein Leiden, das ihm das Tragen von Kniehosen unbequem mache[104]. Hume überredete seinen Freund Conway, eine Pension für den berühmten Ausländer zu beantragen; Georg III. bewilligte hundert Pfund pro Jahr und drückte den Wunsch aus, einen informellen Blick auf ihn zu werfen. Garrick reservierte für Rousseau und Hume im Drury-Lane-Theater eine Loge gegenüber der königlichen für einen Abend, an dem der König und die Königin anwesend sein würden. Doch als Hume Rousseau abholen wollte, hatte er große Schwierigkeiten, ihn zu überreden, seinen Hund alleine zu lassen, dessen Geheul, wenn er eingesperrt wurde, dem Verbannten das Herz zerriß. Schließlich «nahm ich Rousseau in meine Arme und ... brachte ihn, teilweise mit Gewalt, dazu, mitzukommen[105]. Nach der Vorstellung gab Garrick ein Souper für Rousseau, der ihm über sein Spiel Komplimente machte: «Mein Herr, Sie haben mich Tränen vergießen lassen über ihre Tragödie und lächeln lassen über Ihre Komödie, obwohl ich kaum ein Wort von Ihrer Sprache verstehe.»

Alles in allem war Hume bis dahin zufrieden mit seinem Gast. Bald nach seiner Ankunft in London schrieb er an Frau von Brabantane:

«Sie haben mich um meine Meinung über Jean-Jacques Rousseau gefragt. Nachdem ich ihn in jeder Beziehung beobachtet habe ..., erkläre ich, daß ich nie einen liebenswürdigeren und tugendhafteren Mann gekannt habe. Er ist sanft, bescheiden, herzlich, uneigennützig, von hochgradiger Empfindungsfähigkeit. Wenn ich nach Fehlern an ihm suche, finde ich keine, außer höchster Ungeduld und einer Neigung, ungerechten Verdacht zu hegen gegen seine besten Freunde ... Was mich betrifft, ich würde mein Leben in seiner Gesellschaft verbringen, ohne daß eine Wolke zwischen uns auftaucht. In seinem Benehmen ist eine bemerkenswerte Einfachheit. In Alltagsdingen ist er ein wahrhaftes Kind. Dies macht es ... für diejenigen, die mit ihm zusammenleben, leicht, ihn zu beherrschen.»[106]

Und weiter:

«Er hat ein vortreffliches warmes Herz, und in der Konversation erhitzt er sich oft bis zu einem Grad, der der Inspiration nahekommt. Ich liebe ihn sehr und hoffe, ebenfalls seine Zuneigung zu besitzen ... Die Philosophen von Paris haben mir vorausgesagt, ich könne ihn nicht ohne Streit nach Calais bringen; ich aber glaube, ich könnte mit ihm mein ganzes Leben in gegenseitiger Freundschaft und Achtung verbringen. Ich glaube, eine große Quelle unserer Eintracht besteht darin, daß wir beide nicht streitsüchtig sind, was bei keinem von ihnen der Fall ist. Sie sind auch unzufrieden mit ihm, weil sie glauben, er übertreibe in der Religion; und es ist in der Tat bemerkenswert, daß der Philosoph dieses Zeitalters, der am meisten verfolgt wurde, bei weitem der frömmste ist[107] ... Er hat eine Vorliebe für die Bibel und ist in der Tat wenig besser als ein Christ.»[108]

Doch die Schwierigkeiten ließen nicht auf sich warten. Wie in Paris, so pilgerten auch in London Herren, Damen, Autoren und gewöhnliche Leute zum Haus von Frau Adams in der Buckingham Street, wo Rousseau von Hume untergebracht worden war. Bald wurde er dieser Aufmerksamkeiten überdrüssig und bat Hume, für ihn eine Unterkunft außerhalb Londons zu finden. Ein walisisches Kloster erbot sich, ihn aufzunehmen. Er wollte annehmen, doch Hume überredete ihn, bei einem Kolonialwarenhändler in Chiswick an der Themse, zehn Kilometer von London entfernt, in Kost und Logis zu gehen. Dorthin zogen Rousseau und Sultan am 28. Januar. Jetzt schickte er nach Thérèse und verärgerte seinen Wirt und Hume, als er darauf bestand, daß sie mit ihm am Tisch sitzen sollte. Hume beklagte sich in einem Brief an Frau von Boufflers:

«Herr von Luze ... sagt, sie gelte als boshaft und streitsüchtig und schwatzhaft und soll die Hauptursache dafür sein, daß er Neuenburg [Môtiers] verließ. Er selbst ist schuld daran, daß sie so dumm ist, daß sie nie weiß, in welchem Jahr des Herrn sie ist, noch in welchem Monat des Jahres, noch an welchem Tag des Monats oder der Woche, und daß sie es nie lernt, die verschiedenen Werte der Geldstücke in einem Land zu lernen. Doch sie beherrscht ihn absolut, wie eine Amme ein Kind beherrscht. In ihrer Abwesenheit hat sein Hund diesen bestimmenden Einfluß auf ihn erworben. Seine Liebe zu diesem Geschöpf geht über jede Beschreibung und Vorstellung.»[109]

Inzwischen war Thérèse nach Paris gekommen. Boswell traf sich hier mit ihr und bot ihr an, sie nach England zu begleiten. Am 12. Februar schrieb Hume an Frau von Boufflers: «Ich habe einen Brief erhalten, aus dem ich erfahre, daß Mademoiselle auf Reisen geht in Gesellschaft eines meiner Freunde, eines jungen Gentleman, der sehr gutmütig, sehr angenehm und sehr überspannt ist ... Er ist so versessen auf Literatur, daß ich ein für die Ehre unseres Freundes verhängnisvolles Ereignis befürchte.»[110] Boswell behauptete, diese Vorahnung gerechtfertigt zu haben. Nach heute zerstörten Seiten[111] in seinem Tagebuch teilte er in der zweiten Nacht nach ihrer Abreise von Paris in einer Herberge das Bett mit Thérèse, und ebenso mehrere Nächte danach. Sie erreichten Dover in der Frühe des 11. Februars. Das Tagebuch fährt fort: «Mittwoch, den 12. Februar: Bin gestern morgen sehr früh zu Bett gegangen und hatte es einmal getan: dreizehn im ganzen. War wirklich leidenschaftlich zu ihr. Um zwei Uhr [morgens] schlich ich mich hinaus.» Am gleichen Abend brachte er Thérèse zu Hume in London und versprach ihr, «die *affaire* nicht zu erwähnen bis nach ihrem Tode oder dem des Philosophen». Am 13. Februar «übergab er sie» Rousseau. «*Quanta oscula*. Er erschien so alt und schwach, daß Du [Boswell] nicht länger für ihn begeistert wärst.»[112] Was nur allzu natürlich war.

In Chiswick empfing Rousseau – wie in Môtiers – mehr Post, als er wünschte, und beklagte sich über das Porto, das er zu zahlen hatte. Als Hume ihm eines Tages eine «Sendung» aus London brachte, weigerte er sich, sie anzunehmen, und hieß ihn, sie auf das Postamt zurückzubringen. Hume warnte ihn, in diesem Falle würden die Postbeamten die nicht angenommene Post öffnen und seine Geheimnisse erfahren. Der geduldige Schotte erbot sich, die in London ankommende Post Rousseaus zu öffnen und ihm nur das zu bringen, was ihm wichtig erschien. Jean-Jacques willigte ein, verdächtigte Hume jedoch bald, seine Post zu Intrigen zu benutzen.

Von Standespersonen in London kamen Einladungen zum Abendessen, die gewöhnlich Fräulein Levasseur einschlossen. Rousseau lehnte sie mit dem Hinweis auf seine schlechte Gesundheit ab, jedoch wahrscheinlich, weil er Thérèse nicht in gehobener Gesellschaft zeigen wollte. Wiederholt drückte er den Wunsch aus, sich weiter auf das Land zurückzuziehen. Richard Davenport, der dies von Garrick erfuhr, bot ihm ein Haus an in Wootton in Derbyshire, zweihundertvierzig Kilometer von London entfernt. Rousseau nahm freudig an. Davenport schickte eine Kutsche, ihn und Thérèse abzuholen. Rousseau beklagte sich, er würde wie ein Bettler behandelt, und zu Hume sagte er: «Wenn dies tatsächlich ein Plan Davenports ist, von dem Sie wußten und dem Sie zustimmten, dann hätten Sie mir kein größeres Mißvergnügen bereiten können.» Eine Stunde später (nach Hume):

«setzte er sich plötzlich auf meine Knie, warf seine Arme um meinen Hals, küßte mich mit der größten Wärme und, mein Gesicht mit Tränen befeuchtend, rief er aus: 'Ist es möglich, daß Sie mir je verzeihen können, teurer Freund? Nach all den Beweisen der Zuneigung, die ich von Ihnen erhalten habe, belohne ich Sie am Ende mit Tollheit und schlechtem Betragen. Doch ich habe trotzdem ein Herz, das Ihrer Freundschaft wert ist; ich liebe Sie, ich achte Sie; und kein Beweis Ihrer Freundlichkeit mir gegenüber ist verschwendet' ... Ich küßte ihn und umarmte ihn zwanzigmal unter reichlichen Tränen.»[113]

Am nächsten Tag, dem 22. März, brachen Jean-Jacques und Thérèse nach Wootton auf, und Hume sah sie nie wieder. Bald danach schrieb Hume an Hugh Blair eine verständnisvolle Analyse von Rousseaus Lage und Charakter:

«Er war trotz all meinen Einwänden verzweifelt entschlossen, sich in diese Einsamkeit zu stürzen; und ich sehe voraus, daß er unglücklich sein wird in dieser Lage, wie er es immer in allen Lagen gewesen ist. Er wird vollkommen ohne Beschäftigung sein, ohne Gesellschaft, und fast ohne Unterhaltung jeder Art. Er hat sehr wenig gelesen im Laufe seines Lebens und hat nun vollkommen auf alles Lesen verzichtet; er hat sehr wenig gesehen und besitzt keinerlei Neugierde, zu sehen oder zu beobachten; ... er besitzt in der Tat nicht viel Wissen. Er hat während des ganzen Verlaufs seines Lebens nur gefühlt; und in dieser Beziehung steigt seine Empfindsamkeit zu einer Höhe, über die hinaus ich kein Beispiel gesehen habe, doch sie läßt ihn Schmerz viel schärfer empfinden als Lust. Er ist wie ein Mensch, der nicht nur seiner Kleider, sondern auch seiner Haut beraubt wurde und in diesem Zustand auszog, mit den rauhen und lärmenden Elementen zu kämpfen, die ständig diese düstere Welt beunruhigen.»[114]

Rousseau und Thérèse erreichten Wootton am 29. März. Zunächst gefiel ihm sein neues Heim. Er beschrieb es in einem Brief an einen Freund in Neuenburg: «Ein einsames Haus, ... nicht sehr groß, doch sehr bequem, auf dem halben Hange eines Tales erbaut»; vor ihm «der lieblichste Rasen der Welt» und eine Landschaft von «Wiesen, Bäumen oder verstreuten Bauernhöfen» und in der Nähe liebliche Spazierwege entlang eines Baches. «Im schlechtesten Wetter der Welt gehe ich ruhig botanisieren.»[115] Die Davenports bewohnten einen Teil des Hauses bei ihren nicht häufigen Aufenthalten, und ihre Dienstboten blieben zurück, um für den Philosophen und seine «Haushälterin» zu sorgen. Rousseau bestand darauf, Davenport dreißig Pfund pro Jahr für Miete und Bedienung zu zahlen.

Dieses Glück dauerte eine Woche. Am 3. April veröffentlichte eine Londoner Zeitung, der *St. James Chronicle,* auf Französisch und Englisch den angeblichen Brief Friedrichs des Großen an Rousseau ohne Angabe des wirklichen Verfassers. Jean-Jacques war tief verletzt, als er hiervon erfuhr, und dies um so mehr, als er herausfand, daß der Herausgeber, William Strahan, seit langem ein Freund Humes war. Außerdem hatte sich der Ton der britischen Presse gegenüber Rousseau seit seiner Abreise von Chiswick merklich geändert. Es erschienen immer mehr kritische Artikel über den exzentrischen Philosophen. Einige von Ihnen enthielten Einzelheiten, von denen er meinte, daß nur Hume sie kannte und beigesteuert haben mußte. Jedenfalls fand er, Hume hätte etwas zur Verteidigung seines früheren Gastes schreiben sollen. Er erfuhr, daß der Schotte in London im gleichen Haus mit François Tronchin, dem Sohn von Jean-Jacques' Feind in Genf, wohnte; vermutlich war Hume jetzt ausreichend unterrichtet über Rousseaus Fehler.

Am 24. April schrieb Rousseau folgendes an den *St. James Chronicle:*

«Sie haben, mein Herr, gegen den Respekt verstoßen, den jede Privatperson einem Souverän schuldet, indem Sie dem König von Preußen öffentlich einen Brief voller Übertreibung und Boshaftigkeit zuschrieben, von dem Sie logischerweise hätten wissen müssen, daß er nicht diesen Autor gehabt haben kann. Sie haben es sogar gewagt, seine Unterschrift zu kopieren, als hätten Sie sie von seiner Hand geschrieben gesehen. Ich informiere Sie, mein Herr, daß dieser Brief in Paris fabriziert wurde. Und was mein Herz besonders kränkt und schmerzt, ist der Umstand, daß der Fälscher, der ihn schrieb, Komplizen in England hat. Sie sind es dem König von Preußen, der Wahrheit und auch mir schuldig, diesen Brief, von mir unterzeichnet, abzudrucken, zur Wiedergutmachung eines Irrtums, den Sie sich zweifellos zum Vorwurf machen würden, wenn Sie gewußt hätten, zum Instrument welchen boshaften Plans Sie gemacht wurden. Ich entbiete Ihnen meinen aufrichtigen Gruß.

JEAN-JACQUES ROUSSEAU»[116]

Wir können jetzt verstehen, warum Rousseau glaubte, es gebe eine «Verschwörung» gegen ihn. Wer anders als seine alten Gegner Voltaire, Diderot, Grimm und andere Leuchten der Aufklärung hätten den plötzlichen Wechsel im Ton der britischen Presse von freundlichem Willkommen und ehrender Achtung zu Spott und Herabsetzung bewirken können? Um diese Zeit veröffentlichte Voltaire anonym einen *Brief an Dr. J.-J. Pansophe,* in dem er die ungünstigen Urteile über das englische Volk in Jean-Jacques' Schriften wiedergab – daß es nicht frei sei, daß es zu großen Wert auf Geld lege, daß es nicht «von Natur aus gut» sei. Die nachteiligsten Punkte in Voltaires Schmähschrift wurden in einer Londoner Zeitschrift, den *Lloyd's Evening News,* abgedruckt[117].

Am 9. Mai schrieb Rousseau an Conway und forderte, daß die ihm angebotene Pension für den Augenblick eingestellt werde. Hume drängte ihn, sie anzunehmen; Rousseau erwiderte, er könne keinen durch Humes Vermittlung erhaltenen Vorteil akzeptieren. Hume forderte eine Erklärung. Es scheint, daß Rousseau nun, in seiner Einsamkeit brütend, in einen Zustand hemmungslosen Argwohns und Grolls geriet. Am 10. Juli schickte er Hume einen Brief von achtzehn Folioseiten, zu lang, um ganz zitiert zu werden, doch so entscheidend für einen berühmten Streit, daß einige Hauptpassagen in Erinnerung zurückgerufen werden müssen:

«Ich bin krank, mein Herr, und wenig aufgelegt zum Schreiben; doch da Sie mich um eine Erklärung bitten, muß ich Sie Ihnen geben ...

Ich lebe außerhalb der Welt, und ich bleibe ohne Wissen von vielem, das in ihr vorgeht ... Ich weiß nur, was ich fühle ...

Sie fragen mich, vertrauensvoll, wer Ihr Ankläger ist? Ihr Ankläger, mein Herr, ist ein Mann in der ganzen Welt, von dem ... ich glauben würde ... Sie sind es selbst ... Indem ich David Hume als eine dritte Person nenne, werde ich Sie zum Richter dessen machen, was ich von ihm denken soll.»

Rousseau anerkannte ausführlich Humes Wohltaten, fügte jedoch hinzu:

«Was das mir wirklich erwiesene Gute betrifft, so sind diese Dienste mehr scheinbar als gewichtig ... Ich war nicht so absolut unbekannt, daß ich, wäre ich alleine angekommen, ohne Hilfe oder Rat geblieben wäre ... Wenn Herr Davenport die Güte hatte, mir seine Wohnung zur Verfügung zu stellen, so geschah es nicht, um Herrn Hume gefällig zu sein, den er nicht kannte ... Das Gute, was mir hier widerfahren ist, wäre mir auf die gleiche Weise widerfahren ohne ihn [Hume]. Doch das Böse, das mir widerfahren ist, wäre nicht geschehen. Denn warum sollte ich Feinde in England haben? Und wie und warum geschieht es, daß diese Feinde ausgerechnet Herrn Humes Freunde sind? ...

Ich habe auch erfahren, daß der Sohn des Quacksalbers Tronchin, meines größten Todfeindes, nicht nur der Freund, sondern auch der Schützling von Herrn Hume war und daß Sie zusammen wohnten ...

Alle diese Tatsachen zusammen machten einen Eindruck auf mich, der mir Angst einflößte ... Gleichzeitig erreichten die Briefe, die ich schrieb, ihren Bestimmungsort nicht. Diejenigen, die ich erhielt, waren geöffnet worden; und alle diese Briefe waren durch Herrn Humes Hände gegangen ...

Doch wie geschah mir, als ich in der öffentlichen Presse den angeblichen Brief des Königs von Preußen sah? ... Ein Lichtstrahl enthüllte mir die geheime Ursache des erstaunlichen plötzlichen Wandels in der Haltung der britischen Öffentlichkeit mir gegenüber; und ich sah in

Paris das Zentrum des Plans, der in London durchgeführt wurde ... Als dieser angebliche Brief in London veröffentlicht wurde, sagte Herr Hume, der bestimmt wußte, daß er erfunden war, nicht ein einziges Wort, schrieb mir nichts ...

Es bleibt mir nur noch ein Wort, das ich Ihnen sagen muß. Wenn Sie schuldig sind, schreiben Sie mir nicht; es wäre zwecklos. Seien Sie versichert, Sie würden mich nicht täuschen. Doch wenn Sie unschuldig sind, geruhen Sie, sich zu rechtfertigen ... Wenn Sie es nicht sind – leben Sie wohl für immer.»[118]

Hume antwortete kurz (22. Juli 1766), ohne auf die Anschuldigungen einzugehen, denn er war zu dem Schluß gekommen, daß Rousseau sich dem Wahnsinn näherte. «Wenn ich Ihnen einen Rat geben darf», schrieb er an Davenport, «dann ist es der, daß Sie das begonnene wohltätige Werk fortsetzen mögen, bis man ihn nach Bedlam gebracht hat.»[119] Als er hörte, daß Rousseau ihn in Briefen nach Paris (zum Beispiel an die Gräfin von Boufflers, 9. April 1766) anklagte, schickte er an Frau von Boufflers eine Kopie von Jean-Jacques' langem Brief. Sie antwortete Hume:

«Rousseaus Brief ist abscheulich; er ist im höchsten Grade überspannt und unentschuldbar ..., doch halten Sie ihn nicht einer Falschheit oder Verschlagenheit für fähig; glauben Sie nicht, daß er ein Betrüger oder Schurke ist. Seine Wut hat keinen gerechten Grund, doch sie ist aufrichtig; darüber hege ich keinen Zweifel.

Hier ist das, was ich für ihre Ursache halte. Ich habe sagen hören, und vielleicht hat man es ihm gesagt, daß einer der besten Sätze in Herrn Walpoles Brief von Ihnen stammt und daß Sie, im Namen des Königs von Preußen sprechend, im Scherz gesagt haben: 'Wenn Sie sich nach Verfolgungen sehnen, ich bin ein König und kann sie Ihnen in jeder gewünschten Art besorgen.' Und daß Herr Walpole ... gesagt hat, Sie seien der Verfasser. Wenn dies stimmt und Rousseau es weiß, wundern Sie sich dann, daß dieser empfindliche, hitzköpfige, melancholische und stolze ... in Wut geraten ist?»[120]

Am 26. Juni schrieb Walpole an Hume einen Brief, in dem er, ohne Reue auszudrücken, die volle Schuld für den falschen Brief auf sich nahm und Rousseaus «undankbares und boshaftes Herz» verdammte[121]; er leugnete aber nicht, daß Hume bei dem Brief die Hand im Spiel gehabt hatte. Hume schrieb an Holbach: «Sie haben vollkommen recht; Rousseau ist ein Ungeheuer», und nahm die freundlichen Worte, die er früher für Rousseaus Charakter benutzt hatte, zurück[122]. Als er von Davenport erfuhr, daß Jean-Jacques seine *Bekenntnisse* schrieb, nahm er an, daß Rousseau seine Seite der Angelegenheit beleuchten würde. Adam Smith, Turgot und Keith rieten Hume, den Angriff schweigend hinzunehmen, doch die *philosophes* von Paris, angeführt von d'Alembert, drängten ihn, seinen eigenen Bericht über eine *cause*, bereits in zwei Hauptstädten *célèbre*, zu veröffentlichen. So publizierte er im Oktober 1766 ein *Exposé succinct de la contestation qui s'est élevée entre M. Hume et M. Rousseau*, das von d'Alembert und Suard ins Französische übersetzt worden war; einen Monat später erschien es englisch. Grimm sorgte für eine weite Verbreitung seines Inhalts in seinem Subskriptionsbrief vom 15. Oktober, so daß der Streit seinen Widerhall in Genf, Amsterdam, Berlin und St. Petersburg fand. Ein Dutzend Schmähschriften verdoppelten *le bruit*. Walpole druckte seine Version des Streites; Boswell griff Walpole an; Frau von La Tour nannte in ihrem *Précis sur M. Rousseau* Hume einen Verräter; Voltaire schickte Hume zusätzliches Material über Rousseaus Fehler und Verbrechen, über seine Besuche von «übelbeleumdeten Orten» und über seine aufrührerische Tätigkeit in der Schweiz[123]. Georg III. «verfolgte die Schlacht mit gespannter Neugierde»[124]. Hume schickte die einschlägigen Dokumente an das Britische Museum[125].

Inmitten dieses Furors bewahrte Rousseau düsteres Schweigen. Doch er entschloß sich jetzt, ohne Rücksicht auf Risiko und Kosten, nach Frankreich zurückzukehren. Das feuchte Klima Englands und die Reserviertheit des englischen Charakters deprimierten ihn. Die Einsamkeit, die er gesucht hatte, war größer, als er ertragen konnte. Da er keinen Versuch gemacht hatte, Englisch zu lernen, fand er es schwierig, mit den Dienstboten zurechtzukommen. Er konnte sich nur mit Thérèse unterhalten, die ihn täglich anflehte, sie nach Paris zu bringen. Um ihre Pläne zu fördern, versicherte sie ihm, die Dienstboten planten, ihn zu vergiften. Am 30. April 1767 schrieb er an seinen abwesenden Hauswirt Davenport:

«Morgen, mein Herr, verlasse ich Ihr Haus ... Ich kenne die Fallen, die man mir gestellt hat, und meine Unfähigkeit, mich zu schützen; doch, mein Herr, ich habe gelebt; mir bleibt nur noch, tapfer eine Laufbahn zu vollenden, die ich mit Ehren bestanden habe ... Leben Sie wohl, mein Herr. Ich werde immer der Wohnung nachtrauern, die ich jetzt verlasse. Doch ich werde noch mehr bedauern, in Ihnen einen so angenehmen Hausherrn zu haben und nicht fähig gewesen zu sein, ihn zu meinem Freunde zu machen.»[126]

Am 1. Mai flohen er und Thérèse in Hast und Furcht. Sie ließen ihr Gepäck und Geld für vierzehn Monate Miete zurück. Unvertraut mit der englischen Geographie, benutzten sie mehrere Beförderungsmittel, die Umwege machten, legten einen Teil des Weges zu Fuß zurück und waren zehn Tage lang für die Welt verloren. Die Zeitungen meldeten ihr Verschwinden. Am 11. Mai tauchten sie in Spalding in Lincolnshire auf. Von dort aus fanden sie ihren Weg nach Dover, und hier, am 22. Mai, schifften sie sich nach Calais ein, nach einem sechzehn Monate dauernden Aufenthalt in England. Hume schrieb an Turgot und andere Freunde[127] und bat sie, dem Ausgestoßenen zu helfen, der, praktisch noch immer unter Haftbefehl stehend, jetzt verzweifelt nach Frankreich zurückkehrte.

Drittes Buch

DER KATHOLISCHE SÜDEN

[1715–1789]

ERSTES KAPITEL

Italia Felix

[1715–1759]

I. DIE LANDSCHAFT

In ein Dutzend aufeinander eifersüchtiger Staaten aufgeteilt, konnte Italien sich nicht zu seiner eigenen Verteidigung vereinigen. Die Italiener waren so eifrig damit beschäftigt, das Leben zu genießen, daß sie unreifen Fremden erlaubten, einander für die bittere Frucht der Politik und die schmutzige Beute des Krieges zu töten. So wurde die goldene Halbinsel das Schlachtfeld des bourbonischen Spanien und Frankreich gegen das habsburgische Österreich. Eine Folge von Nachfolgekriegen endete 1748 damit, daß Spanien das Königreich Neapel und das Herzogtum Parma behielt; die Päpste behielten die Herrschaft über den Kirchenstaat; Savoyen, Venedig und San Marino blieben frei; Genua und Modena waren französische Protektorate; Österreich behielt Mailand und Toscana. Inzwischen schien die Sonne, die Felder, Weinberge und Obstgärten lieferten Speise und Trank, die Frauen waren schön und leidenschaftlich, und Arien erfüllten die Luft. Ausländer kamen als Touristen und Studenten, um das Klima, die Landschaft, die Theater, die Musik, die Kunst und die Gesellschaft von Männern und Frauen zu genießen, die mit der Kultur von Jahrhunderten ausgestattet waren. Halb erobert, halb ausgeplündert, war Italien, zumindest im Norden, das glücklichste Land in Europa.

Seine Bevölkerung betrug etwa vierzehn Millionen im Jahre 1700, etwa achtzehn Millionen im Jahre 1800. Weniger als die Hälfte des Bodens war kulturfähig, doch von dieser Hälfte wurde jeder Quadratmeter in geduldiger Arbeit und mit Geschick und Sorgfalt bearbeitet. Abschüssiges Gelände wurde terrassiert, um die Erde zu halten, und Reben hingen von Baum zu Baum, wanden sich wie Girlanden durch die Obstgärten. Im Süden war der Boden arm; hier trocknete die zynisch lächelnde Sonne die Flüsse, die Erde und die Menschen aus, und der Feudalismus behauptete seine mittelalterliche Macht. Ein bitteres Sprichwort sagt, Christus sei nur bis Eboli gekommen, das südlich von Sorrent liegt. In Mittelitalien war der Boden fruchtbar und wurde von Pächtern unter der Herrschaft kirchlicher Herren bebaut. Im Norden – vor allem in der Po-Ebene – wurde der Boden durch Bewässerungskanäle fruchtbar gemacht. Diese erforderten bedeutende Kapitalaufwendungen und setzten eine Bauernschaft voraus, die ausgebildet war, die Kanalbetten auszubaggern und die Ufer zu befestigen. Auch hier bestellten die Bauern eines anderen Menschen Land für einen Anteil an der Ernte. Doch auf diesen fruchtbaren Äckern konnte selbst die Armut mit Würde ertragen werden.

Tausend Dörfer entstanden in den Ebenen, in den Bergen, an der Meeresküste: schmutzig und staubig im Sommer, am Morgen erfüllt von den Geräuschen geschwätziger Arbeit, die mit zunehmender Hitze abebbten, still um die Mittagszeit, am Abend belebt von lachenden und streitenden Stimmen, von Musik und verliebtem Treiben. Mehr als Geld liebten die Italiener ihre Mittagsiesta, während der man, wie Pater Labat sagte, «in den Straßen nichts sah als Hunde, Narren und Franzosen»[1]. Hundert Städte, reich an Kirchen, Palästen, Bettlern und Kunst; ein halbes Dutzend Großstädte, so schön wie Paris; Tausende von Handwerkern, noch immer auf der Höhe ihrer Kunstfertigkeit. Eine kapitalistische Industrie entfaltete sich auf dem Gebiet der Textilherstellung, besonders in Mailand, Turin, Bergamo und Vincenza. Doch sogar in diesem Fabrikationszweig wurde der größere Teil der Arbeit auf häuslichen Webstühlen, als Teil des Familienlebens, geleistet. Ein kleiner Mittelstand (Kaufleute, Bankiers, Fabrikanten, Anwälte, Ärzte, Beamte, Journalisten, Schriftsteller, Künstler, Priester) bildete sich zwischen der Aristokratie (Landbesitzer und kirchliche Hierarchie) und dem einfachen Volk (Ladenbesitzer, Handwerker und Bauern), doch er besaß noch keine politische Macht.

Die Klassenunterschiede wurden, ausgenommen in Venedig und Genua, nicht peinlich eingehalten. In den meisten italienischen Städten beteiligten sich die Adligen aktiv am Handel, an der Industrie und am Finanzwesen. Die Tatsache, daß jeder italienische Bauer Bischof oder Papst werden konnte, brachte ein demokratisches Element in das gesellschaftliche Leben. Am Hof kam der Besitzer eines Ehrfurcht einflößenden Stammbaumes in enge Berührung mit einem Prälaten von niedriger Geburt. In den Akademien und Universitäten wog intellektuelle Leistung die Kastenansprüche auf. Im Karnevalsgedränge vergaßen Männer und Frauen, sich hinter ihren Masken unbefangen fühlend, sowohl ihre gesellschaftliche Stellung wie ihren Moralkodex. Die Konversation war so heiter wie in Frankreich, abgesehen von einem stillschweigenden Übereinkommen, eine Religion nicht anzutasten, die Italien internationale Ehrung sogar von seinen Eroberern einbrachte, ja von diesen besonders.

Es war nichts Puritanisches an dieser Religion; sie hatte ihren Frieden zwischen der Natur des Menschen und dem Klima Italiens gemacht. Sie erlaubte während des Karnevals ein Moratorium der Sittsamkeit, war jedoch bemüht, die Institutionen der Ehe und der Familie vor der Leichtgläubigkeit der Frauen und der Einbildungskraft der Männer zu schützen. In den gebildeten Kreisen wurden die Mädchen in frühem Alter – schon im fünften Lebensjahr – in ein Kloster geschickt, nicht in der Hauptsache zur Erziehung, sondern zur moralischen Überwachung. Das kostbare Produkt dieser Zucht wurde erst freigelassen, wenn eine Mitgift aufgebracht worden war und ein Freier, gebilligt von den Eltern oder Bewachern des Mädchens, sich bereit fand, ihr die Ehe anzubieten. Gelegentlich konnte eine lüsterne Nonne, wenn wir Casanova glauben dürfen, die Mutter Oberin täuschen – oder die Mutter Oberin konnte ihre Nonnen täuschen – und einen Weg finden, im Schutz der Dämmerung mit einem lüsternen Mann zusammenzutreffen; doch dies waren seltene und gefährliche Eskapaden. Das gleiche können wir nicht von der Moral der Mönche sagen.

Im allgemeinen war der unverheiratete Mann, wenn er nicht eine Ehefrau verführen konnte, Kunde bei Prostituierten. Der Graf von Caylus schätzte ihre Zahl in Neapel im Jahre 1714 bei einer Bevölkerung von hundertfünfzigtausend auf achttausend. Präsident de Brosses stellte für Mailand fest, daß «man auf den öffentlichen Plätzen keinen Schritt tun könne, ohne Kupplern [*courtier de galanterie*] zu begegnen, die einem Frauen jeder beliebigen Farbe und Nationalität anbieten; aber Sie können mir glauben, daß das Ergebnis nicht immer so prächtig ist wie das Versprechen»[2]. In Rom waren die Prostituierten aus den Kirchen und öffentlichen Versammlungen ausgeschlossen, und es war ihnen verboten, ihre Reize während des Advents und der Fastenzeit und an Sonn- und Feiertagen zu verkaufen.

Ihr größter Kummer war die Bereitschaft verheirateter Frauen, sich unerlaubter Verehrung zu erfreuen. Diese rächten sich für ihre strengbewachte Jugend und an ihren ungewählten Ehemännern, indem sie eine Liaison unterhielten und sich einen *cavaliere servente* nahmen. Dieser aus Spanien importierte Brauch der *cicisbeatura* erlaubte einer verheirateten Frau, mit dem Einverständnis ihres Gatten und in seiner Abwesenheit, sich von einem «dienenden Ehrenmann» den Hof machen zu lassen, der sie zum Essen, ins Theater und in die Gesellschaft, doch selten ins Bett begleitete. Manche Ehemänner wählten *cavalieri serventi* für ihre Frauen aus, um diese von unerlaubten Liebschaften abzuhalten[3]. Die weite Verbreitung von Casanovas *Memoiren* und die voreiligen Berichte von französischen Reisenden, die an die französische Laxheit gewöhnt waren, führten zu einer übertriebenen Vorstellung des Auslands von der italienischen Amoral. Gewaltverbrechen und Verbrechen aus Leidenschaft waren häufig, doch im großen und ganzen waren die Italiener brave Kinder, eifersüchtige Ehegatten, hartarbeitende Frauen und liebevolle Eltern, die ein inniges Familienleben führten und die Lasten der Ehe und der Elternschaft mit Würde, Beweglichkeit und ewig guter Laune ertrugen.

Die Erziehung der Frauen wurde nicht gefördert, denn viele Männer betrachteten Bildung als gefährlich für die Keuschheit. Eine Minderheit von Mädchen erhielt in Klöstern Unterricht im Lesen, Schreiben, Sticken und in den Künsten des Sich-Anziehens und Gefallens. Doch wir erfahren von hochgebildeten Frauen, die Salons unterhielten, in denen sie sich unbefangen mit Schriftstellern, Künstlern und Geschäftsleuten unterhielten. In Palermo übersetzte Anna Gentile Voltaire in gute italienische Verse und veröffentlichte *Lettere filosofiche,* in denen sie die areligiöse Ethik des Helvétius kühn verteidigte. In Mailand hörte Präsident de Brosses Vorlesungen der zwanzig Jahre alten Maria Gaetana Agnesi in lateinischer Sprache über Hydraulik[4]. Diese lernte Griechisch, Hebräisch, Französisch und Englisch und schrieb Abhandlungen über Kegelschnitte und analytische Geometrie[5]. An der Universität von Bologna lehrten Signora Mazzolini Anatomie und Signora Tabroni Griechisch[6]. An der gleichen Universität erhielt Laura Bassi im Alter von einundzwanzig Jahren (1732) den Doktortitel in Philosophie. Sie erwarb bald eine so große Gelehrsamkeit, daß ihr eine Professur übertragen wurde. Sie las über Newtons *Optik* und schrieb Abhandlungen über Physik; unterdessen schenkte sie ihrem Gatten zwölf Kinder und zog sie selbst groß[7].

Die große Mehrheit beider Geschlechter blieb des Lesens und des Schreibens unkundig, ohne dadurch an gesellschaftlichem Prestige zu verlieren. Wenn ein Dorfjunge wachen und flinken Verstand bewies, fand der Pfarrer gewöhnlich einen Weg, ihm eine Erziehung zu geben. Verschiedene religiöse «Kongregationen» richteten Schulen in den Städten ein. Die Jesuiten unterhielten eine große Anzahl von Kollegien in Italien – sechs in Venedig, sieben in Mailand, sechs in Genua, zehn im Piemont, neunundzwanzig auf Sizilien und viele im Königreich Neapel und im Kirchenstaat. Es gab Universitäten in Turin, Genua, Mailand, Pavia, Pisa, Florenz, Bologna, Padua, Rom, Neapel und Palermo. Alle unterstanden der Leitung durch katholische Geistliche, doch es gab viele Laien in den Fakultäten. Lehrer und Studenten wurden eidlich verpflichtet, nichts zu lehren, zu lesen, zu sagen oder zu tun, was zur Lehre der römischen Kirche im Widerspruch stand. In Padua, berichtet Casanova, «bezahlte die venezianische Regierung bekannte Professoren sehr gut und ließ den Studenten absolute Freiheit, ihren Unterrichtsstunden und Vorlesungen beizuwohnen oder nicht, wie es ihnen beliebte»[8].

Außerdem wurde der italienische Geist angeregt durch viele Akademien, die sich der Literatur, der Wissenschaft oder der Kunst widmeten und gewöhnlich frei waren von priesterlicher Herrschaft. Die berühmteste von ihnen war die Arkadische Akademie, die sich zu jener Zeit in allmählichem Zerfall befand. Es gab öffentliche Büchereien, so die schöne Biblioteca Ambrosiana in Mailand oder die Biblioteca Magliabecchiana (heute Nationalbibliothek) in Florenz; und viele Privatbibliotheken – wie die der Pisani in Venedig – waren an bestimmten Tagen der Woche für das Publikum geöffnet. De Brosses berichtet, die Bibliotheken in Italien würden häufiger und eifriger benutzt als die Frankreichs. Schließlich gab es Zeitschriften aller Art – wissenschaftliche, literarische und humoristische. Das *Giornale dei letterati d'Italia,* 1710 von Apostolo Zeno und Francesco Scipione di Maffei gegründet, war eine der gelehrtesten und geachtetsten Zeitschriften in Europa.

Alles in allem erfreute sich Italien eines lebendigen geistigen Lebens. Dichter, die von Widmung zu Widmung lebten, gab es in Fülle, die Luft war erfüllt von Gedichten, in denen Petrarca einen Nachhall fand, *improvvisatori* wetteiferten in zahllosen Versen, die seiner Anregung folgten, doch es gab keine große Lyrik, bis Alfieri das Jahrhundert beschloß. Es gab Theater in Venedig, Vicenza, Genua, Turin, Mailand, Florenz, Padua, Neapel und Rom; in diese vornehmen Gebäude kamen die Elite und das gemeine Volk, sowohl um zu plaudern und zu schauen, als auch um die Oper oder das Theaterstück zu genießen. Es gab große Gelehrte wie Maffei, fleißige Historiker wie Muratori; bald sollte es große Wissenschaftler geben. Es war eine leicht künstliche Kultur, vorsichtig unter der Zensur und zu höflich, um tapfer zu sein.

Aber dennoch kamen einige sporadische Brisen der Ketzerei über die Alpen oder über das Meer. Ausländer – in der Hauptsache jakobitische Engländer – gründeten von 1730 an in Genua, Florenz, Rom und Neapel Freimaurerlogen mit einer Tendenz zum Deismus. Die Päpste Clemens XII. und Benedikt XIV. verdammten sie, doch sie zogen zahlreiche Anhänger an, besonders aus dem Adel und gelegentlich aus dem Klerus. Einige Bücher von Montesquieu, Voltaire, Raynal, Mably, Condillac, Helvétius, Holbach und La Mettrie wurden in Italien eingeführt. Ausgaben der *Encyclopédie* in französischer Sprache wurden in Lucca, Livorno und Padua veröffentlicht. In bescheidenem Maße und in einer Form, die französisch lesenden Personen zugänglich war, erreichte die Aufklärung Italien. Doch der Italiener hielt sich bewußt und zum größten Teil mit Befriedigung von der Philosophie zurück. Seine Neigungen und sein Können lagen in der Schöpfung oder Würdigung von Kunst, Poesie oder Musik; eine greifbare oder sichtbare oder hörbare Schönheit erschien ihm wünschenswerter als eine illusorische Wahrheit, von der man nie mit Sicherheit weiß, ob sie gefällt. Er ließ die Welt argumentieren, während er sang.

II. DIE MUSIK

Europa anerkannte die Überlegenheit der italienischen Musik, übernahm ihre Instrumente und Formen, pries ihre Vorzüge, bejubelte ihre *castrati* und gab sich ihrer melodiösen Oper hin – bevor, trotz und nach Gluck. Gluck, Hasse, Mozart und tausend andere gingen nach Italien, um seine Musik zu studieren, die Geheimnisse des *bel canto* von Porpora zu erlernen oder den Ritterschlag von Padre Martini zu empfangen.

Wo nur in Venedig, sagte Burney, «zwei Menschen Arm in Arm spazierengehen, scheinen sie sich im Gesange zu unterreden … Alle Lieder auf den Gassen werden als Duette gesungen.»[9] «Auf dem Markusplatz», berichtet ein anderer Engländer, «hört man häufig … irgendeinen Mann aus dem Volke in Arbeitstracht, einen Schuster oder einen Schmied, eine Arie anfangen; andere Leute seines Standes vereinigen ihre Stimme mit der seinen und singen diese Arie mehrstimmig mit solcher Richtigkeit, Präzision und solchem Geschmack, wie man es kaum in der besten Gesellschaft unserer nördlichen Länder finden würde.»[10]

Liebhaber zupften unter einem Fenster an einer Gitarre oder Mandoline und eroberten so die Herzen der Frauen. Straßensänger trugen ihre Melodien in Kaffeehäuser und Tavernen, in den Gondeln liebkoste Musik die Abendluft; Salons, Akademien und Theater gaben Konzerte, Kirchen erzitterten unter den Klängen von Orgeln und Chören, in der Oper schmolzen Männer dahin, und Frauen wurden ohnmächtig bei der Arie einer Diva oder eines *castrato*. Bei der Aufführung einer Symphonie in Rom unter dem Nachthimmel (1758) hörte Morellet Ausrufe wie: «*O benedetto! O che gusto! Piacer di morir!*» – («Himmel! Welches Glück! Zum Sterben schön!»)[11] Es war nicht ungewöhnlich, in der Oper Schluchzen im Publikum zu hören.

Musikinstrumente wurden mit sinnlicher Leidenschaft geliebt, Geld wurde verschwendet, um aus ihnen Kunstgegenstände zu machen. Sie wurden aus wertvollen Hölzern modelliert, mit Elfenbein, Emaille oder Edelsteinen eingelegt, und es gab mit Diamanten besetzte Harfen und Gitarren[12]. Stradivari hatte in Cremona Schüler wie Giuseppe Antonio Guarneri und Domenico Montagnana hinterlassen, die das Geheimnis der Herstellung von Violinen, Violen und Violoncelli mit Seele weitertrugen. Das

Cembalo (das die Italiener *clavicembalo* nannten) blieb bis zum Ende des 18. Jahrhunderts das Lieblingstasteninstrument in Italien, obwohl Bartolommeo Cristofori um 1709 in Florenz das *pianoforte* erfunden hatte. Virtuosen des Cembalos wie Domenico Scarlatti oder der Violine wie Tartini und Geminiani besaßen zu dieser Zeit internationalen Ruf. Francesco Geminiani war der Liszt der Violine oder, wie sein Rivale Tartini ihn nannte, Il Furibondo («der Wahnsinnige») des Bogens. Als er 1714 nach England kam, wurde er auf den Britischen Inseln so populär, daß er während des größten Teils seiner letzten achtzehn Lebensjahre dort blieb.

Der Erfolg solcher Virtuosen förderte die Produktion von Instrumentalmusik; es war das goldene Zeitalter italienischer Kompositionen für Violine. Nun nahmen – in der Hauptsache in Italien – Ouvertüre, Suite, Sonate, Concerto und Symphonie Gestalt an. Alle diese Formen betonten die Melodie und die Harmonie stärker als den polyphonen Kontrapunkt, der mit Johann Sebastian Bach seinen Höhepunkt erreicht hatte und nun an Bedeutung verlor. Wie die Suite aus dem Tanz entstand, so entstand die Sonate aus der Suite. Sie war etwas Klingendes, wie die Kantate etwas Gesungenes war. Im 18. Jahrhundert wurde sie eine Folge von drei Bewegungen – schnell (allegro oder presto), langsam (andante oder adagio) und schnell (presto oder allegro), manchmal mit der Einfügung eines Scherzos («Scherz»), das an die fröhliche Gigue, oder eines anmutigen Menuetts, das an den Tanz erinnerte. Um 1750 hatte die Sonate, zumindest in ihrer ersten Bewegung, die «Sonatenform» entwickelt – die Darstellung der kontrastierenden Themen, ihre Durchführung in Variationen und ihre Wiederholung am Ende. Durch die Experimente von G. B. Sammartini und Rinaldo di Capua in Italien und von Johann Stamitz in Deutschland wurde die Symphonie dadurch weiterentwickelt, daß man die Sonatenform auf das anwandte, was früher eine Opernouvertüre oder eine rezitative Begleitung gewesen war. Auf diese Weise schuf der Komponist Freude sowohl für den Geist als auch für die Sinne. Er verlieh der Instrumentalmusik die zusätzliche künstlerische Qualität einer bestimmten Struktur, welche die Komposition auf eine logische Ordnung und Einheit beschränkte und festlegte. Das Verschwinden der Struktur – der organischen Relation von Teilen zu einem Ganzen oder des Beginns zu Mitte und Ende – ist die Degeneration einer Kunst.

Das Konzert (lateinisch *concertare,* streiten) wandte auf die Musik das Prinzip des Konfliktes an, das die Seele des Dramas ist. Es stellte dem Orchester einen Solodarsteller gegenüber und verflocht sie in harmonische Auseinandersetzung. In Italien war seine Lieblingsform das *concerto grosso,* bei dem ein kleines Streichorchester und ein *concertino* von zwei oder drei Virtuosen Gegenspieler waren. Nun brachten Vivaldi in Italien, Händel in England und Bach in Deutschland das *concerto grosso* in eine immer stärker verfeinerte Form, und die Instrumentalmusik machte dem Gesang den Vorrang streitig.

Dennoch, und vor allem in Italien, blieb die Stimme das beliebteste und unvergleichliche Instrument. Hier besaß sie den Vorteil einer wohlklingenden Sprache, in welcher der Vokal den Konsonanten besiegt hatte, einer langen Tradition der Kirchenmusik und eine hochentwickelte Kunst der Stimmausbildung. Hier gab es die reizvollen Primadonnen, die mit jedem Jahr auf der Leiter des Gewichts und des Reichtums höher hinaufstiegen, und die fetten *castrati,* die den Glanz von Königen und Königinnen verdunkelten. Diese männlichen Soprane und Altstimmen vereinigten die Lungen und den Kehlkopf eines Mannes mit der Stimme einer Frau oder eines Knaben. Im Alter von sieben oder acht Jahren kastriert und einer langen und strengen Disziplin in der Atemtechnik und Stimmführung unterworfen, lernten sie, die Triller und Schnörkel, die Tremoli und Läufe und atemberaubenden Kadenzen zu singen, die das italienische Publikum in ein Delirium des Beifalls versetzte, der sich manchmal in dem Ausruf äußerte: «*Evviva il coltello!*» («Es lebe das kleine Messer!»)[13] Die kirchliche Opposition (besonders in Rom) gegen die Beschäftigung von Frauen auf der Bühne und die schlechte Ausbildung von weiblichen Sängern im 17. Jahrhundert hatte eine Nachfrage geschaffen, die das kleine Messer vermittels Durchschneiden der Samenleiter befriedigte. So hoch waren die Vergütungen erfolgreicher *castrati,* daß manche Eltern beim ersten Anzeichen einer goldenen Stimme an einem Sohn, mit der durch Überredung herbeigeführten Zustimmung des Opfers, die Operation durchführen ließen. Die Erwartungen wurden oft enttäuscht. In allen Städten Italiens, berichtet Burney, konnte man zahlreiche dieser Fehlschläge finden, «ohne überhaupt eine Stimme»[14]. Nach 1750 nahm die Mode der *castrati* ab, denn die Primadonnen hatten gelernt, sie an Reinheit des Tones zu übertreffen und ihnen an Stimmgewalt gleichzukommen.

Der berühmteste Name in der Musik des 18. Jahrhunderts war weder Bach noch Händel noch Mozart, sondern Farinelli – dessen wirklicher Name aber nicht Farinelli war. Carlo Broschi nahm offenbar den Namen seines Onkels an, der bereits in musikalischen Kreisen gut bekannt war. Von adligen Eltern in Neapel (1705) geboren, wäre Carlo normalerweise nicht in die Reihe der Entmannten getreten. Es wird uns berichtet, ein Unfall beim Reiten habe die Operation notwendig gemacht, deren Folgen die schönste Stimme in Europa war. Er studierte Gesang bei Porpora, begleitete ihn nach Rom und trat dort in Porporas Oper *Eumene* auf. In einer Arie wetteiferte er mit einem Flötisten im Aushalten und Anschwellenlassen einer Note und brachte ihn so außer Atem, daß er Einladungen aus einem Dutzend Hauptstädten erhielt. 1727 erlebte er in Bologna seine erste Niederlage; er sang ein Duett mit Antonio Bernacchi, anerkannte ihn als «König der Sänger» und bat ihn, sein Lehrer zu sein. Bernacchi stimmte zu, wurde aber bald von seinem Schüler überstrahlt. Farinelli eilte nun in einer Stadt nach der anderen von Triumph zu Triumph – Venedig, Wien, Rom, Neapel, Ferrara, Lucca, Turin, London, Paris. Seine Stimmtechnik war ein Wunder der Zeit. Die Kunst des Atmens war ein Geheimnis seiner Leistung. Besser als jeder andere Sänger verstand er es, tief, rasch, unwahrnehmbar zu atmen, und konnte einen Ton halten, während alle Musikinstrumente aufgaben. In der Arie «Son qual nave» begann er die erste Note mit fast unhörbarer Zartheit, ließ sie allmählich zu vollem Volumen anschwellen und dann wiederum zu ihrer anfänglichen Schwäche hinabgleiten. Manchmal beklatschte ein Publikum, sogar im nüchternen England, diese *curiosa felicitas* fünf Minuten lang[15]. Er gewann seine Hörer auch durch sein Pathos, seine Anmut und seine Zartheit, und diese Eigenschaften lagen sowohl in seiner Natur als auch in seiner Stimme. 1737 machte er einen für kurze Zeit vorgesehenen Besuch in Spanien; er blieb ein Vierteljahrhundert in Madrid oder in dessen Nähe. Wir werden ihn später dort aufsuchen.

Mit *castrati* wie Farinelli und Senesino, mit Diven wie Faustina Bordoni und Francesca Cuzzoni wurde die Oper die Stimme Italiens und als solche überall in Europa mit Entzücken gehört, ausgenommen in Frankreich, wo sie einen Krieg entfachte. Ursprünglich war *opera* der Plural von *opus* und bedeutete Werke. Im Italienischen wurde der Plural zum Singular, noch immer Werk bedeutend. Was wir heute Oper nennen, wurde als *opera per musica* bezeichnet – ein musikalisches Werk, und erst im 18. Jahrhundert nahm das Wort seine heutige Bedeutung an. Beeinflußt durch Traditionen des griechischen Dramas, war sie ursprünglich als ein von Musik begleitetes Theaterstück gedacht; bald beherrschte in Italien die Musik das Theaterstück, und Arien beherrschten die Musik. Opern hatten den Zweck, jeder Primadonna und jedem *primo uomo* im Ensemble Gelegenheit zu Soli zu geben. Zwischen diesen erregenden Höhepunkten unterhielten sich die Zuhörer, zwischen den Akten spielten sie Karten, Schach oder Glücksspiele, aßen Süßigkeiten, Früchte oder nahmen warme Imbisse zu sich und besuchten einander und flirteten miteinander von Loge zu Loge. Hierbei ging das Libretto regelmäßig in einer wechselnden Kaskade von Arien, Duetten, Chören und Balletten unter. Der Historiker Lodovico Muratori brandmarkte dieses Verdrängen der Dichtung (1701)[16]; der Librettist Apostolo Zeno stimmte ihm bei, und der Komponist Benedetto Marcello verspottete diese Tendenz im *Teatro alla moda* (1721). Metastasio hielt die Sturmflut für eine Zeitlang auf, doch mehr in Österreich als in Italien. Jommelli und Traëtta kämpften gegen sie an, wurden jedoch von ihren Landsleuten nicht anerkannt. Die Italiener zogen die Musik offen der Dichtkunst vor und betrachteten das Drama als reines Gerüst für den Gesang.

Wahrscheinlich hat sich keine andere Kunstform in der Geschichte je solcher Beliebtheit erfreut wie die Oper in Italien. Keine Begeisterung konnte größer sein als die eines italienischen Publikums, das die Arie oder Kadenz eines Sängers von Ruf bejubelte. Während einer solchen Zeremonie zu husten war ein gesellschaftliches Verbrechen. Der Applaus begann, bevor das bekannte Lied zu Ende war, und wurde verstärkt durch das Schlagen mit Spazierstöcken auf den Boden oder auf Sessellehnen; manche Verehrer warfen ihre Schuhe in die Luft[17]. Jede italienische Stadt mit Stolz (und welche von ihnen war ohne Stolz?) hatte ihr Opernhaus; es gab deren vierzig allein im Kirchenstaat. Während die Oper in Deutschland gewöhnlich eine höfische, der Öffentlichkeit verschlossene Einrichtung war und sie in England ihr Publikum durch hohe Eintrittspreise beschränkte, stand sie in Italien allen anständig gekleideten Personen zu bescheidenen Preisen und manchmal kostenlos offen. Und da die Italiener sich der Freude des Lebens verschrieben hatten, bestanden sie darauf, daß ihre Opern, wie tragisch sie auch immer waren, ein glückliches Ende haben sollten. Darüber hinaus liebten sie den Humor ebensosehr wie das Gefühl. So entstand der Brauch, zwischen die Akte einer Oper komische Intermezzi einzufügen. Diese Zwischenspiele entwickelten sich zu einer Gattung eigener Art, bis sie der *opera seria* an Beliebtheit und manchmal an Länge gleichkamen. Es war eine *opera buffa* – Pergolesis

La serva padrona –, die Paris 1752 bezauberte und von Rousseau als Beweis für die Überlegenheit der italienischen Musik über die französische angeführt wurde.

Buffa oder *seria,* die italienische Oper war eine Kraft in der Geschichte. Wie Rom einst Westeuropa mit seinen Heeren erobert hatte, wie die römische Kirche es wiedererobert hatte mit ihrem Glauben, so eroberte Italien es von neuem mit der Oper. Seine Opern verdrängten einheimische Produktionen in Deutschland, Dänemark, England, Portugal, Spanien, sogar in Rußland; seine Sänger und Sängerinnen waren die Idole fast aller europäischen Hauptstädte. Einheimische Sänger nahmen, um zu Hause anerkannt zu werden, italienische Namen an. Diese verzaubernde Eroberung wird andauern, solange Vokale Konsonanten besiegen können.

III. DIE RELIGION

Die beherrschende Klasse in Italien nach den Primadonnen und den großen *castrati* war der Klerus. In ihren charakteristischen Soutanen und mit breitrandigen Hüten bewegten sich die Priester in stolzer Freiheit auf der italienischen Bühne, wohl wissend, daß sie den kostbarsten der Menschheit bekannten Segen zu erteilen hatten – die Hoffnung. Während es in diesem Jahrhundert in Frankreich etwa einen Geistlichen auf je zweihundert Seelen gab, kam in Rom einer auf fünfzehn, in Bologna einer auf siebzehn, in Neapel und Turin einer auf achtundzwanzig[18]. Ein nach eigener Angabe orthodoxer zeitgenössischer Napolitaner beklagte sich:

> «So stark hat sich der Klerus an Zahl vermehrt, daß die Fürsten entweder Maßnahmen ergreifen müssen, ihn zu beschränken, oder zulassen müssen, daß er den ganzen Staat verschluckt. Warum ist es notwendig, daß das kleinste italienische Dorf von fünfzig oder sechzig Priestern beherrscht wird? ... Die große Zahl von Glockentürmen und Klöstern verdunkelt die Sonne. Es gibt Städte mit fünfundzwanzig Klöstern der Brüder oder Schwestern des heiligen Dominikus, sieben Kollegien der Jesuiten, ebenso vielen der Theatiner, etwa zwanzig oder dreißig Klöstern der Franziskanermönche und gut fünfzig anderen verschiedener religiöser Orden beiderlei Geschlechts, nicht zu sprechen von vier- oder fünfhundert Kapellen.»[19]

Vielleicht waren diese Zahlen aus polemischen Gründen übertrieben. Wir hören von vierhundert Kirchen in Neapel, zweihundertsechzig in Mailand, hundertzehn in Turin; diese Zahlen schlossen jedoch kleine Kapellen ein. Die Mönche waren verhältnismäßig arm, doch der weltliche Klerus als Ganzes besaß mehr Vermögen als der Adel. Im Königreich Neapel erhielt der Klerus ein Drittel der Staatseinkünfte. Im Herzogtum Parma gehörten ein Drittel, in Toscana fast drei Viertel des Bodens dem Klerus. In Venedig vermehrten in den elf Jahren von 1755 bis 1765 neue Legate den Wert des Grundeigentums der Kirche um 3 300 000 Dukaten[20]. Manche Kardinäle und Bischöfe gehörten zu den reichsten Männern in Italien, doch Kardinäle und Bischöfe waren in erster Linie Administratoren und Staatsmänner, nur gelegentlich Heilige. Mehrere von ihnen verzichteten in der zweiten Hälfte des Jahrhunderts auf ihren Reichtum und Luxus und führten ein Leben freiwilliger Armut.

Bis auf wenige Publizisten oder Satiriker erhob das italienische Volk keinen bedeutsamen Protest gegen den Reichtum des Klerus. Die Menschen waren stolz auf den Glanz ihrer Kirchen, Klöster und Prälaten. Ihre Abgaben erschienen ihnen nur als ein kleiner Preis für die Ordnung, welche die Religion in die Familie und in den Staat brachte. In jedem Heim befanden sich ein Kruzifix und ein Bildnis der Jungfrau, und vor diesen kniete die Familie – Eltern, Kinder und Dienstboten – jeden Abend zum Gebet nieder; was konnte den moralischen Einfluß dieser gemeinsamen Gebete ersetzen? Die Enthaltung von Fleisch am Freitag sowie am Mittwoch und Freitag während der Fastenzeit war eine wohltätige Disziplin der Begierde und ein Segen für die Gesundheit und für die Fischer. Priester, die selbst die Reize der Frauen kannten, waren nicht zu streng in bezug auf Sünden des Fleisches und drückten bei den Ausschweifungen des Karnevals ein Auge zu. Sogar die Prostituierten zündeten am Samstag eine Kerze vor der Jungfrau an und hinterlegten Geld für eine Messe. Als de Brosses in Verona einer Theateraufführung beiwohnte, war er erstaunt, zu sehen, daß die Vorstellung unterbrochen wurde, während die Kirchenglocken den Angelus läuteten. Alle Schauspieler knieten nieder und beteten, eine Schauspielerin, die in dramatische Ohnmacht gefallen war, erhob sich, um mitzubeten, und fiel dann wieder in Ohnmacht[21]. Selten ist eine Religion so geliebt worden wie die katholische in Italien.

Doch das Bild hatte auch eine Kehrseite – Zensur und Inquisition. Die Kirche verlangte, daß jeder Italiener, zumindest einmal im Jahr, seine «Osterpflicht» erfüllte – am Karsamstag zur Beichte ging und am Ostermorgen die Kommunion empfing. Nichtbefolgung dieses Gebotes zog – außer in den großen Städten – priesterlichen Tadel nach sich. Bei Nichtbefolgung der Ermahnung wurde der Name des Widerspenstigen an der Türe der Pfarrkirche öffentlich angeschlagen, und fortgesetzte Weigerung wurde mit Exkommunikation und in manchen Städten mit Einkerkerung bestraft[22]. Die Inquisition jedoch hatte einen großen Teil ihrer Macht und Strenge verloren. In den größeren Zentren konnte man sich der kirchlichen Überwachung entziehen, war die Zensur eingeschränkt, und insgeheim waren Zweifel und Ketzerei bei der Intelligenz weitverbreitet, selbst beim Klerus – denn manche Geistliche waren trotz päpstlichen Bullen heimliche Jansenisten.

Während viele Priester und Mönche ein bequemes Leben führten und in der Sünde nicht unerfahren waren, gab es doch auch viele, die ihren Gelübden treu blieben und den Glauben durch Hingabe an ihre Aufgaben lebendig erhielten. Neue religiöse Gründungen legten Zeugnis ab für das Überleben des mönchischen Impulses. St. Alfonso de' Liguori, ein Advokat von adliger Abstammung, gründete 1732 die «Redemptoristen», die Kongregation des heiligsten Erlösers, und Paul vom Kreuz (Paolo Danei), der den strengsten Asketismus praktizierte, gründete 1737 den «Passionisten-Orden», die Priester vom Heiligen Kreuz, der Passion unseres Herrn.

Die Gesellschaft Jesu (die Jesuiten) hatte 1750 etwa 23000 Mitglieder, davon 3622 in Italien, und von diesen waren die Hälfte Priester[23]. Ihre Macht stand in keinem Verhältnis zu ihrer Zahl. Als Beichtväter von Königen, Königinnen und prominenten Familien beeinflußten sie oft die innere und die internationale Politik, und manchmal waren sie, nach dem Pöbel selbst, die am meisten treibende Kraft bei der Verfolgung der Ketzerei. Und dennoch waren sie die liberalsten der katholischen Theologen. Wir haben an anderer Stelle gesehen, wie geduldig sie einen Kompromiß mit der französischen Aufklärung suchten. Eine ähnliche Flexibilität kennzeichnete ihre ausländischen Missionen. In China bekehrten sie «mehrere Hunderttausend» zum Katholizismus[24], doch ihre einsichtigen Konzessionen an die Ahnenverehrung, den Konfuzianismus und den Taoismus erregten Anstoß bei den Missionaren anderer Orden, und diese überredeten Papst Benedikt XIV., den Jesuiten in der Bulle *Ex quo singulari* Einhalt zu gebieten und sie zu tadeln. Sie blieben trotzdem die fähigsten und gelehrtesten Verteidiger des katholischen Glaubens gegen Protestantismus und Unglauben und die loyalsten Anhänger der Päpste gegen die Könige. Bei den Machtkämpfen zwischen den Nationalstaaten und der supernationalen Kirche sahen die Könige in der Gesellschaft Jesu ihren schärfsten und hartnäckigsten Gegner. Sie beschlossen, sie zu vernichten. Doch der erste Akt dieses Dramas gehört nach Portugal.

IV. VON TURIN NACH FLORENZ

Wenn wir von Frankreich über den Mont-Cenis nach Italien reisen, steigen wir hinunter in den Piemont, den «Fuß des Berges», und gelangen durch Weinberge, Getreidefelder und Gärten von Oliven- und Nußbäumen zu dem zweitausend Jahre alten Turin, der alten Zitadelle des Hauses Savoyen, eine der ältesten noch existierenden königlichen Familien, die im Jahre 1003 von Umberto Biancamano – Humbert mit der Weißen Hand – gegründet wurde. Ihr Oberhaupt dieser Periode gehörte zu den fähigsten Herrschern der Zeit. Viktor Amadeus II. erbte den Herzogsthron von Savoyen im Alter von neun Jahren (1675), übernahm die Regierung mit achtzehn, kämpfte in den Kriegen Ludwigs XIV. bald für, bald gegen die Franzosen, vertrieb mit Eugen von Savoyen die Franzosen aus Turin und Italien und ging aus dem Vertrag von Utrecht (1713) mit dem Gewinn Siziliens hervor. 1718 tauschte er Sizilien gegen Sardinien ein; er nahm 1720 den Titel eines Königs von Sardinien an, behielt jedoch Turin als seine Hauptstadt bei. Er war ein strenger, aber begabter Herrscher, verbesserte die öffentliche Erziehung, hob den allgemeinen Wohlstand und dankte nach fünfundfünfzig Jahren der Herrschaft zugunsten seines Sohnes, Karl Emanuel I., ab, der von 1730 bis 1773 regierte.

Während dieser beiden Regierungszeiten, die fast ein Jahrhundert umfaßten, war Turin ein führendes Zentrum der italienischen Kultur. Montesquieu, der es 1728 besuchte, nannte es «die schönste Stadt der Welt»[25] – obwohl er Paris liebte. Chesterfield pries den Hof von Savoyen 1749 als den besten in Europa zur Heranbildung «wohlerzogener und angenehmer Menschen»[26]. Ein Teil seines Glanzes verdankte Turin Filippo Iuvara, einem Architekten, der noch von der Begeisterung der Renaissance erfüllt war. Auf dem stolzen Hügel Superga, der die Stadt um siebenhundert Meter überragte, baute er (1717–1731) für Viktor Amadeus II. zur Erinnerung an die Befreiung

Turins von den Franzosen eine schöne Basilika im klassischen Stil mit Säulenhalle und Kuppel, die ein Jahrhundert lang als Grab für die savoyische Königsfamilie diente. Den alten Palazzo Madama bereicherte er (1718) um eine prachtvolle Treppe und eine massive Fassade, und 1729 entwarf er das riesige, später von Benedetto Alfieri vollendete Castello Stupinigi, dessen Haupthalle den ganzen üppigen Reichtum des Barocks offenbarte. Turin blieb die Hauptstadt der savoyischen Herzöge, bis diese, in ihrem endgültigen Triumph (1860), nach Rom übersiedelten, um Könige des geeinten Italien zu werden.

Mailand, das lange unter der spanischen Herrschaft niedergehalten worden war, lebte unter dem milderen österreichischen Regime wieder auf. Von der Regierung unterstützt, errichteten 1703 Franz Tieffen, 1746 und 1755 Felice und Rho Clerici Textilfabriken, welche die Ersetzung von Handwerkern und Zünften durch Massenproduktion unter kapitalistischer Finanzierung und Leitung erweiterten. – In der Kulturgeschichte Mailands war der große Name jetzt Giovanni Battista Sammartini, den wir noch heute gelegentlich hören können. In seinen Symphonien und Sonaten wurde die kontrapunktische Feierlichkeit der deutschen Meister ersetzt durch ein dynamisches Wechselspiel kontrastierender Themen und Stimmungen. Der junge Gluck, der 1737 als Kammermusiker des Fürsten Francesco Melzi nach Mailand kam, wurde Schüler und Freund Sammartinis und übernahm seine Methode des Opernaufbaus. 1770 rief der böhmische Komponist Joseph Mysliveček, als er mit dem jungen Mozart einige der Symphonien Sammartinis in Mailand hörte, aus: «Ich habe den Vater des Haydnschen Stils gefunden!»[27] – also einen der Väter der modernen Symphonie.

Genua hatte ein schlechtes 18. Jahrhundert. Sein Handel war infolge des Wettbewerbs der Ozeane mit dem Mittelmeer zurückgegangen, doch seine strategische Lage auf einem zur Verteidigung geeigneten Hügel über einem gutausgestatteten Hafen erregte die gefährliche Aufmerksamkeit benachbarter Mächte. Von außen bedroht durch Feinde und von innen durch eine ungebildete, doch hitzige Bevölkerung, fiel die Regierung in die Hände alter Kaufmannsfamilien, die vermittels eines geheimen Rates und eines gefügigen Dogen unumschränkt herrschten. Diese exklusive Oligarchie stürzte das Volk durch hohe Besteuerung in dumpfe und brodelnde Armut und wurde ihrerseits beherrscht und ausgeplündert durch die Bank San Giorgio. Als die verbündeten Streitkräfte Savoyens und Österreichs Genua im Jahre 1746 belagerten, wagte die Regierung aus Furcht, es würde seine Beherrscher töten, nicht, das Volk zum Widerstand zu bewaffnen. Sie zog es vor, die Tore den Belagerern zu öffnen; diese jedoch erhoben Entschädigungen und Lösegelder, die zum Ruin der Bank führten. Das gemeine Volk jedoch, das einheimische Ausbeuter vorzog, erhob sich gegen die österreichische Garnison, bombardierte sie mit Dachziegeln und Pflastersteinen und trieb sie aus der Stadt. Die alte Tyrannei begann von neuem.

Die Genueser Patrizier bauten neue Herrenhäuser, so den Palazzo Deferrari, und förderten mit Mailand gemeinsam einen Maler, der in unserer Zeit zu einem zweiten

Ruhm gelangt ist. Fast alle erhaltengebliebenen Bilder von Alessandro Magnasco beeindrucken uns durch das eigenartige Dunkel ihres Stils. Der *Gitarre spielende Punchinello*[28] – eine in die Länge gezogene Figur in unbekümmerten Tupfern von Schwarz und Braun –, das anmutige *Mädchen und Musikant vor dem Feuer*[29], *Der Barbier*[30], den scheinbar danach verlangt, seinem Kunden den Hals durchzuschneiden, das massige *Refektorium der Mönche*[31], ein Zeugnis für die kulinarische Üppigkeit der Kirche: alle diese Gemälde sind Meisterwerke, die mit ihren hageren Gestalten und Lichteffekten an El Greco erinnern und mit ihrer makabren Darstellung der Grausamkeiten des Lebens Goya vorwegnehmen und in ihrer Mißachtung des Details fast modernistisch wirken.

Florenz erlebte in dieser Epoche das Ende einer der berühmtesten Familien der Geschichte. Die lange Regierungszeit Cosimos III. (1670–1723) als Großherzog von Toscana war ein Unglück für ein Volk, das sich noch immer stolz der Größe von Florenz unter den früheren Medici erinnerte. Von der Theologie besessen, erlaubte Cosimo dem Klerus, ihn zu beherrschen und sich aus seinen sinkenden Einkünften reiche Stiftungen für die Kirche zu sichern. Despotische Herrschaft, unfähige Verwaltung und übermäßige Besteuerung verscherzten die allgemeine Beliebtheit, deren die Dynastie sich während zweihundertfünfzig Jahren erfreut hatte.

Cosimos ältester Sohn Ferdinand umgab sich lieber mit Kurtisanen als mit Höflingen, ruinierte seine Gesundheit durch Exzesse und starb 1713 kinderlos. Ein anderer Sohn, «Gian» (Hans) Gastone, vergrub sich in Bücher, studierte Geschichte und Botanik und lebte ein ruhiges Leben. 1697 zwang ihn sein Vater, Anna von Sachsen-Lauenburg, eine Witwe von ungehobeltem Geist, zu heiraten. Gian lebte mit ihr in einem entlegenen böhmischen Dorf, ertrug ein Jahr lang ihre Langeweile und tröstete sich dann mit Seitensprüngen in Prag. Als Ferdinands Gesundheit nachließ, rief Cosimo Gian zurück nach Florenz; als Ferdinand starb, wurde Gian zum Erben der großherzoglichen Krone ernannt. Gians Gattin weigerte sich, in Italien zu leben. Cosimo, der ein Erlöschen der mediceischen Linie befürchtete, überredete den Florentiner Senat, zu bestimmen, daß nach dem Tod des kinderlosen Gian Gastone dessen Schwester Anna Maria Ludovica auf den Thron gelangen sollte.

Die europäischen Mächte umflatterten begierig die sterbende Dynastie. 1718 weigerten sich Österreich, Frankreich, England und Holland, Cosimos Arrangement anzuerkennen, und erklärten, beim Tode Gians sollten Toscana und Parma an Don Carlos fallen, den ältesten Sohn der Elisabeth Farnese, Königin von Spanien. Cosimo protestierte und reorganisierte verspätet die militärische Verteidigung von Livorno und Florenz. Bei seinem Tod hinterließ er seinem Sohn einen verarmten Staat und einen gefährdeten Thron.

Gian Gastone war nun (1723) zweiundfünfzig Jahre alt. Er bemühte sich, Mißbräuche in der Verwaltung und der Wirtschaft abzustellen, entließ die Spione und Kriecher, die sich unter seinem Vater bereichert hatten, ermäßigte die Steuern, rief Verbannte zurück, entließ politische Gefangene, förderte das Wiederaufleben von Industrie und Handel und brachte wieder Sicherheit und Fröhlichkeit in das Leben von Florenz. Die Bereicherung der Uffiziengalerie durch Cosimo II. und Gian Gastone, die Blüte der Musik unter der Führung von Francesco Veracinis Violine, die Maskenbälle, die Umzüge geschmückter Wagen, die beliebten Schlachten mit Konfetti und Blumen machten Florenz zur Rivalin von Venedig und Rom in der Anziehung von ausländischen Besuchern; hier versammelten sich zum Beispiel um 1740 Lady Mary Wortley Montagu, Horace Walpole und Thomas Gray im Palazzo Ridolfo um Lady Henrietta Pomfret. Es ist etwas melancholisch Anziehendes an einer zerfallenden Gesellschaft.

Von seinen Anstrengungen erschöpft, überließ Gian Gastone 1731 die Regierung seinen Ministern und ergab sich abartiger Leidenschaft. Spanien schickte eine Armee von dreißigtausend Mann, um die Nachfolge von Don Carlos zu sichern. Karl VI. von Österreich sandte fünfzigtausend Mann, um seine Tochter Maria Theresia zum großherzoglichen Thron zu geleiten. Der Krieg wurde vermieden durch ein Abkommen (1736) zwischen Österreich, Frankreich, England und Holland, daß Carlos Neapel bekommen und Toscana an Maria Theresia und ihren Gatten, Franz von Lothringen, fallen sollte. Am 9. Juli 1737 starb der letzte der Medici-Herrscher, Toscana wurde ein Schutzgebiet Österreichs, und Florenz blühte wieder auf.

V. KÖNIGIN DER ADRIA

Zwischen Mailand und Venedig führten einige kleine Städte ein geruhsames Dasein. Bergamo mußte sich in dieser Jahrhunderthälfte mit Malern wie Ghislandi, mit Komponisten wie Locatelli zufriedengeben. Verona führte in seinem römischen Theater Opern auf und hatte einen hervorragenden Mann in Marchese Francesco Scipione di Maffei. Sein poetisches Drama *Merope* (1713) wurde nachgeahmt von Voltaire, der ihm seine eigene *Mérope* in redlicher Weise widmete als «dem ersten, der Mut und Genie genug hatte, eine Tragödie ohne Edelmut zu wagen, eine Tragödie, würdig Athens in seinem Glanz, in der mütterliche Liebe die einzige Intrige darstellt und die zärtlichste Anteilnahme aus der reinsten Tugend entspringt»[32]. Noch berühmter war Maffeis gelehrtes *Verona illustrata* (1731/32), das zum Schrittmacher der Archäologie wurde. Die Stadt war so stolz auf ihn, daß sie ihm zu seinen Lebzeiten eine Statue errichtete. – Vicenza mit seinen Bauwerken von Palladio war ein Wallfahrtsziel für Architekten, die den klassischen Stil wiederbelebten. – Padua hatte eine Universität, die damals besonders bekannt war wegen ihrer Fakultäten für Jura und Medizin, und es hatte Giuseppe Tartini, der von allen (ausgenommen Geminiani) als der größte Violonist Europas anerkannt wurde; wer hat nicht Tartinis «Teufelstriller» gehört?

Alle diese Städte waren Teil der venezianischen Republik. Ferner gehörten zu ihr im Norden Treviso, Friaul, Feltre, Bassano, Udine, Belluno, Trient und Bolzano, im Osten Istria, und im Süden erstreckte sich der Staat von Venedig über Chioggia und Rovigo bis zum Po; jenseits der Adria besaß er Cattaro, Preveza und andere Teile des heutigen Jugoslawien und Albanien und in der Adria die Inseln Korfu, Kephallenia und

Zante. Innerhalb dieses Bereiches wohnten etwa drei Millionen Seelen, von denen sich jede als das Zentrum der Welt fühlte.

1. Venezianisches Leben

Venedig selbst, die Hauptstadt, hatte 137000 Einwohner. Es befand sich jetzt in politischem und wirtschaftlichem Zerfall, nachdem es sein ägäisches Reich an die Türken und einen großen Teil seines Außenhandels an die atlantischen Staaten verloren hatte. Das Scheitern der Kreuzzüge, der Widerwille der europäischen Regierungen, nach dem Sieg bei Lepanto (1571) Venedig bei der Verteidigung der Vorposten der Christenheit im Osten zu helfen, der Eifer dieser Regierungen, von der Türkei Handelsprivilegien zu erhalten, die sie ihrem tapfersten Feind verweigerte[33] – diese Entwicklungen hatten Venedig zu schwach gemacht, seinen Glanz der Renaissance zu erhalten. Es entschloß sich, seinen eigenen Garten zu pflegen – seinen italienischen und adriatischen Besitzungen eine Regierung zu geben, die streng war im Gesetz, in politischer Zensur und persönlicher Überwachung, doch leistungsfähig in Verwaltung, tolerant in Religion und Moral, liberal im Außenhandel.

Wie die anderen Republiken Europas des 18. Jahrhunderts wurde Venedig von einer Oligarchie regiert. In der Trift verschiedener Stämme – Antonios, Shylocks, Othellos – von geringer Bildung, mit einer Bevölkerung, die langsam im Denken und schnell im Handeln war und Vergnügen der Macht vorzog, wäre Demokratie verbürgtes Chaos gewesen. Die Wählbarkeit in den Gran Consiglio war im allgemeinen beschränkt auf etwa sechshundert in dem *Libro d'oro* aufgeführte Familien; doch diese einheimische Aristokratie wurde in einsichtsvoller Weise ergänzt aus den Reihen der Kaufleute und Finanzleute, selbst von solchen ausländischer Abstammung. Der Große Rat wählte den Senat, der wiederum den mächtigen Rat der Zehn wählte. Ein Schwarm von Spionen bewegte sich unter den Bürgern und berichtete den Inquisitoren jede verdächtige Äußerung eines Venezianers – selbst des Dogen. Die Dogen waren jetzt gewöhnlich nur Repräsentationsfiguren, die dazu dienten, den Patriotismus zu polarisieren und der Diplomatie Würde zu verleihen.

Die Wirtschaft kämpfte eine verlorene Schlacht gegen ausländischen Wettbewerb, Importabgaben und Zunftbeschränkungen. Die venezianische Industrie entfaltete sich nicht zu freiem Unternehmertum, freiem Handel und kapitalistischer Führung; sie gab sich zufrieden mit dem Ruhm ihrer Handwerker. Die Wollindustrie, die um 1700 fünfzehnhundert Menschen beschäftigte, zählte am Ende des Jahrhunderts nur sechshundert; die Beschäftigtenzahl der Seidenindustrie sank in der gleichen Periode von zwölftausend auf eintausend[34]. Die Glasarbeiter von Murano widersetzten sich jeder Veränderung in den Methoden, die ihnen einmal europäischen Ruhm eingebracht hatten; ihre Geheimnisse gelangten nach Florenz, Frankreich, Böhmen und England. Ihre Konkurrenten nutzten die Fortschritte der Chemie, lernten aus Experimenten in der Fabrikation, und so schwand die Überlegenheit Muranos dahin. Ebenso unterlag die Spitzenindustrie ihren Konkurrenten jenseits der Alpen; 1750 trugen selbst die Venezianer französische Spitzen. Zwei Industrien blühten: die Fischerei, die dreißigtausend Menschen beschäftigte, und der Import und Verkauf von Sklaven.

Der Religion war es nicht erlaubt, sich in die Geschäfte des Handels oder die Vergnügungen des Lebens einzumischen. Der Staat regelte alle Angelegenheiten, die das kirchliche Eigentum und priesterliche Vergehen betrafen. Die Jesuiten, die 1606 ausgewiesen worden waren, hatte man 1657 zurückgerufen, doch unter Bedingungen, die ihren Einfluß in Erziehung und Politik aufhoben. Trotz einem Regierungsverbot für die Einfuhr von Werken der französischen Philosophen fanden die Lehren Voltaires, Rousseaus, Helvétius' und Diderots, wenn auch nur durch Besucher, ihren Weg in die venezianischen Salons, und in Venedig spielte wie in Frankreich die Aristokratie mit Ideen, die ihre Macht unterminierten[35]. Das Volk betrachtete die Religion als eine fast unbewußte Gewohnheit des Rituals und des Glaubens, doch es spielte häufiger, als es betete. Ein venezianisches Sprichwort beschrieb die venezianische Moral mit der ganzen Unzulänglichkeit eines Epigramms: «Am Morgen eine kleine Messe, nach dem Mittagessen ein kleines Spielchen, am Abend eine kleine Frau.»[36] Junge Männer gingen in die Kirche, nicht um die Jungfrau zu verehren, sondern um die Frauen zu betrachten, und diese trugen trotz dem Bannstrahl der Kirche und der Regierung tiefe Décolletés[37]. In dem ewigen Krieg zwischen der Religion und dem Eros trug dieser den Sieg davon.

Die Regierung gestattete eine geregelte Prostitution als Maßnahme öffentlicher Sicherheit. Die Kurtisanen von Venedig waren berühmt für ihre Schönheit, ihre guten Manieren, ihre luxuriöse Bekleidung und ihre üppigen Wohnungen am Canal Grande. Das Angebot von *cortigiane* war beträchtlich, befriedigte aber die Nachfrage noch immer nicht. Sparsame Venezianer und Ausländer wie Rousseau taten sich zu zweit oder zu dritt zusammen, um eine Konkubine zu unterhalten[38]. Trotz diesen Erleichterungen und nicht zufrieden mit *cavalieri serventi,* unterhielten verheiratete Frauen *liaisons dangereuses.* Einige von ihnen besuchten die Kasinos, in denen alle Bequemlichkeiten für Rendezvous vorhanden waren. Mehrere adlige Damen wurden von der Regierung wegen liederlichen Lebenswandels öffentlich getadelt; einige wurden zu Hausarrest verurteilt, andere verbannt. Der Mittelstand zeigte größere Mäßigung; laufender Kindersegen hielt die Frau beschäftigt und befriedigte ihr Bedürfnis nach empfangender und gebender Liebe. Nirgendwo bedachten Mütter ihre Kinder mit zärtlicheren Koseworten. «*Il mio leon di San Marco! La mia allegrezza! Il mio fior di primavera!*» («Mein Löwe von St. Markus! Meine Freude! Meine Frühlingsblume!»)

Verbrechen waren in Venedig weniger häufig als anderswo in Italien. Der zum Schlag bereite Arm zögerte angesichts der großen Zahl und der Wachsamkeit von Polizisten. Das Glücksspiel jedoch wurde als eine natürliche Beschäftigung des Menschen betrachtet. Die Regierung organisierte 1715 eine Lotterie. Der erste *ridotto* (Spielkasino) wurde 1638 eröffnet; bald gab es deren viele, öffentliche oder private, und alle Klassen drängten zu ihnen. Gewandte Gauner wie Casanova konnten von ihren Spielgewinnen leben; andere verloren die Ersparnisse eines Jahres in einer Nacht. Die Spieler, von denen manche maskiert waren, beugten sich mit einer stummen Hingabe über den

Tisch, die stärker war als Liebe. Die Regierung sah (bis 1774) großmütig zu, denn sie besteuerte die *ridotti* und erhielt von ihnen 300000 Lire an jährlichen Einkünften[39].

Begüterte Müßiggänger kamen aus einem Dutzend Staaten, um ihre Ersparnisse oder ihre schwindenden Jahre in der lockeren Moral und der öffentlichen Fröhlichkeit der Piazze und Kanäle zu verbrauchen. Die Aufgabe des Reiches senkte das politische Fieber. Hier sprach niemand von Revolution, denn jede Klasse hatte neben ihren Vergnügungen ihre bewährten Bräuche, ihre befriedigenden Aufgaben. Dienstboten waren fügsam und treu, ließen sich jedoch in ihrem Stolz keine Beleidigung oder Ungerechtigkeit gefallen. Die Gondolieri waren arm, doch sie waren die Herren der Lagunen, standen auf ihren vergoldeten Barken im zuversichtlichen Stolz ihrer alten Geschicklichkeit oder fuhren eine Runde, mit lauter Stimme ihre charakteristischen Rufe ausstoßend oder leise zum Schaukeln ihrer Körper und dem Rhythmus ihrer Ruder ein Lied summend.

Viele verschiedene Nationalitäten vermischten sich auf den Piazze, ohne ihre eigenen Trachten, Sprachen und Flüche aufzugeben. Die oberen Klassen kleideten sich noch immer wie in der Blütezeit der Renaissance, trugen Hemden aus feinstem Leinen, Kniehosen aus Samt, seidene Strümpfe und Schnallenschuhe. Doch es waren die Venezianer, die in diesem Jahrhundert die türkischen langen Hosen – Pantalons – in Westeuropa einführten. Perücken waren um 1665 aus Frankreich gekommen. Junge Stutzer verwandten so viel Sorgfalt auf ihre Kleidung, ihr Haar und ihren Geruch, daß ihr Geschlecht nicht festzustellen war. Modische Frauen türmten auf ihre Köpfe phantastische Türme von falschem oder echtem Haar. Sowohl Männer als auch Frauen fühlten sich ohne Juwelen unangezogen. Fächer waren Kunstwerke, zierlich bemalt, oft mit Edelsteinen besetzt oder mit einem Monokel ausgestattet.

Jede Klasse hatte ihre Klubs, jede Straße ihr Café. «In Italien», sagte Goldoni, «trinkt man zehnmal am Tag Kaffee.»[40] Alle Arten von Vergnügungen gediehen, von Preiskämpfen (*pugni*) bis zu Maskenbällen. Ein Spiel, *pallone* – Schlagen eines aufgeblasenen Balles mit der Handfläche –, schenkte uns das Wort *Ballon*. Wassersportspiele wurden das ganze Jahr hindurch veranstaltet. Seit 1315 war am 25. Januar auf dem Canal Grande eine Regatta veranstaltet worden – ein Rennen zwischen Galeeren, die von fünfzig Männern gerudert wurden und festlich geschmückt waren; und die Festlichkeit fand ihren Höhepunkt in einem Wasserpolospiel, bei dem Hunderte von Venezianern sich in rufende, rivalisierende Gruppen teilten. Am Himmelfahrtstage segelte der Doge auf dem reichgeschmückten Staatsschiff, dem *Bucintoro* (*Buccentauros*), feierlich von San Marco zum Lido, begleitet von tausend anderen Fahrzeugen, um Venedig von neuem mit dem Meer zu vermählen.

Heilige und historische Jahrestage gaben Namen und Gelegenheiten ab für häufige Feiertage, denn der Senat betrachtete Brot und Spiele als annehmbaren Ersatz für Wahlen. Bei solchen Gelegenheiten zogen malerische Prozessionen von Kirche zu Kirche, von Platz zu Platz; bunte Teppiche, Girlanden und Seidentücher hingen von Fenstern und Balkonen herab, passende Musik, fromme oder verliebte Lieder erklangen, und in den Straßen wurde getanzt. In hohe Ämter gewählte Patrizier feierten ihre

Siege mit Paraden, Triumphbögen, Trophäen, Festlichkeiten und öffentlichen Wohltätigkeiten, die manchmal dreißigtausend Dukaten kosteten. Jede Hochzeit war ein Fest, und die Beerdigung eines Würdenträgers war das größte Ereignis in seiner Laufbahn.

Und da war der Karneval – das christliche Erbe der Saturnalien im heidnischen Rom. Kirche und Staat hofften, durch Zulassung eines moralischen Ferientages für den Rest des Jahres die Spannung zwischen dem Fleisch und dem sechsten Gebot verringern zu können. Gewöhnlich dauerte in Italien der Karneval nur während der letzten Woche vor der Fastenzeit, im Venedig des 18. Jahrhunderts vom 26. Dezember oder 7. Januar bis zum Martedì Grasso («Fetter Freitag», Mardi Gras). Vielleicht erhielt das Fest seinen Namen von diesem letzten Tag des erlaubten Fleischessens – *carne-vale* (Lebewohl der Fleischnahrung). Fast jede Nacht in diesen Winterwochen strömten die Venezianer – und Besucher aus ganz Europa – auf die Piazze, in fröhliche Farben gekleidet und Alter, Rang und Identität hinter einer Maske verbergend. In dieser Verkleidung spotteten viele Männer und Frauen der Gesetze, und Dirnen machten gute Geschäfte. Es regnete Konfetti, und künstliche Eier wurden geworfen, die ihr parfümiertes Wasser zerspritzten, wenn sie zerbrachen. Pantalone, Harlekin, Columbine und andere geliebte Gestalten des komischen Theaters produzierten sich, um die Menge zu belustigen; Puppen tanzten, Seiltänzer ließen Tausende den Atem anhalten. Bei dieser Gelegenheit wurden oft fremde wilde Tiere in die Stadt gebracht, so das Rhinozeros, das man in Venedig bei den Festlichkeiten des Jahres 1751 zum erstenmal zu sehen bekam. Um Mitternacht vor Aschermittwoch (Mercoledì delle Ceneri) verkündeten die großen Glocken von San Marco das Ende des Karnevals. Der erschöpfte Nachtschwärmer kehrte in sein legales Bett zurück und bereitete sich darauf vor, seinen Priester morgen zu ihm sagen zu hören, «*Memento, homo, quia pulvis es, et in pulverem redieris*» («Bedenke, Mensch, daß du aus Staub bist und zum Staub zurückkehren wirst»).

2. *Vivaldi*

Venedig und Neapel waren die rivalisierenden Brennpunkte der Musik in Italien. In seinen Theatern hörte Venedig im 18. Jahrhundert zwölfhundert verschiedene Opern. Hier trugen die berühmtesten Diven der Epoche, Francesca Cuzzoni und Faustina Bordoni, ihre melodischen Schlachten um die Gunst der Masse aus, und jede bewegte von ihren Brettern aus die Welt. Die Cuzzoni sang gegen Farinelli in einem Theater, die Bordoni gegen Bernacchi in einem anderen, und ganz Venedig war in die Lager ihrer Verehrer geteilt. Wenn alle vier zusammen gesungen hätten, wäre die Königin der Adria in ihren Lagunen zerflossen.

Gegensätze zu diesen Zitadellen der Oper und der Freude waren die vier *ospedali,* Asyle, in denen Venedig für einige seiner verwaisten oder unehelichen Mädchen sorgte. Um dem Leben dieser heimatlosen Kinder Zweck und Bedeutung zu geben, wurden sie in der Vokal- und Instrumentalmusik ausgebildet, um in Chören zu singen und hinter ihren halbklösterlichen Gittern öffentliche Konzerte zu geben. Rousseau erklärte, er habe nie etwas so Rührendes gehört wie diese in disziplinierter Harmonie singenden mädchenhaften Stimmen[41]. Goethe meinte, er habe nie einen so vortrefflichen Sopran oder Musik von so unbeschreibbarer Schönheit vernommen[42]. Einige der größten Komponisten Italiens lehrten in diesen Anstalten, schrieben Musik für sie und dirigierten ihre Konzerte: Monteverdi, Cavalli, Lotti, Galuppi, Porpora, Vivaldi ...

Um seine Theater mit Opern zu beliefern, seine *ospedali,* Orchester und Virtuosen mit Vokal- und Instrumentalmusik zu versorgen, wandte sich Venedig an die Städte Italiens, manchmal auch Österreichs und Deutschlands. Es selbst war die Mutter oder Amme Antonio Lottis, des Organisten und späteren *maestro di capella* in San Marco, Komponist mittelmäßiger Opern, jedoch auch einer Messe, die dem Protestanten Burney Tränen in die Augen trieb; Baldassare Galuppis, berühmt für seine *opere buffe* und den Glanz und die Zartheit seiner Opernarien; Alessandro Marcellos, dessen Konzerte in den Kompositionen seiner Zeit höchsten Rang einnehmen, und seines jüngeren Bruders Benedetto, dessen Vertonung von fünfzig Psalmen «eine der schönsten Hervorbringungen musikalischer Literatur darstellen»[43]; und schließlich Antonio Vivaldis.

Für manchen von uns war das erste Hören eines Vivaldi-Konzertes eine demütigende Offenbarung. Warum hatten wir so lange nichts von ihm gewußt? Hier war ein feierlicher Fluß von Harmonie, lachenden Wellen der Melodie, eine Einheit des Ganzen und ein Zusammenhang der Teile, auf Grund deren dieser Mann einen früheren Eintritt in unseren Gesichtskreis und einen höheren Platz in unseren Musikgeschichten verdient hätte*.

Er wurde 1678 als Sohn eines Geigers des Orchesters der Dogenkapelle in San Marco geboren. Sein Vater brachte ihm das Geigenspiel bei und besorgte ihm eine Stellung in dem Orchester. Mit fünfzehn Jahren empfing er die niederen Weihen, mit fünfundzwanzig wurde er Priester. Man nannte ihn *Il Prete Rosso*, weil er rotes Haar hatte. Seine Leidenschaft für die Musik dürfte mit seinen priesterlichen Obliegenheiten in Konflikt geraten sein. Feinde von ihm berichten: «Eines Tages, als Vivaldi die Messe las, kam ihm ein Thema für eine Fuge in den Sinn; er verließ sofort den Altar ... und begab sich in die Sakristei, um das Thema niederzuschreiben; dann kam er zurück, um die Messe zu beenden.»[44] Ein päpstlicher Nuntius beschuldigte ihn, mehrere Frauen zu unterhalten, und schließlich (so wird berichtet) verbot ihm die Inquisition, die Messe zu lesen. Antonio gab in späteren Jahren einen vollkommen anderen Bericht:

> «Es ist fünfundzwanzig Jahre her, daß ich zum ... letzten Male die Messe las, nicht auf Grund eines Verbots, ... sondern auf Grund meiner eigenen Entscheidung, wegen eines Leidens, das mich seit meiner Geburt belastete. Nachdem ich zum Priester geweiht worden war, las ich ein Jahr lang oder etwas länger die Messe; dann hörte ich auf, sie zu lesen, weil ich bei drei Gelegenheiten durch dieses Leiden gezwungen worden war, den Altar zu verlassen, ohne sie vollendet zu haben.

---

* Die Ausgabe von 1928 des *Grove's Dictionary of Music and Musicians* räumte ihm eine Spalte ein, die Ausgabe von 1954 widmete ihm zwölf, ein Beweis für die schnelle Verbreitung von Vivaldis Ruf. Ist der Ruhm eine Laune des Zufalls?

gleichen Grunde lebe ich fast immer zu Hause, und wenn ich ausgehe, benutze Gondel oder eine Kutsche, denn ich kann wegen dieses Brustleidens oder rich-ge in der Brust [*strettezza di petto,* wahrscheinlich Asthma] nicht lange gehen. Kein mich in sein Haus ein, nicht einmal unser Fürst, weil alle von meinem Leiden wissen. Meine Reisen sind immer sehr kostspielig gewesen, weil ich sie immer mit vier oder fünf Frauen machen mußte, die mir halfen.»

Diese Frauen, fügte er hinzu, waren von einwandfreiem Ruf. «Ihre Sittsamkeit war überall anerkannt ... jeden Tag der Woche verrichteten sie ihre Andacht.»[45]

Er kann kein großer Wüstling gewesen sein, denn das Seminario Musicale dell'Ospedale della Pietà behielt ihn siebenunddreißig Jahre lang als Geiger, Lehrer, Komponist und *maestro di coro* – Chorleiter. Für seine weiblichen Schüler komponierte er die meisten nicht für die Oper bestimmten Werke. Die Nachfrage war groß, daher schrieb er in Eile und korrigierte, sooft er eine freie Stunde hatte. Er sagte zu de Brosses, «er könnte ein Konzert mit allen Stimmen rascher komponieren, als der Kopist es abschreiben könne»[46]. Seine Opern entstanden ebenfalls in Eile; eine von ihnen trug auf der Titelseite die Prahlerei oder (Entschuldigung) «*Fatto in cinque giorni*» («geschrieben in fünf Tagen»). Wie Händel sparte er Zeit, indem er bei sich selbst Anleihen machte und frühere Arbeiten neuen Erfordernissen anpaßte.

In den Pausen seiner Arbeit am Ospedale komponierte er vierzig Opern. Viele Zeitgenossen stimmten mit Tartini darin überein, daß sie mittelmäßig waren. Benedetto Marcello verspottete sie in seinem *Teatro alla moda,* aber das Publikum in Venedig, Vicenza, Mantua, Florenz, Mailand und Wien applaudierte ihm, und Vivaldi verließ oft seine Mädchen, um mit seinen Frauen durch Norditalien, sogar bis nach Wien und Amsterdam zu reisen, um als Geiger aufzutreten, eine seiner Opern zu dirigieren oder deren Inszenierung und Ausstattung zu überwachen. Seine Opern sind jetzt tot, doch das sind fast alle anderen vor Gluck komponierten. Stile, Bräuche, Heroen, Stimmen und Geschlechter haben sich verändert.

Die Geschichte kennt fünfhundertvierundfünfzig Kompositionen von Vivaldi. Von diesen sind vierhundertvierundfünfzig Konzerte. Ein pfiffiger Satiriker hat gesagt, Vivaldi habe nicht sechshundert Konzerte geschrieben, sondern er habe das gleiche *concerto* sechshundertmal in Musik gesetzt[47], und manchmal scheint es wirklich so. Es gibt in diesen Stücken viel Saitengesäge, viel leierndes *continuo,* einen fast metronomischen Takt; selbst in den berühmten *Jahreszeiten* (1725) erstrecken sich Wüsteneien der Monotonie. Doch wir finden bei ihm auch Höhepunkte leidenschaftlicher Vitalität und winterliche Stürme, Oasen dramatischer Konflikte zwischen Solisten und Orchester und dankbare Ströme der Melodie. In solchen Stücken[48] brachte Vivaldi das *concerto grosso* auf eine nie dagewesene Höhe, die nur Bach und Händel noch steigerten.

Wie die meisten Künstler litt Vivaldi unter der Empfindsamkeit, die seinen Genius nährte. Die Macht seiner Musik spiegelte sein feuriges Temperament wider, die Zartheit seiner Melodien seine Frömmigkeit. Als er älter wurde, vertiefte er sich in religiöse Andacht, so daß ein phantasievoller Bericht von ihm sagt, er habe seinen Rosenkranz nur weggelegt, um zu komponieren[49]. 1740 verlor oder kündigte er seine Stel-

Ludwig XV., der sich in seinem «Hirschpark» (Parc-aux-Cerfs) Mädchen serienweise zuführen ließ, zeigt dieser Holzschnitt nach einem Gemälde von Gyula Benczur im Boudoir seiner Favoritin, der Gräfin Dubarry (1743–1793). ▶

Um 1735 malte Antonio Canal, genannt Canaletto (1697–1768), seine «Bucht von San Marco am Himmelfahrtstag» (National Gallery, London). ▶▶

Gyula

lung am Ospedale della Pietà. Aus heute unbekannten Gründen verließ er Venedig und ging nach Wien. Über sein weiteres Leben wissen wir nichts, außer daß er dort ein Jahr später starb und ein Armenbegräbnis erhielt.

Sein Tod blieb in der italienischen Presse unerwähnt; denn Venedig hatte aufgehört, sich etwas aus seiner Musik zu machen, und niemand in seinem Land und in seiner Zeit zählte ihn zu den Großen seiner Kunst. Seine Kompositionen fanden freundliche Aufnahme in Deutschland. Quantz, Flötist und Komponist bei Friedrich dem Großen, führte Vivaldis Konzerte ein und übernahm sie offen als Vorbilder. Bach bewunderte sie so sehr, daß er mindestens neun von ihnen für das Cembalo, vier für die Orgel und eines für vier Cembali und ein Streicherensemble transponierte[50]. Offenbar übernahm Bach von Vivaldi und Corelli die dreiteilige Struktur seiner *concerti*.

Während des 19. Jahrhunderts war Vivaldi fast ganz vergessen, ausgenommen von Gelehrten, welche die Entwicklung Bachs zurückverfolgten. Dann machte ihn 1905 Arnold Scherings *Geschichte des Instrumentalkonzertes* wieder berühmt, und in den zwanziger Jahren unseres Jahrhunderts widmete Arturo Toscanini seine Leidenschaft und sein Prestige der Sache Vivaldis. Heute nimmt der «rote Priester» den höchsten Rang unter den italienischen Komponisten des 18. Jahrhunderts ein.

3. *Erinnerungen*

Aus dem Nachsommer der venezianischen Kunst steigt ein Dutzend Maler auf und weckt Erinnerungen. Wir grüßen Giambattista Pittoni, den Venedig im Rang erst hinter Tiepolo und Piazzetta setzte, und Jacopo Amigoni, dessen wollüstiger Stil auf Boucher übergegangen ist, und Giovanni Antonio Pellegrini, der seine Farben nach England, Frankreich und Deutschland trug; er war es, der Kimbolton Castle, Castle Howard und die Banque de France ausmalte. Marco Ricci ist eine auffällige Gestalt, denn er tötete einen Kritiker und sich selbst. 1699 erdolchte er mit dreiundzwanzig Jahren einen Gondoliere, der seine Gemälde geringschätzig behandelt hatte. Er floh nach Dalmatien, verliebte sich in dessen Landschaften und erfaßte sie so geschickt mit seinen Farben, daß Venedig ihm vergab und ihn als wiedergeborenen Tintoretto pries. Sein Onkel Sebastiano Ricci nahm ihn mit nach London, wo sie zusammen an dem Grab des Herzogs von Devonshire arbeiteten. Wie so viele Künstler des 17. und 18. Jahrhunderts liebte er es, wirkliche oder imaginäre Ruinen zu malen, nicht zu vergessen sich selbst. 1729 beging er nach mehreren Versuchen Selbstmord. 1733 wurde eins seiner Gemälde für 4000 Mark verkauft, 1963 wurde es für 360000 D-Mark[51] wiederverkauft, was sowohl für die höhere Einschätzung der Kunst als auch für die Entwertung des Geldes zeugt.

Rosalba Carriera ist eine erfreulichere Erscheinung. Sie begann ihre Laufbahn mit dem Entwurf von Mustern für *point-de-Venise*-Spitze, dann bemalte sie (wie der junge Renoir) Schnupftabakdosen, später schuf sie Miniaturen, und schließlich fand sie ihre Stärke im Pastell. 1709 war sie so berühmt geworden, daß Friedrich IV. von Dänemark, als er nach Venedig kam, sie auswählte, für ihn Pastellporträts der schönsten

◀ *Die einflußreichste Gestalt der Kunstgeschichte im 18. Jahrhundert war der Gelehrte Johann Joachim Winckelmann (1717–1768). Er brachte das europäische Denken über Kunst, Literatur und Geschichte mit seiner Begeisterung für Griechenland in Bewegung (Porträt von Maron, 1733–1808; Museum Weimar).*

oder berühmtesten Damen Venedigs zu machen. 1720 lud Pierre Crozat, ein millionenschwerer Kunstsammler, sie nach Paris ein. Hier wurde sie willkommen geheißen und gefeiert wie kein anderer ausländischer Künstler seit Bernini. Dichter schrieben Sonette über sie, der Regent Philipp von Orléans besuchte sie, Watteau malte sie und sie ihn, Ludwig XV. saß für sie, sie wurde in die Académie de Peinture gewählt und reichte als Diplomarbeit die *Muse* ein, die heute im Louvre hängt. Es war, als ob in ihr die Seele des Rokokos Fleisch geworden wäre.

1730 ging sie nach Wien, wo sie Pastellporträts von Karl VI., der Kaiserin und der Erzherzogin Maria Theresia schuf. Nach Venedig zurückgekehrt, vertiefte sie sich so sehr in ihre Kunst, daß sie vergaß, zu heiraten. In der Akademie von Wien ist ein ganzer Raum mit ihren Porträts ausgefüllt, die Gemäldegalerie von Dresden hat hundertsiebenundfünfzig, fast alle durch blaßrote Gesichter gekennzeichnet, durch blauen Hintergrund, rosige Unschuld, zierliche Grübchen. Selbst als sie Horace Walpole[52] malte, ließ sie ihn wie ein Mädchen aussehen. Sie schmeichelte allen ihren Modellen, außer sich selbst; das Selbstbildnis in Windsor Castle zeigt sie in ihren späteren Jahren, weißhaarig, ein wenig düster, als ob sie voraussähe, daß sie bald blind sein würde. Die letzten zwölf ihrer zweiundachtzig Jahre mußte sie ohne das Licht und die Farbe leben, die für sie fast der Inhalt ihres Daseins gewesen waren. Sie drückte der Kunst ihrer Zeit ihren Stempel auf: La Tour hat von ihr sein Feuer übernommen, Greuze erinnerte sich ihrer Idealisierung junger Frauen, ihre rosigen Tönungen – *la vie en rose* – gingen über auf Boucher und Renoir.

Giovanni Battista Piazzetta war ein größerer Künstler, erhaben über Sentimentalität, voller Verachtung für Zierat, der nicht so sehr dem Publikum zu gefallen, als die Schwierigkeiten seines Metiers zu überwinden und dessen höchste Traditionen zu wahren sich bemühte. Seine Künstlerkollegen erkannten ihn an, und obwohl Tiepolo die führende Rolle bei der Gründung der venezianischen Accademia di Pittura e Scultura (1750) gespielt hatte, war es Piazzetta, der zu ihrem ersten Präsidenten gewählt wurde. Seine *Rebekka am Brunnen*[53] reicht an Tizians Kunst heran und macht sogar weniger Konzessionen an die konventionelle Auffassung von Schönheit; es ist genug von Rebekka enthüllt, die Sinne zu erregen, doch ihr holländisches Gesicht und ihre Stupsnase waren nicht nach italienischem Geschmack. Es ist der Mann, der uns hier bewegt, eine Gestalt, würdig der Renaissance: ein kraftvolles Gesicht, ein gefälliger Bart, ein gefederter Hut, ein Schimmer listiger Überredung in den Augen – und das ganze Bild ein Meisterwerk der Farbe, des Entwurfs und der Ausführung. Es war typisch für Piazzetta, daß er der geachtetste der venezianischen Maler seiner Zeit war und als der ärmste starb.

Antonio Canal, genannt Canaletto, ist berühmter, denn die halbe Welt kannte Venedig durch seine *vedute* (Ansichten), und England kannte ihn leibhaftig. Eine Zeitlang arbeitete er im Beruf seines Vaters und malte Bühnenbilder für Theater; in Rom studierte er Architektur. Nach Venedig zurückgekehrt, verwendete er Kompaß und Winkelmaß bei seinen Zeichnungen und machte die Architektur zum Hauptmerkmal seiner Bilder. Von diesen Bildern kennen wir die Königin der Adria, wie sie in der ersten Hälfte des 18. Jahrhunderts aussah. Durch sein *Becken von San Marco*[54] erfahren wir, wie sehr die Hauptlagune mit Schiffen überfüllt war; wir beobachten eine Regatta auf dem Canal Grande[55] und sehen, daß damals das Leben ebenso bewegt und erfüllt war, wie es je gewesen ist, und wir freuen uns, die *Rialtobrücke*[56], die *Piazza San Marco*[57], die *Piazzetta*[58], den *Dogenpalast*[59] und *Santa Maria della Salute*[60] fast ebenso vorzufinden, wie wir sie heute sehen können, mit Ausnahme des wiederaufgebauten Campanile. Solche Bilder waren genau das, was Touristen im wolkenreichen Norden brauchten, um sich dankbar der Sonne und des Zaubers der Venezia la Serenissima zu erinnern. Sie kauften und zahlten und nahmen ihre Andenken mit nach Hause, und bald verlangte England nach Canaletto selbst. Er kam im Jahre 1746 und malte umfassende Ansichten von *Whitehall*[61] und *Die Themse von Richmond House;* die letztere, erstaunlich in ihrer Kombination von Raum, Perspektive und Detail, ist Canalettos Meisterwerk. Er kehrte erst 1755 nach Venedig zurück. Hier war er 1766, im Alter von neunundsechzig Jahren, noch immer hart bei der Arbeit und schrieb stolz auf *Das Innere von San Marco:* «geschaffen ohne Brille»[62]. Er gab seine Technik des genauen Messens an seinen Neffen Bernardo Bellotto Canaletto weiter und seine natürliche Begabung für *vedute* an seinen «guten Schüler» Francesco Guardi, dem wir wiederbegegnen werden.

Wie Canaletto die Außenansicht der prächtigen Stadt zeigte, so enthüllte Pietro Longhi das Leben innerhalb der Mauern durch Anwendung der Genremalerei auf den Mittelstand. Die Dame beim Frühstück im Négligé, der Abbé, der ihren Sohn unterrichtet, ihr Töchterchen, das einen Spielzeughund liebkost, der Schneider, der ein Kleid vorführt, der Tanzmeister, der die Dame in den Schritten eines Menuetts unterweist, die Kinder, die mit großen Augen eine Menagerie betrachten, die jungen Frauen, die ausgelassen Blindekuh spielen, die Kaufleute in ihren Läden, die Masken beim Karneval, die Theater, die Cafés, die literarischen Gesellschaften, die ihre Verse rezitierenden Poeten, die Quacksalber, die Wahrsager, die Wurstverkäufer und Pflaumenhändler, die Promenade auf der Piazza, die Jagdgesellschaft, die Angler, die Familie auf ihrem *villeggiatura*-Urlaub: alle diese typischen Betätigungen der Bourgeoisie sind hier dargestellt, sogar lebendiger als in den Komödien Goldonis, der Longhis Freund war. Es ist keine große Kunst, doch sie ist liebenswürdig und zeigt eine Gesellschaft, die gesitteter und vornehmer ist, als wir sie uns nach den Aristokraten der Spielkasinos oder den fluchenden Hafenarbeitern der Kais vorgestellt hätten.

4. *Tiepolo*

Der Venezianer, der Europa einen Augenblick lang glauben ließ, die Renaissance sei wiedergekehrt, war Giambattista Tiepolo. An jedem Sommertag kann man eine Prozession von Studenten und Touristen sehen, welche das Residenzschloß von Würzburg betreten, um das Treppenhaus und die Decke zu sehen, die Tiepolo in den Jahren 1750–1753 mit Fresken bemalt hat, die den Höhepunkt der italienischen Malerei des 18. Jahrhunderts darstellen. Oder man betrachte sein Bild *Die Dreieinigkeit erscheint dem hl. Clemens* in der Nationalgalerie in London, beobachte seine kunstvolle Komposition, seine genaue Zeichnung, seine subtile Behandlung des Lichts, seine Tiefe und Glut der Farbe, alles Elemente, die eines Tizian würdig wären. Vielleicht hätte sich Tiepolo, wenn er nicht so viel auf Wanderschaft gewesen wäre, mit den Größten messen können.

Oder vielleicht war ihm das Glück ein Hindernis. Es war das jüngste Kind eines wohlhabenden venezianischen Kaufmannes, der ihm bei seinem Tod ein großes Vermögen hinterließ. Hübsch, strahlend, übermütig, wurde Gian «früh ein aristokratischer Verächter alles Plebejischen»[63]. 1719 heiratete er im Alter von dreiundzwanzig Cecilia, die Schwester des Francesco Guardi. Sie schenkte ihm vier Töchter und fünf Söhne, von denen zwei Maler wurden. Sie wohnten in «einem schönen Haus» in der Pfarrei Santa Trinità.

Sein Talent war bereits aufgeblüht. 1716 stellte er *Die Opferung Isaaks*[64] aus, ein derbes Bild voller Kraft; er stand zu dieser Zeit sichtbar unter dem Einfluß von Piazzetta. Er studierte auch Veronese und übernahm eine *maniera Paolesca* üppiger Kleidung, warmer Farben und sinnlicher Linien. 1726 forderte ihn der Erzbischof von Udine auf, seine Kathedrale und seinen Palast zu schmücken. Tiepolo wählte Themen aus der Geschichte Abrahams, doch die Behandlung war nicht ganz biblisch: Sarahs Gesicht, von einer Renaissance-Halskrause umrahmt, ist eine Ansammlung von Falten, die zwei verkümmerte Zähne enthüllen. Der Engel jedoch ist ein italienischer Athlet mit hübschen Beinen. Tiepolo scheint empfunden zu haben, daß er in einem Jahrhundert, das über Engel und Wunder zu lächeln begann, seinen Humor an verehrungswürdigen Traditionen auslassen konnte, und der liebenswürdige Erzbischof war nachsichtig mit ihm. Doch der Künstler mußte vorsichtig sein, denn die Kirche war noch immer eine der Hauptquellen für Maleraufträge in der katholischen Welt.

Die andere Quelle war der Laie, der einen Palast auszuschmücken hatte. Im Palazzo Casali-Dugnani in Mailand (1731) erzählte Gian in Fresken die Geschichte Scipios. Diese Fresken waren nicht typisch für Tiepolo, denn er hatte noch nicht seinen charakteristischen Stil von Gestalten entwickelt, die sich leicht und locker in unbegrenztem Raum bewegten, sondern sie zeigten eine Kunstfertigkeit, die in Norditalien Aufsehen erregte. Um 1740 hatte er seine Stärke gefunden und schuf etwas, was manche[65] für sein Meisterwerk hielten – die Decke und die Bankethalle des Palazzo Clerici in Mailand. Hier wählte er als Vehikel seiner Phantasie *Die vier Erdteile, Den Lauf der Sonne* und *Apollo mit den heidnischen Göttern*. Er war glücklich, die düstere Welt der christlichen Legende fliehen zu können und sich auf olympische Höhen zu erheben, wo er die griechisch-römischen Gottheiten als Gestalten in einem Bereich verwenden konnte, der frei war von den Gesetzen der Bewegung, den Fesseln der Schwerkraft und sogar von den akademischen Regeln des Zeichnens. Wie die meisten Künstler, deren Moralkodex in der Hitze ihrer Gefühle schmilzt, war er im Herzen Heide. Darüber hinaus konnte in seinen Augen ein schöner Körper das Produkt einer standhaften und bildsamen Seele sein und deshalb in sich selbst eine geistige Tatsache. Dreißig Jahre lang schuf Tiepolo nun Götter und Göttinnen – in Gaze gekleidet und unbekümmert nackt –, die im

Raume tollten, einander zwischen Planeten jagten oder auf einem Kissen von Wolken der Liebe frönten.

Wieder in Venedig, kehrte er zum Christentum zurück, und seine religiösen Bilder lösten seine Mythologien ab. Für die Scuola di San Rocco malte er eine Leinwand, *Hagar und Ismael,* die wegen der schönen Gestalt eines schlafenden Knaben bemerkenswert ist. In der Jesuitenkirche, die von den Dominikanern in Santa Maria del Rosario umbenannt wurde, malte er *Die Einsetzung des Rosenkranzes.* Für die Scuola dei Carmini, oder Schule der Karmelitermönche, schuf er die *Madonna del Carmelo.* Dieses Bild kam fast Tizians Verkündigung gleich. Für die Kirche Sant'Alvise malte er drei Bilder; eins von diesen, die *Kreuztragung Christi,* ist überfüllt mit mächtigen, lebendig porträtierten Figuren. Tiepolo hatte dem Glauben seiner Jugend gegenüber seine Schuldigkeit getan.

Seine Phantasie bewegte sich freier auf Palastwänden. Im Palazzo Barbaro zeigte er die *Apotheose des Francesco Barbaro* – heute im Metropolitan Museum of Art in New York. Für den Dogenpalast malte er *Neptun bietet Venus die Reichtümer des Meeres dar.* Zur Ausschmückung des Palazzo Papadopoli steuerte er zwei entzückende Augenblicksbilder Venedigs im Karneval bei – *Das Menuett* und *Der Scharlatan.* Und als Krönung all seiner Palastbilder in Venedig verschönerte er den Palazzo Labia mit Fresken, welche die Geschichte des Antonius und der Kleopatra in herrlichen, glänzend durchgeführten Szenen erzählen. Ein Künstlerkollege, Girolamo Mengozzi-Colonna, malte die architektonischen Hintergründe in einem Ausbruch palladianischen Glanzes. Eine Wand schilderte das Zusammentreffen der beiden Herrscher, die gegenüberliegende ihr Bankett, an der Decke stellte ein wilder Schwarm fliegender Gestalten den Pegasus, die Zeit, die Schönheit und die Winde dar, diese geblasen von fröhlich pustenden Kobolden. In *Das Treffen* steigt Kleopatra aus ihrer Barke, in einem verwirrenden Gewand, das einen herrlichen Busen enthüllt, dazu bestimmt, einen müden Herrscher zu süßer Ruhe zu verlocken. In dem noch üppigeren *Bankett der Kleopatra* läßt sie eine Perle ohne Preis in ihren Wein fallen. Antonius ist beeindruckt durch ihren unbekümmerten Reichtum, und auf einem Balkon zupfen Musikanten ihre Leiern, die Gefahr zu verdoppeln und den Rausch zu verdreifachen. Dieses Meisterwerk, das an Veronese erinnert und ihm gleichkommt, war eines der Bilder, die Reynolds 1752 kopierte.

Solche Werke in großartigem Stil erhoben Tiepolo auf eine Höhe, die auch jenseits der Alpen sichtbar war. Graf Francesco Algarotti, Freund Friedrichs des Großen und Voltaires, verbreitete seinen Namen in ganz Europa. Schon im Jahre 1736 informierte der schwedische Gesandte in Venedig seine Regierung, daß Tiepolo der richtige Mann sei, den Königspalast in Stockholm auszuschmücken: «Er ist voll von Witz und Eifer, leicht zu behandeln, übersprudelnd vor Ideen; er hat eine Begabung für leuchtende Farbe und arbeitet mit einer sagenhaften Geschwindigkeit; er malt ein Bild in weniger Zeit, als ein anderer Maler braucht, seine Farben zu mischen»[66]. Stockholm war bereits schön, doch es schien so weit entfernt.

1750 kam eine dringendere Aufforderung: Karl Philipp von Greifenklau, Fürstbischof von Würzburg, bat ihn, die Kaiserhalle seiner neuerbauten Residenz auszumalen. Das angebotene Honorar beeindruckte den alternden Meister. Bei seiner Ankunft im Dezember mit seinen Söhnen Domenico, vierundzwanzigjährig, und Lorenzo, vierzehn Jahre alt, fand er eine unerwartete Herausforderung in der Pracht des Kaisersaals, den Balthasar Neumann entworfen hatte. Wie konnte ein Bild das Auge inmitten dieses Glanzes fangen? Tiepolos erfolgreiche Lösung dieser Aufgabe war die Krönung seiner Laufbahn. Auf den Wänden schilderte er die Geschichte des Kaisers Friedrich Barbarossa (der sich im Jahre 1156 mit Béatrice von Burgund in Würzburg getroffen hatte), und an der Decke zeigte er *Apollon führt Kaiser Barbarossa die Braut zu*. Hier schwelgte er in einer Ekstase weißer Pferde, fröhlicher Götter und dem Lichterspiel auf stolzen Cherubim und Schleierwolken. Auf einer Schräge der Decke stellte er *Die Hochzeit Barbarossas* dar: Hübsche Gesichter, stattliche Gestalten, geblumte Tapeten, Gewänder, die eher an das Venedig Veroneses als an mittelalterliche Stile erinnerten. Der Bischof war so angetan, daß er den Vertrag auf die Decke des großen Treppenhauses und zwei Altarbilder für seine Kathedrale erweiterte. Über der majestätischen Treppe malte Tiepolo die Erdteile und den Olymp, das glückliche Jagdrevier seiner Phantasie – und eine herrliche Darstellung Apollons, des Sonnengottes, der den Himmel umkreist.

Reich und müde geworden, kehrte Giambattista nach Venedig zurück (1753), ließ Domenico zurück, den Auftrag in Würzburg zu Ende zu führen. Kurz darauf wurde er zum Präsidenten der Akademie gewählt. Er war von so liebenswürdiger Gemütsart, daß selbst seine Rivalen ihn liebten und ihn *Il Buon Tiepolo* nannten. Er konnte nicht allen Anforderungen widerstehen, die an seine schwindende Zeit gestellt wurden; wir sehen ihn in Venedig, Treviso, Verona und Parma malen und ein großes, von dem «Hof von Moskau» bestelltes Gemälde schaffen. Man hätte kaum ein weiteres größeres Werk von ihm erwartet, doch 1757, im Alter von einundsechzig, unternahm er es, die Villa Valmarana bei Vicenza auszuschmücken. Mengozzi-Colonna lieferte den architektonischen Rahmen, Domenico signierte einige Gemälde im Gästehaus, Giambattista entfaltete die Kunst seines Pinsels in der Villa selbst. Er wählte Themen aus der *Ilias*, der *Äneis*, dem *Rasenden Roland* und dem *Befreiten Jerusalem*. Hier ließ er seinem ätherischen Illusionismus freien Lauf, löste die Farbe im Licht, den Raum in der Unendlichkeit auf und ließ seine Götter und Göttinnen frei in einem über alle Sorge und Zeit erhabenen Himmel schweben. Goethe rief, staunend vor diesen Fresken stehend, aus: «Gar fröhlich und brav.» Es war Tiepolos letzte Arbeit in Italien.

1761 forderte Karl III. von Spanien Tiepolo auf, nach Madrid zu kommen und den neuen Königspalast auszumalen. Der müde Titan entschuldigte sich mit seinem Alter, doch der König wandte sich an den venezianischen Senat, seinen Einfluß auszuüben. Widerstrebend, im Alter von sechsundsechzig, brach er noch einmal mit seinen treuen Söhnen und seinem Modell Christina auf, wiederum seine Frau zurücklassend, denn sie liebte die Kasinos von Venedig. Wir werden ihm auf einem Malergerüst in Spanien wiederbegegnen.

5. *Goldoni und Gozzi*

Vier Gestalten, paarweise auftretend, nehmen eine hervorragende Stellung in der venezianischen Literatur dieser Epoche ein: Apostolo Zeno und Pietro Metastasio, beide Verfasser von Libretti, die Dichtkunst waren, sowie Carlo Goldoni und Carlo Gozzi, die sich über das venezianische Lustspiel in einer Komödie auseinandersetzten, die Goldonis Tragödie wurde. Über das erste Paar schrieb Goldoni:

«Diesen beiden berühmten Dichtern dankt Italien die Reform der Oper. Vor ihrer Zeit gab es in diesen wohlklingenden Schauspielen nur Götter, Teufel, Maschinen und Zauberwerk. Zeno kam als erster darauf, daß man Tragödien, ohne sie herabzuwürdigen, auch in lyrischen Versen abfassen und daß man sie singen könne, ohne sie dadurch abzuschwächen. Er führte seinen Plan auf eine Art aus, die dem Publikum die größte Befriedigung, ihm selbst und seinem Vaterlande den höchsten Ruhm gewährte.»[67]

Zeno brachte seine Reformen 1718 nach Wien, gab 1730 in Freundschaft seine Stellung zugunsten Metastasios auf und kehrte nach Venedig zurück, um die letzten zwanzig Jahre seines Lebens in Ruhe zu verbringen. Metastasio vereinigte, wie Goldoni bemerkte, Racine mit Zenos Corneille, fügte Feinheit zu Kraft und brachte die Opernpoesie auf eine nie dagewesene Höhe. Voltaire zählte ihn zu den größten französischen Dichtern, und Rousseau hielt ihn für den einzigen zeitgenössischen Poeten, der das Herz rührte. Sein wirklicher Name war Pietro Trapassi. Ein Theaterkritiker, Gian Vincenzo Gravina, hörte ihn einmal in den Straßen singen und adoptierte ihn. Er taufte ihn um auf den Namen Metastasio (Griechisch für Trapassi), finanzierte seine Ausbildung und hinterließ ihm bei seinem Tod ein Vermögen. Pietro brachte das Vermögen mit dichterischer Freiheit durch, gab sich dann einem Advokaten in die Hände, der von ihm die Verpflichtung erzwang, daß er keine Zeile Lyrik lesen oder schreiben würde. Also schrieb er unter einem Pseudonym.

In Neapel wurde er von dem österreichischen Gesandten aufgefordert, den Text für eine Kantate zu schreiben. Porpora komponierte die Musik; Marianna Bulgarelli, damals berühmt unter dem Namen La Romanina, sang die Hauptstimme; alles ging gut. Die Diva lud den Dichter in ihren Salon ein. Hier traf er mit Leo, Vinci, Pergolesi, Farinelli, Hasse, Alessandro und Domenico Scarlatti zusammen. Metastasio machte rasche Fortschritte in dieser erregenden Gesellschaft. La Romanina, fünfunddreißigjährig, verliebte sich in ihn, der erst dreiundzwanzig Jahre alt war. Sie befreite ihn aus der Tretmühle der Juristerei, nahm ihn in einen *ménage à trois* mit ihrem gefälligen Gatten auf und inspirierte ihn, sein berühmtestes Libretto, *Didone abbandonata,* zu schreiben, das zwölf Komponisten zwischen 1724 und 1823 vertonten. 1726 schrieb er für seine Geliebte *Siroe;* Vinci, Hasse und Händel machten unabhängig voneinander Opern daraus. Metastasio war nun der meistgesuchte Librettist in Europa.

1730 nahm er einen Ruf nach Wien an, ließ La Romanina zurück. Sie versuchte ihm zu folgen. In der Furcht, ihre Anwesenheit könnte ihn kompromittieren, erwirkte er einen Erlaß, der ihr verbot, kaiserliches Territorium zu betreten. Bei einem Selbstmordversuch stieß sie sich einen Dolch in die Brust; dieser Versuch, die Dido zu spielen, scheiterte, doch sie lebte nur noch vier Jahre. Als sie starb, hinterließ sie ihrem ungetreuen Aeneas ihr ganzes Vermögen. Von Gewissensbissen befallen, verzichtete Metastasio auf das Vermächtnis zugunsten ihres Ehemannes. «Ich glaube, daß es keinen Trost für mich geben wird», schrieb er, «der Rest meines Lebens wird saft- und freudlos sein.»[67a] Traurig ließ er Triumph nach Triumph über sich ergehen, bis der Österreichische Erbfolgekrieg die Opernaufführungen in Wien unterbrach. Nach 1750 wiederholte er sich ziellos. Er hatte sein Leben dreißig Jahre vor seinem Tode (1782) erschöpft.

Die Oper vertrieb, wie Voltaire es vorausgesagt hatte, das tragische Drama von der italienischen Bühne und überließ sie der Komödie. Doch die italienische Komödie wurde beherrscht von der *commedia dell'arte* – dem Spiel improvisierter Rede und charakteristischer Masken. Die meisten der Charaktere waren seit langem stereotyp geworden: Pantalone, der aufgeräumte Bourgeois in breiten Hosen; Tartaglia, der stotternde napolitanische Spitzbube; Brighella, der Einfältige, in seinen eigenen Intrigen gefangene Ränkeschmied; Truffaldino, der lustige, sinnenfreudige *bon vivant;* Arlecchino, unser Harlekin; Pulcinello, der englische Punch. Verschiedene Städte und Zeiten vermehrten diese Figuren. Ein großer Teil des Dialogs und viele Einzelheiten in der Handlung blieben der extemporierten Erfindung überlassen. In «diesen improvisierten Komödien», berichtet Casanova, «wird ein Schauspieler, der steckenbleibt, vom Parterre und der Galerie gnadenlos ausgezischt»[68].

In Venedig spielten gewöhnlich sieben Theater, alle nach Heiligen benannt und von einem skandalfreudigen Publikum besucht. Die vornehme Welt in den Logen nahm es nicht genau mit dem, was sie auf das gemeine Volk unter sich hinunterfallen ließ. Gegnerische Parteien erwiderten Beifall mit Pfeifen, Gähnen, Niesen, Husten, Krähen oder Miauen[69]. In Paris setzte sich das Theaterpublikum größtenteils aus den oberen Klassen, Gebildeten und Literaten zusammen; in Venedig bestand es in der Hauptsache aus Angehörigen des Mittelstandes, durchsetzt mit aufgeputzten Kurtisanen, zotenreißenden Gondolieri, verkleideten Priestern und Mönchen, hochmütigen Senatoren in Robe und mit Perücke. Ein Theaterstück hatte es schwer, allen Elementen in einem solchen Olla podrida der Menschheit zu gefallen. So neigte die italienische Komödie dazu, eine Mischung von Satire, Radaukomödie, Posse und Wortspielen zu sein. Die einseitige Ausbildung der Schauspieler zur Darstellung von Charaktertypen machte sie unfähig zu abwechselndem und verfeinertem Spiel. Dies war das Publikum, dies war die Bühne, die Goldoni zu echter und kultivierter Komödie zu erziehen unternahm.

Amüsant ist der schlichte Beginn seiner *Memoiren:*

«Ich wurde im Jahre 1707 zu Venedig geboren. Meine Mutter brachte mich fast ohne Schmerzen zur Welt; sie liebte mich deshalb um so mehr. Ich stieß keinen Schrei aus, als ich zum erstenmal das Licht der Welt erblickte. Diese Sanftmut schien schon damals meinen friedliebenden Charakter anzuzeigen, der sich seitdem niemals verleugnet hat.»[70]

Es klang etwas nach Großsprecherei, doch es stimmte; Goldoni ist einer der liebenswürdigsten Gestalten der gesamten Literaturgeschichte, und trotz dieser Einleitung zählte die Bescheidenheit zu seinen Tugenden – eine Eigenschaft, die sonst bei Schriftstellern ungewohnt ist. Wir können ihm glauben, wenn er sagt: «Ich war das Idol des Hauses.» Der Vater ging nach Rom, um Medizin zu studieren, und dann nach Perugia, um zu praktizieren; die Mutter blieb in Venedig zurück, um drei Kinder aufzuziehen.

Carlo war frühreif; mit vier konnte er lesen und schreiben, mit acht verfaßte er eine Komödie. Der Vater überredete die Mutter, Carlo nach Perugia gehen und bei ihm wohnen zu lassen. Hier studierte der Knabe bei den Jesuiten, bewährte sich und wurde aufgefordert, dem Orden beizutreten; er lehnte ab. Die Mutter und ein anderer Sohn zogen zum Vater, doch die kalte Bergluft von Perugia bekam ihr nicht, und die Familie übersiedelte nach Rimini, dann nach Chioggia. Carlo trat in ein Dominikanerkollegium in Rimini ein, wo er tägliche Dosen der *Summa theologica* des Thomas von Aquin empfing. Da er in diesem Meisterwerk vernunftgemäßer Erklärung kein Drama fand, las er Aristophanes, Menander, Plautus und Terenz, und als eine Schauspielergesellschaft nach Rimini kam, schloß er sich ihr lange genug an, um seine Eltern in Chioggia überraschen zu können. Sie schalten ihn, umarmten ihn und schickten ihn nach Pavia, um Jura zu studieren. 1731 promovierte er und begann zu praktizieren. Er heiratete und war nun «der glücklichste, zufriedenste Mensch auf der Welt»[71] – bis auf die Tatsache, daß er in seiner Hochzeitsnacht an Pocken erkrankte.

Es zog ihn bald nach Venedig zurück, wo er als Jurist zu Erfolg kam und Konsul für Genua wurde. Doch das Theater faszinierte ihn immer noch; es juckte ihn, zu schreiben, aufgeführt zu werden. Sein *Belisarius* wurde am 24. November 1734 mit begeistertem Erfolg uraufgeführt; er lief täglich bis zum 14. Dezember, und der Stolz seiner alten Mutter auf ihn verdoppelte seine Freude. Venedig hatte jedoch keinen Geschmack an der Tragödie. Seine weiteren Versuche in diesem Genre scheiterten, und traurig ging er zur Komödie über. Aber dennoch weigerte er sich, Farcen für die *commedia dell'arte* zu schreiben. Er wollte Sittenkomödien und Ideenkomödien in der Tradition Molières schreiben, wollte keine zu Masken erstarrte Charaktertypen auf die Bühne stellen, sondern aus dem zeitgenössischen Leben entnommene Persönlichkeiten und Situationen. Er wählte einige Schauspieler aus einer *commedia*-Truppe in Venedig, bildete sie aus und führte 1740 seinen *Momolo cortesan* («Momolo, der Höfling») auf. «Das Stück hatte einen ungeheuren Erfolg; ich war sehr befriedigt.»[72] Nicht ganz, denn er hatte Kompromisse gemacht, indem er den gesamten Dialog mit Ausnahme für die Hauptfigur ungeschrieben ließ und Rollen für vier der traditionellen Maskentypen vorsah.

Er trieb seine Reformen Schritt für Schritt weiter. In *La donna di garbo* («Die Frau von Ehre») schrieb er zum erstenmal Handlung und Dialog vollkommen aus. Gegnerische Gesellschaften traten auf, um mit der seinigen zu konkurrieren oder sich über seine Stücke lustig zu machen; die Klassen, die er verspottet hatte, wie die *cicisbei,* verschworen sich gegen ihn. Er bekämpfte sie alle mit einem Erfolg nach dem anderen. Doch es konnte kein anderer Autor gefunden werden, seine Truppe mit passenden Komödien zu versorgen; seine eigenen, die sich zu oft wiederholten, büßten an Wirkung ein. Aus Wettbewerbsgründen war er gezwungen, sechzehn Stücke in einem Jahr zu schreiben.

1752 erreichte er seinen Höhepunkt und wurde von Voltaire als der Molière Italiens begrüßt. *La locandiera* («Die Herbergswirtin»; deutsche Übersetzungen auch unter dem Titel *Mirandolina*) hatte in diesem Jahr «einen so glänzenden Erfolg, daß sie ... allem anderen vorgezogen wurde, was je in dieser Art der Komödie geschaffen worden war». Er brüstete sich, die «aristotelische Einheit» von Handlung, Ort und Zeit beobachtet zu haben; sonst beurteilte er seine Stücke realistisch: «Gut», sagte er, «doch noch nicht Molière.»[73] Er hatte sie zu schnell geschrieben, um Kunstwerke aus ihnen machen zu können. Sie waren geschickt konstruiert, angenehm fröhlich und im allgemeinen lebensecht, doch es fehlte ihnen Molières Ideenreichtum, Sprachgewalt und Darstellungskraft, sie blieben an der Oberfläche der Charaktere und Ereignisse. Die Eigenart seines Publikums verbot es ihm, in die Höhen des Gefühls, der Philosophie oder des Stils hinaufzusteigen, und er war von Natur zu fröhlich, um die Tiefen zu sondieren, die Molière gequält hatten.

Einmal zumindest wurde er aus seiner heiteren Stimmung aufgeschreckt und zutiefst gekränkt: als Carlo Gozzi ihn zum Wettkampf um die Herrschaft auf dem Theater herausforderte und gewann.

Es waren zwei Gozzis an dem literarischen Getümmel jener Zeit beteiligt. Gasparo Gozzi schrieb Stücke, die in der Hauptsache Bearbeitungen aus dem Französischen waren; er gab zwei führende Zeitschriften heraus und leitete die Wiedergeburt Dantes ein. Nicht so freundlich war sein Bruder Carlo: ein hochgewachsener, gutaussehender, eitler und streitlustiger Mann. Er war das geistreichste Mitglied der Accademia Granelleschi, die für den Gebrauch des reinen Toskanisch-Italienischen in der Literatur kämpfte anstelle des venezianischen Idioms, das Goldoni in den meisten seiner Stücke verwendete. Als der Liebhaber oder *cavaliere servente* der Teodora Ricci mag er den Stachel gespürt haben, als Goldoni die *cicisbei* verspottete. Auch er schrieb *Memoiren* – die Weißbücher seiner Kriege. Er beurteilte Goldoni so, wie ein Autor einen anderen sieht:

«Ich erkannte in Goldoni eine Fülle von komischen Motiven, Wahrheiten und Natürlichkeiten. Doch ich entdeckte Armut und Niedrigkeit der Intrige; ... Tugenden und Laster schlecht verteilt, das Laster zu oft triumphierend; plebejische Sätze von niedriger Doppelbedeutung; ... Brocken und Fetzen an Bildung, gestohlen, der Himmel weiß wo, und vorgebracht, um einer Menge von Unwissenden zu imponieren. Schließlich scheint er als Schreiber des Italienischen [ausgenommen in dem venezianischen Dialekt, in dem er sich als Meister erwiesen hat] nicht unwürdig zu sein, zu den langweiligsten, verächtlichsten und am wenigsten korrekten Autoren zu zählen, die unsere Sprache benutzt haben ... Gleichzeitig muß ich hinzufügen, daß er nie ein Stück ohne einen hervorragenden komischen Zug geschaffen hat. In meinen Augen erweckte er immer den Anschein eines Mannes, der mit einem natürlichen Sinn dafür geboren war, wie echte Komödien geschrieben werden sollten, der jedoch wegen mangelnder Bildung, infolge fehlender Urteilskraft, aus dem Bedürfnis, das Publikum zu befriedigen, und aus der Notwendigkeit, den armen Komödianten, durch die er seinen Lebensunterhalt verdiente, immer neue Ware zu liefern, und infolge der Eile, in der er jedes Jahr so viele Stücke produzierte, um sich über Wasser zu halten, nie fähig war, ein einziges Stück zu schreiben, in dem es nicht von Fehlern wimmelt.»[74]

1757 veröffentlichte Gozzi einen Band Verse, in denen er eine ähnliche Kritik ausübte in «dem Stil guter alter toskanischer Meister». Goldoni erwiderte in Terzinen (Dantes Versmaß), Gozzi belle wie ein Hund den Mond an – «*come il cane che abbaia la luna*». Gozzi parierte, indem er die *commedia dell'arte* gegen Goldonis Vorwürfe verteidigte. Er erhob die Anschuldigung, Goldonis Stücke seien «hundertmal lüsterner, unanständiger und moralschädigender» als die Komödie der Masken, und er stellte aus Goldonis Werken ein Vokabular von «dunklen Ausdrücken, schmutzigen Zweideutigkeiten ... und anderen Schlüpfrigkeiten» zusammen. Der Streit, berichtet uns Molmenti, «versetzte die Stadt in eine Art Raserei; der Fall wurde in Spielklubs, Wohnungen, Läden, Cafés und auf den Straßen diskutiert»[75].

Abate Chiari, ein anderer von Gozzis toskanischer Natter gebissener Dramatiker, forderte ihn auf, ein Stück zu schreiben, das besser wäre als jene, die er verdammt hatte. Gozzi antwortete, das könnte er mit Leichtigkeit tun, selbst über die banalsten Themen und unter ausschließlicher Verwendung der traditionellen Maskenkomödie. Im Januar 1761 führte eine Gesellschaft am Teatro San Samuele seine *Fiaba dell'amore delle tre melarancie* («Fabel von der Liebe zu den drei Orangen») auf – lediglich ein Szenarium, das Pantalone, Tartaglia und andere «Masken» auf der Suche nach drei Orangen zeigt, die magische Kräfte besitzen sollen; der Dialog war der Improvisation überlassen. Der Erfolg dieses «Märchens» war entscheidend: Das venezianische Publikum, das vom Lachen lebte, genoß die Phantasiewelt der Erzählung und die darin enthaltene Satire auf Chiaris und Goldonis Handlungen. Gozzi ließ in fünf Jahren neun weitere *fiabe* folgen; doch zu diesen schrieb er einen poetischen Dialog, hierdurch teilweise der Kritik Goldonis an der *commedia dell'arte* recht gebend. Jedenfalls schien Gozzis Sieg vollständig zu sein. Die Besucherzahlen im San Samuele blieben hoch, die in Goldonis Teatro Sant'Angelo sanken bis zum unvermeidlichen Bankrott. Chiari siedelte nach Brescia über, und Goldoni nahm eine Einladung nach Paris an*.

Zu seinem Abschied von Venedig führte Goldoni (1762) *Una delle ultime sere di Carnevale* («Einer der letzten Abende des Karnevals») auf. Das Stück erzählt von einem Dessinateur, Sior Anzoleto, der mit schwerem Herzen in Venedig die Weber zurückließ, deren Webstühle er so lange mit Mustern versorgt hatte. Das Publikum sah hierin bald eine Anspielung auf die Tatsache, daß der Dramatiker mit Bedauern die Schauspieler verließ, deren Bühne er so lange mit Stücken versorgt hatte. Als Anzoleto in der Schlußszene auftrat, «erdröhnte der Saal [wie Goldoni uns berichtet] von Beifall, und deutlich klang es zwischendurch: 'Glückliche Reise!' 'Kommen Sie wieder!' 'Unbedingt!'»[76] Er verließ Venedig am 15. April 1762 und sah es nie wieder.

In Paris war er zwei Jahre lang damit beschäftigt, Komödien für das Théâtre des Italiens zu schreiben. 1770 wurde er wegen Verführung vor Gericht gestellt[77], doch ein Jahr später wurde er engagiert, den Töchtern Ludwigs XV. Italienisch beizubringen. Für die Hochzeit Marie-Antoinettes mit dem späteren Ludwig XVI. schrieb er auf Französisch eins seiner besten Stücke, *Le Bourru bienfaisant* («Der wohlwollende Gro-

---

* Zwei von Gozzis «Märchen» wurden zu Opern umgearbeitet: *Turandot* von Weber, Busoni und Puccini, *Die Liebe zu den drei Orangen* von Prokofieff.

bian»). Er wurde mit einer Pension von zwölfhundert Franken belohnt, die durch die Revolution annulliert wurde, als er einundachtzig Jahre alt war. Er tröstete sich in seiner Armut, indem er seiner Frau seine *Memoiren* (1792) diktierte – ungenau, phantasievoll, geistreich, unterhaltend; Gibbon hielt sie für «echter dramatisch als seine italienischen Komödien»[78]. Er starb am 6. Februar 1793. Am 7. Februar ließ der Nationalkonvent auf einen Antrag des Dichters Marie-Joseph von Chénier seine Pension wiederaufleben. Da er nicht mehr in der Lage war, sie in Empfang zu nehmen, gab sie der Konvent, herabgesetzt, seiner Witwe.

Gozzis Sieg in Venedig war kurz. Lange vor seinem Tod (1806) waren seine *Fiabe* von der Bühne verschwunden, und Goldonis Komödien waren in den Theatern Italiens zu neuem Leben erwacht. Sie werden dort immer noch gespielt, fast ebenso häufig wie Molières Stücke in Frankreich. Seine Statue steht auf dem Campo San Bartolomeo in Venedig und eine weitere auf dem Largo Goldoni in Florenz. Denn wie seine *Memoiren* sagen: «Die Menschheit ist überall die gleiche, die Eifersucht zeigt sich überall, und überall gewinnt ein Mann von kühler und ruhiger Charakterveranlagung am Ende die Liebe des Publikums und überdauert seine Feinde.»[79]

VI. ROM

Südlich des Po, entlang der Adria und zu beiden Seiten der Apenninen, erstreckte sich der Kirchenstaat – Ferrara, Bologna, Forlì, Ravenna, Perugia, Benevento, Rom – und bildete den zentralen und größten Teil des Zauberstiefels.

Als Ferrara dem Kirchenstaat einverleibt wurde (1598), verlegten seine Herzöge aus dem Hause Este ihre Residenz nach Modena und trugen hier ihre Archive, Bücher und Kunstgegenstände zusammen. 1700 wurde Lodovico Muratori, Priester, Gelehrter und Doktor der Rechte, Kurator dieser Schätze. Aus diesen stellte er in fünfzehn Jahren Arbeit und in achtundzwanzig Bänden *Rerum italicarum scriptores* («Italienische Geschichtsschreiber», 1723–1738) zusammen; später fügte er zehn Bände italienischer Altertümer und Inschriften hinzu. Er war mehr Altertumsforscher als Historiker; seine zwölfbändigen *Annali d'Italia* waren bald überholt, doch seine Erforschung der Dokumente und Inschriften machte ihn zum Vater und zur Quelle der modernen Geschichtsschreibung in Italien.

Neben Rom war Bologna der blühendste dieser italienischen Staaten. Seine berühmte Malschule existierte weiter unter Giuseppe Crespi («Lo Spagnuolo»). Seine Universität war noch immer eine der besten in Europa. Der Palazzo Bevilacqua (1749) gehörte zu den elegantesten Bauwerken des Jahrhunderts. Eine bemerkenswerte Familie, die ihren Mittelpunkt in Bologna hatte, brachte die Theaterarchitektur und die Bühnenbildnerei zu ihrer höchsten Vollendung in der Neuzeit. Ferdinando Galli da Bibiena baute das Teatro Reale in Mantua (1731), schrieb berühmte Abhandlungen über seine Kunst und zeugte drei Söhne, die seine Technik des täuschenden und glaubhaften Ornaments fortsetzten. Sein Bruder Francesco baute Theater in Wien, Nancy und Rom sowie Veronas Teatro Filarmonico – das oft als das schönste Italiens bezeichnet wird. Ferdinandos Sohn Alessandro wurde erster Architekt des pfälzischen Kurfürsten. Ein anderer Sohn, Giuseppe, entwarf das Innere des Opernhauses in Bayreuth (1748) – «das schönste in seiner Art existierende»[80]. Ein dritter Sohn, Antonio, entwarf die Pläne für das Teatro Comunale in Bologna.

Dieses Theater und die massive alte Kirche San Petronio hörten die beste Instrumentalmusik in Italien, denn Bologna war das Hauptzentrum Italiens für Musikpädagogik und -theorie. Hier hielt Padre Giovanni Battista Martini seinen bescheidenen, aber strengen Hof als der geachtetste Musiklehrer in Europa. Er hatte eine Musikbibliothek von siebzehntausend Bänden, schrieb klassische Abhandlungen über Kontrapunkt und Musikgeschichte und korrespondierte mit hundert Berühmtheiten in einem Dutzend Länder. Der Ritterschlag der Accademia Filarmonica, deren Leiter er viele Jahre war, wurde von allen Musikern begehrt. Hierher kam im Jahre 1770 der Knabe Mozart, um sich den vorgeschriebenen Prüfungen zu unterziehen; hier sollten Rossini und Donizetti lehren. Die jährlichen Festspiele mit neuen Kompositionen, die von einem hundert Mann starken Orchester der Accademia aufgeführt wurden, waren für Italien jeweils das höchste Ereignis im musikalischen Leben.

Gibbon schätzte die Bevölkerung Roms im Jahre 1740 auf etwa 156000 Seelen. Wenn er an die glanzvolle Vergangenheit dachte (ohne allerdings die Armen und die Sklaven mit zu berücksichtigen), so entsprach die Hauptstadt der katholischen Christenheit nicht seinem Geschmack:

«Innerhalb der geräumigen Umfriedungen der [aurelianischen] Mauern war der größte Teil der sieben Hügel bedeckt mit Weingärten und Ruinen. Die Schönheit und Pracht der modernen Stadt mag den Mißgriffen der Regierung und dem Einfluß des Aberglaubens zugeschrieben werden. Jede Regierung [die Ausnahmen sind selten] wurde gekennzeichnet durch den raschen Aufstieg einer neuen Familie, die sich durch den kinderlosen Papst auf Kosten der Kirche und des Landes bereicherte. Die Paläste dieser glücklichen Neffen sind die kostspieligsten Monumente der Vornehmheit und der Sklaverei: die vollkommenen Künste der Architektur, der Malerei und der Skulptur sind in ihrem Dienst prostituiert worden, und ihre Galerien und Gärten sind geschmückt mit den kostbarsten Werken der Antike, die zu sammeln Geschmack oder Eitelkeit veranlaßt hat.»[81]

Die Päpste dieser Periode zeichneten sich durch ihre hohe Sittenstrenge aus; mit dem Absinken ihrer Macht war die Moral gestiegen. Sie waren alle Italiener, denn keiner der katholischen Monarchen erlaubte, daß einer der anderen den Papstthron bestieg. Clemens XI. (Papst von 1700 bis 1721) rechtfertigte seinen Namen durch Reformen in den Gefängnissen von Rom. Innozenz XIII. (1721–1724) besaß nach dem Urteil des Protestanten Ranke

«bewunderungswürdige Eignungen sowohl für die geistliche als auch für die weltliche Regierung, doch seine Gesundheit war äußerst zart ... Die römischen Familien, die mit ihm verwandt waren und gehofft hatten, durch ihn gefördert zu werden, sahen sich vollständig enttäuscht; selbst sein Neffe konnte nicht ohne Schwierigkeit in den Genuß jener jährlichen zwölftausend Dukaten kommen, die nun das gewöhnliche Einkommen eines Neffen geworden waren.»[82]

Benedikt XIII. (1724–1730) war «ein Mann von großer persönlicher Frömmigkeit»[83], aber (sagt ein katholischer Historiker) «er räumte unwürdigen Günstlingen zuviel Macht ein»[84]. Clemens XII. (1730–1740) überflutete Rom mit seinen florentinischen Freunden und ließ sich, als er alt und blind geworden war, von seinen Neffen beherrschen, deren Intoleranz außerdem den Konflikt zwischen Jesuiten und Jansenisten in Frankreich verschärfte.

Macaulay hielt Benedikt XIV. (1740–1758) für «den besten und weisesten der zweihundertfünfzig Nachfolger des heiligen Petrus»[85]. Ein großmütiges Urteil; doch Protestanten, Katholiken und Ungläubige stimmen darin überein, daß Benedikt ein Mann von großem Wissen, liebenswertem Charakter und moralischer Integrität war. Als Erzbischof von Bologna hatte er keinen Widerspruch darin gesehen, dreimal in der Woche in die Oper zu gehen und seine bischöflichen Pflichten genau zu erfüllen[86]. Und als Papst versöhnte er die Reinheit seines persönlichen Lebens mit fröhlichem Humor, Redefreiheit und einer fast heidnischen Wertschätzung von Literatur und Kunst. Er nahm eine nackte Venus in seine Sammlung auf und erzählte Kardinal de Tencin, wie oft der Fürst und die Fürstin von Württemberg ihren Namen auf einen anmutig gerundeten Teil der in der päpstlichen Korrespondenz nicht oft erwähnten Anatomie kratzten[87]. Sein Witz war fast ebenso scharf wie der Voltaires, doch das hinderte ihn nicht daran, ein gewissenhafter Administrator und vorausschauender Diplomat zu sein.

Er fand die päpstlichen Finanzen in einem chaotischen Zustand vor: die Hälfte der Einkünfte ging unterwegs verloren, und ein Drittel der Bevölkerung Roms bestand aus Geistlichen, die weitaus zahlreicher waren, als die Angelegenheiten der Kirche es erforderten, und teurer, als die Kirche es sich eigentlich leisten konnte. Benedikt verkleinerte seinen eigenen Stab, entließ den größten Teil der päpstlichen Truppen, machte der päpstlichen Vetternwirtschaft ein Ende, senkte die Steuern, führte landwirtschaftliche Verbesserungen ein und ermutigte das industrielle Unternehmertum. Bald führten seine Rechtschaffenheit, seine Sparsamkeit und seine Tüchtigkeit zu einem Überschuß in der päpstlichen Kasse. Seine Außenpolitik machte fruchtbare Konzessionen an unruhige Könige: er unterzeichnete Konkordate mit Sardinien, Portugal, Neapel und Spanien, die ihren katholischen Herrschern das Recht der Nominierung von Bischöfen einräumten. Er bemühte sich, den dogmatischen Eifer in Frankreich durch eine laxe Durchführung der antijansenistischen Bulle *Unigenitus* zu besänftigen; «da die Ungläubigkeit täglich fortschreitet», schrieb er, «müssen wir uns eher fragen, ob die Menschen an Gott glauben, als ob sie die Bulle anerkennen»[88]. Er machte rechtschaffene Anstrengungen, einen Modus vivendi mit der Aufklärung zu finden. Wir haben über seine herzliche Aufnahme der Widmung von Voltaires *Mahomet* berichtet, obwohl dieses Stück in Paris unter kirchlichem Beschuß stand (1746). Er bestellte eine Kommission, das Brevier zu überprüfen und einige der unglaubwürdigeren Legenden zu eliminieren; doch die Empfehlungen dieser Kommission wurden nicht befolgt. Er sicherte durch sein persönliches Eintreten die Wahl d'Alemberts in das Institut von Bologna[89]. Er verhinderte die voreilige Ächtung von Büchern. Als einige Helfer ihm rieten, La Mettries *L'Homme machine* zu verurteilen, antwortete er: «Solltet Ihr Euch nicht enthalten, mir die Kühnheiten von Narren zu berichten?» Und er fügte hinzu: «Wisset, daß der Papst eine freie Hand hat nur zur Erteilung von Segen.»[90] Der revidierte Index Expurgatorius, den er 1758 herausgab, verzichtete auf alle Versuche, sich über nichtkatholische Literatur auf dem laufenden zu halten; mit wenigen Ausnahmen beschränkte er sich auf die Verbote einiger Bücher von katholischen Autoren. Keine Verdammung konnte ausgesprochen werden, bevor dem Verfasser, wenn erreichbar, Gelegenheit gegeben worden war, sich zu verteidigen; kein Buch über ein wissenschaftliches Thema sollte ohne Konsultation von Experten verdammt werden; Männern der Wissenschaft sollte bereitwillig die Erlaubnis erteilt werden, verbotene Bücher zu lesen[91]. Diese Regeln wurden in späteren Ausgaben des Index befolgt und von Leo XIII. im Jahre 1900 bestätigt.

Die Päpste fanden es fast ebenso schwierig, Rom zu regieren wie die katholische Welt. Die Bevölkerung der Stadt war vermutlich die leidenschaftlichste und gewalttätigste in Italien, vielleicht in Europa. Jeder Streitfall konnte zu einem Duell bei dem Adel führen oder zu einem blutigen Konflikt zwischen den partikularistischen patriotischen Banden, die sich in die Heilige Stadt teilten. Im Theater konnte das Urteil des Publikums gnadenlos sein, besonders wenn es falsch war; wir werden einen solchen Fall bei Pergolesi erleben. Die Kirche bemühte sich, das Volk durch Festlichkeiten, Prozessionen, Ablässe und den Karneval zu besänftigen. Während der acht Tage vor der Fastenzeit war es ihm erlaubt, sich fröhlich und phantasievoll zu verkleiden und auf dem Korso zu tollen. Der Adel suchte sich die Gunst des Volkes durch Paraden mit Pferden oder Wagen zu erwerben, die geschickte Reiter oder schöne Frauen trugen, alle reich geschmückt. Prostituierte boten ihre Dienste zu vorübergehend gesenkten Preisen an, und maskierte Liebeleien erleichterten für einige Stunden den Druck der Monogamie. Sobald der Karneval vorüber war, nahm Rom sein zwischen Frömmigkeit und Verbrechen geteiltes Alltagsleben wieder auf.

Die Kunst gedieh nicht unter der schwindenden Anhängerschaft eines zerfallenden Glaubens. Die Architektur leistete einige kleinere Beiträge: Alessandro Galilei gab der alten Kirche San Giovanni in Laterano eine stolze Fassade, Ferdinando Fuga setzte Santa Maria Maggiore ein neues Gesicht auf, und Francesco di Sanctis führte die prächtige, geräumige Scala di Spagna von der Piazza di Spagna zum Altar von Santissima Trinità dei Monti hinauf. Die Bildhauerei steuerte ein berühmtes Denkmal, die Fontana di Trevi, bei – wo der zufriedene Tourist eine Münze über seine Schulter in das Wasser wirft, um sich einen erneuten Besuch Roms zu sichern. Dieser «Brunnen der drei Öffnungen» hatte eine lange Geschichte. Bernini hinterließ vielleicht eine Skizze für ihn; Clemens XII. schrieb einen Wettbewerb für ihn aus; Edme Bouchardon von Paris und Lambert-Sigisbert Adam von Nancy unterbreiteten Pläne; Giovanni Maini wurde auserwählt, ihn zu entwerfen; Pietro Bracci schuf die Zentralgruppe mit Neptun und seiner Begleitung (1732); Filippo della Valle goß die Figuren der Fruchtbarkeit und der Heilung; Niccolò Salvi lieferte den architektonischen Hintergrund; Giuseppe Pannini vollendete das Werk im Jahre 1762. Diese Zusammenarbeit vieler Geister und Hände während dreißig Jahren mag vielleicht auf mangelnden Willen oder fehlende

Geldmittel hinweisen, schließt jedoch jeden Gedanken aus, daß die Kunst in Rom tot war. Bracci vermehrte seinen Ruhm durch das Grab der Maria Clementina Sobieska (heute in St. Peter), der unglücklichen Gattin des Stuart-Prätendenten Jakob III., und della Valle hinterließ in der Kirche St. Ignatius ein delikat gemeißeltes Relief der Verkündigung, würdig der Hochrenaissance.

Die Malerei brachte im Rom dieser Epoche keine Wunder hervor, doch Giovanni Battista Piranesi machte das Gravieren zu einer großen Kunst. Als Sohn eines Steinmetzen in der Nähe von Venedig geboren, las er Palladio und träumte von Palästen und Altären. Venedig hatte mehr Maler als Geld, Rom hatte mehr Geld als Maler, und so ging Giovanni nach Rom und ließ sich als Architekt nieder. Doch Bauten waren nicht gefragt. Er entwarf sie trotzdem oder, richtiger, er zeichnete phantasievolle Bauwerke, von denen er wußte, daß niemand sie bauen würde, einschließlich phantastischer Gefängnisse, die so aussahen, als sei die spanische Treppe auf die Bäder des Diokletian gefallen. Er veröffentlichte diese Zeichnungen 1750 als *Opere varie di architettura* und *Carceri* (Gefängnisse), und die Leute kauften sie, wie sie Geduldspiele oder Rätsel kaufen. In gehobener Stimmung verwandte Piranesi seine Geschicklichkeit darauf, seine Skizzen alter Monumente zu gravieren. Er verliebte sich in sie, wie Poussin und Robert es taten. Er war traurig darüber zu sehen, daß diese klassischen Ruinen von Tag zu Tag durch Plünderung und Vernachlässigung immer mehr zerfielen. Fast fünfundzwanzig Jahre lang ging er fast täglich hinaus, sie zu zeichnen, und vergaß darüber manchmal das Essen. Selbst als er schwer an Krebs erkrankte, fuhr er zu zeichnen fort, zu gravieren und zu stechen. Seine *Römischen Altertümer* und *Ansichten von Rom* verbreiteten sich als Drucke über ganz Europa und hatten ihren Anteil an der architektonischen Wiederbelebung der klassischen Stile.

Diese Wiederbelebung wurde kraftvoll gefördert durch Ausgrabungen im Herculaneum und Pompeii – Städte, die durch den Ausbruch des Vesuvs im Jahre 79 nach Christus verschüttet worden waren. 1719 berichteten einige Bauern, sie hätten in Herculaneum im Boden vergrabene Statuen gefunden. Neunzehn Jahre vergingen, bis die Mittel zu einer systematischen Erforschung der Städte aufgetrieben werden konnten. 1748 begannen ähnliche Ausgrabungen, die Wunder des heidnischen Pompeii zu enthüllen, und 1752 wurden die massiven majestätischen griechischen Tempel von Paestum von der Wildnis befreit. Archäologen kamen aus einem Dutzend Länder, die Funde zu studieren und zu beschreiben; ihre Zeichnungen erregten das Interesse von Malern und Historikern. Bald waren Rom und Neapel überschwemmt von Enthusiasten für klassische Kunst, besonders aus Deutschland. Mengs kam 1740, Winckelmann 1755. Lessing sehnte sich danach, nach Rom zu gehen, um dort mindestens ein Jahr zu bleiben, und wenn möglich für immer[92]. Und Goethe ..., doch heben wir uns diese Geschichte für später auf.

Anton Raphael Mengs ist schwer einzuordnen. Er wurde 1728 in Böhmen geboren, arbeitete dann hauptsächlich in Italien und Spanien und machte Rom zu seiner zweiten Heimat. Sein Vater, ein Miniaturenmaler in Dresden, benannte ihn nach Correggio und Raffael und weihte ihn der Kunst. Der Knabe zeigte Talent, und der Vater nahm ihn, erst zwölf Jahre alt, mit nach Rom. Hier, so wird uns berichtet, schloß er ihn Tag für Tag, mit Brot und Wein für das Mittagessen versehen, im Vatikan ein und sagte ihm, für seine übrige Nahrung solle er sich an die Überbleibsel von Raffael, Michelangelo und der klassischen Welt halten. Nach einem kurzen Aufenthalt in Dresden kehrte Anton nach Rom zurück und erregte durch ein Gemälde der Heiligen Familie Aufmerksamkeit. Für dieses nahm er Margarita Guazzi, «ein armes, tugendhaftes und schönes Mädchen», als Modell[93]. Er heiratete sie 1749 und nahm gleichzeitig den römisch-katholischen Glauben an. Nach Dresden zurückgekehrt, wurde er zum Hofmaler Augusts III., mit einem Jahresgehalt von tausend Talern, ernannt. Er verpflichtete sich, zwei Bilder für eine Dresdner Kirche zu malen, überredete jedoch den Kurfürsten dazu, ihn dies in Rom tun zu lassen, und 1752 wurde er im Alter von vierundzwanzig dort seßhaft. Mit sechsundzwanzig wurde er Direktor der Vatikanischen Malerschule. 1755 lernte er Winckelmann kennen und pflichtete ihm darin bei, daß der Barock ein Irrtum sei und die Kunst sich durch neoklassische Formen reinigen müsse. Wahrscheinlich um diese Zeit schuf er das heute in der Dresdner Gemäldegalerie befindliche Selbstporträt in Pastell – Gesicht und Haar eines Mädchens, doch die stolzblitzenden Augen eines Mannes, der sicher ist, daß er die Welt erschüttern könne.

Als Friedrich der Große August aus Sachsen vertrieb (1756), entfiel das bisher an Mengs gezahlte fürstliche Honorar, und er mußte von den bescheidenen, ihm in Rom bewilligten Spesen leben. Er versuchte es in Neapel, doch die örtlichen Maler folgten einem alten napolitanischen Brauch und bedrohten ihn als einen ausländischen Eindringling; so eilte Mengs zurück nach Rom. Er schmückte die Villa Albani mit einstmals berühmten Fresken. Noch immer zu sehen ist dort sein *Parnaß* (1761), ein technisch vollendetes, klassisch kaltes, gefühlsmäßig totes Werk. Dennoch glaubte der spanische Botschafter in Rom, daß dies der Mann sei, den Königspalast in Madrid auszuschmücken. Karl III. schickte nach Mengs, versprach ihm zweitausend Dublonen pro Jahr, ein Haus und eine Kutsche sowie freie Fahrt von Neapel auf einem spanischen Kriegsschiff. Im September 1761 kam Mengs in Madrid an.

VII. NEAPEL

1. Der König und das Volk

Das Königreich Neapel, das ganz Italien südlich des Kirchenstaats umfaßte, wurde im Machtkampf zwischen Österreich, Spanien, England und Frankreich hin und her gezerrt. Doch dies ist das traurige Schaukelspiel der Geschichte, das blutige Auf und Ab von Sieg und Niederlage. Es sei nur daran erinnert, daß Österreich Neapel im Jahre 1707 besetzte, daß Don Carlos, der bourbonische Herzog von Parma und Sohn Philipps V. von Spanien, die Österreicher 1734 vertrieb und als Karl IV., König von Neapel und Sizilien, bis 1759 herrschte. Seine Hauptstadt war mit 300000 Einwohnern die größte Stadt in Italien.

Karl wuchs langsam in die Kunst des Regierens hinein. Zuerst nahm er das Königtum als Freiheit zur Ausschweifung; er vernachlässigte die Regierungsgeschäfte, verbrachte die Hälfte seiner Tage auf der Jagd und aß hemmungslos trotz zunehmender Korpulenz. Dann jedoch, gegen 1755, unternahm er es, angeregt durch seinen Minister für Justiz und Auswärtige Angelegenheiten, den Marchese Bernardo di Tanucci, den harten Feudalismus zu mildern, der Lust und Leid des napolitanischen Lebens bestimmte.

Drei ineinandergreifende Gruppen hatten seit langem das Königreich beherrscht. Adlige besaßen fast zwei Drittel des Landes, hielten vier Fünftel seiner fünf Millionen Seelen in Leibeigenschaft, beherrschten das Parlament, überwachten die Steuern und vereitelten alle Reformen. Der Klerus besaß ein Drittel des Bodens und hielt das Volk in geistiger Unterwerfung durch eine Theologie des Schreckens, eine Literatur von Legenden, ein verdummendes Ritual und durch Wunder wie das halbjährlich manipulierte Flüssigwerden des geronnenen Blutes des heiligen Ianuarius, Schutzheiligen von Neapel. Die Verwaltung lag in den Händen von Advokaten, die den Adligen oder Prälaten verpflichtet waren und daher für den mittelalterlichen Status quo eintraten. Ein kleiner Mittelstand, zum größten Teil Kaufleute, war politisch ohnmächtig. Bauern und Proletarier lebten in einer Armut, die manche unter die Räuber trieb und viele an den Bettelstab brachte; es gab dreißigtausend Bettler in Neapel allein[94]. De Brosses nannte die Massen der Hauptstadt «das abscheulichste Gesindel, das widerlichste Geschmeiß»[95] – ein Urteil, welches die Folgen verdammt, ohne die Ursache zu brandmarken. Wir müssen jedoch zugeben, daß diese zerlumpten, abergläubischen und von Priestern beherrschten Napolitaner mehr vom Salz und der Freude des Lebens gehabt zu haben scheinen als alle anderen Bevölkerungen Europas.

Karl engte die Macht der Adligen ein, indem er sie an den Hof zog, um sie unter königlicher Aufsicht zu haben, und indem er neue Adlige schuf, die ihm verpflichtet waren. Er entmutigte den Zustrom der Jugend in die Klöster, er verringerte die Zahl der Geistlichen von hunderttausend auf einundachtzigtausend, belegte das Kircheneigentum mit einer Steuer von zwei Prozent und schränkte die gesetzlichen Privilegien des Klerus ein. Tanucci begrenzte die Befugnisse der Adligen, bekämpfte die Korruption des Rechtswesens, reformierte das Prozeßverfahren und milderte die Strenge des Strafvollzugs. Den Juden wurde Glaubensfreiheit zugestanden, doch die Mönche überzeugten Karl davon, daß das Fehlen eines männlichen Erben Gottes Strafe für seine sündige Toleranz sei, und der großmütige Erlaß wurde widerrufen[96].

Des Königs Bauleidenschaft schenkte Neapel zwei berühmte Bauwerke. Das große Teatro San Carlo entstand im Jahre 1737; es ist noch immer eines der größten und schönsten existierenden Opernhäuser. 1752 begann Luigi Vanvitelli in Caserta, dreiunddreißig Kilometer nordöstlich der Hauptstadt, mit dem Bau des riesigen Königspalastes, der Versailles gleichkommen und wie dieses die königliche Familie, den dienenden Adel und den Hauptverwaltungsstab beherbergen sollte. Schwarze und weiße Sklaven arbeiteten zweiundzwanzig Jahre an dem Bau. Geschwungene Bauten flankierten einen breiten Zugang zu dem Hauptgebäude, das eine Front von zweihundertvierzig

Metern hatte. Es enthielt eine Kapelle, ein Theater, zahllose Zimmer und eine breite Doppeltreppe, bei der jede Stufe aus einer einzigen Marmorplatte bestand. Hinter dem Palast erstreckten sich in einer Tiefe von achthundert Metern gepflegte Gärten, bevölkert von Statuen zwischen majestätischen Springbrunnen, die von einem dreiundvierzig Kilometer langen Aquädukt gespeist wurden.

Außer diesem Caserta (denn der Palast nahm wie der Escorial und Versailles den Namen seiner Stadt an) entstand nichts an herausragender Kunst im Neapel dieser Epoche noch etwas Denkwürdiges an Dramatik oder Dichtkunst. Ein Mann schrieb eine kühne *Istoria civile del regno di Napoli* (1723), eine stürmische Attacke gegen die Habgier des Klerus, die Mißstände an den fürstlichen Höfen, die weltliche Macht der Kirche und den Anspruch des Papsttums, Neapel als päpstliches Lehen zu halten. Ihr Autor, Pietro Giannone, wurde von dem Erzbischof von Neapel exkommuniziert, floh nach Wien, wurde vom König von Sardinien ins Gefängnis geworfen und starb 1748 in Turin nach zwölfjähriger Gefangenschaft[97]. – Antonio Genovesi, ein Priester, verlor seinen Glauben, während er Locke las, und versuchte in seiner Schrift *Elementa metaphysicae* (1743) die Psychologie Lockes in Italien einzuführen. 1754 errichtete ein florentinischer Geschäftsmann an der Universität von Neapel den ersten europäischen Lehrstuhl für Volkswirtschaft, woran er zwei Bedingungen knüpfte: Er solle nie mit einem Geistlichen besetzt werden, und sein erster Inhaber müsse Antonio Genovesi sein. Genovesi dankte es ihm 1756 mit der ersten systematischen wirtschaftswissenschaftlichen Abhandlung in italienischer Sprache, *Lezioni di commercio,* die den Ruf der Kaufleute und Fabrikanten nach Befreiung von feudalen, kirchlichen und anderen Beschränkungen des freien Unternehmertums formulierten. Im gleichen Jahr erhob Quesnay die gleiche Forderung für den französischen Mittelstand in seinen Artikeln für Diderots *Encyclopédie.*

Vielleicht war eine Verbindung zwischen Genovesi und Quesnay in Paris durch Ferdinando Galiani hergestellt worden. Galiani veröffentlichte 1750 einen *Trattato della moneta,* in dem er mit der Unschuld eines zweiundzwanzig Jahre alten Wirtschaftswissenschafters den Preis eines Produktes nach den Kosten seiner Produktion bestimmte. Brillanter waren seine *Dialoghi sul commercio dei grani,* die wir als eine Kritik Quesnays erwähnt haben. Als er nach seinen erregenden Jahren in Paris nach Hause zurückkehren mußte, klagte er, daß Neapel keine Salons, keine Frau Geoffrin habe, die ihn ernährten und seinen Geist inspirierten. Es gab jedoch einen Philosophen, welcher der Geschichte seinen Stempel aufdrückte.

2. *Giambattista Vico*

Im Alter von sieben Jahren, berichtet seine Autobiographie, fiel er von einer Leiter, schlug mit dem Kopf auf dem Boden auf und blieb fünf Stunden bewußtlos. Er erlitt eine Schädelfraktur, über der sich ein großer Tumor bildete. Dieser wurde durch mehrere Operationen verkleinert, doch der Knabe verlor so viel Blut dabei, daß die Ärzte seinen frühen Tod erwarteten. «Durch Gottes Gnade» blieb er am Leben, dagegen zeigte sich, «daß ich auf Grund dieses Unglücks seitdem melancholischer und reizbarer Natur blieb»[98]. Er zog sich auch eine Tuberkulose zu. Wenn Genie von einer physischen Beeinträchtigung abhängt, war Vico vom Schicksal reich bedacht.

Mit siebzehn (1685) verdiente er sein Brot in Vatolla (in der Nähe von Salerno) als Hauslehrer der Neffen des Bischofs von Ischia. Hier blieb er neun Jahre, studierte in seiner Freizeit fieberhaft Jurisprudenz, Philologie, Geschichte und Philosophie. Er las mit besonderer Faszination Platon, Epikur, Lucrez, Machiavelli, Francis Bacon, Descartes und Grotius, wobei sein Katechismus einigen Schaden erlitt. 1697 erhielt er eine Professur für Rhetorik an der Universität von Neapel. Sie brachte ihm jährlich nur hundert Dukaten ein, zu denen er als Hauslehrer etwas dazuverdiente; hiervon ernährte er eine große Familie. Eine Tochter starb in jugendlichem Alter; ein Sohn zeigte so lasterhafte Neigungen, daß er in ein Erziehungsheim geschickt werden mußte. Seine Frau war ungebildet und untüchtig; Vico mußte Vater, Mutter und Lehrer sein[99]. Trotz dieser vielfachen Ablenkung schrieb er seine Philosophie der Geschichte.

Principi di una Scienza Nuova d'intorno alla Comune Natura delle Nazioni (1725) stellten die «Prinzipien einer neuen Wissenschaft über die gemeinschaftliche Natur der Völker» dar und schlugen vor, im Dickicht der Geschichte Gesetzmäßigkeiten im Ablauf der Ereignisse zu finden, die Vergangenheit, Gegenwart und Zukunft erhellen könnten. Vico glaubte, in der Geschichte eines jeden Volkes drei Hauptperioden unterscheiden zu können:

> «1) Das Zeitalter der Götter, in dem die Heiden glaubten, daß sie unter göttlichen Regierungen lebten und daß alles ihnen von [Göttern durch] Vorzeichen und Orakeln befohlen wurde ... 2) Das Zeitalter der Heroen, in dem diese in aristokratischen Gemeinwesen auf Grund einer gewissen natürlichen Überlegenheit regierten, die sie über die Plebs zu haben glaubten. 3) Das Zeitalter der Menschen, in dem sich alle als gleich in der menschlichen Natur anerkannten und daher die ersten Volksstaaten und dann Monarchien errichteten.»[100]

Vico wandte die erste Periode nur auf die «heidnische» und «weltliche» (nichtbiblische) Geschichte an. Er konnte nicht von den Juden des Alten Testaments sagen, daß sie nur *glaubten,* «unter göttlichen Regierungen zu leben», ohne daß er damit die geheiligte Tradition verletzt hätte. Da die Inquisition (die in Neapel strenger war als in Norditalien) napolitanische Gelehrte verfolgt hatte, weil sie von Menschen vor Adam sprachen, brachte Vico unter großen Mühen seine Formel mit der Genesis in Einklang, indem er annahm, daß alle Nachkommen Adams, ausgenommen die Juden, nach der Sintflut in einen fast tierischen Zustand zurückgefallen seien, in Höhlen lebten und sich wahllos in einem Kommunismus der Frauen paarten. Aus diesem untergeordneten «Naturzustand» hatte sich durch die Familie, den Ackerbau, das Eigentum, die Moralität und die Religion die Kultur entwickelt. Manchmal sprach Vico von der Religion als von einem primitiven animistischen Weg, Dinge und Ereignisse zu erklären; manchmal pries er sie als einen Gipfel der Entwicklung.

Diesen drei Stadien der gesellschaftlichen Entwicklung entsprechen drei «Naturen» oder Interpretationsweisen der Welt: die theologische, die legendäre, die rationale.

«Die erste Natur war auf Grund einer Täuschung der Phantasie [die in jenen am stärksten ist, die in der Urteilskraft am schwächsten sind] eine poetische oder schöpferische Natur, die wir göttlich nennen können, da sie physische Dinge als von Göttern belebt begreift ... Auf Grund des gleichen Irrtums ihrer Imagination hegten die Menschen eine entsetzliche Furcht vor den Göttern, die sie selbst geschaffen hatten ... Die zweite Natur war die heroische: die Heroen glaubten von sich, sie seien göttlichen Ursprungs ... Die dritte war die menschliche Natur [Interpretationsweise], intelligent und daher bescheiden, gutartig und rational, die Gewissen, Vernunft und Pflicht als Gesetze anerkannte.»[101]

Vico bemühte sich, die Geschichte der Sprache, der Literatur, des Gesetzes und der Regierung in dieses dreiteilige Schema einzupassen. Im ersten Stadium verständigten sich die Menschen durch Zeichen und Gesten, im zweiten durch «Sinnbilder, Ähnlichkeiten, Bilder», und im dritten durch «Worte, auf die sich die Menschen geeinigt hatten, ... wodurch sie die Bedeutung der Gesetze festlegen konnten». Das Gesetz selbst machte eine entsprechende Entwicklung durch: zunächst war es göttlich, gottgegeben, wie in Mosaischem Gesetz, dann heroisch, wie bei Lykurg, dann menschlich – «diktiert von der vollentwickelten menschlichen Vernunft»[102]. Auch die Regierung hat drei Stadien durchlaufen: das theokratische, in dem die Herrscher die Stimme Gottes zu sein behaupteten, das aristokratische, in dem «alle Bürgerrechte» auf die herrschende Ordnung von «Heroen» beschränkt war, und das menschliche, in dem «alle vor dem Gesetz als gleich gelten ... dies ist der Fall in den freien Volksstädten und ... auch in jenen Monarchien, die alle ihre Untertanen unter ihren Gesetzen gleichmachen»[103]. Vico erinnerte sich offensichtlich an Platons Zusammenfassung der politischen Entwicklung von der Monarchie über die Aristokratie zur Demokratie und Diktatur (*tyrannis*), doch er variierte die Formel wie folgt: Theokratie, Aristokratie, Demokratie, Monarchie. Er stimmte mit Platon darin überein, daß die Demokratie zum Chaos tendiert, und er betrachtete die Ein-Mann-Herrschaft als ein notwendiges Heilmittel gegen demokratische Unordnung; «Monarchien sind die letzten Regierungen ... in denen die Nationen zur Ruhe kommen»[104].

Soziale Unordnung kann durch moralische Entartung entstehen, durch Luxus, durch Verweichlichung, durch Verlust kriegerischer Fähigkeiten, durch Ämterkorruption, durch trennende Konzentration des Reichtums oder durch aggressiven Neid bei den Armen. Gewöhnlich führt solche Unordnung zur Diktatur, so wie die Herrschaft des Augustus das demokratische Chaos der römischen Republik beendete[105]. Wenn auch Diktatur es nicht fertigbringt, den Verfall aufzuhalten, tritt eine stärkere Nation als Eroberer auf.

«Da die so sehr verdorbenen Menschen bereits Sklaven ihrer hemmungslosen Leidenschaften geworden sind, ... beschließt die Vorsehung, daß sie durch das Naturrecht der Nationen Sklaven werden; ... sie werden Untertanen besserer Nationen, die, nachdem sie sie besiegt haben, diese als unterworfene Provinzen betrachten. Hierin leuchten zwei große Lichter der natürlichen Ordnung hervor: erstens, daß derjenige, der sich nicht selbst regieren kann, sich von einem anderen regieren lassen muß, der es kann; zweitens, daß die Welt immer von jenen regiert wird, die von Natur aus dazu am geeignetsten sind.»[106]

In solchen Fällen fällt das besiegte Volk zurück in das von seinen Siegern erreichte Entwicklungsstadium. So fiel die Bevölkerung des Römischen Reiches nach den Invasionen der Barbaren zurück in Barbarei und mußte mit Theokratie (Herrschaft durch Priester und Theologie) beginnen. So war es im frühen Mittelalter; mit den Kreuzzügen kam ein neues heroisches Zeitalter, die Feudalherren entsprechen den Heroen Homers, und Dante ist ein neuer Homer.

Wir vernehmen in Vico ein Echo der Theorie, daß Geschichte eine kreisförmige Wiederholung ist, und von Machiavellis Gesetz der *corsi e ricorsi,* Entwicklung und Rückschlag. Der Gedanke des Fortschritts leidet in dieser Analyse; der Fortschritt ist nur eine Hälfte der zyklischen Bewegung, in der die andere Verfall ist; die Geschichte ist wie das Leben, Entfaltung und Auflösung in einer unausweichlichen Folge und Fatalität.

Auf seine Weise schlug Vico einige verblüffende Deutungen vor. Er degradierte viele Heroen der klassischen Legende zu eponymen – namengebenden – Post-factum-Personifikationen langer unpersönlicher oder von vielen Personen bewirkter Prozesse. So war Orpheus die imaginäre Verdichtung vieler Musiker des Altertums, Lykurg war die Verkörperung der Gesetze und Bräuche, die Sparta erstarren ließen, Romulus war das Symbol für tausend Männer, die aus Rom einen Staat gemacht hatten[107]. In gleicher Weise erklärte Vico Homer für einen Mythos, indem er – ein halbes Jahrhundert vor Friedrich Wolfs *Prolegomena ad Homerum* (1795) – behauptete, die homerischen Epen seien das angesammelte und allmählich verschmolzene Produkt von Gruppen und Generationen von Rhapsoden, die in den Städten Griechenlands die Sagen von Troia und Odysseus sangen[108]. Und fast ein Jahrhundert vor Barthold Niebuhrs *Römischer Geschichte* (1811–1832) lehnte Vico die ersten Kapitel des Livius als Sagen ab. «Alle Geschichten der heidnischen Nationen haben mythische Ursprünge gehabt.»[109] (Wiederum vermied Vico es sorgfältig, die Historizität der Genesis anzugreifen.)

Dieses epochemachende Buch enthüllt einen starken, jedoch geplagten Geist, der darum kämpft, Grundideen zu formulieren, ohne in einem Gefängnis der Inquisition zu landen. Vico ließ es sich von Zeit zu Zeit angelegen sein, seine Loyalität gegenüber der Kirche zu bekennen, und er war der Ansicht, daß er kirchliche Empfehlung verdiene, weil er die Grundsätze der Jurisprudenz in einer mit der katholischen Theologie zu vereinbarenden Weise erklärt habe[110]. Wir vernehmen einen gefährlicheren Ton in seiner Auffassung von der Religion als der unerläßlichen Stütze einer gesellschaftlichen Ordnung und der persönlichen Moral: «Religionen alleine haben die Macht, die Menschen zu tugendhaften Werken zu veranlassen ...»[111] Und dennoch scheint er trotz seiner häufigen Erwähnung der «Vorsehung» Gott aus der Geschichte zu entfernen und die Ereignisse als ein unbehindertes Spiel natürlicher Ursache und Wirkung zu betrachten. Ein gelehrter Dominikaner bezeichnete Vicos Philosophie anklagend als nicht christlich, sondern lucrezisch.

Vielleicht hatte der in Vicos Analyse sich andeutende Säkularismus etwas damit zu tun, daß es ihm nicht gelang, sich in Italien Gehör zu verschaffen, und zweifellos verdammte die ungeordnete Zusammenhangslosigkeit seines Werkes und die Unklarheit seiner Gedanken seine «neue Wissenschaft» zu einer schmerzhaften Totgeburt. Niemand stimmte mit seinem Glauben überein, er habe ein tiefes oder aufklärendes Buch geschrieben. Er beschwor Jean Le Clerc vergeblich, es in der Zeitschrift *Nouvelles de la république des lettres* zu erwähnen. Zehn Jahre nach Erscheinen der *Scienza nuova* kam Karl IV. Vico zu Hilfe und machte ihn zum königlichen Historiographen mit einem jährlichen Stipendium von hundert Dukaten. 1741 hatte Giambattista die Genugtuung, seinen Sohn Gennaro als seinen Nachfolger auf seinem Lehrstuhl an der Universität von Neapel zu sehen. In seinen letzten Jahren (1743/44) ließ sein Geist nach, und er verfiel in einen an Wahnsinn grenzenden Mystizismus.

Ein Exemplar seines Buches stand in Montesquieus Bibliothek[112]. In privaten Notizen bekannte sich der französische Philosoph zu seiner Schuld gegenüber Vicos Theorie des Zyklus von Entwicklung und Verfall, und diese Schuld kommt ungenannt zum Ausdruck in Montesquieus *Größe und Untergang der Römer* (1734). Sonst blieb Vico in Frankreich fast unbekannt, bis Jules Michelet (1827) eine gekürzte Übersetzung der *Scienza nuova* veröffentlichte. Michelet nannte Italien «die zweite Mutter und Amme, die mich in meiner Jugend großzog und die mich später mit Vico ernährte»[113]. 1826 begann Auguste Comte die Vorlesungen, aus denen sein Buch *Cours de philosophie positive* entstand (1830–1842), in dem der Einfluß Vicos in jedem Stadium spürbar ist. Es blieb einem Napolitaner, Benedetto Croce, vorbehalten, Vico volle Gerechtigkeit widerfahren zu lassen[114] und von neuem zu postulieren, daß die Geschichte ihren Platz neben der Naturwissenschaft einnehmen müsse als Basis und Vorhalle der Philosophie.

3. *Napolitanische Musik*

Neapel kehrte Pythagoras um und nannte Musik die höchste Philosophie. So schrieb Joseph Jérôme Lalande, der französische Astronom, nach einer Rundreise durch Italien im Jahre 1765/66:

> «Musik ist der besondere Triumph der Napolitaner. Es scheint, als wären in diesem Land die Membranen der Trommelfelle angespannter, harmonischer, klingender als anderswo in Europa. Die ganze Nation singt. Gesten, Ton, Stimme, Rhythmus der Silben, die ganze Konversation, alles atmet Musik ... So ist Neapel die Hauptquelle der italienischen Musik, großer Komponisten und hervorragender Opern; hier haben Corelli, Vinci, Rinaldo, Jommelli, Durante, Leo, Pergolesi ... und so viele andere berühmte Komponisten ihre Meisterstücke geschaffen.»[115]

Neapel war jedoch nur in der Oper und im Gesang überragend; in der Instrumentalmusik war Venedig führend, und Musikliebhaber beklagten, daß die Napolitaner die Kunstfertigkeiten der Stimme mehr liebten als die Feinheiten der Harmonie und des Kontrapunkts. Hier regierte Niccolò Porpora, «vielleicht der größte Gesanglehrer, der je gelebt hat»[116]. Jeder italienische Singvogel sehnte sich danach, sein Schüler zu sein, und ertrug, einmal angenommen, demütig seine herrischen Überspanntheiten. So, erzählt eine Geschichte, ließ er Gaetano Caffarelli fünf Jahre lang die Übungen einer einzigen Seite wiederholen und entließ ihn dann mit der Versicherung, er sei nun der größte Sänger Europas[117]. Als zweiter hinter Porpora galt Francesco Durante, der Vinci, Jommelli, Pergolesi, Paisiello und Piccini unterrichtete.

Leonardo Vinci schien wegen seines Namens gehemmt, doch gewann er früh Anerkennung durch seine Vertonung von Metastasios *Didone abbandonata;* Algarotti war der Ansicht, «Vergil selbst hätte Freude daran gefunden, eine so lebendige und ergreifende Komposition zu hören, in der Herz und Seele gleichzeitig von allen Mächten der Musik bestürmt wurden»[118]. Noch berühmter war Leonardo Leo in der *opera seria* und der *opera buffa*, im Oratorium, in Messen und Motetten. Neapel pendelte eine Weile hin und her zwischen dem Lachen über seine komische Oper *La finta Fracastana* und dem Weinen über das «Miserere», das er für die Fastengottesdienste des Jahres 1744 komponierte.

Als Leo, etwa um 1735, eine Kantate von Niccolò Jommelli hörte, rief er aus: «Noch kurze Zeit, und dieser junge Mann wird das Wunder und das Idol Europas sein.»[119] Jommelli machte diese Prophezeiung fast wahr. Mit dreiundzwanzig Jahren erregte er in Neapel Beifallsstürme mit seiner ersten Oper; mit sechsundzwanzig Jahren erntete er einen ähnlichen Triumph in Rom. Nach Bologna übergesiedelt, meldete er sich bei Padre Martini als Schüler. Doch als dieser verehrungswürdige Lehrer ihn eine Fuge in ihrer ganzen klassischen Entwicklung extemporieren hörte, rief er aus: «Wer bist du denn? Machst du dich über mich lustig? Ich bin es, der von dir lernen sollte.»[120] In Venedig erregten seine Opern solche Begeisterung, daß der Rat der Zehn ihn zum Musikdirektor der Scuola degli Incurabili ernannte; hier schrieb er einige der besten religiösen Musiken dieser Generation. Nach Wien übergesiedelt (1748), komponierte er in enger Freundschaft mit Metastasio. Nach weiteren Triumphen in Venedig und Rom ließ er sich in Stuttgart und Ludwigsburg nieder (1753–1768) als Kapellmeister des Herzogs von Württemberg. Hier modifizierte er seinen Opernstil nach deutschem Geschmack, gab seiner Harmonie mehr Fülle und der Instrumentalmusik mehr Substanz und Gewicht; er schaffte die *da-capo*-Wiederholung von Arien ab und schrieb Orchesterbegleitungen für Rezitative. Wahrscheinlich unter dem Einfluß von Jean-Georges Noverre, dem französischen Ballettmeister in Stuttgart, räumte er dem Ballett eine bedeutende Rolle in seinen Opern ein. In gewissem Maße bereiteten diese Entwicklungen in Jommellis Musik den Weg für die Reformen Glucks.

Als der alternde Komponist nach Neapel zurückkehrte (1768), empörte sich das Publikum über seine teutonischen Tendenzen und lehnte seine Opern entschieden ab. Mozart bemerkte, als er eine von ihnen hier im Jahre 1770 hörte: «Sie ist schön, doch der Stil ist zu erhaben und auch zu antik für das Theater.»[121] Jommelli ging es besser mit seiner Kirchenmusik; sein «Miserere» und seine *Totenmesse* wurden in der ganzen katholischen Welt gesungen. William Beckford schrieb, nachdem er die Messe im Jahre 1787 in Lissabon gehört hatte: «So hehre, treffende Musik habe ich noch nie gehört und werde ich vielleicht nie wieder hören.»[122] Jommelli, der seine Einkünfte mit teutonischer Sorgfalt gespart hatte, zog sich in seine Geburtsstadt Aversa zurück und verbrachte seine letzten Jahre in genießerischer Korpulenz. 1774 wohnten alle berühmten Musiker Neapels seinem Begräbnis bei.

Neapel lachte sogar noch mehr, als es sang. In der Komischen Oper eroberte Pergolesi Paris, nachdem diese stolze Stadt, als einzige unter den europäischen Hauptstädten, sich geweigert hatte, Italiens *opera seria* anzuerkennen. Giovanni Battista Pergolesi trug diesen Kampf nicht persönlich aus, denn er starb 1736 im Alter von sechsundzwanzig. In Ancona geboren, kam er mit sechzehn nach Neapel, im Alter von zweiundzwanzig hatte er mehrere Opern geschrieben, dreißig Sonaten und zwei vielbewunderte Messen. 1733 brachte er eine Oper, *Il prigioniero,* heraus und als Zwischenspiel zu ihr *La serva padrona* («Die Bedienerin» wird «Herrin» des Hauses). Das Libretto schildert in einer lustigen Handlung, wie Serpina, die Dienerin, ihren Herrn in die Ehe mit ihr manövriert; die Musik ist eine Stunde der Fröhlichkeit und flinker Arien. Wir haben gesehen, wie diese künstlerische Posse Sinn und Herz von Paris in der *Guerre des Bouffons* des Jahres 1752 gefangennahm, wenn sie an der Oper hundert Aufführungen und dann 1753 weitere sechsundneunzig am Théâtre-Français erlebte. Inzwischen dirigierte Pergolesi in Rom seine Oper *L'Olimpiade* (1735). Sie wurde ausgezischt, und den Komponisten traf eine genau gezielte Orange am Kopf[123]. Ein Jahr später ging er nach Pozzuoli, um sich wegen seiner Tuberkulose behandeln zu lassen, die sich durch sein ausschweifendes Leben verschlimmert hatte. Er büßte mit seinem frühen Tod für seine Sünden und wurde in der örtlichen Kathedrale von Kapuzinerbrüdern begraben, bei denen er seine letzten Tage verbracht hatte. Rom führte reumütig die Oper *L'Olimpiade* wieder auf und beklatschte sie begeistert. Italien verehrte ihn nicht so sehr wegen seiner fröhlichen Intermezzi als wegen der zarten Stimmung seines «Stabat Mater», das zu vollenden er nicht lange genug gelebt hatte. Pergolesi selbst wurde das Thema zweier Opern.

Domenico Scarlatti neigte wie Pergolesi dazu, blind zu sein gegenüber den Grenzen des Geschmacks, doch wer kann dem Funkeln seiner Fingerfertigkeit widerstehen? Geboren in dem *annus mirabilis* Händels und Bachs (1685), war er das sechste Kind von Alessandro Scarlatti – damals der Verdi der italienischen Oper. Er atmete Musik von seiner Geburt an ein. Sein Bruder Pietro, sein Vetter Giuseppe, seine Onkel Francesco und Tommaso waren Musiker; Giuseppes Opern wurden in Neapel, Rom, Turin, Venedig und Wien aufgeführt. In der Furcht, Domenicos Genie würde durch diese Überfülle von Talent erstickt werden, schickte ihn sein Vater im Alter von zwanzig nach Venedig. «Dieser mein Sohn», sagte er, «ist ein Adler, dessen Flügel ausgewachsen sind. Er darf nicht im Nest bleiben, und ich darf seinen Flug nicht behindern.»[124]

In Venedig setzte der Jüngling seine Studien fort und lernte Händel kennen. Vielleicht zusammen gingen sie nach Rom, wo sie auf Drängen des Kardinals Ottoboni in einen freundschaftlichen Wettstreit auf dem Cembalo und dann auf der Orgel traten. Domenico war bereits der beste Cembalist in Italien, doch Händel, so wird uns berichtet, war ihm gleich. Doch auf der Orgel erkannte Scarlatti offen die Überlegenheit seines *caro Sassone* an. Die beiden Männer wurden enge Freunde; dies ist äußerst schwierig für zwei führende Vertreter der gleichen Kunst, doch ein Zeitgenosse berichtet uns, «Domenico hatte das sanfteste Gemüt und das vornehmste Benehmen»[125], und Händels Herz war so groß wie sein Leib. Die schüchterne Bescheidenheit des Italieners hielt ihn davon ab, seine Meisterschaft auf dem Cembalo öffentlich zur Schau zu stellen. Wir wissen von ihr nur aus Berichten über private Musikveranstaltungen. Ein Zuhörer in Rom (1714) «glaubte, zehntausend Teufel hätten an dem Instrument gesessen»; nie zuvor habe er «so wirkungsvoll ausgeführte Passagen gehört»[126]. Scarlatti war der erste, der die Möglichkeiten der linken Hand auf der Tastatur entwikkelte, einschließlich ihres Übergreifens in die rechte. «Die Natur», sagte er, «gab mir zehn Finger, und da mein Instrument Beschäftigung für alle hat, sehe ich keinen Grund, warum ich sie nicht benutzen sollte.»[127]

1709 nahm er eine Bestallung als *Maestro di cappella* bei der ehemaligen Königin von Polen Maria Kazimiera an. Beim Tode ihres Gatten, Jan Sobieski, war sie als lästige Intrigantin verbannt worden; als sie 1699 nach Rom kam, beschloß sie, einen Salon zu gründen, der ebenso geistvoll sein sollte wie derjenige der Königin Christine von Schweden, die zehn Jahre zuvor gestorben war. In einem Palast an der Piazza della Trinità dei Monti versammelte sie Mitglieder des früheren Zirkels Christines um sich, einschließlich mehrerer Mitglieder der Arkadischen Akademie. Hier (1709–1714) führte Scarlatti mehrere seiner Opern auf. Durch ihren Erfolg ermutigt, stellte er seinen *Amleto* (Hamlet) im Teatro Capranico vor. Er wurde nicht günstig aufgenommen, und Domenico präsentierte nie wieder einem italienischen Publikum eine Oper. Sein Vater hatte einen Standard gesetzt, der zu hoch war, um von ihm erreicht zu werden.

Vier Jahre lang (1715–1719) dirigierte er die Cappella Giulia im Vatikan und spielte die Orgel in St. Peter. In dieser Zeit komponierte er ein «Stabat Mater», das als ein «echtes Meisterwerk» bezeichnet worden ist[128]. 1719 dirigierte er seine Oper *Narciso* in London. Zwei Jahre später finden wir ihn in Lissabon als Kapellmeister Johanns V. und als Lehrer der Tochter des Königs, Maria Barbara, die unter seiner Leitung eine gewandte Cembalistin wurde; die meisten seiner noch existierenden Sonaten wurden für sie komponiert. Nach Neapel zurückgekehrt (1725), heiratete er im Alter von zweiundvierzig Maria Gentile, sechzehn Jahre alt, und 1729 nahm er sie mit nach Madrid. In diesem Jahr heiratete Maria Barbara Ferdinand, den Kronprinzen von Spanien. Als sie mit ihm nach Sevilla ging, begleitete Scarlatti sie und blieb in ihrem Dienst bis zu ihrem Tod.

Scarlattis Frau starb 1739 und hinterließ ihm fünf Kinder. Er heiratete wieder, und bald wurden aus den fünfen neun. Als Maria Barbara Königin von Spanien wurde (1746), nahm sie die Familie Scarlatti mit nach Madrid. Farinelli war der Lieblingsmusiker des königlichen Paares, doch der Sänger und der Virtuose wurden gute Freunde. Scarlattis Stellung war die eines privilegierten Dieners, der Musik für den spanischen Hof lieferte. Er bekam Urlaub, um 1740 nach Dublin und 1741 nach London zu gehen. Doch meistens lebte er in stiller Zufriedenheit in oder nahe bei Madrid, fast abgeschlossen von der Welt und wahrscheinlich ohne zu ahnen, daß er ein Liebling der Pianisten des 20. Jahrhunderts werden sollte.

Von den fünfhundertfünfundfünfzig «Sonatas», die heute mit ihrem Klangfiligran seinen Ruhm ausmachen, veröffentlichte Scarlatti zu seinen Lebzeiten nur dreißig. Ihr bescheidener Titel, *Esercizii per gravicembalo,* deutete ihr begrenztes Ziel an – die Möglichkeiten des Ausdrucks durch die Cembalo-Technik zu erforschen. Sie sind Sonaten nur im älteren Sinne des Wortes, Instrumentalstücke, die «ertönen», nicht gesungen werden sollen. Einige haben kontrastierende Themen, und andere sind in Dur und in Moll gesetzt, doch sie haben alle nur eine einzige Bewegung, ohne Versuch thematischer Durchführung und Wiederholung. Sie stellen die Emanzipation der Cembalo-Musik von dem Einfluß der Orgel dar sowie die Aufnahme von Einflüssen der Oper durch Tastaturkompositionen. Die Lebhaftigkeit und Zartheit, die Triller und Tricks von Sopranstimmen und *castrati* werden hier übertroffen durch flinke Finger, die einer spielerischen und üppigen Phantasie gehorchen. Scarlatti «spielte» buchstäblich mit dem Cembalo. «Erwarten Sie», sagte er, «kein tiefes Wissen, sondern eher ein erfindungsreiches Scherzen mit der Kunst.»[129] Etwas von dem spanischen Tanz – seinen stampfenden Füßen, wirbelnden Röcken und klingelnden Kastagnetten – ist in diesen Läufen und Kaskaden, und überall in den Sonaten liegt die Hingabe eines Spielers an die Lust an seiner Meisterschaft über sein Instrument[130].

Diese Freude am Instrument muß eine Quelle des Trostes für Scarlatti in jenen Tagen des Dienstes in Spanien gewesen sein. Sie stand in Konkurrenz mit seiner Freude am Glücksspiel, das einen großen Teil seiner Pension verzehrte; die Königin mußte wiederholt seine Schulden bezahlen. Nach 1751 ließ seine Gesundheit nach, und seine Frömmigkeit nahm zu. 1754 kehrte er nach Neapel zurück, und hier starb er, drei Jahre später. Der gute Farinelli sorgte für die verarmte Familie seines Freundes.

Wir haben die seltsame Karriere Farinellis einem späteren Kapitel überlassen. Er und Domenico Scarlatti, Giambattista und Domenico Tiepolo gehörten zu den begabten Italienern, die, mit dem fast italienischen Mengs, italienische Musik und Kunst in das spanische Lebensgefühl brachten. 1759 folgte ihnen der König von Neapel oder ging ihnen voraus. In diesem Jahr starb Ferdinand VI. ohne Nachkommen, und sein Bruder Karl IV. von Neapel erbte den spanischen Thron als Karl III. Neapel war traurig, ihn gehen zu sehen. Seine Abreise mit einer Flotte von sechzehn Schiffen war ein trauriger Feiertag für die Napolitaner. Sie versammelten sich in dichten Reihen am Ufer, um ihn davonsegeln zu sehen, und viele, so wird uns berichtet, weinten beim Abschiednehmen von «einem Herrscher, der sich als der Vater seines Volkes erwiesen hatte»[131]. Er sollte seine Laufbahn krönen, indem er Spanien verjüngte.

ZWEITES KAPITEL

Portugal und Pombal

[1706–1782]

I. JOHANN V.: 1706–1750

WARUM war es mit Portugal seit den großen Tagen der Magalhães, Vasco da Gama und Camões bergabgegangen? Einst hatten seine Kraft und sein Geist es befähigt, den halben Globus zu erforschen, auf Madeira, den Azoren, in Südamerika, Afrika, auf Madagaskar, in Indien, auf Malakka und Sumatra kühne Kolonien zu gründen. Nun, im 18. Jahrhundert, war es ein winziges Vorgebirge Europas, in Handel und Krieg an England gebunden und ernährt von brasilianischem Gold und brasilianischen Diamanten, die es mit Erlaubnis der britischen Flotte erreichten. Waren seine Lenden zu erschöpft, nachdem es tapfere Männer hervorgebracht hatte, um so viele unsichere Vorposten an den Rändern der Welt zu behaupten? Hatte der Strom von Gold das Eisen aus seinen Adern gewaschen und seine herrschenden Klassen so sehr geschwächt, daß sie dem Abenteuer die Bequemlichkeit vorzogen?

Ja, und er hatte auch die portugiesische Tüchtigkeit entnervt. Was hatte es für einen Sinn, in Gewerbe oder Industrie mit den Handwerkern oder Unternehmern Englands, Hollands oder Frankreichs zu wetteifern, wenn man mit dem importierten Gold importierte Bekleidung, Nahrung und Luxuswaren bezahlen konnte? Die Reichen, die den Goldhandel beherrschten, wurden reicher und kleideten und schmückten sich immer prächtiger. Die Armen, von diesem Gold ferngehalten, blieben arm und hatten nur den Hunger als Stachel zur Arbeit. Auf vielen Gütern wurden Negersklaven beschäftigt, und Bettler erfüllten die Städte mit dem Lärm ihrer Rufe. William Beckford, der sie 1787 hörte, berichtete: «Keine Bettler kommen jenen Portugals gleich an Lungenstärke, an schwärenden Wunden und wimmelndem Ungeziefer, an malerischen Lumpen und an furchtloser Hartnäckigkeit ... unzählbar, blind, taub und erbärmlich.»[1]

Lissabon war damals nicht die schöne Stadt, die es heute ist. Die Kirchen und Klöster waren prächtig, die Paläste des Adels riesig, doch ein gutes Zehntel der Bevölkerung war obdachlos, und die gewundenen Gassen stanken vor Abfall und Kot[2]. Doch hier, wie anderswo in südlichen Ländern, hatten die Armen die Tröstungen sonniger Tage, sternheller Nächte, der Musik, der Religion und frommer Frauen mit traurigen Augen. Ohne sich von Fliegen auf ihrem Fleisch und Moskitos in der Luft abschrecken zu lassen, strömten die Menschen auf die Straße, wenn die Hitze nachgelassen hatte, und hier tanzten sie, sangen, klimperten auf Gitarren und prügelten sich für das Lächeln eines Mädchens.

Verschiedene Verträge (1654, 1661, 1703) hatten Portugal an England gebunden in einer seltsamen Symbiose, die sie in der Wirtschaft und der Außenpolitik vereinigte, jedoch in der Lebensweise streng getrennt und im Glauben feindselig erhielt. England versprach, Portugals Unabhängigkeit zu schützen und portugiesischen Wein (Portwein aus Oporto) zu einem stark herabgesetzten Zolltarif zuzulassen. Portugal verpflichtete sich, englische Textilien zollfrei zuzulassen und in einem Krieg Englands Partei zu ergreifen. Die Portugiesen betrachteten die Engländer als verdammte Ketzer mit einer guten Flotte; für die Engländer waren die Portugiesen unwissende Fanatiker mit strategischen Häfen. Das britische Kapital beherrschte die portugiesische Industrie und den portugiesischen Handel. Pombal beklagte sich, mit einiger Übertreibung:

«1754 erzeugte Portugal kaum etwas zu seinem eigenen Unterhalt. Zwei Drittel seiner Lebensbedürfnisse wurden von England befriedigt. England war Herrin unseres gesamten Handels geworden, und unser gesamter Außenhandel wurde von englischen Agenten abgewickelt ... Alle Schiffsladungen, die von Lissabon nach Brasilien gingen, und infolgedessen auch die im Austausch zurückkehrenden Reichtümer, gehörten ihm. Nichts war portugiesisch, außer dem Namen nach.»[3]

Trotzdem erhielt die portugiesische Regierung eine genügende Menge Gold, Silber und Edelsteine aus den Kolonien, um ihre Ausgaben zu finanzieren und den König unabhängig zu machen von den Cortes und ihrer Steuerkraft. So lebte Johann V. während der vierundvierzig Jahre seiner Regierungszeit üppig wie ein Sultan und pflegte seine Vielweiberei mit Kultur und Frömmigkeit. Er schenkte oder lieh dem Papst riesige Summen und erhielt als Gegenleistung den Titel «Seine Allergläubigste Majestät» und sogar das Recht, die Messe zu lesen – nicht aber Brot und Wein in den Leib und das Blut Christi zu verwandeln. «Seine Vergnügungen», sagte Friedrich der Große, «hatten priesterlichen Charakter; seine Bauten waren Klöster, seine Heere bestanden aus Mönchen, seine Geliebten waren Nonnen.»[4]

Die Kirche gedieh unter einem König, der ihr so viele Absolutionen verdankte. Sie besaß die Hälfte des Bodens[5], und ihre Gläubigen füllten neunhundert religiöse Häuser. Von der zwei Millionen zählenden Bevölkerung der Nation waren etwa zweihunderttausend Geistliche irgendeines Ranges oder Mitglieder einer religiösen Einrichtung. Die Jesuiten nahmen eine besonders hervorragende Stellung ein, zu Hause und in den Kolonien. Sie hatten geholfen, Brasilien für Portugal zu gewinnen, und für ihre Verwaltung von Paraguay sogar Voltaires Beifall gefunden; mehrere von ihnen waren bei Hofe gern gesehen, und einige erlangten bestimmenden Einfluß auf den König. In der großen Fronleichnamsprozession trug der König eine der Stangen des Baldachins, unter dem der Patriarch von Lissabon das heilige Sakrament trug. Als Engländer sich darüber wunderten, daß der Weg der Prozession von Truppen und Gläubigen gesäumt war, alle barhäuptig und kniend, wurde ihnen erklärt, solche Zeremonien und die Zurschaustellung kostbarer Gefäße und wundertätiger Reliquien in den Kirchen seien ein Hauptfaktor bei der Aufrechterhaltung der sozialen Ordnung unter den Armen.

Inzwischen wachte die Inquisition über die Reinheit des Glaubens und des Blutes der Nation. Johann V. gebot der Macht der Institution Einhalt, indem er von Papst Benedikt XIII. eine Bulle erwirkte, die ihren Gefangenen einen Verteidiger zugestand und forderte, daß alle ihre Urteile durch den König zu prüfen seien[6]. Aber auch so genügte die Autorität des Tribunals, in Lissabon in elf Jahren (1732–1742) sechsundsechzig Menschen zu verbrennen. Unter ihnen befand sich der führende portugiesische Dramatiker der Zeit, Antônio José da Silva, der des geheimen Judentums angeklagt worden war. Am Tage seiner Hinrichtung (19. Oktober 1739) wurde eines seiner Theaterstücke in einem Lissaboner Theater aufgeführt[7].

Johann V. liebte Musik, Literatur und Kunst. Er holte französische Schauspieler und italienische Musiker in seine Hauptstadt. Er gründete die Königliche Akademie für Geschichte. Er finanzierte den großen Aquädukt, der Lissabon mit Wasser versorgte. Er baute mit einem Kostenaufwand von fünfzig Millionen Franken das Kloster Mafra (1717–1732), das größer ist als der Escorial und noch immer zu den imponierendsten Bauwerken auf der Iberischen Halbinsel gehört. Um das Klosterinnere zu schmücken, berief er aus Spanien den größten portugiesischen Maler des Jahrhunderts zurück.

Die vierundachtzig Lebensjahre des Francisco Vieira mischten Liebe und Kunst in einer Romanze, die ganz Portugal erregte. 1699 in Lissabon geboren, verliebte er sich in Ignez Elena de Lima, als sie beide noch Kinder waren. Verliebt auch in die Malerei, ging er im Alter von neun Jahren nach Rom, studierte hier sieben Jahre und gewann, fünfzehn Jahre alt, den ersten Preis in einem von der Akademie St. Lukas ausgeschriebenen Preisausschreiben. 1715 nach Hause zurückgekehrt, wurde er von Johann V. auserwählt, ein *Geheimnis des Abendmahls* zu malen. Dieses Gemälde beendete er, wie uns berichtet wird, in sechs Tagen; dann machte er sich auf, Ignez zu suchen. Ihr adliger Vater wies ihn ab und schloß das Mädchen in einem Kloster ein. Francisco wandte sich an den König, der sich weigerte, zu vermitteln. Er ging nach Rom und erwirkte eine Bulle, welche die klösterlichen Gelübde von Ignez annullierte und die Ehe erlaubte. Die Bulle wurde von den portugiesischen Behörden nicht anerkannt. Francisco, nach Lissabon zurückgekehrt, verkleidete sich als Maurer, drang in das Kloster ein, entführte seine Geliebte und heiratete sie. Ihr Bruder schoß auf ihn; er genas und vergab seinem Angreifer. Johann V. machte ihn zum Hofmaler und gab ihm den Auftrag, nicht nur das Kloster Mafra, sondern auch die königlichen Schlösser auszuschmücken. Nachdem Ignez gestorben war (1775), verbrachte Francisco seine restlichen Jahre in religiöser Zurückgezogenheit und mit Werken der Wohltätigkeit. Wie viele solcher Romanzen der Seele und des Blutes mögen hinter der Fassade der Geschichte verlorengegangen sein!

II. POMBAL UND DIE JESUITEN

Johann V. starb 1750 nach acht Jahren der Paralyse und des Schwachsinns, und sein Sohn Joseph I. (José Manuel) trat eine ereignisvolle Regierungszeit an. In sein Kabinett berief er als Kriegsminister und Minister für Auswärtige Angelegenheiten Sebastião José de Carvalho e Mello, den die Geschichte als den Marquês de Pombal kennt, den größten und schrecklichsten Minister, der Portugal je regierte.

Er war bereits einundfünfzig Jahre alt, als Joseph den Thron bestieg. Erzogen von den Jesuiten an der Universität Coimbra, wurde er zum erstenmal berühmt als Führer der «Mohock»-Bande, welche die Straßen von Lissabon unsicher machte. 1733 überredete er die hochgeborene Dona Teresa de Noronha, mit ihm zu entfliehen. Ihre Familie klagte ihn öffentlich an, erkannte jedoch dann seine Begabung und förderte seine politische Karriere. Seine Frau brachte ein kleines Vermögen mit in die Ehe; er erbte ein weiteres von einem Onkel. Er machte seinen Weg durch Einfluß, Hartnäckigkeit und offenkundige Tüchtigkeit. 1739 wurde er als Bevollmächtigter nach London geschickt. Seine Frau zog sich in ein Kloster zurück und starb hier 1745. Während seines sechsjährigen Aufenthalts in England studierte Pombal die englische Wirtschaft und das englische Regierungssystem, erkannte die Abhängigkeit der anglikanischen Kirche vom Staat und verlor vielleicht etwas von seinem katholischen Glauben. Er kehrte nach Lissabon zurück (1744), wurde als Gesandter nach Wien geschickt (1745) und heiratete hier eine Nichte des Marschalls Daun, der Unsterblichkeit erlangen sollte, weil er Friedrich den Großen einmal besiegte. Pombals neue Braut blieb ihm durch alle seine Triumphe und Niederlagen ergeben.

Johann V. hatte ihm mißtraut, weil Pombal «ein rauhes Herz»[8] hatte, «aus einer grausamen und rachsüchtigen Familie stammte»[9], und weil Joseph ihn für fähig hielt, einem König zu trotzen. Dennoch wurde Pombal 1749 nach Hause zurückberufen und mit Unterstützung der Jesuiten in ein Ministeramt berufen. Joseph I. bestätigte die Ernennung. Intelligenz, gepaart mit Fleiß, verschaffte Pombal bald das Übergewicht in dem neuen Kabinett. «Carvalho», berichtete ein französischer Geschäftsträger, «kann als der Erste Minister betrachtet werden. Er ist unermüdlich, aktiv und gewandt. Er hat das Vertrauen des Königs, seines Herrn, gewonnen, und in allen politischen Angelegenheiten besitzt es keiner mehr als er.»[10]

Seine Überlegenheit erwies sich bei dem großen Erdbeben des 1. November 1755. Um neun Uhr vierzig morgens, am Tage von Allerheiligen, als der größte Teil der Bevölkerung in den Kirchen betete, legten vier Erdstöße halb Lissabon in Trümmer, töteten über fünfzigtausend Menschen, zerstörten die meisten der Kirchen, verschonten die meisten der Bordelle[11] und auch Pombals Haus. Viele Einwohner rannten in ihrer Panik zu den Ufern des Tejo, doch eine fünf Meter hohe Flutwelle ertränkte weitere Tausende und zerstörte die Schiffe, die auf dem Fluß lagen. Die Brände, die in allen Vierteln der Stadt ausgebrochen waren, forderten weitere Todesopfer. In dem nachfolgenden Chaos begann der Abschaum des Pöbels, ungestraft zu plündern und zu töten. Der König, der selbst knapp dem Tode entronnen war, fragte seine Minister, was man tun könnte. Pombal soll geantwortet haben: «Die Toten begraben und die Lebendigen retten.» Joseph gab ihm Generalvollmacht, und Pombal benutzte sie mit charakteristischer Energie und Umsicht. Er setzte Truppen ein, um die Ordnung aufrechtzuerhalten, ließ Zelte und Lager für die Obdachlosen aufschlagen und ordnete an, daß jeder, der bei der Plünderung von Toten angetroffen würde, sofort gehenkt werde. Er verfügte einen Preisstopp für Nahrungsmittel auf dem vor dem Erdbeben bestehenden Niveau und zwang alle einlaufenden Schiffe, ihre Ladungen an Lebensmitteln zu löschen und sie zu diesen Preisen zu verkaufen. Unterstützt durch einen unverminderten Zufluß von brasilianischem Gold, sorgte er für den raschen Wiederaufbau von Lissabon mit breiten Boulevards und gutgepflasterten und gutbeleuchteten Straßen. Der Mittelteil der Stadt, wie sie sich uns heute zeigt, war das Werk der Architekten und Ingenieure, die unter Pombal arbeiteten[12].

Sein Erfolg bei dieser demoralisierenden Katastrophe bestätigte seine Macht im Kabinett. Jetzt stellte er sich zwei weitreichende Aufgaben: die Regierung von der Beherrschung durch die Kirche und die Wirtschaft von der Beherrschung durch die Briten zu befreien. Diese Unternehmungen erforderten einen Mann von Stahl, erfüllt von Patriotismus, Rücksichtslosigkeit und Stolz.

Wenn sein Antiklerikalismus sich besonders gegen die Jesuiten richtete, so geschah dies in der Hauptsache deshalb, weil er sie verdächtigte, den Widerstand gegen die portugiesische Inbesitznahme jenes paraguayischen Territoriums zu nähren, in dem die Jesuiten seit 1605 über hunderttausend Indianer in einunddreißig *Reductiones,* Siedlungen auf halbkommunistischer Basis, der formellen Unterwerfung unter Spanien zugeführt hatten[13]. Spanische und portugiesische Forscher hatten von (vollkommen legendärem) Gold im paraguayischen Boden gehört, und Kaufleute beklagten sich, die Jesuitenpater monopolisierten den Exporthandel Paraguays und führten die Profite dem Vermögen ihres Ordens zu. 1750 handelte Pombal einen Vertrag aus, nach dem Portugal an Spanien die reiche Kolonie San Sacramento (an der Mündung des Rio de la Plata) abtrat im Austausch gegen sieben der Jesuiten-«Siedlungen», die an die brasilianische Grenze stießen. Der Vertrag setzte fest, daß die dreißigtausend Indianer in diesen Gemeinden in andere Regionen auswandern und das Land den einwandernden Portugiesen überlassen sollten. Ferdinand VI. von Spanien befahl den Jesuiten von Paraguay, die Siedlungen zu verlassen und ihre Untertanen anzuweisen, in Frieden umzusiedeln. Die Jesuiten behaupteten, diesen Befehlen gehorcht zu haben, doch die Indianer widerstanden mit einer leidenschaftlichen Hartnäckigkeit, die zu brechen ein portugiesisches Heer drei Jahre brauchte. Pombal beschuldigte die Gesellschaft Jesu, diesen Widerstand heimlich ermutigt zu haben. Er beschloß, der gesamten jesuitischen Beteiligung an der Industrie, am Handel und an der Regierung Portugals ein Ende zu machen. Als die Jesuiten Portugals seine Absicht erkannten, vereinigten sie ihre Anstrengungen, ihn zu stürzen.

Ihr Führer bei diesem Unternehmen war Gabriel Malagrida. 1689 in Menaggio (am Comersee) geboren, zeichnete er sich in der Schule dadurch aus, daß er sich in die Hand biß, bis das Blut floß; so, sagte er, bereite er sich darauf vor, die Schmerzen des Märtyrertums zu ertragen. Er trat in die Gesellschaft Jesu ein und segelte als Missionar nach Brasilien. Von 1724 bis 1735 predigte er den Indianern im Dschungel das Evangelium. Mehrere Male entging er dem Tod – durch Kannibalen, Krokodile, Schiffbrüche, Krankheit. Sein Bart wurde früh weiß. Man schrieb ihm Wunderkräfte zu, und erwartungsvolle Mengen folgten ihm, wenn er in den Städten Brasiliens auftauchte. Er baute Kirchen und Klöster und gründete Seminare. 1747 kam er nach Lissabon, um von König Johann Geldmittel zu fordern. Er erhielt sie, segelte zurück nach Brasilien und gründete weitere religiöse Häuser, oft mit eigener Hand bei den Bauarbeiten helfend. 1753 war er wiederum in Lissabon, denn er hatte versprochen, die Königinmutter auf den Tod vorzubereiten. Er schrieb das Erdbeben von 1755 den Sünden des Volkes zu, forderte eine Reform der Moral und sagte, mit anderen Mitgliedern seines Ordens, weitere Erdbeben voraus, wenn die Moral sich nicht bessere. Sein Exerzitienhaus wurde ein Zentrum von Intrigen gegen Pombal.

Einige adlige Familien waren an diesen Intrigen beteiligt. Sie protestierten dagegen, daß der Sohn eines unbedeutenden Landedelmannes sich zum Herrn Portugals gemacht hatte und ihr Leben und ihr Vermögen in seinen Händen hielt. Eine dieser aristokratischen Parteien wurde von Dom José de Mascarenhas, Herzog von Aveiro, geführt; der Kopf einer anderen war der Schwager des Herzogs, Dom Francisco de Assiz, Marquis von Tavora. Tavoras Frau, die Marquise Dona Leonor, tonangebend in der Gesellschaft, war eine eifrige Schülerin und häufige Besucherin von Pater Malagrida. Ihr ältester Sohn, Dom Luis Bernardo, der «jüngere Marquis» von Tavora, war mit seiner eigenen Tante verheiratet. Als Luis als Soldat nach Indien ging, wurde diese liebliche und schöne «jüngere Marquise» die Mätresse Josephs I.; auch dies vergaben die Aveiros und die Tavoras nie. Sie waren mit den Jesuiten zusammen der Meinung, daß die Situation sich bessern würde, sobald man Pombal stürzte.

Pombal schlug zurück, indem er Joseph einredete, die Gesellschaft Jesu ermutige heimlich weitere Revolten in Paraguay und konspiriere nicht nur gegen das Ministerium, sondern auch gegen den König. Am 19. September 1757 verbannte ein Dekret die jesuitischen Beichtväter der königlichen Familie vom Hof. Pombal instruierte seinen Vetter, Francisco de Almada e Mendonça, den portugiesischen Gesandten beim Vatikan, nichts unversucht zu lassen, die Anti-Jesuiten-Partei in Rom zu fördern und zu finanzieren. Im Oktober legte Almada Benedikt XIV. eine Liste von Beschuldigungen gegen die Jesuiten vor: Sie hätten «alle christlichen, religiösen, natürlichen und politischen Verpflichtungen geopfert in dem blinden Wunsch ..., sich zu Herren der Regierung zu machen», und die Gesellschaft sei beherrscht von «einem unersättlichen Verlangen, fremde Reichtümer zu erwerben und anzusammeln und sogar Herrschaftsrechte zu beanspruchen»[14]. Am 1. April 1758 beauftragte der Papst den Kardinal de Saldanha, Patriarchen von Lissabon, diese Anschuldigungen zu untersuchen. Am 15. Mai veröffentlichte Saldanha ein Dekret, worin er erklärte, die portugiesischen Jesuiten trieben Handel «entgegen allen göttlichen und menschlichen Gesetzen», und worin er sie hieß, davon Abstand zu nehmen. Am 7. Juni befahl er ihnen, wahrscheinlich auf Pombals Drängen, sich der Beichtabnahme und des Predigens zu enthalten. Im Juli wurde der Superior der Lissabonner Jesuiten sechzig Meilen weit vom Hof verbannt. Inzwischen (3. Mai 1758) war Benedikt XIV. gestorben; sein Nachfolger, Clemens XIII., ernannte eine andere Untersuchungskommission, und diese berichtete, die Jesuiten hätten sich die ihnen von Pombal vorgeworfenen Verbrechen nicht zuschulden kommen lassen[15].

Es bestand Zweifel darüber, ob Joseph I. seinen Minister bei seinem Angriff gegen die Jesuiten unterstützen würde. Doch eine dramatische Wendung der Ereignisse trieb den König vollständig auf Pombals Seite. In der Nacht des 3. September 1758 kehrte Joseph von einem heimlichen Rendezvous, wahrscheinlich mit der jungen Marquise von Tavora, in seinen Palast bei Belém zurück[16]. Kurz vor Mitternacht tauchten unter dem Bogen eines Aquädukts drei maskierte Männer auf und schossen in die Kutsche, jedoch ohne Erfolg. Der Kutscher trieb sein Pferd zum Galopp an, aber einen Moment später fielen zwei weitere Schüsse aus einem anderen Hinterhalt; eine Kugel traf den Kutscher, die andere verwundete den König an der rechten Schulter und am rechten Arm. Nach einem späteren Untersuchungsbericht warteten in einem dritten Hinterhalt Mitglieder der Familie Tavora weiter draußen an der Landstraße nach Belém auf die Kutsche. Doch Joseph befahl dem Kutscher, die Hauptstraße zu verlassen und zum Haus seines Leibarztes zu fahren, der die Wunden behandelte. Die nachfolgenden Ereignisse, die in ganz Europa Aufsehen erregten, wären vielleicht anders verlaufen, wenn der Mordanschlag aus dem dritten Hinterhalt Erfolg gehabt hätte.

Pombal handelte mit schlauer Überlegung. Gerüchte über den Überfall wurden offiziell dementiert; die vorübergehende Bewegungsbeschränkung des Königs wurde einem Sturz zugeschrieben. Drei Monate lang sammelten die geheimen Agenten des Ministers Beweise. Ein Mann wurde ausfindig gemacht, der bezeugte, daß ein gewisser Antônio Ferreira von ihm am 3. August eine Muskete entliehen und sie am 8. September zurückgegeben hatte. Ein anderer Mann soll gesagt haben, Ferreira habe von ihm am 3. September eine Pistole geborgt und sie wenige Tage später zurückgegeben. Ferreira, behaupteten diese Zeugen, sei im Dienst des Herzogs von Aveiro. Salvador Durão, ein Diener in Belém, bezeugte, er habe in der Nacht des Überfalls, während er außerhalb des Hauses der Aveiro einen Auftrag erfüllte, einige Mitglieder der Familie Aveiro von einem nächtlichen Unternehmen zurückkehren gehört.

Pombal bereitete den Prozeß mit Vorsicht und Kühnheit vor. Er umging das durch das Gesetz vorgeschriebene Verfahren, nach dem die verdächtigten Adligen vor einen Gerichtshof ihrer Standesgenossen gestellt worden wären; ein solches Gericht hätte sie nie verurteilt. Statt dessen erließ der König am 9. Dezember, am Tage der öffentlichen Enthüllung des Verbrechens, zwei Dekrete: durch das eine wurde Doktor Pedro Gonçalves Pereira zum Gerichtsvorsitzenden eines Sondertribunals für Hochverrat ernannt, das zweite befahl ihm, die für den Mordanschlag auf den König Verantwortlichen zu entdecken, zu verhaften und zu richten. Gonçalves Pereira wurde ermächtigt, alle üblichen Formen des Rechtsverfahrens außer acht zu lassen, und das Gericht wurde angewiesen, seine Urteile am Tage ihrer Verkündigung zu vollstrecken. Diese Dekrete ergänzte Pombal durch ein in der ganzen Stadt angeschlagenes Manifest, worin die Ereignisse des 3. September geschildert und Belohnungen für jedermann versprochen wurden, der zur Ergreifung der Mörder führende Angaben machen würde[17].

Am 13. Dezember verhafteten Regierungsbeamte den Herzog von Aveiro, seinen sechzehn Jahre alten Sohn, den Marquis von Gouveia, seinen Diener Antônio Ferreira, den alten und den jungen Marquis von Tavora, die alte Marquise von Tavora, alle Dienstboten dieser beiden Familien und fünf andere Adlige. Alle Jesuitenkollegien wurden an diesem Tag von Soldaten umzingelt; Malagrida und zwölf andere führende Jesuiten wurden ins Gefängnis geworfen. Um den Prozeß zu beschleunigen, erlaubte ein königliches Dekret vom 20. Dezember (gegen portugiesischen Brauch) die Anwendung der Folter zur Erzielung von Geständnissen. Unter der Folter oder ihrer Androhung wurden fünfzig Gefangene verhört. Mehrere Geständnisse belasteten den Herzog von Aveiro; er selbst gab unter der Folter seine Schuld zu; Antônio Ferreira gestand, daß er auf die Kutsche geschossen hatte, schwor jedoch, er hätte nicht gewußt, daß der König das Opfer sein sollte. Unter der Folter beschuldigten mehrere Dienstboten der Tavoras diese gesamte Familie; der junge Marquis gestand seine Mitschuld, der alte Marquis, obwohl bis zum Tode gefoltert, bestritt jede Schuld. Pombal selbst wohnte dem Verhör der Zeugen und der Gefangenen bei. Er hatte die Post der Betroffenen überprüfen lassen und behauptete, vierundzwanzig Briefe des Herzogs von Aveiro, mehrerer Tavoras, Malagridas und anderer Jesuiten gefunden zu haben, in denen sie ihre Freunde oder Verwandten in Brasilien über den mißlungenen Mordversuch unterrichteten und versprachen, ihre Bemühung zum Sturz der Regierung zu wiederholen. Am 4. Januar 1759 beauftragte der König Doktor Eusebio Taveres de Sequeira mit der Verteidigung der Angeklagten. Sequeira argumentierte, die durch Folterung erpreßten Geständnisse seien wertlos als Beweis und alle angeklagten Adligen könnten ein Alibi für die Nacht des Verbrechens nachweisen. Die Verteidigung wurde als nicht überzeugend beurteilt; die abgefangenen Briefe wurden als echt und als Erhärtung der Geständnisse anerkannt, und am 12. Januar erklärte der Gerichtshof alle angeklagten Personen für schuldig.

Neun von ihnen wurden am 13. Januar auf dem öffentlichen Platz von Belém hingerichtet. Als erste sollte die alte Marquise von Tavora sterben. Auf dem Schafott bückte sich der Scharfrichter, um ihr die Füße zu binden; sie stieß ihn zurück mit den Worten: «Berühre mich nicht, außer um mich zu töten!»[18] Nachdem man sie gezwungen hatte, die Instrumente – Rad, Hammer und Reisigbündel – anzuschauen, mit denen ihr Gatte und ihre Söhne getötet werden sollten, wurde sie enthauptet. Ihre beiden Söhne wurden gerädert und stranguliert; ihre Leichen lagen auf dem Schafott, als der Herzog von Aveiro und der alte Marquis von Tavora es bestiegen. Sie mußten die gleichen Foltern erdulden, und der Todeskampf des Herzogs dauerte so lange, bis die letzte der Exekutionen – das Verbrennen bei lebendigem Leibe von Antônio Ferreira – beendet war. Alle Leichen wurden verbrannt, die Asche in den Tejo geworfen. Portugal streitet noch immer darüber, ob die Adligen, obwohl sie zugegebenermaßen Pombal feindselig gesinnt waren, den König wirklich hatten töten wollen.

Waren die Jesuiten in den Attentatsversuch verwickelt? Es bestand kein Zweifel darüber, daß Malagrida in seinen leidenschaftlichen Ausbrüchen den Sturz Pombals und den frühen Tod des Königs vorausgesagt hatte[19] und daß er und andere Jesuiten mit den adligen Widersachern des Ministers Besprechungen gehabt hatten. Er hatte sein Wissen um ein Komplott verraten, indem er an eine Dame des Hofes einen Brief schrieb, worin er sie bat, Joseph vor einer drohenden Gefahr zu warnen. Im Gefängnis befragt, wie er von dieser Gefahr erfahren habe, antwortete er: im Beichtstuhl[20]. Darüber hinaus gibt es (nach einem antijesuitischen Historiker) «keinen positiven Beweis für die Verbindung der Jesuiten mit dem Gewaltstreich»[21]. Pombal beschuldigte sie, durch ihre Predigten und ihre Lehren ihre Verbündeten zum Mord aufgestachelt zu haben. Er wußte den König davon zu überzeugen, daß die Situation der Monarchie eine Gelegenheit bot, ihre Macht gegenüber der Kirche zu stärken. Am 19. Januar erließ Joseph Verordnungen, auf Grund deren das gesamte Eigentum der Jesuiten im Königreich beschlagnahmt wurde und alle Jesuiten bis zur Erledigung der gegen sie erhobenen Anschuldigungen durch den Papst in ihren Häusern oder Kollegien bleiben mußten. Inzwischen benutzte Pombal die Regierungsdruckerei dazu, Flugschriften drucken und durch seine Agenten im In- und Ausland verbreiten zu lassen, in denen der Prozeß gegen die Adligen und die Jesuiten dargelegt wurde; dies war offensichtlich das erstemal, daß eine Regierung von der Druckerpresse Gebrauch machte, um ihre Handlungen anderen Nationen zu erklären. Diese Veröffentlichungen mögen ihr Teil zur Vertreibung der Jesuiten aus Frankreich und Spanien beigetragen haben.

Im Sommer 1759 erbat Pombal von Klemens XIII. die Erlaubnis, die verhafteten Jesuiten vor das Tribunal für Hochverrat zu stellen. Darüber hinaus schlug er vor, daß hinfort alle Geistlichen, die eines Verbrechens gegen den Staat beschuldigt würden, von weltlichen und nicht von kirchlichen Gerichten abgeurteilt werden sollten. Ein persönlicher Brief Josephs an den Papst kündigte den Entschluß des Königs an, die Jesuiten aus Portugal auszuweisen, und drückte die Hoffnung aus, daß der Papst die Maßnahmen als durch ihre Handlungen gerechtfertigt und als notwendig für den Schutz der Monarchie billigen werde. Klemens war empört über diese Botschaften. Doch wenn er sich ihnen direkt widersetzte, so mußte er befürchten, daß Pombal den König dazu überreden würde, alle Beziehungen zwischen der portugiesischen Kirche und dem Papsttum abzubrechen. Er dachte an das Vorgehen Heinrichs VIII. in England und wußte, daß auch Frankreich mehr und mehr eine feindselige Haltung gegen die Gesellschaft Jesu annahm. Am 11. August schickte er seine Erlaubnis, die Jesuiten vor ein weltliches Gericht zu stellen, beschränkte seine Einwilligung jedoch ausdrücklich auf den vorliegenden Fall. An den König richtete er einen persönlichen Appell, worin er um Gnade für die angeklagten Priester bat. Er erinnerte Joseph an die bisherigen Leistungen des Ordens und sprach die Hoffnung aus, daß nicht alle portugiesischen Jesuiten für die Fehler von einigen wenigen bestraft würden.

Der Appell des Papstes hatte keinen Erfolg. Am 3. September 1759 – dem Jahrestag des Attentatsversuchs – erließ der König ein Edikt, in dem eine lange Liste angeblicher Vergehen der Jesuiten aufgeführt und bestimmt wurde, daß

«diese Ordensbrüder, da sie verderbt und von ihrem heiligen Gesetz abgefallen und durch solche abscheulichen und hartnäckigen Laster offenkundig unfähig geworden sind, zu seiner Innehaltung zurückzukehren, ordentlich und wirksam verbannt ..., geächtet und als notorische Rebellen, Verräter, Widersacher und Angreifer von Seiner Majestät Person und Reich aus allen Ländern Seiner Majestät vertrieben werden; ... und bei Todesstrafe wird befohlen, daß niemand, welches Standes oder Berufes auch immer, sie in eines seiner Besitztümer zulassen oder durch Wort oder Schrift mit ihnen Verbindung halten darf»[22].

Diejenigen Jesuiten, die ihre feierlichen Gelübde noch nicht abgelegt hatten und darum ersuchen würden, von ihren vorbereitenden Gelübden entbunden zu werden, sollten von dieser Verordnung ausgenommen werden. Das gesamte jesuitische Eigentum wurde vom Staat konfisziert. Den Verbannten wurde verboten, außer ihren persönlichen Kleidungsstücken irgend etwas anderes mitzunehmen[23]. Aus allen Teilen Portugals wurden sie in Kutschen oder zu Fuß zu Schiffen geführt, die sie nach Italien brachten. Ähnliche Deportationen wurden in Brasilien und anderen portugiesischen Besitzungen durchgeführt. Die erste Schiffsladung von Verbannten erreichte Civitavecchia am 24. Oktober, und sogar der dortige Vertreter Pombals wurde durch ihren Anblick von Mitleid gerührt. Manche waren schwach vor Alter, andere waren dem Hungertode nahe, einige waren unterwegs gestorben. Lorenzo Ricci, der General der Gesellschaft, sorgte für die Aufnahme der Überlebenden in Jesuitenhäuser in Italien, und die Dominikanerpater gewährten ihnen ebenfalls Gastfreundschaft. Am 17. Juni 1760 brach die portugiesische Regierung die diplomatischen Beziehungen mit dem Vatikan ab.

Pombals Sieg erschien vollständig, doch er wußte, daß er sich beim Volke unbeliebt gemacht hatte. In seiner Unsicherheit erweiterte er seine Macht bis zur vollen Diktatur und begann eine Herrschaft des Absolutismus und des Terrors, die bis 1777 dauerte. Seine Spione hinterbrachten ihm jede Äußerung der Opposition gegen seine Politik oder seine Methoden; bald waren die Gefängnisse von Lissabon überfüllt mit politischen Gefangenen. Viele Adlige und Priester wurden verhaftet auf Grund von Anschuldigungen, neue Komplotte gegen den König angezettelt zu haben oder an dem alten beteiligt gewesen zu sein. Das Fort Junqueira, auf halbem Wege zwischen Lissabon und Belém gelegen, wurde das Spezialgefängnis für Aristokraten, von denen viele bis zu ihrem Tode dort festgehalten wurden. Andere Gefängnisse beherbergten – einige für die Dauer von neunzehn Jahren – Jesuiten, die aus den Kolonien herbeigeschafft und des Widerstandes gegen die Regierung beschuldigt worden waren.

Malagrida schmachtete zweiunddreißig Monate im Gefängnis, bevor er vor Gericht gestellt wurde. Der alte Mann tröstete sich in seiner Gefangenschaft, indem er das *Heldenhafte Leben der heiligen Anna, der Mutter der Maria, diktiert dem ehrwürdigen Vater Malagrida von der heiligen Anna selbst* schrieb. Pombal ließ das Manuskript beschlagnahmen und fand in ihm mehrere Absurditäten, die als Ketzereien bezeichnet werden konnten. Zum Beispiel sei die heilige Anna, so erklärte Malagrida, wie Maria ohne den Flecken der Erbsünde empfangen worden und hätte im Leib ihrer Mutter gesprochen und geweint[24]. Nachdem er seinen eigenen Bruder, Paul de Carvalho, zum Oberhaupt der Inquisition in Portugal gemacht hatte, ließ Pombal Malagrida vor deren Tribunal laden und verfaßte mit eigener Hand eine Anklageschrift, die den Jesuiten der Habgier, der Heuchelei, des Betrugs, der Gotteslästerung und der mehrmaligen Bedrohung des Königs durch Todesvoraussagungen beschuldigte. Durch seine Leiden halb irrsinnig geworden, sagte der nun zweiundsiebzig Jahre alte Malagrida den Inquisitoren, er habe mit Ignatius von Loyola und der heiligen Therese gesprochen[25]. Einer der Richter, von Mitleid gerührt, wollte das Verfahren einstellen; Pombal ließ ihn absetzen. Am

12. Januar 1761 erklärte das Heilige Offizium Malagrida der Ketzerei, der Gotteslästerung, der Gottlosigkeit und der Täuschung des Volkes durch vorgebliche göttliche Offenbarungen für schuldig. Man ließ ihn noch acht Monate am Leben. Am 20. September wurde er zu einem Schafott auf der Praça Rossio geführt, erdrosselt und am Pfahl verbrannt. Ludwig XV. bemerkte, als er von der Hinrichtung hörte: «Es ist, als ob ich den alten Irren in der Heilanstalt Petites [Maisons], der behauptet, Gott Vater zu sein, verbrennen ließe.»[26] Voltaire bezeichnete die Tat als «Wahnsinn und Sinnlosigkeit, verbunden mit der entsetzlichsten Bosheit»[27].

Die französischen *philosophes,* die 1758 Pombal als einen «aufgeklärten Despoten» bezeichnet hatten, waren mit seiner Entwicklung nicht zufrieden. Sie begrüßten den Sturz der Jesuiten, mißbilligten jedoch die Willkürmethoden des Diktators, den heftigen Ton seiner Pamphlete und die Grausamkeit seiner Strafen. Sie waren entrüstet über die Behandlung der Jesuiten während ihrer Deportation, über die totale Ausrottung alter Familien und die unmenschliche Behandlung Malagridas. Wir besitzen jedoch keine Aufzeichnung ihres Protestes gegen die acht Jahre währende Einkerkerung des Bischofs von Coimbra wegen Mißbilligung der von Pombal eingesetzten Zensurbehörde, welche die Verbreitung radikaler Werke wie Voltaires *Dictionnaire philosophique* und Rousseaus *Contrat social* zugelassen hatte.

Pombal selbst predigte keine Ketzereien und ging regelmäßig zur Messe. Sein Ziel war nicht die Zerstörung der Kirche, sondern ihre Unterwerfung unter die Gewalt des Königs, und als 1770 Clemens XIV. sich damit einverstanden erklärte, daß die Regierung die Bischöfe ernannte, schloß er seinen Frieden mit dem Vatikan. Joseph I. fand, als er seinen Tod nahen fühlte, Genugtuung in dem Gedanken, daß er trotz allem unter dem vollen Beistand des Klerus sterben würde. Der Papst schickte Pombals Bruder Paul einen Kardinalshut, Pombal selbst einen Ring mit dem Bildnis des Papstes, eine in Diamanten gerahmte Miniatur und die vollständigen Überreste von vier Heiligen.

III. POMBAL DER REFORMER

Inzwischen hatte der Diktator der Wirtschaft, der Verwaltung und dem kulturellen Leben Portugals seinen Stempel aufgedrückt. Mit Hilfe englischer und deutscher Offiziere reorganisierte er das Heer, das im Siebenjährigen Krieg eine spanische Invasion zurückwies. Wie Richelieu im Frankreich des 17. Jahrhunderts beschränkte er die zersetzende Macht der Aristokratie und zentralisierte die Regierung in einer Monarchie, die der Nation politische Einheit, Bildungsfortschritt und Schutz gegen kirchliche Bevormundung sichern konnte. Nach der Hinrichtung der Tavoras hörten die Adligen auf, gegen den König zu konspirieren; nach der Vertreibung der Jesuiten unterwarf sich der Klerus dem Staat. Während der Zeit des Zerwürfnisses mit dem Vatikan ernannte Pombal die Bischöfe, und seine Bischöfe weihten Priester ohne Erlaubnis von Rom. Ein königliches Dekret beschränkte den Erwerb von Land durch die Kirche und hinderte portugiesische Untertanen daran, ihre Besitztümer durch Vermächtnisse für

Messen zu belasten[28]. Viele Klöster wurden geschlossen, und den übrigen wurde verboten, Novizen unter fünfundzwanzig Jahren aufzunehmen. Die Inquisition wurde unter die Kontrolle der Regierung gestellt: Ihr Tribunal wurde in ein öffentliches Gericht umgewandelt und den gleichen Satzungen wie die Gerichte des Staates unterworfen; es wurde der Zensurgewalt beraubt, und seine Unterscheidung zwischen alten Christen und neuen Christen (christianisierten Juden oder Mauren und ihren Nachkommen) wurde abgeschafft, denn Pombal nahm als selbstverständlich an, daß die meisten Spanier und Portugiesen nunmehr semitisches Blut in ihren Adern hatten[29]. Ein Dekret vom 25. Mai 1773 erklärte alle Portugiesen als wählbar in zivile, militärische und kirchliche Ämter[30]. Nach der Hinrichtung von Malagrida im Jahre 1761 kam es zu keiner weiteren Verbrennung von Menschen durch die portugiesische Inquisition[31].

In diesem Jahr schaffte Pombal drei Viertel der unteren Ämter ab, welche die Gerichtsverwaltung behindert hatten. Der Zugang zu den Gerichten wurde erleichtert, die Kosten für die Führung von Prozessen wurden gesenkt. Im Jahre 1761 reorganisierte er das Schatzamt, verlangte von ihm den wöchentlichen Abschluß seiner Bücher, befahl die jährliche Überprüfung der öffentlichen Einnahmen und Ausgaben und machte Fortschritte in der schwierigsten aller Reformen – der Verringerung des Personals und der Eindämmung der Verschwendung am königlichen Hof. Die achtzig Köche, die Johann V. und seine Umgebung verköstigt hatten, wurden gesiebt; Joseph I. mußte sich mit zwanzig zufriedengeben. Ein Edikt vom 25. Mai 1773 schaffte in Portugal die Sklaverei ab, ließ sie jedoch in den Kolonien weiterbestehen.

Die Hand des Reformators machte sich überall bemerkbar. Er ließ der Landwirtschaft und der Fischerei Regierungsunterstützung angedeihen und führte in den nördlichen Provinzen den Seidenwurm ein. Er gründete Töpfereien, Glasfabriken, Baumwollspinnereien, Wollfabriken und Papiermühlen, um die Abhängigkeit Portugals vom Import solcher Produkte aus dem Ausland zu beenden. Er schaffte die internen Zölle im Güterverkehr ab und führte den Freihandel zwischen Portugal und seinen Kolonien ein. Er gründete ein Handelskollegium, um Männer für die Führung von Unternehmungen auszubilden. Er organisierte und unterstützte Gesellschaften, die den portugiesischen Handel von fremden Kaufleuten und Transportfirmen übernehmen sollten. Hierin hatte er – oder hatten die Portugiesen – keinen Erfolg, denn im Jahre 1780 befand sich der Handel Portugals zum größten Teil noch immer in fremden, hauptsächlich in britischen Händen.

Die Vertreibung der Jesuiten machte einen gründlichen Wiederaufbau des Erziehungswesens notwendig. Neue Grundschulen und höhere Schulen, achthundertsiebenunddreißig an der Zahl, wurden im ganzen Land gegründet. Das Jesuitenkollegium in Lissabon wurde in ein Kollegium für Adlige unter weltlicher Verwaltung umgewandelt. Der Lehrplan in Coimbra wurde durch zusätzliche wissenschaftliche Vorlesungen erweitert. Pombal überredete den König, ein Opernhaus zu bauen und italienische Sänger für die führenden Rollen einzuladen. 1757 gründete er zur Förderung der Literatur die Arcádia von Lissabon.

Für die Dauer eines erregenden halben Jahrhunderts (1755–1805) erfreute sich die portugiesische Literatur einer relativen Freiheit der Ideen und Formen. Sie sagte sich von italienischen Vorbildern los, übernahm französische Formen und ließ die frische Brise der Aufklärung auf sich einwirken. Antônio Diniz da Cruz e Silva gewann nationalen Ruhm durch eine Satire, *O Hissope* (1772), die in acht Gesängen den Streit eines Bischofs mit seinem Dekan schildert. João Anastasio da Cunha übersetzte Pope und Voltaire, wofür er bald nach Pombals Sturz (1778) von der Inquisition verurteilt wurde. Francisco Manoel do Nascimento, Sohn eines Hafenarbeiters, begeisterte sich leidenschaftlich für Bücher und wurde der Mittelpunkt einer Gruppe, die gegen die Arkadische Akademie als Hemmschuh der Entwicklung einer nationalen Dichtkunst rebellierte. Im Jahre 1778 befahl die Inquisition (wiederum Pombals Sturz nutzend) seine Verhaftung wegen Beschäftigung «mit modernen Philosophen, die der natürlichen Vernunft folgen». Er entkam nach Frankreich, wo er fast die ganzen ihm verbleibenden einundvierzig Jahre verbrachte; hier schrieb er die meisten seiner Gedichte, in denen er sich glühend für Freiheit und Demokratie einsetzte, einschließlich einer Ode «Auf die Freiheit und Unabhängigkeit der Vereinigten Staaten». Seine Anhänger wiesen ihm, nach Camões, den zweiten Platz in der portugiesischen Dichtkunst an. – Den elegantesten und melodischsten Ton der Epoche traf ein Band Liebesgedichte, *A Marilia,* eine Hinterlassenschaft des Tomaz Antônio Gonzaga, der wegen politischer Konspiration von 1785 bis 1788 im Gefängnis saß und im Exil starb. José Agostinho de Macedo, ein wegen seines ausschweifenden Lebens aller geistlichen Ämter enthobener Augustinermönch, wählte für sein Epos *O Oriente* kühn das gleiche Thema wie Camões – die Reise Vasco da Gamas nach Indien; er hielt sein Gedicht für besser als die *Lusiaden* und die *Ilias,* doch man versichert uns, es sei eine langweilige Angelegenheit gewesen. Interessanter war eine Satire in sechs Gesängen, *Os Burros,* in denen Macedo Männer und Frauen aller Ränge, lebend oder tot, unter Namensangabe lächerlich machte. Sein Hauptgegner war Manuel Maria Barbosa de Bocage, der von der Inquisition ins Gefängnis geworfen wurde (1797), weil er in seinen Gedichten und Theaterstücken Ideen Voltaires verbreitet hatte. Die Hinrichtung Marie-Antoinettes veranlaßte ihn, zum Konservativismus in Religion und Politik zurückzukehren; er ergab sich von neuem der Frömmigkeit seiner Jugend und sah in der Mücke einen Beweis für die Existenz Gottes[32].

Das große Ereignis in der Kunstgeschichte während Pombals Herrschaft war die Errichtung der Statue Josephs I., die noch heute auf der Praça do Comercio, dem schönsten Platze Lissabons, steht. Entworfen von Joaquim Machado de Castro, in Bronze gegossen von Bartolommeo da Costa, stellt sie den König dar, wie er auf einem Schlachtroß siegreich über Schlangen hinwegreitet, welche die während seiner Regierung überwundenen bösen Kräfte symbolisieren. Pombal machte die Einweihung des Monuments (6. Juni 1775) zu einer Verherrlichung seiner erfolgreichen Ministertätigkeit. Truppen umsäumten den Platz, das diplomatische Korps, die Richterschaft, der Senat und andere Würdenträger waren in vollem Ornat versammelt. Dann kam der Hof, es folgten der König und die Königin, und schließlich trat Pombal vor und enthüllte die Figuren und das mächtige Podest, auf dem ein Medaillon den Minister als Träger des Kreuzes Christi darstellte. Alle außer dem König begriffen, daß der wirkliche Gegenstand der Feier Pombal war.

Wenige Tage nach der Enthüllung schickte er Joseph I. eine rosiggefärbte Beschreibung des Fortschrittes, den Portugal seit 1750 gemacht hatte, als da waren: die Verbreitung von Bildung und Gelehrsamkeit, das Wachstum von Industrie und Handel, die Entwicklung von Literatur und Kunst, das allgemeine Ansteigen des Lebensstandards. Um der Wahrheit willen müssen einige Abzüge von seinem Bericht gemacht werden: Industrie und Handel waren wohl gewachsen, jedoch sehr langsam, und befanden sich in finanziellen Schwierigkeiten; die Künste stagnierten, und halb Lissabon lag (1774) noch immer in den durch das Erdbeben von 1755 verursachten Trümmern. Die natürliche Frömmigkeit des Volkes stärkte die kirchliche Macht von neuem. Pombals Herrschermanieren und diktatorische Methoden verschafften ihm jeden Tag neue Feinde. Er hatte sich und seine Verwandten bereichert; er hatte für sich einen verschwenderisch kostspieligen Palast gebaut. Es gab kaum eine Adelsfamilie in dem Königreich, die nicht beklagen mußte, daß ein geliebtes Mitglied im Gefängnis dahinsiechte. Überall in Portugal betete man insgeheim für Pombals Sturz.

IV. DER TRIUMPH DER VERGANGENHEIT

1775 wurde der König sechzig Jahre alt. Krankheiten und Mätressen hatten ihn vorzeitig altern lassen, und er verbrachte ganze Tage in Meditationen über Sünde und Tod. Er fragte sich, ob er recht getan hatte, der Politik seines Ministers zu folgen. War er den Jesuiten gegenüber gerecht gewesen? Diese Adeligen und Priester im Gefängnis – er hätte ihnen gerne verziehen, nun, da er für sich selbst Verzeihung suchte, doch wie konnte er dem unerbittlichen Pombal gegenüber solche Gedanken äußern, und was konnte er ohne Pombal tun? Am 12. November 1776 erlitt er einen Schlaganfall, und der Hof frohlockte fast offenkundig in der Erwartung einer neuen Regierung und eines neuen Kabinetts. Die Erbin des Thrones war seine Tochter Maria Francisca, die seinen Bruder Pedro geheiratet hatte. Sie war eine gute Frau, eine gute Gattin und Mutter, eine freundliche und wohltätige Seele, aber auch eine eifrige Katholikin, deren Groll über Pombals Antiklerikalismus so groß war, daß sie den Hof verlassen hatte, um mit Pedro zurückgezogen in Queluz, einige Kilometer von der Hauptstadt entfernt, zu leben. Die ausländischen Diplomaten verständigten ihre Regierungen, daß ein baldiger Wandel in der portugiesischen Politik zu erwarten sei.

Am 18. November empfing der König die Sakramente, am 29. November wurde Maria Regentin. Eine ihrer ersten Handlungen bestand darin, daß sie die lange Gefangenschaft des Bischofs von Coimbra beendete; der vierundsiebzig Jahre alte Prälat wurde zur Freude fast aller wieder in sein Amt eingesetzt. Pombal sah seine Autorität schwinden und bemerkte voll düsterer Ahnungen, daß Höflinge, die ihn bis vor kurzem noch umschmeichelt hatten, ihn nun als einen politisch zum Sterben Verurteilten betrachteten. In einem letzten Akt des Despotismus nahm er grausame Rache an dem Dorf Trefaria, dessen aus Fischern bestehende Bevölkerung sich der zwangsweisen Rekrutierung ihrer Söhne widersetzt hatte. Er entsandte eine Abteilung Soldaten, das Dorf niederzubrennen, und sie taten es, indem sie im Dunkel der Nacht (23. Januar 1777) brennende Fackeln durch die Fenster der Holzhütten schleuderten.

Am 24. Februar starb Joseph I.; die Regentin wurde Königin Maria I. (1777–1816), und ihr Gatte wurde König Peter III. (1777–1786). Peter war ein Mann von schwachem Geist; Maria verzehrte sich in Frömmigkeit und Wohltätigkeit. Die Religion, die das halbe Leben des portugiesischen Volkes ausmachte, gewann rasch wieder an Macht. Die Inquisition nahm ihre Tätigkeit in der Zensur und der Unterdrückung der Ketzerei wieder auf. Königin Maria schickte dem Papst vierzigtausend Pfund, um ihn teilweise für die bei der Sorge für die verbannten Jesuiten entstandenen Unkosten zu entschädigen. An dem Tage nach Josephs Beerdigung ordnete Königin Maria die Freilassung von achthundert Gefangenen an, von denen die meisten von Pombal wegen politischer Opposition eingekerkert worden waren. Viele von ihnen hatten zwanzig Jahre in den Verliesen verbracht; als sie herauskamen, konnten ihre Augen die Sonne nicht mehr ertragen. Fast alle waren in Lumpen gehüllt, viele sahen doppelt so alt aus, als sie waren. Hunderte von Gefangenen waren im Gefängnis gestorben. Von den einhundertvierundzwanzig, die achtzehn Jahre zuvor eingekerkert worden waren, lebten nur noch fünfundvierzig[33]. Fünf Adlige, die wegen angeblicher Teilnahme an dem Komplott zur Tötung Josephs verurteilt worden waren, weigerten sich, das Gefängnis zu verlassen, bevor ihre Unschuld offiziell erklärt worden war.

Der Anblick von Pombals freigelassenen Opfern und die Nachricht von der Niederbrennung Trefarias steigerten seine Unbeliebtheit so sehr, daß er es nicht mehr wagen konnte, sich in der Öffentlichkeit zu zeigen. Am 1. März sandte er an Königin Maria einen Brief, worin er auf alle seine Ämter verzichtete und um die Erlaubnis bat, sich auf sein Anwesen in der Stadt Pombal zurückzuziehen. Die Adligen aus der Umgebung der Königin forderten seine Verhaftung und Bestrafung. Doch als sie entdeckte, daß alle Maßnahmen, um derentwillen die Adligen Rache forderten, von dem verstorbenen König unterzeichnet worden waren, erkannte sie, daß sie Pombal nicht bestrafen konnte, ohne das Andenken ihres Vaters zu beflecken. Sie nahm die Demission des Ministers an und erlaubte ihm, sich nach Pombal zu begeben, befahl ihm jedoch, dort zu bleiben. Am 5. März verließ er Lissabon in einer gemieteten Kutsche, in der Hoffnung, unbemerkt zu bleiben. Einige Leute erkannten ihn und bewarfen seinen Wagen mit Steinen, doch er entkam. In der Stadt Oeiras stieß seine Frau zu ihm. Er war siebenundsiebzig Jahre alt.

Nun, da er nur noch ein privater Bürger war, wurde er von allen Seiten überhäuft mit Klagen wegen Schulden, die er nicht gezahlt, Beleidigungen, die er seinen Gegnern zugefügt, Besitztümern, die er ohne entsprechende Bezahlung beschlagnahmt hatte. Gerichtsdiener belagerten seine Türe in Pombal mit immer neuen Vollstreckungsbefehlen. «Es gibt keine Hornisse oder Schnake in Portugal», schrieb er, «die nicht zu diesem abgelegenen Ort geflogen kommt und in meinen Ohren summt.»[34]

Die Königin half ihm, indem sie ihm für die Dauer seines Lebens das Gehalt bewilligte, das er als Minister bezogen hatte, und eine bescheidene Pension hinzufügte. Dennoch drängten zahllose Gegner die Königin, ihn wegen gesetzwidriger Handlungen und Verrat vor Gericht zu stellen. Sie fand einen Kompromiß, indem sie den Richtern erlaubte, ihn aufzusuchen und einem Verhör zu unterziehen.

Sie befragten ihn während dreieinhalb Monaten jeweils mehrere Stunden hintereinander, bis der alte Diktator erschöpft um Gnade bat. Die Königin verzögerte die Ergreifung von Maßnahmen auf Grund des Untersuchungsberichtes in der Hoffnung, daß Pombals Tod sie aus ihrer Verlegenheit befreien würde. Inzwischen suchte sie seine Gegner zu besänftigen, indem sie ein Wiederaufnahmeverfahren für diejenigen anordnete, die wegen Mittäterschaft beim Attentatsversuch auf ihren Vater verurteilt worden waren. Das neue Gericht bestätigte die Schuld des Herzogs von Aveiro und dreier seiner Diener, sprach jedoch alle übrigen Angeklagten frei. Die Tavoras wurden für unschuldig erklärt, und alle ihre Ämter und Besitztümer wurden ihren lebenden Verwandten zurückerstattet (3. April 1781). Am 16. August erließ die Königin ein Dekret, worin sie Pombal zum «ehrlosen Verbrecher» erklärte, jedoch hinzufügte, da er um Gnade gebeten habe, solle er in seinem Exil in Frieden gelassen werden und im Besitz seines Eigentums verbleiben.

Pombal trat in das Endstadium seiner Krankheit ein. Sein Körper war fast vollkommen mit eiternden Wunden bedeckt, die wahrscheinlich durch Lepra verursacht waren[35]. Schmerzen hinderten ihn daran, mehr als zwei Stunden täglich zu schlafen. Durchfall schwächte ihn, und seine Ärzte, wie um seine Qualen zu vermehren, überredeten ihn, eine aus dem Fleisch von Schlangen zubereitete Brühe zu trinken. Er betete um den Tod, empfing die Sakramente und beendete sein Leiden am 8. Mai 1782. Fünfundvierzig Jahre später machte eine Reisegesellschaft von Jesuiten, als sie durch die Stadt kam, an seinem Grabe halt und sprach, bewegt von Triumph und Mitleid, ein Requiem für die Ruhe seiner Seele.

DRITTES KAPITEL

Spanien und die Aufklärung

[1700–1788]

I. DIE UMWELT

Bei seinem Tod im Jahre 1700 hinterließ Karl II., der letzte der spanischen Habsburger, Spanien und sein gesamtes Weltreich dem uralten Feind der Habsburger – dem bourbonischen Frankreich. Der Enkel Ludwigs XIV. kämpfte als Philipp V. von Spanien während des Spanischen Erbfolgekrieges (1703–1712) tapfer, um dieses Reich ungeschwächt zu erhalten. Fast ganz Europa griff zu den Waffen, um eine so gefährliche Stärkung der Macht der Bourbonen zu verhindern, und am Ende mußte Spanien Gibraltar und Minorca an England, Sizilien an Savoyen und Neapel, Sardinien und «Belgien» an Österreich abtreten.

Darüber hinaus beließ der Verlust der Seemacht Spanien eine nur unsichere Macht über die Kolonien, die seinen Handel und seinen Wohlstand nährten. Weizen in Spanisch-Amerika erbrachte den fünf- bis zwanzigfachen Ertrag pro Morgen dessen, was der Boden Spaniens hergab. Aus jenen sonnigen Ländern kamen Quecksilber, Kupfer, Zink, Arsen, Farbstoffe, Fleisch, Häute, Gummi, Cochenille, Zucker, Kakao, Kaffee, Tabak, Tee, Chinin und ein Dutzend anderer Medikamente. 1788 exportierte Spanien in seine amerikanischen Kolonien Güter im Werte von 158 Millionen Reales und importierte aus ihnen solche im Werte von 804 Millionen Reales; diese «ungünstige Handelsbilanz» wurde ausgeglichen durch einen Strom amerikanischen Silbers und Goldes. Die Philippinen schickten Schiffsladungen von Pfeffer, Baumwolle, Indigo und Zuckerrohr. Gegen Ende des 18. Jahrhunderts schätzte Alexander von Humboldt die Bevölkerung der Philippinen auf 1900000, die von Spanisch-Amerika auf 16902000 Seelen; Spanien selbst hatte im Jahr 1797 gegen 10541000 Einwohner[1]. Es ist der Bourbonenherrschaft als Verdienst anzurechnen, daß sich die Bevölkerungszahl seit 1700, wo sie 5700000 betragen hatte, fast verdoppelte.

Die Geographie begünstigte Spanien nur auf dem Gebiet des Seehandels. Im Norden war das Land fruchtbar, hinreichend bewässert durch Regen und den schmelzenden Schnee der Pyrenäen. Bewässerungskanäle (in der Mehrzahl von den Mauren ihren Besiegern hinterlassen) hatten Valencia, Murcia und Andalusien fruchtbar gemacht; das übrige Spanien war hoffnungslos gebirgig oder trocken. Die Gaben der Natur wurden nicht durch wirtschaftlichen Fleiß genutzt; die meisten unternehmungslustigen Spanier gingen in die Kolonien. Daher zog Spanien es vor, Industrieprodukte aus dem Ausland mit dem Gold seiner Kolonien und dem Ertrag seiner eigenen Silber-, Kupfer-, Eisen- oder Bleiminen zu kaufen. Seine noch immer im Stadium der Zunftwirtschaft oder Heimarbeit befindlichen Industrien hinkten weit hinter denen des betriebsamen Nordens her, und viele seiner reichen Minen wurden unter ausländischer Verwaltung zum Profit deutscher oder englischer Investoren ausgebeutet. Die Wollerzeugung war ein Monopol der Mesta, einer Vereinigung von Herdenbesitzern, die, von der Regierung privilegiert, in der Tradition verharrte und von einer kleinen Minderheit von Adligen und Klöstern beherrscht war. Der Wettbewerb war erstickt, Verbesserungen wurden nur langsam eingeführt. In den Städten vegetierte ein ärmliches Proletariat, das als Gesinde bei den Großen oder als Tagelöhner bei den Zünften arbeitete. Einige reiche Häuser hielten sich Neger oder Mauren als Sklaven. Eine kleine Mittelklasse lebte in Abhängigkeit von der Regierung, dem Adel und der Kirche.

Von dem Ackerland gehörten einundfünfzigeinhalb Prozent Adelsfamilien, sechzehneinhalb Prozent der Kirche, zweiunddreißig Prozent Gemeinden (Städten) oder Bauern. Das Wachstum des bäuerlichen Grundbesitzes wurde verzögert durch ein altes Erbfolgegesetz, welches vorschrieb, daß ein Anwesen ungeteilt auf den ältesten Sohn überzugehen hatte und daß kein Teil davon verpfändet oder verkauft werden durfte. Während des ganzen Jahrhunderts wurden drei Viertel des Bodens, ausgenommen in den baskischen Provinzen, von Pächtern bestellt, und diese zahlten ihren Pachtzins entweder in bar oder in Form von Dienstleistungen an aristokratische oder kirchliche Grundherren, die sie selten sahen. Da der Zins entsprechend der Produktivität des Bauernhofes erhöht wurde, hatten die Pächter keinen Anreiz zu Eigeninitiative oder Fleiß[2]. Die Besitzer verteidigten diese Praxis, indem sie vorgaben, die fortschreitende Entwertung der Währung zwinge sie, den Zins zu erhöhen, um mit den steigenden Preisen und Kosten Schritt zu halten. Inzwischen lastete eine Verkaufssteuer für lebensnotwendige Dinge, wie Fleisch, Wein, Olivenöl, Kerzen und Seife, schwer auf den Armen (die den größten Teil ihres Einkommens für diese Dinge ausgaben), leichter jedoch auf den Reichen. Das Resultat dieser Verhältnisse, der erblichen Privilegien und der natürlichen Ungleichheit der menschlichen Fähigkeiten, war eine Konzentration des Reichtums an der Spitze und eine hoffnungslose Armut der untersten Klassen, die von Generation zu Generation unverändert blieb, erleichtert nur durch übernatürliche Tröstung.

Der Adel wies eine strenge Einteilung in verschiedene Grade der Würde auf. An der Spitze standen (im Jahre 1788) einhundertneunzehn Magnaten – *grandes de España*. Auf ihren Reichtum können wir aus dem wahrscheinlich übertriebenen Bericht des zeitgenössischen britischen Reisenden Joseph Townsend schließen, der besagte, daß «drei große Herren – die Herzöge von Osuna, Alba und Medinaceli – fast die gesamte Provinz Andalusien besitzen»[3]. Medinaceli erhielt eine Million Reales jährlich allein aus seinen Fischereirechten; Osuna hatte ein Jahreseinkommen von 8400000 Reales, der Graf von Aranda ein solches von 1600000 Reales[4]. Unter den Granden standen fünfhundertfünfunddreißig *titulos* – Männer, denen vom König Erbtitel verliehen worden waren unter der Bedingung, daß sie die Hälfte ihres Einkommens an die Krone abtraten. Unter diesen wiederum standen die *caballeros* – Kavaliere oder Ritter, denen der König die lukrative Mitgliedschaft in einem der vier Militärorden Spaniens verliehen hatte: Santiago, Alcántara, Calatrava und Montesa. Die rangniedersten Adligen waren die vierhunderttausend *hidalgos,* die bescheidene Ländereien besaßen, vom Militärdienst und der Schuldhaft befreit waren und das Recht besaßen, ein Wappen zu führen und sich als *Don* anreden zu lassen. Manche von ihnen waren arm, einige gesellten sich zu den Bettlern in den Straßen. Die meisten Adligen lebten in den Städten und ernannten die Gemeindebeamten.

Als göttliche Beschützerin des Status quo beanspruchte die spanische Kirche einen beträchtlichen Anteil am Brutto-Nationalprodukt. Ein spanischer Gewährsmann schätzte ihr jährliches Einkommen abzüglich der Steuern auf 1 101 753 000 Reales und das des Staates auf 1 371 000 000 Reales[5]. Ein Drittel ihrer Einkünfte kam vom Land, große Summen erbrachten der Zehnte und das Recht auf Erstlinge; in kleineren Beträgen kassierte sie die Gebühren für Segenserteilungen, Trauungen, Beerdigungen, Totenmessen und die Erlöse aus dem Verkauf von Mönchsgewändern an fromme Menschen, die glaubten, ungefragt ins Paradies schlüpfen zu können, wenn sie in solchen Gewändern starben. Bettelmönche brachten zusätzliche dreiundfünfzig Millionen Reales ein. Die einfachen Priester waren natürlich arm, teilweise wegen ihrer großen Zahl; Spanien hatte 91 258 Ordensleute, von denen 16481 Priester und 2943 Jesuiten waren[6]. 1797 lebten sechzigtausend Mönche und dreißigtausend Nonnen in dreitausend Klöstern. Der Erzbischof von Sevilla und sein Stab von zweihundertfünfunddreißig Angestellten bezogen ein Jahreseinkommen von sechs Millionen Reales; der Erzbischof von Toledo mit sechshundert Angestellten erhielt neun Millionen. Hier, wie in Italien und Österreich, erregte der Reichtum der Kirche keinen Protest von seiten der Massen. Die Kathedrale war ihre Schöpfung, und sie liebten es, sie prächtig geschmückt zu sehen.

Ihre Frömmigkeit setzte den Maßstab für das Christentum. Nirgendwo anders wurde im 18. Jahrhundert so streng an die katholische Theologie geglaubt oder das katholische Ritual so eifrig befolgt. Die Religionsausübung als Teil des Lebensinhaltes hatte den gleichen Rang wie der Broterwerb und galt wahrscheinlich mehr als das Trachten nach Sinnenlust. Die Leute, einschließlich der Prostituierten, bekreuzigten sich ein dutzendmal am Tage. Die Verehrung der Jungfrau überwog bei weitem die Anbetung Christi. Ihre Bildnisse waren überall zu sehen, Frauen webten liebevoll Gewänder für ihre Statuen und krönten ihr Haupt mit frischen Blumen. In Spanien war die Forderung des Volkes am stärksten, daß ihre «unbefleckte Empfängnis» – ihre Freiheit von dem Makel der Erbsünde – zu einem Teil des erklärten und vorgeschriebenen Glaubens gemacht würde. Die Männer kamen den Frauen an Frömmigkeit fast gleich. Viele Männer gingen, wie die meisten Frauen, täglich zur Messe. Bei manchen religiösen Prozessionen geißelten sich Männer der unteren Klassen (bis es 1777 verboten wurde) mit verknoteten Stricken, die in mit Glassplittern gespickten Wachskugeln endeten. Sie gaben vor, dies zu tun, um ihre Liebe zu Gott oder Maria oder einer Frau zu beweisen. Manche glaubten, ein solcher Aderlaß sei gut für die Gesundheit[7] und halte den Eros nieder.

Religiöse Prozessionen waren zahlreich, dramatisch und farbenprächtig; ein Humorist beklagte sich, er könne in Madrid keinen Schritt tun, ohne auf einen feierlichen

Umzug zu stoßen, und wer nicht niederkniete, wenn ein solcher vorbeikam, riskierte, verhaftet oder beschimpft zu werden. Als das Volk von Saragossa sich 1766 plündernd zu einer Revolte erhob und eine Prozession mit einem Bischof, der das Sakrament trug, vor ihm auftauchte, entblößten die Aufrührer ihre Häupter und knieten in den Straßen nieder; als die Prozession vorbeigezogen war, nahmen sie die Plünderung der Stadt wieder auf[8]. An der großen Fronleichnamsprozession nahmen alle Dienststellen der Regierung teil, manchmal angeführt vom König. Während der Karwoche waren die Städte Spaniens in Schwarz gehüllt, Theater und Cafés waren geschlossen, die Kirchen überfüllt, und auf öffentlichen Plätzen wurden zusätzliche Altäre aufgestellt, um die überströmende Frömmigkeit aufzunehmen. In Spanien war Christus König, Maria Königin, und das Gefühl der göttlichen Gegenwart in jeder wachen Stunde Teil des Lebensinhalts.

Zwei religiöse Orden blühten in Spanien besonders. Die Jesuiten waren infolge ihres Wissens und ihrer diplomatischen Geschicklichkeit führend im Erziehungswesen und wurden Beichtväter der Könige. Die Dominikaner beherrschten die Inquisition, und obwohl die Blütezeit dieser Institution längst vorüber war, war sie immer noch stark genug, das Volk in Schrecken zu halten und den Staat herauszufordern. Als unter der bourbonischen Laxheit Überreste des Judaismus sich bemerkbar machten, löschte die Inquisition sie durch Autodafés aus. In sieben Jahren (1720–1727) verurteilten die Inquisitoren achthundertachtundsechzig Personen, von denen achthundertzwanzig beschuldigt wurden, heimlich dem Judaismus anzuhangen; fünfundsiebzig wurden verbrannt, andere auf die Galeeren geschickt oder nur ausgepeitscht[9]. 1722 bezeugte Philipp V. öffentlich seine Übernahme der spanischen Methoden, indem er bei einem prächtigen Autodafé den Vorsitz führte, bei dem neun Ketzer zur Feier der Ankunft einer französischen Prinzessin in Madrid verbrannt wurden[10]. Sein Nachfolger, Ferdinand VI., bewies einen milderen Geist; während seiner Regierung (1746–1759) wurden nur noch zehn Menschen lebendig verbrannt, und diese waren «geringe, vom Christentum wieder abgefallene Juden»[11].

Die Inquisition übte eine erdrückende Zensur über alle Veröffentlichungen aus. Ein Dominikanermönch schätzte, daß in Spanien im 18. Jahrhundert weniger Bücher gedruckt wurden als im 16. Jahrhundert[12]. Die meisten davon waren religiöser Natur, und das Volk wollte sie so. Die unteren Klassen waren Analphabeten und fühlten kein Bedürfnis, lesen oder schreiben zu lernen. Die Schulen waren in den Händen des Klerus, doch Tausende von Pfarreien hatten überhaupt keine Schulen. Die einstmals großen spanischen Universitäten waren in allen Fächern außer der orthodoxen Theologie weit hinter diejenigen Italiens, Frankreichs, Englands oder Deutschlands zurückgefallen. Die medizinischen Fakultäten waren ärmlich, ungenügend mit Lehrern besetzt, schlecht ausgerüstet; die Therapie stützte sich auf Aderlässe, Purgieren, Reliquien und Gebete. Spanische Ärzte waren eine Gefahr für das menschliche Leben. Die Wissenschaft war mittelalterlich, die Geschichte war Legende, der Aberglaube blühte, Weissagungen und Wunder waren zahlreich. Der Glaube an Hexerei überlebte bis zum Ende des Jahrhunderts und hielt seinen Einzug in die Welt des Schreckens, die Goya malte.

Dies war das Spanien, das die Bourbonen zu regieren aus Frankreich kamen.

II. PHILIPP V.: 1700–1746

Felipe Quinto war ein guter Mensch in den Grenzen seiner geistigen Fähigkeiten, die durch seine Erziehung stark beengt worden waren. Als jüngerer Sohn des Dauphins war er zu Bescheidenheit, Frömmigkeit und Gehorsam erzogen worden, und er wuchs nie so weit über diese Tugenden hinaus, daß er die Herausforderungen, welche Krieg und Politik während eines halben Jahrhunderts an ihn richteten, hätte parieren können. Seine Frömmigkeit veranlaßte ihn, in Spanien einen religiösen Obskurantismus zuzulassen, der in Frankreich im Aussterben begriffen war. Seine Fügsamkeit machte ihn zu Wachs in den Händen seiner Minister und seiner Frauen.

Maria Luisa Gabriela, Tochter Viktor Amadeus' II. von Savoyen, war erst dreizehn, als sie Philipp heiratete (1701), doch bereits erfahren in weiblichen Ränken; ihre Schönheit und Lebhaftigkeit, ihre Launen und Tränen machten den König zu einem erschöpften Sklaven, während sie und ihre erste Hofdame die Politik ihrer Wahlheimat manipulierten. Marie-Anne de La Trémoille, Princesse des Ursins, französische Witwe eines spanischen Granden, hatte der jungen Königin zur Ehe und zur Macht verholfen. Ehrgeizig, aber taktvoll, wurde sie für ein Jahrzehnt eine Macht hinter dem Thron. Sie konnte sich nicht auf Schönheit verlassen, denn sie war neunundfünfzig im Jahre 1701, doch sie lieferte das Wissen und die Schlauheit, die der Königin fehlten, und nach 1705 bestimmte sie die Politik. 1714 starb Maria Luisa, sechsundzwanzig Jahre alt, und Philipp, der gelernt hatte, sie zärtlich zu lieben, versank in krankhafte Melancholie. Princesse des Ursins versuchte, ihre Machtstellung zu retten, indem sie seine Vermählung mit Isabella (Elisabeth) Farnese, der Tochter des Herzogs Odoardo II. von Parma und Piacenza, arrangierte. Sie reiste der neuen Königin entgegen, um sie an der spanischen Grenze zu treffen, doch Isabella befahl ihr schroff, Spanien zu verlassen. Sie zog sich nach Rom zurück und starb acht Jahre später in Reichtum und Vergessenheit.

Isabella wollte nicht zugeben, daß die Renaissance vorüber war. Sie besaß die Willenskraft, die Geistesschärfe, das feurige Temperament und die Verachtung für Skrupel, welche sowohl die Frauen als auch die Männer gekennzeichnet hatten, die das Italien des 16. Jahrhunderts beherrschten. Sie fand in Philipp einen Mann, der keine Entscheidungen treffen und nicht alleine schlafen konnte. Ihr gemeinsames Bett wurde Isabellas Thron, von dem aus sie eine Nation regierte, Armeen dirigierte und italienische Fürstentümer eroberte. Sie hatte fast nichts über Spanien gewußt, noch hatte sie sich je mit dem spanischen Charakter beschäftigt, doch nun studierte sie diesen Charakter, machte sich mit den Bedürfnissen des Landes vertraut, und der König war überrascht, sie ebenso auf dem laufenden und ebenso wendig zu finden wie seine Minister.

In seinen ersten Regierungsjahren hatte Philipp Jean Orry und andere französische Berater verwendet, um die Regierung nach den von Ludwig XIV. aufgestellten Richtlinien zu reorganisieren: er zentralisierte sie und überwachte Verwaltung und Finan-

Francisco de Goya (1746–1828) ist das geniale Bindeglied zwischen der älteren und modernen Malerei: in einem gigantischen Bogen verbindet sein Werk Velazques mit Picasso; in der Art Voltaires kritisierte er schonungslos die Welt, die ihn umgab, auch in seinen Hofbildern wie dem hier abgebildeten «Los Duques de Osuña y sus Uijos» (um 1793, Prado, Madrid).

LE LEVER DU PHILOSOPHE DE FER***X

Tandis-que plein de sa Marotte,
Aulieu de mettre sa culotte,
Volt..re se livre à son feu,
Dal..t et Fré..n n'ont-ils pas fort beau Jeu !
Dal..t pour baiser humblement son der...re,
Et ce Jean Fré..n sans pitié
Pour en faire à coups d'etrivière
Un ecrivain plus châtié.

A. B.

zen mit Hilfe ausgebildeter Beamter und Provinzialintendanten, die alle der legislativen, richterlichen und exekutiven Autorität des königlichen Rates, des Consejo de Castilla, unterstanden. Die Korruption wurde eingedämmt und der Verschwendung Einhalt geboten – ausgenommen in der Bautätigkeit des Königs. Auf diese französischen Minister folgte im Jahre 1714 ein fähiger und ehrgeiziger Italiener, der Abate Giulio Alberoni, dessen Energie die Spanier erschauern ließ. Sohn eines Gärtners in Piacenza, war er als Sekretär des Herzogs von Vendôme nach Spanien gekommen. Er hatte als erster Isabella Farnese als Philipps zweite Frau vorgeschlagen; aus Dankbarkeit ebnete sie ihm den Weg zur Macht. Gemeinsam hielten sie den König von den Regierungsgeschäften und von anderen Ratgebern außer ihnen selbst fern. Gemeinsam planten sie, die spanische Armee wieder aufzubauen und sie zu benutzen, um die Österreicher aus Italien zu vertreiben, das spanische Übergewicht in Mailand und Neapel wiederherzustellen und Herzogtümer zu gründen, die eines Tages von Söhnen der weitsichtigen Isabella regiert werden sollten.

Alberoni brauchte fünf Jahre zur Vorbereitung. Er ersetzte in den führenden Stellungen adlige Faulpelze durch fähige Angehörige des Mittelstandes, er besteuerte den Klerus und sperrte rebellische Priester ein[13], er verschrottete alte Kriegsschiffe und baute bessere, er errichtete Forts und Arsenale entlang den Küsten und Grenzen, er unterstützte die Industrie, baute Straßen, beschleunigte den Verkehr, schaffte Verkaufssteuern und Handelszölle ab. Der britische Botschafter in Madrid warnte seine Regierung: Nach ein paar weiteren Jahren solcher Fortschritte würde Spanien eine Gefahr für andere europäische Mächte darstellen[14]. Um derartige Befürchtungen zu zerstreuen, gab Alberoni vor, er stelle Streitkräfte auf, um Venedig und dem Papst gegen die Türken zu helfen. Er schickte Clemens XI. auch wirklich sechs Galeeren und wurde von ihm dafür mit einem roten Hut belohnt (1717). «Die spanische Monarchie», schrieb Voltaire, «ist unter Kardinal Alberoni zu neuem Leben erwacht.»[15]

Alles, was Alberoni brauchte, war Zeit. Er hoffte, die Zustimmung Frankreichs und Englands zu den spanischen Bestrebungen in Italien zu gewinnen, und bot als Gegenleistung ansehnliche Konzessionen, doch der unachtsame König verdarb diese Manöver, indem er seinen Wunsch enthüllte, Philipp von Orléans als Herrscher Frankreichs zu ersetzen. Philipp wandte sich gegen Felipe und schloß mit England und den Vereinigten Provinzen einen Pakt, um die durch den Vertrag von Utrecht getroffenen territorialen Vereinbarungen aufrechtzuerhalten. Österreich verletzte diesen Vertrag, indem es Savoyen zwang, ihm Sizilien im Austausch für Sardinien abzutreten. Alberoni erklärte protestierend, dies unterstelle das Mittelmeer einer Macht, deren Oberhaupt noch immer die Krone von Spanien beanspruchte. Die ungelegene Beschleunigung der Ereignisse verwünschend, entschloß er sich resignierend zu einem vorzeitigen Krieg. Seine neugeschaffene Flotte eroberte Palermo (1718), und seine Truppen brachten bald ganz Sizilien unter spanische Herrschaft. Hierauf verband sich Österreich mit England, Frankreich und Holland zu einer Viererallianz gegen Spanien. Am 11. August 1718 zerstörte ein britisches Geschwader unter Admiral Byng die spanische Flotte vor der Küste Siziliens; Spaniens beste Truppen wurden auf dieser Insel festgehalten, wäh-

Dieser Stich von R. Sayer, London 1778, nach einem Gemälde von Hubert Robert zeigt den alten François-Marie Arouet, genannt Voltaire (1694–1778), beim Aufstehen in Ferney/Schweiz.

rend französische Heere in Spanien einfielen. Philipp und Isabella baten um Frieden; er wurde gewährt unter der Bedingung, daß Alberoni verbannt würde. Der Kardinal floh nach Genua (1719), gelangte verkleidet durch die von den Österreichern besetztgehaltene Lombardei nach Rom, nahm am Konklave teil, das Innozenz XIII. wählte, und starb 1752, achtundachtzig Jahre alt. Am 17. Februar 1720 unterzeichnete ein spanischer Gesandter in London einen Vertrag, worin Philipp allen Ansprüchen auf den Thron Frankreichs entsagte, Spanien Sizilien an Österreich abtrat, England versprach, Gibraltar den Spaniern zurückzugeben, und die Verbündeten Isabellas Nachkommen das Nachfolgerecht in Parma und Toscana zugestanden.

In dem Kaleidoskop internationaler Politik wurden je nachdem Verbündete zu Feinden und Gegner formell zu Freunden. Um den Frieden mit Frankreich zu festigen, hatte Philipp 1721 seine zwei Jahre alte Tochter María Ana Victoria mit Ludwig XV. verlobt und sie zu aller Verwunderung nach Frankreich geschickt (1722). Doch 1725 sandte Frankreich sie zurück, damit Ludwig eine Frau heiraten könnte, die sofort in der Lage wäre, ihm einen Erben zu schenken. Darüber beleidigt, verbündete sich Spanien mit Österreich; Kaiser Karl VI. versprach, bei der Wiedereroberung Gibraltars zu helfen, doch als ein spanisches Heer versuchte, diese britische Bastion einzunehmen, blieb die versprochene Hilfe aus. Der Angriff scheiterte, und Spanien schloß nicht nur Frieden mit England, sondern gab ihm auch das Monopol für den Verkauf von Sklaven in die spanischen Kolonien zurück; als Gegenleistung verpflichtete sich Britannien, Isabellas Sohn Don Carlos auf den Herzogsthron von Parma zu setzen. 1731 wurden Carlos und sechstausend spanische Soldaten durch eine englische Flotte nach Italien eskortiert. Um sich die britische und spanische Unterstützung für den Anspruch Maria Theresias auf den Kaiserthron zu sichern, trat Österreich Parma und Piacenza an Carlos ab. 1734 begab sich Carlos nach Neapel. Isabellas Triumph war vollständig.

Philipp jedoch versank in eine Melancholie, die nach 1736 mehr und mehr die Form von Wahnsinn annahm. Er kauerte in einer Ecke seines Zimmers, von der Idee besessen, daß alle, die eintraten, ihn töten wollten. Er nahm nur widerstrebend Nahrung zu sich, aus Furcht, vergiftet zu werden. Längere Zeit weigerte er sich, sein Bett zu verlassen oder sich rasieren zu lassen. Isabella versuchte hundert Mittel, ihn zu heilen oder zu beruhigen; alle versagten bis auf eins. 1737 überredete sie Farinelli, nach Spanien zu kommen. Eines Abends veranstaltete sie in einem neben den Gemächern des Königs liegenden Saal ein Konzert, bei dem der große *castrato* zwei Arien von Hasse sang. Philipp erhob sich von seinem Bett, um durch eine Tür zu schauen und herauszufinden, wer so bezaubernde Töne hervorbringen konnte. Isabella brachte Farinelli zu ihm; der Monarch lobte und liebkoste ihn und hieß ihn, seine Belohnung zu nennen; nichts würde ihm verweigert werden. Zuvor von der Königin instruiert, bat der Sänger Philipp nur, er möge sich rasieren und anziehen lassen und im königlichen Rat erscheinen. Der König war einverstanden; seine Angst verschwand, er schien auf wunderbare Weise geheilt. Doch als der nächste Abend kam, rief er wieder nach Farinelli und bat ihn, die beiden Lieder noch einmal zu singen; nur so konnte er einschlafen.

Dies wiederholte sich Nacht für Nacht, zehn Jahre lang. Farinelli erhielt zweihunderttausend Reales im Jahr, aber es war ihm verboten, anderswo als am Hofe zu singen. Er nahm die Bedingung an, und obwohl seine Macht über den König größer war als die irgendeines Ministers, mißbrauchte er sie nie, sondern benutzte sie nur zum Guten; er blieb unbestechlich und gewann die Bewunderung aller[16].

1746 bestellte Philipp hunderttausend Messen für sein Seelenheil. Wenn nicht so viele benötigt würden, ihn in den Himmel zu bringen, sollte der Überschuß für arme Seelen gelesen werden, für die nicht auf solche Weise gesorgt worden war[17]. Im selben Jahre starb er.

III. FERDINAND VI.: 1746–1759

Der zweite Sohn seiner ersten Frau folgte ihm auf dem Thron und schenkte Spanien dreizehn Jahre einer heilsamen Regierung. Isabella lebte bis 1766; sie wurde von ihrem Stiefsohn freundlich und höflich behandelt, verlor aber ihren Einfluß auf die Politik. Ferdinands Gemahlin, Maria Barbara, Scarlattis Schülerin, war nun die Frau hinter dem Thron. Obwohl sie Essen und Geld über alle Maßen liebte, war sie von sanfterem Gemüt als Isabella und setzte den größten Teil ihrer Energie daran, Musik und Kunst zu fördern. Farinelli fuhr fort, für die neuen Herrscher zu singen, und Scarlatti wetteiferte mit ihm um ihre Gunst. Der König und die Königin bemühten sich, den Österreichischen Erbfolgekrieg zu beenden. Sie akzeptierten den Vertrag von Aachen (1748), obwohl er Toscana den Österreichern zusprach, und ein Jahr später lösten sie den hundertsechsunddreißig Jahre alten Asiento-Vertrag auf, indem sie durch eine Zahlung von hunderttausend Pfund Sterling die Südsee-Kompanie für den Verlust ihrer Privilegien im Sklavenhandel entschädigten.

Ferdinand war ein gutwilliger Mensch, freundlich und aufrichtig, doch er hatte eine zarte Konstitution geerbt und war Anfällen von Jähzorn unterworfen, deren er sich schmerzlich schämte[18]. Im Bewußtsein seiner beschränkten Möglichkeiten überließ er die Regierungsgeschäfte zwei fähigen Ministern – Don José de Carvajal und Zenón de Somodevilla, Marqués de la Ensenada. Ensenada verbesserte die Ackerbaumethoden, unterstützte den Bergbau und die Industrie, baute Straßen und Kanäle, schaffte Binnenzölle ab, baute die Flotte wieder auf, ersetzte die verhaßten Verkaufssteuern durch eine Steuer auf Einkommen und Eigentum, reorganisierte das Finanzwesen und durchbrach die intellektuelle Isolation Spaniens, indem er Studenten ins Ausland schickte. Zum Teil dank Ensenadas Diplomatie wurde ein Konkordat mit dem Papst unterzeichnet (1753), das dem König das Recht zusprach, kirchliches Eigentum zu besteuern und Bischöfe für die spanischen Bistümer zu ernennen. Die Macht der Kirche wurde beschnitten, die Inquisition eingeschränkt, öffentliche Autodafés wurden abgeschafft.

In der Außenpolitik verfolgten die beiden Minister verschiedene Richtungen. Carvajal erlag dem Einfluß des britischen Botschafters Sir Benjamin Keene und schlug eine friedliche probritische Linie ein; Ensenada begünstigte Frankreich und drängte zum Krieg mit England. Ferdinand, der Ensenadas Energie und Fähigkeiten schätzte, hatte lange Geduld mit ihm, entließ ihn aber schließlich. Während fast ganz Europa in den Siebenjährigen Krieg eintrat, schenkte Ferdinand seinem Volk eine Periode der Ruhe und des Wohlstands, die länger dauerte als jede andere, welche Spanien seit Philipp II. erlebt hatte.

1758 starb Maria Barbara. Der König, der sie geliebt hatte, als ob Politik nichts mit ihrer Ehe zu tun gehabt hätte, verfiel in einen Zustand von Melancholie und unrasierter Verwahrlosung, der auf seltsame Art an die Krankheit seines Vaters erinnerte. In seinem letzten Lebensjahr wurde auch er wahnsinnig. Zuletzt weigerte er sich, zu Bett zu gehen, aus Furcht, er würde nicht wieder aufstehen. Er starb in seinem Sessel am 10. August 1759. Alle trauerten um die königlichen Liebenden, denn ihre Herrschaft war für Spanien ein seltener Segen gewesen.

IV. DIE AUFKLÄRUNG GELANGT NACH SPANIEN

Die Geschichte der Aufklärung in Spanien ist die einer widerstandsfähigen Kraft, die auf einen unbeweglichen Körper trifft. Der spanische Charakter und sein mit Blut besiegeltes Gelöbnis der Treue zu seinem mittelalterlichen Glauben wehrten früher oder später alle Anfechtungen der Ketzerei oder des Zweifels, alle fremden Formen der Kleidung, der Sitten oder der Wirtschaft ab. Nur von *einer* Seite her begünstigte er ausländische Gedanken: Spanische Kaufleute, die täglich mit Fremden zu tun hatten und wußten, zu welcher Macht und zu welchem Reichtum ihresgleichen in Frankreich und England aufgestiegen war. Sie waren bereit, Gedanken zu importieren, wenn diese die Macht, welche die Adligen und der Klerus über Land, Leben und Geist Spaniens ererbt hatten, schwächen konnten. Sie wußten, daß die Religion in England ihre Macht verloren hatte; einige hatten von Newton und Locke gehört, und sogar Gibbon sollte einige Leser in Spanien finden[19].

Natürlich kam der stärkste Anstoß zur Aufklärung aus Frankreich. Die französischen Aristokraten, die Philipp V. nach Madrid folgten, waren bereits von dem Unglauben angesteckt, der unter Ludwig XIV. nur im Verborgenen geblüht hatte, jedoch während der Regentschaft rasch um sich griff. 1714 gründeten einige Gelehrte in Nachahmung der Französischen Akademie die Real Academia Española; diese begann bald an einem Dictionnaire zu arbeiten, und 1737 setzte sich der *Diario de los literatos de España* zum Ziel, es dem *Journal des savants* gleichzutun. Der Herzog von Alba, der die Real Academia zwanzig Jahre lang leitete (1756–1776), war ein glühender Bewunderer Jean-Jacques Rousseaus[20]. 1773 subskribierte er acht Louisdor für die Voltaire-Statue von Pigalle; «dazu verdammt, meine Vernunft im geheimen zu pflegen», schrieb er an d'Alembert, «ergreife ich diese Gelegenheit, öffentlich meine Dankbarkeit und Bewunderung für diesen großen Mann zu bezeugen, der mir als erster den Weg zeigte»[21].

Kostenlose Reklame machte für Rousseaus *Émile* dessen zeremonielle Verbrennung in einer Madrider Kirche (1760)[22]. Junge Spanier, die mit Paris vertraut waren, wie der Marqués de Mora, der Julie de Lespinasse liebte, kamen nach Spanien zurück, angesteckt von dem Skeptizismus, den sie in den Salons kennengelernt hatten. Exemplare der Werke von Voltaire, Diderot oder Raynal wurden nach Spanien eingeschmuggelt und entflammten manchen für Neuerungen empfänglichen Geist. Ein spanischer Journalist schrieb 1763: «Durch die Wirkung vieler verderblicher Bücher, die Mode geworden sind, wie derjenigen von Voltaire, Rousseau und Helvétius, hat sich in diesem Land eine Abkühlung des Glaubens bemerkbar gemacht.»[23] Pablo Olavide sprach um 1766 in seinem Madrider Salon offen voltairianische Ansichten aus[24]. Auf den Regalen der Sociedades Económicas de los Amigos del País in Madrid standen Bücher von Voltaire, Rousseau, Bayle, d'Alembert, Montesquieu, Hobbes, Locke und Hume[25]. Abbé Clément, der Spanien 1768 bereiste, berichtete von einer weiten Verbreitung religiöser Gleichgültigkeit, ja sogar des Unglaubens, verdeckt durch äußerliche Beobachtung des katholischen Rituals[26]. 1778 wurde die Inquisition davon unterrichtet, daß die höchsten Beamten am Hofe die französischen *philosophes* läsen[27].

Es war von großer Bedeutung für die spanische Geschichte, daß Pedro Abarca, Conde de Aranda, als er Frankreich bereiste, ein Freund Voltaires wurde. Wir können seine Beziehungen auf Grund seiner späteren Tätigkeit als spanischer Botschafter in Versailles beurteilen. Er verkehrte offen mit den Enzyklopädisten in Paris, entwickelte ein enges Verhältnis mit d'Alembert, zu dem er bewundernd emporblickte, und durchquerte Frankreich, um Voltaire in Ferney zu besuchen. In Spanien spielte er den treuen Sohn der Kirche, doch war er es, der Karl III. dazu überredete, die Jesuiten zu vertreiben. Unter seiner Führung schloß Karl sich den Reihen jener «aufgeklärten Despoten» an, welche von den *philosophes* als ihre geeignetsten Helfer in der Verbreitung von Bildung, Freiheit und Vernunft betrachtet wurden.

V. KARL III.: 1759–1788

1. *Die neue Regierung*

Als Karl aus Neapel herüberkam, war er dreiundvierzig Jahre alt. Er wurde von allen willkommen geheißen, außer von den Jesuiten[28], die ihm wegen des Verkaufs ihrer paraguayischen Siedlungen durch Spanien an Portugal (1750) grollten. Sonst gewann er alle Herzen, indem er veraltete Steuern erließ und einige der Privilegien wiederherstellte, welche die Provinzen unter der zentralistischen Politik Philipps V. verloren hatten. Sein erstes Regierungsjahr in Spanien wurde getrübt durch den Tod seiner Gemahlin Maria Amalia. Er heiratete nie wieder. Es ist den spanischen Bourbonen des 18. Jahrhunderts hoch anzurechnen, daß sie den Monarchen Europas ein Beispiel ehelicher Treue und Beständigkeit gaben.

Ein britischer Diplomat zeichnete folgendes Bild des Königs, der in Neapel einige Zusammenstöße mit den Engländern gehabt hatte:

«Der König ist in Person und Kleidung eine sehr seltsame Erscheinung. Er ist von kleiner Statur, mit einem Teint von der Farbe des Ebenholzes. Er hat sich in den letzten dreißig Jahren keine Kleider anmessen lassen, so daß sein Rock wie ein Sack an ihm herunterhängt. Seine Weste und seine Kniehosen sind gewöhnlich aus Leder, seine Beine mit Stoffgamaschen bekleidet ... Er treibt das ganze Jahr hindurch jeden Tag Sport, möge es regnen oder schneien.»[29]

Doch der Earl von Bristol fügte 1761 hinzu:

«Der katholische König besitzt gute Gaben, ein gutes Gedächtnis und eine ungewöhnliche Selbstbeherrschung bei allen Gelegenheiten. Daß er oft getäuscht wurde, macht ihn mißtrauisch. Er zieht es immer vor, eine Sache auf freundliche Art zu erledigen, und besitzt die Geduld, Ermahnungen zu wiederholen, anstatt seine Autorität geltend zu machen ... Und dennoch flößt er seinen Ministern und Beamten mit der freundlichsten Miene höchsten Respekt ein.»[30]

Karls persönliche Frömmigkeit ließ nicht ahnen, daß er die Jesuiten angreifen oder religiöse Reformen durchführen würde. Er hörte täglich die Messe. Sein «ehrliches und hartnäckiges Festhalten an all seinen Verträgen, Prinzipien und Verpflichtungen» erstaunte einen englischen Gegner[31]. Er widmete einen großen Teil jedes Wochentages den Regierungsgeschäften. Er stand um sechs Uhr auf, besuchte seine Kinder, frühstückte, arbeitete von acht bis elf, saß im Rat, empfing Würdenträger, dinierte in der Öffentlichkeit, widmete mehrere Stunden der Jagd, soupierte um neun Uhr dreißig, fütterte seine Hunde, sprach seine Gebete und ging zu Bett. Sein Jagen war vermutlich eine gesundheitliche Maßnahme, dazu bestimmt, die Melancholie zu vertreiben, die in seiner Familie erblich war.

Er begann mit einigen ernsthaften Fehlern. Unvertraut mit Spanien, das er seit seinem sechzehnten Lebensjahr nicht gesehen hatte, nahm er als seine ersten Berater zwei Italiener, die ihm in Neapel treu gedient hatten: den Marchese de' Grimaldi in der Außenpolitik, den Marchese de' Squillaci in der Innenpolitik.

Der Earl von Bristol beschrieb Squillaci als «nicht sehr gescheit. Er ist in die Arbeit vernarrt und beklagt sich nie, daß er zuviel zu tun hat, trotz der Vielzahl der Abteilungen, deren Mittelpunkt er ist ... Ich glaube, er ist unfähig, Bestechungsgelder anzunehmen, doch für seine Frau könnte ich mich in dieser Beziehung nicht verbürgen.»[32] Squillaci verabscheute die Kriminalität, den Gestank und die Düsterkeit Madrids; er sorgte für eine tüchtige Polizei und eine Straßenreinigungstruppe und erleuchtete die Hauptstadt mit fünftausend Lampen. Er legalisierte Monopole für die Belieferung der Stadt mit Öl, Brot und anderen Lebensnotwendigkeiten; eine Trockenheitsperiode ließ die Preise ansteigen, und das Volk verlangte Squillacis Kopf. Er beleidigte den Klerus durch Verordnungen, die dessen Privilegien und dessen Macht einengten. Er verlor tausend Anhänger, indem er das Tragen von verborgenen Waffen verbot. Schließlich rief er eine Revolution hervor, indem er versuchte, die Kleidung des Volkes zu ändern. Er redete dem König ein, der lange Mantel, der die Gestalt verbarg, und der breite Hut mit dem niedergeschlagenen Rand, der einen großen Teil des Gesichtes beschattete, machten es leichter, Waffen zu verbergen, und für die Polizei schwerer, Verbrecher zu erkennen. Eine Reihe von königlichen Dekreten verbot den Umhängemantel und den Hut, und Beamte wurden mit Scheren ausgerüstet, um die gesetzwidrigen Kleidungsstücke auf die legale Größe zu beschneiden[33]. Dies war mehr, als die stolzen Madrilenos ertragen konnten. Am Palmsonntag, dem 23. März 1766, erhoben sie sich in einem Aufstand, eroberten Waffendepots, entleerten die Gefängnisse, überwältigten Soldaten und Polizisten, griffen Squillacis Haus an, steinigten Grimaldi, töteten die wallonischen Wachen des Königspalastes und zogen mit den auf Speeren aufgespießten und mit breitrandigen Hüten gekrönten Köpfen dieser verhaßten Ausländer durch die Straßen. Zwei Tage lang mordete und plünderte der Pöbel. Karl gab nach, widerrief die Dekrete und schickte Squillaci, sicher eskortiert, zurück nach Italien. Inzwischen hatte er die Begabung des Conde de Aranda entdeckt und ernannte ihn zum Präsidenten des Rates von Kastilien. Aranda machte den langen Umhang und den breiten Sombrero zur offiziellen Tracht des Henkers; dies brachte die herkömmliche Tracht aus der Mode, und die meisten Madrider übernahmen die französischen Kleidersitten.

Aranda kam aus einer alten und reichen aragonesischen Familie. Wir haben gesehen, wie er in Frankreich mit der Aufklärung vertraut wurde; er ging auch nach Preußen, wo er die dortige Heeresorganisation studierte. Dann kehrte er nach Spanien zurück, voll Eifer, sein Land auf die gleiche Höhe zu bringen wie jene nördlichen Staaten. Seine enzyklopädistischen Freunde jubelten zu laut über seinen Aufstieg zur Macht. Er bedauerte, daß sie ihm hierdurch seinen Weg nur noch schwieriger machten[34], und wünschte, sie hätten Diplomatie studiert. Er definierte die politische Diplomatie als die Kunst,

> «die Stärke, die Hilfsquellen, Interessen, Rechte, Befürchtungen und Hoffnungen der verschiedenen Mächte zu erkennen, so daß wir, wenn die Gelegenheit es erfordert, diese Mächte besänftigen, sie entzweien, sie besiegen oder uns mit ihnen verbünden können, je nachdem wie sie unserem Vorteil dienen und unsere Sicherheit erhöhen können»[35].

Der König dachte auch an kirchliche Reformen, denn er verdächtigte den Klerus, die Revolte gegen Squillaci heimlich ermutigt zu haben[36]. Er hatte der Regierungspresse erlaubt, 1765 einen anonymen *Tratado de la regalia de l'amortización* zu veröffentlichen, der das Recht der Kirche auf Anhäufung von Grundeigentum in Frage stellte und forderte, daß die Kirche in allen weltlichen Dingen dem Staate unterworfen sein sollte. Der Autor war Conde Pedro Rodríguez de Campomanes, ein Mitglied des Consejo de Castilla. 1761 hatte Karl eine Verordnung erlassen, der die königliche Zustimmung zur Veröffentlichung von päpstlichen Bullen oder Breven in Spanien forderte; später machte er sie rückgängig, erneuerte sie jedoch 1768. Außerdem unterstützte er nunmehr Aranda und Campomanes in einer Reihe von religiösen Reformen, die für die Dauer einer Generation das intellektuelle Gesicht Spaniens auf erregende Weise erneuerten.

2. *Die spanische Reformation*

Die spanischen Reformer hatten – vielleicht mit Ausnahme von Aranda – nicht die Absicht, den Katholizismus zu zerstören. Die langen Kriege zur Vertreibung der Mauren hatten (wie der lange Kampf zur Befreiung Irlands) den Katholizismus zu einem Teil des Patriotismus gemacht und ihn zu einem Glauben verdichtet, der durch die Opfer der Nation zu sehr geheiligt war, als daß er eine erfolgreiche Infragestellung oder wesentliche Änderungen zugelassen hätte. Es war die Hoffnung der Reformer, die Kirche unter die Herrschaft des Staates zu bringen und den Geist Spaniens vom Terror der Inquisition zu befreien. Sie begannen damit, die Jesuiten anzugreifen.

Die Gesellschaft Jesu war in Spanien aus dem Geist und den Erfahrungen des Ignatius Loyola geboren worden, und einige ihrer größten Führer waren aus Spanien gekommen. Hier, wie in Portugal, Frankreich, Italien und Österreich, beherrschte sie die höhere Schulbildung, lieferte Königen und Königinnen Beichtväter und hatte ihren Anteil an der Gestaltung der königlichen Politik. Ihre sich ausdehnende Macht erregte die Eifersucht, manchmal die Feindschaft des weltlichen katholischen Klerus. Ein Teil der Weltgeistlichen glaubte an die höhere Autorität ökumenischer Konzile über die Päpste; die Jesuiten dagegen verteidigten die höchste Autorität der Päpste über Konzile und Könige. Spanische Geschäftsleute beklagten sich, daß die am Kolonialhandel beteiligten Jesuiten die regulären Kaufleute auf Grund der kirchlichen Befreiung von der Besteuerung unterböten, und dies, wurde erklärt, schwächte die königlichen Einkünfte. Karl vermutete, daß die Jesuiten noch immer den Widerstand der paraguayischen Indianer gegen die Befehle der spanischen Regierung ermutigten[37]. Und er war bestürzt, als Aranda, Campomanes und andere ihm Briefe zeigten, die, wie sie behaupteten, in der Korrespondenz der Jesuiten gefunden worden waren. Einer dieser Briefe, angeblich von Pater Ricci, dem General des Ordens, erklärte, Karl sei ein Bastard und sollte durch seinen Bruder Luis ersetzt werden[38]. Die Echtheit dieser Briefe ist sowohl von Katholiken wie von Nichtkatholiken bestritten worden[39]; doch Karl hielt sie für echt und zog die Schlußfolgerung, daß die Jesuiten konspirierten, um ihn absetzen, vielleicht sogar töten zu lassen[40]. Er erinnerte sich, daß, angeblich unter der Mittäterschaft der Jesuiten, ein Versuch gemacht worden war, Joseph I. von Portugal zu ermorden (1758). Er beschloß, Josephs Beispiel zu folgen und den Orden aus seinem Reich zu vertreiben.

Campomanes machte ihn darauf aufmerksam, daß ein solcher Schritt nur dann Erfolg haben könne, wenn geheime Vorbereitungen von einem plötzlichen und genau geplanten Schlag gefolgt würden; sonst könnten die Jesuiten, die vom Volk verehrt wurden, in der ganzen Nation und all ihren Kolonien eine gefährliche Erregung entfesseln. Auf Arandas Anregung wurden 1767 versiegelte und vom König unterzeichnete Befehle an die Beamten überall im Reich versandt, verbunden mit der Anweisung, sie bei Todesstrafe in Spanien erst am 31. März und in den Kolonien erst am 2. April zu öffnen. Am 31. März fanden die spanischen Jesuiten beim Erwachen ihre Häuser und Kollegien von Truppen umzingelt und sich selbst unter Arrest gestellt. Es wurde ihnen befohlen, das Land friedlich zu verlassen, und erlaubt, so viel von ihrem Eigentum mitzunehmen, wie sie tragen konnten; aller andere jesuitische Besitz wurde vom Staat konfisziert. Jedem der Verbannten wurde eine kleine Pension bewilligt, deren Zahlung eingestellt werden sollte, sobald ein Jesuit gegen die Ausweisung protestierte. Sie wurden unter militärischer Bewachung in Wagen zum nächsten Hafen gebracht und nach Italien verfrachtet. Karl ließ Clemens XIII. wissen, er sende sie «in die kirchlichen Territorien, auf daß sie unter der weisen und unmittelbaren Überwachung Seiner Heiligkeit blieben ... Ich ersuche Eure Heiligkeit, diesen Entschluß als nichts anderes zu betrachten denn als eine unerläßliche zivile Vorsichtsmaßnahme, die ich nur nach reiflicher Prüfung und gründlicher Überlegung getroffen habe.»[41]

Als das erste Schiff mit sechshundert Jesuiten diese bei Civitavecchia absetzen wollte, weigerte sich Kardinal Torrigiani, der päpstliche Sekretär, sie an Land zu lassen, mit der Begründung, Italien könne so unversehens nicht für so viele Flüchtlinge die Fürsorge übernehmen[42]. Wochenlang irrte das Schiff, nach einem gastfreundlichen Hafen suchend, auf dem Mittelmeer umher, während seine unglücklichen Passagiere unter Witterungsunbilden, Hunger und Krankheit litten. Schließlich wurde ihnen erlaubt, in Korsika an Land zu gehen; später wurden sie in kleineren Gruppen auf die Gebiete des Kirchenstaates verteilt. Inzwischen wurden die Jesuiten auf die gleiche Weise aus Neapel, Parma, Spanisch-Amerika und aus den Philippinen verbannt. Clemens XIII. appellierte an Karl III., die Edikte zu widerrufen, deren Plötzlichkeit und Grausamkeit die ganze Christenheit schockieren mußten. Karl erwiderte: «Um der Welt einen großen Skandal zu ersparen, werde ich das abscheuliche Komplott, das diese Strenge erforderlich machte, für immer wie ein Geheimnis in meinem Herzen bewahren. Eure Heiligkeit sollte meinem Worte glauben: Die Sicherheit meines Lebens erfordert von mir ein tiefes Schweigen.»[43]

Der König enthüllte nie ganz die Beweise, auf die er seine Edikte gestützt hatte. Die Einzelheiten waren so widerspruchsvoll und dunkel, daß ein objektives Urteil unmöglich ist. D'Alembert, durchaus kein Freund der Jesuiten, kritisierte die Art und Weise ihrer Verbannung. Am 4. Mai 1767 schrieb er an Voltaire:

«Was halten Sie von dem Edikt Karls III., das die Jesuiten so plötzlich ausweist? So sehr ich auch überzeugt bin, daß er gute und hinreichende Gründe hatte, glauben Sie nicht auch, daß er sie hätte bekanntmachen und nicht in seinem 'königlichen Herzen' verschließen sollen? Denken Sie nicht, daß er den Jesuiten hätte erlauben sollen, sich zu rechtfertigen, zumal jedermann sicher ist, daß sie es nicht konnten? Denken Sie nicht auch, daß es sehr ungerecht wäre, sie alle Hungers sterben zu lassen, wenn ein einziger Laienbruder, der vielleicht in der Küche Kohl schneidet, auf die eine oder die andere Weise ein Wort zu ihren Gunsten sagt? ... Erscheint es Ihnen nicht so, daß der König mit mehr gesundem Menschenverstand hätte handeln können in der Durchführung dessen, was schließlich eine vernünftige Sache ist?»[44]

Fand die Vertreibung beim Volk ein gutes Echo? Ein Jahr nach ihrer Vollendung, am Tage des heiligen Karl, zeigte sich der König auf dem Balkon seines Palastes seinen Untertanen. Als er, dem Brauch folgend, fragte, welches Geschenk sie von ihm wünschten, riefen sie «wie ein Mann», es möge den Jesuiten erlaubt werden, zurückzukehren und die Kleidung des weltlichen Klerus zu tragen. Karl lehnte ab und verbannte den Erzbischof von Toledo mit der Begründung, er habe die verdächtig einstimmige Bitte angestiftet[45]. Als 1769 der Papst die Bischöfe von Spanien nach ihrer Meinung über die Vertreibung der Jesuiten fragte, äußerten sich zweiundvierzig Bischöfe zustimmend, sechs mißbilligten sie, acht äußerten keine Meinung[46]. Wahrscheinlich war der weltliche Klerus zufrieden, von der jesuitischen Konkurrenz befreit zu sein. Die Augustinerbrüder Spaniens billigten die Vertreibung und unterstützten später die Forderung Karls III., daß die Gesellschaft Jesu vollkommen aufgelöst werden sollte[47].

Eine solche summarische Maßnahme konnte gegen die Inquisition nicht durchgeführt werden. Sie genoß scheue Verehrung und war weitaus tiefer als die Gesellschaft Jesu in der Tradition des Volkes verwurzelt, das ihr die Bewahrung der Moral und die Reinheit seines Glaubens, ja sogar seines Blutes zuschrieb. Als Karl III. den Thron bestieg, hielt die Inquisition den spanischen Geist am Zügel einer strengen und wachsamen Zensur. Alle der religiösen Ketzerei oder der moralischen Laxheit verdächtigen Bücher wurden *calificadores* (Prüfern) vorgelegt, und wenn diese ein Buch für gefährlich hielten, unterbreiteten sie ihre Einwände dem Consejo de la Inquisición; dieser konnte das Verbot des Buches und die Bestrafung des Autors beschließen. In regelmäßigen Zeitabständen veröffentlichte die Inquisition einen Index verbotener Bücher; solche Bücher ohne kirchliche Erlaubnis zu besitzen oder zu lesen, war ein Verbrechen, das nur die Inquisition vergeben konnte und für das der Schuldige exkommuniziert werden konnte. Von den Priestern wurde, besonders in der Fastenzeit, verlangt, alle Beichtkinder zu fragen, ob sie ein verbotenes Buch besaßen oder jemand kannten, der ein solches besaß. Jeder, der es versäumte, eine Verletzung des Index zu melden, wurde als ebenso schuldig betrachtet wie der Gesetzesübertreter, und keine Familien- oder Freundschaftsbande konnten ihn entschuldigen[48].

Karls Minister führten hier nur geringfügige Reformen durch. 1768 wurde das Zensurrecht der Inquisition durch die Forderung eingedämmt, daß alle Edikte, welche Bücher verboten, die königliche Zustimmung erhalten mußten, bevor sie wirksam wurden. 1770 befahl der König dem Inquisitionsgericht, sich nur mit Fällen von Ketzerei und Glaubensabfall zu beschäftigen und niemanden ins Gefängnis zu werfen, dessen Schuld nicht endgültig erwiesen war. 1784 bestimmte er, daß alle Verfahren der Inquisition gegen Granden, Kabinettsminister und königliche Diener ihm zur Prüfung vorgelegt werden mußten. Auch ernannte er Generalinquisitoren, die eine liberalere Haltung gegenüber Gedankenabweichungen einnahmen[49].

Diese bescheidenen Maßnahmen zeigten einige Wirkung, denn 1780 wußte der Generalinquisitor traurig zu berichten, daß die Furcht vor der kirchlichen Zensur in bezug auf das Lesen verbotener Bücher «nahezu» erloschen sei[50]. Im allgemeinen waren die Beamten der Inquisition nach 1770 milder, ihre Strafen humaner als zuvor. Unter Karl III. wurde den Protestanten Toleranz gewährt, ab 1779 auch den Moslems, doch nicht den Juden[51]. Es fanden vier Autodafés während der Regierung Karls III. statt, das letzte 1780 in Sevilla, bei dem eine der Hexerei angeklagte alte Frau verbrannt wurde, und diese Hinrichtung rief in ganz Europa eine starke Kritik hervor[52], die den Weg für die Abschaffung der spanischen Inquisition im Jahre 1813 vorbereitete.

Dennoch waren unter Karl III. Verlautbarungen gegen die katholische Religion nach dem Gesetz mit dem Tode zu bestrafen. 1768 wurde Pablo Olavide bei der Inquisition angezeigt, weil er in seinem Madrider Haus pornographische Gemälde besitze. Vermutlich handelte es sich um einige Kopien von Bouchers Aktbildern, denn Olavide hatte Frankreich bereist und war sogar in Ferney gewesen. Eine ernstere Beschuldigung wurde gegen ihn im Jahre 1774 erhoben: Er habe in den von ihm in der Sierra Morena gegründeten Modelldörfern keine Klöster zugelassen und dem Klerus verboten, an Wochentagen die Messe zu lesen oder um Almosen zu bitten. Die Inquisition ließ den König wissen, diese und andere Vergehen seien durch die Aussagen von achtzig Zeugen bewiesen worden. 1778 wurde Olavide vor Gericht gestellt; er wurde beschuldigt, an die kopernikanische Astronomie zu glauben und mit Voltaire und Rousseau zu korrespondieren. Er schwor seine Irrtümer ab, wurde mit der Kirche «wiederversöhnt», sein gesamtes Vermögen wurde beschlagnahmt, er selber für acht Jahre zwangsweise in ein Kloster eingewiesen. 1780 verschlimmerte sich sein Gesundheitszustand, und man erlaubte ihm, in einem Badeort in Katalonien eine Brunnenkur zu machen. Er entkam von dort nach Frankreich und wurde von seinen philosophischen Freunden in Paris wie ein Held empfangen. Doch nach einigen Jahren des Exils packte ihn eine unerträgliche Sehnsucht nach seiner spanischen Heimat. Er verfaßte ein frommes Buch, *Das triumphierende Evangelium oder Der bekehrte Philosoph,* und die Inquisition erlaubte seine Rückkehr[53].

Es sei angemerkt, daß der Prozeß gegen Olavide stattfand, nachdem Aranda seines Postens als Vorsitzender des Consejo de Castilla enthoben worden war. In den letzten Jahren seiner Macht gründete Aranda neue Schulen, an denen Weltgeistliche unterrichteten, um das von den Jesuiten hinterlassene Vakuum auszufüllen. Auch reformierte er die Währung, indem er entwertete Münzen durch Geld von guter Qualität und besserer Prägung ersetzte (1770). Doch das Bewußtsein seiner größeren Aufgeklärtheit machte ihn bisweilen reizbar, herrisch und anmaßend. Nachdem er die Macht des Königs absolut gemacht hatte, suchte er sie zu begrenzen, indem er die Autorität der Minister vergrößerte. Er verlor den Sinn für das Maß und träumte davon, Spanien in einer Generation von seinem selbstzufriedenen Katholizismus zu erlösen und dem freien Strom der französischen Philosophie zuzuführen. Er bekannte sich mit großer Kühnheit zu seinen ketzerischen Ideen, selbst seinem Beichtvater gegenüber. Obwohl manche unter den Weltgeistlichen einen Teil seiner kirchlichen Reformen als Wohltaten für die Kirche unterstützten[54], erschreckte er weitaus mehr von ihnen durch seine unverhohlene Hoffnung, die Inquisition vollkommen auflösen zu können[55]. Er wurde so unbeliebt, daß er es nicht mehr wagte, seinen Palast ohne Leibwache zu verlassen. Auch beklagte er sich so oft über die Last seines Amtes, daß Karl ihn schließlich beim Wort nahm und ihn als Botschafter nach Frankreich schickte (1773–1787). Dort sagte er voraus, daß die englischen Kolonien in Amerika, die soeben zu rebellieren begonnen hatten, mit der Zeit eine der Großmächte der Welt werden würden[56].

3. *Die neue Wirtschaft*

Drei fähige Männer leiteten nach Arandas Weggang das Kabinett. José Monino, Conde de Floridablanca, folgte Grimaldi im Amt des Staatssekretärs für Auswärtige Angelegenheiten (1776) und beherrschte das Kabinett bis 1792. Wie Aranda, doch in geringerem Grad, stand er unter dem Einfluß der *philosophes*. Er bestimmte den König, Maßnahmen zur Förderung der Landwirtschaft, des Handels, der Erziehung, der Wissenschaft und der Kunst zu ergreifen. Aber die Französische Revolution bekehrte ihn durch ihre Schrecken zum Konservativismus, und er führte Spanien in die erste Koalition gegen das revolutionäre Frankreich (1792). Pedro de Campomanes leitete fünf Jahre lang den Rat von Kastilien und war die bewegende Kraft in der ökonomischen Reform. Gaspar Melchor de Jovellanos, «der hervorragendste Spanier seiner Zeit»[57], trat zuerst als humaner und unbestechlicher Richter in Sevilla (1767) und Madrid (1778) ins Blickfeld der Öffentlichkeit. Der größere Teil seiner Tätigkeit in der Zentralregierung lag nach dem Jahre 1789, doch er trug mit seiner Schrift *Informe sobre un proyecto de ley agraria* (1787) wirksam zur Wirtschaftspolitik unter Karl III. bei; dieser Vorschlag für eine Revision des Landwirtschaftsgesetzes, geschrieben mit fast ciceronischer Eleganz, verschaffte ihm europäischen Ruhm. Diese drei Männer waren, gemeinsam mit Aranda, die Väter der spanischen Aufklärung und der neuen Wirtschaftspolitik. Nach dem Urteil eines englischen Gelehrten «kommt ihre Leistung dem gleich, was in einem gleich kurzen Zeitraum in irgendeinem anderen Land erreicht wurde; und in der Geschichte Spaniens gibt es gewiß keine Periode, die mit der Regierung Karls III. verglichen werden kann»[58].

Die Hindernisse für Reformen in Spanien waren auf dem wirtschaftlichen Gebiet ebenso groß wie auf dem religiösen. Die Konzentration unveräußerlichen Besitztums in den Adelsfamilien oder den kirchlichen Körperschaften und das Monopol der Wollerzeugung schienen unüberwindliche Schranken für einen Wandel in der Wirtschaft darzustellen. Millionen Spanier sahen ihren Stolz darin, müßig zu gehen, und schämten sich nicht zu betteln. Mißtrauisch betrachtete man jeden Wandel als eine Bedrohung dieses süßen Nichtstuns*, und das Geld wurde in den Truhen der Paläste und den Schatzkammern der Kirche gehortet, statt im Handel oder in der Industrie investiert zu werden. Die Vertreibung der Berber, Juden und Mauren hatte eine weitgehende Schwächung des Willens zu Verbesserungen in der Landwirtschaft und zur Weiterentwicklung des Handels zur Folge gehabt. Schwierigkeiten im internationalen Verkehr und im Transportwesen bewirkten, daß das Landesinnere um ein Jahrhundert hinter Barcelona, Sevilla und Madrid zurückblieb.

Trotz diesen entmutigenden Verhältnissen bildeten in Madrid und anderen Zentren Menschen guten Willens – Adlige, Priester und Bürgerliche, ohne Ansehen des Geschlechts – sogenannte *Sociedades Económicas de los Amigos del País* (Ökonomische Gesellschaften der Freunde des Landes), um Erziehung, Wissenschaft, Industrie, Handel und Kunst zu studieren und zu fördern. Sie gründeten Schulen und Bibliotheken, übersetzten ausländische Abhandlungen, setzten Preise für theoretische Arbeiten und Ideen aus und brachten Geld auf für fortschrittliche wirtschaftliche Unternehmungen und Experimente. Sie bekannten sich zu den Ideen der französischen Physiokraten und den Theorien von Adam Smith, verdammten die nationale Anhäufung von Gold als Hauptfaktor der Stagnation, und einer von ihnen behauptete: «Die Nation, die das meiste Gold hat, ist die ärmste, ... wie Spanien gezeigt hat.»[60] Jovellanos pries «die Wissenschaft der Volkswirtschaft» als «die wahre Wissenschaft vom Staate»[61]. Volkswirt-

* Ein Gesetz in Aragonien schrieb vor, daß jeder Hidalgo seine sämtlichen Söhne mit einer Pension ausstatten mußte, da «es für einen Edelmann nicht schicklich ist, zu arbeiten»[59].

schaftliche Abhandlungen erschienen in immer größerer Zahl. Durch seine Schrift *Discurso sobre el fomento de la industria popular* inspirierte Campomanes Tausende einschließlich des Königs.

Karl begann damit, Getreide und Saatgut für Regionen einzuführen, in denen die Landwirtschaft in Verfall geraten war. Er forderte die Städte auf, ihr unbebautes Gemeindeland zu dem niedrigst möglichen Zins zu verpachten. Floridablanca legte unter Verwendung der Kroneinkünfte aus unbesetzten kirchlichen Pfründen in Valencia und Málaga *montes píos* (fromme Fonds) an, um Bauern Darlehen zu niedrigem Zins zu bewilligen. Um der Abforstung und der Erosion Einhalt zu gebieten, befahl Karl allen Gemeinden, jedes Jahr eine bestimmte Anzahl von Bäumen zu pflanzen. Er ermutigte die Mißachtung alter Erblehen, erschwerte die Schaffung neuer und erleichterte hierdurch die Aufteilung großer Güter in Bauernanwesen. Die Privilegien des Schafmonopols der Mesta wurden stark beschnitten; weite Gebiete, die früher der Weidewirtschaft vorbehalten gewesen waren, wurden der Kultivierung erschlossen. Ausländische Kolonisten wurden ins Land gebracht, um dünnbesiedelte Landstriche zu bevölkern. So schuf Olavide in der Region der Sierra Morena im südwestlichen Spanien, wo zuvor Räuber und wilde Tiere gehaust hatten, vierundvierzig Dörfer und Städte für französische oder deutsche Einwanderer (1767ff.); diese Siedlungen wurden für ihren Wohlstand berühmt. Zahlreiche Kanäle wurden gegraben und Flüsse miteinander verbunden, um weite Strecken früher unfruchtbaren Landes zu bewässern. Ein Netz neuer Straßen, die eine Zeitlang die besten in Europa waren[62], verband Dörfer und Städte und beschleunigte Verkehr, Transport und Handel.

Die Industrie wurde offiziell von der Regierung unterstützt. Um das der Handarbeit traditionell anhaftende Stigma zu beseitigen, erklärte ein königliches Dekret, daß handwerkliche Beschäftigung mit Adelsrang vereinbar sei und daß in Zukunft Handwerker in Regierungsstellen gewählt werden könnten. Modellfabriken wurden errichtet: für Textilien in Guadalajara und Segovia, für Hüte in San Fernando, für Seidenstoffe in Talavera, für Porzellan in Buen Retiro, für Glas in San Ildefonso, für Glas, Tischlerei- und Tapisserieerzeugnisse in Madrid. Königliche Edikte förderten die Entwicklung der kapitalistischen Massenproduktion, besonders in der Textilindustrie. Guadalajara hatte im Jahre 1780 achthundert Webstühle und beschäftigte viertausend Weber; eine Handelsgesellschaft in Barcelona betrieb sechzig Fabriken mit 2162 Baumwolle verarbeitenden Webstühlen, Valencia hatte viertausend Seidenwebstühle und machte, begünstigt durch Exporterleichterungen, dem Seidenhandel von Lyon Konkurrenz. Um 1792 hatte Barcelona achtzigtausend Weber und stand in der Erzeugung von Baumwollstoffen an zweiter Stelle hinter Mittelengland.

Sevilla und Cádiz hatten lange ein vom Staat geschütztes Monopol für den Handel mit den Besitzungen Spaniens in der Neuen Welt besessen; Karl III. hob dieses Privileg auf und erlaubte verschiedenen Häfen, mit den Kolonien Handel zu treiben; auch schloß er mit der Türkei einen Vertrag (1782), der moslemische Häfen für spanische Güter öffnete. Das Ergebnis war gewinnbringend für alle Parteien. Das spanische Amerika nahm rasch an Wohlstand zu, Spaniens Einkünfte aus Amerika stiegen unter Karl III. um achthundert Prozent, sein Exporthandel verdreifachte sich[63].

Die sich mehrenden Aufgaben der Regierung erforderten höhere Einkünfte. Diese wurden bis zu einem gewissen Grade durch Staatsmonopole für den Verkauf von Branntwein, Tabak, Spielkarten, Schießpulver, Blei, Quecksilber, Schwefel und Salz erzielt. Zu Beginn von Karls Regierung gab es in Katalonien Umsatzsteuern von fünfzehn Prozent, in Kastilien von vierzehn Prozent. Jovellanos beschrieb die Umsatzsteuern treffenderweise wie folgt: «Sie überraschen ihre Beute ... schon bei der Entstehung, verfolgen sie und nagen an ihr, während sie ihres Weges zieht, und verlieren sie weder je aus der Sicht noch lassen sie sie je entkommen, bis zum Augenblick ihres Verbrauchs.»[64] Unter Karl wurden die Umsatzsteuern in Katalonien abgeschafft und in Kastilien auf zwei, drei oder vier Prozent herabgesetzt[65]. Eine mäßige, abgestufte Steuer wurde auf die Einkommen erhoben. Um zusätzliche Mittel zu schaffen – und zwar, indem man die Ersparnisse des Volkes arbeiten ließ –, überredete Francisco de Cabarrús das Schatzamt, verzinsliche Regierungsobligationen auszugeben. Als diese auf achtundsiebzig Prozent ihres Pariwertes fielen, gründete er (1782) unter dem Namen Banco de San Carlos die erste Nationalbank Spaniens, welche die Obligationen zum Nennwert zurückkaufte und das Vertrauen in die Staatsfinanzen wiederherstellte.

Das Resultat dieser staatsmännischen und wirtschaftlichen Bemühungen war ein beachtliches Anwachsen des Wohlstandes der Nation als Ganzes. Die bürgerlichen Klassen profitierten davon am meisten, denn es waren mittelständische Körperschaften, welche die spanische Wirtschaft erneuerten. In Madrid bildeten dreihundertfünfundsiebzig Geschäftsleute fünf große Kaufmannsgilden – die Cinco Gremios Mayores –, welche den größten Teil des Kapitalmarktes beherrschten. Wir können ihren Reichtum auf Grund der Tatsache beurteilen, daß sie 1776 der Regierung dreißig Millionen Reales liehen[66].

Im allgemeinen begünstigte die Regierung den Aufstieg der Kaufmannsklasse als unerläßlich für die Befreiung Spaniens aus der politischen und wirtschaftlichen Abhängigkeit von Staaten mit einer weiter fortgeschrittenen Volkswirtschaft. Hier wie dort hatte das wachsende Proletariat wenig Anteil an dem neuen Reichtum. Wohl stiegen die Löhne, besonders in Katalonien, wo die Reichen sich beklagten, daß Dienstboten schwer zu finden und schwer zu halten seien[67]. Doch im großen und ganzen stiegen die Preise schneller als die Löhne, und die «arbeitenden Klassen» waren am Ende von Karls Regierungszeit so arm wie an deren Anfang. Ein Engländer, der Valencia 1778 besuchte, berichtete über den Kontrast zwischen «dem Reichtum von ... Kaufleuten, Fabrikanten, Geistlichen, Militärs oder Edelleuten mit Grundbesitz» und der «Armut, dem Elend und den Lumpen», die «in allen Straßen sichtbar»[68] waren. So begrüßten die Mittelklassen die *luces* – die aus Frankreich und England kommende Aufklärung –, während ihre Arbeitnehmer, die Kirchen überfüllend und die Altäre küssend, sich mit göttlichen Gnadenbeweisen und der Hoffnung auf das Paradies trösteten.

Die Städte wuchsen unter der neuen Wirtschaftsordnung. Die großen Küstenzentren – Barcelona, Valencia, Sevilla, Cádiz – hatten Bevölkerungen zwischen achtzigtausend und hunderttausend (1800). 1797 hatte Madrid 167 607 Einwohner, zuzüglich dreißigtausend Ausländer. Als Karl III. den Thron bestieg, stand die Stadt in dem Ruf, die schmutzigste Hauptstadt Europas zu sein. In den ärmeren Vierteln schütteten die Leute ihre Abfälle noch immer auf die Straßen und verließen sich darauf, daß der Wind oder der Regen sie wegschaffte; als Karl dies verbot, nannten sie ihn einen Tyrannen. «Die Spanier», sagte er, «sind Kinder, die schreien, wenn sie gewaschen werden.»[69] Dennoch führten seine Beamten ein System zur Beseitigung von Müll und Abwässern ein, und Straßenkehrer wurden angestellt, um Abfälle zu Düngungszwecken zu sammeln[70]. Ein Versuch, das Bettlertum zu unterdrücken, schlug fehl. Das Volk weigerte sich, Bettler von der Polizei verhaften zu lassen – besonders die Blinden, die sich in einer mächtigen Zunft zusammengeschlossen hatten.

Jahr um Jahr modernisierte Karl seine Hauptstadt. Von den Bergen wurde Wasser in siebenhundert Brunnen geleitet, aus denen es siebenhundertzwanzig Wasserträger mühsam in die Häuser der Stadt brachten. Die Straßen wurden von Sonnenuntergang bis Mitternacht während der sechs Monate des Herbstes und des Winters durch Öllampen beleuchtet. Die meisten Straßen waren eng und gewunden, folgten alten Pfaden und ließen die Sommersonne nicht ein. Doch daneben wurden einige schöne Avenuen angelegt, und das Volk erging sich in weitläufigen Parks und schattigen Alleen. Besonders beliebt war der Paseo del Prado, die Wiesenpromenade, gekühlt von Brunnen und Bäumen, bevorzugter Ort für verliebte Rendezvous. Hier begann 1785 Juan de Villanueva das Museum des Prado zu bauen. Hier fuhren jeden Tag vierhundert Wagen vorbei, und hier versammelten sich jeden Abend gegen dreißigtausend Madrider. Es war ihnen verboten, schlüpfrige Lieder zu singen, nackt in den Brunnen zu baden und nach Mitternacht Musik zu machen; doch sie freuten sich an den melodischen Rufen der Frauen, die *naranjas, limas* und *avellanas* (Orangen, Limonen und Haselnüsse) verkauften. Zu Ende des 18. Jahrhunderts berichteten Reisende, daß ein Korso, wie er sich täglich auf dem Prado abspiele, in anderen Städten nur an Sonn- und Feiertagen beobachtet werden könne[71]. Madrid wurde damals zu dem, was es heute wieder geworden ist: zu einer der schönsten Städte Europas.

Karl III. war in der Außenpolitik nicht so erfolgreich wie in der Innenpolitik. Der Aufstand der englischen Kolonien in Amerika schien eine Chance zur Wiedergutmachung der von Spanien während des Siebenjährigen Krieges erlittenen Verluste zu bieten; Aranda drängte Karl, den Revolutionären zu helfen, und der König sandte den Rebellen heimlich eine Million Pfund (Juni 1776). Überfälle englischer Korsaren auf spanische Schiffe veranlaßten schließlich Spanien, den Krieg zu erklären (23. Juni 1779). Eine spanische Streitmacht eroberte Minorca zurück, doch ein Versuch, Gibraltar zu nehmen, scheiterte. Eine Invasion Englands wurde vorbereitet, jedoch durch «protestantische» Stürme vereitelt. Im Frieden von Versailles (1783) gab Spanien seinen Anspruch auf Gibraltar auf, gewann jedoch Florida wieder.

Das Scheitern der Bemühungen, Spaniens territoriale Integrität wiederherzustellen, trübte des Königs letzte Jahre. Die Kriege hatten einen großen Teil des Reichtums aufgezehrt, welchen die neue Wirtschaft hervorgebracht hatte. Seine Minister, so hervorragend sie waren, hatten nie die Oberhand über zwei starke Kräfte des Konservativismus gewinnen können – nämlich die Granden mit ihren großen Landgütern und den Klerus mit seiner althergebrachten Macht über das einfache Volk. Karl selbst hatte in seiner Treue zur Kirche selten geschwankt. Sein Volk bewunderte ihn nie so sehr, als wenn er bei der Begegnung mit einer religiösen Prozession seine Kutsche dem Prälaten zur Verfügung stellte, der die Hostie trug, und sich dann zu Fuß dem Zug anschloß. Seine Frömmigkeit gewann ihm die Zuneigung, die ihm, als einem Fremden aus Italien, im ersten Jahrzehnt seiner Regierung vorenthalten worden war. Als er nach fünfundfünfzigjähriger Regierung über Neapel und Spanien starb (14. Dezember 1788), gab es viele, die ihn, wenn nicht den größten, gewiß jedoch den wohltätigsten König nannten, den Spanien je gehabt hatte. Seine gütige Natur offenbarte sich zum letztenmal, als er auf seinem Totenbett von dem bei ihm wachenden Bischof gefragt wurde, ob er allen seinen Feinden vergeben habe. «Warum sollte ich auf diese Stunde warten, um ihnen zu vergeben?» fragte er. «Ihnen war bereits vergeben im Augenblick nach der Beleidigung.»[72]

VI. DER SPANISCHE CHARAKTER

Was für Menschen waren sie, diese Spanier des 18. Jahrhunderts? Allen Berichten zufolge standen sie, was ihre Sittlichkeit betraf, verglichen mit ihren Zeitgenossen in England oder Frankreich, sehr hoch. Ihre starke Religiosität, ihr Mut und ihr Ehrgefühl, ihr Familiensinn und ihre Disziplin wirkten ausgleichend auf ihre feurige Sinnlichkeit und ihren streitsüchtigen Stolz, wenn sie auch einem leidenschaftlichen Chauvinismus der Rasse und des Glaubens huldigten. Die sexuelle Auslese begünstigte die Tüchtigsten, denn die spanischen Frauen schenkten in ihrem Wunsch nach Schutz ihr verführerischstes Lächeln jenen Männern, welche die Stiere in der Arena herausforderten, eine Beleidigung schnell übelnahmen und rächten oder mit Ruhm bedeckt aus den Kriegen heimkehrten.

Die Sexualmoral hatte sich unter dem Einfluß französischer Ideen und Bräuche gelockert. Die jungen Mädchen wurden zwar streng bewacht, und die elterliche Zustimmung war (nach 1766) gesetzliche Vorbedingung für die Ehe. Doch nach der Trauung begannen die Frauen in den größeren Städten mehr oder weniger ernsthaft zu flirten. Der *cortejo* oder *cicisbeo* – Courmacher oder ständiger Kavalier – wurde ein notwendiges Zubehör für eine Frau von Welt, und die Ehebrüche mehrten sich[73]. Eine kleine Gruppe, die *mayos* und die *mayas*, bildete eine einzigartige Erscheinung innerhalb des spanischen Lebens. Der *mayo* war ein Mann der unteren Klassen, der sich wie ein Stutzer kleidete, lange Umhänge, langes Haar und breitrandige Hüte trug, dicke Zigarren rauchte, stets zu einer Rauferei bereit war und, von seiner *maya* – seiner Mätresse – mit Geld unterstützt, nach Möglichkeit das Leben eines Bohémiens führte. Bei ihren sexuellen Liaisons kümmerten sich diese Leute nicht um das Gesetz. Oft hatte die *maya* einen Ehemann, der sie unterhielt, während sie ihrerseits für ihren *mayo* sorgte. Jedermann kennt Goyas *Maya*, die bekleidete und die unbekleidete.

Die soziale Moral war verhältnismäßig hoch. Politische und wirtschaftliche Korruption kam vor, doch nicht in dem in Frankreich oder England bekannten Maße; ein französischer Reisender berichtete, daß «die spanische Redlichkeit sprichwörtlich ist und in kaufmännischen Beziehungen besonders deutlich zutage tritt»[74]. Das Wort eines spanischen Edelmannes galt als moralisches Zahlungsmittel von Lissabon bis St. Petersburg. Freundschaft in Spanien war oft ausdauernder als Liebe. Die Wohltätigkeit nahm im spanischen Leben einen großen Raum ein. In Madrid allein verteilten religiöse Stiftungen täglich dreißigtausend Schalen nahrhafte Suppe an die Armen[75]. Zahlreiche neue Kranken- und Armenhäuser wurden eingerichtet, viele alte vergrößert und verbessert. Fast alle Spanier waren großmütig und human, ausgenommen gegenüber Ketzern und Stieren.

Die Stierkämpfe spielten im Leben des Spaniers die gleiche Rolle wie die Religion, die Sinnlichkeit, die Ehre und die Familie. Wie die Gladiatorenspiele des alten Rom wurden sie aus zwei Gründen gerechtfertigt: In den Männern mußte der Mut entwickelt werden, und die Stiere mußten sterben, bevor man sie essen konnte. Karl III. verbot diese Kämpfe, doch sie wurden bald nach seinem Tode wiederaufgenommen. Gewandte und wagemutige Toreadoren waren die Idole aller Klassen. Jeder hatte seine Anhänger. Die Herzogin von Alba begünstigte Costillares, die Herzogin von Osuna Romero, und diese Parteien spalteten Madrid, wie Gluck und Piccini Paris entzweiten. Männer und Frauen wetteten ihr ganzes verdientes Geld auf das Schicksal der Stiere und auf fast alles andere. Das Glücksspiel war ungesetzlich, man frönte ihm jedoch in allen Klassen. Selbst Privathäuser hielten Spielsoirées ab, und die Gastgeberin steckte die Eintrittsgelder ein.

In der Kleidung der vornehmen Männerwelt trat an die Stelle der düsteren schwarzen Tracht mit dem steifen Kragen einer früheren Generation allmählich die französische Mode der farbigen Röcke, der langen Westen aus Satin oder Brokat, der Kniehosen, der seidenen Strümpfe, der Schnallenschuhe, der Perücke und des Dreispitzes. Gewöhnlich machten die spanischen Frauen ein undurchdringliches Geheimnis aus ihren Reizen, hüllten sich in Spitzenleibchen und lange, manchmal mit Reifen versteifte Röcke und benutzten Mantillaschleier, um ihre Augen zu verbergen, in deren dunkle Tiefen mancher Spanier mit Freuden seine Seele versenkte. Während im 17. Jahrhundert eine Dame nur selten zugelassen hatte, daß ein Mann ihre Füße erblickte, wurden die Röcke nun auf ein paar Zoll über dem Fußboden gekürzt, und die früher absatzlosen Pantoffeln ersetzt durch spitze, hochhackige Schuhe. Prediger warnten, eine solch unanständige Zurschaustellung weiblicher Füße stelle einen zusätzlichen gefährlichen Brennstoff für den bereits leicht entflammbaren Mann dar. Die Frauen lächelten, schmückten ihre Schuhe, rafften ihre Röcke und wedelten mit ihren Fächern, selbst an Wintertagen. Isabella Farnese besaß ein Arsenal von eintausendsechshundertsechsundzwanzig Fächern, einige davon bemalt durch Künstler von nationalem Ruf.

Das gesellschaftliche Leben war maßvoll in allem, außer im Tanz. Die Abendgesellschaften vermieden ernsthafte Diskussionen und zogen Glücksspiele, Tanz und galantes Treiben vor. Das Tanzen war die Hauptleidenschaft der Spanier und entwickelte verschiedene Formen, die in Europa berühmt wurden. Der Fandango wurde zu einem Dreitakt mit Kastagnetten getanzt. Die Seguidilla war ein Gruppentanz für zwei oder vier Paare, begleitet von Kastagnetten und gewöhnlich von Gesang; eine Abart davon, der Bolero, entstand gegen 1780 und gewann bald frenetische Beliebtheit. In der Contradanza bewegten eine Reihe von Männern und eine Reihe von Frauen sich abwechselnd aufeinander zu und voneinander weg, als ob sie die Taktik des ewigen Krieges zwischen Mann und Frau symbolisieren wollten. Bei der feierlichen Contradanza cuadrada, der Quadrille, bildeten vier Paare ein Viereck. Maskenbälle vereinigten manchmal über dreitausendfünfhundert leidenschaftliche Tänzer, und in der Karnevalszeit wurde bis zum Morgengrauen getanzt.

Diese Tänze machten aus der Bewegung eine lebende Poesie und einen sexuellen Stimulus. Man sagte, eine spanische Frau, die die Seguidilla tanze, sei so verführerisch, daß selbst ein Papst und das ganze Kardinalskollegium ihre Würde vergäßen[76]. Selbst Casanova konnte in Spanien noch etwas lernen:

«Am meisten bezauberte mich der großartige Anblick, als gegen Ende des Balls nach allgemeinem Händeklatschen zum Klang des Orchesters ein Paartanz begann, wie ich noch nie einen tolleren und interessanteren gesehen hatte. Es war ein Fandango, von dem ich eine Vorstellung zu haben glaubte; doch ich täuschte mich sehr. Ich hatte ihn nur in Italien und Frankreich auf dem Theater gesehen, wo die Tänzer nicht im entferntesten die Bewegungen der Spanier nachahmen, die diesen Tanz wirklich verführerisch machen ... Jeder tanzte seiner Partnerin zugewandt, machte nie mehr als drei Schritte, schüttelte die Kastagnetten, die man zwischen den Fingern hält, und begleitete die Musikklänge mit Gebärden, wie man sie sich kaum laszíver vorstellen kann. Die des Mannes deuteten sichtlich sein Tun als glücklicher Liebhaber, die der Frau Miterleben, Verzückung und Wonnerausch an. Mir schien, als könne eine Frau, wenn sie mit einem Mann den Fandango getanzt hatte, ihm nichts mehr verweigern. Bei dem Anblick empfand ich ein solches Vergnügen, daß ich laute Rufe ausstieß.»[77]

Er wunderte sich darüber, daß die Inquisition einen so aufreizenden Tanz erlaubte. Man sagte ihm, er sei «absolut verboten, und niemand würde wagen, ihn zu tanzen, wenn der Conde de Aranda nicht die Erlaubnis dazu gegeben hätte».

Einige der populärsten Formen spanischer Musik waren mit dem Tanz verbunden; so verwendete der *cante flamenco,* der Zigeuner- oder «flämische» Gesang, klagende und sentimentale Tonfolgen, mit denen die Zigeunersänger die *seguidilla gitana* begleiteten. Vielleicht waren diese traurigen Melodien ein Echo alter maurischer Weisen, vielleicht widerspiegelten sie die Düsterkeit der spanischen Religion und Kunst oder die verwirrende Unnahbarkeit des weiblichen Wesens oder die Enttäuschung, die auf die Verwirklichung folgt. Ein fröhlicherer Zug kam mit der italienischen Oper (1703) und Farinellis Arien in die spanische Musik. Der alte *castrato* verlor, nachdem er sich durch zwei Regierungen geträllert hatte, an Gunst unter Karl III., der ihn mit einer Zeile entthronte: «Kapaune sind nur gut zum Essen.»[78] Der italienische Einfluß setzte sich fort mit Scarlatti und triumphierte von neuem mit Boccherini, der 1768 ins Land kam, die Musik des Hofes unter Karl III. und Karl IV. beherrschte und bis zu seinem Tode (1805) in Spanien blieb.

Im umgekehrten Sinne schuf Vicente Martín y Solar, nachdem er sich in Spanien einen Namen gemacht hatte, erfolgreiche italienische Opern in Florenz, Wien und St. Petersburg. Antonio Solers Cembalosonaten kamen denen Scarlattis gleich, und Don Luis Misón entwickelte aus der *tonada*, einem Vokalsolo, den *tonadillo* als Gesangsintermezzo zwischen den Akten eines Theaterstücks. 1799 beendete ein königliches Dekret die Herrschaft der italienischen Musik in Spanien, indem es die Aufführung jedes nicht in kastilischer Sprache geschriebenen und nicht von spanischen Künstlern dargestellten Stückes verbot[79].

Wir können den spanischen Charakter nicht auf einen Generalnenner bringen. Die spanische Seele variiert mit der Landschaft von Provinz zu Provinz, und die *afrancesados*, die französisierten Spanier, die sich in Madrid sammelten, waren ein vollkommen anderer Typ als jene Einheimischen, die in Spanien verwurzelt und von spanischen Sitten geprägt waren. Doch wenn wir die exotischen Minderheiten beiseite lassen, erkennen wir im spanischen Volk einen eingeborenen und einmaligen Charakter. Der Spanier war stolz, doch er war es mit einer stillen Kraft, die wenig mit Chauvinismus oder Nationalität zu tun hatte; es war ein Stolz des Individualisten, ein entschlossener Sinn für den einsamen Kampf gegen irdische Ungerechtigkeit, persönliche Beleidigung oder ewige Verdammnis. Für einen solchen Geist konnte die äußere Welt von zweitrangiger Bedeutung sein, eine Sache, die es nicht wert war, daß man sich darüber Gedanken machte oder sich dafür plagte; nichts galt als das Schicksal der Seele in den Konflikten mit den Menschen und in der Suche nach Gott. Wie trivial waren dann die Probleme der Politik, der Wettlauf um das Geld, die Erhöhung durch Ruhm oder Stellung! Selbst die Triumphe des Krieges waren ohne Glanz, wenn sie nicht Siege über die Feinde des Glaubens waren. In diesem Glauben verwurzelt, konnte der Spanier dem Leben mit stoischer Ruhe gegenüberstehen, mit einem Fatalismus, der geduldig auf das Paradies wartete.

VII. DER SPANISCHE GEIST

Als Ludwig XIV. das Angebot des letzten Habsburgerkönigs von Spanien, seine Krone einem Enkel des großen Monarchen zu vermachen, annahm, rief ein spanischer Botschafter in Versailles freudig aus: «Jetzt gibt es keine Pyrenäen mehr!» Doch diese düsteren Bergmassen standen fest auf ihrem Grund und bildeten eine hartnäckige Schranke gegen die französischen *lumières* und ein Symbol des Widerstandes gegenüber dem Versuch einiger Eiferer, den spanischen Geist zu europäisieren.

Campomanes erschreckte die Alten mit einem *Discurso sobre la educación popular de los artesanos y su fomento* (1774–1776), der eine Erweiterung der Volksbildung als unerläßliche Basis für die Lebensfähigkeit und das Wachstum der Nation forderte. Einige hohe Kirchenmänner und große Grundbesitzer sahen keinen Sinn darin, das Volk mit einem Wissen zu verwirren, das unnötig war und nur zu religiöser Häresie und sozialer Empörung führte. Unerschrocken bemühte sich Jovellanos weiter, den Glauben an die Erziehung zu verbreiten. «Zahlreich sind die Ströme, die zu sozialem Wohlstand führen», schrieb er, «doch alle entspringen der gleichen Quelle, und diese Quelle ist die öffentliche Erziehung.»[80] Er hoffte, Erziehung würde die Menschen zur Vernunft heranbilden, Vernunft würde sie von Aberglauben und von Intoleranz befreien, und Wissenschaft, von solchen Menschen entwickelt, würde die Schätze der Natur für die Besiegung von Krankheit und Armut nützen. Einige adlige Damen nahmen die Herausforderung an und bildeten eine Junta de Damas, um Grundschulen zu finanzieren. Karl III. gab beträchtliche Summen aus für die Errichtung freier Elementarschulen. Privatpersonen schlossen sich zusammen zur Gründung von Akademien für das Studium der Sprache, der Literatur, der Geschichte, der Kunst, der Rechte, der Naturwissenschaft und der Medizin.

Die Vertreibung der Jesuiten erzwang und erleichterte die Umgestaltung der höheren Schulen. Karl befahl eine Erweiterung der wissenschaftlichen Kurse an diesen Kollegien, eine Modernisierung ihrer Lehrbücher und die Zulassung von Laien zu ihren Fakultäten. Er kam ihnen mit Geld zu Hilfe und bewilligte hervorragenden Lehrern Pensionen[81]. Die Universitäten wurden aufgefordert, Newton in ihre Vorlesungen über Physik und Descartes und Leibniz in ihren Lehrplan für Philosophie aufzunehmen. Die Universität von Salamanca wies das Ansinnen zurück mit der Begründung: «Newton lehrt nichts, was einen guten Logiker oder Metaphysiker bilden könnte, und Gassendi und Cartesius stimmen nicht mit der Wahrheit der Offenbarung überein, wie es Aristoteles tut.»[82] Doch die meisten spanischen Universitäten folgten der Aufforderung des Königs. Die Universität von Valencia mit ihren 2400 Studenten war nunmehr (1784) das größte und fortschrittlichste Bildungszentrum in Spanien. Mehrere religiöse Orden führten die *filosofía moderna* in ihren Kollegien ein. Der General der Barfüßigen Karmeliter forderte die Lehrer seines Ordens auf, Platon, Aristoteles, Cicero, Francis Bacon, Descartes, Newton, Leibniz, Locke, Wolff und Condillac zu lesen; diese waren keine Kost für Heilige. Ein Kapitel der Augustinermönche studierte Hobbes, ein anderes Helvétius. Solche Studien waren immer gefolgt von Widerlegungen, doch viele eifrige Seelen haben ihren Glauben bei der Widerlegung seiner Feinde verloren.

Ein trefflicher Mönch hatte versucht, das spanische Geistesleben zu «modernisieren», als Karl III. noch ein Jüngling war. Obwohl er die letzten siebenundvierzig Jahre (1717–1764) seines Lebens in einem Benediktinerkloster in Oviedo verbrachte, gelang es Benito Jerónimo Feijóo y Montenegro, Bacon, Descartes, Galilei, Pascal, Gassendi, Newton und Leibniz zu studieren, und er sah mit Verwunderung und Scham, daß Spanien seit Cervantes von den Hauptströmungen des europäischen Denkens ausgeschlossen gewesen war. Von seiner Zelle aus veröffentlichte er zwischen 1726 und 1739 eine Reihe von acht Bänden, die er *Teatro crítico* nannte – keine Theaterkritik, sondern eine kritische Prüfung von Ideen. Er griff die damals in Spanien geübte Logik und Philosophie an, lobte Bacons Forderung nach induktiven Methoden, faßte die Erkenntnisse von Wissenschaftern auf vielen Gebieten zusammen, verspottete Magie, Wahrsagung, falsche Wunder, medizinische Ignoranz und Volksaberglauben, legte Regeln historischer Glaubwürdigkeit nieder, zerpflückte rücksichtslos unkritisch hingenommene nationale Legenden, forderte eine Ausdehnung der Bildung auf alle Klassen und befürwortete freiere und aufgeschlossenere Grundsätze für die Erziehung der Mädchen und für das soziale Leben der Frau.

Ein Schwarm von Gegnern stürzte sich auf seine Bücher, verdächtigte seinen Patriotismus und brandmarkte seine Kühnheiten. Die Inquisition zitierte ihn vor ihr Tribunal, konnte jedoch in seiner Haltung oder in seinen Werken keine ausgesprochene Häresie finden. 1742 nahm er seinen Kampf wieder auf mit dem ersten einer neuen Serie von fünf Bänden, denen er den Titel *Cartas eruditas y curiosas* («Gelehrte und forschende Schriften») gab. Er schrieb einen guten Stil, anerkannte die moralische Verpflichtung eines jeden Autors, klar zu sein, und das Publikum fand so großen Gefallen an seinen Unterweisungen und seinem Mut, daß bis 1786 fünfzehn Auflagen des *Teatro* und der *Cartas* notwendig wurden. Er konnte den Aberglauben nicht aus Spanien verbannen. Hexen, Geister und Dämonen bevölkerten noch immer die Luft und erschreckten die Menschen, doch ein Anfang war gemacht worden, und seinem Orden ist es zu verdanken, daß dies durch einen Mönch geschehen konnte, der bis zu seinem Tod im Alter von achtundachtzig Jahren (1764) unbelästigt in seiner bescheidenen Zelle blieb.

Es war ein anderer Kleriker, der das berühmteste Prosawerk im Spanien des 18. Jahrhunderts schrieb. So wie die Benediktiner dafür sorgten, daß Feijóo kein Leid geschah, so beschützten die Jesuiten einen ihrer Priester, dessen Hauptwerk eine Satire auf Predigten war. José Francisco de Isla, selbst ein beredter Prediger, war zuerst belustigt, dann verwirrt durch die oratorischen Tricks, die literarischen Spielereien, die Schauspielkünste und Possen, mit denen manche Prediger in Kirchen und auf öffentlichen Plätzen die Aufmerksamkeit der Menschen auf sich lenkten und ihnen die Münzen aus der Tasche zogen. 1758 machte er sich über diese Evangelisten lustig mit einem Roman, der den Titel *Historia del famoso predicador Fray Gerundio* trug. Von Bruder Gerundio, schrieb Pater Isla,

«war bekannt, daß er seine Predigten immer mit irgendeinem Sprüchworte, Scherze, Wirtshauswitze oder einem seltsamen Satze anfing, der, aus seiner gehörigen Verbindung gerissen, zuerst als ein Widerspruch, eine Gottlosigkeit oder eine Lästerung schien, bis er endlich, nachdem er seine Zuhörer sich einen Augenblick hatte verwundern lassen, den Satz zu Ende brachte oder mit einer Erklärung hervortrat, durch welche das Ganze zu einem Gemeinplatze wurde. So fing er eines Tages, über das Geheimnis der Dreieinigkeit predigend, seinen Satz mit den Worten an: 'Ich leugne, daß Gott nur einig im Wesen und dreifaltig in den Personen sei', worauf er einen Augenblick innehielt. Die Zuhörer sahen natürlich bei solchem Ärgernisse einander verdutzt an oder waren mindestens begierig, zu wissen, wie der Schluß einer so ketzerischen Gotteslästerung sein könne. Als endlich der Prediger glaubte, er habe sie gehörig gefesselt, fuhr er fort: 'So spricht der Ebionit, der Marcionit, der Arianer, der Manichäer, der Socinianer; ich aber widerlege sie alle aus der Heiligen Schrift, aus den Kirchenversammlungen und aus den Kirchenvätern.'»[83]

Einen Tag nach der Veröffentlichung des Buches waren achthundert Exemplare von *Fray Gerundio* verkauft. Die Predigermönche warfen Isla vor, er ermutige die Mißachtung des Klerus. Er wurde vor die Inquisition zitiert, und sein Buch wurde verdammt (1760), doch er selbst kam straflos davon. Später machte er sich auf, um zu seinen im Exil lebenden Ordensbrüdern zu stoßen, und erlitt unterwegs einen Schlaganfall. Er verbrachte seine letzten Jahre in Bologna, von der kärglichen Pension lebend, welche die spanische Regierung ihm bewilligt hatte.

Fast jeder Spanier, der schreiben konnte, verfaßte Gedichte. An einem poetischen Turnier im Jahre 1727 beteiligten sich hundertfünfzig Bewerber. Neben seiner Beschäftigung als Jurist, Erzieher und Staatsmann betätigte sich Jovellanos als Lyriker und Dramatiker. Sein Haus in Madrid wurde ein Treffpunkt für Schriftsteller. Er verfaßte Satiren in der Art Juvenals, indem er die von ihm beobachtete Korruption in Verwaltung und Justiz tadelte, und er besang, wie jeder Stadtbewohner, die Freuden des ländlichen Friedens. Nicolás Fernández de Moratín schrieb ein *canto epico* auf die Heldentaten des Cortez; von diesem Werk wurde gesagt, es sei «das erhabenste Gedicht dieser Art, das Spanien im 18. Jahrhundert hervorgebracht hat»[84]. Die fröhlichen und anmutigen Verse von Diego Gonzáles, einem Augustinermönch, waren beliebter als die didaktischen *Vier Alter des Menschen,* die er Jovellanos widmete. Auch Don Tomás de Iriarte y Oropesa folgte einer didaktischen Neigung in seinem Gedicht *Über die Musik*. Besser waren seine *Fabeln* (1782), welche die Schwächen der Fachgelehrten geißelten und ihm einen noch heute lebendigen Ruf einbrachten. Er übersetzte Tragödien von Voltaire, Komödien von Molière und machte sich lustig über die Mönche, «die über den Himmel und zwei Drittel von Spanien herrschen»; er wurde von der Inquisition verfolgt, widerrief und starb an Syphilis im Alter von einundsiebzig Jahren (1791)[85].

1780 veranstaltete die Akademie ein Preisausschreiben für ein Lobgedicht auf das Hirtenleben. Iriarte gewann den zweiten Preis und vergab dem Sieger nie, denn Juan Meléndez Valdés entwickelte sich zum führenden spanischen Dichter der Epoche. Juan buhlte um die Gunst von Jovellanos und erhielt durch ihn den Lehrstuhl für lateinische Theologie in Salamanca (1781). Hier gewann er zunächst die Studenten, dann die Fakultät für einen fortschrittlicheren Lehrplan, ja sogar für die Lektüre Lockes und Montesquieus. Zwischen den Vorlesungen schrieb er einen Band mit Lyrik und Hirtengedichten – lebensvolle Beschwörungen von landschaftlichen Szenerien in Versen von solcher Zartheit und Vollendung, wie sie Spanien seit mehr als einem Jahrhundert nicht gelesen hatte. Die anhaltende Gunst von Jovellanos verschaffte Meléndez das Amt eines Richters in Saragossa und das eines Kanzleirichters in Valladolid, und seine Dichtkunst litt unter seiner politischen Betätigung. Als Jovellanos verbannt wurde (1798), wurde auch Meléndez des Landes verwiesen. Er richtete seine Feder anklagend gegen die französischen Invasoren Spaniens und besonders gegen Joseph Bonaparte. Doch 1808 kehrte er nach Madrid zurück, nahm ein Amt unter Joseph Bonaparte an und schockierte Spanien durch poetische Schmeicheleien an die Adresse seiner fremden Herren. In dem Befreiungskrieg, in dessen Verlauf Joseph abgesetzt wurde, plünderten französische Soldaten das Haus des Dichters; er selbst wurde von einer wütenden Menge angegriffen und floh, um sein Leben zu retten, aus Spanien. Bevor er den Bidassoa überquerte, um nach Frankreich zu gelangen, küßte er den letzten Flecken spanischer Erde (1813). Vier Jahre später starb er unbekannt und arm in Montpellier.

Spanien hätte in dieser Epoche gute Dramatiker haben müssen, denn die Bourbonenkönige hatten viel für das Theater übrig. An dessen Niedergang war dreierlei schuld: die starke Vorliebe Isabella Farneses für die Oper und Philipps V. für Farinelli, die Abhängigkeit des Theaters von dem großen Publikum, dessen Applaus meistens Farcen, Wundern, Legenden und Wortspielereien galt, und schließlich die Bemühung der ernsthaften Dramatiker, ihre Stücke in die «aristotelischen» Einheiten von Handlung, Ort und Zeit einzuspannen. Der populärste Stückeschreiber des Jahrhunderts war Ramón Francisco de la Cruz, der etwa vierhundert kleine Farcen schrieb, in denen er Sitten, Ideen und Sprache der mittleren und unteren Klasse satirisch darstellte, dabei aber die Sünden und Narrheiten des Pöbels mit verzeihender Sympathie schilderte. Jovellanos, der *uomo universale* Spaniens, wandte sich gleichfalls der dramatischen Dichtung zu und eroberte Publikum und Kritik mit seinem *Delinquente honrado* («Der geehrte Verbrecher», 1773): Ein spanischer Edelmann, der sich wiederholt geweigert hat, ein Duell auszufechten, nimmt schließlich eine hartnäckige Forderung an, tötet seinen Gegner in einem fairen Kampf und wird zum Tode verurteilt durch einen Richter, von dem es sich herausstellt, daß er sein Vater ist. Jovellanos, immer auf Reformen bedacht, wollte mit seinem Stück eine Milderung des Gesetzes erreichen, das ein Duell zum Kapitalverbrechen erklärte.

Der Kampf für die aristotelischen Einheiten wurde durch den Dichter Nicolás Fernández de Moratín angeführt und durch seinen Sohn Leandro erfolgreich abgeschlossen. Die frühen Gedichte dieses jungen Mannes gefielen Jovellanos, der ihm eine Anstellung bei der spanischen Botschaft in Paris besorgte. Hier befreundete er sich mit Goldoni, der ihn zum Stückeschreiben anregte. Das Glück überhäufte «Moratín den Jüngeren» mit Gunstbezeugungen. Er wurde auf öffentliche Kosten zum Studium der Theater nach Deutschland, Italien und England geschickt, und nach seiner Rückkehr setzte man ihm in Spanien eine Pfründe aus, die ihm genügend Zeit für literarische Arbeiten ließ. Sein erstes Schauspiel wurde 1786 einem Madrider Theater angeboten, doch die Aufführung wurde für vier Jahre aufgeschoben, während Direktoren und Schauspieler darüber stritten, ob ein Stück, das den Gesetzen des Aristoteles und des französischen Dramas gehorchte, ein spanisches Publikum gewinnen könne. Der Erfolg war mäßig. Moratín ging zum Angriff über; in seiner *Comedia nueva* (1792) machte er sich so erfolgreich über beliebte Komödien lustig, daß die Zuschauer nun auch Dramen akzeptierten, die Charaktere und das Leben kritisch darstellten. Moratín wurde als der spanische Molière bejubelt und beherrschte die Bühne Madrids bis zur französischen Invasion des Jahres 1808. Seine Sympathien für Frankreich und seine liberalen politischen Grundsätze veranlaßten ihn, wie Meléndez und Goya, mit der Regierung Joseph Bonapartes zusammenzuarbeiten. Als Joseph gestürzt wurde, entging Moratín knapp der Verhaftung. Er suchte Zuflucht in Frankreich und starb 1828 in Paris, im gleichen Jahr, in dem der freiwillig ins Exil gegangene Goya in Bordeaux seine Augen für immer schloß.

VIII. DIE SPANISCHE KUNST

Was konnte man nach den Verwüstungen, die Spanien in dem langen Spanischen Erbfolgekrieg erlitten hatte, von ihr erwarten? Invasionsheere plünderten die Kirchen, beraubten die Gräber, verbrannten die Bilder und machten geheiligte Räume zu Pferdeställen. Und nach dem Krieg kam eine neue Invasion. Ein halbes Jahrhundert lang stand die spanische Kunst unter französischer oder italienischer Herrschaft, und als im Jahre 1752 die Akademie San Fernando gegründet wurde, um junge Künstler zu schulen und zu unterstützen, bemühte sie sich, diesen die Grundsätze eines mit der spanischen Seele unvereinbaren Neoklassizismus aufzuzwingen.

Der Barock kämpfte verzweifelt um seine Selbsterhaltung, und in Architektur und Skulptur errang er den Sieg. Er triumphierte in den Türmen, die Fernando de Cases y Nova für die Kathedrale von Santiago de Compostela baute (1738), und in der Nordfassade, die Ventura Rodríguez (1764) dem selben Bauwerk – es war dem Schutzheiligen Spaniens, dem heiligen Jakob, geweiht – anfügte. Eine der dem Volke teuren Legenden erzählte, wie eine Statue der Jungfrau auf einem Pfeiler in Saragossa lebendig geworden war und zum heiligen Jakob gesprochen hatte. An dieser Stätte baute das fromme Spanien die Kirche der Virgen del Pilar, und für diese Kirche entwarf Rodríguez das Templete, eine Kapelle aus Marmor und Silber zur Aufnahme des Bildnisses der Jungfrau.

Zwei berühmte Paläste wurden während der Regierungszeit Philipps V. errichtet. In der Nähe von Segovia kaufte der König das Grundstück und den Meierhof eines Klosters, beauftragte Filippo Iuvara von Turin, hier den Palast San Ildefonso zu errichten (1719f.), und umgab die Gebäude mit Gärten und sechsundzwanzig Springbrunnen, die sich mit denen von Versailles messen konnten. Der Gesamtkomplex erhielt den Namen La Granja und kostete das Volk fünfundvierzig Millionen Kronen. Er war kaum vollendet, als am Heiligabend des Jahres 1734 Feuer den Alcázar zerstörte, der seit Kaiser Karl V. die Königsresidenz in Madrid gewesen war. Philipp siedelte nach Buen Retiro über, wo Philipp II. 1631 einen Palast gebaut hatte, und dieser blieb für dreißig Jahre die Hauptresidenz des Königs.

Um den Alcázar zu ersetzen, plante Iuvara einen *palacio real* – mit Wohn-, Empfangs- und Verwaltungsräumen, Kapelle, Bibliothek, Theater und Gärten –, der an Großartigkeit alle damals bekannten Königsresidenzen übertroffen hätte; das Modell allein enthielt Holz genug, um ein Haus zu bauen. Bevor er mit den Bauarbeiten beginnen konnte, starb Iuvara (1736). Isabella Farnese verwarf seinen Plan als zu kostspielig, und sein Nachfolger, Giovanni Battista Sacchetti von Turin, errichtete (1737–1764) den Königspalast, der heute in Madrid steht – hundertvierzig Meter lang, hundertvierzig Meter breit, dreißig Meter hoch. Hier trat an die Stelle des Barocks die späte Renaissance: die Fassade war mit dorischen und ionischen Säulen geschmückt und von einer Balustrade gekrönt, die Kolossalstatuen der frühen spanischen Könige trug. Als Napoleon seinen Bruder Joseph zu diesem Palast, der sein Regierungssitz sein sollte, geleitete, sagte er, als sie die herrliche Treppe hinaufstiegen: «Du wirst besser wohnen als ich.»[86] 1764 hielt Karl III. seinen Einzug in dieses Riesengebäude.

Unter französischem und italienischem Einfluß verlor die spanische Skulptur etwas von ihrer hölzernen Strenge und stattete ihre Seraphim mit einem Lächeln und einen oder zwei Heilige mit Anmut aus. Die Themen waren fast immer religiös, denn die Kirche zahlte am besten. So gab der Erzbischof von Toledo zweihunderttausend Dukaten aus für den *Transparente,* den Narciso Tomé (1721) im Hintergrund des Kathedralchores errichtete, eine Gruppe von Marmorengeln, die auf Marmorwolken schweben; ein Fenster in der Mauer des Chorumganges, das den Marmor durchscheinend macht, gab der Altarrückwand ihren Namen. Der alte Realismus überlebte in der *Geißelung Christi*[87] von Luis Carmona, einer Figur in Holz mit Striemen und blutigen Wunden von grausiger Natürlichkeit. Lieblicher sind die Statuen von Glaube, Hoffnung und Liebe, die Francisco Vergara der Jüngere für die Kathedrale von Cuença schuf (1759). Céan-Bermúdez, der Vasari Spaniens, rechnete sie zu den schönsten Werken der spanischen Kunst.

Den größten Namen in der spanischen Skulptur des 18. Jahrhunderts hatte Francisco Zarcillo y Alcáraz. Sein Vater und Lehrer, ein Bildhauer in Capua, starb, als Francisco zwanzig Jahre alt war, und hinterließ ihm die Verpflichtung, eine Mutter, eine Schwester und sechs Brüder zu unterhalten. Zu arm, um Modelle zu bezahlen, lud Francisco Passanten, sogar Bettler, ein, sein Mahl mit ihm zu teilen und für ihn zu sitzen. So fand er vielleicht die Figuren für sein Meisterwerk, *Das Abendmahl,* heute in der Ermita de Jesús in Murcia. Mit Hilfe seiner Schwester Inés, die zeichnete und modellierte, seines Bruders José, der die Details ausführte, und seines Bruders Patricio, eines Priesters, der die Figuren und die Gewänder kolorierte, schuf Francisco in vierundsiebzig Jahren 1792 Statuen oder Statuetten, manche mit geschmacklosen Einfällen – wie zum Beispiel einer bestickten Samtrobe an einer Christusfigur –, einige so rührend in ihrer schlichten Frömmigkeit, daß Madrid ihm hochbezahlte Aufträge zur Ausschmückung des Königspalastes anbot. Er zog es vor, in seinem heimatlichen Murcia zu bleiben, das ihm 1781 ein prunkvolles Begräbnis gab.

Die spanische Malerei des 18. Jahrhunderts litt unter einem doppelten ausländischen Alp, von dem sie sich erst erholte, als Goya mit seiner ungestümen und beispiellosen Kunst alle Fesseln sprengte. Zunächst setzte mit Jean Ranc, René und Michel-Ange Houasse und Louis-Michel Vanloo eine französische Invasion ein. Vanloo wurde Hofmaler Philipps V. und malte ein riesiges Bild der gesamten königlichen Familie mit Perücken, Reifröcken und anderem Zubehör[88]. Dann folgte ein Schwarm betriebsamer Italiener: Vanvitelli, Amigoni, Corrado und andere.

Im Juni 1762 erschienen Giambattista Tiepolo und seine Söhne in Madrid. An der Decke des Thronsaales im neuen Königspalast malten sie ein großes Fresko, *Die Apotheose Spaniens,* welches die Geschichte, die Macht, die Tugenden, die Frömmigkeit und die Provinzen der spanischen Monarchie feierte: allegorische und mythologische

Figuren schwebten in der Luft, Nereiden, Tritone, Zephire, geflügelte Genien, pausbäckige Putten, Tugenden und Laster flogen durch die leuchtende Leere, und Hispania selbst thronte, mit allen Attributen einer guten Regierung versehen, verklärt inmitten ihrer Besitzungen. An der Decke des Wachraums malte Tiepolo *Aeneas, von Venus zum Tempel der Unsterblichkeit geleitet,* und an jener des Vorzimmers der Königin wiederum den *Triumph der spanischen Monarchie.* 1766 beauftragte Karl III. Tiepolo, sieben Altarbilder für die Kirche San Pasquale in Aranjuez zu malen; bei einem davon, das noch heute den Prado ziert, verwendete er das Gesicht einer spanischen Schönheit, um die *Unbefleckte Empfängnis der Jungfrau* darzustellen. Der Beichtvater des Königs, Pater Joaquín de Electa, verurteilte das Heidentum und die Roheit von Tiepolos Bildern und erklärte, sie seien dem Geiste Spaniens fremd. Tiepolo bereute und malte zur Buße eine machtvolle *Kreuzabnahme*[89] – eine Meditation über den Tod, gemildert durch Engel, welche Auferstehung versprechen. Die Anstrengung dieser Arbeit erschöpfte den alten Titanen; er starb 1770 in Madrid, vierundsiebzig Jahre alt. Kurz darauf wurden die Altarstücke von Aranjuez entfernt, und Raphael Mengs wurde beauftragt, sie zu ersetzen.

Mengs war 1761 nach Madrid gekommen, damals dreiunddreißig Jahre alt, kraftvoll, zuversichtlich, im Vollbesitz seiner Meisterschaft. Karl III., der sich nie mit Tiepolos fluoreszierenden Wolken befreunden konnte, sah in dem tüchtigen Deutschen den richtigen Mann, die Ausschmückung des Palastes zu leiten. 1764 wurde Mengs zum Direktor der Akademie San Fernando ernannt, und er beherrschte während seiner beiden Aufenthalte in Spanien die spanische Malerei völlig. Er mißverstand den klassischen Stil als blutlose, leblose Unbeweglichkeit, was sowohl den alten Tiepolo wie den jungen Goya in Wut versetzte. Doch kämpfte er in guten Treuen darum, der Zügellosigkeit des Barocks und den phantasievollen Schnörkeln des Rokokos ein Ende zu machen. Die Kunst, erklärte Mengs, sollte zunächst einen «natürlichen Stil suchen», indem sie die Natur getreu nachahmte; dann sollte sie den «erhabenen Stil» der Griechen anstreben. Wie war Erhabenheit zu erreichen? Durch Weglassung des Unvollkommenen und des Unwichtigen, durch die Kombination verschiedener, zerstreuter Teilvollkommenheiten zu idealen Formen, die von einer disziplinierten, alle Übertreibungen scheuenden Vorstellungskraft ausgedacht waren.

Mengs begann seine Arbeit, indem er die Gottheiten des Olymps an der Decke des königlichen Schlafzimmers darstellte. Ähnliche Bilder schmückten das Schlafzimmer der Königin. Vielleicht weil er entdeckte, daß die Majestäten ihm nicht ganz in den Olymp folgten, schuf Mengs für das königliche Oratorium ein Altarstück, *Die Geburt unseres Herrn,* und eine *Kreuzabnahme.* Er arbeitete schwer, aß wenig, wurde reizbar, verlor seine Gesundheit, hoffte, sich in Rom wieder erholen zu können. Karl gab ihm Urlaub, den Mengs auf vier Jahre ausdehnte. Während seines zweiten Aufenthalts in Spanien (1773–1777) malte er weitere Fresken für die königlichen Paläste in Madrid und Aranjuez. Seine Gesundheit ließ wieder nach, und er bat um die Erlaubnis, sich in Rom zur Ruhe setzen zu dürfen. Der König willigte ein und gewährte ihm eine Pension von dreitausend Kronen im Jahr.

Gab es denn aber keine einheimischen Künstler, die damals in Spanien wirkten? Es lebten ihrer viele, aber das Interesse, das wir ihnen entgegenbringen und das mit wachsender räumlicher und zeitlicher Entfernung abnimmt, ist so lau, daß sie der Vergessenheit anheimgefallen sind. Erwähnt zu werden verdienen: Luis Meléndez, dessen Stilleben (*bordegones, fruteras*) sich neben denen von Chardin sehen lassen dürfen; der Prado besitzt vierzig davon, ein weiteres appetitliches Stück hängt im Museum von Boston, das schönste Werk des Künstlers jedoch, ein wunderbares Selbstporträt, ist im Louvre zu sehen. Ferner Luis Paret y Alcázar, dem wir Stadtveduten im Stile Canalettos verdanken, darunter zum Beispiel ein Bild der *Puerta del Sol*[90], des Hauptplatzes von Madrid. Schließlich Antonio Viladamat, den Mengs den trefflichsten spanischen Maler seiner Zeit nannte, und Francisco Bayeu y Subias, ein trotz seiner Griesgrämigkeit gütiger und hingebungsvoller Mensch, der 1758 einen ersten Preis der Akademie gewann, Teppichentwürfe für Mengs lieferte und Goyas Freund, Feind und Schwager wurde.

IX. FRANCISCO DE GOYA Y LUCIENTES

1. *Sein Werdegang*

Wie alle spanischen Knaben trug Goya an erster Stelle den Namen eines Schutzheiligen, an zweiter den seines Vaters, José Goya, und an dritter den seiner Mutter, Eugracia Lucientes – Frau voll Licht und Gnaden. Sie war eine *hidalga,* weshalb Francisco seinem Namen ein *de* einfügte. Geboren wurde er am 30. März 1746 zu Fuentetodos, einem Dorf in Aragonien, das hundertfünfzig Einwohner zählte und nicht einen einzigen Baum besaß, dafür aber einen steinigen Boden, heiße Sommer, eisige Winter aufwies. Das Klima war so mörderisch, daß manche ihm zum Opfer fielen, die Überlebenden grimmig und hart wurden.

Francisco versuchte sich früh mit Pinsel und Palette und malte, noch als Knabe, ein Bild Unsrer Lieben Frau vom Pfeiler, der Schutzheiligen Aragoniens. Im Jahre 1760 übersiedelte die Familie nach Saragossa. Der Vater war dort als Vergolder tätig und verdiente genug Geld, um seinen Sohn zu dem Maler José Luzán in die Lehre geben zu können. Bei ihm und später bei Juan Ramírez verfertigte Goya Kopien nach alten Meistern, übte sich im Nachahmen von Tiepolos delikaten Farben und sammelte genug anatomische Kenntnisse, um verbotenerweise Akte zu zeichnen. Die Geschichte weiß zu berichten, daß er sich einer Bande jugendlicher Strolche anschloß, deren Anführer er bald wurde. Bei einer Rauferei mit Jungen aus einem anderen Viertel der Stadt wurden einige der Teilnehmer getötet, und Francisco floh aus Furcht vor drohender Verhaftung nach Madrid.

Im Dezember 1763 versuchte er die Prüfung zur Aufnahme in die Akademie abzulegen, hatte aber keinen Erfolg. Über das wilde Leben, das er in der Hauptstadt führte, sind viele Anekdoten im Umlauf; mit Sicherheit wissen wir nur, daß Goya kein Freund der Gesetze war. 1766 meldete er sich erneut zur Prüfung und fiel zum zweitenmal durch. Vielleicht waren diese Fehlschläge für ihn ein Vorteil: Er entging der akademischen Bevormundung durch Mengs, studierte dafür die Bilder, an denen Tiepolo in Madrid arbeitete, und legte den Grund zu seinem einzigartigen, ganz vom Persönlichen her bestimmten Stil. Als nächstes hören wir von ihm, daß er sich einer Truppe von Stierkämpfern zugesellte und mit ihnen – das genaue Datum ist nicht bekannt – nach Rom reiste. Der Beruf des Toreadors hatte ihn seit jeher angezogen, und einmal unterzeichnete er als «Francisco de los Toros». «Ich pflegte in meiner Jugend bei Stierkämpfen mitzumachen», schrieb er als alter Mann in einem Brief an Moratín; «mit dem Degen in der Faust war mir vor nichts bange.»[91] Vielleicht meinte er damit bloß, daß er zu jenen abenteuerlustigen jungen Leuten gehört hatte, welche auf den Straßen Stierkämpfe veranstalteten. Auf jeden Fall gelangte er nach Italien, denn 1770 wurde ihm von der Akademie der Schönen Künste zu Parma ein zweiter Preis in einem Wettbewerb verliehen. Die Chronik berichtet, einmal habe er an der Kuppel von St. Peter eine Kletterpartie unternommen. Auch soll er in ein Kloster eingedrungen sein, um eine Nonne zu entführen. Wahrscheinlicher aber ist, daß er Magnascos Bilder studierte, dessen dunkle Farbgebung, gequälte Figuren und Inquisitionsszenen ihn stärker gepackt haben mögen als die ruhevollen klassischen Posen, die Mengs in Spanien zur Nachahmung empfohlen hatte.

Der Herbst 1771 sah ihn wieder in Saragossa, wo er eine Kapelle der unter dem Namen Iglesia Metropolitana della Nuestra Señora del Pilar bekannten Kathedrale ausmalte. Die Arbeit gelang ihm vortrefflich und brachte ihm für die sechs Monate, die er darauf verwendet hatte, die Summe von fünfzehntausend Reales ein. Nunmehr durfte er daran denken, sich eine Frau zu nehmen, und da unsere Wahl in solchen Fällen meist durch das Nächstliegende bestimmt wird, heiratete er 1773 Josefa Bayeu, die eben gerade zur Hand war. Sie besaß blondes Haar und ihre Jugend und diente ihm als Modell. Er malte sie viele Male; das Bildnis, das von ihr im Prado hängt, zeigt sie erschöpft von zahlreichen Schwangerschaften und von Kummer über Franciscos Abweichungen vom Pfade ehelicher Treue gezeichnet[92].

1775 kehrte er nach Madrid zurück, und dort beauftragte ihn 1776 Mengs, wahrscheinlich auf Bayeus Empfehlung hin, großformatige Vorlagen als Kartons für die Königliche Wandteppichmanufaktur zu malen, die Philipp V. nach dem Vorbild der Manufacture des Gobelins gegründet hatte. Nunmehr faßte Goya einen Entschluß, der seine Laufbahn entscheidend beeinflußte. Auf die Gefahr hin, einen ernsthaften Rückschlag zu erleiden, setzte er sich über die von Mengs bevorzugten Themen aus der klassischen Mythologie oder der heroisch gefärbten Geschichte hinweg und gab an ihrer Stelle in kraftvollen Linien und lebhaften Farben Bilder seiner eigenen Zeit und seines eigenen Volkes. Er zeigte seine Landsleute bei der Arbeit und bei der Liebe, bei Festen und Feiern, bei Stierkämpfen, beim Drachensteigenlassen, auf dem Markt, bei Picknicks und Spielen, und kühn fügte er diesen realistisch geschauten Bildern Dinge hinzu, die er nicht gesehen, sondern in seiner Phantasie sich ausgedacht hatte. Mengs zeigte sich der Lage gewachsen: weit davon entfernt, Goyas Verstoß gegen die akademische Tradition zu verurteilen, fühlte er den Pulsschlag des Lebens in diesem neuen

Stil und gab dem Rebellen weitere Aufträge. In den nächsten fünfzehn Jahren malte Goya insgesamt fünfundvierzig solcher Kartons; sie bildeten seine hauptsächlichste Arbeit während dieser Zeit, doch bewegte er sich daneben mit wachsendem Selbstvertrauen auch auf anderen Gebieten. Nun durfte er es sich gestatten, in Behaglichkeit zu leben. «Ich habe zwölf- oder dreizehntausend Reales pro Jahr zur Verfügung», schrieb er seinem Freund Zapater.

Eine Spirochäte unterbrach diese gedeihliche Entwicklung. Wir wissen nichts über die Herkunft von Goyas Syphilis. Fest steht einzig, daß er im April 1777 ernstlich erkrankte[93]. Er genas wieder, wenn auch nur schrittweise, und doch dürfen wir annehmen, daß die Krankheit für den pessimistischen Einschlag in seiner Kunst und wahrscheinlich auch für den Verlust seines Hörvermögens im Jahre 1793 verantwortlich war. 1778 fühlte er sich genügend erstarkt, um bei einem Unternehmen Karls III. mitzuhelfen, der sich vorgenommen hatte, durch gedruckte Wiedergaben die Schätze der spanischen Kunst im Ausland bekanntzumachen. Zu diesem Zwecke fertigte Goya Kopien nach achtzehn Gemälden von Velázquez an und benützte diese als Vorlagen für Radierungen. Dies war eine neue Technik für ihn, und die ersten Arbeiten seines Stichels erschienen noch grob und unsicher; aber nach und nach entwickelte er sich zu einem der größten Radierer seit Rembrandt. Er durfte seine Kopien dem König persönlich vorlegen und wurde im Jahre 1780 in die Liste der Hofmaler aufgenommen. Jetzt endlich stand auch seinem Eintritt in die Akademie nichts mehr im Wege. Um 1785 malte er sein bekanntes Bildnis Karls III. Es zeigte den König im Jagdkostüm, zum Töten bereit, aber gezeichnet von Müdigkeit und Alter, zahnlos, krummbeinig, gebeugt; wie bei manchen anderen Gelegenheiten war Goya auch hier bereit, der Wahrheit seine Beliebtheit zu opfern.

Nachdem sein Vater gestorben war, ließ Goya seine Mutter und seinen Bruder Camilo nach Madrid kommen, wo sie fortan mit ihm, Josefa und den Kindern in einem gemeinsamen Haushalt lebten. Um für diese vergrößerte Familie aufzukommen, nahm er eine Reihe von Aufträgen an: er malte Fresken in der Kirche San Francisco el Grande, mehrere Heiligendarstellungen für das Calatrava-Kollegium in Salamanca und eine Reihe von Genreszenen für den Landsitz des Herzogs von Osuna. Auch verlegte er sich stärker auf das Porträtieren als den einträglichsten Zweig seiner Tätigkeit. Er malte mehrere Bildnisse des Herzogs[94] allein, eines, das ihn mit seiner Frau und den Kindern zusammen zeigte – diese so steif dastehend, als wären sie Puppen –, und ferner ein Kniestück der Herzogin[95], auf dem die Ölfarbe wie durch ein Wunder in Seide und Spitzen verwandelt erscheint.

1784 war für Goya wohl eines der glücklichsten Jahre. In seinem Verlauf wurde sein Sohn Javier geboren, das einzige seiner Kinder, das ihn überleben sollte. Auch sah dieses Jahr die feierliche Enthüllung der Fresken in San Francisco el Grande, die von der öffentlichen Meinung als das hervorragendste Bildwerk ihrer Zeit gepriesen wurden; der König und der ganze Hof waren bei der Enthüllung zugegen und stimmten in die Lobpreisung ein. Um 1787 schuf Goya das Bildnis der Marquesa de Pontejos, das heute eines der kostbarsten Besitztümer der National Gallery in Washington darstellt.

Ein Jahr später kehrte er zur Landschaftsmalerei zurück: *La pradera de San Isidro*[96] («Die Wiese von San Isidro») zeigt das grasige Ufer des Manzanares, auf dem das Volk von Madrid tanzend, singend, essend, trinkend, zu Fuß und auf Eselsrücken das Fest des großen Schutzheiligen seiner Stadt feiert. Das Bild ist nur skizzenhaft angelegt und dennoch ein Meisterwerk.

Als König Karl starb (1788), zählte Goya dreiundvierzig Jahre und fühlte sich alt. Im vorangegangenen Dezember hatte er an Zapater geschrieben: «Ich bin alt geworden und habe so viele Runzeln in meinem Gesicht, daß Du mich kaum wiedererkennen würdest – höchstens noch an meiner platten Nase und den tiefliegenden Augen.»[97] Er konnte nicht ahnen, daß er vierzig weitere Lebensjahre vor sich hatte und daß seine aufwühlendsten Erlebnisse und seine größten Schöpfungen noch in der Zukunft lagen. Er war langsam gereift; nun sollten Leidenschaft im Innern und Revolution von außen her ihn zwingen, seinen Schritt zu beschleunigen, wenn er nicht untergehen wollte. Er wuchs mit den Geschehnissen und wurde der größte Künstler seiner Zeit.

2. *Eine Leidenschaft*

Während des Jahres 1789 war er eifrig damit beschäftigt, Bildnisse des neuen Königspaares zu dessen feierlichem Einzug in Madrid am 21. September herzustellen. Felipe, der älteste Sohn Karls III., war als schwachsinnig von der Thronfolge ausgeschlossen worden. Die Krone ging an den zweiten Sohn über, den ein unfreundlich gesinnter Geschichtsschreiber als «nur halb schwachsinnig»[98] bezeichnet hat. Karl IV. hatte ein einfältiges, argloses Gemüt und war so leutselig, daß seine Güte zum Mißbrauch reizte. Da er als zweiter Sohn nicht mit der Thronfolge rechnen konnte, hatte er sein Leben auf Essen, Kinderzeugen und Jagen gestellt. König geworden, korpulent und leicht zu beeinflussen, ließ er sich willig durch seine Frau, Maria Luisa von Parma, führen. Er wußte nichts von ihren ehelichen Seitensprüngen – oder wollte nichts davon wissen – und berief ihren Liebhaber, Manuel de Godoy, auf den Posten des Kabinettchefs (1792–1797).

Die neue Königin hatte schon vor ihrer Thronbesteigung mit liberalen Ideen getändelt, und Karl IV. ermunterte während seines ersten Regierungsjahres die Minister Floridablanca, Jovellanos und Campomanes (die alle von Goya porträtiert wurden), ihr Reformprogramm fortzusetzen. Aber die Erstürmung der Bastille erschreckte Karl und Floridablanca und ließ sie zu einer Politik enger Zusammenarbeit mit der Kirche, die als stärkste Stütze der Monarchie galt, zurückkehren. Manche der unter Karl III. eingeführten fortschrittlichen Neuerungen wurden fallengelassen; die Inquisition gewann ihren Einfluß mindestens teilweise zurück; die Einfuhr französischer Schriften wurde unterbunden; alle Zeitungen, mit Ausnahme des amtlichen *Diario de Madrid*, wurden verboten, Jovellanos, Campomanes und Aranda vom Hofe verbannt. Das Volk badete sich im Triumph seines wiedererstarkten Glaubens, der ihm wie nichts anderes teuer war. 1793 trat Spanien an der Seite der übrigen monarchischen Mächte in den Krieg gegen das revolutionäre Frankreich ein.

Inmitten dieses Aufruhrs ging Goya unbeirrt seinen Weg. Im April war er zum *pintor de cámara* (Kammermaler) ernannt worden. Als Josefa 1790 erkrankte und der Arzt einen Aufenthalt an der See empfahl, nahm Goya sie mit nach Valencia und ließ sich dort als Spaniens neuer Velázquez feiern. Vom einen Ende Spaniens bis zum anderen ergingen Rufe an ihn. 1792 finden wir ihn in Cádiz als Gast von Sebastián Martínez. Auf der Rückreise von dort erlitt er in Sevilla einen Anfall von Schwindel, verbunden mit einer teilweisen Lähmung. Er kehrte zu seinem Freund nach Cádiz zurück und blieb bei ihm bis zu seiner Genesung, die nur stockend vor sich ging und seine Geduld auf eine harte Probe stellte.

Um was für eine Krankheit handelte es sich? Bayeu sagte in unbestimmten Worten, sie sei «von äußerst schrecklicher Natur», und ließ Zweifel verlauten, ob Goya je wieder gesund werden würde[99]. Goyas treuer Freund Zapater schrieb im März 1793: «Goya ist infolge Unüberlegtheit in diesen schlimmen Zustand geraten, aber man muß ihm all die Teilnahme entgegenbringen, die seine Heimsuchung verlangt.»[100] Manche Geschichtsforscher haben das Leiden als eine Spätfolge der Syphilis[101] erkennen wollen, die neuesten medizinischen Gutachten verwerfen aber diese These und nehmen vielmehr an, es habe sich um eine Entzündung der Nerven im Labyrinth des Ohres gehandelt[102]. Wie auch immer die Krankheit hieß, fest steht, daß Goya bei seiner Rückkehr nach Madrid im Juli 1793 vollständig ertaubt war und es bis zu seinem Tode blieb. Im Februar 1794 machte Jovellanos in seinem Tagebuch den Eintrag: «Ich habe an Goya geschrieben und zur Antwort erhalten, daß er infolge seines Schlaganfalls nicht einmal in der Lage sei, zu schreiben.»[103] Jedoch die Lähmung verschwand schrittweise, und als das Jahr 1795 herangekommen war, fühlte Goya sich stark genug, um sein Herz einer Leidenschaft zu öffnen.

Teresa Cayetana María del Pilar war die dreizehnte Herzogin aus der berühmten Familie der Alba. Da ihr Vater sich mit französischer Philosophie abgegeben hatte, wurde sie nach freiheitlichen Richtlinien auferzogen; ihr Verstand war ebenso scharf, wie ihr Wille unbändig. Mit dreizehn Jahren wurde sie die Frau des neunzehn Jahre alten Don José de Toledo Osorio, Herzogs von Alba. Der Herzog war zart und kränklich, saß die meiste Zeit zu Hause und beschäftigte sich mit Musik. Goya porträtierte ihn am Cembalo mit einer Partitur Haydn vor sich. Die Herzogin war hochmütig, schön und sinnlich. Ein Franzose, der das Land bereiste, schrieb von ihr, sie habe «nicht ein einziges Haar auf dem Haupt, das nicht Begehren hervorruft»[104]; und in der Tat befriedigte sie ihre eigenen Begierden ohne Rücksicht auf Sittengesetz, Stellung, Geld. Sie nahm in ihren Hofhalt einen armen Schwachsinnigen, einen einäugigen Mönch und eine kleine Negerin auf, und diese wurde ihr besonderes Hätschelkind. Ihre Großzügigkeit ließ ihre Gewagtheiten vergessen. Vielleicht gewährte sie Goya ihre Gunst weit eher, weil er taub und unglücklich war, als weil er sie mit seiner Kunst unsterblich machen konnte.

Er muß sie schon vor der Zeit, wo er sie porträtierte, manches Mal gesehen haben, denn sie war eine bekannte Erscheinung bei Hofe und hielt durch ihre Liebschaften und ihre unverhüllte Feindschaft gegenüber der Königin die Leute in Atem. Sein erstes datiertes Bildnis von ihr zeigt sie in ganzer Gestalt, das scharfgezeichnete magere Gesicht von einem Wald von schwarzen Haaren umgeben, ihre rechte Hand auf eine Inschrift am Boden hinweisend. Wenn wir näher hinsehen, lesen wir die Worte: *«A la duquesa de Alba Fco de Goya 1795»*[105]; ihr Ton scheint eine bereits bestehende Freundschaft nahezulegen. Das Bild selbst ist keines von Goyas Meisterwerken. Größeres Lob verdient das Porträt, das er im gleichen Jahr von Francisco Bayeu, der eben gestorben war, anfertigte. Goya wurde sein Nachfolger als Direktor der Malschule an der Akademie.

Der Herzog von Alba starb im Juni 1796, und die Herzogin zog sich für eine kurze Trauerzeit auf ihren Landsitz in Sanlúcar, zwischen Sevilla und Cádiz, zurück. Ob Goya sie begleitete, steht nicht fest. Wir wissen nur, daß er vom Oktober 1796 bis zum April 1797 von Madrid abwesend war und daß er in zwei Skizzenbüchern Szenen festhielt, die er in Sanlúcar gesehen hatte. Die meisten Bilder zeigen die Herzogin: Gäste empfangend, ihr Negermädchen liebkosend, ihr Haar in einem Wutanfall zerraufend, ihre Siesta haltend (während die Kammerfrau das Nachtgeschirr entfernt)[106], auf einem Spaziergang einen Ohnmachtsanfall erleidend oder mit dem und jenem von den Männern, die mit Goya zusammen um ihre Gunst warben, einen Flirt betreibend. Die Skizzen sind ein Beweis für seine wachsende Eifersucht und zeigen neben der Herzogin noch eine andere Frau – nackt aus dem Bade steigend, halb angekleidet auf dem Bette liegend oder ein Strumpfband über ihr wohlgeformtes Bein streifend. Wie die Herzogin, so wich vielleicht auch Goya tangential von der Kurve ihrer gegenseitigen Leidenschaft ab. Dennoch war es wohl in Sanlúcar, wo er sein stolzestes Bild von ihr malte[107]; es zeigt sie als pikante *maya* in einem schwarz-gelben Kostüm, mit einer Schärpe von Scharlach und Gold um ihre zierliche Taille und einer schwarzen Mantilla auf dem Haupt; an ihrer rechten Hand (sie allein bereits ein Meisterstück der Malkunst) sitzen zwei Ringe, von denen der eine den Namen «Alba», der andere den Namen «Goya» trägt; ihr Zeigefinger weist auf den Namen des Malers und das Datum hin, die im sandigen Boden zu ihren Füßen eingeritzt sind. Dieses Bild zu verkaufen hat Goya sich allezeit geweigert.

Trotzdem war der Schmelz von der Blüte dieser Liebe abgestreift, als Goya nach Madrid zurückkehrte. Einige seiner Zeichnungen aus den *Caprichos* werfen ihr ihren wahllosen, liederlichen Umgang mit Männern verschiedenster Art vor. Godoy bezichtigte sie, den Kriegsminister verführt zu haben, und schrieb an die Königin, daß «die Alba und ihr Klüngel es verdienten, in die tiefste Hölle geworfen zu werden»[108]. Als die Herzogin am 23. Juli 1803, vierzigjährig, starb, ging in Madrid das Gerücht um, sie sei vergiftet worden. Dennoch erregte ihr Geschick Teilnahme, denn sie hatte einen großen Teil ihres riesigen Vermögens ihren Dienern hinterlassen; auch hatte sie für Goyas Sohn Javier eine jährliche Rente von dreitausendsechshundert Reales ausgesetzt. Der König ordnete eine Untersuchung über die näheren Umstände ihres Todes an – und berief Godoy an die Spitze der Untersuchungskommission. Der Arzt und mehrere Hofleute der Herzogin wurden verhaftet; ihr Testament wurde annulliert; ihre Diener warteten vergeblich auf die Auszahlung ihrer Legate; und bald trug die Königin die kostbaren Juwelen, die einmal der Herzogin gehört hatten[109].

Ausschnitt aus einer Radierung nach einer Zeichnung von Jules Adolphe Chauvet mit einer Illustration zu den Memoiren von Giacomo Casanova (1725–1798), dem venezianischen Abenteurer, der Sinnlichkeit mit Philosophie verwechselte.

3. *Im Zenit*

Goya war 1797 von seinem Posten als Direktor der Malschule an der A[…] getreten. Er war zu sehr in Anspruch genommen, um noch eine Lehrt[…] zu können. 1798 erhielt er den Auftrag, die Kuppel und die Giebelfe[…] der Kirche San Antonio de la Florida auszumalen. Und obgleich die üppigen Formen, die er seinen Engeln verlieh, das Bedenken des Klerus erregten, war man sich doch darüber einig, daß er, von feuriger Inspiration gelenkt, das ganze blutvolle Leben, wie es in den Madrider Straßen pulsierte, auf jene heiligen Wände festgebannt hatte. Am 31. Oktober 1799 wurde er mit einem Salär von fünfzigtausend Reales jährlich zum «Ersten Hofmaler» ernannt. Im Laufe des Jahres 1800 entstand das berühmteste seiner Gemälde: *Die Familie Karls IV.* [110] – eine erbarmungslose Enthüllung königlichen Schwachsinns. Der äußere Glanz, der in diesem Bild entfaltet wird, hat kaum seinesgleichen in der Geschichte der Kunst, und doch schaudern wir bei dem Gedanken, wie diese Versammlung gedunsener Leiber und verkümmerter Seelen, ihres Pomps beraubt, ausgesehen hätte. Es ist überliefert, daß das Bild die vollste Zufriedenheit der dargestellten Opfer fand[111].

Goya trat im Hintergrund des Gemäldes selbst auch in Erscheinung. Man muß ihm die Selbstgefälligkeit des Künstlers, die aus seinen vielen Selbstporträts spricht, verzeihen. Manche malte er zweifellos mit Hilfe eines Spiegels nur zu Experimentierzwecken, so wie ein Schauspieler vor dem Spiegel verschiedene Posen einübt, und zwei Selbstporträts sind schlechthin großartig. Das eine, sein bestes (Nummer eins der *Caprichos*), zeigt ihn im Alter von fünfzig Jahren, taub, aber stolz, mit einem kämpferischen Kinn, sinnlichen Lippen, einer gewaltigen Nase, verschlagen und mißtrauisch blickenden Augen und schwarzen Haaren, die ihm über die Ohren und fast bis zum Kinn herabhängen, das Ganze gekrönt von einem wahrhaft grandseigneurialen Hut, der wie eine Herausforderung an all die Edelleute, die ihren Rang nur dem Zufall verdanken, auf seinem mächtigen Kopfe sitzt. Neunzehn Jahre später, nachdem er eine ganze Revolution überlebt hatte, ließ er den Hut beiseite, öffnete zwanglos den Halsausschnitt seines Hemdes und zeigte sich von einer freundlicheren Seite, immer noch stolz, aber seiner selbst zu sicher, als daß er es nötig gehabt hätte, eine herausfordernde Pose anzunehmen[112].

Die Bildnismalerei war unumstritten seine Stärke. Obgleich seine Zeitgenossen wußten, daß er ihnen nicht schmeicheln würde, beugten sie sich willig dem Urteilsspruch seiner Kunst, von der sie hofften, sie würde ihr Bild über die Jahrhunderte hinweg in Nachsicht oder Schimpf bewahren. Wir kennen die Namen von dreihundert Angehörigen des Adels und achtundachtzig Mitgliedern der königlichen Familie, die ihm für ein Porträt saßen; zweihundert dieser Bilder sind auf uns gekommen. Eines der besten stellt den französischen Botschafter Ferdinand Guillemardet dar. Durch ihn kam es nach Paris, wurde 1865 vom Louvre angekauft und half mit, Goyas Namen auch in Frankreich bekanntzumachen. Unter Goyas Kinderbildern gebührt die Palme wohl dem Porträt des Don Manuel Osorio de Zuñiga, jetzt im Metropolitan Museum of Art

Im 18. Jahrhundert entwickelte sich in der spanischen Architektur eine Überbetonung des äußeren Dekors, eine wild wuchernde Ornamentik, so wie in der Sakristei der Kartause in Granada (erbaut ab 1742).

in New York. Hier steht Goya ebenbürtig neben Velázquez. Auch als Maler von weiblichen Bildnissen macht er Velázquez seinen Rang streitig, angefangen bei solch vogelscheucheähnlichen Geschöpfen wie der *Infanta Maria Josefa* über die «entzückende» *Señora García*[113] bis hin zu der alternden Schauspielerin *La Tirana*[114], bei der an die Stelle der schwindenden Schönheit der Charakter tritt.

Die am meisten enthüllte unter Goyas Frauen ist die kecke *maya*, die um 1798 gänzlich kleiderlos für die *Maya Desnuda* («Die nackte Maya») und, aufreizend gekleidet, für die *Maya Vestida* («Die bekleidete Maya») als Modell diente. Diese beiden zusammengehörigen Bilder ziehen im Prado fast ebenso viele Blicke auf sich wie die *Mona Lisa* im Louvre. Die *Desnuda* und Velázquez' *Venus mit Spiegel* stellen die zwei einzigen Akte innerhalb der spanischen Malerei dar; denn Aktbilder zu malen konnte in Spanien eine Gefängnisstrafe bis zu einem Jahr, die Konfiskation des Vermögens und die Verbannung nach sich ziehen. Velázquez unternahm das Wagnis, weil Philipp IV. seine Hand über ihn hielt. Ähnlich ging es Goya mit Godoy, der wie der Maler selber eine Vorliebe für üppige Busen, schlanke Taillen und schwellende Hüften hegte. Der Fama zum Trotz stellte Goyas *Maya Desnuda* nicht die Herzogin von Alba dar, sowenig wie die *Vestida* über Nacht gemalt wurde, um die *Desnuda* zu ersetzen, weil der aufgebrachte Herzog (so behauptete die Legende) den Maler zum Duell fordern wollte. Aber die beiden Bilder gelangten entweder durch Kauf oder als Geschenk in den Besitz der Herzogin und gingen nach ihrem Tod in die Sammlung von Godoy über.

Während Goya den Unterhalt seiner Familie mit Porträtieren bestritt, beschäftigte er sich gleichzeitig auch mit der Radiernadel und mit Aquarellieren und veröffentlichte die dabei entstandenen Skizzen 1799 unter dem Titel *Los Caprichos* («Die Launen») – dreiundachtzig Sittenbilder, worin er in Schilderungen voll finsterer Satire, die durch sarkastische Bildunterschriften noch verstärkt wurde, die Gewohnheiten und Einrichtungen seiner Zeit aufs Korn nahm. Das bezeichnendste Bild der Reihe ist Nummer dreiundvierzig: ein Mann ist an seinem Pult eingeschlafen, während ein Schwarm von Dämonen seinen Kopf umkreist; auf dem Pult ist die Inschrift zu lesen: *El sueño de la razón produce monstruos* («Die träumende Vernunft bringt Ungeheuer hervor»). Goya wollte damit sagen, daß die Phantasie, wenn sie von der Vernunft verlassen wird, Abwegiges gebiert; im Verein mit der Vernunft dagegen ist sie die Mutter der Künste und die Quelle all der wunderbaren Werke, die diese hervorbringen[115]. Dies war ein Hieb gegen die zahllosen abergläubischen Vorstellungen, die die spanischen Gemüter verdunkelten, er galt aber zugleich mindestens einem Teil von Goyas Kunst selbst. Auch Goya wurde von schrecklichen Träumen heimgesucht. Gerade die *Caprichos* sind voll von Visionen des Grauens. Die menschliche Gestalt tritt uns hier in hunderterlei aufgedunsenen, ausgemergelten, verkrüppelten, vertierten Formen entgegen. Eulen und Katzen glotzen uns an, Wölfe und Geier lauern auf Beute, Hexen fliegen durch die Luft, der Boden ist übersät mit Schädeln, Knochen und den Leichen neugeborener Kinder. Es ist, als habe Hieronymus Boschs kranke Phantasie einen Sprung über Länder und Zeiten getan, um sich in Goyas Gemüt einzunisten und dort erneut ihr Unwesen zu treiben.

War Goya ein Rationalist? Wir können nur sagen, daß er für die Vernunft und gegen den Aberglauben Partei nahm. Eine seiner Zeichnungen stellt eine weibliche Gestalt dar, die einen Lorbeerkranz auf dem Haupte trägt, in der Hand eine Waage hält und mit einer Peitsche schwarze Vögel verscheucht; darunter schrieb Goya: «Göttliche Vernunft, verschone niemanden.»[116] Eine andere zeigt Mönche, die ihre Kutten wegwerfen[117], eine weitere einen betenden Mönch, dem Goya das Gesicht eines Irren gegeben hat[118]. Im *Inquisitionsgericht*[119] schildert er in düstern Farben, wie erbarmungswürdige Opfer durch kalte obrigkeitliche Gewalt abgeurteilt werden. Er zeigt einen in Ketten geschlagenen Juden im Kerker der Inquisition; der Begleittext lautet: «Zapata, dein Ruhm wird ewig währen»[120]. War dies eine Anspielung auf Voltaires *Fragen Zapatas*? Auf neunundzwanzig Tafeln stellte er ebenso viele Opfer der Inquisition dar, die die verschiedensten Strafen leiden mußten[121]. Den Schluß der Reihe bildete eine triumphierende Figur, unter der zu lesen war: «Göttliche Freiheit!»[122] All dem zum Trotz bekreuzte Goya sich bis zum Ende seiner Tage wie ein frommer Christ, rief Christus und die Heiligen an und setzte an den Anfang eines jeden seiner Briefe ein Kreuz. Vielleicht waren dies Überbleibsel von Gewohnheiten, die er in seiner Jugend angenommen hatte.

4. Revolution

War Goya ein Revolutionär? Nein. Er war nicht einmal ein Republikaner. Weder in seinen Bildern noch in seinen Briefen findet sich ein Hinweis darauf, daß er den Sturz der spanischen Monarchie herbeiwünschte. Er band seine Person und sein Geschick an Karl III., Karl IV., Godoy und Joseph Bonaparte und unterhielt die freundlichsten Beziehungen zum Adel und zum Hof. Aber er hatte auch erfahren, was Armut ist, er begegnete ihr täglich, wenn er um sich blickte, und die bittere Not des Volkes, die ihrerseits die Quelle von Unwissenheit und Aberglauben war, sowie die stillschweigende Tolerierung der Armut als einer natürlichen Folge der Ungleichheit unter den Menschen durch die Kirche empörten ihn aufs tiefste. Die Hälfte seiner Kunst stand im Dienste der Reichen, die andere Hälfte war ein Schrei nach Gerechtigkeit für die Armen, ein Protest gegen die Barbarei der Gesetze, gegen die Inquisition, gegen den Krieg. Er war ein loyaler Untertan in seinen Porträts, ein Katholik in seinen Heiligenbildern, ein Rebell in seinen Zeichnungen. In diesen brach sich der Haß, den Ungerechtigkeit, Volksverdummung, Aberglauben, Grausamkeit in ihm erregten, mit leidenschaftlicher Wildheit Bahn. Eine seiner Zeichnungen zeigt einen auf die Folterbank gespannten Mann und trägt die Unterschrift: «Weil er die Erdumdrehung entdeckte»; auf einer anderen ist eine Frau zu sehen, die in den Fußblock geschlossen wurde, «weil sie Sympathie für die Sache der Liberalen zeigte».

Wer waren jene Spanier, die sich selbst Liberale nannten? Offenbar waren sie die ersten, die diesen Namen als Bezeichnung für ihre Partei gebrauchten. Sie wollten damit andeuten, daß sie nach Freiheit strebten – Freiheit des Geistes von Bevormundung, des Körpers von Erniedrigung, der Seele von Tyrannei. Sie hatten das von der französischen Aufklärung verbreitete Licht freudig begrüßt und hießen nunmehr (1807) die Ankunft einer französischen Armee auf spanischem Boden willkommen. In der Tat erblickte halb Spanien in den Franzosen seine Befreier, und kein Protest wurde laut, als Karl IV. abdankte und sein Sohn unter dem Schutze von Murats Soldaten als Ferdinand VII. den Thron bestieg. Goya malte gleich ein Bildnis des neuen Herrschers.

Aber die Stimmung im Volke schlug um, und Goya änderte seine Meinung, als Napoleon Karl IV. und Ferdinand VII. nach Bayonne beorderte, beide absetzte, den einen nach Italien, den anderen nach Frankreich verbannte und seinen Bruder Joseph auf den spanischen Königsthron setzte. Eine aufgewühlte Volksmenge versammelte sich vor dem königlichen Palast. Murat befahl seinen Truppen, den Platz zu säubern. Die Menge floh, strömte aber wieder, diesmal zwanzigtausend Menschen stark, auf der Plaza Mayor zusammen. Als französische und Mameluckentruppen sich gegen die Plaza hin in Bewegung setzten, wurde aus Fenstern und Torbögen auf sie gefeuert; dadurch in Wut versetzt, erstürmten sie die Häuser und töteten, was ihnen in den Weg trat. Zwischen den Truppen und der Menge entspann sich ein Kampf, der den ganzen Tag dauerte: der berüchtigte *Dos de Mayo* (2. Mai 1808). Hunderte von Männern und Frauen verloren das Leben. Goya verfolgte den Kampf aus nächster Nähe und sah einen Teil des Massakers[123]. Am folgenden Tag, dem 3. Mai, wurden dreißig Gefangene des Vortags durch ein Exekutionskommando hingerichtet, und jeder Einwohner, der mit einer Waffe in der Hand angetroffen wurde, teilte ihr Schicksal. Nunmehr erhob sich praktisch ganz Spanien gegen die französischen Eindringlinge. Eine Provinz nach der anderen wurde vom Fieber des Befreiungskrieges erfaßt, den beide Seiten zu ihrer Schande mit bestialischer Grausamkeit führten. Goya sah manche von diesen Greueltaten, und die Erinnerung daran verfolgte ihn bis an sein Lebensende. 1811 glaubte er, das Äußerste befürchten zu müssen, und machte sein Testament. 1812 starb Josefa. 1813 nahm Wellington Madrid, und Ferdinand wurde wieder König.

Goya feierte Spaniens Triumph, indem er zwei seiner berühmtesten Gemälde schuf (1814)[124]. Das erste, *Dos de Mayo* (Der Kampf mit den Mamelucken am 2. Mai 1808 in Madrid), war eine Wiedergabe dessen, was er von dem Kampf zwischen dem Volk von Madrid und den französischen und mameluckischen Truppen gesehen, gehört oder geträumt hatte. Den Mamelucken räumte er den Platz im Mittelpunkt seines Bildes ein, denn ihre Anwesenheit hatte in der Erinnerung der Spanier den erbittertsten Widerstand ausgelöst. Ob die dargestellte Szene genau der historischen Wirklichkeit entspricht, ist eine müßige Frage; es genügt, daß sie kraftvoll und brillant gemalt ist, angefangen beim abgestuften Farbenspiel auf dem Leib des Pferdes, das den fallenden Mamelucken getragen hat, bis zu dem Ausdruck auf den Gesichtern der Menschen, die von Blutgier und Todesangst zugleich verzerrt sind. Vielleicht noch packender ist das Zwillingsbild, *Die Erschießung der Aufständischen am 3. Mai 1808 in Madrid,* das das französische Hinrichtungskommando im Augenblick der Hinrichtung der Gefangenen zeigt. Nirgends hat Goya die Mischung aus Todesgrauen und trotziger Auflehnung, wie sie in der im Mittelpunkt des Bildes stehenden Figur zum Ausdruck kommt, überzeugender dargestellt.

Goya, immer noch ein pensionierter *pintor de cámara,* aber nicht länger ein Günstling des Hofes, zog sich, verwitwet, von seinen ehemaligen Auftraggebern vergessen, durch seine Taubheit behindert, in die Traumwelt seiner Kunst zurück. Um 1812 entstand seine vielleicht packendste Radierung: *Der Riese*[125] – Mars, der von seinen kriegerischen Triumphen ausruht, ein Herkules mit dem Gesicht von Kaliban, am Rande der Erde hockend. Schon seit 1810 hatte Goya kleine Skizzen entworfen, die er später radierte und drucken ließ und denen er den Titel *Die unheilvollen Folgen von Spaniens blutigem Krieg gegen Napoleon und andere Caprichos* gab. Aber er wagte nicht, diese fünfundachtzig Zeichnungen zu veröffentlichen. Er vermachte sie seinem Sohn, und dessen Sohn verkaufte sie der Akademie von San Fernando, welche sie 1863 unter dem Namen *Los Desastres de la Guerra* der Öffentlichkeit zugänglich machte.

Es sind keine der üblichen Schlachtszenen, in denen auf kaum verhüllte Weise das Töten verherrlicht wird; es sind Visionen des Grauens und der Grausamkeit, in denen die schwachen Hemmungen der Zivilisation in der Wut des Kampfes und im Blutrausch in Vergessenheit geraten. Man erblickt brennende Häuser, die über ihren Bewohnern zusammenstürzen; Frauen, die sich, mit Steinen, Piken, Flinten bewaffnet, in den Kampf stürzen; Frauen, die geschändet werden; Männer, die, an Pfähle gebunden, einem Hinrichtungskommando gegenüberstehen; Menschen, denen ein Bein, ein Arm, der Kopf fehlt; einen Soldaten, der einem Wehrlosen die Genitalien abschneidet[126]; Leiber, die auf scharfe Baumstümpfe oder -äste gepfählt sind; Kinder, die entsetzensvoll zusehen, wie ihre Eltern abgeschlachtet werden; Frauen, die noch im Tode ihre Kinder an die Brust pressen; Leichen, in Gruben zu Haufen geschichtet; Geier, die sich an Menschenfleisch gütlich tun. Diesen Visionen fügte Goya sardonische Schlagzeilen hinzu: «Dafür wurdet ihr geboren»[127]; «Dies sah ich»[128]; «So war es»[129]; «Die Toten begraben und schweigen»[130]. Am Schluß stehen ein Bild der Verzweiflung und ein Bild der Hoffnung: Nummer neunundsiebzig stellt eine weibliche Gestalt dar, die zwischen Totengräbern und Priestern zu Boden sinkt, und ist betitelt: «Die Wahrheit stirbt»; aber Nummer achtzig zeigt sie von strahlendem Licht umgeben und fragt: «Wird sie auferstehen?»

5. *Decrescendo*

Im Februar 1819 erwarb Goya ein Landhaus am jenseitigen Ufer des Manzanares. Es lag im Schatten von Bäumen, und obgleich er das Murmeln des Baches, der das Grundstück durchquerte, nicht hören konnte, war er doch empfänglich für die Lektion, die das munter und stetig fließende Wasser ihm erteilte. Die Nachbarn nannten das Haus *La Quinta del Sordo* («Das Landhaus des Tauben»). Da Javier geheiratet und einen eigenen Hausstand gegründet hatte, nahm Goya Doña Leocadia Weiss als Haushälterin und Gefährtin zu sich. Sie hatte ein lebhaftes und lautes Wesen, aber ihre Gesprächigkeit tat Goya nicht weh. Sie brachte zwei Kinder mit sich – einen Knaben, Guillermo, und ein munteres kleines Mädchen, María del Rosario, das der Herzenstrost des Künstlers an der Neige seines Lebens wurde.

Er bedurfte dringend einer solchen Aufmunterung, denn sein Geist war dem Wahnsinn bedenklich nahe. Nur von daher lassen sich die *pinturas negras*, die «schwarzen

Bilder», erklären, mit denen er die Wände des Hauses, das sein Asyl war, bedeckte. Er malte hauptsächlich in Schwarz und Weiß, als wolle er damit die Verdüsterung seines Gemütes kundtun. Und der Nebelhaftigkeit seiner Visionen entsprechend, gab er den Formen seiner Zeichnungen keine bestimmten Umrisse, sondern hielt mit rasch aufgesetzten Farbflecken die flüchtigen Traumbilder, die ihn bedrängten, fest. An der einen langen Seitenwand stellte er die *Wallfahrt zum heiligen Isidor* dar. Es war die gleiche Szene, die er einunddreißig Jahre früher, 1788, als fröhliches Volksfest gemalt hatte; nunmehr wurde sie unter seinen Händen zu einem wüsten Panorama viehisch betrunkener Fanatiker. Noch scheußlicher waren die an der gegenüberliegenden Wand erscheinenden Figuren des *Hexensabbats,* die einem riesigen schwarzen Geißbock, der Gott und Satan zugleich war, ihre widerliche Anbetung erwiesen. Am entfernten Ende des Raumes ragte die grausigste Gestalt, die die Geschichte der Kunst kennt, empor: *Saturn verschlingt eines seiner Kinder* – ein Riese, der im Begriff steht, ein nacktes Kind zu fressen. Der Kopf und ein Arm sind schon verschwunden, und er macht sich, von Blute triefend, über den zweiten her[131]. Möglicherweise sollte sie das krankhafte Sinnbild krankhaften Nationalstolzes sein, der die Völker dem Kriege aufopfert. Diese Bilder stellten die Visionen eines Mannes dar, der von dämonischen Vorstellungen heimgesucht wird und sich ihrer nicht anders erwehren kann, als daß er sie mit wütender Besessenheit auf die Wände bannt.

1823 mußte Leocadia, die in freimaurerische Umtriebe verwickelt und von Verhaftung bedroht war, mit ihren Kindern nach Bordeaux fliehen. Goya, der mit den Schreckensbildern, die er gemalt hatte, allein zurückblieb, beschloß, ihr zu folgen. Aber wenn er ohne königliche Bewilligung reiste, lief er Gefahr, des Salärs, das ihm von Amtes wegen als *pintor de cámara* ausbezahlt wurde, verlustig zu gehen. So erbat er einen mehrmonatigen Urlaub für eine Badekur in Plombières, der ihm gewährt wurde. Er überschrieb die Quinta del Sordo auf seinen Enkel Mariano und machte sich im Juni 1824 auf den Weg nach Bordeaux, wo Leocadia und María del Rosario ihn erwarteten und wo er seine restlichen Jahre zubrachte.

Als er seinen Tod herannahen fühlte, wurde die Liebe zu seinem Enkel zum beherrschenden Impuls seines Gemütes. Er setzte dem Knaben eine Rente aus und anerbot sich, für die Kosten aufzukommen, wenn Javier ihn nach Bordeaux bringen würde. Javier war nicht abkömmlich, aber er sandte Frau und Sohn. Als sie ankamen und Goya sie begrüßte, war seine Erregung so groß, daß er zusammensank und auf sein Bett getragen werden mußte. Seinem Sohne schrieb er: «Mein lieber Javier, ich möchte Dir nur sagen, daß diese ganze Freude für mich zu viel war ... Gott gebe, daß Du kommen und sie holen kannst, dann wird mein Freudenbecher voll sein.»[132] Am nächsten Morgen hatte er keine Stimme mehr, und sein halber Körper war gelähmt. Er lebte noch dreizehn Tage, mit Ungeduld Javiers Ankunft erwartend, jedoch vergeblich. Am 16. April 1828 verschied er. Im Jahre 1899 wurden seine Überreste von Bordeaux nach Madrid gebracht und dort vor dem Altar von San Antonio de la Florida beigesetzt, in jener Kirche, unter deren Kuppel er, hundertundein Jahr zuvor, die Freuden und die Schmerzen, die Lust und die Qual seines Volkes im Bilde festgehalten hatte.

VIERTES KAPITEL

Vale Italia

[1760–1789]

I. EINE ABSCHIEDSREISE

Wenn wir nun unseren Blick von neuem auf Italien richten, finden wir es, selbst in dieser scheinbaren Siestaruhe, erfüllt von pulsierendem Leben: Turin fördert und feiert Alfieri, Lucca veröffentlicht Diderots *Encyclopédie;* Florenz gelangt zu neuer Blüte unter Großherzog Leopold; Mailand erlebt die Reformierung seiner Gesetzgebung durch Beccaria; Pavia und Bologna beobachten mit Spannung die Experimente Voltas und Galvanis; Venedig erduldet die Abenteuer Casanovas; Neapel trotzt der Macht des Papsttums; Rom wird durch die Tragödie der Jesuiten erschüttert, und hundert Zuchtstätten der Musik exportieren Opern und Virtuosen, die Länder jenseits der Alpen zu erobern. Wir begegnen in Italien hunderttausend Ausländern, die gekommen sind, seine Kunstschätze zu studieren und in seiner Sonne zu baden. Hierher kam um diese Zeit, der steifen Würde Weimars überdrüssig, Goethe, um seine Jugend zu erneuern und seine Muse in klassische Zucht zu nehmen.

Goethes erster Eindruck, als er nach Übersteigung der Alpen in die Venezia Tridentina kam (September 1786), war die einer milden und klaren Luft. «Ein solches Übergefühl des Daseins verleiht ein mildes Klima auch der Armut.»[1] Und als nächstes fiel ihm auf, daß die Menschen im Freien lebten. «Sie sind immer draußen, und in ihrer Sorglosigkeit denken sie an nichts», als zu leben. Er glaubte, daß der fruchtbare Boden alles hervorbringe, die bescheidenen Bedürfnisse dieser einfachen Menschen zu befriedigen. Doch die Armut und der Mangel an sanitären Einrichtungen in den kleineren Städten entsetzten ihn.

«Als ich den Hausknecht nach einer gewissen Gelegenheit fragte, deutete er in den Hof hinunter. '*Qui abasso puo servirsi!*' Ich fragte: '*Dove?*' – '*Da per tutto, dove vol!*' antwortete er freundlich ... Vorhöfe und Säulengänge sind alle mit Unrat besudelt, und es geht ganz natürlich zu.»[2]

Gewöhnung der Sinne versöhnte ihn allmählich mit den Übelständen.

Venedig ging ausgelassen dem Verfall seiner Sitten entgegen. Um 1778 beschrieb Carlo Gozzi in übertreibender Entrüstung das, was ihm als allgemeine Auflösung der Moral erschien:

«Das Schauspiel von Frauen, die sich in Männer, von Männern, die sich in Frauen, und von Männern und Frauen, die sich in Affen verwandeln; alle versunken ... im Taumel der Mode, einander verderbend und verführend mit dem Eifer von Hunden auf der Fährte, wetteifernd in ihrer Wollust und zerstörerischen Verschwendung ... Weihrauch verbrennend ... zu Ehren des Priapus.»[3]

1797 geißelte er den Verfall der Philosophie:

«Die Religion, dieser heilsame Zügel der menschlichen Leidenschaft, ist ... Zielscheibe des Spotts geworden. Ich bin der Ansicht, daß der Galgen der Gesellschaft zum Nutzen gereicht, da er ein Instrument zur Bestrafung des Verbrechens und zur Abschreckung möglicher Verbrecher ist. Doch unsere neumodischen Philosophen haben den Galgen als ein tyrannisches Vorurteil bezeichnet, und indem sie dies taten, haben sie die Morde auf den Landstraßen, Raubüberfälle und Gewaltakte um ein Hundertfaches vermehrt ...

Es wurde für ein muffiges und barbarisches Vorurteil erklärt, die Frauen im Hause zu halten zur Überwachung ihrer Söhne und Töchter ..., ihrer häuslichen Arbeiten und ihrer Wirtschaft. Plötzlich strömten die Frauen hinaus, rasend wie Bacchantinnen und rufend: 'Freiheit! Freiheit!' Sie überschwemmten die Straßen ... Inzwischen ergaben sie sich in ihrem verschwommenen Denken Modetorheiten, frivolen Erfindungen ... Vergnügungen, Liebschaften, der Koketterie und allerlei Arten von Unsinn ... Die Ehemänner hatten nicht den Mut, sich diesem Ruin ihrer Ehre, ihres Vermögens, ihrer Familien zu widersetzen. Sie hatten Angst, mit dem gefürchteten Wort Vorurteil lächerlich gemacht zu werden ... Moral, Bescheidenheit und Keuschheit erhielten den Namen Vorurteil ... Als alle diese sogenannten Vorurteile in die Flucht geschlagen worden waren, ... kamen große und bemerkenswerte Verwundungen zum Vorschein: ... Gottlosigkeit, Mangel an jeglichem Respekt und jeglicher Ehrfurcht, ins Gegenteil verkehrte Gerechtigkeit, ... die Ermutigung und Entschuldigung von Verbrechern, Überhitzung der Phantasie, Überspitzung der Sinne, Vertiertheit, Frönen jeglicher Lust und Leidenschaft, verschwenderischer Luxus ..., Bankrotte ..., Ehebrüche.»[4]

Natürlich waren die Ursachen des Verfalls wirtschaftlicher und militärischer Natur. Venedig besaß nicht mehr den Reichtum, seine frühere Macht zu verteidigen. Hingegen war sein Rivale Österreich militärisch so stark geworden, daß er alle Landzugänge zu den Lagunen beherrschte und einige seiner Feldzüge auf dem Boden der neutralen, doch hilflosen Republik ausfocht.

Am 9. März 1789 wurde Lodovico Manin zum Leiter der Regierung gewählt – als letzter von hundertzwanzig Dogen, die in eindrucksvoller Kontinuität seit 697 über Venedig geherrscht hatten. Er war ein Mann von großem Reichtum und kleinem Charakter, doch Armut und Mut hätten seine Tragödie nicht verhindert. Vier Monate später fiel die Bastille, die Religion der Freiheit nahm die Phantasie Frankreichs gefangen, und als diese Religion mit den Legionen Napoleons die Grenzen überschritt, überschwemmte sie fast ganz Italien mit den Wellen ihrer Begeisterung. Mit der Begründung, österreichische Truppen hätten venezianisches Territorium benutzt, und mit der Beschuldigung, Venedig habe heimlich seine Feinde unterstützt, zwang der siegreiche Korse, gestützt auf achtzigtausend Soldaten, der Königin der Adria eine von ihm ernannte provisorische Regierung auf (12. Mai 1797). An diesem Tage dankte der Doge Manin ab und übergab seine Dogenmütze einem Diener mit den Worten: «Nimm sie, ich werde sie nicht mehr brauchen.»[5] Wenige Tage später starb er. Am 16. Mai besetzten französische Truppen die Stadt. Am 17. Oktober unterzeichnete Bonaparte in Campoformio einen Vertrag, der Venedig und fast seine gesamten territorialen Besitzungen an Österreich übertrug im Austausch für österreichische Konzessionen an Frankreich in Belgien und am linken Rheinufer. Dies geschah genau elfhundert Jahre nachdem der erste Doge gewählt worden war, die Lagunen zu regieren und zu verteidigen.

Parma war ein spanisches Protektorat, doch sein Herzog, Don Felipe, Sohn Philipps V. und Isabella Farneses, heiratete Louise-Elisabeth, Tochter Ludwigs XV. Er übernahm ihre kostspieligen Gewohnheiten und machte seinen Hof zu einem kleinen Versailles. Parma wurde ein Zentrum der Kultur, in dem sich fröhlich kosmopolitische Lebensarten mischten. «Es schien mir», sagte Casanova, «als sei ich nicht in Italien; alles sah nach jenseits der Alpen aus. Ich hörte die Passanten miteinander französisch oder spanisch sprechen.»[6] Ein aufgeklärter Minister, Guillaume du Tillot, führte im Herzogtum fortschrittliche Reformen durch. Hier wurden einige der besten Textilien, Kristalle und Porzellane hergestellt.

Mailand erlebte jetzt eine industrielle Expansion, die in bescheidenem Maße seine wirtschaftliche Vormachtstellung im heutigen Italien vorzeichnete. Die österreichische Herrschaft gab der örtlichen Fähigkeit und Unternehmungslust freien Spielraum. Graf Karl Joseph von Firmian, Gouverneur der Lombardei, kooperierte mit einheimischen Führern bei der Verbesserung der Verwaltung und beschnitt die bedrückende Macht feudaler Barone und städtischer Oligarchen. Eine Gruppe liberaler Volkswirtschafter, angeführt von Pietro Verri, Cesare Bonesana di Beccaria und Giovanni Carli, übernahmen die Prinzipien der Physiokraten, schafften die Steuern auf den Binnenhandel ab, beendeten die Verpachtung der Staatseinkünfte und verteilten die Lasten durch Besteuerung des Kircheneigentums. Die Textilindustrie wuchs, bis sie 1785 neunundzwanzig Firmen umfaßte, die 1384 Webstühle betrieben. Das Land wurde vermessen, der Staat finanzierte Bewässerungsprojekte, die Bauern arbeiteten fleißig aus eigener Initiative. In den einundzwanzig Jahren zwischen 1749 und 1770 wuchs die Bevölkerung des Herzogtums von neunzigtausend auf hundertdreißigtausend an[7]. In dieser Periode mailändischer Heiterkeit baute die Gemeinde das Teatro alla Scala (1776–1778), das dreitausendsechshundert Zuschauer in seine palastartig geschmückten Räume aufnehmen konnte und Gelegenheiten zu Unterhaltung, zum Essen, zum Kartenspiel und zum Schlafen bot; und, alles überragend, wurde ein Wasserreservoir installiert, dazu bestimmt, jedes ausbrechende Feuer zu löschen. Hier feierten jetzt Cimarosa und Cherubini nachhaltige Triumphe.

Es war das heroische Zeitalter Korsikas. Diese gebirgige Insel war bereits überfüttert mit Geschichte. Die Phokäer aus Kleinasien hatten gegen 560 vor Christus hier eine Kolonie gegründet. Sie wurden von den Etruskern besiegt, diese von den Karthagern, diese von den Römern, diese von den byzantinischen Griechen, diese von den Franken, diese von den Muslims, diese von den toskanischen Italienern, diese von den Pisanern und diese schließlich von den Genuesen (1347). Zwei Drittel der Bevölkerung starben in diesem Jahrhundert an der Schwarzen Pest. Unter genuesischer Herrschaft fielen die Korsen, heimgesucht von Pestilenz und Piratenüberfällen, ausgeschlossen von höheren Ämtern, unerträglich besteuert, in einen halb barbarischen Zustand zurück, in dem blutige Vendetta das einzige geachtete Gesetz war. Wiederkehrende Revolten scheiterten infolge mörderischer Stammesfehden und mangels fremder Hilfe. Genua, das gegen österreichische Armeen um seine eigene Existenz kämpfte, ersuchte Frankreich um Hilfe bei der Aufrechterhaltung der Ordnung auf Korsika; Frankreich entsprach dem Ersuchen aus Furcht, die Insel könnte von den Briten als Zitadelle zur Beherrschung des Mittelmeers erobert werden, und französische Truppen besetzten Ajaccio und andere korsische Festungen (1739–1748). Als der Friede gesichert schien, zogen sich die Franzosen zurück, Genua übernahm wieder die Herrschaft, und die historische Revolte Paolis begann.

Pasquale di Paoli nahm die Heldentaten Garibaldis um ein Jahrhundert vorweg. Lord Chatham nannte ihn «einen jener Männer, die man nur noch auf den Seiten Plutarchs findet»[8]. 1725 als Sohn eines korsischen Rebellen geboren, folgte er seinem Vater ins Exil, studierte in Neapel unter dem liberalen Volkswirtschafter Genovesi, diente in der napolitanischen Armee, kehrte nach Korsika zurück (1755) und wurde auserwählt, eine Rebellion gegen Genua zu leiten. In zwei Jahren des Kampfes gelang es ihm, die Genuesen aus allen bis auf wenige an der Küste gelegenen Städten zu vertreiben. Zum Oberhaupt der neuen Republik gewählt (1757–1768), erwies er sich in der Gesetzgebung und Verwaltung als ebenso tüchtig, wie er sich in der Strategie und Taktik des Krieges bewährt hatte. Er führte eine demokratische Verfassung ein, unterdrückte die Vendetta, schaffte die bedrückenden Rechte der Feudalherren ab, förderte die Bildung und gründete in Corte, seiner Hauptstadt, eine Universität.

Unfähig, mit ihm fertig zu werden, verkaufte Genua am 15. Mai 1768 die Insel für zwei Millionen Francs an Frankreich. Nun mußte Paoli wiederholt gegen verstärkte französische Truppen kämpfen. Sein Sekretär und Adjutant war zu dieser Zeit Carlo Buonaparte, dem am 15. August 1769 in Ajaccio ein Sohn Napoleone geboren wurde. Von den Franzosen bei Pontenuovo (Mai 1769) besiegt, gab Paoli den hoffnungslosen Kampf auf und suchte Zuflucht in England. Hier erhielt er eine Regierungspension, wurde von Boswell gefeiert und zählte Johnson zu seinen Freunden. Die Nationalversammlung des revolutionären Frankreich rief ihn aus dem Exil zurück, begrüßte ihn als «den Helden und Märtyrer der Freiheit» und machte ihn zum Gouverneur von Korsika (1791). Doch der französische Konvent hielt ihn für nicht genügend jakobinisch gesinnt und entsandte eine Kommission, ihn abzusetzen. Britische Truppen kamen ihm zu Hilfe, aber der britische General übernahm die Herrschaft der Insel und schickte Paoli zurück nach England (1795). Napoleon entsandte eine französische Streitmacht, die Briten zu vertreiben (1796); die Inselbewohner hießen die Franzosen willkommen als Abgesandte «des Korsen». Die Briten zogen sich zurück, und Korsika unterwarf sich Frankreich.

Toscana gelangte zu neuer Blüte unter den Habsburger Großherzögen, die auf die Mediceer folgten (1738). Da sein nomineller Herrscher Franz von Lothringen als Gatte von Maria Theresia in Österreich residierte, wurde die Regierungsgewalt auf eine Regentschaft unter einheimischen Führern übertragen, die mit den Mailänder Liberalen in wirtschaftlichen Reformen wetteiferten. Sieben Jahre vor Turgots ähnlichen Versuchen in Frankreich führten sie den freien Binnenhandel in Getreide ein (1767). Als

Franz starb (1765), folgte ihm als Großherzog sein jüngerer Sohn Leopold, der sich zu dem unternehmungslustigsten und wagemutigsten der «aufgeklärten Despoten» entwickelte. Er machte der Korruption in den Ämtern ein Ende, verbesserte das Rechtswesen, die Verwaltung und das Finanzwesen, sorgte für einen gerechten Steuerausgleich, schaffte die Folter, die Vermögensbeschlagnahmung und die Todesstrafe ab, unterstützte die Bauernschaft, legte Sümpfe trocken, schaffte die Monopole ab, erweiterte den Freihandel und das freie Unternehmertum, ließ Selbstverwaltung in den Gemeinden zu und bereitete eine halbdemokratische Verfassung für das Herzogtum vor. Goethe war stark beeindruckt von der verhältnismäßigen Sauberkeit der toskanischen Städte, dem guten Zustand der Straßen und Brücken, der Schönheit und Großartigkeit der öffentlichen Bauten[9]. Leopolds Bruder Joseph unterstützte, nachdem er Kaiser geworden war, Leopold bei der Abschaffung der meisten feudalen Privilegien in Toscana, bei der Schließung vieler Klöster und bei der Beschränkung der Macht des Klerus.

Bei seinen kirchlichen Reformen erhielt Leopold starke Unterstützung von Scipione de' Ricci, dem Bischof von Pistoia und Prato. Ein strenger Brauch in Toscana verlangte von allen Frauen ohne Mitgift, daß sie den Schleier nahmen; Ricci schloß sich dem Großherzog an in der Forderung nach Heraufsetzung des Mindestalters für die Ablegung der Gelübde und nach Umwandlung vieler Klöster in Schulen für Mädchen. Die weltliche Bildung wurde durch die Ersetzung von Jesuitenschulen durch Laienschulen gefördert. Ricci las die Messe auf Italienisch und bekämpfte den Aberglauben, sehr zum Mißvergnügen des Volkes. Als das Gerücht umging, er beabsichtige, den berühmten «Gürtel der Jungfrau» in Prato als falsch zu entfernen, rottete das Volk sich zusammen und plünderte den bischöflichen Palast. Dennoch berief Ricci eine Diözesansynode ein, die 1786 in Pistoia tagte und Grundsätze verkündete, welche die «Gallikanischen Artikel» von 1682 bestätigten: daß die weltliche Macht unabhängig ist von der geistlichen (das heißt der Staat ist unabhängig von der Kirche) und daß der Papst sogar in Sachen des Glaubens fehlbar ist.

Leopold lebte einfach und war beliebt wegen seines bescheidenen Auftretens. Doch als im Verlauf seiner Regierung die Feindseligkeit der Orthodoxen wuchs, wurde er mißtrauisch und verschlossen und benutzte zahlreiche Spione, nicht nur seine Feinde, sondern auch seine Helfer zu bewachen. Joseph riet ihm von Wien aus: «Laß dich manchmal von ihnen betrügen, anstatt dich so ständig und vergeblich zu quälen.»[10] Als Leopold Florenz verließ, um die Nachfolge Josephs als Kaiser anzutreten (1790), triumphierten in Toscana die Kräfte der Reaktion. Ricci wurde 1794 von Papst Pius VI. verurteilt und eingekerkert (1799–1805), bis er seine Ketzereien widerrief. Der Anbruch der Napoleonischen Regierungszeit (1800) brachte die Liberalen wieder an die Macht.

Goethe reiste eilig durch Toscana nach Rom. Hören wir, was er am 1. November 1786 schreibt:

«Ich bin endlich in dieser Hauptstadt der Welt angelangt ... über das Tiroler Gebirg' bin ich gleichsam weggeflogen ... Die Begierde, nach Rom zu kommen, war so groß ..., daß kein Bleiben mehr war und ich mich nur drei Stunden in Florenz aufhielt. Nun bin ich hier – ruhig –, wie es scheint auf mein ganzes Leben beruhigt. Denn es geht, man darf wohl sagen, ein neues Leben an, wenn man das ganze mit Augen sieht, das man theilweise in- und auswendig kennt. Alle meine Träume meiner Jugend seh' ich nun lebendig.»[10a]

Welch schwindelerregende Mischung war dieses Rom des 18. Jahrhunderts, wimmelnd von Bettlern und Adligen, Kardinälen und *castrati,* Bischöfen und Prostituierten, Mönchen und Händlern, Jesuiten und Juden, Künstlern und Verbrechern, *bravi* und Heiligen, und Touristen, die bei Tage nach Antiquitäten suchten und bei Nacht nach *cortigiane.* Hier, innerhalb der achtzehn Kilometer langen Stadtmauern, gab es heidnische Amphitheater und Triumphbögen, Paläste und Brunnen der Renaissance, dreihundert Kirchen und zehntausend Priester, hundertsiebzigtausend Menschen und, rund um die Vatikanzitadelle der katholischen Christenheit, das unruhigste, gesetzloseste und antiklerikalste Volk der christlichen Welt. Gemeine Schmähschriften gegen die Kirche wurden in den Straßen feilgeboten, Spaßmacher parodierten auf öffentlichen Plätzen die heiligsten Zeremonien der Messe. Vielleicht hat Winckelmann, eine schüchterne und zarte Seele, ein bißchen übertrieben:

«Bey Tage ist es ziemlich ruhig in Rom, aber des Nachts ist der Teufel los. In der großen Freyheit und impunité, die hier herrscht, und bey der Nachlässigkeit aller Policey, währet das Schreyen, Schießen, Schwärmer werffen und die Lustfeuer auf allen Gaßen die gantze Nacht hindurch ... Der Straßenpöbel ist ungezähmt und der Gouverneur ist müde worden, verweisen und hängen zu laßen.»[11]

Mehr noch als Paris war Rom eine Weltstadt, in der Künstler, Gelehrte, Dichter und Touristen sich mit Prälaten und Fürstinnen in den Salons, den Galerien und den Theatern mischten. Hier verkündeten Winckelmann und Mengs das Wiedererwachen des klassischen Stils. Hier bemühten sich die beunruhigten und bedrängten Päpste, das verarmte Volk mit Brot und Segen zu besänftigen, Botschafter zurückzuhalten, welche die Auflösung des Jesuitenordens forderten, und das ganze Gebäude der Christenheit vor dem Zusammensturz unter dem Vormarsch der Wissenschaft und den Angriffen der Philosophie zu retten.

Doch reisen wir mit Goethe weiter nach Neapel. Er glaubte, nie eine solche Lebensfreude gesehen zu haben.

«Wenn man in Rom gern studieren mag, so will man hier nur leben; man vergißt sich und die Welt, und für mich ist es eine wunderliche Empfindung, nur mit genießenden Menschen umzugehen ... Hier wissen die Menschen gar nichts voneinander, sie merken kaum, daß sie nebeneinander hin und her laufen. Sie rennen den ganzen Tag in einem Paradies hin und wider, ohne sich viel umzusehen, und wenn der benachbarte Höllenschlund zu toben anfängt, hilft man sich mit dem Blute des heiligen Januarius, wie sich die übrige Welt gegen Tod und Teufel auch wohl mit – Blute hilft oder helfen möchte.»[12]

Karl IV. hatte, als er 1759 Neapel verließ, um nach Spanien zu gehen, das Königreich Neapel und Sizilien seinem acht Jahre alten Sohn Ferdinand IV., mit dem Marchese di Tanucci als Regenten, hinterlassen. Tanucci setzte den Krieg gegen die Kirche, den er unter Karl begonnen hatte, fort. Er schloß viele Klöster und folgte willig der

Anweisung Karls III. von Spanien, die Jesuiten zu vertreiben. Kurz nach zwölf Uhr in der Nacht vom 3. zum 4. November 1767 verhafteten Soldaten alle Mitglieder des Ordens in seinem Machtbereich und brachten sie, nur mit den Kleidern, die sie am Leibe trugen, zum nächsten Hafen oder zur nächsten Grenze, von wo aus sie in den Kirchenstaat deportiert wurden.

Als Ferdinand IV. sechzehn Jahre alt wurde (1767), endete Tanuccis Regentschaft. Ein Jahr später heiratete er Maria Carolina, die fromme Tochter Maria Theresias. Sie beherrschte bald ihren Gatten und führte eine reaktionäre Bewegung gegen Tanuccis antiklerikale Politik an. Die Reformen des Marchese hatten die napolitanische Monarchie gegen die Feudalherren und die Kirche gestärkt, doch sie hatten wenig getan, die Armut zu mildern, die dem Volk keine andere Hoffnung ließ als die auf ein anderes Leben.

Auf Sizilien vollzog sich eine ähnliche Entwicklung. Die Errichtung der Kathedrale von Palermo (1782–1802) war für das Volk von weitaus größerer Bedeutung als der Versuch des Domenico di Caraccioli, die Feudalherren zu zähmen, die das Land beherrschten. Er war viele Jahre napolitanischer Botschafter in London und Paris gewesen und hatte Protestanten und Philosophen gelauscht. Zum Vizekönig von Sizilien ernannt (1781), belegte er die großen Landbesitzer mit hohen Steuern, beschränkte ihre Feudalrechte über ihre Leibeigenen und nahm ihnen das Privileg, die lokalen Beamten zu ernennen. Doch als er es wagte, einen Fürsten einzukerkern, der Banditen beschützte, und die Feiern zu Ehren der Schutzheiligen von Palermo, der heiligen Rosalia, um zwei Tage kürzte, erhoben sich alle Klassen gegen ihn, und er kehrte geschlagen nach Neapel zurück (1785)[13]. Die Philosophen hatten noch nicht bewiesen, daß sie die Bedürfnisse und die Natur des Menschen besser verstanden als die Kirche.

II. PÄPSTE, KÖNIGE UND JESUITEN

Die Macht der katholischen Kirche beruhte auf dem natürlichen Offenbarungsglauben der Menschheit, der Anerkennung und Sublimierung sinnlicher Impulse und heidnischer Überreste, der Ermutigung der katholischen Fruchtbarkeit und der Einimpfung einer Theologie, die reich war an Poesie und Hoffnung, nützlich für moralische Disziplin und soziale Ordnung. In Italien war die Kirche auch die Hauptquelle des Nationaleinkommens und ein bewährtes Mittel, ein Volk zu beherrschen, das besonders abergläubisch, leidenschaftlich und heidnisch war. Der Aberglaube blühte; noch 1787 wurden in Palermo Hexen verbrannt – und den vornehmen Damen, die dem Schauspiel beiwohnten, wurden Erfrischungen serviert[14]. Heidnische Glaubensvorstellungen, Bräuche und Zeremonien hielten sich unter der freundlichen Duldung der Kirche. Es «trat mir so lebhaft vor die Seele, daß vom ursprünglichen Christentum alle Spur verloschen ist», schrieb Goethe in Rom[15]. Es gab jedoch noch viele echte Christen in der Christenheit und auch in Italien. Conte Caisotti di Chiusano, Bischof von Asti, verzichtete auf sein reiches Erbteil, lebte in freiwilliger Armut und reiste nur zu Fuß. Bischof Testa von Monreale schlief auf Stroh, aß gerade so viel, wie er brauchte, um am Leben zu bleiben, behielt nur dreitausend Lire von seinen Einkünften für seine persönlichen Bedürfnisse und stiftete den Rest für öffentliche Bauten und die Armen[16].

Die Kirche reagierte auf ihre Weise auf die Aufklärung. Die Werke von Voltaire, Rousseau, Diderot, Helvétius, Holbach und La Mettrie sowie anderer Freidenker wurden natürlich auf den Index Expurgatorius gesetzt, doch man konnte vom Papst die Erlaubnis erhalten, sie zu lesen. Monsignor Ventimiglio, Bischof von Catania (1757–1773), hatte in seiner Bibliothek die Gesamtausgaben von Voltaire, Helvétius und Rousseau[17]. Die Inquisition wurde in Toscana und Parma 1769 abgeschafft, in Sizilien 1782, in Rom 1809. 1783 veröffentlichte ein katholischer Priester, Tamburini, unter dem Namen seines Freundes Trauttmansdorff eine Abhandlung *Über kirchliche und zivile Duldung*, in der er die Inquisition verdammte, allen Gewissenszwang für unchristlich erklärte und für die Duldung aller Theologien außer dem Atheismus eintrat[18].

Es war das Mißgeschick der Päpste in dieser zweiten Hälfte des 18. Jahrhunderts, daß sie mit der Forderung katholischer Monarchen nach der totalen Auflösung der Gesellschaft Jesu konfrontiert wurden. Die Bewegung gegen die Jesuiten war Teil eines Machtkampfes zwischen dem triumphierenden Nationalismus des modernen Staates und dem Internationalismus eines durch die Reformation, die Aufklärung und den Aufstieg der Unternehmerklasse geschwächten Papsttums. Die katholischen Gegner der Gesellschaft bekannten sich nicht offen zu ihrem Haupteinwand, daß die Jesuiten hartnäckig an der Überlegenheit der Autorität der Päpste über die der Könige festgehalten hatten, äußerten jedoch ihren heftigen Unwillen darüber, daß eine Organisation, die außer ihrem General und dem Papst keinen Vorgesetzten anerkannte, in ihrer Wirkung innerhalb eines jeden Staates einen Agenten einer fremden Macht darstellte. Sie anerkannten die Gelehrsamkeit und Frömmigkeit der Jesuiten, ihre Beiträge zu Wissenschaft, Literatur, Philosophie und Kunst, ihre eifrige und erfolgreiche Erziehung der katholischen Jugend, ihren Heroismus in ausländischen Missionen, ihre Wiedergewinnung großer, an den Protestantismus verlorener Territorien. Doch sie beschuldigten die Gesellschaft, sie habe sich wiederholt in weltliche Angelegenheiten eingemischt, habe Handel getrieben, um materielle Gewinne zu erzielen, habe kasuistische Prinzipien verbreitet, die Unmoral und Verbrechen entschuldigten und sogar die Ermordung von Königen guthießen, sie habe heidnische Bräuche und Glaubensvorstellungen erlaubt, um unter ihren angeblichen Konvertiten in Asien zu überleben, habe andere religiöse Orden und viele Mitglieder des weltlichen Klerus durch ihre Schärfe bei Auseinandersetzungen und ihren verächtlichen Ton beleidigt. Die Botschafter der Könige von Portugal, Spanien und Neapel und Frankreich bestanden darauf, daß die päpstliche Charta der Gesellschaft widerrufen und die Organisation offiziell und universal aufgelöst werde.

Nach der Vertreibung der Jesuiten aus Portugal 1759, aus Frankreich 1764–1767, aus Spanien und Neapel 1767 konnte die Gesellschaft in Mittel- und Norditalien weiterwirken, im Österreichisch-Ungarischen Reich, im katholischen Deutschland, in

Schlesien und Polen. Am 17. Februar 1768 wurden sie aus dem bourbonischen Herzogtum Parma verbannt und vermehrten die Masse jesuitischer Flüchtlinge im Kirchenstaat. Papst Clemens XIII. protestierte, Parma sei ein päpstliches Lehen. Er drohte dem Herzog, Don Felipe, und seinen Ministern die Exkommunikation an, wenn das Vertreibungsedikt durchgeführt würde, und als sie in ihrem Entschluß beharrten, erließ er eine Bulle, durch die Rang und Titel des Herzogs für unecht erklärt und annulliert wurden. Die katholischen Regierungen von Spanien, Neapel und Frankreich eröffneten den Krieg gegen das Papsttum: Tanucci eroberte die zum Kirchenstaat gehörenden Städte Benevento und Pontecorvo, und Frankreich besetzte Avignon. Am 10. Dezember 1768 überreichte der französische Botschafter in Rom im Namen Frankreichs, Neapels und Spaniens dem Papst ein Ersuchen um Zurückziehung der Bulle gegen Parma und um Auflösung der Gesellschaft Jesu. Der sechsundsiebzig Jahre alte Papst brach unter dem Druck dieses Ultimatums zusammen. Er berief für den 3. Februar 1769 ein Konsistorium von Prälaten und Gesandten, das die Angelegenheit regeln sollte. Am 2. Februar starb er plötzlich; ein Blutgefäß in seinem Gehirn war geplatzt.

Die Kardinäle, die berufen waren, seinen Nachfolger zu wählen, spalteten sich in zwei Parteien: die *zelanti,* die vorschlugen, den Königen Trotz zu bieten, und die *regalisti,* die eine friedliche Regelung vorsahen. Da die italienischen Kardinäle fast alle *zelanti* waren und sich bald in Rom versammeln konnten, versuchten sie das Konklave zu eröffnen, bevor die regalistischen Kardinäle aus Frankreich, Spanien und Portugal ankommen konnten. Der französische Botschafter protestierte, und das Konklave wurde verschoben. Inzwischen setzte Lorenzo Ricci, der General der Jesuiten, deren Sache aufs Spiel, indem er eine Schmähschrift herausgab, welche die Autorität eines jeden Papstes, die Gesellschaft aufzulösen, in Frage stellte[19]. Im März traf Kardinal de Bernis aus Frankreich in Rom ein und begann, die Kardinäle zu bearbeiten, sie sollten einen Papst wählen, der willens war, ihre katholischen Majestäten zufriedenzustellen. Spätere Gerüchte[20], er oder andere hätten durch Bestechung oder auf andere Weise Kardinal Giovanni Ganganelli dazu verleitet, im Falle seiner Wahl eine solche Haltung einzunehmen, sind sowohl von katholischen[21] wie von antikatholischen[22] Historikern als falsch verworfen worden. Ganganelli war nach einstimmiger Meinung ein Mann von großer Gelehrsamkeit, Frömmigkeit und Integrität; doch er gehörte dem Franziskanerorden an, der oft mit den Jesuiten uneins gewesen war, sowohl in Fragen der Mission als auch in solchen der Theologie[23]. Am 19. Mai 1769 wurde er von den vierzig Kardinälen einstimmig gewählt und nahm den Namen Clemens XIV. an. Er war dreiundsechzig Jahre alt.

Er sah sich der Gnade und Ungnade der katholischen Mächte ausgeliefert. Frankreich und Neapel behielten das päpstliche Territorium, das sie in Besitz genommen hatten, Spanien und Parma verhielten sich herausfordernd, Portugal drohte, ein von Rom unabhängiges Patriarchat zu errichten, und selbst Maria Theresia, die sich bisher dem Papsttum und den Jesuiten gegenüber streng loyal verhalten hatte, jetzt jedoch ihre Autorität an ihren freidenkerischen Sohn Joseph II. verlor, beantwortete das Hilfeersuchen des Papstes mit der Ausrede, sie könne sich dem vereinten Willen so vieler Potentaten nicht widersetzen. Choiseul, der die Regierung Frankreichs beherrschte, beauftragte Bernis, dem Papst zu sagen, «wenn er nicht nachgibt, kann er alle Beziehungen mit Frankreich als beendet betrachten»[24]. Karl III. von Spanien hatte am 22. April ein ähnliches Ultimatum abgesandt. Clemens, der danach trachtete, Zeit zu gewinnen, versprach Karl, in Bälde «der Weisheit und Intelligenz Eurer Majestät einen Plan für die totale Auslöschung der Gesellschaft zu unterbreiten»[25]. Er beauftragte seine Helfer, die Archive zu befragen und die Geschichte, die Leistungen und die angeblichen Verfehlungen der Gesellschaft Jesu in einem Bericht zusammenzufassen. Er weigerte sich, der Forderung Choiseuls, sich innerhalb von zwei Monaten zu entscheiden, zu entsprechen. Er ließ sich drei Jahre Zeit, fügte sich aber schließlich.

Am 21. Juli 1773 unterzeichnete er das historische Breve *Dominus ac Redemptor Noster*. Es begann mit einer langen Liste religiöser Kongregationen, die im Laufe der Zeit vom päpstlichen Stuhl verboten worden waren. Es zählte die vielen gegen die Jesuiten erhobenen Beschuldigungen auf sowie die zahlreichen Bemühungen verschiedener Päpste, die festgestellten Mißbräuche abzustellen. «Wir haben mit bitterstem Kummer beobachtet, daß diese und andere, später gemachten Besserungsversuche weder wirksam noch streng genug waren, den Schwierigkeiten, den Beschuldigungen und den Beschwerden ein Ende zu machen.»[26] Das päpstliche Schreiben folgerte:

> «... ersehend überdies, daß die besagte Gesellschaft Jesu genügende und heilsame Früchte so wenig als die großen Vorteile gewähren kann, welcher wegen sie bestätigt und mit so vielen Privilegien versehen ward, und daß selbst wenn sie bestehen bleibt, es außerordentlich schwer, wo nicht rein unmöglich ist, der Kirche wahren und bleibenden Frieden zu schaffen ... heben Wir auf und unterdrücken Wir hiermit die besagte Gesellschaft. Wir entkleiden sie aller und jeder Ämter, jeden Dienstes, aller Verwaltung; Wir benehmen ihr ihre Häuser, Schulen, Kollegien, Hospitien, Güter, an welchem Orte, in welcher Provinz, und in welchem Reiche sie gelegen seien oder ihr angehören.»[27]

Das Breve gewährt dann jenen Jesuiten eine Pension, die noch nicht in den heiligen Stand eingetreten waren und in das Laienleben zurückzukehren wünschten. Es erlaubte Jesuitenpriestern, dem weltlichen Klerus oder einer von dem päpstlichen Stuhl genehmigten religiösen Kongregation beizutreten, und denjenigen Ordensmitgliedern, welche die letzten Gelübde abgelegt hatten, in ihren bisherigen Häusern zu bleiben unter der Voraussetzung, daß sie sich wie weltliche Priester kleideten und sich der Autorität des örtlichen Bischofs unterwarfen.

Zum größten Teil und mit Ausnahme einiger Missionare in China nahmen die Jesuiten die päpstliche Todesstrafe für ihre Gesellschaft ruhig und fügsam auf. Es wurden jedoch anonyme Schmähschriften zu ihrer Verteidigung gedruckt und in Umlauf gebracht, Ricci und mehrere seiner Anhänger wurden verhaftet auf Grund von nie bewiesenen Beschuldigungen, sie hätten mit Gegnern des Dekrets in Verbindung gestanden. Ricci starb, zweiundsiebzig Jahre alt, am 24. November 1775 im Gefängnis.

Clemens XIV. überlebte das Edikt um wenig mehr als ein Jahr. Die Gerüchte mehrten sich, in seinen letzten Monaten habe sein Verstand ausgesetzt. Körperliche Leiden, Skorbut und Hämorrhoiden plagten ihn Tag und Nacht. Von einer Erkältung, die er sich im April 1774 zugezogen hatte, erholte er sich nie. Ende August erörterten die Kardinäle bereits seine Nachfolge, und am 22. September starb Clemens.

Nach vielen Verzögerungen und Intrigen wählte das Konklave (15. Februar 1775) Giovanni Braschi zum Papst, der den Namen Pius VI. annahm. Er war mehr ein Mann von Kultur als ein Staatsmann. Er sammelte Kunstgegenstände, entzückte jedermann durch seine Freundlichkeit, verbesserte die Verwaltung der Kurie und führte eine teilweise Urbarmachung der Pontinischen Sümpfe durch. Er sorgte für einen friedlichen Modus vivendi für die Jesuiten mit Friedrich dem Großen. 1793 schloß er sich der Koalition gegen das revolutionäre Frankreich an. 1796 marschierte Napoleon in den Kirchenstaat ein, 1798 besetzte die französische Armee Rom, proklamierte die Republik und verlangte vom Papst den Verzicht auf alle weltliche Macht. Der Papst weigerte sich, wurde verhaftet und blieb an verschiedenen Orten und unter verschiedenen Bedingungen Gefangener bis zu seinem Tod (29. August 1799). Sein Nachfolger, Pius VII., machte die Wiedereinsetzung der Gesellschaft Jesu (1814) zu einem Teil des Sieges der Koalition über Napoleon.

III. BECCARIA UND DAS RECHT

Moral und Sitten Italiens blieben eine Mischung von Gewalttätigkeit, Vendetta und Liebe. Der vierzehnjährige Mozart schrieb 1770 aus Bologna: «Italien ist ein schläfriges Land»[28]. Er wußte nichts von der Philosophie der Siesta. Sein Vater äußerte 1775 die Meinung: «Italiener sind Schurken in der ganzen Welt.»[29]

Mozart und Goethe machten beide kritische Bemerkungen über das Verbrechen in Italien. Über Neapel schrieb Mozart: «... indem hier das Volk, die *lazzaroni* [Bettler], ihren eigenen Obern oder Haupt haben, welcher alle Monate 25 Ducati d'argento vom König hat, um nur die *lazzaroni* in einer Ordnung zu halten.»[30] «Was allen Fremden auffällt», schrieb Goethe, «sind die Totschläge, die gewöhnlich vorkommen ... Heute ward ein braver Künstler Schwendemann ..., überfallen ... Der Mörder, mit dem er sich herumbalgte, gab ihm an die zwanzig Stiche, und da die Wache hinzukam, erstach sich der Bösewicht selbst. Das ist hier nicht Mode. Der Mörder erreicht eine Kirche, und so ist's gut.»[31] Alle Kirchen gewährten dem Verbrecher «Freistatt» – Schutz vor Verhaftung, solange er unter ihrem Dach blieb.

Das Gesetz versuchte, das Verbrechen mehr durch strenge Strafen als durch eine wirksame Polizei zu bekämpfen. Unter den Gesetzen des sanften Benedikt XIV. wurde Gotteslästerung mit Auspeitschen bestraft und nach zweimaligem Rückfall mit Galeere. Ungesetzliches Eindringen in ein Kloster bei Nacht war ein Kapitalverbrechen. Das Ansprechen oder die öffentliche Umarmung einer ehrbaren Frau brachte lebenslängliche Verurteilung zur Galeere ein. Verleumdung, selbst wenn sie die Wahrheit sprach, wurde mit dem Tode und Vermögenseinzug bestraft. (Schmähschriften gab es dennoch in großer Fülle.) Die gleiche Strafe stand auf das geheime Tragen von Pistolen. Diesen Strafen entzog man sich in vielen Gebieten durch Flucht in einen benachbarten Staat, durch Gunsterweisung eines Richters oder indem man Freistatt in einer Kirche suchte, doch in mehreren Fällen wurden die Gesetze streng gehandhabt. Ein Mann wurde gehängt, weil er behauptet hatte, er sei ein Priester, ein anderer, weil er ein kirchliches Gewand gestohlen und es für einundeinviertel Franken verkauft hatte, und ein weiterer wurde enthauptet, weil er in einem Brief Papst Clemens XI. beschuldigt hatte, ein Verhältnis mit Maria Clementina Sobieska gehabt zu haben[32]. Noch 1762 wurden Gefangene auf das Rad gespannt, und man zerbrach ihnen Knochen um Knochen, oder sie wurden, an den Schweif eines Pferdes gebunden, zu Tode geschleift. Wir sollten jedoch, um eine lichtere Seite des Bildes zu zeigen, hinzufügen, daß einige Bruderschaften Geld sammelten, um die Bußen zu bezahlen und die Befreiung der Gefangenen zu erreichen. Die Gesetzesreform, sowohl im Prozeßrecht als auch im Strafrecht, wurde ein natürlicher Teil des humanitären Geistes, geboren aus der humanistischen Aufklärung und der von einer grausamen Theologie befreiten christlichen Ethik.

Es gereicht Italien zur Ehre, daß die wirksamste Forderung nach Gesetzesreform in diesem Jahrhundert von einem Mailänder Edelmann ausging. Cesare Bonesana, Marchese di Beccaria, war ein Produkt der Jesuiten und der *philosophes*. Obwohl reich genug, um ein Leben des Müßiggangs führen zu können, widmete er sich mit unermüdlicher Hingabe der Laufbahn eines philosophischen Schriftstellers und praktischen Reformers. Er enthielt sich jeden Angriffs auf die Religion des Volkes, machte jedoch unmittelbar Front gegen die akuten Probleme von Verbrechen und Strafe. Er war erschüttert, den krankheiterregenden Schmutz der Mailänder Gefängnisse zu sehen und von Gefangenen zu hören, wie und warum sie zu Verbrechern geworden und wie sie abgeurteilt worden waren. Er war empört, flagrante Unregelmäßigkeiten im Prozeßverfahren, unmenschliche Folterungen von Verdächtigen und Zeugen, willkürliche Strenge und Milde in den Urteilen und barbarische Grausamkeiten bei der Bestrafung feststellen zu müssen. Um 1761 gründete er mit Pietro Verri eine Gesellschaft, die von ihnen Dei Pugni – «Die Fäuste» – genannt wurde und sich sowohl praktisch als auch theoretisch betätigte. 1764 begannen sie, nach dem Vorbild von Addisons *Spectator* eine Zeitschrift, *Il Caffè,* herauszugeben. Und in dem gleichen Jahr veröffentlichte Beccaria seinen historischen *Trattato dei delitti e delle pene* («Abhandlung über Verbrechen und Strafen»).

Zu Beginn erklärt er bescheiden, er folge dem Beispiel der Schrift *Der Geist der Gesetze* des «unsterblichen Präsidenten» des Parlaments von Bordeaux. Gesetze sollten auf die Vernunft gegründet sein, ihr Hauptzweck sei nicht, Verbrechen zu rächen, sondern die soziale Ordnung zu erhalten, und ihr ständiges Ziel sollte sein «das größtmögliche Glück für die größtmögliche Zahl» (*la massima felicità divisa nel maggior numero*)[33]. Hier wurde, fünfundzwanzig Jahre vor Bentham, der berühmte Grundsatz der utilitaristischen Ethik aufgestellt. Beccaria gab in seiner Aufrichtigkeit zu, von Helvétius beeinflußt worden zu sein, der in seiner Schrift *De l'Esprit* (1785) das gleiche Prinzip formuliert hatte. (Es war bereits gefordert worden in Francis Hutchesons *Ideas of Beauty and Virtue,* 1725.) Zum Besten der Gesellschaft, erklärte Beccaria, wäre es klüger, die Erziehung zu erweitern und zu vertiefen in der Hoffnung, das Verbrechen einzudämmen, statt Zuflucht zu nehmen zu Strafen, die einen zufälligen Missetäter durch schlechte Gesellschaft in einen unverbesserlichen Verbrecher verwandeln könnten. Jedem Angeklagten sollte ein gerechtes und öffentliches Gerichtsverfahren vor zur Unparteilichkeit verpflichteten, kompetenten Richtern gewährt werden. Das Verfahren sollte bald nach der Anklageerhebung eingeleitet werden. Strafen sollten nicht nach der Absicht des Täters, sondern nach dem der Gesellschaft zugefügten Schaden bemessen werden. Grausamkeit der Strafe führe oft zur Verrohung des Charakters, selbst bei nichtkriminellen Menschen. Die Folter sollte auf keinen Fall angewandt werden. Ein schuldiger, an Schmerz gewöhnter Mensch könnte sie unter Umständen ertragen und für unschuldig befunden werden, während ein Unschuldiger mit schwächeren Nerven durch sie gezwungen werden könnte, alles einzugestehen, und dann als schuldig verurteilt würde. Kirchliche Freistatt für Verbrecher sollte nicht länger gewährt, die Todesstrafe sollte abgeschafft werden.

Das kleine Buch erlebte in achtzehn Monaten sechs Auflagen und wurde in zweiundzwanzig europäische Sprachen übersetzt. Von der französischen Übersetzung durch Morellet sagte Beccaria lobend, sie sei dem Original überlegen. Voltaire schrieb ein anonymes Vorwort zu dieser Version und anerkannte wiederholt den Einfluß Beccarias auf seine eigenen Bemühungen um Gesetzesreform. Die meisten italienischen Staaten führten bald eine Reform ihres Strafrechts durch; bis 1789 hatte fast ganz Europa die Folter aufgegeben. Katharina wurde sowohl durch Beccaria als auch durch Voltaire veranlaßt, die Folter in ihrem Herrschaftsbereich abzuschaffen, Friedrich der Große hatte sie bereits 1740 in Preußen verboten, ausgenommen in Fällen von Landesverrat.

1768 erhielt Beccaria einen eigens für ihn am Collegium Palatinum in Mailand gegründeten Lehrstuhl für Recht und Volkswirtschaft. 1790 wurde er zum Mitglied einer Kommission für die Reform der Rechtswissenschaft in der Lombardei ernannt. Seine Vorlesungen nahmen mehrere Grundideen von Adam Smith und Malthus über die Arbeitsteilung, die Beziehung zwischen Arbeit und Kapital und zwischen Bevölkerung und Ernährung vorweg. In ihm erstand der Humanismus der Renaissance als italienische Aufklärung zu neuem Leben.

IV. ABENTEURER

1. Cagliostro

Giuseppe Balsamo wurde 1743 als Sohn eines Ladenbesitzers in Palermo geboren. Er war ein frühreifes Kind und wurde bald ein vollendeter Dieb. Dreizehnjährig trat er als Novize in das Kloster der Benfratelli ein. Hier wurde er dem Hausapotheker als Gehilfe zugeteilt, aus dessen Flaschen, Tuben und Büchern er genug Chemie und Alchemie lernte, um sich als Quacksalber betätigen zu können. Als er aufgefordert wurde, den Brüdern während des Essens das Leben der Heiligen vorzulesen, ersetzte er die Namen der Heiligen durch die der bekanntesten Prostituierten von Palermo. Nach Empfang einer Prügelstrafe empfahl er sich, begab sich in die Unterwelt und studierte die Kunst des Essens, ohne zu arbeiten. Er betätigte sich als Zuhälter, als Falschmünzer, als Wahrsager, als Zauberer und als Straßenräuber, gewöhnlich mit so geschickter Verwischung seiner Spuren, daß die Polizei ihn nur der Frechheit überführen konnte.

Als er fühlte, daß der Boden unter seinen Füßen zu heiß wurde, ging er nach Messina, setzte nach Reggio Calabria über und nutzte die Möglichkeiten Neapels und Roms für seine Fähigkeiten. Für eine Weile lebte er davon, Stiche zu retouchieren und sie als seine eigenen zu verkaufen. Er heiratete Lorenza Feliciani und kam zu Geld, indem er ihren Körper verkaufte. Als selbsternannter Marchese de' Pellegrini brachte er seine lukrative Edeldame nach Venedig, Marseille, Paris und London. Er sorgte dafür, daß seine Frau in den Armen eines reichen Quäkers entdeckt wurde, und die nachfolgende Erpressung ernährte sie mehrere Monate lang. Er verwandelte sich in einen Grafen von Cagliostro, ließ sich einen Backenbart wachsen, zog die Uniform eines preußischen Obersten an und taufte seine Frau Gräfin Seraphina. Nach Palermo zurückgekehrt, wurde er als Falschmünzer verhaftet, jedoch auf das ominöse Drängen seiner Freunde, die das Gesetz terrorisierten, wieder freigelassen.

Als Seraphinas Reize durch allzu häufigen Gebrauch abgenutzt waren, machte er seine chemischen Kenntnisse nutzbar, indem er Arzneimittel braute und verkaufte, die unter Garantie Falten glätteten und Liebe entflammten. Nach England zurückgekehrt, wurde er beschuldigt, ein Diamantenhalsband gestohlen zu haben, und saß eine Zeitlang im Gefängnis. Er schloß sich den Freimaurern an, ging nach Paris und trat als Großkophta der ägyptischen Loge auf. Er überzeugte Hunderte von Leichtgläubigen, er habe das alte Geheimnis der Verjüngung entdeckt, die in einer vierzigtägigen Kur durch Abführmittel, Schwitzbäder, Wurzelnahrung, Aderlaß und Theosophie bewirkt werden könne[34]. Sobald ihm in einer Stadt die Entlarvung drohte, reiste er weiter in eine andere, gewann Zutritt in begüterte Familien durch den Händedruck und den Ring des Freimaurers. In St. Petersburg praktizierte er als Arzt, behandelte die Armen gratis und wurde von Potemkin empfangen. Aber der Leibarzt Katharinas der Großen, ein schlauer Schotte, analysierte einige der Elixiere des Doktors und stellte fest, daß sie wertlos waren. Man gab Cagliostro einen Tag, um zu packen und abzureisen. In Warschau entlarvte ihn ein anderer Arzt in einer Broschüre *Cagliostro démasqué* (1780), doch bevor sie ihm schaden konnte, verschwand er und tauchte später in Wien, Frankfurt und Straßburg auf. Hier bezauberte er den Kardinal-Prinz Louis-René-Edouard von Rohan, der in seinem Palast eine Büste des Großkophtas mit der Inschrift «Der göttliche Cagliostro» aufstellte. Der Kardinal brachte ihn nach Paris, und der große Betrüger wurde unwissentlich in die Affäre des schwarzen Halsbands verwickelt. Als dieser Schwindel aufgedeckt wurde, schickte man Cagliostro in die Bastille. Er wurde bald als unschuldig entlassen, doch befahl man ihm, Frankreich zu verlassen (1786). Er fand neue Kundschaft in London. Inzwischen besuchte Goethe Cagliostros Mutter in Sizilien und versicherte ihr, ihr berühmter Sohn sei freigesprochen und befinde sich in Sicherheit[35]*.

---

* Goethe war fasziniert von Cagliostros Karriere und machte sie zum Thema eines mittelmäßigen Theaterstücks, *Der Großkophta*.

Von London, wo die Zweifler sich vermehrt hatten, gingen der Graf und die Gräfin nach Basel, Turin, Rovereto und Trient, überall verdächtigt und vertrieben. Seraphina bat, nach Rom gebracht zu werden, um am Grab ihrer Mutter zu beten; der Graf willigte ein. In Rom versuchten sie, eine Loge seiner ägyptischen Freimaurerei zu gründen; die Inquisition verhaftete sie (29. Dezember 1789). Sie gaben ihren Betrug zu, Cagliostro wurde zu lebenslänglichem Gefängnis verurteilt und beendete seine Tage 1795, zweiundfünfzig Jahre alt, in dem Schloß San Leo bei Pesaro. Auch er war ein Teil des Bildes des aufgeklärten Jahrhunderts.

2. *Casanova*

Giovanni Iacopo Casanova fügte seinem Namen, indem er wahllos ins Alphabet griff, das vornehme «de Seingalt» hinzu, um mit diesem Ehrentitel Nonnen zu beeindrukken und die Regierungen Europas hereinzulegen. 1725 in Venedig als Sohn eines Schauspielers und einer Schauspielerin geboren, bewies er schon in frühen Jahren die Anlagen eines wendigen Geistes. Er wurde einem Advokaten in die Lehre gegeben und behauptete, mit sechzehn Jahren den Doktorhut der Universität von Padua erhalten zu haben[36]. Auf jeder Seite seiner fesselnden Memoiren müssen wir uns vor seiner Einbildungskraft in acht nehmen, doch er erzählt seine Geschichte mit solch entwaffnender Aufrichtigkeit, daß wir versucht sind, ihm zu glauben, selbst wenn wir wissen, daß er lügt.

Noch in Padua machte er seine erste Eroberung – Bettina, «ein hübsches Mädchen von dreizehn», Schwester seines Lehrers, des braven Priesters Gozzi. Als sie an Pokken erkrankte, pflegte Casanova sie und steckte sich an. Nach seinem eigenen Bericht waren seine Wohltaten ebenso zahlreich wie seine Liebschaften. Als er in seinen späteren Jahren zum letztenmal nach Padua ging, «fand ich Bettina gealtert, krank und dem Tode nahe. Sie verschied vor meinen Augen im Jahre 1767, vierundzwanzig Stunden nach meiner Ankunft.»[37] Von fast all seinen Eroberungen sagt er, daß sie ihn bis zu seinem Tode liebten.

Trotz seinem Doktorgrade litt er unter demütigender Armut. Sein Vater war gestorben, seine Mutter spielte in fernen Städten wie St. Petersburg Theater und vergaß ihn gewöhnlich. Er verdiente sich einiges Geld, indem er in Tavernen und auf Straßen Geige spielte. Doch er war stark, hübsch und tapfer. Als 1746 der venezianische Senator Zuan Bragadino einen Schlaganfall erlitt, während er eine Treppe hinabstieg, fing Iacopo ihn in seinen Armen auf und rettete ihn vor einem gefährlichen Sturz. Hierauf half ihm der Senator mehrere Male aus der Patsche und gab ihm die Mittel, Frankreich, Deutschland und Österreich zu besuchen. In Lyon schloß er sich den Freimaurern an; in Paris «wurde ich Geselle, dann Meister des Ordens». (Wir lesen mit einiger Bestürzung: «... in meiner Zeit verstand es in Frankreich niemand zu übertreiben.»[38])

1753 kehrte er nach Venedig zurück und lenkte bald die Aufmerksamkeit der Regierung auf sich, als er mit okkulter Weisheit hausieren ging. Ein Jahr später berichtet ein offizieller Inquisitor über ihn an den Senat:

«Er hat sich in die Gunst des edlen Zuan Bragadino eingeschlichen ... und hat ihn gründlich gerupft ... Benedetto Pisano sagt mir, daß Casanova danach trachte, seinen Lebensunterhalt zu verdienen, indem er sich als kabbalistischer Philosoph ausgibt und sich durch falsche Beweisführung schlau an die Geister anpaßt, die er bearbeitet, ... er hat Bragadino weisgemacht, er könne den Engel des Lichts zu seinem Heil beschwören.»[39]

Ferner (so fährt der Bericht fort) hatte Casanova an seine Freunde Aufsätze verschickt, die ihn als einen gottlosen Freidenker enthüllten. Casanova schreibt: «Im gleichen verhängnisvollen Monat hatte sich Signora Memno, die Mutter von Andrea, Bernardo und Lorenzo, in den Kopf gesetzt, ich brächte ihre Kinder auf den Weg des Atheismus.»[40]

«Der Fall betraf das heilige Offizium. Aber da es schwer gewesen wäre, mich in den Gefängnissen der kirchlichen Inquisition einsperren zu lassen, entschlossen sie sich, die Angelegenheit den Staatsinquisitoren vorzulegen, die es unternahmen, mein Verhalten zu überprüfen.»[41]

Bragadino riet ihm, Venedig zu verlassen; Casanova weigerte sich. Am nächsten Morgen wurde er verhaftet, man beschlagnahmte seine Papiere, und er wurde ohne Verfahren in die Bleikammern gesteckt – so nannte man das venezianische Staatsgefängnis wegen seiner Bleidächer.

«Ich verbrachte die Nacht schlaflos bei dem widerwärtigen Geräusch, das die Ratten auf dem Dachboden machten, und in Gesellschaft der Uhr von San Marco, die ich beim Schlag der Stunden in meinem Zimmer zu haben glaubte. Eine Art Folter, die wenige Leser sich vorstellen können, verursachte mir unerträgliche Qualen: eine Million Flöhe stürzten sich hocherfreut auf meinen Körper, voll Gier nach meinem Blut und meiner Haut, die sie mit einem Fanatismus durchlöcherten, von der ich keine Ahnung gehabt hatte. Diese verfluchten Insekten ließen mich ständig zusammenzucken, verursachten mir krampfartige Zustände und vergifteten mir das Blut.»[42]

Er wurde zu fünf Jahren verurteilt, doch nach fünfzehn Monaten der Einkerkerung entfloh er (1757) unter abenteuerlichen Umständen, deren Schilderung Teil seines Repertoires in einem Dutzend Länder wurde.

Er ging ein zweites Mal nach Paris, focht hier ein Duell mit dem jungen Grafen Nicolas de La Tour d'Auvergne aus, verwundete ihn, heilte ihn mit einer «magischen» Salbe, gewann seine Freundschaft und wurde von ihm bei einer reichen Tante, Frau von Urfé, eingeführt, die inbrünstig an okkulte Kräfte glaubte und hoffte, durch sie ihr Geschlecht ändern zu können. Casanova nutzte ihre Leichtgläubigkeit aus und fand in ihr eine neue Geldquelle. «Jedesmal, wenn ich mich daran erinnere, fühle ich Schmerz und Beschämung, und ich leiste nun Buße dafür, indem ich mir bei der Verfassung dieser Memoiren auferlegt habe, die Wahrheit zu sagen»[43]. Doch der Bericht über dieses Abenteuer füllte ein Dutzend Kapitel seines Buches. Er vermehrte sein Einkommen durch Betrügen beim Kartenspiel, durch Organisierung einer Lotterie für die französische Regierung und durch Vermittlung einer Anleihe für Frankreich von den Vereinigten Provinzen. Unterwegs von Paris nach Brüssel «... nahm ich mir das Buch *de l'esprit* von Helvétius in den Wagen mit, das zu lesen ich noch nicht Zeit gehabt hatte»[44]. (Er sollte den Konservativen ein überzeugendes Beispiel für einen *libertin* [Freidenker] geben, der ein Libertiner wird – obwohl die Reihenfolge wahrscheinlich umgekehrt war.) Bei jedem Aufenthalt nahm er sich eine neue Mätresse, oft fand er eine frühere vor, und ab und zu stieß er auf seine eigene, nicht vorbedachte Nachkommenschaft.

Er besuchte Rousseau in Montmorency und Voltaire in Ferney (1760); wir haben bereits einen Teil dieses *tête-à-tête* genossen. Wenn wir Casanova glauben können, nahm er die Gelegenheit wahr, Voltaire dafür zu tadeln, daß er die Absurdität der populären Mythologie entlarvt hatte:

«CASANOVA: Sie könnten sich, wie mir scheint, die Mühe ersparen, den Aberglauben zu bekämpfen, denn es wird Ihnen nie gelingen, und selbst wenn es Ihnen gelänge, sagen Sie doch bitte, wodurch Sie ihn ersetzen wollen.

VOLTAIRE: So etwas habe ich gern! Wenn ich das Menschengeschlecht von einer wilden Bestie befreie, die es verschlingt, wie kann ich mich da fragen, was ich an ihre Stelle setzen werde?

CASANOVA: Sie verschlingt es nicht, sie ist im Gegenteil für seinen Bestand notwendig.

VOLTAIRE: Da ich das Menschengeschlecht liebe, möchte ich es glücklich und frei sehen wie mich. Der Aberglaube aber läßt sich nicht mit der Freiheit vereinen. Wo finden Sie, daß Knechtschaft ein Volk glücklich machen könnte?

CASANOVA: Sie wollen also das Volk souverän sehen?

VOLTAIRE: Gott bewahre. Nur einer soll regieren.

CASANOVA: Also ist der Aberglaube notwendig, denn ohne ihn wird das Volk nie dem Monarchen gehorchen.

VOLTAIRE: Ich will keinen Monarchen, denn dieser Name klingt mir nach Despotismus, den ich hassen muß wie die Knechtschaft.

CASANOVA: Was wollen Sie also? Wenn Sie wünschen, daß ein einziger regieren soll, kann es meiner Meinung nach nur ein Monarch sein.

VOLTAIRE: Ich will, daß er über ein freies Volk gebietet; er wäre also sein Oberhaupt, ohne daß man ihn einen Monarchen nennen könnte, denn jede Willkür wäre unmöglich.

CASANOVA: Addison stellt fest, daß ein solcher Monarch, ein solches Oberhaupt eine Unmöglichkeit ist. Ich bin für Hobbes. Zwischen zwei Übeln muß man das kleinere wählen. Ein Volk ohne Aberglauben bestünde aus Philosophen; die Philosophen aber wollen nie gehorchen. Das Volk kann nur glücklich sein, wenn es niedergehalten, getreten und an die Kette gelegt wird. Sie sind besessen von der Liebe zur Menschheit. Diese Liebe macht Sie blind. Wenn Sie die Menschheit lieben, so müssen Sie sie lieben, wie sie ist. Sie ist für die Wohltaten, die Sie an sie verschwenden wollen, nicht empfänglich und wird dadurch nur unglücklicher und böswilliger.

VOLTAIRE: Ich bedaure, daß Sie eine so schlechte Meinung von Ihren Mitmenschen haben.»[45]

Wo immer er hinkam, Casanova fand Eingang in einige aristokratische Häuser, denn viele Mitglieder des europäischen Adels waren Freimaurer oder Rosenkreuzer oder sonstwie dem okkulten Wissen ergeben. Er behauptete nicht nur, über esoterische Kenntnisse auf diesen Gebieten zu verfügen, sondern besaß außerdem eine gute Figur, ein vornehmes (wenn auch nicht hübsches) Gesicht, Sprachgewandtheit, ein überzeugendes Selbstvertrauen, einen großen Fundus von Geschichten und Bonmots und eine geheimnisvolle Fähigkeit, beim Spiel zu gewinnen. Überall wurde er früher oder später ins Gefängnis geworfen oder zur Grenze geleitet. Hin und wieder mußte er ein Duell austragen, doch – wie eine Nation in ihrer Geschichte – verlor er nie.

Schließlich erlag er der Sehnsucht nach seinem Heimatland. Er konnte überall in Italien frei reisen, nur Venedig war ihm verboten. Wiederholt ersuchte er um die Erlaubnis zurückzukehren. Sie wurde ihm schließlich gewährt, und 1775 war er wieder in Venedig. Die Regierung benutzte ihn als Spion; seine Berichte enthielten nach Meinung seiner Auftraggeber zuviel Philosophie und zuwenig Informationen, und er wurde entlassen. In einem Rückfall in die Sünden seiner Jugend schrieb er eine Satire auf den Patrizier Grimaldi. Es wurde ihm freigestellt, Venedig zu verlassen oder wieder in die Bleikammern zu wandern. Er floh nach Wien (1782), nach Spa und nach Paris.

Hier begegnete er einem Grafen von Waldstein, der Gefallen an ihm fand und ihm die Stelle eines Bibliothekars in seinem Schloß Dux in Böhmen anbot. Casanovas amouröse, magische und taschenspielerische Künste hatten den kritischen Punkt schwindender Einkünfte erreicht; er nahm die Stellung an, die ihm tausend Gulden pro Jahr einbrachte. Auf dem Schloß angekommen, bemerkte er bald mit Kummer, daß er als Diener betrachtet wurde und in der Dienstbotenstube essen mußte. In Dux verbrachte er die letzten vierzehn Jahre seines Lebens. Hier schrieb er die *Histoire de ma vie,* «um bei den Unannehmlichkeiten, die mir die Spitzbuben im Schloß des Grafen von Waldstein in Dux bereitet haben, nicht verrückt zu werden oder vor Ärger zu sterben. Indem ich mich zehn oder zwölf Stunden im Tag mit Schreiben beschäftigte, konnte ich verhindern, daß mich der schwarze Verdruß umbrachte oder mir den Verstand raubte.»[46] Er verbürgt sich für die absolute Wahrhaftigkeit seines Berichtes, der sich in vielen Fällen mit der offiziellen Geschichtsschreibung deckt, doch oft finden wir keine historische Bestätigung für seine angeblichen Abenteuer. Vielleicht ließ sein Gedächtnis nach, während seine Phantasie wuchs. Wir können nur sagen, daß dieses Buch eines der faszinierendsten und menschlichsten Vermächtnisse des 18. Jahrhunderts darstellt.

Casanova lebte lange genug, den Tod des Ancien régime betrauern zu können.

> «Ach, mein geliebtes Frankreich, wie ging es doch damals alles so gut, trotz der 'lettre de cachet', trotz dem Frondienst und dem Elend der Bauern und trotz den Eigenmächtigkeiten des Königs und der Minister! ... Und was ist heute aus dir geworden? Dein König ist das Volk, das roheste, verrückteste, unbändigste, nichtswürdigste, wankelmütigste und ungebildetste aller Völker.»[47]

Und so beendete er an seinem letzten Tage, am 4. Juni 1798, seine Laufbahn in zeitgemäßer Frömmigkeit. «Ich habe als Philosoph gelebt und sterbe als Christ.»[48] Er hatte Sinnlichkeit mit Philosophie und Pascals Wette mit Christentum verwechselt.

V. WINCKELMANN

Als Gegenbeispiel betrachten wir nun die Lebensgeschichte eines Idealisten.

Die einflußreichste Gestalt in der Kunstgeschichte unseres Zeitalters war nicht ein Künstler, sondern ein Gelehrter, dessen Leben in seiner Reife der Geschichte der

Kunst gewidmet war und dessen seltsamer Tod das gebildete Europa tief bewegte. Er wurde am 9. Dezember 1717 in Stendal in Brandenburg geboren. Sein Vater, ein Flickschuster, hoffte, sein Sohn würde ebenfalls Flickschuster werden, doch Johann wünschte, Latein zu studieren. Seine erste Ausbildung bezahlte er mit Singen. Bei seiner Lernbegierde und seinem Fleiß machte er rasche Fortschritte. Er gab schwachen Schülern Nachhilfestunden und kaufte sich für das Honorar Bücher und Essen. Als sein Lehrer blind wurde, las ihm Johann vor und verschlang alle erreichbaren Bücher. Er lernte gründlich Latein und Griechisch, hatte jedoch kein Interesse an modernen fremden Sprachen. Als er hörte, daß die Bibliothek des verstorbenen Johann Albert Fabricius, eines berühmten Altphilologen, versteigert werden sollte, ging er die zweihundertvierundachtzig Kilometer von Berlin nach Hamburg zu Fuß, kaufte griechische und lateinische Klassiker und trug sie auf dem Rücken nach Berlin[49]. 1738 ging er als Theologiestudent an die Universität Halle. Er machte sich nicht viel aus der Theologie, aber er nutzte die Gelegenheit, Hebräisch zu lernen. Nach bestandenem Examen lebte er von Nachhilfestunden. Er las zweimal vollständig Bayles *Dictionnaire historique et critique,* vermutlich nicht ohne Wirkung auf seinen religiösen Glauben. In einem Jahr las er die *Ilias* und die *Odyssee* dreimal ganz auf Griechisch.

1743 nahm er eine Stelle als außerordentlicher Direktor an einer Schule in Seehausen in der Altmark mit einem Gehalt von zweihundertfünfzig Talern pro Jahr an. Tagsüber brachte er «Kindern mit schorfigen Köpfen ihr Abc bei, während ich ... mich brennend danach sehnte, das Schöne kennenzulernen, Gleichnisse aus Homer wiederholte»[50]. Am Abend gab er Nachhilfestunden, um seine Unterkunft und seine Mahlzeiten bezahlen zu können, dann studierte er die antiken Autoren bis Mitternacht, schlief bis vier, studierte erneut die antiken Autoren und widmete sich dann müde wieder seinen Schülern. Freudig kam er der Aufforderung des Grafen von Bünau nach, Hilfsbibliothekar in dessen Schloß in Nöthniz bei Dresden bei freier Unterkunft und fünfzig bis achtzig Talern Jahresgehalt zu werden (1748). Hier schwelgte er in einer der größten Büchersammlungen der Zeit.

Unter denen, welche diese Bibliothek benutzten, war Kardinal Archinto, päpstlicher Nuntius am Hof des Kurfürsten von Sachsen. Er war tief beeindruckt durch Winckelmanns Wissen und Eifer, sein abgezehrtes und bleiches Aussehen. «Sie sollten nach Italien gehen», sagte er zu ihm. Johann erwiderte ihm, solch eine Reise sei der tiefste Wunsch seines Herzens, übersteige jedoch seine Mittel. Von dem Nuntius eingeladen, ging Winckelmann mehrere Male nach Dresden. Er war entzückt von der Bildung und der Höflichkeit der Jesuiten, die er in dem Haus des Nuntius kennenlernte. Kardinal Passionei, der in Rom dreihunderttausend Bände besaß, bot ihm die Stellung eines Bibliothekars bei freier Unterkunft und Verpflegung und siebzig Dukaten an; doch der Posten konnte nur an einen Katholiken vergeben werden. Winckelmann erklärte sich bereit zu konvertieren. Da er bereits seinen Glauben zum Ausdruck gebracht hatte, daß «nach dem Tod man nichts zu fürchten, nichts zu hoffen habe»[51], sah er keine theologischen, nur soziale Schwierigkeiten im Vollzug des Übertritts. Einem Freund, der ihm Vorwürfe machte, schrieb er: «Es ist die Liebe zum Wissen, und diese allein, die mich bewegen kann, auf den Vorschlag zu hören, der mir gemacht worden ist.»[52]*

Am 11. Juli 1754 bekannte er sich in der Kapelle des Nuntius in Dresden zu seinem neuen Glauben, und Vorbereitungen für seine Reise nach Rom wurden getroffen. Aus verschiedenen Gründen blieb er ein weiteres Jahr in Dresden, lebte und studierte bei dem Maler, Bildhauer und Radierer Adam Oeser. Im Mai 1755 veröffentlichte er in einer begrenzten Ausgabe von fünfzig Exemplaren sein erstes Buch, *Gedanken über die Nachahmung der griechischen Werke in Malerei und Bildhauerkunst*. Er gab eine Beschreibung der antiken Kunstwerke, die in Dresden zusammengetragen worden waren, und behauptete, das griechische Verständnis für die Natur sei dem modernen überlegen, und dies sei das Geheimnis der hellenischen Überlegenheit in der Kunst. Er folgerte: «Der einzige Weg für uns, groß, ja wenn es möglich ist, unnachahmlich zu werden, ist die Nachahmung der Alten»[56], und er glaubte, daß von allen modernen Künstlern Raffael dies am besten getan habe. Dieser kleine Band kennzeichnete den Beginn der neoklassischen Bewegung in der modernen Kunst. Er wurde beifällig aufgenommen; Klopstock und Gottsched lobten beide seine Gelehrsamkeit und seinen Stil. Pater Rauch, Beichtvater von Friedrich August, erwirkte für Winckelmann vom Kurfürsten eine Pension von je zweihundert Talern für die nächsten beiden Jahre und stattete ihn mit achtzig Dukaten für die Reise nach Rom aus. Am 20. September 1755 machte sich Winckelmann endlich auf den Weg nach Italien in der Gesellschaft eines jungen Jesuiten. Er war bereits siebenunddreißig Jahre alt.

In Rom angekommen, hatte er Schwierigkeiten beim Zoll, der mehrere Bände von Voltaire aus seinem Gepäck beschlagnahmte. Sie wurden ihm später zurückgegeben. Er fand Unterkunft zusammen mit fünf Malern in einem Haus auf dem Monte Pincio, geheiligt durch die Schatten von Nicolas Poussin und Claude Lorrain. Er lernte Mengs kennen, der ihm auf vielfältige Weise half. Kardinal Passionei gewährte ihm freien Zutritt zu seiner Bücherei, doch Winckelmann, der zunächst die Kunst Roms zu erforschen wünschte, lehnte vorläufig jede regelmäßige Beschäftigung ab. Er erhielt wiederholt die Erlaubnis, das Belvedere des Vatikans zu besuchen. Er verbrachte Stunden vor dem *Apollon*, dem *Torso* und dem *Laokoon*. In der Betrachtung dieser Skulpturen nahmen seine Ideen klarere Formen an. Er besuchte Tivoli, Frascati und andere Vorstädte, die antike Kunstdenkmäler beherbergten. Seine Kenntnis der klassischen Kunst gewann

* Pater schreibt in seinem klassischen Essay über Winckelmann: «Andererseits mag er vielleicht auch das Gefühl für eine gewisse antike, fast heidnische Großartigkeit in der römischen Religion gehabt haben. In seiner Abwendung von dem verkrüppelten Protestantismus, unter dem er in seiner Jugend so oft gelitten, mochte er wohl denken, daß Rom sich mit der Renaissance ausgesöhnt hatte, während das protestantische Prinzip in der Kunst gerade Deutschland um die höchste Tradition der Schönheit gebracht hatte.»[53] Und Goethe sagt in einem kleinen Buch über Winckelmann (1804): «Dieser heidnische Sinn leuchtet aus Winckelmanns Handlungen und Schriften hervor ... Diese seine Denkweise, diese Entfernung von aller christlichen Sinnesart, ja seinen Widerwillen dagegen muß man im Auge haben, wenn man seine sogenannte Religionsveränderung beurteilen will. Diejenigen Parteien, in welche sich die christliche Religion teilt, waren ihm völlig gleichgültig.»[54] «Heidnisch muß nicht atheistisch bedeuten»; Winckelmann beteuerte wiederholt seinen Glauben an Gott, doch an «den Gott aller Zungen, Nationen und Sekten»[55].

ihm die Freundschaft des Kardinals Alessandro Albani. Kardinal Archinto stellte ihm eine Wohnung im Palazzo della Cancelleria – der päpstlichen Kanzlei – zur Verfügung; als Gegenleistung reorganisierte Winckelmann die Palastbibliothek. Er war jetzt fast glücklich bis zur Begeisterung, «aber Gott war mir das schuldig», sagte er; «in meiner Jugend litt ich zu viel»[57]. Und an einen Freund in Deutschland schrieb er, wie hundert berühmte Besucher schrieben:

«Alles ist nichts gegen Rom: ... Ich glaubte ich hätte alles vorher ausstudiret, und siehe! da ich hier kam, sahe ich daß ich nichts wußte ... Hier bin ich kleiner geworden, als ich aus der Schule in die Bünauische Bibliothec kam. Willstu Menschen kennen lernen, hier ist der Ort. Köpfe von unendlichen Talent, Menschen von hohen Gaben, Schönheiten von dem hohen Charakter wie sie die Griechen gebildet haben, ... und da die Freyheit in anderen Staaten und Repubiken nur ein Schatten ist gegen der in Rom, welches Dir vielleicht paradox scheinet, so ist hier auch eine andere Art zu dencken. Rom ist, so glaube ich, die hohe Schule der Welt; und auch ich bin geprüft und geläutert worden.»[58]

Im Oktober 1757 brach er, ausgestattet mit Einführungsbriefen, von Rom nach Neapel auf. Hier wohnte er in einem Kloster, doch er nahm seine Mahlzeiten mit Männern wie Tanucci und Galiani ein. Er besuchte Städte, die voll waren von Erinnerungen an das Altertum – Pozzuoli, Baiae, Misenum, Cumae –, und stand in Verwunderung vor den prächtigen Tempeln Paestums. Im Mai 1758 kehrte er nach Rom zurück, beladen mit reicher Beute an Wissen über seine geliebte Antike. In diesem Monat wurde er nach Florenz berufen, um die gewaltige, von dem Baron Philipp von Stosch hinterlassene Sammlung von Gemmen, Abgüssen, Stichen, Karten und Manuskripten zu katalogisieren und beschreiben. Die Aufgabe beanspruchte ihn fast ein ganzes Jahr und erschütterte seine Gesundheit. Inzwischen starb Archinto, und Friedrich der Große verwüstete Sachsen. Winckelmann verlor seine Wohnung in der Cancelleria und seine Pension, die ihm der unglückliche Kurfürst und König ausgesetzt hatte. Albani kam ihm zu Hilfe und bot ihm vier Zimmer und zehn Scudi pro Monat für die Verwaltung seiner Bibliothek. Der Kardinal selbst war ein begeisterter Altertumsforscher; jeden Sonntag fuhr er mit Winckelmann hinaus, um nach Antiquitäten zu jagen.

Winckelmann mehrte sein Ansehen durch die Herausgabe gelehrter Monographien: *Über die Anmut in Kunstwerken, Bemerkungen über die Architektur der Alten, Beschreibung des Torso im Belvedere, Das Studium von Kunstwerken*. 1760 versuchte er mit Lady Orford, der Schwägerin von Horace Walpole, eine Reise nach Griechenland zu arrangieren; der Plan scheiterte. «Nichts in der Welt habe ich so sehnlich als dieses gewünschet: Ich ließe mir gerne einen Finger abhauern, ja ich würde Priester der Kybele werden, um in solcher Gelegenheit diese Länder zu sehen.»[59] Die Priester der Kybele mußten Eunuchen sein, doch dies hinderte Winckelmann nicht daran, eine alte Verordnung der römischen Regierung zu tadeln, die forderte, daß die Geschlechtsteile des *Apollon*, des *Laokoon* und anderer Statuen im Belvedere durch Metallschilder verdeckt würden; «es hat kaum je in Rom», erklärte er, «eine so dumme Vorschrift gegeben».

Der Sinn für Schönheit war so beherrschend in ihm, daß er jedes Geschlechtsbewußtsein verdrängte. In seinem ästhetischen Empfinden zog er die Schönheit und Kraft des männlichen Körpers der zerbrechlichen und vergänglichen Lieblichkeit der

Frau vor. Der muskulöse *Torso des Herkules* scheint ihn mehr bewegt zu haben als die weichen und runden Konturen der *Venus von Medici*. Er hatte ein freundliches Wort für Hermaphroditen, zumindest für den einen in der Villa Borghese[60]. Er protestierte: «Ich bin niemals ein Feind des anderen Geschlechts gewesen, wie ich ausgeschrien werde; aber meine Lebensart hat mich von allem Umgang mit demselben entfernt. Ich hätte mich verehelichen können, und vielleicht wäre es geschehen, wenn ich mein Vaterland hätte wiedersehen können, wozu nunmehr alle Hoffnung verschwunden ist.»[61] In Seehausen hatte seine Freundschaft mit seinem Schüler Lamprecht den Charakter weiblicher Zuneigung angenommen; in Rom verkehrte er mit Geistlichen und kam selten mit jungen Frauen zusammen. «Längere Zeit», wird uns berichtet, «dinierte mit ihm an den Samstagen ein junger Römer, schlank, hübsch und groß, mit dem er über Liebe sprach.»[62] Er «ließ ein Porträt von einem schönen *castrato* malen»[63]. Er widmete dem jungen Baron Friedrich Reinhold von Berg eine Abhandlung über die Fähigkeit des Gefühls für Schönheit; «Leser fanden in ihr und in den Briefen an Berg die Sprache nicht der Freundschaft, sondern der Liebe; und eine solche ist sie auch»[64].

1762 und 1764 besuchte er wiederum Neapel. Sein *Brief über die Altertümer von Herculaneum* (1762) und sein *Bericht über die jüngsten herculaneischen Entdeckungen* (1764) vermittelten den europäischen Gelehrten die erste geordnete und wissenschaftliche Information über die hier und in Pompeii ausgegrabenen Schätze. Er wurde jetzt als die höchste Autorität auf dem Gebiet der alten klassischen Kunst anerkannt. 1763 erhielt er ein Amt im Vatikan als «Präsident der Altertümer des Vatikans». Schließlich veröffentlichte er 1764 die gewichtigen Bände, die er während der vergangenen sieben Jahre geschrieben und illustriert hatte: *Geschichte der Kunst des Altertums*.

Trotz der langen und gründlichen Vorbereitung enthielt das Werk viele Irrtümer, von denen zwei grausame Täuschungen waren. Sein Freund Mengs hatte ihm als treue Reproduktionen antiker Gemälde zwei aus der Phantasie von Mengs geborene Zeichnungen untergeschoben; Winckelmann führte diese Gemälde auf, benutzte die Radierungen und widmete das gesamte Werk Mengs. Die Übersetzungen, die bald in Französisch und Italienisch erschienen, enthielten fast alle diese Irrtümer, zu Winckelmanns argem Verdruß: «Wir sind heute klüger, als wir gestern waren», schrieb er an einige Freunde. «Wollte Gott, ich könnte Ihnen meine Geschichte der Kunst vollkommen umgeschrieben und beträchtlich erweitert zeigen! Ich hatte noch nicht gelernt zu schreiben, als ich es in Angriff nahm. Die Gedanken waren noch nicht hinreichend miteinander verbunden. Es fehlt in vielen Fällen der Übergang von dem, was vorausgeht, zu dem, was folgt – worin die größte Kunst besteht.»[65] Und dennoch hat das Buch eine sehr schwierige Aufgabe gemeistert – gut über Kunst zu schreiben. Seine innige Hingabe an sein Thema hat seinen Stil wachsen lassen.

Er faßte den Begriff der Kunstgeschichte wörtlich auf und befaßte sich mehr mit der Geschichte der Kunst als mit der viel leichteren der Künstler. Nach einer flüchtigen Betrachtung der ägyptischen, phönizischen, jüdischen, persischen und etruskischen Kunst verströmte er seinen ganzen Enthusiasmus auf vierhundertfünfzig Seiten über die klassische Kunst der Griechen. In einigen Schlußkapiteln erörterte er die griechische Kunst bei den Römern. Stets legte er den stärksten Nachdruck auf die Griechen, denn er war überzeugt, daß sie die höchsten Formen der Schönheit gefunden hatten: eher in der Feinheit der Linie als im Glanz der Farben, eher in der Darstellung von Typen als von Individuen, in der Normalität und im Adel der Gestalt, in der Beschränkung des emotionalen Ausdrucks, in der allgemeinen Gelassenheit, in der Ruhe der Züge selbst, in der Bewegung und vor allem in der harmonischen Proportion und Relation der verschiedenartigsten Teile in einem logisch vereinten Ganzen. Die griechische Kunst war für Winckelmann das Zeitalter der Vernunft in der Form.

Er brachte die Überlegenheit der griechischen Kunst in Zusammenhang mit der hohen Achtung, welche die Griechen der Vortrefflichkeit der Form bei beiden Geschlechtern zollten. «Schönheit war ein Vorzug, der zu Ruhm führte, denn wir stellen fest, daß die griechischen Geschichtsschreiber jene erwähnten, die sich durch sie auszeichneten»[66], so wie die Historiker heute vornehmlich von großen Staatsmännern, Dichtern und Philosophen berichten. Es gab sowohl Schönheitswettbewerbe als auch Sportwettkämpfe bei den Griechen. Winckelmann war der Ansicht, daß politische Freiheit und griechische Führerschaft in der Welt des Mittelmeers vor dem Peloponnesischen Krieg zu einer Synthese von Größe und Schönheit führten und den «hohen, großen Stil» bei Pheidias, Polyklet und Myron gebaren. Im nächsten Stadium machte der «große» Stil dem «schönen» oder dem «Stil der Anmut» Platz; Pheidias wurde abgelöst von Praxiteles, und der Verfall begann. Freiheit in der Kunst war ein Teil der griechischen Freiheit. Die Künstler waren befreit von starren Regeln und wagten, ideale, in der Natur nicht vorkommende Formen zu schaffen. Sie ahmten die Natur nur in Details nach; das Ganze war eine Synthese von Vollkommenheiten, die nur teilweise in jedem natürlichen Gegenstand vorkamen. Winckelmann war ein Romantiker, der die klassische Form predigte.

Sein Buch wurde in ganz Europa als ein Ereignis in der Geschichte der Literatur und der Kunst aufgenommen. Friedrich der Große schickte ihm 1765 eine Einladung, als Oberaufseher der königlichen Bibliothek und des Antikenkabinetts nach Berlin zu kommen. Winckelmann war bereit, zu kommen, gegen ein Jahresgehalt von zweitausend Talern. Friedrich wollte nur tausend zahlen. Winckelmann blieb fest und erinnerte an die Geschichte des *castrato,* der eine hohe Summe für seine Lieder forderte. Friedrich beklagte sich, er verlange mehr, als sein bester General ihn koste. «Eh bene», sagte der *castrato,* «faccia cantare il suo generale!» («Nun gut, soll er seinen General singen lassen!»)[67]

1765 besuchte Winckelmann Neapel von neuem, diesmal in Gesellschaft von John Wilkes, der in ganz Europa von sich hatte reden machen durch seine herausfordernde Haltung gegenüber dem Parlament und Georg III. Nachdem er weitere Daten gesammelt hatte, kehrte er nach Rom zurück und vollendete sein zweites großes Werk *Monumenti antichi inediti* (1767). Seine bischöflichen Freunde hatten sich beklagt, daß er seine *Geschichte* deutsch geschrieben hatte, das noch nicht zu den anerkannten Medien der Gelehrsamkeit gehöre. Nun tat er ihnen den Gefallen, italienisch zu schreiben, und der glückliche Autor hatte das erhebende Erlebnis, im Castell Gandolfo, zwischen zwei Kardinälen sitzend, einen Teil seines Buches Clemens XIII. und einer großen Versammlung von Würdenträgern vorzulesen. Er wurde jedoch beschuldigt, ketzerische Bücher in Besitz zu haben und ketzerische Bemerkungen zu machen[68], und erhielt vom Papst nie die Stellung, die er verdient zu haben glaubte.

In der Hoffnung, dort vielleicht die Möglichkeit zu finden, nach Griechenland zu gehen, entschloß er sich, Deutschland zu besuchen (1768). Aber er hatte sich so sehr in die klassische Kunst vertieft und an die italienische Lebensweise gewöhnt, daß er kein Gefallen mehr an seinem Geburtsland fand. Er hatte kein Auge für seine Landschaft, betrachtete seine barocke Kultur und Kunst mit Befremden. «Lassen Sie uns nach Rom zurückkehren», sagte er hundertmal zu seinem Reisegefährten[69]. Er wurde mit Ehren in München empfangen und erhielt hier eine schöne antike Gemme zum Geschenk. In Wien schenkte ihm Maria Theresia kostbare Medaillons, und die Kaiserin und der Fürst von Kaunitz luden ihn ein, sich hier niederzulassen. Doch am 28. Mai, nach kaum einmonatiger Abwesenheit, machte er sich auf den Rückweg nach Italien.

In Triest hatte er Aufenthalt, weil er auf ein Schiff warten mußte, das ihn nach Ancona bringen sollte. Während dieser Tage machte er die nähere Bekanntschaft eines Reisenden namens Francesco Arcangeli. Sie machten miteinander Spaziergänge und bewohnten im Hotel benachbarte Zimmer. Bald zeigte Winckelmann ihm die Medaillons, die er in Wien erhalten hatte; er zeigte ihm, soweit wir wissen, nicht seine mit Gold gefüllte Börse. Am Morgen des 8. Juni 1768 betrat Arcangeli Winckelmanns Zimmer, fand ihn an einem Tisch sitzend vor und warf ihm eine Schlinge um den Hals. Winckelmann erhob sich und kämpfte. Arcangeli versetzte ihm fünf Dolchstöße und floh. Ein Arzt verband die Wunden, erklärte sie jedoch für tödlich. Winckelmann empfing die Letzte Ölung, machte sein Testament, sprach den Wunsch aus, seinen Angreifer zu sehen und ihm zu verzeihen, und starb um vier Uhr nachmittags. Triest hat ihm zur Erinnerung einen schönen Gedenkstein aufgestellt.

Arcangeli wurde am 14. Juni festgenommen. Er gestand, und am 18. Juni wurde er verurteilt: «Wegen des Verbrechens des Mordes, begangen von Ihnen an dem Leib des Johann Winckelmann, ... hat das kaiserliche Kriminalgericht beschlossen, daß Sie ... lebendig auf dem Rad zerbrochen werden sollen, vom Kopf bis zu den Füßen, bis Ihre Seele aus Ihrem Körper scheidet.» Dies geschah am 20. Juli.

Die Grenzen Winckelmanns waren durch die Geographie gesetzt. Da er nie seine Hoffnung verwirklichen konnte, Griechenland unter Bedingungen zu besuchen, die ihm ein gründliches Studium der antiken Kunstdenkmäler ermöglichten, sah er die griechische Kunst unter dem Aspekt der griechisch-römischen, wie er sie in den Museen, Sammlungen und Palästen Deutschlands und Italiens vorfand sowie in den Ruinen Herculaneums und Pompeiis. Seine Voreingenommenheit für die Skulptur gegenüber der Malerei, für die Darstellung von Typen gegenüber der von Individuen, für die Ruhe gegenüber dem Ausdruck der Bewegung, für Proportion und Symmetrie, für Nachahmung der Alten gegenüber Originalität und Experiment, all dies legte den schöpferischen Impulsen in der Kunst starke Beschränkung auf, die zur romantischen Reaktion gegen die kalte Starrheit der klassischen Form führte. Seine Beschränkung auf Griechenland und Rom machte ihn blind für die Rechte und Möglichkeiten anderer Stile. Wie Ludwig XIV. hielt er die Genremalereien der Niederlande für wunderliche Entartungen.

Und dennoch war seine Leistung bemerkenswert. Er brachte das europäische Denken über Kunst, Literatur und Geschichte mit seiner Begeisterung für Griechenland in Bewegung. Er drang über den Semiklassizismus des Italiens der Renaissance und des Frankreichs Ludwigs XIV. zur klassischen Kunst selbst vor. Er führte den modernen Geist zum Verständnis der reinen und ruhigen Vollkommenheit griechischer Skulptur. Er schuf aus dem Chaos von tausend Marmorfragmenten, Bronzen, Gemälden, Gemmen und Münzen die wissenschaftliche Archäologie. Sein Einfluß auf die besten Geister der nächsten Generation war ungeheuer. Er inspirierte Lessing, wenn auch nur zur Opposition; er hatte seinen Anteil am Reifeprozeß Herders und Goethes, vielleicht hätte Byron ohne die Begeisterung, die von Winckelmann ausging, seine Dichtkunst nicht mit dem Tod in Griechenland gekrönt. Der glühende Hellenist half die klassischen Prinzipien von Mengs und Thorwaldsen sowie die neoklassische Malerei von Jacques-Louis David formen. Von Winckelmann sagte Hegel, er habe auf dem Gebiete der Kunst ein neues Organ des menschlichen Geistes eingeführt[70].

VI. DIE MALER

Italien brauchte kaum Winckelmanns Ermahnungen, denn es ehrte seine Götter, und seine angesammelte Kunst diente in jeder Generation tausend Malern aus einem Dutzend Ländern als Schule der Disziplin. Carlo Marchionni entwarf die palastartige Villa Albani (1758), in der Kardinal Albani, geleitet von Winckelmann, eine weltberühmte Sammlung antiker Skulpturen zusammentrug, die immer noch reich ist nach vielfacher Beraubung. (Napoleon stahl zweihundertvierundneunzig der Stücke für Frankreich; dies war vielleicht Veranlassung für ein italienisches Wortspiel jener Tage: «*Non tutti francesi sono latroni, ma Buona Parte.*» [«Nicht alle Franzosen sind Diebe, doch ein guter Teil von ihnen sind es.»])

Venedig brachte fast alle führenden italienischen Maler dieser Jahre hervor, und drei von ihnen erbten bereits berühmte Namen. Alessandro Longhi, Sohn des Pietro, veranschaulichte den Genius seines Volkes durch einige elegante Porträts, darunter zwei von Goldoni[71]. Wir haben gesehen, wie Domenico Tiepolo seinen Vater nach Augsburg und Madrid begleitete und mit seinem Spezialkönnen bescheiden zu dessen Gesamtwerk beitrug. Im Gästehaus der Villa Valmarana malte er aus eigener Inspiration und im eigenen Stil Genreszenen aus dem ländlichen Leben. *Ruhende Bauern* ist ein Idyll niedergelegter Arbeitsgeräte und gemütlicher Arbeitspause. Nach dem Tode seines Vaters in Spanien kehrte Domenico nach Venedig zurück und ließ seinem eigenen Stil des humorvollen Realismus freien Lauf[72].

Francesco Guardi, Schwager des Giambattista Tiepolo, lernte das Malen von seinem Vater, seinem Bruder und von Canaletto. Er fand nicht den Beifall seiner Generation, doch seine *Vedute* erregten später die Aufmerksamkeit der Kritiker durch ihre Erfassung und Wiedergabe der Feinheiten des Lichts und der Stimmung, die vielleicht den französischen Impressionisten als Anregung dienten. Er wartete nicht auf Constables Mahnung: «Denket daran, daß Licht und Schatten nie stillstehen werden.»[73] Seine Lieblingszeit war das Zwielicht, wenn die Linien sich verwischen, die Farben ineinander verschmelzen und die Schatten düster werden, wie bei *Gondel auf der Lagune*[74]. Venezianischer Himmel und venezianisches Wasser scheinen dazu bestimmt, die Stimmung für solche verschwommenen, weichen Bilder zu liefern. Manchmal, so wird uns berichtet, verlegte Guardi sein Atelier in eine Gondel und durchstreifte die kleineren Kanäle, um diese ungewöhnlichen Augenblicke zu erhaschen. Er malte die menschlichen Gestalten unbekümmert und nachlässig, als ob er fühlte, daß sie nur verschwindende Einzelheiten waren vor der massiven Architektur und dem ewigen Wechselspiel von Meer und Himmel. Er konnte auch Menschen darstellen, wie sie die Piazzetta bei einem Fest überfüllten[75] oder in prächtiger Kleidung in der großen *Sala dei Filarmonici* einherschritten[76]. Zu ihren Lebzeiten wurde sein Bruder Giovanni als der bessere Maler gewertet und Canaletto für größer gehalten als beide. Heute verspricht Francesco Guardi, sie beide zu überleben.

Anton Raphael Mengs kehrte 1768 aus Spanien zurück und war bald Herr der Ateliers in Rom. Kaum jemand stellte seine Vorrangigkeit unter den zeitgenössischen Künstlern in Frage. Gekrönte Häupter bemühten sich um seinen Pinsel, manchmal vergeblich. Winckelmann nannte ihn den Raffael seines Zeitalters, pries sein Deckengemälde in der Villa Albani *Der Parnaß* als ein Meisterwerk, vor dem «selbst Raffael den Kopf neigen würde»[77], und gab in seiner *Geschichte der Kunst des Altertums* höchster Bewunderung für seinen Freund Ausdruck[78].

Das beste von Mengs' Gemälden ist sein Selbstporträt (1773?)[79]. Es zeigt ihn mit Fünfundvierzig noch immer kraftvoll, stattlich und schwarzhaarig. Nach einem zweiten Aufenthalt in Spanien kehrte Mengs zurück (1777), um seine restlichen Jahre in Italien zu verbringen. Der äußere Erfolg blieb ihm treu, doch der Tod seiner Frau (1778) brach seinen einst so lebhaften Geist. Eine Vielzahl von Leiden schwächte ihn, und seine Zuflucht zu Quacksalbern und Wunderkuren beschleunigten seinen körperlichen Verfall. Er starb 1779 im Alter von einundfünfzig. Seine Schüler errichteten zu seinem Andenken im Pantheon neben dem Denkmal von Raffael ein Zenotaph. Heute schenkt ihm kein Kritiker mehr Beachtung.

VII. DIE MUSIKER

Die Kirchenmusik war mit der wachsenden Säkularisation des Lebens in Verfall geraten und hatte durch den ansteckenden Einfluß der Opernformen gelitten. Die Instrumentalmusik gedieh, teils durch die Verbesserung des Pianoforte, doch mehr noch durch die wachsende Beliebtheit der Violine. Virtuosen wie Pugnani, Viotti und Nardini eroberten Europa mit dem Bogen. Muzio Clementi, der Italien verließ, um zwanzig Jahre in England zu leben, bereiste den Kontinent als Organist und Pianist, trat in Wien mit Mozart in Wettstreit und hat vielleicht von Mozarts Bemerkung, sein Spiel sei zu mechanisch, profitiert. Er war der erfolgreichste Klavierlehrer des 18. Jahrhunderts und begründete den Stil des 19. Jahrhunderts der Pianotechnik mit seinen berühmten Reihen von Übungen und Studien, *Gradus ad Parnassum* (Schritte zum Heim der Musen), von dem die Musik ihren Namen erhielt. Gaetano Pugnani erbte seines Meisters Violinkunst und gab sie an seinen Schüler Giovanni Battista Viotti weiter, der Europa im Triumph durchquerte. Viottis Violinkonzert in a-Moll kann auch heute noch unseren altmodischen Ohren zum Genuß werden.

Wie so viele Italiener verließ Luigi Boccherini ein mit Musikern überfülltes Land, um sein Publikum anderwärts zu finden. Von 1768 bis zu seinem Tode im Jahre 1805 bezauberte er Spanien mit seinem Cello, wie Farinelli es mit seiner Stimme und Scarlatti es mit seinem Cembalo bezaubert hatte. Eine Generation lang rivalisierten seine Instrumentalkompositionen mit denen Mozarts um internationale Anerkennung. Friedrich Wilhelm II. von Preußen, selbst ein Cellist, zog Boccherinis Quartette denen Mozarts vor[80]. In seinen zweiundsechzig Jahren komponierte er fünfundneunzig Streichquartette, fünfundvierzig Trios, zwölf Klavierquintette, zwanzig Symphonien, fünf Konzerte für Cello, zwei Oratorien und einige religiöse Musikstücke. Die halbe Welt kennt sein «Menuett», ein Satz aus einem seiner Quintette, doch die ganze Welt sollte sein Cellokonzert in B-Dur kennen.

Europa ergab sich (wiederum mit Ausnahme von Paris) kampflos dem *bel canto* Italiens. Aus einem Dutzend Städten des magischen Stiefels kamen Primadonnen wie Caterina Gabrielli und *castrati* wie Gasparo Pacchierotti über die Alpen nach Wien, München, Leipzig, Dresden, Berlin, St. Petersburg, Hamburg, Brüssel, London, Paris und Madrid. Pacchierotti gehörte zu den letzten der berühmten Kastrierten; eine Generation lang war er ein Rivale Farinellis. Er hielt London vier Jahre gefangen; sein Ruhm hat dort in Fanny Burneys *Diary*[81] und in ihres Vaters *General History of Music*[82] ein Echo gefunden.

Den Sängern folgten italienische Komponisten und Dirigenten. Pietro Guglielmi schrieb zweihundert Opern und reiste von Neapel nach Dresden, Braunschweig und London, sie zu dirigieren. Von einem anderen Napolitaner, Niccolò Piccini, ist uns auf Grund seines ungewollten Wettbewerbs mit Gluck in Paris ein entstelltes Bild überliefert worden; doch Galiani beschrieb ihn als *un très honnête homme* («einen höchst ehrbaren Mann»)[83]. Seine *opere buffe* waren für ein Jahrzehnt das Entzücken Neapels und Roms; sogar die *Serva padrona* von Pergolesi gewann nicht solche Beliebtheit wie Piccinis *La cecchina* (1760). Jommelli, Pergolesi, Leo und Galuppi hatten Metastasios *Olimpiade* vertont; Piccini tat das gleiche und übertraf nach einstimmigem Urteil sie alle. 1776 nahm er eine Einladung nach Paris an. Der wilde Krieg, der hier ausbrach, zog sich in die Länge, doch während seiner ganzen Dauer bewahrte Piccini vollkommene Höflichkeit, blieb gut Freund mit seinen Rivalen Gluck und Sacchini, selbst als deren Parteigänger sein Leben bedrohten[84]. Als die Revolution diese *opera buffa* erstickte, kehrte Piccini nach Neapel zurück. Hier wurde er wegen seiner Sympathie zu

Frankreich vier Jahre unter Hausarrest gestellt. Seine Opern wurden von der Bühne verbannt, und er lebte in einer für sein Land beschämenden Armut. Nachdem Napoleon Italien erobert hatte, wurde er wieder nach Paris eingeladen (1798). Der Erste Konsul gab ihm eine bescheidene Pfründe, doch ein Schlaganfall zerbrach ihn körperlich und geistig, und er starb im Jahre 1800 in Paris.

Antonio Sacchini war als Sohn eines Fischers in Pozzuoli geboren worden und wurde im Beruf seines Vaters ausgebildet, als Francesco Durante ihn singen hörte und als Schüler und Schützling nach Neapel entführte. Seine *Semiramide* wurde im Teatro Argentino in Rom so beifällig aufgenommen, daß er sieben Jahre als Opernkomponist an diesem Theater verblieb. Nach einem Aufenthalt in Venedig machte er sich auf, München, Stuttgart und London zu erobern (1772). Hier wurden seine Opern beklatscht, doch feindselige Intrigen schädigten seine Beliebtheit, und ausschweifende Gewohnheiten ruinierten seine Gesundheit. Er siedelte nach Paris über und schuf hier sein Meisterwerk, *Oedipe a Colone* (1786), das in den nächsten siebenundfünfzig Jahren an der Oper 583 Aufführungen erlebte. Wir können noch heute ab und zu seine Melodien im Radio hören. Er übernahm mehrere Reformen Glucks und gab den italienischen Stil auf, aus einer Oper ein Flickwerk von Arien zu machen. Im *Oedipe* beherrscht der Inhalt die Arien; und die Chöre verleihen, inspiriert durch Händels Oratorien, sowohl der Musik als auch dem Thema Größe.

Der musikalische Wettstreit ging weiter mit Antonio Salieri, einem Gegner Mozarts und Freund des jungen Beethoven. Bei Verona geboren, wurde er im Alter von sechzehn Jahren nach Wien geschickt (1766). Acht Jahre später machte ihn Joseph II. zum Hofkomponisten und 1788 zum Kapellmeister. In dieser Stellung zog er andere Komponisten Mozart vor, doch die Geschichte, diese Gegnerschaft habe Mozarts Zusammenbruch verursacht, ist ein Mythos[85]. Nach Mozarts Tod befreundete sich Salieri mit dem Sohn und förderte seine musikalische Entwicklung. Beethoven legte Salieri mehrere Kompositionen vor und nahm seine Vorschläge mit ungewöhnlicher Bescheidenheit auf.

«Der leuchtendste Stern am italienischen Opernhimmel in der zweiten Hälfte des 18. Jahrhunderts»[86] war Giovanni Paisiello. Geboren als Sohn eines Tierarztes, beeindruckte seine Stimme seine Jesuitenlehrer so sehr, daß sie seinen Vater beredeten, ihn auf Durantes Konservatorium in Neapel zu schicken (1754). Als er sich entschloß, Opern zu komponieren, stellte er fest, daß die Napolitaner sich ausschließlich für Piccini begeisterten, und nahm eine Einladung Katharinas der Großen an. In St. Petersburg schrieb er 1782 *Il barbiere di Siviglia*. Er hatte einen so anhaltenden Erfolg in ganz Europa, daß, als Rossini am 5. Februar 1816 in Rom eine Oper über das gleiche Thema herausbrachte, diese vom Publikum als ungehöriger Einbruch in ein einem noch Lebenden geweihtes Gebiet verurteilt wurde. Auf seiner Rückreise aus Rußland im Jahre 1784 machte Paisiello in Wien lange genug Aufenthalt, um zwölf «Symphonien» für Joseph II. zu schreiben und eine Oper zu schaffen, *Il re Teodoro,* die bald in ganz Europa Anerkennung gewann. Dann kehrte er nach Neapel zurück als *maestro di cappella* Ferdinands IV. Napoleon überredete Ferdinand, ihm Paisiello «zu leihen».

Als der Komponist in Paris ankam (1802), wurde er mit einem Glanz empfangen, der ihm viele Feinde machte. 1804 kehrte er unter dem Patronage Joseph Bonapartes und Murats nach Neapel zurück.

Es sei hier darauf hingewiesen, wie geduldig diese Italiener ihre Laufbahn vorbereiteten. Paisiello studierte neun Jahre an Durantes Conservatorio di San Onofrio. Cimarosa studierte elf Jahre am Conservatorio di Santa Maria di Loreto und später in Neapel. Nach langer Lehrzeit unter Sacchini, Piccini und anderen schrieb Domenico Cimarosa seine erste Oper, *Le stravaganze del conte*. Bald wurden seine Opern in Wien, Dresden, Paris und London aufgeführt. 1787 ging auch er nach St. Petersburg, wo er die polyandre Kaiserin mit *Cleopatra* entzückte. Von Leopold II. eingeladen, die Nachfolge Salieris als Kapellmeister in Wien anzutreten, führte er hier seine berühmteste Oper, *Il matrimonio segreto*, (1792) auf. Sie gefiel dem Kaiser so sehr, daß er nach Beendigung der Vorstellung allen anwesenden Personen ein Souper servieren ließ und dann die Wiederholung des Ganzen befahl[87]. 1793 wurde Cimarosa als *maestro di cappella* Ferdinands IV. nach Neapel zurückberufen. Als der König 1799 durch ein französisches Revolutionsheer abgesetzt wurde, begrüßte Cimarosa das Ereignis begeistert. Als Ferdinand wieder auf den Thron gesetzt wurde, wurde Cimarosa zum Tode verdammt. Die Todesstrafe wurde in Verbannung umgewandelt. Der Komponist machte sich auf den Weg nach St. Petersburg, starb jedoch unterwegs in Venedig (1801). Er hinterließ außer vielen Kantaten, Messen und Oratorien etwa sechsundsechzig Opern, die weitaus mehr Beifall fanden als die Mozarts und auch heute noch unter den *opere buffe* des 18. Jahrhunderts gleich hinter denen Mozarts rangieren.

Wenn die Melodie das Herz der Musik ist, dann ist die italienische Musik die größte. Die Deutschen hatten die polyphone Harmonie einer einfachen melodischen Linie vorgezogen. In diesem Sinne errang Italien einen neuen Sieg über Deutschland, als der Deutsche Mozart die Polyphonie der Melodie unterordnete. Doch die Italiener räumten der Melodie eine so beherrschende Stellung ein, daß ihre Opern dazu neigten, mehr eine Folge von wohlklingenden Arien zu werden als musikalische Dramen, wie die ersten italienischen Opernkomponisten (um 1600) sie anstrebten, um der dramatischen Kunst der Griechen nachzueifern. In der italienischen Oper ging die Bedeutung der Handlung und oft der Worte im Glanz des Gesanges verloren. Dies war schön, doch wenn die Kunst das ist, wofür wir sie gewöhnlich halten, nämlich die Ersetzung des Chaos durch Ordnung, um die Bedeutung zu enthüllen, ist die Oper in Italien hinter ihren höchsten Möglichkeiten zurückgeblieben. Einige Italiener wie Jommelli und Traëtta erkannten dies und bemühten sich, Musik und Spiel in ein geeinigtes Ganzes zu verschmelzen; doch dieses Ziel wurde in seiner reinsten Form erst durch die Opern von Gluck erreicht. So endete, dem Gesetz des Pendels im Leben gehorchend, die italienische Herrschaft über Europa durch die Melodie, als 1774 Gluck in Paris seine Oper *Iphigénie en Aulide* zur Aufführung brachte, welche die Musik dem Spiel unterordnete. Doch der Konflikt zwischen Melodie und Drama ging weiter. Wagner gewann eine Schlacht für das Drama, Verdi errang neue Triumphe für die Melodie. Möge keines der beiden Lager je siegen ...

VIII. ALFIERI

Es gab keinen Dante in dieser Epoche, doch es gab Parini, der im Vers, Filangieri, der in der Prosa, und Alfieri, der in Drama, Prosa und Lyrik glänzte.

Giuseppe Parini kämpfte sich aus tiefster Armut hoch, lebte vom Abschreiben von Manuskripten und veröffentlichte als erstes (1752) einen kleinen Band von *versi sciolti* (Blankversen). Um essen zu können, trat er in den heiligen Stand ein und mußte selbst dann sein Brot als Hauslehrer verdienen; es herrschte damals ein Überfluß an Priestern in Italien. Die Armut schärfte seine Feder zur Satire. Der Müßiggang und die Verschwendung vieler italienischer Adliger ließen in ihm die Idee entstehen, einen typischen Tag im Leben eines solchen Blaublütigen zu beschreiben. 1763 veröffentlichte er den ersten Teil als *Il mattino* («Der Morgen»), zwei Jahre später folgte *Il mezzogiorno* («Der Mittag»); dann schrieb er *Il vespro* («Der Abend») und *La notte* («Die Nacht»), lebte jedoch nicht lange genug, um sie veröffentlichen zu können. Zusammen bildeten die Stücke ein satirisches Werk, das er *Il giorno* («Der Tag») nannte. Der Graf von Firmian zeigte wahren Adel, indem er den Dichterpriester zum Herausgeber der *Gazzetta* in Mailand und zum Professor der schönen Literatur an der Scuola Palatina machte. Parini begrüßte die Französische Revolution und wurde von Napoleon mit einem Sitz im Stadtrat von Mailand belohnt. Die Oden, die er zwischen 1757 und 1795 verfaßte und aus denen mehr ein Liebhaber als ein Priester spricht, zählen nicht zur Klassik der italienischen Literatur[88].

Als gewichtigeres Zeugnis der italienischen Aufklärung sei eine Stelle aus Gaetano Filangieris *La scienza della legislazione* (1780–1785) zitiert, ein Werk, das von Beccaria und Voltaire inspiriert wurde:

> «Der Philosoph soll Apostel der Wahrheit sein und nicht Erfinder von Systemen. Zu sagen, 'alles sei schon gesagt worden', ist die Sprache derer, die nie etwas haben hervorbringen können oder die nicht den Mut haben, es zu tun. Solange die Übel, die die Menschheit bedrücken, nicht geheilt sind; solange die Irrtümer und Vorurteile, welche sie zu dauernden machen, Parteigänger finden; solange die Wahrheit nur wenigen Privilegierten bekannt, dem größten Teil des Menschengeschlechtes jedoch verborgen ist; solange sie fern von den Thronen erscheint: ist es die Pflicht des Philosophen, sie zu predigen, zu behaupten, auszubreiten, zu interpretieren. Wenn das Licht, das er verbreitet, seiner Zeit und seinem Vaterlande nicht zugute kommt, wird es doch sicher einer anderen Zeit und einem anderen Lande leuchten. Bürger aller Orte, Zeitgenosse aller Zeiten, ist das Universum sein Vaterland, die Erde seine Schule, seine Zeitgenossen und die nach ihm kommen sind seine Schüler.»[89]

Das Zeitalter fand seinen Gesamtausdruck in Alfieri: Die Auflehnung gegen Aberglauben, Begeisterung für die heidnischen Heroen, die Anklage wider die Tyrannei, die Begrüßung der Französischen Revolution, die Ablehnung ihrer Exzesse und der Schrei nach italienischer Freiheit – all das verdichtete sich zu einer Romanze verbotener Liebe und edler Treue. Er schilderte seine bewegte Laufbahn in *Vita di Vittorio Alfieri ... scritta da esso* («Das Leben des Vittorio Alfieri, geschrieben von ihm selbst»), tagebuchartige Aufzeichnungen, die er bis fünf Monate vor seinem Tod fortsetzte. Es handelt sich um eine der großen Autobiographien, ebenso enthüllend wie Rousseaus *Bekenntnisse*. Sie beginnt mit entwaffnender Aufrichtigkeit: «Das Über-sich-selber-Reden und noch viel mehr das Über-sich-Schreiben entspringt ohne Zweifel einer großen Eigenliebe.» Hiernach gibt es keine Maske der Bescheidenheit und kein Zeichen der Unehrlichkeit.

«In der Stadt Asti im Piemont wurde ich am 17. Januar des Jahres 1749 als Sohn adliger, wohlhabender und ehrenwerter Eltern geboren. Diese drei Vorzüge habe ich ausdrücklich erwähnt, denn ich betrachte sie als ein großes Glück für mich, und zwar aus folgenden Gründen: Die Herkunft aus adligem Stande verhalf mir in hohem Maße dazu, fortan – ohne neidisch oder gar mißgünstig zu erscheinen – den Adel zu verachten und seine Lächerlichkeiten, Mißbräuche und Laster zu entlarven. Überdies brachte mich sein nützlicher und heilsamer Einfluß dahin, das Edle in der Kunst, die ich später ausübte, niemals herabzuwürdigen. Meine Abstammung aus wohlhabendem Hause erhielt mich frei und rein und ließ es nie zu, daß ich etwas anderem diente als allein der Wahrheit.»[90]

Sein Vater starb, als Vittorio noch ein Knabe war; seine Mutter verheiratete sich wieder. Der Junge zog sich in sich selbst zurück, brütete, dachte mit acht Jahren an Selbstmord, fand jedoch keinen bequemen Weg, ihn auszuführen. Ein Onkel nahm sich seiner an und schickte den Neunjährigen zur Erziehung auf die Akademie von Turin. Hier wurde er von einem Hausdiener, der ihn betreuen sollte, tyrannisiert. Seine Lehrer versuchten, zunächst seinen Willen zu brechen, um einen Mann aus ihm zu machen, doch ihre Härte entflammte seinen Stolz und seine Sehnsucht nach Freiheit. «Die Stunden in peripatetischer Philosophie aber, die nachmittags abgehalten wurden, waren vollends zum Stehend-Einschlafen.»[91] Der Tod seines Onkels machte ihn mit vierzehn Jahren zum Herrn eines großen Vermögens.

Nachdem er sich die für Auslandsreisen erforderliche Zustimmung des Königs von Sardinien besorgt hatte, brach er 1766 zu einer dreijährigen Rundreise durch Europa auf. Er verliebte sich in zahlreiche Frauen, die französische Literatur und die englische Verfassung. Die Lektüre von Montesquieu, Voltaire und Rousseau zerstörte seinen ererbten Glauben und entzündete seinen Haß gegen die katholische Kirche – obwohl er erst kurz zuvor den Fuß Clemens' XIII., «eines schönen Greises von verehrungswürdiger Majestät»[92], geküßt hatte. In Den Haag verliebte er sich sterblich in eine verheiratete Frau; sie lächelte und ließ es dabei bewenden. Wieder dachte er an Selbstmord. Es war das Zeitalter Werthers, und der Selbstmord lag in der Luft. Auch diesmal fand er die Absicht anziehender als die Ausführung und kehrte nach Piemont zurück, war jedoch so unglücklich in der dortigen Atmosphäre politischer und religiöser Konformität, daß er seine Reisen wiederaufnahm (1769). Jetzt besuchte er Deutschland, Dänemark und Schweden, wo er, wie er uns berichtet, die Landschaft, die Menschen und selbst den Winter liebte. Dann ging er nach Rußland, das er verachtete, weil er in Katharina der Großen nur eine gekrönte Verbrecherin sah. Er weigerte sich, ihr vorgestellt zu werden. Friedrichs Preußen gefiel ihm nicht besser; er eilte weiter in das tapfere republikanische Holland und nach England, das damals versuchte, Georg III. beizubringen, sich aus der Regierung herauszuhalten. Er machte einen Engländer zum Hahnrei, focht ein Duell aus und wurde verletzt. In Spanien zog er sich eine Syphilis zu[93] und kehrte zurück nach Turin (1772), um sich kurieren zu lassen. 1774 war er wieder so weit hergestellt, sein zweites großes Liebesabenteuer zu beginnen, diesmal mit einer Frau, die neun Jahre älter war als er. Sie zerstritten und trennten sich, und er verbannte sie aus seinen Träumen, indem er ein Theaterstück, *Cleopatra*, schrieb. Was konnte dramatischer sein, als zwei Herrscher, eine Königin, eine Schlacht und eine Natter? Das Stück wurde am 16. Juni 1775 in Turin an zwei aufeinanderfolgenden Abenden unter Applaus aufgeführt; dann zog er es zurück, um Veränderungen vorzunehmen. Jetzt plagte ihn «eine sehr edle und erhabene Leidenschaft für den Ruhm». Er las von neuem Plutarch und die italienischen Klassiker und studierte wiederum Latein, um sich in die Tragödien Senecas zu vertiefen. Bei dieser Lektüre fand er die Themen und die Form für seine Dramen. Er wollte die Tugenden und alten Heroen wieder aufleben lassen, wie Winckelmann die antike Kunst wiederbelebt hatte. Dazwischen (1777) schrieb er seine Abhandlung *Della tirannide,* doch sie enthielt so scharfe Anklagen gegen den Staat und die Kirche, daß er nicht daran denken konnte, sie zu veröffentlichen. Sie erschien erst 1787 im Druck. Ein fast religiöser Eifer belebte sie:

«Nicht erdrückende Armut, ... nicht die sklavische Trägheit, in der Italien darniederliegt, nein, diese waren nicht die Gründe, die meine Gedanken auf die wahre erhabene Ehre, falsche Herrschaften mit meiner Feder anzugreifen, lenkten. Ein grimmiger Gott, ein unbekannter Gott, saß mir seit meinen frühesten Jahren auf dem Rücken und trieb mich an ..., ein freier Geist kann weder Frieden noch Waffenstillstand finden, solange ich nicht harte Seiten für die Vernichtung der Tyrannen schreibe.»[94]

Er definierte Tyrannen als

«alle diejenigen, die durch Gewalt oder Betrug – oder auch durch den Willen des Volkes oder der Adligen – die absolute Herrschaft über die Regierung gewinnen und sich selbst als über dem Gesetz stehend betrachten ... Tyrannei ist der Name, der angewandt werden muß ... für jede Regierung, in welcher derjenige, der mit der Durchführung der Gesetze beauftragt ist, diese mit der Zusicherung der Straffreiheit zerstört, bricht, interpretiert, behindert oder aufhebt.»[95]

Alfieri betrachtete alle europäischen Regierungen außer der holländischen Republik und den konstitutionellen Monarchien Englands und Schwedens als tyrannisch. Durch Machiavelli beeinflußt, idealisierte er die römische Republik und hoffte, die Revolution würde bald Republiken in Europa errichten. Er war der Ansicht, das Beste, was der Minister eines Tyrannen tun konnte, sei, ihn zu solchen Exzessen der Tyrannei zu ermutigen, die das Volk zur Revolte trieben[96]. In ihren ersten Jahren ist eine Revolution zur Anwendung von Gewalt berechtigt, um das Wiederaufleben der Tyrannei zu verhindern:

«Da politische wie religiöse Meinungen nie vollständig geändert werden können ohne die Anwendung von Gewalt, ist jede neue Regierung zunächst unglücklicherweise gezwungen, grausam streng, manchmal sogar ungerecht zu sein, um diejenigen zu überzeugen oder möglicherweise zu zwingen, welche Neuerungen weder wünschen noch verstehen noch lieben, noch ihnen zustimmen.»[97]

Obwohl er selbst als Graf von Cortemilia Adliger war, verdammte Alfieri die Erbaristokratie als eine Form und ein Instrument der Tyrannei. Ebenso verdammte er alle organisierten Autoritätsreligionen. Er gab zu, daß «das Christentum nicht wenig zur Besänftigung allgemeiner Sitten beigetragen hat», doch er vermerkte «viele Akte stupider und ignoranter Grausamkeit» bei christlichen Herrschern «von Konstantin bis Karl V.»[98]. Im allgemeinen

«ist die christliche Religion fast unvereinbar mit Freiheit ... Papst, Inquisition, Fegefeuer, Beichte, Unauflösbarkeit der Ehe und das Zölibat der Priester – diese sind die sechs Ringe der heiligen Kette, welche den profanen [Staat] um so viel fester binden, daß sie immer schwerer und unzerbrechlicher wird.»[99]

Alfieri haßte die Tyrannei so sehr, daß er davon abriet, in einem despotischen Staat Kinder zu haben, ja sogar zu heiraten. Statt Kinder produzierte er, jedoch mit entsprechender italienischer Fruchtbarkeit, zwischen 1775 und 1783 vierzehn Tragödien, alle in Blankversen, alle klassisch in Struktur und Form, alle die Tyrannei mit deklamatorischer Leidenschaft geißelnd und die Freiheit über das Leben stellend. So sympathisierte er in *La congiura dei Pazzi* mit dem Versuch der Verschwörer, Lorenzo und Giuliano de' Medici zu stürzen; in *Brutto primo* und *Brutto secondo* machte er kurzen Prozeß mit Tarquinius und Caesar, in *Filippo* war er für Carlos gegen den König von Spanien, in *Maria Stuarda* jedoch fand er mehr Tyrannei in den schottischen Anführern als in der katholischen Königin. Gegenüber der Kritik, er beuge die Geschichte seiner These, verteidigte er sich wie folgt:

«Mehr als eine boshafte Zunge wird sagen ..., daß ich nichts schildere als Tyrannen auf zu vielen Seiten, die jeder Freundlichkeit bar sind, daß meine blutrote Feder, getaucht in Gift, stets nur eine einzige und monotone Note anschlägt und daß meine mürrische Muse keinen Menschen von dieser Knechtschaft befreit, doch viele lachen macht. Diese Klagen werden meinen Geist nicht von einer so hehren Aufgabe ablenken noch meine Kunst abschrecken, obwohl sie nur schwach und unzureichend ist für eine so große Tat. Noch werden meine Worte je in den Wind verstreut sein, wenn nach uns echte Menschen geboren werden, welche die Freiheit als unerläßlich für das Leben betrachten.»[100]

Nach seiner Begeisterung für die Freiheit kam seine Liebe zu der Gräfin von Albany. Sie war eine Tochter des Fürsten Gustav Adolf von Stolberg-Gedern und heiratete 1774 den Prinzen Charles Edward Stuart, den jungen Kronprätendenten, der sich hierauf selbst Graf von Albany nannte. Früher der tapfere Bonnie Prince Charlie, ergab er sich später dem Trunk und den Frauen, um seine Niederlagen zu vergessen. Die durch den französischen Hof arrangierte Ehe erwies sich als kinderlos und unglücklich. Offensichtlich war die Gräfin selbst nicht ohne Schuld. Alfieri lernte sie 1777 kennen, bedauerte sie und verliebte sich in sie. Um ihr nahe zu sein und frei, ihr zu helfen und ihr Schicksal verfolgen zu können ohne die beschwerliche Notwendigkeit, für jedes Verlassen des Landes die königliche Erlaubnis zu erwirken, gab er sein Bürgerrecht in Piemont auf, übertrug den größten Teil seines Vermögens und seines Landbesitzes auf seine Schwester und siedelte nach Florenz über (1778). Er war jetzt neunundzwanzig Jahre alt.

Die Gräfin erwiderte seine Liebe mit besonnener Zärtlichkeit, die das öffentliche Dekorum wahrte. Als 1780 die Gewalttätigkeit ihres betrunkenen Gatten ihr Leben bedrohte, zog sie sich in ein Kloster zurück und später in das Haus ihres Schwagers in

Rom. «Nachdem sie gegen Ende Dezember nach Rom verreist war», schrieb Alfieri, «blieb ich wie ein verlassenes Waisenkind in Florenz zurück. Damals überzeugte ich mich wahrlich in der tiefsten Tiefe meines Herzens und meines Gemütes, daß ich ohne sie nur ein halber Mensch blieb, denn ich war zu jeder Beschäftigung und jedem Kunstwerk einfach unfähig.»[101] So ging er nach Rom, wo ihm erlaubt wurde, seine Geliebte hin und wieder zu sehen; doch der Schwager, der unter priesterlichem Einfluß stand, widersetzte sich seinen Bemühungen, eine Ungültigkeitserklärung ihrer Ehe zu bewirken. (Daher sein beredtes Eintreten für die Scheidung in *Della tirannide*[102].) Schließlich verbot ihm der Schwager jeden weiteren Besuch bei der Gräfin. Er verließ Rom und versuchte sich mit Reisen und mit Pferden zu zerstreuen – die nach den Musen und «meiner Dame» seine «dritte Liebe» waren. 1784 setzte sie eine legale Trennung durch, siedelte nach Kolmar im Elsaß über. Dorthin folgte ihr Alfieri, und von nun an lebten sie in wilder Ehe zusammen, bis der Tod des Gatten ihnen erlaubte, zu heiraten. Alfieri schrieb über diese Liebe mit einer Begeisterung, die an Dantes *Vita nuova* erinnert:

«Doch diese meine vierte und letzte Liebe nahte sich mir glücklicherweise unter Anzeichen, die von denen der drei anderen Leidenschaften sehr verschieden waren. In jenen hatte ich mich nie von einer Leidenschaft des Geistes erfaßt gefühlt, die als Gegengewicht zu der des Herzens und zugleich mit ihr vermengt [um es mit dem Dichter zu sagen] eine unbestimmte Mischung hervorbrachte, die weniger ungestüm und glühend, aber dafür tiefer, inniger und dauernder wurde. So beschaffen war die Glut, die von da an all meine Gefühle und Gedanken immer mehr überwältigte und die mir nie mehr erlöschen wird, außer mit meinem Leben. Nach zwei Monaten erkannte ich, daß diese meine wahre Herrin sei; denn ich fand in ihr nicht wie bei den gewöhnlichen Frauen ein Hindernis für meinen literarischen Ruhm und eine Störung in meinen nützlichen Beschäftigungen oder gar eine Verwirrung meiner Gedanken, sondern einen Ansporn, einen Trost und ein Vorbild zu jedem guten Werk. Sowie ich diesen seltenen Schatz erkannt und gewürdigt hatte, verlor ich mich ganz und gar an sie. Und fürwahr – ich irrte mich nicht, denn noch jetzt, nach mehr als zwölf Jahren, da ich diese Geschichte aufschreibe und in ein Alter gekommen bin, in dem Illusionen aufhören, entbrenne ich immer tiefer für sie, je mehr – nach den Gesetzen der Zeit – ihre flüchtigen und unwesentlichen Vorzüge der vergänglichen Schönheit schwinden. Aber mein Herz findet in ihr Tag um Tag Erholung, Besänftigung und Veredelung, und ich wage ein gleiches auch von ihr zu sagen und zu glauben, weil auch ihr Herz sich vielleicht an mir aufrichtet und stärkt.»[103]

Auf diese Weise angespornt, schrieb er weitere Tragödien, einige Komödien und gelegentlich Gedichte. Er hatte bereits fünf Oden unter dem Titel *America libera* verfaßt. 1788 zogen die Liebenden nach Paris, wo Alfieri die Veröffentlichung seiner Werke durch Beaumarchais' Druckerei in Kehl am Rhein überwachte. Als die Bastille fiel, begrüßte Alfieri, der begeisterte Sänger der Freiheit, die Revolution als die Morgendämmerung eines glücklicheren Weltzeitalters. Doch bald erregten die Exzesse der Revolution den Ekel einer Seele, deren Auffassung von Freiheit aristokratisch war und sowohl Freiheit von den Massen wie von Päpsten und Königen forderte. Am 18. August 1792 verließen er und die Gräfin Paris mit nur so wenig Besitztümern, als sie in zwei Kutschen mitführen konnten. Am Stadttor wurden sie von einer Menge aufgehalten, die ihr Recht, die Stadt zu verlassen, anzweifelte. «Ich sprang vom Wagen unter die

Leute, hielt unsere sieben Pässe in der Hand und gestikulierte, schrie und lärmte noch ärger als sie alle. Es ist dies ein Mittel, womit man bei den Franzosen meistens ans Ziel kommt.»[104] Sie fuhren weiter nach Calais und Brüssel. Hier erfuhren sie, daß die Revolutionsbehörden in Paris die Verhaftung der Gräfin angeordnet hatten. Sie eilten weiter nach Italien und ließen sich in Florenz nieder. Hier verfaßte Alfieri seinen *Misogallo,* gefüllt von Haß gegen Frankreich und seine Massen «verworfener Sklaven»[105].

1799 besetzten die französischen Revolutionäre Florenz. Alfieri und die Gräfin suchten Zuflucht in einer Villa der Vorstadt, bis die Eindringlinge sich zurückgezogen hatten. Die Erregung dieser Jahre schwächte ihn und ließ ihn altern. Als er 1802 mit dreiundfünfzig Jahren seine Autobiographie beendete, bezeichnete er sich selbst als alt. Nachdem er alle seine Güter der Gräfin vermacht hatte, starb er am 7. Oktober 1803 in Florenz und wurde in Santa Croce beigesetzt. Hier ließ ihm die Gräfin 1810 von Canova ein prächtiges Grabmal errichten; sie stellte sich für die Figur des über dem Grab trauernden Italien als Modell zur Verfügung. 1824 folgte sie ihrem Liebhaber in den Tod.

Italien ehrt Alfieri als *Il Vate d'Italia* («Der Seher Italiens»), als den Propheten des Risorgimento, das es von fremder und kirchlicher Herrschaft befreite. Seine Dramen, wohl holprig und monoton, waren ein belebender Fortschritt gegenüber den sentimentalen Tragödien, die vor ihm über die italienischen Bühnen gegangen waren. Mit seinem *Filippo,* seinem *Saul,* seiner *Mirra* bereitete sich die Seele Italiens auf Mazzini und Garibaldi vor. Seine Abhandlung *Della tirannide* blieb nicht auf ausländische Veröffentlichung in Kehl (1787) und Paris (1800) beschränkt; sie wurde in Mailand gedruckt (1800) und in anderen italienischen Städten in den Jahren 1802, 1803, 1805, 1809, 1848, 1849 und 1860. Sie war für Italien das, was Paines *Rights of Man* (1791) für Frankreich, Italien und Amerika gewesen waren. Alfieri war der Beginn der romantischen Bewegung in Italien, ein Byron vor Byron, Prediger der Emanzipation der Geister und der Staaten. Nach ihm *mußte* Italien frei werden.

FÜNFTES KAPITEL

Die Aufklärung in Österreich

[1756–1790]

I. DAS NEUE REICH

STRENG genommen bezeichnet der Name Österreich eine Nation; im erweiterten Sinne steht er für das Reich, dessen Haupt Österreich war. Formal war dieses bis 1806 das Heilige Römische Reich Deutscher Nation, das Deutschland, Böhmen, Polen, Ungarn und Teile Italiens und Frankreichs umfaßte. Nationalistische Bestrebungen hatten jedoch die Reichstreue so geschwächt, daß nun (1756) das übrigbleibende Gebilde in Wirklichkeit ein Österreichisch-Ungarisches Reich war, das Österreich, die Steiermark, Kärnten, Krain, Tirol, Ungarn, Böhmen, die katholischen Erzbistümer Köln, Trier und Mainz, verschiedene und wechselnde Teile Italiens und seit 1713 die früher Spanischen, jetzt Österreichischen Niederlande – etwa das Belgien von heute – umfaßte.

Ungarn, mit einer Bevölkerung von etwa fünf Millionen Seelen, war streng feudalistisch. Vier Fünftel des Bodens befanden sich im Besitz von magyarischen Adligen und wurden von Leibeigenen bestellt. Die Steuerlasten ruhten nur auf den Bauern und den deutschen oder slawischen Bürgern der Städte. Das neue Reich war im Jahre 1687 legal zustande gekommen, als die ungarischen Adligen auf ihr altes Recht, ihren König zu wählen, verzichteten und die Habsburger Kaiser als ihre Herrscher anerkannten. Maria Theresia, der Strategie der Bourbonen folgend, lud die führenden ungarischen Magnaten ein, an ihren Hof zu kommen, gab ihnen Ämter, Titel und Orden und überredete sie, das Reichsgesetz für ihre Gebiete zu übernehmen und Wien als ihre Hauptstadt anzuerkennen. Die Kaiserin beauftragte Lukas von Hildebrandt, Pläne für Regierungsgebäude in Buda zu entwerfen. Die Arbeiten begannen 1769, wurden 1894 wieder aufgenommen und schenkten der alten Hauptstadt einen der eindrucksvollsten Königspaläste der Welt. Um es der Königin gleichzutun, bauten reiche ungarische Adlige prächtige Schlösser entlang der Donau oder in ihren Bergfestungen. So errichtete Fürst Pál Esterházy einen Familiensitz in Eisenstadt (1663–1672), und Fürst Miklós József Esterházy baute, etwa fünfzig Kilometer entfernt, im Renaissancestil das neue Schloß Esterháza (1764–1766). Dieses Schloß hatte hundertsechsundzwanzig Gästezimmer, zwei große Säle für Empfänge und Bälle, eine reiche Kunstsammlung und in der Nähe eine Bibliothek von siebentausendfünfhundert Bänden sowie ein Theater mit vierhundert Sitzplätzen. Ein den Palast einschließender Sumpf wurde in Gärten mit Grotten, Tempeln, Statuen, Treibhäusern, Orangerien und Wildgehegen verwandelt. Ein französischer Reisender erklärte: «Es gibt keine Anlage – ausgenommen vielleicht Versailles –, welche diesem Schloß an Glanz gleichkommt.» Hierher kamen Maler, Bildhauer, Schauspieler, Sänger, Virtuosen. Eine ganze Generation lang dirigierte und komponierte Haydn hier und sehnte sich nach einer größeren Welt.

Böhmen, heute zum tschechischen Teil der Tschechoslowakei gehörend, erging es nicht so gut unter der Herrschaft Maria Theresias. Es hatte sich nach dem Dreißigjährigen Krieg aus der Geschichte zurückgezogen, sein nationaler Geist war gebrochen worden durch Fremdherrschaft und durch einen katholischen Glauben, der einem Volk, das einst Jan Hus und Hieronymus von Prag gekannt hatte, aufgezwungen worden war. Seine acht Millionen Bewohner litten in den wiederholten Kriegen zwischen Preußen und Österreich, und seine historische Hauptstadt ging immer wieder in andere Hände über, wenn das Kriegsglück seiner ausländischen Königin wechselte. Böhmen mußte sich mit einer Unabhängigkeit der Kultur und des Geschmacks zufriedengeben. Es brachte seine eigenen Kompositionen hervor, wie einen Georg Benda. Prag bewies seinen hohen Kunstsinn, indem es der Uraufführung von Mozarts *Don Giovanni* (1787), der später in Wien nur schwachen Applaus erhielt, eine herzliche Aufnahme bereitete.

In den Österreichischen Niederlanden war der Kampf der lokalen Würdenträger um die Erhaltung ihrer überlieferten Autorität erfolgreicher als in Böhmen. Er sollte die letzten Tage des «revolutionären Kaisers» tragisch verdunkeln. Diese sieben Provinzen – Brabant (das Brüssel, Antwerpen und Löwen einschloß), Luxemburg, Limburg, Flandern, Hennegau, Namur und Geldern – hatten eine alte und ehrwürdige Geschichte, und die Adligen, die ihre vier Millionen Seelen regierten, wachten eifersüchtig über die Privilegien, welche die Prüfungen so vieler Jahrhunderte überdauert hatten. Die «Gesellschaft» pflegte ihre feinen Manieren, verspielte ihre Gewinne und trank manchmal von der berühmten Quelle von Spa in dem benachbarten Bistum Lüttich (jedoch auch Wein). Die Blüte der Gesellschaft dieser Epoche war Fürst Charles-Joseph von Ligne, der 1735 in Brüssel zur Welt kam. Er wurde von mehreren Geistlichen erzogen, «von denen nur einer an Gott glaubte». Er selbst war nur «zwei Wochen lang wirklich fromm»[1] in diesem strengkatholischen Land. Er kämpfte mit Auszeichnung im Siebenjährigen Krieg, diente Joseph II. als Ratgeber und vertrauter Freund, trat 1787 in die russische Armee ein, begleitete Katharina die Große auf ihrem «Vormarsch» auf der Krim, baute sich ein luxuriöses Schloß und eine Kunstgalerie in der Nähe von Brüssel, schrieb die vierunddreißig Bände seiner *Mélanges,* beeindruckte selbst die Franzosen durch die Vollkommenheit seiner Manieren und belustigte die kosmopolitischen Kreise Europas durch seinen philosophischen Witz*.

Dieses große Reich, das sich von den Karpaten bis zum Rhein erstreckte, stand vierzig Jahre lang unter der Herrschaft einer der großen Frauen der Geschichte.

---

* «Frau von Lucchesini ... war fähig zuzuhören, was nicht so leicht ist, wie viele denken, und kein Narr wußte je, wie man es tut.»[2]

II. MARIA THERESIA

Wir haben sie im Krieg gesehen, wo sie nur hinter Friedrich und Pitt an militärischem und staatsmännischem Können, an Weitsichtigkeit und Zielstrebigkeit, an Mut angesichts der Niederlage zurückstand. 1752 erklärte Friedrich: «Mit Ausnahme der Königin von Ungarn und des Königs von Sardinien [Karl Emanuel I.], deren Genius über eine schlechte Erziehung triumphierte, sind alle Fürsten Europas nur illustre Dummköpfe.»[3] Außer Elisabeth I. von England vor ihr und Katharina II. nach ihr übertraf keine andere Königin sie in der Kunst des Regierens. Friedrich nannte sie «ehrgeizig und rachsüchtig»[4]. Erwartete er von ihr, daß sie auf eine Genugtuung für seinen Raub Schlesiens verzichten würde? Die Goncourts sahen in ihr «ein gutes durchschnittliches Gehirn mit einem liebenden Herzen, einem hohen Pflichtgefühl, erstaunlicher Arbeitskraft, imponierender Erscheinung und außergewöhnlichem Charme; ... eine wahre Mutter ihres Volkes»[5]. Sie war eine Seele von Freundlichkeit allen gegenüber, die ihr Reich oder ihren Glauben nicht angriffen; man denke an den warmen Empfang, den sie der Familie Mozart 1768 bereitete[6]. Sie war ihren Kindern eine gute Mutter. Ihre Briefe an sie sind Vorbilder an Zärtlichkeit und weisem Rat. Hätte Joseph auf sie gehört, wäre er vielleicht nicht als Versager gestorben; und hätte Marie-Antoinette ihren Rat befolgt, wäre sie vielleicht der Guillotine entgangen.

Maria Theresia war keine «aufgeklärte Despotin», sie war überhaupt keine Despotin. Voltaire meinte von ihr: «Sie begründete ihre Herrschaft in allen Herzen durch eine Leutseligkeit und Beliebtheit, die wenige ihrer Vorfahren je besessen hatten; sie verbannte Form und Steifheit von ihrem Hof; ... sie verweigerte nie jemandem eine Audienz, und niemand verließ sie je, ohne zufriedengestellt gewesen zu sein»[7]. Sie war weit davon entfernt, im Sinne Voltaires aufgeklärt zu sein; sie erließ unduldsame Gesetze gegen Juden und Protestanten und blieb eine fromme Katholikin bis zu ihrem Ende. Mit Entsetzen und Empörung sah sie das Eindringen des religiösen Skeptizismus aus London und Paris in ihr Land. Sie versuchte die Flut durch eine strenge Zensur von Büchern und Zeitschriften aufzuhalten und verbot den Unterricht im Englischen «wegen des gefährlichen Charakters dieser Sprache hinsichtlich seines verderblichen Einflusses auf religiöse und ethische Prinzipien»[8].

Dennoch blieb der Antiklerikalismus ihrer Ratgeber und ihres Sohnes nicht ohne Eindruck auf sie. Diese erklärten ihr, der territoriale und anderweitige Reichtum des Klerus vermehre sich rasch dadurch, daß die Priester sterbenden Patienten einredeten, sie könnten ihre Sünden büßen und Gott versöhnen, indem sie ihr Eigentum der Kirche vermachten. Auf diese Weise mußte die Kirche, die bereits ein Staat im Staate war, bald Herrin der Regierung sein. Die Klöster vermehrten sich, entzogen Männer und Frauen dem tätigen Leben und immer mehr Eigentum der Besteuerung. Junge Frauen wurden dazu verleitet, die klösterlichen Gelübde abzulegen, bevor sie alt genug waren, die Bedeutung dieser lebenslänglichen Verpflichtungen zu begreifen. Die Erziehung wurde so vollkommen durch den Klerus beherrscht, daß die heranwachsenden Geister ein stärkeres Loyalitätsgefühl gegenüber der Kirche entwickelten als gegenüber dem Staat. Die Kaiserin gab diesen Argumenten insoweit nach, als sie einige wichtige Reformen anordnete. Sie verbot die Anwesenheit von Geistlichen bei der Abfassung von Testamenten. Sie verringerte die Anzahl religiöser Einrichtungen und befahl die Besteuerung allen religiösen Besitztums. Es durften keine Gelübde abgelegt werden von Personen, die noch nicht einundzwanzig Jahre alt waren. Kirchen und Klöster durften Verbrechern nicht länger auf Grund des «Rechts auf Freistatt» Asyl gewähren. Kein päpstliches Breve sollte im österreichischen Herrschaftsbereich anerkannt werden, wenn es nicht die kaiserliche Zustimmung erhalten hatte. Die Inquisition wurde durch die Regierung überwacht und so in Wirklichkeit unterdrückt. Die Erziehung erfuhr eine durchgreifende Organisation unter der Leitung des Leibarztes der Königin, Gerhard van Swieten, und des Abtes Franz Rautenstrauch. Bei vielen Professuren wurden Jesuiten durch Laien ersetzt[9], die Universität von Wien kam unter weltliche Verwaltung und Staatskontrolle, und hier wie anderswo wurde der Lehrplan mit dem Ziel umgestaltet, den Unterricht in der Naturwissenschaft und Geschichte zu erweitern[10]. So nahm die fromme Kaiserin in gewissem Maße die kirchlichen Reformen ihres skeptischen Sohnes vorweg.

Sie war ein moralisches Vorbild in einem Zeitalter, in dem die Höfe der Christenheit mit Konstantinopel in der Vielweiberei rivalisierten. Die Kirche hätte sie als ein Argument für die Orthodoxie benutzen können, wären nicht August III., der katholische König von Polen, und Ludwig XV. von Frankreich die wildesten Polygamisten gewesen. Die Wiener Aristokratie befolgte ihr Beispiel nicht. Graf Arco floh mit seiner Mätresse in die Schweiz, die Gräfin Esterházy ließ sich von Graf von der Schulenburg nach Frankreich entführen, der Fürst von Kaunitz zeigte sich mit seiner jeweiligen Mätresse öffentlich in seiner Kutsche, und als die Kaiserin ihm Vorwürfe machte, erwiderte er: «Madame, ich bin hierhergekommen, um über unsere Affären zu sprechen, nicht über die meinen.»[11] Maria Theresia sah diese Laxheit der Moral mit Empörung und Widerwillen und erließ drakonische Maßnahmen, das sechste Gebot beim Volk durchzusetzen. Sie ordnete an, daß die Röcke der Frauen nach unten und ihre Blusen nach oben verlängert werden sollten[12]. Sie stellte ein Korps von Keuschheitskommissaren auf, das ermächtigt war, jede der Prostitution verdächtige Frau zu verhaften. Casanova beklagte sich, daß «die Bigotterie und Engstirnigkeit der Kaiserin das Leben, besonders für Ausländer, schwermachten»[13].

Einen großen Teil ihres Erfolges als Herrscherin verdankte sie ihren fähigen Ministern. Sie akzeptierte ihre Führung und erntete ihre Ergebenheit. Fürst von Kaunitz blieb trotz dem Mißerfolg seiner «wechselnden Allianzen» Leiter der Auswärtigen Angelegenheiten und leistete dem Reich während vierzig Jahren gute Dienste. Ludwig Haugwitz reformierte die innere Verwaltung, und Rudolf Chotek reorganisierte die Wirtschaft. Diese drei Männer taten für Österreich, was Richelieu und Colbert für Frankreich getan hatten. Sie schufen einen neuen Staat, unermeßlich stärker als das lockere Herrschaftsgebilde, das Maria Theresia geerbt hatte.

Haugwitz begann mit dem Umbau der kaiserlichen Armee. Er war der Ansicht, diese sei vor der preußischen Disziplin deshalb zusammengebrochen, weil sie sich aus unabhängigen, von halbunabhängigen Adligen aufgestellten und befehligten Einheiten zusammensetzte. Er schuf ein stehendes Heer von 108 000 Mann unter einheitlicher Ausbildung und zentraler Führung. Zur Finanzierung dieser Streitmacht empfahl er die Besteuerung der Adligen und des Klerus wie auch der Bürger; Adel und Klerus protestierten, doch die Kaiserin blieb hart und belegte sie mit einer Eigentums- und Einkommenssteuer. Friedrich lobte die administrativen Fähigkeiten seiner Gegnerin: «Sie schuf in ihren Finanzen eine ihren Vorfahren unbekannte Ordnung und brachte durch gute Wirtschaft nicht nur wieder ein, was sie durch die Abtretung mehrerer Provinzen an die Könige von Preußen und Sardinien verloren hatte, sondern vermehrte ihre Einkünfte auch noch um ein beträchtliches.»[14] Dann machte Haugwitz sich daran, die Gesetze zu koordinieren, das Justizwesen von der Beherrschung durch die Adligen zu befreien und die Feudalherren der Zentralregierung zu unterwerfen. 1768 wurde ein neuer Gesetzeskodex, die Theresianische Halsgerichtsordnung, verkündet.

Inzwischen bemühte sich Chotek, die schwerfällige Wirtschaft zu beleben. Die Industrie war durch Monopole behindert, die den Adel begünstigten, und durch Zunftbestimmungen, die bis 1774 in Kraft blieben. Dennoch hatte Linz Wollmanufakturen mit insgesamt sechsundzwanzigtausend Beschäftigten, Wien leistete Hervorragendes in der Produktion von Glas und Porzellan, und Böhmen war führend in der Metallgewinnung des Reiches. Österreich und Ungarn betrieben ergiebige Bergwerke, in Galizien gab es große Salzlager, und Ungarn förderte jährlich Gold im Wert von sieben Millionen Gulden. Chotek schützte diese Industrien durch Zolltarife, denn Österreich, das häufig im Krieg war, mußte in der Produktion von lebensnotwendigen Gütern autark gemacht werden; der Freihandel ist – wie die Demokratie – ein Luxus der Sicherheit und des Friedens.

Doch auch so behielt das Reich seinen landwirtschaftlichen und feudalistischen Charakter. Wie Friedrich wagte die Kaiserin es angesichts des Krieges nicht, durch Stellungnahme gegen die konservativen Adligen eine gesellschaftliche Spaltung zu riskieren. Sie gab ein gutes Beispiel, indem sie die Leibeigenschaft auf ihren eigenen Ländereien abschaffte, und erließ ein Dekret, auf Grund dessen die Bauern ohne Einwilligung der hochmütigen Magnaten Ungarns ermächtigt wurden, ihren Wohnsitz zu wechseln, zu heiraten und ihre Kinder nach ihrem Gefallen aufzuziehen sowie beim Grafschaftsgericht gegen ihre Herren Beschwerde zu erheben[15]. Trotz diesen Milderungen war die Bauernschaft in Ungarn und Böhmen fast ebenso arm wie in Rußland. In Wien lebte die untere Klasse in traditioneller Armut inmitten vornehmer Paläste, vollendeter Opernaufführungen und prächtiger Kirchen, die Hoffnung spendeten.

Wien begann Paris und seiner Umgebung an königlichem Glanz gleichzukommen. Schönbrunn, im Weichbild der Stadt gelegen, schloß vierhundertfünfundneunzig Morgen an Gärten ein, angelegt (1753–1775) nach dem Vorbild von Versailles mit geraden, glattgeschnittenen Hecken, phantasievollen Grotten, symmetrischen Teichen, lieblichen Statuen von Donner und Beyer, einer «Menagerie», einem botanischen Garten und, auf einem Hügel im Hintergrund, einer «Gloriette», 1775 von Johann von Hohenberg erbaut, einer Kolonnadenarkade in reinem romanischem Stil. Das Schönbrunner Schloß selbst, eine immense Anhäufung von 1441 Räumen, war von Johann Bernhard Fischer von Erlach 1695 entworfen, jedoch im Jahre 1705 unvollendet gelassen worden. Maria Theresia verpflichtete Niccolò Pacassi, es umzubauen, und die Arbeiten wurden 1744 wiederaufgenommen und im Todesjahr der Kaiserin (1780) beendet. Das Schloß besitzt eine zweiundvierzig Meter lange Galerie mit einem Rokoko-Deckengemälde von Gregorio Guglielmi (1761). Schönbrunn beherbergte den Hof vom Frühling bis zum Herbst.

Der Hof zählte jetzt etwa zweitausendvierhundert Seelen. Zweihundertfünfzig Verwalter und Stallburschen wurden benötigt, um für die Pferde und Kutschen zu sorgen. Insgesamt kostete die Unterhaltung des Palastes und seiner Ländereien 4300000 Gulden im Jahr[16]. Die Kaiserin selbst übte Sparsamkeit und entschuldigte den Glanz des Schlosses als notwendig für die Zurschaustellung der königlichen Herrschaft. Sie versuchte, den Luxus ihres Hofes durch ihre Wohltätigkeit auszugleichen. Eine Generation später schrieb Frau von Staël über Österreich: «Die Werke der Nächstenliebe werden hier mit großer Sorgfalt und Freigiebigkeit geregelt; private und öffentliche Wohltätigkeit wird geleitet von einem hohen Geist der Gerechtigkeit ... Alles in diesem Land trägt den Stempel einer mütterlichen, weisen und religiösen Regierung.»[17]

Trotz der Armut gab es kaum Bettler und relativ wenig Verbrechen[18]. Das Volk fand sein einfaches Vergnügen darin, Besuche auszutauschen, sich bei feierlichen Anlässen auf den Plätzen zu versammeln, in den schattigen Pärken Kühlung zu suchen, auf der von Bäumen gesäumten Hauptallee des Praters spazierenzugehen, sich auf Landpartien und Mahlzeiten im Freien zu ergötzen oder, schlimmstenfalls, die Erregung blutiger Kämpfe zwischen gezähmten Tieren zu suchen. Lieblicher waren die Tänze, vor allem das feierliche Menuett. Bei diesem berührten der Mann und die Frau einander selten, jede Bewegung war vorgeschrieben und wurde mit Zurückhaltung und Anmut durchgeführt. Die Musik war so sehr ein Teil des Wiener Lebens, daß sie ein gesondertes Kapitel erfordert.

Im Vergleich dazu war die Literatur mittelmäßig und unreif. Das von Priestern beherrschte Österreich hatte keinen Anteil an der Sturm-und-Drang-Bewegung, die Deutschland erregte. Maria Theresia war keine Schutzpatronin der Gelehrsamkeit oder der schönen Literatur. Es gab keine literarischen Salons in Wien, keine Zusammenkünfte von Autoren, Malern und Philosophen mit Frauen, Adligen und Staatsmännern wie in Frankreich. Es war eine statische Gesellschaft mit dem Charme und der Bequemlichkeit alter und berechenbarer Wege, bewahrt vom Aufruhr der Revolution, doch bar des Eifers herausfordernder Ideen. Die sorgfältig zensierten Wiener Zeitungen waren langweilige Schlafmittel für das Denken, vielleicht mit Ausnahme der 1780 gegründeten *Wiener Zeitung*. Die Wiener Theater spielten Opern für die Aristokratie und den Hof oder derbe Komödien für das große Publikum. Leopold Mozart schrieb: «Daß die Wiener, in genere zu reden, nicht begierig sind ernsthafte und vernünftige Sachen zu sehen, auch wenig oder gar keinen Begriff davon haben, und nichts als närrisches Zeug, Tanzen, Teufel, Gespenster, Zaubereyen, Hanswurst, Lipperl, Bernardon, Hexen und Erscheinungen sehen wollen, ist eine bekannte Sache und ihre Theater beweisen es täglich.»[19] Papa Mozart war von dem Empfang seines Sohnes durch die Wiener enttäuscht gewesen.

Über dieses Konglomerat von Schauspielern, Musikern, Pöbel, Leibeigenen, Baronen, Höflingen und Geistlichen herrschte die große Kaiserin mit mütterlicher Wachsamkeit und Besorgnis. Ihr Gemahl, Franz von Lothringen, war 1745 zum Kaiser gekrönt worden; er interessierte sich mehr für Geschäfte als für die Regierung. Er gründete Manufakturen, versorgte die österreichischen Heere mit Uniformen, Pferden und Waffen, verkaufte Mehl und Viehproviant an Friedrich, während dieser im Krieg mit Österreich lag (1756)[20], und überließ die Führung des Reiches seiner Gattin. Er bestand jedoch auf seinen ehelichen Rechten, und die Kaiserin, die ihn trotz seinen Ehebrüchen[21] liebte, gebar ihm sechzehn Kinder. Sie zog sie mit Liebe und Strenge auf, schalt sie häufig und verabreichte ihnen so große Dosen an Moral und Weisheit, daß Marie-Antoinette glücklich war, nach Versailles zu entkommen, und Joseph mit der Philosophie flirtete. Sie spann geschickt die Fäden, um ihrer übrigen Nachkommenschaft die Laufbahn zu ebnen; sie machte ihre Tochter Maria Carolina zur Königin von Neapel, ihren Sohn Leopold zum Großherzog von Toscana, ihren Sohn Ferdinand zum Gouverneur der Lombardei. Sie widmete sich mit Eifer der Vorbereitung ihres ältesten Sohnes Joseph für die großen verantwortungsvollen Aufgaben, die sie ihm hinterlassen würde, und beobachtete besorgt seine Entwicklung bei der Erziehung und in der Ehe, in den Stürmen der Philosophie und den Wirrungen der Liebe bis zu der Zeit, da sie ihn in einer Aufwallung von Liebe und Demut im Alter von vierundzwanzig Jahren an ihre Seite auf den kaiserlichen Thron berief.

III. DER JUNGE JOSEPH: 1741–1765

Seine Erziehung hatte sie den Jesuiten anvertraut, jedoch – Rousseau vorwegnehmend – gefordert, er solle so unterrichtet werden, daß es ihm Spaß mache[22]. Als er vier Jahre alt war, beklagte sie sich: «Mein Sohn Joseph kann nicht gehorchen.»[23] Gehorsam machte keinen Spaß. «Er hat bereits eine hohe Meinung von seiner Stellung», berichtete der preußische Gesandte, als Joseph sechs Jahre alt war. Maria Theresia nahm ihre Zuflucht zu strenger und erzwungener Frömmigkeit, doch der Knabe fand religiöse Vorschriften langweilig und hatte nichts übrig für die der übernatürlichen Welt beigemessene Bedeutung; diese Welt, die zum Teil sein Erbe war, genügte ihm. Bald langweilte ihn die Orthodoxie, und er entdeckte die Faszination Voltaires. Sonst kümmerte er sich wenig um Literatur, beschäftigte sich aber eifrig mit der Naturwissenschaft, der Wirtschaft, der Geschichte und dem Völkerrecht. Er verlor nie die Überheblichkeit und den Stolz seiner Knabenzeit, entwickelte sich jedoch zu einem hübschen und aufgeweckten Jüngling, dessen Fehler ihn jedoch nicht seiner Mutter entfremdeten. Auf seinen Reisen schrieb er ihr Briefe von warmer, kindlicher Zärtlichkeit.

Im Alter von zwanzig wurde er Mitglied des Staatsrates. Bald (1761) verfaßte er eine Abhandlung, worin er seine Gedanken über politische und religiöse Reformen darlegte, und unterbreitete sie seiner Mutter. Diese Gedanken blieben die Quintessenz seiner Politik bis zu seinem Lebensende. Er empfahl der Kaiserin, die religiöse Duldung auszuweiten, die Macht der Kirche zu beschränken, die Bauern von den Feudallasten zu befreien und größere Freiheit im Austausch von Gütern und Ideen zu erlauben[24]. Er forderte sie auf, weniger für den Hof und seine Zeremonien und mehr für das Heer auszugeben. Jedes Mitglied der Regierung sollte für sein Gehalt arbeiten, und die Adligen sollten besteuert werden wie alle anderen[25].

Inzwischen lernte er eine andere Seite des Lebens kennen. Ludwig XV. hatte im Rahmen der Allianz seine Enkelin Isabella von Parma als geeignete Braut für den Erzherzog angeboten. Joseph schien beglückt; Isabella war achtzehn Jahre alt, schön und von gutem Charakter, abgesehen von einem Hang zur Melancholie. Im Juni 1760 kam sie in einem von dreihundert Pferden gezogenen Zug von Reisewagen über die Alpen. Die Hochzeit wurde mit einem prächtigen Fest gefeiert, und Joseph war glücklich, ein so hübsches Geschöpf in seinen Armen zu halten. Doch Isabella nahm die Theologie ernst, die sie gelernt hatte; ausgestattet mit allen Gaben des Lebens, fand sie keine Freude an ihnen, sondern sehnte sich nach dem Tod. «Der Tod ist wohltätig», schrieb sie an ihre Schwester 1763. «Nie habe ich mehr an ihn gedacht als jetzt. Alles erweckt in mir den Wunsch, bald zu sterben. Gott kennt meinen Wunsch, ein Leben zu verlassen, das ihn täglich beleidigt ... Wenn es erlaubt wäre, sich das Leben zu nehmen, würde ich es ohne Zögern tun.»[26] Im November 1763 erkrankte sie an Pokken; sie gab den Ärzten, die sie gesund machen wollten, keine Ermutigung, und nach fünf Tagen war sie tot. Joseph, der sie tief liebte, erholte sich nie von diesem Schlag.

Wenige Monate später nahm ihn sein Vater mit nach Frankfurt am Main, um ihn als Römischen König krönen zu lassen – der traditionelle Schritt zum kaiserlichen Thron. Hier wurde er am 26. März 1764 gewählt (Goethe befand sich in der Menge) und am 3. April gekrönt. Er fand kein Gefallen an dem Ritual, den Gottesdiensten, den Predigten; in einem Brief an seine Mutter beklagte er sich über «den Unsinn und die Albernheiten, denen wir den ganzen Tag zuhören mußten ..., es kostete mich große Anstrengungen, diesen Herren nicht ins Gesicht zu sagen, wie idiotisch sie handeln und reden». Während der ganzen Zeit dachte er an die Frau, die er verloren hatte. «Kummer zerfleischt mein Herz, und dabei soll ich so tun, als ob eine Würde mich entzückt ... Ich liebe die Einsamkeit ... Doch den lieben langen Tag muß ich plaudern und wohlgesetzte Dinge sagen.»[27] Er muß seine Gefühle gut verborgen haben, denn sein Bruder Leopold berichtete: «Unser Römischer König ist immer charmant, immer in guter Laune, fröhlich, liebenswürdig und höflich, und er gewinnt alle Herzen.»[28]

Nach seiner Rückkehr nach Wien wurde ihm eröffnet, er müsse wieder heiraten; die Kontinuität der Regierung schien die Kontinuität der Habsburger Familie zu erfordern. Kaunitz wählte eine Frau für ihn, Josepha von Bayern; denn Kaunitz hoffte, Bayern dem österreichischen Herrschaftsbereich einverleiben zu können. Joseph unterzeichnete den Heiratsantrag, den Kaunitz für ihn aufgesetzt hatte, schickte ihn ab und schrieb an den Herzog von Parma (Isabellas Vater), Josepha als «eine kleine gedrungene Gestalt ohne den Charme der Jugend» schildernd, «Pickel und rote Flecken auf dem Gesicht ... abstoßende Zähne ... Urteilen Sie selbst, was diese Entscheidung mich gekostet hat ... Haben Sie Mitleid mit mir und lassen Sie nicht nach in Ihrer Liebe für einen Sohn, der, obwohl er eine andere Frau hat, in sein Herz für ewig das Bild seiner Angebeteten eingegraben hat.»[29] Joseph und Josepha wurden im Frühjahr 1765 getraut. Sie versuchte, eine gute Gattin zu sein, doch er hielt sich von ihr, öffentlich und privat, fern. Sie litt stumm und starb im Jahre 1767 an Pocken. Joseph weigerte sich, eine neue Ehe einzugehen. Den Rest seines Lebens widmete er mit einer tragischen Mischung von Kälte und Eifer, von Idealismus und Arroganz dem Regieren.

IV. MUTTER UND SOHN: 1765–1780

Als Kaiser Franz I. am 18. August 1765 starb, war Maria Theresia für eine Zeitlang an Leib und Seele gebrochen. Sie trauerte um ihn gemeinsam mit seiner Mätresse. «Meine liebe Fürstin», sagte sie, «wir haben beide viel verloren.»[30] Sie schnitt ihr Haar ab, verschenkte ihre Garderobe, verzichtete auf jeden Schmuck und trug Trauerkleidung bis zu ihrem Tode. Sie übertrug die Regierung Joseph und sprach davon, in ein Kloster zu gehen; doch in der Furcht, ihr ungestümer Erbe könne sich als ungeeignet zum Regieren erweisen, wandte sie sich wieder den öffentlichen Angelegenheiten zu und unterzeichnete am 17. November eine offizielle Erklärung der Mitregentschaft. Sie behielt sich die oberste Autorität über die internen Angelegenheiten von Österreich, Ungarn und Böhmen vor. Joseph sollte sich als Kaiser um die auswärtigen Angelegenheiten und das Heer kümmern und, mit Einschränkung, um die Verwaltung und die Finanzen; in der Außenpolitik akzeptierte er jedoch die Führung von Kaunitz, und auf allen Gebieten wurden seine Entscheidungen von der Kaiserin geprüft. Sein Verlangen nach Macht wurde durch seinen Respekt und seine Liebe für seine Mutter gemildert. Als sie 1767 fast an den Pocken starb, wich er selten von ihrer Seite und setzte den Hof durch die Tiefe seiner Besorgnis und seines Schmerzes in Erstaunen. Diese drei Angriffe der gefürchteten Krankheit auf die königliche Familie veranlaßten schließlich die österreichischen Ärzte, die Impfung einzuführen.

Der liebende Sohn beunruhigte seine Mutter durch das Ungestüm seiner Reformideen. Im November 1765 schickte er an den Staatsrat ein Memorandum, das seine Leser bestürzt haben muß:

«Um mehr fähige Männer für den Staatsdienst zu erhalten, werde ich bestimmen – was immer der Papst und alle Mönche in der Welt sagen mögen –, daß keiner meiner Untertanen eine kirchliche Laufbahn einschlagen soll ... vor dem Alter von einundzwanzig. Die traurigen Resultate, für beide Geschlechter, die oft durch frühe Gelübde verursacht wurden, sollten uns von der Nützlichkeit dieser Anordnung überzeugen, abgesehen von Staatsgründen ...

Religiöse Toleranz, eine milde Zensur, keine Verfolgung aus Gründen der Moral und keine Spionage in Privatangelegenheiten sollten die Maxime der Regierung sein ... Religion und Moral gehören fraglos zu den Anliegen eines Herrschers, doch sein Eifer sollte sich nicht auf die Bestrafung und Bekehrung von Ausländern ausdehnen. In Dingen des Glaubens und der Moral ist Gewalt fruchtlos; erforderlich ist Überzeugung. Was die Zensur anbelangt, so sollten wir sehr sorgfältig über das wachen, was gedruckt und verkauft wird, doch die Taschen und Koffer, besonders eines Ausländers, zu durchsuchen, ist übertriebener Eifer. Es wäre leicht, zu beweisen, daß nun trotz der strengen Zensur heute jedes verbotene Buch in Wien zu erhalten ist und daß jeder, der durch das Verbot neugierig gemacht wird, es zum doppelten Preis kaufen kann ...

Industrie und Handel sind zu fördern durch das Verbot aller fremden Güter, mit Ausnahme von Gewürzen, durch die Abschaffung der Monopole, die Errichtung von Handelsschulen und eine Absage an die Meinung, daß Geschäftemachen unverträglich sei mit Aristokratie ...

Die Freiheit der Ehe sollte eingeführt werden, sogar dessen, was wir heute Mesalliancen nennen. Weder das göttliche Gesetz noch das Naturgesetz verbieten es. Nur Vorurteil macht uns glauben, daß ich mehr wert bin, weil mein Großvater ein Graf war oder weil ich ein von Karl V. unterzeichnetes Pergament besitze. Von unseren Eltern erben wir nur die physische Existenz; so sind König, Graf, Bürger und Bauer genau das gleiche.»[31]

Maria Theresia und die Senatsmitglieder müssen den Atem Voltaires oder den der *Encyclopédie* in diesen Vorschlägen gespürt haben. Der junge Kaiser mußte langsam vorgehen, doch er ging weiter. Er übertrug dem Staatsschatz zwanzig Millionen Gulden in bar, Geschäftsanteilen und Grundbesitz, die sein Vater ihm in seinem Testament hinterlassen hatte, und zahlte die Staatsschuld durch eine neue Anleihe zu einem Zinssatz von nur vier anstatt sechs Prozent zurück. Er verkaufte die Jagdgehege des verstorbenen Kaisers und ordnete den Abschuß der Wildschweine an, die den Jägern als Ziel gedient und den Bauern die Felder verwüstet hatten. Gegen den Protest des Adels, jedoch mit der Zustimmung seiner Mutter, öffnete er den Prater und andere Anlagen dem Publikum[32].

1769 schockierte er die Kaiserin und den Hof, indem er nach Neiße in Schlesien ging und drei Tage, vom 25. bis 27. August, in freundschaftlicher Diskussion mit Österreichs bestgehaßtem Feind, Friedrich dem Großen, verbrachte. Er hatte von dem König von Preußen die Auffassung von einem Monarchen als «Erstem Diener des Staates» übernommen. Er bewunderte Friedrichs Unterordnung der Kirche unter den Staat und seine Toleranz gegenüber den verschiedenen Religionen; er beneidete Preußen um seine militärische Organisation und Rechtsreform. Beide Männer fühlten, daß es Zeit war, ihre Differenzen beizulegen zum Schutz gegen die wachsende Stärke Rußlands. Joseph schrieb an seine Mutter: «Nach dem Abendessen ... rauchten wir und sprachen über Voltaire.»[33] Der König, jetzt siebenundfünfzig Jahre alt, hatte keine große Meinung von dem nun achtundzwanzigjährigen Kaiser. «Der junge Fürst», schrieb er, «zeigte eine Offenheit, die ihm wohl anstand ... er ist lernbegierig, doch er hat keine Geduld, sich selbst zu unterrichten. Seine hohe Stellung macht ihn oberflächlich ... Grenzenloser Ehrgeiz verschlingt ihn ... Er hat genug Geschmack, Voltaire zu lesen und seine Verdienste zu würdigen.»[34]

Der alarmierende Erfolg Katharinas II. in Rußland veranlaßte Kaunitz, eine zweite Besprechung mit Friedrich zu arrangieren. König, Kaiser und Fürst trafen sich vom 3. bis 7. September 1770 in Neustadt in Mähren. Joseph mußte sich während eines Jahres beachtlich entwickelt haben, denn Friedrich schrieb jetzt an Voltaire: «An einem bigotten Hof erzogen, hat der Kaiser dem Aberglauben entsagt; in Glanz aufgezogen, hat er einfache Manieren angenommen; mit Weihrauch gefüttert, ist er bescheiden; begierig nach Ruhm, opfert er seinen Ehrgeiz der Kindespflicht.»[35]

Diese beiden Begegnungen trugen wesentlich zur politischen Erziehung Josephs bei. Er erweiterte sie durch den Besuch seiner Herrschaftsgebiete und prüfte deren Probleme und Möglichkeiten nach eigenem Augenschein. Er tat dies nicht als Kaiser, sondern als einfacher Reisender zu Pferde. Er vermied Zeremonien und stieg statt in Schlössern in Herbergen ab. Als er 1764 und 1768 Ungarn besuchte, erkannte er die große Armut der Leibeigenen und sah mit Empörung auf einem Acker die Leichen von Kindern, die verhungert waren. In den Jahren 1771/72 beobachtete er ähnliche Verhältnisse in Böhmen und Mähren; überall hörte er von der Brutalität der Grundbesitzer gegenüber den hungernden Leibeigenen oder sah sie selbst. «Die innere Situation», schrieb er, «ist unglaublich und unbeschreiblich; es ist herzzerbrechend.»[36] Nach Wien zurückgekehrt, äußerte er sich aufgebracht über die unzulänglichen Verbesserungen, welche die Ratgeber der Kaiserin ins Auge gefaßt hatten. «Kleinliche Reformen werden nicht genügen», sagte er, «das Ganze muß umgestaltet werden.» Als ersten Schritt schlug er vor, einige Kirchenländereien in Böhmen zu übernehmen und auf ihnen Schulen, Asyle und Hospitäler zu errichten. Nach heftigen Auseinandersetzungen überredete er 1774 den Rat, ein Gesetz zu erlassen, das den Umfang des Frondienstes (von den Böhmen *robota* genannt) herabsetzte und regelte, der bei einem Feudalherrn zu leisten war. Die Magnaten Böhmens und Ungarns widersetzten sich. Die böhmischen Leibeigenen erhoben sich in einer wilden Revolte, die durch das Militär niedergeschlagen wurde. Maria Theresia machte ihren Sohn für diesen Aufruhr verantwortlich. Ihrem Agenten in Paris, Mercy d'Argentau, schrieb sie:

> «Der Kaiser, der seine Beliebtheit zu weit treibt, hat auf seinen verschiedenen Reisen zuviel geredet ... über religiöse Freiheit und bäuerliche Emanzipation. Alles dies hat in unseren deutschen Provinzen Verwirrung verursacht ..., nicht nur der böhmische Bauer ist zu fürchten, sondern auch der mährische, der steirische, der österreichische; selbst in unserem Gebiet nehmen sie sich die größten Frechheiten heraus.»[37]

Die Spannung zwischen Sohn und Mutter wuchs, als sich Joseph 1772 mit Friedrich und Katharina II. zur ersten Teilung Polens zusammenschloß. Sie protestierte gegen diesen Raub an einer befreundeten (und katholischen) Nation. Sie weinte, als Joseph und Kaunitz sie überredeten, ihre Unterschrift unter die Abmachung zu setzen, die einen Teil Polens Österreich zusprach. Friedrich kommentierte zynisch: «Elle pleure, mais elle prend.» («Sie weint, doch sie nimmt.»)[38] Ihr Bedauern war ernst, wie wir aus ihrem Brief an ihren Sohn Ferdinand ersehen: «Wie oft habe ich mich bemüht, von einer Handlung abzurücken, die das Ganze meiner Herrschaft beschmutzt! Gott gebe, daß ich dafür nicht in einer anderen Welt verantwortlich gemacht werde. Sie wiegt schwer auf meinem Herzen, quält mein Gehirn und verbittert meine Tage.»[39]

Sie beurteilte den Charakter ihres Sohnes mit Furcht und Liebe. «Er liebt Respekt und Gehorsam, betrachtet Opposition als widerlich und fast unerträglich ..., und ist oft unüberlegt ... Seine große und wachsende Lebhaftigkeit führt zu einem heftigen

Begehren, in allen Dingen seinen Willen durchzusetzen ... Mein Sohn hat ein gutes Herz.» Einmal warf sie ihm bitter vor:

«Wenn ich tot bin, schmeichle ich mir, werde ich in Deinem Herzen weiterleben, so daß die Familie und der Staat durch meinen Tod nicht verlieren werden ... Deine Nachahmung [Friedrichs] ist nicht schmeichelhaft. Dieser Held ..., dieser Eroberer – hat er einen einzigen Freund? ... Welch ein Leben, wenn es keine Menschlichkeit gibt! Wie groß Deine Talente auch sein mögen, es ist nicht möglich, daß Du bereits alles erfahren hast. Hüte Dich, in Boshaftigkeit zu verfallen! Dein Herz ist noch nicht böse, aber es wird böse werden. Es ist Zeit, nicht länger Gefallen zu finden an all diesen Bonmots, diesen klugen Konversationen, deren einziges Ziel es ist, andere lächerlich zu machen ... Du bist ein intellektueller Coquet. Du bist nur ein gedankenloser Nachahmer, wo Du glaubst ein unabhängiger Denker zu sein.»[40]

Joseph enthüllte seine Lage in einem Brief an Leopold:

«Unsere Unsicherheit hat eine Höhe erreicht, die Du Dir nicht vorstellen kannst. Unsere Aufgaben häufen sich täglich, und nichts wird getan. Jeden Tag bis fünf oder sechs, abgesehen von einer Viertelstunde für eine einsame Mahlzeit, bin ich bei der Arbeit; doch nichts geschieht. Geringfügige Ursachen, Intrigen, deren Opfer ich seit langem bin, versperren den Weg, und inzwischen geht alles zum Teufel. Ich schenke Dir meine Position als ältester Sohn.»[41]

Er verachtete die Männer, die im Dienst seiner Mutter alt geworden waren. Nur Kaunitz unterstützte ihn, jedoch mit aufreizender Vorsicht.

Die alternde Kaiserin nahm mit Bestürzung die revolutionären Ideen ihres Sohnes zur Kenntnis. Sie erklärte ihm offen:

«Unter Deinen Grundprinzipien sind die wichtigsten: 1. die freie Ausübung der Religion, die kein katholischer Fürst ohne schwere Verantwortung erlauben kann; 2. die Zerstörung des Adels (durch Abschaffung der Leibeigenschaft) ...; und 3. die so häufig [wiederholte Forderung nach] Freiheit in allem ... Ich bin zu alt, mich solchen Ideen anzupassen, und bete zu Gott, daß mein Nachfolger sie nie ausprobieren wird ... Duldung und Indifferenz sind genau die Mittel, um alles zu unterminieren ... Ohne eine beherrschende Religion, was gibt es da noch an Zurückhaltung? Nichts. Weder der Galgen noch das Rad ... Ich spreche als Politikerin, nicht als Christin. Nichts ist so notwendig und wohltätig wie die Religion. Würdest Du erlauben, daß jedermann nach seinem Belieben handelt? Wenn es keinen festgelegten Glauben, keine Unterwerfung unter die Kirche gäbe, wo wären wir da? Faustrecht wäre das Resultat ... Ich wünsche nur, daß ich, wenn ich sterbe, zu meinen Vorfahren eingehen kann mit dem Trost, daß mein Sohn ebenso groß, so religiös sein wird wie seine Vorväter und daß er die falschen Anschauungen, die schlechten Bücher und den Kontakt mit jenen aufgeben wird, die seinen Geist verführt haben auf Kosten von allem, das wertvoll und heilig ist, nur um eine eingebildete Freiheit zu errichten, die nur zu allgemeiner Zerstörung führen könnte.»[42]

Doch wenn es etwas gab, wonach Joseph strebte, dann war es Religionsfreiheit. Er mag kein Atheist gewesen sein, wie manche glaubten[43], doch er war durch die Literatur Frankreichs tief beeindruckt. Bereits 1763 hatte eine Gruppe von österreichischen Intellektuellen eine Aufklärungspartei gegründet[44]. 1772 veröffentlichte György Bessenyei aus Ungarn in Wien ein Theaterstück, aus dem die Ideen Voltaires sprachen. Er willigte ein, zum Katholizismus zu konvertieren, um Maria Theresia zu gefallen, doch er wandte sich nach ihrem Tode wieder dem Rationalismus zu[45]. Joseph kannte zweifellos das bemerkenswerte Buch *De statu ecclesiae et legitima potestate romani pontificis*

(1763), in dem ein prominenter katholischer Bischof unter dem Pseudonym Febronius erneut auf dem Vorrang der Konzilien vor den Päpsten und dem Recht jeder nationalen Kirche, sich selbst zu regieren, bestanden hatte. Der junge Kaiser sah in dem hartnäckig verteidigten Reichtum der österreichischen Kirche ein Haupthindernis für die ökonomische Entwicklung und in der kirchlichen Beherrschung der Erziehung einen Hauptgrund für die Unreife des österreichischen Geistes. Im Januar 1770 schrieb er an Choiseul:

«Was die Jesuiten und Ihren Plan, sie zu unterdrücken, angeht, so haben Sie meine völlige Billigung. Rechnen Sie aber nicht zu sehr auf meine Mutter; die Anhänglichkeit an den Jesuitenorden ist in der Familie des Hauses Habsburg erblich geworden, ... Kaunitz ist indessen Ihr Freund und macht mit der Kaiserin, was er will.»[46]

Joseph scheint seinen Einfluß in Rom dazu benutzt zu haben, Clemens XIV. zum letzten Schritt zu veranlassen, und er war befriedigt über die päpstliche Auflösung des Ordens (1773)[47].

Maria Theresia muß schockiert gewesen sein, aus den Briefen ihres Sohnes zu ersehen, wie weit er sich bereits in das Lager der *philosophes* verirrt hatte. Sie tat ihr Bestes, die Auflösung der Gesellschaft Jesu zu verhindern, doch Kaunitz überredete sie angesichts der Haltung aller anderen katholischen Mächte, nachzugeben. «Ich bin untröstlich und verzweifelt wegen der Jesuiten», schrieb sie an einen Freund. «Ich habe sie mein ganzes Leben geliebt und verehrt und in ihnen nur Erbauendes gesehen.»[48] Sie verzögerte die Inkraftsetzung der päpstlichen Bulle, indem sie eine Kommission bestellte, sie zu studieren. Die österreichischen Jesuiten hatten Zeit, ihr Bargeld, ihre Wertsachen und Papiere aus dem Land zu schaffen. Das jesuitische Grundeigentum wurde konfisziert, doch die Kaiserin sorgte dafür, daß die Mitglieder des Ordens Pensionen, Kleidung und verschiedene Geschenke erhielten.

Josephs offensichtliche Befriedigung über die Unterdrückung weitete die Kluft zwischen Mutter und Sohn. Im Dezember 1773 brach er unter dem Druck zusammen und bat sie, ihn von jeder Beteiligung an der Regierung zu befreien. Sie war bestürzt über diesen verblüffenden Vorschlag und schrieb ihm einen rührenden Versöhnungsbrief:

«Ich muß zugeben, daß meine Fähigkeiten, Sehkraft, Gehör und Geschicklichkeit sich rasch verschlechtern und daß die Schwäche, die ich mein ganzes Leben gefürchtet habe – Unentschlossenheit –, jetzt begleitet ist von Mutlosigkeit, Mangel an treuen Dienern. Die Entfremdung von Dir und Kaunitz, der Tod meiner loyalen Berater, die Religionslosigkeit, die Entartung der Moral, der Jargon, den alle sprechen und den ich nicht verstehe, all das ist genug, mich zu überwältigen. Ich biete Dir mein ganzes Vertrauen an und fordere Dich auf, mich auf alle Fehler aufmerksam zu machen, die ich begehen mag ... Helfe einer Mutter ..., die in Einsamkeit lebt und sterben will, wenn sie sieht, daß all ihre Mühen und Sorgen umsonst waren. Sage mir, was Du wünschst, und ich werde es tun.»[49]

Er war versöhnt, und für eine Zeitlang willigte die Frau, die Friedrich einst zum Stillhalten gezwungen hatte, ein, mit Friedrichs Bewunderer und Schüler zusammenzuarbeiten. Gemeinsam verwendeten sie das beschlagnahmte Eigentum der Jesuiten für die erzieherischen Reformen. 1774 erließen sie eine «Allgemeine Schulordnung», auf Grund deren eine umgreifende Reorganisation der Grundschulen und der höheren

Schulen durchgeführt wurde. Die Grundschulen übernahmen den obligatorischen Unterricht für alle Kinder. Sie ließen Protestanten und Juden als Studenten und Lehrer zu, erteilten religiösen Unterricht in jedem Glauben an dessen Anhänger, beließen jedoch die Überwachung in den Händen von Staatsbeamten. Diese «Volksschulen» wurden bald als die besten in Europa anerkannt. Normalschulen wurden gegründet, um Lehrer auszubilden. Die «Hauptschulen» spezialisierten sich auf Naturwissenschaft und Technologie, «Gymnasien» vermittelten die humanistische Bildung. Die Wiener Universität war weitgehend der Lehre der Jurisprudenz, der politischen und der Verwaltungswissenschaft gewidmet und diente als Zuchtstätte für den Staatsdienst. Die Lenkung der Erziehung durch die Kirche wurde durch eine ebenso strenge Lenkung durch den Staat ersetzt.

Das Einverständnis zwischen Mutter und Sohn hielt noch so lange an, daß sie 1776 die Folter abschaffen konnten. Es wurde jedoch durch die Ereignisse des folgenden Jahres erschüttert. Joseph hatte seit langem vor, Paris zu besuchen – nicht um die *philosophes* zu sehen und sich in den Salons zu sonnen, sondern um die Hilfsquellen, die Armee und die Regierung Frankreichs zu studieren, um Marie-Antoinette zu sehen und die Bande zu stärken, welche die alten Feinde in ihrem zerbrechlichen Bündnis so lose zusammenhielten. Als Ludwig XV. starb und Frankreich zu zerfallen schien, schrieb Joseph an Leopold: «Ich bin besorgt um meine Schwester; sie wird eine schwierige Rolle zu spielen haben.»[50] Er kam am 18. April 1777 in Paris an und bemühte sich, unerkannt zu bleiben, indem er sich als Graf von Falkenstein ausgab. Er riet der fröhlichen jungen Königin, Verschwendung, Leichtsinn und Rouge aufzugeben; sie hörte ohne Aufmerksamkeit zu. Er versuchte vergeblich, Ludwig XVI. für eine geheime Allianz zur Eindämmung der russischen Expansion zu gewinnen[51]. Er bemühte sich, in kurzer Zeit mit den Verhältnissen der Hauptstadt vertraut zu werden, und «in wenigen Tagen lernte er mehr über sie, als Ludwig XVI. in seinem ganzen Leben lernen würde»[52]. Er besuchte das Hôtel-Dieu und verbarg nicht sein Erstaunen über die unmenschliche Mißwirtschaft in diesem Krankenhaus. Das Volk von Paris war entzückt und die Höflinge in Versailles waren entsetzt, den höchsten Monarchen Europas wie einen einfachen Bürger gekleidet zu sehen, Französisch sprechend wie ein Franzose und allen Klassen auf höchst bescheidene Weise begegnend. Unter den literarischen Größen wandte er seine besondere Aufmerksamkeit Rousseau und Buffon zu. Er nahm an einer Soirée bei Frau Necker teil und lernte Gibbon, Marmontel und die Frau du Deffand kennen. Es spricht für ihn, daß er durch ihre Erscheinung und ihren Ruhm mehr in Verlegenheit gebracht wurde als sie durch seine hohe Stellung. Blindheit ist ein Gleichmacher, denn Würdenträger bestehen zur Hälfte aus Äußerlichkeiten. Er wohnte einer Sitzung des *parlement* von Paris bei und einer Tagung der Französischen Akademie. Die *philosophes* glaubten, daß hier endlich der aufgeklärte Herrscher sei, den sie sich als Träger einer friedlichen Revolution erhofft hatten. Nach einmonatigem Aufenthalt in Paris brach Joseph zu einer Rundreise durch die Provinzen auf, zunächst nach Norden in die Normandie, dann entlang der Westküste nach Bayonne, weiter nach Toulouse, Montpellier und Marseille und schließlich die Rhone hinauf nach Lyon und dann nach Genf. Er berührte Ferney, ohne Voltaire zu besuchen; er wollte seine Mutter nicht kränken oder sich nicht allzu offen mit einem Mann verbünden, der für das Volk von Österreich und den König von Frankreich ein leibhaftiger Teufel war.

Er bemühte sich, seine Mutter zu beruhigen, denn während seiner Abwesenheit waren etwa zehntausend Mähren vom Katholizismus zum Protestantismus übergetreten, und Maria Theresia – oder der Staatsrat – hatte auf diese Katastrophe mit Maßnahmen reagiert, die an die grausame Verfolgung der Hugenotten unter Ludwig XIV. erinnerten. Die Führer der Bewegung wurden verhaftet, protestantische Versammlungen aufgelöst; hartnäckige Konvertiten wurden in das Heer gesteckt und zu Zwangsarbeiten kommandiert, und ihre Frauen schickte man in Arbeitshäuser. Als Joseph nach Wien zurückkehrte, protestierte er bei seiner Mutter: «Um diese Menschen zu rekonvertieren, machst Du Soldaten aus ihnen, schickst sie in die Bergwerke oder benutzest sie für öffentliche Arbeiten ... Ich muß eindeutig erklären ..., daß, wer immer verantwortlich sein mag für diesen Befehl, der infamste Deiner Diener ist, der nur meine Verachtung verdient, denn er ist sowohl ein Narr, als auch mit Kurzsichtigkeit geschlagen.»[53] Die Kaiserin erwiderte, nicht sie, sondern der Staatsrat habe die Dekrete erlassen; sie zog sie jedoch nicht zurück. Eine Delegation von mährischen Protestanten kam nach Wien, um Joseph zu sehen; Maria Theresia ließ sie verhaften. Die Krise zwischen Mutter und Sohn schien unüberwindlich, als Kaunitz sie überredete, die Dekrete zurückzuziehen. Die Verfolgungen wurden eingestellt, den Konvertiten wurde erlaubt, ihren neuen Glauben zu praktizieren unter der Bedingung, daß sie es in aller Stille in ihren Häusern taten. Der Konflikt zwischen den Generationen kam zu einem Stillstand.

Er lebte wieder auf, als am 30. September 1777 Maximilian Joseph, Kurfürst von Bayern, nach einer langen und segensreichen Regierung kinderlos starb. Im Streit um die Nachfolge in diesem Land wurde der Kurfürst von der Pfalz, Karl Theodor, von Joseph II. unter der Bedingung unterstützt, daß ein Teil Bayerns an Österreich abgetreten würde, und Karl, Herzog von Zweibrücken, wurde von Friedrich dem Großen unterstützt, der erklärte, er würde sich jeder Annektierung bayerischen Territoriums durch Österreich widersetzen. Die Kaiserin warnte ihren Sohn davor, den noch immer unbesiegbaren König von Preußen herauszufordern. Joseph mißachtete ihren Rat, Kaunitz stand ihm bei, und eine österreichische Streitmacht wurde nach Bayern geschickt. Friedrich ließ seine Truppen in Böhmen einmarschieren und drohte, Prag einzunehmen, wenn die Österreicher Bayern nicht verließen. Joseph führte seine Hauptarmee heran, um Prag zu verteidigen. Die feindlichen Heere näherten sich einander, und ein neuer österreichisch-preußischer Krieg drohte, wiederum brudermörderisches Blut zu vergießen. Friedrich, allen Erfahrungen und Erwartungen widersprechend, vermied die Schlacht, zufrieden, seine Soldaten Böhmens Ernte verzehren zu lassen. Und Joseph, der Friedrichs Ruf als General kannte, zögerte anzugreifen. Er hatte gehofft, daß Frankreich ihm zu Hilfe kommen würde, und wandte sich beschwörend an Marie-Antoinette. Ludwig XVI. schickte ihm fünfzehn Millionen Pfund, konnte jedoch nicht mehr tun, denn Frankreich hatte am 6. Februar 1778 ein Bündnis mit den aufständischen amerikanischen Kolonien unterzeichnet und mußte sich für einen Krieg mit England vorbereiten. Joseph saß unentschlossen im Lager, während ihn hinten Hämorrhoiden und vorne ein riesiger Furunkel plagten.

Maria Theresia nahm in einem letzten Anflug von Willenskraft die Angelegenheit in die eigene Hand und schickte Friedrich heimlich ein Friedensangebot (12. Juli). Friedrich erklärte sich zu Verhandlungen bereit; Joseph unterwarf sich seiner Mutter. Ludwig von Frankreich und Katharina von Rußland vermittelten. Der Vertrag von Teschen (13. Mai 1779) tröstete Joseph mit fünfundfünfzig Quadratkilometern Bayerns, teilte jedoch den gesamten Rest dieses Kurfürstentums Karl Theodor zu, so Bayern und die Pfalz vereinigend; Preußen sollte Bayreuth und Ansbach nach dem Tod deren kinderloser Herrscher erhalten. Jedermann behauptete, der Sieger zu sein.

Die dritte Krise zwischen dem alternden Friedrich und der alten Kaiserin erschöpfte ihr Leben. Sie war im Jahre 1780 erst dreiundsechzig, doch sie litt an Fettleibigkeit und Asthma, und zwei Kriege, sechzehn Schwangerschaften und ständiger Kummer hatten ihr Herz geschwächt. Im November wurde sie von einem starken Regen überrascht, während sie in einer offenen Kutsche fuhr. Sie zog sich eine starke Erkältung zu, bestand jedoch darauf, den nächsten Tag arbeitend an ihrem Schreibtisch zu verbringen. Sie hatte einst bemerkt: «Ich mache mir Vorwürfe wegen der Zeit, die ich im Schlaf verbringe.»[54] Da es ihr fast unmöglich war, im Liegen zu atmen, verbrachte sie den Rest ihrer Krankheit sitzend in einem Sessel. Joseph rief seine Brüder und Schwestern herbei und pflegte seine Mutter zärtlich. Die Ärzte gaben jede Hoffnung für sie auf, und resignierend entschloß sie sich, die Sterbesakramente zu empfangen. In ihren letzten Stunden erhob sie sich und wankte von ihrem Sessel zu ihrem Bett. Joseph versuchte, es ihr bequem zu machen, und sagte: «Eure Majestät liegen schlecht.» Sie antwortete: «Ja, aber gut genug, um zu sterben.» Sie starb am 29. November 1780.

V. DER AUFGEKLÄRTE DESPOT: 1780–1790

Nachdem er eine Mutter, deren Größe er jetzt erkannte, aufrichtig betrauert hatte, fühlte Joseph sich frei, er selbst zu sein und seine Reformideen in die Tat umzusetzen. Er war der absolute Monarch Österreichs, Ungarns, Böhmens und der südlichen Niederlande, sein Bruder Leopold gehorchte ihm in Toscana, seine Schwester Marie-Antoinette würde ihm in Frankreich zu Diensten sein. Er empfand zutiefst die günstige Gelegenheit, die sich ihm jetzt im Zenit seines Lebens und seiner Macht bot.

Was war er für ein Mensch? Vierzig Jahre alt, in der Blüte seiner Jahre, sah er noch stattlich aus, wenn er seinen kahlen Schädel mit einer Perücke bedeckte. Er besaß einen aufgeweckten, fast fiebrig rührigen Verstand, war auf der Höhe seiner Zeit, jedoch unzureichend in den Kenntnissen der Geschichte und des menschlichen Charakters. Immer unter Zeitdruck stehend, machte er nur Fehler aus übertriebener Hast, selten mangels guten Willens. Viele Anekdoten berichten über seine Anteilnahme am Mißgeschick anderer, von seiner Bereitschaft, reparables Unrecht wiedergutzumachen[55]. Er war zugänglich für jedermann, soweit seine Aufgaben es ihm erlaubten. Er lebte einfach, kleidete sich wie ein Sergeant und hatte eine Scheu vor den purpurnen Gewändern der Könige. Wie Friedrich hielt er sich keine Mätressen und hatte auch keine «griechischen Freunde»; sein Werk war seine alles verzehrende Liebe. Wie Friedrich arbeitete er härter als irgendeiner seiner Helfer. Er hatte sich gewissenhaft auf seine Pflichten vorbereitet. Er war gereist, nicht um sich zu amüsieren und sich zu zeigen, sondern um zu beobachten und zu lernen, hatte die Industrien, die Künste, die Wohlfahrtsorganisationen, Krankenhäuser, Gerichtshöfe und militärischen Einrichtungen vieler Länder studiert, hatte sich ein eigenes Bild von den Menschen, Klassen und Problemen seiner Reiches verschafft. Jetzt entschloß er sich, die Träume der Philosophen zu verwirklichen, soweit ein Mensch dies konnte. «Seit ich auf den Thron gelangt bin und die erste Krone der Welt trage, habe ich die Philosophie zum Gesetzgeber meines Reiches gemacht.»[56] Die Philosophen in ganz Europa beobachteten das große Unternehmen mit gespannter Erwartung.

Die erste Schwierigkeit bestand darin, Helfer zu finden, die seine Träume teilen konnten. Diejenigen, die er übernommen hatte, gehörten fast alle den oberen Klassen an, deren Privilegien durch seine Reformen beschnitten werden würden. Kaunitz und van Swieten unterstützten ihn. Zwei Staatsräte, Qualtenburg und Gebler, und zwei Professoren der Universität Wien, Martini und Sonnenfels, ermutigten ihn, doch die Menschen der unteren Hierarchie waren in Gewohnheit erstarrte Bürokraten, fühlten sich wohl in der Tradition und widersetzten sich automatisch jeder Veränderung. Joseph, der zu hastig war, um höflich sein zu können, behandelte diese Diener als Dienstboten, verwirrte sie durch eine Flut von Befehlen, verpflichtete sie, über jeden ernsthaften Fehler bei ihren Kollegen zu berichten[57], überhäufte sie mit Fragebogen und verlangte von ihnen, daß sie ebenso unermüdlich arbeiteten wie er. Er versprach ihnen und ihren Witwen Pensionen nach zehn Dienstjahren; sie dankten ihm, mißbilligten seine Methoden und nährten ihren Stolz. Josephs Vertrauen in die Gerechtigkeit seiner Ziele verleitete ihn zu ungeduldiger und intoleranter Kritik und Argumentation. Er schrieb an Choiseul (jetzt im bequemen Ruhestand): «Leben Sie glücklicher, als ich es sein kann. Ich habe kaum Glück gekannt, und bevor ich den Weg, zu dem ich angetreten bin, vollendet habe, werde ich ein alter Mann sein.»[58] Er lebte nicht lange genug, um alt zu werden.

Er schob jeden Gedanken an Demokratie beiseite. Seiner Meinung nach war sein Volk unreif für jedes selbständige politische Urteil. Mit wenigen Ausnahmen würde es jede Meinung übernehmen, die ihm von oben, von seinen Herren oder Priestern, angeboten würde. Selbst eine konstitutionelle Monarchie erschien ihm aussichtslos. Ein Parlament wie das Englands wäre eine geschlossene Gesellschaft von Grundherren und Bischöfen, die sich jeder grundlegenden Veränderung widersetzten. Für Joseph galt es als selbstverständlich, daß nur eine absolute Monarchie die Kruste der Gewohnheit brechen, die Ketten des Dogmas sprengen und den einfältigen Schwachen vor dem gerissenen Starken schützen konnte. So nahm er alle Probleme persönlich in die Hand und gab für alle Phasen des Lebens Richtlinien. Um die Beachtung seiner Befehle zu sichern, schuf er ein System von Spitzeln, das seine guten Absichten verfälschte.

Es war eine logische Folgerung seines konsequenten Absolutismus, daß er durch Zwangsaushebung ein großes stehendes Heer aufstellte, unabhängig von territorialen Magnaten, rekrutiert auf Grund allgemeiner Wehrpflicht und in Zucht gehalten durch preußische Disziplin. Das Heer, so hoffte er, würde seiner Stimme in internationalen Angelegenheiten Gewicht verleihen und Friedrich in Schach halten; vielleicht würde es (denn unser Philosoph war Eroberungen nicht abhold) ihn in die Lage versetzen, Bayern zu schlucken und die Türken aus den benachbarten Balkanländern zu vertreiben. Er beauftragte eine Juristenkommission, die Gesetze zu reformieren und zu kodifizieren; diese veröffentlichte nach langjähriger Arbeit ein neues Gesetzbuch für das gerichtliche Verfahren. Die Strafen wurden gemildert, die Todesstrafe abgeschafft. (Im zeitgenössischen England wurden noch hundert Verbrechen mit dem Tode geahndet.) Zauberei, Hexerei und Ketzerei konnten nicht mehr durch das Gesetz bestraft werden, das Duell war verboten; jemand in einem Duell zu töten wurde als Mord betrachtet. Die Ehe wurde als Zivilvertrag anerkannt, Ehen zwischen Christen und Nichtchristen wurden legal, und die Scheidung konnte von Zivilbehörden ausgesprochen werden. Richter konnten nur nach spezieller Ausbildung und Ablegung schwieriger Examen angestellt werden. Viele kirchliche Gerichtshöfe wurden aufgelöst. Alle Personen galten als gleich vor dem Gesetz. Die Aristokraten waren empört, als einer der Ihren an den Pranger gestellt und ein anderer verurteilt wurde, die Straße zu kehren.

Die Leibeigenschaft wurde durch eine Reihe von Dekreten (1781–1785) abgeschafft. Das Recht, den Wohnort oder die Beschäftigung zu wechseln, Eigentum zu besitzen und auf Grund gegenseitiger Übereinkunft zu heiraten, wurde allen garantiert, und spezielle Anwälte wurden bestellt, die Bauern in ihren neuen Freiheiten zu schützen. Die Landbarone verloren die strafrechtliche Jurisdiktion über ihre Pächter, sie konnten jedoch, damit ihre Ländereien nicht brachlagen, von ihren früheren Leibeigenen bisher übliche Dienstleistungen fordern.

Überzeugt davon, daß Zunftvorschriften die wirtschaftliche Entwicklung behinderten, ermutigte Joseph die kapitalistische Industrie, doch er widersetzte sich der Vermehrung der Maschinen aus Furcht, «sie würde Tausende ihres Lebensunterhalts berauben»[59]. Er befreite die Industriearbeiter von der Wehrdienstpflicht, doch sie nahmen ihm die Verminderung der arbeitsfreien Feiertage übel. Er bedachte Kaufleute, Fabrikanten und Bankiers mit aristokratischen Titeln und nationalen Ehrungen. Er schaffte die Binnenzölle ab oder ermäßigte sie, behielt jedoch hohe Schutzzölle auf Importe bei. Die so gegen ausländischen Wettbewerb abgeschirmten Fabrikanten erhöhten die Preise und produzierten schlechte Ware[60]. Als Vergeltung für die Schutzzölle schlossen Preußen, Sachsen und die Türkei ihre Grenzen für die Erzeugnisse des Reiches; die Elbe, die Oder und die Donau verloren einen Teil ihres Verkehrsvolumens. Joseph versuchte, den Überlandverkehr mit den adriatischen Häfen zu verstärken, indem er eine neue Straße, die Via Josephina, über die Greiner Alpen baute. Er gründete eine Ostindische Kompagnie und hoffte, den Handel mit dem Orient, mit Afrika und Amerika für die Freihäfen Fiume und Triest zu erweitern. 1784 handelte er mit der Türkei einen Handelsvertrag aus, doch drei Jahre später schloß sein Krieg mit der Türkei die Donaumündungen ins Schwarze Meer, und die vom Schiffsverkehr abhängigen Kaufleute machten einer nach dem anderen Bankrott.

Um den Umlauf des Kapitals zu fördern, hob er das alte Zinsverbot auf, legalisierte Anleihen zu fünf Prozent und machte einen jüdischen Bankier zum Baron. Er bot neun Unternehmungen Staatsanleihen an und übertrug ihnen vorübergehende Monopole. Er übernahm den physiokratischen Gedanken einer einzigen Steuer ausschließlich auf Grundbesitz, die nach Lage und Fruchtbarkeit variierte und von großen und kleinen Landbesitzern zu bezahlen war. Der Plan erforderte eine Vermessung aller Ländereien des Reiches. Diese wurde mit einem Kostenaufwand von einhundertzwanzig Millionen Gulden durchgeführt, die von den Besitzern aufgebracht werden mußten. Das neue Gesetz bestimmte, daß der Bauer siebzig Prozent seines Ertrages oder Einkommens behalten durfte, zwölf Prozent an den Staat abführte und den Rest zwischen Feudalabgaben und dem kirchlichen Zehnten teilte. Vorher mußte er vierunddreißig Prozent an den Staat zahlen, neunundzwanzig Prozent an den Grundbesitzer und zehn Prozent an die Kirche, so daß ihm nur siebenundzwanzig Prozent verblieben[61]. Die Adligen protestierten mit der Begründung, diese neue Aufteilung würde sie ruinieren; in Ungarn erhoben sie sich zum offenen Aufstand.

Die Bevölkerung von Österreich, Ungarn und Böhmen stieg von 18 700 000 im Jahre 1780 auf 21 000 000 im Jahr 1790 an[62]. Ein Zeitgenosse berichtete, daß Backsteinhäuser die alten Bauernhäuser ersetzten und Backstein das Holz im städtischen Wohnungsbau[63]. Die Armut verschwand nicht, doch ein kaiserlicher Erlaß von 1781 sah die Errichtung von Armeninstituten vor, in denen jeder, der unfähig war, seinen Lebensunterhalt zu verdienen, Unterstützung beantragen konnte, ohne seine Selbstachtung zu opfern.

Obwohl Joseph offiziell «Stellvertreter Christi», «Fürsprecher der christlichen Kirche» und «Beschützer Palästinas ... und des katholischen Glaubens» war, machte er sich bald nach seinem Aufstieg zur absoluten Macht daran, die Rolle der Kirche in seinen «Erbländern», in Österreich, Ungarn und Böhmen, einzuschränken. Am 12. Oktober 1781 erließ er ein Toleranzedikt: Protestanten und Griechisch-Orthodoxe durften ihre eigenen Kirchen, Schulen und Organisationen haben, Eigentum besitzen, alle Berufe ergreifen und politische oder militärische Ämter bekleiden. Der Kaiser ermahnte das Volk, «alle Gelegenheiten des Disputes über Sachen des Glaubens zu vermeiden ... diejenigen mit Liebe und Freundlichkeit zu behandeln, die einer anderen Gemeinschaft angehören»[64]. In einer Weisung an van Swieten enthüllte Joseph offen die Quellen seiner Inspiration: «Intoleranz ist aus meinem Reich verbannt, das glücklich sein kann, daß in ihm Männer wie Calas und Sirven nicht verfolgt wurden ... Toleranz ist das Resultat der Verkündung der Aufklärung [*les lumières*], die sich jetzt über ganz Europa verbreitet hat. Sie gründet sich auf die Philosophie und die großen Männer, die sie aufstellten ... Die Regierungen dürfen nur der Philosophie folgen.»[65]

Es gab jedoch Grenzen dieser Toleranz, wie es sie in Voltaires Abhandlung über die Toleranz (1763) gegeben hatte. Einige Räte warnten Joseph, wenn alle Schranken fielen, würden alle Glaubensbekenntnisse wild ins Kraut schießen, sogar die des offenen Atheismus, und dies würde zur Entstehung von sich bekämpfenden Sekten, zu sozialer Unordnung und zum Zusammenbruch der Autorität führen. Als ihm 1783 berichtet wurde, daß mehrere hundert Böhmen sich öffentlich als Deisten bekannt hatten, ordnete er an, daß jeder, der dies täte, «ohne weitere Untersuchung vierundzwanzig Schläge mit einer Lederpeitsche auf das Gesäß erhalten und danach nach Hause geschickt werden sollte, und diese Prozedur sollte so oft wiederholt werden, wie ein solches Bekenntnis öffentlich erneuert wurde»[66]. Einige hartnäckige Deisten wurden in Militärkolonien deportiert. Wir werden später sehen, wie weit Joseph in seinen Bemühungen ging, die Juden zu befreien.

Eine Folge des Toleranzedikts war das rasche Ansteigen der bekennenden Protestanten in seinem Reich, von vierundsiebzigtausend im Jahre 1781 auf hundertsiebenundfünfzigtausend im Jahre 1786. Das Freidenkertum nahm zu, blieb jedoch auf private Zirkel beschränkt. Die Freimaurer, die seit langem in Österreich wirkten, organisierten in Wien 1781 eine Loge, der viele prominente Bürger beitraten und die (trotz ihrem Deismus) vom Kaiser selbst geschützt wurde. «Der Zweck der Gesellschaft», erklärte eines ihrer Mitglieder, «war Schutz und Förderung der neu errungenen Gedankenfreiheit und Bekämpfung des für abergläubisch und schwarmgeistig gehaltenen Mönchtums.»[67] Die Zahl der Freimaurerlogen erhöhte sich allein in Wien auf acht. Es wurde vornehm, ihnen anzugehören, freimaurerische Embleme wurden von beiden Geschlechtern getragen, Mozart schrieb Musik für freimaurerische Zeremonien. Mit der Zeit verdächtigte Joseph die Logen politischer Konspiration; 1785 ordnete er an, daß die Wiener Logen in zwei zusammengefaßt wurden, und ließ in jeder Provinzhauptstadt nur eine Loge zu.

Joseph beauftragte eine Kommission, die Zensurgesetze zu revidieren, und 1782 verkündete er ihre Ergebnisse in einem neuen Kodex. Bücher, die systematisch das Christentum angriffen oder «unmoralische Äußerungen und schmutzige Zoten» enthielten, wurden verboten, jedoch auch Bücher, die «Wunder, Erscheinungen, Offenbarungen und solche Dinge enthielten, die den gemeinen Mann zum Aberglauben verführen [und] bei Gelehrten Ärgernis erregen»[68]. Kritik und Satire waren erlaubt, selbst wenn sie den Kaiser angriffen, doch sie mußten den richtigen Namen des Autors tragen und unterlagen dem Gesetz gegen Verleumdung. Bücher, die auf dem römischen Index Librorum Prohibitorum standen, sollten den Gelehrten in Büchereien offen zur Verfügung stehen. Wissenschaftliche Arbeiten waren von der Zensur vollkommen ausgenommen, ebenso gelehrte Werke, wenn eine anerkannte Autorität sich für ihren ernsthaften Charakter verbürgte. Bücher in einer fremden Sprache konnten importiert und ohne Behinderung verkauft werden. Die akademische Freiheit wurde erweitert. Als vierzehn Studenten der Universität Innsbruck ihre Lehrer bei den Behörden beschuldigten, sie hätten behauptet, die Welt sei älter als sechstausend Jahre, tat Joseph die Angelegenheit kurz ab: «Die vierzehn Studenten sollen entlassen werden, denn so arme Köpfe wie die ihren können von der Erziehung nicht profitieren.»[69] – Die neuen Vorschriften riefen empörte Proteste von seiten der Hierarchie hervor. Er beantwortete sie mit der Verkündigung vollkommener Publikationsfreiheit in Wien (1787). Schon vor diesem Erlaß hatten die Wiener Drucker sich die lasche Durchführung des Kodex von 1782 zunutze gemacht: Flugblätter, Bücher und Zeitschriften überfluteten Österreich mit Halbobszönitäten, «Enthüllungen» über Nonnen und Angriffe auf die katholische Kirche oder auf das Christentum selbst.

Joseph glaubte, auch kirchliche Angelegenheiten regeln zu müssen. Am 29. November 1781 erließ er ein Dekret, das eine große Anzahl von Männer- und Frauenklöstern schloß, die «weder Schulen unterhielten, noch für die Kranken sorgten, noch Studien betrieben». Von 2163 religiösen Häusern in den deutschen Herrschaftsgebieten (Österreich, Steiermark, Kärnten, Krain) wurden 413 geschlossen; von ihren fünfundsechzigtausend Insassen wurden siebenundzwanzigtausend mit Pensionen ins weltliche Leben zurückgeschickt, und eine ähnliche Verminderung wurde in Böhmen und Ungarn durchgeführt. «Die Monarchie», erklärte Joseph, «ist zu arm und rückständig, sich den Luxus, die Müßiggänger zu unterhalten, leisten zu können.»[70] Das Vermögen der aufgelösten Institutionen – etwa sechzig Millionen Gulden – wurde zum Volkseigentum erklärt und vom Staat konfisziert. Die überlebenden Klöster durften nicht mehr zu Erben eingesetzt werden, den Bettlerorden wurde befohlen, ihre Betteltätigkeit einzustellen, und verboten, Novizen aufzunehmen. Religiöse Bruderschaften wurden aufgelöst. Alle kirchlichen Besitztümer wurden bei der Regierung registriert, die ihren Verkauf, ihre Übertragung oder ihren Tausch verbot.

Dann ging Joseph daran, das katholische Episkopat unter staatliche Aufsicht zu bringen. Neue Bischöfe mußten Gehorsam gegenüber den weltlichen Behörden schwören. Keine päpstlichen Vorschriften oder Erlasse waren in Österreich ohne die Sanktionierung durch die Regierung gültig. Die päpstlichen Bullen von 1362 und 1713, die Ketzer oder Jansenisten verdammten, waren nicht zu befolgen. Andererseits organisierte Joseph neue Gemeinden, baute neue Kirchen und schuf Stipendien zur Unterstützung von Kandidaten des Priesterberufs. Er öffnete neue Seminare und schrieb ihnen einen Lehrplan vor, der auf die Naturwissenschaft und Kenntnisse weltlicher Dinge ebenso großen Wert legte wie auf die Theologie und Liturgie.

Diese Maßnahme erregte den ganzen katholischen Klerus in Europa. Viele Prälaten baten Joseph, seine antiklerikalen Dekrete zu widerrufen, und drohten ihm, falls er ihren Appell mißachtete, mit der Hölle; er lächelte und hielt seinen Kurs inne. Schließlich tat der Papst selbst, Pius VI., ein kultivierter und freundlicher, gutaussehender und eitler Mann, den ungewöhnlichen Schritt, Italien zu verlassen (27. Februar 1782), überquerte den Apennin und die Alpen im Winter und kam am 22. März in Wien an, entschlossen, sich mit einer persönlichen Bitte an den Kaiser zu wenden. Dies war das erstemal seit 1414, daß ein Papst den Fuß auf deutschen Boden gesetzt hatte. Joseph ging, begleitet von Kaunitz, der wie er Skeptiker war, dem Heiligen Vater bis vor die Tore der Stadt entgegen, um ihn in die Räume zu geleiten, die Maria Theresia benutzt hatte. Während des Wiener Aufenthaltes des Papstes versammelten sich fast täglich große Volksmengen vor dem königlichen Palast, um den päpstlichen Segen zu empfangen. Joseph gab hiervon später folgende Schilderung:

«Alle Passagen und Treppen des Hofes waren dicht gefüllt mit Menschen. Trotz verdoppelter Wachtposten war es unmöglich, sich gegen all die Dinge zu schützen, die sie brachten, damit er sie segne: Skapuliere, Rosenkränze, Bilder. Und bei dem Segen, den er siebenmal täglich vom Balkon aus erteilte, war eine so große Menschenmenge anwesend, von der man sich keine Vorstellung machen kann, wenn man sie nicht gesehen hat. Es ist keine Übertreibung zu sagen, daß einmal mindestens sechzigtausend Seelen anwesend waren. Es war ein sehr schönes Schauspiel; Bauern und ihre Frauen und Kinder waren aus einem Umkreis von zwanzig Meilen zusammengeströmt. Gestern wurde unter meinem Fenster eine Frau zutode gedrückt.»[71]

Joseph wurde weniger durch die beredten Ermahnungen des Papstes beeindruckt als durch diesen Beweis für die Macht der Religion über den menschlichen Geist. Dennoch fuhr er fort, Klöster zu schließen, selbst während Pius sein Gast war[72]. Der Papst warnte ihn prophetisch: «Wenn Ihr in Eurem Vorhaben fortfahrt, den Glauben und die Gesetze der Kirche zu zerstören, wird die Hand des Herrn schwer auf Euch fallen. Sie wird Euch in Eurer Laufbahn aufhalten, sie wird unter Euch einen Abgrund graben, der Euch in der Blüte Eures Lebens verschlingen wird, und wird Eurer Regierung ein Ende machen, die so glorreich gewesen ist.»[73] Nach einem Monat der Ehrungen und Enttäuschungen kehrte Pius traurig nach Rom zurück. Kurz danach ernannte der Kaiser einen für die Kurie unannehmbaren Visconti zum Erzbischof von Mailand; der Papst verweigerte die Bestätigung, und Kirche und Reich näherten sich einem Bruch. Joseph war für einen so drastischen Schritt nicht bereit. Er eilte nach Rom (Dezember 1782), besuchte Pius, versicherte ihn seiner Ehrfurcht und gewann die päpstliche Zustimmung für die Ernennung von Bischöfen – selbst in der Lombardei – durch den Staat. Fürst und Prälat trennten sich in Freundschaft. Joseph verteilte dreißigtausend Scudi unter dem römischen Volk und wurde mit dem dankbaren Ruf «*Viva nostro Imperatore!*» gefeiert.

Nach Wien zurückgekehrt, setzte er seine Ein-Mann-Reformation fort. Nachdem er wie Luther (mit dem viele Protestanten ihn dankbar verglichen) dem Papst Trotz geboten hatte und wie Heinrich VIII. gegen die Klöster vorgegangen war, begann er wie Calvin, die Kirchen zu säubern, indem er die Entfernung von Votivtafeln und vielen Statuen anordnete und das Berühren von Bildern, das Küssen von Reliquien und die Verteilung von Amuletten verbot ... Er erließ Vorschriften für die Länge und die Anzahl der Gottesdienste, die Bekleidung der Jungfrau, den Charakter der Kirchenmusik; die Litaneien mußten auf deutsch rezitiert werden, nicht lateinisch. Für Pilgerfahrten und Prozessionen mußte die Erlaubnis der weltlichen Behörden eingeholt werden, und schließlich wurde nur eine Prozession zugelassen – am Fronleichnamstag. Die Bürger wurden offiziell unterrichtet, daß sie vor einer Prozession in den Straßen nicht niederzuknien brauchten, selbst wenn sie eine heilige Hostie mit sich führte; es genügte, den Hut zu lüften. Den Universitätsprofessoren wurde eröffnet, daß sie nicht mehr verpflichtet waren, ihren Glauben an die unbefleckte Empfängnis der Jungfrau durch einen Eid zu bekräftigen.

nte die Humanität von Josephs Bestrebungen in Frage stellen. Der den nommene Reichtum wurde für die Förderung von Schulen, Kranken- ohltätigkeitseinrichtungen verwendet, für die Zahlung von Pensionen Iönche und Nonnen und für zusätzliche Zuwendungen an arme Pfarrgeistliche. Kaiser erließ eine lange Reihe von Vorschriften für die Förderung der Erziehung. Alle Gemeinden mit mehr als hundert Kindern im schulpflichtigen Alter wurden aufgefordert, Elementarschulen zu unterhalten. Der Elementarunterricht wurde für obligatorisch und universal erklärt. Schulen für Mädchen wurden von Klöstern oder vom Staat eingerichtet. Universitäten wurden in Wien, Prag, Lemberg, Pest und Löwen unterhalten; diejenigen in Innsbruck, Brünn, Graz und Freiburg wurden in Lyceen umgewandelt, wo Medizin, Jura oder praktische Künste gelehrt wurden. Medizinische Schulen wurden gegründet, so das «Josephinum» in Wien zur Ausbildung von Militärärzten. Wien begann, eines der fortgeschrittensten medizinischen Zentren der Welt zu werden.

VI. DER KAISER UND DAS REICH

Die Schwierigkeiten für Josephs revolutionäres Unternehmen wurden durch die Vielfältigkeit seines Herrschaftsbereiches verdoppelt. Er kannte Österreich gut, doch trotz vielen Studienreisen hatte er nicht erkannt, wie sehr die ungarischen Magnaten das wirtschaftliche und politische Leben ihrer Nation beherrschten und daß der Patriotismus der ungarischen Massen über Klasseninteressen hinwegging. Bei seinem Regierungsantritt hatte er sich geweigert, der Tradition zu folgen und nach Preßburg zu gehen, um sich zum König von Ungarn krönen zu lassen; denn bei dieser Zeremonie hätte er den Treueid auf die ungarische Verfassung leisten müssen, welche die Feudalstruktur der Gesellschaft sanktionierte. Er hatte alle Ungarn beleidigt, als er befahl, die Krone des Schutzpatrons Ungarns, des heiligen Stephan, von Buda nach Wien zu bringen (1784). Er hatte Latein als Sprache für Gericht und Unterricht in Ungarn durch Deutsch und nicht durch Magyarisch ersetzt. Er hatte die ungarischen Geschäftsleute verärgert, indem er den Export ihrer Waren nach Österreich durch Zölle behinderte. Er hatte die katholische Kirche vor den Kopf gestoßen, indem er sich in die traditionelle Ritenordnung einmischte und zuließ, daß die ungarischen protestantischen Gemeinden in einem Jahr (1783/84) von 272 auf 758 anwuchsen. Ungarn wurde zu einem Schlachtfeld widerstreitender Klassen, Nationalitäten, Sprachen und Glaubensbekenntnisse.

1784 erhoben sich die Bauern der Walachei (zwischen der Donau und den Siebenbürgischen Alpen) zu einem blutigen Aufstand gegen ihre Feudalherren, setzten hundertzweiunddreißig Schlösser und sechzig Dörfer in Brand, metzelten viertausend Ungarn nieder[74] und erklärten, sie täten all dies mit dem Segen des Kaisers. Joseph hatte Verständnis für ihren Groll gegen lange Unterdrückung[75], doch er wollte dem Feudalismus auf friedliche Weise durch Gesetzgebung ein Ende machen und konnte

Schloß Schönbrunn wurde nach einem veränderten Plan Johann Bernhard Fischer von Erlachs (1656–1723) in den Jahren 1744–1749 unter Maria Theresia von N. Pacassi frühklassizistisch vollendet und das Innere 1765–1780 in kostbarem Spätrokoko teilweise prunkvoll, wie das Millionenzimmer hier, ausgestattet.

Goya

den Bauern nicht erlauben, ihre Sache gewaltsam durch Brandstiftung und Mord zu betreiben. Er entsandte Truppen zur Niederschlagung des Aufstandes; hundertfünfzig Führer wurden hingerichtet und die Rebellion erstickt. Die Adligen machten ihn für den Aufstand verantwortlich, die Bauern für dessen Scheitern. 1787 war die Szene reif für eine nationale Erhebung gegen den Kaiser.

Im November 1780 reiste Joseph persönlich durch die Österreichischen Niederlande, um deren Probleme zu untersuchen. Er besuchte Namur, Mons, Courtrai, Ypern, Dünkirchen, Ostende, Brügge, Gent, Oudenaarde, Antwerpen, Malines, Löwen und Brüssel. Er machte einen Abstecher in die Vereinigten Niederlande – nach Rotterdam, Den Haag, Leiden, Haarlem, Amsterdam, Utrecht und Spa (wo er mit dem *philosophe* Raynal dinierte). Er war bestürzt über den Kontrast zwischen dem Wohlstand Hollands und dem Stagnieren der belgischen Wirtschaft. Er sah die Gründe hierfür in der Aktivität und den günstigen Möglichkeiten der holländischen Geschäftsleute sowie in der Tatsache, daß die Schelde durch den Westfälischen Frieden (1648) für den Seeverkehr gesperrt war. Er kehrte nach Brüssel zurück und trat in Verhandlungen ein, die das Ziel hatten, Handel, Verwaltung, Finanzen und Rechtswesen zu verbessern. Im Januar 1781 ernannte er seine Schwester Maria Christina und ihren Gemahl, Herzog Albert von Sachsen-Teschen, zu Gouverneuren der Österreichischen Niederlande.

Nun empfand er zum erstenmal, in wie starkem Maße seine Reformen im Gegensatz standen zu den traditionellen Privilegien der oberen Klasse in diesem historischen Land. In einer Provinz, in Brabant, gab es einen Freibrief, der in das 13. Jahrhundert zurückging und als die «Joyeuse Entrée» bekannt war; jeder Herrscher, der nach Brüssel kam, mußte den Treueid auf die Charta schwören, und eine Klausel bestimmte, daß, wenn der Souverän einen Artikel verletzte, seine flämischen Untertanen das Recht hätten, ihm Dienst und Gehorsam zu verweigern. Eine andere Klausel verpflichtete den Souverän, die katholische Kirche in all ihren bestehenden Privilegien, Besitzungen und Befugnissen zu erhalten und alle Entscheidungen des Konzils von Trient durchzuführen. Ähnliche Privilegien hatten die Patrizier und der Klerus in den andern Provinzen. Joseph entschloß sich, sich in seinen Reformen nicht durch diese Traditionen behindern zu lassen. Nach einem kurzen Besuch in Paris (Juli 1781) kehrte er nach Wien zurück.

Im November begann er, auf diese Provinzen sein Toleranzedikt anzuwenden. Er machte die belgischen Klöster unabhängig vom Papst, schloß mehrere von ihnen und beschlagnahmte ihre Einkünfte. Die Bischöfe von Brüssel, Antwerpen und Malines protestierten; Joseph ging dazu über, seine Vorschriften für Votivtafeln, Prozessionen und Riten auf «Belgien» auszudehnen. Er entzog die Kontrolle der Schulen den Bischöfen, erklärte, «die Kinder Levis sollten nicht länger ein Monopol über den menschlichen Verstand haben»[76]. Er hob die exklusiven Privilegien auf, deren die Universität Löwen sich zu lange erfreut hatte. Er gründete dort ein neues Seminar, das frei war von bischöflicher Kontrolle, und ordnete an, daß alle belgischen Kandidaten für das Prie-

1799 veröffentlichte Goya seine «Caprichos», die aber aus Furcht vor der Inquisition wieder zurückgezogen werden mußten. Hier das Blatt 68: «Linda maestra! Eine schöne Lehrerin! Der Besen ist eines der unentbehrlichsten Instrumente der Hexen ...»

steramt fünf Jahre in dieser Anstalt studieren sollten[77]. Um die Provinzialverwaltung zu verbessern, ersetzte er (Januar 1787) die Provinzialstände oder Provinzialversammlungen und die alten aristokratischen Staatsräte durch einen einzigen Generalverwaltungsrat unter einem vom Kaiser ernannten Generalbevollmächtigten. Er ersetzte die feudalen, territorialen und kirchlichen Gerichte durch ein vereinheitlichtes und weltliches Justizsystem. Alle Personen, welcher Klasse sie auch angehörten, wurden für gleich vor dem Gesetz erklärt.

Die Adligen und viele Bürger vereinigten sich mit dem Klerus im Widerstand gegen diese Maßnahmen. Diese Feindseligkeit wurde durch die Anstrengungen nicht besänftigt, die Joseph machte, um die Schelde wieder für den Seehandel zu eröffnen. Holland widersetzte sich, und Frankreich schloß sich ihm trotz der Fürbitte Marie-Antoinettes an. Im Januar 1787 setzten die Stände von Brabant Joseph davon in Kenntnis, daß Veränderungen in der bestehenden Verfassung der Provinz nicht ohne ihr Einverständnis durchgeführt werden könnten. Sie erklärten ausdrücklich, daß seine Herrschaft in den Österreichischen Niederlanden eine konstitutionelle, nicht eine absolute Monarchie sein müsse. Er ignorierte die Deklaration und befahl die Durchführung seiner Dekrete. Die Stände weigerten sich, für Steuern zu stimmen, solange ihre Einsprüche nicht beachtet würden. Die Erregung nahm gewalttätige Formen an und wuchs so sehr, daß Maria Christina versprach, die verhaßten Reformen zu annullieren (31. Mai 1787).

Wo befand sich der Kaiser während dieses Aufruhrs? Er hatte sich in einen diplomatischen Flirt mit Katharina II. eingelassen, in der Hoffnung, eine Entente mit Rußland würde Preußen isolieren und Österreich gegen die Türken stärken. Sogar schon vor dem Tod seiner Mutter hatte Joseph die Zarin in Mogilew (7. Juni 1780) besucht und war später nach Moskau und St. Petersburg gereist. Im Mai 1781 unterzeichneten Österreich und Rußland ein Bündnis, das beide verpflichtete, dem anderen im Falle eines Angriffs zu Hilfe zu kommen.

In dem Glauben, diese Vereinbarung würde den siebzigjährigen Friedrich zum Stillhalten zwingen, bot Joseph (1784) die Österreichischen Niederlande dem Kurfürsten Karl Theodor zum Austausch gegen Bayern an. Der Kurfürst war versucht, auf den Handel einzugehen, doch Friedrich raffte alle seine Kräfte zusammen, um den Plan zu vereiteln. Er hetzte zum Aufruhr gegen den Kaiser in Ungarn und Belgien, er überredete den Herzog von Zweibrücken – den Erben Bayerns –, sich dem Tausch zu widersetzen, er schickte Agenten aus, welche die deutschen Fürsten überzeugen sollten, daß ihre Unabhängigkeit durch die österreichische Expansion bedroht sei, und es gelang ihm am 23. Juli 1785, Preußen, Sachsen, Hannover, Braunschweig, Mainz, Hessen-Kassel, Baden, Sachsen-Weimar, Gotha, Mecklenburg, Ansbach und Anhalt in einer Fürstenliga zu vereinigen, die sich verpflichtete, sich jeder Expansion Österreichs auf Kosten eines deutschen Staates zu widersetzen. Joseph wandte sich wieder um Hilfe an seine Schwester in Versailles. Marie-Antoinette benutzte ihren Einfluß auf Ludwig XVI., um ihn zu überreden, ihren Bruder zu unterstützen, doch Vergennes, der Außenminister, warnte Ludwig vor einer Zustimmung. Joseph bekannte sich als geschlagen von dem alten Fuchs, der das Idol seiner Jugend gewesen war. Als er im August 1786 die Nachricht von Friedrichs Tod erhielt, drückte er ein doppeltes Bedauern aus: «Als Soldat bedaure ich das Hinscheiden eines großen Mannes, der in der Kriegskunst Epoche machte. Als Bürger bedaure ich, daß sein Tod dreißig Jahre zu spät gekommen ist.»[78]

Nun lag des Kaisers einzige Hoffnung, seinen Herrschaftsbereich auszudehnen, darin, mit Katharina gemeinsam einen Feldzug zu führen, um zwischen ihnen die europäischen Besitzungen der Türkei zu teilen. Als die Kaiserin von Rußland im Januar 1787 aufbrach, um ihre neueroberten Gebiete im Süden zu besuchen und einzuschüchtern, lud sie Joseph ein, unterwegs zu ihr zu stoßen und sie auf die Krim zu begleiten. Er folgte ihrer Aufforderung, ging jedoch nicht sogleich auf ihren Vorschlag für einen gemeinsamen Kreuzzug ein. «Was ich wünsche», erklärte er, «ist Schlesien, und ein Krieg mit der Türkei wird mir dieses nicht geben.»[79] Doch als die Türkei Rußland den Krieg erklärte (15. August 1787), befand sich Joseph in einer Zwangslage. Sein Bündnis mit Katharina verpflichtete ihn, sie in einem «defensiven» Krieg zu unterstützen. Außerdem hatte Österreich jetzt, da die Türkei gefährlich engagiert war, eine Chance, Serbien und Bosnien wiederzugewinnen, vielleicht sogar einen Hafen am Schwarzen Meer. Also schickte Joseph im Februar 1788 seine Soldaten in den Krieg und beauftragte sie, Belgrad zu nehmen.

Doch inzwischen hatten die Schweden die Gelegenheit ergriffen, eine Streitmacht gegen St. Petersburg zu schicken. Katharina holte Truppen aus dem Süden herbei, um ihre Hauptstadt zu verteidigen. Die Türken, von dem russischen Druck befreit, konzentrierten ihre Kräfte gegen die Österreicher. Joseph, der im Begriff war, sich an die Spitze seiner Armee zu stellen, sah, daß sie durch Apathie, Desertion und Krankheit geschwächt war. Er befahl den Rückzug und kehrte in Verzweiflung und Schande nach Wien zurück. Er übertrug den Oberbefehl Laudon, einem Helden des Siebenjährigen Krieges; der alte Marschall rettete die Ehre der österreichischen Waffen, indem er Belgrad einnahm (1789). Als der Überfall Schwedens auf Rußland gescheitert war, kehrten Katharinas Soldaten in den Süden zurück und gingen aus den blutigen Gefechten mit den Türken mit leichter zahlenmäßiger Überlegenheit hervor. Joseph frohlockte ob der Aussicht auf langerwarteten Kriegsruhm, als Preußen, England, Schweden und Holland, eine Stärkung Rußlands befürchtend, intervenierten, um den Türken zu helfen. Plötzlich sah Joseph fast das ganze protestantische Europa gegen sich vereinigt. Wieder einmal appellierte er an Frankreich, doch dieses war 1789 mit der Revolution beschäftigt. Preußen unterzeichnete unter Friedrich Wilhelm II. eine Allianz mit den Türken (Januar 1790) und entsandte Agenten, um die Revolte gegen den Kaiser in Ungarn und in den Österreichischen Niederlanden zu schüren.

Ungarn begrüßte diese Umtriebe, denn es befand sich in offener Rebellion gegen Josephs Edikte über Truppenaushebung, Besteuerung, Sprachenwechsel und religiöse Reformen. 1786 rief Emerich Malongei die Ungarn auf, ihren eigenen König zu wählen. 1788 zettelte Remigius Franyó eine Verschwörung an, um Friedrich Wilhelm zum

König von Ungarn zu machen. Die Grafen Esterházy und Károly verrieten dem Kaiser den Plan, und Franyó wurde zu sechzig Jahren Gefängnis verurteilt. 1789 wandten die ungarischen Stände sich an Preußen mit der Bitte, Ungarn von Österreich zu befreien. Als die Nachricht von der Französischen Revolution Ungarn erreichte, hallte das Land wider von Rufen nach Unabhängigkeit. Joseph, der den Tod in den Adern fühlte, hatte nicht mehr die Kraft, seinen Posten zu halten. Sein Bruder Leopold drängte ihn, nachzugeben. Im Januar 1790 erklärte er:

«Wir haben beschlossen, die Verwaltung des Königreichs [Ungarn] wiederherzustellen ... nach dem Stand von 1780 ... Wir haben [die Reformen] durchgeführt aus Sorge um das öffentliche Wohl und in der Hoffnung, daß Ihr, belehrt durch Erfahrung, Gefallen an ihnen finden würdet. Nun haben Wir Uns davon überzeugt, daß Ihr die alte Ordnung vorzieht ...„ doch es ist unser Wille, daß unser Toleranzedikt ... wie auch das, welches die Leibeigenen, ihre Behandlung und ihr Verhältnis zu ihren Herren betrifft, in Kraft bleibt.»[80]

Im Februar wurde die Krone des heiligen Stephan nach Buda zurückgebracht und unterwegs überall mit öffentlichem Jubel begrüßt. Die Revolte erlosch.

Der Aufstand in den Österreichischen Niederlanden ging jedoch in vollem Umfange weiter, denn hier spürte man die Hitze der revolutionären Bewegung im benachbarten Frankreich. Joseph weigerte sich, das Versprechen zu bestätigen, das seine Schwester den Ständen von Brabant gegeben hatte, die von ihnen bekämpften Reformen würden rückgängig gemacht. Er befahl ihre weitere Durchführung und gebot seinen Soldaten, auf alle zu schießen, die ihnen Widerstand leisteten. Dies geschah; sechs Aufrührer wurden am 22. Januar 1788 in Brüssel, eine unbekannte Anzahl in Antwerpen und Löwen getötet. Ein Brüsseler Anwalt, Henri van den Noot, rief das Volk auf, sich zu bewaffnen und als Freiwillige in eine Unabhängigkeitsarmee einzutreten. Der Appell wurde vom Klerus unterstützt; die Bewegung erhielt zusätzlichen Auftrieb durch die Nachricht vom Sturm auf die Bastille. Bald standen zehntausend «Patrioten» unter fähiger Führung unter den Waffen. Am 24. Oktober verkündete ein Manifest des «brabantischen Volkes» die Absetzung Josephs II. als seines Herrschers. Am 26. Oktober besiegte eine Streitmacht von Patrioten die österreichischen Soldaten. Stadt um Stadt wurde von den Aufständischen besetzt. Am 11. Januar 1790 erklärten die sieben Provinzen ihre Unabhängigkeit und riefen die Republik der Vereinigten belgischen Staaten aus, den Namen jener Stämme übernehmend, die achtzehn Jahrhunderte zuvor Caesar Schwierigkeiten gemacht hatten. England, Holland und Preußen erkannten bereitwillig die neue Regierung an. Joseph wandte sich an Frankreich um Hilfe, doch Frankreich war selbst im Begriff, seinen König abzusetzen. Die gesamte alte Welt, die Joseph gekannt hatte, schien zu zerfallen. Und der Tod rief nach ihm.

VII. ATRA MORS

In jenen letzten Monaten blieb ihm nichts erspart. Ungarn und Belgien befanden sich im Aufstand, die Türken rückten vor, seine Armee meuterte, sein eigenes Volk, die Österreicher, die ihn einst geliebt hatten, hatten sich gegen ihn gewandt, weil er ihre heiligen Bräuche und ihren heiligen Glauben verletzt hatte. Die Priester beschuldigten ihn des Unglaubens, die Adligen haßten ihn, weil er ihre Leibeigenen befreit hatte, die Bauern riefen nach mehr Land, die Armen in den Städten waren dem Verhungern nahe, alle Klassen verfluchten die hohen Steuern und Preise, die der Krieg mit sich gebracht hatte. Am 30. Januar 1790 widerrief Joseph, jeden Widerstand aufgebend, alle seit dem Tode Maria Theresias befohlenen Reformen außer der Abschaffung der Leibeigenschaft.

Warum war er gescheitert? Er hatte in gutem Glauben und großherzigem Vertrauen die These der *philosophes* übernommen, daß ein Monarch mit guter Erziehung und mit gutem Willen das beste Instrument der Aufklärung und der Reform sei. Er hatte eine gute Erziehung genossen, doch sein guter Wille war befleckt durch Machtliebe, und schließlich gewann sein Verlangen, ein Eroberer zu sein, die Oberhand über seinen Eifer, die Philosophie auf den Thron zu setzen. Es fehlte ihm die Fähigkeit des Philosophen zum Zweifel; er setzte die Weisheit seiner Mittel als auch seiner Ziele voraus. Er versuchte zu rasch zu viele Mißstände auf einmal zu reformieren; das Volk konnte die bestürzende Vielfalt seiner Dekrete nicht erfassen. Er kommandierte schneller, als er überzeugen konnte; er suchte in einem Jahrzehnt zu leisten, was ein Jahrhundert der Erziehung und der wirtschaftlichen Veränderung erforderte. Im Grunde war es das Volk, das ihn im Stich ließ. Seine Untertanen waren zu tief verwurzelt in ihren Privilegien und Vorurteilen, in ihren Bräuchen und Glaubensbekenntnissen, um ihm das Verständnis und die Hilfe entgegenzubringen, ohne die bei so herausfordernden Reformen ein Absolutismus ohnmächtig war. Sie gaben ihren Kirchen, Priestern und Zehnten den Vorzug vor seinen Steuern, Spitzeln und Kriegen. Sie konnten ihr Vertrauen keinem Mann schenken, der über ihre geliebten Legenden lachte, ihre Bischöfe schikanierte und ihren Papst demütigte.

In all diesen anstrengenden Jahren seit 1765 hatte sein Körper gegen seinen Willen rebelliert. Sein Magen war seinem Lebenstempo nicht gewachsen; wiederholt und vergeblich ermahnte er ihn, auszuruhen. Der Fürst von Ligne warnte ihn, er töte sich selbst. Er wußte es, doch er antwortete: «Was soll ich tun? Ich töte mich, weil ich andere nicht dazu bringen kann, zu arbeiten.»[81] Seine Lungen waren krank, seine Stimme war schwach und hohl; er hatte Krampfadern, triefende Augen, den Rotlauf und Hämorrhoiden ... Im Krieg gegen die Türken setzte er sich jedem Wetter aus; wie Tausende seiner Soldaten zog er sich das Quartanfieber zu. Manchmal konnte er kaum atmen: «Mein Herz klopft unregelmäßig bei der leisesten Bewegung.»[82] Im Frühjahr 1789 begann er Blut zu speien – «fast drei Unzen auf einmal», schrieb er an Leopold. Im Juni hatte er heftige Schmerzen in den Nieren. «Ich beachte die strengste Diät; ich esse weder Fleisch noch Gemüse noch Milchprodukte; Zucker und Reis sind meine Nahrung.»[83] Er bekam einen Analabszeß; dieser und seine Hämorrhoiden mußten operiert werden. Er erkrankte an der Wassersucht. Er ließ Leopold kommen und forderte ihn auf, die Regierung zu übernehmen. «Ich bedaure nicht, den Thron zu verlassen», sagte er; «alles, was mich bekümmert, ist die Tatsache, daß ich so wenig glückliche Menschen habe.»[84] An den Fürsten von Ligne schrieb er: «Ihr Land hat mich getötet. Die Einnahme von Gent war meine Agonie, der Verlust von Brüssel ist mein Tod ... Gehen Sie in die Niederlande; bringen Sie sie ihrem Herrscher zurück. Wenn Sie dies nicht tun können, bleiben Sie hier. Opfern Sie mir nicht ihre Interessen. Sie haben Kinder.»[85] Er setzte sein Testament auf, in dem er seinen Dienern und den «fünf Damen, die meine Gesellschaft ertrugen», großzügige Geschenke vermachte[86]. Er verfaßte seine eigene Grabinschrift: «Hier liegt Joseph, dem nichts gelang.»[87] Resigniert empfing er die Sterbesakramente der katholischen Kirche. Er betete um den Tod, und am 20. Februar 1790 wurde er ihm gewährt. Er war achtundvierzig Jahre alt. Wien freute sich über sein Hinscheiden, und Ungarn dankte Gott.

War er ein Versager? Im Krieg zweifellos. Trotz Laudons Siegen fand es Leopold II. (1790–1792) ratsam, Frieden mit den Türken auf der Basis des *status quo ante* zu schließen (4. August 1791). Unfähig, die ungarischen Barone zu befrieden, widerrief Leopold die Gewährung der Freiheit an die Leibeigenen. In Böhmen und Österreich blieben die meisten der Reformen bestehen. Die Toleranzedikte wurden nicht widerrufen, die geschlossenen Klöster wurden nicht wieder zugelassen, die Kirche blieb den Gesetzen des Staates unterworfen. Die Wirtschaftsgesetzgebung hatte Handel und Industrie befreit und ihnen nachhaltigen Auftrieb gegeben. Österreich vollzog ohne heftige Revolution den Übergang von einem mittelalterlichen zu einem modernen Staat und hatte teil an den vielfältigen kulturellen Fortschritten des 19. Jahrhunderts.

«Zutiefst überzeugt von der Integrität meiner Absichten», hatte Joseph an Kaunitz geschrieben, «hoffe ich, daß nach meinem Tod die Nachwelt – mir gewogener, unparteiischer und daher gerechter als meine Zeitgenossen – meine Taten und Ziele prüfen wird, bevor sie mich richtet.»[88] Die Nachwelt hat lange gebraucht, dies zu tun, aber schließlich hat sie es gelernt, obwohl sie seine Autokratie und Hast bedauerte, in ihm den mutigsten und energischsten, aber auch den am wenigsten einsichtigen der «aufgeklärten Despoten» zu sehen. Nachdem die unter Metternich wütende Reaktion aufgehört hatte, wurden die Reformen Josephs II. eine nach der anderen wiedereingeführt, und die Revolutionäre von 1848 legten einen Kranz dankbarer Anerkennung an seinem Grab nieder.

SECHSTES KAPITEL

Neue Wege in der Musik

Wir können uns den kriegerischen Joseph II. nur schwer als Musiker vorstellen. Und doch wird uns berichtet, daß er eine «gründliche musikalische Ausbildung» erhielt, eine schöne Baßstimme besaß, täglich ein Konzert hörte und «daneben auch Viola, Cello und Klavier spielte, auf dem er sich namentlich als Begleiter und Partiturspieler betätigte»[1]. Viele Adlige waren Musiker, häufiger noch Mäzene der Musik. Der Mittelstand folgte ihrem Beispiel: jeder Haushalt besaß ein Cembalo, jedermann lernte ein Instrument spielen. Auf den Straßen wurden Trios und Quartette gespielt, Freiluftkonzerte wurden in den Parks und am Tag des heiligen Johannes in illuminierten Booten auf dem Donaukanal veranstaltet. Die Oper blühte am Hof und in dem von Joseph II. 1778 gegründeten Staatsopernhaus.

Wien stieg im frühen 19. Jahrhundert zu seiner Vormachtstellung als musikalische Hauptstadt Europas auf, weil es im späten 18. Jahrhundert die rivalisierenden musikalischen Traditionen Deutschlands und Italiens vereinigte. Aus Deutschland kam die Polyphonie, aus Italien die Melodie. Aus Deutschland kam das Singspiel, eine Mischung von komischem Drama, gesprochenem Dialog, Begleitmusik und Volksliedern; aus Italien kam die *opera buffa*. In Wien verschmolzen die beiden Formen miteinander, wie etwa in Mozarts *Entführung aus dem Serail*. Im allgemeinen überwog in Wien der italienische Einfluß; Italien eroberte Österreich mit Arien, wie Österreich Norditalien mit Waffen erobert hatte. In Wien folgte die *opera seria* hauptsächlich italienischen Vorbildern, bis Gluck kam, und Gluck hatte sich an italienischer Musik geformt.

I. CHRISTOPH WILLIBALD GLUCK: 1714–1787

Er wurde in Erasbach in der Oberpfalz als Sohn eines katholischen Försters geboren, der 1717 mit seiner Familie nach Neuschloß in Böhmen übersiedelte. In der Jesuitenschule in Komotau erhielt Christoph seine Ausbildung in Religion, Latein und den Klassikern sowie im Singen und im Spielen der Violine, der Orgel und des Cembalos. 1732 ging er nach Prag, nahm dort Stunden im Cellospiel und verdiente seinen Lebensunterhalt durch Singen in Kirchen, Violinspiel bei Tanzanlässen und durch die Veranstaltung von Konzerten in nahegelegenen Städten.

Jeden aufgeweckten Jungen in Böhmen zog es nach Prag, und ganz aufgeweckte fanden ihren Weg nach Wien. Gluck gelang es, eine Anstellung im Orchester des Fürsten Ferdinand von Lobkowitz zu erhalten. In Wien hörte er italienische Opern und erlag der Anziehungskraft Italiens. Dem Fürsten Francesco Melzi gefiel sein Spiel, und er wurde eingeladen, nach Mailand zu kommen (1737). Gluck studierte dort Komposition unter Sammartini und wurde ein Anhänger des italienischen Stils. Seine frühen Opern (1741–1745) ahmten italienische Vorbilder nach, und er dirigierte ihre Premièren in Italien. Ihr Erfolg verschaffte ihm eine Aufforderung, für das Haymarket-Theater in London eine Oper zu komponieren und zu dirigieren.

Er debütierte mit *La caduta de' giganti* (1746). Die Oper erzielte nur schwachen Beifall, wurde bald abgesetzt, und der bärbeißige alte Händel erklärte, Gluck verstehe «no more counterpoint than mein cook»[2]. Doch der Koch war ein guter Baßist, und Glucks späterer Ruhm sollte sich nicht auf den Kontrapunkt stützen. Burney, der zu Glucks Bekannten gehörte, sagte von ihm: «Er hat ein ebenso heftiges Temperament wie Händel, ... sein Gesicht ist stark von den Blattern gezeichnet, ... sein Blick finster.»[3] Vielleicht um sein Budget auszugleichen, verhieß Gluck dem Publikum die Veranstaltung eines «Konzertes auf sechsundzwanzig Trinkgläsern, gestimmt mit Quellwasser (durch Füllen bis zu verschiedenen Höhen), begleitet von dem ganzen Orchester, um hiermit ein neues Instrument seiner eigenen Erfindung vorzustellen, auf dem er alles spielt, was man sonst auf einer Violine oder einem Cembalo spielt». Eine solche «Glasharmonika» war zwei Jahre zuvor in Dublin gezeigt worden. Gluck erzeugte die Töne, indem er die Glasränder mit feuchten Fingern rieb. Die Vorstellung vom 23. April 1746 fand Anklang bei den Neugierigen und wurde eine Woche später wiederholt.

Angewidert von seinem Erfolg verließ Gluck London am 26. Dezember und begab sich nach Paris. Hier studierte er die Opern von Rameau, der Reformversuche gemacht hatte, indem er die Musik und das Ballett mit der Handlung in Zusammenhang brachte. Im September war er als Operndirigent in Hamburg, hatte ein Verhältnis mit einer italienischen Sängerin und erkrankte an der Syphilis. Er genas so langsam, daß er, als er nach Kopenhagen weiterreiste (24. November), noch nicht fähig war, zu dirigieren. Später kehrte er nach Wien zurück und heiratete Marianne Pergia (15. September 1750), die Tochter eines reichen Kaufmanns. Ihre Mitgift machte ihn finanziell unabhängig; er kaufte in Wien ein Haus und zog sich zu einer langen Ruhepause zurück.

Im September 1754 engagierte ihn Graf Marcello Durazzo als Kapellmeister mit zweitausend Gulden im Jahr, damit er für den Hof komponiere. Durazzo war der konventionellen italienischen Oper müde geworden und arbeitete mit Gluck zusammen an einem musikalischen Drama, *L'innocenza giustificata,* in dem die Handlung nicht mehr bloßes Gerüst für die Musik war und die Musik nicht nur eine Zusammenstellung von Arien, sondern in dem die Musik die Handlung widerspiegelte und die Arien – und sogar die Chöre – mit einiger Logik in die Handlung paßten. Die Première (8. Dezember 1755) war der Vorbote, das erste Aufleuchten jenes Neuen, das die Geschichte mit Glucks Namen verbindet. Wir haben an anderer Stelle über die Beiträge von Benedetto, Marcello, Jommelli und Traëtta zu dieser Entwicklung und über die Forderungen Rousseaus, Voltaires und der Enzyklopädisten nach einer engeren Vereinigung von Drama und Musik gesprochen. Metastasio hatte verlangt, daß die Musik die Dienerin der Poesie sein sollte[4]. Winckelmanns Bemühungen, in der Kunst die griechischen Ideale wiederzubeleben, mögen Gluck ebenfalls beeinflußt haben. Auch wußten die Komponisten, daß die italienische Oper als ein Versuch begonnen hatte, das klassische Drama, in dem die Musik dem Spiel untergeordnet war, wiedererstehen zu lassen. Inzwischen plädierte Jean-Georges Noverre (1760) dafür, aus dem Ballett, das bisher reines rhythmisches Schreiten war, eine dramatische Pantomime zu machen, welche «die Leidenschaften, Sitten, Bräuche, Zeremonien und Trachten aller Völker der Erde» darstellen sollte[5]. In einem genialen Einfall verschmolz Gluck alle diese Elemente zu einer neuen Opernform.

Ein Geheimnis des Erfolges besteht darin, eine günstige Gelegenheit zu ergreifen. Was veranlaßte Gluck dazu, die Libretti von Metastasio aufzugeben und Raniero da Calzabigi als Textdichter für *Orfeo ed Euridice* zu gewinnen? Die beiden Männer waren in dem gleichen Jahr, 1714, doch weit voneinander entfernt, geboren worden – Calzabigi in Livorno. Nach einigen Liebes- und Finanzabenteuern kam er nach Paris, veröffentlichte eine Ausgabe von Metastasios *Poesie drammatiche* (1755) und leitete sie mit einer «Dissertazione» ein, worin er seine Hoffnung auf eine neue Art von Oper äußerte – «ein köstliches Ganzes, resultierend aus dem Wechselspiel eines großen Chores, des Balletts und einer szenischen Handlung, in der die Poesie mit der Musik in meisterlicher Art vereinigt ist»[6]. Er ging nach Wien und gewann Durazzo für seine neuen Ideen; der Graf forderte ihn auf, ein Libretto zu schreiben. Calzabigi verfaßte *Orfeo ed Euridice;* Durazzo zeigte das Dichtwerk Gluck, der in der einfachen und einheitlichen Handlung ein Thema sah, das seine gesamten Kräfte wecken könnte.

Das Ergebnis wurde am 5. Oktober 1762 in Wien aufgeführt. Für die Rolle des Orpheus hatte Gluck den führenden Kastraten-Alt der Zeit, Gaetano Guadani, gewinnen können. Das Thema war immer wieder behandelt worden, seitdem die Oper als Kunstform bestand; ein Dutzend Librettisten hatten es zwischen 1600 und 1761 verwendet, und das Publikum konnte der Handlung folgen, ohne Italienisch zu verstehen. Die Musik verzichtete auf unbegleitete Rezitative, *da-capo*-Arien und dekorative Schnörkel; sonst hielt sie sich an den italienischen Stil, schwang sich jedoch zu lyrischen Höhepunkten von einer Reinheit und Schönheit auf, die vorher und nachher selten erreicht worden sind. Der verzweifelte Ruf des Orpheus, nachdem er seine Geliebte ein zweites Mal an den Tod verloren hat – «*Che farò senza Euridice?*» –, ist immer noch die ergreifendste Arie in der gesamten Literatur der Gattung. Wenn wir sie und das Klagelied der Flöte im «Tanz der seligen Geister» vernehmen, wundern wir uns, woher der ungestüme Böhme solch innige Töne nahm.

Orfeo wurde in Wien ohne sonderliche Begeisterung aufgenommen, doch Maria Theresia war von dem Werk tief bewegt und sandte Gluck eine mit Dukaten gefüllte Schnupftabakdose. Bald wurde er auserwählt, der Erzherzogin Maria Antonia Gesangunterricht zu geben. Inzwischen arbeiteten er und Calzabigi an einem Werk, das einige Kritiker als ihre vollkommenste Oper bezeichnet haben, an der *Alceste*. In einem Vorwort zu der veröffentlichten Version, das Calzabigi in Glucks Namen verfaßte, erläuterte der Komponist die Grundsätze seiner Opernreform:

«Als ich mich daran machte, die Musik zu *Alceste* zu schreiben, nahm ich mir vor, sie gänzlich rein zu halten von all den Mißbräuchen, die die italienische Oper seit so langer Zeit entstellen. Mein Sinn war darauf gerichtet, die Musik wieder auf ihr wahres Amt zurückzuführen: dem Drama in seinem Ausdruck und seinen wechselnden Bildern zu dienen, ohne die Handlung zu unterbrechen oder sie durch unnützen und überflüssigen Schmuck zu erkälten ... Ich habe es nicht für nötig gehalten, den zweiten Teil einer Arie, vielleicht den leidenschaftlichsten und wichtigsten, rasch abzutun, um Gelegenheit zu haben, nach der Regel die Worte des ersten Teils viermal zu wiederholen ... Ich bin der Meinung, daß die Ouvertüre die Zuschauer auf die darzustellende Handlung vorbereiten und sozusagen ihren Inhalt zusammenfassen sollte; daß das Orchester nach Maßgabe des Interesses und des Affekts behandelt werden sollte, ohne im Dialog sich zwischen Arie und Rezitativ so heftig einzudrängen, ohne den Satz sinnlos zu zerschneiden, ohne die Gewalt und Wärme der Handlung unzeitig zu unterbrechen ... Ich war ferner der Meinung, daß mein höchstes Bestreben sich darauf beschränken müsse, eine schöne Einfachheit zu erreichen.»[7]

Kurz, die Musik sollte dem Drama dienen, es beleben und nicht das Drama zu einem reinen Gerüst für vokale oder orchestrale Darbietungen machen. Gluck brachte das Rezept auf die knappste Formel, indem er sagte: «Ehe ich mit meiner Arbeit anfange, versuche ich zu vergessen, daß ich Musiker bin»[8], der Komponist sollte beim Komponieren eines *dramma per musica* gleichsam eine Person mit dem Librettisten bilden. Die Handlung der *Alceste* ist ziemlich unglaubwürdig, doch Gluck entschädigte für diesen Mangel durch eine schwermütige, das tragische Geschehen vorwegnehmende Ouvertüre, durch eine Reihe ergreifender Szenen zwischen Alkestis und ihren Kindern, durch Alkestis' berühmte Arie «Divinités du Styx», worin sie die Götter der Unterwelt beschwört, sowie durch mächtige Chöre und großartige Ensembles. In Wien erlebte die Oper zwischen ihrer Première am 16. Dezember 1767 und dem Jahre 1779 sechzig Aufführungen. Dennoch fanden die Kritiker viele Fehler in ihr, und die Sänger beklagten sich, sie gebe ihnen nicht genug Gelegenheit, ihre Kunst zu zeigen.

Dichter und Komponist versuchten es von neuem mit *Paride ed Elena* (30. November 1770). Calzabigi übernahm die Handlung von Ovid, der aus der Geschichte von Paris und Helena eine private Liebesromanze statt einer internationalen Tragödie gemacht hatte. Das Werk erlebte zwanzig Vorstellungen in Wien, eine in Neapel, keine anderswo. Calzabigi nahm die Schuld für die wiederholten Mißerfolge auf sich und gab das Librettoverfassen auf. Gluck suchte anderen Boden für seinen Samen. Ein Freund an der französischen Botschaft in Wien, François du Rollet, meinte, das Pariser Publikum würde vielleicht eine von einem deutschen Komponisten geschriebene französische Oper als Kompliment zu würdigen wissen. Anregungen von seiten Diderots und Algarottis folgend, die Racines *Iphigénie* als ideales Thema für eine Oper bezeichneten, arbeitete Du Rollet das Theaterstück in ein Libretto um und legte dieses Gluck vor. Der Komponist fand das Material vollkommen seinem Geschmack entsprechend und machte sich sofort an die Arbeit.

Um ihm den Weg nach Paris zu ebnen, schrieb Du Rollet an den Direktor der Opéra einen Brief – abgedruckt im *Mercure de France* vom 1. August 1772 –, in dem er erklärte, wie empört «Monsieur Glouch» über die Behauptung sei, die französische Sprache eigne sich nicht dafür, in Musik gesetzt zu werden, und daß er vorschlage, mit *Iphigénie en Aulide* das Gegenteil zu beweisen. Gluck besänftigte den erwarteten Zorn Rousseaus (der damals friedlich in Paris lebte), indem er in einem Brief an den *Mercure* (1. Februar 1773) seine Hoffnung ausdrückte, sich mit Rousseau über «die Mittel, die ich im Auge habe, um eine für alle Nationen passende Musik zu schaffen und die lächerlichen Unterscheidungen der Nationalmusik verschwinden zu lassen»[9], beraten zu können. Um dieses Meisterstück von Publizität zu vervollständigen, machte Marie-Antoinette, sich ihres alten Lehrers erinnernd, ihren Einfluß bei der Opéra geltend. Der Direktor willigte ein, *Iphigénie* aufzuführen. Gluck kam nach Paris und unterwarf Sänger und Orchester einer so strengen Probenarbeit, wie sie sie noch selten erlebt hatten. Sophie Arnould, die regierende Diva, erwies sich als so widerspenstig, daß Gluck drohte, das Vorhaben aufzugeben; der Tenor Joseph Legros, durch Krankheit geschwächt, schien außerstande, den mächtigen Achilleus zu singen; Gaetan Vestris, der damalige Gott des Tanzes, beanspruchte die halbe Oper für das Ballett[10]. Gluck raufte sich die Haare seiner Perücke, blieb unerbittlich und triumphierte schließlich. Die Première (19. April 1774) war die musikalische Sensation des Jahres. Wir können die Erregung der begeisterten Hauptstadt in einem Brief Marie-Antoinettes an ihre Schwester Maria Christina in Brüssel nachempfinden:

> «Ein großer Triumph, meine teure Christine! Ich war hingerissen von ihr, man kann nicht mehr von etwas anderem reden. In allen Köpfen herrscht infolge dieses Ereignisses eine Gärung. ... Man entzweit, man bekämpft sich, als ob es sich um eine religiöse Angelegenheit handele. Es gibt am Hofe, obgleich ich mich öffentlich zugunsten dieses genialen Werkes ausgesprochen habe, Parteiungen und Auseinandersetzungen von besonderer Lebhaftigkeit; und in der Stadt scheint es noch ärger zu sein.»[11]

Rousseau bedankte sich für Glucks Vertrauen, indem er erklärte: «Monsieur Glucks Oper hat alle meine Vorstellungen über den Haufen geworfen; ich bin nun überzeugt, daß die französische Sprache sich ebenso gut wie jede andere mit einer mächtigen, rührenden und gefühlvollen Musik verträgt.»[12] Die Ouvertüre war so bestürzend schön, daß das Premièrenpublikum ihre Wiederholung verlangte. Zu den Arien wurde kritisch bemerkt, es seien ihrer zu viele und sie unterbrächen die Handlung; jedoch waren sie gekennzeichnet durch eine für Glucks Musik charakteristische gehaltvolle Tiefe des Gefühls. Über eine von ihnen, nämlich Agamemnons «Au faîte des grandeurs», sagte Abbé Arnaud: «Mit einer solchen Melodie könnte man eine Religion gründen.»[13]

Gluck war jetzt fast ebensosehr das Tagesgespräch von Paris wie der sterbende Ludwig XV. Seine beleibte Gestalt, sein rotes Gesicht und seine große Nase erregten Aufsehen, wo immer er sich zeigte, und sein unbeherrschtes Temperament wurde zum Thema zahlreicher Anekdoten. Greuze malte sein Porträt, das hinter angestrengten und finsteren Gesichtszügen sein joviales, gutmütiges Naturell ahnen ließ. Er aß wie Doktor Johnson und trank nicht viel weniger als Boswell. Er gab nicht vor, das Geld zu verachten, und wußte den Wert seines eigenen Werks wohl zu schätzen. Er behandelte Höflinge und Bürgerliche gleich – als unter ihm Stehende. Er erwartete von adligen Herren, daß sie ihm seine Perücke, seinen Mantel, seinen Spazierstock reichten, und wenn ihm ein Fürst vorgestellt wurde, blieb Gluck sitzen und erklärte: «Es ist Brauch in Deutschland, nur vor Menschen aufzustehen, die man respektiert.»[14]

Der Direktor der Opéra machte ihn darauf aufmerksam, daß er, wenn *Iphigénie en Aulide* einschlage, in rascher Folge fünf weitere Opern werde schreiben müssen, da *Iphigénie* alle anderen Opern vom Spielplan verdrängen werde. Gluck ließ sich nicht entmutigen, denn er verstand es, Teile seiner früheren Kompositionen in seine späteren zu übernehmen. Er hatte *Orfeo ed Euridice* ins Französische übersetzt, und da kein guter Alt verfügbar war, schrieb er die Partie des Orpheus für den Tenor Legros um. Sophie Arnould, endlich fügsam geworden, sang die Eurydike. Die Pariser Première war ein ermutigender Erfolg. Marie-Antoinette, jetzt Königin von Frankreich, belohnte «*mon cher Gluck*» mit einer Jahresrente von sechstausend Franken[15], und er kehrte im Triumph nach Wien zurück.

Im März 1776 war er zum zweitenmal in Paris – mit einer französischen Fassung der *Alceste*, die unter mäßigem Applaus am 23. April aufgeführt wurde. Gluck, an Erfolg gewöhnt, reagierte auf diesen Rückschlag mit wütendem Stolz: «*Alceste* ist nicht die Art von Werk, die momentanes Vergnügen schenkt, oder die gefällt, weil sie neu ist. Die Zeit existiert nicht für es, und ich behaupte, daß es in zweihundert Jahren ebenso viel Vergnügen bereiten wird, wenn die französische Sprache sich nicht ändert.»[16] Im Juni zog er sich nach Wien zurück und begann bald darauf Marmontels Überarbeitung von Quinaults Libretto *Roland* zu vertonen.

Nun begann der berühmteste Wettstreit in der Geschichte der Oper. Denn inzwischen hatte die Leitung der Oper Niccolò Piccini aus Neapel beauftragt, das gleiche Libretto zu vertonen, nach Paris zu kommen und es aufzuführen. Piccini traf am 31. Dezember 1776 in der französischen Hauptstadt ein. Über diesen Auftrag unterrichtet, schickte Gluck an Du Rollet (jetzt in Paris) einen von olympischem Zorn inspirierten Brief:

«Ich habe soeben Ihren Brief erhalten ..., in dem Sie mich ermahnen, meine Arbeit an den Worten der Oper *Roland* fortzusetzen. Dies ist nicht länger möglich, denn, als ich hörte, daß die Leitung der Oper, nicht ohne Kenntnis, daß ich am *Roland* arbeitete, die gleiche Arbeit Piccini übertragen hatte, verbrannte ich alles, was ich bereits getan hatte und was vielleicht nicht viel wert war ... Ich bin nicht mehr der Mann, mit anderen in Wettbewerb zu treten, und Monsieur Piccini hätte einen zu großen Vorteil vor mir, da er, von seinem persönlichen Verdienst abgesehen, das gewiß sehr groß ist, den der Neuheit hätte ... Ich bin sicher, daß gewisse Politiker aus meiner Bekanntschaft drei Viertel von Paris zum Mittagessen und zum Abendessen einladen würden, um Anhänger für ihn zu gewinnen.»[17]

Aus heute unbekannten Gründen wurde dieser offensichtlich private Brief im Februarheft 1777 der *Année littéraire* veröffentlicht. Er wurde, unbeabsichtigt, zu einer Kriegserklärung.

Gluck begab sich am 29. Mai nach Paris und brachte eine neue Oper, *Armide*, mit. Die beiden rivalisierenden Komponisten trafen sich bei einem Dîner; sie umarmten sich und unterhielten sich freundschaftlich. Piccini war nach Paris gekommen, ohne zu ahnen, daß er nur eine Schachfigur in einem Spiel von Parteiengezänk und kaufmännischer Konkurrenz der Opernwelt sein sollte. Er selbst bewunderte Glucks Werk aufrichtig. Trotz des freundschaftlichen Verhältnisses zwischen den Protagonisten ging der Krieg in den Salons und den Cafés, auf den Straßen und in den Häusern weiter. «Keine Tür wurde einem Besucher geöffnet», berichtete Charles Burney, «ohne daß ihm, bevor man ihn einließ, die Frage gestellt wurde: '*Monsieur, estes vous Picciniste ou Gluckiste?*'»[18] («Mein Herr, sind Sie Piccinist oder Gluckist?») Marmontel, d'Alembert und Laharpe waren die führenden Advokaten Piccinis und des italienischen Stils; der Abbé Arnaud verteidigte Gluck in einer *Profession de foi en musique.* Rousseau, der den Krieg mit seiner proitalienischen *Lettre sur la musique française* (1753) begonnen hatte, unterstützte ebenfalls Gluck.

Armide wurde am 23. September 1777 aufgeführt. Stoff und Musik waren Rückfälle in die vor Glucks Reform gültige Mode. Die Geschichte war Tasso entnommen, der den Christen Rinaldo und die Heidin Armida feierte, die Musik hätte von Lully – einem durch romantische Zärtlichkeit aufgeputzten Lully – stammen können, das Ballett war Noverre *in excelsis.* Dem Publikum gefiel die Mischung; es bereitete der Oper eine gute Aufnahme, doch die Piccinisten verdammten *Armide* als eine Wiederaufpolierung von Lully und Rameau. Sie warteten gespannt auf den *Roland* ihres Standartenträgers. Piccini widmete ihn Marie-Antoinette mit Entschuldigungen: «Verpflanzt in ein fremdes Land, allein in einer Umgebung, in der alles für mich neu war, eingeschüchtert bei meiner Arbeit durch tausend Schwierigkeiten, benötigte ich meinen ganzen Mut, und mein Mut verließ mich.»[19] Manchmal war er nahe daran, den Wettbewerb aufzugeben und nach Italien zurückzukehren. Er hielt aus und wurde belohnt durch eine erfolgreiche Première (27. Januar 1778). Die beiden Siege schienen einander aufzuheben, und der öffentliche Krieg ging weiter. Frau Vigée-Lebrun erlebte ihn aus nächster Nähe. «Das Schlachtfeld bildete gewöhnlich der Garten des Palais-Royal. Dort stritten sich die Anhänger von Gluck und die von Piccini mit solcher Heftigkeit, daß mehr als ein Duell die Folge davon war.»[20]

Gluck kehrte im März nach Wien zurück, machte aber in Ferney Halt, um Voltaire zu sehen. Er nahm zwei Libretti mit nach Hause: eines von Nicolas-François Guillard, das auf der *Iphigenie in Tauris* des Euripides basierte, das zweite von Baron Jean-Baptiste de Tschoudi über das Thema von Narziß und Echo. Er arbeitete an beiden Textvorlagen, und im Herbst 1778 fühlte er sich bereit zu einer neuen Schlacht. So finden wir ihn im November wieder in Paris, und am 18. Mai 1779 stellte er an der Opéra das Werk vor, das die meisten Kenner als seine größte Komposition betrachten, *Iphigénie en Tauride.* Es ist eine düstere Geschichte, die Musik größtenteils von monotoner Traurigkeit, und manchmal werden wir der Klagetöne Iphigenies müde. Doch wenn die Vorstellung vorüber ist und der Zauber der Musik und der Verse unsere skeptische Vernunft zum Schweigen gebracht hat, begreifen wir, daß wir ein tiefes und mächtiges Drama erlebt haben. Ein Zeitgenosse bemerkte, es gebe viele schöne Stellen in der Oper. «Es gibt nur eine», erklärte Abbé Arnaud, «– das ganze Werk.»[21] Das Publikum des ersten Abends nahm das Stück mit wilden Ovationen auf.

Gluck forderte die Götter heraus, indem er sich beeilte, sein zweites Stück, *Echo et Narcisse,* anzubieten (21. September 1779). Es war ein Mißerfolg, und der Maestro verließ im Oktober Paris verärgert und mit der Erklärung, er habe genug von Frankreich und werde nie mehr Opern schreiben. Wäre er geblieben, hätte er eine andere *Iphigénie en Tauride* hören können, von Piccini nach zwei Jahren Arbeit auf die Bühne gebracht. Die Première (23. Januar 1781) wurde beifällig aufgenommen, doch am zweiten Abend war Fräulein Laguerre, welche die Titelrolle sang, so offensichtlich betrunken, daß Sophie Arnould weitere Aufführungen verhinderte, indem sie das Stück *Iphigénie en Champagne* nannte[22]. Dieser unglückliche Zwischenfall beendete den Opernkrieg. Piccini gab sich großmütig geschlagen.

Gluck träumte in Wien von weiteren Siegen. Am 10. Februar 1780 schrieb er an Goethes Herzog Karl August von Sachsen-Weimar: «Ich bin nunmehr sehr alt geworden, und habe der französischen Nation die mehreste Kräffte meines Geistes verschleidert, dessen ungeachtet empfinde ich in mir einen innerlichen Trieb Etwas vor meine Nation zu verfertigen ...»[23] Noch vertonte er einige Oden von Klopstock und bereitete hiermit den Weg für das Lied des 19. Jahrhunderts. Im April 1781 erlitt er einen Schlaganfall, wurde jedoch getröstet durch die günstige Aufnahme, die Wien der *Iphigénie en Tauride* und der Wiederaufführung von *Orfeo* und *Alceste* bereitete. Am 15. November 1787 trank er, während er einige Freunde unterhielt, in einem Zug ein Glas starken Likörs aus, den ihm die Ärzte verboten hatten. Er wurde von Krämpfen befallen und starb innerhalb von vier Stunden. Piccini, der in Neapel weilte, versuchte vergeblich, Mittel für jährlich abzuhaltende Konzerte zur Erinnerung an seinen Rivalen zu sammeln[24]. Italien, das sich der Melodie verschrieben hatte, ignorierte Glucks Reformen. Mozart folgte den Italienern und muß schockiert gewesen sein bei dem Gedanken, die Musik zur Dienerin der Poesie zu machen. Doch Herder, der am Ende dieser schöpferischen Ära auf den Plan trat und sie, ohne Bach, Haydn und Mozart gerecht würdigen zu können, rückwärts überschaute, nannte Gluck den größten Komponisten des Jahrhunderts[25].

II. JOSEPH HAYDN: 1732–1809

Ihn zu lieben fällt leichter, denn Haydn war ein Mann, der mit niemand stritt, außer mit seiner Frau, der seine Konkurrenten als seine Freunde begrüßte, der seine Musik mit Fröhlichkeit durchtränkte und der seiner Veranlagung nach unfähig zur Tragödie war.

Er besaß keine Vorteile der Geburt. Sein Vater war ein Stellmacher und Hausmaler in Rohrau, einer kleinen Stadt an der österreichisch-ungarischen Grenze. Seine Mutter war Köchin bei den Grafen von Harrach gewesen. Beide Eltern waren slawisch-kroatischer, nicht deutscher Abstammung, und viele von Haydns Melodien sind ein Echo kroatischer Lieder. Er war das zweite von zwölf Kindern, von denen sechs unmündig starben, und erhielt in der Taufe den Namen Franz Josef Haydn; doch war es damals üblich, Kinder mit ihrem zweiten Namen zu nennen.

Im Alter von sechs Jahren wurde Josef zu einem Verwandten, Johann Matthias Franck, der in Hainburg eine Schule leitete, in Pflege gegeben. Hier begann sein Tag mit Unterricht von sieben bis zehn, dann ging es zur Messe, dann nach Hause zum Mittagessen, dann von zwölf bis drei erneut zum Unterricht, schließlich zum Musikunterricht. Er wurde zur Frömmigkeit erzogen und verlor sie nie. Seine Mutter hätte gern einen Priester aus ihm gemacht und war tief bekümmert, als er die unsichere Laufbahn eines Musikers wählte. Franck ermutigte die Vorliebe des Knaben für Musik, lehrte ihn alles, was er selbst wußte, und unterwarf ihn einer strengen Disziplin. Noch als alter Mann erinnerte sich Haydn seiner und vergab ihm seine Strenge: «Ich werde diesem Mann dankbar sein, solange ich lebe, daß er mich so hart arbeiten ließ, obwohl ich gewöhnlich mehr Schläge erhielt als Essen.»[26] Nach zwei Jahren bei Franck wurde Josef von Georg Reutter, Kapellmeister am Stephansdom in Wien, dorthin gebracht. Reutter vermeinte, seine «schwache, aber süße Stimme» könnte einen bescheidenen Platz in einem Chor finden. So kam der achtjährige, zaghaft-eifrige Knabe in die Kantorei oder Singschule, die dem Dom angeschlossen war. Hier erhielt er Stunden in Arithmetik, Schreiben, Latein, Religion, Singen und Violinspiel. Er sang im Domchor und in der kaiserlichen Kapelle, doch bekam er in der Kantorei so wenig zu essen, daß er mit Freuden Aufforderungen annahm, in Privathäusern zu singen, weil er sich dort, nachdem er seine Lieder gesungen hatte, den Magen füllen konnte.

1745 trat auch sein Bruder Michael, der fünf Jahre jünger war als er, in die Kantorei ein. Um diese Zeit begann bei Josef der Stimmbruch. Man legte ihm nahe, seinen Sopran zu behalten, indem er sich kastrieren lasse, doch seine Eltern verweigerten die Zustimmung. Reutter behielt ihn so lange wie möglich. Doch eines Tages stand Josef, jetzt sechzehn, allein in der Welt (1748), frei, aber mittellos, und äußerlich nicht dazu angetan, Fortunas Lächeln zu gewinnen. Sein Gesicht war mit Blatternarben bedeckt, seine Nase fiel durch ihre Größe auf, seine Beine waren zu kurz für seinen Körper, seine Kleidung war schäbig, sein Gang unbeholfen, sein Benehmen scheu. Er hatte noch auf keinem Instrument eine angemessene Fertigkeit erreicht, und doch wälzte er bereits Kompositionen in seinem Kopf.

Ein Chorkamerad bot ihm einen Mansardenraum an, und Anton Buchholz lieh ihm hundertfünfzig Gulden, die der ehrliche Haydn später zurückzahlte. Er mußte täglich das Wasser zu seiner Wohnung hinauftragen, doch er besorgte sich ein altes Klavier, nahm Schüler an und erhielt sich so am Leben. An den meisten Tagen arbeitete er sechzehn Stunden, manchmal mehr. Er spielte Violine in einer Kirche, Orgel in der Privatkapelle von Graf Haugwitz, dem Minister Maria Theresias, und sang hin und wieder Tenorpartien im Stephansdom. Der berühmte Metastasio hatte eine Wohnung in dem gleichen Gebäude; er vermittelte Haydn eine Stellung als Musiklehrer bei der Tochter eines Freundes. Durch Metastasio lernte Haydn Porpora kennen. Haydn erklärte sich bereit, bei diesem Fürsten der Gesangslehrer als Gegenleistung für Unterricht in Komposition die Stelle eines Dieners zu versehen. Er erhielt die für ihn so wertvollen Unterrichtsstunden, reinigte dafür des Maestros Schuhe, Mantel und Perücke und begleitete Porpora und seine Schüler auf dem Klavier. Rückschauend sagte Haydn: «Junge Menschen können aus meinem Beispiel lernen, daß aus dem Nichts doch etwas werden kann. Was ich bin, ist alles ein Werk der bitteren Not.»[27]

Durch die Vermittlung seiner neuen Freunde machte er die Bekanntschaft von Gluck und Dittersdorf und mehreren Mitgliedern des Adels. Karl Joseph von Fürnberg lud ihn (1755) für längere Zeit auf sein Landgut Weinzierl bei Melk ein. Hier fand Haydn ein Orchester von acht Instrumenten vor und hatte Muße zum Komponieren. Nunmehr schrieb er seine ersten Quartette. Die Sonatenform in drei Sätzen, die er von Karl Philipp Emanuel Bach übernommen hatte, vermehrte er um ein Menuett, instrumentierte die vier Sätze für vier Instrumente und gab dem Instrumentalquartett seine moderne Form. 1756 kehrte er nach Wien zurück, gewann vornehme Schüler, wie die Gräfin von Thun, und nahm 1759 den Posten eines Musikdirektors beim Grafen Maximilian von Morzin an. Dieser unterhielt ein Privatorchester von zwölf bis sechzehn Instrumenten, das im Winter in Wien, im Sommer auf dem Landgut des Grafen in Lukaveč in Böhmen spielte. Für dieses Ensemble schrieb Haydn seine erste Symphonie (1759).

Da er jetzt zweihundert Gulden im Jahr nebst Verpflegung und Unterkunft verdiente, glaubte er, das Risiko einer Ehe eingehen zu können. Unter seinen Schülern befanden sich zwei Töchter eines Perückenmachers. Er verliebte sich in die jüngere, doch sie wurde Nonne, und der Vater überredete Haydn, die Schwester, Maria Anna, zu heiraten (1760). Sie war einunddreißig, er achtundzwanzig. Sie erwies sich als zänkisch, bigott, verschwenderisch und unfruchtbar. «Sie macht sich nichts daraus», sagte Haydn, «ob ihr Mann ein Künstler ist oder ein Flickschuster.»[28] Er begann nach anderen Frauen Ausschau zu halten.

Unter den Zuhörern in Morzins Haus befand sich gelegentlich Fürst Pál Anton Esterházy. Als Morzin sein Orchester auflöste, engagierte der Fürst Haydn (1761) als stellvertretenden Musikdirektor für seinen Landsitz zu Eisenstadt in Ungarn. Der Vertrag sah ein Jahresgehalt von vierhundert Gulden, einschließlich eines Platzes an der Offizierstafel, vor; und «haubt-sächlich, wann vor der Hohen Herrschaft eine Musique gemacht wird, solle der Vice-Capel-Meister samt denen subordinirten allezeit in Uniform ... in weißen Strümpfen, weißer Wäsche ... und entweder in Zopf, oder Har-Beutel»[29] erscheinen. Der Kapellmeister in Eisenstadt, Gregor Werner, beschäftigte sich hauptsächlich mit Kirchenmusik. Haydn bereitete die Konzerte vor und schrieb Musik für sie. Er hatte vierzehn Musiker, sieben Sänger und einen aus der Dienerschaft des Fürsten zusammengestellten Chor unter sich. Die Kleinheit des Orchesters und der Charakter des Publikums waren mitbestimmend für die leichte und liebenswürdige Art der von Haydn für die Familie der Esterházy geschriebenen Musik. Sein heiterer Sinn machte ihn bald bei den Musikanten beliebt. Sie nannten ihn schon bald nach seiner Ankunft in Eisenstadt «Papa Haydn», obwohl er damals erst neunundzwanzig Jahre alt war[30]. Für sie komponierte er Sonaten, Trios, Quartette, Konzerte, Lieder, Kantaten und etwa dreißig Symphonien. Viele von diesen Kompositionen wurden, obwohl sie laut Kontrakt Eigentum des Fürsten waren, gedruckt oder zirkulierten als Manuskript in Wien, Leipzig, Amsterdam, Paris und London. Dank ihnen war Haydn bereits 1766 international bekannt.

Als Pál Anton starb (18. März 1762), folgte ihm als Haupt der Familie Esterházy sein Bruder Miklós József, der die Musik fast ebensosehr liebte wie seine mit Diamanten besetzte Uniform. Er spielte ausgezeichnet die Viola di bordone (eine Variante der Viola da gamba) und war Haydn in den fast dreißig Jahren ihrer Verbindung ein gütiger Herr. Haydn erklärte: «Mein Fürst war immer zufrieden mit meiner Arbeit. Ich hatte nicht nur die Ermutigung ständiger Zustimmung, sondern als Leiter eines Orchesters konnte ich Experimente machen, beobachten, was eine Wirkung erzielte und was sie schwächte, und war so in der Lage, zu verbessern, zu ändern ... und so kühn zu sein, wie es mir gefiel. Ich war von der Welt abgeschnitten, es gab niemanden, der mich verwirrte oder quälte, und ich war gezwungen, unabhängig zu werden.»[31]

Als Gregor Werner am 5. März 1766 starb, wurde Haydn Kapellmeister. Bald darauf siedelte der Haushalt in einen neuen Palast um – das Schloß Esterháza, das Miklós am südlichen Ende des Neusiedler Sees in Nordwestungarn erbaut hatte. Der Fürst war von dieser Gegend so bezaubert, daß er vom frühen Frühling bis zum späten Herbst hier wohnte; im Winter zog er manchmal mit seinen Musikern nach Wien. Den Musikanten und Sängern mißfiel diese ländliche Einsamkeit, zumal sie drei Viertel des Jahres von ihren Frauen und Kindern getrennt waren. Doch sie wurden gut bezahlt und wagten nicht, sich zu beklagen. Einmal schrieb Haydn, um Miklós einen Wink zu geben, daß seine Musiker sich nach einem Urlaub sehnten, die *Abschiedssymphonie* (Nr. 5), bei der gegen das Ende ein Instrument nach dem anderen von der Partitur verschwand, der Musiker seine Kerze auslöschte, seine Noten und sein Instrument aufnahm und das Podium verließ. Der Fürst verstand den Wink und ließ die Truppe früher nach Wien abreisen.

Haydn hatte als einziger die Erlaubnis, seine Frau nach Esterháza mitzunehmen, aber er machte sich nicht viel aus diesem Privileg. 1779 verliebte er sich in Luigia Polzelli, eine mittelmäßige Sängerin, die zusammen mit ihrem Gatten Antonio, einem Geiger, für Esterháza engagiert worden war. Haydn scheint geglaubt zu haben, die katholische Kirche, die ihm nicht erlaubte, sich von seinem lästigen Eheweib scheiden zu lassen, werde ihm eine oder zwei Zerstreuungen nachsehen, und er machte keine Anstrengung, seine Liaison zu verbergen. Antonio war zu alt und krank, um wirksam zu protestieren, und wußte, daß sein Vertrag nur verlängert wurde, weil der Kapellmeister Gefallen an Luigia gefunden hatte. Sie war mit einem zweijährigen Sohn nach Esterháza gekommen; 1783 gebar sie einen zweiten Sohn, den der Klatsch Papa Haydn zuschrieb. Haydn schloß beide Knaben in sein Herz und war ihnen während seines ganzen Lebens behilflich.

In diesen geschäftigen Jahren von Esterháza entwickelte sich Haydn, da ihm der Anreiz und Wettbewerb von außen fehlte, als Komponist nur langsam. Er brachte nichts Erinnernswertes hervor, ehe er zweiunddreißig Jahre alt war – ein Alter, in dem Mozart bis auf die *Zauberflöte* und das *Requiem* sein Werk vollendet hatte. Haydns größte Werke erschienen erst, nachdem er fünfzig geworden war, seine erste größere Symphonie, als er fast die Sechzig erreicht hatte, *Die Schöpfung* mit sechsundsechzig. Er schrieb mehrere Opern für Aufführungen in Esterháza, doch als Prag ihn einlud, dort in einer Reihe, zu der auch *Die Hochzeit des Figaro* und *Don Giovanni* gehörten, eine Oper aufführen zu lassen, lehnte er in einem Brief voll nobler Bescheidenheit ab (Dezember 1787):

«Sie verlangen eine Opera buffa von mir. Recht herzlich gern, wenn Sie Lust haben, von meiner Singkomposition etwas für sich allein zu besitzen. Aber um sie auf dem Theater zu Prag aufzuführen, kann ich Ihnen dießfalls nicht dienen, weil alle meine Opern zu viel auf unser Personal gebunden sind, und außerdem nie die Wirkung hervorbringen würden, die ich nach der Lokalität berechnet habe. Ganz was anderes wäre es, wenn ich das unschätzbare Glück hätte, ein ganz neues Buch für das dasige Theater zu komponiren. Aber auch da hätte ich noch viel zu wagen, indem der große Mozart schwerlich jemanden anderen zur Seite haben kann. Denn, könnt ich jedem Musikfreunde, besonders aber den Großen, die unnachahmlichen Arbeiten Mozarts so tief und mit einem solchen musikalischen Verstande, mit einer so großen Empfindung in die Seele prägen, als ich sie begreife und empfinde: so würden die Nationen wetteifern, ein solches Kleinod in ihren Ringmauern zu besitzen. Prag soll den theuren Mann festhalten – aber auch belohnen; denn ohne dieses ist die Geschichte großer Genien traurig, und giebt der Nachwelt wenig Aufmunterung zum ferneren Bestreben; weswegen leider! so viele hoffnungsvolle Geister darniederliegen. Mich zürnet es, daß dieser einzige Mozart noch nicht bey einem kaiserlichen oder königlichen Hofe engagirt ist. Verzeihen Sie, wenn ich aus dem Geleise komme: ich habe den Mann zu lieb.»[32]

Haydn selbst sehnte sich nach einem Hof, wo sein Talent sich weiter ausbreiten konnte, doch er mußte sich mit königlichen Komplimenten zufriedengeben. Geschenke trafen ein von Ferdinand IV. von Neapel, von Friedrich Wilhelm II. von Preußen und von der Großherzogin Maria Feodorowna von Rußland. 1781 schickte ihm Karl III. von Spanien eine goldene, mit Diamanten besetzte Schnupftabakdose, und der spanische Botschafter in Wien reiste nach Esterháza, um ihm die kleine Kostbarkeit persönlich zu überreichen. Vielleicht hatte Boccherini, der damals in Madrid lebte, dabei seine Hand im Spiel, denn er übernahm Haydns Stil so eifrig, daß man ihm den Spitznamen «Haydns Frau» gab[33]. Als das Domkapitel in Cádiz beschloß, eine Vertonung für die «Sieben letzten Worte unseres Heilands» in Auftrag zu geben, wandte es sich an Haydn, der mit einem Oratorium antwortete (1785), das bald in vielen Ländern aufgeführt wurde – in den Vereinigten Staaten bereits 1791. 1784 bestellte ein Pariser Verleger sechs Symphonien; Haydn lieferte die sechs *Pariser Symphonien*. Er erhielt mehrere Einladungen, Konzerte in London zu dirigieren. Haydn fühlte sich sowohl aus Loyalität als auch durch Kontrakt an Esterháza verbunden, doch seine privaten Briefe enthüllten sein wachsendes Verlangen nach einer größeren Bühne.

Am 28. September 1790 starb Fürst Miklós József. Der neue Fürst, Anton Esterházy, machte sich wenig aus Musik. Er entließ fast alle Musiker, behielt jedoch Haydn nominell in seinem Dienst, setzte ihm eine jährliche Pension von vierzehnhundert Gulden aus und erlaubte ihm zu leben, wo immer es ihm gefiel. Haydn siedelte fast überstürzt nach Wien um. Er erhielt jetzt mehrere Angebote zugleich, das dringendste von Johann Peter Salomon, der erklärte: «Ich bin von London gekommen, Sie zu holen. Wir werden morgen unseren Kontrakt abschließen.» Salomon bot dreihundert

Pfund für eine neue Oper, dreihundert mehr für sechs Symphonien, weitere zweihundert für deren Copyright, weitere zweihundert für zwanzig Konzerte in England, weitere zweihundert für ein Benefizkonzert für Haydn – insgesamt 1200 Pfund. Haydn konnte kein Englisch und fürchtete sich vor der Kanalüberfahrt. Doch als Mozart ihn warnte, daß er nicht für die große Welt erzogen sei und zu wenig Sprachen spreche, antwortete er gelassen: «Aber meine Sprache versteht man in der ganzen Welt.»[34] Er verkaufte das Haus in Eisenstadt, das Fürst Miklós József ihm geschenkt hatte, versorgte seine Frau und seine Mätresse und brach auf zu dem großen Abenteuer. Die letzten Tage vor seiner Abreise verbrachte er mit Mozart. Mozart weinte beim Abschied: «Ich fürchte, Papa, daß dies unser letztes Lebewohl sein wird.»

Haydn und Salomon verließen Wien am 15. Dezember 1790 und erreichten London am 1. Januar 1791. Sein erstes Konzert (11. März) war ein Triumph. Der *Morning Chronicle* beendete seinen Bericht mit den Worten: «Wir können nicht die starke Hoffnung unterdrücken, daß das erste musikalische Genie unserer Zeit sich durch die Art unserer Aufnahme veranlaßt fühlen möge, seinen Wohnsitz in England aufzuschlagen.»[35] Alle Konzerte waren ein Erfolg, und ein Benefizkonzert am 16. Mai brachte Haydn dreihundertfünfzig Pfund ein. In diesem Monat wohnte er dem Händel-Erinnerungskonzert in der Westminsterabtei bei und hörte den *Messias*. Er war so beeindruckt, daß er weinte und demütig sagte: «Händel, unser aller Meister.»[36] Burney schlug vor, Oxford solle dem neuen Händel einen Ehrentitel verleihen, und ein entsprechendes Angebot erfolgte. Haydn besuchte im Juni die Universität, wurde Doktor der Musik und dirigierte hier seine Symphonie in G-Dur (Nr. 92). Er hatte sie drei Jahre zuvor komponiert, doch von nun an galt sie in der Geschichte als die *Oxford-Symphonie*. Ihr lieblicher langsamer Satz erinnert an die alte englische Ballade «Lord Randall».

Nachdem Haydn auf dieser Reise den Zauber der englischen Landschaft kennengelernt hatte, nahm er, sobald er wieder in London war, freudig Einladungen in Landhäuser an. In der Stadt selber gewann er viele Freunde durch seine fröhliche Bereitwilligkeit, bei privaten Zusammenkünften Musik zu machen und zu singen. Er nahm fortgeschrittene Schüler für die Unterweisung in Komposition an. Einer von diesen war eine hübsche und reiche Witwe, Johanna Schroeter. Obwohl er an die sechzig war, stieg ihr sein Ruhm zu Kopf, und sie bot ihm ihre Liebe an. Er sagte später: «Wahrscheinlich hätte ich sie, wenn ich ledig gewesen wäre, geheiratet.»[37] Inzwischen drängte ihn seine Frau, nach Hause zu kommen. In einem Brief an Luigia Polzelli schrieb er grollend: «Meine Frau, dieses teuflische Biest, schrieb so vielerlei, daß ich mich zur Antwort gezwungen sah, ich würde nie wieder nach Hause kommen.»[38]

Obwohl drei Frauen sein Gewissen und seine Börse belasteten, arbeitete er hart und komponierte vorerst einmal sechs (Nr. 93–98) seiner zwölf *Londoner Symphonien*. Sie zeigen eine bemerkenswerte Entwicklung im Vergleich mit seinen Arbeiten aus der Zeit in Eisenstadt und Esterháza. Vielleicht hatten Mozarts Symphonien ihn angeregt, oder er war durch den ihm in England zuteil gewordenen Empfang zur Aufbietung seiner letzten Kräfte angestachelt worden, oder Händels Musik hatte in ihm Tiefen aufgewühlt, die ihm in der friedlichen Umgebung der ungarischen Hügel unbewußt geblieben waren, oder seine Liebschaften hatten ihn für zärtliche Gefühle und einfache Freuden empfänglich gemacht. Es fiel ihm schwer, England zu verlassen, aber er stand unter Vertrag bei Fürst Anton Esterházy, der nun darauf bestand, daß Haydn zurückkehrte, um an der Vorbereitung der Festlichkeiten für die Krönung Kaiser Franz' II. teilzunehmen. Also überquerte Haydn gegen Ende Juni 1792 von neuem tapfer den Kanal, reiste von Calais über Brüssel nach Bonn, traf dort mit Beethoven (damals zweiundzwanzig Jahre alt) zusammen, wohnte der Krönung in Frankfurt bei und erreichte Wien am 29. Juli.

Keine Zeitung erwähnte seine Rückkehr, es wurden keine Konzerte für ihn arrangiert, der Hof ignorierte ihn. Mozart hätte ihn willkommen geheißen, doch Mozart war nicht mehr. Haydn schrieb an die Witwe, erbot sich, Mozarts Sohn kostenlosen Unterricht zu erteilen, und drängte die Verleger, mehr von Mozarts Musik zu drucken. Er lebte mit seiner Frau in dem Haus, das heute als Haydn-Museum (Haydngasse 19) unterhalten wird. Seine Frau verlangte von ihm, er solle das Grundstück auf ihren Namen umschreiben lassen; aber er weigerte sich. Die Streitigkeiten mit ihr wurden immer schlimmer. Im Dezember 1792 kam Beethoven nach Wien, um bei ihm zu studieren. Die beiden Genies harmonierten nicht miteinander: Beethoven war stolz und anmaßend; Haydn nannte ihn «diesen Großmogul»[39] und war zu vertieft in seine eigene Arbeit, um die Übungen seines Schülers gewissenhaft zu korrigieren. Beethoven suchte heimlich einen anderen Lehrer, fuhr jedoch fort, bei Haydn Stunden zu nehmen. «Ich habe nichts von Haydn gelernt», sagte der junge Titan[4] . Doch viele seiner frühen Stücke folgen Haydns Stil, und einige waren dem alten Meister gewidmet.

Haydns Ruhm wuchs in Österreich, und 1792 ließ Graf von Harrach in Rohrau ein Denkmal für den nun berühmten Sohn der Stadt errichten. Doch die Erinnerung an die Triumphe und Freundschaften in England waren noch lebendig, und als Salomon ihm ein zweites Engagement nach London anbot, verbunden mit einem Auftrag für sechs neue Symphonien, sagte der Komponist bereitwillig zu. Er verließ Wien am 19. Januar 1794 und erreichte London am 4. Februar. Dieser achtzehnmonatige Aufenthalt in England war ein ebenso großer Erfolg wie der erste. Die zweite Gruppe der *Londoner Symphonien* (Nr. 99–104) wurde beifällig aufgenommen, ein Benefizkonzert brachte Haydn vierhundert Pfund ein, Schüler zahlten ihm eine Guinee pro Lektion, und Frau Schroeter wohnte in der Nähe. Er war wiederum ein Liebling der Aristokratie. Sowohl der König als auch der Feind des Königs, der Prinz von Wales, empfingen ihn, die Königin bot ihm einen Wohnsitz in Windsor für den Sommer an, wenn er eine weitere Saison in England bleiben würde. Er entschuldigte sich mit der Begründung, der neue Fürst Esterházy verlange nach ihm, und er könne nicht so lange von seiner Frau fern bleiben (!). Fürst Anton war gestorben. Sein Nachfolger, Fürst Miklós II., wünschte die Orchesteraufführungen in Eisenstadt wieder aufzunehmen. So verließ Haydn mit gepackten Koffern und vollen Taschen London am 15. August 1795 und machte sich auf die Heimreise.

Nach einem Besuch bei seiner eigenen Statue in Rohrau meldete er sich bei Miklós II. in Eisenstadt und organisierte hier Musikveranstaltungen für verschiedene Gelegenheiten. Doch nahm er, mit Ausnahme des Sommers und des Herbstes, Wohnsitz in seinem alten Haus am Rande von Wien. In den Jahren 1796/97 setzte Napoleon den Österreichern in Italien hart zu, und aufkommende revolutionäre Bewegungen bedrohten in Österreich die habsburgische Monarchie. Haydn erinnerte sich, wie durch die Hymne «God save the King» für die Hannoversche Dynastie in England Stimmung gemacht worden war. Könnte nicht eine Nationalhymne für Kaiser Franz II. das gleiche tun? Sein Freund, Baron Gottfried van Swieten (Sohn von Maria Theresias Leibarzt), machte dem Innenminister, Graf von Saurau, einen entsprechenden Vorschlag. Saurau beauftragte Leopold Haschka, einen Text zu verfassen, und der Dichter schrieb daraufhin den Text von «Gott erhalte Franz den Kaiser, unsern guten Kaiser Franz!». Haydn bearbeitete zur Vertonung dieser Worte die Melodie eines alten kroatischen Liedes, und das Resultat war eine einfache, aber aufwühlende Hymne. Sie wurde zum erstenmal öffentlich gesungen an des Kaisers Geburtstag, am 12. Februar 1797, und zwar in allen wichtigen Theatern des Österreichisch-Ungarischen Reiches und blieb, abgesehen von einigen Veränderungen des Textes, die österreichische Nationalhymne bis 1938. Haydn machte aus der Melodie, indem er sie variierte, den zweiten Satz seines Streichquartettes Opus 76, Nr. 3 (Kaiserquartett).

Noch immer im Banne von Händel stehend, versuchte Haydn als nächstes etwas zu schaffen, was dem *Messias* gleichkam. Salomon hatte ihm ein nach Miltons *Paradise lost* verfaßtes Libretto angeboten. Van Swieten übersetzte das Libretto ins Deutsche, und Haydn komponierte sein gewaltiges Oratorium *Die Schöpfung*. Das Werk wurde am 29. und 30. April 1798 vor einem geladenen Publikum im Palast des Fürsten von Schwarzenberg aufgeführt. Vor dem Palast versammelte sich eine so große Menge, daß angeblich fünfzig Polizisten nötig waren, die Ordnung aufrechtzuerhalten[41]. Der Fürst finanzierte am 19. März 1799 eine öffentliche Aufführung im Nationaltheater und überließ alle Einkünfte (viertausend Gulden) dem Komponisten. Die Zuhörer lauschten der Musik mit fast religiöser Andacht. Bald ertönte das Oratorium in fast allen großen Städten der Christenheit. Die katholische Kirche verurteilte die Komposition als zu leichtfertig für ein so erhabenes Thema, und Schiller stimmte Beethoven zu, der Haydns Nachahmung der Tiere Edens lächerlich machte. Goethe jedoch lobte das Werk, und in Preußen wurde es während des 19. Jahrhunderts häufiger aufgeführt als irgendeine andere Chorkomposition.

Van Swieten schrieb ein weiteres Libretto nach James Thomsons *The Seasons*. Haydn arbeitete, auf Kosten seiner Gesundheit, fast zwei Jahre daran (1799–1801). *Die Jahreszeiten,* sagte er, «haben mich zugrunde gerichtet». Die Uraufführung (24. April 1801) fand gute Aufnahme, doch das Werk hatte keinen breiten, dauernden Erfolg. Nachdem er *Die sieben letzten Worte Christi* bei einem Wohltätigkeitskonzert dirigiert hatte, zog Haydn sich aus dem tätigen Leben zurück.

Seine Frau war am 20. März 1800 gestorben, doch nun war er zu alt, seine Freiheit zu genießen, jedoch nicht zu alt, sich seines Ruhmes zu erfreuen. Er war der anerkannte Meister unter den Komponisten, ein Dutzend Städte ehrten ihn, berühmte

Musiker – Cherubini, die Webers, Ignaz Pleyel, Hummel – kamen, ihm zu huldigen. Doch Rheumatismus, Schwindelanfälle und andere Leiden machten ihn melancholisch, reizbar und fromm. Camille Pleyel, der ihn 1805 besuchte, fand ihn «mit einem Rosenkranz in der Hand, und ich glaube, er verbringt fast den ganzen Tag im Gebet. Er sagte, sein Ende sei nahe ..., wir blieben nicht lange, da wir merkten, daß er zu beten wünschte.»[42] In diesem Jahr ging das Gerücht um, Haydn sei gestorben. Cherubini schrieb eine Kantate auf seinen Tod, und Paris plante ein Gedächtniskonzert mit Mozarts *Requiem*. Dann kam die Kunde, daß der alte Mann noch lebte. Als Haydn davon hörte, bemerkte er: «Ich wäre selbst nach Paris gereist, um die Messe in eigener Person zu dirigieren.»[43]

Er zeigte sich zum letztenmal in der Öffentlichkeit am 27. März 1809, als an der Universität von Wien zur Feier seines bevorstehenden sechsundsiebzigsten Geburtstages die *Schöpfung* gesungen wurde. Fürst Esterházy schickte seine Kutsche, die den Kranken zu dem Konzert bringen sollte. Haydn wurde in einem Lehnsessel in den Saal getragen, der mit Adligen und Berühmtheiten angefüllt war. Fürstinnen legten ihre Schals um seinen fröstelnden Körper, Beethoven kniete nieder und küßte ihm die Hand. Rührung überkam den alten Komponisten; er mußte während der Pause nach Hause gebracht werden.

Am 12. Mai 1809 begann Napoleons Artillerie, Wien zu bombardieren. Eine Kanonenkugel schlug in der Nähe von Haydns Haus ein und brachte die Mauern und die Bewohner zum Erzittern, doch Haydn beruhigte sie: «Kinder, habt keine Angst; wo Haydn ist, kann euch nichts Böses geschehen.» Dies erwies sich als wahr, außer für ihn selbst; die Bombardierung erschütterte sein Nervensystem. Als die Franzosen die Stadt nahmen, ließ Napoleon eine Ehrenwache vor das Haus des Komponisten stellen. Ein französischer Offizier sang bei Eintritt in das Haus eine Arie aus der *Schöpfung* in einem «so männlichen und edlen Stil», daß der Komponist ihn umarmte. Am 31. Mai starb Haydn im Alter von siebenundsiebzig Jahren. Alle großen Städte Europas veranstalteten Gottesdienste zu seinem Gedächtnis.

Haydns historische Leistung bestand in der Entwicklung musikalischer Formen. Er verlieh dem Orchester eine neue Vitalität, indem er einen Ausgleich schuf zwischen Streichinstrumenten und Blas- und Schlaginstrumenten. Auf dem Werk von Sammartini, Stamitz und Karl Philipp Emanuel Bach aufbauend, schuf er die sogenannte Sonatenhauptsatzform – die Einteilung der Sonate in Exposition, Durchführung und Reprise unter Verwendung kontrastierender Themen. Er bereitete den Weg für das *Divertimento* Mozarts, das weniger formell war als die Suite und sich besser für gesellschaftliche Veranstaltungen eignete. Er gab dem Streichquartett seinen klassischen Aufbau, indem er es auf vier Sätze erweiterte und dem ersten Satz Sonatenform verlieh. Seine Nachfolger auf diesem Gebiet mußten die gleiche Anzahl und Art von Instrumenten benutzen, die Haydn verwendet hatte, und er erreichte vielerorts eine muntere Fröhlichkeit und zärtliche Lieblichkeit, zu der manche unter uns von den komplizierten Verschlingungen der letzten Quartette Beethovens mit Erleichterung zurückkehren.

Eine ganze Reihe von Haydns hundertvier Symphonien sind noch lebendig. Die Namen, die sie tragen, waren nicht seine Wahl, sondern wurden ihnen von Kritikern oder Herausgebern verliehen. Wir haben an anderer Stelle die Entwicklung der Symphonie (des «Zusammenklangs») aus der Ouvertüre durch die Experimente Sammartinis und Stamitzens verfolgt. Viele andere hatten vor Haydn begonnen, den Aufbau der «klassischen Symphonie» zu entwickeln, und als er Esterháza verließ und in eine größere Welt eintrat, war er nicht zu alt, um von Mozart zu lernen, dieser Form Bedeutung und Gefühl zu verleihen. Die *Oxford-Symphonie* zeigt ihn auf dem Wege zu größerer Fülle und Kraft, und in den *Londoner Symphonien* erreicht er seine höchste symphonische Entfaltung. Nr. 101 (die Uhren-Symphonie) ist von genialer Leichtigkeit, und Nr. 104 reicht an Mozart heran.

In seiner Musik tritt uns meist eine freundliche, liebenswürdige Natur entgegen, die vielleicht nie die Tiefen großer Gefühle ganz ausgelotet hat und die gezwungen war, zu schnell zu produzieren, um Idee, Thema und Phrase richtig ausreifen zu lassen. Haydn war zu glücklich, um wahrhaft tief zu sein, und sprach zu oft, um viel sagen zu können. Und dennoch liegt ein Schatz reiner und gelassener Freuden in seinen verspielten Partituren; hier kann, wie er es ausdrückte, «der müde und erschöpfte oder der mit Geschäften überladene Mensch Trost und Erfrischung finden»[44].

Haydn kam nach seinem Tod aus der Mode. Seine Werke widerspiegelten eine stabile feudale Welt, ein Milieu aristokratischer Sicherheit und Behaglichkeit. Sie waren zu fröhlich und zu selbstzufrieden, als daß sie ein Jahrhundert der Revolutionen und Krisen, der romantischen Ekstasen und Gefühlsausbrüche hätten befriedigen können. Er fand erst wieder Interesse, als Brahms ihn lobte und Debussy sein *Hommage à Haydn* schrieb (1909). Die Menschen begriffen nun, daß die Raffaels und die Michelangelos der Musik, die ihm folgten, nur deshalb mit kunstvollerer Meisterschaft tiefere Gedanken in ihre Kompositionen gießen konnten, weil Haydn und seine Vorgänger die Formen geschaffen hatten, ihr Gold aufzunehmen. «Ich weiß, daß Gott mir ein Talent geschenkt hat», sagte Haydn, «und ich danke ihm dafür. Ich glaube, ich habe meine Pflicht getan und bin nützlich gewesen; ... mögen andere das gleiche tun.»[45]

SIEBENTES KAPITEL

Mozart

I. DAS WUNDERKIND: 1756–1766

SALZBURG war – wie Prag, Preßburg und Esterháza – ein musikalischer Vorposten Wiens. Es hatte seinen Eigencharakter, teils wegen der Salzminen, die seinen Namen erklären, teils wegen der umliegenden Berge und der die Stadt in zwei Teile teilenden Salzach, teils weil es um das Kloster und den Bischofssitz gewachsen war, die um 700 nach Christus der heilige Rupert von Worms hier gegründet hatte. Der Erzbischof war 1278 Reichsfürst geworden, und von dieser Zeit an war er bis 1802 sowohl der weltliche als auch der geistliche Herr der Stadt. In den Jahren 1731/32 waren etwa dreißigtausend Protestanten zur Auswanderung gezwungen worden, und Salzburg war nunmehr ausschließlich katholisch. Die erzbischöfliche Herrschaft stützte sich auf eine orthodoxe Bevölkerung, die sich, im Bewußtsein jenseitiger Verheißungen, diesseitigen Freuden widmete. Sigismund von Schrattenbach, Erzbischof während Mozarts Jugend, war von besonderer Milde und Liebenswürdigkeit, ausgenommen gegenüber Ketzern.

In diese liebliche Stadt war Leopold Mozart 1737 im Alter von achtzehn Jahren aus seiner Geburtsstadt Augsburg gekommen, vermutlich um Theologie zu studieren und Priester zu werden. Doch er verlor sein Herz an die Musik, diente drei Jahre als Musiker und Kammerdiener in einem Patrizierhaus und wurde 1743 vierter Geiger im Orchester des Erzbischofs. Als er Anna Maria Pertl heiratete (1747), galten die beiden für das hübscheste Paar Salzburgs. Er komponierte Konzerte, Messen und Symphonien und verfaßte ein Lehrbuch der Violintechnik, das längere Zeit im Gebrauch war. 1757 wurde er zum Hofkomponisten des Erzbischofs ernannt. Von seinen sieben Kindern überlebten nur zwei die Kindheit: Maria Anna (Marianna, «Nannerl»), geboren 1751, und Wolfgang Amadeus, geboren am 27. Januar 1756. (Der volle Namen des Knaben lautete – man hielt die Fürbitte mehrerer Heiliger für unerläßlich – Joannes Chrysostomus Wolfgangus Theophilus Mozart; Theophilus wurde vom Griechischen ins Lateinische übersetzt als Amadeus, Gottlieb.) Leopold war ein guter Ehemann und Vater, fromm und fleißig. Seine Briefe an seinen Sohn sind voll warmer Liebe und ermangeln nicht der Weisheit. Das Heim der Mozarts war – abgesehen von einer gewissen Neigung zur Schlüpfrigkeit – ein Hort gegenseitiger Zuneigung, elterlicher Frömmigkeit, kindlicher Streiche und regen musikalischen Lebens.

Von jedem deutschen Kind wurde erwartet, daß es bis zu einer gewissen Fertigkeit das Spielen auf einem Instrument erlernte. Leopold brachte seinen Kindern die Musik mit dem Abc bei. Marianna war bereits mit elf eine Virtuosin auf dem Cembalo. Wolfgang, angestachelt durch ihren Vorsprung, stürzte sich mit Eifer auf das Klavier. Mit drei Jahren konnte er Akkorde anschlagen, mit vier spielte er mehrere Stücke aus dem Gedächtnis, mit fünf erfand er Kompositionen, die der Vater zu Papier brachte, während sie gespielt wurden. Leopold verzichtete darauf, andere Schüler anzunehmen, obwohl dies für ihn einen finanziellen Verlust bedeutete; er wünschte, seine volle Aufmerksamkeit seinen Kindern zu widmen. Er schickte «Wolf» nicht in die Schule, denn er wollte sein Lehrer in allem sein. Vermutlich unterwarf er den Knaben einer strengen Disziplin, aber in Wolfgangs Falle war sie kaum vonnöten. Der Knabe blieb aus eigenem Antrieb stundenlang ununterbrochen am Klavier sitzen und verließ es nicht eher, als bis man ihn aufjagte[1]. Jahre später schrieb Leopold an ihn:

«Als Kind und Knab warst Du mehr ernsthaft als kindisch und wenn Du beim Klavier saßest oder sonst mit Musik zu tun hattest, so durfte sich niemand unterstehen Dir den mindesten Spaß zu machen. Ja Du warest selbst in Deiner Gesichtsbildung so ernsthaft, daß viele einsichtsvolle Personen in verschiedenen Ländern wegen dem zu früh aufkeimenden Talente und Deiner immer ernsthaft nachdenkenden Gesichtsbildung für Dein langes Leben besorgt waren.»[2]

Im Januar 1762 nahm Leopold, während Deutschland noch vom Krieg zerrissen wurde, Tochter und Sohn mit nach München, um ihre Kunstfertigkeit dem Kurfürsten Maximilian Joseph zu präsentieren, und im September brachte er sie nach Wien. Hier wurden sie nach Schönbrunn eingeladen; Maria Theresia und Franz I. waren entzückt von den Kindern. Wolfgang sprang der Kaiserin auf den Schoß, umarmte und küßte sie. Vom Kaiser herausgefordert, spielte er die Geige mit einem Finger und produzierte sich fehlerlos auf dem Klavier, obwohl die Tasten mit einem Tuch zugedeckt waren. Beim Raufen mit den kaiserlichen Kindern stolperte Wolfgang und fiel hin. Die Erzherzogin Maria Antonia, damals sieben Jahre alt, hob ihn auf und tröstete ihn. «Sie sind brav», sagte er und fügte dankbar hinzu: «Ich will Sie heiraten.»[3] Ein Dutzend Aristokraten öffneten den Mozarts ihre Häuser, staunten über die Musik, die sie hörten, und belohnten das Trio mit Geld und Geschenken. Dann mußte der Knabe wegen Scharlach vierzehn Tage das Bett hüten. Es war die erste von vielen weiteren Krankheiten, die seine Reisen beeinträchtigen sollten. Im Januar 1763 kehrte die Truppe nach Salzburg zurück.

Der großzügige Erzbischof übersah die Tatsache, daß Leopold seinen Urlaub überschritten hatte, ja er beförderte ihn zum Vizekapellmeister. Am 9. Juni machte sich Leopold, eine weitere Beförderung verscherzend, von neuem auf den Weg, um seine Sprößlinge Europa zu zeigen; schließlich konnten sie nicht ewig Wunderkinder bleiben. In Mainz gaben sie zwei Konzerte, in Frankfurt vier. Sechzig Jahre später erinnerte sich Goethe, eins von diesen Konzerten gehört und sich über «den kleinen Mann mit Perücke und Degen» gewundert zu haben – denn so hatte Leopold seinen Sohn ausstaffiert. Wolfgang wurde von seinem Vater fast wie eine Zirkusattraktion ausgebeutet. Ein Inserat in einer Frankfurter Zeitung vom 30. August 1763 versprach, daß in dem Konzert dieses Abends «das Mägdlein, welches im zwölften, und der Knab, der im siebenten Jahr ist, nicht nur Concerten auf dem Claveßin oder Flügel, und zwar ersteres die schwersten Stücke der größten Meister spielen wird, sondern der Knab wird auch ein Concert auf der Violine spielen, bei Synfonien mit dem Clavier accompagniren, das Manual oder die Tastatur des Clavier mit einem Tuch gänzlich verdecken, und auf dem Tuche so gut spielen, als ob er die Claviatur vor Augen hätte. Er wird ferner in der Entfernung alle Töne, die man einzeln oder in Accorden auf dem Clavier, oder auf allen nur denkbaren Instrumenten, Glocken, Gläsern und Uhren ec. anzugeben im Stande ist, genauest benennen. Letztlich wird er nicht nur auf dem Flügel, sondern auch auf einer Orgel so lange man zuhören will, und aus allen, auch den schwersten Tönen, die man ihm benennen kann vom Kopf phantasiren.»[4]

Solche Anforderungen an die Talente des Knaben mögen seiner Gesundheit oder seinen Nerven geschadet haben, doch er scheint ebensoviel Gefallen an dem Applaus gefunden zu haben wie sein Vater an den Gulden.

Sie spielten in Koblenz, wurden in Bonn und Köln enttäuscht, gaben jedoch ein Konzert in Aachen. In Brüssel erwarteten sie, daß der Generalgouverneur Prinz Karl von Lothringen ihr Auftreten mit seiner Gegenwart beehren würde, doch er war beschäftigt. Ärgerlich berichtete Leopold:

«Nun sind wir schon bald drei Wochen in Brüssel aufgehalten ... und doch ist noch nichts geschehen. Ja, es hat das Ansehen, daß garnichts daraus wird, denn der Herr Prinz thut nichts als Jagen, fressen und sauffen, und am Ende kommt heraus, daß er kein Geld hat ... Nun habe zwar verschiedene kostbare Presenten hier bekommen, die aber nicht zu Geld machen will ... Von Tabatieres und Etuis und solchem Zeug könnten wir bald einen Stand aufrichten.»[5]

Der Prinz hatte schließlich Zeit. Ein Konzert kam zustande, Gulden wurden kassiert, und die Truppe nahm die Kutsche nach Paris.

Am 15. November 1763 erreichten sie nach drei Tagen einer beschwerlichen Fahrt auf holperigen Straßen Paris. Sie waren im Besitze von Empfehlungsschreiben an viele angesehene Personen, doch keins davon erwies sich als so wertvoll wie das an Melchior Grimm. Er sorgte dafür, daß die Mozarts von Frau von Pompadour, von der königlichen Familie und schließlich von Ludwig XV. und Königin Maria Leszczyńska empfangen wurden. Jetzt öffneten sich den Besuchern die vornehmsten Häuser, private und öffentliche Konzerte fanden Beifall, und Grimm schrieb begeistert:

«Wahre Wunder sind selten, doch wie wundervoll ist es, wenn wir Gelegenheit haben, eines zu sehen! Ein Salzburger Kapellmeister mit Namen Mozart ist soeben hier angekommen, mit zwei der hübschesten Kinder der Welt. Seine Tochter, elf Jahre alt, spielt das Piano auf die glänzendste Weise, trägt die längsten und schwierigsten Stücke mit erstaunlicher Präzision vor. Ihr Bruder, der im nächsten Februar sieben wird, ist ein so außergewöhnliches Phänomen, daß man kaum glauben kann, was man mit seinen eigenen Augen sieht ... Seine Hände sind kaum groß genug, eine Sexte zu greifen ... Er improvisiert eine Stunde lang, indem er sich der Inspiration seines Genius überläßt, und entfaltet einen Reichtum köstlicher Ideen ... Der vollendetste Kapellmeister kann unmöglich eine so tiefe Kenntnis der Harmonie und Modulation besitzen, wie dieses Kind ... Es bereitet ihm nicht die geringste Schwierigkeit, zu entziffern, was auch immer man ihm vorlegt. Er schreibt und komponiert mit erstaunlicher Leichtigkeit und findet es nicht für nötig, zum Piano zu gehen und die Akkorde zu suchen. Ich schrieb ein Menuett für ihn heraus und forderte ihn auf, eine Baßstimme hinzuzufügen. Er ergriff eine Feder und schrieb, ohne zum Piano zu gehen, die Baßstimme ... Das Kind wird mir den Kopf verdrehen, wenn ich ihm noch länger zuhöre. Welch ein Jammer, daß man in diesem Land so wenig von Musik versteht!»[6]

Nach vielen Triumphen in Paris reiste die Familie nach Calais weiter (10. April 1764). In London wurde sie von Georg III. empfangen. Vier Stunden lang spielte Wolfgang am 19. Mai vor König und Hof Händel, Bach und andere Meister vom Blatt. Er begleitete den Gesang von Königin Charlotte und improvisierte eine neue Melodie für die Baßstimme einer Händel-Arie. Johann Christian Bach, der sich 1762 in London niedergelassen hatte, setzte den Knaben auf seine Knie und spielte mit ihm eine Sonate, wobei jeder von ihnen abwechselnd einen Takt ausführte, «mit solcher Präzision, daß man glauben mußte, sie werde von einem gespielt»[7]. Bach begann eine Fuge, Wolfgang setzte sie fort, wiederum als ob die zwei Genies eins wären. Hiernach zeigten Mozarts Kompositionen mehrere Jahre lang den Einfluß Johann Christian Bachs. Am 5. Juni gaben die Kinder ein Konzert, das Leopold mit einer Nettoeinnahme von hundert Guineen beglückte. Doch der Vater erkrankte an einer schweren Halsentzündung, und die Familie zog sich zu einem siebenwöchigen Erholungsaufenthalt nach Chelsea zurück, in dessen Verlauf Wolfgang, jetzt acht Jahre alt, zwei Symphonien (KV 16 und 19) komponierte.

Am 14. Juli 1765 verließen sie London, um nach Holland zu reisen. Aber in Lille wurden Vater und Sohn krank, und die Tournée mußte für einen Monat unterbrochen werden, obwohl Erzbischof von Schrattenbach seit langem Leopolds Rückkehr forderte. Sie erreichten Den Haag am 11. September, doch am nächsten Tag wurde Nannerl ihrerseits krank, und ihr Zustand verschlimmerte sich so sehr, daß sie am 21. Oktober die Sterbesakramente empfing. Am 30. September gab Wolfgang ein Konzert ohne Mitwirkung seiner Schwester. Sie war kaum genesen, als er neuerdings von einem Fieber befallen wurde, so daß die Familie bis zum Januar 1766 in kostspieligem Müßiggang leben mußte. Am 29. Januar und am 26. Februar gaben sie Konzerte in Amsterdam. Jetzt wurde zum erstenmal eine Mozart-Symphonie (KV 22) öffentlich aufgeführt. Während dieser Monate komponierte der Knabe mit fieberhaftem Eifer. Im Mai kehrten sie nach Paris zurück, wo sie einen großen Teil ihres Gepäcks zurückgelassen hatten. Grimm besorgte eine komfortable Unterkunft für sie, und wiederum traten sie in Versailles und in der Öffentlichkeit auf. Erst am 9. Juli konnten sie sich aus dem Bann der Hauptstadt lösen.

Sie verweilten einige Zeit in Dijon als Gäste des Prinzen von Condé. Anschließend verbrachten sie vier Wochen in Lyon, drei in Genf, eine in Lausanne, eine in Bern, zwei in Zürich, zwölf Tage in Donaueschingen. Dann kamen kurze Aufenthalte in Biberach, Ulm und Augsburg und ein längerer Aufenthalt in München hinzu, wo Wolfgang erneut krank wurde. Gegen Ende November 1766 traf die Familie nach einer Abwesenheit von dreieinhalb Jahren endlich wieder in Salzburg ein. Der alte Erzbischof vergab ihnen, und sie konnten jetzt die Bequemlichkeiten des Zuhauseseins genießen. Alles schien in Ordnung zu sein, doch Mozart wurde nie wieder ganz gesund.

II. JÜNGLINGSALTER: 1766–1777

Leopold war ein unerbittlicher Lehrmeister. Er unterzog seinen Sohn einer strengen Schulung in Kontrapunkt, Generalbaß und anderen Elementen der Komposition, die er von der deutschen und italienischen Musik übernommen hatte. Als der Erzbischof hörte, daß Wolfgang komponierte, fragte er sich, ob da nicht der Vater mithelfe. Um die Frage zu klären, lud er den Knaben ein, eine Woche lang bei ihm zu wohnen. Er schloß ihn von der Außenwelt ab, gab ihm Papier, Bleistift und Cembalo und forderte ihn auf, einen Teil eines Oratoriums über das Erste Gebot zu komponieren. Nach einer Woche legte Mozart das Resultat vor; man sagte dem Erzbischof, es verdiene Lob. Er beauftragte seinen Konzertmeister, Michael Haydn (Bruder von Joseph), einen zweiten, und seinen Organisten, einen dritten Teil zu komponieren. Das Ganze wurde am 12. März 1767 am erzbischöflichen Hof aufgeführt und einer Wiederholung am 2. April für würdig befunden. Mozarts Teil ist heute als Nr. 35 im Köchelverzeichnis enthalten*.

Als Leopold erfuhr, daß die Erzherzogin Maria Josepha in Bälde König Ferdinand von Neapel heiraten sollte, glaubte er, die Vermählungszeremonien am kaiserlichen Hof böten seinen Kindern eine neue Chance. Am 11. September 1767 reiste die Familie nach Wien. Sie wurde am Hof zugelassen mit dem Ergebnis, daß sowohl Wolfgang als auch Nannerl von der Braut mit Pocken angesteckt wurden. Die unglücklichen Eltern brachten ihre Wunderkinder nach Olmütz in Mähren, wo Graf Podstatsky ihnen Unterkunft und Pflege gab. Mozart war neun Tage lang blind. Am 10. Januar 1768 war die Familie wieder in Wien; die Kaiserin und Joseph II. empfingen sie herzlich, doch der Hof betrauerte den Tod der Braut, und Konzerte kamen nicht in Frage.

Nach langer und fruchtloser Abwesenheit kehrte die Familie nach Salzburg zurück (5. Januar 1769). Mozart setzte seine Studien bei seinem Vater fort, doch gegen Ende des Jahres glaubte Leopold, er habe dem Jungen alles beigebracht, was er selbst konnte, und was Wolfgang jetzt benötige, sei die Bekanntschaft mit dem musikalischen Leben Italiens. Nachdem er sich von Johann Hasse und anderen Empfehlungsbriefe an italienische *maestri* besorgt hatte, machte der Vater sich am 13. Dezember 1769 mit seinem Sohn auf die Reise, Nannerl und die Mutter in Salzburg zurücklassend. Am nächsten Abend gab Mozart in Innsbruck ein Konzert. Er spielte vom Blatt ein ihm unbekanntes Werk, das man ihm als Test für seine Geschicklichkeit vorgelegt hatte. Die Lokalpresse schrieb lobend, er habe in diesem Konzert die schönsten Proben «seiner ganz besonderen Geschicklichkeit»[8] abgelegt. In Mailand trafen sie Sammartini, Hasse und Piccini, und der Graf von Firmian besorgte Wolfgang einen Auftrag für eine Oper; dies bedeutete einhundert Dukaten für die Familienkasse. In Bologna hörten sie die noch

* Dieses wurde ursprünglich in Leipzig 1862 herausgegeben als *Chronologisch-thematisches Verzeichnis sämmtlicher Tonwerke W. A. Mozarts*. Wir benutzen hier die neue Bearbeitung von Alfred Einstein in *Mozart, Sein Charakter – Sein Werk*, Stockholm 1947.

immer erstaunliche Stimme Farinellis, der von seinen Triumphen in Spanien zurückgekehrt war, und sie verabredeten mit Padre Martini, daß Wolfgang zurückkommen sollte, um die Prüfungen für das begehrte Diplom der Accademia Filarmonica abzulegen. In Florenz spielte Mozart am Hof des Großherzogs Leopold das Cembalo zu Nardinis Violine. Dann eilten Vater und Sohn weiter nach Rom, um den musikalischen Veranstaltungen der Karwoche beizuwohnen.

Sie erreichten es am 11. April 1770 unter Donner und Blitz, so daß Leopold berichten konnte, man habe «sie empfangen wie die großen Herren mit Abfeuerung des schweren Geschützes»[9]. Sie kamen gerade rechtzeitig an, um in die Sixtinische Kapelle zu gehen und das *Miserere* von Gregorio Allegri zu hören, das alle Jahre hier gesungen wurde. Kopien dieses berühmten Chorals, geschrieben für vier, fünf oder neun Stimmen, waren schwer zu bekommen; Mozart hörte es zweimal und schrieb es aus dem Gedächtnis nieder. Sie bleiben vier Wochen in Rom und gaben Konzerte in den Häusern des weltlichen und des geistlichen Adels. Am 8. Mai unternahmen sie einen Abstecher nach Neapel. Räuber machten die Straße unsicher, und die Mozarts reisten in Begleitung von vier Augustinermönchen, um sich göttlichen Schutz oder schlimmstenfalls die Letzte Ölung zu sichern. Neapel hielt sie einen vollen Monat fest, denn die Aristokratie von Tanucci abwärts lud sie zu Soirées ein und stellte ihnen herrschaftliche Equipagen zur Verfügung. Als Wolfgang im Conservatorio della Pietà spielte, schrieb das abergläubische Publikum seine Kunst der Magie des Ringes zu, den er trug; man war erstaunt, als er nach Ablegen des Ringes ebenso brillant spielte wie zuvor.

Nach einem weiteren Aufenthalt in Rom überquerten sie von neuem die Apenninen, um die Heilige Jungfrau in ihrer Santa Casa in Loreto zu ehren; dann wandten sie sich nordwärts nach Bologna und blieben dort drei Monate. Fast täglich erhielt Mozart von Padre Martini Unterricht in Komposition. Dann machte er die Prüfung für die Zulassung in die Accademia Filarmonica. Man legt ihm ein Stück einstimmigen Gregorianischen Gesanges vor, zu dem er, während er allein in ein Zimmer eingeschlossen war, drei Oberstimmen hinzufügen sollte, und zwar im *stile osservato* – im strengen traditionellen Stil. Er versagte, doch der gute Padre verbesserte seine Arbeit, und die revidierte Form wurde von der Jury «angesichts der besonderen Umstände» – wahrscheinlich mit Rücksicht auf Mozarts Jugend – angenommen.

Am 18. Oktober waren Vater und Sohn in Mailand. Hier erlebte Wolfgang seinen ersten Triumph als Komponist, jedoch nur nach harter Arbeit und großer Mühsal. Thema für die bestellte Oper war *Mitridate, re di Ponto;* das Libretto war Racine entnommen. Der vierzehn Jahre alte Knabe strengte sich beim Komponieren, Spielen und Umschreiben so sehr an, daß ihn die Finger schmerzten. Sein Eifer wurde zum Fieber, und sein Vater mußte seine Arbeitsstunden begrenzen und seine Erregung durch gelegentliche Spaziergänge abkühlen. Mozart merkte, daß diese seine erste *opera seria* eine bei weitem schwierigere Prüfung war als das antiquierte Examen in Bologna; seine Laufbahn als Opernkomponist konnte von dem Ergebnis abhängen. Obwohl er nicht sehr fromm war, bat er seine Mutter und Schwester, für den Erfolg dieses Unternehmens zu beten, «daß wir dann glücklich wieder beysammen sein können»[10]. Endlich – Mozart war durch die Probenarbeit der Erschöpfung nahe – wurde die Oper dem Publikum vorgestellt (26. Dezember 1770). Der Komponist dirigierte, und sein Triumph war vollständig. Alle wichtigen Arien wurden mit Applaus aufgenommen, einige mit Schreien wie «*Evviva il maestro! Evviva il maestrino!*» Die Oper wurde zwanzigmal wiederholt. «Wir sehen also», schrieb der stolze und fromme Vater, «was die Allmacht Gottes mit uns Menschen machet, wenn wir seine Talent, die er uns gnädig mittheilet nicht vergraben.»[11]

Jetzt konnten sie erhobenen Hauptes zurückkehren. Am 28. Mai 1771 erreichten sie Salzburg. Sie waren kaum angekommen, als sie von dem Grafen von Firmian im Namen der Kaiserin die Aufforderung erhielten, Wolfgang solle eine Serenade oder eine Kantate schreiben und im Oktober nach Mailand kommen, um sie als Teil der Zeremonien zu dirigieren, mit denen die Hochzeit des Erzherzogs Ferdinand mit der Prinzessin von Modena gefeiert werden sollte. Erzbischof Sigismund beurlaubte Leopold ein weiteres Mal von seinen Pflichten, und am 13. August machten sich Vater und Sohn von neuem auf den Weg nach Italien. In Mailand angekommen, erfuhren sie, daß Hasse dort war und eine Oper für die gleiche Zeremonie vorbereitete. Vielleicht ohne es zu beabsichtigen, hatten die Veranstalter somit Gelegenheit gegeben zu einem Wettstreit zwischen dem bekanntesten lebenden Komponisten italienischer Opern, der in seinem dreiundsiebzigsten Lebensjahr stand, und dem fünfzehn Jahre alten Jüngling, der seine Opernflügel noch kaum ausprobiert hatte. Hasses *Ruggiero* wurde am 16. Oktober mit großem Applaus aufgeführt. Am nächsten Tag wurde Mozarts Kantate *Ascanio in Alba* unter seiner Stabführung gesungen, und «der Applaus war außergewöhnlich». «Mir ist leid», schrieb Leopold an seine Frau, «daß die Serenata von Wolfgang Hasses Opera so niedergeschlagen hat, daß ich es nicht beschreiben kann.»[12] Hasse war großmütig. Er stimmte in den Beifall für Mozart ein und machte eine berühmte Prophezeiung: «*Questo ragazzo ci farà dimenticar tutti*» («Dieser Knabe wird uns alle vergessen machen»)[13].

Vater und Sohn kehrten nach Salzburg zurück (11. Dezember 1771). Fünf Tage später starb der gute Sigismund. Sein Nachfolger als Erzbischof, Hieronymus von Paula, Graf von Colloredo, war ein Mann von intellektueller Kultur, ein Bewunderer Rousseaus und Voltaires, ein aufgeklärter Despot, begierig, die Reformen, die Joseph II. vorbereitete, durchzuführen. Doch mehr noch als Joseph war er ebenso tyrannisch wie aufgeklärt, forderte Disziplin und Gehorsam und duldete keine Opposition. Für seine feierliche Einsetzung am 29. April 1772 verlangte er nichts Geringeres als eine Oper von Mozart. Der berühmte Jüngling kam dem Auftrag in Eile nach und schrieb *Il sogno di Scipione* («Scipios Traum»); die Oper diente ihrem Zweck und ist vergessen. Colloredo zeigte sich gnädig und ernannte Wolfgang zum Konzertmeister mit einem Jahresgehalt von einhundertfünfzig Gulden. Der Jüngling beschäftigte sich einige Monate lang mit dem Komponieren von Symphonien, Quartetten und religiöser Musik, arbeitete aber gleichzeitig auch an einer Oper, *Lucio Silla*, die Mailand 1773 bestellt hatte.

Am 4. November 1772 waren Leopold und seine Geldquelle wieder in der lombardischen Hauptstadt, und Wolfgang mühte sich, Kompromisse zwischen seinen musikalischen Vorstellungen und den Launen und Fähigkeiten der Sänger zu finden. Die Primadonna war zunächst anmaßend und schwer zufriedenzustellen; der *maestrino* zeigte sich geduldig, und schließlich liebte sie ihn und erklärte sich «entzückt von der unvergleichlichen Art, in der Mozart sie behandelt hatte»[14]. Die Première (26. Februar 1772) war kein so eindeutiger Erfolg wie *Mitridate* zwei Jahre vorher; der Tenor erkrankte während der Proben und mußte durch einen Sänger ohne Bühnenerfahrung ersetzt werden. Dennoch erlebte die Oper neunzehn Wiederholungen. Die Musik war schwer verständlich, die Arien überbordeten von Leidenschaft. Es sah aus, als habe der deutsche Sturm und Drang in die italienische Oper, zu der er doch so schlecht paßte, Eingang gefunden[15]. Zum Ausgleich dafür eignete sich Mozart die Belcanto-Reinheit des italienischen Gesanges an, und sein von Natur aus heiterer Geist wurde durch Italiens Himmel und das Leben im Freien noch heiterer gestimmt. In Italien erkannte er, daß die *opera buffa,* wie er sie in den Werken Piccinis und Paisiellos hörte, hohe Kunst sein konnte; er studierte die Form, und in *Figaro* und *Don Giovanni* vervollkommnete er sie. Für seinen wachen Geist und seine wachen Ohren war jedes Erlebnis Erziehung.

Der 13. März 1773 sah Vater und Sohn wieder in Salzburg. Der neue Erzbischof dachte nicht so großzügig über ihre langen Abwesenheiten, wie Sigismund es getan hatte. Er sah keinen Grund, Leopold durch Beförderung zu belohnen, und behandelte Wolfgang lediglich wie die übrigen Mitglieder seines Gefolges. Er erwartete von den Mozarts, daß sie seinen Chor und sein Orchester prompt mit neuer und guter Musik belieferten, und zwei Jahre lang arbeiteten sie hart, um ihn zufriedenzustellen. Aber Leopold fragte sich, wie er seine Familie ohne zusätzliche Tournéen unterhalten konnte, und Wolfgang, an Applaus gewöhnt, konnte sich nicht daran gewöhnen, ein bloßer musikalischer Diener zu sein. Außerdem wollte er Opern schreiben, und Salzburg hatte eine zu kleine Bühne und einen zu kleinen Chor, ein zu kleines Orchester und ein zu kleines Publikum, um dem jungen Genie zu gestatten, seine erstarkenden Flügel auszubreiten.

Der Himmel lichtete sich für kurze Zeit, als Kurfürst Maximilian von Bayern Mozart beauftragte, für den Münchener Fasching des Jahres 1775 eine *opera buffa* zu schreiben, und den Erzbischof bewegte, dem Komponisten und seinem Vater einen Urlaub zu bewilligen. Sie verließen Salzburg am 6. Dezember 1774. Wolfgang litt an einer starken Erkältung, verbunden mit Zahnschmerzen, die zu heftig waren, als daß Musik oder Philosophie sie mildern konnten. Doch die Première von *La finta giardiniera* («Die Gärtnerin aus Liebe») am 13. Januar 1775 bewog Christian Schubart, einen prominenten Komponisten, zu der Prophezeiung: «Wenn Mozart nicht eine im Gewächshaus getriebene Pflanze ist, so muß er einer der größten Komponisten werden, die jemals gelebt haben.»[16] Berauscht von seinem Erfolg, kehrte Mozart nach Salzburg zurück, um eine von ihm als unwürdig empfundene Lehnspflicht weiter zu erfüllen.

Der Erzbischof bestellte ein Musikdrama zur Feier des erwarteten Besuches von

Maria Theresias jüngstem Sohn, dem Erzbischof Maximilian. Mozart benützte ein altes Libretto von Metastasio und komponierte *Il re pastore* («Der König als Schäfer»). Das Werk wurde am 23. April 1775 aufgeführt. Die Geschichte ist albern, die Musik hervorragend; Auszüge aus ihr erscheinen noch immer im Konzertrepertoire. Gleichzeitig schrieb Mozart am laufenden Band Sonaten, Symphonien, Konzerte, Serenaden und Messen, und einige der Kompositionen dieser unglücklichen Jahre – zum Beispiel das Klavierkonzert in Es-Dur (KV 271) und die Haffner-Serenade in D-Dur (KV 250) – gehören zu seinem Besten. Der Erzbischof jedoch sagte ihm, er verstehe nichts von der Kunst des Komponierens und sollte an das Konservatorium in Neapel gehen, um sie dort zu studieren[17].

Unfähig, die Situation länger zu ertragen, bat Leopold um die Erlaubnis, seinen Sohn auf eine Konzertreise mitzunehmen. Colloredo lehnte ab, indem er erklärte, er könne nicht dulden, daß Angehörige seines Personals auf «Bettelexpeditionen» gingen. Als Leopold sein Gesuch wiederholte, entließ der Erzbischof ihn und seinen Sohn aus seinem Dienst. Wolfgang frohlockte, doch sein Vater war entsetzt bei dem Gedanken, im Alter von sechsundfünfzig Jahren einem ungewissen Schicksal ausgeliefert zu sein. Der Erzbischof ließ sich erweichen und stellte ihn wieder ein, wollte jedoch nichts mehr von einem Urlaub hören. Wer sollte jetzt mit Wolfgang auf die große Reise gehen, die geplant worden war? Mozart war einundzwanzig, just in dem Alter, in dem sexuelle Abenteuer und die Fessel der Ehe ihm gefährlich werden konnten; mehr denn je brauchte er Führung. So wurde entschieden, daß seine Mutter ihn begleiten sollte. Nannerl, die zu vergessen suchte, daß auch sie ein Genie gewesen war, blieb zurück, um für den Vater zu sorgen. Am 23. September 1777 verließen Mutter und Sohn Salzburg, um Deutschland und Frankreich zu erobern.

III. MUSIK UND HEIRAT: 1777/78

Am 29. September schrieb Mozart von München aus an seinen Vater einen Hymnus auf seine Befreiung: «Ich bin im̅er in meinem schönsten Humor. mir ist so feder leicht ums herz seit dem ich von dieser Chicane weg bin! – – ich bin auch schon fetter.»[18] Dieser Brief muß sich mit einem Brief Leopolds gekreuzt haben, dessen Stimmung uns wieder einmal daran erinnern mag, daß das, was wir Geschichte nennen, sich einst an lebendigen, fühlenden Menschen vollzog:

> «Nachdem ihr abgereist, gieng ich sehr math über die Stiege, und warf mich auf einen Sessl nieder. Ich habe mir alle Mühe gegeben mich bey unserer Beuhrlaubung zurückzuhalten, um unsern Abschied nicht schmerzlicher zu machen, und in diesem daum̅el vergaß ich meinem Sohn den väterlichen Seegen zu geben. Ich lief zum fenster und gab ihn solchen euch beyden nach, sahe euch aber nicht beym Thor hinausfahren ... Die Nan̅erl weinte ganz erstaunlich ... Ich und die Nan̅erl empfehlen sich der Mam̅a und kissen Dich und sie Million mal, addio.»[19]

München lehrte Wolfgang, daß er nicht länger ein Wunderkind war, sondern nur ein Musiker in einem Land, in dem das Angebot an Komponisten und Virtuosen die

«Das Bairamfest der Mohammedaner» zeigt dieser Stich von Jakob Folkoma aus dem Jahr 1737. Bairam ist die türkische Bezeichnung für das islamische Fest des Fastenbrechens am Ende des Monats Ramadan, das drei Tage dauert.

Nachfrage überstieg. Er hatte gehofft, einen guten Posten im musikalischen Gefolge des Kurfürsten zu bekommen, doch alle Stellungen waren besetzt. Mutter und Sohn reisten weiter nach Augsburg, wo sie auf Leopolds Drängen dessen Jugendfreunde aufsuchten. Doch die, die noch lebten, waren jetzt größtenteils fett und schwerfällig, und Mozart fand kein Interesse an ihnen, ausgenommen an einer lustigen Base, Maria Anna Thekla Mozart, die er durch seine mit Schlüpfrigkeiten gespickten Briefe unsterblich machen sollte. Mehr von Nutzen war ihm Johann Andreas Stein, ein Klavierbauer. Durch ihn lernte Mozart, der bisher das Cembalo benutzt hatte, zum erstenmal die Möglichkeiten des neuen Instruments erkennen und schätzen, und als er Paris erreichte, hatte er seinen Übergang auf das Klavier vollzogen. In einem Konzert in Augsburg produzierte er sich sowohl auf dem Klavier als auch auf der Geige, mit großem Applaus, aber kleinem Profit.

Am 26. Oktober reisten Mutter und Sohn weiter nach Mannheim. Hier genoß Mozart die Gesellschaft und die Anregung erfahrener Musiker, doch Kurfürst Karl Theodor konnte keine freie Stelle für ihn finden und belohnte sein Auftreten am Hof nur mit einer goldenen Uhr. Mozart schrieb an seinen Vater: «mir wären aber iezt 10 Carolin lieber gewesen ... auf der Reis braucht man geld. Nun habe ich mit dero erlaubniß 5 uhren. ich habe auch kräftig im sinn mir an jeder hosen noch ein uhrtäschl machen zu lassen, und wenn ich zu einem großen herrn komme, beyde uhren zu tragen ... damit nur keinem mehr einfällt mir eine uhr zu verehren.»[20] Leopold riet ihm, eiligst nach Paris zu gehen, wo Grimm und Frau von Épinay ihm helfen würden. Doch Wolfgang wußte seine Mutter zu überzeugen, daß die Reise für sie in den Wintermonaten zu anstrengend werden könnte. In der Annahme, daß sie bald nach Paris abreisen würden, mahnte Leopold seinen Sohn, sich vor den Frauen und den Musikern in der französischen Hauptstadt zu hüten, und erinnerte ihn daran, daß er jetzt die finanzielle Hoffnung der Familie war. Leopold hatte für siebenhundert Gulden Schulden gemacht. Er war gezwungen, in seinem Alter noch Schüler anzunehmen,

«und zwar an einem Ort, wo diese schwere Bemühung so schlecht bezahlt wird ... Es kom̄t nur auf Deine gesunde vernunft, die Du gewiß hast ... Ich weis, daß Du mich nicht allein als Deinen Vatter, sondern auch als Deinen gewisesten und sichersten Freund liebest; daß Du weist und einsiehest, daß unser Glück und Unglück, ja mein Längeres Leben, oder auch mein baldiger Todt, nächst Gott so zu sagen in Deinen Händen ist. Wen̄ ich Dich ken̄e; so hab ich nichts als Vergnügen zu hoffen: welches mich in Deiner Abwesenheit, da ich der vätterl: freude Dich zu hören, Dich zu sehen und zu umarmen beraubet bin, alleine noch trösten muß ... Ich gieb Dir von Herzen den vätterl: Seegen.»[21]

Zu einem von Leopolds Briefen (9. Februar 1778) fügte Nannerl, jetzt sechsundzwanzig, mitgiftlos und vom Altjungferntum bedroht, ein Postscriptum bei, welches das Bild dieser liebenden Familie abrundet:

«Der papa läst mir niemals so viel Plaz das ich der mama und dir schreiben Könnte. die mama hofe ich bald zu sehen, und ich bitte die mama mich nicht zu vergessen wenn sie von Manheim fortreist. und dir wünsche ich eine glückliche Reiß nach paris. und wünsche dir gesundheit. vor allem das ich dich nur bald wiedr umarmen könte welches gott weiß es allein wenn es geschiehet. wir alle beyde sehnen uns sehr das du bald dein glük möchtes machen. da

Blick in das Musikzimmer im Mozarthaus in Salzburg.

ich hernach gewiß weiß das unser aller glük gemacht ist der mama küsse ich die Hände und dich umarme ich und hofe du wirst dich unser aller stetzt erinern und auf uns denken. Doch zu der zeit wenn du von den deinen componirn und scolarn eine viertl stunde übrig hast.»[22]

In dieser Stimmung großer Erwartung und liebenden Vertrauens empfing Leopold einen von Wolfgang am 4. Februar geschriebenen Brief, worin der Sohn ihm einen Angriff Cupidos meldete. Unter den unbedeutenderen Musikern in Mannheim gab es einen Fridolin Weber, der mit einem Eheweib, fünf Töchtern und einem Sohn gesegnet und belastet war. Frau Weber warf ihre Netze aus, um Ehemänner einzufangen, besonders für ihre älteste Tochter Josefa, die neunzehn Jahre alt war und als erste unter die Haube kommen sollte. Mozart jedoch fand Gefallen an der sechzehnjährigen Aloisia, deren Engelsstimme und schwellende Reize wohl geeignet waren, des jungen Musikers Sehnsucht zu erregen. Die vierzehnjährige Konstanze, die später seine Frau werden sollte, beachtete er kaum. Für Aloisia komponierte er einige seiner zärtlichsten Lieder, und als er sie diese Lieder singen hörte, vergaß er seine eigenen Ambitionen und faßte den Plan, sie – und Josefa und ihren Vater – nach Italien zu begleiten, wo sie ihre Stimme ausbilden lassen und in der Welt der Oper ihren Weg machen könnte, während er zum Unterhalt der beiden beitragen würde, indem er Konzerte gab und Opern schrieb. Dies erklärte der brave junge Liebhaber seinem Vater:

«Ich habe diese bedruckte Famille so lieb, daß ich nichts mehr wünsche, als daß ich sie glücklich machen kōnte; und vielleicht kan̄ ich es auch. mein rath ist, daß sie nach Italien gehen sollten. Da wollte ich sie also bitten, daß sie, je ehender je lieber, an unsern guten freund Lugiati schreiben möchten, und sich erkundigen wie viell, und was das meiste ist was man einer Prima dōna in Verona giebt? ... Für ihr singen stehe ich mit meinem leben, daß sie mir gewis Ehre macht. ... Wegen der action ist mir auch nicht bang. wen̄ das geschieht, so werden wir, Mr: Weber, seine 2 töchter und ich die Ehre haben meinen lieben Papa und meine liebe schwester im durchreisen auf 14 täge zu besuchen. ... Zu Verona will ich gern die opera um 50 Zechini schreiben; nur damit die sich ruhm macht; ... Die älteste ist gar zu gut, den̄ wir kōnen eigene hauswirthschaft führen, weil sie auch kocht. apropôs, sie müssen sich nicht zu viel verwundern, daß mir von 77 fl. nicht mehr als 42 übrig geblieben sind. Das ist aus lauter freude geschehen, daß einmahl wieder Ehrliche und gleichdenckende leute zusam̄en kom̄en sind ... Geben sie mir bald antwort das bitte ich sie; vergessen sie meinen wunsch nicht opern zu schreiben. ich bin einen jedem neidig, der eine schreibt. ich möchte ordentlich für verdruß weinen, wen̄ ich eine aria höre oder sehe. aber italienisch, nicht teutsch, serios nicht Buffa ... Nun habe ich alles geschrieben, wie es mir ums herz ist. Meine Mutter ist mit meiner Denckungsart ganz zufrieden ... Und der gedancke, einer armen familie, ohne sich schaden zu thun, aufzuhelfen, vergnügt mich in der ganzen seele. Ich küsse ihnen 1000mahl die hände und bin bis in tod Dero gehorsamster sohn.»[23]

Leopold antwortete am 11. Februar:

«Mein lieber Sohn! Deinen Brief vom 4ten habe ich mit Verwunderung und Schröcken durchlesen. Ich fange auch an ihn heut den 11ten zu beantworten, indem ich die ganze Nacht nicht hab schlaffen kōnen ... Ich war, Gott Lob itzt im̄er wohlauf ... Großer gütiger Gott, die für mich vergnügten Augenblicke sind vorbey, wo Du als Kind, und Knab nicht schlafen giengst ohne auf dem Sessel stehend mir das oragnia figatafa vorzusingen, mich öfters und am Ende das Nasenspitzl zu küssen, und mir zu sagen, daß, wen̄ ich alt seyn werde, Du mich in einem Kapsel, wo ein Glaß vor, vor aller Luft bewahren wollest, um mich im̄er bey Dir, und in Ehren zu halten. – Höre mich demnach mit Geduldt!»[24]

Er fuhr fort zu erklären, daß er gehofft hatte, Wolfgang würde die Heirat verschieben, bis er sich eine sichere Stellung in der musikalischen Welt erobert hätte. Dann würde er eine gute Frau bekommen, eine Familie gründen, seinen Eltern und seiner Schwester helfen. Jetzt aber vergißt dieser Sohn, in eine junge Sirene vernarrt, seine Eltern und denkt nur daran, einem Mädchen als Teil ihres Gefolges nach Italien zu folgen. Welch unglaublicher Unsinn!

«Fort mir Dir nach Paris! und das bald ... *aut Caesar aut nihil* ... Von Paris aus geht der Rhum und Name eines Mañes von grossem Talente durch die ganze Welt, da behandlet der Adl Leute von Genie mit der grössten Herablassung, Hochschätzung und Höflichkeit – da siehet man eine schöne Lebensarth, die ganz erstaunlich absticht gegen der Grobheit unserer Teutschen Cavalliers und Damen, und da machst Du Dich in französischer Sprache vest.»[24a]

Mozart antwortete demütig, daß es ihm mit dem Plan, die Webers nach Italien zu begleiten, nicht sehr ernst gewesen sei. Er sagte ihnen unter Tränen Lebewohl und versprach, sie auf seiner Rückreise nach Hause zu besuchen. Am 14. März 1778 bestiegen er und seine Mutter die Postkutsche nach Paris.

IV. IN PARIS: 1778

Am 23. März kamen sie in Paris an, rechtzeitig genug, um die Apotheose von Voltaire mitzuerleben. Sie nahmen Quartier in einem einfachen Hause, und Mozart machte sich auf die Beine, um Aufträge hereinzuholen. Grimm und Frau von Épinay bemühten sich, die Aufmerksamkeit auf den jungen Mann zu lenken, den Paris vierzehn Jahre zuvor als Wunderkind bejubelt hatte. Versailles bot ihm die Stellung eines Hoforganisten für zweitausend Pfund und sechs Monate Dienst pro Jahr an. Leopold riet ihm, anzunehmen, Grimm war dagegen, und Mozart lehnte den Posten als zu schlecht bezahlt und vielleicht als seinem Talent nicht angemessen ab. Viele Häuser öffneten sich ihm, wenn er bereit war, für eine Mahlzeit Klavier zu spielen, doch schon zu diesen Häusern zu gelangen, erforderte eine teure Fahrt mit der Kutsche durch die schmutzigen Straßen. Ein hoher Herr, der Herzog von Guines, eröffnete neue Hoffnung. Für ihn und seine Tochter komponierte Mozart das herrliche Konzert für Flöte und Harfe in C-Dur (KV 299), auch gab er der jungen Dame Unterricht in Komposition zu einem guten Honorar. Doch bald heiratete das Mädchen, und der Herzog zahlte nur drei Louisdor für ein Konzert, das ganz Paris Mozart hätte zu Füßen sinken lassen müssen. Zum erstenmal in seinem Leben verlor Mozart den Mut. «Ich befinde mich gott lob und Danck so ganz erträglich», schrieb er seinem Vater am 29. Mai, «übrigens weis ich aber oft nicht, ist es gehauet oder gestochen – mir ist weder kalt noch warm – finde an nichts viell freude.» Sein Geist belebte sich jedoch wieder, als Le Gros, der Direktor der geistlichen Konzerte, ihn beauftragte, eine Symphonie in D-Dur (KV 297) zu schreiben. Sie wurde am 18. Juni mit Erfolg aufgeführt.

Dann, am 3. Juli, starb seine Mutter. Sie hatte zuerst ihre Abwesenheit von Salzburg und ihre Befreiung von der Haushaltfron genossen, doch bald fing sie an, sich nach ihrem Zuhause, ihren täglichen Pflichten und ihrem gewohnten Umgang, die ihrem Leben Inhalt gegeben hatten, zu sehnen. Die neuntägige Fahrt nach Paris in einer stoßenden Kutsche, in lärmender Gesellschaft und bei strömendem Regen hatte ihrer Gesundheit geschadet; und daß es ihrem Sohn nicht gelang, in Paris eine Anstellung zu finden, verdüsterte ihr ehemals heiteres Gemüt. Tag für Tag hatte sie einsam in einer fremden Umgebung gesessen, auf unverständliche Worte lauschend, während ihr Sohn mit seinen Schülern in Konzerte und Opern ging ... Nun, da er sie still verlöschen sah, verbrachte Mozart die letzten Wochen an ihrer Seite, pflegte sie zärtlich und wollte kaum glauben, daß ihr Ende so bald herangekommen war.

Frau von Épinay bot ihm eine Unterkunft in ihrem Hause, gemeinsam mit Grimm, einen Platz an ihrer Tafel und die Benutzung ihres Klaviers an. Aber das enge Zusammenleben mit Grimm konnte auf die Dauer nicht harmonisch verlaufen. Grimm verehrte Voltaire, Mozart verachtete ihn und entsetzte sich über die Anschauung seiner Gastgeber und ihrer Freunde, wonach das Christentum bloß ein für die Aufrechterhaltung von Ruhe und Ordnung notwendiger Mythos sei. Grimm drängte ihn, kleinere Aufträge anzunehmen, um sich den Weg für größere zu ebnen, und kostenlos für einflußreiche Familien zu spielen; Mozart war der Ansicht, auf diese Weise verzettle er seine Kräfte, die er lieber dem Komponieren widmen wollte. Grimm hielt ihn für träge und teilte seine Ansicht Leopold mit, der ihm zustimmte[25]. Die Lage wurde dadurch verschlimmert, daß Mozart wiederholt von Grimm Geld borgte, insgesamt fünfzehn Louisdor. Grimm erklärte ihm, die Rückzahlung könne auf unbestimmte Zeit verschoben werden; und so geschah es in der Tat.

Endlich zeigte sich ein Ausweg durch einen Brief (31. August 1778) von Mozarts Vater mit dem Inhalt, daß Erzbischof Colloredo angeboten hatte, Leopold zum Kapellmeister zu machen, wenn Wolfgang Organist und Konzertmeister würde, und zwar bei einem Gehalt von fünfhundert Gulden für jeden im Jahr. Darüber hinaus: «Der Erzb: hat sich erkleret, daß er, wen̄ Du eine opera schreiben willst, er Dich, wo es im̄er ist hinreisen lasse.» Als unwiderstehlichen Köder hatte Leopold hinzugefügt, daß Aloisia Weber wahrscheinlich aufgefordert würde, in den Salzburger Chor einzutreten, und «da sollen sie bey uns wohnen»[26]. Mozart antwortete (11. September): «Als ich ihn [den Brief] durchlas ... zitterte ich vor Freude, denn ich sah mich schon in Ihren Armen. Es ist wahr, Sie werden es mir selbst gestehen, daß es kein großes Glück ist, was ich da mache, aber wenn ich mir vorstelle, daß ich Sie, liebster Vater, und meine liebe Schwester von Herzen küsse, so kenne ich kein anderes Glück nicht.»[27]

Am 26. Dezember nahm er die Kutsche nach Nancy. In Straßburg verdiente er einige Louisdor mit anstrengenden Konzerten vor fast leeren Häusern. Er hielt sich eine Weile in Mannheim auf in der Hoffnung, zum Dirigenten der Deutschen Oper ernannt zu werden; aber auch diese Hoffnung wurde enttäuscht. Dann reiste er weiter nach München, von Aloisia Weber träumend. Doch sie hatte eine Anstellung im Chor des Kurfürsten gefunden, vielleicht in seinem Herzen. Sie empfing Mozart mit einer Ruhe, die kein Verlangen zeigte, seine Braut zu sein. Er komponierte und sang ein bitteres Lied und kehrte resigniert nach Salzburg zurück.

V. SALZBURG UND WIEN: 1779–1782

Mitte Januar kam er zu Hause an und wurde mit Freude empfangen, die jedoch getrübt war durch die jetzt erst so richtig empfundene Trauer über den Tod der Mutter. Bald war er wieder in den Sielen als Organist und Konzertmeister, und bald auch muckte er wieder gegen sein Schicksal auf. Später erinnerte er sich:

«In Salzburg, Ja das ist war, da hat es mich Mühe gekostet, und konnte mich fast nicht dazu entschließen, warum? – weil mein gemüth nicht vergnügt war; sie müssen mir doch selbst gestehen, daß in Salzburg – wenigstens für mich – um keinen kreutzer unterhaltung ist; mit vielen will ich nicht umgehen. – und den meisten andern – bin ich zu schlecht. für mein talent keine Aufmunterung! – wenn ich spielle, oder von meiner Komposition was aufgeführt wird, so ists als wenn lauter tisch und sesseln die Zuhörer wären. – wenn doch wenigstens ein theater da wäre, das was hieße.»[28]

Er sehnte sich danach, Opern zu schreiben, und nahm beglückt die Aufforderung des Kurfürsten Karl Theodor an, eine solche für die nächste Münchener Festaufführung zu komponieren. Im Oktober 1780 begann er an *Idomeneo, re di Creta* («Idomeneo, König von Kreta») zu arbeiten, im November reiste er zu den Proben nach München, und am 29. Januar 1781 wurde die Oper, trotz ihrer ungewöhnlichen Länge, mit Erfolg aufgeführt. Mozart blieb sechs Wochen in München und genoß das gesellschaftliche Leben, bis von Erzbischof Colloredo die Aufforderung eintraf, er solle zu ihm nach Wien kommen. Hier hatte er das Vergnügen, in dem gleichen Palast zu wohnen wie sein Arbeitgeber; essen mußte er aber mit den Dienstboten. «Die 2 Herrn Leib-Kammerdiener sitzen oben an, ich habe doch wenigstens die Ehre, vor den Köchen zu sitzen.»[29] Dies war zur damaligen Zeit in den Häusern des Adels so Sitte. Haydn ertrug sie mit schweigendem Groll, Mozart rebellierte laut dagegen. Es gefiel ihm, seine Musik und sein Talent in den Häusern der Freunde des Erzbischofs zur Geltung bringen zu können, doch er tobte, wenn Colloredo seine wiederholten Bitten, ihn auswärtige Engagements annehmen zu lassen, die ihm zusätzliches Einkommen und breiteren Ruhm eingebracht hätten, meistens abschlägig beschied. «Wenn ich daran denke, daß ich von Wien wegreisen soll, ohne wenigstens 1000 fl. wegzutragen, so thut mir doch das Herz weh.»[30]

Schließlich entschloß er sich, Colloredos Dienst zu verlassen. Am 2. Mai 1781 zog er als Untermieter zu den Webers, die inzwischen nach Wien übergesiedelt waren. Als der Erzbischof ihn aufforderte, nach Salzburg zurückzukehren, antwortete er, er könne erst am 12. Mai abreisen. Es kam zu einer Auseinandersetzung mit dem Erzbischof, über die Mozart seinem Vater wie folgt berichtete:

«Er hieß mich einen Lumpen, Lausbub, einen Fex – o, ich möchte Ihnen nicht alles schreiben. Endlich da mein Geblüt zu stark in Wallung gebracht wurde, so sagte ich: Sind also Ew. H.F. Gnaden nicht zufrieden mit mir? – Was? er will mir drohn? o er Fex! dort ist die Thür! schau er, ich will mit einem solchen elenden Buben nichts mehr zu thun haben. – Endlich sagte ich: Und ich mit ihnen auch nichts mehr. – Also geh er, – und ich: im weggehen – Es soll auch dabey bleiben, morgen werden Sie es schriftlich bekommen. Sagen Sie mir also, bester Vater, ob ich das nicht eher zu spät als zu früh gesagt habe? – ... schreiben Sie mir heimlich, daß Sie vergnügt darüber sind – und das können Sie in der That seyn – und öffentlich aber zanken Sie mich recht darüber, damit man Ihnen keine Schuld geben kann. Sollte Ihnen aber der Erzbischof ungeachtet dessen die mindeste Impertinenz thun, so kommen Sie allsogleich mit meiner Schwester zu mir nach Wien. Wir können alle drei leben, das versichere ich Sie auf meine Ehre.»[31]

Leopold wurde in eine neue Krise gestürzt. Seine eigene Stellung schien gefährdet, und es dauerte eine Weile, bis er von Colloredo eine Zusicherung erhielt. Die Nachricht, daß sein Sohn bei den Webers wohnte, beunruhigte ihn zutiefst. Der Vater dieser Familie war jetzt tot; Aloisia hatte den Schauspieler Joseph Lange geheiratet, doch der Witwe blieb eine zweite Tochter, Konstanze, die auf einen Ehemann wartete. War dies eine neue Sackgasse für Wolfgang? Leopold bat ihn, sich beim Erzbischof zu entschuldigen und nach Hause zu kommen. Doch nun weigerte Mozart sich zum erstenmal, seinem Vater zu gehorchen. «Ihnen zu Gefallen, mein bester Vater, wollte ich mein Glück, meine Gesundheit und mein Leben aufopfern, – aber meine Ehre, die ist mir – und die muß Ihnen über alles seyn. – Liebster, bester Vater, begehren Sie von mir, was Sie wollen, nur das nicht.»[32] Am 2. Juni schickte er Leopold dreißig Dukaten als Anzahlung auf eine künftige Unterstützung.

Dreimal begab er sich in die Wiener Residenz des Erzbischofs, um sein formelles Entlassungsgesuch zu unterbreiten. Colloredos Haushofmeister weigerte sich, es zu übermitteln, und beim drittenmal «warf er ihn [Mozart] aus dem Vorzimmer und gab ihm einen Tritt in den Hintern» – so beschreibt Mozart die Szene in seinem Brief vom 9. Juni[33]. Um seinen Vater zu beruhigen, verließ er das Webersche Haus und nahm anderswo Logis. Er versicherte Leopold, er habe mit Konstanze nur seinen «Spaß gehabt»: «Wenn ich alle heiraten müßte, mit denen ich gescherzt habe, würde ich zumindest zweihundert Frauen haben.»[34] Doch am 15. Dezember teilte er seinem Vater mit, Konstanze sei so lieb, so einfach und häuslich, daß er sie zu heiraten wünsche:

«Sie erschröcken vor diesem gedanken? – ich bitte aber, liebster, bester vatter, hören sie mich an! ... die Natur spricht in mir so laut, wie in Jedem andern, und vielleicht läuter als in Manchem großen, starken Limmel. Ich kann unmöglich so leben wie die Meisten dermaligen Jungen leute. – Erstens habe ich zu viel Religion, zweytens zu viel liebe des Nächstens und zu Ehrliche Gesinnungen als daß ich ein unschuldiges Mädchen anführen könnte, und drittens zu viel Grauen und Eckel, scheu und forcht vor die Krankheiten, und zu viel liebe zu meiner gesundheit als daß ich mit hurren herum balgen könnte; dahero kann ich auch schwören daß ich noch mit keiner frauens-Person auf diese art etwas zu thun gehabt habe ... darauf aber kann ich leben und sterben ...

Nun aber wer ist der Gegenstand meiner liebe? ... doch nicht eine Webersche? Ja ... Constanza ... die gutherzigste, geschickteste und mit einem worte die beste darunter ... Sagen sie mir ob ich mir eine bessere frau wünschen könnte? ... Ich wünsche also nichts mehr als daß ich nur etwas weniges sicheres bekomme, :(wozu ich auch, gottlob, wirklich hofnung habe):, so werde ich nicht nachlassen sie zu bitten, daß ich diese arme erretten – und mich zugleich mit ihr – und ich darf auch sagen, uns alle glücklich machen darf – sie sind es Ja doch auch wenn ich es bin? – und die hälfte von *dem sicheren* was ich bekommen werde, sollen sie genüssen ... Nun, haben sie Mitleiden mit ihrem Sohne!»[35]

Leopold wußte nicht, was er glauben sollte. Er machte jede Anstrengung, seinen fast mittellosen Sohn von seinem Vorhaben abzubringen, doch Mozart fand, daß es nach sechsundzwanzig Jahren kindlichen Gehorsams Zeit für ihn sei, seine eigenen Wege zu gehen, sein eigenes Leben zu führen. Sieben Monate lang bat er vergeblich um die väterliche Zustimmung; schließlich heiratete er am 4. August 1782 ohne sie. Am Tage darauf traf sie ein. Nun war Mozart frei, zu entdecken, wie weit einer den Unterhalt für eine Familie bestreiten konnte, indem er die vielfältigste Sammlung herrlichster Musik in der Geschichte der Menschheit komponierte.

VI. DER KOMPONIST

Er hatte Gründe, zuversichtlich zu sein, denn sein Ansehen als Pianist war gewachsen, er hatte einige zahlende Schüler gefunden und mehrere erfolgreiche Opern geschrieben. Einen Monat nach seinem Ausscheiden aus dem Dienst des Erzbischofs erhielt er von Graf Orsini-Rosenberg, dem Direktor der Hoftheater Josephs II., den Auftrag, ein Singspiel – ein Bühnenstück mit gesprochenem Dialog und Gesangseinlagen – zu komponieren. Das Ergebnis wurde am 16. Juli 1782 in Gegenwart des Kaisers als die *Entführung aus dem Serail* aufgeführt. Eine feindselige Clique fiel darüber her, doch das gesamte Publikum war bezaubert von den schwungvollen Arien, die ein altes Thema neu belebten: eine schöne Christin wird von Piraten geraubt, in einen türkischen Harem verkauft und von ihrem christlichen Liebhaber nach unglaublichen Intrigen befreit. Joseph II. sagte über die Musik: «Zu schön für unsere Ohren und gewaltig viel Noten, lieber Mozart.» Worauf der Komponist die kecke Antwort gab: «Gerade so viel, Eure Majestät, als nötig sind.»[36] Die Oper erlebte in den nächsten sechs Jahren dreiunddreißig Wiederholungen. Gluck lobte sie, obwohl er erkannte, daß sie seine Reformbestrebungen vollkommen ignorierte. Aber er bewunderte die instrumentale Meisterschaft des stürmischen Jünglings und lud ihn zum Essen ein.

Mozart ließ sich mehr von Italien als von Deutschland inspirieren. Er zog die Melodie und die einfache Harmonie der komplizierten und gelehrten Polyphonie vor. Erst in seinem letzten Jahrzehnt machte sich bei ihm der starke Einfluß Händels und Johann Sebastian Bachs bemerkbar. 1782 schloß er sich den Musikern an, die unter der Ägide des Barons Gottfried van Swieten in der Nationalbibliothek oder im Hause van Swietens Konzerte gaben, hauptsächlich mit Musik von Händel und Bach. 1774 hatte der Baron aus Berlin *Die Kunst der Fuge, Das wohltemperierte Klavier* und andere Werke von Johann Sebastian Bach nach Wien mitgebracht. Er lehnte die italienische Musik als dilettantisch ab; wirkliche Musik erforderte seiner Ansicht nach strenge Beachtung der Fuge, der Polyphonie und des Kontrapunkts. Obwohl Mozart Aufbau, Regel und Form nie als Selbstzweck betrachtete, profitierte er von den Ratschlägen und Konzerten van Swietens und studierte sorgfältig Händel, Bach und die bedeutenderen unter Bachs Söhnen. Nach 1787 dirigierte er Händel-Konzerte in Wien und nahm sich einige Male die Freiheit, Händels Partituren den Wiener Orchestern anzupassen. In seiner späteren Instrumentalmusik vermählte er italienische Melodie und deutsche Polyphonie in harmonischer Ehe.

Ein Blick auf Ludwig Köchels Verzeichnis von Mozarts Kompositionen ist ein eindrucksvolles Erlebnis. Wir finden darin 626 Nummern, die das umfangreichste musikalische Werk darstellen, das – wenn wir von Haydn absehen – je ein Komponist hinterlassen hat, geschaffen in einem sechsunddreißigjährigen Leben und Meisterwerke aller Art enthaltend: 77 Sonaten, 8 Trios, 29 Quartette, 5 Quintette, 51 Konzerte, 96 Divertimenti, Tänze oder Serenaden, 52 Symphonien, 90 Arien oder Lieder, 60 religiöse Kompositionen, 22 Opern. Wenn manche Leute aus Mozarts Umgebung ihn für träge hielten, so mochte dies auf ihrem Mangel an Verständnis dafür beruhen, daß die Arbeit des Geistes das Fleisch erschöpfen kann und daß ohne Ruhepause das Genie dem Wahnsinn verfallen würde. Sein Vater sagte von ihm, es sei seine Gewohnheitssünde gewesen[37], alles auf die lange Bank zu schieben, und tatsächlich wartete Mozart in vielen Fällen fast bis zur letzten Stunde, bevor er die Musik, die in seinem Kopf Gestalt angenommen hatte, zu Papier brachte. «Ich bin ganz versunken in meine Musik», sagte er, «ich gehe den ganzen Tag damit herum, und liebe es, darüber zu spekulieren und daran herumzusinnen.»[38] Seine Frau berichtete, er «habe auch immer mit anderen Dingen, Chapeau, Taschen, Uhrband, Stühlen, beständig 'gleichsam Klavier' gespielt»[39]. Manchmal setzte er sein stummes Komponieren sogar fort, während er einer Oper lauschte. Er hatte immer Notenblätter in seinen Taschen oder, wenn er reiste, in der Seitentasche der Kutsche. Und auf diesen machte er fragmentarische Notizen; gewöhnlich hatte er eine Ledermappe bei sich, in der er solche losen Blätter sammelte. Wenn er zum Komponieren bereit war, setzte er sich nicht an ein Klavier, sondern an einen Tisch. «Er schrieb Musik wie Briefe», sagte Konstanze, «und probierte einen Satz nie aus, bevor er beendet war.» Oder er saß stundenlang improvisierend am Klavier, seiner musikalischen Phantasie scheinbar freien Lauf lassend, sie jedoch halb bewußt einer erkennbaren Form – Sonatensatz, Arie, Fuge – unterwerfend. Musiker fanden Gefallen an Mozarts Improvisationen, denn sie konnten mit dem Entzücken von Kennern die hinter den scheinbar wunderlichen Einfällen verborgene Ordnung entdecken. Niemetschek sagte in seinem hohen Alter: «Dürfte ich mir eine letzte Erdenfreude von Gott erbitten, so wäre es die, Mozart noch einmal auf dem Klavier phantasieren zu hören.»[40]

Mozart konnte fast jede Musik vom Blatt spielen, weil er bestimmte Kombinationen und Sequenzen von Noten so oft gesehen hatte, daß er sie wie eine Note lesen konnte; und seine beweglichen Finger spielten sie wie eine einzige musikalische Phrase oder Idee, so wie ein geübter Leser eine Zeile aufnimmt, als wäre sie ein Wort, oder einen Absatz, als wäre er eine Zeile. Mozarts geübtes Gedächtnis war verbunden mit dieser Fähigkeit, die Zusammenhänge wahrzunehmen, die Logik zu empfinden, die den einzelnen Teil zwang, das Ganze anzuzeigen. In späteren Jahren konnte er fast jedes seiner Konzerte auswendig spielen. In Prag schrieb er die Stimmen für Trommel und Trompete im zweiten Finale des *Don Giovanni* nieder, ohne die Partitur für die anderen Instrumente zur Hand zu haben. Er hatte die gesamte Musik in seinem Gedächtnis behalten. Einmal notierte er nur den Violinpart einer Sonate für Klavier und Violine; am nächsten Tag spielte Regina Strinasacchi ohne Probe den Violinpart bei einem Konzert, und Mozart spielte den Klavierpart, wie er ihn konzipiert hatte, aus dem Gedächtnis, ohne Zeit gehabt zu haben, die Noten zu Papier zu bringen[41]. Wahrscheinlich war kein anderer Mensch in der Geschichte je so von Musik durchdrungen.

Wir neigen dazu, Mozarts Sonaten als leicht und spielerisch zu betrachten, kaum vergleichbar mit Beethovens leidenschaftlichen und machtvollen Äußerungen auf dem gleichen Gebiet. Dies mag seinen Grund darin haben, daß sie für Schüler von begrenzter Fingerfertigkeit geschrieben waren oder für Cembalos von geringer Resonanz oder für ein Klavier, das keine Vorrichtung hatte, einen Ton zu halten[42]. Das Lieblingsstück unserer Kindheit, die Sonate in A-Dur (KV 233), mit ihrem bezaubernden Minuetto und ihrem Rondo «alla Turca» ist noch (1778) im Cembalo-Stil gehalten.

Mozart machte sich zunächst nichts aus Kammermusik, jedoch 1773 stieß er auf Haydns frühe Quartette, bewunderte neidvoll ihre kontrapunktische Qualität und imitierte sie mit allerdings nur geringem Erfolg in den sechs Quartetten, die er in diesem Jahr komponierte. 1781 veröffentlichte Haydn eine weitere Serie; wiederum fühlte Mozart sich angespornt, ihm nachzueifern, und gab (1782–1785) seinerseits sechs Quartette (KV 387, 421, 428, 458, 464/65) heraus, die heute allgemein zu den hervorragendsten Beispielen ihrer Gattung gerechnet werden. Die ausübenden Künstler beklagten sich, daß sie abscheulich schwierig seien, Kritiker verwarfen besonders das sechste wegen seiner grellen Dissonanzen und turbulenten Mischung von Dur- und Moll-Schlüsseln. Ein italienischer Musiker schickte die Partitur an den Verleger zurück mit der Bemerkung, sie sei voll grober Irrtümer, und ein Käufer zerriß in einem Wutanfall die Noten, als er entdeckte, daß die Dissonanzen beabsichtigt waren. Dennoch sagte Haydn zu Leopold Mozart, nachdem er das vierte, fünfte und sechste dieser Quartette mit Mozart, Dittersdorf und anderen gespielt hatte: «Vor Gott und als ehrlicher Mann sage ich Ihnen, Ihr Sohn ist der größte mir persönlich oder dem Namen nach bekannte Komponist. Er hat Geschmack und, was mehr ist, gründlichste Kenntnisse in der Komposition.»[43] Als die sechs Quartette veröffentlicht wurden (1785), widmete Mozart sie Haydn mit einem Brief, der aus einer an sich bemerkenswerten Korrespondenz noch besonders heraussticht:

«Ein Vater, der sich entschlossen hatte, seine Söhne in die große Welt hinauszuschicken, hielt es für seine Pflicht, sie dem Schutz und der Führung eines Mannes anzuvertrauen, der zu jener Zeit sehr berühmt war und darüber hinaus zufällig sein bester Freund. In gleicher Weise schicke ich meine sechs Söhne Ihnen, dem höchst berühmten und sehr teuren Freund. Sie sind in der Tat die Frucht eines langen und mühevollen Studiums; doch die Hoffnung, die viele Freunde mir gegeben haben, daß ihre Mühe in gewissem Grad belohnt wird ... schmeichelt mir mit dem Gedanken, daß diese Kinder sich eines Tages als Quelle des Trostes für mich erweisen werden.

Während Ihres letzten Aufenthaltes in dieser Hauptstadt ... haben Sie Ihre Billigung dieser Kompositionen ausgedrückt. Ihre gute Meinung ermutigt mich, sie Ihnen anzubieten, und verleitet mich zu der Hoffnung, daß Sie sie nicht unwürdig Ihrer Gunst finden werden. Nehmen Sie sie bitte freundlich in Empfang und seien Sie ihnen ein Vater, Führer und Freund. Von diesem Augenblick an übertrage ich Ihnen alle Rechte über sie. Ich bitte Sie jedoch, nachsichtig zu sein gegenüber jenen Fehlern, die dem parteiischen Auge ihres Komponisten entgangen sein mögen, und trotzdem Ihre großmütige Freundschaft dem zu erhalten, der Sie so hoch schätzt.»[44]

Mozart hatte eine besondere Vorliebe für seine Quintette. Er hielt sein Quintett in Es-Dur für Klavier, Oboe, Klarinette, Horn und Fagott (KV 452) selbst «für das Beste, was ich je geschrieben habe»[45]. Dies sagte er, bevor seine bedeutenderen Opern vorlagen. *Eine kleine Nachtmusik* war ursprünglich (1787) als Quintett komponiert, wurde jedoch bald von kleinen Orchestern übernommen und zählt heute zu Mozarts Serenaden. Er bewertete als «ziemlich sorgfältig» geschrieben die Serenade in Es-Dur (KV 375), mit der ihm selbst an einem Abend im Jahre 1781 ein Ständchen gebracht wurde; doch Musiker schätzen höher als diese die Serenade in c-Moll (KV 388), die ebenso düster ist wie die *Pathétiques* von Beethoven und Tschaikowski.

Nachdem Mozart die Möglichkeiten des Orchesters entdeckt hatte, experimentierte er auf hunderterlei Arten damit und schrieb Ouvertüren, Nocturnos, Suiten, Kassationen (Variationen der Suite), Tänze, Divertimenti. Die letzteren waren eher dafür gedacht, einem gelegentlichen Zweck zu dienen als in die Geschichte der Musik einzugehen; sie wollten nicht gewogen, sondern genossen werden. Dennoch sind die Divertimenti Nr. 15 (KV 287) und Nr. 17 (KV 334) entzückende Werke, reizvoller selbst als manche Symphonien.

Für eine Symphonie verwendete Mozart – wie Haydn – ein Orchester von fünfunddreißig Instrumenten. Daher vermitteln sie Ohren, die an den größeren Klangkörper des 20. Jahrhunderts gewöhnt sind, nicht immer ihren vollen Wert. Die Sachverständigen preisen bereits Nr. 25 in g-Moll (KV 183) als «leidenschaftlich»[46] und als ein Wunder unbändiger Ausdruckskraft[47], doch die früheste Mozart-Symphonie von wirklicher Bedeutung ist die *Pariser Symphonie* Nr. 31 in D-Dur (KV 297), die Mozart dem französischen Geschmack für das Raffinierte und Elegante anpaßte. Die *Haffner-Symphonie* Nr. 35 in D-Dur (KV 385) wurde ursprünglich in Eile für die Festlichkeiten komponiert, die Sigismund Haffner, früherer Bürgermeister von Salzburg, anläßlich seiner Nobilitierung plante; Mozart fügte später Stimmen für Flöte und Klarinette hinzu und brachte sie in Wien (3. März 1783) bei einem Konzert heraus, dem Joseph II. beiwohnte. Der Kaiser «schenkte mir großen Applaus» und fünfundzwanzig Dukaten[48]. In dieser Symphonie und in Nr. 36 in C-Dur (KV 425), geschrieben im November 1783 in Linz, hielt sich Mozart noch an Form und Stil – stets gefällig, selten tief –, die Haydn der Symphonie gegeben hatte; in beiden Symphonien sind die langsamen Sätze eine Wohltat für alternde Ohren. Mit noch mehr Respekt müssen wir von Nr. 38 in D-Dur (KV 504) sprechen, die Mozart 1786 für Prag komponierte; hier erfreut der erste Satz mit seiner strukturellen Logik und seiner kontrapunktischen Perfektion den Musiker, während das melodiös-besinnliche Andante die Kritik dazu veranlaßt hat, von einer «unsterblichen Vollkommenheit»[49] und einer «verzauberten Welt»[50] zu sprechen.

Nach allgemeiner Übereinkunft sind die größten von Mozarts Symphonien jene drei, die er im Sommer 1788 – in einer Zeit bedrückender Armut und steigender Schulden – in einem wahren Taumel der Inspiration schuf. Die erste ist datiert vom 26. Juni, die zweite vom 25. Juli, die dritte vom 10. August – drei Geburten in drei Monaten. Soweit wir wissen, ist keine von ihnen zu seinen Lebzeiten je gespielt worden. Er selbst hörte sie nie; sie blieben in jenem Bereich, in dem schwarze Notenköpfe auf einem Blatt für den Komponisten nur vom Geist gehörte Töne und Harmonien bedeuteten. Die dritte, willkürlicherweise die *Jupiter-Symphonie* genannt, Nr. 41 in C-Dur (KV 551), wird gewöhnlich für die beste gehalten. Schumann verglich sie mit Shakespeare und Beethoven[51]. Wir hier wollen von dilettantischen Interpretationsversuchen absehen. Nr. 40 in g-Moll (KV 550) beginnt mit einer Kraft, welche die *Eroica* ankündigt, und leitet eine Entwicklung ein, welche gewisse Kommentatoren – in ihrem vergeblichen Bemühen, Musik durch Worte auszudrücken – dazu verleitet hat, aus ihr die Tragödie eines *Lear* oder *Macbeth* herauszulesen[52]; naiveren Hörern bleiben solche Einsichten verschlossen. Die gleichen Hörer befriedigt wohl am meisten die erste unter diesen Symphonien, Nr. 36 in Es-Dur (KV 543). Sie ist weder durch Leid verdüstert, noch schwer verständlich vom Technischen her, sie ist strömende Melodie und Harmonie – Musik, wie sie den Göttern, wenn sie in ländlicher Umgebung von der Fron ihrer himmlischen Pflichten ausruhen, zu gefallen vermöchte.

Die *sinfonia concertante* ist eine Kreuzung zwischen Symphonie und Konzert. Sie entstand aus dem *concerto grosso* durch Gegenüberstellung von zwei oder mehr Instrumenten mit dem Orchester in einem Dialog zwischen Melodie und Begleitung. Mozart entwickelte diese Form bis zur höchsten Vollkommenheit in der Konzertanten Symphonie für Geige und Bratsche in Es-Dur (KV 364; 1779), die jeder anderen seiner Symphonien an Schönheit nicht nachsteht.

Wahrhaft köstlich sind seine Instrumentalkonzerte, denn in ihnen helfen die Solopassagen dem ungeübten Ohr, das Thema und die Melodie zu verfolgen, die in den Symphonien manchmal durch technische Finessen oder kontrapunktisches Spiel verdunkelt werden. Ein Zwiegespräch ist immer fesselnd, und dies um so mehr, wenn es sich in der Form des von Karl Philipp Emanuel Bach eingeführten und von Mozart entwickelten «Konzerts» als Wettstreit zwischen einem Einzelnen und der Gesamtheit – *solo contra tutti* – abspielt. Da Mozart solche harmonischen Konfrontationen liebte, schrieb er die meisten seiner Konzerte für das Klavier, denn in diesen übernahm er den Solopart selbst und fügte, gegen Ende des ersten Satzes, eine Kadenz ein, die ihm erlaubte, seiner Laune die Zügel schießen zu lassen und als Virtuose zu glänzen.

Er erreichte zum erstenmal Vollkommenheit in dieser Form mit dem Klavierkonzert Nr. 9 in Es-Dur (KV 271). Das erste in der Reihe seiner beliebtesten Konzerte ist Nr. 20 in d-Moll (KV 466), berühmt für seine fast kindlich anmutende «Romanze». Wir können sagen, daß in diesem langsamen Satz die romantische Bewegung in der Musik begann. Sei es aus Trägheit oder Zerstreutheit: Mozart vollendete die Partitur dieses Konzertes erst eine Stunde vor dem für die erste Aufführung (11. Februar 1785) bestimmten Zeitpunkt. Die Noten erreichten die Spieler kurz vor Konzertbeginn, und es blieb keine Zeit zum Üben oder Proben, doch die Première war ein solcher Erfolg und Mozart spielte seinen Part so hervorragend, daß in den folgenden Jahren viele Wiederholungen verlangt wurden.

Mozart schrieb auch herrliche Musik für andere Soloinstrumente. Das melodiöse Klarinettenkonzert in A-Dur (KV 622) erklingt vielleicht öfter als jede andere seiner Kompositionen. In glücklichen Jugendtagen (1774) hatte er großen Spaß an einem Konzert in B-Dur für Fagott (KV 191). Auch die Hornkonzerte sind von fröhlicher Musizierlaune erfüllt; ihre Partitur enthält hier und dort humorvolle Anweisungen für den Musiker: «*da bravo!*», «*coraggio!*», «*bestia!*», «*ohimè!*» – denn Mozart war mit allen Blasinstrumenten bestens vertraut. Und das Konzert für Flöte und Harfe (KV 299) erhebt uns zu den Sternen.

1775 komponierte Mozart im Alter von neunzehn Jahren fünf Violinkonzerte, alle von vollkommener Schönheit, drei von ihnen noch immer im Repertoire. Nr. 3 in G-Dur (KV 216) hat ein Adagio, das einen Einstein in Begeisterung versetzte[53], Nr. 4 in D-Dur (KV 218) ist ein musikalisches Juwel, und das Andante cantabile von Nr. 5 in A-Dur (KV 219) tönt so süß, als werde es von einer Frauenstimme gesungen.

Es ist kaum erstaunlich, daß Mozart, besonders in den Jahren seiner Liebe zu Aloisia Weber, einige der köstlichsten Melodien der gesamten Liedliteratur schuf. Sie sind keine vollerblühten Lieder und nicht vergleichbar denen, die bei Schubert und Brahms zur Entfaltung und Reife kamen; sie sind einfacher und kürzer und benützen oft alberne Texte. Wenn Mozart jedoch ein echtes Gedicht fand, wie Goethes «Veilchen», schwang er sich zu höchster Meisterschaft auf (KV 476). Ein Veilchen, vor Freude zitternd beim Anblick einer näherkommenden hübschen Schäferin, malt sich aus, wie süß es sein müßte, an ihrem Busen zu liegen; doch wie sie fröhlich singend vorbeigeht, zertritt sie es, ohne es zu sehen, mit ihrem Fuß[54]. War dies eine Erinnerung an die grausame Aloisia? Für sie hatte Mozart eine seiner zärtlichsten Arien komponiert – *Non so d'onde viene*. Doch er maß solchen einzelnen Liedern keine große Bedeutung bei; er sparte die verborgenen Schätze seiner Singkunst für die Arien in seinen Opern und für seine Kirchenmusik auf.

Seine religiöse Musik wurde außerhalb Salzburgs selten zu Gehör gebracht, denn die katholische Kirche betrachtete mißtrauisch ihre opernhaften Formen, obgleich diese von den Erzbischöfen, denen Mozart diente, offensichtlich erwartet wurden. Das Hochamt in Salzburg wurde zu einer Begleitung von Orgel, Streichinstrumenten, Trompeten, Posaunen und Trommeln gesungen, und in Mozarts Messen kamen selbst an den feierlichsten Stellen Ausbrüche von Fröhlichkeit vor. Dennoch mußte ein religiöses Gemüt tief bewegt werden durch die Motetten *Adoramus Te* (KV 327) und *Sancta Maria Mater Dei* (KV 341b), und seine ergreifendsten Töne fand Mozart im *Laudate Dominum* aus der vierten der *Vesperae solennes de confessore* (KV 339)[55].

Alles in allem ist Mozarts Musik die Stimme eines höfisch-aristokratischen Zeitalters, das den Sturz der Bastille nicht zur Kenntnis genommen hatte, und einer in ihrem Glauben unerschütterten katholischen Kultur, die sich damit begnügte, die Reize des Lebens zu genießen, ohne die ruhelose Suche nach einem neuen Inhalt für die sinnentleerten alten Formen mitzumachen. In ihren leichteren Seiten harmonierte diese Musik mit der Eleganz der Rokokoornamente, den gemalten Romanzen Watteaus, dem friedvoll schwebenden Olymp Tiepolos, dem Lächeln, den Roben und dem

Porzellan der Frau von Pompadour. Sie ist im großen und ganzen von Heiterkeit erfüllt, hin und wieder freilich von Leid und Zorn verdüstert, ohne sich aber mit demütigem Flehen oder prometheischer Herausforderung den Göttern zu nähern. Mozart begann sein Werk in der Kindheit, und etwas Kindliches haftete seinen Kompositionen bis zum Schlusse an – jenem Augenblick, wo er inne ward, daß das Requiem, das er für einen Fremden schrieb, sein eigenes sei.

VII. GEIST UND FLEISCH

Mozart war nicht von anziehendem Äußerem. Er war klein, sein Kopf zu groß für seinen Körper, seine Nase zu groß für sein Gesicht, seine Oberlippe hing über die untere herab, sein rastlos herumwandernder Blick wurde von buschigen Augenbrauen verdunkelt; nur sein reiches blondes Haar erregte Gefallen. In späteren Jahren suchte er die Unzulänglichkeiten seiner Figur und seiner Züge durch auffallende Kleidung auszugleichen. Meist trug er Spitzenhemd, blauen Rock mit Schwalbenschwänzen und goldenen Knöpfen, Kniehosen und silberne Schnallen an den Schuhen[56]. Wenn er Klavier spielte, brannten seine Augen von innerem Feuer, und jeder Muskel seines Körpers gehorchte dem Spiel seines Geistes und seiner Hände.

Als Knabe war er bescheiden, gutmütig, vertrauensselig und liebevoll. Doch sein früher Ruhm und seine Gewöhnung an eine fast tägliche Dosis von Beifall entwickelten einige Fehler in seinem Charakter: «Mein Sohn», warnte ihn Leopold (1778), «in allen Deinen Sachen bist Du hitzig und gähe! ... zu voreilig iedem in spaßhaften Ton auf die erste herausforderung zu antworten.»[57] Mozart gab dies zu und noch mehr. «Wenn jemand mich beleidigt», schrieb er, «muß ich mich rächen; solange ich mich nicht mit Genugtuung gerächt habe, meine ich, ich habe es meinem Feind nur zurückgezahlt und ihn nicht gestraft.»[58] Und er stand niemandem nach, wenn es galt, seinen Genius zu loben. «Fürst Kaunitz sagte dem Erzherzog, Menschen wie ich kommen nur einmal in hundert Jahren auf die Welt.»[59]

Ein ausgeprägter Sinn für Humor trat in seinen Briefen zutage und beseelte seine Musik bis zu seinem Todesjahr. Gewöhnlich war sein Witz harmlos verspielt, manchmal wurde er scharf und satirisch; in seiner Jugend verirrte er sich gelegentlich ins Obszöne. Der junge Mozart machte ein Stadium durch, in dem er von dem Phänomen des Stuhlgangs fasziniert war. Im Alter von einundzwanzig schrieb er seiner Base Maria Anna Thekla Mozart neunzehn Briefe von unglaublicher Vulgarität[60]. Ein Brief an seine Mutter feierte das Entweichen von Winden in Vers und Prosa[61]. Sie war nicht zimperlich, denn in einem Brief an ihren Mann riet sie ihm: «adio ben mio leb gesund, Reck den arsch zum mund. ich winsch eine guete nacht, scheiß ins beth das Kracht.»[62] Offensichtlich gehörten solche derben Sprüche zum Repertoire der Familie Mozart und ihres Anhangs; sie waren wahrscheinlich das Erbe einer noch weniger zimperlichen Generation. Sie hinderten Mozart nicht daran, seinen Eltern und seiner Schwester Briefe voll zärtlicher Liebe zu schreiben.

Er war, nach seinen eigenen Worten, ein jungfräulicher Bräutigam. War er ein treuer Ehemann? Seine Frau beschuldigte ihn vieler «Stubenmädeleien»[63]. Sein Biograph berichtet:

«Der literarische Klatsch hat natürlich bei seiner Vorliebe für derlei Dinge im Laufe der Zeit ein ganzes Leporelloregister aufgestellt, in dem fast keine von Mozarts Schülerinnen und Darstellerinnen fehlt. Ja, man hat Mozart sogar schon als das leibhaftige Vorbild seines Don Giovanni bezeichnet.»[64]

Die häufigen Niederkünfte seiner Frau, ihre wiederholten Reisen in Kurorte, seine eigene Abwesenheit während seiner Konzerttouren, seine Empfänglichkeit für alle weiblichen Reize, sein Verkehr mit bezaubernden Sängerinnen und Schauspielerinnen schufen eine Situation, in der Abenteuer fast unvermeidlich waren. Konstanze berichtete, wie er ihr eine solche «Indiskretion» gebeichtet habe und warum sie ihm verzieh – «er war so lieb, daß es nicht möglich war, ihm böse zu sein, man mußte ihm wieder gut werden». Seine Schwester jedoch erzählt von gelegentlichen heftigen Ausbrüchen[65]. Mozart scheint seine Frau sehr geliebt zu haben; er ertrug ihre Mängel als Hausfrau mit Geduld und schrieb ihr während ihrer Trennung Briefe von fast kindlicher Zärtlichkeit[66].

Gesellschaftlich war er nicht sehr gewandt. Manche Rivalen beurteilte er schroff. «Clementis Sonaten sind wertlos ..., er ist ein Scharlatan, wie alle Italiener.»[67] «Gestern hatte ich das Glück, Herrn Freyhold ein Konzert seiner eigenen traurigen Komposition spielen zu hören, ich fand sehr wenig daran zu bewundern.»[68] Andererseits lobte er die kurz vorher von Ignaz Pleyel veröffentlichten Quartette, obwohl sie eine Konkurrenz für seine eigenen waren. Sein Vater warf ihm vor, er mache sich durch seine Arroganz unbeliebt[69]. Mozart bestritt dies, doch es kann nicht geleugnet werden, daß er sehr wenig Freunde unter den Wiener Musikern hatte und daß sein Stolz seinem Fortkommen hinderlich war. In Österreich und Deutschland hing das Schicksal eines Musikers von der Aristokratie ab; Mozart weigerte sich, der Geburt den Vorrang vor dem Genie zu geben.

Er litt noch unter einem anderen Nachteil insofern, als er nie eine Schule oder Universität besucht hatte. Sein Vater hatte ihm keine Zeit gelassen, sich eine gute allgemeine Bildung anzueignen. Mozart hatte unter seinen wenigen Büchern einige Gedichtbände von Geßner, Wieland und Gellert, doch er scheint sie in der Hauptsache als Quelle möglicher Libretti benutzt zu haben. Er kümmerte sich wenig um Kunst oder Literatur. Er war in Paris, als Voltaire starb, und verstand nicht, warum die Stadt wegen des Besuchs und des Todes des alten Rebellen so viel Aufhebens machte. «Dieser gottlose Schuft Voltaire», schrieb er an seinen Vater, «krepiert wie ein Hund, wie ein wildes Tier! Das ist sein Lohn.»[70] Er wurde von seinen freimaurerischen Brüdern im antiklerikalen Sinne beeinflußt, doch nahm er auch, eine Kerze in der Hand, an einer Fonleichnamsprozession teil[71].

Vielleicht war es die Schlichtheit seines Geistes, die ihn trotz seinen Fehlern liebenswert machte. Diejenigen, die nicht seine Rivalen in der Musik waren, fanden ihn umgänglich, fröhlich, freundlich und meistens heiter. «In meinem ganzen Leben», schrieb seine Schwägerin Sophie Weber, «habe ich Mozart nie launisch gesehen, noch viel weniger wütend»[72]. Doch gibt es Berichte, die das Gegenteil aussagen. Er war die treibende Kraft mancher geselligen Zusammenkunft, immer zu Scherz und Spiel bereit. Er liebte das Kegeln, das Billardspiel und den Tanz; manchmal schien er auf sein Tanzen stolzer zu sein als auf seine Musik[73]. Wenn er auch seinen Konkurrenten gegenüber nicht großmütig war, so war er doch allen anderen gegenüber fast gedankenlos weitherzig. Selten wies er Bettler ab. Ein Klavierstimmer pumpte ihn wiederholt an und zahlte nie zurück. Mozart machte kein Hehl aus seiner hohen Achtung für das Geld, doch dies hat seinen Grund darin, daß er wenig Zeit oder Neigung besaß, daran zu denken, so daß es ihm oft an Mitteln gebrach. Auf seine eigenen Erwerbsquellen angewiesen und gezwungen, im Wettbewerb mit hundert eifersüchtigen Musikern eine Familie zu unterhalten, vernachlässigte er seine Finanzen, ließ seine Ersparnisse sorglos durch die Finger rinnen und geriet just in dem Augenblick, wo er in seinen drei letzten Symphonien und seinen drei letzten Opern die schönste Musik seiner Zeit schrieb, in bittere Not.

VIII. HÖHENFLUG: 1782–1787

Der Beginn seiner Laufbahn als freischaffender Musiker in Wien stand im Zeichen ermutigender Erfolge. Er wurde für die Stunden, die er gab, gut bezahlt, und jedes seiner Konzerte in den Jahren 1782–1784 brachte ihm etwa fünfhundert Gulden ein[74]. Nur siebzig seiner Kompositionen wurden zu seinen Lebzeiten veröffentlicht, doch erhielt er dafür eine angemessene Vergeltung. Der Verleger Artaria gab ihm hundert Dukaten für die sechs seinem Freunde Haydn gewidmeten Quartette – eine hübsche Summe für jene Tage[75]. Ein anderer Verleger, Hoffmeister, verlor Geld an Mozarts Klavierquartetten in g-Moll (KV 478) und Es-Dur (KV 493). Die Musiker fanden sie zu schwierig (heute hält man sie für leicht), und Hoffmeister warnte Mozart: «Schreib populärer, sonst kann ich nichts mehr von Dir drucken und bezahlen.»[76] Mozart erhielt das übliche Honorar, nämlich einhundert Dukaten, für seine Opern. Für den *Don Giovanni* erhielt er zweihundertfünfundzwanzig Dukaten zusätzlich der Einnahmen aus einem Benefizkonzert. Er hatte in jenen Jahren «ein sehr gutes Einkommen»[77]. Sein Vater berichtete, als er ihn 1785 besuchte: «Ich glaube, daß mein Sohn, wenn er keine Schulden zu bezahlen hat, jetzt 200 fl. in die Bank legen kann.»[78]

Aber Mozart legte jene Gulden nicht in die Bank. Er brauchte sie für laufende Ausgaben, Zerstreuungen, gute Kleidung und die Bedürfnisse bettelnder Freunde. Aus diesen und anderen, dunkleren Gründen machte er Schulden, die seine Einnahmen überstiegen. Am 15. Februar 1783 schrieb er an die Baronin von Waldstädten, einer seiner Gläubiger habe gedroht, «eine Klage gegen mich anzustrengen ... im Augenblick kann ich nicht zahlen – nicht einmal die Hälfte der Summe! Ich flehe Sie an, gnädige Frau, um Himmels willen, helfen Sie mir, meine Ehre und meinen guten Namen nicht zu verlieren.»[79] Er wurde vorübergehend entlastet durch den Erfolg eines im März für ihn veranstalteten Benefizkonzerts, das 1600 Gulden einbrachte. Von diesen schickte er seinem Vater ein Geschenk.

Im Mai 1783 bezog er das ansehnliche Haus Nr. 244 am Judenplatz. Hier wurde sein erstes Kind geboren (17. Juni) – «ein hübscher, kräftiger Junge, so rund wie eine Kugel». Dieses Ereignis und das Geschenk besänftigten des Vaters Groll über die Heirat. Wolfgang und Konstanze nutzten das Tauwetter, um Leopold und Nannerl zu besuchen; den Säugling ließen sie in Wien bei einer Amme zurück. Am 19. August starb das Kind. Die Eltern blieben in Salzburg, denn Mozart hatte hier die Vorbereitung für die Aufführung seiner Messe in c-Moll getroffen, bei der Konstanze singen sollte. Wolfgang und Konstanze dehnten ihren Aufenthalt länger aus, als ihren Gastgebern lieb war; Leopold mußte jeden Groschen zweimal umkehren und dachte im stillen, drei Monate seien zu viel für einen Besuch. Auf ihrem Rückweg nach Wien machten die Mozarts in Linz halt, wo Graf von Thun den Komponisten beauftragte, eine Symphonie zu schreiben.

Zu Hause angelangt, machte er sich wieder an die Arbeit, unterrichtete in Komposition, trat auf, dirigierte. In zwei Monaten (vom 26. Februar bis zum 3. April 1784) gab er drei Klavierabende und spielte in neunzehn Konzerten[80]. Im Dezember trat er in eine der sieben Freimaurerlogen Wiens ein. Er fand Gefallen an ihren Zusammenkünften und war gern bereit, Musik für ihre Festlichkeiten zu schreiben. Im Februar 1785 kam sein Vater, weich gestimmt durch die Geburt eines zweiten Sohnes, zu einem langen Besuch nach Wien. Und 1785 trat Lorenzo Da Ponte in Mozarts Leben.

Lorenzos Leben hatte einen fast ebenso abenteuerlichen Verlauf genommen wie das seines Freundes Casanova. Er war 1749 unter dem Namen Emanuele Conegliano als Sohn eines jüdischen Gerbers im Ghetto von Ceneda geboren worden. Als er vierzehn Jahre alt war, wurden er und zwei seiner Brüder von ihrem Vater zu Lorenzo Da Ponte, dem Bischof von Ceneda, gebracht, um katholisch getauft zu werden. Emanuele nahm den Namen des Bischofs an, wurde Priester, hatte in Venedig ein Verhältnis mit einer verheirateten Frau, wurde ausgewiesen, ging nach Dresden, dann nach Wien und wurde 1783 als Dichter und Librettist am Nationaltheater engagiert.

Mozart deutete ihm die Möglichkeit an, aus Beaumarchais' jüngster Komödie *Le Mariage de Figaro* ein Opernlibretto zu machen. Diese war ins Deutsche übersetzt worden, um in Wien aufgeführt zu werden, doch Joseph II. verbot sie mit der Begründung, sie enthalte revolutionäre Anschauungen, die bei seinem Hof Anstoß erregen würden. Konnte der Kaiser, der selbst ein Revolutionär war, überredet werden, eine mit Geschick auf dem Theaterstück fußende Oper zuzulassen? Da Ponte bewunderte Mozart und seine Musik. Er sollte später von ihm sagen: «Obwohl begabt mit Talenten, welche diejenigen aller vergangenen, gegenwärtigen oder zukünftigen Komponisten übertreffen, war er doch wegen der Intrigen seiner Gegner nicht fähig gewesen, seinen göttlichen Genius in Wien zu nützen.»[81] Er unterdrückte die revolutionären Obertöne in Beaumarchais' Komödie und verwandelte den Rest in ein italienisches Libretto, das den besten Libretti Metastasios gleichkam.

Die Handlung von *Le nozze di Figaro* mit ihrem Durcheinander von Verkleidungen, Täuschungsmanövern, Wiedererkennungsszenen und der Überlistung der Herren durch ihre schlauen Diener enthält uralte Elemente der Komödie, mit denen schon Menander und Plautus vertraut waren. Mozart fand sofort Gefallen an dem Stoff und komponierte die Musik fast ebenso schnell, wie das Libretto Form annahm; beide waren in sechs Wochen fertiggestellt. Am 29. April 1786 schrieb Mozart die Ouvertüre; am 1. Mai fand die Uraufführung mit triumphalem Erfolg statt. Dieser war teilweise dem jovialen, mit einer Stentorstimme begabten Bassisten Francesco Benucci zu verdanken, der die Partie des Figaro sang, hauptsächlich jedoch der lebendigen, kongenialen Vertonung des Textes und den herrlichen Arien, wie etwa Cherubins Klage *Voi che sapete* oder der innigen, aber verhaltenen Beschwörung des Liebesgottes durch die Gräfin in *Porgi amor*. So viele Dacapos wurden verlangt, daß die Vorstellung das Doppelte der üblichen Zeit in Anspruch nahm, und am Ende wurde Mozart wiederholt auf die Bühne gerufen.

Die Einkünfte aus den Aufführungen des *Figaro* in Wien und Prag hätten Mozart für ein Jahr von Geldsorgen befreien können, wären nicht seine Verschwendungssucht und die Krankheiten und Schwangerschaften seiner Frau gewesen. Im April 1787 bezogen sie ein weniger kostspieliges Haus in der Landstraße 224. Einen Monat später starb Leopold und hinterließ seinem Sohn tausend Gulden.

Prag bestellte eine neue Oper. Da Ponte schlug als Thema die erotischen Eskapaden Don Juans vor. Tirso de Molina hatte 1630 den legendären Don in Madrid als *El burlador de Sevilla* («Der Betrüger von Sevilla») auf die Bühne gebracht. Molière hatte den Stoff in Paris als *Le Festin de pierre* («Der steinerne Gast», 1665) erzählt, Goldoni hatte ihn in Venedig als *Don Giovanni Tenorio* herausgebracht (1736), Vicente Righini hatte ihn unter dem Titel *Il convitato di pietra* 1777 in Wien aufgeführt; und in Venedig hatte kurz zuvor im selben Jahr 1787 Giuseppe Gazzaniga unter dem gleichen Titel eine Oper vorgestellt, aus der Da Ponte manche Zeile, einschließlich des bunten Katalogs von Giovannis Sünden, stahl.

«Die größte aller Opern» (wie Rossini sie nannte) hatte ihre Première in Prag am 29. Oktober 1787. Mozart und Konstanze reisten zu diesem Ereignis in die böhmische Hauptstadt. Sie wurden so sehr gefeiert, daß er die Komposition der Ouvertüre bis zum Vorabend der Aufführung verschob, um dann, zu mitternächtlicher Stunde, «nachdem er sich satt gescherzt hatte»[82], ein Stück Musik zu schreiben, das in der thematischen Andeutung der tragischen und komischen Elemente des Spiels fast wagnerisch anmutet. Die Partitur erreichte das Orchester gerade rechtzeitig für die Vorstellung[83]. Die Wiener Zeitung berichtete: «Montags, den 29. wurde ... die mit Sehnsucht erwartete Oper des Meisters Mozart Don Giovanni ... aufgeführt. Kenner und Tonkünstler sagen, daß zu Prag ihresgleichen noch nicht aufgeführt worden. Herr Mozart dirigierte selbst und als er ins Orchester trat, wurde ihm ein dreimaliger Jubel gegeben.»[84]

Am 12. November war das glückliche Paar wieder in Wien. Gluck starb drei Tage später, und Joseph II. machte Mozart zu dessen Nachfolger als Kammermusikus am

Hof. Nach vielen Schwierigkeiten mit den Sängern wurde *Don Giovanni* am 7. Mai 1788 unter magerem Applaus in Wien aufgeführt. Mozart und Da Ponte nahmen verschiedene Änderungen vor, doch die Oper hatte in Wien nie den Erfolg, der ihr in Prag, Mannheim, Hamburg beschieden war. Ein Berliner Kritiker klagte, das *dramma giocoso* sei eine Beleidigung der Moral, doch fügte er hinzu: «Wenn je eine Nation auf einen ihrer Zeitgenossen stolz sein konnte, so sei es Deutschland auf Mozart, den Musikverfasser dieses Singspiels.»[85] Neun Jahre später schrieb Goethe an Schiller: «Ihre Hoffnung die Sie von der Oper hatten würden Sie neulich in Don Juan auf einen hohen Grad erfüllt gesehen haben»[86]; und er bedauerte es, daß Mozart nicht lange genug gelebt hatte, um die Musik zum Faust zu schreiben.

IX. ERDENSCHWERE: 1788–1790

Die Einkünfte aus dem *Don Giovanni* waren bald verbraucht, und Mozarts bescheidenes Gehalt reichte kaum fürs Essen. Er nahm wieder Schüler an, doch Unterrichten war ein erschöpfendes, zeitraubendes Geschäft. Er zog in eine billigere Vorstadtwohnung in der Währinger Straße; dennoch wuchsen seine Schulden an. Er borgte, wo er konnte, hauptsächlich bei einem freundlichen Kaufmann und Logenbruder, Michael Puchberg. An ihn schrieb Mozart im Juni 1788:

> «Ich bin Ihnen noch 8 Dukaten schuldig – überdies daß ich dermaßen außer Stand bin, Sie Ihnen zurück zu bezahlen, geht mein Vertrauen gegen Sie so weit, daß ich Sie zu bitten wage, mir nur bis künftige Woche (wo meine Academien im Casino anfangen) mit 100 Fl. auszuhelfen; – bis dahin muß ich nothwendigerweise mein Subscriptionsgeld in Händen haben und kann Ihnen dann ganz leicht 136 fl. mit dem wärmsten Dank zurück bezahlen.»[87]

Puchberg schickte die hundert Gulden. Dadurch ermutigt, ersuchte ihn Mozart (17. Juni) um ein weiteres Darlehen von «ein- oder zweitausend Gulden für ein Jahr oder zwei zu einem angemessenen Zinssatz». Er hatte die Mietrückstände für sein früheres Haus nicht bezahlt. Als der Hauswirt drohte, ihn ins Gefängnis werfen zu lassen, borgte sich Mozart Geld, um ihn bezahlen zu können. Puchberg schickte anscheinend weniger, als von ihm gefordert worden war, denn der verzweifelte Komponist sandte ihm im Juni und Juli weitere dringende Bittgesuche. In diesen Monaten finanzieller Not komponierte Mozart die drei «großen Symphonien».

Dankbar nahm er eine Einladung des Fürsten Karl von Lichnowsky an, ihn nach Berlin zu begleiten. Für diese Reise borgte er hundert Gulden von Franz Hofdemel. Fürst und Komponist verließen Wien am 8. April 1789. In Dresden spielte Mozart vor dem Kurfürsten Friedrich August und erhielt hundert Dukaten. In Leipzig gab er ein öffentliches Konzert auf Bachs Orgel und lauschte tiefbewegt dem Chor der Thomasschule, der Bachs Motette *Singet dem Herrn* vortrug. In Potsdam und Berlin (28. April bis 28. Mai) spielte er für Friedrich Wilhelm II. und erhielt ein Geschenk von siebenhundert Gulden sowie Aufträge für sechs Quartette und sechs Sonaten. Doch seine Einnahmen schmolzen mit mysteriöser Geschwindigkeit dahin; ein unbestätigtes Gerücht schrieb dies einer Liaison mit der Berliner Sängerin Henriette Baronius zu[88]. Am 23. Mai berichtete Mozart an Konstanze: «Du mußt dich bey meiner Rückkunft schon mehr auf mich freuen, als auf das gelde.»[89] Er kehrte am 4. Juli 1789 nach Hause zurück.

Konstanze, die wiederum schwanger war, brauchte Geld für Ärzte, Arzneien und eine teure Kur in Baden bei Wien. Wiederum wandte sich Mozart an Puchberg:

«Gott! ich bin in einer Lage, die ich meinem ärgsten Feinde nicht wünsche; und wenn Sie bester Freund und Bruder mich verlassen, so bin ich *unglücklicher- und unschuldigerweise* sammt meiner armen kranken Frau und Kind verloren ... nun kömmt es bloß auf Sie an, einziger Freund, ob Sie mir noch 500 fl. leihen wollen oder können – ich bitte, bis meine Sache entschieden ist, Ihnen alle Monath 10 fl. zurückzuzahlen; dann Ihnen die ganze Summe mit beliebigen Interessen zurückzuzahlen ... Ach Gott! – ich kann mich fast nicht entschließen, diesen Brief abzuschicken! – und doch muß ich es! ... Verzeihen Sie mir um Gottswillen, verzeihen Sie mir nur!»[90]

Puchberg schickte ihm hundertfünfzig Gulden, von denen das meiste für die Bezahlung von Konstanzes Rechnungen in Baden draufging. Am 16. November gebar sie zu Hause eine Tochter, die am gleichen Tag starb. Als willkommene Hilfe erwies sich Josephs II. Auftrag an Mozart und Da Ponte, ein *dramma giocoso* über ein altes Thema (von Marivaux benutzt in *Le Jeu de l'amour et du hasard,* 1730) zu schreiben: Zwei Männer verkleiden sich, um die Treue ihrer Bräute zu prüfen, finden sie wankelmütig, vergeben ihnen jedoch mit der Begründung: «*così fan tutte*» («so machen's alle» Frauen); daher der Name der Oper. Es war kaum ein geeigneter Stoff für Mozarts düstere Stimmung (ins Bild paßte höchstens, daß Konstanze in Baden ein wenig geflirtet hatte), aber er schrieb dafür eine Musik, die dem Geist und Witz des Librettos vollendeten Ausdruck verlieh. Selten ist Unsinn so verherrlicht worden. Die Oper erlebte am 26. Januar 1790 eine mäßig erfolgreiche Uraufführung und vier Wiederholungen in einem Monat, die Mozart insgesamt hundert Dukaten einbrachten. Dann starb Joseph II. (20. Februar), und die Wiener Theater wurden bis zum 12. April geschlossen.

Mozart hoffte, der neue Kaiser würde Arbeit für ihn haben, doch Leopold II. übersah ihn. Er übersah auch Da Ponte, der nach England und Amerika ging und (1838) als Lehrer für Italienisch an der späteren Columbia University in New York endete[91]. Mozart schrieb weitere Bettelbriefe an Puchberg (21. Dezember 1789, 20. Januar, 20. Februar, 1., 8. und 23. April 1790). Sie waren nie vergeblich, doch bekam er selten so viel, wie er verlangte. Anfangs Mai bat er um sechshundert Gulden, um die fällige Miete zu zahlen; Puchberg schickte hundert. Am 17. Mai mußte er gestehen: «Ich bin gezwungen, bey Wucherern Geld aufzunehmen». Im selben Brief gab er an, nur zwei Schüler zu haben, und bat seinen Freund, «es auszustreuen, daß ich Lectionen annehme»[92]. Er war jedoch zu nervös und ungeduldig, um ein guter Lehrer zu sein. Manchmal versäumte er die Verabredung mit seinen Schülern. Manchmal spielte er Billard mit ihnen, anstatt ihnen Unterricht zu erteilen[93]. Doch wenn er einen Schüler von Talent fand, widmete er sich ihm rückhaltlos. So unterrichtete er mit Freude und Erfolg Johann Hummel, der im Alter von acht Jahren zu ihm kam (1787) und ein berühmter Pianist der nächsten Generation wurde.

Zu Mozarts Sorgen kamen die Beschwerden einer ernsthaften Krankheit. Ein Arzt diagnostizierte sein Leiden als «Ausscheidungspyelitis mit Pyonephrose, latente fokale Nierenschädigung, [mit] dem unausweichlichen Ende der eines Tages einsetzenden völligen Niereninsuffizienz»[94] – mit anderen Worten eine fortschreitende eiternde Entzündung der Nieren. «Ich bin absolut elend heute», schrieb er am 14. August 1790 an Puchberg. «Ich habe die ganze Nacht nicht schlafen können vor Schmerzen ... stellen Sie sich meine Lage vor – krank und voll Kummer und Sorge ... könnten Sie mir denn nicht mit einer Kleinigkeit an die Hand gehen? Mir wäre im Augenblick mit allem geholfen.» Puchberg schickte ihm zehn Gulden.

Trotz seiner körperlichen Verfassung machte Mozart weitere verzweifelte Anstrengungen, für den Unterhalt seiner Familie aufzukommen. Am 9. Oktober 1790 sollte Leopold II. in Frankfurt gekrönt werden. Im Gefolge des Kaisers befanden sich siebzehn Hofmusiker, doch Mozart gehörte nicht zu ihnen. Er ging trotzdem nach Frankfurt, begleitet von seinem Schwager, dem Geiger Franz Hofer. Um die Unkosten der Reise bestreiten zu können, verpfändete er das Familiensilber. Am 15. Oktober spielte und dirigierte er vor dem Kaiser sein Klavierkonzert in D-Dur (KV 537), das er drei Jahre zuvor komponiert hatte; durch die Laune der Geschichte hat es den Namen *Krönungskonzert* erhalten. «Es war von Seiten der Ehre herrlich», schrieb er an seine Frau, «aber in Betreff des Geldes mager ...»[95] Er kehrte nach Wien zurück mit Einnahmen, die nur wenig höher waren als seine Ausgaben. Im November bezog er eine billigere Wohnung in der Rauhensteingasse 8, wo er sterben sollte.

X. REQUIEM: 1791

Drei Aufträge, die in rascher Folge eingingen, erhielten ihn für ein weiteres Jahr am Leben. Im Mai 1791 bot ihm Emanuel Schikaneder, der deutsche Opern und Theaterstücke in einem Vorstadttheater zur Aufführung brachte, die Skizze eines Librettos über eine Zauberflöte an und bat seinen Logenbruder, die Musik dazu zu schreiben. Mozart sagte zu. Als Konstanze, wieder einmal schwanger, im Juni nach Baden bei Wien ging, nahm er Schikaneders Einladung an, seine Tage in einem Gartenhaus in der Nähe des Theaters zu verbringen, wo er die *Zauberflöte* unter der Aufsicht des Direktors schreiben konnte. In den Nächten genoß er mit Schikaneder das Nachtleben der Stadt. Darüber berichtet uns Jahn: «Am meisten Stoff fand das Gerede über seinen unsittlichen Lebenswandel im Sommer 1791, als er mit Schikaneder, dessen Liederlichkeit stadtbekannt war, zusammenlebte (Konstanze war wieder zur Kur in Baden). Die damit verbundene Freiheit und Schikaneders Vorbild haben ihn damals in das wüste Treiben mit hineingerissen, und da es der letzte Sommer seines Lebens war, blieben gerade diese Vorgänge besonders im Gedächtnis der Leute haften.»[96] Während dieser Zerstreuungen fand Mozart immerhin Zeit, nach Baden zu fahren, um seine Frau zu besuchen, die am 26. Juni Wolfgang Mozart II. das Leben schenkte.

Im selben Monat erhielt er von einem anonymen Fremden die Aufforderung, gegen ein Honorar von hundert Dukaten heimlich eine Totenmesse zu komponieren und sie ihm zu übermitteln, ohne daß seine Urheberschaft öffentlich bekannt würde*. Mozart wechselte von der Heiterkeit der *Zauberflöte* zu dem Todesthema hinüber und begann die Komposition seines *Requiems*. Doch bald schon, im August 1791, erreichte ihn ein neuer Auftrag. Prag bestellte eine Oper, *La clemenza di Tito*, die an der bevorstehenden Krönung Leopolds II. zum König von Böhmen aufgeführt werden sollte. Mozart hatte kaum einen Monat Zeit, Metastasios altes Libretto neu zu vertonen. Er arbeitete an der Partitur in schaukelnden Kutschen und geräuschvollen Herbergen, während er mit seiner Frau nach Prag reiste. Die Oper wurde am 6. September mit mäßigem Erfolg aufgeführt. Mozart hatte Tränen in den Augen, als er die Stadt verließ, die ihm als einzige die Treue bewahrt hatte, und als er begriff, daß der Kaiser Zeuge seines anscheinenden Versagens gewesen war. Der einzige Trost waren die zweihundert Dukaten Honorar und die spätere Nachricht, daß die Wiederholung der Oper in Prag am 30. September zu einem vollen Erfolg wurde.

Am gleichen Tag dirigierte er vom Klavier aus die Uraufführung der *Zauberflöte*. Die Handlung war teilweise ein Märchen, teilweise eine Verherrlichung des Initiationsrituals der Freimaurer. Mozart gab in der Komposition das Beste seiner Kunst, obwohl er die meisten der Arien in einem einfachen melodischen Stil hielt, der dem Geschmack seines der Mittelklasse angehörenden Publikums entsprach. Er stattete die Partie der Königin der Nacht mit einem Feuerwerk von Koloraturen aus, obwohl er insgeheim einmal den Koloraturgesang ironisch als «aufgeschnittene Nudeln»[97] bezeichnet hatte. Der Einzug der Priester, der den zweiten Akt eröffnet, ist freimaurerische Musik; die Arie des Hohen Priesters «In diesen heil'gen Hallen kennt man die Rache nicht, und ist ein Mensch gefallen, führt Liebe ihn zur Pflicht» ist der Anspruch der Freimaurerei, die Brüderlichkeit wiederhergestellt zu haben, die das Christentum einst gepredigt hatte. Goethe verglich die *Zauberflöte* mit dem zweiten Teil des *Faust*, der ebenfalls Brüderlichkeit predigte, und sagte als Freimaurer, der er selbst war, die Oper besitze eine höhere Bedeutung, die dem Eingeweihten nicht entginge[98]. Die erste Aufführung hatte einen unsicheren Erfolg, und die Kritiker fühlten sich durch die Mischung von Fugen und Späßen schockiert[99]. Bald jedoch wurde die *Zauberflöte* nicht nur die beliebteste von Mozarts Opern, sondern von allen Opern vor Wagner und Verdi überhaupt. Sie wurde nach ihrer Première innerhalb von vierzehn Monaten hundertmal wiederholt.

Dieser letzte Triumph kam, als Mozart bereits die Hand des Todes spürte. Wie um die Ironie des Schicksals noch zu verstärken, sicherte ihm eine Gruppe von ungarischen Adligen jetzt eine jährliche Subskription von eintausend Gulden zu, und ein Amsterdamer Verleger bot ihm eine noch größere Summe für das Exklusivrecht, einiges von

* Über die Person des Auftraggebers und seinen «geheimnisvollen Boten» ist von der Forschung inzwischen Klarheit geschaffen worden. Der Auftrag stammte von einem Grafen Franz von Walsegg-Stuppach und wurde beim Tode seiner Gattin durch den Rechtsberater des Grafen, einen gewissen Anton Leitgeb, dem Komponisten übermittelt. Das *Requiem* sollte später als des Grafen eigene Komposition ausgegeben werden, ein Verfahren, das in den damaligen Zeiten, die das geistige Eigentum noch nicht schützten, keineswegs ungewöhnlich war.

seinem Werk zu drucken. Im September erhielt er eine Einladung von Da Ponte, nach London zu kommen; er antwortete: «Ihren Rat möchte ich gern befolgen, aber wie soll ich das anstellen ... Ich fühle aus meinem Zustand, daß die Stunde schlägt. Ich bin im Begriff mein Leben auszuhauchen. Mein Ende ist da, ehe ich mein Talent nützen konnte. Und doch war das Leben so schön.»[100]

In seinem letzten Monat widmete er seine schwindenden Kräfte dem *Requiem*. Mehrere Wochen lang arbeitete er fieberhaft daran. Als seine Frau ihn zur Beschäftigung mit weniger düsteren Dingen zu überreden suchte, sagte er ihr: «Ich schreibe dieses Requiem für mich selbst; es wird zu meinem Trauergottesdienst dienen.»[101] Er komponierte das Kyrie und Teile des Dies Irae, das Tuba Mirum, das Rex Tremendae, das Recordare, das Confutatis, das Lacrimosa, das Domine und das Hostias; diese Fragmente blieben unüberarbeitet und enthüllen die Zerrüttung eines Geistes, der vor dem Zusammenbruch stand. Franz Xaver Süßmayr vollendete das *Requiem* bemerkenswert gut.

Im November begannen Mozarts Hände und Füße schmerzhaft anzuschwellen, und es setzte eine teilweise Lähmung ein. Er mußte das Bett hüten. An den Abenden, an denen die *Zauberflöte* aufgeführt wurde, legte er seine Uhr neben sich und folgte jedem Akt im Geiste, manchmal die Arien summend. An seinem letzten Tag verlangte er, in Anwesenheit von Freunden, nach der Partitur des *Requiems;* er sang die Altstimme, Benedikt Schack die Sopranstimme, Franz Hofer die Tenorstimme, Thaddäus Gerl die Baßstimme. Als sie zum Lacrimosa kamen, weinte Mozart. Er sagte voraus, daß er in dieser Nacht sterben werde. Ein Priester spendete ihm die Sterbesakramente. Gegen Abend verlor er das Bewußtsein, doch bald nach Mitternacht öffnete er noch einmal die Augen; dann drehte er das Gesicht zur Wand und litt bald nicht mehr (5. Dezember 1791).

Weder seine Frau noch seine Freunde konnten ihm ein angemessenes Begräbnis geben. Die Leiche wurde am 6. Dezember im Stephansdom eingesegnet und im Friedhof von St. Marx bestattet. Es war kein Grab gekauft worden; der Sarg wurde in ein für fünfzehn oder zwanzig Arme vorgesehenes Gemeinschaftsgrab versenkt. Kein Kreuz und kein Stein kennzeichneten die Stätte, und als wenige Tage später die Witwe auf den Friedhof kam, um zu beten, konnte niemand ihr den Hügel zeigen, der Mozarts Reste bedeckte.

Viertes Buch

DER ISLAM UND DER SLAWISCHE OSTEN

[1715–1796]

ERSTES KAPITEL

Der Islam

[1715–1796]

I. DIE TÜRKEN

IM 18. Jahrhundert war die Christenheit eingekeilt zwischen Voltaire und Mohammed – zwischen der Aufklärung und dem Islam. Obwohl die muslimische Welt seit der Befreiung Wiens von der Belagerung durch die Türken im Jahre 1683 ihre militärische Macht verloren hatte, beherrschte sie noch immer Marokko, Algerien, Tunesien, Libyen, Ägypten, Arabien, Palästina, Syrien, Persien, Kleinasien, die Krim, Südrußland, Bessarabien, die Moldau, die Walachei (Rumänien), Bulgarien, Serbien (Jugoslawien), Montenegro, Bosnien, Dalmatien, Griechenland, Kreta, die Ägäischen Inseln und die Türkei. Alle diese Länder waren – mit Ausnahme Persiens – Teile des riesigen Reichs der ottomanischen Türken. An der dalmatinischen Küste berührten sie die Adria und bedrohten den Kirchenstaat; am Bosporus bewachten sie den einzigen Seeweg aus dem Schwarzen Meer und konnten nach Belieben den Russen den Zugang zum Mittelmeer versperren.

Beim Übergang von ungarischem Territorium in muslimisches Land konnte man zunächst nur geringe Unterschiede zwischen christlicher und mohammedanischer Kultur feststellen. Hier wie dort bestellten die einfältigen und frommen Armen den Boden unter der Oberherrschaft der intelligenten und ungläubigen Reichen. Doch jenseits des Bosporus verwandelte sich die wirtschaftliche Landschaft: kaum fünfzehn Prozent des Bodens waren kultiviert, der Rest war Wüste oder Gebirge, die nur Bergbau oder Weidewirtschaft erlaubten. Hier war die charakteristische Figur der Beduine, schwarz und von der Sonne gegerbt, vollkommen eingehüllt gegen Sand und Hitze. Die Küstenstädte und auch einige Siedlungen im Binnenland beherbergten geschäftige Händler und Handwerker, doch das Leben verlief geruhsamer als in christlichen Zentren. Die Frauen blieben zu Hause oder schritten in feierlicher Würde einher, Lasten tragend und ihre Gesichter hinter Schleiern verbergend, und die Männer schlenderten ohne Eile durch die Straßen. Das Gewerbe war fast vollkommen auf Handarbeit eingestellt, und die Werkstatt des Handwerkers war ein Vorderanbau an seinem Haus. Er rauchte und schwatzte bei der Arbeit, und manchmal teilte er seinen Kaffee (*qahveh*) und seine Pfeife mit einem verweilenden Kunden.

Im großen und ganzen war der einfache Türke so zufrieden mit seiner Kultur, daß er während Jahrhunderten keine bedeutsame Änderung zuließ. Wie in der römisch-katholischen Lehre war die Tradition so heilig wie die Heilige Schrift. Die Religion war im Islam mächtiger und tiefer verwurzelt als im Christentum; der Koran war sowohl Gesetz als auch Evangelium, und die Theologen waren die offiziellen Interpreten des Rechts. Alljährlich belebte die Wallfahrt nach Mekka die Wüste und die staubigen Straßen mit dem bewegenden Schauspiel frommer Pilger. Doch in den oberen Klassen fanden die von den Mutaziliten des 8. Jahrhunderts formulierten und während des Zeitalters des Glaubens von muslimischen Dichtern und Philosophen weiterentwickelten Irrlehren breite und geheime Zustimmung. Aus Konstantinopel berichtete 1719 Lady Mary Wortley Montagu:

«Die Effendis [das sind die Gebildeten] ... haben in die Inspiration Mohammeds nicht mehr Vertrauen als in die Unfehlbarkeit des Papstes. Sie bekennen sich untereinander oder gegenüber jenen, denen sie trauen können, zum Deismus und sprechen von ihrem Gesetz [den Vorschriften des Korans und der Traditionen] nicht anders als von einer politischen Institution, die heute geeignet sei, von klugen Männern beachtet zu werden, im Anfang jedoch von Politikern und Schwärmern eingeführt worden sei.»[1]

Die Sekten der Sunniten und der Schiiten spalteten den Islam, wie Katholizismus und Protestantismus die westliche Christenheit gespalten hatten, und im 18. Jahrhundert wurde eine neue Sekte von Mohammed ibn-Abd-al-Wahab gegründet, einem Scheich des Nejd, jenes Zentralplateaus, das wir heute als Saudiarabien kennen. Die Wahabiten waren die Puritaner des Islam: sie verurteilten die Verehrung von Heiligen, zerstörten die Gräber und Heiligtümer von Heiligen und Märtyrern, mißbilligten das Tragen von Seide und den Genuß von Tabak und verteidigten das Recht eines jeden Individuums, den Koran nach eigenem Ermessen auszulegen[2]. In all diesen Sekten war der Aberglaube weit verbreitet; religiöse Betrüger und falsche Wundertäter hatten leichtes Spiel, und die meisten Muslimen betrachteten den Bereich der Magie als ebenso wirklich wie die Welt des Sandes und der Sonne[3].

Die Erziehung wurde vom Klerus beherrscht, der die Ansicht vertrat, gute Bürger oder loyale Stammesgenossen könnten durch Schulung des Charakters sicherer herangebildet werden als durch Befreiung des Intellekts. Der Klerus hatte die Schlacht gegen die Wissenschaftler, Philosophen und Historiker gewonnen, die im Islam des Mittelalters in hohem Ansehen gestanden hatten. Astronomie war wieder zur Astrologie, die Chemie zur Alchemie, die Medizin zur Magie, die Geschichte zum Mythos geworden. Doch bei vielen Muslimen nahm eine wortlose Weisheit die Stelle der Erziehung und der Bildung ein. Wie der weise und beredte Doughty schrieb: «Die Araber und Türken, deren Bücher Menschengesichter sind ... und deren Sprache die einfachen Sprüche und tausend alten weisen Sprichwörter ihrer orientalischen Welt sind, kommen der Wahrheit der menschlichen Dinge nahe. Sie sind alte Männer in der Politik in ihrer Jugend, und haben später wenig zu verlernen.»[4] Wortley Montagu versicherte Addison in einem Brief des Jahres 1717, «Männer von Ansehen sind bei den Türken in ihrer Unterhaltung ebenso kultiviert wie alle, die ich in Italien getroffen habe»[5]. Weisheit hat keine Nationalität.

Dichter hat es im Islam immer in großer Fülle gegeben. Die Schrecken der Wüsten, die Weite des Himmels und die Unendlichkeit der Sterne in wolkenlosen Nächten weckten in der Phantasie sowie im religiösen Glauben den Sinn für das Geheimnisvolle, und das Blut idealisierte in behindertem Begehren die Reize, die Frauen durch Verbergen und Bescheidenheit klug erhöhten. 1774 enthüllte Sir William Jones in *Commentaries on Arabic Poetry* aufgeschlossenen Geistern in Westeuropa die Beliebtheit, Anmut und Leidenschaft der Dichtkunst des Islam. Der größte der ottomanischen Dichter im 18. Jahrhundert war Nedim, der in der Zeit des Sultans Ahmed III. (1703–1730) sang:

«Zerstört ist meine Liebe, zerrüttet mir Seele und Herz,
erschöpft all meine Geduld und Hoffnung ...
Als einst ich entblößte ihren Busen, entflohen dem meinen Ruhe und Frieden ...
Heidnisches Muttermal, heidnische Locken, heidnische Augen ...
ihrer grausamen Schönheit Königreich ist ganz Heidentum, fürwahr.
Küsse auf ihren Hals und Küsse auf ihren Busen versprach sie mir.
Weh mir, die Heidin bereut die Treue, die sie mir schwor.
Wer immer dich betrachtet', ward verwirrt,
um deinetwillen weinen und trauern alle Männer in düstrer Verzweiflung.
Süßer als alle süßen Düfte, lichter als alle Farben ist deine zierliche Gestalt,
es ist, als habe eine duftende Rose dich in ihrem Kelch genährt.
In einer Hand eine Rose, einen Becher in der anderen, erscheinst du mir, Süße.
Ach, ich weiß nicht, was – Rose, Becher oder dich? – ich nehmen soll ...
Mich dünkte, ein sprudelnder Quell entsprang dem Strom des Lebens,
als du mir deiner schlanken Glieder Lieblichkeit zeigtest.»[6]

Frauen mußten die Vorteile ihrer schlanken Gestalt nutzen, solange sie konnten, denn sobald ihre Schönheit verblühte, wurden sie in den Winkeln des Harems vergessen. Dies galt nicht nur für die Frauen und Konkubinen des Ehemannes, sondern für alle weiblichen Personen seines Haushalts. Abgeschlossenheit war noch immer ihr Los im 18. Jahrhundert; sie konnten ausgehen, doch nach 1754 mußten sie alles bis auf ihre verlockenden Augen verhüllen, und kein Mann außer Vater, Bruder, Ehemann und Sohn durften ihre Gemächer betreten. Selbst nach dem Tod wurde angeblich diese Trennung der Geschlechter eingehalten: erlöste Frauen hatten ihr eigenes Elysium, abgesondert von den Männern, erlöste Männer kamen in ein anderes Paradies, wo sie von Huris unterhalten wurden – himmlischen Nymphen mit unvergänglichen Reizen. Von Frauen begangener Ehebruch wurde streng bestraft und war selten. Die Araber schworen bei «der Ehre meiner Frauen», und dies war ihr sicherster Eid[7]. Lady Mary berichtete, die türkischen Frauen, mit denen sie zusammentreffen durfte, hätten keinen Groll darüber empfunden, daß sie von den Männern getrennt waren. Einige von ihnen fand sie von Angesicht und Gestalt ebenso hübsch und in ihrem Betragen ebenso kultiviert wie «unsere berühmtesten englischen Schönheiten»[8]. Als sie in eins der vielen öffentlichen Bäder zugelassen wurde, entdeckte sie, daß Frauen sogar ohne Kleidung schön sein konnten. Sie war besonders entzückt von den Damen in einer Badeanstalt in Adrianopel. Sie forderten sie auf, sich zu entkleiden und mit ihnen zu baden; sie bat, sie zu entschuldigen. «Es fiel mir schwer, mich zu entschuldigen, denn ihr Zureden war so ernsthaft, daß ich mich endlich gezwungen sah, mein Kleid zu öffnen und ihnen meine Schnürbrust zu zeigen, womit sie vollkommen zufrieden waren. Wie ich bemerkte, glaubten sie, daß ich in diese Maschine eingeschlossen sei und es nicht in meiner Gewalt hätte, sie zu öffnen, welche listige Erfindung sie meinem Gemahl zuschrieben. Und eine von ihnen bemerkte: 'Seht, wie grausam die armen englischen Damen von ihren Ehemännern behandelt werden.'»[9]

Die Türken waren stolz auf ihre öffentlichen Bäder und hielten sich selbst für reinlichere Menschen als die christlichen Ungläubigen. Viele Personen der oberen und der mittleren Klassen gingen zweimal in der Woche in ein «türkisches Bad», mehr von ihnen einmal in der Woche. Hier saßen sie in einem Dampfraum, bis sie ausgiebig schwitzten. Dann behandelte ein Badediener jedes einzelne ihrer Gelenke, massierte das Fleisch, rieb die Haut mit einem rauhen Tuch und wusch sie; wir hören nicht viel über Arthritis in der Türkei. Einige andere Krankheiten waren weit verbreitet, besonders Augenleiden; Sand und Fliegen infizierten die Augen. Doch die Türken lehrten die Europäer, wie wir gesehen haben, sich gegen die Pocken zu impfen.

Sie zweifelten nicht daran, daß ihre Kultur der des Christentums überlegen war. Sie gaben zu, daß die Sklaverei im Islam weiter verbreitet war, doch sie sahen keinen wirklichen Unterschied zwischen Sklaven in der Türkei und Leibeigenen oder Dienstboten in der christlichen Welt, und Lady Mary und die Etymologie stimmten mit ihnen überein. Sie liebten und pflegten Blumen ebenso eifrig wie wir; auch veranstelteten sie in Konstantinopel unter Ahmed III. (1703–1730) erbitterte Wettbewerbe in der Zucht von Tulpen. Offensichtlich waren es die Türken, die über Venedig und Wien und über die Niederlande die Tulpe, die orientalische Hyazinthe, die Gartenranunkel, den Nußbaum und den Mimosenstrauch in das christliche Europa einführten[10].

Die Kunst war damals in der Türkei wie in den meisten christlichen Ländern im Verfall begriffen. Die Türken betrachteten sich selbst in der Keramik, der Textilkunst, der Wollstickerei, der Dekorationsmalerei und sogar in der Architektur als überlegen. Sie hatten die Kunst geerbt, die abstrakte Malerei mit Logik, Sinnvermittlung und Bedeutung zu erfüllen. Sie waren stolz auf die Pracht ihrer Fayencen (etwa am Brunnen Ahmeds III. in Konstantinopel), den nicht verblassenden Glanz ihrer Kacheln, die Stärke und Feinheit ihrer Gewebe, das unverwüstliche Leuchten ihrer Teppiche. Anatolien und der Kaukasus waren zu jener Zeit berühmt für den Glanz und die Weichheit und die streng geometrischen Muster ihrer Teppiche, besonders ihrer Gebetsteppiche, deren Säulen und Spitzbögen den knienden Gläubigen veranlaßte, sich dem Mihrab zuzuwenden, der in jeder Moschee die Richtung nach Mekka anzeigte. Und die Türken zogen ihre mit Kacheln verkleideten, mit Kuppeln versehenen und von Minaretten gekrönten Moscheen den spitzen Türmen und Bögen und der düsteren Größe gotischer Kathedralen vor. Selbst in dieser Epoche des Verfalls errichteten sie die majestätischen Moscheen von Nuri-Osmanieh (1748) und Laleli-Jamissi (1765), und Ahmed III. wandte den Stil der Alhambra bei dem Palast an, den er 1729 erbaute. Konstantinopel war trotz seinen winkligen Straßen und ungesunden Elendsvierteln wahrscheinlich nicht nur die eindrucksvollste, sondern auch die größte der europäischen Hauptstädte. Seine Bevölkerung von zwei Millionen Seelen[11] war doppelt so groß wie die von London, dreimal wie die von Paris und achtmal wie die von Rom[12]. Als Lady Mary vom Palast des britischen Botschafters aus auf die Stadt und den Hafen schaute, meinte sie, sie böten «vielleicht alles in allem den schönsten Anblick in der Welt»[13].

Über dieses Ottomanische Reich, das sich vom Euphrat bis zum Atlantik erstreckte, regierten die Sultane des Verfalls. Wir haben anderswo[14] die Ursachen dieses Verfalls erörtert: die Verlagerung des Handelsweges von Westeuropa nach Asien auf die Seeroute um Afrika statt der Landroute durch Ägypten oder Westasien, die Zerstörung oder Vernachlässigung der Bewässerungskanäle, die Ausdehnung des Reiches zu einer Größe, die eine wirksame Zentralregierung unmöglich machte, die hieraus resultierende Unabhängigkeit der Paschas und den Separatismus der Provinzen, den Verfall der Zentralregierung durch Korruption, Unfähigkeit und Indolenz, die wiederholten Aufstände der Janitscharen gegen die Zucht, die sie groß gemacht hatte, die Beherrschung von Leben und Denken durch eine fatalistische und fortschrittsfeindliche Religion sowie die Tatenlosigkeit von Sultanen, die Frauenreize mehr lockten als Kriegsruhm.

Ahmed III. begann seine Regierung damit, daß er sich von den Janitscharen vorschreiben ließ, wen er zum Großwesir machte. Es war dieser Wesir, der, als er 200000 Türken am Pruth gegen die 38000 Soldaten Peters des Großen anführte, ein Bestechungsgeld in der Höhe von 230000 Rubel annahm und den in die Enge getriebenen Zaren entkommen ließ (21. Juli 1711). Als Venedig die Montenegriner zur Revolte aufhetzte, erklärte die Türkei Venedig den Krieg (1715) und vollendete die Eroberung Kretas und Griechenlands. Als Österreich intervenierte, erklärte ihm die Türkei den Krieg (1716); doch Eugen von Savoyen besiegte die Türken bei Peterwardein und zwang den Sultan durch den Vertrag von Pasarowitz (1718), Ungarn zu räumen, Belgrad und Teile der Walachei an Österreich abzutreten und bestimmte Festungen in Albanien und Dalmatien Venedig zu überlassen. Ein Versuch, diese Verluste durch Raubüberfälle auf Persien auszugleichen, brachte weitere Rückschläge. Ein von einem Badediener angeführter Mob tötete den Wesir Ibrahim Pascha und zwang Ahmed abzudanken (1730).

Sein Neffe, Mahmud I. (der von 1730 bis 1754 regierte), nahm den Kampf mit dem Westen wieder auf, um den Fluß der Steuern und die Lehren der Theologie zu bestimmen. Ein türkisches Heer entriß Rußland Otschakow und Kinburn, ein anderes Belgrad den Österreichern. Doch der militärische Verfall der Türkei setzte wieder ein unter Mustafa III. (1757–1774). 1762 erklärte Bulgarien seine Unabhängigkeit. 1768 begann die Türkei den Krieg mit Rußland, um die Ausbreitung der russischen Macht in Polen zu verhindern. So begann der lange Kampf, in dem die Armeen Katharinas der Großen den Türken tödliche Schläge beibrachten. Nach Mustafas Tod unterzeichnete sein Bruder Abdul-Hamid I. (1774–1789) den demütigenden Vertrag von Kütschük Kainardschi (1774), der dem türkischen Einfluß in Polen, Südrußland, in der Moldau und in der Walachei sowie der türkischen Herrschaft über das Schwarze Meer ein Ende machte. Abdul-Hamid nahm 1787 den Krieg wieder auf, erlitt katastrophale Niederlagen und starb vor Kummer. Die Türkei mußte warten, bis Kemal Pascha kam, um zwei Jahrhunderte des Chaos zu beenden und einen modernen Staat aus ihr zu machen.

II. DER ISLAM IN AFRIKA

Nachdem die Türken das arabische Ägypten erobert hatten (1517), übertrugen sie dessen Verwaltung an Paschas und Vizekönige. Die Mamelucken, die Ägypten seit 1250 regiert hatten, durften ihre Lokalmacht als Beis der zwölf Sanjaks, in die das Land eingeteilt war, behalten. Während die Paschas ihre Kraft in einem luxuriösen Lebenswandel verloren, erzogen die Beis ihre Soldaten zu persönlicher Loyalität und forderten bald die Autorität der verhaßten Vizekönige heraus. Der energischste dieser lokalen Herrscher war ʿAli Bei, der in seiner Jugend als Sklave verkauft worden war. 1766 setzte er den Pascha ab; 1769 erklärte er Ägypten für unabhängig. Im Fieber seines Erfolgs eroberte er an der Spitze seiner mameluckischen Truppen Arabien, besetzte Mekka und nahm die Titel eines Sultans von Ägypten und eines Khans der zwei Meere (Rotes Meer und Mittelmeer) an. 1771 entsandte er Abu'l-Ahahab mit dreißigtausend Mann, Syrien zu erobern; Abu'l-Ahahab tat dies, verbündete sich dann aber mit der Pforte und führte sein Heer zurück nach Ägypten. ʿAli floh nach Akka, stellte ein neues Heer auf, trat den Streitkräften Abu'l-Ahahabs und der Türken entgegen, kämpfte, bis er durch Wunden kampfunfähig gemacht worden war, wurde gefangengenommen und starb innerhalb einer Woche (1773). Ägypten wurde wiederum eine Provinz des Ottomanischen Reiches.

Trotz diesen Machtschwankungen und Menschenschlächtereien erhielten die Handelsschiffe und Karawanen, der Fleiß der Handwerker, die jährlichen Überschwemmungen des Nils und die Arbeit der Fellachen in dem fruchtbaren Schlamm in Ägypten eine Wirtschaft aufrecht, deren Profite einer von Natur oder durch Zufall mit Eignung oder Stellung ausgestatteten Minderheit zuflossen. Die Ernte der Felder und die Gewinne des Seehandels ernährten die Städte – hier vor allem Alexandria, einen der größten Häfen, und Kairo, eine der volkreichsten Hauptstädte des 18. Jahrhunderts. Die Straßen waren eng, um die Sonne abzuhalten, und malerisch durch Gitterfenster und Balkone, von denen aus die Frauen des Harems ungesehen auf das Leben unter ihnen hinabschauen konnten. Die größeren Straßen wimmelten von Handwerkern, die dem eindringenden Kapitalismus und der Maschinenproduktion Trotz boten. Im Islam war jedes Gewerbe eine Kunst, und die Qualität des Erzeugnisses trat an die Stelle der Quantität. Der Arme schuf schöne Dinge für den Reichen, doch er verkaufte nie seinen Stolz.

Dreihundert Moscheen versprachen den Armen Kairos Hoffnung und schmückten es mit riesigen Kuppeln, schattigen Säulengängen und imposanten Minaretten. Eine Moschee, El Azhar, war auch die Mutteruniversität des Islam. An sie kamen zwei- oder dreitausend Studenten, aus fernöstlichen Ländern wie Malaysia und aus fernwestlichen wie Marokko, um Grammatik, Rhetorik, Theologie, Ethik und Recht des Korans zu studieren. Die Absolventen der Universitäten bildeten den Ulema, den Gelehrtenstand, aus dem die Lehrer und Richter ausgewählt wurden. Es war eine strenge Lebensordnung, geschaffen für eine strenge Orthodoxie in Religion, Moral und Politik.

So änderte sich die Moral kaum von Jahrhundert zu Jahrhundert. Die Pubertät trat früher ein als im Norden. Manche Mädchen heirateten mit zwölf oder dreizehn, einige mit zehn; und mit sechzehn unverheiratet zu sein galt als Schande. Nur die Reichen konnten sich die Polygamie leisten, die vom Gesetz des Korans erlaubt war. Einem gehörnten Ehemann war es durch das Gesetz nicht nur erlaubt, sondern er wurde auch durch die öffentliche Meinung ermutigt, die ungetreue Frau zu töten[15]. Die islamische Theologie betrachtete, wie die christliche, die Frau als Hauptquelle des Bösen, das nur beherrscht werden konnte durch ihre strenge Unterordnung. Die Kinder wuchsen in der Ordnung des Harems auf, sie lernten ihre Mutter lieben und ihren Vater fürchten und ehren. Fast alle von ihnen entwickelten Selbstbeherrschung und Höflichkeit[16]. Gesittete Lebensart war allen Klassen zu eigen, verbunden mit einer gewissen den Frauen zu verdankenden Leichtigkeit und Anmut der Bewegung, welche diese vielleicht dem Umstand verdankten, daß sie Lasten auf dem Kopf trugen. Das Klima verbot die Eile und sanktionierte die Trägheit.

Die Polygamie verhinderte die Prostitution nicht, denn die Prostituierten konnten für die Erregung sorgen, welche die Gewöhnung erstickt hatte. Die Kurtisanen Ägyptens waren berühmt für ihre lasziven Tänze; einige antike Monumente enthüllen das Alter dieses Liebesköders. Jede große Stadt teilte den Prostituierten ein spezielles Viertel zu, in dem sie ihre Künste ohne Furcht vor dem Gesetz praktizieren konnten. Wie in allen Kulturen wurden in erotischen Tänzen geübte Frauen engagiert, sich vor Männergesellschaften zu produzieren, und in manchen Fällen wohnten auch Frauen solchen Darbietungen bei[17].

Die Musik diente sowohl der Liebe als auch dem Krieg. In beiden Fällen spornte sie zum Angriff an und tröstete nach der Niederlage. Berufsmusiker beider Geschlechter konnten zu privater Unterhaltung engagiert werden. Edward Lane schrieb 1833: «Ich habe die berühmtesten 'Awálim in Kairo gehört, und ihre Gesänge haben mir noch mehr gefallen als die besten Leistungen der A'látijeh, und, wenn ich die Wahrheit sagen soll, selbst mehr als irgendeine andere Musik, die ich je gehört habe.»[18] Das Lieblingsinstrument war das *kemengeh,* eine Art schlanker Viola mit zwei Saiten aus Pferdehaar über einer Kokosnußschale, die in der Mitte und an der Spitze teilweise aufgeschnitten und mit einer Fischhaut überspannt war. Der Spieler saß mit untergeschlagenen Beinen auf dem Fußboden, stützte das spitze Ende des Instruments auf den Boden und strich die Saiten mit einem Bogen aus Pferdehaar und Esche, oder der Künstler hielt eine große *chanoon,* Zither, im Schoß und zupfte die Saiten mit Hornstäbchen, die an seinen Zeigefingern befestigt waren. Die antike Laute nahm jetzt die Form einer Gitarre (*'co'd*) an.

Die «Barbaren»-Staaten, die Länder der angeblich barbarischen Berber – Tripolis, Tunesien, Algerien, Marokko –, hielten Einzug in die Geschichte des 18. Jahrhunderts hauptsächlich mit den Heldentaten ihrer Korsaren oder der Ermordung ihrer Beis oder Deis. Diese Regierungen hielten praktisch ihre Unabhängigkeit aufrecht, indem sie den Sultanen in Konstantinopel gelegentlich «Geschenke» schickten. Das Volk lebte vornehmlich von der Landwirtschaft und der Piraterie. Die für christliche Gefangene gezahlten Lösegelder waren ein wesentlicher Teil des Nationaleinkommens; die Korsarenkapitäne waren jedoch meistens Christen[19]. Die Künste fristeten ein kärgliches Dasein, doch die marokkanischen Baumeister besaßen genug Fertigkeit, um das herrliche «Bab-Mansur» mit leuchtenden blauen und grünen Kacheln zu schmücken, das 1732 als Tor an die riesige Palastmoschee des 17. Jahrhunderts des Mulai Ismail in Meknes, den Sitz der marokkanischen Sultane, angebaut worden war. Mulai Ismail schuf während einer Regierung von fünfundfünfzig Jahren (1672–1727) Ordnung in seinem Herrschaftsbereich, zeugte Hunderte von Kindern und glaubte, seine Leistungen berechtigten ihn, eine Tochter Ludwigs XIV. für seinen Harem zu fordern[20]. Es ist schwer für uns, Lebensweisen zu beurteilen, die sehr von der unseren verschieden sind. Doch es mag hilfreich sein, sich der Bemerkung des marokkanischen Reisenden zu erinnern, der nach seiner Rückkehr von einem Besuch in Europa ausrief: «Welch ein Trost, wieder in die Zivilisation zurückzukommen!»[21]

III. PERSIEN: 1722–1789

Ein Perser würde wahrscheinlich mit ähnlichen Worten bei seiner Rückkehr in sein Geburtsland nach einem Aufenthalt im Bereich des Christentums oder gar in dem des Ottomanischen Islam seiner Erleichterung Ausdruck gegeben haben. Bis zum Sturz der Sefewiden-Dynastie (1736) hätte ein gebildeter Perser vermutlich die iranische Kultur höher eingeschätzt als irgendeine andere zeitgenössische Kultur, mit Ausnahme vielleicht der chinesischen. Er hätte das Christentum als eine Rückkehr zu einem volkstümlichen Polytheismus abgelehnt. Er hätte vielleicht die Überlegenheit des Christentums in Wissenschaft, Handel und Krieg anerkannt, hätte jedoch die Kunst der Wissenschaft und das Handwerk der mechanisierten Industrie vorgezogen.

Das 18. war für Persien ein bitteres Jahrhundert. Von den Afghanen im Südosten besiegt, belästigt durch Sklavenraubzüge der Usbeken im Nordosten, beunruhigt durch russische Raubüberfälle im Norden, wiederholt überrannt von großen türkischen Heeren im Westen, verarmt durch die steuerhungrige Tyrannei ihres eigenen prachtliebenden Nadir Schah und zerstückelt durch den brutalen Streit rivalisierender Familien um den persischen Thron – wie konnte der Iran in dieser unruhigen Epoche die großen Traditionen der persischen Literatur und Kunst fortsetzen?

Im 16. Jahrhundert war das heute Afghanistan genannte Land in drei Herrschaftsbereiche aufgeteilt: Kabul unter indischer Herrschaft, Balkh unter usbekischer und Herat und Kandahar unter persischer. In den Jahren 1706–1708 erhoben sich die Afghanen von Kandahar unter Mir (Amir) Vais und vertrieben die Perser. Sein Sohn Mir Mahmud fiel in Persien ein, setzte den Sefewiden-Herrscher Husein ab und machte sich zum Schah. Die Religion stärkte seine Waffen, denn die Afghanen waren Anhänger der sunnitischen, der orthodoxen Form des Mohammedanismus und betrachteten die schiitischen Perser als zu verdammende Ungläubige. Mahmud ließ im Blutrausch dreitausend Leibwächter Huseins, dreihundert persische Adlige und etwa zweihundert Kinder hinrichten, weil er sie verdächtigte, den Tod ihrer Väter zu mißbilligen. Nach langer Pause ließ Mahmud an einem Tag (7. Februar 1725) alle überlebenden Mitglieder der königlichen Familie mit Ausnahme Huseins und zwei seiner jüngeren Kinder hinschlachten. Dann wurde Mahmud wahnsinnig, und im Alter von siebenundzwanzig Jahren wurde er von seinem Vetter Ashraf (22. April 1725) ermordet, der sich selbst zum Schah erklärte. So begann das Blutvergießen, das Persien in diesem Jahrhundert der Lebenskraft beraubte.

Tahmasp, ein Sohn Huseins, wandte sich an Rußland und die Türkei um Hilfe. Diese erklärten sich zur Hilfe bereit, kamen jedoch untereinander überein, Persien unter sich zu teilen (1725). Ein türkisches Heer fiel in Persien ein und nahm Hamadan, Kazvin und Maragha, wurde jedoch von Ashraf bei Kermanshah geschlagen. Den türkischen Truppen mangelte es an Kampfeseifer. Warum, fragten sie, sollten sie gegen ihre sunnitischen Glaubensgenossen, die Afghanen, kämpfen, um die ketzerischen schiitischen Sefewiden wieder an die Macht zu bringen? Die Türken schlossen Frieden mit Ashraf, behielten jedoch die Provinzen, die sie erobert hatten (1727).

Ashrafs Lage schien jetzt gesichert, doch ein Jahr später wurde seine erzwungene Fremdherrschaft durch den Aufstand eines unbekannten Persers in Frage gestellt, der in wenigen Jahren eine der glänzendsten und blutigsten militärischen Karrieren der Geschichte durchlief. Nadir Kuli («Sklave des Wundervollen» – Allahs) wurde in einem Zelt im Nordosten des Irans geboren (1686). Er half seinem Vater beim Hüten ihrer Schaf- und Ziegenherden; er hatte keine Schule genossen, außer der eines harten und abenteuerlichen Lebens. Als er achtzehn war und die Nachfolge seines toten Vaters als Familienoberhaupt angetreten hatte, wurden er und seine Mutter von usbekischen Räubern nach Khiva verschleppt und dort als Sklaven verkauft. Die Mutter starb in der Knechtschaft, doch Nadir entfloh, wurde Häuptling einer Räuberbande, eroberte Kalat, Nishapur und Meshed, erklärte sich und diese Städte als loyal gegenüber Schah Tahmasp und machte es sich zur Aufgabe, die Afghanen aus Persien zu vertreiben und Tahmasp wieder auf den persischen Thron zu setzen. Er erfüllte diese Aufgabe in raschen Feldzügen (1729/30); Tahmasp wurde wiedereingesetzt und machte Nadir zum «Sultan» von Khurasan, Seistan, Kerman und Mazanderan.

Der siegreiche General machte sich bald auf, die Provinzen wiederzuholen, welche die Türken besetzt hatten. Nachdem er die Türken bei Hamadan entscheidend geschlagen hatte (1731), brachte er den Irak und Aserbeidschan unter persische Herrschaft. Auf die Kunde von einer Rebellion in Khurasan hob er die Belagerung von Erivan auf und marschierte rund 2200 Meilen durch den Irak und den Iran, um Herat zu belagern, ein Marsch, gegen den die berühmten Eilmärsche Friedrichs des Großen während des Siebenjährigen Krieges durch Deutschland unbedeutend erscheinen. Inzwischen führte Tahmasp seine Truppen persönlich gegen die Türken, verlor alles, was Nadir gewonnen hatte, und trat Georgien und Armenien an die Türkei ab, als die Türken versprachen, ihm gegen Rußland zu helfen (1732). Nadir eilte zurück aus dem Osten, erklärte den Vertrag für ungültig, setzte Tahmasp ab und sperrte ihn ein, machte Tahmasps sechs Monate alten Sohn zum Schah Abbas III., ernannte sich zum Regenten und schickte der Türkei eine Kriegserklärung.

Nachdem er durch Überredung oder mit Zwang ein Heer von achtzigtausend Mann aufgestellt hatte, marschierte er gegen die Türken. Bei Samarra stieß er auf eine große türkische Streitmacht, angeführt von Topal Osman, der, gelähmt an beiden Beinen, von einer Sänfte aus seine Truppen befehligte. Zweimal wurde Nadir das Pferd unter dem Leib weggeschossen. Sein Standartenträger floh, weil er ihn für tot hielt, ein arabisches Kontingent, auf dessen Hilfe er sich verlassen hatte, wandte sich gegen ihn, die persische Niederlage war vollkommen (18. Juli 1733). Er sammelte die Reste seines Heeres in Hamadan, rekrutierte Bewaffnete und verproviantierte neue Tausende, marschierte wiederum gegen die Türken und besiegte sie bei Leilan in einem Massaker, bei dem Topal Osman getötet wurde. Als im südöstlichen Persien eine neue Revolte ausgebrochen war, marschierte Nadir wiederum von Westen nach Osten und überwältigte den Rebellenführer, der Selbstmord beging. Auf seinem Rückzug durch Persien und den Irak stieß er bei Baghavand (1735) auf achtzigtausend Türken und schlug sie so gründlich, daß die Türken einen Frieden unterzeichneten, in dem sie sich verpflichteten, Tiflis, Gandzha und Erivan an Persien abzutreten.

Nadir hatte nicht vergessen, daß Peter der Große 1722/23 Persien angegriffen, die kaspischen Provinzen Gilan, Astarabad und Mazanderan sowie die Städte Derbend und Baku annektiert hatte. Rußland, an anderen Fronten beschäftigt, hatte Persien die drei Provinzen zurückgegeben (1732). Nun (1735) drohte Nadir, er würde, wenn Rußland sich nicht aus Derbent und Baku zurückzog, sich mit den Türken gegen Rußland verbinden. Die beiden Städte wurden abgetreten, und Nadir zog in Isfahan als der triumphierende Wiedererbauer der persischen Macht ein. Als der Knabe Abbas III. starb (1736) und mit ihm die Sefewidische Dynastie erlosch, machte Nadir, Traum mit Wirklichkeit vermählend, sich zum Nadir Schah.

Weil er glaubte, daß die religiösen Differenzen zwischen der Türkei und Persien an den wiederholten Kriegen schuld waren, erklärte er, daß Persien hinfort sein schiitisches Ketzertum aufgeben und die Orthodoxie des sunnitischen Islam annehmen würde. Als das Oberhaupt der Schiiten diesen Schritt verurteilte, ließ ihn Nadir so heimlich wie möglich erdrosseln. Er konfiszierte die religiösen Stiftungen Kazvins, um die Ausgaben für sein Heer zu bestreiten. Er erklärte, Persien schulde seiner Armee mehr als seiner Religion[22]. Dann machte er, von Sehnsucht nach Krieg gepackt, seinen Sohn Riza Kuli zum Regenten und stellte sich an die Spitze einer Streitmacht von hunderttausend Mann, um Afghanistan und Indien zu erobern.

Ein Jahr lang belagerte er Kandahar. Als es kapitulierte (1738), behandelte er seine Verteidiger so milde, daß eine Gruppe von Afghanen in seinen Dienst trat und ihm bis zu seinem Tod treu blieb. Er marschierte weiter nach Kabul, dem Schlüssel zum Khyber-Paß. Hier versetzte ihn die gemachte Beute in die Lage, sein Heer in guter Stimmung zu halten. Mohammed Schah, der Mogul-Kaiser von Indien, hatte sich geweigert, zu glauben, daß eine persische Invasion möglich sei; einer seiner Gouverneure hatte Nadirs Gesandten getötet. Jetzt überschritt Nadir den Himalaja, nahm Peshawar, überquerte den Indus und näherte sich Delhi bis auf hundert Kilometer, bevor Mohammeds Heer ihm Widerstand leistete. In der Ebene von Karnal trafen sich die riesigen Horden zur Schlacht (1739). Die Inder verließen sich auf ihre Elefanten, die Perser griffen diese geduldigen Tiere mit Feuerkugeln an, die Elefanten wandten sich zur Flucht und stürzten das indische Heer in Unordnung. Zehntausend Inder wurden getötet, noch mehr gefangengenommen; Mohammed Schah kam als ein um Gnade Bittender «in unsere himmlische Gegenwart», berichtete Nadir[23]. Der Sieger verlangte von ihm die Übergabe Delhis und fast all seines beweglichen Reichtums im Gesamtwert von 87500000 Pfund, einschließlich des berühmten Pfauenthrones, der (1628–1635) für Schah Jahan auf dem Höhepunkt der Mogul-Macht angefertigt worden war. Bei einem Aufstand der Bevölkerung wurden einige von Nadirs Soldaten getötet. Er rächte sie, indem er seinem Heer erlaubte, in sieben Stunden hunderttausend Eingeborene zu massakrieren. Als Wiedergutmachung hierfür gab er seinen Sohn Nasrulla Mohammeds Tochter zum Ehemann. Dann kehrte er unbehindert mit dem Anspruch nach Persien zurück, der größte Eroberer seit Timur zu sein.

Er stand vor einer schwierigen Entscheidung. Wenn er sein Heer auflöste, konnten Aufruhr und Plünderung die Folge sein; wenn er es unter den Waffen hielt, mußte es gekleidet und ernährt werden. Er kam zu dem Schluß, daß der Krieg billiger war als der Frieden, wenn der Krieg auf fremdem Boden ausgetragen werden konnte. Wen sollte er als nächsten angreifen? Er erinnerte sich der usbekischen Raubüberfälle auf das nordöstliche Persien, an sein eigenes Sklavenschicksal und an den Tod seiner Mutter in der Knechtschaft. 1740 rückte er an der Spitze seiner Truppen in Usbekistan ein. Der Emir von Bokhara hatte nicht die Kraft und den Mut, Nadirs Vorrücken aufzuhalten. Er unterwarf sich, zahlte eine riesige Entschädigungssumme und erklärte sich einverstanden, daß wie früher der Fluß Oxus die Grenze zwischen Usbekistan und Persien sein sollte. Der Khan von Khiva hatte Nadirs Abgesandten ermorden lassen; Nadir tötete den Khan und ließ Tausende von persischen und russischen Sklaven frei (1740).

Nadir war ganz Soldat und hatte keinen Sinn für die Staatskunst. Der Friede wurde für ihn unerträglich langweilig. Seine ungeheuren Beuteschätze machten ihn habgierig statt großzügig. Nachdem er sich durch den indischen Staatsschatz bereichert hatte, erließ er ein dreijähriges Steuermoratorium für Persien. Dann änderte er seine Meinung und hob alle Erleichterungen auf. Seine Steuereintreiber plünderten Persien aus, als wäre es ein erobertes Land. Er verdächtigte seinen Sohn, er komplottiere, um ihn abzusetzen; er ließ ihn blenden. «Es sind nicht meine Augen, die du ausgelöscht hast», sagte Riza Kuli, «sondern die Augen Persiens.»[24] Die Perser lernten ihren Retter hassen, wie die Russen Peter den Großen hassen gelernt hatten. Die religiösen Führer schürten den Groll einer in ihrem religiösen Glauben beleidigten Nation. Er versuchte, die ausbrechende Rebellion durch Massenexekutionen zu unterdrücken; er errichtete Pyramiden aus den Schädeln der Opfer. Am 20. Juni 1747 betraten vier Mitglieder seiner eigenen Leibwache sein Zelt und überfielen ihn; er tötete zwei von ihnen, die andern metzelten ihn nieder. Ganz Persien gab einen Seufzer der Erleichterung von sich.

Nach ihm fiel das Land zurück in eine Unordnung, die schlimmer war als die unter der afghanischen Herrschaft. Mehrere Provinzkhane erhoben Anspruch auf den Thron; ein Morden um die Wette war die Folge. Ahmed Khan Durrani begnügte sich mit der Gründung des modernen Königreichs Afghanistan; Schah Rukh – großzügig, liebenswürdig, human – wurde kurz nach seiner Thronbesteigung geblendet, verzichtete auf die Krone und regierte über Khurasan bis 1796. Karim Khan ging siegreich aus dem Streit hervor und begründete (1750) die Zand-Dynastie, die bis 1794 an der Macht blieb. Karim machte Schiras zu seiner Hauptstadt, schmückte sie mit schönen Bauten und schenkte Südpersien neunundzwanzig Jahre der Ordnung und des Friedens. Nach seinem Tode nahm die Jagd nach der Macht wieder die Form des Bürgerkrieges an, und das Chaos brach wieder herein.

Mit dem Sturz der Sefewiden-Dynastie durch die Afghanen ging in Persien die letzte seiner großen Kunstperioden zu Ende, und nur einige Leistungen minderen Ranges zierten dieses Jahrhundert. Die Madrasa-i-Schah-Husein (1714) in Isfahan, eine Universität zur Ausbildung von Gelehrten und Juristen, bezeichnete Lord Curzon als «eine der imposantesten Ruinen in Persien»[25]; Sir Percy Sykes bewunderte die «erlesenen Kacheln ... und lieblichen Muster»[26]. Die Kachelbrenner waren die fähigsten der Welt, doch die Verarmung der oberen Klassen durch lange Kriege zerstörte den Markt für Qualitätsware und zwang die Töpfer, aus ihrer Kunst eine Industrie zu machen. Herrliche Bucheinbände aus lackiertem Papiermaché wurden geschaffen. Textilarbeiter produzierten Brokate und Stickereien von vollendeter Feinheit. Perserteppiche, die zwar ihre unter Schah Abbas I. innegehabte Vormachtstellung verloren hatten, wurden noch immer für die Begüterten vieler Nationen gewebt. Besonders in Joshagan, Herat, Kerman und Schiras fertigten die Weber Teppiche, die nur ihren klassischen Vorgängern nicht nachstehen[27].

Die afghanische Herrschaft erstickte die persische Dichtkunst und brachte sie während der nachfolgenden Knechtschaft fast zum Verstummen. Um 1750 stellte Lutf ʿAli Beg Adar ein biographisches Lexikon persischer Dichter zusammen, das sechzig Zeitgenossen umfaßte. Trotz dieses scheinbaren Reichtums beklagte er einen Mangel an guten Schriftstellern in seiner Zeit und schrieb ihn dem herrschenden Chaos und Elend zu, «die einen solchen Grad erreicht haben, daß niemand das Herz hat, Gedichte zu lesen, geschweige denn, sie zu verfassen»[28]. Typisch war das Schicksal des Scheich ʿAli Hazin, der vier Divans (Sammlungen) von Versen schrieb, jedoch bei der Belagerung von Isfahan durch die Afghanen überrascht wurde; alle Angehörigen seines Haushalts starben außer ihm. Er konnte sich retten, floh aus den Ruinen der einst schönen Stadt und verbrachte die letzten dreiunddreißig Jahre seines Lebens in Indien. In seinen *Erinnerungen* (1742) erwähnte er hundert persische Dichter seiner Zeit. Als größter von diesen galt Sayyid Ahmad Hatif von Isfahan. Das wahrscheinlich am meisten gelobte seiner Gedichte war ein begeistertes Bekenntnis zum Glauben an Gott trotz Zweifel und Trostlosigkeit:

In einer Kirche sagte ich zu einer Herzen verzaubernden Christin: «O du, in deren Netz die Herzen sich fangen!
O du, an deren Gürtelkette jedes meiner Haare gefesselt ist!
Wie lange noch willst den Weg zur Göttlichen Einheit verfehlen? Wie lange willst du dem Einen noch die Schande der Dreieinigkeit antun?
Wie kann es recht sein, den Einen Wahren Gott: «Vater, Sohn und Heiliger Geist» zu nennen?
Sie öffnete ihre süßen Lippen und sagte zu mir, während mit ihrem süßen Lachen Zucker von ihren Lippen floß:
«Wenn du das Geheimnis der Göttlichen Einheit kennst, dann wirf auf mich nicht des Unglaubens Stigma!
In drei Spiegel wirft die Ewige Schönheit einen Strahl seines leuchtenden Antlitzes.»
Während wir so redeten, stieg neben uns von der Kirchenglocke dieser Gesang auf:

«Er ist der Eine und außer Ihm ist nichts;
es gibt keinen Gott außer Ihm allein!»

Im Herzen eines jeden Atoms, das du spaltest, wirst in der Mitte du eine Sonne schauen.
Wenn du alles verschenkst, was du liebst, mag als Ungläubiger ich gelten, wenn du auch nur den kleinsten Verlust erleidest!
Du wirst über die engen Grenzen der Dimensionen hinausgelangen und wirst sehen die weiten Bereiche des Raumlosen.
Du wirst hören, was noch kein Ohr gehört, und sehen, was noch kein Auge geschaut,
wenn sie dich an einen Ort gebracht, wo du von der Welt und den Menschen nur den Einen allein sehen wirst.
Diesem Einen sollst du deine Liebe mit Herz und mit Seele schenken, bis du mit dem Auge der Gewißheit klar siehst, daß

«Er ist der Eine und außer Ihm ist nichts;
es gibt keinen Gott außer Ihm allein!»[29]

ZWEITES KAPITEL

Russisches Zwischenspiel

[1725–1762]

I. WERK UND HERRSCHAFT

FRIEDRICH der Große schrieb um 1776: «Von allen Nachbarn Preußens verdient Rußland am meisten Aufmerksamkeit, da es der gefährlichste ist. Es ist mächtig und nahe. Diejenigen, die in der Zukunft Preußen regieren wollen, werden, wie ich, gezwungen sein, die Freundschaft mit diesen Barbaren zu pflegen.»[1]

Immer wenn wir an Rußland denken, müssen wir uns seiner Größe erinnern. Unter Katharina II. umfaßte es Estland, Livland, Finnland (teilweise), das europäische Rußland, den nördlichen Kaukasus und Sibirien. Sein Gebiet erweiterte sich im 18. Jahrhundert von 687000 auf 913000 Quadratkilometer; seine Bevölkerung wuchs von dreizehn Millionen im Jahre 1722 auf sechsunddreißig Millionen im Jahre 1790 an[2]. 1747 schätzte Voltaire Frankreichs oder Deutschlands Bevölkerung um etwas höher ein als die Rußlands, doch er bemerkte, daß Rußland dreimal größer sei als jeder dieser Staaten. Die Zeit und russische Lenden sollten diese gewaltigen Räume füllen.

1722 lebten 97,7 Prozent der russischen Bevölkerung auf dem Land, 1790 waren es immer noch 96,4 Prozent; so langsam schritt die Industrialisierung voran. 1762 waren bis auf zehn Prozent alle Bewohner Bauern und 52,4 Prozent davon Leibeigene[3]. Die Hälfte des Bodens gehörte etwa 100000 Adligen, der größere Teil des Restes dem Staate oder der russisch-orthodoxen Kirche, der kleinere halbfreien Bauern, die ihren lokalen Herren noch immer zu Dienstleistungen und Gehorsam verpflichtet waren. Das Vermögen eines Gutsbesitzers wurde nach der Anzahl der Leibeigenen berechnet; so war Graf Peter Tscheremetjew 140000 Leibeigene reich[4]. Die 992000 Leibeigenen der Kirche bildeten den Hauptteil ihres Reichtums, und 2800000 Leibeigene bebauten 1762 die Ländereien der Krone[5].

Der Adel lieferte die militärischen Führer und die Leiter der Wirtschaftsorganisationen. Er war gewöhnlich vom Militärdienst ausgenommen, leistete ihn jedoch oft freiwillig in der Hoffnung auf Begünstigungen durch die Regierung. Er besaß richterliche Gewalt über seine Leibeigenen, konnte sie bestrafen, sie verkaufen oder sie nach Sibirien verbannen. Normalerweise jedoch gestattete er seinen Bauern, ihre inneren Angelegenheiten durch ihre Dorfversammlung, den Mir, zu regeln. Er war gesetzlich verpflichtet, seinen Leibeigenen das Saatgut zur Verfügung zu stellen und sie während Notzeiten zu unterhalten. Ein Leibeigener konnte seine Freiheit erlangen, indem er sich von seinem Besitzer loskaufte oder Soldat wurde; doch dies erforderte die Zustimmung seines Herrn. Freie Bauern konnten Leibeigene kaufen und besitzen; einige dieser freien Bürger, *Kulaki* (Fäuste) genannt, regelten autoritär die Dorfangelegenheiten, liehen Geld zu Wucherzinsen aus und übertrafen die Grundherren an Ausbeutung und Härte[6]. Herr und Knecht waren eine derbe Rasse, stark an Leib und Seele; sie waren beide eingespannt in das Ringen um den Boden, und die Zucht der Jahreszeiten lag schwer auf ihnen beiden. Manchmal war das harte Los unerträglich. Wiederholt hören wir von Leibeigenen, die in großer Zahl ihren Herren davonliefen und sich in Polen, im Ural oder im Kaukasus verloren: Tausende von ihnen starben unterwegs. Tausende von ihnen wurden von Soldaten gejagt und wieder eingefangen. Immer wieder erhoben sich Bauern in bewaffneten Aufständen gegen Herren und Regierung und lieferten den Truppen verzweifelte Schlachten. Immer wurden sie besiegt, und die Überlebenden ergaben sich wieder in ihr Schicksal, das darin bestand, ihre Frauen mit ihrem Samen zu befruchten und den Boden mit ihrem Schweiß zu düngen.

Einige Leibeigene wurden in Künsten und handwerklichen Fertigkeiten ausgebildet und befriedigten fast alle Bedürfnisse ihrer Herren. Bei einem zu Ehren Katharinas II. gegebenen Fest (berichtet uns der Graf von Ségur) waren der Dichter und der Komponist der Oper, der Architekt, der das Theater gebaut hatte, der Maler, der es ausgeschmückt hatte, die Schauspieler und Schauspielerinnen in dem Drama, die Tänzerinnen im Ballett und die Musiker im Orchester alle Leibeigene des Grafen Tscheremetjew[7]. Während der langen Winter fertigten die Bauern die Kleider und Geräte für das nächste Jahr an. Die städtische Industrie entwickelte sich nur langsam, teils weil jedes Haus eine Werkstatt war und teils weil Transportschwierigkeiten gewöhnlich den Markt auf die nähere Umgebung des Produzenten begrenzten. Die Regierung ermutigte industrielle Unternehmen, indem sie Günstlingen Monopole anbot, manchmal ihnen auch Kapital zur Verfügung stellte, und sie billigte die Betätigung des Adels in Industrie und Handel. Die Anfänge eines Kapitalismus zeigten sich im Bergbau, in der Metallurgie und in der Fabrikation von Munition, wie auch in der fabrikmäßigen Herstellung und Verarbeitung von Textilien, Holz, Zucker und Glas. Den Unternehmern wurde gestattet, Leibeigene als Arbeitskräfte für ihre Fabriken zu kaufen. Solche «gekaufte Bauern» waren jedoch nicht an den Besitzer, sondern an das Unternehmen gebunden. Ein Regierungsdekret von 1736 verpflichtete sie und ihre Nachkommen, in ihren Fabriken zu bleiben, bis ihnen offiziell erlaubt wurde, sie zu verlassen. In den meisten Fällen wohnten sie in Baracken, oft isoliert von ihren Familien[8]. Die Arbeitszeit betrug elf bis fünfzehn Stunden für Männer pro Tag, mit einer Stunde für das Mittagessen. Die Löhne lagen zwischen vier und acht Rubel pro Tag für Männer, zwischen zwei und drei Rubel für Frauen; doch einige Unternehmer gaben ihren Arbeitern Verpflegung und Unterkunft und bezahlten ihre Steuern. Nach 1734 nahm die Zahl der «freien» – nichtleibeigenen – Arbeitskräfte in Fabriken zu, da sie williger arbeiteten und ihren Arbeitgebern größere Gewinne einbrachten. Die Arbeitskraft war zu billig, um die Erfindung oder Anwendung von Maschinen zu begünstigen; doch 1748 verwendete Pulzunow in seinen Eisenwerken im Ural eine Dampfmaschine[9].

Zwischen dem Adel und der Bauernschaft bildete sich langsam ein kleiner und politisch machtloser Mittelstand. 1725 waren etwa drei Prozent der Bevölkerung Kaufleute: Händler in den Dörfern und Städten und auf den Märkten, Importeure von Tee und Seide aus China, von Zucker, Kaffee, Gewürzen und Drogen aus Übersee und von feinen Tuchen, Keramik und Papier aus Westeuropa, Exporteure von Holz, Terpentin, Pech, Talg, Flachs und Hanf. Karawanen zogen nach China über sibirische oder kaspische Routen; Schiffe liefen aus von Riga, Reval, Narwa und St. Petersburg. Auf den Flüssen und Kanälen spielte sich ein größerer Teil des Handelsverkehrs ab als auf den Straßen und auf dem Meer.

Im Zentrum dieses internationalen Handels lag Moskau. Räumlich war es die größte Stadt in Europa, mit langen, breiten Straßen, vierhundertvierundachtzig Kirchen, einhundert Palästen, Tausenden von Hütten und einer Bevölkerung von 277535 Seelen im Jahre 1780[10]. Hier sprachen Russen, Franzosen, Deutsche, Griechen, Italiener, Engländer, Holländer und Asiaten ihre eigenen Sprachen und verehrten in Freiheit ihre eigenen Götter. St. Petersburg war die Zitadelle der Regierung, einer französisierten Aristokratie, der Literatur und der Kunst. Moskau war die Nabe von Religion und Handel, eines halb orientalischen, noch mittelalterlichen Lebens und eines eifersüchtigen und bewußt slawischen Patriotismus. Dies waren die rivalisierenden Punkte, um die sich die russische Kultur entwickelte, manchmal die Nation in zwei Teile zerreißend, so wie eine Zelle sich teilt, sie dann wieder zu einer dichten Einheit verschmelzend, die vor dem Ende des Jahrhunderts der Schrecken und Schiedsrichter Europas werden sollte.

Es war unmöglich, daß ein Volk, so in Anspruch genommen und verroht im Kampf mit der Natur, so bar aller Kommunikationsmöglichkeiten und Daseinssicherheit, mit so geringen Bildungschancen und so wenig Zeit zum Nachdenken, die risikovollen Vorteile der Demokratie wahrnahm, ausgenommen in isolierten Dörfern. Der Feudalismus war unvermeidlich in der Wirtschaft, ebenso die Monarchie in der zentralen Regierung. Es war zu erwarten, daß die Monarchie durch Adelscliquen häufig gestürzt werden würde, die über eigene militärische Macht verfügten; daß die Monarchie versuchen würde, sich absolut zu machen; und daß sie sich auf die Religion stützen würde, um durch ihre Soldaten, Polizisten und Richter soziale Stabilität und inneren Frieden zu erhalten.

Korruption verstopfte alle Wege der Verwaltung. Selbst die reichen Adligen, die den Thron umgaben, waren zugänglich für «Geschenke». «Wenn es einen russischen Beweis gegen Schmeichelei gibt», sagte der fast zeitgenössische Castéra, «es gibt bestimmt keinen, der der Versuchung des Goldes widerstehen kann.»[11] Adlige ernannten die Palastwache, die «Herrscher» einsetzte und absetzte, sie bildeten eine Offizierskaste in der Armee, sie besetzten den Senat, der unter Elisabeth die Gesetze machte, sie leiteten die *collegia,* Ministerien, beeinflußten maßgeblich die Außenpolitik, das Gerichtswesen, die Industrie, den Handel und die Finanzen, sie ernannten die Schreiber, welche die Bürokratie in Gang hielten, sie lenkten den Herrscher in seiner Wahl der Gouverneure, der Verwalter der «Guberniyas», in die das Reich eingeteilt war, und nach 1761 wählten sie die *voevodi* aus, welche die Provinzen regierten. Über allen Zweigen der Verwaltung wachte ein fiskalischer Fahndungsdienst, der sich meistens aus dem Mittelstand rekrutierte und autorisiert und beauftragt war, Unterschlagungen zu entdecken und zu bestrafen. Doch seine Arbeit war trotz der großzügigen Verwendung von Informanten zum Scheitern verurteilt, denn wenn der Monarch jeden der Bestechlichkeit schuldigen Beamten entlassen hätte, wäre die Staatsmaschinerie zusammengebrochen. Die Steuereinnehmer hatten so klebrige Finger, daß kaum ein Drittel ihrer Einnahmen in den Staatsschatz gelangte[12].

II. RELIGION UND KULTUR

Die Religion spielte eine besonders wichtige Rolle in Rußland, denn die Armut war groß, und wer mit der Hoffnung handelte, fand viele Abnehmer. Skeptizismus war auf eine Oberschicht beschränkt, die französisch lesen konnte, und die Freimaurerei hatte hier viele Anhänger[13]. Doch die ländliche und der größere Teil der städtischen Bevölkerung lebte in einer übernatürlichen Welt ehrfürchtiger Frömmigkeit, war umringt von Teufeln, bekreuzigte sich ein dutzendmal am Tag, flehte die Heiligen um Fürbitte an, verehrte Reliquien, war eingeschüchtert durch Wunder, zitterte vor bösen Vorzeichen, kniete vor Heiligenbildern und sang mit dröhnenden Stimmen düstere Hymnen. Die Kirchenglocken waren riesig in ihren Maßen und mächtig in ihrem Klang. Boris Godunow hatte eine von 288000 Pfund gießen lassen, doch die Kaiserin Anna Iwanowna übertraf ihn mit einer von 432000 Pfund[14]. Die Kirchen waren immer gefüllt; das Ritual war hier feierlicher und die Gebete waren inbrünstiger als in dem halbheidnischen päpstlichen Rom. Die russischen Priester, jeder von ihnen ein *papa,* Pope, trugen ehrfurchtgebietende Bärte und wallendes Haar und dunkle bis an die Füße reichende Gewänder (denn Beine waren unvereinbar mit Würde). Sie kamen selten mit der Aristokratie oder dem Hof zusammen, sondern lebten in bescheidener Einfachheit im Zölibat in ihren Klöstern oder verheiratet in ihren Pfarrhäusern. Äbte und Priore führten ein strenges Regiment über die Mönche, Äbtissinnen über die Nonnen; denn der weltliche Klerus unterstand den Bischöfen, diese den Erzbischöfen, diese den Provinzialmetropoliten und diese dem Patriarchen in Moskau, und die Kirche als Ganzes anerkannte den weltlichen Herrscher als ihr Oberhaupt. Außerhalb der Kirche gab es Dutzende von religiösen Sekten, die miteinander in Mystizismus, Frömmigkeit und Haß wetteiferten.

Die Religion diente dazu, einem Moralkodex Geltung zu verschaffen, der es jedoch kaum vermochte, die starken Triebe eines primitiven Volkes zu unterdrücken. Die Adligen des Hofes übernahmen die Moral, die Umgangsformen und die Sprache der französischen Aristokratie. Ihre Ehen waren Transaktionen um Grundbesitz und wurden durch Liebhaber und Mätressen erleichtert. Die Frauen des Hofes erhielten eine bessere Bildung als die Männer, doch in Augenblicken der Leidenschaft konnten sie sich zu unflätigen Worten und mörderischer Gewalttat hinreißen lassen. Die Sprache des Volkes war roh, Gewalttätigkeiten waren häufig; robuste Knochen und dicke Haut machten anfällig für Grausamkeit. Jedermann spielte und trank entsprechend seinen

Mitteln und stahl entsprechend seiner Stellung[15], doch jedermann war wohltätig, und die Hütten übertrafen die Paläste an Gastfreundlichkeit. Brutalität und Güte wohnten dicht beieinander.

Die Kleidung variierte zwischen den Gegensätzen der Pariser Moden am Hof und der Pelzkappen, Schafsfelle und dicken Fäustlinge der Bauern, den Seidenstrümpfen der Adligen und den um die Beine und Füße der Leibeigenen gewickelten Wollbinden. Im Sommer badete das Volk, Männer und Frauen gemeinsam, nackt in den Strömen. Russische Bäder waren, wie die türkischen, Roßkuren, jedoch sehr beliebt. Sonst kümmerte man sich wenig um die Hygiene, die sanitären Einrichtungen waren primitiv. Die Adligen rasierten sich, der gemeine Mann ließ trotz dem Ukas Peters des Großen seinen Bart wild wachsen.

Fast in jedem Haus gab es eine Balalaika, und St. Petersburg hatte unter Elisabeth und Katharina II. die Oper aus Italien und Frankreich eingeführt. Hierher kamen berühmte Komponisten und Dirigenten und die besten Sänger und Virtuosen der Zeit. Die musikalische Erziehung wurde großzügig gefördert und trug ihre Früchte musikalischer Genies in der zweiten Hälfte des 19. Jahrhunderts. Aus ganz Rußland wurden verheißungsvolle männliche Stimmen zur Ausbildung an die führenden Kirchen geschickt. Da der griechische Ritus keine Instrumente in den Chören zuließ, hatten die Stimmen freies Spiel und erreichten eine seltene Vollkommenheit des Klangs und der Harmonie. Knaben sangen die Sopranstimmen, doch es waren die Bässe, die so manchen Ausländer in Erstaunen versetzten durch ihre Tiefe und die Breite ihrer Ausdrucksmöglichkeiten, die von zärtlichem Flüstern bis zu mächtigem Dröhnen reichte.

Wer komponierte diese bewegende Musik für Rußlands Chöre? Meistens unbekannte und vergessene Mönche. Zwei davon erlangten im 18. Jahrhundert Berühmtheit. Maxim Sosontowitsch Beresowski war ein ukrainischer Knabe, dessen Stimme für die Anbetung Gottes bestimmt schien. Katharina II. schickte ihn auf Staatskosten nach Italien, damit er die bestmögliche musikalische Erziehung erhalte. Er lebte mehrere Jahre in Bologna und erlernte unter Padre Martini die Kunst des Komponierens. Nach Rußland zurückgekehrt, schrieb er religiöse Musik, die russische Innigkeit mit italienischer Eleganz vereinigte. Seine Bemühungen, den Gesang der Chöre zu reformieren, stießen auf orthodoxen Widerstand; er verfiel in Schwermut und beging im Alter von zweiunddreißig Jahren Selbstmord (1777)[16]. Noch berühmter war Dimitri Stepanowitsch Bortniansky. Mit nur sieben Jahren wurde er in den Hofkirchenchor aufgenommen. Kaiserin Elisabeth beauftragte Galuppi, ihn zu unterrichten. Als Galuppi nach Italien zurückkehrte, schickte Katharina II. Dimitri mit ihm nach Venedig, von hier aus ging er nach Bologna zu Padre Martini und dann nach Rom und Neapel, wo er Musik im italienischen Stil komponierte. 1779 kehrte er nach Rußland zurück, wurde bald zum Dirigenten des Hofkirchenchores ernannt und hatte diese Stellung bis zu seinem Tod (1825) inne. Für den Chor komponierte er eine griechische Messe und vertonte fünfundvierzig Psalmen, in vier und acht Sätzen. Seiner Erziehung verdankte der Chor die Vollkommenheit, die ihn zu einem der Wunder der musikalischen Welt machte. 1901 feierte man in St. Petersburg mit Pomp seinen 150. Geburtstag.

Französischer Einfluß beherrschte die russische Kunst, doch die führende Gestalt war ein Italiener, Francesco (oder Bartolomeo) Rastrelli. Sein Vater Carlo war von Peter dem Großen nach Rußland gerufen worden (1715) und hatte von Peter eine Reiterstatue und eine lebensgroße Statue der Kaiserin Iwanowna in Bronze gegossen. Sein Sohn übernahm den Louis-quinze-Stil, den Carlo aus Frankreich mitgebracht hatte, ergänzte ihn durch Ideen, zu denen ihn die Barock-Meisterwerke Balthasar Neumanns und Fischer von Erlachs in Deutschland und Österreich inspiriert hatten, und paßte diese Einflüsse so harmonisch den russischen Bedürfnissen und Stilformen an, daß er der Lieblingsarchitekt der Zarin Elisabeth wurde. Fast jedes russische zwischen 1741 und 1765 errichtete Bauwerk von künstlerischem Rang wurde von ihm oder seinen Schülern entworfen. Am rechten Ufer der Newa baute er (1732–1754) den Winterpalast, der 1837 niederbrannte, doch vermutlich nach dem Originalplan wieder aufgebaut wurde: eine monströse Masse von Fenstern und Säulen in drei Reihen, gekrönt von Statuen und Zinnen. Mehr nach Elisabeths Geschmack war der Palast von Zarskoje Selo (Zarendorf) auf einem Hügel vierundzwanzig Kilometer südlich von St. Petersburg. Zu seiner Rechten baute er eine Kirche. Im Innern des Palastes führte eine feierliche Treppe zu einer Grande Galerie, die bei Tage durch riesige Fenster und bei Nacht durch sechsundfünfzig Kronleuchter beleuchtet wurde; am hinteren Ende der Galerie lagen der Thronsaal und die Wohnräume der Kaiserin. Ein chinesisches Zimmer zollte den üblichen Tribut des 18. Jahrhunderts an die chinesische Kunst, ein Bernsteinzimmer war mit Bernsteinplatten getäfelt, die Peter der Große von Friedrich Wilhelm I. gegen fünfundfünfzig große Grenadiere eingetauscht hatte, und eine Bildergalerie beherbergte einige der kaiserlichen Sammlungen. Die Ausschmückung des Inneren war im Rokokostil gehalten; ein Engländer bezeichnete sie als eine «Mischung aus Barbarei und Pracht»[17]. Katharina II., die – wenn auch nur in ihrem Geschmack – zu keuscher Einfachheit neigte, ließ die goldenen Ornamente der Fassade entfernen.

Die Literatur entwickelte sich langsamer als die Kunst. Die geringe Anzahl der Leser entmutigte, die Zensur durch Kirche und Staat beengte deren Druck und Verbreitung, und die russische Sprache hatte sich in Grammatik und Vokabular noch nicht zu einem literarischen Medium verfeinert. Und dennoch trugen sich, selbst vor der Thronbesteigung Elisabeths (1742), drei Schriftsteller in das Buch der Geschichte ein. Wassili Tatischtew war ein Mann der Tat und ein Denker, Reisender und Historiker, Diplomat und Philosoph. Er liebte Rußland, war jedoch aufgeschlossen für die wirtschaftliche und intellektuelle Entwicklung im Westen. Einer von mehreren verheißungsvollen jungen Männern, die Peter zur intellektuellen Weiterbildung ins Ausland schickte, kam mit gefährlichen Ideen zurück: er hatte, im Original oder in Zusammenfassungen, Bacon, Descartes, Locke, Grotius und Bayle gelesen, hatte seinen orthodoxen Glauben verloren und ließ die Religion nur als Werkzeug der Regierung zu[18]. Er diente Peter in gefährlichen Feldzügen, wurde Gouverneur von Astrachan und kam wegen Veruntreuung vor Gericht[19]. Auf seinen Wanderungen sammelte er einen Schatz von geographischen, ethnologischen und historischen Daten, die er in einer Geschichte Rußlands verwendete. Das Buch beleidigte den Klerus, niemand wagte vor den frühen und liberalen Jahren der Regierung Katharinas II. (1768–1774) es zu drucken.

Fürst Antioch Kantemir setzte die Revolte gegen die Theologie fort. Als Sohn eines moldauischen *hospodar* (Gouverneur) wurde er in seinem dritten Lebensjahr nach Rußland gebracht, erlernte sechs Sprachen, diente in den Botschaften von London und Paris, lernte Montesquieu und Maupertuis kennen, schrieb nach seiner Rückkehr Satiren auf jene «panslawistischen» Patrioten, die sich der Ansteckung des russischen Lebens durch westliche Ideen widersetzten. Nachstehend (in Prosaübersetzung) ein Auszug aus seinem Gedicht «An meinen Verstand»:

«Unreifer Verstand, Frucht jüngster Studien, sei ruhig, drücke mir nicht die Feder in die Hand ... viele leichte Wege führen in unseren Tagen zu Ehren. Der am wenigsten annehmbare ist derjenige, den die neun barfüßigen Schwestern [die Musen] aufgezeigt haben ... auf ihm mußt du dich schinden und plagen, und während du schuftest, meiden dich die Menschen wie die Pest, beschimpfen dich, hassen dich ... ‹Wer über Büchern hockt, wird Atheist›, so grollt Crito, seinen Rosenkranz in den Händen, ... und heißt mich sehen, wie gefährlich der Samen des Lernens ist, den man unter uns geworfen hat: unsere Kinder haben ... zum Entsetzen der Kirche begonnen, die Bibel zu lesen, sie diskutieren über alles, wünschen die Ursache von allem zu wissen und setzen wenig Vertrauen in den Klerus ...

O Verstand, ich rate dir, dümmer zu sein als ein Kloß ... beklage dich nicht über deine Unwissenheit ... wenn gnädige Weisheit dich etwas gelehrt hat, erkläre es nicht anderen.»[20]

Kantemir erregte weiteren Anstoß durch seine Übersetzung von Fontenelles *Entretiens sur la pluralité des mondes*. Das Buch wurde als kopernikanisch, ketzerisch und gotteslästerlich verdammt, doch Kantemir narrte seine Verfolger, indem er mit sechsunddreißig Jahren starb (1744). Erst 1762 fanden seine Satiren einen Verleger.

Unter der Zarin Elisabeth begann die russische Literatur eigenständig und mehr zu werden als nur ein Echo der französischen. Michail Lomonosow erlag mehr dem deutschen Einfluß. Nachdem er in Marburg und Freiburg studiert hatte, heiratete er eine Deutsche und nahm außer ihr einen großen Wissensschatz mit nach St. Petersburg. Er wurde der Löwe der Akademie, Meister in allem, selbst im Trinken[21]. Er lehnte es ab, sich zu spezialisieren, wurde Metallurgist, Geologe, Chemiker, Elektriker, Astronom, Wirtschaftskundler, Geograph, Historiker, Philologe und Rhetoriker. Puschkin nannte ihn «die erste russische Universität»[22]. Und darüber hinaus war er ein Dichter.

Sein Hauptmitbewerber um den Applaus der Intelligenz war Alexej Sumarokow, der einen Band eigener und von Lomonosow verfaßten Oden veröffentlichte, um die Unterlegenheit des letzteren zur Schau zu stellen. (Der Unterschied war geringfügig.) Das wirkliche Verdienst Sumarokows war seine Begründung eines russischen Nationaltheaters (1756). Für dieses schrieb er Stücke im Geist und Stil Racines und Voltaires. Elisabeth zwang die Höflinge, den Aufführungen beizuwohnen, doch als sie keinen Eintritt bezahlten, beklagte sich Sumarokow, sein Gehalt von fünftausend Rubel im Jahr reiche nicht aus, sein Theater und ihn selbst am Leben zu erhalten. «Was einst in Athen zu sehen war, was heute in Paris zu sehen ist, ist dank mir auch in Rußland zu sehen ... In Deutschland hat ein Haufe von Dichtern nicht fertiggebracht, was ich allein durch meine Bemühungen erreicht habe.»[23] 1760 ging er enttäuscht nach Moskau, doch hier war er dank seiner Streitsucht bald mittellos. Er ersuchte Katharina II., ihn auf Staatskosten ins Ausland zu schicken, und versicherte ihr: «Wenn Europa von einer Feder wie der meinen beschrieben würde, wäre eine Auslage von dreihunderttausend Rubel klein.»[24] Katharina ertrug ihn, bis er sich zu Tode trank (1777).

Bei der Darstellung der russischen Literatur des achtzehnten Jahrhunderts darf nicht das romantische Leben einer schreibenden Fürstin vergessen werden. Natalia Borisowna Dolgoruckaya war die Tochter des Grafen und Feldmarschalls Boris Tscheremetjew, eines Waffenbruders Peters des Großen. Im Alter von fünfzehn Jahren (1729) «strahlend schön» und «eine der reichsten Erbinnen in Rußland»[25], wurde sie mit Wassili Lukitsch Dolgorucky, dem Günstling Zar Peters II., verlobt. Bevor sie heiraten konnten, starb Peter, und seine Nachfolgerin verbannte Wassili nach Sibirien. Natalia bestand darauf, mit ihm vermählt zu werden und ihm ins Exil zu folgen. Sie lebte acht Jahre mit ihm in Tobolsk und gebar ihm zwei Kinder. 1739 wurde er hingerichtet. Nach drei weiteren Jahren Exil wurde ihr erlaubt, in das europäische Rußland zurückzukehren. Nachdem sie die Erziehung ihrer Kinder abgeschlossen hatte, trat sie in ein Kloster in Kiew ein. Hier schrieb sie auf Bitten ihres Sohnes Michail ihre *Memoiren* (1768), die ihr Enkel, der Dichter und Fürst Iwan Michailowitsch Dolgorucky, 1810 veröffentlichte. Drei russische Dichter haben ihr Andenken gefeiert, und Rußland verehrt sie als das Vorbild der vielen russischen Frauen, welche die Revolution durch ihren Heroismus und ihre Standhaftigkeit adelten.

Alles in allem war die russische Kultur eine Mischung von unausweichlicher Zucht und brutaler Ausbeutung, von Mitleid und Gewalttätigkeit, von Gebet und Lästerung, von Musik und Hoheit, von Treue und Grausamkeit, von serviler Unterwürfigkeit und unbezwinglicher Tapferkeit. Diese Menschen konnten die Tugenden des Friedens nicht entwickeln, denn sie hatten während langer Winter und langer Winternächte einen bitteren Kampf mit den arktischen Winden zu kämpfen, die unbehindert über ihre gefrorenen Ebenen hinwegfegten, sie hatten weder die Renaissance noch die Reformation gekannt und waren so – ausgenommen in ihrer künstlichen Hauptstadt – im Mittelalter stehengeblieben. Sie trösteten sich mit Rassenstolz und Glaubensgewißheit; es war dies noch kein territorialer Nationalismus, sondern die grimmige Überzeugung, daß ihr «heiliges Rußland» dem Christentum der Patriarchen treu blieb, Christus tiefer ergeben war und eines Tages die Welt beherrschen und erlösen würde, während der Westen sich durch Wissenschaft, Reichtum, Heidentum und Unglauben selbst vernichtete.

III. RUSSISCHE POLITIK: 1725–1741

Zwischen Peter dem Großen und Elisaweta Petrowna ist die russische Geschichte ein düsteres und verwirrendes Kapitel der Intrigen und Palastrevolutionen. Hier, wenn überhaupt irgendwo, können wir mit gutem Gewissen Raum und Zeit sparen. Dennoch muß einiges über diese unrühmliche Zeit gesagt werden, wenn wir die Stellung, den Charakter und das Verhalten Katharinas der Großen verstehen sollen.

Im Jahre 1725 war Piotr Alexejewitsch, der zehnjährige Sohn von Peters ermordetem Sohn Alexej, natürlicher Thronerbe. Doch Peters Witwe, die weder lesen noch schreiben konnte, überzeugte die Palastwache (indem sie ihr den längst überfälligen Sold auszahlte), daß er sie als seine Nachfolgerin bezeichnet habe, und mit ihrer Unterstützung machte sie sich als Katharina I. zur Kaiserin aller Reußen (27. Februar 1725). Dann begann sie zu trinken und an anderen Männern Gefallen zu finden, zog sich regelmäßig um fünf Uhr nachmittags in ihr ausschweifendes Privatleben zurück und überließ die Regierung ihrem früheren Liebhaber Fürst Alexander Danilowitsch Menschikow und einem obersten Rat. Graf Andrei Ostermann, Deutscher von Geburt, übernahm die Außenpolitik und manövrierte Rußland in die Freundschaft mit Deutschland und Österreich und in die Feindschaft gegenüber Frankreich hinein. Plänen Peters I. folgend, verheiratete Katharina ihre Tochter Anna Petrowna mit Karl Friedrich, dem Herzog von Holstein-Gottorp. Das Paar nahm seinen Wohnsitz in Kiel, wo Anna den späteren Peter III. gebar. Katharina, durch ihre Hemmungslosigkeit erschöpft, starb am 6. Mai 1727, nachdem sie den gleichen Piotr Alexejewitsch, dessen Thron sie sich bemächtigt hatte, zu ihrem Erben ernannt hatte.

Peter II. war erst zwölf Jahre alt. Menschikow behielt die Leitung der Regierung und benutzte seine Macht, sich zu bereichern. Eine Gruppe von Adligen unter der Führung der Brüder Iwan und Wassili Lukitsch Dolgorucky stürzte Menschikow und verbannte ihn nach Sibirien, wo er 1729 starb. Ein Jahr später wurde Peter II. von einer Pockenepidemie dahingerafft, und die männliche Linie der Romanow-Dynastie erlosch. Diesem widrigen Zufall verdankte es Rußland, daß es sechsundsechzig Jahre lang von drei Frauen regiert wurde, die den meisten zeitgenössischen Königen in Innen- und Außenpolitik ebenbürtig oder überlegen waren und sie alle, bis auf Ludwig XV., an sexueller Promiskuität übertrafen.

Die erste dieser Zarinnen war Anna Iwanowna, die fünfunddreißig Jahre alte Tochter Iwan Alexejewitschs, des schwachsinnigen Bruders Peters des Großen. Der Rat wählte sie, weil sie in dem Ruf stand, demütig und gehorsam zu sein. Der von den Dolgoruckys und den Golitsyns beherrschte Rat legte «Bedingungen» nieder, die er Anna als Voraussetzung für ihre Bestätigung als Kaiserin in Kurland vorlegen ließ, wo sie damals weilte. Sie unterzeichnete am 28. Januar 1730. Doch weder die Armee noch der Klerus wünschten die Autokratie durch eine Oligarchie zu ersetzen. Eine Delegation der Palastwache suchte Anna auf und bat sie, die absolute Macht zu übernehmen. Durch die Waffen der Wache ermutigt, zerriß sie die «Bedingungen» in Gegenwart des Hofes.

Da sie den russischen Adligen mißtraute, brachte Anna von Kurland die Deutschen mit, an denen sie dort Gefallen gefunden hatte. Ernst von Bühren, oder Biron, der ihr Liebhaber gewesen war, wurde Leiter der Regierung. Ostermann übernahm die Außenpolitik, Graf Christoff von Münnich organisierte das Heer, Löwenwolde, Korff und Keyserling stellten ihre deutsche Tüchtigkeit in den Dienst des neuen Regimes. Die Steuern wurden mit peinlicher Strenge eingezogen, die Erziehung wurde erweitert und verbessert, die Ausbildung zum Staatsdienst wurde geregelt. Mit gleicher Gründlichkeit kerkerte die neue Verwaltung die Dolgoruckys und die Golitsyns ein, verbannte sie oder ließ sie hinrichten.

Sich mit zwei Liebhabern (Biron und Löwenwolde) begnügend, führte Anna ein relativ regelmäßiges Leben, stand um acht Uhr auf, widmete drei Stunden den Regierungsgeschäften und lächelte beifällig, wenn ihre Deutschen die russische Macht erweiterten. Ein Heer unter Münnich drang in Polen ein, setzte den französisch orientierten Stanislaus Leszczyński ab, setzte den Sachsen August III. auf den Thron und tat den ersten Schritt, um Polen an Rußland zu binden. Hierauf drängte Frankreich die Türkei, Rußland anzugreifen; der Sultan erhob Einwände, er sei an seiner persischen Front beschäftigt. Rußland hielt dies für den richtigen Augenblick, der Türkei den Krieg zu erklären, und so begann (1735) der sechzigjährige Kampf um die Beherrschung des Schwarzen Meeres. Annas Diplomaten erklärten, die Türken oder ihre Vasallen in Südrußland beherrschten die Mündungen der fünf großen Ströme – Dnjestr, Bug, Dnjepr, Don, Kuban –, welche die Hauptkanäle des nach Süden fließenden russischen Handels waren. Die halbbarbarischen Muslimstämme, welche die unteren Bekken dieser Ströme bewohnten, seien eine ständige Bedrohung der Christen Rußlands, die nördlichen Ufer des Schwarzen Meeres seien ein natürlicher notwendiger Teil Rußlands, und eine große und wachsende Nation wie Rußland könne nicht länger vom freien Zugang zum Schwarzen Meer und zum Mittelmeer abgeschnitten bleiben. Dies blieb ein Leitmotiv der russischen Politik während des restlichen Jahrhunderts und darüber hinaus.

Das erste Ziel war die Krim, die Halbinsel, die am Nordufer des Schwarzen Meeres eine türkische Festung bildete. Diese Insel zu erobern war das Ziel von Münnichs Feldzug des Jahres 1736. Seine Hauptgegner waren Raum und Krankheit. Er mußte fünfhundert Kilometer Wildnis durchqueren, in der keine Stadt Proviant oder Arznei für seine siebenundfünfzigtausend Mann liefern konnte; achttausend Wagen mußten sie in einer langen Linie begleiten, die an jedem Punkt und in jedem Augenblick den Angriffen tatarischer Stämme ausgesetzt war. Mit brillanter Feldherrenkunst nahm Münnich in neunundzwanzig Tagen Perekop, Koslow und Bachtschisarai (die Hauptstadt der Krim), doch in diesem Monat verbreiteten die Ruhr und andere Krankheiten Mißstimmung und Meuterei unter seinen Männern, so daß er seine Eroberung aufgeben und sich in die Ukraine zurückziehen mußte. Inzwischen nahm ein anderer General Annas Asow, das die Mündung des Dons beherrschte.

Münnich marschierte im April 1737 wiederum nach Süden, dieses Mal mit siebzigtausend Mann, und nahm Otschakow, nahe der Mündung des Bugs. Im Juni schloß sich Österreich dem Angriff gegen die Türken an, doch sein Feldzug ging so übel aus, daß es einen Separatfrieden unterzeichnen mußte; und Rußland, plötzlich der ganzen türkischen Armee alleine gegenüberstehend und von Schweden mit Krieg bedroht, unterzeichnete am 18. September 1739 einen Frieden, der den Türken fast alles, was in drei Feldzügen gewonnen worden war, zurückgab. Dieser Vertrag wurde in St. Petersburg als ein glänzender Triumph gefeiert, der nur hunderttausend Leben gekostet hatte.

Anna überlebte das Ende des Krieges um ein Jahr. Kurz vor ihrem Tod (17. Oktober 1740) ernannte sie zu ihrem Erben den acht Wochen alten Iwan VI., Sohn ihrer deutschgebürtigen Nichte Anna Leopoldowna und des Fürsten Anton Ulrich von Braunschweig, und bestimmte, daß Biron Regent sein sollte, bis Iwan siebzehn war. Doch Münnich und Ostermann hatten nun genug von Biron; sie verbanden sich mit Ulrich und Leopoldowna und schickten ihn nach Sibirien (9. November 1740). Anna Leopoldowna wurde Regentin, mit Münnich als «erstem Minister». Die totale Beherrschung Rußlands durch Teutonen befürchtend, schürten und finanzierten der französische und schwedische Botschafter eine Revolte der russischen Adligen. Zu ihrem geheimen Kandidaten für den Thron wählten sie Elisaweta Petrowna, die Tochter Peters des Großen und Katharinas I.

Elisabeth, wie wir sie nennen werden, war zweiunddreißig Jahre alt, stand jedoch auf dem Höhepunkt ihrer Schönheit, ihres Mutes und ihrer Tatkraft. Sie liebte den Sport und harte Übungen, hatte aber auch viel übrig für amouröse Vergnügungen und unterhielt eine lange Reihe von Liebhabern. Sie besaß nur eine geringe Bildung, schrieb Russisch mit Schwierigkeit, sprach aber fließend Französisch. Sie scheint nicht daran gedacht zu haben, den Thron zu zieren, bis Anna Leopoldowna und Ostermann sie zugunsten von Ausländern zurücksetzten. Als die Regentin die Petersburger Regimenter nach Finnland schicken wollte und die Soldaten angesichts eines Winterkrieges murrten, ergriff Elisabeth die Gelegenheit, zog eine Uniform an, begab sich am 6. Dezember 1741 morgens um zwei Uhr in die Kasernen und rief die Soldaten auf, sie zu unterstützen. An der Spitze eines Regimentes fuhr sie in einem Schlitten zum Winterpalast, weckte die Regentin und schickte sie und den kleinen Zaren ins Gefängnis. Als die Stadt erwachte, stellte sie fest, daß sie einen neuen Herrscher hatte, eine echt russische Kaiserin, eine Tochter des großen Peter. Rußland und Frankreich frohlockten.

IV. ELISABETH PETROWNA: 1741–1762

Es ist schwierig, sich von ihr im Nebel der Zeit und der Vorurteile ein klares Bild zu machen. Katharina II., die ihr 1744 begegnete, sagte von ihr: «Ich muß sagen, man konnte sie nicht zum ersten Male sehen, ohne von ihrer Schönheit und ihrem majestätischen Auftreten überrascht zu sein. Sie war groß, und obwohl sie recht beleibt war, störte das nicht und gab ihren Bewegungen keine Unfreiheit ... Sie trug an diesem Tage einen gewaltigen Reifrock, wie sie es liebte, wenn sie große Toilette machte, was sie übrigens nur tat, wenn sie sich öffentlich zeigte.»[26] Privat war sie skeptisch bis zum Atheismus[27], in der Öffentlichkeit zeigte sie sich fanatisch orthodox. Ein französischer Beobachter vermerkt ihre «Neigung zum Alkohol»[28], doch wir dürfen nicht vergessen, daß Rußland kalt ist und Wodka wärmt. Sie weigerte sich, eine Ehe einzugehen, in der Furcht, dies würde ihre Macht schmälern und Schwierigkeiten schaffen. Manche sagen, sie habe heimlich Alexej Rasumowsky geheiratet; wenn dem so ist, dann war er nur *primus inter pares*. Sie war eitel, liebte den Putz, hatte fünfzehntausend

Kleider, Berge von Strümpfen und zweitausendfünfhundert Paar Schuhe[29], die sie manchmal als Wurfgeschosse bei Streitigkeiten benutzte. Sie konnte ihre Diener und Höflinge in der Sprache eines Sergeanten abkanzeln. Sie ließ grausame Bestrafungen zu, doch im Grunde war sie gutartig[30]. Sie schaffte die Todesstrafe ab, ausgenommen für Hochverrat (1744), die Folter war nur bei schwersten Vergehen erlaubt. Doch das Auspeitschen blieb in Gebrauch, denn Elisabeth glaubte, es müsse ein Mittel geben, die Verbrecher abzuschrecken, welche die Landstraßen und die Städte bei Nacht unsicher machten. Sie konnte unermüdlich sein, aber auch träge. Sie besaß einen scharfen natürlichen Verstand und gab ihrem Land eine so gute Regierung, wie der Stand der russischen Erziehung, Moral, Bildung und Wirtschaft es erlaubte.

Nachdem sie Ostermann und Münnich nach Sibirien verbannt hatte, übertrug sie dem Senat wieder die Führung der Verwaltung und Alexej Petrowitsch Bestuschew-Ryumin das Außenministerium. Katharina II. beschrieb ihn als «großen Intriganten, argwöhnisch, fest und unerschrocken in seinen Grundsätzen, ein unerbittlicher Gegner, doch der treue Freund ihrer Freunde»[31]. Er liebte das Geld, wie meistens alle, die wissen, daß ihre hohe Stellung einen Sturz herausfordert. Als England ihn zu bestechen suchte, schätzte es den Preis für seine Integrität auf hunderttausend Kronen[32]. Wir wissen nicht, ob der Handel zustande kam, doch Bestuschew schlug im allgemeinen eine englische Linie ein; dies war eine natürliche Reaktion darauf, daß Frankreich und Schweden die Türkei gegen Rußland unterstützte. Friedrich der Große seinerseits bot Bestuschew hunderttausend Kronen, wenn er ein Bündnis zwischen Rußland und Preußen zustande bringe. Das Angebot wurde abgelehnt[33], und statt dessen verbündete sich Bestuschew mit Österreich (1745) und England (1755). Als England hierauf eine Allianz mit Preußen schloß (6. Januar 1756), war Bestuschews Glücksspiel gescheitert, und Elisabeth verzichtete hinfort auf seinen Rat. Unter einem neuen Ministerium schloß sich Rußland der französisch-österreichischen «Umkehrung der Bündnisse» an, und der Siebenjährige Krieg begann.

Wir haben gesehen (im 2. Kapitel des ersten Buches in diesem Band), wie der russische General Apraksin die Preußen bei Groß-Jägersdorf (1757) schlug und sich dann mit seiner Armee nach Polen zurückzog. Der französische und der österreichische Botschafter überzeugten Elisabeth, Bestuschew habe Apraksins Rückzug befohlen und konspiriere, um sie abzusetzen. Sie ließ den Kanzler und den General verhaften (1758). Apraksin starb im Gefängnis. Bestuschew erklärte beide Beschuldigungen für falsch, und spätere Erkenntnisse haben seine Unschuld bewiesen. Seine Gegner wollten durch die Folter ein Geständnis von ihm erzwingen, Elisabeth verbot es. Michail Worontsow ersetzte Bestuschew als Kanzler.

Inmitten der Bälle, Glücksspiele, Intrigen, Eifersüchteleien und Gehässigkeiten des Hofes trieb Elisabeth ihre Helfer an, die russische Kultur zu fördern. Ihr junger Günstling Iwan Schuwalow gründete in Moskau eine Universität, errichtete Grundschulen und höhere Schulen, schickte Studenten zur medizinischen Ausbildung ins Ausland und ließ aus Frankreich Architekten, Bildhauer und Maler für die Akademie der Schönen Künste kommen (Akademia Iskustw), die er in der Hauptstadt gründete (1758).

Er korrespondierte mit Voltaire und veranlaßte ihn, eine *Geschichte des russischen Reiches unter Peter dem Großen* (1757) zu schreiben. Sein Bruder Pjotr Schuwalow förderte die Wirtschaft durch Aufhebung der Zölle auf den Binnenhandel. Doch um die Panslawisten zu versöhnen, ließ es Elisabeth zu, daß die religiöse Intoleranz zunahm; sie schloß mehrere Moscheen in den Tatarengebieten und verbannte fünfunddreißigtausend Juden.

Ihre stolzeste Leistung bestand darin, daß ihre Heere und Generäle Friedrich II. wiederholt besiegten, den preußischen Vormarsch aufhielten und im Begriff waren, ihn zurückzuschlagen, als ihr körperlicher Verfall ihre Macht so sehr schwächte, daß sie das französisch-österreichisch-russische Bündnis nicht länger zusammenhalten konnte. Bereits 1755 berichtete der britische Botschafter: «Die Gesundheit der Kaiserin ist schlecht. Sie leidet an Blutspeien, Kurzatmigkeit, ständigem Husten, geschwollenen Beinen und Wasser auf der Brust; doch sie tanzte ein Menuett mit mir.»[34] Jetzt bezahlte sie dafür, der Ehe ein freies Liebesleben vorgezogen zu haben. Kinderlos, hatte sie seit langem jemanden von königlichem Blut gesucht, der den äußeren und inneren Problemen Rußlands gewachsen wäre, und unerklärlicherweise war ihre Wahl auf Karl Friedrich Ulrich gefallen, den Sohn ihrer Schwester Anna Petrowna und Karl Friedrichs, des Herzogs von Holstein-Gottorp. Es war der größte Irrtum ihrer Regierung, doch sie machte ihn wieder gut durch die Wahl seiner Gattin.

V. PETER UND KATHARINA: 1743–1761

Pjotr Feodorowitsch, wie Elisabeth ihren Erben umbenannte, wurde 1728 in Kiel geboren. Als Enkel Peters I. und Karls XII. besaß er die Anwartschaft sowohl auf den russischen als auch auf den schwedischen Thron. Da er von schwacher Gesundheit war, wurde er bis zu seinem siebenten Lebensjahr im Hause gehalten, dann aber, in plötzlichem Wechsel, der Holsteiner Garde zugeteilt, um zum Soldaten erzogen zu werden. Mit neun wurde er Sergeant, marschierte stolz bei Paraden mit und erlernte die Sprache und die Moral der Armeeoffiziere. Mit elf wurde er einem deutschen Hauslehrer anvertraut, der ihn unverzeihlicherweise im lutherischen Glauben erzog, und zwar mit solcher Strenge, daß der Knabe Neurosen entwickelte. Eingeschüchtert durch diesen Pädagogen, zog er sich in sich zurück, wurde scheu und verschlagen[35], «ständig reizbar, eigensinnig, streitsüchtig»[36]. Rousseau hätte ihn vielleicht als Beweis für seine Anschauung angeführt, daß der Mensch von Natur gut ist, jedoch durch eine schlechte Umgebung verdorben wird. Peter hatte ein gutes Herz und den guten Willen, das Rechte zu tun, wie seine königlichen Dekrete uns zeigen werden. Doch man verdarb ihn, indem man ihm Rollen zuteilte, die zu spielen er nicht geschaffen war. Katharina II. sah ihn zum erstenmal, als er elf Jahre alt war, und beschrieb ihn als «gutaussehend, wohlerzogen, höflich», und sie «empfand keinen Widerwillen bei dem Gedanken» seine Frau zu werden[37].

1743 brachte ihn Elisabeth nach Rußland, machte ihn zum Großherzog, bekehrte ihn zum orthodoxen Glauben und versuchte, ihn zum Herrscher zu erziehen. Doch sie «war entgeistert» angesichts der Unzulänglichkeit seiner Bildung und der Unbeständigkeit seines Charakters. In St. Petersburg vermehrte er seine Fehler durch das Laster der Trunksucht. Elisabeth hoffte, dieser seltsame Jüngling könne, mit einer gesunden und intelligenten Frau verheiratet, einen fähigen künftigen Zaren zeugen, bevor sie selbst starb. Mit diesem Mangel an ethnischer Voreingenommenheit, welche die europäische Aristokratie selbst während des Entstehens nationalistischer Staaten kennzeichnete, schaute sich Elisabeth außerhalb Rußlands um und wählte eine unbekannte Prinzessin aus einem der kleinsten deutschen Fürstentümer. Der listige Friedrich II. hatte diese Wahl in der Hoffnung empfohlen, in einem von Deutschland bereits zu fürchtenden Rußland eine befreundete deutsche Zarin zu haben.

An dieser Stelle müssen wir uns mit den Memoiren Katharinas der Großen auseinandersetzen. An ihrer Authentizität besteht kein Zweifel. Sie wurden erst im Jahre 1859 gedruckt, doch das von Katharina eigenhändig geschriebene Manuskript wird im Staatsarchiv in Moskau verwahrt. Sind sie zuverlässig? Im großen und ganzen wird die Geschichte, die sie erzählt, durch andere Quellen bestätigt[38]. Ihr Fehler ist nicht Verlogenheit, sondern Parteilichkeit; sie sind eine mit Witz und Schwung erzählte Geschichte, aber auch teilweise eine Rechtfertigung dafür, daß sie ihren Gatten absetzte und die Nachricht von seiner Ermordung mit Gleichmut aufnahm.

Sie wurde am 21. April 1729 in Stettin in Pommern geboren und nach dreien ihrer Tanten auf die Namen Sophia Augusta Frederika getauft. Ihre Mutter war die Fürstin Johanna Elisabeth von Holstein-Gottorp; durch sie war Katharina eine Kusine Peters. Ihr Vater war Christian August, Fürst von Anhalt-Zerbst in Mitteldeutschland, Generalmajor in Friedrichs Heer. Beide Eltern waren bei der Geburt einer Tochter enttäuscht. Die Mutter trauerte, als wäre es eine Fehlgeburt gewesen. Katharina machte ihr Geschlecht wett, indem sie die Männlichkeit eines Generals und die Staatskunst eines Kaisers entwickelte, trotzdem aber die meistgesuchte und meistgefundene Mätresse in Europa blieb.

Sie hatte alle möglichen Kinderkrankheiten, eine davon so schwer, daß sie danach anscheinend lebenslänglich mißgestaltet war. «Die Wirbelsäule hatte Zickzackform, ... Meine rechte Schulter war höher als die linke ... Daß ich fast die Form eines Z angenommen hatte.» Der lokale Henker, der Spezialist für Verrenkungen geworden war, schloß sie in ein Korsett ein, «das ich Tag und Nacht nicht ablegte, außer um die Wäsche zu wechseln», und «jedenfalls nach eineinhalb Jahren der Behandlung war wieder Hoffnung für mich, gesund zu werden»[39]. Es war ihr so oft gesagt worden, sie sei häßlich, daß sie sich entschloß, Intelligenz als Ersatz für Schönheit zu entwickeln. Das war ein weiterer Beweis für die These, daß ein empfundener Fehler ausgleichende Kräfte entwickelt. Ihre Häßlichkeit verschwand, als die Pubertät Ecken zu Kurven rundete. Trotz ihren Leiden besaß sie «eine glückliche Veranlagung und eine natürliche Lebhaftigkeit, die notwendigerweise gezügelt werden mußte»[40]. Sie wurde von Hauslehrern erzogen, besonders von einem lutheranischen Geistlichen, der unter ihren Fragen litt. «War es nicht ungerecht», fragte sie, «daß Titus, Marc Aurel und alle großen Männer des Altertums, die doch auch tugendhaft gewesen sind, verdammt sein sollen, weil sie das Heil nicht gekannt hatten?» Sie argumentierte so gut, daß ihr Lehrer vorschlug, sie zu züchtigen, doch eine Gouvernante intervenierte. Sie wollte vor allem wissen, was das für ein Chaos gewesen sei, das, nach der Genesis, der Schöpfung vorausgegangen war. «Nichts, was er sagte, befriedigte mich, und schließlich wurden wir beide böse.» «Den dritten Zank hatten wir über die Beschneidung.»[41] Ihre anderen Lehrer und ihre Gouvernante waren Franzosen, so daß sie diese Sprache gut erlernte. Sie las Corneille, Racine und Molière und war für Voltaire vorbereitet. Sie wurde eine der gebildetsten Frauen ihrer Zeit.

Die Kunde von dieser gescheiten Prinzessin erreichte die Kaiserin Elisabeth, die eifrig nach einem Mädchen Ausschau hielt, das Peter durch Osmose Intelligenz vermitteln könnte. Am 1. Januar 1744 erreichte Sophias Mutter eine Einladung, mit ihrer Tochter zu einem Besuch an den russischen Hof zu kommen. Die Eltern zögerten; Rußland erschien gefährlich, unbeständig und primitiv. Sophia aber, die vermutete, daß sie als mögliche Frau für den Großherzog betrachtet wurde, plädierte für eine Zusage. Am 12. Januar begann die lange und schwierige Reise über Berlin, Stettin, Ostpreußen, Riga und St. Petersburg nach Moskau. In Berlin waren sie zu Gast bei Friedrich, und dieser fand Gefallen an Sophia; «... fragte mich nach tausenderlei, redete von der Oper, Komödie, von Poesie, Tanz, was weiß ich alles. Kurz, er sprach von tausenderlei Dingen, über die man eben mit einem vierzehnjährigen Mädchen plaudern kann.»[42] In Stettin «verabschiedete sich mein Vater zärtlich von mir, und dies war das letztemal, daß ich ihn sah; ich weinte bitterlich». Mutter und Tochter, eskortiert von einem verschwenderischen Gefolge, erreichten Moskau am 9. Februar nach einer Schlittenfahrt von zweiundfünfzig Stunden, die in St. Petersburg ihren Anfang genommen hatte.

An diesem Abend traf sie Peter zum zweitenmal und war wiederum günstig beeindruckt, bis er ihr anvertraute, er sei überzeugter Lutheraner und in eine der Hofdamen verliebt[43]. Sie bemerkte, daß sein deutscher Akzent und seine deutschen Umgangsformen den Russen zuwider waren; sie beschloß, gründlich Russisch zu lernen und den orthodoxen Glauben anzunehmen. Sie empfand «wenig mehr als Gleichgültigkeit» gegenüber Peter, jedoch «ich war nicht gleichgültig gegenüber der russischen Krone». Man gab ihr drei Lehrer: für die Sprache, für die Religion und für die russischen Tänze. Sie studierte so eifrig – einmal stand sie mitten in der Nacht auf, um ihre Lektionen zu lernen –, daß sie am 22. Februar an Rippenfellentzündung schwer erkrankte. «Ich schwebte siebenundzwanzig Tage zwischen Leben und Tod, wurde in dieser Zeit sechzehnmal zur Ader gelassen, manchmal viermal am Tag.»[44] Ihre Mutter machte sich bei Hofe unbeliebt, als sie verlangte, daß ein lutherischer Geistlicher gerufen würde. Sophia gewann viele Herzen, als sie nach einem griechischen Priester verlangte. Am 21. April war sie endlich in der Lage, in der Öffentlichkeit zu erscheinen. «Ich war so dünn geworden wie ein Skelett; ... mein Gesicht war abgezehrt, mein Haar fiel aus, und ich war vollkommen bleich.»[45] Die Kaiserin schickte ihr ein Töpfchen Rouge.

Am 28. Juni unterzog sich Sophia mit beeindruckender Frömmigkeit der Zeremonie des Übertritts zum orthodoxen Glauben. Zu ihrem bisherigen Namen wurden Ekaterina Alexejewna hinzugefügt; von nun an hieß sie Katharina. Am nächsten Morgen wurde sie in der großen Kathedrale Uspenski Sobor feierlich mit dem Großherzog Peter verlobt. Alle, die sie sahen, waren angetan von ihrer taktvollen Bescheidenheit; sogar Peter begann sie zu lieben. Nach vierzehn Monaten Lehrzeit wurden sie am 21. August 1745 in St. Petersburg getraut. Am 10. Oktober reiste Katharinas Mutter ab.

Peter war jetzt siebzehn, seine Frau sechzehn. Sie war schön, und er war häßlich, da er während ihres Verlobungsjahres die Blattern gehabt hatte. Sie war wißbegierig und geistig lebendig; er «zeigte», sagte Solowjew, «alle Symptome geistiger Rückständigkeit ähnlich einem erwachsenen Kind»[46]. Er spielte mit Puppen, Marionetten und Bleisoldaten; er war so vernarrt in Hunde, daß er mehrere von ihnen in seiner Wohnung hielt. Katharina war sich nicht im klaren, was schlimmer war, ihr Bellen oder ihr Gestank[47]. Er verbesserte die Situation nicht, indem er auf seiner Violine spielte. Sein Hang zum Alkohol wurde stärker, «seit 1753 betrank er sich fast täglich»[48]. Kaiserin Elisabeth machte ihm oft Vorwürfe wegen seiner Fehler, ging ihm jedoch nicht mit gutem Beispiel voran. Sie war stärker beunruhigt über seine unverhohlene Abneigung gegen Rußland, das er «ein verfluchtes Land»[49] nannte, seine Verachtung für die orthodoxe Kirche und den Klerus, und vor allem seine Vergötterung Friedrichs des Großen, selbst während Rußland und Preußen miteinander im Krieg lagen. Er umgab sich mit einer «Holsteiner Garde» von Soldaten, die fast alle Deutsche waren. In seinem Lustschloß in Oranienbaum kleidete er seine Diener in deutsche Uniformen und unterzog sie dem preußischen Drill. Als die russischen Generäle Fermor und Saltykow die Preußen 1759 schlugen, unterließen sie es, ihre Siege auszunutzen, aus Furcht, Peter zu beleidigen[50], der jeden Augenblick Zar werden konnte.

Die Ehe wurde fast ein Konflikt der Kulturen, denn Katharina förderte ihre Bildung durch das Studium der Literatur Frankreichs. Es erscheint unglaublich, daß diese junge Frau in ihren unglücklichen Jahren als Großherzogin Platon, Plutarch, Tacitus, Bayle, Voltaire, Diderot und Montesquieu las, dessen *Geist der Gesetze* nach ihren Worten «das Brevier eines jeden verständigen Herrschers sein müßte»[51]. Solche Bücher müssen Katharinas religiösen Glauben vollkommen zerstört haben – obwohl sie fortfuhr, das orthodoxe Ritual eifrigst zu beobachten – und vermittelten ihr jene Vorstellung vom «aufgeklärten Despotismus», die Friedrich eine Generation zuvor von Voltaire übernommen hatte.

Inzwischen war (wenn wir ihrem Bericht glauben können) «die Ehe zwischen mir und dem Großherzog noch nicht vollzogen worden»[52]. Castéra, der 1800 eine gutinformierte und feindselige Biographie Katharinas schrieb, glaubte, daß «Peter einen Defekt hatte, der, da er leicht zu beheben war, um so grausamer erschien; die Heftigkeit seiner Liebe, seine wiederholten Versuche konnten die Vollziehung dieser Ehe nicht vollbringen»[53] – eine bemerkenswerte Parallele mit Ludwig XVI. und Marie-Antoinette. Vielleicht war die Abneigung, die Katharina während ihrer langen Verlobungszeit gegen Peter entwickelt hatte, für ihn so deutlich geworden, daß sie ihn psychologisch impotent machte. Er wandte sich bald anderen Frauen zu, nahm sich eine Reihe von Mätressen, die hofften, Katharina als Großherzogin zu ersetzen. In ihrem Bericht waren diese ersten Ehejahre für sie Jahre des Elends. Als die Kaiserin (nach Horace Walpole) sie eines Tages fragte, warum ihrer Vereinigung noch keine Nachkommenschaft entsprungen sei, antwortete sie, es könne keine erwartet werden – womit sie meinte, daß ihr Mann impotent sei. «Elisabeth erwiderte, der Staat brauche Thronfolger, und überließ es der Großherzogin, sie mit anderweitiger Unterstützung zu besorgen. Ein Sohn und eine Tochter waren die Früchte ihres Gehorsams.»[54] Madame Maria Schoglokowa, die Katharina von Elisabeth als Hofdame zugeteilt war, erklärte der Großherzogin (nach deren Worten), es gebe Ausnahmen vom Gebot der ehelichen Treue. Sie versprach, das Geheimnis zu wahren, wenn Katharina einen Liebhaber nehme[55], und «es kann kaum ein Zweifel bestehen, daß diese verschämte Anregung nicht von der Hofdame, sondern von der Kaiserin selbst kam»[56]. Wir müssen diese Angelegenheit in der Perspektive eines seit langem an polyandre Königinnen gewöhnten russischen Hofes, eines an polygame Könige gewöhnten französischen Hofes und eines sächsisch-polnischen Hofes mit den einhundertfünfzig Kindern Augusts III. sehen.

Folgte Katharina diesem Beispiel? Nach ihrer Thronbesteigung ja. Vor ihrer Thronbesteigung scheint sie sich auf drei Liebhaber beschränkt zu haben. Als erster kam – etwa sechs Jahre nach der Trauung – Sergei Saltykow, ein kräftiger junger Offizier. Katharina erklärt ihr Verhalten:

«Wenn ich mir erlauben darf, offen zu sein ..., ich vereinigte mit dem Verstand und dem Temperament eines Mannes die Anziehungskraft einer liebenswerten Frau. Ich bitte um Verzeihung für diese Beschreibung, die gerechtfertigt ist durch ihre Wahrhaftigkeit ... ich war hübsch. Infolge dessen war die Hälfte des Weges zur Versuchung bereits zurückgelegt, und es ist in solchen Situationen nur menschlich, daß jemand nicht auf halbem Wege stehenbleiben kann ..., man kann sein Herz nicht in seiner Hand halten, es festhalten oder freilassen, seinen Griff beliebig verstärken oder lockern.»[57]

1751 wurde sie schwanger, hatte jedoch eine Fehlgeburt, und diese schmerzliche Erfahrung sollte sich 1753 wiederholen. 1754 gebar sie den späteren Kaiser Paul I. Elisabeth frohlockte, machte Katharina ein Geschenk von hunderttausend Rubel und schickte Saltykow zur Sicherheit nach Stockholm und Dresden, wo er «mit allen Frauen, denen er begegnete, tändelte»[58]. Peter trank immer mehr, nahm neue Mätressen und blieb schließlich an Elisaweta Worontsowa, der Nichte des neuen Kanzlers, hängen. Katharina stritt mit ihm und machte sich über ihn und seine Freunde öffentlich lustig[59]. 1756 erlag sie den Werbungen eines hübschen Polen, des vierundzwanzig Jahre alten Grafen Stanislaus Poniatowski, der als Attaché des britischen Botschafters Sir Charles Hanbury-Williams nach Petersburg gekommen war. Stanislaus beschreibt sie in seiner Autobiographie 1755:

«Sie war fünfundzwanzig Jahre alt; erholte sich gerade von ihrem ersten Wochenbett. Sie war damals auf dem Gipfelpunkt ihrer Schönheit angelangt. Sie hatte schwarzes Haar, eine blendendweiße Haut, die Augenwimpern waren lang und dunkel; eine griechische Nase und einen

Mund, der nach Küssen verlangte, Hände und Arme vollendet, schlank gewachsen, eher groß als klein, ein beschwingter Schritt und trotzdem von größtem Adel; ihre Stimme war von angenehmem Klang und ihr Lachen ebenso fröhlich wie ihre Laune.»[60]

Bei ihrem Anblick «vergaß er, daß es ein Sibirien gab». Dies war die am tiefsten empfundene ihrer vielen Lieben, und für ihn traf das gleiche zu. Lange nachdem sie andere Freier erhört hatte, blieb ihr Herz bei Poniatowski, und er erholte sich nie ganz von seiner Verliebtheit, so schmerzhaft er auch durch ihre Politik geprüft wurde. Als sie mit Peter nach Oranienbaum ging, riskierte Stanislaus sein Leben, indem er sie dort heimlich besuchte. Er wurde entdeckt, und Peter gab Befehl, ihn zu hängen. Katharina intervenierte bei Peters Mätresse, die, durch ein Geschenk besänftigt, den Großherzog beruhigte. Schließlich verzieh Peter in einem Anfall von Gutmütigkeit nicht nur Poniatowski, sondern forderte Katharina sogar auf, sich mit ihrem Liebhaber zu treffen, und begann mit ihnen und Elisaweta Worontsowa einen freundlichen *ménage à quatre* mit vielen fröhlichen gemeinsamen Soupers[61].

Am 9. Dezember 1758 gebar Katharina eine Tochter. Der Hof glaubte allgemein, daß Poniatowski der Vater war[62], doch Peter erkannte das Kind an, nahm die Glückwünsche entgegen und organisierte Festlichkeiten, um seine Leistung zu feiern[63]; jedoch das Kind starb vier Monate später. Die Kaiserin hatte Poniatowski nach Polen abberufen lassen, und Katharina war kurze Zeit ohne Liebhaber. Doch sie wurde tief beeindruckt durch die Liebes- und Kriegsabenteuer Grigori Grigorjewitsch Orlows, des Adjutanten Pjotr Schuwalows. Orlow hatte sich einen Namen gemacht, als er in der Schlacht von Zorndorf seine Stellung trotz drei Wunden hielt. Er hatte die Gestalt eines Athleten und «einen anbetungswürdigen Engelkopf»[64], doch sein einziges Ziel war, mit allen Mitteln Macht zu gewinnen und Frauen zu erobern. Schuwalow hatte eine Mätresse, Fürstin Elena Kurakina, eine der gefeiertsten Schönheiten am Hof. Orlow nahm sie seinem Vorgesetzten weg; Schuwalow schwor, ihn zu töten, starb jedoch, bevor er es tun konnte. Katharina bewunderte Orlows Mut und bemerkte, daß er bei der Garde vier Brüder hatte, die alle groß und stark waren; diese fünf Krieger würden im Ernstfall nützlich sein. Sie arrangierte ein Zusammentreffen mit Grigori, dann ein weiteres und bald verdrängte sie die Kurakin. Im Juli 1761 wurde sie schwanger, im April 1762 brachte sie so heimlich wie möglich Orlows Sohn zur Welt, der als Alexej Bobrinsky aufgezogen wurde.

Im Dezember 1761 wurde offenbar, daß die Kaiserin in die letzte Phase ihrer Krankheit eintrat. Versuche wurden gemacht, Katharina zur Teilnahme an einer Verschwörung zu bewegen, die sich zur Aufgabe gemacht hatte, die Thronbesteigung Peters zu verhindern. Man warnte sie, daß Peter sie verstoßen und Elisaweta Worontsowa zu seiner Frau und zur Kaiserin machen würde, sobald er Zar geworden war. Doch Katharina lehnte es ab, sich dem Komplott anzuschließen. Am 5. Januar 1762 starb Kaiserin Elisabeth, und Peter bestieg ohne offene Opposition den Thron.

VI. PETER III.: 1762

Er versetzte alle Welt durch die Großzügigkeit seiner Maßnahmen in Erstaunen. Seine gutmütige Natur, die durch rohe und gedankenlose Gewohnheiten verdeckt gewesen war, kam in einem Ausbruch von Dankbarkeit für seinen friedlichen Machtantritt zur Geltung. Er vergab seinen Feinden, beließ die meisten von Elisabeths Ministern auf ihren Posten und versuchte, Katharina gegenüber freundlich zu sein. Im Kaiserpalast überließ er ihr eine komfortable Suite am einen Ende, installierte sich selbst am anderen und brachte seine Mätresse in den dazwischenliegenden Räumen unter. Es war eine tödliche Beleidigung, doch Katharina freute sich insgeheim, von ihm getrennt zu sein. Er bewilligte ihr ein großzügiges Taschengeld und bezahlte ihre hohen Schulden, ohne nach ihrer Entstehung zu fragen[65]. Bei offiziellen Zeremonien räumte er ihr die gleiche Rangstufe ein wie sich selbst, manchmal ließ er ihr den Vortritt[66].

Er rief die Männer und Frauen, die frühere Herrscher nach Sibirien geschickt hatten, aus dem Exil zurück. Auch Münnich kehrte, zweiundachtzig Jahre alt geworden, heim und wurde von zweiunddreißig Enkeln begrüßt. Peter machte ihn wieder zum Feldmarschall; Münnich gelobte, ihm bis zum Ende zu dienen, und tat es. Der glückliche Kaiser befreite die Adligen von der Verpflichtung, die Peter der Große ihnen auferlegt hatte, viele Jahre ihres Lebens dem Staat zu widmen. Sie schlugen vor, ihm eine Statue aus Gold zu errichten, doch er hieß sie, das Metall vernünftiger zu verwenden[67]. Ein Dekret vom 21. Februar schaffte die allgemein verhaßte Geheimpolizei ab und untersagte die Verhaftung aus politischen Gründen, bevor die Beschuldigung vom Senat geprüft und anerkannt worden war. Am 25. Juni erließ Peter einen Ukas, nach dem Ehebruch in Zukunft nicht mehr bestraft werden sollte, «da in dieser Sache selbst Christus nicht verdammt hatte»[68]; der Hof war entzückt. Die Kaufleute waren erfreut über eine Senkung der Exportabgaben, auch der Preis für Salz wurde gesenkt, der Kauf von Leibeigenen für Fabriken wurde verboten. Altgläubige, die aus Rußland geflohen waren, um der Verfolgung unter Elisabeth zu entgehen, wurden unter Zusicherung religiöser Freiheit eingeladen, zurückzukehren. Der Klerus jedoch war erbost über die Dekrete vom 16. Februar und 21. März, die alle Ländereien der Kirche nationalisierten und aus allen orthodoxen Geistlichen bezahlte Angestellte der Regierung machten. Die Leibeigenen auf diesen säkularisierten Domänen wurden befreit, und die Leibeigenen auf den Gütern des Adels erwarteten, daß auch sie bald befreit würden. Während all dieser Reformen, zu denen er von verschiedenen Ministern angeregt wurde, fuhr Peter fort, stark zu trinken.

Die erstaunlichste seiner Maßnahmen und diejenige, die ihm das größte Glück bereitete, war seine Beendigung des Krieges mit Preußen. Schon vor seiner Thronbesteigung hatte er viel getan, um Friedrich zu helfen, hatte ihm heimlich die militärischen Pläne von Elisabeths Kronrat zugespielt, und jetzt rühmte er sich dessen[69]. Am 5. Mai schloß er mit Preußen ein Defensiv- und Offensivbündnis. Er befahl dem Befehlshaber der russischen Streitkräfte, die damals dem österreichischen Heer zugeteilt waren, sich in den Dienst «des Königs, meines Herrn» zu stellen[70]. Er legte eine preußische Uniform an und befahl den Soldaten seiner Umgebung, das gleiche zu tun. Er führte die preußische Disziplin im Heer ein, veranstaltete täglich militärische Übungen für seinen Hof und zwang alle Höflinge ohne Rücksicht auf Alter und Gicht, an ihnen teilzunehmen[71]. Er räumte seiner eigenen «Holsteiner Garde» Vorrang vor den stolzen Regimentern der Hauptstadt ein.

Das russische Heer war dem Frieden nicht abgeneigt, zeigte jedoch Bestürzung über den plötzlichen Abfall Rußlands von seinen französischen und österreichischen Verbündeten und die Abtretung des gesamten während des Krieges den Preußen abgenommenen Gebietes, und es geriet in Aufruhr, als Peter ankündigte, er wolle eine Streitmacht gegen Dänemark schicken, um das Herzogtum Schleswig zurückzugewinnen, das Dänemark den Herzögen von Holstein, zu denen Peters Vater gehörte, genommen hatte. Die Soldaten erklärten offen, daß sie sich weigern würden, in einem solchen Krieg zu kämpfen. Als Peter Kirill Rasumowsky beauftragte, ein Herr nach Dänemark zu führen, antwortete der General: «Eure Majestät müssen mir zunächst eine weitere Armee geben, um die meine zum Vorrücken zu zwingen.»[72]

Plötzlich stellte Peter fest, daß er trotz seinen kühnen und bemerkenswerten Reformen unbeliebt war. Die Armee haßte ihn als einen Verräter, der Klerus haßte ihn als Lutheraner, ja als etwas noch Schlimmeres; die nicht befreiten Leibeigenen forderten ihre Befreiung, und der Hof verlachte ihn als Narren. Zu alledem kam der allgemeine Verdacht, daß er beabsichtige, sich von Katharina scheiden zu lassen und seine Mätresse zu heiraten[73]. «Diese junge Frau» [nach Castéra], «bar aller Manieren, doch besessen von stupidem Stolz ..., besaß die Kunst, vom Zaren – manchmal durch Schmeichelei, manchmal durch Schimpfen und manchmal sogar durch Schlagen – eine Erneuerung des Versprechens zu erlangen, das er ihr gemacht hatte, sie zu heiraten und sie anstelle von Katharina auf den Thron Rußlands zu setzen.»[74] Als Macht und Alkohol ihm mehr und mehr zu Kopf stiegen, behandelte er Katharina mit hemmungsloser Grobheit, scheute sogar nicht davor zurück, sie öffentlich eine Närrin zu nennen[75]. Der Baron von Breteuil schrieb an Choiseul: «Die Kaiserin befindet sich in einer schrecklichen Lage und wird mit ausgesprochener Verachtung behandelt ... Ich kann mir nicht denken, daß diese Fürstin, deren Mut und Heftigkeit ich kenne, nicht früher oder später in irgendein Extrem umschlägt. Sie hat Freunde, die sie zu beruhigen versuchen, die aber, wenn sie es wünscht, alles für sie wagen würden.»[76]

In St. Petersburg und dessen Umgebung hatte Katharina viele Anhänger. Sie war beliebt bei der Armee, am Hof und beim Volk. Neben ihren Hofdamen und Grigori Orlow war in diesen kritischen Tagen Ekaterina Romanowna, Fürstin Daschkowa, ihre intimste Vertraute. Diese kühne und energische Dame war erst neunzehn Jahre alt, spielte jedoch als Nichte des Kanzlers Worontsow und Schwester von Peters Mätresse bereits eine führende Rolle in den Hofangelegenheiten. Peter hatte ihr in seiner Einfalt oder in einem Rausch seine Absicht enthüllt, Katharina abzusetzen und Elisaweta Worontsowa auf den Thron zu bringen[77]. Daschkowa hinterbrachte Katharina die Nachricht und forderte sie auf, sich an einem Komplott zur Beseitigung Peters zu beteiligen. Doch Katharina hatte bereits eine Verschwörung mit Nikita Panin angezettelt, dem Erzieher ihres Sohnes Paul, und Kirill Rasumowsky, Hetman der Ukraine, und Nikolai Korff, Chef der Polizei, und den Brüdern Orlow sowie P. B. Passek, einem Offizier in einem lokalen Regiment.

Am 14. Juni befahl Peter Katharinas Verhaftung. Er zog den Befehl zurück, wies ihr jedoch Peterhof, zwanzig Meilen von der Hauptstadt entfernt, als Zwangsaufenthalt an. Peter selbst begab sich mit seiner Mätresse nach Oranienbaum. Er hinterließ Anweisungen, die Armee solle sich zur Einschiffung nach Dänemark bereit machen, und versprach, im Juli zu ihr zu stoßen. Am 27. Juni wurde Leutnant Passek verhaftet, weil er abfällige Bemerkungen über den Kaiser gemacht hatte. Weil sie befürchteten, daß er durch die Folter gezwungen würde, das Komplott zu verraten, beschlossen Grigori und Alexej Orlow, sofort zu handeln. Am frühen Morgen des 28. ritt Alexej eilig nach Peterhof, weckte Katharina aus dem Schlaf und überredete sie, mit ihm nach St. Petersburg zurückzureiten. Unterwegs machten sie an den Kasernen des Ismailowsky-Regiments halt; die Soldaten wurden durch einen Trommelwirbel alarmiert, Katharina appellierte an sie, sie vor der Bedrohung des Kaisers zu retten. Die Soldaten schworen, sie zu beschützen ... «sie stürzten herbei, meine Hände und Füße, den Saum meines Kleides zu küssen, nannten mich ihre Retterin» (so schrieb Katharina an Poniatowski[78]) – denn sie wußten, daß Katharina sie nicht nach Dänemark schicken würde. Eskortiert von zwei Regimentern und den Orlows, begab sie sich zur Kazan-Kathedrale, wo sie zur Alleinherrscherin Rußlands ausgerufen wurde. Auch das Preobraschensky-Regiment stieß jetzt zu ihr und bat sie, «ihnen zu verzeihen, weil wir als letzte kommen»[79]. Die Reitergarde lief zu ihr über, und vierzehntausend Mann begleiteten sie zum Winterpalast. Hier verkündeten die Kirchensynode und der Senat offiziell die Absetzung Peters und den Regierungsantritt Katharinas. Einige hohe Würdenträger protestierten, doch das Heer schüchterte sie so sehr ein, daß sie der Kaiserin Treue schworen.

Sie zog die Uniform eines Hauptmanns der Reitergarde an und ritt an der Spitze ihrer Truppen nach Peterhof. Peter war an diesem Morgen hierher gekommen, um sie zu besuchen. Er erfuhr von der Revolte und floh nach Kronstadt. Münnich bot ihm an, mit ihm nach Pommern zu gehen, dort ein Heer aufzustellen, um ihn wieder einzusetzen. Peter, unfähig zu einer Entscheidung, kehrte nach Oranienbaum zurück. Als Katharinas Truppen sich näherten, bettelte er einen Tag lang um einen Kompromiß. Dann, am 29. Juni, unterzeichnete er seine Abdankung. «Er hat sich entthronen lassen wie ein Kind, das man ins Bett schickt», sagte Friedrich[80]. Er wurde nach Ropscha, vierundzwanzig Kilometer von St. Petersburg, ins Gefängnis gebracht. Er bat Katharina, ihm seinen Negerdiener, seinen Schoßhund, seine Geige und seine Mätresse zu belassen. Er durfte alles behalten, außer der letzteren. Elisaweta Worontsowa wurde nach Moskau verbannt und verschwand aus der Geschichte.

DRITTES KAPITEL

Katharina die Große

[1762–1796]

I. DIE AUTOKRATIN

KATHARINA hatte gesiegt, doch sie war allen Zufällen eines stürmischen Wechsels ausgesetzt. Um die Soldaten zu belohnen, die ihr zur Macht verholfen hatten, befahl sie allen Wirten der Hauptstadt, ihnen gratis Bier und Wodka auszuschenken. Das Resultat war eine allgemeine Betrunkenheit, die für eine Zeitlang fast die militärische Grundlage ihrer Macht zerstörte. In der Nacht vom 29. zum 30. Juni wurde Katharina, die seit achtundvierzig Stunden zum erstenmal zum Schlafen gekommen war, von einem Offizier geweckt, der ihr meldete: «Unsere Männer sind entsetzlich betrunken. Ein Husar hat ihnen zugerufen: 'Zu den Waffen! Dreißigtausend Preußen kommen, um uns unsere Mutter [Katharina] wegzunehmen!' Da haben sie sich selbst bewaffnet und kommen hierher, um zu sehen, wie es Ihnen wirklich geht.» Katharina kleidete sich an, ging hinaus, dementierte das Gerücht von den Preußen und überredete ihre Soldaten, zu Bett zu gehen[1].

Ihr Sohn Paul, nun acht Jahre alt, wurde zur Gefahr für sie. Panin, viele Adlige und der größte Teil des Klerus waren der Ansicht, das Gesetz erfordere es, daß Paul zum Kaiser gekrönt würde und Katharina die Regentschaft führe. Sie fürchtete, dies würde die Regierungsgewalt in die Hände einer aristokratischen Oligarchie legen, die versuchen würde, sie abzusetzen oder sie zu beherrschen. Sie erklärte Paul offiziell zu ihrem Thronerben, doch seine Anhänger setzten ihre Wühlarbeit fort, und der Sohn wuchs auf im Haß gegen seine Mutter, die ihn angeblich um den Thron betrogen hatte.

Als die Nachricht von dem Staatsstreich sich in Rußland verbreitete, wurde es offenbar, daß die öffentliche Meinung außerhalb der Hauptstadt gegen Katharina war. Die Hauptstadt hatte Peters Fehler aus eigener Anschauung gekannt und war im allgemeinen der Ansicht, daß er zum Regieren untauglich sei. Doch das russische Volk außerhalb St. Petersburgs kannte ihn in der Hauptsache durch seine liberalen Maßnahmen, die ihn als einen großmütigen Herrscher hatten erscheinen lassen. Die Bevölkerung von Moskau, die zu weit entfernt war, um Katharinas Charme zu verspüren, verharrte in trotziger Abneigung gegen ihre Thronbesteigung. Als Katharina Paul nach Moskau (der Festung der Orthodoxie) mitnahm, wurde Paul begeistert begrüßt, Katharina bereitete man einen kühlen Empfang. Viele Provinzregimenter warfen den Petersburger Soldaten vor, sie seien die Handlanger einer Usurpatorin.

Wir wissen nicht, ob die breite Sympathie für Peter die Ursache seines Todes war. Geistig zerbrochen, schickte der gestürzte Zar demütige Bittschriften an seine Frau,

Mitleid mit ihm zu haben und ihm seinen einzigen Trost, seine Mätresse, zu geben und ihn zu seinen Verwandten in Holstein zurückkehren zu lassen. Statt ihm diesen Trost zu gewähren, sperrte man ihn in ein Einzelzimmer und hielt ihn unter ständiger Aufsicht. Alexej Orlow, der Anführer seiner Bewacher, spielte Karten mit ihm und lieh ihm Geld[2]. Am 6. Juli 1762 ritt Alexej in Eile nach St. Petersburg und unterrichtete Katharina, Peter habe mit ihm und seinen Helfern gestritten und sei bei dem anschließenden Handgemenge ums Leben gekommen. Über die Art seines Todes kennt die Geschichte nur Gerüchte, von denen keines bestätigt ist: er sei vergiftet oder erwürgt worden[3], man habe ihn zu Tode geprügelt[4], er sei «an einer Darmentzündung und einem Schlaganfall» gestorben[5]; die jüngste Geschichtsforschung kommt zu dem Schluß: «Die Einzelheiten des Mordes sind nie ganz enthüllt worden, und die Rolle, die Katharina dabei gespielt hat, bleibt ungewiß.»[6] Es ist unwahrscheinlich, daß Katharina die Tat befohlen hat[7], doch sie bestrafte niemanden dafür, hielt sie einen Tag vor der Öffentlichkeit geheim, weinte zwei Tage ostentativ und fand sich dann mit dem *fait accompli* ab. Fast ganz Europa hielt sie des Mordes für schuldig, doch Friedrich der Große, der durch Peters Entthronung so viel zu verlieren hatte, entlastete sie: «Katharina wußte nichts von der Gewalttat, und eine nicht zu erheuchelnde Verzweiflung ergriff sie, als sie davon erfuhr, sie ahnte ganz richtig das Urteil, das heute die ganze Welt über sie fällt.»[8] Voltaire war der gleichen Meinung wie Friedrich. Katharinas Sohn Paul kam nach der Lektüre der von seiner Mutter nach ihrem Tod hinterlassenen privaten Papiere zu dem Schluß, daß Alexej Peter ohne jeden Befehl Katharinas getötet hatte[9].

Das Ereignis schuf und löste zugleich Probleme für Katharina. Es inspirierte eine Reihe von Verschwörungen zu ihrer Absetzung und stürzte die Verwaltung in ein bedrohliches Chaos. Sie schrieb später über diese Periode: «Der Senat blieb untätig und taub gegenüber den Staatsgeschäften. Die Gesetzgebung hatte einen Grad der Korruption und der Auflösung erreicht, der sie fast unkenntlich machte.»[10] Rußland hatte gerade einen siegreichen und kostspieligen Krieg hinter sich gebracht. Der Staatsschatz hatte dreizehn Millionen Rubel Schulden, das jährliche Defizit betrug sieben Millionen Rubel, und die katastrophale Lage des Fiskus war in der Weigerung holländischer Bankiers zum Ausdruck gekommen, Rußland Geld zu leihen. Die Bezahlung der Truppen war mehrere Monate im Rückstand, die Armee war so desorganisiert, daß Katharina jeden Augenblick einen Überfall der Tataren Südrußlands auf die Ukraine befürchtete. Der Hof war ein Schauplatz von Intrigen und Gegenintrigen, gesponnen aus Furcht, die einträglichen Ämter zu verlieren, oder in der Hoffnung, sie zu gewinnen. Kurz nach Peters Sturz hielt der preußische Botschafter «es für gewiß, daß die Regierung der Kaiserin Katharina nicht mehr als eine kurze Episode in der Geschichte der Welt sein wird»[11]. Dies war Wunschdenken, denn Friedrich beklagte den Tod seines t[illegible]en Verbündeten, und Katharina annullierte Peters Befehl, Friedrich zu helfen.

Die Kaiserin versuchte die kirchliche Opposition zu besänftigen, indem sie die Durchführung der Ukase Peters für die Säkularisation kircheneigenen Landes hinausschob. Sie schürte den Eifer ihrer Parteigänger durch reiche Belohnung. Grigori Orlow erhielt fünfzigtausend Rubel und Zugang zum königlichen Bett. Bestuschew wurde aus dem Exil zurückgerufen, bekam sein Vermögen wieder, doch nicht sein Amt. Diejenigen, die zu ihr in Opposition gestanden hatten, wurden milde behandelt. Münnich bot seine Unterwerfung an, wurde in Gnaden wieder aufgenommen und zum Gouverneur von Estland und Livland ernannt. Diese Maßnahmen mögen geholfen haben, ihren gefährdeten Thron zu stützen, doch die Hauptfaktoren waren ihr Mut und ihre Intelligenz. Siebzehn Jahre als die vernachlässigte Frau des Thronerben hatten ihr gegen ihr jugendliches Temperament ein hohes Maß an Geduld, Klugheit, Selbstbeherrschung und staatsmännischer Verstellung anerzogen. Jetzt entschloß sie sich, dem Rat Panins trotzend und der Treue, Redlichkeit und Fähigkeit des Senats mißtrauend, alle Regierungsgewalt in sich zu vereinigen und den absoluten Monarchen Europas mit einem Absolutismus entgegenzutreten, der Friedrichs Militarismus und Philosophie gewachsen sein würde. Sie heiratete nicht. Da der Adel den Senat beherrschte, hatte sie die Wahl zwischen der Autokratie des Herrschers und dem fragmentarischen Absolutismus der Feudalherren – genau die gleiche Wahl, vor der Richelieu im Frankreich des 17. Jahrhunderts gestanden hatte.

Katharina umgab sich mit fähigen Männern, gewann ihre Treue, häufig ihre Liebe. Sie ließ sie hart arbeiten, bezahlte sie jedoch gut, vielleicht zu gut; der Glanz und Luxus ihres Hofes wurden eine Hauptbelastung der Staatsfinanzen. Es war ein heterogener Hof, verwurzelt in Barbarei, verziert mit französischer Kultur und regiert von einer deutschen Frau, die ihren Helfern an Bildung und Verstand überlegen war. Ihre verschwenderischen Belohnungen für außergewöhnliche Dienste erzeugten Eifer, ohne die Korruption zu ersticken. Viele Mitglieder ihrer Umgebung nahmen Bestechungsgelder von fremden Regierungen, einige übten Unparteilichkeit, indem sie sich von gegnerischen Lagern gleichzeitig bestechen ließen. Im Jahre 1762 machte Katharina der Nation ein bemerkenswertes Geständnis:

> «Ich betrachte es ... für meine unumgänglichste und wesentlichste Pflicht, dem Volke mit tiefster Betrübnis im Herzen zu erklären, daß die Unredlichkeit so sehr um sich gegriffen hat, daß kaum eine Behörde oder ein Gericht zu nennen ist, welche nicht davon angesteckt wären. Sucht man um eine Stelle nach, muß man bezahlen; hat man sich gegen eine verleumderische Anklage zu verteidigen, kostet es Geld; verklagt man einen anderen ungerechterweise, so sichert man durch Geschenke seinen schlechten Absichten den Erfolg.» [12]

Von den Verschwörungen, die in ihrer Umgebung in wachsender Zahl angezettelt wurden, hatten einige zum Ziel, sie durch Iwan VI. zu ersetzen. Durch den Staatsstreich vom Dezember 1741 abgesetzt, hatte er nun einundzwanzig Jahre Kerkerhaft erlitten. Im September 1762 äußerte Voltaire die Furcht, Iwan könnte «unsere Wohltäterin» umbringen[13]; und er schrieb: «Ich fürchte, daß unsere liebe Kaiserin ermordet wird.»[14] Katharina besuchte Iwan und fand ihn vor «als ein durch lange Jahre der Einkerkerung zur Idiotie verkümmertes menschliches Wrack»[15]. Sie befahl seinen Bewachern, wenn ein nicht von ihr autorisierter Versuch gemacht werden sollte, ihn freizulassen, sollten sie Iwan eher töten, als ihn ausliefern. In der Nacht vom 5. bis 6. Juli 1764 erschien ein Armeeoffizier, Wassili Mirowitsch, im Gefängnis mit einem

Schriftstück, das angeblich einen Befehl des Senats darstellte, ihm Iwan auszuliefern. Von mehreren Soldaten unterstützt, klopfte er an die Türe der Zelle, in der zwei Wachen bei Iwan schliefen, und begehrte Einlaß. Als ihm der Einlaß verwehrt wurde, befahl er, eine Kanone herbeizuschaffen, um die Türe zu demolieren. Als die Wachen dies hörten, töteten sie Iwan. Mirowitsch wurde verhaftet. Ein bei ihm gefundenes Dokument erklärte, Katharina sei abgesetzt, und Iwan VI. sei von nun an Zar. Vor Gericht weigerte er sich, die Namen seiner Komplizen zu verraten. Er wurde hingerichtet. Im Urteil des Volkes galt Katharina allgemein als Mörderin Iwans[16].

Neue Verschwörungen wurden angezettelt. 1768 bewaffnete sich ein Offizier namens Schoglokow, der behauptete, er sei von Gott beauftragt worden, den Tod Peters III. zu rächen. Mit einem Dolch bewaffnet, verschaffte er sich Eingang in den Palast und versteckte sich an einer Stelle, an der Katharina gewöhnlich vorbeikam. Grigori Orlow erfuhr von dem Komplott und verhaftete Schoglokow, der sich stolz zu seiner Absicht, die Kaiserin zu töten, bekannte. Er wurde nach Sibirien verbannt.

II. DIE LIEBHABERIN

Umgeben von Adligen, denen sie nicht trauen konnte, und bedroht von Intrigen, welche die Verwaltung in Unordnung brachten, erfand Katharina eine neue Form des Herrschens, indem sie ihre jeweiligen Liebhaber zu Leitern der Regierung machte. Jeder ihrer Liebhaber war, solange er ihre Gunst genoß, ihr Premierminister. Sie machte ihre Person zu einem Teil der Einkünfte des Amtes, doch sie forderte als Gegenleistung entsprechende Dienste. «Von allen Stellen in der Regierung», schrieb Masson (einer der zahlreichen französischen Feinde Katharinas), «gab es keinen Posten, dessen Pflichten so gewissenhaft erfüllt wurden ..., noch dürfte es einen gegeben haben, bei dessen Besetzung die Kaiserin mehr Scharfsinn gezeigt hätte. Ich glaube, es geschah nie, daß er mit einer unfähigen Person besetzt wurde.»[17] Es wäre ein Irrtum, Katharina für eine liederliche Person zu halten; sie wahrte stets die Etikette, ließ sich nie zu gewagter Unterhaltung hinreißen, duldete sie nicht in ihrer Gegenwart[18]. Den meisten ihrer Liebhaber schenkte sie eine treue – manchen eine zärtliche – Zuneigung. Ihre Briefe an Potemkin sind fast mädchenhaft verliebt, und der Tod Lanskois stürzte sie in verzweifelte Trauer.

Die Aufgabe der Wahl eines neuen Favoriten packte sie mit Kunst und Wissenschaft an. Sie hielt Ausschau nach Männern, die politische Fähigkeiten mit physischer vereinten, lud einen aussichtsreichen Kandidaten zum Abendessen ein, beurteilte seine Manieren und seinen Stand, und wenn er diese Prüfung bestand, ließ sie ihn durch den Hofarzt untersuchen. War der Befund zufriedenstellend, machte sie ihn zu ihrem Adjutanten, bewilligte ihm ein saftiges Gehalt und nahm ihn zu sich ins Bett. Da sie bar jeden religiösen Glaubens war, ließ sie sich durch keine christliche Ethik in ihrer einzigartigen Weise der Ministerwahl stören. Nikolai Saltykow gegenüber erklärte sie: «Ich erweise dem Reich einen Dienst, wenn ich begabte junge Leute erziehe.»[19] Der

Staatsschatz zahlte schwer für diese Favoriten – doch wahrscheinlich viel weniger als Frankreich für die Mätressen und Konkubinen Ludwigs XV. Castéra schätzte, daß die fünf Orlows siebzehn Millionen Rubel erhielten, Potemkin fünfzig, Lanskoi 7 260 000. Einiges von diesen Ausgaben kam Rußland in Form von einträglichen Leistungen zugute; Potemkin, der verwöhnteste ihrer Liebhaber, gewann dem Reich wertvolles Territorium.

Doch warum wechselte sie ihre Liebhaber so häufig, nahm ihrer einundzwanzig in vierzig Jahren? Weil einige in der einen oder der anderen der doppelten Pflichten versagten, einige starben; einige erwiesen sich als treulos, einige wurden auf fernen Posten benötigt. Einen, Rimsky-Korsakow, überraschte sie in ihrer eigenen Wohnung in den Armen ihrer Ehrendame. Katharina entließ ihn nur. Ein anderer, Mamonow, verließ sie wegen einer jüngeren Konkurrentin; die Kaiserin überließ ihn ihr ohne Rache[20]. «Es ist ein sehr bemerkenswerter Zug in Katharinas Charakter», sagte Masson, «daß keiner ihrer Favoriten sich ihren Haß oder ihre Rache zuzog, obwohl mehrere von ihnen sie beleidigten und ihre Ämter aus eigenem Entschluß aufgaben. Keiner von ihnen ist, soweit man weiß, je bestraft worden ... in dieser Beziehung war Katharina allen anderen Frauen überlegen.»[21]

Nach der Thronbesteigung behauptete Grigori Orlow zehn Jahre lang seine Favoritenstellung. Katharina fand in ihrer Verliebtheit Worte hohen Lobes für ihn:

> «Graf Grigori hat den Verstand eines Adlers. Ich bin nie einem Mann begegnet, der ein feineres Verständnis für eine Sache hat, die er unternimmt, oder gar für eine, die man ihm vorschlägt ... Seine Ehrlichkeit ist gegen jeden Angriff gefeit ... es ist schade, daß nicht die Möglichkeit bestand, seine Fähigkeiten und Talente zu verbessern, die in der Tat hervorragend sind, sich jedoch infolge seines dem Zufall überlassenen Lebens nicht entfalten konnten.»[22]

«Dieser», schrieb sie an anderer Stelle, «wäre für immer [ihr Liebhaber und Favorit] geblieben, hätte er sich nicht als erster zurückgezogen.»[23] Grigori setzte sich für die Emanzipation der Leibeigenen ein, regte die Befreiung der Christen vom ottomanischen Joch an, leistete hervorragende Dienste während der Kriege, beleidigte den Hof durch Stolz und Arroganz und beurlaubte sich nach Belieben aus Katharinas Armen. Er wurde 1772 zu einem Leben in Reichtum und Luxus auf seinen Landgütern verbannt. Sein Bruder Alexej wurde Großadmiral, führte die russische Flotte zum Sieg über die Türken, blieb in Katharinas Gunst während ihrer ganzen Regierungszeit und lebte lange genug, sein Regiment gegen Napoleon zu führen.

Auf Grigori folgte als Favorit ein unbekannter Adonis, Alexej Wassiltschik, den eine Hofclique auf Katharina angesetzt hatte, um sie von dem verbannten Orlow abzulenken, doch sie fand ihn politisch und auch sonst untauglich und ersetzte ihn 1774 durch Grigori Alexandrowitsch Potemkin. Dieser war Offizier bei der berittenen Garde, deren Uniform sie 1762 angelegt hatte, um sie gegen Peter zu führen. Als er bemerkte, daß an ihrem Säbel die von den Gardisten mit besonderem Stolz getragene Quaste fehlte, riß Potemkin die seine vom Griff ab, ritt kühn aus der Reihe heraus und überreichte ihr die Dekoration. Sie nahm sie an, vergab ihm seine Kühnheit und bewunderte sein hübsches Gesicht und seinen muskulösen Körper. Sein Vater, ein pensionierter

Oberst des niederen Adels, hatte ihn für den Priesterberuf bestimmt. Potemkin erhielt eine gründliche Erziehung in der Geschichte, in den Klassikern und in der Theologie; er zeichnete sich an der Universität von Moskau aus. Doch er fand, daß seinem wilden und abenteuerlichen Temperament das Soldatenleben mehr entsprach als ein Priesterseminar. Natürlich war er fasziniert von der in Katharina vereinten Schönheit und Macht; «wenn sie einen unbeleuchteten Raum betritt», sagte er, «erhellt sie ihn»[24]. Im Krieg von 1768 führte er sein Kavallerieregiment mit so tollkühnem Mut, daß Katharina ihm ein persönliches Belobigungsschreiben schickte. Nach St. Petersburg zurückgekehrt, verzehrte er sich in Eifersucht auf die Orlows und Wassiltschik. In einem Streit mit den Orlows verlor er ein Auge[25]. Um die Kaiserin zu vergessen – oder sie auf sich aufmerksam zu machen –, verließ er den Hof, vergrub sich in einer Vorstadt, studierte Theologie, ließ Haar und Bart wachsen und erklärte, er wolle Mönch werden. Katharina hatte Mitleid mit ihm, ließ ihm sagen, sie habe eine hohe Meinung von ihm, und forderte ihn auf, zurückzukehren. Er stutzte Bart und Haar, zog seine Uniform an, erschien am Hof und erschauerte unter dem Lächeln der Kaiserin. Als Katharina Wassiltschik untauglich fand, öffnete sie ihre Arme Potemkin, der damals vierundzwanzig Jahre alt war und sich auf dem Gipfel seiner Muskelkraft und seines männlichen Charmes befand. Bald war sie ebenso in ihn verliebt, wie er in sie. Sie überschüttete ihn mit Gunstbezeugungen, Rubeln, Ländereien und Leibeigenen, und wenn er abwesend war, schickte sie ihm *billets doux*, die frei waren von jeder majestätischen Würde.

«Wie seltsam ist es! Alles, worüber ich zu lachen pflegte, ist mir nun selbst widerfahren, denn meine Liebe zu Dir hat mich blind gemacht. Gefühle, die ich für idiotisch, übertrieben und kaum natürlich hielt, empfinde ich jetzt selbst ... Ich kann meine verrückten Augen nicht von Dir abwenden ...

Wir können uns nur während der nächsten drei Tage sehen, denn dann kommt die erste Fastenwoche, die für Gebete und Fasten reserviert ist, und ... es wäre eine große Sünde, sich zu sehen. Der reine Gedanke an diese Trennung macht mich weinen.»[26]

Er trug ihr die Ehe an, und einige Historiker glauben, sie wurden heimlich getraut. In mehreren Briefen nennt sie ihn «mein geliebter Gatte» und nennt sich selbst «dein Weib»[27] – doch wir dürfen nie von Worten auf die Wirklichkeit schließen. Er scheint ihrer überdrüssig geworden zu sein, vielleicht wegen ihrer unbeherrschten Verliebtheit. Der Ruf des Abenteuers erwies sich stärker als die Aufforderung, eine Zitadelle anzugreifen, die bereits erobert war. Seine Macht über sie blieb so stark, daß die nachfolgenden Favoriten ihr Amt erst antreten konnten, nachdem seine Billigung eingeholt worden war.

Dies war der Fall bei Pjotr Zawadowsky, der von 1776 bis 1777 Zutritt zu ihrem Boudoir hatte, bei Simon Soritsch (1777/78) und Iwan Rimsky-Korsakow (1778–1780). Erst als sie Alexej Lanskoi nahm (1780), sprach ihr Herz wieder mit. Er war nicht nur schön und gebildet, er war ein Mann von poetischer Empfindsamkeit und humaner Gesinnung, ein Freund der Literatur und der Künste. «Jedermann schien die Vorliebe der Herrscherin für ihn zu teilen.»[28] Plötzlich wurde er von unerträglichen Schmerzen

Islamische Miniatur (1709) aus der Grabmoschee des Propheten Mohammed in Medina (Saudi-Arabien).

هذا صورة مرقد شريف
منبر شريف
خرما اغاجي
خزينه اوده سي
حرم شريف

in den Gedärmen befallen. Der Hof verdächtigte Potemkin, ihn vergiftet zu haben. Trotz aller ärztlichen Hilfe und Katharinas liebender Pflege starb er – in ihren Armen. Sie verbrachte drei Tage in Abgeschiedenheit und Trauer. Wir hören die Frau hinter der Herrscherin – das Herz hinter der Geschichte – in ihrem Brief vom 2. Juli 1784:

«Ich glaubte selbst sterben zu müssen an dem erlittenen und entsetzlichen Verlust ... Ich hatte gehofft, er würde die Stütze meines Alters werden. Er war gelehrig, machte gute Fortschritte und mir viel Freude. Ich erzog diesen jungen Mann, er war dankbar, sanft, anständig, teilte meinen Kummer und freute sich mit mir ... Lanskoi ist tot ..., und mein Zimmer, das ich bisher so liebte, ist ein leerer Winkel geworden, und ich schleppe mich wie ein Schatten herum ..., ich kann augenblicklich keinen Menschen sehen, ohne daß Tränen mir die Stimme ersticken. Ich kann weder schlafen noch essen; ich habe keine Lust, zu lesen, und zum Schreiben fehlt mir die Kraft. Ich weiß nicht, was aus mir werden wird.»[29]

Ein Jahr lang versagte sie sich einen Liebhaber. Dann erhörte sie Alexej Ermolow (1785/86), der Potemkin so mißfiel, daß er schleunigst von Alexej Mamonow abgelöst wurde. Dieser wurde seiner siebenundfünfzig Jahre alten Geliebten bald müde, er suchte um die Erlaubnis, Fürstin Scherbatow zu heiraten; Katharina bereitete dem Paar eine Hoftrauung und entließ es beladen mit Geschenken (1789)[30]. Der letzte auf der Liste war Platon Zubow (1789–1796), ein Leutnant der Reitergarde, muskulös und kultiviert. Katharina war dankbar für seine Dienste; sie kümmerte sich selbst um seine Erziehung und behandelte ihn am Ende wie einen Sohn. Er blieb bei ihr bis zu ihrem Tode.

III. DIE PHILOSOPHIN

Zwischen Liebe und Krieg, Staatskunst und Diplomatie fand diese erstaunliche Frau Zeit für die Philosophie. Wir erhalten einen Begriff von der hohen Achtung, welche die französischen *philosophes* genossen, wenn wir sehen, daß die beiden fähigsten Herrscher des 18. Jahrhunderts stolz darauf waren, mit ihnen zu korrespondieren, und um ihr Lob wetteiferten.

Lange vor ihrer Thronbesteigung hatte Katharina an Voltaires Stil, Witz und Respektlosigkeiten Geschmack gefunden und davon geträumt, die «aufgeklärte Despotin» seiner Träume zu werden. Sie muß auch Diderot geschätzt haben, denn im September 1762 bot sie ihm an, die *Encyclopédie* in St. Petersburg zu drucken, wenn die französische Regierung sie weiterhin verbieten würde. Nur einer der Briefe, die sie vor 1765 an Voltaire schrieb, ist erhalten geblieben. Er beantwortete einige Zeilen, die er ihr im Oktober 1763 geschickt hatte:

«Zum erstenmal bedaure ich, daß ich keine Dichterin bin und Ihre Verse in Prosa beantworten muß. Doch ich möchte Ihnen sagen, daß ich Ihnen seit 1746 zu größtem Dank verpflichtet bin. Vor dieser Zeit habe ich nur Romane gelesen, doch durch Zufall fielen Ihre Werke mir in die Hand, und seither habe ich nie aufgehört, Sie zu lesen, ich verspüre kein Verlangen nach Büchern, die weniger gut geschrieben sind als die Ihren oder weniger instruktiv ..., so kehre ich immer wieder zu dem Bildner meines Geschmacks zurück als zu meinem Vergnügen. Mit Gewißheit, Monsieur, wenn ich einiges Wissen besitze, so verdanke ich es Ihnen. Ich lese jetzt den *Essai sur l'histoire générale,* und ich möchte davon jede Seite auswendig lernen.»[31]

Das Innere eines russischen Bauernhauses zur Zeit Katharinas II. zeigt dieser Holzschnitt von Emil Krell nach einer Radierung von Jean Baptiste Leprince (1733–1781), der im Jahr 1757 in Rußland war und viele Darstellungen aus dem russischen Volksleben hinterließ.

Fast während ihres ganzen Lebens oder bis zu deren Tod korrespondierte Katharina mit Voltaire, Diderot, d'Alembert, Frau Geoffrin, Grimm und vielen anderen französischen Persönlichkeiten. Sie steuerte zu der Geldsammlung bei, die Voltaire für die Calas und die Sirvens veranstaltete. Wir haben gesehen, wie sie große Posten Uhren in Ferney bestellte und von Voltaires Arbeitern, manchmal (wenn wir dem alten Fuchs glauben können) von Voltaire selbst gestrickte Strümpfe. Es war eine Auszeichnung, auf die er sich besonders viel einbildete, daß gekrönte Häupter ihn so ehrten, und er vergalt es Katharina, indem er sich zu ihrem Presseagenten in Frankreich machte. Er sprach sie frei von der Mitschuld am Tode Peters III. «Ich weiß», schrieb er, «daß man Katharina Vorwürfe macht in Verbindung mit ihrem Gatten, doch dies sind Familienangelegenheiten, in die ich mich nicht einmische.»[32] Er bat seine Freunde, ihm bei seinem Eintreten für Katharina zu helfen; so schrieb er an d'Argental:

«Ich muß Sie um einen weiteren Gefallen bitten; es ist für meine Katharina. Wir müssen ihr Ansehen bei würdigen Menschen in Paris wiederherstellen. Ich habe gute Gründe anzunehmen, daß die Herren Herzöge Praslin und Choiseul sie nicht für die gewissenhafteste Frau der Welt halten. Doch ich weiß ..., daß sie keinen Anteil hat an dem Tod ihres Trunkenboldes ..., außerdem war er der größte Narr, der je auf einem Thron saß ..., wir sind Katharina verpflichtet, daß sie den Mut hatte, ihren Mann zu entthronen; denn sie regiert mit Weisheit und mit Ruhm, und wir sollten ein gekröntes Haupt segnen, das religiöse Toleranz innerhalb von 135 Längengraden allgemein macht ... Also, sagen Sie viel Gutes über Katharina, ich bitte Sie.»[33]

Frau du Deffand hielt diese Reinwaschung der Kaiserin für höchst schändlich; Frau von Choiseul und Horace Walpole rügten sie[34]. Von Praslin und Choiseul, den Leitern der französischen Außenpolitik, konnte man nicht erwarten, daß sie eine Kaiserin bewunderten, die sich dem französischen Einfluß in Polen widersetzte und ihn in der Türkei bekämpfte. Voltaire selbst hatte gelegentliche Zweifel. Als er erfuhr, daß Iwan VI. ermordet worden war, gab er betrübt zu, daß «wir unsere Bewunderung für Katharina ein wenig dämpfen müssen»[35]. Doch bald lobte er ihr legislatives Programm, ihre Förderung der Künste, ihren Feldzug für religiöse Freiheit in Polen. Jetzt, am 18. Mai 1767, verlieh er ihr den Titel «Semiramis des Nordens». Als sie den Krieg gegen die Türkei eröffnete, unterbrach er seinen Angriff auf *l'infâme* (die katholische Kirche), um ihren Kreuzzug zur Rettung der Christen vor den Mohammedanern zu begrüßen.

Diderot war ebenfalls fasziniert von der Schönheit auf dem Thron, und dies aus wichtigen Gründen. Als Katharina hörte, daß er plante, seine Bibliothek zu verkaufen, um eine Mitgift für seine Tochter zu beschaffen, beauftragte sie ihren Pariser Agenten, sie zu jedem Preis, den Diderot fordern würde, zu kaufen. Er forderte und erhielt sechzehntausend Pfund. Dann bat sie Diderot, die Bücher bis zu seinem Tod zu behalten und sie in ihrem Auftrag für ein Jahresgehalt von tausend Pfund zu betreuen; das Gehalt zahlte sie ihm fünfundzwanzig Jahre im voraus. Diderot wurde über Nacht ein reicher Mann und Verteidiger Katharinas. Als sie ihn einlud, sie zu besuchen, konnte er kaum ablehnen. «Einmal im Leben», sagte er, «muß man eine solche Frau sehen.»[36]

Nachdem er seine Frau und seine Tochter finanziell sichergestellt hatte, machte er sich am 3. Juni 1773, sechzig Jahre alt, auf die lange und beschwerliche Reise nach

St. Petersburg. Er verweilte zwei Monate in Den Haag, genoß seinen Ruhm. Über Dresden und Leipzig reiste er weiter, sorgfältig Berlin und Friedrich meidend, über den er einige bissige Bemerkungen gemacht hatte. Zweimal erkrankte er unterwegs an heftigen Koliken. Er erreichte St. Petersburg am 9. Oktober und wurde am 10. von der Zarin empfangen. «Niemand versteht besser als sie», berichtete er, «die Kunst, es jedermann behaglich zu machen.»[37] Sie forderte ihn auf, offen zu sprechen, «von Mensch zu Mensch». Er tat es und gestikulierte dabei in seiner gewohnten Art, seine Argumente durch Klapse auf die kaiserlichen Schenkel bekräftigend. «Ihr Diderot», schrieb Katharina an Frau Geoffrin, «ist ein außergewöhnlicher Mann. Aus meinen Unterhaltungen mit ihm gehe ich mit blauen Flecken auf den Schenkeln hervor. Ich war gezwungen gewesen, einen Tisch zwischen uns zu stellen, um mich und meine Gliedmaßen zu schützen.»[38]

Für eine Weile versuchte er – wie Voltaire bei Friedrich – den Diplomaten zu spielen und Rußland von einem Bündnis mit Österreich und Preußen zu einem solchen mit Frankreich zu bekehren[39]. Sie lenkte ihn bald ab auf Themen, die seinem Beruf mehr entsprachen. Er legte ihr dar, wie Rußland in Utopia verwandelt werden könne; sie lauschte ihm amüsiert, blieb jedoch skeptisch. Später erinnerte sie sich dieser Unterhaltungen in einem Brief an Graf Louis-Philippe von Ségur:

> «Ich habe viel und häufig mit ihm gesprochen, doch mit mehr Neugierde als Gewinn. Wenn ich ihm geglaubt hätte, wäre alles in meinem Königreich auf den Kopf gestellt worden: Gesetzgebung, Verwaltung, Finanzwesen – alles hätte umgemodelt werden müssen, um Platz zu machen für unpraktische Theorien ... Dann sagte ich ihm in aller Offenheit: 'Monsieur Diderot, ich habe mit größtem Vergnügen angehört, was Ihr glänzender Verstand von sich gegeben hat. Mit all ihren hohen Prinzipien könnte man schöne Bücher machen, doch sehr schlechte Geschäfte. Sie arbeiten nur auf dem Papier, das alles erduldet ...; doch ich, arme Kaiserin, die ich bin, arbeite auf der menschlichen Haut, die in höherem Maße reizbar und kitzlig ist.' Hierauf sprach er nur noch über Literatur.»[40]

Als ihr einige Notizen in die Hand fielen, die er «über die Unterweisungen ihrer kaiserlichen Majestät ... für den Entwurf von Gesetzen» gemacht hatte, bezeichnete sie diese (nach seinem Tod) als «veritables Geschwätz, in dem man weder Kenntnis der Realitäten, noch Vernunft, noch Einsicht entdecken kann»[41]. Dennoch hatte sie Spaß an seiner lebhaften Konversation und unterhielt sich mit ihm während seines langen Aufenthaltes fast täglich*.

Nach fünf Monaten des Schwelgens in ihrer Freundschaft und des Unbehagens an ihrem Hof wandte sich Diderot heimwärts. Katharina befahl, eine Spezialkutsche für ihn zu bauen, in der er sich bequem zurücklehnen konnte. Sie fragte ihn, was sie ihm an Geschenken schicken sollte; er antwortete, keine, erinnerte sie jedoch daran, sie habe noch nicht ihr Versprechen gehalten, ihm die Auslagen für seine Reise zurückzuerstatten. Er berechnete diese auf fünfzehnhundert Rubel, sie gab ihm dreitausend und einen kostbaren Ring und stellte einen Offizier an, der ihn nach Den Haag begleiten sollte. Nach Paris zurückgekehrt, sang er dankbar Lobeshymnen auf sie.

* Die Geschichte, daß Euler Diderot vor dem russischen Hof durch einen imaginären algebraischen Beweis der Existenz Gottes in Verwirrung brachte, ist wahrscheinlich erfunden[42].

Katharina machte keinen Versuch, mit Rousseau in Verbindung zu treten, der in Charakter und Denken ihr schärfster Antipode war. Anders war es mit Melchior Grimm, denn sie wußte, daß dessen *Correspondance littéraire* einflußreiche Europäer erreichte. Er machte den ersten Schritt, indem er ihr 1764 anbot, ihr seine Zeitschrift zu schicken; sie nahm es an und schickte ihm fünfzehnhundert Rubel pro Jahr. Er sah sie zum erstenmal, als er im Gefolge des Fürsten von Hessen-Darmstadt nach St. Petersburg reiste (1773), um der Trauung der Schwester des Fürsten mit Großherzog Paul beizuwohnen. Katharina fand ihn weitaus realistischer als Diderot und sehr nützlich informiert über alle Aspekte der Pariser Welt, die sie mit ihrer Literatur, Philosophie, Kunst, den Frauen und ihren Salons faszinierte. Sie lud ihn während des Winters 1773/74 fast täglich ein, um mit ihm zu plaudern. Über diese Zusammenkünfte schrieb sie an Voltaire: «Herrn Grimms Konversation ist ein Genuß für mich; doch wir haben einander so viele Dinge zu sagen, daß unsere Unterhaltungen bis jetzt mehr durch Eifer als durch Ordnung und Logik gekennzeichnet waren.» Im Eifer dieser Unterredungen mußte sie sich wiederholt daran erinnern (wie sie es ausdrückte), wieder zu ihrem *gagne-pain* zurückzukehren – ihr Brot durch Beschäftigung mit Regierungsgeschäften zu verdienen[43]. Grimm kehrte nach Paris zurück, triefend vor Begeisterung für Katharina, die er «Nahrung meiner Seele, Trost meines Herzens, Stolz meines Geistes, Freude Rußlands und Hoffnung Europas» nannte[44]. Er besuchte St. Petersburg ein zweites Mal 1776 und sah sie ein Jahr lang fast täglich. Sie bat ihn, zu bleiben und die Reorganisation der Erziehung in Rußland zu überwachen, doch er sehnte sich nach Paris und Frau von Épinay. Katharina war nicht eifersüchtig; als sie erfuhr, daß Frau von Épinay in finanziellen Schwierigkeiten war, schickte sie ihr, auf delikaten Umwegen, genug, um ihrer Not zu steuern[45]. Von 1777 an betätigte sich Grimm als Katharinas Agent in Frankreich für Kunstkäufe und vertrauliche Missionen. Seine Freundschaft für sie blieb ungetrübt bis zu ihrem Ende.

Welches waren die Resultate dieses Flirts zwischen Autokratie und Philosophie? Daß sie die *philosophes* als ihre Presseagenten in Frankreich unterhielt, war ohne jeden politischen Nutzen. Die französische Politik – wie konsequenterweise auch die französischen Historiker – blieb feindselig gegenüber einem Rußland, das die französischen Pläne in Osteuropa durchkreuzte. Doch ihre Bewunderung für die Heroen der französischen Aufklärung war ehrlich, da sie lange vor ihrem Machtantritt begonnen hatte. Wenn sie nur eine Laune gewesen wäre, hätte sie nicht so lange Auseinandersetzungen mit Diderot und Grimm durchgehalten. Ihr inniges Verhältnis zum französischen Denken half das gebildete Rußland zu europäisieren und die westliche Auffassung von Rußland als einem brutalen Koloß zu verändern. Viele Russen folgten Katharinas Beispiel, korrespondierten mit französischen Schriftstellern, wurden beeinflußt von der französischen Kultur, Lebensart und Kunst. Eine wachsende Zahl von Russen besuchte Paris, und obwohl viele ihre Zeit mit sexuellen Abenteuern verbrachten, besuchten viele die Salons, die Museen und den Hof, lasen französische Literatur und Philosophie und brachten Ideen mit nach Hause, die teilhatten an der Vorbereitung des Aufbruchs der russischen Literatur im 19. Jahrhundert.

IV. DIE POLITIKERIN

Wir können kaum an den guten Absichten Katharinas in den frühen Jahren ihrer Regierung zweifeln.

In ihrem Exemplar von Fénelons *Télémaque* wurden folgende Vorsätze gefunden:

«Studiere die Menschheit; lerne, die Menschen zu benutzen, ohne dich ihnen ohne Vorbehalt auszuliefern. Suche nach wahrem Verdienst, sei es am anderen Ende der Welt, denn gewöhnlich ist es bescheiden und zurückhaltend.

Laß nicht zu, daß du die Beute von Schmeichlern wirst; gib ihnen zu verstehen, daß du weder auf ihr Lob noch auf ihre Unterwürfigkeit Wert legst. Habe Vertrauen zu jenen, die den Mut besitzen, dir zu widersprechen ..., die mehr Wert auf deine Achtung als auf deine Gunst legen.

Sei höflich, human, zugänglich, mitfühlend und vorurteilslos. Laß deine Größe dich nicht daran hindern, dich mit Freundlichkeit zu den Kleinen herabzulassen und dich selbst an ihre Stelle zu setzen. Achte jedoch darauf, daß diese Freundlichkeit nicht deine Autorität schwächt oder ihren Respekt ändert ... Verwirf alle Künstlichkeit. Lasse dich von der Welt nicht so weit anstecken, daß du alte Grundsätze der Ehre und Tugend verlierst ...

Ich schwöre bei der Vorsehung, diese Worte in mein Herz einzugraben.»[46]

Sie informierte sich mit Fleiß über jeden wichtigen Gegenstand und schrieb detaillierte Instruktionen über tausend Dinge von Heeresausbildung und industriellen Operationen bis zur Toilette ihres Hofes und der Aufführung von Opern und Theaterstücken. Einer ihrer frühesten und am wenigsten freundlichen Biographen schrieb:

«Der Ehrgeiz erstickte in Katharinas Seele nicht das heftige Gefallen an Vergnügungen. Doch sie verstand es, auf Vergnügungen zu verzichten und sich der ernsthaften, unermüdlichen Beschäftigung mit den Regierungsgeschäften zuzuwenden. Sie wohnte allen Sitzungen des Rates bei, las die Berichte ihrer Botschafter und diktierte oder entwarf die Antworten. Sie beauftragte ihre Minister nur mit den Details der Regierungsgeschäfte und wachte über die Durchführung.»[47]

Die Aufgabe, ihr großes Herrschaftsgebiet zu regieren, wurde fast unmöglich gemacht durch die Zahl (zehntausend), Verschiedenheit, Widersprüchlichkeit und Unübersichtlichkeit der gültigen Gesetze. In der Hoffnung, ein Justinian für Rußland zu werden und ihre Macht zu festigen, berief Katharina am 14. Dezember 1766 Verwaltungsbeamte und Rechtsexperten aus allen Teilen des Reiches nach Moskau, um eine gründliche Revision und Kodifizierung des russischen Rechts vornehmen zu lassen. Zur Vorbereitung dieses Unternehmens entwarf sie persönlich einen *Nakaz* (Instruktionen), eine Beschreibung der Grundsätze, auf denen der neue Kodex gegründet sein sollte. Diese Grundsätze widerspiegelten ihre Lektüre Montesquieus, Beccarias, Blackstones und Voltaires. Sie begann mit der Erklärung, daß Rußland als ein europäischer Staat betrachtet werden müsse und eine auf «europäischen Grundsätzen» basierende Verfassung haben sollte. Dies bedeutete, in ihrem Verständnis, nicht eine «konstitutionelle Regierung», die den Herrscher einer vom Volk gewählten gesetzgebenden Versammlung unterstellte. Das Bildungsniveau Rußlands würde nicht einmal ein so beschränktes Wahlrecht erlauben, wie es in Britannien existierte. Es bedeutete eine Regierung, in welcher der Herrscher, obwohl letztlich die einzige Quelle des Rechts, im Gehorsam gegenüber dem Gesetz herrschte. Katharina behielt das Feudalsystem – das heißt, das System gegenseitiger Loyalität und Dienstverpflichtung zwischen Bauer und Vasall, Vasall und Lehnsherr, Herr und Souverän – als unerläßlich für die wirtschaftliche, politische und militärische Ordnung im Rußland des Jahres 1766 bei (einem Land von Gemeinden, die wegen der schwierigen Nachrichten- und Transportverhältnisse voneinander und von der Regierungszentrale fast isoliert waren). Doch sie bestand darauf, daß die Rechte der Herren über ihre Leibeigenen durch Gesetz definiert und begrenzt würden, daß es den Leibeigenen erlaubt sein sollte, Eigentum zu besitzen, und daß die Aburteilung und Bestrafung von Leibeigenen von dem Feudalherrn auf einen öffentlichen Richter übertragen würde, der einem wiederum dem Herrscher verantwortlichen Provinzgericht verantwortlich war[48]. Alle Verfahren sollten öffentlich, die Folter nicht angewandt, die Todesstrafe im Gesetz und in der Praxis abgeschafft werden. Religionsausübung sollte frei sein; «bei so vielen verschiedenen Religionen wäre die Intoleranz der ungerechteste Fehler»[49]. Sie legte den *Nakaz* ihren Beratern vor, bevor sie ihn drucken ließ. Diese warnten sie, jede plötzliche Veränderung der existierenden Bräuche würde Rußland ins Chaos stürzen, und sie erlaubte ihnen, Vorschläge von ihr zu ändern, besonders jene der schrittweisen Befreiung der Leibeigenen[50].

Selbst so verballhornt, lösten die *Instruktionen*, 1767 in Holland veröffentlicht, bei der europäischen Intelligenz Begeisterung aus. Die Kaiserin schickte Voltaire ein Exemplar, der seine übliche Verbeugung machte. «Madame, gestern abend habe ich eine der Garantien Ihrer Unsterblichkeit erhalten – Ihren Kodex in einer deutschen Übersetzung. Heute habe ich begonnen, ihn ins Französische zu übersetzen. Er wird auf Chinesisch und in allen Sprachen erscheinen; er wird ein Evangelium für die gesamte Menschheit sein.»[51] Und er fügte in späteren Briefen hinzu: «Gesetzgeber haben den ersten Platz im Tempel des Ruhms; Eroberer kommen nach ihnen ..., ich betrachte die *Instruktionen* als das schönste Monument dieses Jahrhunderts.»[52] Die französische Regierung verbot den Verkauf der *Instruktionen* in Frankreich.

Der modifizierte *Nakaz* wurde dem «Komitee für den Entwurf eines Neuen Kodex» vorgelegt, das am 10. August 1767 zusammentrat. Es bestand aus 564 Mitgliedern, gewählt von verschiedenen Gruppen: 161 vom Adel, 208 von den Städten, 79 von der freien Bauernschaft, 54 von den Kosaken, 34 von den nichtrussischen Stämmen (christlich oder nicht) und 28 von der Regierung. Der Klerus war nicht als Klasse vertreten, und die Leibeigenen waren es überhaupt nicht. In gewisser Weise entsprach das Komitee den Generalständen, die 1789 in Paris zusammentreten sollten, und, wie in jener berühmteren Versammlung, legten die Delegierten der Regierung Listen von Beschwerden und Reformvorschlägen ihrer Wähler vor. Diese Dokumente wurden der Kaiserin übermittelt, und sie lieferten ihr und ihren Helfern einen wertvollen Überblick über die Verhältnisse im Reich.

Das Komitee war nicht ermächtigt, Gesetze zu erlassen, sondern nur die Herrscherin über die Lage und Bedürfnisse jeder Klasse oder jedes Bezirks zu informieren und Vorschläge für die Gesetzgebung zu machen. Den Delegierten war Redefreiheit und Unverletzlichkeit der Person garantiert. Einige von ihnen schlugen die Befreiung aller

Leibeigenen vor, andere, die Rechte, Leibeigene zu besitzen, sollten erweitert werden. Im Dezember 1767 vertagte sich das Komitee, und im Oktober 1768 siedelte es nach St. Petersburg über. Insgesamt hielt es 203 Sitzungen ab, und am 18. Dezember 1768 vertagte es sich *sine die,* weil der Ausbruch des Krieges mit der Türkei viele Delegierte an die Front rief. Die Aufgabe der Formulierung der vorgeschlagenen Gesetze wurde Unterkomitees übertragen, von denen einige bis 1775 tagten; doch kam kein Gesetzeskodex zustande. Katharina war keineswegs unzufrieden mit diesem ergebnislosen Ausgang. Sie erklärte: «Die Kommission für das Gesetzbuch hat mir über das ganze Reich Aufschlüsse und Nachrichten geliefert. Ich weiß jetzt, was notwendig ist und womit man sich zu befassen hat. Sie hat alle Zweige der Gesetzgebung bearbeitet und, nach dem Inhalt geordnet, eingeteilt. Ich würde ohne den türkischen Krieg noch weitergegangen sein. Es ist wenigstens in den Grundsätzen und dem Verfahren bei der Erörterung eine Einheitlichkeit eingeführt, welche bis jetzt ohne Beispiel ist.»[53] Inzwischen hatte sie dem Adel gezeigt, auf wie breiter Basis ihre Macht ruhte. Das Komitee schlug vor seiner Vertagung vor, ihr den Titel «die Große» zu verleihen. Sie lehnte ab, erklärte sich jedoch damit einverstanden, «Mutter des Landes» genannt zu werden.

Zwei der Empfehlungen Katharinas wurden Gesetz: die Abschaffung der Folter und das Gebot religiöser Toleranz. Dieses hatte große Auswirkungen; es erlaubte der römisch-katholischen Kirche, mit der griechisch-orthodoxen in Wettbewerb zu treten, es schützte die Jesuiten selbst nach der Auflösung ihres Ordens durch Papst Clemens XIV. (1773), es erlaubte den Wolga-Tataren, ihre Moscheen wiederaufzubauen. Katharina erlaubte den Juden, sich in Rußland niederzulassen, doch sie unterwarf sie besonderen Steuern und beschränkte ihren Aufenthalt (möglicherweise zu ihrer eigenen Sicherheit) auf bestimmte Gebiete. Die Raskolniki – religiöse Sektierer – durften frei ihre Riten praktizieren. «Wir haben in der Tat», schrieb sie an Voltaire, «Fanatiker, die sich, wenn sie nicht mehr von anderen verfolgt werden, selbst verbrennen, doch wenn diejenigen anderer Länder das gleiche täten, würde kein großer Schaden entstehen.»[54]

Die *philosophes* waren besonders erfreut über Katharinas Unterstellung der russischen Kirche unter den Staat. Einige von ihnen beklagten, daß sie noch immer dem Gottesdienst beiwohne (dies tat auch Voltaire); die älteren von ihnen hielten ihre äußerliche Frömmigkeit für unerläßlich zur Erhaltung der Treue des Volkes. Durch ein Dekret vom 26. Februar 1764 verwandelte sie den gesamten Landbesitz der Kirche in Staatseigentum. Die Gehälter des orthodoxen Klerus wurden von nun an durch den Staat bezahlt, wodurch sich die Regierung ihre Unterstützung sicherte. Viele Männerklöster und Frauenklöster wurden geschlossen, den übrigbleibenden wurde verboten, mehr als eine vorgeschriebene Anzahl von Novizen aufzunehmen, und das gesetzliche Alter für die Ablegung von Gelübden wurde hinaufgesetzt. Die Überschüsse aus kirchlichen Einrichtungen wurden für die Gründung von Schulen, Asylen und Krankenhäusern verwendet[55].

Der Adel und der Klerus wandten sich beide gegen die Ausweitung der Volkserziehung, da sie fürchteten, die Verbreitung von Wissen unter den Massen würde zu Häresie, Unglauben und Zwietracht führen und die gesellschaftliche Ordnung gefährden. Hier wie anderswo begann Katharina mit liberalen Bestrebungen. Sie wandte sich an Grimm:

«Hören Sie einmal, meine Herren Philosophen, Sie wären entzückende, verehrungswürdige Menschen, wenn Sie die Güte haben wollten, einen Studienplan für junge Leute vom Abc bis zum Universitätsstudium einschließlich aufzustellen. Ich habe mir sagen lassen, daß man drei verschiedene Schulen benötigt. Ich habe nicht studiert; ich war nicht in Paris; ich besitze weder Können noch Geist, und folglich weiß ich nicht, was man lernen muß, nicht einmal, was man lernen kann und woher man alles schöpft, wenn nicht bei Ihnen? Ich bin sehr in Sorge um einen Vorschlag für eine Universität und ihre Verwaltung, für ein Gymnasium und seine Verwaltung, für eine Schule und ihre Verwaltung ... In der Erwartung, daß Sie meine Bitte erfüllen oder nicht erfüllen, weiß ich, was ich mache, ich werde die *Enzyklopädie* durchblättern. Oh, ich werde sofort alles bei den Ohren nehmen, was ich brauche und was ich nicht brauche.»[56]

Inzwischen war sie von dem pädagogischen Enthusiasmus Iwan Betskys angesteckt worden, der Schweden, Deutschland, Holland, Italien und Frankreich bereist, den Salon der Frau Geoffrin besucht, die *Encyclopédie* studiert und Rousseau kennengelernt hatte. 1763 gründete sie in Moskau eine Schule für Findelkinder, die bis 1796 vierzigtausend Schüler ausgebildet hatte; 1764 wurde eine Schule für Knaben in St. Petersburg eröffnet und 1765 eine Schule für Mädchen; 1764 wurde das Kloster Smolny in das Smolny-Institut für Mädchen des Adels umgewandelt – ein Gegenstück zu Frau von Maintenons St-Cyr. Katharina war die erste russische Herrscherin, die etwas für die Bildung der Frauen tat. Bestürzt über den Mangel an qualifizierten Lehrern, schickte sie russische Studenten zum Studium der Pädagogik nach England, Deutschland, Österreich und Italien. Eine Lehrerausbildungsstätte wurde 1786 geschaffen.

Sie bewunderte die Erziehungsreformen Josephs II. in Österreich und bat ihn, ihr jemanden zu schicken, der mit seinen Methoden vertraut war. Er schickte ihr Theodor Jankowitsch, und dieser entwarf für sie einen Plan, den sie als «Statut» für Volksschulen verkündete (5. August 1786). In der Hauptstadt eines jeden Bezirkes wurde eine Grundschule gegründet und eine höhere Schule in jeder der Hauptstädte der sechsundzwanzig Provinzen. Diese Schulen waren offen für alle Kinder aller Klassen; körperliche Züchtigung war in ihnen nicht erlaubt, Lehrer und Lehrbücher wurden vom Staat gestellt. Der Plan wurde weitgehend vereitelt durch die Abneigung der Eltern, ihre Kinder in die Schule zu schicken, anstatt sie wie bisher zu Arbeiten im Haus zu verwenden. In den zehn Jahren zwischen ihrer Gründung und Katharinas Tod wuchs die Zahl der «Volksschulen» von 40 langsam an auf 316, die der Lehrer von 136 auf 744, die der Schüler von 4398 auf 17341. Im Jahre 1796 war Rußland auf dem Gebiet des öffentlichen Unterrichts noch weit hinter dem Westen zurück.

Höhere Bildung wurde nur spärlich vermittelt durch die Universität von Moskau und durch Spezialakademien. Eine Handelsschule wurde 1772 gegründet, eine Bergakademie 1773. Die alte Akademie der Wissenschaften wurde vergrößert und mit reichen Mitteln ausgestattet. 1783 wurde auf Drängen und unter Leitung der Fürstin Daschkowa eine russische Akademie für die Verbesserung der Sprache, die Förderung der Literatur und das Studium der Geschichte geschaffen. Sie gab Übersetzungen heraus, veröffentlichte Zeitschriften und stellte ein Wörterbuch zusammen, das zwischen 1789 und 1799 in sechs Fortsetzungen erschien.

Alarmiert durch die hohe Sterblichkeit in Rußland und den primitiven Zustand der öffentlichen sanitären Einrichtungen und der persönlichen Hygiene, ließ Katharina ausländische Ärzte kommen, gründete eine Hochschule für Pharmakologie in Moskau und stellte Mittel für die Fabrikation chirurgischer Instrumente zur Verfügung. Sie eröffnete in Moskau drei neue Krankenhäuser, ein Findlingsasyl und ein Asyl für Geisteskranke und in St. Petersburg drei neue Krankenhäuser, einschließlich eines «Geheimen Krankenhauses» für Geschlechtskrankheiten[57]. 1768 führte sie in Rußland die Impfung gegen Pocken ein und zerstreute öffentliche Bedenken, indem sie sich im Alter von vierzig Jahren als zweite Russin der Behandlung unterzog. Bald berichtete Katharina Voltaire: «Man hat hier in einem Monat mehr Menschen geimpft als in Wien während eines Jahres.»[58] (1772 fand in Neapel die erste Impfung statt, und 1774 starb Ludwig XV., *un*geimpft, an den Pocken.)

V. WIRTSCHAFTSREFORMEN

Eine der wichtigsten Maßnahmen Katharinas (1765) war der Befehl, das gesamte russische Land zu vermessen. Die Durchführung stieß auf starken Widerstand der Großgrundbesitzer. Am Ende ihrer Regierung waren zwanzig von fünfzig Provinzen erfaßt worden, die letzte jedoch erst gegen Mitte des 19. Jahrhunderts. Die Kaiserin erkannte im Verlauf der Aktion bald mit entmutigender Klarheit, in welch hohem Maße die Wirtschaft Rußlands auf der Organisation der Landwirtschaft nach einem Feudalsystem von Herren und Leibeigenen beruhte. 1766 setzte sie einen Preis von tausend Dukaten für die beste Abhandlung über die Freilassung der Leibeigenen aus. Der Sieger war Béardé de l'Abbaye von Aachen, der erklärte: «Das ganze Universum verlangt von den Herrschern, daß sie die Bauern freilassen», und sagte voraus, die landwirtschaftliche Produktion würde unermeßlich gesteigert, «wenn man die Bauern zu Eigentümern des Landes machte, das sie bebauen»[59]. Die adligen Grundbesitzer jedoch warnten Katharina, wenn der Bauer nicht an das Land und an seinen Gutsherrn gebunden wäre, würde er in die Städte abwandern oder, noch unverantwortlicher, von Dorf zu Dorf ziehen und so ein Chaos verursachen, die Produktion gefährden und die Aushebung kräftiger Bauernsöhne für das Heer oder die Flotte erschweren.

Die durch solche Argumente verwirrte Zarin ging mit äußerster Behutsamkeit vor, denn die Adligen hatten das Geld und die Waffen, sie zu stürzen, und wenn sie dies versuchten, konnten sie mit der Unterstützung eines Klerus rechnen, der ihr den Verlust seiner Ländereien und seiner Leibeigenen übelnahm. Sie scheute die Unordnung, die entstehen könnte, wenn die befreiten Bauern in Städte abwanderten, die nicht darauf vorbereitet waren, ihnen Wohnung, Nahrung und Beschäftigung zu geben. Sie traf trotzdem, wenn auch nur vorsichtig, Maßnahmen zur Abschaffung der Leibeigenschaft. Sie erneuerte das Edikt Peters III., das den Kauf von Leibeigenen für Fabrikarbeit verbot, und verpflichtete die Arbeitgeber, ihre Arbeiter in bar zu bezahlen und die von den Behörden der Stadt oder der Dorfgemeinde festgesetzten Arbeitsbedingungen einzuhalten[60]. Doch auch so blieb der Status der Industrieleibeigenen der einer herzlosen und abstumpfenden Sklaverei. Katharina verbot weiterhin die Leibeigenschaft in den Städten, die sie gegründet hatte[61], und ließ gegen Bezahlung einer kleinen Gebühr die Leibeigenen auf Ländereien frei, die der Kirche abgenommen worden waren[62]. Diese Verbesserungen wurden jedoch aufgewogen durch ihre wiederholten Übertragungen von Staatsländereien an Männer, die ihr als Generäle, Staatsmänner oder Liebhaber gedient hatten. Auf diese Weise wurden über 800000 freie Bauern Leibeigene. Der Anteil von Leibeigenen an der Landbevölkerung stieg von 52,4 Prozent bei Beginn ihrer Regierung auf 55,5 Prozent bei deren Ende, und die Zahl der Leibeigenen im ganzen von 7600000 auf 20000000[63]. Durch ihre «Gnadenbriefe an den Adel» (1785) vollendete Katharina ihre Auslieferung an den Adel. Sie bestätigte seine Befreiung von der Kopfsteuer, der körperlichen Züchtigung und dem Militärdienst sowie sein Recht, nur von seinesgleichen abgeurteilt zu werden, die Bodenschätze ihrer Ländereien auszubeuten, industrielle Unternehmungen zu besitzen und nach Belieben ins Ausland zu reisen. Sie verbot den Gutsherren, tyrannisch oder grausam zu sein, doch sie machte dieses Verbot illusorisch, indem sie den Leibeigenen verbot, sich bei ihr zu beschweren.

Die so zum Schweigen gebrachten Bauern nahmen ihre Zuflucht zu Desertion, Rebellion oder Mord. Zwischen 1760 und 1769 wurden dreißig Gutsbesitzer von ihren Bauern getötet; zwischen 1762 und 1773 kam es zu vierzig Bauernrevolten[64]. Diese wurden rasch unterdrückt, bis ein Rebellenführer kam, der es verstand, Haß zu organisieren und Bauernwaffen zum Sieg zu führen. Emeljan Pugatschew war ein Donkosake, der in den russischen Reihen gegen die Preußen und Türken gekämpft hatte. Er beantragte seine Entlassung; sie wurde ihm verweigert. Er desertierte, wurde eingefangen; er desertierte wiederum und führte das Leben eines Geächteten. Im November 1772 verkündete er, ermutigt von unzufriedenen Menschen, er sei Peter III., der wunderbarerweise alle Versuche, ihn zu töten, überlebt habe. Er sammelte Bauern und Räuber um seine Fahne, bis er sich stark genug fühlte, die offene Rebellion gegen die Thronräuberin Katharina auszurufen (September 1773). Kosaken aus dem Ural, von der Wolga und vom Don, Tausende von Männern, die zu Zwangsarbeit in den Bergwerken und den Schmelzhütten des Ural verurteilt worden waren, Hunderte von Altgläubigen, die erbitterte Gegner der orthodoxen Kirche waren, Stämme der Tataren, Kirgisen und Baschkiren, die nicht verwinden konnten, daß sie von Elisabeth zum Christentum gezwungen worden waren, Leibeigene, die ihren Herren entflohen, und Sträflinge, die aus dem Gefängnis entwichen waren: alle diese Männer strömten zu Pugatschews Fahne, bis er zwanzigtausend Mann unter seinem Befehl hatte. Sie zogen triumphierend von Stadt zu Stadt, schlugen die von den lokalen Gouverneuren gegen sie ausgeschickten Streitkräfte, eroberten wichtige Städte wie Kasan und Saratow. Sie requirierten Proviant, töteten Gutsbesitzer, zwangen widerstrebende Bauern, sich ihnen anzuschließen, und marschierten die Wolga hinauf gegen Moskau. Pugatschew erklärte, er werde nicht sich selbst, sondern den Großherzog Paul auf den Thron setzen. Doch er nannte – wahrscheinlich aus grimmigem Humor – seine bäuerliche Frau «Königin» und gab seinen höchsten Offizieren die Namen von Feldherren Katharinas: Graf Orlow, Graf Panin, Graf Worontsow.

Katharina machte sich zunächst lustig über «*le marquis* Pugatschew», doch als sie erfuhr, daß die Rebellen Kasan genommen hatten, entsandte sie eine starke Streitmacht unter General Pjotr Iwanowitsch Panin, der den Aufstand niederschlagen sollte. Die Adligen, die sahen, daß die gesamte feudale Gesellschaftsordnung gefährdet war, kamen ihr zu Hilfe. Bald stieß General Alexander Wassiliewitsch Suworow mit der durch den Frieden mit der Türkei frei gewordenen Kavallerie zu Panin. Die Insurgenten waren dem Zusammenstoß mit disziplinierten Truppen unter kaiserlichen Offizieren nicht gewachsen, und ihre Reihen gerieten in Unordnung. Sie zogen sich von einer Stellung zur anderen zurück, erschöpften ihre Vorräte und begannen Hunger zu leiden. In der Hoffnung auf Brot und Pardon nahmen einige ihrer Führer Pugatschew gefangen und lieferten ihn den Siegern aus. Er wurde in einem eisernen Käfig nach Moskau gebracht, im Kreml abgeurteilt, enthauptet und dann gevierteilt, und sein Kopf wurde zur Abschreckung in vier Bezirken der Stadt auf einem Pfahl zur Schau gestellt. Fünf seiner Hauptleute wurden hingerichtet, andere mit der Knute ausgepeitscht und nach Sibirien geschickt. Eine Folge des Aufstands war die Stärkung des Bündnisses der Kaiserin mit dem Adel.

Sie forderte jedoch den Adel heraus, indem sie die Entstehung einer Kaufmannsklasse begünstigte. Überzeugt durch die Argumente der Physiokraten, führte sie den Freihandel in Agrarprodukten ein (1762), später für alle Güter; sie machte den von der Regierung geduldeten Monopolen ein Ende (1775), indem sie bestimmte, daß jedermann ein industrielles Unternehmen eröffnen und betreiben konnte. Das Wachstum eines Mittelstandes wurde verzögert durch das Vorherrschen einer auf Heimarbeit und Handarbeit basierenden Industrie und durch die Beteiligung von Adligen an industriellen und kaufmännischen Unternehmungen. Die Zahl der Fabriken stieg während der Regierung Katharinas von 984 auf 3161, doch es handelte sich meistens um kleine Werkstätten, die nur wenige Arbeiter beschäftigten. Die städtische Bevölkerung wuchs von 328000 im Jahre 1724 auf 1300000 im Jahre 1796 an – immer noch weniger als vier Prozent der Gesamtbevölkerung[65].

Die rührige Kaiserin, von ihrer adligen Umgebung nur widerwillig unterstützt, tat, was sie konnte, den Handel zu fördern. Die Straßen befanden sich in entsetzlichem Zustand, doch die Flüsse waren zahlreich, und Kanäle verbanden sie zu einem nutzbringenden Netz. Unter Katharina wurde mit dem Bau eines Kanals zwischen Wolga und Newa begonnen, der die Ostsee mit dem Kaspischen Meer verbinden sollte, und sie plante einen weiteren zur Verbindung des Kaspischen mit dem Schwarzen Meer[66]. Durch Verhandlung oder Krieg sicherte sie den ungehinderten Zugang des russischen Handels zum Schwarzen Meer und von hier aus zum Mittelmeer. Sie drängte ihre Diplomaten zum Abschluß von Handelsverträgen mit England (1766), Polen (1757), Dänemark (1782), der Türkei (1783), Österreich (1785) und mit Frankreich (1787).

Das Außenhandelsvolumen wuchs von 21 Millionen Rubel im Jahre 1762 auf 96 Millionen im Jahre 1796 an[67].

Bei solchen Zahlen müssen wir die Währungsinflation berücksichtigen, mit der Regierungen für ihre Kriege bezahlen. Um ihre Feldzüge gegen die Türkei zu finanzieren, borgte Katharina zu Hause und im Ausland 130 Millionen Rubel. Sie ließ weit über jede Golddeckung hinaus Papiergeld drucken, und während ihrer Regierung verlor der Rubel zweiunddreißig Prozent seines Wertes. Im gleichen Zeitraum stieg die Staatsschuld, obwohl sich die Einkünfte von 17 Millionen auf 78 Millionen Rubel erhöhten, auf 215 Millionen an[68]. Hieran waren zum größten Teil die Kriege schuld, welche die Macht der Türkei brachen und die Grenzen Rußlands bis zum Schwarzen Meer ausdehnten.

VI. DIE KRIEGERIN

Wie jeder Philosoph hatte Katharina mit friedlichen Zielen begonnen. Sie erklärte, die inneren Probleme des Reiches würden ihre ganze Aufmerksamkeit in Anspruch nehmen, und sie würde, wenn man sie nicht belästige, alle Konflikte mit fremden Mächten vermeiden. Sie bestätigte den Friedensvertrag Peters III. mit Preußen und beendete seinen Krieg mit Dänemark. Sie widerstand 1762 der Versuchung, Kurland zu erobern oder sich in Polen einzumischen: «Ich habe genug Menschen glücklich zu machen», sagte sie, «und dieser kleine Winkel der Erde wird nichts beitragen zu meinem Trost.»[69] Sie verkleinerte das Heer, vernachlässigte die Arsenale und bemühte sich, mit der Türkei einen Vertrag für ewigen Frieden auszuhandeln.

Doch je mehr sie die Landkarte studierte, um so mehr fand sie an den Grenzen Rußlands auszusetzen. Im Osten war das Reich geschützt durch den Ural, das Kaspische Meer und die Schwäche Chinas, im Norden durch das Eis. Doch im Westen besaß Schweden einen Teil Finnlands, von dem aus in jedem Augenblick ein Angriff von einer Nation erwartet werden mußte, die ihre Verluste an Peter den Großen nicht verwinden konnte, und Polen und Preußen versperrten den Weg nach «Europa» und zur Europäisierung. Im Süden behinderten die Tataren unter einem von den Muslims und den Türken beherrschten Khan den Zugang zum Schwarzen Meer. Welche Mißgeburten der Geschichte hatten Rußland eine solche Geographie, solche anomalen Grenzen gegeben? Der alte General Münnich und der neue General Grigori Orlow flüsterten ihr zu, um wie viel vernünftiger es wäre, wenn das Schwarze Meer die Südgrenze bildete, und wie schön, wenn Rußland Konstantinopel nähme und den Bosporus beherrschte. Nikita Panin, ihr Außenminister von 1763 bis 1780, suchte Wege, Rußlands Einfluß in Polen zu stärken und zu verhüten, daß dieses wehrlose Land unter preußische Herrschaft fiel.

Katharina fand ihre Argumente einleuchtend, und es reizte sie, ihrer Wahlheimat einen Platz in der Politik zu sichern, die ihrer Lage auf der Landkarte entsprach. Ein Jahr nach ihrer Thronbesteigung leitete sie eine Außenpolitik ein, die auf nichts Geringeres abzielte, als Rußland zur Schlüsselmacht auf dem Kontinent zu machen. «Ich sage Ihnen geradeheraus», schrieb sie an den Grafen Keyserling, ihren Botschafter in Warschau, «ich will mit allen Mächten freundschaftlich verbunden sein, sogar bis zur Defensive, damit ich mich immer auf die bedrängteste Seite stellen und so der Schiedsrichter Europas sein kann.»[70]

Manchmal kam sie ihrem Ziel sehr nahe. Indem sie Rußland aus dem Siebenjährigen Krieg heraushielt, entschied sie im Endeffekt diesen Kontinentalkonflikt zugunsten Friedrichs. 1764 unterzeichnete sie mit Friedrich einen Vertrag, der die Aufteilung Polens vorbereitete. Sie nutzte die Tatsache, daß Dänemark die russische Hilfe gegen Schweden benötigte, um die Außenpolitik der Dänen zu beherrschen. 1779 spielte sie den Schiedsrichter zwischen Friedrich und Joseph im Frieden von Teschen und wurde Beschützerin der deutschen Reichsverfassung. 1780 vereinigte sie Dänemark, Schweden, Preußen, Österreich und Portugal mit Rußland in einer «Liga bewaffneter Neutralität», um in dem Krieg Englands mit den amerikanischen Kolonien die neutrale Schiffahrt zu schützen: neutrale Schiffe durften von keinem der beiden Kombattanten angegriffen werden, es sei denn, sie beförderten Kriegsmunition; und eine Blockade muß, um legal zu sein und beachtet zu werden, Realität sein und nicht nur papierne Erklärung.

Lange vor dieser zweiten Umkehrung der Bündnisse hatte der unvermeidliche Kampf um die Beherrschung des Schwarzen Meeres begonnen. Katharinas erster Türkenkrieg war ein seltsames Nebenprodukt ihrer Invasion Polens gewesen. Sie hatte Truppen nach Polen geschickt, um den Nichtkatholiken in ihrem Kampf um Gleichberechtigung mit der katholischen Majorität zu helfen. Die Katholiken bewegten einen päpstlichen Nuntius dazu, den Türken zu erklären, nun sei ein günstiger Augenblick für sie gekommen, Rußland anzugreifen. Frankreich unterstützte diesen Plan und drängte Schweden und den Khan der Krim, sich an ihm zu beteiligen[71]. Voltaire beklagte seine gefährdete Kaiserin. «Daß ein Nuntius die Türken in seinen Kreuzzug gegen Sie einspannt», schrieb er ihr, «ist einer italienischen Farce wert. Mustafa, der würdige Verbündete des Papstes!» Die Situation veranlaßte ihn beinahe, Christ zu werden. In einem Brief vom November 1768 schlug er Katharina tatsächlich einen heiligen Krieg gegen die Ungläubigen vor:

«Sie zwingen die Polen, tolerant und glücklich zu sein trotz dem Nuntius, und Sie scheinen Schwierigkeiten mit den Muselmanen zu haben. Wenn jene Krieg gegen Sie führen, nimmt vielleicht die Idee Peters des Großen, Konstantinopel zur Hauptstadt des russischen Reiches zu machen, Gestalt an ... Ich glaube, wenn die Türken je aus Europa vertrieben werden, dann wird es durch die Russen geschehen ..., es genügt nicht, sie zu demütigen ..., sie müssen für immer verjagt werden.»[72]

Schweden weigerte sich, sich an dem Überfall auf Rußland zu beteiligen, doch die Tataren der Krim verwüsteten die neugegründete russische Kolonie Nowaja Serbia (Januar 1769). Ein türkisches Heer von hunderttausend Mann rückte gegen Podolia vor, um sich mit dem Heer der polnischen Konföderation zu vereinigen. Katharina weigerte sich, ihre Streitkräfte aus Polen zurückzuholen. Sie schickte dreißigtausend Mann unter Alexander Golitsyn und Pjotr Rumiantschew, um die Tataren zurückzutreiben und die Türken in Schach zu halten. Als man ihr sagte, diese seien zu zahlreich, erwiderte sie: «Die Römer kümmerten sich nicht um die Zahl ihrer Feinde; sie fragten nur: wo sind sie?»[73] Die Tataren wurden zurückgetrieben, Asow und Taganrog an der Mündung des Dons erobert, siebzehntausend Russen besiegten hundertfünfzigtausend Türken bei Kagul (1770); Rumiantschew drang bis Bukarest vor, wo er von der orthodoxen Bevölkerung freudig begrüßt wurde. 1771 überrannte Michailowitsch Dolgorucki die Krim und machte der türkischen Herrschaft hier ein Ende. Noch spektakulärer war die Leistung Alexej Orlows, der eine russische Flotte durch den Ärmelkanal, den Atlantik und das Mittelmeer führte, die türkische Flotte vor Chios schlug und sie bei Chesmé vernichtete (Juli 1770). Doch die Verluste seiner eigenen Flotte waren zu ernst, um ihn seine Siege ausnutzen zu lassen.

Einige andere Ereignisse waren weniger tröstlich für Katharina. Eine Seuche brach in der russischen Armee an der Donau aus und verbreitete sich bis nach Moskau, wo sie im Sommer 1770 täglich tausend Menschenleben forderte. Sie wußte, daß Friedrich die Ausdehnung ihres Herrschaftsbereiches und ihrer Macht argwöhnisch beobachtete, daß Joseph II. beunruhigt war durch das Vorrücken Rußlands zur österreichischen Grenze auf dem Balkan, daß Frankreich nichts unversucht ließ, seinen türkischen Verbündeten zu stärken, daß England sich mit aller Kraft der russischen Beherrschung des Bosporus widersetzen würde und daß Schweden lediglich seine Chance abwartete. Katharina lud die Türken zu Verhandlungen ein. Sie kamen, gingen jedoch auf ihre Forderung der Unabhängigkeit für die Krim nicht ein, und 1773 ging der Krieg weiter.

Im Januar 1774 starb Mustafa III. Sein Nachfolger gelangte zu der Überzeugung, daß die Türkei einen Zustand des Chaos und der Erschöpfung erreicht hatte, der ihre Existenz als europäischer Staat bedrohte. Durch den Frieden von Kütschük Kainardschi (in Rumänien) vom 21. Juli 1774 anerkannte die Türkei die Unabhängigkeit der Krim (die unter tatarischer Herrschaft blieb), trat Asow, Kerch, Yenikale und Kilburun (an der Mündung des Dnjeprs) an Rußland ab, öffnete das Schwarze Meer, den Bosporus und die Dardanellen für die russische Schiffahrt, zahlte Rußland eine Kriegsentschädigung von 4,5 Millionen Rubel, gewährte den an der Erhebung gegen ihre türkischen Gouverneure beteiligten Christen Straffreiheit und gestand Rußland das Recht zu, die Christen in der Türkei zu schützen. Alles in allem war dies einer der vorteilhaftesten Verträge, die Rußland je abgeschlossen hat[74]. Rußland war nunmehr eine Schwarzmeermacht, die Krim und andere tatarische Gebiete Südrußlands waren offen für eine baldige Eroberung durch die Russen, und die ungläubige Kaiserin konnte sich als Verteidigerin des Glaubens aufspielen. Trunken von Erfolg, träumte Katharina davon, Griechenland zu befreien, das heißt zu erobern, und ihren Enkel Konstantin in Konstantinopel als Oberhaupt zu krönen. Sie erfreute das alternde Herz Voltaires mit Visionen von einer Wiederbelebung der Olympischen Spiele: «Wir werden die alten griechischen Tragödien im Theater des Dionysos in Athen von griechischen Schauspielern aufführen lassen.» Dann fügte sie, sich der Erschöpfung ihrer Heere und ihres Staatsschatzes erinnernd, hinzu: «Ich muß Mäßigung üben und sagen, daß Frieden besser ist als der schönste Krieg der Welt.»[75]

Unter den Herrschern Europas übertraf sie jetzt Friedrich an Berühmtheit. Jedermann bewunderte die Entschlossenheit, mit der sie ihre Ziele verfolgte, und die gewaltige Ausdehnung ihrer Macht. Joseph II. von Österreich, der sich so lange dem Genius Friedrichs gebeugt hatte, reiste nach Mogilew, von hier aus nach St. Petersburg, um die Zarin zu treffen und sie zu bitten, ihr Verbündeter werden zu dürfen. Im Mai 1781 unterzeichnete sie mit Joseph einen Pakt zu vereinigter Aktion in Polen und gegen die Türkei.

Inzwischen machte Potemkin sich einen Namen im Süden. Er stellte ein neues Heer von dreihunderttausend Mann auf, stattete es aus und ernährte es, baute eine Schwarzmeer-Flotte, mit Häfen in Sewastopol und Odessa und einem Arsenal in Cherson, kolonisierte die dünnbesiedelten Gegenden Rußlands, gründete Städte und Dörfer, richtete Fabriken ein und versorgte die Kolonisten mit Vieh, Geräten und Saatgut – all das mit dem Ziel, Versorgungsbasen in einem Feldzug zu haben, durch den er die Krim für Katharina zu erobern und für sich selbst vielleicht eine Krone zu gewinnen gedachte. Die Tataren der Krim stritten miteinander und spalteten sich in verschiedene Lager. Potemkin besänftigte ihre Führer durch Bestechung, und als er schließlich im Dezember 1782 die Halbinsel überfiel, stieß er nur auf geringen Widerstand, und am 8. April 1783 wurde die Krim, trotz ohnmächtigen türkischen Protesten, dem russischen Herrschaftsbereich einverleibt. Potemkin wurde zum Feldmarschall, zum Präsidenten des Kriegskollegiums, zum Fürsten von Tauris, zum Generalgouverneur der Krim ernannt. Die Kaiserin fügte ein Trinkgeld von hunderttausend Rubel hinzu, die Potemkin für Mätressen, Alkohol und Essen ausgab.

Auch Katharina glaubte, es sei nun Zeit zur Erholung. Sie verband das Vergnügen mit den Staatsgeschäften, indem sie eine feierliche «Rundreise» über Land und zu Wasser unternahm, um ihre Eroberungen zu inspizieren und ihr Volk – und ganz Europa – durch den Reichtum und Glanz ihres Hofes zu beeindrucken. Am 2. Januar 1787 verließ sie, in Pelze gehüllt, den Winterpalast und begann eine lange Reise in einer *berline,* einer Kutsche, die groß genug war, außer ihrem gewichtigen Selbst ihren damaligen Günstling Mamonow, ihre erste Hofdame, einen Schoßhund und eine kleine Bibliothek aufzunehmen. In ihrem Gefolge fuhren vierzehn Wagen und hundertsiebzig Schlitten, beladen mit den Botschaftern Österreichs, Englands und Frankreichs – Cobenzl, Fitzherbert und Graf von Ségur –, dem Fürsten von Ligne und einem Heer von Beamten, Höflingen, Musikern und Dienern. Potemkin war einige Tage vorausgereist, um die Route vorzubereiten, sie durch Hunderte von Fackeln zu erleuchten und für jeden Abend Vorkehrungen für die Mahlzeiten und die Unterkünfte aller zu treffen. In größeren Städten verweilte die Reisegesellschaft ein oder zwei Tage, während die Zarin sich die lokalen Würdenträger vorstellen ließ, sich ein Bild von den örtlichen Verhältnissen machte, Fragen stellte, Zensuren oder Belohnungen verteilte. Jede Stadt an der Route, von Potemkin gewarnt und instruiert, zeigte sich von ihrer besten Seite, gewaschen und herausgeputzt wie nie zuvor, glücklich für einen Tag.

In Kiew überwachte Potemkin die Umladung des beweglichen Hofes auf siebenundachtzig Schiffe, die für diesen Zweck ausgerüstet und geschmückt worden waren. Mit dieser Flotte fuhr die Reisegesellschaft den Dnjepr hinunter. An den Ufern sah Katharina die «Potemkinschen Dörfer», die der schlaue Fürst von Tauris hergerichtet hatte, um ihr einen Gefallen zu tun, und vielleicht um die Diplomaten durch den Wohlstand Rußlands zu beeindrucken. Einiges von diesem Wohlstand war von Potemkin improvisiert worden, einiges davon war echt. «Daß er Dorfkulissen an den Ufern aufstellen ließ und die Bauern dazu drillte, die Illusion des Fortschritts zu wecken, war eine phantastische Erfindung eines sächsischen Diplomaten.»[76] Der Fürst von Ligne machte mehrere Ausflüge an Land, um hinter die Fassaden zu schauen. Er berichtete, obwohl Potemkin einige Taschenspielerkunststücke anwandte, er sei tief beeindruckt gewesen von den «herrlichen im Entstehen begriffenen Einrichtungen, den wachsenden Fabriken, den Dörfern mit regelmäßigen, von Bäumen gesäumten Straßen»[77]. Katharina selbst ließ sich wahrscheinlich nicht täuschen, denn sie mag gedacht haben – wie Ségur es tat –, daß selbst wenn Wohlstand und Sauberkeit dieser Städte nur ein vergängliches Schauspiel waren, die Wirklichkeit Sewastopols – Stadt, Forts und Hafen, in zwei Jahren an der Küste der Krim erbaut – genügte, Potemkin mit Recht zu loben. Der Fürst von Ligne, der fast alle Personen von Bedeutung in Europa kannte, nannte ihn «den außergewöhnlichsten Mann, dem ich je begegnet bin»[78].

In Kaniow kam Stanislaus Poniatowski, König von Polen, der Frau seine Huldigung darzubringen, die ihm ihre Liebe und seinen Thron geschenkt hatte. Weiter unten am Dnjepr, in Kaidaky, schloß sich Joseph II. der Gesellschaft an, die von hier aus über Land nach Cherson und auf die Krim weiterreiste. Hier gaben sich die Kaiserin, der Kaiser und der Generalgouverneur ihren Träumen hin, die Türken aus Europa zu vertreiben: Katharina wollte Konstantinopel erobern, Joseph den Balkan verschlucken, Potemkin König von Dazien (Rumänien) werden. England und Preußen rieten dem Sultan Abdul-Hamid, die Russen zu überfallen, solange sie arglos waren und ihre militärischen Vorbereitungen nicht vollendet hatten[79]. Die anmaßende Haltung des russischen Botschafters in Konstantinopel lieferte einen zusätzlichen Anlaß. Der Sultan warf ihn ins Gefängnis, erklärte den Heiligen Krieg und forderte die Rückgabe der Krim als Friedenspreis. 1787 überschritt die türkische Hauptarmee die Donau und marschierte in die Ukraine ein.

Potemkin hatte zu früh gefeiert; Rußland war noch nicht bereit für den entscheidenden Tag. Er riet der Kaiserin, die Krim abzutreten. Sie machte ihm Vorwürfe wegen seiner ungewohnten Zaghaftigkeit und befahl ihm, Suworow und Rumiantschew, ihre sämtlichen verfügbaren Streitkräfte zu sammeln und den Eindringlingen entgegenzutreten. Sie selbst zog sich nach St. Petersburg zurück. Suworow schlug die Türken bei Kilburun, und Potemkin belagerte Ochakow, das die Mündung des Dnjestrs und des Bugs beherrschte. Während Heiliger Krieg und Kreuzzug in Südrußland aufeinanderstießen, glaubte Schweden, nun sei endlich die Zeit gekommen, seine verlorenen Provinzen wiederzugewinnen. Von England und Preußen ermutigt[80], erneuerte Gustav III. eine alte Allianz mit den Türken und forderte von Katharina die Rückgabe Finnlands und Kareliens an Schweden und der Krim an die Türkei. Hierüber wollen wir später sprechen; es genügt, hier zu sagen, daß am 9. Juli 1790 eine schwedische

Flotte die Russen in der Ostsee entscheidend schlug. Das Donnern der schwedischen Kanonen war im Winterpalast zu hören; Katharina dachte daran, ihre Hauptstadt evakuieren zu lassen. Doch bald überredeten ihre Agenten Schweden zum Frieden (15. August 1790).

Jetzt hatte sie freie Hand, ihre Kräfte auf den Kampf gegen die Türken zu konzentrieren, und Österreich trat an der Seite Rußlands in den Krieg ein. Potemkin beendete die Belagerung von Ochakow, indem er seinen Leuten befahl, um jeden Preis anzugreifen. Der Sieg kostete die Russen achttausend Tote, und die Schlacht endete in einem hemmungslosen Massaker (17. Dezember 1788). Potemkin nahm dann Bender, die Österreicher eroberten Belgrad, Suworow schlug die Türken bei Rimnik (22. September 1789). Die Türkei schien verloren.

Die westlichen Mächte kamen zu der Einsicht, daß die Situation nach gemeinsamer Aktion gegen Katharina verlangte, wenn der strategisch entscheidende Bosporus nicht in ihre Hände fallen und Rußland zum Herren Europas machen sollte. Friedrich der Große war 1786 gestorben, und sein Nachfolger Friedrich Wilhelm II. beobachtete mit Unbehagen das Vorrücken der Russen auf Konstantinopel zu und der Österreicher auf dem Balkan. Preußen wäre, wenn seine beiden Nachbarn so gestärkt würden, deren Gnade und Ungnade ausgeliefert. Am 31. Januar 1790 schloß er mit der Pforte einen Vertrag, der ihn verpflichtete, Rußland und Österreich im Frühling den Krieg zu erklären und die Waffen nicht niederzulegen, bis die Türkei ihr gesamtes verlorenes Territorium wiederbekommen hatte.

Die politischen Gezeiten schienen sich gegen Katharina zu wenden. Revolten in den Österreichischen Niederlanden und Aufruhr in Ungarn schwächten Joseph II. Er starb am 20. Februar 1790, und sein Nachfolger unterzeichnete einen Waffenstillstandsvertrag mit den Türken. England und Preußen drängten Katharina wiederum, Frieden zu schließen auf der Basis der Zurückerstattung alles während des Krieges gewonnenen Territoriums. Sie lehnte ab, denn die Einnahme von Ochakow hatte den Russen den Zugang zum Schwarzen Meer freigemacht, und sie wollte diesen entscheidenden Gewinn nicht preisgeben. Außerdem eilten ihre Generäle von Sieg zu Sieg, Suworow und Potemkin nahmen am 22. Dezember 1790 Ismail; die Eroberung dieser türkischen Festung an der Donau kostete die Russen zehntausend Mann, die Türken dreißigtausend. Nach diesem Blutbad fiel Potemkin wieder zurück in seinen ausschweifenden Lebenswandel, nicht vor schamlosem Inzest mit seinen Nichten zurückscheuend, und am 15. Oktober 1791 starb er auf einer Straße bei Jassy. Katharina wurde dreimal ohnmächtig an dem Tag, an dem sie von seinem Tod hörte.

Im März 1791 schlug William Pitt der Jüngere dem Parlament vor, Rußland ein Ultimatum zu schicken, in dem es aufgefordert wurde, alles in dem derzeitigen Konflikt genommene Territorium zurückzugeben, und er traf Vorbereitungen, eine britische Flotte als Kriegsdrohung in die Ostsee zu entsenden. Katharina antwortete nicht, und das Parlament, bewegt durch die Klagen britischer Kaufleute über den Verlust des russischen Handels, riet Pitt von seinem Unternehmen ab. Die erschöpfte Türkei gab den Kampf auf und unterzeichnete in Jassy am 9. Januar 1792 einen Vertrag, der Rußlands Herrschaft über die Krim und die Mündungen des Dnjestrs und des Bugs bestätigte. Katharina war nicht bis nach Konstantinopel gekommen, doch sie war bis zum Zenit ihrer Laufbahn als die mächtigste Herrscherin in Europa, als die bemerkenswerteste Frau ihres Jahrhunderts aufgestiegen.

VII. DIE FRAU

War sie eine Frau oder ein Monstrum? Wir haben gesehen, daß sie zu Beginn ihrer Regierung von anziehendem Äußeren war. 1780 war sie beleibt geworden, doch dies trug lediglich dazu bei, den Eindruck der Würde zu steigern. Der Fürst von Ligne (der sie als einer der ersten «die Große» nannte[81]) gab von ihr folgende galante Beschreibung:

> «Sie sah [1780] noch immer gut aus. Man sah, daß sie einmal eher schön als hübsch gewesen war ... Es bedurfte keines Lavater, um auf ihrer Stirn, wie in einem Buch, zu lesen, daß sie Genie, Gerechtigkeit, Mut, Tiefe, Gleichmut, Zärtlichkeit, Ruhe und Entschlußkraft besaß. Ihre schöne Büste hatte sie auf Kosten ihrer einst so entsetzlich schmalen Taille bekommen; doch die Menschen in Rußland werden im allgemeinen fett ..., es fiel einem nie auf, daß sie klein war.»[82]

Castéra, der kurz nach ihrem Tod über sie schrieb, berichtet, er habe sie in einem bescheidenen grünen Kleid gesehen. «Ihr leicht gepudertes Haar hing bis auf die Schultern herab und war gekrönt von einer kleinen mit Diamanten besetzten Haube. In den letzten Jahren ihres Lebens legte sie viel Rouge auf, denn sie besaß immer noch den Ehrgeiz, die Spuren der Zeit auf ihrem Gesicht nicht sichtbar werden zu lassen, und wahrscheinlich war nur diese Eitelkeit der Grund dafür, daß sie in größter Enthaltsamkeit lebte.»[83]

Sie war selbstgefällig, sichtbar erfüllt von dem Bewußtsein ihrer Leistungen und ihrer Macht. «Eitelkeit ist ihr Idol», sagte Joseph II. zu Kaunitz, «Glück und übertriebene Komplimente haben sie verdorben.»[84] Friedrich der Große meinte, wenn Katharina mit Gott korrespondiert hätte, würde sie zumindest den gleichen Rang beansprucht haben[85]. Doch sie sprach mit Diderot wie «von Mensch zu Mensch» und bat Falconet, Komplimente zu unterlassen. Sie war (abgesehen von einigen möglichen Morden und den durch den Krieg gerechtfertigten Blutbädern) so liebenswürdig wie Karl II. von England und Heinrich IV. von Frankreich. Sie warf täglich Brot aus ihren Fenstern für die Tausende von Vögeln, die regelmäßig zu ihr kamen, um gefüttert zu werden[86]. In den letzten Jahren ihrer Regierung ließ sie sich bisweilen zu Wutanfällen hinreißen, die einer allmächtigen Herrscherin nicht gut anstanden, doch sie hütete sich, in solchen vulkanischen Stimmungen einen Befehl zu geben oder ein Papier zu unterzeichnen. Bald schämte sie sich dieser Ausbrüche und erzog sich zur Selbstbeherrschung. An ihrem Mut zweifelte niemand in Europa.

Sie war zweifellos und hemmungslos sinnlich, doch ihre Amouren beleidigen uns weniger als der Hirschpark Ludwigs XV. Wie alle Herrscher ihrer Zeit ordnete sie die

Moral der Politik unter und unterdrückte persönliche Gefühle, wenn diese der Vergrößerung ihres Staates im Wege standen. Lag ein solcher Konflikt nicht vor, dann besaß sie alle Zärtlichkeit einer Frau, die Kinder liebte, mit ihnen herumtollte, sie unterrichtete und Spielzeug für sie anfertigte. Auf ihren Reisen sorgte sie immer dafür, daß Kutscher und Diener genügend zu essen bekamen[87]. Unter den Papieren, die man nach ihrem Tod auf ihrem Tisch fand, befand sich die Grabinschrift, die sie selbst für sich verfaßt hatte: «Sie verzieh leicht und haßte niemanden. Sie war tolerant, verständnisvoll, von fröhlicher Gemütsart, sie besaß einen republikanischen Geist und ein freundliches Herz.»[88]

Sie war nicht freundlich gegenüber ihrem ersten Sohn; teils weil Paul ihr bald nach seiner Geburt weggenommen worden und von Panin und anderen unter der Aufsicht Elisabeths erzogen worden war, teils weil einige der Verschwörer, die sie absetzen wollten, vorhatten, ihn zum Kaiser zu machen und ihm einen Regenten beizugeben, teils weil Paul seine Mutter lange in Verdacht hatte, Peter ermordet zu haben, und auch weil Paul «stets über dem Diebstahl seiner Rechte brütete», seinem mutmaßlichen Vater auf den Thron zu folgen. Doch Katharina schloß Pauls reizende Söhne Alexander und Konstantin ins Herz, überwachte persönlich ihre Erziehung, versuchte, sie ihrem Vater zu entfremden, und plante, Alexander, nicht Paul, zum Erben ihrer Krone zu machen[89]. Paul, glücklich verheiratet mit einer zweiten Frau, sah mit unverhohlenem Ekel auf die Kette von Liebschaften herab, die das Bild seiner Mutter beschmutzten und die Staatseinkünfte belasteten.

Geistig war Katharina all ihren Günstlingen überlegen. Sie war nachsichtig gegenüber ihrer Habgier, erlaubte ihnen jedoch selten, ihre Politik zu bestimmen. Sie war so intim mit der französischen Literatur vertraut, daß sie mit ihren Führern wie ein *philosophe* mit einem anderen korrespondieren konnte; ja ihre Briefe an Voltaire übertrafen die seinen an Klarheit und kamen ihnen gleich an Reiz und Witz, obwohl sie in den Pausen zwischen Hofintrigen, inneren Unruhen, diplomatischen Manövern und die Landkarte verändernden Kriegen geschrieben waren. Ihre Konversation fesselte Diderot und begeisterte Grimm: «Man muß in solchen Augenblicken diesen merkwürdigen Kopf gesehen haben, diese Mischung von Geist und Anmut, um sich eine Vorstellung von der Begeisterung machen zu können, die sie beseelte, von den Einfällen, die ihr entschlüpften, von den Geistesblitzen, die sich drängten und stießen, sich überstürzten wie klare Wasser eines natürlichen Wasserfalles. Warum war es mir nicht gegeben, diese Gespräche schriftlich niederzulegen! Die Welt hätte ein kostbares und vielleicht einziges Stück für die Geschichte des menschlichen Geistes besessen . . .»[90] Sie war jedoch nicht immer überlegt und konsequent in ihrem Denken. Sie stürzte sich zu schnell in Unternehmungen, die sie nicht bis zu Ende durchgedacht hatte, und erlag manchmal dem Drang der Ereignisse und der Vielfalt ihrer Aufgaben. Doch auch so war das Resultat gewaltig.

Es erscheint unglaublich, daß Katharina in einer politisch und militärisch so bewegten Laufbahn die Zeit fand, Gedichte, Chroniken, Memoiren, Theaterstücke, Opernlibretti, Zeitschriftenartikel, Märchen, eine wissenschaftliche Abhandlung über Sibirien, eine Geschichte der römischen Kaiser und ausführliche *Anmerkungen zur russischen Geschichte* zu schreiben. 1769/70 gab sie anonym eine satirische Zeitschrift heraus, deren Beiträge in der Hauptsache von ihr stammten. Eine ihrer Skizzen beschrieb einen Frömmler, der täglich der Messe beiwohnte, vor Heiligenbildern Kerzen anzündete und endlos Gebete murmelte, jedoch Kaufleute betrog, Nachbarn verleumdete, Dienstboten schlug, die allgemeine Unmoral verdammte und den guten alten Tagen nachtrauerte[91]. Katharinas Märchen *Prinz Khlor* erzählte von einem Jüngling, der auf der Suche nach einer legendären Rose ohne Dornen gefährliche Abenteuer bestand, doch nur um am Ende zu entdecken, daß es eine solche Rose nicht gab außer der Tugend. Diese Geschichte wurde ein Klassiker in der russischen Literatur und in viele Sprachen übersetzt. Zwei ihrer Theaterstücke waren Shakespeare nachahmende historische Tragödien; die meisten von ihnen waren anspruchslose Komödien, die sich über Scharlatane, Gimpel, Geizkragen, Mystiker, Verschwender, Cagliostro, Freimaurer und religiöse Fanatiker lustig machten. Diese Stücke waren primitiv, doch sie gefielen dem Publikum, obwohl Katharina ihre Urheberschaft geheimhielt. Auf dem Vorhang des Theaters, das sie in der Eremitage baute, ließ sie die Inschrift anbringen: *Ridendo castigat mores* («Durch Lachen geißelt er die Sitten»). Dies drückte zutreffend den Zweck ihrer Komödien aus. *Oleg*, das beste ihrer Dramen, war eine bemerkenswerte Folge von Szenen aus der russischen Geschichte, belebt durch Tänze, Ballette und olympische Spiele, bei denen siebenhundert Personen mitwirkten. Die meisten literarischen Erzeugnisse Katharinas wurden von Sekretären überarbeitet, denn sie beherrschte die russische Aussprache und russische Grammatik nie ganz und nahm sich selbst nicht allzu ernst als Autorin; doch die Literatur schöpfte gut aus dem kaiserlichen Beispiel und verlieh ihrer Regierung einen letzten trüben Glanz.

VIII. DIE LITERATUR

Rußland wurde sich seiner intellektuellen Unreife bewußt. Ein Heer von Autoren kopierte sklavisch ausländische Modelle oder übersetzte Werke, die in Frankreich, England oder Deutschland berühmt geworden waren. Katharina spendete fünftausend Rubel aus ihrer Privatbörse, um diesen Zustrom aus dem Ausland zu fördern. Sie selbst übersetzte Marmontels *Bélisaire*. Mit russischer Begeisterung für gewaltige Unternehmungen übersetzte Rachmaninow, ein Grundbesitzer in Tambow, die Werke Voltaires, und Werewkin, Direktor der Hochschule in Kasan, übertrug die *Encyclopédie* Diderots ins Russische. Andere übersetzten die Stücke Shakespeares, die griechischen und lateinischen Klassiker, *Gerusalemme liberata* von Tasso ...

Gawril Romanowitsch Derschawin war der erfolgreichste Dichter der Epoche. Im östlichen Orenburg geboren, von niederer Herkunft, Tatarenblut in den Adern, diente er zehn Jahre im Preobraschensky-Regiment, erlebte Katharinas Ritt zur Macht, nahm als Offizier teil an der Unterdrückung von Pugatschews Revolte und arbeitete sich hoch bis zum Senator. Als er entdeckte, daß die Kaiserin in *Prinz Khlor* den Namen Felitza für eine gütige Prinzessin benutzt hatte, gab Derschawin in einer berühmten Ode (1782) den gleichen Namen der «gottähnlichen Königin der kirgisisch-kasachischen Horde» und bat eine Sultanin, «mich zu lehren, die Rose ohne Dornen zu finden ..., dabei angenehm doch gerecht zu leben»[92]. Als der Dichter Felitza anredete als eine, «aus deren Feder Segen fließt für alle Sterblichen», war es offensichtlich, daß er Katharina pries. Als er sich vorwarf: «Er schlafe bis zum Mittag, rauche Tabak, trinke Kaffee ..., bringe die Welt zum Zittern durch seinen Anblick», oder schwelge in «üppigen Festmählern an einer Tafel, die vor Silber und Gold funkelt», wußte der ganze Hof, daß dies ein Schlag gegen Potemkin war. Derschawin überschlug sich vor Begeisterung in seinem Lobgesang auf die «Kaiserin» Felitza, die «Licht aus der Dunkelheit schafft», niemanden beleidigt, kleine Fehler verzeiht, die Menschen freisprechen läßt, «Fabeln schreibt für die Erziehung ihres Volkes» und «Khlor [dem Enkel Alexander] das Alphabet beibringt». Und der Dichter schloß: «Ich flehe zu den großen Propheten, daß es mir vergönnt sei, den Staub deiner Füße zu berühren, den süßen Strom deiner Worte und deinen Blick zu genießen, flehe die himmlischen Mächte an, ihre Saphirschwingen auszubreiten und dich unsichtbar zu schützen ..., daß der Ruhm deiner Taten der Nachwelt leuchten möge wie die Sterne am Himmel.»[93] Derschawin beteuerte, er wolle keinen Lohn für so viel süßes Lob, doch Katharina beförderte ihn, und bald war er ihr so nah, daß er ihre Fehler sehen konnte; er schrieb keine Lobgesänge mehr. Er wandte sich einem höheren Throne zu, schrieb eine «Ode an die Gottheit», beglückwünschte Ihn, der «Dreieinige» zu sein und den Himmel in so guter Ordnung zu halten. Einmal stieg er in die Niederung der Metaphysik hinab und variierte Descartes' Beweis der Existenz Gottes: «Sicher bin ich, denn Du bist.»[94] Diese Ode blieb ein halbes Jahrhundert unerreicht, bis Puschkin kam.

Denis Iwanowitsch von Wisin erregte die Hauptstadt durch zwei lebenswahre Komödien: *Der Brigadier* und *Der Unmündige*. Der Erfolg des letzteren war so vollkommen, daß Potemkin dem Autor riet: «Stirb oder schreibe nicht mehr», womit er meinte, was er noch schriebe, würde seinen Ruhm verdunkeln[95]. Wisin mißachtete den Rat und erlebte, daß die in ihm enthaltene Prophezeiung sich erfüllte. In seinen späteren Jahren bereiste er Westeuropa und schickte einige ausgezeichnete Briefe nach Hause, von denen einer die stolze Weissagung enthielt: «Wenn man hier [in Frankreich] vor uns zu leben begonnen hat, können zum mindesten wir, unser Leben beginnend, die Form ihm geben ...»[96]

Die interessanteste Figur in der Literatur während der Regierungszeit Katharinas war Nikolai Iwanowitsch Nowikow. Von der Universität Moskau wegen Faulheit und Unreife relegiert, entwickelte er sich zu einem Mann von unermüdlicher intellektueller Tätigkeit. Im Alter von fünfundzwanzig (1769) gab er in St. Petersburg eine Zeitschrift heraus, *Die Drohne*, so genannt in ironischem Gegensatz zu Sumarokows Magazin *Die fleißige Biene*. In lebendigem Stil attackierte Nowikow die in der Regierung herrschende Korruption, prangerte die voltairianische Irreligiosität der oberen Klassen als verderblich für Moral und Charakter an, lobte im Gegensatz zu ihr, was seiner Ansicht nach der bedingungslose Glaube und die vorbildliche Moral der Russen vor Peter dem

Großen gewesen war. «Es ist, als hätten die alten russischen Herrscher geahnt, daß durch Einführung von Künsten und Wissenschaften der teuerste Schatz der Russen, ihre Moral, unwiederbringlich verlorengehen sollte.»[97] Auch hier lag Rousseau im Krieg mit Voltaire. Katharina äußerte ihr Mißfallen an der Zeitschrift, und *Die Drohne* stellte 1770 ihr Erscheinen ein. 1775 schloß sich Nowikow den Freimaurern an, die sich in Rußland dem Mystizismus, dem Pietismus und rosenkreuzlerischen Ideen zuwandten, während ihre Brüder in Frankreich mit der Revolution spielten. 1779 siedelte er nach Moskau über, übernahm die Universitätsdruckerei und veröffentlichte in drei Jahren mehr Bücher, als die Druckerei in vierundzwanzig Jahren verlassen hatten. Von einem Freund finanziell unterstützt, erwarb er weitere Druckereien, gründete einen Verlag, eröffnete Buchläden in ganz Rußland und verbreitete sein Evangelium der Religion und der Reform im ganzen Land. Er richtete Schulen ein, Krankenhäuser, Armenapotheken und baute Modellwohnungen für Arbeiter.

Als die Französische Revolution Katharina von einem aufgeklärten in einen erschreckten Despoten verwandelte, fürchtete sie, Nowikow würde die bestehende Ordnung untergraben. Sie beauftragte Platon, den Metropoliten von Moskau, Nowikows Ideen zu prüfen. Der Prälat berichtete: «Ich flehe zum Allmächtigen, möchte es doch, nicht nur in der mir anvertrauten Herde, sondern in der ganzen Welt solche Christen wie Nowikow geben!»[98] Dennoch mißtrauisch, befahl die Kaiserin Nowikows Verhaftung und Einlieferung in die Feste Schlüsselburg (1792). Hier blieb er bis zu Katharinas Tod. Von Paul I. freigelassen, zog er sich auf seinen Landsitz Tichwin zurück und verbrachte seine restlichen Jahre mit Werken der Frömmigkeit und Wohltätigkeit.

Ein schlimmeres Los traf Alexander Nikolajewitsch Radischtschew. Von Katharina an die Universität Leipzig geschickt, stieß er auf einige Werke der *philosophes* und war besonders beeindruckt von Rousseaus *Gesellschaftsvertrag* und Raynals Darstellung der europäischen Brutalität in der kolonialen Ausbeutung und im Sklavenhandel. Er kehrte nach St. Petersburg zurück, begeistert für soziale Ideen. Als Leiter des Zollamts lernte er Englisch, um mit englischen Kaufleuten verhandeln zu können, begeisterte sich für die englische Literatur und wurde besonders beeinflußt durch Sternes *Sentimentale Reise*. 1790 veröffentlichte er einen der Klassiker der russischen Literatur, *Reise von St. Petersburg nach Moskau*. In diesem Buch bekannte er sich zur Orthodoxie, brandmarkte jedoch den Mißbrauch, den die Priester mit der Leichtgläubigkeit des Volkes trieben. Er akzeptierte die Monarchie, rechtfertigte jedoch die Revolte gegen einen Herrscher, der den *Gesellschaftsvertrag* verletzte. Er beschrieb die Zerreißung von Familien durch Aushebung von Soldaten und die Mißhandlung von Leibeigenen durch ihre Herren. An einem Ort, berichtete Radischtschew, war ihm von einem Gutsbesitzer berichtet worden, der sechzig Bauernmädchen vergewaltigt hatte. Er verwarf die Zensur und plädierte für die Freiheit der Presse. Er befürwortete die Revolution nicht, forderte jedoch Verständnis und Gnade für ihre Befürworter. Er appellierte an den Adel und die Regierung, der Leibeigenschaft ein Ende zu machen. «Lasset Euch erweichen, Ihr Hartherzigen, zerschlaget die Fesseln Eurer Mitbrüder, öffnet den Kerker der Sklaverei. Der Landmann, der uns Gesundheit und Leben gibt, hat kein

Recht, über den Acker zu verfügen, den er bestellt, noch über das, was dieser erzeugt.»[99]

Seltsamerweise passierte das Buch ungeschoren die Zensur. Doch 1790 fürchtete Katharina, ihr Volk könnte die Französische Revolution nachahmen. Sie gab Anweisung, den Vergewaltiger von sechzig Jungfrauen zu bestrafen, sie befahl aber auch, Radischtschew wegen Hochverrats vor Gericht zu stellen. In seinem Buch wurden Stellen gefunden, welche die Erstürmung von Festungen und den Aufstand von Soldaten gegen einen grausamen Zaren schilderten, sowie lobende Worte für die Engländer, die sich einem ungerechten König widersetzt hatten. Der Senat verurteilte den Autor zum Tode; die Kaiserin wandelte die Strafe in zehn Jahre Sibirien um. Kaiser Paul I. erlaubte Radischtschew, aus dem Exil zurückzukehren (1796); Alexander I. lud ihn nach St. Petersburg ein (1801). Hier beging er ein Jahr später in der grundlosen Annahme, er solle wiederum verbannt werden, Selbstmord. Sein Schicksal und das Nowikows gehören zu den zahlreichen Flecken auf einer glänzenden Regierung.

IX. DIE KUNST

Für die Kunst tat Katharina etwas mehr als für die Literatur, denn diese sprach nur die oberen Klassen an und läutete nicht die Glocke der Revolte. Die Volksmusik jedoch war unbeabsichtigt revolutionär, denn sie bestand fast ganz aus traurigen Liedern in einer Molltonart und mit klagender Begleitung, die nicht nur von Herzen erzählten, die an der Liebe gebrochen, sondern auch von Leben, die ein Opfer der Arbeit geworden waren. Die Adligen hörten diese Lieder selten, aber sie genossen die von Galuppi, Paisiello, Salieri und Cimarosa, die alle vom Staat bezahlt wurden, nach St. Petersburg gebrachten italienischen Opern. Katharina selbst hatte für die Oper nicht viel übrig. «In der Musik», sagte sie, «bin ich immer noch nicht weiter als damals. Von den Tönen erkenne ich nur das Bellen der neun Hunde, die abwechselnd die Ehre haben, in meinem Zimmer zu sein, ich kenne sie schon von weitem an ihren Stimmen oder an ihrem Organ.»[100]

Sie gestand auch freimütig, daß sie kein Verständnis für die Kunst hatte. Sie tat jedoch, was sie konnte, dieses Verständnis in Rußland zu fördern. Sie stellte die Mittel zur Verfügung, mit denen Betsky die 1757 unter Elisabeth gegründete Akademie der Künste wirksam ausbaute (1764). Sie kaufte im Ausland anerkannte Meisterwerke und stellte sie in ihren Galerien zur Schau. So zahlte sie 180000 Rubel für die Sammlung des Grafen von Brühl in Dresden, 40000 Pfund für die Sammlung von Sir Robert Walpole in Houghton Hall, 440000 Franken für Choiseuls Sammlung und 460000 für die Crozats. Ohne es zu wissen, machte sie dabei glänzende Geschäfte, denn diese Sammlungen umfaßten tausendeinhundert Werke von Raffael, Poussin, Van Dyck, Rembrandt und anderen unsterblichen Malern, deren Wert im Verlauf der Zeit und mit dem Verfall der Währung gewaltig gewachsen ist. Durch Vermittlung von Grimm und Diderot (deren Salons sie aufmerksam beobachtete) vergab sie Aufträge an französische

Künstler – Vernet, Chardin, Houdon. Sie ließ von Raffaels Fresken im Vatikan Kopien in Originalgröße anfertigen und baute für sie eine besondere Galerie in der Eremitage.

Einheimischen Künstlern erteilte sie nur wenige Aufträge, denn ihrem französischen Geschmack erschien in der russischen Kunst ihrer Zeit nur wenig von bleibendem Wert. Doch sie stellte Mittel für die Ausbildung und den Unterhalt von Studenten in der Akademie der Künste zur Verfügung und schickte mehrere von ihnen zum Studium nach Westeuropa. Aus dieser Akademie gingen der Historienmaler Anton Losenko und die Porträtmaler Dmitri Lewitsky und Wladimir Borowikowsky hervor. Nach einem Studium von fünf Jahren in Paris und von drei Jahren in Rom kehrte Losenko 1769 nach St. Petersburg zurück und lehrte in der Akademie. Er erregte Aufsehen mit seinem Gemälde *Wladimir vor Rogneda,* doch er schuf – vielleicht weil er mit akademischen Pflichten überlastet war – nicht die Meisterwerke, die man von ihm erwartete, und der Tod raffte ihn mit sechsunddreißig Jahren hinweg (1773). – Katharina beauftragte Lewitsky, einige der jungen Frauen, die am Smolny-Institut studierten, zu porträtieren; das Resultat ist ein Zeugnis ihrer Schönheit. Sein Porträt von Katharina verbarg ihre Leibesfülle unter fließenden Gewändern. Sie saß auch für Frau Vigée-Lebrun, eine der vielen französischen Künstler, die sie einlud, der russischen Kunst gallische Anmut zu verleihen.

Der größte der Künstler, die sie ins Land holte, war Falconet. Er kam 1766 und blieb zwölf Jahre. Sie beauftragte ihn, eine Reiterstatue Peters des Großen zu entwerfen und in Bronze zu gießen. Er hatte eine junge Frau, Marie-Anne Collot, mitgebracht, die den riesigen Kopf modellierte. Falconet trotzte den Gesetzen der Physik, indem er das Pferd im Luftsprung darstellte, nur mit den Hinterbeinen die feste Erde berührend – einen riesigen, aus Karelien herbeigeschafften Felsblock, der den gewaltigen von Peter zu überwindenden Widerstand symbolisieren sollte. Um das Gleichgewicht zu sichern, ließ Falconet eine Messingschlange – Symbol des Neides – in den Schweif des Pferdes beißen. Dieses Meisterwerk hielt sein Gleichgewicht, während St. Petersburg Petrograd und dann Leningrad wurde, bis heute. Falconet brauchte für seine Arbeit länger, als Katharina erwartet hatte. Sie verlor das Interesse an ihm und vernachlässigte den Künstler, der, enttäuscht von ihr, von Rußland und vom Leben, nach Paris zurückkehrte.

1785 kam Nicolas-François Gillet aus Frankreich, um an der Akademie Bildhauerei zu lehren. Drei von seinen Schülern gelangten unter Katharina zur Berühmtheit: Tschubin, Koslowsky und Tschedrin. Tschubin wurde von Potemkin beauftragt, für die Rotunde des Taurischen Palastes eine *Katharina II.* in Stein zu hauen; Experten nannten die Statue «leblos und kalt»[101]; den gleichen Eindruck macht auch das Standbild, das Tschubin von Potemkin schuf. Koslowsky erreichte die gleiche Starrheit in seinem Grab für Marschall Suworow und bei seinem *Cupido.* Tschedrins Hauptwerk entstand unter Alexander I.: 1812 schuf er die Gruppe *Kariatyden tragen die Himmelskuppel.* Iwan Petrowitsch Martos spezialisierte sich auf Grabmäler. Er bevölkerte die Friedhöfe von St. Petersburg mit seinen *Pleurants;* «er machte den Marmor weinen». Die einheimische Bildhauerei entwickelte keinen eigenen Stil, beschränkte sich auf die Nachahmung fremder. In den orthodoxen Kirchen waren Statuen nicht zugelassen, und die Adligen begnügten sich mit Künstlern, die sie unter ihren Leibeigenen fanden.

Die Architektur jedoch blühte unter Katharina, denn sie war entschlossen, ihrer Hauptstadt ihren Stempel aufzudrücken. «Große Bauten», sagte sie, «verkünden die Größe einer Regierung nicht weniger beredt als große Taten.»[102] «Sie wissen», schrieb sie 1779, «daß die Bauwut bei uns stärker denn je ist und daß ein Erdbeben kaum mehr Häuser umwirft, als wir errichten ... Die Bauwut ist ein Teufelsding; sie verschlingt Geld, und je mehr man baut, desto mehr will man bauen. Sie ist eine Krankheit wie die Trunksucht.»[103] Obwohl sie zu Falconet sagte: «Ich kann nicht einmal zeichnen», hatte sie ihre eigene Meinung in der Kunst oder eine von den römischen Ausgrabungen in Herculaneum und den Büchern von Caylus und Winckelmann geprägte. Sie kehrte dem üppigen Barock und dem gezierten Rokoko, die unter Elisabeth geherrscht hatten, den Rücken und entschied sich für den keuscheren klassizistischen Stil. Einige Zeitgenossen berichten lobend, sie habe ihren Architekten genaue Skizzen geliefert und ausführliche Instruktionen gegeben[104].

Da sie keine Künstler fand, die ihre Entwürfe verwirklichen konnten, suchte sie in Westeuropa Männer, welche die klassische Tradition geerbt hatten. So kam Jean-Baptiste Vallin de La Mothe, der für sie an der Newa den Palast der Akademie der Künste baute (1765–1772) – eine Renaissancefassade aus beworfenen Backsteinen und mit einer klassischen Säulenhalle und, im Innern, einer prächtigen, halbkreisförmigen Treppe, die zu einer Rotunde und zu einer Kuppel führt. Als Nebentrakt des Winterpalastes baute Vallin die berühmte Eremitage, die von Katharina ursprünglich als Zufluchtsort vor der Hofetikette gedacht war, jedoch ihre Kunstgalerie wurde und heute eins der bedeutendsten Museen der Welt ist. 1790 schrieb Katharina über sie an Grimm: «Mein kleiner Schlupfwinkel liegt so, daß ich dreitausend Schritte von meinem Zimmer bis dort und wieder zurück brauche. Dort spaziere ich zwischen einer Menge von Dingen, die ich liebe und genieße, und diese winterlichen Spaziergänge halten mich gesund und rüstig.»[105]

Aus Frankreich kam auch der Schotte Charles Cameron, der dort das klassische Ornament studiert hatte. Katharina war entzückt von der Pracht und der Feinheit, mit der er – mit Silber, Lack, Glas, Jaspis, Achat und vielfarbigem Marmor – die Privaträume ausgeschmückt hatte, die sie für sich, ihre Liebhaber und ihre Hunde in dem großen Palast in Zarskoje Selo reserviert hatte. «Ich habe nie etwas Ähnliches gesehen wie diese neu dekorierten Räume», schrieb sie; «während der letzten neun Wochen bin ich nicht müde geworden, sie zu betrachten.»[106] Rund um diesen Palast hatte sie einen Park in dem «natürlichen» und «englischen» Stil anlegen lassen, den sie in einem Brief an Voltaire beschrieb: «Ich liebe jetzt wie verrückt die *jardins à l'anglaise*, die kurzen Linien, die gekrümmten Windungen, die sanft abfallenden Hügel, die Teiche und Seen . . . Ich habe eine tiefe Abneigung gegen gerade Linien. In einem Wort: Anglomanie beherrscht meine Plantomanie.»[107] Für ihren Sohn Paul und dessen liebliche zweite Frau baute Cameron in Pawlowsk (ein anderes Außenviertel der Hauptstadt) einen Palast im italienischen Villenstil. Hier brachten der Großherzog und Maria Feodorowna die von ihnen auf ihren Reisen durch Westeuropa gesammelten Kunstgegenstände unter.

Aus Italien kam Antonio Rinaldi, der als Geschenke Katharinas für Grigori Orlow zwei luxuriöse Stadthäuser errichtete, den Marmorpalast an der Newa und, in der Nähe von Zarskoje Selo, den Gatschina-Palast, der die Lieblingsresidenz Pauls I. wurde. Und aus Italien kam Giacomo Quarenghi, dessen Begeisterung sich an den griechischen Tempeln in Paestum und an den Meisterwerken Palladios in Vicenza entzündet hatte. 1780 unterbreitete er Katharina durch Grimms Vermittlung Pläne und Modelle für verschiedene Bauten, die er auszuführen hoffte. Katharina war hingerissen, und von dieser Zeit an bis 1815 errichtete Quarenghi in St. Petersburg oder in dessen Nähe eine Fülle von Bauwerken im klassischen Stil: das Theater der Eremitage, das Smolny-Institut (das er dem Smolny-Kloster Rastrellis hinzufügte), die Reichsbank, die Kapelle des Malteserordens, den Englischen Palast im Peterhof und den Alexanderpalast in Zarskoje Selo. Dieser wurde für Katharinas Enkel gebaut, den künftigen Alexander I., der ihn 1793, zwei Jahre nach seiner Fertigstellung, bezog. «Er ist eins der Meisterwerke der Architektur des 18. Jahrhunderts.»[108] *

Gab es denn keine russischen Architekten, die Katharinas Rubel ausgeben konnten? Doch. Um ein Denkmal in Moskau zu hinterlassen, beauftragte sie Wassili Bazschenew, einen Kreml aus Stein zu entwerfen, der den Backstein-Kreml Iwans des Großen ersetzen sollte. Er entwarf einen Komplex, neben dem Versailles zwerghaft erschienen wäre. Diejenigen, die das Holzmodell – das selbst sechzigtausend Rubel kostete – sahen, staunten über seine architektonische Vollendung. Doch die für den Bau gelegten Fundamente senkten sich, als der Boden unter der Einwirkung des Moskwa-Flusses nachgab, und Katharina verzichtete auf das Unternehmen. Sie fand jedoch Mittel, die Iwan Starow in die Lage versetzten, auf dem linken Ufer der Newa den Taurischen Palast zu bauen; diesen Prachtbau schenkte sie Potemkin zur Erinnerung an seine Eroberung der Krim.

Was ihre Bautätigkeit auch immer gekostet haben mag, Katharina erreichte ihr Ziel. Ihr Zeitgenosse Masson schrieb: «Ein Franzose, der an den ungastlichen Küsten Preußens entlang gereist ist und die wilden und unkultivierten Ebenen Livlands durchquert hat, ist erstaunt und entzückt, inmitten einer weiten Wüste eine große und herrliche Stadt wiederzufinden und in ihr ein Gesellschaftsleben anzutreffen, dessen Glanz und Luxus er nur in Paris vermutet hatte.»[109] Und der Fürst von Ligne, der fast ganz Europa gesehen hatte, schloß, daß «trotz Katharinas Unzulänglichkeiten ihre öffentlichen und privaten Bauten St. Petersburg zur schönsten Stadt der Welt machten»[110]. Fleisch und Blut von zehn Millionen Bauern waren in Stein und Ziegel verwandelt worden.

---

* Er war die Lieblingsresidenz des Zaren Nikolaus II.; von hier aus floh er 1917 nach Sibirien und in den Tod. Die Sowjets machten den Palast zu einem Museum. Er ist während des Zweiten Weltkrieges schwer beschädigt worden, wurde jedoch restauriert.

X. DAS ENDE DER REISE

Wie die Herrscher aller Zeitalter hatte Katharina erklärt: Wenn schon alle Menschen sterben müssen, warum sollten dann die Staatsmänner nicht mit Hilfe des Genies die Mühen dieses zum Tode verurteilten Lebens dazu benutzen, das Land stark und seine Städte groß zu machen? Jahre der Macht, die Herausforderung von Aufruhr und Krieg, der Wechsel von Sieg und Niederlage hatten sie daran gewöhnt, Leiden anderer ungerührt zu ertragen und die Ausbeutung der Schwachen durch die Starken als ein Übel zu betrachten, das zu kurieren über ihre Kräfte ging.

Beunruhigt durch ein Dutzend Komplotte zu ihrer Absetzung und erschreckt durch Pugatschews Revolte, war sie jetzt ängstlich, als die Französische Revolution ausbrach. Sie verfolgte die Ereignisse zu Beginn zwar mit selbstgefälliger Genugtuung, solange sie nur auf den Sturz einer müßiggängerischen Aristokratie und unfähigen Regierung hinsteuerten, doch als ein Pariser Mob Ludwig XVI. und Marie-Antoinette zwang, Versailles zu verlassen und in den Tuilerien inmitten eines entfesselten Pöbels zu wohnen – als die Konstituierende Versammlung sich für souverän erklärte und Ludwig einwilligte, nur ihr Exekutivbeamter zu sein –, erschauerte Katharina bei dem Gedanken, daß hierdurch jene ermutigt wurden, die in Rußland ähnliche Ziele anstrebten. Sie gestattete dem Klerus, die Veröffentlichung der einst von ihr geliebten Werke Voltaires zu verbieten (1789)[111], sie ächtete bald selbst alle französischen Druckschriften und ließ die Büsten Voltaires aus ihren Räumen in eine Rumpelkammer bringen (1792)[112]. Sie verbannte den Idealisten Radischtschew (1790), ließ den gemeinsinnigen Nowikow in den Kerker werfen (1792) und führte eine peinliche Zensur der Literatur und des Theaters ein. Als Ludwig XVI. und Marie-Antoinette guillotiniert wurden (1793), brach sie alle Beziehungen mit der französischen Regierung ab und drängte die europäischen Monarchien, eine Koalition gegen Frankreich zu bilden. Sie selbst schloß sich dieser Koalition nicht an. Sie benutzte sie, um die westlichen Mächte zu beschäftigen, während sie die Annektion Polens vollendete. «Hab' ich unrecht? Ich habe Gründe, dem Wiener und dem Berliner Hofe zu verschweigen, daß ich sie in diese Händel verwickeln will, um die Hände frei zu haben. Ich habe viele angefangene Unternehmungen, und sie müssen beschäftigt werden, um mich nicht zu stören.»[113]

Einige Spuren ihres frühen Liberalismus lebten bis 1793 weiter. In diesem Jahr berichtete ihr ein Höfling, daß Frédéric-César de La Harpe, der ihre Enkel erzogen hatte, ein unverbesserlicher Republikaner sei. Sie schickte nach ihm und informierte ihn über den Bericht. Er antwortete: «Eure Majestät wußten, bevor Sie mich mit der Erziehung der Großherzöge beauftragten, daß ich Schweizer und daher Republikaner bin.» Er forderte sie auf, seine Schüler zu prüfen und nach ihrem Verhalten seine Arbeit zu beurteilen. Doch sie wußte bereits, wie gut er sie unterrichtet hatte. «Monsieur», sagte sie, «seien Sie Jakobiner, Republikaner oder was Sie wollen. Ich glaube, Sie sind ein ehrlicher Mann, und das ist genug für mich. Bleiben Sie bei meinen Enkeln, behalten Sie mein vollkommenes Vertrauen und unterrichten Sie sie mit Ihrem gewohnten Eifer.»[114]

In dieser unruhigen Zeit nahm sie ihren letzten Liebhaber (1789). Platon Zubow war fünfundzwanzig, sie einundsechzig. Sie schrieb an ihren *amant en titre* Potemkin: «Ich bin zu neuem Leben erwacht wie eine Fliege, die vor Kälte erstarrt war.»[115] Ihr neuer «Schüler» schlug einen in drei Säulen vorgetragenen Angriff gegen die Türkei vor: ein russisches Heer unter seinem vierundzwanzig Jahre alten Bruder Valerian sollte den Kaukasus überschreiten, in Persien einfallen, den Überlandverkehr zwischen der Türkei und dem Osten abschneiden, ein anderes Heer unter Suworow sollte nach Durchquerung des Balkans Konstantinopel belagern, und Rußlands neue Schwarzmeerflotte, befehligt von der Kaiserin selbst, sollte die Überwachung des Bosporus sichern. Nach Jahren der Vorbereitung wurde dieses gigantische Unternehmen begonnen (1796); Derbent und Baku wurden genommen, und Katharina sah Siegen entgegen, die ihr Programm vollenden und ihre Laufbahn krönen sollten.

Am Morgen des 17. November 1796 schien sie so fröhlich wie immer zu sein. Nach dem Frühstück zog sie sich in ihr Schlafzimmer zurück. Als die Zeit verging und sie sich nicht meldete, klopften ihre Dienerinnen an die Tür. Da sie keine Antwort erhielten, traten sie ein. Sie fanden die Kaiserin am Boden liegend, Opfer einer geplatzten Gehirnarterie. Sie wurde zweimal zur Ader gelassen und erlangte für einen Augenblick das Bewußtsein wieder, konnte jedoch nicht sprechen. Um zehn Uhr an diesem Abend starb sie.

Ihre Feinde fanden, sie habe einen so gnädigen Tod nicht verdient. Sie verziehen ihr die Widersprüche zwischen ihren liberalen Bekenntnissen und ihrer absolutistischen Herrschaft nie, ebensowenig ihre Intoleranz gegenüber jeder Opposition, ihr Versagen in der Durchführung der von ihr vorgeschlagenen Reform des russischen Rechts, ihr Nachgeben gegenüber dem Adel in der Ausweitung der Leibeigenschaft. Familien, die durch hohe Steuern verarmt waren oder den Verlust eines Sohnes in ihren Kriegen betrauerten, dankten ihr nicht für ihre Siege. Doch das Volk als Ganzes spendete ihr Lob und Beifall, weil sie das Reich zu weiteren und sicheren Grenzen ausgedehnt hatte. Sie hatte Rußlands Bodenfläche um dreihunderttausend Quadratkilometer vergrößert, hatte dem russischen Handel neue Häfen erschlossen, hatte die Bevölkerung von neunzehn auf sechsunddreißig Millionen Seelen erhöht. Sie war in ihrer Diplomatie skrupellos gewesen – in ihrem Raub Polens vielleicht ein wenig mehr als die meisten anderen Herrscher ihrer Zeit.

Ihr größtes Verdienst lag darin, daß sie die Bemühungen Peters des Großen, Rußland in die westliche Kultur einzubeziehen, fortgesetzt hatte. Während Peter dabei in der Hauptsache an die Technik gedacht hatte, ging es Katharina in erster Linie um die Kultur. Durch die Kraft und den Mut ihrer Persönlichkeit führte sie die gebildeten Klassen Rußlands aus dem Mittelalter in den Bereich modernen Denkens in Literatur, Philosophie, Naturwissenschaft und Kunst. Sie war ihren christlichen Kollegen (mit Ausnahme des unchristlichen Friedrich II.) in der Übung religiöser Toleranz überlegen. Ein französischer Historiker verglich sie zu ihren Gunsten mit *Le Grand Monarque:*

«Die Großmut Katharinas, der Glanz ihrer Regierung, die Pracht ihres Hofes, ihre Institutionen, ihre Bauten, ihre Kriege waren für Rußland genau das, was das Zeitalter Ludwigs XIV. für Europa war; doch individuell betrachtet war Katharina größer als dieser Fürst. Die Franzosen begründeten den Ruhm Ludwigs, Katharina begründete den der Russen. Sie besaß nicht den Vorteil wie er, über ein kultiviertes Volk zu herrschen, noch war sie von Kindheit an umgeben von großen und fähigen Persönlichkeiten.»[116]

Im Urteil eines englischen Historikers war Katharina «die einzige Herrscherin, die Englands Elisabeth an Fähigkeit übertraf und ihr in der dauernden Bedeutung ihres Werkes gleichkam»[117]. «Sie war», sagte ein deutscher Historiker, «jeder Zoll ein 'politisches Wesen', in der modernen Geschichte von keiner Vertreterin ihres Geschlechts erreicht und dennoch gleichzeitig durch und durch Frau und eine große Dame.»[118] Wir können auf sie das von Goethe aufgestellte großmütige Prinzip anwenden: Ihre Fehler waren eine Krankheit ihrer Zeit, doch ihre Tugenden waren ihre eigenen.

VIERTES KAPITEL

Der Raub Polens

[1715–1795]

I. POLNISCHES PANORAMA: 1715–1764

GEOGRAPHIE, Rasse, Religion und Politik waren die natürlichen Feinde Polens. Das Land war so groß wie Frankreich, erstreckte sich 1715 von der Oder im Westen fast bis nach Smolensk und Kiew im Osten, doch es hatte auf keiner Seite natürliche Grenzen: Gebirge oder breite Ströme, die es vor Invasionen hätten schützen können. Sein Name war abgeleitet von dem Wort *Pole*, Ebene. Es hatte nur einen Ausgang zum Meer – bei Danzig, und die Weichsel, die hier in die Ostsee mündete, war kein Schutz gegen das angrenzende Preußen. Die Nation besaß keine ethnische Einheit: die polnische Mehrheit seiner 6500000 Seelen (1715) befand sich in fast ständigem Streit mit deutschen, jüdischen, litauischen und russischen Minderheiten. Hier standen sich Germanen und Slawen in spontaner Feindseligkeit gegenüber. Es gab auch keine religiöse Einheit: die römisch-katholische Mehrheit beherrschte und unterdrückte die «Dissidenten» – Protestanten, Griechisch-Orthodoxe und Juden, die sich untereinander bekämpften. Auch eine politische Einheit existierte nicht, denn die eifersüchtig gewahrte Höchstgewalt lag bei einem Sejm, Reichstag, ausschließlich zusammengesetzt aus Adligen, von denen jeder auf Grund des *liberum veto* die Macht besaß, jeden Vorschlag der übrigen zu Fall zu bringen und jede Sitzung, jeden gewählten Reichstag aufzulösen. Der König wurde vom Reichstag gewählt und war «Konventionen» unterworfen, die er als Vorbedingung zu seiner Wahl unterzeichnen mußte. Er konnte keine Politik auf lange Sicht betreiben, da er nicht sicher war, wer sein Nachfolger sei und ob er in allem die Unterstützung des Reichstages finden würde. Die Adligen bestanden auf dieser unumschränkten Macht über die Gesetzgebung, weil jeder von ihnen vollkommen als Herr über seine Ländereien und seine Leibeigenen frei zu sein wünschte. Doch Beschränkung ist das Wesen der Freiheit, denn sobald sie vollkommen wird, geht sie unter in Anarchie. Die Geschichte Polens nach Jan Sobieski war eine Chronik der Anarchie.

Fast der gesamte Boden wurde von Leibeigenen in feudaler Abhängigkeit bestellt, gegen die es keine Berufung gab. Der Herr war manchmal freundlich, doch er war immer absolut. Seine Leibeigenen schuldeten ihm nicht nur den von ihm nach Belieben geforderten Teil ihres Ertrages, sie waren auch verpflichtet, zwei oder drei Tage in der Woche ohne Entlöhnung auf seinem Gut zu arbeiten. Glücklicherweise war das gutbewässerte Land fruchtbar, und die Bauern hatten genug zu essen, doch Coxe schilderte sie als «ärmer, bescheidener und unglücklicher denn alle anderen Menschen, die wir auf unsern Reisen gesehen haben»[1]. Ihre lokalen Herren waren der niedere Adel oder Landadel (Szlachta), und diese Junker waren ihrerseits abhängig von etwa hundert Magnaten, die riesige Gebiete besaßen oder überwachten. Der Landadel stellte die meisten Staatsbeamten und beherrschte theoretisch den Sejm. In Wirklichkeit war die polnische Politik ein ständiger Kampf zwischen den Magnaten oder ihren Familien, welche die Szlachta-Gruppen durch wirtschaftlichen Einfluß oder direkte Bestechung manipulierten[2].

In Polen besaß die Familie noch immer ihre urtümliche Priorität vor dem Staat. Die Radziwill, die Potocki, die Czartoryski waren geeint durch ein Gefühl der Familiensolidarität, das stärker war als alle nationalen Bindungen. Ihr Patriotismus war buchstäblich Ehrfurcht vor dem Vater, und vor allem für den ältesten Vater. Die Familie war stark als Institution, weil sie die Einheit wirtschaftlicher Produktion und moralischer Disziplin war. Es gab keinen ökonomischen Individualismus, der die Söhne über das Land verstreute; normalerweise blieb der Sohn auf dem väterlichen Erbgut, dem väterlichen Gebot unterworfen, solange der Vater lebte. Die Familie gedieh auf Grund der gleichen Einheit der Autorität, deren Fehlen den Staat schwächte. Der gesamte Besitz der Familie stand unter zentralisierter patriarchalischer Herrschaft. In vielen Fällen wuchs er von Jahr zu Jahr durch die wiederinvestierten Gewinne aus Export und Ausbeutung, und in mehreren Fällen überstieg er den Reichtum des Königs. Zwanzig polnische Familien gaben im 18. Jahrhundert jede über zweihunderttausend Pfund pro Jahr für ihre Haushaltungen aus[3]. Mächtige Familien nannten ihre Herrenhäuser Höfe, unterhielten Privatarmeen, umgaben sich mit Gefolgsleuten, vielköpfigen Dienerschaften und königlichem Gepränge. So veranstaltete Fürst Karol Radziwill, dessen Besitzungen halb so groß waren wie Irland, 1789 ein Fest für viertausend Gäste, das eine Million Mark kostete[4].

Die berühmteste der polnischen Familien – so bekannt, daß sie «die Familie» genannt wurde – waren die Czartoryski. Sie besaß Fürstenrang seit dem 15. Jahrhundert und war verwandt mit dem Hause Jagiello, das Polen von 1384 bis 1572 regiert hatte. Fürst Kasimierz Czartoryski (gest. 1741), Vizekanzler von Litauen, heiratete Isabella Morstin, die einen weiteren Zustrom französischer Kultur in die Familie brachte. Sie gebar ihm drei bemerkenswerte Kinder: 1. Fryderyk Michal Czartoryski, der Großkanzler von Litauen wurde; 2. Alexander Augustus Czartoryski, späteren Pfalzgraf von «Rot-Rußland», und 3. Konstantia, die Stanislaus Poniatowski I. heiratete und ihm Stanislaus Poniatowski II. gebar, die tragischste Gestalt der polnischen Geschichte.

Die Czartoryski zeichneten sich ferner durch ihren Liberalismus aus, der mit ihrem Reichtum wuchs. Sie waren seit langem für ihre menschliche Behandlung ihrer Leibeigenen bekannt gewesen. «Wenn ich als Leibeigener geboren worden wäre», sagte ein Zeitgenosse, «hätte ich der Leibeigene des Fürsten Alexander Augustus Czartoryski sein mögen.»[5] Sie richteten Schulen für Kinder ein, versorgten sie mit Lehrbüchern, bauten Kapellen, Krankenhäuser und Musterhütten. Auf ihren Herrensitz in Pulawy (bei Lublin) holten sie Lehrer, die vielversprechende junge Leute aus allen Klassen für den Staatsdienst ausbildeten. Politisch war die Familie gegen das *liberum veto,* da es eine funktionierende Regierung unmöglich machte. In Opposition zu ihr standen viele Familien, die in dem Veto ihren einzigen Schutz gegen eine zentralisierte Autokratie sahen; die mächtigsten unter diesen waren die Potocki, angeführt von Fürst Felix Potocki, der fünfzig Kilometer in eine Richtung reiten konnte, ohne seinen Besitz, der drei Millionen Morgen in der Ukraine umfaßte, zu verlassen.

Gewerbe und Handel, die im 16. Jahrhundert mitgeholfen hatten, Polen groß und seine Städte reich zu machen, waren in ihrer Entwicklung durch die Grundbesitzer und den ihnen gefügigen Reichstag aufgehalten worden. Viele Städte lagen ganz innerhalb des privaten Grundbesitzes eines Magnaten, der aus Furcht vor der Entstehung eines unabhängigen Mittelstandes die Landwirtschaft zum Schaden des Gewerbes begünstigte. Die Konkurrenz der leibeigenen Handwerker auf den Landgütern hatte das Handwerk in den Städten ins Hintertreffen geraten lassen. «Der Ruin der Städte», schrieb Antoni Potocki 1744, «ist so offensichtlich, daß mit der einzigen Ausnahme von Warschau die ersten im Lande mit Räuberhöhlen verglichen werden können.»[6] In den Straßen von Lemberg wuchs Gras, einige der öffentlichen Plätze hatten sich in offene Felder verwandelt, und die Bevölkerung von Krakau, früher eines der großen Kulturzentren Europas, war auf neuntausend Seelen gesunken, und die Zahl der Studenten seiner berühmten Universität auf sechshundert[7].

Der Verfall der Städte hatte seinen Grund teilweise in der katholischen Wiedereroberung Polens. Viele der vertriebenen Protestanten waren Kaufleute oder Handwerker gewesen. Sie hatten im gesamten Polen (mit Ausnahme Westpolens, wo viele Deutsche zurückgeblieben waren) den Grundbesitzern das Feld überlassen, und diese waren entweder römisch-katholisch oder, im Osten, griechisch-orthodox oder Unierte (Katholiken, die das östliche Ritual befolgten, doch den Papst von Rom anerkannten). Die Dissidenten – Protestanten, Griechisch-Orthodoxe und Juden, die acht Prozent der Bevölkerung ausmachten – waren von öffentlichen Ämtern und vom Reichstag ausgeschlossen; alle Prozesse gegen sie wurden vor ausschließlich katholischen Gerichten geführt[8]. Die religiöse Feindseligkeit erreichte ihren Höhepunkt, als 1724 im überwiegend protestantischen Torun (Thorn) der Pöbel, gereizt durch das Benehmen eines jesuitischen Studenten, die Hostie entweihte und ein Bild der Jungfrau zertrampelte. Neun der Missetäter wurden hingerichtet. Die Protestanten Polens wandten sich an Preußen um Hilfe, die Griechisch-Orthodoxen an Rußland; Preußen und Rußland folgten dem Ruf, fielen in das Land ein und teilten es.

Die polnische Moral glich der deutschen am Tisch und der französischen im Bett. Die Bauern waren durch Sorge um den Boden und ihre Nachkommenschaft an Monogamie gewöhnt, doch in der Hauptstadt wurde diese durch die Schönheit und die «Verführungskünste»[9] der Frauen erschwert, deren höhere Bildung sie nicht daran hinderte, ihre Reize spielen zu lassen. Die Damen von Warschau, wird uns berichtet, waren in sexuellen Dingen ebenso lax wie jene von Paris[10]. Poniatowski versichert uns, er sei bis zweiundzwanzig unschuldig gewesen[11], fügt jedoch hinzu, solche Enthaltsamkeit sei in seiner Klasse eine Ausnahme gewesen. Trunksucht war allgemein verbreitet, ohne Unterschied der Klassen. Die Bauern ließ sie zeitweise Armut, Mühsal oder Kälte

«Der Kuchen der Könige»: allegorisches Spottbild auf die erste Teilung Polens im Jahr 1772. V.l.n.r.: Katharina II., Joseph II. von Habsburg, Stanislaus II. Poniatowski, Friedrich II. von Preußen (Kupferstich von Lemire, 1773, nach Moreau le Jeune). ▶

Nierster R.
Leopol
Luck
Cracovie
Sieradz
Rava
Varsovie
Leczyca
Brzesc
Bielsk
Bug R
Novogrodek
Minsk
Polock
Brandenbour.
Culm
Thorn
Gnesne
Netze R
POMERANIE
Dantzik
Vilia R
RUS
SIE
Curlan
de
Riga
Mittau
POLOGNE
en 1772.

vergessen, den Adligen war sie Trost in der Langeweile, und in allen Klassen betrachteten die Männer das Trinken nicht als ein Laster, sondern als eine Leistung. Pan Komarczewski wurde geehrt, weil er einen Eimer Champagner auf einen Zug leeren konnte, ohne sich etwas anmerken zu lassen, und Poniatowski wurde gewarnt, er würde nie volkstümlich werden, wenn er nicht zweimal in der Woche einen Rausch hätte[12]. Die Gastfreundschaft war allgemein verbreitet, doch sie wurde nach der den Gästen vorgesetzten Menge an Speise und Trank beurteilt. Manchmal verpfändete ein Magnat eine Stadt, um das Geld für ein Bankett aufzubringen.

Die gebildeten Polen bereicherten die Szene durch die Pracht ihrer Kleidung. Die Bauern behalfen sich im Sommer mit Hemd und Kniehose aus rauhem Leinen, verzichteten auf Strümpfe und Schuhe und hüllten sich im Winter in Lumpen. Doch die Landedelleute, etwa 750000 an der Zahl, trugen Stiefel, Schwert, Federhut, einen farbigen, mit Spitzen besetzten Rock aus Seide und um die Taille Schärpen aus buntgemustertem Stoff. Diese prächtige Nationaltracht war während der Kontakte der Litauer mit den Türken in der Ukraine vom Islam übernommen worden. Sie widerspiegelte das gelegentliche Bündnis Polens mit der Türkei gegen Österreich und Rußland und drückte vielleicht ein asiatisches Element im polnischen Charakter aus.

Die kulturelle Entwicklung Polens wurde zwischen 1697 und 1763 gehemmt durch die Indifferenz seiner sächsischen Könige gegenüber der slawischen Literatur und Kunst und durch zwei verheerende Kriege. Die katholische Kirche war nicht nur die Schutzherrin der Künste, sie war auch Trägerin der Erziehung und Hauptsachwalterin von Wissenschaft und Literatur. Sie isolierte Polen sorgfältig von der Philosophie des Westens, doch innerhalb ihrer Grenzen verbreitete und kultivierte sie ihre eigenen Vorstellungen. Joseph Zaluski, Bischof von Kiew, trug in Warschau zweihunderttausend Bände zu einer der größten Bibliotheken seiner Zeit zusammen. 1748 machte er sie der Öffentlichkeit zugänglich und schenkte sie der Nation, während er selbst ein frugales Leben führte und sich im Kampf um die Unabhängigkeit Polens opferte.

Er war es, der den eifrigen jungen Priester Stanislaus Konarski zum Studium der Geschichte und des Rechts veranlaßte. 1731 veröffentlichte Konarski den ersten von vier Bänden – *Volumina legum* –, welche die polnische Gesetzgebung von Kasimir dem Großen bis in seine eigene Zeit kodifizierten. Diese und andere Forschungen enthüllten Konarski, welch tragischen Niedergang Polen seit seiner Blüte während der Renaissance erlebt hatte. Überzeugt, daß eine Wiederbelebung nur von oben kommen konnte, gründete er in Warschau (1740) ein Collegium Nobilium, in dem adlige Jugendliche eine Ausbildung nicht nur in der Mathematik und in den alten Sprachen und Literaturen (welche die Jesuiten trefflich lehrten), sondern auch in den Naturwissenschaften und den modernen Sprachen erhielten. Es war eine heroische Aufgabe, denn er verfügte weder über Geld noch über Lehrbücher, weder über Lehrer noch über Studenten. Doch nach fünfzehn Jahren harter Arbeit hatte er aus seinem Kollegium für Adlige eine berühmte und geehrte Institution gemacht, eine der Quellen der kulturellen Erneuerung unter Poniatowski und der aufgeklärten Verfassung von 1791. Er trat für eine Reform der polnischen Sprache ein und suchte sie von lateinischen Phra-

◀ *Auf dem Wawel (Kalksteinhügel mit Krönungsschloß) in Krakau steht dieses Denkmal des polnischen Nationalhelden Tadeusz A. B. Kościusko (1746–1817), der 1794 von Krakau aus seinen Freiheitskampf gegen die polnischen Teilungen begann, aber der russisch-preußischen Übermacht erlag.*

sen und blumenreicher Rhetorik zu befreien. Die Nation protestierte, doch sie lernte. Konarski krönte sein Werk durch die Veröffentlichung der bedeutendsten politischen Abhandlung des Jahrhunderts in Polen, welche den unschuldigen Titel *Über die wirksame Führung von Streitgesprächen* (1760–1763) trug, jedoch einen Angriff auf das *liberum veto* enthielt. Wiederum gab es viele Proteste, doch nach 1764 wurde kein Reichstag durch das *liberum veto* aufgelöst. Und mit Konarskis Hilfe begann Poniatowski die Reform der polnischen Verfassung.

Vor dieser glänzenden und bewegten Wiederauferstehung hatte Polen siebenundsechzig Jahre der Unordnung, der Schande und des Verfalls unter sächsischen Königen erduldet.

II. DIE SÄCHSISCHEN KÖNIGE: 1697–1763

An anderer Stelle[13] haben wir erzählt, wie der polnische Reichstag den Sohn des großen Sobieski überging und die Krone Polens Friedrich August, dem Kurfürsten von Sachsen, zusprach, der über Nacht zum Katholizismus übertrat, um August II. (der «Starke») von Polen zu werden, wie Karl XII. von Schweden ihn durch Stanislaus Leszczyński ersetzte (1704) und wie die Niederlage Karls bei Poltawa (1709) es August ermöglichte, seinen Thron wiederzugewinnen. Er genoß nur wenige der Vorrechte eines Monarchen des 18. Jahrhunderts, jedoch alle sexuellen Privilegien eines Königs. Da es ihm nicht gelang, Polen zu beherrschen, wandte er seine Liebe wieder Sachsen zu, verschönerte Dresden, füllte sich mit Bier und ruinierte sich mit Mätressen. Dem Schaden fügte er auch noch den Spott hinzu, indem er nur eine von diesen aus den polnischen Schönen auswählte. Gegen Ende seiner Regierung plante er, Polen unter Österreich, Preußen und Sachsen aufzuteilen, doch er starb am 1. Februar 1733, bevor er diese Teufelei verwirklichen konnte. Auf seinem Totenbette sagte er, «mein ganzes Leben war eine ununterbrochene Sünde»[14]. *In morte veritas.*

Während des Interregnums, das infolge der Einberufung einer Reichswahlversammlung eintrat, sparten französische Emissäre nicht mit Pfunden, um Deputierte für die Wiedereinsetzung Leszczyńskis zu gewinnen. Seit seiner Absetzung hatte Stanislaus in Frieden und Hoffnung im Elsaß gelebt. 1725 war seine Tochter Maria durch Heirat mit Ludwig XV. Königin von Frankreich geworden. Nun erwartete Ludwig von seinem Schwiegervater, daß er, wenn er wieder auf den Thron gelangte, sich der französischen Politik der Einkreisung Österreichs durch Polen, Preußen und die Türkei anschließen würde. In der Erkenntnis, daß eine solche Allianz Rußland in seinem unvermeidlichen Konflikt mit der Türkei und Preußen schwächen würde, ließ die russische Regierung Rubel nach Warschau fließen, um die Wahl Leszczyńskis zu verhindern. Die Pfunde überwogen die Rubel, und am 10. September 1733 wurde Leszczyński König Stanislaus I. von Polen.

Eine Minderheit weigerte sich, diese Wahl anzuerkennen, und stellte sich unter den Schutz einer russischen Armee, die auf die Weichsel zumarschierte, und erklärte den sächsischen Kurfürsten zum König August III. von Polen (6. Oktober). So begannen der polnische Nachfolgekrieg und die erste entscheidende Einmischung Rußlands in polnische Angelegenheiten. Stanislaus sah sich nach einer polnischen Armee um, die ihn verteidigen sollte. Doch eine solche existierte nur auf dem Papier, und er floh nach Danzig und wandte sich an Frankreich um Hilfe. An der Spitze der französischen Regierung stand damals Kardinal Fleury, der nicht den Mut zu einem Krieg mit dem fernen Rußland hatte. Er schickte ein Detachement von zweitausendvierhundert Soldaten, das von den Russen, die zwölftausend Mann stark waren, überwältigt wurde. Stanislaus floh aus Danzig und zog sich nach Lothringen zurück. Im Januar 1736 unterzeichnete er seine Abdankung. Im Juli war August III. anerkannter König.

Doch er war nicht tauglicher als Leszczyński, eine Nation zu führen, die das Chaos in ihre Verfassung eingebaut hatte. Eine Zeitlang arbeitete er mit den Czartoryski zusammen in dem Versuch, dem *liberum veto* ein Ende zu machen. Die Potocki benutzten das Veto wiederholt, um es zu erhalten. August gab auf, suchte Trost in Dresden und besuchte Polen nur selten. Die Korruption ging weiter und blühte; unfähig, ihr Einhalt zu gebieten, profitierte der König von ihr, indem er Ämter an den Meistbietenden verkaufte. Magnaten beherrschten die Gerichte und die Streitkräfte; sie verhandelten direkt mit fremden Mächten und erhielten Hilfsgelder von ihnen[15]. Frankreich, Österreich, Preußen und Rußland rivalisierten in den Bemühungen, von der drohenden Auflösung des polnischen Staates am meisten zu profitieren.

Vor und nach dem Tode Augusts III. (5. Oktober 1763) ging der mit allen Ränken der Diplomatie geführte Kampf um die Benennung und Beherrschung seines Nachfolgers bis an den Rand des Krieges. Die Potocki forderten ein stehendes Heer von hunderttausend Mann, um Polen vor fremder Herrschaft zu schützen. Die Czartoryski begnügten sich mit einem russischen Protektorat und verhandelten mit Katharina II. Rußland beanspruchte das Recht, die griechisch-orthodoxe Minderheit in Polen zu schützen, strapazierte sein Gedächtnis, um sich daran zu erinnern, daß die polnischen Ostprovinzen Rußland achthundert Jahre zuvor vom heiligen Wladimir (956?–1015) geraubt worden waren. Frankreich begünstigte den Sohn Augusts III. als Nachfolger seines Vaters. Wenn Rußland Polen beherrschte, würde das gesamte Gebäude der französischen Außenpolitik im Osten zusammenstürzen. Friedrich der Große, der soeben die sieben Jahre seines bitteren Krieges gegen Frankreich und Österreich beendet hatte, brauchte die Freundschaft Katharinas, durch deren passive Haltung er der Katastrophe entronnen war, und willigte ein, ihren Kandidaten für die polnische Krone zu unterstützen, ja er schloß mit ihr einen Vertrag (11. April 1764), der sie beide heimlich verpflichtete, sich jeder Veränderung in den Verfassungen Polens und Schwedens zu widersetzen, damit nicht ein Anwachsen der königlichen Macht eines dieser Länder oder beide gefährlich stark machte; sie nahmen sich vor, das Chaos im Namen der Freiheit zu verteidigen. Die Czartoryski besänftigte Katharina, indem sie ihnen versprach, das *liberum veto* nach der Stabilisierung der Lage einzuschränken, und einen Schützling der Czartoryski als Kandidaten für den Thron benannte. Am 7. September 1764 wählte ein Reichstag, der durch Rubel und ein nur fünf Kilometer entfernt stehendes russisches Heer überzeugt worden war, Stanislaus Poniatowski zum König.

III. PONIATOWSKI

Er wurde am 17. Januar 1732 als Sohn des Stanislaus Poniatowski des Älteren, Gouverneurs von Krakau, und der Konstantia Czartoryski geboren. «Ich wurde sehr streng erzogen», erzählte er Frau Geoffrin, «von einer Mutter, wie man sie heute kaum finden wird, während mein Vater mich nur durch sein Beispiel ermahnte.»[16] Im Alter von sechzehn begann er weite Reisen zu unternehmen. 1753 bezauberte er Frau Geoffrin, ihren Salon und fast ganz Paris durch seine Gestalt, seine Manieren und seine Jugend. Wenige Jahre später entwarf er, einer Mode der Zeit folgend, ein Selbstporträt, das ziemlich den Tatsachen entsprach:

«Ich wäre mit meiner Figur zufrieden, wenn ich nur einen Zoll größer wäre ... und meine Nase weniger gebogen und mein Mund ein wenig kleiner. Mit diesen Einschränkungen glaube ich, daß mein Gesicht edel und ausdrucksvoll ist, meine Gestalt nicht ohne Vornehmheit ... Meine Kurzsichtigkeit läßt mich oft unbeholfen aussehen, doch nur für einen kurzen Augenblick. In der Tat, ich bin eher fähig, durch das extreme Gegenteil – eine zu hochmütige Haltung – zu beleidigen. Eine ausgezeichnete Erziehung versetzt mich in die Lage, meine geistigen und körperlichen Fehler zu verbergen, so daß viele Menschen vielleicht mehr von mir erwarten, als ich wirklich geben kann. Ich besitze genug Geist, um an jeder Konversation teilzunehmen, doch nicht genug, um lange und häufig zu unterhalten. Auch meine natürliche Sympathie und Liebenswürdigkeit kommt mir oft zu Hilfe. Ich besitze eine natürliche Neigung für die Kunst ..., meine Trägheit bewahrt mich davor, in den Künsten und in den Wissenschaften so weit zu gehen, wie ich sollte. Ich arbeite weder zuviel noch überhaupt nicht. Ich kann die Dinge sehr gut beurteilen ..., doch ich brauche einen guten Ratgeber, um meine eigenen Pläne durchzuführen. Ich bin sehr leicht beeindruckbar, doch weitaus empfänglicher für Trauer als für Freude. Ich werde sehr leicht deprimiert ..., wenn ich liebe, liebe ich zu leidenschaftlich ..., ich bin nicht rachsüchtig. Obwohl ich im ersten Augenblick der Gereiztheit das Verlangen haben mag, mich an meinen Feinden zu rächen, bin ich nie fähig, diesem Verlangen nachzugeben; immer tritt das Mitleid dazwischen.»[17]

Daß er sich so gut sehen – und ausdrücken – konnte, legt die Vermutung nahe, daß Poniatowski eher dazu geboren war, zu denken und zu schreiben als zu planen und zu handeln. Er hatte Montesquieu kennengelernt und Voltaire gelesen. Er hatte den intellektuellen Schliff und Scharfsinn der französischen Gesellschaft erworben, dazu einen gewissen Grad jener Sensibilität, die ihren Ausdruck in Rousseau fand. Er war äußerst empfänglich für Frauen und glaubte, das, was sie ihm an Körper und Seele gaben, sei unbezahlbar. Gerüchte besagten, er sei in Paris wegen Schulden verhaftet, jedoch bereits nach einer Stunde entlassen worden, nachdem Frau Geoffrin hunderttausend Pfund gezahlt hatte[18].

Nachdem er sich fünf Monate in Paris aufgehalten und Englisch gelernt hatte, ging er nach England, wohnte einigen Sitzungen des Parlaments bei und nahm sich vor, die polnischen Verhältnisse nach dem Bilde Englands zu ändern, wie Montesquieu es interpretierte. Von seinen Reisen zurückgekehrt (1754), wurde er zum Großhofmeister von Litauen ernannt. Ein Jahr später begleitete er Sir Charles Hanbury-Williams nach Rußland mit Resultaten, die wir bereits erwähnt haben. 1756 kehrte er nach Hause zurück, ging jedoch 1757 als polnischer Botschafter nach St. Petersburg. Er beteiligte sich an den Intrigen gegen Elisabeth (1758) und wurde gezwungen, Rußland sofort zu verlassen. Katharina bedauerte seine Abreise, doch als sie ihn zu seiner Kandidatur für den Thron unterstützte, geschah es nicht, weil sie ihn noch immer liebte, sondern weil er (wie sie sagte) weniger berechtigt war als alle anderen Kandidaten und daher um so dankbarer sein würde[19]. Er selbst erholte sich nie ganz von dieser aufwühlenden Liaison; er sah Katharina immer noch so, wie sie gewesen war, bevor die Macht sie hart gemacht hatte, und diese Faszination dauerte auch an, als sie ihn zu ihrem Werkzeug bei der Unterwerfung seines Volkes machte.

Zwei Tage nach seiner Wahl teilte er Frau Geoffrin die Neuigkeit mit:

«Meine liebe Mama: Mir scheint, es bereitet mir größeres Vergnügen, sie so zu nennen, seit vorgestern. [Seine eigene Mutter war inzwischen gestorben.] In der ganzen Geschichte hat es nie eine so ruhige und einstimmige Wahl gegeben ... Alle führenden Damen des Königreichs waren inmitten der Schwadronen des Adels im Wahlfeld anwesend ..., ich hatte die Genugtuung, sowohl durch die Stimmen aller Frauen als auch durch die aller Männer gewählt zu werden ... Warum waren Sie nicht da? Sie hätten Ihren Sohn gewählt.»[20]

Wir haben gesehen, wie «Mama» den Straßen Europas trotzte, um ihren «Sohn» in seinem Palast in Warschau zu besuchen (1766). Da sie keine realistische Vorstellung von der Kluft zwischen der französischen und der polnischen Kultur hatte, erwartete sie, daß Polen unter seiner Führung den Rückstand von einem Jahrhundert in einem Jahr aufholen würde; ihr Rat wurde lästig und strapazierte Poniatowskis kindliche Ergebenheit. Er war erleichtert, als sie abreiste, doch er besänftigte sie mit Komplimenten und einem mit Diamanten besetzten Bild von ihm. Sie behielt das Bild und schickte die Diamanten zurück. Nach der Trennung entflammte ihre Liebe für ihn von neuem zu voller Glut, und sie schrieb ihm aus Wien, beteuerte ihm, sie hege für ihn «eine Leidenschaft, die ein Bedürfnis meines Lebens ist»[21].

Stanislaus tat sein Bestes. Er widmete sich in diesen ersten Jahren mit großem Pflichteifer den Aufgaben der Regierung. Er wohnte täglich den Beratungen seiner Minister bei und arbeitete bis spät in die Nacht an Problemen, denen er mit gewissenhafter Gründlichkeit zu Leibe ging. Er war sehr erfolgreich in der Ausbildung eines Staatsbeamtentums von ungewöhnlicher Fähigkeit und überraschender Integrität[22]. Er war für jedermann leicht zu sprechen und bezauberte alle durch seine Liebenswürdigkeit, nicht alle durch seine Begeisterung für Reformen. Doch seine Energie wurde geschwächt durch das Bewußtsein seiner Abhängigkeit von Katharina, ja sogar von den russischen Truppen, die sie in Polen als Garantie für seine Sicherheit und seinen Gehorsam zurückgelassen hatte. Ihr Botschafter, Graf Otto von Stackelberg, wachte darüber, daß er das russische Gängelband nicht vergaß.

Er war nah und fern von Feinden umgeben. Der polnische Adel war in zwei Parteien gespalten: die eine, geführt von den Potocki, war für Unabhängigkeit vor der Durchführung von Reformen und wollte die königliche Macht durch einen starken Adel niederhalten, die andere, unter den Czartoryski, forderte zunächst die Reform mit der Begründung, in seiner derzeitigen Unordnung sei Polen zu schwach, die russische

Schutzherrschaft abzuwerfen. Die Czartoryski unterstützten Poniatowski nur zögernd, denn sie mißbilligten seine Verschwendung und seine Mätressen. Der Reichstag bewilligte ihm 2 200 000 Taler pro Jahr und erhöhte diese Apanage 1786 auf 6 143 000 Gulden – ein Drittel der Staatseinkünfte. Er gab mehr aus als diese Summe, lieh sich Geld von Banken im In- und im Ausland. Zweimal bezahlte der Staat seine Schulden, die jedoch 1790 noch immer 11 500 000 Gulden betrugen[23]. Wie Katharina wollte er seine Regierung durch schöne Bauten unsterblich machen. Er errichtete für sich und sein Gefolge zwei kostspielige Paläste, gab glänzende Feste und bedachte Künstler, Schriftsteller und Frauen mit verschwenderischen Geschenken.

Sein anziehendes Äußeres kostete den Staat viel Geld. Zweiunddreißig Jahre alt bei seiner Thronbesteigung, gut aussehend, kultiviert, freigebig und unverheiratet, versammelte er um sich einen Schwarm von Schönen, die auf seine Hand und seinen Geldbeutel scharf waren. Mehrere von ihnen, die ihn nicht heiraten konnten, waren froh, sein Bett zu teilen, und einige Pariser Schauspielerinnen taten das Ihrige, den König zu amüsieren. Die Czartoryski protestierten; er beichtete seine Sünden und fuhr fort, sie zu begehen. Schließlich gelang es einer seiner Mätressen, Pani Grabowska, sich von ihm in heimlicher Trauung vor den Altar führen zu lassen. Danach stand sein Geschlechtsleben unter strenger Kontrolle, und er konnte der Regierung, der Literatur und der Kunst mehr Aufmerksamkeit schenken.

Er nahm persönlichen Anteil an den Arbeiten und dem Leben der Künstler und Schriftsteller der Zeit. Wie Katharina sammelte er Bilder, Skulpturen und Bücher, baute eine Galerie und eine Bibliothek und räumte in dieser einer Statue von Voltaire den Ehrenplatz ein. Er verschaffte den einheimischen Künstlern Arbeit und holte andere aus Frankreich, Italien und Deutschland herbei. Piranesi und Canova konnten nicht kommen, führten jedoch für ihn Aufträge in Italien aus. Er verwandelte den halben Königspalast in eine Kunstschule, stellte Mittel zur Verfügung, um verheißungsvolle junge Künstler zum Studium ins Ausland zu schicken. In der Nähe von Warschau begründete er eine Porzellanindustrie, deren Produkte denen von Meißen und Sèvres gleichkamen. Er inspirierte reiche Polen – Adam Czartoryski, Elisabeth Lubomirska, Helen Radziwill und andere –, Kunst zu sammeln, Künstlern Aufträge zu erteilen und beim Bau und der Ausschmückung ihrer Paläste das Rokoko der sächsischen Periode durch Variationen des klassizistischen Stils zu ersetzen. Er selbst bevorzugte eine Mischung von Barock und Klassik. In diesem Stil entwarf Domenico Merlini den Lazienki-Palast an der Peripherie von Warschau. Inzwischen bildeten ausländische Maler eine neue Generation von polnischen Künstlern aus, die zur Reife kamen, nachdem Polen seine Freiheit verloren hatte.

Die ersten Anstöße zu dieser Katastrophe gab Friedrich der Große, indem er die Selbstreform Polens behinderte. Bis jetzt (1767) schien Katharina nicht die Absicht gehabt zu haben, ein Polen zu zerstückeln, das so offensichtlich russischem Einfluß unterworfen war; eine Teilung würde Preußen vergrößern und zu einem stärkeren Hindernis für die russische Teilnahme in der Politik und der Kultur Westeuropas machen, als ein slawisches Polen es sein konnte. Sie begnügte sich damit, für die Dissidenten die vollen Bürgerrechte zu fordern. Doch Friedrich wollte mehr. Er konnte sich nicht mit der Tatsache abfinden, daß das vorwiegend deutsche und protestantische Westpreußen unter polnischer und katholischer Herrschaft stand. Daher war eine Teilung Polens für ihn ein unabdingbares Ziel. Jede Stärkung Polens, ob politisch oder militärisch, würde seine Pläne durchkreuzen. Daher unterstützten seine Agenten das *liberum veto,* widersetzten sich der Bildung einer polnischen Nationalarmee, begrüßten die Streitigkeiten zwischen Katholiken und Dissidenten als gegebenen Grund für eine Invasion.

Die Intoleranz der römisch-katholischen Hierarchie kam Friedrichs Plänen entgegen. Sie widersetzte sich jedem Versuch, den Dissidenten die Bürgerrechte zu gewähren. In «Weißrußland» – das damals ein Teil Polens war und Minsk einschloß – nahmen die römisch-katholischen Behörden zweihundert Kirchen ihren griechisch-orthodoxen Gemeinden weg und gaben sie den Unierten; es wurde den orthodoxen Gemeinden verboten, ihre alten Kirchen zu restaurieren und neue zu bauen. In vielen Fällen wurden Kinder von ihren Eltern getrennt, um im römischen Glauben erzogen zu werden. Orthodoxe Priester wurden mißhandelt und einige sogar hingerichtet[24]. Poniatowski, ein Kind der *philosophes,* neigte zur Toleranz[25], doch er wußte, daß sich der Reichstag wenn nötig mit Gewalt jeder Bemühung, nicht-römisch-katholische Mitglieder zuzulassen, widersetzen würde, und er erkannte, daß solche Pläne verschoben werden mußten, bis eine Veränderung des *liberum veto* seine Position stärken konnte. Friedrich und Katharina erwiderten, sie verlangten von Polen nicht mehr, als sie selbst ihren eigenen religiösen Minderheiten gewährten. An den Reichstag, der im Oktober und im November 1766 zusammentrat, richteten Preußen, Rußland, Dänemark und Großbritannien eine Petition, in der sie verlangten, daß ihre Glaubensgenossen in Polen die vollen Bürgerrechte erhalten sollten.

Aufgerüttelt durch die Beredsamkeit des Bischofs Kajetan Soltyk von Krakau, sprangen die Deputierten wütend auf und forderten nicht nur die Verwerfung der Petition, sondern auch die Verfolgung ihrer polnischen Befürworter als Verräter Polens und Gottes[26]. Ein Mitglied, das die Petition zu verteidigen suchte, entging knapp dem Tode[27]. Poniatowski suchte die Versammlung zu beruhigen, indem er im November 1766 eine Flugschrift mit dem Titel *Überlegungen eines guten Bürgers* herausgab, in der er alle Polen zu nationaler Einigkeit aufforderte und sie warnte, eine geteilte Nation ermutige zum Angriff. Gleichzeitig beschwor er den polnischen Botschafter in St. Petersburg, dafür zu sorgen, daß Rußland die Petition nicht länger unterstütze. «Wenn diese [Petition] aufrechterhalten wird», schrieb er, «sehe ich für die Dissidenten nur eine Bartholomäusnacht [ein Massaker] und eine Zeit der Ravaillacs [Mörder] für mich ... Die Kaiserin würde aus meinem Königsmantel ein Nessushemd machen. Ich werde zu wählen haben zwischen dem Verzicht auf ihre Freundschaft und der Feindschaft gegenüber meinem Land.» Katharina ließ durch Nikolai Repnin, ihren Botschafter in Warschau, antworten: «Ich kann nicht begreifen, wie der König auf den Gedanken kommt, er mache sich zum Verräter an seinem Land, indem er nichts anderes tut als die Forderung nach Gleichheit zu unterstützen.»[28] Sie war, räumlich und geistig, zu weit von Polen entfernt, um die verzehrende Hitze der polnischen Leidenschaft und des polnischen Stolzes zu spüren. Als eine Gruppe von protestantischen Adligen eine Konföderation in Thorn bildete und eine Czartoryski-Partei eine solche in Radom, hieß Katharina Repnin, ihnen den Schutz Rußlands anzubieten. Unter diesem Vorwand ließ Repnin achtzigtausend russische Soldaten an der polnischen Grenze aufmarschieren, und ein Teil von ihnen rückte bis Warschau vor und besetzte es.

Im Oktober 1767 trat der Reichstag wieder zusammen. Die Bischöfe Zaluski und Soltyk ermahnten die Deputierten, sich jeder Veränderung der Verfassung energisch zu widersetzen. Poniatowski übergehend, verhaftete Repnin die Bischöfe und zwei Laien unter der Beschuldigung, sie hätten die Kaiserin beleidigt, und ließ sie nach Kaluga, hundertfünfundvierzig Kilometer südwestlich von Moskau, bringen. Der Reichstag protestierte; Repnin verkündete, falls die Opposition andauere, würde er nicht vier, sondern vierzig Magnaten deportieren lassen. Am 24. Februar 1768 gab der Reichstag angesichts der Kriegsdrohungen nach und unterzeichnete einen Vertrag mit Rußland, in dem er alle Forderungen Katharinas akzeptierte: den Dissidenten wurde volle Freiheit der Religionsausübung gewährt sowie die Wählbarkeit in den Reichstag und zu öffentlichen Ämtern, Prozesse zwischen Katholiken und Dissidenten sollten vor gemischten Gerichtshöfen verhandelt werden. Der Reichstag, Katharina und Friedrich begrüßten es, daß der Vertrag das *liberum veto,* mit einigen Ausnahmen in der Wirtschaftsgesetzgebung, bestätigte. Der Reichstag akzeptierte Katharina demütig als die Beschützerin dieser neuen Verfassung. Als Gegenleistung garantierte sie die territoriale Integrität Polens, solange dieses Bündnis bestand. Sie frohlockte, daß sie nicht nur Polen ein größeres Maß an religiöser Freiheit geschenkt hatte, als selbst England es genoß, sondern auch Friedrichs Plan einer Teilung vereitelt hatte. Poniatowski erhielt die Glückwünsche der *philosophes,* zog sich aber den Zorn seines Volkes zu.

IV. DIE ERSTE TEILUNG: 1768–1772

Die polnischen Patrioten und Priester waren in Übereinstimmung mit Friedrich, sich nicht mit der Situation abzufinden. Der römisch-katholische Klerus verdammte nachdrücklich die Preisgabe der Autonomie Polens an eine russische Ungläubige. Adam Krasinski, Bischof von Kamieniec, und Josef Pulaski (Vater des Casimir Pulaski, der für Amerika kämpfte) wiegelten die Polen durch Predigten und Flugschriften auf, ihre politische Freiheit und religiöse Alleinherrschaft zu behaupten. Eine Woche nach der Kapitulation des Reichstages vor Repnin schloß sich eine Gruppe von Polen (29. Februar 1768) zu der Konföderation von Bar – einer Stadt am Dnjestr in der polnischen Ukraine – zusammen. Die Magnaten, welche die Bewegung finanzierten, waren beseelt von Haß gegen Katharina und den König. Die «dumme Masse», wie Friedrich ihre Anhänger nannte, glühte vor Begeisterung für den einen wahren Glauben, und dieser fanatische Eifer fand beredten Ausdruck in den Stimmen von Dichtern, die in düsteren Liedern die Demütigung Polens und den «Abfall» seines Königs beklagten. Die Türkei und Österreich schickten den Patrioten Waffen und Geldmittel, und aus Frankreich kam Dumouriez, um sie in Kampfeinheiten zu organisieren. Polen, welche die sächsische Dynastie wieder einsetzen wollten, traten der Bewegung bei, die sich bald über das ganze Land ausbreitete. «Ganz Polen steht in Flammen», berichtete Repnin an Katharina. Poniatowski spielte mit dem Gedanken, sich der Konföderation anzuschließen, doch die Hitzköpfe in ihr, die seine Absetzung, ja sogar seinen Tod forderten, ließen ihn vor dem Schritt zurückschrecken[29]. Wenn wir Voltaire glauben können[30], leisteten dreißig Konföderierte in Tschenstochau einen Eid:

> «Erfüllt von einem heiligen und religiösen Eifer, fest entschlossen, Gott, die Religion und unser Land zu rächen, beleidigt durch Stanislaus Augustus, einen Verächter göttlicher und menschlicher Rechte, einen Förderer von Atheisten und Ketzern, versprechen und schwören wir dem heiligen und wundertätigen Bild der Mutter Gottes, jenen vom Angesicht der Erde zu tilgen, der sie entehrt, indem er sie niedertrampelt ... So wahr uns Gott helfe!»

Repnin befahl den russischen Truppen, die Rebellion zu unterdrücken. Sie trieben die Konföderierten über die russische Grenze und brannten eine türkische Stadt nieder; die Türkei erklärte Rußland den Krieg (1768) und forderte den Abzug der Russen aus Polen. Die Kosaken, die Verwirrung nutzend, fielen in die polnische Ukraine ein, töteten Grundbesitzer, jüdische Verwalter, römisch-katholische und protestantische Bauern in einer Orgie wahllosen Gemetzels; in einer Stadt töteten sie sechzehntausend Männer, Frauen und Kinder. Die Konföderierten übten Vergeltung, indem sie alle greifbaren Russen und Dissidenten ermordeten, so daß Protestanten und Juden einer doppelten Gefahr ausgesetzt waren. Insgesamt starben in diesen Jahren (1768–1770) fünfzigtausend Bewohner Polens als Opfer von Massakern und Kriegshandlungen[31].

Alle Parteien begannen nun von Teilung zu sprechen. Die Konföderierten wurden von ihren Gegnern beschuldigt, sie wären bereit gewesen, Polen zwischen sich und ihren Verbündeten aufzuteilen[32]. Im Februar 1769 schlug Friedrich in St. Petersburg eine Aufteilung Polens zwischen Rußland, Preußen und Österreich vor. Katharina erwiderte, wenn Preußen und Österreich Rußland hülfen, die Türken aus Europa zu vertreiben, würde sie einer preußischen Annexion jenes Teils von Polen zustimmen, der das Kernland Preußen von Ostpreußen trennte, während der Rest Polens russisches Protektorat werden sollte[33]. Friedrich machte Einwände. Choiseul, für Frankreich sprechend, schlug Österreich vor, es solle das an Ungarn angrenzende polnische Territorium besetzen; Österreich hielt den Gedanken für opportun, und im April 1769 nahm es die polnische Provinz Spiz in Besitz, die 1412 von Ungarn an Polen verpfändet und nie losgekauft worden war[34]. 1770 schlugen die Türken, damals im Krieg als Verteidiger Polens, Österreich eine Teilung Polens zwischen Österreich und der Türkei vor[35].

Während diese Verhandlungen im Gange waren, fanden die westlichen Mächte sich mit der Teilung Polens ab, weil sie in ihr die vom Schicksal bestimmte Folge seiner politischen und religiösen Zerrissenheit und militärischen Ohnmacht sahen; «die Katastrophe wurde von jedem kontinentalen Staatsmann als unvermeidlich angesehen»[36]. Doch die antikonföderalistischen Polen schickten um diese Zeit je ein Mitglied des

Reichstages zu dem sozialistischen *philosophe* Mably und dem *antiphilosophe* Rousseau und ließen sie auffordern, versuchsweise eine Verfassung für ein neues Polen zu entwerfen. Mably legte seine Empfehlungen 1770/71 vor; Rousseau beendete seine *Verfassung Polens* im April 1772 – zwei Monate nach der Unterzeichnung des ersten Teilungsvertrages.

Die Konföderation von Bar erlebte einige Augenblicke scheinbaren Triumphes vor ihrem endgültigen Zusammenbruch. Im März 1770 erklärte sie von der türkischen Stadt Varna aus die Absetzung Poniatowskis. Am 3. November 1771 überfielen einige Konföderierte den König, als er bei Nacht das Haus eines Onkels verließ, überwältigten seine Begleiter, erschossen einen von ihnen, zerrten den König aus seiner Kutsche, verwundeten ihn am Kopf durch einen Säbelhieb und entführten ihn aus der Hauptstadt. Im Wald von Bielny wurden sie von einer Patrouille angegriffen. In dem Handgemenge entkam Poniatowski, verständigte die königliche Garde, die herbeigeeilt kam und ihn, verstört und blutig, um fünf Uhr morgens in seinen Palast zurückbrachte. Alle Chancen einer Versöhnung zwischen der Regierung und der Konföderation waren zunichte gemacht. Poniatowski nahm erneut seine Zuflucht zu russischer Hilfe, und die Konföderation wurde unterdrückt, während ein Teil von ihr in der Türkei zurückblieb – das Kreuz unter dem Schutz des Halbmonds (1772)[37].

Inzwischen beunruhigte das Vorrücken russischer Heere gegen das Schwarze Meer und die Donau sowohl Preußen als auch Österreich. Weder Friedrich II. noch Joseph II. gefiel der Gedanke, daß die Russen das Schwarze Meer beherrschen sollten, noch weniger Konstantinopel. Durch Verträge von 1764 und 1766 hatte Preußen sich verpflichtet, Rußland zu helfen, falls es angegriffen würde. Die Türkei war formell der Angreifer in dem russisch-türkischen Krieg von 1768. Preußen gefährdete seine Zahlungsfähigkeit durch die Zahlung von Hilfsgeldern an Rußland. Österreich, verstimmt durch den Einmarsch russischer Streitkräfte in die Walachei, drohte, sich mit der Türkei gegen Rußland zu verbinden; in diesem Falle würde Rußland von Preußen erwarten, daß es Österreich angriff. Doch Friedrich hatte genug vom Krieg. Er hatte zwei Jahre gekämpft, um Schlesien zu erobern und zu halten; warum sollte er es jetzt aufs Spiel setzen? Er gab der Diplomatie den Vorzug. Vielleicht konnten die drei Mächte durch Zuteilungen polnischen Bodens besänftigt werden? Wie die Dinge standen und angesichts der Tatsache, daß der russische Botschafter der wirkliche Herrscher Polens war, konnte es nur eine Frage der Zeit sein, bis Rußland unter irgendeinem Vorwand das Land vollkommen annektierte. War es noch möglich, dies zu verhindern? Ja, wenn Katharina zustimmen würde, nur Ostpolen zu nehmen, Friedrich Westpolen zu überlassen und sich von der Donau zurückzuziehen. Würde ein Anteil an der Beute Josephs Kriegslust dämpfen?

Im Januar 1771 trug Prinz Heinrich, Friedrichs Bruder, den Plan den russischen Diplomaten in St. Petersburg vor. Panin wandte ein, Rußland habe die territoriale Integrität Polens garantiert; man erinnerte ihn daran, daß diese Garantie abhängig gemacht worden war von Polens Festhalten an seiner neuen Verfassung und an seinem Bündnis mit Rußland, und diese Vereinbarung sei gebrochen worden, als so viele Deputierte sich der rebellischen Konföderation von Bar anschlossen. Doch auch angesichts dieser Vorstellungen sträubte sich Katharina. Warum Friedrich einen Teil Polens schenken, wenn sie bald das ganze bekommen würde? Warum Preußen stärken durch zusätzliches Territorium, neue Hilfsquellen, Ostseehäfen und mehr «lange Kerls»? Doch sie wollte nicht gegen Friedrich kämpfen; er hatte hundertachtzigtausend Mann unter den Waffen. Sie zog es vor, ihn zu benutzen, Joseph davon abzuhalten, sich mit der Türkei gegen Rußland zu verbinden. Ihr derzeitiges Ziel war nicht Polen, sondern das Schwarze Meer. Am 8. Januar 1771 deutete sie, fast beiläufig auf einer Gesellschaft, Heinrich an, daß sie eventuell bereit sei, auf Friedrichs Plan einzugehen.

Ein Jahr verging, bevor die Verteilung der Beute ausgehandelt war. Friedrich wollte Danzig; Katharina war dagegen wie auch England, dessen Ostseehandel auf diesen Hafen angewiesen war. Inzwischen mobilisierte Österreich und verbündete sich heimlich mit der Türkei. Am 17. Februar 1772 unterzeichneten Friedrich und Katharina eine «Konvention» über die Teilung Polens. Katharina besänftigte Joseph, indem sie auf alle russischen Ansprüche auf die Walachei und die Moldau verzichtete, und die Mißernte des Jahres 1771 machte es ihm unmöglich, seine Truppen zu ernähren. Andererseits sparte Maria Theresia nicht mit Tränen, um ihren Sohn davon abzuhalten, sich an dem Raub zu beteiligen. Friedrich und Katharina setzten ihn unter Druck, indem sie begannen, die Gebiete, die sie sich zugeteilt hatten, in Besitz zu nehmen. Am 5. August 1772 setzte Joseph seine Unterschrift unter den Teilungsvertrag.

In diesem Vertrag kam man nach Anrufung der Heiligen Dreieinigkeit überein, Polen zwei Drittel seines Bodens und ein Drittel seiner Bevölkerung zu belassen. Österreich nahm Südpolen zwischen Wolhynien und den Karpaten, einschließlich Galiziens, Westpodoliens – 45000 Quadratkilometer, 2700000 Seelen. Rußland nahm «Weißrußland» (Ostpolen bis zur Dwina und zum Dnjepr) – 60000 Quadratkilometer, 1800000 Seelen. Preußen nahm «Westpreußen», mit Ausnahme von Danzig und Thorn – 23000 Quadratkilometer, 600000 Seelen. Friedrich nahm den kleinsten Anteil, doch er hatte die Verschwörer zum Frieden verpflichtet und Westpreußen und Ostpreußen mit Brandenburg, wie er es ausdrückte, «zusammengenäht». Schließlich wurde hierdurch, wie der patriotische Treitschke es formulierte, Deutschland lediglich das Bollwerk des deutschen Ordens zurückgegeben, das liebliche Weichseltal, das einst die deutschen Ritter den Barbaren abgerungen hatten[38]. Friedrich erinnerte Europa daran, daß die Bevölkerung von Westpreußen vorwiegend deutsch und protestantisch war, und Katharina erklärte, das Gebiet, das sie übernommen hatte, sei fast ganz von russischsprechenden griechischen Katholiken bevölkert[39].

Die drei Mächte besetzten ihre Anteile bald mit Truppen. Poniatowski appellierte an die Westmächte, die Teilung zu verhindern. Doch diese waren zu sehr beschäftigt. Frankreich erwartete Krieg mit England und zögerte, sich seinem Verbündeten Österreich zu widersetzen; England mußte sich mit der beginnenden Revolte in Amerika auseinandersetzen, die mit einer Bedrohung durch Frankreich und Spanien verbunden war, und so riet Georg III. Poniatowski, zu Gott zu beten[40]. Die an dem Raub Polens beteiligten Mächte forderten, daß ein Reichstag einberufen werde, um die neue Geographie zu bestätigen. Poniatowski hielt sie ein Jahr lang hin, berief jedoch schließlich eine Reichstagsversammlung nach Grodno. Viele Adlige und Prälaten weigerten sich, an der Tagung teilzunehmen. Einige, die kamen und protestierten, wurden nach Sibirien verschickt, andere ließen sich bestechen; das Rumpfparlament wurde in eine Konföderation umgewandelt (in der nach polnischem Recht der Mehrheitsentscheid zugelassen war) und unterzeichnete den Vertrag, in dem die enteigneten Territorien formell abgetreten wurden (18. September 1773). Poniatowski unterschrieb – wie Maria Theresia – unter Tränen.

Westeuropa akzeptierte die erste Teilung als die einzige Alternative zu der vollständigen Annexion Polens durch Rußland. Einige Diplomaten, so wird uns berichtet, «waren erstaunt über die Mäßigung der Partner, die nur ein Drittel nahmen, wo sie das Ganze hätten haben können»[41]. Die *philosophes* jubelten, daß ein intolerantes Polen von ihren aufgeklärten Despoten bestraft worden war; Voltaire begrüßte die Teilung als eine historische Rückweisung der *infâme*[42]. Es war natürlich der Triumph organisierter Macht über reaktionäre Ohnmacht.

V. DIE POLNISCHE AUFKLÄRUNG: 1773–1791

Poniatowski mußte sich nun entscheiden, ob er Rußland oder Preußen zu seinem Beschützer und Herrn machen solle. Er wählte Rußland, denn es war weiter entfernt, und nur Rußland konnte Friedrich daran hindern, Danzig und Thorn zu nehmen. Katharina war ängstlich besorgt, eine weitere Vergrößerung Preußens zu verhüten, dessen Armee das größte Hindernis für eine Ausdehnung Rußlands nach dem Westen darstellte. Sie wies ihren Botschafter in Warschau an, Poniatowski zu helfen, soweit dies den russischen Interessen entsprach, und schickte dem König die Vorschläge, die Panin für eine brauchbarere polnische Verfassung ausgearbeitet hatte. Diese Vorschläge behielten die Wahlmonarchie und das *liberum veto* bei, doch sie stärkten die Macht des Königs durch Bildung eines sechsunddreißigköpfigen, seiner Oberaufsicht unterstehenden und ihm als Exekutivorgan dienenden ständigen Rates, der in ein Polizeiministerium, Justizministerium, Finanzministerium, Kriegsministerium und ein Ministerium für Auswärtige Angelegenheiten eingeteilt war. Ferner sahen sie ein stehendes Heer von dreißigtausend Mann vor. Die Adligen befürchteten, daß eine so starke Streitmacht ihre Macht über den König gefährden könnte. Sie reduzierten die Zahl auf achtzehntausend, doch hiernach und mit geringeren Abänderungen ratifizierte der Reichstag 1775 die neue Verfassung, und Poniatowski konnte nun darangehen, etwas für die Gesundung der Nation zu tun.

Die Korruption dauerte an, doch die Anarchie nahm ab; Guerillabanden wurden aufgelöst, und die nationale Wirtschaft gedieh. Flüsse wurden für große Schiffe vertieft, Kanäle wurden zwischen den Flüssen gegraben, und ein «Königlicher Kanal», der 1783 vollendet wurde, verband die Ostsee mit dem Schwarzen Meer. Zwischen 1715 und 1773 stieg die Bevölkerung Polens von 6 500 000 auf 7 500 000 an, und die Staatseinkünfte verdoppelten sich. Ein System nationaler Schulen wurde eingerichtet, Lehrbücher wurden verfaßt und gedruckt, die Universitäten von Krakau und Wilna wurden gefördert, Lehrerseminare gegründet und vom Staat finanziert. Poniatowski liebte es, sich mit Dichtern, Journalisten und Philosophen zu umgeben. «Der König», berichtete Coxe, «gibt jeden Donnerstag ein Essen für die Literaten, die sich durch Wissen und Fähigkeiten auszeichnen, und Seine Majestät führte bei Tisch selbst den Vorsitz»[43], die Diskussion über Bücher und Ideen befruchtend. Er forderte drei Autoren auf, bei ihm zu wohnen, und steuerte heimlich zum Einkommen anderer bei[44]. Tausende von Polen lasen, während sie der Kirche höflich ihre Huldigung darbrachten – sogar während sie ihr als Priester dienten –, Locke, Montesquieu, Voltaire, Diderot, d'Alembert und Rousseau. Die Fundamente für die polnische oder Stanislawsche Aufklärung wurden gelegt.

Adam Naruszewicz, ein Jesuit, gewann das Ohr des Königs durch seine Gedichte. Er wurde mit einem Bistum betraut, fuhr jedoch fort, Gedichte an die Natur zu verfassen, und seine «Hymnen an die Sonne» und seine «Vier Jahreszeiten» finden immer noch die Wertschätzung jener, die ihn im Original lesen können. Seine Satiren benutzten ein volkstümliches, manchmal an Rabelais erinnerndes und durchaus nicht kirchliches Vokabular. Stanislaus forderte ihn auf, eine lesbare, doch wissenschaftliche Geschichte Polens zu schreiben; Naruszewicz widmete der Aufgabe neun Jahre und schuf in sechs Bänden (1780–1786) ein Werk, das wegen seiner umsichtigen Dokumentation bemerkenswert ist. Nach der zweiten Teilung verlor er den Mut, verfiel in Melancholie und überlebte die letzte Teilung nur um ein Jahr[45].

Der herausragende polnische Schriftsteller der Epoche war Ignaz Krasicki. Auf seinen Reisen gewann er die Freundschaft Voltaires und Diderots[46]. Er wurde Priester, schließlich Erzbischof, doch Stanislaus drängte ihn, seiner poetischen Begabung freien Lauf zu lassen. In seiner scheinhistorischen Satire *Myszeis* (1775) stellte er die Kriege seiner Zeit als Schlachten zwischen Ratten und Mäusen dar; in *Monomachia* (1778) machte er sich über die Streitgespräche der Mönche lustig (theologische Bücher bildeten darin die tödlichen Waffen). Sich der Prosa zuwendend, erzählte er in den *Abenteuern des Herrn Nikolaus Entdecker* (1776), wie ein junger polnischer Adliger, ausgestattet mit allen modernen Kenntnissen und Gefühlen und auf einer fremden Insel gestrandet, entdeckte, daß Männer und Frauen, «obwohl sie sich in einem Naturzustand» befanden, fleißig und tugendhaft sein konnten. Nachdem er in diesen Werken dem Vorbild Homers, Swifts und Defoes gefolgt war, nahm Krasicki nun den Stil Addisons auf und schuf eine Reihe von Genre-Bildern, *Pan Podstoli* (1778f.), in denen er das Leben eines vorbildlichen Edelmannes und Bürgers beschreibt. In *Fabeln und Parabeln* (1779) nahm er sich Phaedrus und La Fontaine zum Modell und geißelte mit schneidender Ironie die Unehrlichkeit und Brutalität seiner Umgebung. Sein letzter Rat klang nach Horaz: Suche einen ruhigen Winkel und laß das Glück auf leisen Sohlen kommen[47].

Während der Einfluß der französischen Aufklärung auf Naruszewicz und Krasicki durch deren Priestertum gemildert war, kam er voll zum Durchbruch in Stanislaus

Trembecki, der die Religion nie ohne Feindseligkeit erwähnte. Seine Gedichte besangen die Natur, doch nicht in jenen gefälligen Aspekten, die meistens das Gefühl ansprechen. Er verherrlichte ihre wilde Schönheit, ihren wuchernden Reichtum an Pflanzen und Tieren, ihre Stürme und reißenden Ströme, den Kampf ums Überleben, ihr grausames Gesetz des Fressens oder Gefressenwerdens. Für seine Fabeln übernahm er die Form von La Fontaine, den Geist jedoch von Lucretius. Die Kraft, Schärfe und Vollendung seiner Verse gewannen ihm einen hohen Rang in dieser literarischen Blütezeit. Poniatowski unterstützte ihn während seines ganzen wechselvollen Lebens, und als der König abgesetzt wurde, begleitete ihn der Dichter ins Exil und blieb bei ihm bis zu seinem Tod.

Die Zeit war reich an religiöser Dichtung, denn die Religion war der letzte Trost für die Polen in ihrem persönlichen und nationalen Mißgeschick. Franciszek Karpinskis «Morgenlied», «Abendlied» und «Christ ist geboren» sind sowohl Literatur als auch Frömmigkeit. Franciszek Kniaznin vollzog mühelos den Übergang zwischen den beiden uralten Feinden Religion und Sexualität: kurz vor seiner Priesterweihe entdeckte er Anakreon und die Liebe, veröffentlichte *Erotica* (1770), strebte nach irdischem Glück, kehrte zur Religion zurück und starb im Wahnsinn. Der Versuch, die beiden Gegensätze zu versöhnen, kann sowohl zum Irrsinn als auch zur Philosophie führen.

Die dominierende Erscheinung im Drama war Wojciez Boguslawski, den seine Landsleute als «Vater des polnischen Theaters» verehren. Wir könnten ihn den Garrick Polens nennen, doch die Polen würden Garrick den Boguslawski Englands nennen. Er war offensichtlich der erste Pole, der seine ganze Laufbahn der Bühne widmete – als Schauspieler, Dramatiker und Regisseur, als Direktor ständiger Theater in Warschau und Lemberg und als Organisator von Tourneen, die dem Drama in den Provinzen und über die Grenzen hinaus zu Ansehen verhalfen. Er führte Shakespeare und Sheridan in Übersetzungen auf und schrieb selbst Komödien, von denen einige noch heute über polnische Bühnen gehen. Das beste Theaterstück dieser Periode war *Die Rückkehr des Deputierten* von Julian Ursyn Niemcewicz, der selbst Deputierter war; hier werden beide Seiten der politischen Krise dramatisch dargestellt in der Liebe eines reformatorischen Deputierten zu einem Mädchen, dessen Eltern die Privilegien der Magnaten und die Zustände der Vergangenheit verteidigen.

Der letzte und größte der polnischen *illuminés* war Hugo Kollontaj. Seine Erziehung infizierte ihn mit den Ideen der *philosophes,* doch er verbarg seine ketzerischen Anschauungen hinreichend, um sich eine auskömmliche Stiftspfründe in Krakau zu sichern. Poniatowski übertrug ihm (1773) die Leitung eines Erziehungskomitees, für das Kollontaj im Alter von dreiundzwanzig Jahren ein auf der Höhe seiner Zeit stehendes Programm entwarf. Mit siebenundzwanzig wurde er mit der Reorganisation der Universität Krakau beauftragt; er führte diese in wenigen Jahren durch und blieb dann als Rektor. In *Briefe eines anonymen Schreibers an den Präsidenten des Reichstages* (1788/89) und in *Das politische Recht der polnischen Nation* (1790) unterbreitete er Vorschläge, welche die Basis der Verfassung von 1791 wurden.

Angespornt von seinen Dichtern und Publizisten, kämpfte Polen darum, sich in einen starken und unabhängigen Staat zu verwandeln. Eine Gelegenheit eröffnete sich, als Friedrich Wilhelm II., Friedrichs II. Nachfolger, dem «vierjährigen Reichstag» von 1788 bis 1792 ein Bündnis anbot, das Schutz durch die mächtige preußische Armee gegen jede fremde Einmischung verbürgte. Rußland war durch seine Kriege gegen die Türkei und Schweden in Anspruch genommen. Jetzt konnte Polen sich aus seiner langen demütigenden Abhängigkeit von Katharina befreien und den Plünderungen ein Ende machen, mit denen russische Soldaten den polnischen Boden während der letzten fünfundzwanzig Jahre heimgesucht hatten. Gegen Poniatowskis Proteste löste der Reichstag seinen Ständigen Rat auf, beschloß, eine dem Reichstag unterstehende Armee von hunderttausend Mann aufzustellen, forderte die russischen Truppen auf, Polen sofort zu verlassen (Mai 1789). Katharina, die ihre gesamten Streitkräfte anderweitig benötigte, leistete keinen Widerstand, schwor jedoch Rache. Am 29. März 1790 unterzeichnete der Reichstag das Bündnis mit Preußen.

In dieser Zeit war auch Poniatowski vom Geist der Freiheit berauscht. Er entband sich selbst seiner Lehenspflicht gegenüber Katharina und übernahm die führende Rolle beim Entwurf einer neuen Verfassung. Ihre Artikel machten die Monarchie erblich, sprachen jedoch für den Fall, daß Poniatowski kinderlos starb, die Thronfolge dem Hause Sachsen zu. Die Exekutivgewalt der Krone sollte durch ein aufschiebendes Vetorecht des Königs erweitert werden – das heißt durch das Recht, die Gesetzwerdung einer von einem Reichstag beschlossenen Maßnahme zu verhindern, bis sie von dem nächsten bestätigt wurde. Der König sollte seine Minister und die Bischöfe ernennen und den Oberbefehl über die Armee haben. Eine kleine Zahl von Stadt- und anderen Bürgern konnten in den Reichstag gewählt werden. Dieser bestand aus zwei Kammern, einem Deputiertenhaus, das allein Gesetze einbringen konnte, und einem Senat, bestehend aus Bischöfen, Provinzgouverneuren und den Ministern des Königs – dessen Zustimmung zu jedem Gesetz erforderlich war. Das *liberum veto* sollte durch das Majoritätsprinzip ersetzt werden. Der römische Katholizismus sollte als die vorherrschende Religion der Nation anerkannt und Abfall von ihr zum Verbrechen erklärt werden; doch sonst war allen Religionsfreiheit garantiert. Die Leibeigenschaft blieb bestehen, aber die Bauern konnten sich jetzt zur Berufung an ein Provinzial- oder Nationalgericht wenden. Der Einfluß der von den Vereinigten Staaten von Amerika angenommenen Verfassung (1787/88) war nicht zu übersehen in diesen Empfehlungen; Polen, die für die amerikanischen Kolonien gekämpft hatten, waren nicht ohne Einfluß auf die Gesinnung Poniatowskis gewesen, und er hatte die bei der Lektüre von Locke, Montesquieu und der *philosophes* gewonnenen Erkenntnisse nicht vergessen.

Um die Ratifikation seiner Vorschläge zu sichern, nahm Poniatowski Zuflucht zu einer List. Viele Mitglieder des Reichstags reisten für die Osterfeiertage des Jahres 1791 nach Hause. Der König berief für den 3. Mai eine Versammlung ein, zu früh, als daß die weiter entfernt wohnenden Mitglieder zu der Wiedereröffnung nach Warschau hätten zurückkehren können. Die in der Nähe beheimateten Deputierten, die rechtzeitig eintrafen, waren in der Mehrzahl Liberale, von denen man erwarten konnte, daß sie die neue Verfassung unterstützen würden. Sie wurde ihnen im königlichen Palast sofort nach ihrem Zusammentritt vorgelegt, mit stürmischem Beifall aufgenommen und von einer großen Mehrheit ratifiziert. Dieser Tag, der 3. Mai 1791, wurde von patriotischen Polen in stolzer Erinnerung gehalten und in der polnischen Literatur, Kunst und Musik gefeiert.

VI. DIE ZERSTÜCKELUNG: 1792–1795

Alle Mächte mit Ausnahme von Rußland anerkannten die neue Verfassung. Edmund Burke nannte sie «die edelste von einer Nation zu irgendeiner Zeit empfangene Wohltat» und erklärte, Stanislaus II. habe einen Platz unter den größten Königen und Staatsmännern der Geschichte verdient[48]. Doch sein Enthusiasmus spiegelte wohl Englands Genugtuung über Katharinas Niederlage wider.

Die Kaiserin verbarg eine Zeitlang ihre Feindseligkeit gegenüber dem neuen Polen. Doch sie verzieh weder die überstürzte Vertreibung ihrer Truppen noch die Ablösung des russischen Einflusses auf polnische Angelegenheiten durch den preußischen. Als der Frieden von Jassy (9. Januar 1792) ihren Krieg mit der Türkei beendete und Preußens und Österreichs Verstrickung in den Krieg gegen das revolutionäre Frankreich (April 1792) sie von der Angst vor ihren früheren Komplizen befreite, hielt sie Ausschau nach einer neuen Gelegenheit, in die Geschicke Polens einzugreifen.

Sie wurde ihr durch konservative Polen geboten. Diese stimmten mit Katharina darin überein, daß Poniatowskis Verfassung von einem Reichstag gebilligt worden war, den er so hastig einberufen hatte, daß viele Adlige nicht in der Lage gewesen waren, an der Abstimmung teilzunehmen. Felix Potocki und andere Magnaten waren wütend über die Aufgabe des *liberum veto,* das ihre Macht gegen jede zentrale Autorität gesichert hatte, und waren nicht bereit, ihr Recht, den König zu wählen – und somit zu beherrschen –, aufzugeben. Potocki weigerte sich, einen Treueid auf die neue Verfassung zu leisten. Er begab sich als Führer einer Gruppe von Adligen nach St. Petersburg und bat die Kaiserin, ihnen bei der Herstellung der älteren Verfassung (von 1775) zu helfen, die zu schützen sie versprochen hatte. Sie antwortete, sie sei nicht bereit, auf Ersuchen einiger weniger Einzelpersonen in Polen einzugreifen, würde sich jedoch dem Appell einer starken polnischen Minderheit nicht verschließen. Als er von diesen Verhandlungen erfuhr, ließ Friedrich Wilhelm II., der bereits in den Kampf gegen Frankreich verwickelt war und sich scheute, einen Krieg gegen Rußland zu eröffnen, die polnische Regierung am 4. Mai 1792 wissen, sie dürfe keine Unterstützung von Preußen erwarten, falls sie beabsichtige, ihre neue Verfassung mit Waffengewalt zu verteidigen[49]. Potocki kehrte nach Polen zurück, bildete am 14. Mai 1792 in einer Kleinstadt der Ukraine die Konföderation von Targowica und forderte alle, die für eine Herstellung der alten Verfassung waren, auf, sich um seine Fahne zu scharen. Seine Anhänger nannten sich Republikaner, verurteilten das Bündnis Polens mit Preußen, priesen Katharina und baten sie um ihren Segen und ihre Truppen.

Sie schickte beides, und so gestärkt marschierten die Konföderierten nach Warschau. Ihre Propaganda für «Freiheit» machte einigen Eindruck, denn mehrere Städte empfingen sie als Befreier, und in Teresapol wurde Potocki als der wirkliche neue König Polens begrüßt (5. September). Poniatowski forderte den Reichstag auf, ihm alle für die Verteidigung benötigten Vollmachten zu geben. Dieser machte ihn zum Diktator, berief alle erwachsenen männlichen Polen zum Militärdienst ein und vertagte sich. Stanislaus machte seinen Neffen, den neunundzwanzig Jahre alten Fürsten Josef Poniatowski, zum Oberbefehlshaber des Heeres, das dieser unausgebildet und erbärmlich ausgerüstet vorfand. Josef befahl allen Abteilungen des Heeres, in Lubar am Fluß Slucz zu ihm zu stoßen, doch viele waren von russischen Streitkräften umzingelt worden und konnten nicht kommen, und diejenigen, die kamen, waren zu schwach, den russischen Vormarsch aufzuhalten. Der junge Befehlshaber befahl den Rückzug nach Polonne, seinem Versorgungszentrum, der geordnet vor sich ging dank den tapferen Nachhutgefechten von Thaddäus Kosciusko, der für die Kolonien in Amerika gekämpft hatte und mit sechsundvierzig Jahren bereits zu Ehren gelangt war als Patriot und Kriegsheld.

Am 17. Juni 1792 stießen die Polen bei Zielence auf eine größere russische Streitmacht und besiegten sie in der ersten von Polen seit Sobieskis Tagen gewonnenen Schlacht. Auch hier bewies Kosciusko seine Kriegskunst, indem er einen Hügel in Besitz nahm, von dem aus seine Artillerie das Schlachtfeld beherrschte, und Josef, bis jetzt von Untergebenen, die doppelt so alt waren wie er, mit Mißtrauen betrachtet, gewann deren Achtung, indem er seine Reserven persönlich ins Gefecht führte, um die Russen zum Rückzug zu zwingen. Die Kunde von diesem Sieg erfreute Poniatowski, wurde jedoch fast aufgewogen durch die Nachricht, daß Fürst Ludwig von Württemberg, ein preußischer Armeekommandeur, der die polnischen Streitkräfte in Litauen befehligte, seinen Posten verlassen und seine Truppe in solchem Durcheinander zurückgelassen hatte, daß die Russen am 12. Juni Wilna, die litauische Hauptstadt, ohne Schwierigkeit besetzen konnten.

Josefs Heer blieb die einzige Verteidigung Polens. Der Nachschub war jedoch so schwach, daß einige seiner Regimenter vierundzwanzig Stunden fasten mußten und die Artillerie nur noch zwölf Schuß Munition besaß. Der Fürst befahl den Rückzug nach Dubno. Der Feigheit beschuldigt, bezog er Stellung bei Dubienka (18. Juli) und lieferte mit zwölftausendfünfhundert Mann achtundzwanzigtausend Russen eine unentschiedene Schlacht. Er zog sich in guter Ordnung nach Kurow zurück, wo er auf die ihm vom König versprochenen Verstärkungen und Proviantlieferungen wartete.

Doch Stanislaus hatte aufgegeben. Die Weigerung Friedrich Wilhelms II., die Bedingungen des preußisch-polnischen Bündnisses einzuhalten, der Verrat des Fürsten Ludwig, die Hunderte von Desertionen bei der Armee, die er in Praga gesammelt hatte, waren für seinen nie sehr tapferen Geist zuviel gewesen. Er wandte sich in einem persönlichen Appell an Katharina und bat um ehrenvolle Bedingungen. Ihre Antwort (23. Juli) war ein Ultimatum, in dem sie ihn aufforderte, sich der Konföderation von Targowica anzuschließen und die Verfassung von 1775 wiedereinzuführen. Er war bestürzt über ihren unversöhnlichen Ton; war dies die gleiche Frau, die einst seine tollkühne Liebe erwidert hatte?

Zärtlichkeit gewann nun die Oberhand über ihn. Er hatte daran gedacht, Widerstand zu leisten, sich zu bewaffnen und an die Front zu gehen, um eine hoffnungslose Verteidigung anzuführen. Doch seine Frau, seine Schwester und seine Nichte vergossen so reichliche Tränen bei dem Gedanken an seinen Tod und ihr eigenes Elend, daß der König nachzugeben versprach. Und schließlich, was würde Widerstand nützen? Nun, da von Preußen keine Hilfe erwartet werden konnte, wie sollte Polen da standhalten gegen Rußland? Hatte er nicht selbst alles getan, den Reichstag davon abzubringen, Katharina zu verhöhnen und auf die Versprechungen Preußens hin alles zu riskieren? War er nicht für eine große, gut ausgerüstete Armee eingetreten, und hatte der Reichstag nicht, nachdem er die Männer bewilligt hatte, die Geldmittel verweigert? Selbst wenn die derzeitige polnische Armee einen Sieg oder zwei über die Russen gewann, konnte Katharina da nicht nach einem Frieden mit der Türkei wieder über ihr gesamtes Potential verfügen und Welle nach Welle disziplinierter und gut bewaffneter Soldaten gegen seine zerstreuten und desorganisierten Truppenreste schicken? Warum mehr Leben opfern und halb Polen der Verwüstung preisgeben, wenn eine Kapitulation in jedem Fall das Ende sein würde?

Der neue russische Botschafter, Jakob Sievers, zeichnete seiner Schwester in einem mitfühlenden Brief ein Bild von Poniatowski in dieser Stunde physischen und geistigen Zusammenbruchs:

> «Der König ist noch immer [mit sechzig] ein schöner Mann, der sich gut gehalten hat, obwohl sein Gesicht bleich ist, doch man kann sehen, daß sich ein dunkler Schleier über sein Gesicht gesenkt hat. Er spricht gut, und sogar beredsam und ist höflich und aufmerksam zu jeder Zeit und zu jedermann. Man behandelt ihn schlecht, vernachlässigt ihn, verachtet ihn und verrät ihn; und doch ist er der liebenswürdigste der Menschen. Wenn ich von seiner hohen Stellung absehe und ihn nur vom persönlichen Standpunkt aus betrachte, möchte ich sagen, daß seine guten Eigenschaften seine schlechten überwiegen. Gewiß, nach Ludwig XVI. ist er der unglücklichste der Monarchen. Er liebt seine Verwandten höchst zärtlich, und es sind gerade diese die Menschen, die die Ursache all seiner Mißgeschicke waren.» [50]

Am 24. Juli 1792 las Poniatowski das russische Ultimatum seinen Geheimen Räten vor und riet ihnen, der Großmütigkeit Katharinas zu trauen. Viele der Räte protestierten gegen eine solche Einfalt. Einer von ihnen, Malachowski, anerbot sich, innerhalb einer Stunde hunderttausend Gulden für die Verteidigung aufzubringen, und behauptete, selbst wenn Warschau aufgegeben werden müsse, könnten sich die polnischen Truppen nach Krakau zurückziehen und ein neues Heer in dem volkreichen Süden aufstellen. Poniatowskis Antrag auf Kapitulation wurde im Rat mit zwanzig gegen sieben Stimmen überstimmt. Auf Grund seiner Autorität als Diktator annullierte er das Ergebnis und befahl seinem Neffen, keinen weiteren Widerstand zu leisten. Josef erwiderte, anstatt so schmählich zu kapitulieren, sollte der König mit allen Streitkräften, die er sammeln konnte, an die Front eilen und bis zum Ende kämpfen. Als Stanislaus darauf bestand, daß die Armee sich der Konföderation anschließe, reichten alle Offiziere bis auf einen ihr Abschiedsgesuch ein, und Josef kehrte in seine frühere Heimat, nach Wien, zurück. Am 5. August besetzte ein russisches Heer Praga. Im Oktober flehte Josef seinen Onkel in einem Brief an, abzudanken, bevor alle Ehre verloren sei. Im November hielt Potocki mit der Vorhut der Konföderation triumphalen Einzug in Warschau und belehrte Poniatowski über die Pflichten eines Königs. Doch Potockis Sieg sollte sich bald in ein Unheil verwandeln, denn im Januar 1793 marschierten preußische Truppen in Polen ein und besetzten Danzig und Thorn, ohne daß Potockis russische Verbündete einen Schuß abgaben, sie davon abzuhalten. Es wurde klar, daß Rußland und Preußen übereingekommen waren, Polen wiederum zu teilen.

Katharina und Friedrich Wilhelm hatten eine solche Vereinbarung am 23. Januar unterzeichnet, hielten sie jedoch bis zum 28. Februar geheim. Potocki appellierte an die Polen aller Parteien, sich zur Verteidigung des Vaterlandes zu erheben; sie lachten ihn aus. Josef brandmarkte ihn als Verräter seines Landes und forderte ihn zum Einzelkampf heraus; Stanislaus verbot das Duell.

Auf Grund der zweiten Teilung nahm Rußland 89 142 Quadratkilometer Ostpolens mit einer Bevölkerung von 3 000 000 einschließlich Wilnas und Minsks; Preußen nahm 37 000 Quadratkilometer Westpolens mit einer Bevölkerung von 1 000 000, einschließlich Danzigs und Thorns; Polen behielt 128 000 Quadratkilometer und 4 000 000 Seelen – annähernd die Hälfte dessen, was ihm 1773 belassen worden war. Österreich ging bei der Verteilung der Beute leer aus, wurde jedoch durch russisch-preußische Versprechungen besänftigt, ihm bei der Annexion Bayerns zu helfen. Die Westmächte, noch voll in Anspruch genommen durch den Kampf mit dem revolutionären Frankreich, unternahmen nichts gegen diesen zweiten Raub, den ihnen Katharina als eine notwendige Maßnahme gegen die alle Monarchien gefährdende wachsende revolutionäre Agitation in Warschau erklärte.

Um dem Diebstahl einen Schein von Legalität zu geben, befahl sie Poniatowski, einen Reichstag nach Grodno einzuberufen, und forderte ihn auf, persönlich dorthin zu kommen, um ein Bündnis mit Rußland zu unterzeichnen. Zunächst lehnte er es ab, zu gehen, doch als sie ihm anbot, seine Schulden – die sich nun auf 1 566 000 Dukaten beliefen – zu bezahlen, nahm er diese zusätzliche Demütigung mit Rücksicht auf seine Gläubiger an. Der russische Botschafter wurde mit den notwendigen Mitteln versehen, eine genügende Anzahl von Deputierten durch Bestechung zur Teilnahme am Reichstag zu bewegen, und es gelang ihm leicht, mehrere Mitglieder des königlichen Gefolges zu kaufen und sie zu veranlassen, ihm jedes Wort, jeden Schritt ihres Herrn zu berichten. Dieser «Letzte Reichstag» (17. Juni bis 24. November 1793) wurde dazu überredet, einen Vertrag mit Rußland zu unterzeichnen, weigerte sich jedoch mehrere Monate lang, die zweite Teilung zu ratifizieren. Als man ihnen sagte, sie dürften den Saal erst verlassen, wenn sie unterzeichnet hätten, weigerten sich die Mitglieder noch immer und verharrten zwölf Stunden lang schweigend. Dann ließ der Präsident über die Frage abstimmen und erklärte, als er keine Antwort hörte, Schweigen sei Zustimmung (25. September). Der Rest Polens wurde wieder russisches Protektorat; die Verfassung von 1775 trat wieder in Kraft.

Der einzige Mann, der die Nation befreien konnte, war Kosciusko. Von den Czartoryski finanziell unterstützt, ging er im Januar 1793 nach Paris und ersuchte um die Hilfe Frankreichs für ein Polen, das wärmstens mit der Französischen Revolution sympathisierte. Er versprach, die polnischen Bauern würden sich gegen die Leibeigenschaft und die Stadtbürger gegen den Adel erheben, wenn Hilfe käme, Poniatowski würde zugunsten einer Republik abdanken und eine polnische Armee würde Frankreich in seinem Krieg mit Preußen unterstützen[51]. Die französischen Führer begrüßten diese Vorschläge, doch der Ausbruch des Krieges mit England (Februar 1793) und die Invasion Frankreichs durch die Alliierten machten eine Hilfe für Polen unmöglich.

Während der Abwesenheit Kosciuskos stellten einige Bürger, Freimaurer und Armeeoffiziere eine neue polnische Armee auf (März 1794). Kosciusko eilte von Dresden nach Krakau, um sich ihr anzuschließen. Er wurde zum Oberbefehlshaber mit diktatorischen Vollmachten ernannt, forderte jedes fünfte Haus in Polen auf, ihm einen Fußsoldaten, jedes fünfzigste, einen Reiter zur Verfügung zu stellen, und befahl diesen Rekruten, irgendeine Waffe, sei es auch nur ein Spieß oder eine Sense, mitzubringen. Am 4. April griff Kosciusko mit viertausend regulären und zweitausend bäuerlichen Rekruten eine Streitmacht von siebentausend Russen bei Raclawice in der Nähe von Krakau an und besiegte sie, teilweise durch seine Feldherrnkunst, teilweise dank der Wirksamkeit der Sensen seiner Bauern. Auf die Kunde von diesem Sieg organisierte das radikale oder «jakobinische» Element in Warschau einen Aufstand. Die Führer des Mittelstands schlossen sich ihm zögernd an. Am 17. April griffen diese Rebellen die russische Garnison von siebentausendfünfhundert Mann an, machten viele von ihnen nieder und schlugen ein preußisches Kontingent von tausendsechshundertfünfzig Mann in die Flucht. Die Besatzungstruppen flohen, und für einen Augenblick war Warschau unter polnischer Herrschaft. Ein ähnlicher Aufstand befreite Wilna (23. April), hängte den Großhetman von Litauen und besetzte Teile Polens fast bis nach Minsk. Am 7. Mai versprach Kosciusko den Leibeigenen die Freilassung und garantierte ihnen das Besitzrecht an den Ländereien, die sie bestellten. So viele Freiwillige und Wehrpflichtige eilten zu seinen Fahnen, daß er im Juni 1794 hundertfünfzigtausend Mann befehligte, von denen nur achtzigtausend hinreichend ausgerüstet waren.

Gegen sie rollte Welle auf Welle disziplinierter russischer oder preußischer Truppen. Am 6. Juni überraschte eine alliierte Armee von sechsundzwanzigtausend Mann die Polen bei Szczekociny. Kosciusko hatte nur soviel Zeit, vierzehntausend Mann aufzubringen. Er wurde geschlagen, erlitt schwere Verluste und suchte in der Schlacht den Tod, der ihn jedoch verschonte; die polnischen Überreste zogen sich nach Warschau zurück. Am 15. Juni nahmen die Preußen Krakau, am 11. August besetzten die Russen Wilna, am 19. September wurde eine polnische Armee von fünftausendfünfhundert Mann bei Teresapol von zwölftausendfünfhundert ausgebildeten russischen Soldaten unter Suworow vernichtet, am 10. Oktober wurde Kosciusko selbst mit siebentausend Polen bei Maciejowice von dreizehntausend Russen geschlagen; er wurde schwer verwundet und gefangengenommen. Er stieß nicht, wie die Legende erzählt, den verzweifelten Schrei «*Finis Poloniae!*» aus, doch diese Niederlage war das Ende der heroischen Revolte.

Suworow faßte mehrere russische Armeen zusammen, stürmte die befestigten Lager der Polen in Praga, und seine kampfwütigen Truppen machten nicht nur die Verteidiger, sondern auch die Zivilbevölkerung der Stadt nieder. Poniatowski übergab Warschau, um ein größeres Massaker zu verhüten. Suworow schickte Kosciusko und andere Rebellenführer ins Gefängnis nach St. Petersburg und den König nach Grodno, wo er die Entscheidung der Kaiserin abwarten sollte. Hier unterzeichnete er am 25. November 1795 seine Abdankung. Er bat Katharina, einen Teil Polens bestehen zu lassen, doch sie war entschlossen, die polnische Frage zu lösen, indem sie, wie sie glaubte, der polnischen Nation ein Ende machte. Nach fünfzehn Monaten zäher Verhandlungen unterzeichneten Rußland, Preußen und Österreich den dritten Teilungsvertrag (26. Januar 1795). Rußland nahm Kurland, Litauen und Westpodolien und Wolhynien – 290 000 Quadratkilometer, Österreich «Kleinpolen» mit Krakau und Lublin – 71 000 Quadratkilometer, Preußen erhielt den Rest mit Warschau – 91 000 Quadratkilometer. Durch die drei Teilungen kamen von Polens 12 200 000 Seelen (1797) etwa 6 000 000 unter russische, 3 700 000 unter österreichische und 2 500 000 unter preußische Herrschaft.

Tausende von Polen flohen aus ihrem Land. Ausländer erhielten die konfiszierten Vermögen. Poniatowski blieb in Grodno, betrieb Botanik und schrieb Memoiren. Nach Katharinas Tod lud ihn Paul I. ein, nach St. Petersburg zu kommen, stellte ihm den Marmorpalast zur Verfügung und bewilligte ihm ein Jahresgeld von hunderttausend Dukaten. Hier starb er am 12. Februar 1798 in seinem sechsundsechzigsten Lebensjahr. Kosciusko wurde 1796 von Kaiser Paul freigelassen, kehrte nach Amerika zurück, ging dann nach Frankreich und setzte seine Bemühungen um die polnische Befreiung bis zu seinem Tode (1817) fort. Josef Poniatowski entfloh nach Wien, nahm an Napoleons Feldzug gegen Rußland teil, wurde bei Smolensk verwundet, kämpfte tapfer bei Leipzig, wurde zum Marschall der französischen Armee ernannt und starb 1813, geehrt sogar von seinen Feinden. Polen hörte auf, ein Staat zu sein, bestand jedoch weiter als Volk und Kultur, behaftet mit dem Makel religiöser Verfolgung, jedoch ausgezeichnet durch große Dichter, Musiker, Maler und Wissenschafter und stets beseelt von dem unbeugsamen Willen zum Wiederaufstieg.

Anhang

BIBLIOGRAPHIE

ACTON, JOHN EMERICH, LORD, Lectures on Modern History. London, 1950.
ALDIS, JANET, Madame Geoffrin: Her Salon and Her Times. New York, 1905.
ALFIERI, VITTORIO, Mein Leben. Zürich, 1949.
– Of Tyranny. Toronto, 1961.
ALTAMIRA, RAFAEL, History of Spain. Princeton, 1955.
– History of Spanish Civilization. London, 1930.
ANDERSON, EMILY, Letters of Mozart and His Family, 3 Bde. London, 1938.
ANONYM, Tiepolo. Sammlung «Masters in Art».

BAEDEKER, KARL, Northern Italy. London, 1913.
BAIN, R. NISBET, The Last King of Poland. London, 1909.
BANCROFT, GEORGE, Literary and Historical Miscellanies. New York, 1957.
BARNES, HARRY ELMER, Economic History of the Western World. New York, 1942.
BATIFFOL, LOUIS (Hrsg.), The Great Literary Salons. New York, 1930.
BECKFORD, WILLIAM, Travel Diaries, 2 Bde. Cambridge, England, 1928.
BELL, AUBREY, Portuguese Literature. Oxford, 1922.
BERNAL, J. D., Die Wissenschaft in der Geschichte. Berlin, 1967.
BERTRAND, JOSEPH, D'Alembert. Paris, 1889.
BIANCOLLI, LOUIS, The Mozart Handbook. New York, 1962.
BLACK, J. B., The Art of History. New York, 1926.
BLOM, ERIC, Mozart. München, o. J.
BOEHN, MAX VON, Die Mode: Menschen und Moden im achtzehnten Jahrhundert. München, 1909.
Boswells Große Reise, Deutschland und die Schweiz 1764. Stuttgart/Konstanz, 1955.
Boswell on the Grand Tour: Italy, Corsica and France, 1765–1766. New York, 1955.
BOYD, WILLIAM, Educational Theory of Jean Jacques Rousseau. London, 1911.
BRANDES, GEORG, Creative Spirits of the Nineteenth Century. New York, 1923.
– Goethe. Berlin, 1922.
– Voltaire, 2 Bde. Berlin, 1923.
BROCKWAY, WALLACE, und HERBERT WEINSTOCK, The Opera: A History. New York, 1941.
BROCKWAY, WALLACE, und BART K. WINER, Second Treasury of the World's Great Letters. New York, 1941.
BROWNE, EDWARD G., Literary History of Persia, 4 Bde. Cambridge, Engl., 1929f.
BRÜCKNER, A., Geschichte der russischen Literatur. Leipzig, 1909.
BRUNETIÈRE, FERDINAND, A Manual of the History of French Literature. New York, 1898.
BUCKLE, HENRY T., An Introduction to the History of Civilization in England, 2 Bde. in 4. New York, 1913.
– Geschichte der Civilisation in England, 2 Bde. Leipzig/Heidelberg, 1874.

BURNEY, CHARLES, General History of Music, 2 Bde. New York, 1957.
BURNEY, FANNY, Diary. Everyman's Library.
BURTON, JOHN HILL, Life and Correspondence of David Hume, 2 Bde. Edinburg, 1846.
BURTON, SIR RICHARD, Personal Narrative of a Pilgrimage to Al-Madinah and Meccah, 2 Bde. London, 1893.
– Geschichte der Gedankenfreiheit. Berlin, 1949.
– The Idea of Progress. New York, 1955.
BUTTERFIELD, HERBERT, George III and the Historians. London, 1957.

CALVERT, A. F., Goya. London, 1908.
– Royal Palaces of Spain. London, 1909.
Cambridge History of Poland (CHP), 2 Bde. Cambridge, Engl., 1950.
Cambridge Modern History (CMH), Originalausg., 12 Bde. Cambridge, Engl. 1907f.
CAMPBELL, THOMAS J., The Jesuits. New York, 1921.
CARLYLE, THOMAS, History of Friedrich the Second, 7 Bde. New York, 1901.
– Werke. Stuttgart, 1883.
– Geschichte Friedrichs des Zweiten, 6 Bde. Berlin, 1916.
CASANOVA, JACQUES, Memoirs, 2 Bde. London, 1922.
– Geschichte meines Lebens, 12 Bde. Berlin, 1964–1967.
CASSIRER, ERNST, Rousseau, Kant, and Goethe. Hamden, Conn., 1961.
CASTÉRA, J. H., History of Catherine II. London, 1800.
CATHERINE THE GREAT, Memoirs. New York, 1955.
CHAPONNIÈRE, PAUL, Voltaire chez les calvinistes. Paris, 1936.
CHEKE, MARCUS, Dictator of Portugal: A Life of the Marquis of Pombal. London, 1938.
CLARK, BARRETT H., Great Short Biographies of the World. New York, 1928.
CLARK, ROBERT T., Herder: His Life and Thought. University of California Press, 1955.
COBBAN, ALFRED, History of Modern France, 2 Bde. Penguin Books, 1957.
– In Search of Humanity. New York, 1960.
– Rousseau and the Modern State. London, 1934.
COLLINS, JOHN CHURTON, Bolingbroke, and Voltaire in England. New York, 1886.
COXE, WILLIAM, History of the House of Austria, 3 Bde. London, 1847.
– Memoirs of the Kings of Spain of the House of Bourbon, 5 Bde. London, 1813.
– Travels in Poland, Russia, Sweden, and Denmark, 5 Bde. London, 1802.
CRÉBILLON, CLAUDE-PROSPER JOLYOT DE (CRÉBILLON fils), The Sofa. London, 1927.
CROCE, BENEDETTO, Die Philosophie Giambatista Vicos. Tübingen, 1927.
CROCKER, LESTER G., The Embattled Philosopher: A Biography of Denis Diderot. East Lansing, Mich., 1954.
– Rousseau et la philosophie politique. Paris, 1965.
CRU, ROBERT LOYALTY, Diderot as a Disciple of English Thought. New York, 1913.
CUMMING, IAN, Helvétius. London, 1955.

DAKIN, DOUGLAS, Turgot and the Ancien Régime in France. London, 1939.
DAY, CLIVE, History of Commerce. London, 1926.
DE SANCTIS, FRANCESCO, History of Italian Literature, 2 Bde. New York, 1959.
– Geschichte der italienischen Literatur, 2 Bde. Stuttgart, 1941–1943.
DESNOIRESTERRES, GUSTAVE, Voltaire et la société française au XVIIIe siècle. Paris, 1871.
DIDEROT, DENIS, Dialogues. New York, 1927.
– Œuvres complètes. Paris, 1935.
– The Paradox of Acting. New York, 1957.
– Salons, 3 Bde. Paris, 1821.

DILKE, LADY EMILIA, French Architects and Sculptors of the Eighteenth Century. London, 1900.
DORN, WALTER L., Competition for Empire. New York, 1940.
DOUGHTY, CHARLES M., Travels in Arabia Deserta, 2 Bde. New York, 1923.
DUCLOS, CHARLES PINOT, Considérations sur les mœurs. Cambridge, Engl., 1939.
DUCROS, LOUIS, French Society in the Eighteenth Century. London, 1926.
DU DEFFAND, MARIE DE VICHY-CHAMROND, MARQUISE, Lettres à Voltaire. Paris, 1922.
DU HAUSSET, MME, Memoirs of Madame de Pompadour. New York, 1928.

EINSTEIN, ALFRED, Gluck. Sein Leben – seine Werke. Zürich/Stuttgart, 1954.
– Mozart. Sein Charakter – sein Werk. Stockholm, 1947.
ELLIS, HAVELOCK, The New Spirit. London: Walter Scott, o. J.
– Sexual Inversion. Philadelphia, 1908.
Encyclopaedia Britannica, 14. Aufl.
ÉPINAY, LOUISE DE LA LIVE D', Memoirs and Correspondence, 3 Bde. London, 1899.
ERCOLE, LUCIENNE, Gay Court Life: France in the Eighteenth Century. New York, 1932.

FAGUET, ÉMILE, Dix-huitième Siècle: Études littéraires. Paris, Boivin, o. J.
– Literary History of France. New York, 1907.
– Rousseau artiste. Paris, Société Française, o. J.
– Rousseau penseur. Paris, Société Française, o. J.
– Vie de Rousseau. Paris, Société Française, o. J.
FANIEL, STÉPHANE, French Art of the Eighteenth Century. New York, 1957.
FITZMAURICE-KELLY, JAMES, Geschichte der spanischen Literatur. Heidelberg, 1925.
FLORINSKY, MICHAEL T., Russia: A History and an Interpretation, 2 Bde. New York, 1955.
FORD, MIRIAM ALLEN DE, Love Children. New York, 1931.
FRANKEL, CHARLES, The Faith of Reason. New York, 1948.
FRIEDLÄNDER, LUDWIG, Roman Life and Manners under the Early Empire, 4 Bde. London, 1928.
– Darstellungen aus der Sittengeschichte Roms, 4 Bde. Leipzig, 1922.
FRIEDRICH DER GROSSE, Histoire de la guerre de Sept Ans, in Mémoires, Bd. II.
– Mémoires, 2 Bde. Paris, 1866.
– Hinterlassene Werke, 15 Bde. Berlin, 1789.
– Werke, 10 Bde. Berlin, 1912–1914.
FUNCK-BRENTANO, FRANTZ, L'Ancien Régime. Paris, 1926.
FUNK, F. X., A Manual of Church History, 2 Bde. London, 1910.

GARNETT, RICHARD, History of Italian Literature, New York, 1898.
GAY, PETER, Voltaire's Politics. Princeton, 1959.
GEIRINGER, KARL, Joseph Haydn, der schöpferische Werdegang eines Meisters der Klassik. Mainz, 1959.
GERSHOY, LEO, From Despotism to Revolution: 1763–1789. New York, 1944.
GHÉON, HENRI, Auf den Spuren Mozarts. Der Mensch – das Werk – das Land. Graz/Wien/Köln, 1953.
GIBBON, EDWARD, The Decline and Fall of the Roman Empire, 7 Bde., hrsg. von J. B. Bury. London, 1900.
– Memoirs. London, 1900.
GILBERT, O. P., The Prince de Ligne. New York: McDevitt-Wilson, o. J.
GOETHE, JOHANN WOLFGANG, Gedenkausgabe der Werke, Briefe und Gespräche. Hrsg. von Ernst Beutler, 24 Bde. Zürich, 1948–1954.

GOLDONI, CARLO, Mein Theater – mein Leben. Berlin, 1949.
– Three Comedies, und VITTORIO ALFIERI, Three Tragedies. London, 1907.
GONCOURT, EDMOND und JULES DE, French Eighteenth-Century Painters. New York, 1948.
– Madame de Pompadour. Paris, o. J.
– The Woman of the Eighteenth Century. New York, 1927.
– Die Frau im achtzehnten Jahrhundert, 2 Bde. München, 1920.
GOOCH, G. P., Catherine the Great and Other Studies. New York, 1954.
– Frederick the Great. New York, 1947.
– Friedrich der Große: Herrscher, Schriftsteller, Mensch. Frankfurt am Main/Hamburg, 1964.
– Maria Theresa and Other Studies. London, 1951.
GOODWIN, A. (Hrsg.), The European Nobility in the Eighteenth Century. London, 1953.
GOYA, FRANCISCO DE, The Disasters of War. Garden City, N. Y., 1956.
GOYA, FRANCISCO DE, Drawings from the Prado. London, 1947.
GOZZI, CARLO, Memoirs, 2 Bde. London, 1890.
GRIMM, MELCHIOR, u. a., Correspondance littéraire, philosophique et critique, 16 Bde. Paris, 1877–1882.
GROUT, DONALD J., A Short History of Opera. New York, 1954.
Grove's Dictionary of Music, 5 Bde. New York, 1927.

HALSBAND, ROBERT, The Life of Lady Mary Wortley Montagu. Oxford, 1957.
HAZARD, PAUL, Die Herrschaft der Vernunft: Das europäische Denken im 18. Jahrhundert. Hamburg, 1949.
HAZLITT, WILLIAM CAREW, The Venetian Republic, 2 Bde. London, 1900.
HEARNSHAW, F. J. (Hrsg.), Social and Political Ideas of Some Great French Thinkers of the Age of Reason. New York, 1950.
HELVÉTIUS, CLAUDE-ADRIEN, Treatise on Man, 2 Bde. London, 1810.
HENDEL, CHARLES W., Citizen of Geneva: Selections from the Letters of Jean-Jacques Rousseau. Oxford, 1937.
– Jean-Jacques Rousseau, Moralist, 2 Bde. London, 1934.
HEROLD, J. CHRISTOPHER, Love in Five Temperaments. New York, 1961.
HERR, RICHARD, The Eighteenth-Century Revolution in Spain. Princeton, 1958.
HIGGS, HENRY, The Physiocrats. London, 1897.
History Today (Zeitschrift), London.
HÖFFDING, HARALD, Jean Jacques Rousseau and His Philosophy. New Haven, 1930.
HUME, DAVID, Essays, Literary, Moral, and Political. London: Ward, Lock & Co., o. J.
HUME, MARTIN, Spain: Its Greatness and Decay. Cambridge, Engl. 1899.

JACOB, HEINRICH EDUARD, Joseph Haydn: Seine Kunst, seine Zeit, sein Ruhm. Hamburg, 1954.
JAHN, OTTO, Mozart, 2 Bde. Leipzig, 1923/24.
JAMES, E. E. C., Bologna, London, 1909.
JAURÈS, JEAN, Histoire socialiste de la Révolution française, 8 Bde. Paris, 1922.
JOSEPHSON, MATTHEW, Jean-Jacques Rousseau. London, 1932.

KANY, CHARLES E., Life and Manners in Madrid, 1750–1800. Berkely, Calif., 1932.
Katharina II. in ihren Memoiren. Leipzig, 1923.
KIRKPATRICK, RALPH, Domenico Scarlatti. Princeton, 1953.
KLINGENDER, F. D., Goya in the Democratic Tradition. London, 1948.
KLUCHEVSKY (auch Kljutschewskij), V. O., History of Russia, 5 Bde. London, 1912.

Kobbé's Complete Opera Book, hrsg. vom Earl of Harewood. New York, 1961.
KOVEN, ANNA DE, Horace Walpole and Madame du Deffand. New York, 1929.

LACROIX, PAUL, The Eighteenth Century in France. London: Bickers, o. J.
LA FONTAINERIE, F. DE, French Liberalism and Education in the Eighteenth Century. New York, 1932.
LANE, EDWARD WILLIAM, Sitten und Gebräuche der heutigen Egypter. 3 Bde. Leipzig, 1852.
LANE-POOLE, STANLEY, Cairo. London, 1895.
– The Story of Turkey. New York, 1895.
LANFREY, PIERRE, L'Église et les philosophes au dix-huitième siècle. Paris, 1857.
– Histoire philosophique des papes. Paris, 1873.
LÁNG, P. H., Music in Western Civilization. New York, 1941.
– Die Musik im Abendland, 2 Bde. Augsburg, 1947.
LANSON, GUSTAVE, Histoire de la littérature française. Paris, 1912.
– Voltaire. Paris, 1906.
LASSAIGNE, JACQUES, Spanish Painting: From Velázquez to Picasso. New York, 1952.
LEA, HENRY C., History of the Inquisition in Spain, 4 Bde. New York, 1906.
– Geschichte der spanischen Inquisition, 3 Bde. Leipzig, 1911/12.
LECKY, WILLIAM E., History of England in the Eighteenth Century, 8 Bde. London, 1887.
– Geschichte Englands im achtzehnten Jahrhundert, 4 Bde. Leipzig/Heidelberg, 1879–1883.
LEE, VERNON (VIOLET PAGET), Studies of the Eighteenth Century in Italy. Chicago, 1908.
LEFEBVRE, GEORGES, The Coming of the French Revolution. New York: Vintage Books, o. J.
LEMAÎTRE, JULES, Jean-Jacques Rousseau. London, 1908.
LESPINASSE, JULIE DE, Letters. London, 1903.
– Briefe, 2 Bde. Leipzig, 1810.
LEVEY, MICHAEL, Painting in Eighteenth-Century Venice. London, 1959.
LEVRON, JACQUES, Pompadour. New York, 1963.
LEWINSKI-CORWIN, E. H., Political History of Poland. New York, 1917.
LEWIS, D. B. WYNDHAM, Four Favorites. New York, 1949.
LITCHFIELD, FREDERICK, Illustrated History of Furniture. Boston, 1922.
LOOMIS, STANLEY, Du Barry. London, 1960.
LOW, D. M., Edward Gibbon. New York, 1937.
LYASHCHENKO, PETER, History of the National Economy of Russia. New York, 1949.

MACAULAY, THOMAS BABINGTON, Critical and Historical Essays, 2 Bde. Everyman's Library.
MACDONALD, DUNCAN B., The Development of Muslim Theology, Jurisprudence, and Constitutional Theory. New York, 1903.
– The Religious Attitude to Life in Islam. Chicago, 1909.
MACDONALD, FREDERIKA, Jean Jacques Rousseau: A New Criticism, 2 Bde. New York, 1906.
MAHAN, A. T., The Influence of Sea Power upon History, 1660–1783. New York, 1950.
MANN, THOMAS, Friedrich und die große Koalition. In: Rede und Antwort. Berlin, 1922.
MARITAIN, JACQUES, Three Reformers: Luther, Descartes, Rousseau. London, 1950.
MARMONTEL, JEAN-FRANÇOIS, Memoirs. New York, o. J.
– Moral Tales. London, 1895.
MARTIN, HENRI, The Age of Louis XIV, 2 Bde. Boston, 1865.
– Histoire de France, 16 Bde. Paris, 1865.
MARTIN, KINGSLEY, The Rise of French Liberal Thought. New York, 1956.
MASSON, Memoirs of Cathèrine II and Her Court. Boston: Grolier Society, o. J.
MASSON, PIERRE M., La Religion de Rousseau, 3 Bde. Paris, 1916.

MAVOR, JAMES, Economic History of Russia, 2 Bde. London, 1925.
McCABE, JOSEPH, A Candid History of the Jesuits. New York, 1913.
– Crises in the History of the Papacy. New York, 1916.
McKINNEY, H. D., und W. R. ANDERSON, Music in History. Cincinnati, 1940.
MICHELET, JULES, Geschichte der französischen Revolution. 10 Bde. in 5. Wien/Hamburg/Zürich, o. J.
– Histoire de France, 5 Bde. Paris: Hetzel & Cie., o. J.
MITFORD, NANCY, Madame de Pompadour. Penguin Books, 1958.
MOLMENTI, POMPEO, Venice, Teil III: The Decadence, 2 Bde. London, 1906.
MONTAGU, LADY MARY WORTLEY, Letters and Works, 2 Bde. London, 1893f.
– Briefe aus dem Orient. Stuttgart, 1962.
MORLEY, JOHN, Diderot, 2 Bde. London, 1923.
– Rousseau and His Era, 2 Bde. London, 1923.
MORNET, DANIEL, Les Origines intellectuelles de la Révolution française. Paris, 1933.
MOSSNER, ERNEST C., Life of David Hume. Austin, Tex., 1954.
MOUSNIER, ROLAND, und ERNEST LABROUSSE, Le Dix-huitième Siècle. Paris, 1953.
MOWAT, R. B., The Age of Reason. Boston, 1934.
MOZART, W. A., Briefwechsel und Aufzeichnungen, 2 Bde. Wien, 1949.
– Briefe und Aufzeichnungen, 4 Bde. Kassel, 1963.
MUMFORD, LEWIS, The Condition of Man. New York, 1944.
MUTHER, RICHARD, History of Modern Painting, 4 Bde. London, 1907.

NETTL, PAUL, Mozart als Freimaurer und Mensch. Hamburg, 1956.
New Cambridge Modern History (New CMH), Bd. VII und VIII. Cambridge, Engl., 1957.
NIETZSCHE, FRIEDRICH, Also sprach Zarathustra, in: Gesammelte Werke, Bd. VI. Stuttgart, 1921.
NOYES, ALFRED, Voltaire. New York, 1936.
NUSSBAUM, F. L., History of the Economic Institutions of Modern Europe. New York, 1937.

OGG, DAVID, Europe in the Seventeenth Century. London, 1956.
Oxford History of Music, 7 Bde. London, 1929f.

PADOVER, SAUL K., The Life and Death of Louis XVI. New York, 1963.
– The Revolutionary Emperor: Joseph II. London, 1934.
PARTON, JAMES, Daughters of Genius. Philadelphia, 1888.
– Life of Voltaire, 2 Bde. Boston, 1882.
PATER, WALTER, Die Renaissance. Studien in Kunst und Poesie. Jena, 1910.
PAULSEN, FRIEDRICH, Das deutsche Bildungswesen in seiner geschichtlichen Entwicklung. Darmstadt, 1966.
PEARSON, HESKETH, Johnson and Boswell. London, 1958.
PINCHERLE, MARC, Vivaldi. New York, 1962.
PLATON, Sämtliche Werke, Bd. III: Politeia. Hamburg, 1963.
POMEAU, RENÉ, La Religion de Voltaire. Paris, 1958.
POORE, CHARLES, Goya. New York, 1939.
POPE, ARTHUR UPHAM, An Introduction to Persian Art. London, 1930.
– A Survey of Persian Art, 6 Bde. Oxford, 1938.
POUGIN, ARTHUR, A Short History of Russian Music. London, 1915.
PRATT, W. S., History of Music. New York, 1927.
PUTNAM, G. H., The Censorship of the Church of Rome, 2 Bde. New York, 1906.

RAMBAUD, ALFRED, Geschichte Rußlands von den ältesten Zeiten bis zum Jahre 1884. Berlin, 1891.
RANKE, LEOPOLD VON, Die römischen Päpste in den letzten vier Jahrhunderten, 4 Bde. (Historische Meisterwerke, Bd. 15–18). Wien/Hamburg/Zürich, o. J.
– Die römischen Päpste in den letzten vier Jahrhunderten, 2 Bde. München/Leipzig, 1923.
Réalités (Zeitschrift), Paris.
RÉAU, LOUIS, L'Art russe, 2 Bde. Paris, 1921.
REDDAWAY, W. F., Frederick the Great and the Rise of Prussia. London, 1947.
RENARD, GEORGES, und G. WEULERSEE, Life and Work in Modern Europe. London, 1926.
RICHARD, ERNST, History of German Civilization. New York, 1911.
RIEDL, FREDERICK, History of Hungarian Literature. New York, 1906.
ROBERTSON, JOHN MACKINNON, Short History of Freethought, 2 Bde. London, 1914.
ROBINSON, JAMES HARVEY, Readings in European History. Boston, 1906.
ROLLAND, ROMAIN, Essays in Music. New York, 1959.
– A Musical Tour through the Land of the Past. London, 1922.
– Musikalische Reise ins Land der Vergangenheit. Innsbruck/Freiburg/München, 1948.
ROUSSEAU, JEAN-JACQUES, Collection complète des œuvres de Jean-Jacques Rousseau, 11 Bde. Neuchâtel, 1775.
– Les Confessions de Jean-Jacques Rousseau, 2 Bde. Lausanne, 1960.
– The Confessions of Jean-Jacques Rousseau. London, o. J.
– Bekenntnisse, in Werke, 9 Teile in 3 Bdn. Leipzig, 1854.
– Die Bekenntnisse. Frankfurt/Hamburg, 1961.
– Émile. Everyman's Library.
– Émile oder Über die Erziehung. Stuttgart, 1963.
– Julia, or The New Eloisa, 3 Bde. Edinburgh, 1794.
– Julie, ou La Nouvelle Héloïse. Paris: Garnier, o. J.
– Politics and the Arts. Glencoe, Ill., 1960.
– Rousseau juge de Jean-Jacques, 2 Bde. London, 1782.
– The Social Contract and Discourses. Everyman's Library.
– Der Gesellschaftsvertrag. Stuttgart, 1966.
– Über Kunst und Wissenschaft. Hamburg, 1955.
– Träumereien eines einsamen Spaziergängers. Basel, 1943.

SAINTE-BEUVE, CHARLES-AUGUSTIN, English Portraits. New York, 1875.
– Portraits of the Eighteenth Century, 2 Bde. in 1. New York, 1905.
SAINTSBURY, GEORGE, History of the French Novel, 2 Bde. London, 1917.
SAY, LÉON, Turgot. Chicago, 1888.
SCHOENFELD, HERMANN, Women of the Teutonic Nations. Philadelphia, 1908.
SÉE, HENRI, Les Idées politiques en France aux XVIIIe siècle. Paris, 1920.
SÉGUR, MARQUIS DE, Julie de Lespinasse. New York, 1927.
SIME, JAMES, Lessing, 2 Bde. London, 1879.
SITWELL, SACHEVERELL, German Baroque Art. New York, 1928.
– Southern Baroque Art. London, 1951.
SMITH, ADAM, Der Reichtum der Nationen, 2 Bde. Leipzig, 1910.
SMITH, D. E., History of Mathematics, 2 Bde. Boston, 1923.
SMOLLETT, TOBIAS, Travels through France and Italy. London, 1919.
STAËL, MADAME DE, Über Deutschland, 2 Bde. Leipzig, 1882.
STEPHENS, H. MORSE, The Story of Portugal. New York, 1893.
STIRLING-MAXWELL, SIR WILLIAM, Annals of the Artists of Spain, 4 Bde. London, 1891.
STOKES, HUGH, Francisco Goya. New York, 1914.

STRYIENSKI, CASIMIR, The Eighteenth Century. London, 1916.
SYKES, SIR PERCY, History of Persia, 2 Bde. London, 1921.

TAINE, HIPPOLYTE, Die Entstehung des modernen Frankreich. Bd. 1: Das vorrevolutionäre Frankreich. Leipzig, 1908.
TALMAN, J. L., Origins of Totalitarian Democracy. Boston, 1952.
TICKNOR, GEORGE, History of Spanish Literature, 3 Bde. New York, 1854.
– Geschichte der schönen Literatur in Spanien, 2 Bde. Leipzig, 1867.
Time (Zeitschrift), New York.
TOCQUEVILLE, ALEXIS DE, L'Ancien Régime. Oxford, 1927.
– Der alte Staat und die Revolution. Bremen, 1959.
TORREY, NORMAN L., The Spirit of Voltaire. New York, 1938.
TOTH, KARL, Woman and Rococo in France. Philadelphia, 1931.
TOYNBEE, ARNOLD J., A Study of History, 10 Bde. Oxford, 1935f.
TREITSCHKE, HEINRICH VON, Life of Frederick the Great. New York, 1915.
TREVOR-ROPER, H. R., Historical Essays. London, 1957.
– Betrachtungen über die Bildung und Verteilung des Reichtums. Frankfurt, 1946.

VALLENTIN, ANTONIA, This I Saw: The Life and Times of Goya. New York, 1957.
VAMBÉRY, ÁRMIN, The Story of Hungary. New York, 1894.
VAUGHN, C. E., Political Writings of Rousseau, 2 Bde. Cambridge, Engl., 1915.
VAUSSARD, MAURICE, La Vie quotidienne en Italie au XVIIIe siècle. Paris: Hachette, o. J.
VENTURI, LIONELLO, Italian Painting from Caravaggio to Modigliani. New York, 1959.
VICO, GIAMBATISTA, Autobiographie. Brüssel, 1948.
– Die Neue Wissenschaft über die gemeinschaftliche Natur der Völker. München, 1924.
VIGÉE-LEBRUN, Die Erinnerungen der Malerin Vigée-Lebrun, 2 Bde. Weimar, 1912.
VOLTAIRE, Age of Louis XIV. Everyman's Library.
– Age of Louis XV, 2 Bde. Glasgow, 1771.
– Love Letters of Voltaire to His Niece, hrsg. und übers. von Theodore Besterman. London, 1958.
– Œuvres complètes. Paris, 1825f.
– Philosophical Dictionary, in Works, Bde. III–VI.
– Works, 44 Bde. in 22. New York, 1927.
– und FRIEDRICH DER GROSSE, Letters. New York, 1927.

WALISZEWSKY, K. History of Russian Literature. New York, 1900.
– Peter the Great. London, 1898.
– Peter der Große. Nach neuen Urkunden, 2 Bde. Berlin, 1899.
– Poland the Unknown. London, 1919.
The Romance of an Empress. The Life of Catherine II of Russia. New York, 1929.
– Katharina II. von Rußland. Leipzig, 1928.
WALPOLE, HORACE, Letters, 9 Bde. London, 1880.
– Memoirs of the Last Ten Years of the Reign of George the Second, 2 Bde. London, 1822.
– Memoirs of the Reign of King George III, 4 Bde. London, 1894.
– Denkwürdigkeiten aus der Regierungszeit Georgs II. und Georgs III., 3 Bde. Bellevue bei Konstanz, 1846/47.
WARWICK, CHARLES F., Mirabeau and the French Revolution. Philadelphia, 1905.
WEINSTOCK, HERBERT, Handel. New York, 1959.
WESTERMARCK, EDWARD, Origin and Development of the Moral Ideas, 2 Bde. London, 1917.
WHERRY, E. M., Commentary on the Quran, with Sale's translation, 4 Bde. London, 1896.

WIENER, LEO, Anthology of Russian Literature, 2 Bde. New York, 1902.
WILHELMINE, MARGRAVINE OF BAYREUTH, Memoirs. London, 1887.
WILSON, A. M., Diderot: The Testing Years, 1713–1759. New York, 1957.
WINCKELMANN, JOHANN JOACHIM, Kleine Schriften und Briefe. Weimar, 1960.
– Briefe, 4 Bde. Berlin, 1952–1957.
WOLF, A., History of Science, Technology, and Philosophy in the Eighteenth Century. New York, 1939.

ANMERKUNGEN

I. BUCH, KAPITEL 1

[1] Rousseau, *Die Bekenntnisse* (1961), S. 533. – [2] *Die Bekenntnisse* (1921), S. 3. – [3] ebd., S. 1. – [4] Saintsbury, *History of the French Novel*, Bd. I, S. 391. – [5] Sainte-Beuve, *Portraits of the 18th Century*, Bd. I, S. 174. – [6] Lanson, *Histoire de la littérature française*, S. 801. – [7] *Encyclopaedia Britannica*, Bd. XIX, S. 587a. – [8] Rousseau, *Die Bekenntnisse*, S. 3. – [9] ebd., S. 8. – [10] ebd., S. 8. – [11] ebd., S. 11. – [12] ebd., S. 13. – [13] ebd., S. 8f. – [14] ebd., S. 17. – [15] ebd., S. 23f. – [16] ebd., S. 43. – [17] ebd., S. 46. – [18] ebd.; Lemaître, *Jean-Jacques Rousseau*, S. 290. – [19] Mason, *La Religion de Rousseau*, Bd. I, S. 51f. – [20] Rousseau, *Die Bekenntnisse*, S. 74. – [21] ebd., S. 105. – [22] ebd., S. 85ff. – [23] ebd., S. 81. – [24] ebd., S. 82. – [25] ebd., S. 116. – [26] ebd., S. 100. – [27] dto. – [28] ebd., S. 105. – [29] ebd., S. 114. – [30] ebd., S. 118. – [31] ebd., S. 127. – [32] ebd., S. 135. – [33] ebd., S. 141. – [34] ebd., S. 169. – [35] ebd., S. 150. – [36] ebd., S. 160. – [37] ebd., S. 175. – [38] ebd., S. 193. – [39] dto. – [40] dto. – [41] ebd., S. 238. – [42] ebd., S. 210. [43] Josephson, J., *J.-J. Rousseau*, S. 111. – [44] ebd., S. 113f. – [45] Rousseau, *Die Bekenntnisse*, S. 262ff. – [46] ebd., S. 273. – [47] ebd., S. 276. – [48] ebd., S. 278. – [49] ebd., S. 279. – [50] ebd., S. 308. – [51] ebd., S. 307f. – [52] ebd., S. 311f. – [53] Josephson, S. 132. – [54] ebd., S. 133. – [55] Rousseau, *Die Bekenntnisse*, S. 317. – [56] Brief Friedrichs II. (1762), in Gooch, *Friedrich der Große*, S. 160. – [57] Rousseau, *Die Bekenntnisse*, S. 321. – [58] ebd., S. 322. – [59] ebd., S. 347, 459. – [60] Martin, Henri, *Histoire de France*, Bd. XVI, S. 83; Collins, *Bolingbroke, and Voltaire in England*, S. 209. – [61] Josephson, S. 140. – [62] Morley, *Rousseau and His Era*, Bd. I, S. 127; Hendel, *Citizen of Geneva*, S. 208. – [63] Diderot, *Essai sur les règnes de Claude et Néron*, Kap. 67. – [64] Marmontel, *Memoirs*, Bd. I, S. 321. – [65] Rousseau, *Die Bekenntnisse*, S. 342. – [66] ebd., S. 353. – [67] Rousseau, *Über Kunst und Wissenschaft*, S. 7. – [68] ebd., S. 13. – [69] ebd., S. 15. – [70] ebd., S. 17. – [71] ebd., S. 41. – [72] ebd., S. 53. – [73] ebd., S. 71f. – [74] ebd., S. 53. – [75] ebd., S. 19. – [76] ebd., S. 27–29. – [77] ebd., S. 55. – [78] ebd., S. 57. – [79] Rousseau, Vorwort zu *Narcisse*. – [80] Michelet, *Histoire de France*, Bd. V, S. 371. – [81] Grimm, *Correspondance littéraire*, Bd. IX, S. 49. – [82] Bayle, *Réponse aux questions d'un provincial*. – [83] Rousseau, *Träumereien eines einsamen Spaziergängers*, S. 136. – [84] dto., *Die Bekenntnisse*, S. 355. – [85] Lemaître, S. 92. – [86] *Correspondance complète de J.-J. Rousseau*, Bd. IV, S. 27 (Brief 418). – [87] Marmontel, *Memoirs*, Bd. I, S. 321. – [88] Rousseau, *Die Bekenntnisse*, S. 355. – [89] ebd., S. 368. – [90] ebd., S. 369. – [91] ebd., S. 370f. – [92] ebd., S. 376; Goncourt, *Madame de Pompadour*, S. 143. – [93] Faguet, *Rousseau artiste*, S. 192. – [94] Grimm, Bd. II,

S. 307. – [95] Rousseau, *Träumereien*, S. 117. – [96] in Faguet, *Rousseau artiste*, S. 193. – [97] Museum, St-Quentin. – [98] Levey, *Painting in 18th-Century Venice*, S. 155. – [99] Marmontel, *Memoirs*, Bd. I, S. 169. – [100] Épinay, *Memoirs and Correspondance*, Bd. II, S. 52. – [101] ebd.; Masson, *La Religion de Rousseau*, Bd. I, S. 184f. – [102] Vorwort zu *Narcisse*. – [103] Masson, Bd. I, S. 182. – [104] Michelet, *Histoire de France*, Bd. V, S. 428. – [105] Rousseau, *Die Bekenntnisse*, S. 383. – [106] ebd., S. 378. – [107] Rousseau, Widmung des *Discours sur l'inégalité* an die Republik Genf, in *Œuvres complètes*, Bd. III, S. 111. – [108] ebd., S. 113. – [109] ebd., S. 114. – [110] Rousseau, *Über den Ursprung* ..., S. 111. – [111] Nietzsche, *Also sprach Zarathustra*, S. 137. – [112] Rousseau, *Über den Ursprung der Ungleichheit*, S. 99. – [113] ebd., S. 67. – [114] ebd., S. 81. – [115] ebd., S. 231. – [116] Rousseau, *Contract social*, I. Buch, 2. Kap. S. 30. – [117] dto., *Über den Ursprung der Ungleichheit*, S. 209. – [118] ebd., S. 191f. – [119] ebd., S. 227ff. – [120] ebd., S. 238. – [121] ebd., S. 259ff. – [122] *Rousseau juge de Jean-Jacques*, in *Die Krisis der Kultur*, S. 315. – [123] Rousseau, *Über den Ursprung* ..., S. 259. – [124] Ende des zweiten Discours. – [125] Mumford, *The Condition of Man*, S. 275. – [126] Helvétius, *Treatise on Man*, Bd. II, Kap. XX. – [127] Duclos, *Considérations sur les mœurs*, S. 11. – [128] Lemaître, S. 122. – [129] Rousseau, *Über den Ursprung* ..., S. 201ff. – [130] Voltaire, *Works*, Bd. XXIa, S. 227ff. – [131] ebd., S. 309ff. – [132] Rousseau, *Die Bekenntnisse*, S. 385. – [133] Rousseau, *Discours sur l'Économie politique*, in *Œuvres complètes*, Bd. III, S. 263. – [134] ebd., S. 264. – [135] ebd., S. 270. – [136] ebd., S. 261. – [137] ebd., S. 254. – [138] ebd., S. 245. – [139] ebd., S. 252. – [140] ebd., S. 248. – [141] Rousseau, *Die Bekenntnisse*, S. 360. – [142] ebd., S. 360. – [143] Masson, Bd. I, S. 181. – [144] Sainte-Beuve, *Portraits of the 18th Century*, Bd. II, S. 181. – [145] Rousseau, *Die Bekenntnisse*, S. 361. – [146] Grimm, *Correspondance*, Bd. II, S. 239. – [147] Sainte-Beuve, Bd. II, S. 195. – [148] ebd., S. 180. – [149] ebd., S. 191. – [150] ebd., S. 213. – [151] Morley, *Rousseau*, Bd. I, S. 272. – [152] Macdonald, Frederika, *Jean-Jacques Rousseau*, Bd. II, S. 83. – [153] Quellenangabe verloren. – [154] Toth, *Woman and Rococo in France*. – [155] Hobbes, *De Corpore*, Kap. XXV. – [156] Toth, S. 194; Josephson, S. 194; Faguet (*Vie de Rousseau*, 214) glaubt, Frau von Épinay sei von Dupin de Francueil angesteckt worden. – [157] Épinay, Bd. II, S. 85. – [158] ebd., S. 130. – [159] Josephson, S. 149. – [160] Rousseau, *Die Bekenntnisse*, S. 401f. – [161] ebd., S. 386. – [162] Brief an Malesherbes vom 26. Jan. 1762. – [163] Épinay, Bd. II, S. 128; Sainte-Beuve, Bd. II, S. 187; Morley, *Rousseau*, Bd. I, S. 274.

I. BUCH, KAPITEL 2

[1] Friedrich der Große, *Mémoires*, Bd. I, S. 4. – [2] Friedrich der Große, Histoire de la guerre de Sept Ans, S. 388. – [3] Dorn, *Competition for Empire*, S. 306. – [4] Mahan, *Influence of Sea Power upon History*, S. 74. – [5] Aldis, *Madame Geoffrin*, S. 200. – [6] Goodwin, *The European Nobility in the 18th Century*, S. 113. – [7] Coxe, *History of the House of Austria*, Bd. III, S. 346. – [8] Walpole, *Memoirs of ... the Reign of George the Second*, Bd. II, S. 73; Marmontel, *Memoirs*, Bd. I, S. 175. – [9] Carlyle, *Geschichte Friedrichs*, Bd. IV, S. 272. – [10] Levron, *Pompadour*, S. 174. – [11] Treitschke, *Life of Frederic the Great*, S. 149. – [12] Mann, *Rede und Antwort*, S. 138. – [13] Dorn, *Competition for Empire*, S. 15. – [14] Treitschke, *Frederick*, S. 181. – [15] Carlyle, *Geschichte Friederichs*, Bd. IV, S. 465ff.; Martin, H., *Histoire de France*, Bd. XV, S. 497; Reddaway, *Frederick the Great*, S. 198; Coxe, *History of ... Austria*, Bd. III, S. 370. – [16] Reddaway, S. 199. – [17] Gooch, *Friedrich der Große*, S. 353. – [18] Reddaway, S. 201. – [19] Dorn, S. 300; *Cambridge Modern History* (*CMH*), Bd. VI, S. 251. – [20] Gooch, *Friedrich*, S. 334. – [21] *CMH*, Bd. VI, S. 402. – [22] Coxe, *History of ... Austria*, Bd. III, S. 369. – [23] dto. – [24] Padover, *The Revolutionary Emperor*, S. 33. – [25] Gooch, *Friedrich*, S. 353, 306. – [26] Coxe, S. 379. – [27] Sainte-Beuve, *Portraits of the 18th Century*, Bd. II, S. 369; Carlyle, *Friedrich*, Bd. V, S. 95. – [28] ebd., S. 144. – [29] S. 149. – [30] S. 156; Sainte-Beuve, Bd. III, S. 373. – [31] ebd., Bd. I, S. 219; Brandes, *Voltaire*, Bd. II, S. 77. – [32] Sainte-Beuve, Bd. II, S. 372. – [33] Martin, H., *France*, Bd. XV, S. 522. – [34] Michelet, *Histoire de France*, Bd. V, S. 402. –

[35] Dorn, S. 323. – [36] Michelet, Bd. V, S. 402. – [37] Carlyle, Bd. V, S. 191. – [38] ebd., S. 547. – [39] Jahn, *W. A. Mozart*, Bd. I, S. 47. – [40] Carlyle, Bd. V, S. 209f.; Robinson, *Readings in European History*, S. 395. – [41] Macaulay, *Critical and Historical Essays*, Bd. II, S. 173. – [42] Acton, *Lectures on Modern History*, S. 297. – [43] Carlyle, Bd. V, S. 248. – [44] Martin, Bd. XV, S. 527. – [45] ebd., S. 528. – [46] Carlyle, Bd. V, S. 248f. – [47] Dorn, S. 338. – [48] Carlyle, Bd. V, S. 276. – [49] *CMH*, Bd. VI, S. 290. – [50] Wilhelmine, *Memoirs*, VII. Kap. – [51] ebd., IX. Kap. – [52] Friedrich, *Guerre de Sept Ans*, S. 44. – [53] Carlyle, Bd. V, S. 418. – [54] Coxe, *History*, Bd. III, S. 407. – [55] *Briefwechsel Friedrichs des Großen mit Voltaire*, Bd. III, S. 82. – [56] Carlyle, Bd. V, S. 476, 520. – [57] Martin, Bd. XV, S. 533. – [58] Dorn, S. 363. – [59] Carlyle, Bd. V, S. 537. – [60] Martin, Bd. XV, S. 565. – [61] *Briefwechsel Voltaires mit Friedrich*, Bd. III, S. 113. – [62] Coxe, Bd. III, S. 425. – [63] 25. Dezember 1761 nach dem russischen Kalender. – [64] Friedrich, *Guerre de Sept Ans*, S. 229. – [65] ebd., S. 227. – [66] ebd., S. 295. – [67] Gooch, *Friedrich*, S. 76. – [68] Friedrich, *Guerre de Sept Ans*, S. 305. – [69] Macaulay, *Essays*, Bd. II, S. 185. – [70] *Briefwechsel Voltaires mit Friedrich*, Bd. III, S. 116; Mann, *Rede und Antwort*, S. 186. – [71] Gooch, *Friedrich*, S. 77. – [72] Sainte-Beuve, *Portraits of the 18th Century*, Bd. II, S. 192.

II. BUCH, KAPITEL 1

[1] Du Hausset, *Memoirs of Mme. de Pompadour*, S. 97. – [2] Goncourts, *Madame de Pompadour*, S. 338ff. – [3] ebd., S. 200. – [4] Aldis, *Madame Geoffrin*, S. 129. – [5] Lewis, D. B. Wyndham, *Four Favorites*, S. 42. – [6] Goncourts, *Mme. de Pompadour*, S. 317. – [7] ebd., S. 319; Sainte-Beuve, *Portraits of the 18th Century*, Bd. I, S. 451. – [8] Mitford, *Madame de Pompadour*, S. 234. – [9] Levron, *Pompadour*, S. 260. – [10] Bancroft, *Literary and Historical Miscellanies*, S. 91. – [11] vgl. Stryienski, *Eighteenth Century*, S. 189. – [12] Mitford, *Pompadour*, S. 234. – [13] Ercole, *Gay Court Life*, S. 236. – [14] Mitford, S. 234f. – [15] Taine, *Die Entstehung des modernen Frankreich*, Bd. I, S. 380. – [16] Tocqueville, *Der alte Staat und die Revolution*, S. 213f.; Martin, H., *France*, Bd. XVI, S. 236. – [17] Barnes, *Economic History of the Western World*, S. 253. – [18] Nussbaum, *History of the Economic Institutions of Modern Europe*, S. 213. – [19] Martin, H., *Age of Louis XIV*, Bd. I, S. 54. – [20] Mousnier und Labrousse, *Le Dix-huitième Siècle*, S. 135. – [21] Du Hausset, *Memoirs*, S. 27. – [22] Voltaire, *Age of Louis XIV*, S. 352. – [23] Rousseau, *La Nouvelle Héloïse*, in Ducros, Louis, *French Society in the 18th Century*, S. 193. – [24] Parton, *Life of Voltaire*, Bd. II, S. 329. – [25] Voltaire, *Works*, Bd. VIIb, S. 56. – [26] Goldoni, *Mein Theater – mein Leben*, S. 406. – [27] Taine, *Entstehung*, S. 351. – [28] Cru, *Diderot as a Disciple of English Thought*, S. 61. – [29] Ducros, *French Society*, S. 325. – [30] Martin, H., *France*, Bd. XVI, S. 163; Acton, *Lectures on Modern History*, S. 326. – [31] Higgs, *The Physiocrats*, S. 18. – [32] Say, *Turgot*, S. 47, 67. – [33] Turgot, *Éloge de Gournai*, in Martin, *France*, Bd. XVI, S. 165. – [34] Mirabeau, *père* in Higgs, S. 21. – [35] Higgs, S. 24. – [36] Wolf, *History of Science, Technology and Philosophy in the 18th Century*, S. 730. – [37] Higgs, S. 37. – [38] Warwick, *Mirabeau and the French Revolution*, S. 146. – [39] Higgs, S. 68. – [40] Sée, *Les Idées politiques en France au XVIIIe siècle*, S. 161. – [41] Pomeau, *La Religion de Voltaire*, S. 405. – [42] Hume, Brief an Morellet vom 10. Juli 1769. – [43] Voltaire, *Works*, Bd. Ib, S. 247f., 265. – [44] Gay, *Voltaire's Politics*, S. 169. – [45] Smith, Adam, *Der Reichtum der Nationen*, Bd. II, S. 152ff. – [46] Higgs, S. 135. – [47] Frankel, *The Faith of Reason*, S. 121. – [48] Bury, *The Idea of Progress*, S. 157. – [49] Say, *Turgot*, S. 27. – [50] Dakin, *Turgot*, S. 10. – [51] Say, S. 29. – [52] Dakin, S. 19. – [53] Turgot, *Betrachtung über die Bildung und Verteilung des Reichtums*, S. 6. – [54] ebd., S. 68. – [55] vgl. Durant, Band 14: *Das Zeitalter Voltaires*, IV. Buch, 1. Kapitel, III. Abschnitt. – [56] Morelly, *Code de la nature*, in Hearnshaw (Hrsg.), *Social and Political Ideas of Some Great French Thinkers of the Age of Reason*, S. 224. – [57] Tocqueville, *L'Ancien Régime*, S. 173. – [58] Martin, H., *France*, Bd. XVI, S. 146. – [59] Martin, Kingsley, *The Rise of French Liberal Thought*, S. 254. – [60] dto. – [61] ebd., S. 256. – [62] Talman, *Origins of Totalitarian Democracy*, S. 58. – [63] Hazard, *Die Herrschaft der Vernunft*, S. 258. –

[64] Hearnshaw, S. 238. – [65] Jaurès, *Histoire socialiste de la Révolution française*, Bd. I, S. 158. – [66] Martin, Kingsley, S. 247. – [67] Hearnshaw, S. 243. – [68] ebd., S. 244. – [69] Mornet, *Les Origines intellectuelles de la Révolution française*, S. 233. – [70] Hearnshaw, S. 217. – [71] Marquis von Argenson in Taine, *Entstehung*, Bd. I, S. 138. – [72] Crocker, *The Embattled Philosopher*, S. 78. – [73] Ducros, S. 81. – [74] Sainte-Beuve, *Portraits of the 18th Century*, Bd. I, S. 254. – [75] Loomis, *Du Barry*, S. 33. – [76] ebd., S. 57. – [77] Ercole, S. 263 ff. – [78] Parton, Bd. II, S. 394. – [79] Loomis, *Du Barry*, S. 175. – [80] Michelet, *Histoire*, Bd. V, S. 454. – [81] Diderot, *Salons*, in *Œuvres complètes*, Bd. II, S. 357. – [82] Loomis, S. 89. – [83] Lefebre, *Coming of the French Revolution*, S. 41. – [84] Stryienski, *Eighteenth Century*, S. 162. – [85] ebd., S. 163. – [86] Lecky, *History of England in the 18th Century*, Bd. V, S. 327. – [87] Voltaire, *Works*, Bd. XVIa, S. 234. – [88] ebd., S. 232. – [89] ebd., S. 236. – [90] Dorn, S. 352. – [91] Voltaire, Bd. XVIa, S. 231. – [92] ebd., S. 226. – [93] Cobban, *History of Modern France*, Bd. I, S. 127. – [94] Voltaire, Bd. XVIa, S. 227. – [95] vgl. *Das Zeitalter Voltaires*, S. 768 ff. – [96] Martin, H., *France*, Bd. XVI, S. 243. – [97] dto. – [98] Voltaire, Brief an Thieriot vom 9. August 1769. – [99] Crocker, *Embattled Philosopher*, S. 352. – [100] Martin, H., Bd. XVI, S. 281. – [101] dto. – [102] ebd., S. 283. – [103] Voltaire, Brief an Mignot vom 24. Juni 1771. – [104] Crocker, *Embattled Philosopher*, S. 352. – [105] Walpole, Briefe vom 19. und 28. Oktober 1765. – [106] Collins, *Bolingbroke* ..., S. 47; Cumming, *Helvétius*, S. 168. – [107] Grimm, *Correspondence*, Januar 1768. – [108] Loomis, S. 131. – [109] ebd., S. 140. – [110] Du Hausset, *Memoirs*, S. 36. – [111] dto. – [112] Loomis, S. 151. – [113] Martin, H., *France*, Bd. XVI, S. 308. – [114] Loomis, S. 154.

II. BUCH, KAPITEL 2

[1] Funck-Brentano (*L'Ancien Régime*, S. 180), zitiert anders: «Oui n'a pas vécus avant 1789 n'a pas connu la douceur de vivre.» – [2] Wilson, *Diderot: The Testing Years*, S. 135. – [3] Hazard, *Die Herrschaft der Vernunft*, S. 359. – [4] Goncourts, *Woman of the 18th Century*, S. 112. – [5] Crébillon, *fils*, *The Sofa*, Einleitung. – [6] Ségur, *Julie de Lespinasse*, S. 237. – [7] Goncourts, *Woman*, S. 143. – [8] ebd., S. 142; Michelet, *Histoire*, Bd. V, S. 454. – [9] Ellis, Havelock, *Sexual Inversion*, S. 207. – [10] Westermarck, *Origin and Development of the Moral Ideas*, Bd. II, S. 482. – [11] Rousseau, *Emile*, S. 329 ff. – [12] Smollett, *Travels through France and Italy*, Brief XV. – [13] Toth, *Woman and Rococo*, S. 271. – [14] Casanova, *Memoirs*, Bd. I, S. 51. – [15] Boehn, *Die Mode*, S. 196. – [16] ebd., S. 211. – [17] Ducros, *French Society*, S. 340. – [18] La Fontainerie, *French Liberalism and Education*, S. 63. – [19] Vigée-Lebrun, *Erinnerungen*, S. 27. – [20] Láng, *Music in Western Civilization*, S. 722. – [21] Jahn, *Mozart*, Bd. I, S. 583. – [22] Rolland, *Essays in Music*, S. 194. – [23] Voltaire, *Mélanges littéraires*, in Tiersot, Jean, *Gluck and the Encyclopedists*. – [24] Goncourts, *Die Frau im achtzehnten Jahrhundert*, Bd. I, S. 126. – [25] Taine, *Entstehung*, Bd. I, S. 192. – [26] Herold, *Love in Five Temperaments*, S. 264. – [27] ebd., S. 267. – [28] ebd., S. 277. – [29] Diderot, *Paradox of Acting*, S. 15. – [30] Herold, *Love in Five Temperaments*, S. 281. – [31] ebd., S. 288. – [32] ebd., S. 326. – [33] Mornet, *Origines intellectuelles*, S. 121. – [34] Aldis, *Madame Geoffrin*, S. 223. – [35] Marmontel, *Memoirs*, Bd. I, S. 102, 120. – [36] Marmontel, *Moral Tales*, Bd. I, S. 18. – [37] Martin, Kingsley, *Rise of French Liberal Thought*, S. 101. – [38] Hazard, S. 63. – [39] Brunetière, *Manual of the History of French Literature*, S. 371. – [40] Faniel, *French Art of the 18th Century*, S. 119. – [41] Litchfield, *Illustrated History of Furniture*, S. 240. – [42] diese Statue ist verschwunden. – [43] Brief vom 11. Mai 1770. – [44] Grimm, *Correspondance*, Bd. VII, S. 23. – [45] Diderot, *Salons*, Bd. I, S. 370. – [46] Louvre. Eine andere Ausführung befindet sich in der Huntington Art Gallery, San Marino, Kalif. – [47] Louvre. – [48] Huntington Art Gallery. – [49] Louvre. – [50] Muther, *History of Modern Painting*, Bd. I, S. 98. – [51] ebd. – [52] Dilke, *French Architects and Sculptors of the 18th Century*, S. 36. – [53] Diderot, *Dialogues*, S. 163. – [54] Vigée-Lebrun, S. 160. – [55] beide im Louvre. – [56] Goncourts, *French 18th-Century Painters*, S. 213. – [57] ebd., S. 233. – [58] Prado. – [59] Turin. – [60] Victoria-und-Albert-Museum. – [61] Musée Condé, Chantilly. – [62] National Gallery, Edinburgh. – [63] Goncourts, *French Painters*, S. 216.

– [64] Louvre. – [65] Louvre. – [66] Wallace Collection. – [67] Louvre. – [68] Diderot, *Salons*, Bd. I, S. 243. – [69] Louvre. – [70] Goncourts, S. 224. – [71] ebd., S. 228. – [72] ebd., S. 239. – [73] École des Beaux-Arts, Paris. – [74] Goncourts, S. 266. – [75] Katalog der Fragonard-Ausstellung, Bern, 1954, Tafel XIII. – [76] Diderot, *Salons*, Bd. I, S. 544. – [77] Leningrad. – [78] alle im Louvre. – [79] Louvre. – [80] Louvre. – [81] Hume in Mossner, *Life of David Hume*, S. 449. – [82] Aldis, S. 11. – [83] Batiffol, *The Great Literary Salons*, S. 155. – [84] ebd., S. 131. – [85] Goncourts, *Woman*, S. 321. – [86] Museum von Montpellier. – [87] Batiffol, S. 158. – [88] Aldis, S. 198. – [89] Toth, S. 269. – [90] Aldis, S. 287. – [91] ebd., S. 356. – [92] ebd., S. 355. – [93] ebd., S. 357. – [94] Koven, *Horace Walpole and Mme. du Deffand*, S. 81; Lespinasse, Julie de, *Letters*, Einleitung von Sainte-Beuve, S. 25. – [95] Ségur, *Julie de Lespinasse*, S. 129. – [96] Bertrand, *D'Alembert*, S. 101. – [97] ebd., S. 59f. – [98] ebd., S. 86. – [99] Koven, S. 76. – [100] Ségur, *Lespinasse*, S. 98. – [101] ebd., S. 103. – [102] ebd., S. 102. – [103] ebd., S. 104. – [104] ebd., S. 83. – [105] ebd., S. 125. – [106] Du Deffand, Marquise, *Lettres à Voltaire*, S. 12. – [107] ebd., S. 26. – [108] Ségur, *Lespinasse*, S. 132. – [109] ebd., S. 133. – [110] ebd., S. 134. – [111] in Lespinasse, *Letters*, S. 1. – [112] ebd., S. 33. – [113] Mossner, *Life of Hume*, S. 477. – [114] Marmontel, *Memoirs*, Bd. I, S. 259. – [115] Miranda im Sturm. – [116] Ségur, *Lespinasse*, S. 336. – [117] ebd., S. 293. – [118] ebd., S. 296. – [119] ebd., S. 295. – [120] Lespinasse, S. 44 (Brief vom 15. Mai 1773). – [121] ebd., S. 45 (23. Mai 1773). – [122] in Ford, *Love Children*, S. 212. – [123] Lespinasse, S. 52. – [124] Ségur, *Lespinasse*, S. 211, 321f. – [125] ebd., S. 271. – [126] Lespinasse, S. 204. – [127] Ségur, S. 322. [128] Lespinasse, S. 234 (Brief vom 3. Juli 1775). [129] Ségur, S. 387. – [130] Lespinasse, S. 327. – [131] Ségur, S. 395. – [132] ebd., S. 398.

II. BUCH, KAPITEL 3

[1] Chaponnière, *Voltaire chez les calvinistes*, S. 202. – [2] Parton, *Life of Voltaire*, Bd. II, S. 262. – [3] ebd., S. 263ff. – [4] Besterman in Voltaire, *Love Letters to His Niece*, S. 9. – [5] Chaponnière, S. 203. – [6] Parton, Bd. II, S. 475. – [7] Brief vom 4. Juli 1782, in Desnoiresterres, *Voltaire*, Bd. VI, S. 288. – [8] *Boswell on the Grand Tour: Germany and Switzerland*, S. 283. – [9] ebd., S. 293. – [10] ebd., S. 302. – [11] Low, *Edward Gibbon*, S. 44. – [12] Desnoiresterres, Bd. VI, S. 290; Chaponnière, S. 202. – [13] Parton, *Life of Voltaire*, Bd. II, S. 481. – [14] dto. – [15] Desnoiresterres, Bd. I, S. 131. – [16] Noyes, *Voltaire*, S. 550. – [17] Torrey, *The Spirit of Voltaire*, S. 179. – [18] Desnoiresterres, Bd. VII, S. 335. – [19] ebd., S. 335. – [20] Parton, Bd. II, S. 480. – [21] Voltaire, *Dictionnaire philosophique*, Art. «*Maladie-Médicine*». – [22] Molière, *Le Malade imaginaire*. – [23] Chaponnière, S. 202; Parton, Bd. II, S. 480. – [24] Voltaire, Art. «*Maladie*». – [25] Parton, Bd. I, S. 529. – [26] Chaponnière, S. 202. – [27] Brandes, *Voltaire*, Bd. II, S. 333. – [28] Parton, Bd. II, S. 263. – [29] Desnoiresterres, Bd. V, S. 324. – [30] Parton, Bd. II, S. 471. – [31] Chaponnière, S. 202. – [32] Lanson, *Voltaire*, S. 197. – [33] Desnoiresterres, Bd. VII, S. 482. – [34] Torrey, *Spirit of Voltaire*, S. 201. – [35] Faguet, *Literary History of France*, S. 507. – [36] Lanson, *Voltaire*, S. 197. – [37] Torrey, S. 34. – [38] Lanson, S. 197. – [39] Voltaire, *Œuvres complètes*, Bd. XXXIX, S. 546. – [40] dto., Works, Bd. VIIIb, S. 286. – [41] dto., *Dictionnaire philosophique*, Art. «*Anciens et Modernes*». – [42] Michelet, *Histoire*, Bd. V, S. 426. – [43] Parton, Bd. II, S. 489. – [44] Bruntière, S. 361. – [45] Torrey, S. 176. – [46] Brief vom 12. März 1766. – [47] Voltaire, *Age of Louis XV*, Bd. II, Kap. XXXIX. – [48] Lanfrey, *L'Église et les philosophes*, S. 335. – [49] Brief Friedrichs an Voltaire vom 10. Juni 1759. – [50] Brief vom 2. Juli 1759. – [51] Brief vom 12. Mai 1760. – [52] Brief vom 19. September 1774. – [53] Brief vom 24. Juli 1775. – [54] Brandes, Bd. II, S. 318. – [55] Desnoiresterres, Bd. VI, S. 391. – [56] *Dictionnaire philosophique*, Art. «*Pierre le Grand*». – [57] Robespierres, Rede vom 18. Floréal im Jahre, Bd. II, in Hazard, *Herrschaft*, S. 449. – [58] Parton, Bd. II, S. 260. – [59] Chaponnière, S. 238. – [60] Gibbon, *Memoirs*, S. 154. – [61] Parton, Bd. II, S. 556. – [62] Voltaire, *Mémoires*, in Parton, Bd. I, S. 141. – [63] Brief an Friedrich vom Januar 1737. – [64] *Dictionnaire philosophique*, Art. «*Propriété*». – [65] dto. – [66] dto. – [67] Brief an Dr. Daquir in Sainte-Beuve, *Portraits of the 18th Century*, Bd. I,

S. 228. – [68] *Dictionnaire philosophique*, Art. «*Égalité*». – [69] Lacroix, *The Eighteenth Century in France*, S. 47. – [70] Voltaire, *Dictionnaire philosophique*, Art. «*Pays*». – [71] Voltaire, *L'A, B, C*, in Sée, *Les Idées politiques*, S. 84. – [72] *Dictionnaire philosophique*, Art. «*Les Lois*». – [73] Voltaire, *Essai sur les mœurs*, in Gay, *Voltaire's politiques*, S. 181. – [74] dto., *Mérope*, Akt II, 2. Szene. – [75] Michelet, *French Revolution*, S. 47. – [76] Parton, Bd. II, S. 544. – [77] Desnoiresterres, Bd. VI, S. 240. – [78] Casanova, *Memoirs*, Bd. II, S. 406f. – [79] Brief vom 28. Oktober 1773. – [80] Voltaire, *Dictionnaire philosophique*, Art. «*Démocratie*». – [81] Brief vom 20. September 1760. – [28] in Gay, S. 236. – [83] Voltaire, *Dictionnaire philosophique*, Art. «*États, Gouvernements*», Abschn. 3. – [84] ebd., Abschn. 6, leicht umgestellt. – [85] dto., *Dictionnaire philosophique*, Art. «*Égalité*». – [86] Voltaire, *Age of Louis XIV*, S. 415. – [87] zitiert in Black, *Art of History*, S. 48. – [88] Voltaire, *Dictionnaire philosophique*, Art. «*Lois civiles et ecclesiastiques*». – [89] Hearnshaw, *Social ... Ideas of Some Great French Thinkers*, S. 157. – [90] Art. «*Éxécution*». – [91] Art. «*Torture*». – [92] Gay, S. 307. – [93] Art. «*Esprit*». – [94] Sainte-Beuve, *Portraits of the 18th Century*, Bd. II. S. 146. – [95] ebd., S. 228. – [96] Black, S. 29. – [97] Voltaire, *Candide*, letztes Kapitel. – [98] Pomeau, S. 261. – [99] Desnoiresterres, Bd. V, S. 24. – [100] Brandes, Voltaire, Bd. I, S. 125. – [101] Torrey, S. 10. – [102] Brief vom 28. August 1751. – [103] Brandes, *Creative Spirits of the 19th Century*, S. 138. – [104] ebd., S. 142; Höffding, *Jean Jacques Rousseau and His Philosophy*, S. 80; Desnoiresterres, Bd. VI, S. 310. – [105] dto. – [106] *Frau von Graffigny* in Parton, Bd. I, S. 392. – [107] Hume, Brief vom 26. April 1764, in Gay, S. 81. – [108] Torrey, S. 131. – [109] Brief an Thieriot vom 10. Dezember 1738. – [110] Torrey, S. 131. – [111] dto. – [112] Voltaire, *English Notebooks*, in Gay, S. 353. – [113] Voltaire, *Dictionnaire philosophique*, Art. «*Solomon*». – [114] Desnoiresterres, Bd. V, S. 157; Parton, Bd. I, S. 106. – [115] vgl. den Brief vom März 1737 an Moussinot, in Voltaire, *Works*, Bd. XXIa, S. 190. – [116] Parton, Bd. II, S. 520. – [117] ebd., Bd. I, S. 507. – [118] ebd., S. 144. – [119] Morley, *Voltaire*, in Voltaire, *Works*, Bd. XXIb, S. 96. – [120] Parton, Bd. II, S. 600. – [121] in Noyes, *Voltaire*, S. 536. – [122] Voltaire, *Age of Louis XIV*, S. 61. – [123] Pomeau, S. 426. – [124] Desnoiresterres, Bd. II, S. 239. – [125] in Torrey, S. 197. – [126] Desnoiresterres, Bd. VI, S. 287. – [127] Torrey, S. 91.

II. BUCH, KAPITEL 4

[1] Rousseau, *Émile*, S. 818. – [2] dto., *Die Bekenntnisse*, S. 404. – [3] Josephson, S. 190. – [4] ebd.; *Die Bekenntnisse*, S. 408. – [5] dto. – [6] Diderot, *Le Fils naturel*, Akt IV, 3. Szene. – [7] Brockway and Winer, *Second Treasury of the World's Great Letters*, S. 195. – [8] ebd., S. 207. – [9] Rousseau, *Die Bekenntnisse*, S. 426. – [10] ebd., S. 418. – [11] Rousseau, *Collection complète des œuvres*, Bd. I, S. 424. – [12] ebd., Bd. I, S. 428. – [13] dto., S. 431. – [14] dto., S. 438. – [15] dto., S. 442. – [16] dto., S. 449. – [17] dto., S. 443. – [18] Desnoiresterres, Bd. V, S. 141. – [19] Rousseau, *Die Bekenntnisse*, S. 425. – [20] Épinay, Mme. d', *Memoirs*, Bd. II, S. 329. – [21] ebd., S. 334. – [22] Rousseau, *Die Bekenntnisse*, S. 433. – [23] Josephson, S. 213. – [24] Rousseau, *Die Bekenntnisse*, S. 433. – [25] dto. – [26] ebd., S. 433, 435. – [27] Josephson, S. 220. – [28] Rousseau, *Die Bekenntnisse*, S. 437. – [29] ebd., S. 441f. – [30] Sainte-Beuve, *Portraits of the 18th Century*, Bd. II, S. 195. – [31] Rousseau, *Die Bekenntnisse*, S. 452. Mehrere Briefe der Frau von Houdetot an Rousseau sind erhalten, auch einige von ihm an sie; vgl. Martin, H., *France*, Bd. XVI, S. 91. – [32] Rousseau, *Die Bekenntnisse*, S. 455. – [33] Sainte-Beuve, Bd. II, S. 213. – [34] Rousseau, *Die Bekenntnisse*, S. 463f. – [35] ebd., S. 466. – [36] ebd., S. 467. – [37] Épinay, Bd. III, S. 130ff.; Josephson, S. 249. – [38] Épinay, Bd. III, S. 140ff. – [39] ebd., S. 186. – [40] Rousseau, *Die Bekenntnisse*, S. 474. – [41] Josephson, S. 252. – [42] Rousseau, *Die Bekenntnisse*, S. 475. – [43] Brief vom 26. November 1758, in Hendel, *Citizen of Geneva*, S. 160. – [44] Lemaître, *Rousseau*, S. 174. – [45] Josephson, S. 308. – [46] Rousseau, *Die Bekenntnisse*, S. 486. – [47] Rousseau, *Politics and the Arts*, S. 7. – [48] ebd., S. 121. – [49] ebd., S. 125f. – [50] Rousseau, *Die Bekenntnisse*, S. 486. – [51] Torrey, *Spirit of Voltaire*, S. 97, 105. – [52] Hendel, *Citizen of Geneva*, S. 169; Desnoiresterres, Bd. VI, S. 85. – [53] Chaponnière, S. 169; Josephson, S. 278. – [54] Masson,

P. M., *La Religion de Rousseau*, Bd. III, S. 33. – [55] Josephson, S. 279. – [56] *Rousseau juge de Jean-Jacques*, Teil I, 1. Brief. – [57] ebd., 2. Brief. – [58] ebd., 4. Brief. – [59] ebd., 5. Brief. – [60] ebd., 14. Brief. – [61] ebd., 29. Brief. – [62] ebd., Teil IV, 17. Brief. – [63] ebd., Teil V, 5. Brief. – [64] ebd., S. 186. – [65] ebd., Teil V, 10. Brief. – [66] dto., *Die Bekenntnisse*, S. 484. – [67] in Hendel, *Jean-Jacques Rousseau, Moralist*, Bd. II, S. 47. – [68] *Rousseau juge*, Teil VI, 6. Brief. – [69] ebd., Teil V, 5. Brief. – [70] dto., *Die Bekenntnisse*, S. 420. – [71] Kant, Fragment 618, in Cassirer, *Rousseau, Kant und Goethe*, S. 6. – [72] Texte, *Rousseau and the Cosmopolitan Spirit*, S. 236. – [73] Desnoiresterres, Bd. VI, S. 87. – [74] Michelet, *Histoire*, Bd. V, S. 427. – [75] dto. – [76] Rousseau, *Die Bekenntnisse*, S. 534. – [77] ebd., S. 532. – [78] Maritain, *Three Reformers: Luther, Descartes, Rousseau*, S. 119. – [79] Taine, *Entstehung*, Bd. I, S. 262.

II. BUCH, KAPITEL 5

[1] Hendel, *Citizen of Geneva*, S. 179. – [2] ebd., S. 195. – [3] Rousseau, *Der Gesellschaftsvertrag*, Buch I, Kap. 6. – [4] ebd., Buch IV, Kap. 2. – [5] ebd., Buch IV, Kap. 1. – [6] ebd., Buch I, Kap. 7. – [7] Buch I, Kap. 8. – [8] ebd., Buch I, Kap. 7. – [9] ebd., Buch II, Kap. 4. – [10] ebd., Buch I, Kap. 8. – [11] Vaughn, *Political Writings of Rousseau*, Bd. I, S. 81. – [12] Rousseau, *Der Gesellschaftsvertrag*, Buch III, Kap. 5. – [13] ebd., Buch III, Kap. 4. – [14] ebd., Buch III, Kap. 15. – [15] ebd., Buch III, Kap. 18. – [16] ebd., Buch III, Kap. 1. – [17] ebd., Buch I, Kap. 9. – [18] ebd., Buch II, Kap. 11. – [19] ebd., Buch I, Kap. 9. – [20] ebd., Buch I, Kap. 9, Anm. 4. – [21] Brief an Frau von Étang, in Cobban, *Rousseau and the Modern State*, S. 193. – [22] Cobban, *Rousseau*, S. 211. – [23] Rousseau, *Der Gesellschaftsvertrag*, Buch IV, S. 7. – [23] ebd., Buch II, Kap. 7. – [25] ebd., Buch IV, Kap. 8. – [26] dto. – [27] dto. – [28] dto. – [29] dto. – [30] ebd., Buch IV, Kap. 6. – [31] Cobban, *Rousseau*, S. 55. – [32] Rousseau, *Émile*, S. 409. – [33] ebd. – [34] Cobban in *Search of Humanity*, S. 168. – [35] Voltaire, *Works*, Bd. XXIb, S. 332. – [36] Havens, *Voltaire's Marginalia*, S. 68, in Gay, *Voltaire's Politics*, S. 268. – [37] vgl. *Der Gesellschaftsvertrag*, Buch II, Kap. 4; Talman, *Origins of Totalitarian Democracy*; Crocker, *Rousseau et la philosophie politique*, S. 111. – [38] Rousseau, *Der Gesellschaftsvertrag*, Buch II, Kap. 5. – [39] Faguet, *Rousseau penseur*, S. 397. – [40] dto. – [41] Rousseau, *Émile*, Vorwort. – [42] Boyd, *Educational Theory of Jean Jacques Rousseau*, S. 297. – [43] Rousseau, *Émile*, S. 124f. – [44] ebd., S. 529. – [45] ebd., S. 150f. – [46] ebd., S. 327. – [47] ebd., S. 331. – [48] ebd., S. 360. – [49] ebd., S. 152. – [50] ebd., S. 281. – [51] ebd., S. 198. – [52] ebd., S. 191ff. – [53] ebd., S. 210, 211, 214. – [54] ebd., S. 759f. – [55] ebd., S. 592. – [56] ebd., S. 589f. – [57] ebd., S. 593. – [58] ebd., S. 205. – [59] ebd., S. 214. – [60] ebd., S. 430. – [61] ebd., S. 394. – [62] ebd., S. 418. – [63] Martin, H., *France*, Bd. XVI, S. 98. – [64] Rousseau, *Émile*, S. 411. – [65] ebd., S. 529. – [66] ebd., S. 549. – [67] ebd., S. 608f. – [68] ebd., S. 610. – [69] ebd., S. 600. – [70] ebd., S. 630. – [71] ebd., S. 552. – [72] ebd., S. 553. – [73] ebd., S. 562ff. – [74] ebd., S. 580ff. – [75] Brief vom 5. Oktober 1758, in Hendel, *Citizen of Geneva*, S. 152. – [76] Rousseau, *Émile*, S. 606. – [77] ebd., S. 535. – [78] ebd., S. 634. – [79] vgl. Robertson, *Short History of Freethought*, Bd. II, S. 256. – [80] Rousseau, *Émile*, S. 628. – [81] ebd., S. 626. – [82] ebd., S. 449. – [83] ebd., S. 477. – [84] ebd., S. 678f. – [85] Brief vom 5. November 1758, in Hendel, *Citizen*, S. 158. – [86] in Faguet, *Rousseau penseur*, S. 111. – [87] Rousseau, *Émile*, S. 779; Hendel, *J.-J. Rousseau*, Bd. II, S. 23. – [88] Rousseau, *Émile*, S. 733, 817. – [89] ebd., S. 758. – [90] ebd., S. 759, 818f. – [91] ebd., S. 751. – [92] ebd., S. 777. – [93] ebd., S. 776. – [94] ebd., S. 718. – [95] ebd., S. 791. – [96] ebd., S. 951. – [97] ebd., S. 954. – [98] Staël, *Über Deutschland*, Bd. I, S. 201. – [99] Seillière, *J.-J. Rousseau*, S. 132, in Maritain, *Three Reformers*, S. 125. – [100] Rousseau, *Collection complète des œuvres*, Bd. IXb, S. 157. – [101] Platon, *Politeia*, S. 592.

II. BUCH, KAPITEL 6

[1] Hendel, *Citizen of Geneva*, S. 232. – [2] Rousseau, *Die Bekenntnisse*, S. 565. – [3] dto., *Collection complète*, Bd. IXa, S. 5ff. – [4] dto., *Die Bekenntnisse*, S. 573. – [5] dto., *Collection*, Bd. IXb, S. 4. – [6] dto., *Die Bekenntnisse*, S. 576. – [7] Torrey, *Spirit of Voltaire*, S. 110. – [8] Masson, P. M., *La*

Religion de Rousseau, Bd. III, S. 33. – [9] Voltaire, Brief vom 26. Juli 1764. – [10] in Brandes, *Voltaire*, Bd. II, S. 119. – [11] ebd., S. 120; Desnoiresterres, Bd. VI, S. 320ff. – [12] Hendel, *J.-J. Rousseau*, Bd. II, S. 252. – [13] Rousseau, *Die Bekenntnisse, S. 579.* – [14] *Boswells große Reise, Deutschland und die Schweiz 1764*, S. 252. – [15] in Gooch, *Friedrich der Große*, S. 160. – [16] Rousseau, *Die Bekenntnisse*, S. 585. – [17] Hendel, *Citizen of Geneva*, S. 252. – [18] Rousseau, *Die Bekenntnisse*, S. 586. – [19] ebd., S. 581. – [20] ebd., S. 591. – [21] ebd., S. 587. – [22] Brief vom 22. Juli 1764, in Masson, P. M., *La Religion*, Bd. III, S. 171. – [23] Goncourts, *Die Frau im 18. Jahrhundert*, Bd. II, S. 187. – [24] Sainte-Beuve, *Portraits of the 18th Century*, Bd. II, S. 138. – [25] Masson, Bd. III, S. 73ff. – [26] Timotheus, Kap. 3, Vers 1f. – [27] Rousseau, *Collection complète*, Bd. IXa, S. 11ff. – [28] ebd., S. XIII. – [29] ebd., S. XIV. – [30] ebd., S. XVI. – [31] ebd., S. XXXIX. – [32] ebd., S. 1. – [33] ebd., S. 2. – [34] ebd., S. 4. – [35] ebd., S. 7. – [36] ebd., S. 8. – [37] ebd., S. 26ff. – [38] ebd., S. 55. – [39] ebd., S. 63. – [40] ebd., S. 65ff. – [41] ebd., S. 70f. – [42] ebd., S. 121f. – [43] ebd., S. 8. – [44] ebd., S. 15. – [45] ebd., S. 42. – [46] ebd., S. 44. – [47] ebd., S. 47. – [48] ebd., S. 50. – [49] ebd., S. 83. – [50] ebd., S. 86. – [51] ebd., S. 87ff. – [52] 2. Mose, Kap. 7, Vers 9–13. – [53] Matthäus, Kap. 24, Vers 24. – [54] Rousseau, *Collection complète*, Bd. IXa, S. 201f. – [55] ebd., S. 210ff. – [56] ebd., 244f. – [57] ebd., S. 334. – [58] Brief vom 8. März 1765, in Masson, P. M., *La Religion*, Bd. III, S. 206f. – [59] Rousseau, *Collection complète*, Bd. IXa, S. 184f. – [60] Morley, *Voltaire*, in Voltaire, *Works*, Bd. XXIb, S. 97. – [61] in Faguet, *Vie de Rousseau*, S. 318ff. – [62] *Rousseau juge de J.-J.*, Bd. I, Kap. II–IV. – [63] Grimm, *Correspondance*, 15. Mai 1763, 15. Dezember 1763, 15. Januar 1765; vgl. auch Masson, P. M., Bd. II, S. 126ff. – [64] Boileaux-Despréaux, *L'Art poétique*, Zeilen 37/38. – [65] Goethe, *Faust I*, Vers 3456. – [66] Rousseau, *Collection complète*, Bd. I, S. 196. – [67] Horace Walpole, Brief vom 31. Dezember 1769 an Horace Mann. – [68] *Boswells große Reise*, S. 176. – [69] ebd., S. 243. – [70] ebd., S. 245. – [71] ebd., S. 247f. – [72] ebd., S. 262. – [73] ebd., S. 262f. – [74] ebd., S. 287f. – [75] ebd., S. 293ff. – [76] in Vaughn, *Political Writings of Rousseau*, Bd. II, S. 293. – [77] Macdonald, Frederika, *Jean Jacques Rousseau*, Bd. II, S. 118. – [78] Vaughn, Bd. II, S. 369. – [79] ebd., S. 350. – [80] ebd., S. 338. – [81] Brief vom 26. Februar 1770. – [82] Morley, *Rousseau and His Era*, Bd. II, S. 94. – [83] Brief vom 10. März 1765. – [84] Brief vom 29. März 1765. – [85] Macdonald, F., Bd. II, S. 123. – [86] Rousseau, *Die Bekenntnisse*, S. 636. – [87] dto. – [88] Brief vom 1. Oktober 1765. – [89] Rousseau, *Die Bekenntnisse*, S. 623. – [90] dto. – [91] Rousseau, *Träumereien*, S. 110. – [92] ebd., S. 114; vgl. *Die Bekenntnisse*, S. 628. – [93] Morley, *Rousseau*, Bd. II, S. 117. – [94] Rousseau, *Die Bekenntnisse*, S. 632. – [95] Hendel, *Citizen of Geneva*, S. 326. – [96] Burton, *Life of David Hume*, Bd. II, S. 299. – [97] Macdonald, F., Bd. II, S. 166. – [98] ebd., S. 213f. – [99] Walpole, Brief vom 12. Januar 1766. – [100] Macdonald, Bd. II, S. 168. – [101] Lemaître, S. 322; Macdonald, Bd. II, S. 172. – [102] ebd., Bd. II, S. 171. – [103] Morellet, *Mémoires*, in Mossner, *Life of Hume*, S. 575. – [104] ebd., S. 517. – [105] ebd., S. 518. – [106] Faguet, *Vie de Rousseau*, S. 332. – [107] in Burton, *Hume*, Bd. II, S. 304, 309. – [108] Hume, Brief an Lord Charlemont, in Mossner, S. 523. – [109] Mossner, S. 519. – [110] *Boswell on the Grand Tour: Italy, Corsica, France*, S. 279. – [111] Aber resümiert durch Col. Robert Isham, der sie vor ihrer Vernichtung durch die Testamentsvollstrecker las. – [112] *Boswell on the Grand Tour: Italy* ..., S. 277ff. – [113] Mossner, S. 521. – [114] ebd., S. 523. – [115] Brief vom 10. Mai 1766, in Hendel, *Citizen of Geneva*, S. 336. – [116] Brief vom 24. April 1766, in Hendel. – [117] Josephson, S. 460. – [118] Macdonald, F., Bd. II, S. 186ff. – [119] Mossner, S. 529. – [120] Macdonald, Bd. II, S. 171. – [121] ebd., S. 174. – [122] Josephson, S. 464; Morley, *Rousseau*, Bd. II, S. 133. – [123] Josephson, S. 467. – [124] Morley, Bd. II, S. 135. – [125] dto. – [126] Josephson, S. 471. – [127] Faguet, *Vie de Rousseau*, S. 361; Ségur, *Julie de Lespinasse*, S. 203.

III. BUCH, KAPITEL 1

[1] Vaussard, *La Vie quotidienne en Italie au XVIIIe siècle*, S. 27. – [2] ebd., S. 107. – [3] ebd., S. 105. – [4] ebd., S. 125. – [5] Smith, D. E., *History of Mathematics*, Bd. I, S. 519. – [6] Baedeker,

Northern Italy, S. 471. – [7] James, *Bologna*, S. 178ff. – [8] Casanova, *Memoirs*, Bd. I, S. 14. – [9] Rolland, *Musikalische Reise ins Land der Vergangenheit*, S. 170. – [10] dto. – [11] dto., S. 171. – [12] *Réalités*, November 1954, S. 45. – [13] Lang, *Music in Western Civilization*, S. 354. – [14] Grout, *Short History of Opera*, S. 196. – [15] Kirkpatrick, *Domenico Scarlatti*, S. 94. – [16] Einstein, *Gluck*, S. 149. – [17] Lee, *Studies of the 18th Century in Italy*, S. 206. – [18] Vaussard, S. 82. – [19] De Sanctis, *History of Italian Literature*, Bd. II, S. 825. – [20] Vaussard, S. 83. – [21] ebd., S. 86. – [22] ebd., S. 88. – [23] Campbell, *The Jesuits*, S. 424. – [24] McCabe, *Candid History of the Jesuits*, S. 287. – [25] Renard und Weulersee, *Life and Work in Modern Europe*, S. 276. – [26] Chesterfield, Brief vom 28. Februar 1749. – [27] Einstein, *Gluck*, S. 149. – [28] Sammlung Gatti-Cazazza, Venedig. – [29] Privatsammlung, Venedig. – [30] dto. – [31] Museo Civico, Bassano. – [32] Voltaire, *Works*, Bd. VIIIa, S. 5. – [33] Molmenti, *Venice*, Teil III: *The Decadence*, Bd. I, S. 37. – [34] ebd., S. 49. – [35] Molmenti, *The Decadence*, Bd. II, S. 17, 146. – [36] ebd., S. 48. – [37] ebd., S. 49. – [38] Rousseau, *Die Bekenntnisse*, 7. Buch; Molmenti, Bd. II, S. 93. – [39] Vaussard, S. 180. [40] Goldoni, *Mein Theater*, S. 186. – [41] Rousseau, *Die Bekenntnisse*, Bd. I, S. 229. – [42] Molmenti, Bd. I, S. 169; Vaussard, S. 195. – [43] *Grove's Dictionary of Music*, Bd. III, S. 314. – [44] Pincherle, *Vivaldi*, S. 16. – [45] ebd., S. 17. – [46] Rolland, *Musikalische Reise*, S. 187. – [47] Pincherle, S. 67. – [48] zum Beispiel Konzert für Violine und Orchester in e-Moll, Concerto grosso in d-Moll. – [49] Pincherle, S. 61. – [50] ebd., S. 229ff. – [51] *Time*, 29. November 1963. – [52] Lord Walpole Collection. – [53] Brera, Mailand. – [54] Boston Museum of Fine Arts; Wallace Collection. – [55] Nation Gallery, London. – [56] Wallace Collection. – [57] London, Wien, Genf. – [58] New York. – [59] Turin. – [60] Louvre. – [61] Duke of Devonshire Collection. – [62] Levey, *Painting in 18th-Century Venice*, S. 92. – [63] Anonym, Tiepolo, S. 34. – [64] Ospedaletto, Venedig. – [65] zum Beispiel Sitwell, *Southern Baroque Art*, S. 35. – [66] Molmenti, *Tiepolo*, S. 19; Venturi, *Italian Painting from Caravaggio to Modigliani*, S. 74. – [67] Brief vom 13. März 1734, in Rolland, *Musikalische Reise*, S. 152. – [67a] Goldoni, *Mein Theater*, S. 7f. – [68] Casanova, *Memoirs*, Bd. II, S. 276. – [69] Kirkpatrick, *Scarlatti*, S. 29; Vaussard, S. 193. – [70] Goldoni, *Mein Theater*, S. 7f. – [71] ebd., S. 179. – [72] ebd., S. 183. – [73] Garnett, *History of Italian Literature*, S. 323. – [74] Gozzi, *Memoirs*, Bd. II, S. 110f. – [75] Molmenti, *Venice: Decadence*, Bd. I, S. 168. – [76] Goldoni, *Mein Theater*, S. 394. – [77] ebd., Einleitung, S. 187. – [78] Gibbon, *Memoirs*, S. 7. – [79] Goldoni, Vorwort. – [80] Sitwell, *German Baroque Art*, S. 70. – [81] Gibbon, *Decline and Fall of the Roman Empire*, Bd. VI, S. 675. – [82] Ranke, *Die römischen Päpste in den letzten vier Jahrhunderten*, S. 672. – [83] *New Cambridge Modern History*, Bd. VII, S. 284. – [84] Funk, *Manual of Church History*, Bd. II, S. 180. – [85] Macaulay, *Essays*, Bd. II, S. 179. – [86] De Brosses in McCabe, *Crises in the History of the Papacy*, S. 354. – [87] *Correspondance de Benoît XIV*, Bd. II, S. 268, in McCabe, *Crises*, S. 354. – [88] *CMH*, Bd. VI, S. 591. – [89] Ford, *Love Children*, S. 205. – [90] Lanfrey, *L'Église et les philosophes*, S. 190. – [91] Putnam, *Cencorship of the Church of Rome*, Bd. II, S. 60. – [92] Sime, *Lessing*, Bd. I, S. 92. – [93] Stirling-Maxwell, *Annals of the Artists of Spain*, Bd. IV, S. 1393. – [94] Gershoy, *From Despotism to Revolution*, S. 146. – [95] *CMH*, Bd. VI, S. 598. – [96] ebd., S. 599. – [97] Robertson, *Short History of Freethought*, Bd. II, S. 369. – [98] Vico, *Autobiographie*, S. 8. – [99] Croce, *Die Philosophie Giambattista Vicos*, S. 272. – [100] Vico, *Die Neue Wissenschaft*, Nr. 31. – [101] ebd., Nr. 916–918. – [102] ebd., Nr. 922–924. – [103] ebd., Nr. 925–927. – [104] Vico, *Autobiographie*, S. 108. – [105] dto., *Die Neue Wissenschaft*, Nr. 1104. – [106] ebd., Nr. 1105. – [107] ebd., Nr. 417–424. – [108] ebd., Nr. 873–880. – [109] ebd., Nr. 361. – [110] Vico, *Autobiographie*, S. 111. – [111] dto., *Die Neue Wissenschaft*, Nr. 1104. – [112] Croce, *Die Philosophie Vicos*, S. 243. – [113] ebd., S. 247. – [114] ebd., S. 248. – [115] Grout, *Opera*, S. 200. – [116] ebd., S. 208. – [117] *Oxford History of Music*, Bd. IV, S. 185. – [118] Burney, Charles, *General History of Music*, Bd. II, S. 917. – [119] *Grove's Dictionary*, Bd. II, S. 785. – [120] dto. – [121] dto. – [122] Beckford, *Travel Diaries*, Bd. II, S. 167. – [123] Lee, *Studies*, S. 194. – [124] Kirkpatrick, *Scarlatti*, S. 21. – [125] ebd., S. 32. – [126] ebd., S. 33. – [127] Einleitung zur «Victor»-Platte von Scarlattis Sonaten. – [128] Kirkpatrick,

S. 58. – [129] ebd., S. 103. – [130] besonders reizvoll: die Nummern 13, 23, 25, 104 und 338 im Verzeichnis von Longo. – [131] Coxe, *Memoirs of the Kings of Spain*, Bd. IV, S. 231.

III. BUCH, KAPITEL 2

[1] Beckford, *Travel Diaries*, Bd. II, S. 171. – [2] Cheke, *Dictator of Portugal*, S. 4. – [3] Day, *History of Commerce*, S. 186; *History Today*, November 1955, S. 730. – [4] Friedrich der Große, *Werke*, Bd. II, S. 27; Stirling-Maxwell, Bd. IV, S. 1385. – [5] *New CMH*, Bd. VII, S. 289. – [6] Stephens, *Story of Portugal*, S. 354. – [7] *Encyclopaedia Britannica*, Bd. XX, S. 681b. – [8] *History Today*, November 1955, S. 731. – [9] Campbell, *The Jesuits*, S. 431. – [10] Cheke, S. 50. – [11] ebd., S. 111. – [12] *History Today*, November 1955, S. 733. – [13] vgl. Durant, Bd. 11, *«Europa im Dreißigjährigen Krieg»*, S. 40ff. – [14] Cheke, S. 106. – [15] McCabe, *The Jesuits*, S. 262. – [16] Lanfrey, *L'Église et les philosophes*, S. 258; Cheke, S. 114. – [17] nach Cheke, S. 118f. – [18] Lanfrey, S. 259. – [19] Cheke, S. 132. – [20] Lanfrey, S. 260. – [21] McCabe, *The Jesuits*, S. 263. – [22] Campbell, *Jesuits*, S. 462. – [23] Gershoy, *From Despotism to Revolution*, S. 152; Cheke, S. 140. – [24] Voltaire, *Works*, Bd. XVIa, S. 243. – [25] Cheke, S. 155. – [26] ebd., S. 157. – [27] Voltaire, Bd. XVIa, S. 243. – [28] Gershoy, S. 153; Cheke, S. 204. – [29] Gershoy, S. 154. – [30] Stephens, *Portugal*, S. 367. – [31] Lea, *History of the Inquisition in Spain*, Bd. III, S. 310. – [32] Bell, *Portuguese Literature*, S. 277. – [33] Cheke, S. 251. – [34] ebd., S. 268. – [35] dto.

III. BUCH, KAPITEL 3

[1] Altamira, *History of Spain*, S. 482, 466; Ogg, *Europe in the 17th Century*, S. 22; *New CMH*, Bd. VII, S. 271. – [2] Herr, *The Eighteenth-Century Revolution in Spain*, S. 106; vgl. auch Altamira, S. 467f. – [3] Herr, S. 96. – [4] Altamira, S. 460; Stokes, *Francisco Goya*, S. 187. – [5] Klingender, *Goya in the Democratic Tradition*, S. 4. – [6] ebd., S. 4f.; Campbell, *Jesuits*, S. 424. – [7] Kany, *Life and Manners in Madrid, 1750–1800*, S. 375. – [8] Vallentin, *This I Saw*, S. 26. – [9] Lea, *Inquisition in Spain*, Bd. III, S. 308ff.; Bd. IV, S. 523. – [10] Martin, H., *France*, Bd. XV, S. 114f. – [11] Ticknor, *History of Spanish Literature*, Bd. III, S. 244. – [12] Lea, Bd. IV, S. 530. – [13] Buckle, *Geschichte der Zivilisation in England*, Bd. II, S. 84f. – [14] *CMH*, Bd. VI, S. 124. – [15] Voltaire, Bd. XIXa, S. 214. – [16] Burney, Charles, *History of Music*, Bd. II, S. 815f. – [17] Kany, S. 392. – [18] Coxe, *Memoirs of the Kings of Spain*, Bd. IV, S. 141ff. – [19] Trevor-Roper, *Historical Essays*, S. 268. – [20] Herr, S. 75. – [21] Brief von d'Alembert an Voltaire vom 13. Mai 1773, in Robertson, *Short History of Freethought*, Bd. II, S. 372. – [22] Herr, S. 63. – [23] ebd., S. 77. – [24] Ségur, *Lespinasse*, S. 254. – [25] Altamira, S. 508. – [26] Lea, *Inquisition*, Bd. IV, S. 307. – [27] Herr, S. 210. – [28] Michelet, *Histoire de France*, Bd. V, S. 439. – [29] Stokes, *Goya*, S. 147. – [30] Coxe, *Kings of Spain*, Bd. IV, S. 235. – [31] Briefe eines englischen Offiziers, 1788, in Buckle, Bd. II, S. 113, Anm. 286. – [32] Coxe, S. 236. – [33] Hume, Martin, *Spain: Its Greatness and Decay*, S. 397. – [34] Coxe, Bd. IV, S. 408. – [35] Gershoy, *From Despotism to Revolution*, S. 163. – [36] Coxe, Bd. IV, S. 341. – [37] ebd., S. 361. – [38] Campbell, *Jesuits*, S. 511f. – [39] ebd.; Lanfrey, *L'Église et les philosophes*, S. 280. – [40] Coxe, Bd. IV, S. 362. – [41] ebd., S. 363. – [42] Lanfrey, S. 282. – [43] Campbell, S. 517f. – [44] ebd., S. 519; Lanfrey, S. 281. – [45] Coxe, Bd. IV, S. 368. – [46] Herr, S. 23. – [47] ebd. – [48] ebd., S. 205. – [49] ebd., S. 29. – [50] ebd., S. 208. – [51] Kany, S. 356f. – [52] Buckle, Bd. II, S. 106; Robertson, *Freethought*, Bd. II, S. 372. – [53] Herr, S. 210; Robertson, S. 373. – [54] Herr, S. 35; Trevor-Roper, S. 264. – [55] Coxe, Bd. IV, S. 412ff.; Casanova, *Geschichte meines Lebens*, Bd. XI, S. 63f., 67f. – [56] Altamira, S. 438. – [57] Fitzmaurice-Kelly, *Geschichte der spanischen Literatur*, S. 387. – [58] Rev. Geo. Edmundsen, in *CMH*, Bd. VI, S. 384. – [59] Vallentin, S. 5. – [60] Herr, S. 54. – [61] ebd., S. 57. – [62] Buckle, Bd. II, S. 120. – [63] ebd., S. 116. – [64] Herr, S. 128. – [65] *CMH*, Bd. VI, S. 383. – [66] Herr, S. 148. – [67] ebd., S. 141f. – [68] ebd., S. 150. – [69] Kany, S. 24; Vallentin, S. 26. – [70] Kany, S. 38. – [71] ebd., S. 18. – [72] Hume, Martin, *Spain*, S. 411. – [73] Stokes, S. 188; Kany, S. 214. – [74] Laborde, *Spain*, in Buckle, Bd.

II, S. 140, Anm. S. 354. – [75] Kany, S. 24. – [76] ebd., S. 280. – [77] Casanova, Bd. X, S. 354. – [78] Kirkpatrick, *Scarlatti*, S. 132. – [79] Altamira, *History of Spanish Civilization*, S. 183. – [80] Trevor-Roper, S. 264. – [81] Kany, S. 345; Buckle, Bd. II, S. 117. – [82] Ticknor, Bd. III, S. 256; Herr, S. 165. – [83] Ticknor, Bd. III, S. 262. – [84] ebd., S. 273. – [85] Vallentin, S. 144. – [86] Calvert, *Royal Palaces of Spain*, S. 97. – [87] Kathedrale von Salamanca. – [88] Prado. – [89] private Sammlung, Zürich. – [90] Prado. – [91] Poore, *Goya*, S. 156. – [92] Calvert, *Goya*, S. 55. – [93] Poore, S. 48. – [94] eines in der Frick Collection, New York. – [95] Prado. – [96] Prado. – [97] Vallentin, S. 93. – [98] Trevor-Roper, S. 266. – [99] Vallentin, S. 111. – [100] ebd., S. 112. – [101] zum Beispiel Malraux in Goya, *Drawings from the Prado*. – [102] Lassaigne, *Spanish Painting: From Velazquez to Picasso*, S. 89. – [103] Vallentin, S. 112. – [104] ebd., S. 119. – [105] Sammlung des Herzogs von Alba. – [106] Goya, *Drawings*, Tafel 4. – [107] Sammlung der Hispanic Society, New York. – [108] Vallentin, S. 195. – [109] ebd., S. 203. – [110] Prado. – [111] Vallentin, S. 183. – [112] Akademie San Fernando, Madrid. – [113] National Gallery, Washington. – [114] Akademie San Fernando, Madrid. – [115] Klingender, *Goya*, S. 92. – [116] Goya, *Drawings*, S. 123. – [117] ebd., S. 130. – [118] ebd., S. 170. – [119] Akademie San Fernando, Madrid. – [120] Goya, *Drawings*, S. 112. – [121] ebd., S. 89ff. – [122] ebd., S. 118. – [123] Vallentin, S. 223. – [124] beide im Prado. – [125] Metropolitan Museum of Art, New York. – [126] in Goya, *The Disasters of War*, Nr. 23. – [127] dto., Nr. 12. – [128] dto., Nr. 44. – [129] dto., Nr. 47. – [130] dto., Nr. 18. – [131] diese Bilder von der Quinta del Sordo befinden sich im Prado. – [132] Lassaigne, *Spanish Painting: From Velazquez to Picasso*, S. 106.

III. BUCH, KAPITEL 4

In diesem Kapitel und in allen folgenden sind die Goethe-Zitate mit wenigen Ausnahmen nach der Gedenkausgabe (s. Bibliographie) wiedergegeben.

[1] Goethe, *Italienische Reise*, 17. September 1786, in Bd. XI, S. 54. – [2] ebd., 12. und 17. September 1786, in Bd. X, S. 32, 54. – [3] Gozzi, *Memoirs*, Bd. II, S. 7. – [4] ebd., S. 100ff. – [5] Hazlitt, *The Venetian Republic*, Bd. II, S. 323. – [6] Casanova, *Geschichte*, Bd. III, S. 72. – [7] Renard und Weulersee, *Life and Work in Modern Europe*, S. 275. – [8] Pearson, *Johnson and Boswell*, S. 171. – [9] Goethe, *Italienische Reise*, 25. Oktober 1786, in Bd. XI, S. 122. – [10] *CMH*, Bd. VI, S. 601. – [10a] Goethe, in Bd. XI, S. 137. – [11] Winckelmann, *Briefe*, Bd. I, S. 325 (5. Juli 1756). – [12] Goethe, *Italienische Reise*, 16. und 17. März 1787, in Bd. XI, S. 228, 231. – [13] Vaussard, S. 74. – [14] Friedländer, *Darstellungen aus der Sittengeschichte Roms*, Bd. II, S. 98. – [15] Goethe, 27. Oktober 1786, in Bd. X, S. 133. – [16] Vaussard, S. 84. – [17] ebd., S. 89. – [18] Bury, *Geschichte der Gedankenfreiheit*, S. 84. – [19] McCabe, *The Jesuits*, S. 346. – [20] zum Beispiel Lanfrey, *Histoire politique des papas*, S. 384; ebd., *L'Église et les philosophes*, S. 305. – [21] Campbell, *Jesuits*, S. 536. – [22] McCabe, *Jesuits*, S. 346. – [23] Ranke, *Geschichte der Päpste*, Bd. III, S. 237ff. – [24] Campbell, S. 538. – [25] ebd., S. 541. – [26] McCabe, S. 355. – [27] Campbell, S. 563. – [28] Mozart vom 4. August 1770, in Anderson, *Letters of Mozart*, Bd. I, S. 227. – [29] Jahn. *W. A. Mozart*, Bd. I, S. 368. – [30] Blom, *Mozart*, S. 64. – [31] Goethe, 24. November 1786, in Bd. XI, S. 156. – [32] Vaussard, S. 141ff. – [33] Beccaria, *Dei delitti e delle pene* (1766), S. 11. – [34] Carlyle, «*Count Cagliostro*», in *Essays* (*Works*, Bd. III), S. 187ff. – [35] Goethe, 14. April 1787, in Bd. XI, S. 282ff. – [36] Casanova, Bd. I, S. 131. – [37] ebd., S. 130. – [38] ebd., S. 157ff. – [39] Casanova, *Memoirs*. – [40] dto., *Geschichte*, Bd. IV, S. 211. – [41] dto., S. 211. – [42] dto., S. 230f. – [43] ebd., Bd. V, S. 145f. – [44] dto., S. 297. – [45] ebd., Bd. VI, S. 261f. – [46] ebd., Bd. XI, S. 200. – [47] ebd., Bd. X, S. 200. – [48] Gilbert, *The Prince de Ligne*, S. 157. – [49] Winckelmann, *Briefe*, Bd. IV, S. 168. – [50] ebd., Bd. I, S. 54f. – [51] Winckelmann, *History*, Bd. I, S. 18. – [52] ebd., S. 21. – [53] Pater, *Die Renaissance*, S. 233. – [54] in Brandes, *Goethe*, S. 577. – [55] Winckelmann, *History*, Bd. I, S. 31. – [56] in Muther, *History of Modern Painting*, Bd. I, S. 81. – [57] Pater, *Renaissance*, S. 223. – [58] Winckelmann, *Briefe*, Bd. I, S. 266f. – [59] ebd., Bd. II, S. 69. – [60] Winckelmann, *History*, Bd. II, S. 319. – [61] dto.,

Kleine Schriften und Briefe, S. 343 (8. Januar 1766). – [62] dto., *History*, Bd. I, S. 64. – [63] dto. – [64] dto. – [65] ebd., Bd. I, S. 70. – [66] dto., S. 287. – [67] dto., S. 77. – [68] dto., S. 76, 84. – [69] dto., S. 86. – [70] in Pater, S. 222. – [71] beide im Museo Correr, Venedig. – [72] gute Beispiele in der Morgan Library, New York, und im Metropolitan Museum of Art. – [73] Levey, *Painting in Venice*, S. 103. – [74] Poldi-Pezzoli-Museum, Mailand. – [75] Louvre. – [76] Alte Pinakothek, München. – [77] Muther, Bd. I, S. 86. – [78] Winckelmann, *History*, Bd. I, S. 407. – [79] Prado. – [80] Jahn, *Mozart*, Bd. II, S. 629. – [81] Burney, Fanny, *Diary*, S. 72f. – [82] Burney, Charles, *History of Music*, Bd. II, S. 886ff. – [83] Einstein, *Gluck*, S. 214. – [84] *Grove's Dictionary*, Bd. IV, S. 174. – [85] ebd., S. 509. – [86] Einstein, *Gluck*, S. 212. – [87] *Grove's*, Bd. I, S. 650. – [88] nach der englischen Übersetzung von Richard Garnett (*History of Italian Literature*, S. 300). –[89] in De Sanctis, Bd. II, S. 415. – [90] Alfieri, *Mein Leben*, S. 11, 19. – [91] ebd., S. 52. – [92] ebd., S. 101. – [93] ebd., S. 181. – [94] Alfieri, *Of Tyranny*, S. 102. – [95] dto., Buch I, Abschnitt I. – [96] ebd., Bd. II, S. 7. – [97] ebd., Bd. II, S. 8. – [98] ebd., Bd. I, S. 9. – [99] ebd., Bd. I, S. 8. – [100] Einleitung zu *Of Tyranny*. – [101] Alfieri, *Mein Leben*, S. 248. – [102] dto., *Of Tyranny*, Bd. I, S. 8. – [103] dto., *Mein Leben*, S. 236. – [104] ebd., S. 325. – [105] ebd., S. 342.

III. BUCH, KAPITEL 5

[1] Gilbert, *Prince de Ligne*, S. 29, 57. – [2] ebd., S. 135. – [3] Mowat, *Age of Reason*, S. 96. – [4] Friedrich der Große, *Guerre de Sept Ans*, S. 386. – [5] Gooch, *Maria Theresa*, S. 3. – [6] Jahn, *Mozart*, Bd. I, S. 40f. – [7] Voltaire, *Works*, Bd. XVIa, S. 167. – [8] Gershoy, *From Despotism to Revolution*, S. 89. – [9] Campbell, *Jesuits*, S. 433. – [10] Paulsen, *Das deutsche Bildungswesen*, S, 92ff. – [11] Schoenfeld, *Women of the Teutonic Nations*, S. 297. – [12] Padover, *The Revolutionary Emperor*, S. 100. – [13] Casanova, *Geschichte*, Bd. III, S. 260f. – [14] Friedrich der Große, *Guerre de Sept Ans*, S. 387. – [15] Renard und Weulersee, *Life and Work in Modern Europe*, S. 305. – [16] Padover, S. 20. – [17] Stryienski, *Eighteenth Century*, S. 64. – [18] dto. – [19] Jahn, Bd. I, S. 120. – [20] Jahn, *Guerre de Sept Ans*, S. 387. – [21] Casanova, *Geschichte*, Bd. III, S. 266. – [22] *Encyclopaedia Britannica*, Bd. XIII, S. 151b. – [23] Padover, S. 34. – [24] *Encyclopaedia Britannica*, S.c. – [25] Padover, S. 34. – [26] ebd., S. 37. – [27] ebd., S. 41. – [28] Gooch, *Maria Theresa*, S. 14. – [29] Padover, S. 47. – [30] Mann, *Rede und Antwort*, S. 140. – [31] Gooch, S. 21ff.; Padover, S. 67. – [32] Gooch, S. 29. – [33] Padover, S. 134. – [34] ebd., S. 30, 134. – [35] ebd., S. 136. – [36] ebd., S. 84; Gooch, S. 29. – [37] Padover, S. 89. – [38] Gooch, S. 65. – [39] ebd., S. 66. – [40] Padover, S. 77. – [41] Gooch, S. 41. – [42] Padover, S. 90ff. – [43] Lewis, D. B., Wyndham, *Four Favorites*, S. 202. – [44] Gershoy, S. 89. – [45] Riedl, *History of Hungarian Literature*, S. 77ff. – [46] Hazard, *Die Herrschaft der Vernunft*, S. 167f. – [47] Padover, S. 73. – [48] ebd., S. 74. – [49] ebd., S. 81. – [50] Gooch, S. 70. – [51] Martin, *France*, Bd. XVI, S. 392. – [52] ebd., S. 391. – [53] Padover, S. 94; *CMH*, Bd. VI, S. 628. – [54] Parton, *Daughters of Genius*, S. 402. – [55] vgl. Coxe, *History of the House of Austria*, Bd. III, S. 485f. – [56] Richard, *History of German Civilization*, S. 380. – [57] Padover, S. 181. – [58] ebd., S. 178. – [59] ebd., S. 279. – [60] ebd., S. 281. – [61] ebd., S. 285; Gershoy, S. 100. – [62] Gershoy, S. 101. – [63] Padover, S. 286. – [64] Coxe, *House of Austria*, Bd. III, S. 491. – [65] Lanfrey, *L'Église et les philosophes*, S. 356. – [66] Padover, S. 212. – [67] Jahn, *Mozart*, Bd. II, S. 71. – [68] Padover, S. 214f. – [69] dto. – [70] *History Today*, September 1955, S. 615. – [71] Padover, S. 246. – [72] Coxe, Bd. III, S. 493. [73] Padover, S. 243. – [74] Vambéry, *The Story of Hungary*, S. 385. – [75] Padover, S. 299. – [76] ebd., S. 311. – [77] Coxe, Bd. III, S. 526. – [78] Padover, S. 329. – [79] ebd., S. 345. – [80] ebd., S. 373. – [81] ebd., S. 360. – [82] ebd., S. 364. – [83] ebd., S. 383. – [84] *History Today*, September 1955, S. 620. – [85] Gilbert, *Prince de Ligne*, S. 193. – [86] Coxe, Bd. III, S. 541. – [87] Carlyle, *History of Frederick the Second*, Bd. VII, S. 492. – [88] Padover, S. 287.

III. BUCH, KAPITEL 6

[1] Jahn, *Mozart*, Bd. II, S. 202. – [2] Weinstock, *Handel*, S. 268. – [3] Rolland, *Musikalische Reise*, S. 253. – [4] Rolland, *Essays in Music*, S. 176. – [5] Einstein, *Gluck*, S. 92. – [6] in Brockway und

Weinstock, *The Opera*, S. 66. – [7] Einstein, *Gluck*, S. 142ff.; *Grove's Dictionary of Music*, Bd. II, S. 401. – [8] Lang, *Die Musik im Abendland*, Bd. III, S. 155. – [9] Faguet, *Rousseau artiste*, S. 191; Einstein, *Gluck*, S. 193ff. – [10] Brockway und Weinstock, *Opera*, S. 97. – [11] Einstein, S. 196. – [12] Faguet, *Rousseau artiste*, S. 191. – [13] *Grove's*, Bd. II, S. 400. – [14] Rolland, *Essays*, S. 197f. – [15] *Kobbé's Complete Opera Book*, S. 42. – [16] Rolland, *Essays*, S. 179. – [17] Einstein, S. 146. – [18] Burney, C., *History of Music*, Bd. II, S. 973. – [19] Einstein, S. 208ff. – [20] Vigée-Lebrun, *Erinnerungen*, Bd. I, S. 58. – [21] *Kobbé's* S. 52. – [22] *Grove's* Bd. IV, S. 174. – [23] Einstein, S. 182. – [24] Pratt, *History of Music*, S. 362. – [25] Clark, Robert, *Herder*, S. 108, 429. – [26] *Grove's*, Bd. II, S. 566. – [27] Geiringer, *Haydn*, S. 28. – [28] *Grove's*, Bd. II, S. 568. – [29] Geiringer, S. 36. – [30] ebd., S. 43. – [31] *Grove's*, Bd. II, S. 570. – [32] Jahn, Bd. II, S. 57. – [33] Geiringer, S. 67. – [34] ebd., S. 80. – [35] ebd., S. 90. – [36] *Grove's*, Bd. II, S. 574. – [37] Geiringer, S. 146. – [38] ebd., S. 99f. – [39] ebd., S. 107. – [40] Jacob, *Joseph Haydn*, S. 243. – [41] ebd., S. 319f. – [42] Geiringer, S. 146. – [43] ebd., S. 145. – [44] McKinney und Anderson, *Music in History*, S. 465. – [45] *Grove's*, Bd. II, S. 582.

III. BUCH, KAPITEL 7

[1] Jahn, *Mozart*, Bd. II, S. 137. – [2] ebd., Bd. I, S. 127, Anm. 3. – [3] ebd., Bd. I, S. 41. – [4] ebd., S. 46. – [5] Blom, *Mozart*, S. 30. – [6] Biancolli, *Mozart Handbook*, S. 129. – [7] Jahn, Bd. I, S. 60. – [8] ebd., S. 167. – [9] ebd., S. 188. – [10] ebd., S. 197. – [11] Mozart, *Briefwechsel*, Bd. I, S. 137. – [12] Biancolli. – [13] ebd., S. 203. – [14] Wyzewa und Saint-Foix, *W. A. Mozart*, Bd. I, S. 470. – [15] ebd., S. 474. – [16] Jahn, Bd. I, S. 366f. – [17] ebd., Bd. I, S. 478ff. – [18] Anderson, *Letters of Mozart*, Bd. I, S. 403. – [19] ebd., S. 395. – [20] Einstein, *Mozart*, S. 65. – [21] Mozart, *Briefwechsel*, Bd. II, S. 336, 338. – [22] ebd., S. 352. – [23] Anderson, S. 681ff. – [24] ebd., S. 700ff. – [25] Einstein, *Mozart*, S. 49ff. – [26] Anderson, Bd. II, S. 925. – [27] Blom, S. 98; Jahn, Bd. I, S. 728. – [28] Brief vom 6. Mai 1781, in Einstein, S. 81. – [29] Jahn, Bd. I, S. 779. – [30] ebd., S. 785. – [31] ebd., S. 787f. – [32] ebd., S. 793. – [33] Anderson, Bd. II, S. 1100. – [34] Brief vom 25. Juli 1781, in Anderson, Bd. II, S. 1121. – [35] Mozart, *Briefe*, Bd. III, S. 180ff. – [36] Einstein, S. 596. – [37] Jahn, Bd. II, S. 121. – [38] ebd., S. 120. – [39] ebd., S. 35. – [40] ebd., S. 139. – [41] ebd., S. 49, 129. – [42] Einstein, S. 323ff. – [43] Brief Leopold Mozarts vom 14. Februar 1785, in Anderson, Bd. III, S. 1321. – [44] Anderson, S. 1329. – [45] Brief vom 10. April 1784, in Einstein, S. 356. – [46] *Grove's*, Bd. III, S. 563. – [47] Einstein, S. 304. – [48] Biancolli, S. 345. – [49] Einstein, S. 295f. – [50] Biancolli, S. 355. – [51] ebd., S. 374. – [52] ebd., S. 367ff.; Blom, S. 203. – [53] Einstein, S. 374. – [54] Goethe, *Gedichte*, in Bd. I, S. 113. – [55] «His Masters's Voice»-Platte C 2736. – [56] Jahn, Bd. II, S. 35, 425; Nettl, *Mozart als Freimaurer*, S. 90. – [57] Mozart, *Briefwechsel*, Bd. II, S. 375. – [58] Rolland, *Essays*, S. 246. – [59] dto. – [60] zum Beispiel in dem Brief vom 5. November 1777; «Ich wünsche Dir gute Nacht, doch zuerst scheiß in Dein Bett.» und am 13. November: «Ich habe beinahe zweiundzwanzig Jahre durch dasselbe Loch geschissen, das noch nicht ein bißchen ausgefranst ist» (Anderson, Bd. II, S. 525, 546). – [61] Brief vom 31. Januar 1778. – [62] Brief vom 26 September 1777. – [63] Nettl, S. 107f. – [64] Jahn, Bd. I, S. 996f. – [65] dto. – [66] zum Beispiel die Briefe vom 13. April 1789 und 30. September 1790. – [67] Brief vom 7. Juni 1783. – [68] Brief vom 20. Februar 1784. – [69] Brief vom 31. Juli 1782. – [70] Anderson, Bd. II, S. 826. – [71] Nettl, S. 97; Ghéon, *In Search of Mozart*, S. 216. – [72] Anderson, Bd. III, S. 1450. – [73] Jahn, Bd. I, S. 1228f.; Nettl, S. 104f. – [74] Einstein, S. 86. – [75] Jahn, Bd. I, S. 1022. – [76] dto. – [77] ebd., S. 1023. – [78] Einstein, S. 86. – [79] Anderson, Bd. III, S. 1253. – [80] ebd., S. 1296. – [81] Biancolli, S. 138. – [82] Jahn, Bd. II, S. 122. – [83] Einstein, S. 560ff. – [84] Jahn, Bd. II, S. 1422. – [85] ebd., S. 431. – [86] Goethe an Schiller, 30. Dezember 1797 (Gedenkausgabe, Bd. XX, S. 481). – [87] Mozart, *Briefe*, Bd. IV, S. 62. – [88] Blom, S. 153f. – [89] ebd., S. 154. – [90] Brief vom 12. Juli 1789, in Mozart, *Briefe*, Bd. IV, S. 92. – [91] Brockway und Weinstock, *Opera*, S. 91. – [92] Anderson, Bd. III, S. 1398f. – [93] Jahn, Bd. I, S. 1006f. –

[94] Nettl, S. 98. – [95] Biancolli, S. 421. – [96] Jahn, Bd. I, S. 998. – [97] Einstein, S. 606ff. – [98] Grout, *Short History of Opera*, S. 294. – [99] Biancolli, S. 554. – [100] Nettl, S. 99. – [101] Stendhal in Clark, B. H., *Great Short Biographies of the World*, S. 999.

IV. BUCH, KAPITEL 1

[1] Montagu, *Briefe*, S. 101ff.; vgl. Macdonald, Duncan, *The Religious Attitude to Life in Islam*, S. 126. – [2] Lane, *Sitten und Gebräuche der heutigen Egypter*, Bd. I, S. 112; Macdonald, D., *Development of Muslim Theology*, S. 283; Wherry *Commentary on the Quran*, Bd. I, S. 281. – [3] Macdonald, D., *Religious Attitude*, S. 126. – : Doughty, *Travels in Arabia Deserta*, Bd. II, S. 99. – [5] Halsband, *Life of Lady Mary Wortley Montagu*, S. 73. – [6] Lane-Poole, Story of Turkey, S. 319. – [7] Burton, Sir Richard, *Personal Narrative of a Pilgrimage to Al-Madinah and Meccah*, Bd. II, S. 94. – [8] Brief vom 18. April 1717, in Montagu, *Briefe*, S. 140. – [9] Brief vom 1. April 1717, a.a.O., S. 99. – [10] Friedländer, *Darstellungen aus der Sittengeschichte Roms*, Bd. II, S. 285ff. – [11] Friedrich, *Mémoires*, Bd. I, S. 55. – [12] Sir Wm. Petty, *Political Arithmetic* (1683). – [13] Halsband, S. 74. – [14] s. Durant, Bd. 12, «Europa im Zeitalter der Könige», S. 439f. – [15] Lane, Bd. I, S. 213. – [16] Lane-Poole, *Cairo*, S. 180. – [17] Lane, Bd. II, S. 213f. – [18] ebd., S. 190. – [19] *Encyclopaedia Britannica*, Bd. I, S. 618a. – [20] ebd., Bd. XV, S. 816d. – [21] Toynbee, *A Study of History*, Bd. I, S. 162. – [22] Browne, Edward G., *Literary History of Persia*, Bd. IV, S. 135. – [23] ebd., S. 136; Sykes, *History of Persia*, Bd. II, S. 260. – [24] ebd., S. 267. – [25] *Encyclopaedia Britannica*, Bd. XII, S. 705b; Pope, Arthur, U., *Survey of Persian Art*, Bd. IV, S. 470, 497ff. – [26] Sykes, Bd. II, S. 201. – [27] Pope, *Introduction to Persian Art*, S. 140. – [28] Browne, E. G., Bd. IV, S. 282. – [29] ebd., 292ff.

IV. BUCH, KAPITEL 2

[1] Friedrich der Große, *Mémoires*, Bd. I, S. 207. – [2] Lyashchenko, *History of the National Economy of Russia*, S. 271ff. – [3] dto. – [4] Réau, *L'Art russe*, Bd. II, S. 88. – [5] Florinsky, *Russia: A History and an Interpretation*, Bd. I, S. 575. – [6] Mavor, *Economic History of Russia*, Bd. I, S. 477. – [7] Réau, Bd. II, S. 88. – [8] Mavor, Bd. I, S. 498f. – [9] Bernal, *Die Wissenschaft in der Geschichte*, S. 326. – [10] Coxe, *Travels in Poland, Russia, Sweden, and Denmark*, Bd. I, S. 281f. – [11] Castéra, *History of Catherine*, Bd. II, S. 174. – [12] Dorn, *Competition for Empire*, S. 70. – [13] Florinsky, Bd. I, S. 600; Brückner, *Russische Literatur*, S. 106f. – [14] Coxe, *Travels*, Bd. I, S. 322. – [15] Masson, *Memoirs of Catherine II and Her Court*, S. 250. – [16] Pougin, *Short History of Russian Music*, S. 10f. – [17] Réau, Bd. II, S. 55. – [18] Brückner, S. 78. – [19] Waliszewski, *History of Russian Literature*, Bd. I, S. 57. – [20] Wiener, *Anthology of Russian Literature*, Bd. I, S. 224ff. – [21] Rambaud, *Geschichte Rußlands*, S. 495. – [22] Waliszewski, *Peter the Great*, S. 224. – [23] Waliszewski, *Russian Literature*, S. 83. – [24] dto. – [25] ebd., S. 85. – [26] Katharina II., *Memoiren*, S. 51. – [27] Waliszewski, *Romance of an Empress*, S. 47. – [28] dto. – [29] ebd., S. 25. – [30] Kluchevsky, *History of Russia*, Bd. IV, S. 354. – [31] Catherine, *Memoirs*, S. 58. – [32] Gooch, *Catherine the Great*, S. 11. – [33] *CMH*, Bd. VI, S. 317. – [34] Carlyle, *History of Friedrich the Second*, Bd. V, S. 294. – [35] Waliszewski, *Romance of an Empress*, S. 34. – [36] Kluchevsky, Bd. IV, S. 359. – [37] Casanova, *Memoirs*, Bd. I, S. 33f. – [38] *CMH*, Bd. VI, S. 658. – [39] Katharina, *Memoiren*, S. 5f. – [40] ebd., S. 30f. – [41] ebd., S. 7. – [42] ebd., S. 45. – [43] ebd., S. 54. – [44] Catherine, *Memoirs*, S. 63. – [45] ebd., S. 65. – [46] *CMH*, Bd. VI, S. 659. – [47] Waliszewski, *Romance*, S. 78. – [48] dto. – [49] Kluchevsky, Bd. IV, S. 360. – [50] Castéra, S. 122f. – [51] Waliszewski, *Katharina II.*, S. 60f. – [52] Katharina, *Memoiren*, S. 269f. – [53] Castéra, S. 89. – [54] Walpole, *Memoirs of the Reign of King George III*, Bd. I, S. 145. – [55] Katharina, *Memoiren*, S. 276. – [56] Gooch, *Catherine*, S. 8. – [57] Catherine, S. 301. – [58] Katharina, *Memoiren*, S. 318. – [59] ebd., S. 302f. – [60] Waliszewski, *Katharina II.*, S. 81; Crocker, *The Embattled Philosopher*, S. 378. – [61] Waliszewski, *Katharina II.*, S. 91. – [62] ebd., S. 96. – [63] Katharina, *Memoiren*, S. 369f. – [64] Waliszewski, *Katharina II.*, S. 113. – [65] *Encyclopaedia Britannica*, Bd.

XVII, S. 645b. – [66] Castéra, S. 153. – [67] Rambaud, S. 499. – [68] Kluchevsky, Bd. IV, S. 355. – [69] Castéra, S. 147, 157. – [70] ebd., S. 156; *CMH*, Bd., VI, S. 328. – [71] Kluchevsky, Bd. IV, S. 362. – [72] Castéra, S. 152. – [73] Waliszewski, *Katharina II.*, S. 124. – [74] ebd., S. 124; Castéra, S. 158. – [75] Waliszewski, S. 166. – [76] ebd., S. 164. – [77] Gooch, *Catherine*, S. 16. – [78] Catherine, S. 343. – [79] dto. – [80] Waliszewski, *Katharina II.*, S. 176.

IV. BUCH, KAPITEL 3

[1] Brief Katharinas an Potemkin vom 2. August 1762, in Catherine, *Memoirs*, S. 347. – [2] Kluchevsky, Bd. IV, S. 371. – [3] Katharina, *Memoiren*, S. 432f. – [4] Kluchevsky, Bd. IV, S. 371. – [5] Katharina, *Memoiren*, S. 433. – [6] Florinsky, Bd. I, S. 502. – [7] *CMH*, Bd. VI, S. 663. – [8] Waliszewsky, *Katharina II.*, S. 148. – [9] dto. – [10] Catherine, S. 370. – [11] Gershoy, *From Despotism to Revolution*, S. 303. – [12] Rambaud, S. 529. – [13] Florinsky, Bd. I, S. 504. – [14] Brandes, *Voltaire*, Bd. II, S. 328. – [15] Florinsky, Bd. I, S. 504. – [16] Catherine, S. 263ff. – [17] Masson, *Memoirs of Catherine II and Her Court*, S. 97. – [18] Waliszewski, *Katharina II.*, S. 219ff.; Gooch, *Catherine*, S. 38. – [19] Waliszewski, S. 196. – [20] Masson, *Memoirs*, S. 98. – [21] dto. – [22] Catherine, S. 360. – [23] ebd., S. 20. – [24] Lewis, D. B. W., *Four Favorites*, S. 197. – [25] Catherine, S. 376. – [26] ebd., S. 48. – [27] Gooch, *Catherine the Great*, S. 45. – [28] Masson, *Memoirs*, S. 116. – [29] Waliszewski, *Katharina II.*, S. 214. – [30] Masson, S. 118. – [31] Parton, *Life of Voltaire*, Bd. II, S. 386; Gooch, S. 58. – [32] Voltaire, Brief vom 18. Mai 1767 in Desnoiresterres, Bd. VI, S. 380. – [33] Parton, Bd. II, S. 388. – [34] Desnoiresterres, Bd. VI, S. 380. – [35] Brief vom 7. September 1764. – [36] Crocker, *Embattled Philosopher*, S. 373. – [37] Diderot, *Œuvres*, S. 28. – [38] in Ellis, Havelock, *The New Spirit*, S. 47. – [39] in Morley, John, *Diderot*, Bd. II, S. 113. – [40] ebd., S. 114. – [41] Faguet, *Dixhuitième Siècle*, S. 242. – [42] Crocker, S. 380. – [43] Sainte-Beuve, *Portraits of the 18th Century*, Bd. II, S. 215. – [44] Padover, *Revolutionary Emperor*, S. 161. – [45] Sainte-Beuve, Bd. II, S. 216. – [46] Catherine, S. 365. – [47] Castéra, S. 226; vgl. Waliszewski, *Katharina II.*, S. 325ff. – [48] Coxe, *Travels in Poland*, Bd. III, S. 156; Castéra, S. 385. – [49] von Voltaire im *Dictionaire philosophique*, Bd. II, S. 102, zitiert. – [50] Florinsky, Bd. I, S. 511; *CMH*, Bd. VI, S. 686. – [51] in Gooch, *Catherine*, S. 69. – [52] Voltaire an Katharina am 26. Februar 1769. – [53] in Rambaud, S. 527. – [54] Voltaire, *Dictionaire philosophique*, Art. «Pouvoir». – [55] Mavor, *Economic History of Russia*, Bd. I, S. 241; Rambaud, S. 532. – [56] Waliszewski, *Katharina II.*, S. 373f. – [57] Garrison, *History of Medicine*, S. 400. – [58] Castéra, *Catherine*, S. 297; Rambaud, Bd. II, S. 212. – [59] Mavor, Bd. I, S. 313f. – [60] ebd., S. 472. – [61] *CMH*, Bd. VI, S. 690. – [62] Waliszewski, *Romance*, S. 298. – [63] Lyashchenko, S. 273. – [64] Mavor, Bd. I, S. 204ff. – [65] Gershoy, S. 125. – [66] Catherine, *Memoirs*, S. 385. – [67] Gershoy, S. 123. – [68] Florinsky, Bd. I, S. 567f. – [69] Waliszewski, *Katharina II.*, S. 339. – [70] dto. – [71] Rambaud, S. 514f.; *Cambridge History of Poland*, Bd. II, S. 103. – [72] Gooch, *Catherine*, S. 63. – [73] Rambaud, S. 515. – [74] *CMH*, Bd. VI, S. 674. – [75] von George Bancroft zitiert in *Literary and Historical Miscellanies*, S. 359. – [76] Gooch, *Catherine*, S. 51. – [77] Lewis, *Four Favorites*, S. 213. – [78] ebd., S. 179. – [79] ebd., S. 215; Bain, *The Last King of Poland*, S. 175. – [80] Florinsky, Bd. I, S. 531. – [81] Catherine, S. 15. – [82] Gilbert, *Prince de Ligne*, S. 139; Waliszewski, *Katharina II.*, 195f. – [83] Castéra, S. 575. – [84] Gooch, *Catherine*, S. 96. – [85] Reddaway, *Frederick the Great*, S. 340. – [86] Waliszewski, *Katharina II.*, S. 161f., 250. – [87] ebd., S. 388. – [88] Catherine, S. 377. – [89] *CMH*, Bd. VI, S. 696. – [90] Waliszewski, *Katharina II.*, S. 253. – [91] Wiener, *Anthology of Russian Literature*, Bd. I, S. 272ff. – [92] ebd., S. 385. – [93] ebd., S. 390. – [94] ebd., S. 381. – [95] Waliszewski, *History of Russian Literature*, S. 103. – [96] Brückner, *Russische Literatur*, S. 96. – [97] ebd., S. 108. – [98] ebd., S. 110. – [99] ebd., S. 99ff. – [100] Waliszewski, *Katharina II.*, S. 356. – [101] Réau, *L'Art russe*, Bd. II, S. 111. – [102] ebd., S. 68. – [103] Waliszewski, *Katharina II.*, S. 361. – [104] *Encyclopaedia Britannica*, Bd. XIX, S. 747b. – [105] Waliszewski, *Katharina II.*, S. 359. – [106] Réau, Bd. II, S. 76. – [107] dto. – [108] ebd., S. 79. – [109] Masson, *Memoirs of Catherine II and*

Her Court, S. 93. – [110] Gilbert, *Prince de Ligne*, S. 143. – [111] Brückner, S. 112. – [112] Morley, *Diderot*, Bd. II, S. 128; Rambaud, S. 562f. – [113] ebd., S. 247. – [114] Masson, *Memoirs*, S. 303ff. – [115] Catherine, S. 20. – [116] Masson, S. 66. – [117] Gooch, in der Einleitung zu Catherine, *Memoirs*, S. 10. – [118] Otto Hötzsch in *CMH*, Bd. VI, S. 701.

IV. BUCH, KAPITEL 4

[1] Gershoy, *From Despotism to Revolution*, S. 37. – [2] Goodwin, *The European Nobility*, S. 161. – [3] Waliszewski, *Poland the Unknown*, S. 127. – [4] Bain, *The Last King of Poland*, S. 22; Friedländer, *Sittengeschichte*, Bd. II, S. 275. – [5] Bain, S. 43. – [6] *Cambridge History of Poland*, Bd. II, S. 75. – [7] ebd., S. 76f; Coxe, *Travels in Poland*, Bd. II, S. 125. – [8] *New CMH*, Bd. VII, S. 374; Lewinski-Corwin, *Political History of Poland*, S. 286. – [9] Staël, *Über Deutschland*, Bd. I, S. 72. – [10] Bain, *Last King of Poland*, S. 100. – [11] ebd., S. 59. – [12] ebd., S. 31f. – [13] s. Durant, Bd. 12, «*Europa im Zeitalter der Könige*», S. 388, 399ff. – [14] *CHP*, Bd. II, S. 24. – [15] Lewinski-Corwin, S. 289. – [16] Bain, *Last King*, S. 55. – [17] ebd., S. 56. – [18] Aldis, *Madame Geoffrin*, S. 248. – [19] Florinsky, *Russia*, Bd. I, S. 517. – [20] Aldis, S. 251. – [21] ebd., S. 282. – [22] *CHP*, Bd. II, S. 116; Bain, S. 161. – [23] Bain, *Last King*, S. 121. – [24] Rambaud, *Rußland*, S. 511. – [25] *CHP*, BD. II, S. 118. – [26] *CHP*, Bd. II, S. 97f.; Bain, S. 77f. – [27] Rambaud, *Rußland*, S. 511. – [28] Bain, *Last King*, S. 78. – [29] *CHP*, Bd. II, S. 120. – [30] Voltaire, *Dictionaire philosophique*, Art. «*Superstition*». – [31] Martin, H., *Histoire de France*, Bd. XVI, S. 267. – [32] *CHP*, Bd. II, S. 102. – [33] ebd., S. 103. – [34] dto.; Bain, S. 108. – [35] Bain, *Last King*, S. 108. – [36] ebd., S. 2. – [37] *Encyclopaedia Britannica*, Bd. XVIII, S. 143d. – [38] Treitschke, *Life of Frederick the Great*, S. 164. – [39] *CMH*, Bd. VI, S. 670. – [40] Lewis, D. B. W., *Four Favorites*, S. 202. – [41] Gershoy, S. 180. – [42] Morley, John, *Life of Voltaire*, in Voltaire, *Works*, Bd. XXIb, S. 346; Florinsky, Bd. I, S. 537. – [43] Coxe, *Travels im Poland*, Bd. I, S. 159. – [44] Bain, *Last King*, S. 121. – [45] *CHP*, Bd. II, S. 181f. – [46] Bain, S. 102. – [47] *CHP*, Bd. II, S. 181ff. – [48] ebd., S. 135. – [49] Bain, *Last King*, S. 249. – [50] ebd., S. 278. – [51] *CHP*, Bd. II, S. 155.

PERSONENVERZEICHNIS

C

D

G

H

M

N

Q

R

S

T

U

V

W

Z

BILDNACHWEIS

ARCHIV DOLLINGER, WÖRTHSEE: neben Seiten 96, 97, 224, 417
BILDARCHIV PREUSSISCHER KULTURBESITZ, BERLIN: neben Seiten 193, 225, 272, Doppelseite nach Seite 272 (Foto Westermann-Archiv), neben Seiten 273, 320 (Foto Braun), 321, 352, 448, 512, 513, 544
HOLLE BILDARCHIV, BADEN-BADEN: neben Seiten 65, 353, 449
KUNSTBILDARCHIV ALINE LENZ, FOTOGRAF JOCHEN REMMER, HAMBURG: neben Seiten 416, 545
PREISS & CO., ALBACHING: neben Seiten 64, 192